Artur-Axel Wandtke (Hrsg.)

Medienrecht
Praxishandbuch

Band 5:
IT-Recht und Medienstrafrecht

Medienrecht

Praxishandbuch

Herausgegeben von
Artur-Axel Wandtke

Band 5:
IT-Recht und Medienstrafrecht

Redaktionelle Bearbeitung:
Dr. Kirsten-Inger Wöhrn

2., neu bearbeitete Auflage

De Gruyter

Herausgeber:
Dr. *Artur-Axel Wandtke*, em. o. Professor der Humboldt-Universität zu Berlin

ISBN 978-3-11-024874-6
e-ISBN 978-3-11-024875-3

Bibliografische Information der Deutschen Nationalbibliothek

Die Deutsche Nationalbibliothek verzeichnet diese Publikation
in der Deutschen Nationalbibliografie; detaillierte bibliografische Daten sind im Internet
über http://dnb.d-nb.de abrufbar.

Datenkonvertierung/Satz: WERKSATZ Schmidt & Schulz GmbH, Gräfenhainichen
Druck: Hubert & Co. GmbH & Co. KG, Göttingen

∞ Gedruckt auf säurefreiem Papier

Printed in Germany

www.degruyter.com

Vorwort

Die Medien spielen für die Unternehmen und für die Nutzer in den Informations- und Kommunikationsprozessen eine immer stärker werdende Rolle. Dem Medienrecht als Gestaltungsmittel kommt dabei sowohl ein kulturelles als auch ein wirtschaftliches Gewicht zu. Die rechtlichen Rahmenbedingungen für die Produktion, Verbreitung und Nutzung von Medienprodukten werden für die Unternehmen und für die Nutzer immer komplexer. Das betrifft zB die Schutzfähigkeit von Medienprodukten genauso wie Werbemaßnahmen und den Schutz von Persönlichkeitsrechten. Mit der vorliegenden Publikation wird der Versuch unternommen, eine systematische und problemorientierte Darstellung der Rechtsfragen auf dem Gebiet des Medienrechts aufzuzeigen. Es werden schwerpunktmäßig in der zweiten Auflage die Rechtsfragen aufgeworfen, die sich vor allem aus der Vermarktung der Medienprodukte zwischen den Unternehmen in der realen und der virtuellen Medienwelt ergeben. Das betrifft die Produktion, Distribution und Konsumtion immaterieller Güter als Medienprodukte (zB Zeitungsartikel, Musikwerke, Computerspiele, Filme) im Internet und die Vermarktung von Persönlichkeitsrechten. Deshalb werden medienrechtliche Grundsätze und Spezifika einzelner Rechtsgebiete erläutert (zB Presse-, Rundfunk-, Werbe-, Wettbewerbs-, Urheber-, Kartell-, Telemedien-, Telekommunikations-, Design-, Marken-, Datenschutz- und Medienstrafrecht) und deren Anwendungsprobleme dargestellt. Da das Medienrecht ein stark expandierendes Rechtsgebiet ist, war es erforderlich, vor allem die neuen höchstrichterlichen Entscheidungen *sowie neuere Literatur* einzuarbeiten. In der zweiten Auflage sind zudem auch neue Rechtsgebiete (Theater- und Sportrecht) aufgenommen *sowie bereits bearbeitete ausgeweitet* worden. Aufgrund des Umfangs des Medienrechts wurde eine fünfbändige Herausgabe desselben als notwendig erachtet. In den einzelnen Bänden werden die spezifischen Rechtsprobleme angesprochen.

Die Publikation wendet sich in erster Linie an Rechtsanwälte, Richter, Staatsanwälte und Juristen in den Unternehmen. Sie gilt aber auch für die Masterausbildung von Rechtsanwälten auf dem Spezialgebiet des Medienrechts.

Im fünften Band werden vor allem Fragen des Telemedien- und Telekommunikationsrechts behandelt. Der für die Praxis so bedeutende Datenschutz der Unternehmen wird ebenfalls erörtert. Kein Rechtsgebiet ist so expandiert wie der Datenschutz. Fragen des Schutzes personenbezogener Daten und des IT-Sicherheitsrechts bilden einen Schwerpunkt in diesem Band. Außerdem wird ausführlich das Medienstrafrecht dargestellt, das für die Durchsetzung der Rechte der Nutzer und Unternehmen zunehmend an Bedeutung gewonnen hat.

Mein Dank gilt vor allem meiner wissenschaftlichen Mitarbeiterin, Frau Dr. Kirsten-Inger Wöhrn, die mit Engagement das schwierige Publikationsprojekt zu organisieren und redaktionell zu bearbeiten vermochte.

Den Lesern bin ich für kritische Hinweise und Anregungen dankbar.

Berlin, im Juni 2011 — Artur-Axel Wandtke

Verzeichnis der Bearbeiter

Rechtsanwältin Dr. **Sabine Boksanyi**, Fachanwältin für Urheber- und Medienrecht, München
Professor Dr. **Oliver Castendyk**, MSc. (LSE), Berlin
Rechtsanwalt Dr. **Ilja Czernik**, Salans, Berlin
Rechtsanwältin Dr. **Claire Dietz**, LL.M. (Fordham University), Linklaters LLP, Berlin
Rechtsanwalt Dr. **Jan Ehrhardt**, Ehrhardt Anwaltssozietät, Berlin
Rechtsanwalt Dr. **Soenke Fock**, LL.M., Fachanwalt für Gewerblichen Rechtsschutz, Wildanger Rechtsanwälte, Düsseldorf
Rechtsanwalt **Alexander Frisch**, LOH Rechtsanwälte, Berlin
Hon. Professor **Hans Joachim von Gottberg**, Freiwillige Selbstkontrolle Fernsehen e.V., Berlin
Rechtsanwalt **Matthias Hartmann**, HK2 Rechtsanwälte, Berlin
Professor Dr. **Bernd Heinrich**, Humboldt-Universität zu Berlin
Dr. **Thomas Tobias Hennig**, LL.M., Georg-August-Universität Göttingen
Rechtsanwalt Dr. **Ulrich Hildebrandt**, Lubberger Lehment, Berlin, Lehrbeauftragter der Heinrich-Heine-Universität, Düsseldorf
Professor Dr. **Thomas Hoeren**, Westfälische Wilhelms-Universität Münster
Rechtsanwalt Dr. **Ole Jani**, CMS Hasche Sigle, Berlin
Rechtsanwalt Dr. **Michael Kauert**, Heither & von Morgen – Partnerschaft von Rechtsanwälten, Berlin
Rechtsanwalt Dr. **Volker Kitz**, LL.M. (New York University), Köln,
Rechtsanwalt Dr. **Alexander R. Klett**, LL.M. (Iowa), Reed Smith LLP, München
Dr. **Gregor Kutzschbach**, Bundesministerium des Innern, Berlin
Rechtsanwältin **Andrea Kyre**, LL.M., Leiterin der Rechtsabteilung Grundy UFA TV Produktions GmbH, Berlin
Rechtsanwalt Dr. **Wolfgang Maaßen**, Justiziar des BFF Bund Freischaffender Foto-Designer, Düsseldorf
Professor Dr. **Ulf Müller**, Fachhochschule Schmalkalden
Dr. **Maja Murza**, LL.M., Justiziarin, Berlin
Rechtsanwältin Dr. **Claudia Ohst**, Berlin, Fachanwältin für Informationstechnologierecht, Justiziarin der BBAW, Lehrbeauftragte der Humboldt-Universität zu Berlin
Rechtsanwalt Dr. **Stephan Ory**, Püttlingen, seit 2001 Lehrbeauftragter der Universität des Saarlandes, Vorsitzender des Medienrates der Landesmedienanstalt Saarland
Rechtsanwalt Dr. **Jan Pohle**, DLA Piper UK LLP, Köln, Lehrbeauftragter der Carl-von-Ossietzky-Universität Oldenburg sowie der Heinrich-Heine-Universität Düsseldorf
Rechtsanwalt Dr. **Cornelius Renner**, LOH Rechtsanwälte, Berlin, Fachanwalt für Gewerblichen Rechtsschutz, Lehrbeauftragter an der Humboldt-Universität zu Berlin
Professor Dr. **Sebastian Schunke**, Professor für privates Wirtschaftsrecht, Hochschule für Wirtschaft und Recht, Berlin
Rechtsanwalt Dr. **Axel von Walter**, München, Fachanwalt für Urheber- und Medienrecht, Lehrbeauftragter an der Ludwig-Maximilians-Universität München
Professor Dr. **Artur-Axel Wandtke**, em. o. Professor der Humboldt-Universität zu Berlin
Rechtsanwalt Dr. **Bernd Weichhaus**, LL.M., Lubberger Lehment, Berlin
Rechtsanwalt Dr. **Marcus von Welser**, LL.M., München, Fachanwalt für Gewerblichen Rechtsschutz, Lehrbeauftragter an der Humboldt-Universität zu Berlin
Rechtsanwältin Dr. **Kirsten-Inger Wöhrn**, Dierks + Bohle Rechtsanwälte, Berlin

Inhaltsübersicht

Abkürzungsverzeichnis

aA	anderer Ansicht
abl	ablehnend
ABl	Amtsblatt der Europäischen Gemeinschaft
Abs	Absatz
abw	abweichend
AbzG	Gesetz betreffend die Abzahlungsgeschäfte (Abzahlungsgesetz)
aE	am Ende
aF	alte Fassung
AfP	Archiv für Presserecht
AG	Amtsgericht; Arbeitsgemeinschaft
AGB	Allgemeine Geschäftsbedingungen
AGC	Automatic Gain Control
AGICOA	Association de Gestion Internationale Collective des Œuvres Audiovisuelles
AIPPI	Association Internationale pour la Protection de la Propriété Industrielle
allg M	allgemeine Meinung
Alt	Alternative
AmtlBegr	Amtliche Begründung
Anm	Anmerkung
AP	Arbeitsrechtliche Praxis (Nachschlagewerk des Bundesarbeitsgerichts)
ArbG	Arbeitsgericht
ArbNErfG	Gesetz über Arbeitnehmererfindungen
ARD	Arbeitsgemeinschaft der öffentlich-rechtlichen Rundfunkanstalten der Bundesrepublik Deutschland
ARGE	Arbeitsgemeinschaft
ASCAP	American Society of Composers, Authors and Publishers (www.ascap.com)
ASCII	American Standard Code for Information Interchange
AuR	Arbeit und Recht
ausdr	ausdrücklich
Az	Aktenzeichen
AVA	Allgemeine Vertragsbestimmungen zum Architektenrecht
BAG	Bundesarbeitsgericht
BAGE	Entscheidungen des Bundesarbeitsgerichts
BayObLG	Bayerisches Oberstes Landesgericht
BB	Betriebs-Berater
BDS	Bund Deutscher Schriftsteller
BdÜ	Bund deutscher Übersetzer
Begr	Begründung
Bek	Bekanntmachung
Beschl	Beschluss
BFH	Bundesfinanzhof
BG	(Schweizerisches) Bundesgericht
BGB	Bürgerliches Gesetzbuch
BGBl	Bundesgesetzblatt
BGH	Bundesgerichtshof
BGHSt	Entscheidungen des Bundesgerichtshofes in Strafsachen
BGHZ	Entscheidungen des Bundesgerichtshofes in Zivilsachen

BIEM	Bureau International gérant les Droits de l'Enrégistrement et de la Reproduction Méchanique
BKartA	Bundeskartellamt
BlPMZ	Blatt für Patent-, Muster- und Zeichenwesen
BMJ	Bundesministerium der Justiz
BNotO	Bundesnotarordnung
BOS(chG)	Bühnenoberschiedsgericht
BPatG	Bundespatentgericht
BR-Drucks	Bundesrats-Drucksache
BRegE	Entwurf der Bundesregierung
BRRG	Beamtenrechtsrahmengesetz
BSHG	Bundessozialhilfegesetz
Bsp	Beispiel
bspw	beispielsweise
BT	Bundestag
BT-Drucks	Bundestags-Drucksache
BuB	Buch und Bibliothek
Buchst	Buchstabe
BVerfG	Bundesverfassungsgericht
BVerfGE	Entscheidungen des Bundesverfassungsgerichts
BVerfGG	Gesetz über das Bundesverfassungsgericht (Bundesverfassungsgerichtsgesetz)
BVerwG	Bundesverwaltungsgericht
bzgl	bezüglich
bzw	beziehungsweise
CGMS	Copy Generation Management System
CIS	Common Information System
CISAC	Confédération Internationale des Sociétés d'Auteurs et Compositeurs
CLIP	European Max Planck Group for Conflict of Laws in Intellectual Property
CMMV	Clearingstelle Multimedia (www.cmmv.de)
CORE	Internet Council of Registrars (www.corenic.org)
CPRM/CPPM	Content Protection for Recordable and Prerecorded Media
CR	Computer und Recht
CRi	Computer und Recht International
CSS	Content Scrambling System
c't	Magazin für computertechnik
DAT	Digital Audio Tape
DB	Der Betrieb
DEFA	Deutsche Film AG (www.defa-stiftung.de)
DENIC	Domain Verwaltungs- und Betriebsgesellschaft eG (www.denic.de)
ders	derselbe
dies	dieselbe(n)
DIN-Mitt	Mitteilungen des Deutschen Instituts für Normung e.V.
Diss	Dissertation
DLR-StV	Staatsvertrag über die Körperschaft des öffentlichen Rechts „Deutschlandradio"
DMCA	Digital Millennium Copyright Act (US-Bundesgesetz)
DOI	Digital Object Identifier
Dok	Dokument
DPMA	Deutsches Patent- und Markenamt
DRiG	Deutsches Richtergesetz
DRM	Digital Rights Management
DStR	Deutsches Steuerrecht

DTCP	Digital Transmission Content Protection
DtZ	Deutsch-Deutsche Rechts-Zeitschrift
DuD	Datenschutz und Datensicherheit
DVB	Digital Video Broadcasting
DVBl	Deutsches Verwaltungsblatt
DVD	Digital Versatile Disc
DZWIR	Deutsche Zeitschrift für Wirtschafts- und Insolvenzrecht
E	Entwurf
ECMS	Electronic Copyright Management System
EG	Europäische Gemeinschaft
EGBGB	Einführungsgesetz zum Bürgerlichen Gesetzbuch
EGV	Vertrag zur Gründung der Europäischen Gemeinschaft
Einf	Einführung
Einl	Einleitung
EIPR	European Intellectual Property Review
ENTLR	Entertainment Law Review
EPA	Europäisches Patentamt
epd-medien	Evangelischer Pressedienst – Medien
EU	Europäische Union
EuFSA	Europäisches Fernsehschutzabkommen
EuG	Europäisches Gericht erster Instanz
EuGH	Europäischer Gerichtshof
EuGV(V)O	Verordnung (EG) Nr. 44/2001 des Rates über die gerichtliche Zuständigkeit und die Anerkennung und Vollstreckung von Entscheidungen in Zivil- und Handelssachen
EuGVÜ	Europäisches Gerichtsstands- und Vollstreckungsübereinkommen
EUPL	European Union Public Licence
EuZW	Europäische Zeitschrift für Wirtschaftsrecht
EV	einstweilige Verfügung
EVertr	Einigungsvertrag
EWG	Europäische Wirtschaftsgemeinschaft, jetzt EG
EWiR	Entscheidungen zum Wirtschaftsrecht
EWS	Europäisches Wirtschafts- und Steuerrecht
f	folgende
FDGewRS	Fachdienst Gewerblicher Rechtsschutz
ff	folgende
FFG	Gesetz über Maßnahmen zur Förderung des deutschen Films (Filmförderungsgesetz)
FIDE	Féderation Internationale pour le droit Européen
FinG	Finanzgericht
Fn	Fußnote
FS	Festschrift
FSK	Freiwillige Selbstkontrolle der deutschen Filmwirtschaft
FuR	Film und Recht
GA	Goltdammer's Archiv für Strafrecht
GATT	General Agreement on Tariffs and Trade
GBl	Gesetzblatt (der DDR)
GebrMG	Gebrauchsmustergesetz
gem	gemäß
GEMA	Gesellschaft für musikalische Aufführungs- und mechanische Vervielfältigungsrechte (www.gema.de)
GeschmMG	Geschmacksmustergesetz

GewStG	Gewerbesteuergesetz
GG	Grundgesetz
ggf, ggfs	gegebenenfalls
gif	Graphic Interchange Format (Format für Bilddateien)
GmbH	Gesellschaft mit beschränkter Haftung
GMBl	Gemeinsames Ministerialblatt
GNU	GNU's Not Unix
GPL	GNU General Public License
GPRS	General Packet Radio Service
grds	grundsätzlich
GRUR	Gewerblicher Rechtsschutz und Urheberrecht
GRUR Int	Gewerblicher Rechtsschutz und Urheberrecht International
GRUR-RR	Gewerblicher Rechtsschutz und Urheberrecht Rechtsprechungs-Report
GrZS	Großer Senat für Zivilsachen
GTA	Genfer Tonträgerabkommen
GÜFA	Gesellschaft zur Übernahme und Wahrnehmung von Filmaufführungsrechten (www.guefa.de)
GVBl	Gesetz- und Verordnungsblatt
GVL	Gesellschaft zur Verwertung von Leistungsschutzrechten (www.gvl.de)
GWB	Gesetz gegen Wettbewerbsbeschränkungen
GWFF	Gesellschaft zur Wahrnehmung von Film- und Fernsehrechten (www.gwff.de)
Halbbd	Halbband
HalblSchG	Gesetz über den Schutz der Topographien von mikroelektronischen Halbleitererzeugnissen (Halbleiterschutzgesetz)
HS	Halbsatz
HauptB	Hauptband
Hdb	Handbuch
HDCP	High-bandwidth Digital Content Protection
hL	herrschende Lehre
hM	herrschende Meinung
Hrsg	Herausgeber
ICANN	Internet Corporation for Assigned Names and Numbers (www.icann.org)
idF	in der Fassung
idR	in der Regel
idS	in diesem Sinne
iE	im Ergebnis
IFPI	International Federation of the Phonographic Industry (www.ifpi.org)
IIC	International Review of Industrial Property and Copyright Law
IMHV	Interessengemeinschaft Musikwissenschaftlicher Herausgeber und Verleger (Gründungsname v. 1.3.1966 der heutigen VG Musikedition)
insb	insbesondere
InstGE	Entscheidungen der Instanzgerichte zum Recht des geistigen Eigentums
IPQ	Intellectual Property Quaterly
IPR	Internationales Privatrecht
IPRax	Praxis des Internationalen Privat- und Verfahrensrechts
ISO	International Standards Organization
iSd	im Sinne des/der
iSv	im Sinne von
IT	Informationstechnologie
ITRB	Der IT-Rechtsberater
ITU	International Telecommunication Union
IuKDG	Informations- und Kommunikationsdienste-Gesetz

IuR	Informatik und Recht
iVm	in Verbindung mit
jpg	Dateinamenerweiterung von Bilddateien im Format JPEG, benannt nach der *J*oint *P*hotographic *E*xperts *G*roup der ITU und der ISO
Jura	Juristische Ausbildung
jurisPR-WettbR	juris PraxisReport Wettbewerbs- und Immaterialgüterrecht
jurisPT-ITR	juris PraxisReport IT-Recht
JurPC	Internet-Zeitschrift für Rechtsinformatik und Informationsrecht
JVEG	Justiz-Vergütungs- und Entschädigungsgesetz
JW	Juristische Wochenschrift
JZ	Juristenzeitung
Kap	Kapitel
KG	Kammergericht; Kommanditgesellschaft
krit	kritisch
KSVG	Gesetz über die Sozialversicherung der selbständigen Künstler und Publizisten (Künstlersozialversicherungsgesetz)
KUG	Gesetz betreffend das Urheberrecht an Werken der bildenden Künste und der Photographie
KUR	Kunstrecht und Urheberrecht
K&R	Kommunikation und Recht
KWG	Kreditwesengesetz
LAG	Landesarbeitsgericht
LAN	Local Area Network
LG	Landgericht; *(in Österreich:)* Landesgericht
LGPL	GNU Lesser General Public License
lit	litera (Buchstabe)
LM	Lindenmaier/Möhring, Nachschlagewerk des Bundesgerichtshofes
LPG	Landespressegesetz
LUG	Gesetz betreffend das Urheberrecht an Werken der Literatur und der Tonkunst
LZ	Leipziger Zeitschrift für Deutsches Recht
MA	Der Markenartikel
MarkenG	Markengesetz
MarkenR	Zeitschrift für deutsches, europäisches und internationales Markenrecht
MDR	Monatsschrift für Deutsches Recht
MDStV	Mediendienste-Staatsvertrag
Mio	Million
MIR	Medien Internet und Recht
Mitt	Mitteilungen (der deutschen Patentanwälte)
MMA	Madrider Markenrechtsabkommen
MMR	Multimedia und Recht, Zeitschrift für Informations-, Telekommunikations- und Medienrecht
mp3	Dateinamenerweiterung für bestimmte mpeg-Tondateien
mpeg	Komprimierungsstandard für digitale Bewegtbilder und Toninformationen, benannt nach der *M*oving *P*ictures *E*xperts *G*roup der ISO
MPL	Mozilla Public License
MR-Int	Medien und Recht international
MünchKommBGB	Münchener Kommentar zum BGB
mwN	mit weiteren Nachweisen
Nachw	Nachweise
nF	neue Fassung

NJ	Neue Justiz
NJW	Neue Juristische Wochenschrift
NJW-RR	NJW-Rechtsprechungs-Report Zivilrecht
NJW-CoR	NJW-Computerreport
NJWE-WettbR	NJW-Entscheidungsdienst Wettbewerbsrecht (jetzt GRUR-RR)
n rkr	nicht rechtskräftig
NV	Normalvertrag
ÖBGBl	Österreichisches Bundesgesetzblatt
ÖBl	Österreichische Blätter für gewerblichen Rechtsschutz und Urheberrecht
ÖSGRUM	Österreichische Schriftenreihe zum Gewerblichen Rechtsschutz, Urheber- und Medienrecht
öUrhG	öst. UrhG
OGH	Oberster Gerichtshof (Wien)
ÖJZ	Österreichische Juristenzeitung
OLG	Oberlandesgericht
OLGZ	Entscheidungen der Oberlandesgerichte in Zivilsachen
OMPI	Organisation Mondiale de la Propriété Intellectuelle
OPAC	Online Public Access Catalogue
OVG	Oberverwaltungsgericht
OWiG	Gesetz über Ordnungswidrigkeiten
PatG	Patentgesetz
PDA	Personal Digital Assistant
pdf	portable document format
PGP	Pretty Good Privacy
php	PHP: Hypertext Preprocessor
PIN	Personal Identification Number
pma	post mortem auctoris
PR	Public Relations
PrPG	Gesetz zur Stärkung des Schutzes des geistigen Eigentums und zur Bekämpfung der Produktpiraterie
PVÜ	Pariser Verbandsübereinkunft zum Schutz des gewerblichen Eigentums
RA	Rom-Abkommen
RabelsZ	Zeitschrift für ausländisches und internationales Privatrecht
RBÜ	Revidierte Berner Übereinkunft zum Schutz von Werken der Literatur und der Kunst
RdA	Recht der Arbeit
RefE	Referentenentwurf
RegE	Regierungsentwurf
RG	Reichsgericht
RGBl	Reichsgesetzblatt
RGSt	Entscheidungen des Reichsgerichts in Strafsachen
RGZ	Entscheidungen des Reichsgerichts in Zivilsachen
RIAA	Recording Industry Association of America
RIDA	Revue Internationale du Droit d'Auteur
RiStBV	Richtlinien für das Strafverfahren und das Bußgeldverfahren
RIW	Recht der Internationalen Wirtschaft
RL	Richtlinie
Rn	Randnummer
Rspr	Rechtsprechung
RzU	E. Schulze (Hg), Rechtsprechung zum Urheberrecht
S	Seite, Satz

s	siehe
SACEM	Société des Auteurs, Compositeurs et Éditeurs de Musique (www.sacem.fr)
SatÜ	Brüsseler Satellitenübereinkommen
SchSt	Schiedsstelle nach dem Gesetz über die Wahrnehmung von Urheberrechten und verwandten Schutzrechten
SCMS	Serial Copyright Management System
SigG	Gesetz zur digitalen Signatur – Signaturgesetz
SJZ	Süddeutsche Juristenzeitung
SMI	Schweizerische Mitteilungen zum Immaterialgüterrecht
so	siehe oben
sog	so genannte(r/s)
SortenSchG	Sortenschutzgesetz
SpuRt	Zeitschrift für Sport und Recht
STAGMA	Staatlich genehmigte Gesellschaft zur Verwertung musikalischer Urheberrechte
StGB	Strafgesetzbuch
StPO	Strafprozessordnung
str	strittig
stRspr	ständige Rechtsprechung
StV	Staatsvertrag
su	siehe unter/unten
TCPA	Trusted Computing Platform Alliance
TDG	Gesetz über die Nutzung von Telediensten (Teledienstegesetz)
TKG	Telekommunikationsdienstegesetz
TKMR	Telekommunikations- & Medienrecht
TMG	Telemediengesetz
TRIPS	WTO-Übereinkommen über handelsbezogene Aspekte der Rechte des geistigen Eigentums
TV	Tarifvertrag
TVG	Tarifvertragsgesetz
Tz	Textziffer
ua	unter anderem
uä	und ähnliches
UFITA	Archiv für Urheber-, Film-, Funk- und Theaterrecht
UMTS	Universal Mobile Telecommunications System
UmwG	Umwandlungsgesetz
URG	Urheberrechtsgesetz (der DDR)
UrhG	Urheberrechtsgesetz
UrhGÄndG	Gesetz zur Änderung des Urheberrechtsgesetzes
Urt	Urteil
UStG	Umsatzsteuergesetz
UWG	Gesetz gegen den unlauteren Wettbewerb in der Fassung vom 3. Juli 2004
Var	Variante
VerlG	Gesetz über das Verlagsrecht
VersG	Versammlungsgesetz
VFF	Verwertungsgesellschaft der Film- und Fernsehproduzenten (www.vffvg.de)
VG	Verwertungsgesellschaft; Verwaltungsgericht
VG Bild-Kunst	Verwertungsgesellschaft Bild-Kunst (www.bildkunst.de)
VGF	Verwertungsgesellschaft für Nutzungsrechte an Filmwerken
vgl	vergleiche
VG Media	Gesellschaft zur Verwertung der Urheber- und Leistungsschutzrechte von Medienunternehmen mbH

VG Musikedition	Verwertungsgesellschaft zur Wahrnehmung von Nutzungsrechten an Editionen (Ausgaben) von Musikwerken (www.vg-musikedition.de)
VG Satellit	Gesellschaft zur Verwertung der Leistungsschutzrechte von Sendeunternehmen
VG WORT	Verwertungsgesellschaft der Wortautoren (www.vgwort.de)
VO	Verordnung
VPRT	Verband Privater Rundfunk und Telemedien
VS	Verband deutscher Schriftsteller
WahrnG	Gesetz über die Wahrnehmung von Urheberrechten und verwandten Schutzrechten
WAN	Wide Area Network
WAP	Wireless Application Protocol
WCT	WIPO Copyright Treaty
WIPO	World Intellectual Property Organization (www.wipo.org)
WM	Wertpapier-Mitteilungen
WPPT	WIPO Performances and Phonograms Treaty
WRP	Wettbewerb in Recht und Praxis
WRV	Weimarer Reichtsverfassung
WTO	World Trade Organization (www.wto.org)
WUA	Welturheberrechtsabkommen
WuW	Wirtschaft und Wettbewerb
XML	Extensible Markup Language
zB	zum Beispiel
ZBR	Zeitschrift für Beamtenrecht
ZBT	Zentralstelle Bibliothekstantieme
ZDF	Zweites Deutsches Fernsehen
ZEuP	Zeitschrift für Europäisches Privatrecht
ZfBR	Zeitschrift für deutsches und internationales Bau- und Vergaberecht
ZFS	Zentralstelle Fotokopieren an Schulen
ZfZ	Zeitschrift für Zölle
ZGR	Zeitschrift für Unternehmens- und Gesellschaftsrecht
ZHR	Zeitschrift für das gesamte Handels- und Wirtschaftsrecht
ZIP	Zeitschrift für Wirtschaftsrecht
zit	zitiert
ZKDSG	Zugangskontrolldiensteschutzgesetz
ZPO	Zivilprozessordnung
ZPÜ	Zentralstelle für private Überspielungsrechte
ZS	Zivilsenat
ZSEG	Gesetz über die Entschädigung von Zeugen und Sachverständigen (Zeugen- und Sachverständigen-Entschädigungsgesetz)
ZSR NF	Zeitschrift für Schweizerisches Recht – Neue Folge
ZUM	Zeitschrift für Urheber- und Medienrecht
ZUM-RD	Rechtsprechungsdienst der ZUM
zust	zustimmend
ZVV	Zentralstelle Videovermietung
ZZP	Zeitschrift für Zivilprozess

Kapitel 1
Telemedienrecht

Literatur

Amlung/Fisch Digitale Rundfunkangebote im Netz – Bewegtbild in der digitalen Welt ZUM 2009, 442; *Baier* Zulassungspflicht für Web-TV? CR 2008, 769; *Ballhausen* Kommentar zu: EuGH Urteil vom 3.9.2009 – C-489/07 K&R 2009, 704; *Becker* Rechtliche Rahmenbedingungen für Plattformanbieter ZUM 2009, 1; *Bender/Kahlen* Neues Telemediengesetz verbessert den Rechtsrahmen für Neue Dienste und Schutz vor Spam-Mails MMR 2006, 590; *Berger* Die internationale Zuständigkeit bei Urheberrechtsverletzungen in Internet-Websites aufgrund des Gerichtsstands der unerlaubten Handlung nach Art 5 Nr 3 EuGVO GRUR Int 2005, 465; *Bettinger* Kennzeichenrecht im Cyberspace Der Kampf um die Domain-Namen GRUR 1997, 402; *Bonke/Gellman* Die Widerrufsfrist bei eBay-Auktionen – Ein Beitrag zur Problematik der rechtzeitigen Belehrung des Verbrauchers in Textform NJW 2006, 3169; *Bierekoven* Die Neuregelung des Widerrufs- und Rückgaberechts im Fernabsatz und E-Commerce CR 2008, 785; *Borges* Pflichten und Haftung beim Betrieb privater WLAN NJW 2010, 2624; *Bornemann* Rundfunkzulassung auf Zeit oder „bis dass der Tod euch scheidet“ ZUM 2010, 146; *Brunst* Umsetzungsprobleme der Impressumspflicht bei Webangeboten MMR 2004, 8; *Buchmann* Die Widerrufsbelehrung im Spannungsfeld zwischen Gesetzgebung und Rechtsprechung – Vorschlag für ein Muster für Fernabsatzgeschäfte mit Waren im Internet MMR 2007, 347; *Buchner* Rom II und das Internationale Immaterialgüter- und Wettbewerbsrecht GRUR 2005, 1004; *Büchner/Dreier* (Hrsg) Von der Lochkarte zum globalen Netzwerk – 30 Jahre DGRI Informationstechnik und Recht Schriftenreihe der DGRI eV Bd 16 Köln 2007 (zit Büchner/Dreier/*Bearbeiter*); *Bullinger* Strukturwandel von Rundfunk und Presse – Rechtliche Folgewirkung der neuen elektronischen Medien NJW 1984, 385; *Castendyk/Böttcher* Ein neuer Rundfunkbegriff für Deutschland? MMR 2008, 13; *Damm* Sind deutsche Gerichte zur weltweiten Internetregulierung befugt? – Anmerkung zur BGH-Entscheidung „New York Times“ GRUR 2010, 891; *Danckwerts* Örtliche Zuständigkeit bei Urheber-, Marken- und Wettbewerbsverletzungen im Internet – Wider einen ausufernden „fliegenden Gerichtsstand“ der bestimmungsgemäßen Verbreitung GRUR 2007, 104; *Degenhart* Programmauftrag Internet – Öffentlich-rechtliche Rundfunkanstalten und Online-Dienste MMR 1998, 137; *Dierking/Möller* Online-TV und das „Long Tail“-Phänomen verändern die Grundlagen der Rundfunkordnung MMR 2007, 426; *Dreier/Schulze* UrhG Kommentar 3. Aufl 2008 (zit Dreier/Schulze/*Bearbeiter*); *Eberle* Digitale Rundfunkfreiheit – Rundfunk zwischen Couch-Viewing und Online-Nutzung CR 1996, 193; *Eck/Ruess* Haftungsprivilegierung der Provider nach der E-Commerce-Richtlinie – Umsetzungsprobleme dargestellt am Beispiel der Kenntnis nach § 11 Satz 1 Ziff 1 TDG MMR 2003, 362; *Edler/Reiner* Keine generelle Nutzungsersatzpflicht des Verbrauchers nach Fernabsatzwiderruf ZAP 2010 Fach 3, 25; *Ehret* Internet-Auktionshäuser auf dem haftungsrechtlichen Prüfstand. Ein Beitrag zur zivilrechtlichen Haftung von Internet-Auktionshäusern für rechtswidrige Auktionsangebote CR 2003, 754; *Eifler* Das System des Jugendmedienschutzes in Jugendschutzgesetz und Jugendmedienschutz-Staatsvertrag für PC Web.-Dok. 40/2011; *Engel* Die Internet-Service-Provider als Geiseln deutscher Ordnungsbehörden Eine Kritik an den Verfügungen der Bezirksregierung Düsseldorf MMR Beilage 4 2003, 1; *Engels* Zivilrechtliche Haftung für Inhalte im World Wide Web AfP 2000, 524; *Fallenböck* From Anticircumvention Provisions to Intermediary Liability, Digital Rights Management Legislation in Europe and the U.S. MR-Int 2004, 11; *Faustmann* Änderung bisheriger Musterwiderrufsbelehrungen bei Fernabsatzverträgen nach Entscheidung des EuGH zur Wertersatzpflicht ZGS 2009, 502; *Föhlisch* Ist die Musterwiderrufsbelehrung für den Internethandel noch zu retten? MMR

2007, 139; *Föhlisch/Buchmann* „Globales Leihhaus Internet" statt Onlinehandel? – Wertersatz für Nutzungen nach fernabsatzrechtlichem Widerruf MMR 2010, 3; *Freytag* Providerhaftung im Binnenmarkt CR 2000, 600; *Fülbier* Web 2.0 – Haftungsprivilegierungen bei MySpace und YouTube CR 2007, 515; *Geiger/Engelhardt/Hansen/Markowski* Urheberrecht im deutsch-französischen Dialog – Impulse für eine europäische Rechtsharmonisierung – Bericht von der Abschlussveranstaltung der deutsch-französischen Vortragsreihe zum Urheberrecht am 13. Januar 2006 im Europäischen Patentamt GRUR Int 2006, 475; *Gietl* Störerhaftung für ungesicherte Funknetze – Voraussetzungen und Grenzen MMR 2007, 630; *Gitter/Schnabel* Die Richtlinie zur Vorratsspeicherung und ihre Umsetzung in das nationale Recht MMR 2007, 411; *Gola* Die Entwicklung des Datenschutzrechts in den Jahren 2000/2001 NJW 2001, 3747; *Gounalakis* Der Mediendienste-Staatsvertrag der Länder NJW 1997, 2993; *Gounalakis/Wege* Öffentlich-rechtlicher Rundfunk hat seinen Preis NJW 2008, 800; *Grewenig* Rechtliche Rahmenbedingungen für Plattformanbieter – Perspektiven des privaten Rundfunks ZUM 2009, 15; *Handig* Urheberrechtliche Aspekte bei der Lizenzierung von Radioprogrammen im Internet GRUR 2007, 206; *Hartmann* Strafrechtliche Verantwortung des Zugangsproviders Computerrecht Intern 1998, 99; *ders* Belehrung im elektronischen Fernabsatz CR 2010, 371; *Hasselblatt* Internetbezogene Rechtsprobleme, 2. Aufl München 2005; *Heckmann* E-Commerce Flucht in den virtuellen Raum? – Zur Reichweite gewerberechtlicher Bindungen des Internethandels NJW 2000, 1370; *Helmke/Müller/Neumann* Internet-Telefonie zwischen TKG, IuKDG und Mediendienste-Staatsvertrag – Ein Modell zur Einordnung individualkommunikativer Dienste in das deutsche Multimediarecht JurPC Web-Dok 93/1998; *Hochstein* Teledienste, Mediendienste und Rundfunkbegriff – Anmerkungen zur praktischen Abgrenzung multimedialer Erscheinungsformen NJW 1997, 2977; *Hoenike/Hülsdunk* Rechtliche Vorgaben für Fernabsatzangebote im elektronischen Geschäftsverkehr bei und nach Vertragsschluss MMR 2002, 516; *Hoeren* Internetrecht (März 2007) abrufbar unter www.uni-muenster.de/Jura.itm/Hoeren (zit *Hoeren* Internetrecht); *ders* Das Telemediengesetz NJW 2007, 801; *ders* Zoning und Geolocation – Technische Ansätze zu einer Reterritorialisierung des Internet MMR 2007, 3; *ders* Der Tod und das Internet – Rechtliche Fragen zur Verwendung von E-Mail- und WWW-Accounts nach dem Tode des Inhabers NJW 2005, 2113; *ders* Das Pferd frisst keinen Gurkensalat – Überlegungen zur Internet Governance NJW 2008, 2615; *Hoffmann* Zivilrechtliche Haftung im Internet MMR 2002, 284; *Hohmann-Dennhardt* Freiräume – Zum Schutz der Privatheit NJW 2006, 545; *Holznagel* Konvergenz der Medien – Herausforderungen an das Recht NJW 2002, 2351; *Holznagel/Ricke* Die Aufsicht im Internet – Wer hat noch nicht, wer will noch mal? MMR 2008, 18; *Horn* Verbraucherschutz bei Internetgeschäften MMR 2002, 210; *Jandt* Datenschutz bei Location Based Services – Voraussetzungen und Grenzen der rechtmäßigen Verwendung von Positionsdaten MMR 2007, 74; *Kaufmann/Köcher* Anmerkung zu AG Charlottenburg vom 19.12.2005 – 209 C 1015/05 MMR 2006, 255 f; *Kienle* Effektiver Zugang zum (doppelten) Recht? Ein Zwischenruf zum Verhältnis von EuGVO und EuVTVO EuZW 2010, 334; *Kitz* Die Auskunftspflicht des Zugangsvermittlers bei Urheberrechtsverletzungen durch seine Nutzer GRUR 2003, 1014; *ders* Kommerzielle Kommunikation per e-Mail im neuen Telemediengesetz DB 2007, 385; *ders* Das neue Recht der elektronischen Medien in Deutschland – sein Charme, seine Fallstricke ZUM 2007, 368; *Klaes* Verfassungsrechtlicher Rundfunkbegriff und Internet ZUM 2009, 135, 141; *Klass* Das Urheberkollisionsrecht der ersten Inhaberschaft – Plädoyer für einen universalen Ansatz GRUR 2007, 373; *Kleist/Scheuer* Audiovisuelle Mediendienste ohne Grenzen MMR 2006, 128; *Kloos* Anmerkung zu LG Frankfurt – Verantwortlichkeit für Links CR 1999, 46; *Kochinke/Tröndle* Links, Frames und Meta-Tags CR 1999, 190; *Köhler* „Täter" und „Störer" im Wettbewerbs- und Markenrecht – Zur BGH-Entscheidung „Jugendgefährdende Medien bei eBay" GRUR 2008, 1; *Köster* Anmerkung zu BGH vom 12.7.2007 – I ZR 18/04 MMR 2007, 640; *Kubicek* Duale Informationsordnung als Sicherung des öffentlichen Zugangs zu Informationen CR 1995, 370; *Ladeur* Der prozedurale Schutz der Medienfreiheit ZUM 2004, 1; *Lehmann* Unvereinbarkeit des § 5 Teledienstegesetzes mit Völkerrecht und Europarecht CR 1998, 232; *Leible/Sosnitza* Neues zur Störerhaftung von Internet-Auktionshäusern NJW 2004, 3225; *Leistner* Von „Grundig-Reporter(n) zu Paperboy(s)" – Entwicklungsperspektiven der Verantwortlichkeit im Urheberrecht GRUR 2006, 801; *ders* Störerhaftung und mittelbare Schutzrechtsverletzung GRUR-Beil 2010, 1; *Leitgeb* Virales Marketing – Rechtliches Umfeld für Werbefilme auf Internetportalen wie YouTube ZUM 2009, 39; *Lejeune* Die

Reform der Widerrufsbelehrungen für den Online Handel CR 2008, 226; *Leuering/Rubel* Pflichtangaben in E-Mails: Der Link ins Internet als Alternative NJW-Spezial 2008, 47; *Liesching* Das neue Jugendschutzgesetz NJW 2002, 3281; *Liesching/Knupfer* Verantwortlichkeit von Internetcafé-Betreibern für die Zugangsgewährung zu jugendgefährdenden Inhalten MMR 2003, 562; *Lorenz* Aufsicht über Telemedien JurPC 171/2010; *Luhmann* Selbstreflexion des Rechtssystems – Rechtstheorie in gesellschaftstheoretischer Perspektive, in Ausdifferenzierung des Recht Frankfurt aM 1979; *ders* Das Recht der Gesellschaft Frankfurt aM 1993; *Mankowski* Internet und Internationales Wettbewerbsrecht GRUR Int 1999, 909; *Manna/Vasapollo* Italy Linking as Copyright Crime CRi 2007, 59; *Masuch* Neufassung des Musters für Widerrufsbelehrungen BB 2005, 344; *ders* Neues Muster für Widerrufsbelehrungen NJW 2008, 1700; *Maume* Bestehen und Grenzen des virtuellen Hausrechts, MMR 2007, 621; *Michel* Senden als konstitutiver Bestandteil des Rundfunkbegriffs? ZUM 2009, 453; *Micklitz* Rundfunkrechtliche Fragen des Teleshoppings NJW 1990, 1570; *Möller* Joost: ein Programm für die Zukunft des Fernsehens? MMR 2007 Heft 5, VI; *Müglich* Auswirkungen des EGG auf die haftungsrechtliche Behandlung von Hyperlinks CR 2002, 583; Münchner Kommentar zum BGB 4. Aufl 2000–2006, 5. Aufl München 2006 ff (MüKo/*Bearbeiter*); *Nennen* Vertragspflichten und Störerhaftung der Werbeagenturen GRUR 2005, 214; *Neun* Öffentlich-rechtlicher Rundfunk: Grenzen des Wachstums, Programm- und Angebotsdiversifizierung der Rundfunkanstalten der Bundesrepublik Deutschland Berlin 2002 (zit *Neun* Grenzen); *Noske* Ist das duale Rundfunksystem reformbedürftig? ZRP 2007, 64; *Ohly* Herkunftslandprinzip und Kollisionsrecht GRUR Int 2001, 899; *Ott* Impressumspflicht contra Spam-Vermeidung – Ein unauflöslicher Konflikt? JurPC Web-Dok 78/2005; *ders* Haftung für verlinkte urheberrechtswidrige Inhalte in Deutschland, Österreich und den USA GRUR Int 2007, 14; *ders* Impressumspflicht für Webseiten – Die Neuregelungen nach § 5 TMG, § 55 RStV MMR 2007, 354; *Palandt* Bürgerliches Gesetzbuch, 70. Aufl München 2011; *Papier* Aktuelle Fragen der bundesstaatlichen Ordnung NJW 2007, 2145; *Peters* Die Konsequenzen aus den Verbotstatbeständen des Rundfunkstaatsvertrags für öffentlich-rechtliche Online-Angebote NJW 2010, 335; *Plaß* Hyperlinks im Spannungsfeld von Urheber-, Wettbewerbs- und Haftungsrecht WRP 2000, 599; *Ranke* M-Commerce – Einbeziehung von AGB und Erfüllung von Informationspflichten MMR 2002, 509; *Rauscher* Internationaler Gerichtsstand des Erfüllungsorts – Abschied von Tessili und de Bloos NJW 2010, 2251; *Roellecke* Den Rechtsstaat für einen Störer! – Erziehung vs Internet? NJW 1996, 1801; *Rössel/Kruse* Schadensersatzhaftung bei Verletzung von Filterpflichten CR 2008, 35; *Rüßmann* Verbraucherschutz im Internet K&R 1998, 129; *Rumyantsev* Journalistisch-redaktionelle Gestalung: Eine verfassungswidrige Forderung? ZUM 2008, 33; *Schack* Internationale Urheber-, Marken- und Wettbewerbsrechtsverletzungen im Internet – Internationales Zivilprozessrecht MMR 2000, 135; *ders* Rechtsprobleme der Online-übermittlung GRUR 2007, 640; *Schinkels* Pflicht des Verbrauchers zum Wertersatz bei einem Widerruf im Warenfernabsatz nach der Rechtsprechung des EuGH ZGS 2009, 539; *Schirmbacher* Musterhafte Widerrufsbelehrung – Neuerungen und kein Ende BB 2009, 1088; *Schmitz/Dierking* Inhalte- und Störerverantwortlichkeit bei Telekommunikations- und Telemediendiensten – Anregungen für das geplante neue Telemediengesetz CR 2005, 420; *Spindler/Schmitz/Geis* TDG – Teledienstgesetz, Teledienstedatenschutzgesetz, Signaturgesetz – Kommentar, München 2004 (zit Spindler/Schmitz/Geis/*Bearbeiter*); *Schneider* Vom Zuschauer zum Nutzer – Verschiebungen im Gefüge der medialen Kommunikation, in *Gemeinsame Stelle digitaler Zugang (GSDZ)/Arbeitsgemeinschaft der Landesmedienanstalten (ALM)* (Hrsg) Digitalisierungsbericht 2007; *Schoch* Konvergenz der Medien – sollte das Recht der Medien harmonisiert werden? JZ 2002, 798; *Schulz* Zum Vorschlag für eine Richtlinie über audiovisuelle Mediendienste. Arbeitspapiere des Hans-Bredow-Instituts Nr 17 2006, abrufbar unter www.hans-bredow-institut.de/publikationen/apapiere/17EU-Mediendiensterichtlinie.pdf (zit *Schulz* audiovisuelle Mediendienste); *Schulz/Jürgens* Die Regulierung von Inhaltsdiensten in Zeiten der Konvergenz, in *Die Landesmedienanstalten* (Hrsg) Schriftenreihe der Landesmedienanstalten Berlin 2002 (zit *Schulz/Jür-gens* Regulierung); *Sieber* Strafrechtliche Verantwortlichkeit für den Datenverkehr in internationalen Computernetzen JZ 1996, 429, 494; *ders* Verantwortlichkeit im Internet – Technische Kontrollmöglichkeiten und multimediarechtliche Regelungen München 1999 (zit *Sieber* Verantwortlichkeit); *ders* Die rechtliche Verantwortlichkeit im Internet – Grundlagen, Ziele und Auslegung von § 5 TDG und § 5 MDStV MMR (Beil 2) 1999, 1; *Sieber/Liesching* Die

Verantwortlichkeit der Suchmaschinenbetreiber nach dem Telemediengesetz MMR-Beil Heft 8 2007, 1; *Sieber/Nolde* Sperrverfügungen im Internet, territoriale Rechtsgeltung im globalen Cyberspace? Bd MPIS 113 der Schriftenreihe des Max-Planck-Instituts für ausländisches und internationales Strafrecht – Strafrechtliche Forschungsberichte (Hrsg *Ulrich Sieber*) Vorabdruck abrufbar unter http://www.mpicc.de/de/data/pdf/mpi_sperrverfuegungen_pm_gutachten.pdf (zit *Sieber/Nolde* Sperrverfügungen); *Sierck/Schöning/Pöhl* Zulässigkeit der Vorratsdatenspeicherung nach europäischem und deutschem Recht, abrufbar unter www.bundestag.de/bic/analysen/2006/zulaessigkeit_der_vorratsdatenspeicherung_nach_europaeischem_und_deutschem_recht.pdf; *Sobola/Kohl* Haftung von Providern für fremde Inhalte CR 2005, 443; *Spieker, Oliver* Haftungsrechtliche Aspekte für Unternehmen und ihre Internet-Werbepartner (Affiliates) GRUR 2006, 903; *Spindler* Deliktsrechtliche Haftung im Internet – nationale und internationale Rechtsprobleme – ZUM 1996, 533; *ders* Dogmatische Strukturen der Verantwortlichkeit der Diensteanbieter nach TDG und MDStV MMR 1998, 639; *ders* Das Gesetz zum elektronischen Geschäftsverkehr – Verantwortlichkeit der Diensteanbieter und Herkunftslandprinzip NJW 2002, 921; *ders* Anmerkung zu OVG Münster Beschluss vom 19.3.2003 – 8 B 2567/02 MMR 2003, 353; *ders* Die Verantwortlichkeit der Provider für „Sich-zu-Eigen-gemachte" Inhalte und für beaufsichtigte Nutzer MMR 2004, 440; *ders* Anmerkung zu BGH vom 19.4.2007 I ZR 35/04 – Internetversteigerung II und vom 27.3.2007 VI ZR 101/06 – Internetforen MMR 2007, 511; *ders* Das neue Telemediengesetz – Konvergenz in sachten Schritten CR 2007, 239; *Spindler* Störerhaftung im Internet K&R 1998, 177; *ders* Hyperlinks und ausländische Glücksspiele – Karlsruhe locuta causa finita?, GRUR 2004, 724; *ders* Bildersuchmaschinen, Schranken und konkludente Einwilligung im Urheberrecht – Besprechung der BGH-Entscheidung „Vorschaubilder" GRUR 2010, 785; *Stadler* Sperrungsverfügung gegen Access-Provider MMR 2002, 343; *ders* Haftung für Informationen im Internet 2. Aufl Berlin 2005 (zit *Stadler* Haftung); *Stenzel* Ergänzung der Reform der Telemedien um eine Haftungsprivilegierung für Hyperlinks notwendig MMR 2006, V; *Stickelbrock* „Impressumspflicht" im Internet – eine kritische Analyse der neueren Rechtsprechung zur Anbieterkennzeichnung nach § 6 TDG GRUR 2004, 111; *Tettenborn* Die Evaluierung des IuKDG – Erfahrungen, Erkenntnisse und Schlußfolgerungen MMR 1999, 516; *Thaenert* Der Einfluss der EU-Medienpolitik auf die nationale Rundfunkordnung MMR 2005, 297; *Ubertazzi* IP-Lizenzverträge und die EG-Zuständigkeitsverordnung GRUR Int 2010, 103; *Vassilaki* Strafrechtliche Verantwortlichkeit der Diensteanbieter nach dem TDG – Eine Untersuchung unter besonderer Berücksichtigung der Einordnung des § 5 TDG im Strafrechtssystem MMR 1998, 630; *Wandke/Bullinger* Praxiskommentar zum Urheberrecht 3. Aufl München 2009; *Wegner* Rechtlicher Schutz von Internetdomains CR 1998, 676; *Weides* Der Jugendmedienschutz im Filmbereich NJW 1987, 224; *Weisser/Glas* Die medienrechtliche Regulierung von Plattformen ZUM 2009, 914; *Wenning* Das Internet – ein rechtsfreier Raum? JurPC Web-Dok 16/1997; *Wimmers/Schulz* Die Abgrenzung zwischen Werknutzer und technischem Vermittler im Urheberrecht CR 2008, 170; *Woitke* Das „Wie" der Anbieterkennzeichnung gemäß § 6 TDG NJW 2003, 871.

Übersicht

§ 1
Entstehung und aktuelle Entwicklung des Telemedienrechts

I. Konvergenz

1 Telemedienrecht ist ein junges Rechtsgebiet. Die technische Revolution durch Digitalisierung hat die Kategorien der individuellen und allgemeinen Kommunikationsformen in nur zwanzig Jahren von Grund auf geändert. Die Begriffe und rechtlichen Tatbestandsmerkmale der über Jahrzehnte ausbalancierter Rechtsvorschriften für die Kommunikation scheinen zu verschwimmen oder nicht mehr recht zu passen.[1] Das Schlagwort der Medienkonvergenz beschreibt den Prozess, der Verschmelzung von Medieninhalten und -Technik.

2 **Konvergenz**[2] wird im Allgemeinen als das Zusammengehen vormals getrennter Bereiche verstanden. In Bezug auf Medien wird dabei seit dem Grünbuch Konvergenz[3] zwischen technischer Konvergenz und den Folgen der Konvergenz unterschieden. **Technische Konvergenz** in diesem Sinne ist die Möglichkeit, digitale Medieninhalte traditioneller und neuer Kommunikationsdienste über zahlreiche verschiedene Netze anbieten zu können. Alle Arten von digitalen Medieninhalten können über Kommunikationsnetze übermittelt und ausgetauscht werden. Das Internet ist die einzig universelle nicht-proprietäre Plattform für den Austausch von medialen Inhalten und Produkten.[4] Technische Konvergenz besteht aber auch in der Nutzbarkeit unterschiedlicher Medieninhalte auf einem Endgerät[5]. Wenig beachtet dagegen wird die **Konvergenz der technischen Formate**, also die Nutzbarkeit digitaler Medien auf unterschiedlichen Endgeräten (Geräteunabhängigkeit).[6] Geräteunabhängigkeit mindert die Kontrolle über den Nutzer, proprietäre Zugangsplattformen versprechen dem Anbieter die Herrschaft über große Teilmärkte der Kommunikation.[7] Provider, Netzbetreiber, Inhalteanbieter und Gerätehersteller hoffen, die zukünftigen Nutzer von Medieninhalten an eine Plattform zu binden.[8] Technische Barrieren liegen im Interesse der Hersteller und Verwerter, um Märkte abzugrenzen[9], Nutzungen einzeln lizenzieren zu können[10] oder Marktanteile zu sichern[11].

---

1 *Bullinger* NJW 1984, 385, 390.

2 S hierzu auch Band 1 Kap 1; letztlich handelt es sich um einen Sammelbegriff für eine Reihe technischer Innovationen; vgl *Holznagel* NJW 2002, 2351; *Neun* Grenzen 141 ff; zum Umsetzungsbedarf aus regulatorischer Sicht *Schulz/Jürgens* Regulierung 38 ff eine differenzierte Typologie der Konvergenz bietet *Schoch* JZ 2002, 798, 799 f.

3 KOM-(97) 623 endg.

4 Der Austausch von Daten über proprietäre, geschlossene Netze sollte aber nicht außer Acht gelassen werden. Vor allem unter Sicherheitsaspekten werden eigene Netze gerade auch für die Übermittlung digitaler Wirtschaftsgüter erwogen. Entschieden ist die Schlacht um das Zugangsgerät des Nutzers zu den digitalen Diensten noch nicht. Aus der Erfahrung mit den Versuchen proprietärer Zugangsdienste aus den 90er Jahren (Beispiel CompuServe) kann aber die Prognose gewagt werden, dass offene Zugangssysteme wie die Kombination Internet/Browser mit Verbreitung performanter Internetanschlüsse mehr Inhalte anbieten werden, als dies proprietäre Systeme vermögen.

5 *Holznagel* NJW 2002, 2351, 2352 *Neun* Grenzen, 141.

6 Am Bsp Fernsehen *Amlung/Fisch* ZUM 2009, 442 f.

7 Jüngstes Beispiel ist der Apple App Store, der nach nur etwas über zwei Jahren bereits mehr als 300 000 Anwendungen anbietet (http://www.pcmag.com/article2/0,2817,2373169,00.asp, abgerufen am 25.11.2010).

8 *Schneider* Digitalisierungsbericht 24.

9 So verhindern Region Codes für DVDs etwaige Vorteile der Globalisierung für den Nutzer; s zur Technik und juristischen Bewertung Wandtke/Bullinger/*Wandtke/Ohst* § 95a UrhG Rn 35; zum „Zoning" *Hoeren* MMR 2007, 3.

10 Zu Digital Rights Management s *Jani*

Erwartet worden war eine Marktentwicklung zu Unternehmen und Produkten bzw Diensten der Konvergenz.[12] Diese **Folgen der technischen Konvergenz** werden zuweilen als inhaltliche Konvergenz oder Konvergenz der Dienste bezeichnet, obwohl sich die Angebote gerade nicht im Verschmelzen vorbekannter Dienste erschöpfen, sondern ganz neue Formen der Kommunikation entstehen.[13] Gerne wird in innovativen Diensten vor allem das Bekannte gesehen; aber Chat ist nicht Telefonieren über Tastatur, Einestages.de ist nicht Zeitung, Youtube braucht keinen Programmdirektor und Homebanking erschöpft sich nicht im Versenden von Anweisungen an die Bank. Die schnelle, virale Verbreitung neuer Angebote trotz Weiterbestehens der traditionellen zeigt, dass hier Bedürfnisse anders und besser erfüllt werden. Wirtschaftlich spürbar wurde dies erstmals mit dem Aufkommen der Peer-to-Peer-Netze. Früher tauschten Jugendliche Musik auf dem Schulhof. Das Internet jedoch sprengt diese Dimension. Jahrelange schien die Musikbranche ratlos gegenüber dem Phänomen[14] und reagierte dann mit zigtausend Strafanzeigen. 3

Trends wie Web 2.0[15], Blogs[16], Vlogs[17], VoIP[18], IP-TV[19], Webcasting[20] oder Social Networking-Plattformen[21] werden sogleich im Rechtssystem dem Bekannten zugeordnet[22], dabei enthalten diese Dienste jeweils Merkmale, die Anknüpfungspunkte für eine gänzlich neue Bewertung zuließen.[23] Internetfernsehen sollte Anlass geben, das Konzept des Rundfunks auf den **Prüfstand** zu stellen. Stattdessen wird das Überkom- 4

Band 2 Kap 1. Dies hat mitunter überraschende Hintergründe, etwa wenn iTunes von der Musikindustrie zum Einsatz von DRM verpflichtet wird, während dieselben Unternehmen 90 % aller Musiktitel ungeschützt in Umlauf bringen; s dazu www.apple.com/hotnews/thoughtsonmusic/ (Stand 25.11.2010).

11 S auch Büchner/Dreier/*Bechtholdt* 54 f. So wird das unter Verschluss halten von Rechten zur Sicherung bestehender Verwertungsstrukturen als Barriere für konvergente Nutzungen erkannt (siehe etwa Final Report, Interactive content and convergence: Implications for the information society, A Study for the European Commission (2006) S 15 Nr 23, http://ec.europa.eu/information_society/eeurope/i2010/docs/studies/interactive_content_ec2006.pdf (Stand 25.11.2010).

12 KOM-(97) 623 endg, ii.

13 *Bullinger* NJW 1984, 385, 385 zum Begriff „neue elektronische Medien".

14 Vgl die Darstellung bei Tim Renner „Kinder, der Tod ist gar nicht so schlimm" (2004) 128 ff oder den offenen Brief von Steve Jobs an die Musikindustrie zum Thema DRM www.apple.com/hotnews/thoughtsonmusic/ (Stand 1.9.2007).

15 S dazu *O'Reilly* What Is Web 2.0, Design Patterns and Business Models for the Next Generation of Software (www.oreillynet.com/pub/a/oreilly/tim/news/2005/09/30/what-is-web-20.html?page=1); Büchner/Dreier/*Christiansen* 39 ff.

16 Digitales Journal (de.wikipedia.org/wiki/Blog).

17 Blogs, die aus Videodarbietungen bestehen, meist mit Zusätzen wie Linklisten, Foren, Kommentaren.

18 Internettelefonie.

19 Verbreitung digitaler Rundfunktangebote mittels Internet Protocol.

20 Verbreitung von Rundfunksendungen über Streaming.

21 Internetgemeinschaften wie Facebook, StudiVZ, Orkut, Xing, LinkedIn.

22 Hier lässt sich Luhmanns Theorie am Subsystem beobachten. Die Einwirkungen aus der Umwelt auf das Rechtssystem führen nicht zu einer verbesserten Erkenntnis eines „Gegenstandes an sich". Vielmehr wird zunächst mit systeminterner Ausdifferenzierung reagiert und allenfalls die Theorie des Subsystems angepasst: „Theoriefortschritt ist daher nicht einfach die Verbesserung der Erkenntnislage in Bezug auf einen unabhängig von ihr vorhandenen Gegenstand; sondern sie bewirkt ein Neuarrangieren der Reflexionsverhältnisse im System, das möglicherweise einer gegebenen historischen Lage besser entsprechen kann".

23 *Schoch* fordert folgerichtig eine Modernisierung der Medienordnung unter Aufgabe von Tabus wie der Trennung von Inhalten und Technik oder der Kompetenzlage (JZ 2002, 798, 804 ff).j9

mene zur Norm für das Neue erhoben und in vielen regulatorischen Einzelschritten übersieht das Rechtssystem die großen Möglichkeiten auf dem Weg in die Informationsgesellschaft.[24]

5 Erforderlich wäre allerdings eine breite **gesellschaftliche Debatte** darüber, wie der Umgang mit Informationen, Medieninhalten und den diese verkörpernden Daten geregelt werden kann und welche Chancen und Risiken sich nicht nur für die Wirtschaft, sondern für die Gesellschaft insgesamt daraus ergeben, dass Informationen unbegrenzt bei geringen Kosten beliebig gespeichert, verändert oder übermittelt werden können. Alte Ideale wie freier Zugang aller zum Wissen der Welt, werden in wenigen Jahren verwirklicht (Wikipedia), fügen sich aber kaum in die bestehenden Regelungen über den Zugang zu Informationen oder die Zuweisung von Ausschließlichkeitsrechten und Nutzungsbefugnissen an Informationen ein.[25]

6 Das Phänomen der Konvergenz enthält den Aspekt der Auflösung und Neuorganisation von Strukturen nach dem Abhandenkommen technischer Unterscheidungsmerkmale, die auf Grund der Digitalisierung von Medieninhalten, insb von Medienprodukten, ihre Definitionskraft verloren haben.[26] So entsteht das Bedürfnis zu kategorisieren, um die entstehenden Dienste fassen zu können.[27]

7 Die tiefgreifenden Rückwirkungen der mit der Digitalisierung verbundenen Möglichkeiten zur universellen Nutzung, Verbreitung und Veränderung von Medieninhalten sind noch nicht absehbar.[28] Unter Beibehaltung des herkömmlichen Verständnisses von Medienproduktion, -distribution und -rezeption wird das Rechtssystems nicht zur bestmöglichen Reaktion befähigt sein.

8 Zu wenig berücksichtigt werden die Auswirkungen des Rechtssystems auf die Telemedien. Das WWW steht vor **tiefgreifenden Veränderungen**, einerseits durch technische Entwicklungen und andererseits durch die Einwirkungen des Rechtssystems. Regulatorische Einflussnahmen nehmen zu.[29] Das Internet ändert bereits seinen Charakter. Waren früher Anonymität und Pseudonyme prägend für die Nutzung[30], ist inzwischen eine sichere, datengeschützte Kommunikation im Internet nur noch mit erheblichem Aufwand möglich. Diskutiert wird nicht mehr, ob alle Nutzungsgrunddaten gespeichert werden, sondern nur wie lange und wer alles darauf Zugriff bekommt.[31] Nach dem **Ende der Anonymität** erfolgt der nächste grundlegende Wandel

24 Zurecht lautet der Untertitel des Grünbuchs Konvergenz „Ein Schritt in Richtung Informationsgesellschaft"; s zum Begriff der Informationsgesellschaft Band 1 Kap 1.

25 Auch das Einfügen einer „Linux-Klausel" in § 32 Abs 3 S 3 UrhG täuscht nicht darüber hinweg, dass das UrhG nicht besonders geeignet ist zur Regelung „freier" Werke, s zu der Regelung Wandtke/Bullinger/*Wandtke/Grunert* § 32 UrhG Rn 45 wohl aA. Weshalb soll der Urheber sich der Allgemeinheit gegenüber seiner wirtschaftlichen Interessen am Werk umsonst vollständig begeben dürfen, aber nicht gegen geringe Vergütung? Offenbar ermöglichen andere Konzepte als ausschließlich marktwirtschaftliche Anreizstrukturen die Schaffung „konkurrenzfähiger" Werke zum Nutzen aller. Das spricht natürlich nicht gegen eine angemessene Beteiligung des Urhebers am wirtschaftlichen Erfolg seines Werkes.

26 Zur Aufgabe des Versuchs, Rundfunk zu definieren *Hochstein* NJW 1997, 2977, 2978.

27 Zu Frage der Erforderlichkeit neuer Kategorien mit Darstellung der Ansichten *Holznagel* NJW 2002, 2351.

28 *Schneider* Digitalisierungsbericht 23 f.

29 Das Paul C Paules zugeschriebene Bonmot dazu: „Die Amerikaner erfanden das Internet, die Deutschen regulieren es. Jeder macht das, was er am besten kann." (zit nach *Eck/Ruess* MMR 2003, 362, 366).

30 Auch wenn das meist nur praktische Folge mangelnder Kompetenz der Beteiligten war.

31 S Kap 3 Rn 89 ff.

durch die **Territorialisierung des Zugangs.** „Zoning“ und „Geolocation“ sind Meilensteine auf dem Weg der Durchsetzung nationalen Rechts.[32] Der durchschnittliche Internetnutzer wird nicht nur identifizierbar oder zumindest nachträglich ermittelbar sein, ihm wird mit dem Einloggen auch eine Region zugeordnet und er erhält Zugang zu einem personalisierten, nach kulturellen, kommerziellen und rechtlichen Vorgaben eingegrenzten Internet.[33] Passende Sprache und Werbung erhöhen dabei die Annehmlichkeit für den Nutzer. Anbietern kann dann aber auch aufgegeben werden, Nutzern eines bestimmten Sitzlandes Informationen nicht anzubieten.[34]

Die **Eroberung des Internets** durch das Rechtssystem zeigt sich in allen aktuellen Kernfragen, sei es die globale Zuständigkeit deutscher Gerichte[35] oder die Anwendung inländischen Rechts[36], seien es die komplexen Informationspflichten[37] oder die Verantwortlichkeit für Inhalte Dritte.[38] Auch wenn nur bestehende Konzepte jetzt auch auf Telemedien angewandt werden:[39] Die unbeschwerte Jugend des Internet ist vorbei. 9

II. Der „Rechtsfreie Raum“

Telemedien im Sinne über das Internet nutzbarer, multimedialer Informations-, Kommunikations- und Unterhaltungsangebote sind seit 1997 Gegenstand besonderer Gesetzgebung. Zunächst war das Ziel, durch Sonderregelungen den aufkeimenden wirtschaftlichen Kräften Entfaltungsmöglichkeit zu schaffen.[40] Bald aber beherrschte das Mantra die Diskussion, das Internet sei **„kein rechtsfreier Raum“**, ohne dass das je behauptet worden war.[41] Aber „vom Rechtssystem und seiner Funktion aus gesehen, darf es keine rechtsfreien Räume geben, keine Verhaltensweisen, die durch das Recht nicht erreichbar sind (...)“.[42] Dabei mangelte es lediglich an internationalem Konsens, nationale Rechtsordnungen auf ein raumübergreifendes Netz zu erstrecken 10

---

32 S *Sieber/Nolde* Sperrverfügungen 3 ff, 41 f, 230 ff; *Hoeren* MMR 2007, 3. Nutzer erhalten von ihrem Provider eine IP-Nummer für die Dauer ihres Internetzugangs zugewiesen. Schon heute kann anhand des Nummernblockes aus dem die individuelle IP-Nummer stammt mit hoher Wahrscheinlichkeit das Herkunftsland bestimmt werden. Alle Kommunikationen während der Nutzung zu dieser IP-Nummer können gespeichert werden. Hinzu kommen die von den Anbietern zur Identifizierung eines Nutzers gespeicherten Cookies. Daran wiederum können Filter und Verarbeitungsprozesse aller Art ansetzen; zu den datenschutzrechtlichen Aspekten s Kap 3 Rn 92 f und *Jandt* MMR 2007, 74; Bestandsaufnahme: *Hoeren* NJW 2008, 2615, 2616.

33 Bspw gibt es dann ein NRW ohne Online-Glückspiele: OVG Münster MMR 2010, 350.

34 So geschieht dies bereits auf Basis freiwilliger Selbstkontrolle bei Suchmaschinen, die indizierte Seiten für deutsche Nutzer vorsorglich ausfiltern.

35 S Rn 91 ff.

36 S Rn 128 ff.

37 S Rn 163, 206 ff.

38 S Rn 229 ff.

39 Besonders auffällig etwa bei der rundfunkähnlichen Regulation (s Band 4 Teil 1 Kap 1).

40 Vgl Begründung zum IuKDG, BT-Drucks 13/7385, 16; vgl zum Regulierungsbedarf *Gounalakis* NJW 1997, 2993, 2993 f mwN; KOM-(97) 623 endg.

41 *Sieber* der gelegentlich als Quelle für diese Auffassung benannt wird, hat stattdessen ausf Ansätze zur Verantwortlichkeit aufgezeigt (*Sieber* JZ 1996, 429, 441 f und 495 ff) und bereits festgestellt (S 506), dass der reklamierte „rechtsfreie Raum“ wohl nur faktisch bestünde auf Grund Beweisschwierigkeiten und mangels technischer Kontrollmöglichkeiten oder internationaler Zusammenarbeit; s auch *Wenning* JurPC Web-Dok 16/1997; *Bettinger* GRUR 1997, 402, 413; *Heckmann* NJW 2000, 1370, 1379.

42 *Luhmann* Das Recht der Gesellschaft (1993) 422.

oder einheitliche Rechtsgrundsätze zu entwickeln.[43] Recht und Rechtsanspruch erweisen sich als **nicht globalisiert**. Was hier strafbare Verbreitung ist, mag anderswo als Meinungsfreiheit unter besonderem Schutz stehen.[44] Durch das Internet verschwinden nicht die Rechtssysteme, sondern der Nutzer „surft" durch eine virtuelle Welt ohne Grenzen.[45] Die Teilnehmer des Web werden so konfrontiert mit Rechts- oder Unrechtssystemen, die sie vielleicht ablehnen aber dennoch eklektizistisch nutzen wollen. So hat es auch in Deutschland nie an dem Instrumentarium gefehlt, gegen Inhalte vorzugehen. Im Gegenteil: Seitens der EU wurde die Notwendigkeit gesehen, den Kreis der Verantwortlichen im Internet einzugrenzen, um die Entfaltungsmöglichkeiten für den Binnenmarkt sicherzustellen.[46]

11 Traditionellen Interessenvertretern ist es gelungen, insb auf internationaler Ebene die Bedingungen für die digitale Welt zu einem Zeitpunkt festzuschreiben, als in den Einzelstaaten eine Debatte über die sich gerade erst abzeichnende digitale Revolution noch gar nicht geführt wurde.[47] Der dabei entstehende Eindruck, Einzelinteressen würden so außerhalb des politischen Meinungsbildungsprozesses durchgesetzt, fördert die allgemeine Legitimationskrise der EU.[48] Ab Mitte der 90er Jahre wurden dann eine Reihe internetspezifischer nationaler wie internationaler Regelungen entwickelt.

III. Gesetzgebungskompetenz für Telemedien

12 Die nationale Gesetzgebung wurde gehemmt durch Meinungsverschiedenheiten zwischen Bund und Ländern über die Regelungskompetenz für das Internet. Nach dem im Grundgesetz verankerten Föderalismusprinzip haben die Länder das Recht zur Gesetzgebung, soweit nicht das Grundgesetz dem Bund die konkrete Regelungskompetenz zuweist (Art 70 Abs 1 GG). Dem Bund kann dabei die ausschließliche oder die konkurrierende Zuständigkeit übertragen sein. Im Bereich der ausschließlichen Gesetzgebung des Bundes erlangen die Länder Gesetzgebungskompetenz nur mittels ausdrücklicher Ermächtigung durch den Bund (Art 71 GG). Im Bereich konkurrierender Gesetzgebung können die Länder aktiv werden so lange und soweit der Bund von seiner vorrangigen Kompetenz keinen Gebrauch gemacht hat (Art 72 Abs 1 GG). Gegenstände der konkurrierenden Gesetzgebung darf der Bund nur – mit einzelnen Ausnahmen – regeln, soweit dies zur Herstellung gleichwertiger Lebensverhältnisse im Bundesgebiet oder zur Wahrung der Rechts- oder Wirtschaftseinheit im gesamtstaatlichen Interesse erforderlich ist (Art 72 Abs 2 GG).[49]

---

43 Vgl bereits *Roellecke* NJW 1996, 1801 f; *Sieber* JZ 1996, 429, 506.

44 So schon *Roellecke* NJW 1996, 1801 f.

45 Ein Effekt, den das „Zoning" wieder beseitigen soll (Rn 8).

46 ErwG 5 und vor allem 40 ECRL.

47 Einen Überblick gibt *Fallenböck* MR Int 2004, 11, 13 f. bspw verpflichtet das TRIPS-Übereinkommen von 1994 (Trade-Related Aspects of International Property Rights) auf Ebene der WTO die Unterzeichner zum Schutz geistigen Eigentums, weshalb nach Ansicht von *Lehmann* CR 1998, 232 die späteren Haftungsprivilegien des TDG gar nicht zulässig gewesen sein sollen; leider ungehört blieb auch die Forderung von *Kubicek* CR 1995, 370, 371 nach einer breiten Debatte über die Herausforderungen der Medien- und Telekommunikationspolitik. Entsprechendes gilt für die Richtlinien zur Vorratsdatenspeicherung oder Rechtsdurchsetzung, *Gitter/Schnabel* MMR 2007, 411.

48 S zum Urheberrecht den Bericht *Geiger/Engelhardt/Hansen/Markowski* GRUR Int 2006, 475, 482.

49 S zu ersten Erfahrungen mit der Förderalismusreform I *Papier* NJW 2007, 2145.

Eine ausdrückliche Zuweisung der Kompetenz für Telemedien enthält das GG nicht. Die Kompetenzverteilung für internetrelevante Gesetzgebung veranschaulicht die folgende Tabelle: 13

14

Bund			Länder
Ausschließlich	Konkurrierend		
	Einfach	Erforderlichkeitsklausel	Rundfunk, Presse
Telekommunikation, Art 73 Abs 1 Nr 7[50]	Bürgerliches Recht, Art 74 Abs 1 Nr 1	öffentliche Fürsorge, allgemeiner Jugendschutz[51], Art 74 Abs 1 Nr 7	Teletext, Jugendschutz im Rundfunk[52]
Gewerblicher Rechtsschutz, Urheberrecht und Verlagsrecht, Art 73 Abs 1 Nr 9	Kartellrecht, Art 74 Abs 1 Nr 16	Recht der Wirtschaft, Art 74 Abs 1 Nr 11	
Datenschutz als Annex zu Telekommunikation und Recht der Wirtschaft			

Eine Regelungsbefugnis für „das Internet" gibt es danach nicht. Verschiedene durch das Internet betroffene **Aspekte unterliegen unterschiedlicher Regelungskompetenz.** So kann eine Ebene der technischen Kommunikation bestimmt werden, welche die Übermittlung von Informationen über Distanz zwischen Teilnehmern zur Aufgabe hat. Dieser Bereich ist Telekommunikation und darf vom Bund geregelt werden.[53] Ebenso herrscht Einigkeit, dass die Länder die inhaltliche Seite der Rundfunkordnung bestimmen dürfen.[54] Aus der Kompetenz für die Wirtschaftsordnung und das BGB ergibt sich die Befugnis des Bundes, den gesetzlichen Rahmen für Vertragsschlüsse über Internet und hierbei zu beachtende Regeln wirtschaftlicher Fairness vorzugeben. Telemedien berühren alle diese Bereiche. 15

Angesichts der immensen Bedeutung, die den Telemedien mit der Konvergenz für die zukünftige Medienordnung zukommen wird, ist verständlich, dass in der Auseinandersetzung von Bund und Ländern um die Einflusssphären keine Seite Steinchen in diesem Mosaik aus Kompetenzen leichtfertig abgibt. 16

IV. Vorbekannte Abruf- und Verteildienste

1996 bestand große Unsicherheit darüber, in welche Richtung sich das neue Medium „Internet" entwickeln würde.[55] Als Regelungsmodell existierte der Staatsvertrag 17

50 Dies betrifft nach BVerfG Urt v 26.10.2005, Az 1 BvR 396/98, Rn 56 nur die technische Seite der Telekommunikation, nicht aber Rundfunk-Inhalte.

51 HM BVerfG NJW 1971, 1559 f, 1559, BVerwG NJW 1990, 3286, 3288, s auch *Liesching* NJW 2002, 3281, Fn 22 mwN.

52 Eingehend *Weides* NJW 1987, 224, 231 f, der bereits dringenden Handlungsbedarf für Jugendschutzregelungen bei „neuen Medien" anmahnte (S 233).

53 BVerfG Urt v 26.10.2005, Az 1 BvR 396/98, unter I 2. a) aa).

54 BVerfG Urt v 26.10.2005, Az 1 BvR 396/98, unter I 2. a) aa).

55 Und dies galt auch für die Experten, vgl etwa *Eberle* CR 1996, 193, 193, der Onlinedienste vor allem als weiteren Kanal für die Verbreitung von Inhalten ansah. Zu diesem Zeitpunkt versuchten wichtige Anbieter noch, statt eines allgemeinen Internetzugangs proprietäre Informationsportale (bspw CompuServe, Telekom Online) zu betreiben. „Das Internet" war dann einer von mehreren möglichen Informations- und Kommunikationsdiensten (s etwa *Eberle* CR 1996, 193, 196) und Fragen des öffentlichen Zugangs erschienen wesentlich (s dazu *Kubicek* CR 1995, 370).

der Länder über **Bildschirmtext** (Btx). Btx war jedoch anders aufgebaut als das Internet: Es gab einen zentralen Server, auf dem die verschiedenen Angebote über Nummern abrufbar waren.[56] Dieses Bild formte die Vorstellung von „**Abrufdiensten**".[57]

18 Ein weiterer vorbekannter Informations- und Kommunikationsdienst war seit Anfang der 70er Jahre **Teletext.**[58] In der Austastlücke des Fernsehsignals werden dabei geringe Datenmengen ausgesendet, die dann von einem beim Zuschauer installierten Endgerät ausgelesen und nach Auswahl durch den Nutzer auf dem Bildschirm angezeigt werden. Die Anwahl durch den Nutzer erfolgt dabei nicht in Interaktion mit dem Sender, sondern lediglich mit dem Teletextempfangsgerät. Teletextseiten werden fortlaufend gesendet. Wird eine Information vom Seher angewählt, muss das Gerät auf einen eigenen Speicher zurückgreifen oder warten, bis die angeforderten Daten im Zyklus wieder ausgestrahlt werden. Dies ist das Urbild eines „**Verteildienstes**". Das Internet wurde vorgestellt als eine Mischung aus Fernsehen, Teletext und Btx.[59] Das technisch längst überholte Bild der Abruf- und Verteildienste prägt bis heute die Gesetzgebung für Telemedien.[60] Verteildienste sollen dabei eher dem Rundfunk ähneln, wohingegen Abrufdienste eher der Individualkommunikation und insb dem elektronischen Handel zuzurechnen seien.

V. MDStV und IUKDG (1997)

19 Bund und Ländern gelang es nicht, ihre Gesetzgebungsbefugnis vollständig abzugrenzen, so dass man sich entschied[61], die Auswirkungen fehlender Bestimmbarkeit des Anwendungsbereichs der zu schaffenden Vorschriften dadurch zu nivellieren, dass Bund und Länder möglichst identische Regelungen verabschieden.[62] So kam es zum Abschluss des **Mediendienstestaatsvertrages** (MDStV) auf Landesebene[63] und anschließend zur Verabschiedung des **IuKDG** auf Bundesebene.[64]

20 Dem Bundesgesetzgeber ging es dabei vor allem darum, die **Rahmenbedingungen für informationswirtschaftliche Produkte und Dienstleistungen** festzulegen, und damit auf die Auswirkungen des Wandels zur Informationsgesellschaft auf das Wirtschafts-

56 Eine entsprechende Erweiterung zu einem umfassenderen Dienst war für Btx zwar beabsichtigt (Datex-j) wurde aber durch das Internet überholt.

57 So bewirbt das ZDF die im Internet angebotenen Beiträge als „Abruf-Fernsehen".

58 In Deutschland 1980 als Videotext im Probebetrieb eingeführt (de.wikipedia.org/wiki/Teletext, Stand 12.8.2007), vgl *Bullinger* NJW 84, 385, 387.

59 *Holznagel/Ricke* MMR 2008, 18 weisen weiter auf die historische Vorstellung hin, jedes technische Signal sei an eine bestimmte Übertragungsart gekoppelt, sodass unterschiedliche Dienste an bestimmte Plattformen gebunden verstanden wurden. Eine Differenzierung, die gerade durch die technische Konvergenz und die Konvergenz der Formate (s o Rn 2) weitgehend aufgehoben wurde.

60 S nur BT-Drucks 16/3078, 13 wonach telekommunikationsgestützte Dienste nicht unter das TMG fallen sollen, „weil es sich weder um Abruf- noch um Verteildienste" handele, als seien diese Dienste nach wie vor die einzigen.

61 Nach *Hoeren* NJW 2007, 801, 801 fiel die Entscheidung „bei einem legendären Treffen bei dem damaligen Bundeskanzler Kohl". Das Ergebnis spricht für sich.

62 Durch zwei Regelungen mit unklarem Anwendungsbereich entsteht allerdings nicht eine Gesamtregelung mit umfassenden Anwendungsbereich. Fällt ein Dienst unter den Anwendungsbereich einer Norm, während der Gesetzgeber die Kompetenz für die enthaltene Regelung auf dem Gebiet nicht hat, so ist die Regelung unwirksam, ohne dass dadurch der Anwendungsbereich einer parallelen Norm eröffnet wäre.

63 MDStV v 20.1./12.2.1997.

64 IuKDG v 22.7.1997.

leben zu reagieren. Der Bundesgesetzgeber hatte den Wechsel von der Produktion materieller Güter hin zu Angeboten digitaler Information und Dienstleistungen als eigenständigen Wirtschaftsgütern erkannt.[65] Folglich wurde die Befugnis zum Erlass der damals oft „**Multimediagesetz**" genannten Regelung auch zuforderst auf die Kompetenz zur Regelung des Rechts der Wirtschaft, Art 74 Abs 1 Nr 11 GG, gestützt.[66] Die „massenmediale" Seite, also an die Allgemeinheit gerichtete Dienste, sollten der Länderhoheit unterstellt und im MDStV geregelt werden,[67] hingegen sollten Dienste die zur „interaktiven individuellen Nutzung bestimmt" sind, unter das TDG fallen.[68]

Bereits während des Gesetzgebungsverfahrens hatten Teile der Opposition die **21**
Bundesregierung aufgefordert, die Unterscheidung von Tele- und Mediendiensten zu klären und ausdrücklich darauf hingewiesen, dass digitale Dienste in elektronischen Netzen gerade durch eine Vermischung von individual- und massenkommunikativen Elementen gekennzeichnet seien, so dass dieses Kriterium zur Unterscheidung untauglich sei.[69] Das Problem war also bekannt, wurde aber auf die Praxis verschoben.

Mit dem **Informations- und Kommunikationsdienstegesetz** (IuKDG) vom 22.7. **22**
1997 führte der Gesetzgeber Regelungen zu Informationspflichten, zum Datenschutz und insb zur Haftung ein, die – modifiziert – bis heute Bestand haben und zur Grundlage des europäischen Ansatzes entsprechender Regelungen wurden. Das IuKDG enthielt als sog Artikelgesetz selbstständige Bestandteile, unter anderem[70] das Teledienstegesetz (TDG[71]), das Teledienstedatenschutzgesetz (TDDSG) und das Signaturgesetz. Auf Landesebene hingegen waren die Regelungen des TDG und des TDDSG zusammen in einer Norm gefasst worden, dem Mediendienstestaatsvertrag (MDStV). TDG und TDDSG einerseits sowie MDStV andererseits waren – wie zwischen Bund und Ländern besprochen – beinahe identisch.

Das entstehende Sonderrecht für Internetangebote stieß auf **Ablehnung und Ver- 23**
weigerung.[72] Die Veurteilung des Geschäftsführers eines Internetproviders (**CompuServe**) für Inhalte auf den Servern des in den USA niedergelassenen Mutterunternehmens zu einer Freiheitsstrafe von 2 Jahren auf Bewährung durch das AG München[73] ohne Anwendung des TDG führte jedoch zu einer Welle der Empörung.

---

65 S etwa BT-Drucks 13/7385, 16.
66 BT-Drucks 13/7385, 17.
67 BT-Drucks 13/7385, 69.
68 Dies wurde durch die Klarstellungen in § 2 Abs 4 Nr 3 TDG 1997, die durch die Beschlüsse des 19. Ausschusses hinzukamen, verdeutlicht, nachdem bereits im Gesetzgebungsverfahren die Abgrenzungsproblematik zwischen Tele- und Mediendiensten, offenkundig geworden war (s BT-Drucks 13/7934, 32 ff).
69 Entschließungsantrag der Fraktion Bündnis 90/Die Grünen vom 11.6.1997, BT-Drucks 13/7937, 1 f.
70 Änderungen erfolgten auch im UrhG (Datenbankschutz), Preisangabe- und Jugendschutzrecht. Datenspeicher wurden im Straf- und Ordnungswidrigkeitsrecht den Schriften gleichgestellt.
71 Im Folgenden wird – sofern es darauf ankommt – diese Version des TDG durch die Jahreszahl 1997 kenntlich gemacht.
72 Vgl *Hoffmann* MMR 2002, 284, 284; s *Kloos* CR 1999, 46, 46 mit weiteren Beispielen; *Sieber* Verantwortlichkeit Rn 535 führt das auf mangelnde technische Durchdringung zurück.
73 8340 Ds 465 Js 173158/95, abrufbar unter www.artikel5.de/Artikel/urteil1.html (Stand 7.11.2007), in der Berufung aufgehoben, s Kap 5 Rn 72.

VI. E-Commerce-RL der EU (2000)

24 1997 begann die EU ihre Harmonisierungsbemühungen für die kommerzielle Nutzung des Internet. Der **elektronische Geschäftsverkehr** wurde als Chance für Europa gesehen.[74] Innerhalb von weniger als vier Jahren wurde 2000 die **E-Commerce-RL** (ECRL) verabschiedet.[75] Ziel der ECRL ist die Sicherstellung des freien Verkehrs von Diensten der Informationsgesellschaft zwischen den Mitgliedstaaten (Art 1 Abs 1 ECRL). Wesentliche Punkte dieser Richtlinie sind die Informationspflichten (Art 5, Art 6, Art 10 ECRL), die Schaffung eines Rechtsrahmens für elektronische Verträge (Abschnitt 3 ECRL) und eine Regelung zur Verantwortlichkeit der Vermittler (Abschnitt 4 ECRL).

25 Durch die ECRL waren die EU-Mitgliedstaaten nun verpflichtet, alle Festlegungen der Richtlinie für die „Dienste der Informationsgesellschaft“ umzusetzen, ein Begriff ohne Entsprechung in der diffizilen bundesdeutschen Kompetenzverteilung.

VII. Entwicklung in der 14. Wahlperiode (1998–2002)

1. IuKDG-Novelle durch das EGG

26 Die ECRL löste gesetzgeberischen Umsetzungsbedarf aus. Bereits zuvor war die Wirkung des IuKDG evaluiert worden.[76] Auch das **Signaturgesetz** war auf Grund der Signatur-RL 1997/93/EG[77] novellierungsbedürftig. Bzgl des **TDDSG** war insb durch den Düsseldorfer Kreis Reformbedarf festgestellt worden.[78] Die Vorschriften wurden als zu kompliziert und praxisfern kritisiert. Hinzu kam die ohnehin anstehende Bearbeitung des BDSG in Umsetzung der Datenschutz-RL.[79]

27 Nach nur vier Jahren erschien damit eine Generalüberholung der Vorschriften des IuKDG geboten. Dies war indes nicht überraschend, da vom Gesetzgeber regelmäßige Anpassungen der Regelungen für das schnelllebige Internet erwartet worden waren. Außerdem hatte sich das IuKDG als wertvolle Grundlage für die Entwicklung des europäischen Rechtsrahmens erwiesen. Die Änderungen des TDG sowie des TDDSG erfolgten durch das Gesetz über rechtliche Rahmenbedingungen für den elektronischen Geschäftsverkehr (EGG)[80]. Wesentliche **Aspekte** waren:

---

[74] Die ersten Gedanken der Kommission zur Schaffung eines einheitlichen ordnungspolitischen Rechtsrahmens liefen unter dem Titel „Europäische Initiative für den elektronischen Geschäftsverkehr“ (KOM (1997) 157).

[75] RL 2000/31/EG des Europäischen Parlaments und des Rates v 8.6.2000 über bestimmte rechtliche Aspekte der Dienste der Informationsgesellschaft, insb des elektronischen Geschäftsverkehrs, im Binnenmarkt („Richtlinie über den elektronischen Geschäftsverkehr“).

[76] Allerdings mit einem von der Praxis überrascht zur Kenntnis genommenen positiven Ergebnis: Bericht der Bundesregierung über die Erfahrungen und Entwicklungen bei den neuen Informations- und Kommunikationsdiensten im Zusammenhang mit der Umsetzung des Informations- und Kommunikationsdienste-Gesetzes (IuKDG) (BT-Drucks 14/1191); s dazu *Tettenborn* MMR 1999, 516.

[77] ABl EG Nr L v 19.1.2000, 12.

[78] S den Jahresbericht 1998 des Berliner Datenschutzbeauftragten Kap 5 (abrufbar unter www.datenschutz-berlin.de/jahresbe/98/teil5.htm, Stand 12.8.2007) oder die im Evaluierungsbericht BT-Drucks 14/1191 aufgenommenen Anregungen.

[79] ABl EG Nr 11281 v 23.11.1995, 31.

[80] Wesentliche Schritte: Entwurf der Bundesregierung v 17.5.2001, BT-Drucks 14/6098, Beschlussempfehlung und Bericht Ausschuss für Wirtschaft und Technologie v 7.11.2001 BT-Drucks 14/7345 (in BR-Drucks 912/01, 1 falsch zitiert als 14/7331); EGG: BGBl 2001 I S 3721 v 20.12.2001, in Kraft getreten am 21.12.2001 bzw 1.1.2002; s zum EGG auch *Spindler* NJW 2002, 921; s eingehend zum Datenschutz Kap 3.

- Übernahme des Herkunftslandsprinzips aus der ECRL
- Anpassung der Verantwortlichkeitsregeln an die ECRL
- Änderungen des TDDSG: Vereinfachung, Neufassungen und Klarstellungen[81].

2. Weitere Gesetzgebung, BGB, JuSchG und JMStV

Im Zuge der Schuldrechtsnovelle[82] erfolgte etwa zeitgleich die Umsetzung des Regulierungsrahmens für **Distanzgeschäfte** und für den **elektronischen Handel** in §§ 312a ff und 312e BGB. Hierdurch wurden die Bestimmungen zum Fernabsatz ausdifferenziert, vor allem aber die Informationspflichten und Verbraucherschutznormen aus dem Europäischen Recht umgesetzt. **28**

Schließlich fiel in die 14. Wahlperiode noch die Verabschiedung[83] des neuen **Jugendschutzgesetzes** vom 23.7.2002[84] und des **Jugendmedienschutz-Staatsvertrages**[85] (JMStV). Die Aufteilung in Tele- und Mediendienste, die das IuKDG und das MDSDV prägte, hatte sich nicht sonderlich bewährt und erwies sich für die Kompetenzverteilung[86] im Rahmen des Jugendschutzes als nicht fruchtbar. So kam es unter bewusster Aufgabe der alten Kategorien[87] zur Unterscheidung zwischen Träger- und Telemedien. In Abgrenzung zu den **Trägermedien** definierte hier der Gesetzgeber erstmals „**Telemedien**" als „Medien, die durch elektronische Informations- und Kommunikationsdienste nach dem TDG oder dem MDStV übermittelt oder zugänglich gemacht werden, wobei als Übermitteln oder Zugänglichmachen das Bereithalten eigener oder fremder Inhalte gilt", § 1 Abs 3 JuSchG (2002).[88] Jugendschutz in Telemedien wird inzwischen gem § 16 JuSchG durch die Länder im JMStV ausgestaltet.[89] **29**

---

81 Vgl die Zusammenfassung bei *Gola* NJW 2001, 3747, 3749.

82 Gesetz zur Modernisierung des Schuldrechts BGBl 2001 I S 3138.

83 Zur Entstehung s *Nikles/Roll/Spürck/Umbach* Jugendschutzrecht I Rn 51 ff, 18. Die damalige Bundesregierung war allerdings zu dem Zeitpunkt als die Zustimmung aller Bundesländer Ende März 2003 vorlag und der JMStV zum 1.4.2003 in Kraft trat nicht mehr im Amt.

84 Wesentliche Schritte: BT-Drucks 14/9013 Fassung BT-Drucks 14/9410, BGBl 2002 I S 2730.

85 Staatsvertrag über den Schutz der Menschenwürde und den Jugendschutz in Rundfunk und Telemedien (Jugendmedienschutz-Staatsvertrag – JMStV), Baden-Württemberg LT-Drucks 13/1320, 2 ff.

86 Die Bundeskompetenz für den Jugendschutz wird nach allgemeiner Ansicht aus Art 74 Nr 7 GG abgleitet, s BVerfG NJW 1971, 1559 f, 1559; BVerwG NJW 1990, 3286, 3288; s auch *Liesching* NJW 2002, 3281, Fn 22 mwN, bereichspezifische Regelungen zum Jugendschutz im Rundfunk dagegen sollen unter die Regelungsbefugnis der Länder fallen, s *Weides* NJW 1987, 224, 231 f mwN.

87 In der Ministerpräsidentenkonferenz am 8.3.2002 hatten sich die Länder auf mit dem Bund zu vereinbarende Eckwerte einer Neuregelung des Jugendschutzes geeinigt, denen die Bundesregierung später zugestimmt hat und die das Konzept der Aufteilung in Tele- und Mediendienste aufgab.

88 Dieser Bestimmungsversuch war wenig gelungen, wie die Wiederholung des zu definierenden Begriffes zeigt; vor allem blieb rätselhaft, ob daraus, dass nicht – wie es nahegelegen hätte – unverändert auf die bereits definierten Tele- und Mediendienste verwiesen wird, ein anderer Bedeutungsumfang gemeint war. In der Literatur wurde dennoch angenommen, dass damit schlicht alle Medieninhalte aus den in TDG und MDStV geregelten Diensten gemeint seien, s etwa *Nikles/Roll/Spürck/Umbach* Jugendschutzrecht Teil II § 1 Rn 21, zum Begriff der Telemedien im JuSchG s auch *Liesching* NJW 2002, 3281, 3283 f.

89 Die Novelle des JMStV durch den Vierzehnten Rundfunkänderungsstaatsvertrag vom 10.6.2010 ist gerade gescheitert; s Band 4 Teil 3 Kap 4.

VIII. TMG (2007)

30 Nachdem sich im Jahr 2004 Bund und Länder auf die Zusammenführung der wirtschaftsbezogenen Regelungen für Tele- und Mediendienste in einem Bundesgesetz unter gleichzeitiger Klarstellung der Kompetenz der Länder für massenmediale Dienste geeinigt hatten, wurde ein erster Entwurf der Bundesregierung für ein Gesetz zur Vereinheitlichung von Vorschriften über bestimmte elektronische Informations- und Kommunikationsdienste (**ElGVG**) am 11.8.2006 an den Bundesrat geleitet[90] und im Verlauf der Beratungen nur geringfügig geändert.[91] Das dadurch geschaffene **Telemediengesetz**[92] (TMG) gilt[93] seit 1.3.2007.

31 Auch das ElGVG hatte – wie das IuKDG – die Form eines Artikelgesetzes, neben dem TMG wurden jedoch lediglich sprachliche Anpassungen an JuSchG, ZugangskontrolldiensteschutzG sowie dem SignaturG vorgenommen. Die Datenschutzbestimmungen des TDDSG wurden – ähnlich wie zuvor im MDStV – mit den Vorschriften des TDG in einem Gesetz zusammengefasst. Durch das TMG ergaben sich Änderungen hinsichtlich des Geltungsbereichs, der Informationspflichten und des Datenschutzes.[94] Die Verantwortlichkeitsregelungen dagegen wurden nicht geändert.

32 Für den Anwendungsbereich der Norm etablierte das TMG den Begriff der **Telemedien** (§ 1 Abs 1 S 1 TMG) und gab so die Unterscheidung zwischen Tele- und Mediendiensten auf. Nahezu wortgleich wurde in § 6 Abs 2 TMG die Regelung aus dem früheren Entwurf eines Anti-Spam-Gesetzes[95] übernommen, eine Norm ohne erkennbare Auswirkungen auf das Spamaufkommen, wie bereits von den Sachverständigen vorhergesagt.

IX. Ausblick

33 Trotz der frischen Neuregelung ist weiteres gesetzgeberisches Tätigwerden im Bereich der Telemedien unvermeidlich.[96] Die Vorratsdatenspeicherungs-RL 2006/24/EG über die Vorratsspeicherung von Daten, die bei der Bereitstellung öffentlich zugänglicher elektronischer Kommunikationsdienste oder öffentlicher Kommunikationsnetze erzeugt oder verarbeitet werden, und zur Änderung der RL 2002/58/EG vom 15.3. 2006, verlangt die Speicherung zahlreicher Verkehrs- und Standortdaten jeder Person, die einen öffentlich zugänglichen elektronischen Kommunikationsdienst wie Telefon, Mobiltelefon, VoIP-Telefonie, Internetzugang oder E-Mail nutzt. Die Richtlinie betrifft in erster Linie die Ebene der Telekommunikation und soll insb keine Inhaltsdaten erfassen (Art 5 Abs 2 Vorratsdatenspeicherungs-RL). Das Gesetz zur Umsetzung der Richtlinie ging darüber teilweise hinaus und sah erstmals die lückenlose

90 Entwurf eines Gesetzes zur Vereinheitlichung von Vorschriften über bestimmte elektronische Informations- und Kommunikationsdienste (Elektronischer-Geschäftsverkehrs-Vereinheitlichungsgesetz-ElGVG BR-Drucks 556/06).

91 S hierzu insb BT-Drucks 16/3135 v 25.10.2006 und BT-Drucks 16/4078 v 17.1.2007.

92 Beschlossen wurde BT-Drucks 16/3078 idF von BT-Drucks 16/4078, BGBl 2007 I S 179.

93 S Bekanntmachung v 1.3.2007, BGBl 2007 I S 251.

94 Zum TMG *Hoeren* NJW 2007, 801; *Spindler* CR 2007, 239.

95 Der Fraktionen SPD/Bündnis90/Die Grünen BT-Drucks 15/4835 vom 15.2.2005 – Anti Spam Gesetz.

96 Vgl auch *Kitz* ZUM 2007, 368, 374.

Erfassung und Speicherung des Kommunikationsverhaltens der Bürger vor.[97] Dieses Gesetz wurde aufgrund der hinsichtlich der Anzahl der Beschwerdeführer größten Verfassungsbeschwerde in der Geschichte der Bundesrepublik Deutschland für verfassungswidrig und in wesentlichen Teilen für nichtig erklärt.[98]

Umgesetzt ist inzwischen die Enforcement-RL 2004/48/EG zur Verbesserung der prozessualen Durchsetzung geistiger Eigentumsrechte sowie Auskunftsansprüche einschließlich Herausgabe von Drittdaten.[99] Schließlich steht noch aus die Evaluierung der Haftung der Anbieter von Hyperlinks und von Instrumenten zur Lokalisierung von Informationen, der Verfahren zur Meldung und Entfernung rechtswidriger Inhalte („notice and take down"-Verfahren) und einer Haftbarmachung im Anschluss an die Entfernung von Inhalten im Rahmen des Art 21 Abs 2 ECRL.[100] Inzwischen wird verstärkt der Bedarf für eine Novelle des Jugendmedienschutzes im Internet[101] sowie des Haftungsrechts der Intermediäre erkannt.[102] **34**

§ 2
Begriffsbestimmungen

I. Elektronische Informations- und Kommunikationsdienste

Ausgangspunkt einer Begriffsbestimmung der Telemedien sind die **elektronischen Informations- und Kommunikationsdienste** (IuK-Dienste), § 1 Abs 1 TMG. Nach den Begründungen zum TMG[103] und zum 9. RÄStV[104] werden unter IuK-Diensten die Telekommunikationsdienste, der Rundfunk und die Telemedien gefasst. „IuK-Dienste" ist somit der Oberbegriff für **alle Formen** von Interaktionsangeboten zwischen Einzelnen, Vielen oder der Allgemeinheit unabhängig insb von der Übertragungstechnik, der Übermittlungsrichtung oder der Rückkanaltauglichkeit. **35**

Nicht gleichzusetzen sind IuK-Dienste mit den im EU-Recht definierten „Diensten der Informationsgesellschaft".[105] IuK-Dienste sind bspw auch Dienste, die regelmäßig **36**

---

97 Gesetz zur Neuregelung der Telekommunikationsüberwachung und anderer verdeckter Ermittlungsmaßnahmen sowie zur Umsetzung der RL 2006/24/EG v 21.12.2007, BGBl I 2007, S 3198.

98 BVerfG Urt v 2.3.2010, Az 1 BvR 256/08, 1 BvR 263/08, 1 BvR 586/08. Das Gesetz war bereits einstweilig vom BVerfG in Teilen außer Vollzug gesetzt worden, Beschl v 11.3.2008, Az 1 BvR 256/08; s das Gutachten *Sierck/Schöning/Pöhl* sowie *Gitter/Schnabel* MMR 2007, 411 jeweils mwN; Der Antrag mehrerer Bundestagsabgeordneter, die Richtlinie wegen mangelnder Regelungsbefugnis anzugreifen (BT-Drucks 16/1622) wurde nicht angenommen, eine Nichtigkeitsklage Irlands, unterstützt von der Slowakischen Republik, die die mangelnde Rechtsgrundlage der Richtlinie 2006/24 rügte, blieb erfolglos, EuGH Urt v 10.2.2009, AZ C-301/06. Eine Vorlage wegen möglichen Verstoßes gegen EU Recht durch den Irischen High Count steht aus.

99 V 29.4.2004, ABl L 157 v 30.4.2004, S 45; Gesetz zur Verbesserung der Durchsetzung von Rechten des geistigen Eigentums v 7.7.2008 BGBl I 1191, Entwurf v 20.4.2007, BT-Drucks 16/5048; s zum Umsetzungsbedarf vor allem Dreier/Schulze/*Dreier* Vor §§ 97 ff UrhG Rn 8.

100 S dazu Rn 317.

101 Protokollerklärung des Landes Baden-Württemberg zum 14. RÄStV (s o Fn 89); *Eifler* JurPC Web-Dok 40/2011 Abs 43.

102 Siehe dazu heise.de/newsticker/meldung/107695 (Stand 21.5.2008).

103 BT-Drucks 16/3078, 13.

104 Begr 9 RÄStV, 4.

105 Rn 48.

unentgeltlich angeboten werden[106], oder Rundfunk[107] und Telekommunikation[108]. Seit der Schaffung der onlinespezifischen Regelungen durch das IuKDG bereitet die Abgrenzung zu europarechtlichen Vorgaben, dem Rundfunk und der Telekommunikation große Schwierigkeiten. Die gesetzlich vorgesehenen Organisationskonzepte für diese unterschiedlichen Bereiche **weichen jeweils erheblich voneinander ab**, sodass eine korrekte Zuordnung große Relevanz hat.

II. Telemedien

1. Gesetzliche Definition

37 **Telemedien** werden in § 1 Abs 1 S 1 TMG negativ definiert als alle elektronischen Informations- und Kommunikationsdienste, **soweit sie nicht**
- Telekommunikationsdienste nach § 3 Nr 24 TKG, die ganz in der Übertragung von Signalen über Telekommunikationsnetze bestehen,
- telekommunikationsgestützte Dienste nach § 3 Nr 25 TKG oder
- Rundfunk nach § 2 RStV sind.

38 Unter dem Begriff Telemedien werden damit alle IuK-Dienste aufgefangen, die weder ausschließlich dem Rundfunk noch ausschließlich den genannten Diensten der Telekommunikation zugewiesen sind. Diese negative Begrenzung ermöglicht es, auch solche Dienste zu erfassen, die erst zukünftig entstehen oder an Bedeutung gewinnen werden. Es fällt somit kein Informations- und Kommunikationsdienst aus dem Regelungsraster. Laut Definition sind mit „Telemedien" entsprechende **Dienste** gemeint und nicht Medieninhalte oder -unternehmen. Klarer ist es daher, von Telemediendiensten zu sprechen.[109]

2. Beispiele für Telemedien aus der Gesetzesbegründung

39 Während früher durch **Regelbeispiele** in § 2 Abs 2 TDG bzw § 2 Abs 2 MDStV näher beschrieben war, welche Angebote unter Tele- bzw Mediendiensten zu verstehen seien, verzichtet das TMG darauf. Als Grund wird auf die geänderte Einschätzung der wirtschaftlichen und technologischen Entwicklung und den Wegfall der Abgrenzung zu den Mediendiensten verwiesen.[110] Daraus darf geschlossen werden, dass der Gesetzgeber an den Katalog des TDG nicht mehr gebunden sein wollte und sich verstärkt den Auffangcharakter des Telemedienbegriffs zunutze machen möchte, ohne inhaltlich die früher benannten Beispiele auszugrenzen.[111]

40 Erfasst soll ein **weiter Bereich von wirtschaftlichen Tätigkeiten** sein, „die – sei es über Abruf- oder Verteildienste – elektronisch in Form von Bild-, Text- oder Toninhalten zur Verfügung gestellt werden."[112]

---

106 § 1 Abs 1 S 2 TMG dagegen Art 2a ECRL i.V.m. Art 1 Nr 2 RL 98/34/EG idFv RL 98/48/EG.

107 § 1 Abs 1 S 1 TMG dagegen Art 2a ECRL i.V.m. Art 1 Nr 2 aE RL 98/34/EG idFv RL 98/48/EG; s Rn 66.

108 Rn 67.

109 So *Kitz* ZUM 2007, 368, 369; s auch BT-Drucks 16/3078, 13.

110 BT-Drucks 16/3078, 13.

111 *Spindler* CR 2007, 239, 240 sieht keine inhaltliche Änderung.

112 BT-Drucks 16/3078, 13.

- Online-Angebote von Waren und Dienstleistungen mit unmittelbarer Bestellmöglichkeit (darunter sollen fallen:[113] Informationsangebote, Newsgroups, Chatrooms, elektronische Presse, Fernseh-/Radiotext, Teleshopping[114]),
- Video auf Abruf außerhalb von Fernsehdiensten im Sinne der RL 98/552/EWG,
- Onlinedienste, die Instrumente zur Datensuche, zum Zugang zu Daten oder zur Datenabfrage bereitstellen sowie
- kommerzielle Verbreitung von Informationen über Waren- oder Dienstleistungsangebote mit elektronischer Post (zB Werbemails).

Eine weitere Kategorie sind Dienste, die **„auch"** Telemedien sind:[115] **41**

- Internet-Zugang
- E-Mail-Übertragung

Die Begründung nennt Beispiele, die **keine** Telemediendienste sein sollen:[116] **42**

- der herkömmliche Rundfunk
- Live-Streaming (zusätzliche parallele/zeitgleiche Übertragung herkömmlicher Rundfunkprogramme über das Internet) und
- Webcasting (ausschließliche Übertragung herkömmlicher Rundfunkprogramme über das Internet).
- bloße Internet-Telefonie (VoIP)

3. Teledienste und Mediendienste

Nachdem der Gesetzgeber unter Telemedien sowohl die früheren Tele- als auch **43**
Mediendienste versteht,[117] können diese Begriffe ebenfalls zur Bestimmung der Telemedien herangezogen werden. Im TDG waren als **Teledienste** definiert alle IuK-Dienste, die für eine individuelle Nutzung von kombinierbaren Daten wie Zeichen, Bilder, oder Töne bestimmt sind und denen eine Übermittlung mittels Telekommunikation zugrunde liegt (§ 2 Abs 1 S 1 TDG 2001). Unter **Mediendienste** sollten alle an die Allgemeinheit gerichteten IuK-Dienste in Text, Ton oder Bild, die unter Benutzung elektrischmagnetischer Schwingungen ohne Verbindungsleitung oder längs oder mittels eines Leiters verbreitet werden, fallen (§ 2 Abs 1 S 1 MDStV).

Die als **unpraktikabel kritisierte Aufspaltung** zwischen Individualkommunikation **44**
und Massenkommunikation wurde mit dem TMG ersetzt durch die Anwendung allgemeiner Regelungen für alle Telemedien im TMG – allerdings nur, um dann dieselben Fragen wieder aufzuwerfen bei der Bestimmung der rundfunkvergleichbaren Telemedien (§ 50 RStV), der Rundfunkbestandteile in Telemedien (§ 20 Abs 2 RStV) oder der journalistisch-redaktionell gestalteten Angebote (§ 54 ff RStV).[118] Die wohl hM

---

113 Diese Auflistung enthält eher ungewöhnliche „Beispiele": Informationsangebote, Newsgroups, Chatrooms, elektronische Presse und Fernseh-/Radiotext sind keine typischen E-Commerce-Angebote.

114 Fernseh-/Radiotext und Teleshopping nennt auch § 2 Abs 1 S 4 RStV als Beispiele für Telemedien. Allerdings gelten die Begriffsbestimmungen des § 2 RStV genau genommen nicht für Telemedien, da auf diese nach § 1 Abs 1, 2. Halbs RStV nur der IV. bis VI. Abschnitt sowie § 20 Abs 2 RStV gelten.

115 BT-Drucks 16/3078, 13.

116 BT-Drucks 16/3078, 13.

117 BR-Drucks 556/06, 14.

118 Vgl *Kitz* ZUM 2007, 368, 370; Band 4 Teil 1 Kap 1.

hatte versucht, Teledienste als Individualkommunikation von Mediendiensten als Massenkommunikationsmittel mit Meinungsbildungsrelevanz abzugrenzen.[119]

4. Abruf- und Verteildienste

45 Nach der Begründung sollen nur **Abruf- oder Verteildienste** unter das TMG fallen und dadurch etwa von bestimmten Telekommunikationsdiensten zu unterscheiden sein.[120] Es liegt daher nahe, die Eigenschaft eines Abruf- oder Verteildienstes als konstitutiv für Telemedien anzusehen. Im TMG sind jedoch nur Verteildienste definiert („Verteildienste [sind] Telemedien, die im Wege einer Übertragung von Daten ohne individuelle Anforderung gleichzeitig für eine unbegrenzte Anzahl von Nutzern erbracht werden" § 2 Nr 4 TMG) und einer einzelnen Sonderregelung zugeführt (§ 3 Abs 4 Nr 5 TMG). Dabei handelt es sich um Bestandteile der früheren Regelungen. **Verteildienste** sollten typischerweise Mediendienste darstellen (§ 2 Abs 2 Nr 1 bis Nr 3 MDStV). **Abrufdienste** waren solche Teledienste, die im Wege einer Übertragung von Daten auf Anforderung eines einzelnen Nutzers erbracht werden (§ 3 Nr 4 TDG 2001). Bei einer Beschränkung auf Abruf- und Verteildienste wären also nur solche IuK-Dienste Telemedien, die im Wege der Übertragung von Daten auf Anforderung eines einzelnen Nutzers, oder ohne diese Anforderung gleichzeitig für eine unbegrenzte Anzahl von Nutzern erbracht werden. Da der Dienst „im Wege der Übertragung" erbracht wird, ist dann die Erbringung der Übertragungsleistung selbst vorausgesetzt und ausgenommen.

46 Der **Unterschied** zwischen Abruf- und Verteildiensten besteht nur in dem Kriterium individueller Anforderung durch den Nutzer. Kommunikationsvorgänge auf der Basis der Internetprotokolle (bspw TCP/IP, FTP oder SMTP) erfordern jedoch grds individuelle Vereinbarungen über den Austausch von Daten. Auch kommt die Nutzung eines WWW-Angebotes nicht ohne Aufruf durch den Nutzer zustande. Abruf- und Verteildienste lassen sich also im Internet weder technisch noch anhand der Abrufinitiative unterscheiden. Die vom Gesetzgeber in § 2 Abs 2 Nr 1 bis 5 TDG 2001 angeführten Beispiele für Abrufdienste[121] lassen sich sowohl im Wege des Bereithaltens zum Abruf als auch durch Zurverfügungstellung für eine Vielzahl gleichzeitiger Nutzer erbringen. Vor allem das Web 2.0[122] bietet interaktive Kommunikationsformen zum Austausch von Daten oder sonstigen Informationen zwischen einzelnen oder beliebig vielen, die den Unterschied zwischen Individual- und Massenkommunikation oder zwischen Abruf und gleichzeitiger Absendung vom Server verwischen.[123] Ano-

---

119 Spindler/Schmitz/Geis/*Spindler* § 2 TDG Rn 5, 11 ff, nachdem jedoch § 2 Abs 1 TDG und § 2 Abs 1 MDStV unterschiedliche Ansätze für die jeweilige Definition von Tele- bzw Mediendiensten gewählt hatten, war eine trennscharfe Unterscheidung zwischen den jeweiligen Diensten kaum möglich (vgl Spindler/Schmitz/Geis/*Spindler* § 2 TDG Rn 18).

120 So heißt es in BT-Drucks 16/3078, 13 „Die telekommunikationsgestützten Dienste nach § 3 Nr 25 TKG fallen vor allem deshalb nicht unter das zukünftige TMG, weil es sich weder um Abruf- noch um Verteildienste handelt."

121 BT-Drucks 14/6098, 16.

122 S dazu *O'Reilly* What Is Web 2.0, Design Patterns and Business Models for the Next Generation of Software (www.oreillynet. com/pub/a/oreilly/tim/news/2005/09/30/what-is-web-20.html?page=1).

123 Instant Messaging Dienste wie twitter.com ermöglichen es Nachrichten an ausgewählte Einzelpersonen, Gruppen oder alle zu versenden; pownce.com gestattet dies kombiniert mit dem Versenden ganzer Dateien; RSS-feeds (Really Simple Syndication) sind von Nutzern „abonnierte" Informationsaussendungen, wobei der konkrete Abruf dennoch immer vom Abonnenten ausgeht, mithin kein „Senden" im klassischen Sinne vorliegt.

nyme Peer-to-Peer-Netze[124] ermöglichen den Austausch von Dateien mit einer Vielzahl unbekannter und nicht recherchierbarer Kommunikationspartner. Das Einteilen in Abruf- oder Verteilbestandteile verschafft hier ebenso wenig Erkenntnis wie die Unterscheidung nach Gleichzeitigkeit der Übermittlung bestimmter Inhalte. Gleichzeitig kann die Technik für „Fernsehübertragung" genutzt werden.[125] Nur das Studium der jeweiligen Kommunikation im Einzelfall unter Berücksichtigung der Teilnehmer gestattet eine verlässliche Aussage über eine etwaige Meinungsbildungsrelevanz. Diese Kriterien haben sich damit als wenig hilfreich erwiesen.

Das Internet ist eine **Kommunikationsstruktur** und kein Übertragungsformat. **47**
Unterteilungen in „Senden – Empfangen" oder „Abrufen – Verteilen" machen wenig Sinn. Rechtskategorien, die bereits in der Anwendung auf Wikipedia scheitern[126], sind nicht hilfreich. Die Bestimmung von Telemedien über „Abruf- und Verteildienste" ist somit nicht ergiebig und sollte aufgegeben werden. Es bleibt damit nur der Weg über die negative Abgrenzung zu anderen IuK-Diensten.

5. Abgrenzung zu „Diensten der Informationsgesellschaft"

Die EU verwendet in internetspezifischen Regeln wie der ECRL den Begriff „Dien- **48**
ste der Informationsgesellschaft".[127] Nach Art 1 Nr 2 der Informations-RL 98/34/EG idFv RL 98/48/EG sind dies Dienstleistungen, die in der Regel gegen Entgelt elektronisch im Fernabsatz und auf individuellen Abruf des Empfängers erbracht werden, also Abrufdienste.[128] **Elektronisch erbracht** werden Dienstleistungen nach dieser Vorschrift, wenn sie mittels Geräten für die elektronische Verarbeitung und Speicherung von Daten am Ausgangspunkt gesendet und am Endpunkt empfangen werden, unabhängig vom Übertragungsweg. Der Begriff der **Dienstleistung** ist weit iSd Art 60 EGV entsprechend der Auslegung durch die Rechtsprechung des EuGH zu verstehen, sodass darunter alle **Leistungen** fallen, die in der Regel **gegen Entgelt** erbracht werden.[129]

Die Dienste der Informationsgesellschaft umfassen einen weiten Bereich von wirt- **49**
schaftlichen Tätigkeiten, die online vonstatten gehen, bspw:[130]
- Online-Verkauf von Waren (nicht aber die Auslieferung von Waren als solche oder die Erbringung von Offline-Diensten), also bspw Internetshops;
- Online-Informationsdienste (bspw Wetterdienste, Informationsangebote der Unternehmen);
- kommerzielle Kommunikation (bspw E-Mail-Werbung);

---

124 Bspw auf Mute oder I2P aufsetzende Systeme oder bei Nutzung des TOR-Netzes, s *Sieber/Nolte* Sperrverfügungen 16.

125 *Möller* MMR 2007 Heft 5 VI f.

126 Wikipedia erscheint als Abrufdienst, da die Informationen zentral gespeichert und einzeln zugänglich sind. Zugleich kann sich jeder angemeldete Teilnehmer aber benachrichtigen lassen, wenn ausgewählte Seiten geändert werden, also werden entsprechende Informationen „verteilt". Die Meinungsbildungsrelevanz des Artikels zum Irak-Krieg (de.wikipedia.org/wiki/Irakkrieg) liegt auf der Hand, wogegen der ausführliche Eintrag zum TCP (de.wikipedia.org/wiki/Transmission_Control_Protocol) Wissen vermittelt und unter keinem Gesichtspunkt geeignet ist, zur Meinungsbildung beizutragen. Einträge auf den Benutzerseiten dienen wohl der individuellen Kommunikation, sind aber für jeden anderen Nutzer abrufbar. S zur Einordnung als Mediendienst *Kaufmann/Köcher* MMR 2006, 255, 256.

127 Art 2a ECRL.

128 Zu diesem unglücklichen Begriff s Rn 45.

129 RL 98/48/EG ErwG 19.

130 RL 2000/31/EG ErwG 18, s auch Anh V der Informations-RL 98/34/EG idFd RL 98/48/EG.

- Dienste, die Instrumente zur Datensuche, zum Zugang zu Daten und zur Datenabfrage bereitstellen (bspw Suchmaschinen, kommerzielle Datenbanken);
- Dienste, die Informationen über ein Kommunikationsnetz übermitteln, Zugang zu einem Kommunikationsnetz anbieten oder Informationen, die von einem Nutzer des Dienstes stammen, speichern (bspw Providing);
- Dienste, die von Punkt zu Punkt erbracht werden, wie Video auf Abruf.

50 **Keine** Dienste der Informationsgesellschaft sind:

- Die Verwendung der elektronischen Post oder gleichwertiger individueller Kommunikationen zB durch natürliche Personen außerhalb ihrer gewerblichen, geschäftlichen oder beruflichen Tätigkeit, einschließlich ihrer Verwendung für den Abschluss von Verträgen zwischen derartigen Personen;
- Die vertragliche Beziehung zwischen einem Arbeitnehmer und seinem Arbeitgeber;
- Tätigkeiten, die ihrer Art nach nicht aus der Ferne und auf elektronischem Wege ausgeübt werden können, wie die gesetzliche Abschlussprüfung von Unternehmen oder ärztlicher Rat mit einer erforderlichen körperlichen Untersuchung eines Patienten;
- Punkt-zu-Mehrpunkt-Übertragung, die im Wege einer Übertragung von Daten ohne individuellen Abruf gleichzeitig für eine unbegrenzte Zahl von einzelnen Empfängern erbracht werden, einschließlich zeitversetzter Video-Abruf[131];
- Fernsehsendungen im Sinne der RL 89/552/EWG und Radiosendungen, soweit sie nicht auf individuellen Abruf erbracht werden[132];
- Teletext (über Fernsehsignal).[133]

51 Keine Dienste der Informationsgesellschaft sind also Verteildienste, private Informationsangebote, nicht geschäftliche E-Mail-Korrespondenz, IuK-Dienste im Arbeitsverhältnis oder unentgeltliche Angebote.[134]

52 Obwohl der Katalog der Dienste (Rn 39 ff und 48 ff) nahezu identisch ist, hat sich der Bundesgesetzgeber dagegen entschieden, den Begriff der Dienste der Informationsgesellschaft zu übernehmen. Stattdessen werden „Elektronische Informations- und Kommunikationsdienste" als Oberbegriff und „Telemedien" für den Regelungsgegenstand der vereinigten Tele- und Mediendienste verwendet. Alle Dienste der Informationsgesellschaft im Sinne der Informations-RL sind zugleich Telemedien und damit IuK-Dienste, nicht alle Regelungen für Telemedien finden wiederum Anwendung auf Dienste der Informationsgesellschaft.[135] Nachdem **Umsetzungspflichten** gem der ECRL für alle Dienste der Informationsgesellschaft bestehen, gilt im Zweifel für alle

131 Art 1 Nr 2 und Anh V Nr 3a der Informations-Richtlinie 98/34/EG idFd RL 98/48/EG. Gemeint sind nur Verteildienste, wie sich aus dem Zusammenhang und dem englischen Text ergibt (*Schulz/Jürgens* Regulierung 22).

132 RL 98/48/EG ErwG 19, ähnlich auch Art 1 Nr 2 und Anh V der Informations-Richtlinie RL 98/34/EG idFd RL 98/48/EG; nach Art 1a der Fernseh-Richtlinie 89/552/EWG sind „Kommunikationsdienste, die auf individuellen Abruf Informationen oder andere Inhalte übermitteln, wie Fernkopierdienste, elektronische Datenbanken und andere ähnliche Dienste" ohnehin nicht im zentralen Begriff der Fernsehsendung eingeschlossen.

133 Anh V Nr 3c der Informations-Richtlinie RL 98/34/EG idFd RL 98/48/EG.

134 Art 2a ECRL in Verbindung mit RL 98/38/EG in der Fassung von RL 98/48/EG, vgl die in ErwG 18 angegebenen Beispiele.

135 Dies bringt einige Komplikationen mit sich, etwa wenn bei der Formulierung des § 312e BGB versucht wird, die Tele- und Mediendienste in Gleichlauf mit den Diensten der Informationsgesellschaft zu bringen, um eine vollständige Umsetzung der ECRL-Vorgaben zu gewährleisten (s dazu BT-Drucks 14/6040, 170). S auch die Beschränkung des Herkunftslandprinzip auf Abrufdienste (BT-Drucks 14/6098, 19).

Dienste der Informationsgesellschaft, dass sie Telemedien zunächst insoweit sind, als die dadurch anwendbaren Regelungen des TMG dem Umsetzungsauftrag entsprechen.

6. Verhältnis zum Rundfunk

Nach § 1 Abs 1 findet das TMG keine Anwendung auf IuK-Dienste, soweit sie Rundfunk iSd § 2 RStV sind. Für einen **rundfunkbezogenen Teilbereich der Telemedien** gelten außerdem besondere Regelungen im RStV. Das TMG gilt dabei für die wirtschaftsbezogenen und allgemeinen Anforderungen, wohingegen sich aus Rundfunkrecht vor allem inhaltliche Bestimmungen ergeben sollen.[136] Damit gibt es Überschneidungen von Rundfunk und Telemedien. **53**

Der Gesetzgeber strebt dabei eine Zuordnung **anhand der Ziele der Regelung** an und nicht auf Grund der Technik oder Art der Verbreitung.[137] Damit sollen die inhaltlich sich entsprechenden Bestimmungen des TMG und RStV parallel für Telemedien gelten. Zugleich verweisen beide Normen jeweils aufeinander, um keine Regelungslücke zu lassen, § 1 Abs 4 TMG, § 60 Abs 1 RStV. Die angestrebte Klarheit in der Abgrenzung ist entgegen der Ansicht des Gesetzgebers[138] allerdings nicht erreicht. **54**

Der Rundfunk sieht sich einer existenziellen Herausforderung gegenüber.[139] Alle Inhalte herkömmlicher Rundfunkprogramme können technisch über Internet zugänglich gemacht werden.[140] Die übermittelten Inhalte sind dabei – bis auf das Format und die Qualität bei manchen Übertragungstechniken – die gleichen, die auch leitungsgebunden oder leitungsungebunden gesendet werden. Dies sollte aber nicht darüber hinwegtäuschen, dass die **Nutzung von Medieninhalten im Internet nur sehr wenig mit dem Empfang einer Rundfunksendung gemein hat.** Zwar kann das Internet einen weiteren Übertragungskanal für bestehende Rundfunkangebote darstellen, hierfür ist die Technik aber weder besonders geeignet, noch werden damit die Vorteile des neuen Mediums ausgeschöpft. **55**

Technische Kriterien wie „individueller Abruf“ oder „Punkt zu Mehrpunkt-Übertragung“ sind zur Abgrenzung wenig sinnvoll: Auch Streaming-Technologien[141] setzen die Initiierung einer Übertragung durch den Nutzer voraus, die Nutzung von Multicast-Protokollen im Internet ist derzeit nicht weit verbreitet[142] und stellt lediglich eine von mehreren technischen Alternativen für die Übermittlung von IP-Paketen über die Internet-Infrastruktur dar[143]. Neue Dienste verwenden wiederum Peer-to-Peer Technik für die Übertragung der Inhalte.[144] Bei zunehmender Konvergenz macht es wenig Sinn, an technische Kontingenzen juristische Folgen zu knüpfen. **56**

---

136 § 1 Abs 4 TMG; BT-Drucks 16/3078, 11; Begründung RStV, 1, 21. *Holznagel/Ricke* MMR 2008, 18.

137 BT-Drucks 16/3078, 11.

138 Begründung RStV, 1: „Damit sind die Regelungsbereiche von Bund und Ländern klar getrennt“.

139 Vgl *Eberle* CR 1996, 193.

140 Sei es über IP-TV, Webcasting, Streaming Media oder Download von Videodateien.

141 http://en.wikipedia.org/wiki/Streaming_media (Stand 9.9.2007).

142 Multicast-Pakete werden im Internet nicht zuverlässig von den Routern weitervermittelt (so de.wikipedia.org/wiki/Streaming_Media und de.wikipedia.org/wiki/Multicast (Stand 27.8.2007)), hier scheint aber Umdenken einzusetzen, s etwa das Multicast-TV Angebot der BBC unter http://www.bbc.co.uk/multicast/ (Stand 27.8.2007).

143 S en.wikipedia.org/wiki/Multicast (Stand 27.8.2007).

144 *Möller* MMR 2007 Heft 5 VI zu Joost.

57 Überträgt man den herkömmlichen Rundfunk auf das Internet, fällt darunter lediglich die lineare Verbreitung von meinungsbildungsrelevanten Daten und Informationen an eine Vielzahl von Nutzern außerhalb konkreter Anforderung. Rundfunk ist dann geprägt durch das zeitgleiche Übermitteln eines Programms von Darbietungen, wobei dem Empfänger als Gestaltungsmöglichkeit das Weg- oder Ausschalten bleibt. Moderne Technik hat zwar bereits Interaktivität (bspw über den Rückkanal Telefon) oder die Aufhebung der gleichzeitigen Wahrnehmung (durch analoge oder digitale Videorekorder) eingeführt. Onlinedienste sind dennoch nicht Rundfunk mit anderen Mitteln, sondern etwas grds anderes. Es gibt keinen vernünftigen Grund, die **technischen Einschränkungen des herkömmlichen Rundfunks** auch im Internet einzuführen. Im Internet besteht kein Mangel an Frequenzen, also ist auch kein Verteilungsverfahren erforderlich, um Meinungsviefalt zu gewährleisten. Weitere Veränderungen wird die **Abschaffung des Programms** mit sich bringen. Wenn dem Nutzer die Möglichkeit eingeräumt wird, den Beginn einer Darbietung selbst zu bestimmen, geht es nur vordergründig um zeitversetztes oder zeitgleiches Empfangen. Vielmehr diffundiert damit die Macht des Programmschemas. Die Nutzer werden selbst bestimmen oder automatisiert bestimmen lassen, was sie wann sehen wollen, und sich dabei kaum noch „durch das Programm führen" lassen.[145]

58 Ein Internetnutzer wählt Zeitpunkt, Inhalt und Reihenfolge einer Übertragung aus und erwartet Zugang zu den Inhalten über verschiedene technische Plattformen, mittels mobiler Endgeräte oder Großbildschirme.[146] Sicher werden nicht alle Fernsehzuschauer innerhalb weniger Jahre auf interaktive Medien umsteigen.[147] Die werbewirtschaftlich besonders umworbene junge Generation gewöhnt sich aber bereits daran, Informationen oder Unterhaltungsmedien nach eigenem Bedarf abzurufen und nicht darauf zu warten, ob und wann ein Rundfunkanbieter eine entsprechende Sendung ausstrahlen wird.[148] Der herkömmliche Rundfunk ist also ein **Auslaufmodell.**[149] Aber ein komplexes gesellschaftliches System wie der Rundfunk verschwindet nicht, sondern passt sich an. Nach hM soll der Rundfunk lediglich technischem Wandel unterworfen sein, ohne dass dadurch die Rundfunkeigenschaft als solche in Frage gestellt wäre.[150] Erst jüngst hat das BVerfG bekräftigt, dass der „Rundfunk" auch in neuen Inhalten, Formaten und Genres sowie neuen Verbreitungsformen geschützt sein soll.[151] Der Gesetzgeber habe die Institutionen des öffentlich-rechtlichen Rundfunks rechtlich und finanziell sicherzustellen, unabhängig von zukünftigen Entwicklungen bei Inhalten, Formaten, Genres sowie neuen Vertriebsformen des Programmangebotes und ohne Beschränkung auf den gegenwärtigen Entwicklungsstand in programmlicher, finanzieller und technischer Hinsicht.[152] Der Funktionsauftrag leite sich zwar ab

---

145 Dies haben auch die Rundfunkveranstalter erkannt: Siehe bspw das Konzept für Zusatzangebote des ZDF in Anlage zu § 11b Abs 3 Nr 2 RStV (abrufbar unter http://www.alm.de/fileadmin/Download/Gesetze/RStV_aktuell.pdf, Stand 2.12.2010).

146 S *Amlung/Fisch* ZUM 2009, 442, 443.

147 Dies wird bereits nahegelegt durch den inzwischen mehrstündigen täglichen Rundfunkkonsum weiter Teile der Bevölkerung.

148 So haben aktuelle Nachrichten/Informationen im Internet genutzt: 67,2 % (14–29 Jahre) bzw 66,2 % (30–49 Jahre) gegenüber 26,2 % (50 +) der Bevölkerung, Fernsehprogramme zeitversetzt im Internet verfolgt haben 15,2 % (14–29 Jahre), 9,3 % (30–49 Jahre) und 2,1 % (50 +), VuMA 2011, 77f (abrufbar unter http://www.vuma.de/fileadmin/user_upload/meldungen/pdf/VuMA_2011_Berichtsband.pdf (Stand 28.11.2010).

149 So die Leitfrage der Bitburger Gespräche 2007, s *Noske* ZRP 2007, 64.

150 So bereits BverfG NJW 87, 2987, 2993.

151 BVerfG Urt v 11.9.2007, Az 1 BvR 2270/05, 1 BvR 809/06, 1 BvR 830/06, Rn 123; s dazu *Gounalakis/Wege* NJW 2008, 800 ff.

152 BVerfG Urt v 11.9.2007, Az 1 BvR 2270/05, 1 BvR 809/06, 1 BvR 830/06, Rn 123.

aus der Sicherstellung der Abbildung der Vielfalt der bestehenden Meinungen in der Gesellschaft,[153] umfasse daneben aber doch auch Willensbildung, Unterhaltung, Information und kulturelle Verantwortung.[154]

Rundfunk wird nicht in Frage gestellt als Institution, der aufgrund von Breitenwirkung, Aktualität und Suggestivkraft von Ton- und Bewegbildern eine besondere Bedeutung zugemessen wird, die besonderer Regelungen bedarf.[155] Es ist unbestreitbar, dass Rundfunk mittels Internetprotokollen übertragen werden kann und dass Dienste im Internet die Wesenszüge des Rundfunk aufweisen können.[156] Damit ist allerdings nur nahegelgt, bestimmte Angebote im Internet verfassungsrechtlich wie Rundfunk zu behandeln,[157] jedoch werden diese Angebote dadurch nicht Rundfunk.[158] Genauso ist es möglich – und angesichts der zahlreichen Unterschiede zum herkömmlichen Modell des Rundfunk auch sehr viel zweckmäßiger – Telemedien als neue selbständige Form der Kommunikation verfassungsrechlich anzuerkennen. Stattdessen wird versucht, das Konzept des Rundfunk einerseits an die neuen Gegebenheiten anzupassen und andererseits Telemedien unter dieses Konzept zu zwängen. Dasselbe geschieht im Jugendschutz, wenn Art 5 Abs 4 JMSchStV noch immer das Konzept der Sendezeitenfenster für entwicklungsbeeinträchtigende Medieninhalte aus dem Fernsehen für Onlinedienste vorsieht. **59**

Für die Abgrenzung der Telemedien vom Rundfunk besteht nun die Schwierigkeit, dass Rundfunk zwar vorrangig zu bestimmen ist, weil Telemedien negativ als „Nicht-Rundfunk" definiert werden,[159] zugleich aber eine abschließende Bestimmung des Rundfunks zumindest auf verfassungsrechtlicher Ebene abgelehnt wird.[160] Auf einfachgesetzlicher Ebene dagegen gibt der RStV inzwischen Kriterien an die Hand für die Bestimmung des Rundfunks in Abgrenzung zu den Telemedien. Einerseits wurde die Definition des Rundfunks aufgrund der Mediendienste-RL eingeschränkt, andererseits sind Negativ-Merkmale aufgenommen worden, die klarstellen, wann kein Rundfunk vorliegen soll. **60**

Rundfunk im engeren Sinne nach § 2 Abs 1 RStV ist ein **linearer** Informations- und Kommunikationsdienst; er ist die für die Allgemeinheit und zum zeitgleichen Empfang bestimmte Veranstaltung und Verbreitung[161] von Angeboten in Bewegtbild oder Ton entlang eines Sendeplans unter Benutzung elektromagnetischer Schwingungen. Lineare Dienste sind – wie den Erwägungsgründen der Mediendienste-RL als Quelle dieses Begriffs entnommen werden kann – analoges und digitales Fernsehen, **61**

---

153 BVerfG Urt v 11.9.2007, Az 1 BvR 2270/05, 1 BvR 809/06, 1 BvR 830/06, Rn 115.

154 BVerfG Urt v 11.9.2007, Az 1 BvR 2270/05, 1 BvR 809/06, 1 BvR 830/06, Rn 122.

155 So die noch immer verwendete Formel des BVerfG Urt v 11.9.2007, Az 1 BvR 2270/05, 1 BvR 809/06, 1 BvR 830/06, Rn 116 mwN; vgl *Eberle* CR 1996, 193, 195; *Gounalakis/Wege* NJW 2008, 800, 803, sehen damit umschrieben „die starke Machtakkumulation des Mediums, die zu einer Art Monopol im Angebot gesellschaftlichen Orientierungswissens führe".

156 S *Klaes* ZUM 2009, 135, 141.

157 Zu den Vor- und Nachteilen s *Rumyantsev* ZUM 2008, 33, 34 f.

158 Diesen Fehlschluss zieht allerdings *Klaes* ZUM 2009, 135, 141.

159 *Castendyk/Böttcher* MMR 2008, 13, 15.

160 BverfGE 74, 297, 350: „Der in Art 5 Abs 1 S 2 GG verwendete Begriff „Rundfunk" läßt sich nicht in einer ein für allemal gültigen Definition erfassen." *Hochstein* NJW 1997, 2977, 2977: Rundfunk lässt sich bzgl Multimedia nicht mehr durch ausdefinieren der Begrifflichkeit klar abgrenzen sondern ist funktionsbezogen einzuordnen; siehe auch zur Diskussion jüngst bei *Pomorin* ZUM 2010, 573.

161 Ein wesentlicher Unterschied zum verfassungsrechtlichen Rundfunkbegriff soll in diesem Merkmal des Sendens bestehen, *Michel* ZUM 2009, 453, 454.

Live Streaming, Webcasting und der zeitversetzte Videoabruf „Near-video-on-demand.[162] Meist wird es bei Telemedienangeboten, die **auch** audiovisuelle Inhalte bereitstellen, am Merkmal des linearen Verbreitens gemäß Sendeplan fehlen. Allerdings lässt sich vertreten, dass ein Sendeplan, also die zeitliche Ordnung der Abfolge von Sendungen,[163] auch durch parallele Angebote verwirklicht werden kann.

62 **Kein Rundfunk** sind Angebote mit weniger als 500 möglichen zeitgleichen Empfängern,[164] zur unmittelbaren Wiedergabe aus Speichern von Empfangsgeräten bestimmte Angebote, persönlichen oder familären Zwecken dienende oder nicht journalistisch-redaktionell gestaltete Angebote sowie gegen Einzelentgelt freigeschaltete Sendungen, § 2 Abs 3 Nr 1–4 RStV. Es wird also eine pragmatische Abgrenzung bezüglich typischer Gestaltungen unternommen, für die die rundfunkrechtlichen Instrumentarien überzogen oder diesen offenkundig entzogen erscheinen. Im Hintergrund scheinen die Merkmale (Breitenwirkung, Aktualität, Suggestivkraft) des verfassungsrechtlichen Rundfunkbegriffs durch. Gesichert soll die Möglichkeit werden, **massenkommunikative Telemedien**, die sich dem Rundfunk annähern, der Rundfunkkontrolle zu unterstellen.[165] Manche Ausschlusstatbestände überzeugen nicht. Das Kriterium der **500 zeitgleichen Empfänger** erscheint ungeeignet. Es bestehen schon erhebliche Zweifel, ob es dem Anbieter bekannt ist oder seinem Einfluss unterliegt, wieviele Nutzer auf ein Video Zugriff nehmen können oder dürfen.[166] Von 500 *möglichen* Nutzern geht noch keine *Breitenwirkung* aus. Die Einbindung von Filmen in die eigene Seite erfolgt meist durch Verlinken einer andernorts gespeicherten Datei. Jeder bei einem Videoportal gehostete Clip kann von mehr als 500 Nutzern gleichzeitig betrachtet werden.[167] Bezüglich der persönlichen oder familären Zwecke kann auf die Ausführungen zu § 55 Abs 1 RStV verwiesen werden (Rn 175). Wenig trennscharf ist auch der Begriff der **journalistisch-redaktionell gestalteten Angebote.**[168] Entgegen dem Wortlaut wird es nicht so sehr auf die presse- oder rundfunkähnliche Gestaltung ankommen, sondern auf das massenmediale Wirkpotential meinungsbildungsrelevanter Inhalte einer journalistischen Veröffentlichung. Jedenfalls setzt die Vorschrift weder das Tätigwerden einer Redaktion noch die Beachtung journalistischer Standards voraus.[169] Erst wenn die meinungsbildende Wirkung für die Allgemeinheit prägender Bestandteil des Angebots und nicht nur schmückendes Beiwerk ist, kann von einer journalistisch-redaktionellen Gestaltung gesprochen werden.[170]

---

162 ErwG 20 Mediendienste-RL.

163 Vgl § 2 Abs 2 Nr 1 RStV.

164 Aus einer gleichzeitigen Abrufbarkeit eines an die Allgemeinheit gerichteten, meinungsbildungsrelevanten audiovisuellen Medieninhaltes durch mindestens 500 Nutzer sollte sich nach früherer Auffassung die Zulassungspflicht als Rundfunk iSd § 20 Abs 1 S 1 RStV ergeben, s die Nachweise bei *Baier* CR 2008, 769 f; s a Kommission zur Ermittlung der Konzentration im Medienbereich (KEK) und der Direktoren der Landesmedienanstalten; abrufbar unter: http://www.kek-online.de/kek/information/publikation/kek_mitteilung_4.pdf

165 Die Begründung nennt die Verhinderung der Umgehung der rundfunkrechtlichen Bestimmungen ein Ziel, BegrRÄStV, 8.

166 *Baier* CR 2008, 769, 775 nennt Peer-to-Peer Netzwerke als Beispiel für praktisch nicht messbare Reichweiten.

167 Vgl *Leitgeb* ZUM 2009, 39, 41.

168 *Rumyantsev* ZUM 2008, 33; in § 11d Abs 1 RStV ist festgelegt, dass die Telemedienangebote des öffentlich-rechtlichen Rundfunks journalistisch-redaktinoell gestaltet sind.

169 Im Gegenteil: Solche Angebote haben den anerkannten journalistischen Grundsätzen zu entsprechen, § 54 Abs 2 S 1 RStV.

170 So zu § 41 BDSG: BGH Urt v 23.6.2009, Az VI ZR 196/08 – Spickmich.de Rn 21.

Daraus ergibt sich eine Prüfungsreihenfolge für Informations- und Kommunikationsdienste: 63
1. Liegt ein Telekommunikationsdienst iSd § 2 Abs 1 RStV vor? → TK-Dienst
2. Liegt einer der Ausschlusstatbestände nach § 2 Abs 3 Nr 1–4 RStV vor? → Telemedien
   a. weniger als 500 mögliche zeitgleiche Empfänger
   b. Wiedergabe aus Speichern von Empfangsgeräten
   c. Angebot zu persönlichen oder familären Zwecken
   d. nicht journalistisch-redaktionell gestaltetes Angebot
   e. gegen Einzelentgelt freigeschaltete Sendungen
3. Ist der Dienst nicht linear? → Telemedien
4. Rundfunk im engeren Sinne des RStV (für die Allgemeinheit, zum zeitgleichen Empfang bestimmt, in Bewegtbild oder Ton, entlang eines Sendeplans, unter Benutzung elektromagnetischer Schwingungen verbreitet)? → Rundfunk
5. Teleshoppingkanäle nach § 1 Abs 4 RStV[171] → Rundfunk
6. Sonst → Telemedien

Auch für Telemedien die kein Rundfunk sind, gelten allerdings die Abschnitte IV–VI des RStV. Bspw findet sich die Pflicht zur Anbieterangabe für Telemedien in § 55 Abs 1 RStV.[172] Weiter kennt der RStV besondere Telemedien: **Sendungsbezogene Telemedien** der öffentlich-rechtlichen Rundfunkveranstalter[173] sind begleitende Angebote zu einer konkreten Sendung mit weiteren Informationen, § 2 Abs 2 Nr 19 RStV. Unter **rundfunkvergleichbare Telemedien** sollen an die Allgemeinheit gerichtete Telemedien fallen, § 2 Abs 2 Nr 13 RStV. Dieser Begriff wird fast[174] nur in Zusammenhang mit der Regulierung sogenannter Plattformen verwendet. Hierunter versteht der RStV Ressourcen, die Rundfunk und vergleichbare Telemedien zusammenfassen und als Gesamtangebot zugänglich machen. Dies geht über das bloße Programmbouquet nach § 2 Abs 2 Nr 13 RStV hinaus.[175] Plattformanbieter gelten als die neuen Torwächter zwischen massenkommunikativen Angeboten und Nutzern.[176] Sie unterliegen daher typischen Regularien der Medienkontrolle, bspw einer Zugangsregelung und Aufsicht.[177] **Journalistisch-redaktionelle Angebote** unterliegen inhaltlich Regelungen, die aus dem Presse- und Rundfunkrecht stammen (bspw Impressum, Gegendarstellung, Datenschutz, Auskunftsrechte). Vereinzelte Regelungen existieren dann noch zu **presseähnlichen**[178] und **fernsehähnlichen**[179] Telemedien. Zur Beurteilung, ob ein Angebot als Rundfunk oder Telemedium einzuordnen ist, kann auch der europäische Rechtsrahmen herangezogen werden. 64

In der Richtlinie über audiovisuelle Mediendienste 89/552/EWG idF der RL 2007/65/EG[180] wird der Oberbegriff der „audiovisuellen Mediendienste" verwendet.[181] 65

---

171 Einordnung von Teleshopping *Micklitz* NJW 1990, 1569 Teleshoppingkanäle sind nach § 2 Abs 1 S 4 RStV Telemedien; zu Meinungsbildungsmacht der Telemedien *Degenhart* MMR 1998, 137, 138.

172 S Rn 169.

173 Hierzu: *Peters* NJW 2010, 335; zu den früher programmbegleitenden Telemdedien *Kitz* ZUM 2007, 368, 369.

174 Sowie in § 58 Abs 4 RStV.

175 Zur Abgrenzung: *Grewenig* ZUM 2009, 15, 17 f.

176 Vgl *Becker* ZUM 2009, 1.

177 S *Weisser/Glas* ZUM 2009, 914.

178 §§ 2 Abs 2 Nr 13 iVm 11d Abs 2 Nr 3 RStV.

179 § 58 Abs 3 RStV.

180 Mediendienste-RL.

181 S hierzu *Schulz* audiovisuelle Mediendienste; *Kleist/Scheuer* MMR 2006, 128; *Thaenert* MMR 2005, 297; Band 4 Teil 1 Kap 1.

Unterschieden werden lineare audiovisuelle Mediendienste (Fernsehprogramme gem Art 1e, das sind analoges und digitales Fernsehen, Live Streaming, Webcasting und der zeitversetzte Videoabruf „Near-video-on-demand")[182], nicht-lineare audiovisuelle Mediendienste (audiovisuelle Mediendienste auf Abruf gem Art 1g, das ist Video-on-demand) und audiovisuelle kommerzielle Kommunikation (Art 1h, das sind Fernsehwerbung, Sponsoring, Teleshopping und Produktplatzierung[183]). In ErwG 18 der MediendiensteRL heißt es dazu: Der Begriff der audiovisuellen Mediendienste soll die Massenmedien in ihrer informierenden, unterhaltenden und die breite Öffentlichkeit bildenden Funktion erfassen, einschließlich der audiovisuellen kommerziellen Kommunikation, aber alle Formen privater Korrespondenz, zB an eine begrenzte Anzahl von Empfängern versandte elektronische Post, ausschließen. Die Begriffsbestimmung sollte alle Dienste ausschließen, deren Hauptzweck nicht die Bereitstellung von Programmen ist, dh bei denen audiovisuelle Inhalte lediglich eine Nebenerscheinung darstellen und nicht Hauptzweck der Dienste sind. Dazu zählen bspw Internetseiten, die lediglich zu Ergänzungszwecken audiovisuelle Elemente enthalten, zB animierte grafische Elemente, kurze Werbespots oder Informationen über ein Produkt oder nicht-audiovisuelle Dienste. Dies kann bei der Auslegung des RStV herangezogen werden.

66 Die Begriffe der Richtlinie über audiovisuelle Mediendienste 89/552/EWG idF der RL 2007/65/EG sind autonom zu bestimmen.[184] Für die Dienste der Informationsgesellschaft ist vor allem mit der ECRL ein Rechtsrahmen geschaffen, der verbindlich umzusetzen ist. Unberührt von der ECRL bleiben nach Art 1 Abs 6 jedoch Maßnahmen auf gemeinschaftlicher oder einzelstaatlicher Ebene, die unter Wahrung des Gemeinschaftsrechts der Förderung der kulturellen und sprachlichen Vielfalt und dem Schutz des Pluralismus dienen. Dies berechtigt aber nicht zu abweichenden allgemeinen rundfunkrechtlichen Regelungen. Vielmehr lassen sich auch im Rundfunk rein wirtschaftliche Bereiche ausmachen.[185] Typische Angebote des elektronischen Geschäftsverkehrs – wie Online-Buchhändler oder Musikplattformen – gehören zum Bereich der Kultur. Es erscheint daher zweckmäßig, die Bereiche nach Schutzgut und Regelungsfunktion zu trennen. Es ist davon auszugehen, dass die ECRL lediglich den Bereich der Kommunikationsdienste ausnehmen wollte, der in seiner Funktion herkömmlichem Fernsehen und Hörfunk entspricht. Zumindest für die Haftungsregelungen der ECRL ist klargestellt, dass diese durch die Richtlinie über audiovisuelle Mediendienste 89/552/EWG idF der RL 2007/65/RG unberührt bleiben (ErWG 23).[186] Verwiesen wird auf die eingehende Darstellung in Band 4 Teil 1 Kap 1.

7. Verhältnis zur Telekommunikation

67 Vom Anwendungsbereich des TMG ausgeschlossen sind Telekommunikationsdienste nach § 3 Nr 24 TKG, die ganz in der Übertragung von Signalen über Telekommunikationsnetze bestehen, und telekommunikationsgestützte Dienste nach § 3 Nr 25 TKG, soweit diese im TKG geregelt sind.[187] Diese Formulierung weicht vom TDG 2001 ab. Dort waren Telekommunikationsdienstleistungen und das geschäfts-

182 ErwG 20 Mediendienste-RL.

183 Art 1 h) Mediendienste-RL.

184 Zur alten Fassung der Fernseh-RL: EuGH Urt v 2.6.2005, Az C-89/04 – *Mediakabel BV/Commissariaat voor de Media* EuZW 2005, 470, Abs 18 ff.

185 Vgl auch die ErwG der Fernseh-RL 89/552/EWG wonach „die Fernsehtätigkeit (…) unter normalen Umständen eine Dienstleistung im Sinne des Vertrages" (gemeint: EWG-Vertrag) darstelle.

186 S Art 1b und 18 Fernseh-RL 89/552/EWG.

187 S Kap 2 Rn 26.

mäßige Erbringen von Telekommunikationsdiensten gem § 3 TKG (1996) ausgenommen. Die wohl hM hat versucht, Teledienste von Telekommunikation danach abzugrenzen, ob die **inhaltliche Ebene** der Kommunikation betroffen ist (Teledienst) oder die **Transportschicht** (TKG).[188] Der Bundesgerichtshof unterscheidet nach dem konkreten Leistungsgegenstand. Für den Fall von Sprachmehrwertdiensten seien mindestens zwei Vertrags- und Rechtsverhältnisse zu unterscheiden: Zum einen die den technischen Vorgang betreffende Dienstleistung des Telekommunikationsunternehmens und zum anderen die den inhaltlichen Vorgang betreffende weitere Dienstleistung. Diese inhaltliche Dienstleistung sei Teledienst im Sinne des (damals gültigen) Teledienstegesetzes.[189] An dieser Einordnung hat der BGH trotz vielfältiger Kritik festgehalten und dies für andere Mehrwertdienste bestätigt.[190] Diese Unterscheidung ist auch in den zugrundeliegenden technischen Vorgängen abgebildet. Auf Protokollebene lassen sich die Daten, die dem Transport der Information dienen, von den reinen Inhaltsdaten der Dienste trennen.[191]

Allerdings sollen nun die **telekommunikationsgestützten Dienste** nach § 3 Nr 25 68
TKG ausdrücklich vom Anwendungsbereich des TMG ausgenommen sein, dabei sind dies zweifelsfrei Inhaltsdienste, da es sich laut Gesetz um Dienste handelt bei denen „die Inhaltsleistung noch während der Telekommunikationsverbindung erfüllt wird" (§ 3 Nr 25 TKG). Die Begründung führt dazu aus, dass diese schon deswegen keine Telemedien seien, weil es sich „weder um Abruf – noch um Verteildienste" handele. Stattdessen handele es sich „um eine Individualkommunikation zwischen dem TK-Diensteanbieter (oder Dritten) und TK-Kunden, in deren Rahmen der TK-Diensteanbieter (oder Dritte) gegenüber TK-Kunden eine Inhaltsleistung erbringt."[192] Nachdem das Kriterium der Individualkommunikation für Telemedien typisch ist, bleibt dunkel, was nun diese Inhaltsleistungen von denen eines Abruf- oder Verteildienstes unterscheiden soll. Eine Beschränkung auf dieses Begriffspaar findet im Sprachgebrauch des TMG ohnehin wenig Stütze.[193] Die Klarstellungsbemühungen des Gesetzgebers, nehmen der Praxis die letzten Kriterien für die Abgrenzung zur Telekommunikation.[194]

Nach der Begründung ist zu vermuten, dass der Gesetzgeber keine Unterscheidung 69
nach Funktionen oder Schichten der Kommunikation vornehmen möchte, sondern **typologisch** vorgeht. Dabei sind solche Dienste, die ganz in der Übertragung von Signalen über Telekommunikationsnetze bestehen, typische TK-Dienste. Internetzugang oder E-Mail-Übertragung enthalten nach Ansicht der Begründung *zusätzlich inhaltliche Dienstleistungen*.[195] Solche Dienste seien dann zugleich Telemediendienste. Diese Einordnung erscheint dem Gesetzgeber deswegen erforderlich, weil es sich um Dienste der Informationsgesellschaft im Sinne der ECRL handele, für die entsprechende Regelungen im TMG umgesetzt seien. Bloße **Internettelefonie** wiederum stelle keine be-

188 Die Aufgabe dieser „überkommenen" Unterscheidung fordert *Schoch* JZ 2002, 798, 805; funktionale Abgrenzung Spindler/Schmitz/Geis/*Spindler* § 2 TDG Rn 22 ff mwN.

189 BGH Urt v 22.11.2001, Az III ZR 5/01, 10.

190 BGH Urt v 4.3.2004, Az III ZR 96/03 – *Dialer*, 8, mwN zur Diskussion.

191 Eingehend zum ISO/OSI Referenzmodell *Helmke/Müller/Neumann* JurPC Web-Dok 93/1998 Abs 28 ff und vor allem Abs 42.

192 BT-Drucks 16/3078, 13.

193 S dazu bereits oben Rn 45.

194 So bereits während des Anhörungsverfahrens zum ElGVG *Bizer* Stellungnahme des Unabhängigen Landeszentrums für Datenschutz Schleswig-Holstein zum Gesetzentwurf der Bundesregierung „Elektronisches-Geschäftsverkehr-Vereinheitlichungsgesetz" (ElGVG), BT-Drucks 16/3078, Stellungnahme zum ElGVG, (abrufbar unter www. datenschutzzentrum.de/allgemein/061211-tmg.htm).

195 BT-Drucks 16/3078, 13.

sondere Dienstleistung über das bloße Telefonieren hinaus dar und sei daher als reine TK-Dienstleistung anzusehen, die ganz in der Übertragung von Signalen über Kommunikationsnetze besteht und daher ausschließlich dem TKG zuzuordnen sei. Technische, funktionale oder auf Kommunikationsschichten bezogene Abgrenzungen der Telemedien von Telekommunikation bilden diese nicht ganz widerspruchsfreien Absichten des Gesetzgebers nicht ab.

70 Auch hier macht sich der Wandel des Regelungskonzeptes bemerkbar hin zu einem Auffangtatbestand der Telemedien. Nur Informations- und Kommunikationsdienste, die „ausschließlich Telekommunikationsdienste" sind, kommen als Telemedien nicht in Frage.[196] Statt Kriterien zu bestimmen scheint der Gesetzgeber **typische TK-Leistungen** vor Augen zu haben (Telefonie, Übertragungsdienste, Zugang etc), die im TKG geregelt werden und für die dann insoweit das TMG keine Anwendung findet. Immerhin lässt diese Konzeption zu, das TMG auf telekommunikative Dienste anzuwenden *soweit* das TKG den konkreten Bestandteil des Dienstes nicht reguliert. Die Anwendung des TKG auf Telemedien sieht § 1 Abs 3 TMG ausdrücklich vor.

71 Damit lässt sich die Streitfrage der Einordnung von **Zugangsprovidern**, also solchen Anbietern, die Nutzern den Zugang zum Internet über Telekommunikationsnetze ermöglichen, zufriedenstellend lösen. Unstreitig handelt es sich nämlich dabei um Telekommunikationsdienste iSd §§ 1 Abs 1 TMG, § 3 Nr 24 TKG.[197] Deswegen wurde vertreten, dass Accessprovider sich nicht auf die Haftungsprivilegien des TDG berufen könnten[198], mit der wenig überzeugenden Folge, dass die Privilegien für die Zugangsvermittlung nicht für deren wichtigste Fallgruppe gelten sollten. Nach der typologischen Abgrenzung ist es zulässig, Sondervorschriften des TMG auf Telekommunikationsdienste anzuwenden, soweit das TMG darin Tatbestände regelt, die als solche nicht vom TKG erfasst sind. Dies gilt also insb für die Leistungen des Durchleitens oder Zwischenspeicherns durch Telekommunikationsanbieter. Nachteil dieser Lösung ist das Fehlen transparenter Kriterien dafür, welche Dienste typologisch ausschließlich Telekommunikation sind und die systematisch unbefriedigende Situation, dass sich erst aus den Tatbeständen des TMG ergibt, welche IuK-Dienste durch abschließende Regelung im TKG aus dem Anwendungsbereich des TMG fallen. Die Beibehaltung der historischen Typologisierung nach Kompetenzen erweist sich als wenig tauglich, die über solche Feinheiten hinwegregulierende ECRL zu modulieren.

III. Diensteanbieter

72 Diensteanbieter und Nutzer sind die unmittelbaren Teilnehmer an Telemedien. Definiert wird der **Diensteanbieter** als jede natürliche oder juristische Person, die eigene oder fremde Telemedien zur Nutzung bereithält oder den Zugang zur Nutzung vermittelt (§ 2 Nr 1 HS 1 TMG). Diese Definition übernimmt wörtlich die Regelung aus § 3 Nr 1 TDG 2001 und perpetuiert einen Fehler der bisherigen Regelung. Der Begriff des Diensteanbieters wird **nicht einheitlich** verwendet. Zwar knüpfen die Rechte und Pflichten der einzelnen bereichsspezifischen Regeln des TMG zunächst an die Eigenschaft des Diensteanbieters. So gilt das Herkunftslandsprinzip für Diensteanbieter (§ 3 Abs 1 und Abs 2 TMG). Sowohl die allgemeinen als auch die besonde-

---

196 Vgl BT-Drucks 16/3078, 13.

197 Dies ergibt sich auch aus § 3 Nr 16 TKG, wonach der Internetzugang ausdrücklich zu den weiteren Diensten in Telekommunikationsnetzen gezählt wird.

198 S bei *Stadler* MMR 2002, 343, 344.

ren Informationspflichten betreffen ebenfalls den Diensteanbieter (§ 5 Abs 1 und § 6 Abs 1 TMG).[199] Schließlich werden durch die § 7 bis § 10 TMG ausschließlich Diensteanbieter privilegiert.[200] Die Rechte und Pflichten des vierten Abschnitts des TMG (Datenschutz) treffen ebenfalls Diensteanbieter. Bei näherer Betrachtung kann jedoch nicht dieselbe Rolle gemeint sein.[201]

So definiert § 2 Nr 1 TMG als Diensteanbieter nur diejenigen Personen, die eigene oder fremde Telemedien zur Nutzung **bereithalten oder den Zugang vermitteln.** § 8 Abs 1 TMG privilegiert jedoch auch Diensteanbieter, die fremde Informationen in einem Kommunikationsnetz lediglich **übermitteln** ohne den Zugang zu vermitteln. Auch das Privileg für Zwischenspeicherungen nach § 9 TMG gilt für fremde Informationen übermittelnde Anbieter. Das Privileg des § 10 TMG wiederum gilt für Diensteanbieter, die fremde Informationen für Nutzer speichern. § 2 TMG erfasst nur das Bereithalten und es scheint fraglich, ob Übermittlung oder Speicherung unter das Bereithalten zur Nutzung subsumiert werden können. Während das Speichern fremder Informationen für einen Nutzer noch als ein Teilakt des Bereithaltens verstanden werden kann, ist dies für das Übermitteln fremder Informationen im Wege der Durchleitung oder beim automatischen Zwischenspeichern nicht überzeugend. Auch § 1 Abs 3 JuSchG 2002 unterschied Übermitteln oder Zugänglichmachen vom Bereithalten.[202] 73

Widersprüche gibt es auch bzgl der **Informationspflichten**, die die Diensteanbieter treffen sollen. Wäre das Übermitteln, Speichern für den Nutzer oder technisches Zwischenspeichern begrifflich unter das Bereithalten zur Nutzung iSd § 2 Nr 1 TMG einzuordnen, so gälten andererseits die Informationspflichten der §§ 5 und 6 TMG. Alle an der Bereithaltung, Übermittlung, Speicherung und Zugänglichmachung dritter Informationen beteiligten Anbieter hätten dann in geeigneter Weise – also insb unmittelbar erreichbar – ihre allgemeinen Informationen vorrätig zu halten und bei kommerziellen Kommunikationen für die Einhaltung der Anforderung des § 6 TMG zu sorgen. Provider, die also lediglich technische Zwischenspeicherungen fremder Informationen bei der Durchleitung vornehmen, müssten diese Leistungen nicht nur erkennbar machen, sondern auch noch mit den geeigneten Zusatzinformationen versehen. (zum Anbieterbegriff der Informationspflichten s Rn 173) 74

Ein einheitlicher, weiter Diensteanbieterbegriff bringt auch Probleme bei der Anwendung von Abschnitt 4 des TMG zum **Datenschutz** mit sich. So ist es nicht überzeugend, wenn ein Diensteanbieter gem § 8 TMG, der also lediglich fremde Informationen in einem Kommunikationsnetz übermittelt, durch technische und organisatorische Vorkehrungen sicherzustellen hätte, dass der Nutzer die Nutzung des Dienstes jederzeit beenden kann, § 13 Abs 4 Nr 1 TMG. Das gleiche gilt für die Anzeigepflicht der Weitervermittlung nach § 13 Abs 5 oder der Verpflichtung, die Nutzung und Bezahlung anonym oder unter Pseudonym zu ermöglichen (Abs 6). Dies sind alles 75

199 § 5 Abs 2 TMG wiederum soll nach Ansicht von *Kitz* DB 2007, 385, 387 auch für E-Mailversender gelten, die nicht Anbieter von Telemedien sind, da nur so eine Umsetzung der ECRL gewährleistet sei. Dagegen spricht jedoch der Wortlaut und die Systematik des TMG.

200 *Schmitz/Derhing* CR 2005, 420 dagegen gehen davon aus, dass die Privilegien auch für TV-Anbieter gelten, die keine Tele-/Mediendienste leisten.

201 Zur Problematik der Informationspflichten bei Versterben des Anbieters s *Hoeren* NJW 2005, 2113, 2116 f.

202 Der Zweck des Jugendschutzes erfordert nach Ansicht des BGH zumindest bei § 3 Abs 2 Nr 3 JMStV eine zweite Auslegung des Anbieterbegriffes, BGH v 18.10.2007, IZR 102/05 – ueber18.de Rn 16 f mwN.

Aufgaben, die den bloßen Übermittler der Informationen kaum sinnvoll treffen können. Die datenschutzrechtlichen Befugnisnormen des §§ 14 und 15 TMG stehen allerdings unter dem strengen Vorbehalt der Erforderlichkeit, so dass sich insoweit bei Befugnissen der weite Diensteanbieterbegriff nicht auswirken dürfte.

76 Bislang werden die Widersprüche im Diensteanbieterbegriff dadurch gelöst, dass der weite Anbieterbegriff angenommen wird, um in den Anwendungsbereich des TMG zu gelangen und dann der Geltungsbereich der jeweiligen Norm am Normzweck orientiert reduziert wird.[203] Zu weit geht es allerdings, den Anbieterbegriff von der **willentlichen Bereitstellung** des Dienstes zu entkoppeln und denjenigen als Anbieter zu qualifizieren, in dessen unverschlüsseltes Funknetz von Dritten eingedrungen wird.[204]

77 Ein weiteres Problem besteht in der **Anbietereigenschaft der Handelnden** im Hinblick auf die Haftungsprivilegien der §§ 8 ff TMG. Wenn bei juristischen Personen als Anbieter nicht auch die handelnden natürlichen Personen von der Verantwortlichkeit freigestellt wären, liefe insb eine strafrechtliche Privilegierung leer. Nach hM soll hier eine ergänzende Auslegung der Privilegien die tatsächlich Handelnden schützen.[205]

78 Sinnvoll erscheint es zwischen Telemedienanbietern und Diensteanbietern zu unterscheiden. **Telemedienanbieter** wären dann die Inhalteanbieter, **Diensteanbieter** alle an der Bereitstellung solcher Inhalte Beteiligten.

79 Eine andere Definition des Diensteanbieters gilt wiederum bei audiovisuellen Medieninhalten auf Abruf. Hier ist Anbieter die Person, die die Auswahl und Gestaltung der angebotenen Inhalte wirksam kontrolliert, § 2 Nr 1 HS 2 TMG. Weit zu fassen ist auch der Anbieterbegriff des § 3 Abs 2 Nr 3 JMStV. Anbieter der Inhalte ist nach Ansicht des BGH auch derjenige, der durch Links nur den Zugang zu Angeboten Dritter vermittelt.[206]

§ 3
Überblick über besondere Regelungen für Telemedien

80 Telemedien treten in sehr unterschiedlichen Erscheinungsformen auf. Dies reicht von Firmenpräsenzen im Internet über vollständige E-Commerce-Angebote, die Wiedergabe von Medieninhalten bis hin zu Kommunikationsplattformen. Eine besondere Kategorie sind die Anbieter von Zugang zum Internet oder von technischer Infrastruktur für Telemedien. Diesen unterschiedlichen Erscheinungsformen entsprechen unterschiedliche gesetzliche Anforderungen, die sich aus dem TMG und bereichsspezifischen Sonderreglungen ergeben.

81 Das **„Recht der Telemedien“** besteht somit nicht nur aus dem TMG, sondern aus mehreren Normen, deren Anwendbarkeit auf Telemedien sich aus inhaltlichen Bestandteilen der IuK-Dienste (bspw Jugendschutz, Rundfunk, E-Commerce) ergibt oder der Funktion, die der Onlinedienst erfüllt (zB Haftungsprivilegien aus TMG). In

203 Vgl OLG Hamburg NJW-RR 2003, 760, 762 – Die Hunde sind los: Durch Schaltung eines Werbebanners wird man noch nicht Anbieter des beworbenen Glückspielangebots.

204 So aber *Gietl* MMR 2007, 630, 631.

205 So auch *Freytag* CR 2000, 600, 601 vgl *Heinrich* Kap 5 Rn 74.

206 BGH Urt v 18.10.2007, Az I ZR 102/05 – ueber18.de Rn 18.

der Folge kann dann ein E-Commerce-Anbieter nach vier verschiedenen Vorschriften zu Angaben seines Namens und seiner Adresse verpflichtet sein.[207]

Dem Anbieter bleibt dennoch nichts anderes übrig, als alle Bestandteile seines Angebots zu analysieren, ob bereichsspezifische Regelungen Anwendung finden können. Im Folgenden werden solche Regelungen behandelt, die sich aus TMG, RStV oder den in das BGB integrierten Regelungen für den elektronischen Handel ergeben, etwa dem Fernabsatz. Auf die Vorschriften zu Signaturen, das TKG, den RStV und das ZKDSG wird verwiesen. Telemedienspezifische Besonderheiten finden sich auch in den Darstellungen zum Jugendschutz (Band 4 Teil 2 Kap 4), Datenschutz (Kap 3) und Urheberrecht (Band 2 Kap 1). 82

Zu denken ist vor allem an die Besonderheiten für Telemedien aus dem RStV: Für Telemedien etwa bestimmt § 55 Abs 1 RStV die allgemeinen Anbieter-Informationspflichten oder die Pflicht, bei Meinungsumfragen anzugeben, ob diese repräsentativ sind (§ 54 Abs 3 RStV). Allgemein gelten auch die Zulassungsfreiheit (§ 54 Abs 1 RStV), die Regelungen zu Werbeklarheit und Trennungsgebot (§ 58 Abs 1 RStV), zu Sponsoring bei Fernsehtext (§ 58 Abs 2 RStV). Der Verweis auf die Anwendbarkeit des TMG gilt ebenfalls für alle unter den RStV fallenden Telemedien (§ 60 RStV). Besonderheiten für massenkommunikative Telemedien gelten hinsichtlich Zulassung (§ 20 Abs 2 RStV).[208] Für journalistisch-redaktionelle Angebote gelten die Pflichten zur Beachtung journalistischer Grundsätze (§ 54 Abs 2 RStV), die weitergehenden Anbieter-Informationen (§ 55 Abs 2 und 3 RStV), die Gegendarstellung (§ 56 RStV) sowie der spezifische Datenschutz (§ 57 RStV). Schließlich sind neu aufgenommen die Sonderregelungen für fernsehähnliche Telemedien, worunter etwa die audiovisuellen Mediendienste auf Abruf fallen, § 58 Abs 2 RStV). 83

§ 4
Internationale Zuständigkeit und anwendbares Recht

Internetseiten als typische Telemedien sind von jedem an das Internet angeschlossenen Rechner aus abrufbar. Angezeigt wird ein Internetangebot theoretisch an jedem Ort der Welt. Damit wirkt eine Homepage zumindest potenziell in **hunderte Rechtsordnungen** ein. Daraus ergeben sich dann mögliche rechtliche Anforderungen an die Gestaltung eines Internetangebotes. Wer Medienprodukte rechtskonform über Telemedien anbieten möchte, sieht sich schnell vor die komplexe Aufgabe gestellt, Anforderungen und Konsequenzen aus zahlreichen Rechtsordnungen prüfen zu müssen. Es stellt sich zunächst die Frage, die Gerichte welchen Landes zuständig sind und nach welchem Recht ein Angebot zu beurteilen ist. Nicht selten entscheidet allein der Gerichtsstand über die Wirtschaftlichkeit der Durchsetzung einer Forderung. Die internationale Zuständigkeit der Gerichte berührt außerdem den Grundsatz der Justizgewährung und zugleich die Souveränität der Staaten, die ihre Bürger Streitigkeiten in anderen Staaten aussetzen. 84

---

207 § 5 Abs 1 TMG, § 55 Abs 1 RStV, § 312c Abs 1 BGB iVm Art 246 § 1 Abs 1 Nr 1–3 sowie als Adresse zur Ausübung des Widerrufsrechts gemäß Muster für die Widerrufsbelehrung Anl 1 zu Art 246 § 2 Abs 3 S 1 (Rn 210).

208 S o Rn 57.

85 Gerichtliche Zuständigkeit und anwendbares Recht sind zu **trennen.** So ist es zwar wenig zweckmäßig aber nicht ungewöhnlich, dass ein Gericht das materielle Rechte eines anderen Landes anzuwenden hat.[209] Allerdings sind die ausschlaggebenden Kriterien internationaler Zuständigkeit und anwendbaren Rechts oft ähnlich, sodass sie in der Praxis schnell vermischt werden.

86 Schwierigkeiten bei der Bestimmung des einzuhaltenden Rechts oder die Einhaltung zahlloser Rechtsordnungen für einzelne Websites stellen für legale Angebote eine wirtschaftliche Belastung dar. Erleichterung bringt hier die Einführung des auf der ECRL gründenden **Herkunftslandprinzips.** Mit Ausnahme bestimmter Rechtsthemen soll ein Angebot eines Dienstes der Informationsgesellschaft nur noch den rechtlichen Anforderungen seines Sitzlandes entsprechen müssen. Diese überzeugend einfache Idee setzt allerdings voraus, dass die rechtlichen Standards für Telemedien entweder harmonisiert sind oder sie begründet die Gefahr des Ausweichens der Anbieter in Sitzländer mit geringeren Anforderungen. Nachdem manche Standards über Jahrzehnte im Zusammenspiel der gesellschaftlichen Gruppen errungen wurden, etwa der Verbraucher- oder der Jugendschutz, überrascht es nicht, dass die hier notwendigen Abstimmungen der beteiligten Staaten und Interessengruppen langsamer erfolgen als dies erforderlich wäre, um mit den rasanten technischen Entwicklungen Schritt zu halten.

87 Bezüglich der **Zwangsvollstreckung** inländischer Urteile gegen Schludner in anderen Mitgliedstaaten der EU sind viele Fragen offen,[210] einen wichtigen Aspekt der internationalen Durchsetzung von Unterlassungsansprüchen bspw im Wettbewerbsrecht hat der BGH jüngst geklärt: im Ordnungmittelverfahren festgesetzte Ordnungsgelder – etwa wegen des Verstoßes gegen einstweilige Verfügungen – können innerhalb der EU nach der EuVTVO vollstreckt werden.[211]

I. Gerichtliche Zuständigkeit

1. Einführung

88 Die gerichtliche Zuständigkeit für die rechtliche Überprüfung von länderübergreifenden Telemedien ergibt sich **vorrangig** aus den internationalen Regeln über die Zuständigkeit und ergänzend aus den im jeweiligen Land geltenden Zuständigkeitsnormen.[212] Beurteilt wird die zivilrechtliche Zuständigkeit dabei nach dem Recht des angerufenen Gerichts.[213] Für das Strafrecht wird auf Kap 5 verwiesen.

89 Prüfungsgrundlage für die Zuständigkeit ist der Sachverhalt wie er vom Kläger **behauptet** wird, soweit dieser nicht offensichtlich unzutreffend ist und daher ausge-

[209] S bspw die eingehende Auseinandersetzung mit dem österreichischem Medienrecht in KG NJOZ 2006, 1943; Prüfung lettischen Verbraucherrechts durch inländisches Gericht: BGH Urt v 9.7.2009, Az Xa ZR 19/08.

[210] Zur Vollstreckung vertretbarer Handlungen mit Auslandsbezug: BGH Urt v 13.8.2009, Az I ZB 43/08; zur Pfändung bei kurzfristigem Aufenthalt: BGH Urt v 17.7.2008, Az I ZB 80/07; zum Verhältnis von EuGVO und EUVTVO *Kienle* EuZW 2010, 334.

[211] BGH Urt v 25.3.2010, Az I ZB 116/08.

[212] Ausf für den Onlinebereich Hoeren/Sieber/*Pichler* Multimediarecht Teil 25.

[213] BGH NJW 1976, 1581, 1581; s auch *Rüßmann* K&R 1998, 129, 129.

schlossen werden kann.[214] Die tatsächlichen Feststellungen zum Sachverhalt werden dagegen erst bei der materiellen Prüfung der Anspruchsgrundlage getroffen und sind für die Zuständigkeit nicht mehr ausschlaggebend.[215]

90 Zunächst gelten für zivilrechtliche Klagen gegen Personen im europäischen Wirtschaftsraum die Brüssel I-VO[216] und das Luganer Übereinkommen[217] als international verbindliche Regelungen. Soweit Sachverhalte dort nicht geregelt sind, wird die internationale Zuständigkeit deutscher Gerichte regelmäßig mittelbar durch die **örtliche Zuständigkeit** eines deutschen Gerichts festgestellt (sog Doppelfunktionalität).[218] Zwar sind die Zuständigkeitsregeln nach Brüssel I-VO, Luganer Übereinkommen und ZPO in vielen Bereichen sehr ähnlich, dennoch handelt es sich um selbstständige Vorschriften, die autonom innerhalb des jeweiligen Normensystems auszulegen sind. Vereinfachend werden hier die Vorschriften der Brüssel I-VO und der ZPO zusammen behandelt.

2. Zu einzelnen Gerichtsständen

91 a) **Sitz des Beklagten.** Wichtigster Gerichtsstand ist der **Sitz des Beklagten**[219] (Art 2 Abs 1 mit 59, 60 Brüssel I-VO, §§ 12 mit 13, 17 ZPO). Dieser Grundsatz gilt allgemein zum Schutz des Beklagten vor Gerichtsverfahren in fremden Rechtsordnungen oder Sprachräumen und vor hohen Aufwendungen zur Verteidigung gegen Klagen. Diese Risiken werden damit allerdings dem Kläger auferlegt. Vorteil einer Klage am allgemeinen Gerichtsstand des Gegners ist die Vollstreckungsnähe: allgemein ist es einfacher, ein Urteil dort zu vollstrecken, wo es erlassen wurde. Der allgemeine Gerichtsstand gilt damit als Regelfall, die besonderen Gerichtsstände haben Ausnahmecharakter und sind daher nur in engen Grenzen anzuwenden und bedürfen besonderer Rechtfertigung.[220]

92 b) **Besondere Gerichtsstände mit Bezug zu Telemedien.** Wirtschaftlich bedeutsame Sonderregelungen im Bereich der Telemedien gelten für
- Verbrauchersachen (Art 15–17 Brüssel I-VO, vgl § 29c ZPO)[221]
- vertragliche Gerichtsstandsvereinbarungen (Art 23 und 24 Brüssel I-VO, § 38 ZPO, s aber Art 17 Brüssel I-VO)[222]

---

214 BGH Urt v 13.10.2004, Az I ZR 163/02 – Hotel Maritim, 7.
215 Vgl BGH Urt v 9.7.2009, Az Xa ZR 19/08 Rn 14.
216 = EuGVVO, bzgl EU-Mitgliedsstaaten, zur Geltung im Verhältnis zu Dänemark s OLG KoblenzNJOZ 2010, 898.
217 Bzgl EFTA-Staaten.
218 HM bereits BGH NJW 1965, 1665, 1665; BGH Urt v 28.6.2007, Az I ZR 49/04 – Cambridge Institute Rn 23; Hoeren/Sieber/*Pichler* Multimediarecht Teil 25 Rn 21 mwN; Einzelheiten streitig, s Baumbach/Lauterbach/Albers/Hartmann/*Hartmann* Übers § 12 ZPO Rn 6 ff mwN.
219 ErwG 11 Brüssel I-VO.
220 Vgl BGH Urt v 7.12.2004, Az XI ZR 366/03, 13 ff, mit ausf Nachweisen zur Rechtsprechung des EuGH; nach EuGH Urt v 23.04.2009, Az C-533/07 Falco Privatstiftung, Thomas Rabitsch / Gisela Weller-Lindhorst, Rn 22 ff dient außerdem die Vorhersehbarkeit des Gerichtsstandes dem Zweck der Rechtssicherheit.
221 Einen allgemeinen Verbrauchergerichtsstand enthält die ZPO nicht, es bestehen aber Schutzvorschriften, die vom Wohnsitz des Verbrauchers abweichende besondere Gerichtsstände verhindern sollen (bspw § 29 Abs 2 ZPO); s Zöller/*Vollkommer* Anh nach § 29c ZPO.
222 Hoeren/Sieber/*Pichler* Multimediarecht Teil 25 Rn 140.

- vertragliche Ansprüche mit Erfüllungsort (Art 5 Nr 1 Brüssel I-VO, § 29 ZPO)[223]
- Ansprüche aus unerlaubter Handlung (Art 5 Nr 3 Brüssel I-VO, § 32 ZPO)

93 Bei **Verbrauchersachen**, Art 15 Brüssel I-VO, darf der Verbraucher wählen, ob er an seinem Wohnsitz[224] klagt oder im Land des Gegners (Art 16 Abs 1 Brüssel I-VO). Zugleich sind Klagen **gegen** den Verbraucher im Mitgliedsstaat seines Wohnsitzes zu erheben (Art 16 Abs 2 Brüssel I-VO).[225] Der Schutz des Verbrauchers vor Gerichtsorten, die ihm eine effektive Verteidigung kaum möglich machen, ist das Gegenstück zur Vollstreckbarkeit von Urteilen innerhalb der EU. Gegenstand dieser Verbrauchersachen können nur bestimmte Verträge oder vertragliche Ansprüche sein (Art 15 Abs 1 Brüssel I-VO).

94 Insbesondere kommen die Vorschriften zum Gerichtsstand für Verbrauchersachen bei Vertragsansprüchen zur Anwendung, wenn der andere Vertragspartner in dem Mitgliedstaat, in dessen Hoheitsgebiet der Verbraucher seinen Wohnsitz hat, eine berufliche oder gewerbliche Tätigkeit auf irgend einem Wege auf diesen Mitgliedstaat oder auf mehrere Staaten, einschließlich dieses Mitgliedstaats, ausrichtet, Art 15 Abs 1c) Brüssel I-VO. Hier war streitig, wann bei Internetsachverhalten ein Ausrichten auf einen bestimmten Mitgliedstaat anzunehmen ist.[226] Der EuGH hat – nicht erschöpfend – eine Reihe von Gesichtspunkten aufgezählt, die das nationale Gericht unter anderem zu prüfen habe:[227]

- Der internationale Charakter der Tätigkeit,
- die Angabe von Anfahrtsbeschreibungen von anderen Mitgliedstaaten aus zu dem Ort, an dem der Gewerbetreibende niedergelassen ist,
- die Verwendung einer anderen Sprache oder Währung als der in dem Mitgliedstaat der Niederlassung des Gewerbetreibenden üblicherweise verwendeten Sprache oder Währung mit der Möglichkeit der Buchung und Buchungsbestätigung in dieser anderen Sprache,
- die Angabe von Telefonnummern mit internationaler Vorwahl,
- die Tätigung von Ausgaben für einen Internetreferenzierungsdienst, um in anderen Mitgliedstaaten wohnhaften Verbrauchern den Zugang zur Website des Gewerbetreibenden oder seines Vermittlers zu erleichtern,
- die Verwendung eines anderen Domänennamens oberster Stufe als desjenigen des Mitgliedstaats der Niederlassung des Gewerbetreibenden und
- die Erwähnung einer internationalen Kundschaft, die sich aus in verschiedenen Mitgliedstaaten wohnhaften Kunden zusammensetzt.

---

223 Allgemein *Rauscher* NJW 2010, 2251; vertraglicher Anspruch meint jede freiwillig gegenüber einer anderen Person eingegangene Verpflichtung, BGH Urt v 22.9.2008, Az II ZR 288/07 mit Verweis auf EUGH; zum Erfüllungsort bei Online-Übermittlung Hoeren/Sieber/*Pichler* Multimediarecht Teil 25 Rn 38 ff; s zur Bestimmung des Erfüllungsortes iSd EuGVÜ BGH Urt v 7.12.2004, Az XI ZR 366/03, 11.

224 Insofern enthält Art 16 Brüssel I-VO auch die örtliche Zuständigkeit.

225 Eingehend Hoeren/Sieber/*Pichler* Multimediarecht Teil 25 Rn 64; s auch *Rüßmann* K&R 1998, 129, 132 f (noch EuGVÜ). Nicht ausreichend für die nach Art 15 Abs 1 lit c geforderte Ausrichtung auf die Rechtsordnung am Verbrauchersitz soll das Unterhalten einer dort abrufbaren, aber bloß „passiven" Internetseite sein, sofern diese nicht in innerem Zusammenhang mit dem Abschluss des Vertrages stand, OLG Karlsruhe NJW 2008, 85, 86.

226 Vorlagebeschluss OGH Wien BeckRS 2009, 23428.

227 EuGH Urt v 7.12.2010, Az C-585/08 und C-144/09 Hotel Alpenhof GesmbH / Oliver Heller Rn 93.

Den Erfüllungsort bei Versendungskäufen, Art 5 Nr 1b) 1. Gedankenstrich Brüssel I-VO, sieht der EuGH bei Fehlen vertraglicher Bestimmung dort, wo die körperliche Übergabe der Sache stattfind, durch die der Käufer am endgültigen Bestimmungsort des Verkaufsvorgangs die tatsächliche Verfügungsgewalt über diese Waren erlangt hat oder hätte erlangen müssen.[228] Entschieden ist auch, dass Lizenzverträge keine Dienstleistung iSd Art 5 Nr 1b) 2. Gedankenstrich Brüssel I-VO sind.[229] Eine Vereinbarung des Erfüllungsortes im Anwendungsbereich des Art 5 Nr 1a) Brüssel I-VO ist zulässig, sofern dieser Ort einen Zusammenhang mit der Vertragswirklichkeit aufweist.[230] **95**

c) **Gerichtsstand der unerlaubten Handlung. aa) Allgemeines.** Der Gerichtsstand für **unerlaubte Handlungen** ist für Anbieter von Telemedien von besonderer Bedeutung.[231] Während der Anbieter durch entsprechende Vorbehalte bei seiner Willenserklärung noch Einfluss darauf nehmen kann, in welche Rechtsordnungen er vertragliche Beziehungen aufnehmen möchte, knüpft Deliktsrecht an Handlungen an, die bei Internetsachverhalten in alle beliebigen Rechtsordnungen ausstrahlen können.[232] **96**

Nach Art 5 Nr 3 Brüssel I-VO ist die Klage, wenn eine unerlaubte Handlung oder eine Handlung, die einer unerlaubten Handlung gleichgestellt ist, oder wenn Ansprüche aus einer solchen Handlung den Gegenstand des Verfahrens bilden, vor dem Gericht des Ortes zulässig, an dem das **schädigende Ereignis** eingetreten ist oder einzutreten droht. § 32 ZPO bestimmt einen besonderen Gerichtsstand der unerlaubten Handlung für den Ort, an dem die Handlung **begangen** wurde. Die Begriffe sind zwar jeweils selbstständig für Brüssel I-VO und ZPO auszulegen; verallgemeinernd lässt sich jedoch sagen, dass alle Ansprüche wegen Schädigung außerhalb vertraglicher Sonderbeziehungen vor dem Gericht des **Tatortes** eingeklagt werden können.[233] Dies gilt also für Unterlassungs-[234] oder Schadensersatzklagen wegen der Verletzung allgemeiner Rechtspflichten, etwa der Verletzung besonders geschützter Rechtsgüter wie dem Persönlichkeitsrecht, ebenso wie für Wettbewerbsrechts-[235] oder Immaterialgüterrechtsverletzungen.[236] Eine Annexkompetenz für andere als deliktische An- **97**

---

228 EuGH Urt v 25.2.2010, Az C-381/08 Car Trim GmbH / KeySafety Systems Srl, EuZW 2010, 301, so auch BGH Urt v 22.4.2009, Az VIII ZR 156/07 Rn 17, insb zum Lieferort bei Incoterm FOB.

229 EuGH Urt v 23.4.2009, Az C-533/07 Falco Privatstiftung, Thomas Rabitsch / Gisela Weller-Lindhorst Rn 28 ff; erschöpfend zum Streitstand *Ubertazzi* GRUR Int 2010, 103.

230 BGH Urt v 22.4.2009, Az VIII ZR 156/07 Rn 23 mwN.

231 Hoeren/Sieber/*Pichler* Multimediarecht Teil 25 Rn 170.

232 Zurecht weist *Berger* GRUR Int 2005, 465, 466 darauf hin, dass sich Onlineangebote durch diese fehlende Steuerbarkeit im Falle einer daran anknüpfenden Gerichtspflichtigkeit grds von anderen grenzüberschreitenden Diensten unterscheiden.

233 Jedenfalls für den Gerichtsstand nach Art 5 Nr 1 Brüssel I-VO ist eine sehr weite Auslegung zu beobachten, vgl die Nachweise bei BGH Urt v 10.11.2009, Az VI ZR 217/08 Rn 8.

234 Dies ist durch die Anfügung des „oder einzutreten droht" in Art 5 Nr 1 für die Brüssel I-VO nunmehr klargestellt. S auch BGH Urt v 13.10.2004, Az I ZR 163/02 – Hotel Maritim, 6; BGH Urt v 15.2.2007, Az I ZR 114/04 – Wagenfeld-Leuchte Rn 17; OLG München BeckRS 2009, 28030.

235 § 14 Abs 2 S 1 UWG.

236 Hoeren/Sieber/*Pichler* Multimediarecht Teil 25 Rn 174 und 178; Baumbach/Lauterbach/Albers/Hartmann/*Hartmann* § 32 ZPO Rn 6 ff m zahlreichen Beispielen. BGH vom 13.10.2004, I ZR 163/02 – Hotel Maritim, 6: Kennzeichenverletzungen, unerlaubte Wettbewerbshandlungen nach EuGVÜ; BGH Urt v 15.2.2007, Az I ZR 114/04 – Wagenfeld-Leuchte, Rn 17: Urheberrechtsverletzungen nach EuGVÜ; BGH Urt v 28.6.2007, Az I ZR 49/04 – Cambridge Institute, Rn 23: Kennzeichenverletzung nach § 32 ZPO.

sprüche ist auf Grund des Ausnahmecharakters des Gerichtsstands für unerlaubte Handlungen zumindest im Rahmen der Brüssel I-VO ausgeschlossen.[237]

98 Ort des schädigenden Ereignisses (Brüssel I-VO) und Begehungsort (ZPO) sind zwar ebenfalls autonom zu bestimmen, beide meinen jedoch **Handlungs- oder Erfolgsort.**[238]

99 Die genaue Bestimmung von Handlungs- oder Erfolgsort ist allerdings umstritten und die Diskussion unübersichtlich.[239] Differenziert wird zwischen Brüssel I-VO und ZPO und in Abhängigkeit vom verletzten Rechtsgut oder der Verletzungshandlung.[240] Im Bereich der ZPO stellt sich inzwischen die Frage, ob die Doppelfunktionalität der örtlichen Zuständigkeit für Internetsachverhalte sachgerecht ist. So erscheint es zweckmäßig auf Deutschland ausgerichtete Angebote aus dem Ausland inländischer Gerichtsbarkeit zu unterstellen ohne zugleich bei inländischen Sachverhalten jedes Gericht für örtlich zuständig erklären. Die Frage globaler Zuständigkeit geht über die Zuordnung zu einem bestimmten inländischen Gericht hinaus. Internationale und örtliche Zuständigkeit sind funktional verschieden, insb betrifft nur die internationale Zuständigkeit Belange der staatlichen Rechtspflege.[241] Internationale und örtliche Zuständigkeit sollten daher nach unterschiedlichen Kriterien bestimmt werden. Schließlich wird die Diskussion zum Begehungsort parallel bei der Bestimmung des anwendbaren Rechts nach § 40 EGBGB geführt.[242] Folge ist eine kaum noch überschaubare Meinungsvielfalt zu Einzelaspekten. Verwiesen wird auf die ausführliche und sorgfältige Darstellung speziell für die Onlinedienste bei Pichler.[243] Neuere Entscheidungen des BGH scheinen in Richtung einer ergebnisgleichen Auslegung sowohl der europäischen wie der nationalen Zuständigkeitsvorschriften über verschiedene Rechtsgebiete hinweg zu gehen.[244] Zur Orientierung erscheint daher folgende Vereinfachung zulässig:

100 **Handlungsort** ist dort, wo auch nur eines der wesentlichen Tatbestandsmerkmale durch Tun oder Unterlassen verwirklicht wurde; **Erfolgsort** ist der Ort an dem in das geschützte Rechtsgut eingegriffen wurde.[245] Die Terminologie des EuGH weicht davon etwas ab. Das Gericht bestimmt den **Ort des schädigenden Ereignisses** als den Ort des ursächlichen Geschehens einerseits und den Ort der Verwirklichung des Schadenserfolges andererseits.[246]

---

237 Ausf mit zahlreichen Nachweisen zur Rechtsprechung des EuGH: BGH Urt v 7.12.2004, Az XI ZR 366/03, 13 ff.

238 Hoeren/Sieber/*Pichler* Multimediarecht Teil 25 Rn 180; zum Kollisionsrecht *Spindler* ZUM 1996, 533, 556 mwN; zum EuGVÜ BGH Urt v 30.3.2006, Az I ZR 24/03 – Arzneimittelwerbung im Internet Rn 21; EuGH Urt v 30.11.1976, Az Rs 21/76 – Mines de Potasse, zu § 32 ZPO: BGH Urt v 2.3.2010, Az VI ZR 23/09 – New York Times Rn 8; *Damm* GRUR 2010, 891, 892.

239 Hoeren/Sieber/*Pichler* Multimediarecht Teil 25 Rn 180.

240 *Engels* AfP 2000, 524, 524.

241 BGH NJW 1965, 1665 f mwN.

242 Wobei Hoeren/Sieber/*Pichler* Multimediarecht Teil 25 Rn 180 mwN zurecht darauf hinweist, dass die Tatbestände für die Zuständigkeit nach Prozessrecht nicht nach Kollisionsrecht zu bestimmen seien.

243 Hoeren/Sieber/*Pichler* Multimediarecht Teil 25.

244 So die jüngeren Entscheidungen mit Internetbezug BGH vom 30.3.2006, I ZR 24/03 – Arzneimittelwerbung im Internet; BGH Urt v 13.10.2004, Az I ZR 163/02 – Hotel Maritim; BGH Urt v 15.2.2007, Az I ZR 114/04 – Wagenfeld-Leuchte; BGH Urt v 28.6.2007, Az I ZR 49/04 – Cambridge Institute; jetzt aber BGH Urt v 2.3.2010, Az VI ZR 23/09 – New York Times.

245 BGH NJW 1994, 1413, 1414.

246 EuGH Urt v 30.11.1976, Az Rs 21/76 – Mines de Potasse, Abs 15, 17; EuGH Urt v 7.3.1995, Az C-68/93 – Shevill vs Presse Alliance, Rn 21; s auch BGH Urt v 6.11.2007, Az VI ZR 34/07 Rn 17.

Eine scharfe Abgrenzung ist dabei nicht erforderlich. Handlung und Erfolg sind Teilbereiche einer unerlaubten Tat. Es liegt nahe, bei Zuordnungsschwierigkeiten zum Handlungs- oder Erfolgsort die Feststellung als **Begehungsort** genügen zu lassen.[247] 101

bb) Handlungsort/Ort des ursächlichen Geschehens. Zunächst ist die Handlung, die verboten ist, bzw das gebotene Unterlassen, zu bestimmen.[248] Es ist also zu unterscheiden, ob bspw die Verbreitung einer Information rechtsverletzend ist, die Zugänglichmachung oder das Herstellen einer Vervielfältigung. Dabei ist es wohl zulässig, einen typischen Geschehensablauf zusammenzufassen; allerdings sollen **Vorbereitungshandlungen** nicht ausschlaggebend sein.[249] 102

Allgemein kommen bei der **Verfügbarmachung von Internetinhalten** folgende Anknüpfungspunkte für den Handlungsort in Betracht:[250] 103
- der Ort an dem der Handelnde über den Upload entscheidet, diesen in Gang setzt,[251] oder von dem aus der Handelnde die Administrierung des Servers vornimmt,[252]
- der Standort des Servers auf dem sich die Handlung des Administrators unmittelbar manifestiert,[253]
- der Standort des Servers als Quelle einer Zugänglichmachung,
- Orte an denen Zwischenspeicherungen stattfinden bei der Übertragung von Informationen
- alle möglichen Abruforte,
- die tatsächlichen Abruforte,
- der Ort von dem der Abruf administriert wird.

Anknüpfungspunkt des Handlungsorts in Abgrenzung zum Erfolgsort kann nur das handelnde Subjekt als Ausgangspunkt der Handlung sein, sodass es auf die Wirkungsorte der willentlichen Tätigkeit nicht ankommen kann. Nach richtiger Auffassung ist daher allein auf den Ort der die Handlung tragenden Willensbildung abzustellen. Beim Up- oder Downloaden ist der Handlungsort nach hier vertretener Ansicht also dort, wo sich die Person befindet während sie die für den Ladevorgang erforderlichen Maßnahmen ergreift. Bei gemeinschaftlicher Willensbildung durch ein Organ einer juristischen Person können mehrere Handlungsorte anzunehmen sein. 104

---

247 Vgl BGH Urt v 2.3.2010, Az VI ZR 23/09 – New York Times Rn 10 zu Rechtsgutverletzungen durch Presseerzeugnisse; überhaupt scheint die Unterteilung in Handlungs- und Erfolgsort wenig zur Klarheit beizutragen. *Schack* MMR 2000, 135, 137 weist darauf hin, dass Immaterialgüterrechte eben Benutzungshandlungen dem Inhaber ausschließlich zuweisen und daher der unmittelbare Erfolg notwendig am Handlungsort eintrete. Für das Kollisionsrecht des unlauteren Wettbewerbs wurde die Trennung aufgegeben und durch das Marktortprinzip modifiziert (s Rn 136).

248 Hoeren/Sieber/*Pichler* Multimediarecht Teil 25 Rn 180; BGH Urt v 2.3.2010, Az VI ZR 23/09 – New York Times Rn 8, 11.

249 Baumbach/Lauterbach/Albers/Hartmann/*Hartmann* § 32 ZPO Rn 17; *Schack* MMR 2000, 135, 137; zum Kollisionsrecht MüKo/*Junker* EGBGB Art 40 Rn 79.

250 Vgl Hoeren/Sieber/*Pichler* Multimediarecht Teil 25 Rn 189; zum Kollisionsrecht: Schricker/Loewenheim/*Katzenberger* Vor §§ 120 ff Rn 145; Dreier/Schulze/*Dreier* Vor §§ 120 ff Rn 41 f; BGH Urt v 2.3.2010, Az VI ZR 23/09 – New York Times Rn 12 ff mwN.

251 S bei Hoeren/Sieber/*Pichler* Multimediarecht Teil 25 Rn 186 f.

252 *Berger* GRUR Int 2005, 465, 467.

253 Vervielfältigungen der inkriminierten Informationen begründen dagegen möglicherweise einen Erfolgsort. Jedenfalls wird meist am Serverstandort ein Begehungsort angenommen werden.

105 **Ort des ursächlichen Geschehens** bei Persönlichkeitsrechtsverletzung durch eine Zeitschrift ist für den EuGH der Ort „an dem das schädigende Ereignis seinen Ausgang nahm und von dem aus die ehrverletzende Äußerung gemacht und in Umlauf gebracht wurde“, dies sei „nur der Ort der Niederlassung des Herausgebers der streitigen Veröffentlichung“.[254]

106 Der eng verstandene Handlungsort fällt also meist mit dem allgemeinen Gerichtsstand des Gegners zusammen oder ist für den Verletzten schwer zu ermitteln.

107 **cc) Erfolgsort/Ort der Verwirklichung des Schadenserfolges. (i) Problemstellung. Erfolgsort** ist dort, wo die behauptete Verletzung des geschützten Rechtsguts eingetreten ist.[255] Auch hier ist zunächst Voraussetzung, Rechtsgut und dessen Beeinträchtigung genau zu bestimmen. Bei Schadensersatzansprüchen ist typischerweise der Ort des Ereignisses ausschlaggebend, welches unmittelbar die Vermögensbeeinträchtigung bewirkt.[256] Mittelbare oder Folgeschäden sollen keinen eigenen Erfolgsort begründen können, entscheidend ist allein die primäre Rechtsgutsverletzung.[257]

108 Der **Ort der Verwirklichung des Schadenserfolges** liegt nach EuGH dort, wo „die schädigenden Auswirkungen des haftungsauslösenden Ereignisses zu Lasten des Betroffenen eintreten.“[258]

109 Der Erfolgsort kann in Abhängigkeit vom verletzten **Rechtsgut und dem Zweck der Schutznorm** unterschiedlich bestimmt werden. Die Berücksichtigung der Besonderheiten des Wettbewerbs-, Urheber-, Kennzeichen- oder Persönlichkeitsrechts ermöglicht einen Gerichtsstand nur dort zu eröffnen, wo tatsächlich auch eine Rechtsbeeinträchtigung stattfindet. Je abstrakter das Rechtsgut bestimmt wird, desto geringer ist der Ortsbezug einer Verletzung. Bei Immaterialgüter- oder Persönlichkeitsrechten wird vertreten, sie hätten keinen Ort, würden also überall verletzt.[259] Dasselbe ließe sich allerdings auch vom „lauteren Wettbewerb“, „dem Eigentum an sich“ oder „dem Vermögen“ sagen.[260] Bei **Ausschließlichkeitsrechten** erfolgt die unmittelbare Beeinträchtigung indes regelmäßig am Handlungsort, weil es sich eben um Abwehrbefugnisse gegen Handlungen handelt, die verletzen.[261] Wird der Handlungsort allerdings eingegrenzt verstanden, wie hier vertreten, dann kann der Erfolg etwa einer Vervielfältigung durchaus in einem anderen Land eintreten als sich das Subjekt der Handlung bei seiner Willensausübung befindet. Zu denken ist an Serverstandorte oder technische Übertragungsstellen, an deren Ort Vervielfältigungen entstehen.[262] Vor allem die extensive Rechtsprechung des BGH zur Verletzung des inländischen Verbreitungs-

254 EuGH Urt v 7.3.1995, Az C-68/93 – Shevill vs Presse Alliance, Rn 24.

255 BGH Urt v 28.6.2007, Az I ZR 49/04 – Cambridge Institute, Rn 23.

256 Zur Unterscheidung zwischen dem Verlust einer Forderung und der Beeinträchtigung des Gesamtvermögens siehe BGH Urt v 6.11.2007, Az VI ZR 34/07 Rn 22.

257 HM s etwa *Schack* MMR 2000, 135, 137; bereits BGH GRUR 1978, 194, 195 – profil.

258 EuGH Urt v 7.3.1995, Az C-68/93 – Shevill vs Presse Alliance, Rn 28.

259 *Schack* MMR 2000, 135, 139; dabei wird allerdings nicht berücksichtigt, dass es nicht um die Rechte geht, sondern um Ansprüche wegen deren Verletzung und diese bestehen nur innerhalb mancher Rechtsordnungen. BGH Urt v 24.5.2007, Az I ZR 42/04 – Staatsgeschenk, Rn 6 f, hat unlängst bestätigt, dass dem Urheber an seinem Werk kein einheitliches Schutzrecht zusteht, sondern nur ein Bündel nationaler Schutzrechte (Rn 18). S zum Universalitätsprinzip auch Dreier/Schulze/*Dreier* Vor §§ 120 ff UrhG Rn 29; *Klass* GRUR 2007, 373.

260 Zum Wohnsitz als Ort eines Vermögensschadens in Abgrenzung zum Verlust einer Forderung siehe BGH Urt v 6.11.2007, Az VI ZR 34/07 Rn 22.

261 *Schack* MMR 2000, 135, 137.

262 Vgl *Berger* GRUR Int 2005, 465, 467 f.

rechts durch Bewerbung von Verkäufen im Ausland[263] ermöglicht Erfolgsorte bei Internetsachverhalten fern der Handlung anzuknüpfen.

(ii) **Herrschende Meinung und Kriterien.** Die wohl hM hält grds bei Internetsachverhalten einen Erfolgsort im Inland für gegeben, sucht dann aber sogleich nach Kriterien, um die Gerichtspflichtigkeit wieder sinnvoll einzugrenzen.[264] Sinnvoll erscheint die Einführung einer Spürbarkeitsschwelle[265], eines Erfordernisses von objektiver und dem Beklagten erkennbarer Inlandsrelevanz oder einer Ausnahme des sachnäheren Gerichtsstandes (vergleichbar zu § 41 EGBGB, Art 4 Abs 3 Rom II-VO). Die Tendenz geht hingegen zu einem Kriterium der **bestimmungsgemäßen Auswirkung**[266]. Am ausführlichsten behandelt der BGH die Bestimmung des Ortes des schädigenden Ereignisses im Sinne der **europäischen Vorschriften** bei Internetsachverhalten in „Arzneimittelwerbung im Internet".[267] Zum Gerichtsstand bei **unerlaubten Wettbewerbshandlungen** heißt es dort, Ort des schädigenden Ereignisses sei neben dem Handlungsort auch der Erfolgsort, dh der Ort, an dem das schädigende Ereignis eingetreten sei. Der Erfolgsort sei bei Wettbewerbsverletzungen dann im Inland gelegen, wenn sich der Internetauftritt bestimmungsgemäß dort auswirken soll.[268] In „Hotel Maritime" hatte der BGH zuvor ausdrücklich offen gelassen, ob der Erfolgsort nach Brüssel I-VO bei **Kennzeichenkonflikten** eine entsprechende inländische Auswirkung voraussetzt.[269] Manche lehnen jede Eingrenzung des Ubiquitätsprinzips bei Immaterialgüterrechten kategorisch ab.[270] Zuzugeben ist der Kritik, dass das Kriterium einer bestimmungsgemäßen Ausrichtung bislang wenig Konturen gewonnen hat und den Gerichten somit viel Spiel einräumt.[271] Andererseits bedarf die Gerichtspflichtigkeit objektiver Anknüpfungspunkte, die es gerechtfertigt erscheinen lassen, den Beklagten in eine fremde, handlungsferne und ihm vielleicht unerreichbare Rechtsordnung zu ziehen. Die bestimmungsgemäße Ausrichtung ist bislang der einzig geeignete Maßstab. **Jedenfalls** dann, wenn sich ein Internetangebot an inländische Nutzer richtet, werden also deutsche Gerichte international zuständig sein.[272] **110**

263 BGH Urt v 15.2.2007, Az I ZR 114/04 – Wagenfeld-Leuchte, Rn 23; andererseits BGH Urt v 24.5.2007, Az I ZR 42/04 – Staatsgeschenk; s dazu auch EuGH Urt v 17.4.2008, Az Rs C-456/06.

264 BGH Urt v 13.10.2004, Az I ZR 163/02 – Hotel Maritim, 7: wonach „viel für eine Begrenzung einer ansonsten bestehenden Vielzahl von Gerichtsständen auf diejenigen spricht, in deren Zuständigkeitsbereich eine Interessenkollision tatsächlich eingetreten sein kann".

265 Zum Kollisionsrecht *Mankowski* GRUR Int 1999, 909, 915 ff.

266 Bei Zugänglichmachung: OLG Karlsruhe JurPC Web-Dok 202/2007, urheberrechtliche „Verwertung"; OLG Jena BeckRS 2008 04589 unter II 1 und 3c).

267 BGH Urt v 30.3.2006, Az I ZR 24/03 – Arzneimittelwerbung im Internet.

268 BGH Urt v 30.3.2006, Az I ZR 24/03 – Arzneimittelwerbung im Internet, Rn 21.

269 BGH Urt v 13.10.2004, Az I ZR 163/02 – Hotel Maritim, 6 f, mit umfangreichen Nachweisen zum Streitstand; OLG Karlsruhe MMR 2002, 814 (mit Anm *Mankowski*) bspw möchte den Inlandsbezug erst auf der Ebene des Verletzungsrechts prüfen.

270 *Schack* MMR 2000, 135, 138.

271 S KG MMR 2007, 652, einerseits und OLG Bremen Urt v 17.2.2000, Az 2 U 139/99, abrufbar unter JurPC Web-Dok 205/2000 andererseits.

272 Vgl BGH Urt v 28.6.2007, Az I ZR 49/04 – Cambridge Institute, Rn 23, für Kennzeichenverletzung nach § 32 ZPO, Art 5 Nr 3 Lugano-Übereinkommen, EuGVÜ und Brüssel I-VO; BGH Urt v 5.2.2008, Az IZR 205/04 Rn 18; ausf zur bestimmungsgemäßen Ausrichtung: Hoeren/Sieber/*Pichler* Multimediarecht Teil 25 Rn 202 ff.

111 Verallgemeinernd lassen sich folgende **Aspekte** bzgl der Ausrichtung auf eine bestimmte Rechtsordnung nutzbar machen:[273]
- technische Zugangsbeschränkungen auf Grund von Zoning[274]
- Internationale Ausrichtung[275]
- Sprache[276]
- Aktiv werbende oder passiv informierende Seiten[277]
- Lokaler Bezug des Angebotes (Kinokarten) oder der Werbung[278]
- Anknüpfung der AGB oder Nutzungsbedingungen[279] an eine Rechtsordnung
- Währung[280], Konten
- Landesbezogene Top Level Domain[281]
- Versandbedingungen
- Durchführbarkeit einer etwaigen Leistung (bspw Einfuhrbeschränkungen)
- Abwicklung/Hilfeleistungen über inländische Telefonnummern[282]
- Disclaimer[283]
- Verknüpfungen in oder aus inländischen Seiten[284]
- Anfahrtsbeschreibungen[285]
- Telefonnummern mit internationaler Vorwahl[286]
- Landesbezogene Internetwerbung[287]

112 Die Zuständigkeit im Inland lässt sich so im Zweifel begründen, zumal auf der Basis der Behauptungen des Klägers geprüft wird.[288] Noch offen ist, für welche Rechtsgebiete die bestimmungsgemäße Ausrichtung Voraussetzung sein wird und welche anderen Rechtsordnungen sich ebenfalls für global zuständig halten werden.[289]

---

273 Vgl BGH Urt v 30.3.2006, Az I ZR 24/03 – Arzneimittelwerbung im Internet, Rn 22; ausf zum Kollisionsrecht *Mankowski* GRUR Int 1999, 909, 916 ff; *Wegner* CR 1998, 676, 681; für objektiv bestimmungsgemäße Ausrichtung Hoeren/Sieber/*Pichler* Multimediarecht Teil 25 Rn 210 ff, s auch *Hoeren* Teil 2 Kap 10 Rn 2; zu Art 15 Abs 1c) Brüssel I-VO: EuGH Urt v 7.12.2010, Az C-585/08 und C-144/09 – Hotel Alpenhof GembH/Oliver Heller Rn 93.

274 S hierzu *Hoeren* MMR 2007, 3.

275 Eine durch Mehrsprachigkeit dokumentierte internationale Ausrichtung spricht nach Ansicht von KG MMR 2007, 652, 653 auch für eine Ausrichtung auf Deutschland. BGH Urt v 30.3.2006, Az I ZR 24/03 – Arzneimittelwerbung im Internet, Rn 22.

276 BGH Urt v 30.3.2006, Az I ZR 24/03 – Arzneimittelwerbung im Internet, Rn 22; BGH Urt v 15.2. 2007, Az I ZR 114/04 – Wagenfeld-Leuchte, Rn 18; OLG Karlsruhe JurPC Web-Dok 202/2007 Abs 4.

277 Unter Hinweis auf Tendenzen in den USA, sogleich verwerfend *Schack* MMR 2000, 135.

278 LG Köln MMR 2002, 60 – budweiser.com (mit Anm *Mankowski*): Endorsement eines nur im Zielland bekannten Prominenten.

279 KG MMR 2007, 652, 653: Distanzierung von Links unter Verweis auf LG Hamburg ist Indiz für Ausrichtung auf Deutschland.

280 BGH Urt v 30.3.2006, Az I ZR 24/03 – Arzneimittelwerbung im Internet, Rn 22; nicht aber Euro, wenn andere Zeitländer aus der Währungsunion erkennbar sind, OLG Karlsruhe JurPC Web-Dok 202/2007 Abs 4.

281 OLG Karlsruhe JurPC Web-Dok 202/2007 Abs 4; zum Domain Name System; Kilian/Heussen/*Koch* CHB Nr 24 Rn 15.

282 BGH Urt v 15.2.2007, Az I ZR 114/04 – Wagenfeld-Leuchte, Rn 18.

283 BGH Urt v 30.3.2006, Az I ZR 24/03 – Arzneimittelwerbung im Internet, Rn 22.

284 Zu weit KG MMR 2007, 652, 653: Nachweis unter Google.de als Indiz.

285 Zu Art 15 Abs 1c) Brüssel I-VO: EuGH Urt v 7.12.2010, C-585/08 und C-144/09 – Hotel Alpenhof GesmbH / Oliver Heller Rn 93.

286 Zu Art 15 Abs 1c) Brüssel I-VO: EuGH Urt v 7.12.2010, C-585/08 und C-144/09 – Hotel Alpenhof GesmbH / Oliver Heller Rn 93.

287 Zu Art 15 Abs 1c) Brüssel I-VO: EuGH Urt v 7.12.2010, C-585/08 und C-144/09 – Hotel Alpenhof GesmbH / Oliver Heller Rn 93.

288 BGH Urt v 15.2.2007, Az I ZR 114/04 – Wagenfeld-Leuchte, Rn 18.

289 Ähnl Cour d'Appel de Paris v 6.6.2007 – Google ea v Axa ea nach CRi 2007, 155.

(iii) Sonderproblem: Disclaimer. Der Diensteanbieter hat es in der Hand durch Gestaltung und Hinweise auf seiner Eingangsseite die Länder zu bestimmen, auf die er mit seinem Internetauftritt einwirken **möchte**. Zumindest für das **Wettbewerbsrecht** ist das relevant (Rn 111). Voraussetzung ist jedoch, dass eine entsprechende Einschränkung des Angebots klar und eindeutig gestaltet und als ernst gemeint verstanden wird. Darüber hinaus muss der Anbieter sich auch tatsächlich an angekündigte Einschränkungen seiner werbenden Tätigkeit halten und darf den Vertrieb in ausgenommene Absatzgebiete auch nicht ausnahmsweise zulassen. Beachtet der Anbieter den eigenen Disclaimer in der tatsächlichen Durchführung nicht, kann er sich auch nicht darauf berufen, dieser sei für die Beurteilung der bestimmungsgemäßen örtlichen Ausrichtung der Seite zu beachten.[290] **113**

(iv) Sonderproblem: Presseerzeugnis. Nach der **Shevill-Entscheidung des EuGH** soll bei einer grenzüberschreitenden Ehrverletzung durch **Presseerzeugnisse** die Beeinträchtigung der Ehre und des Ansehens einer Person durch eine ehrverletzende Veröffentlichung an den Orten verwirklicht werden, an denen die Veröffentlichung verbreitet wird, wenn der Betroffene dort bekannt ist.[291] Der Wohnsitz des Verletzten allein reicht nicht. Erfolgsort ist nur, wo eine Verbreitung der Veröffentlichung stattfindet. Weiter soll der Ersatzanspruch für den Gerichtsstand des Schadenverwirklichungsortes auf die in diesem Staat eingetretenen Schäden begrenzt sein, sodass der gesamte Schaden nur am allgemeinen Gerichtsstand des Verletzers eingeklagt werden kann (eingeschränkte Kognitionsbefugnis).[292] Diese Grundsätze hält Berger für verallgemeinerungsfähig.[293] Zur internationalen Gerichtszuständigkeit bei Persönlichkeitsrechtsverletzungen durch Presseerzeugnisse: „bloß zufällige" Kenntnisnahmen außerhalb des bestimmungsgemäßen Verbreitungsgebietes und insb die Eigenbeschaffung durch den Verletzten reichten nicht, entschied der BGH.[294] **114**

(v) Sonderproblem: Persönlichkeitsrechtsverletzung im Internet. Für Persönlichkeitsrechtsverletzungen, die durch Beiträge auf Internetseiten begangen werden hat der BGH nunmehr für den Anwendungsbereich des § 32 ZPO entschieden, dass die bloße Abrufbarkeit an einem bestimmten Ort keinen Gerichtsstand begründet. Vielmehr sei ein besonderer Inlandsbezug erforderlich. Eine gezielte oder bestimmungsgemäße Ausrichtung auf das Inland sei allerdings auch nicht erforderlich. Entscheidend sei, „ob die als rechtsverletzend beanstandeten Inhalte objektiv einen deutlichen Bezug zum Inland in dem Sinne aufweisen, dass eine Kollision der widerstreitenden Interessen – Interesse des Klägers an der Achtung seines Persönlichkeitsrechts einerseits, Interesse des Beklagten an der Gestaltung seines Internetauftritts und an einer Berichterstattung andererseits – nach den Umständen des konkreten Falls, insb aufgrund des Inhalts der beanstandeten Meldung, im Inland tatsächlich eingetreten sein kann oder eintreten kann".[295] Dies setze zum einen voraus, dass die Kenntnisnahme des Inhalts der Website im Inland nahe liegt und zum anderen, dass hierdurch eine Beeinträchtigung des **115**

290 BGH Urt v 30.3.2006, Az I ZR 24/03 – Arzneimittelwerbung im Internet, Rn 22 f.

291 EuGH Urt v 7.3.1995, Az C-68/93 – Shevill vs Presse Alliance, Rn 29.

292 EuGH Urt v 7.3.1995, Az C-68/93 – Shevill vs Presse Alliance, Rn 30; dazu sehr krit *Schack* MMR 2000, 135, 139.

293 *Berger* GRUR Int 2005, 465, 468 f.

294 BGH GRUR 1978, 194, 195 – profil; auf diese Entscheidung weist auch BGH Urt v 13.10.2004, Az I ZR 163/02 – Hotel Maritim, 7, hin; hier wird die Entscheidung des EuGH in Rechtssachen C-509/09 und C-161/10 mit Spannung erwartet.

295 BGH Urt v 2.3.2010, Az VI ZR 23/09 – New York Times Rn 20 mwN.

Persönlichkeitsrechts des Betroffenen eintreten würde. Während es zunächst so erschien, als ob bereits die Kenntnis weniger Dritter von den Veröffentlichungen im Inland einen ausreichenden Inlandsbezug vermittelte, fordert der BGH inzwischen einen deutlichen Inlandsbezug der Kollision der widerstreitenden Interessen, der bei ungezielten, vereinzelten Kenntnisnahmen im Inland noch nicht gegeben sei.[296] Dieselbe rechtliche Frage hat der BGH für den Anwendungsbereich von Art 5 Nr 3 Brüssel I-VO zur Vorabentscheidung vorgelegt.[297]

116 Der BGH siedelt die Anforderungen an den Inlandsbezug bei Persönlichkeitsrechtsverletzungen zwischen bloßer Abrufbarkeit und bestimmungsgemäßer Ausrichtung an. Für Anbieter und Nutzer hat das den großen Nachteil, dass die Gerichtspflichtigkeit nicht durch die Gestaltung eines Interntangebots gesteuert werden kann, sondern letztlich nur durch das Ausschließen von Nutzern der hiesigen Rechtsordnung.[298] Die Eroberung des Internets durch die deutsche Rechtsordnung führt letztenendes nur zur Isolation.

117 (vi) **Sonderproblem: Urheberrechtliche Zugänglichmachung.** Besonders umstritten ist der Erfolgsort bei **weltweiten Onlineangeboten** urheberrechtlich geschützter Werke. Für das **Urheberrecht** fordert die hM in der Literatur weiterhin die globale Zuständigkeit für Onlineangebote von Medienprodukten.[299] Diese Forderung erscheint wegen der Auswirkungen massiver Rechtsbeeinträchtigungen im Musik- und Filmbereich verständlich, bleibt aber ein Exzess.

118 Entweder soll als Verletzungsort einer Zugänglichmachung jeder mögliche Abrufort gelten[300] oder die Abrufhandlungen durch den Nutzer wird dem Anbieter zugerechnet.[301] Eine Homepage greife überall dort in das Zugänglichmachungsrecht ein, wo ein Abruf stattfindet oder stattfinden kann und löse somit automatisch die internationale Zuständigkeit deutscher Gerichte aus, sofern der Anspruchsteller sich auf ein inländisches Rechtsgut beruft (Ubiquitätsprinzip).[302] Diese globale Zuständigkeit stößt auf berechtigte Kritik.[303]

119 Das Argument, der Anbieter mache sich die weltweite Wirkung des Internet zunutze, sodass er auch die Folgen zu tragen habe,[304] ist ein Zirkelschluss wenn es zu der Frage beitragen soll, welchen Konsequenzen der Anbieter auszusetzen ist. Das Ubiquitätsprinzip wird vor allem vom Ergebnis her vertreten. Nur so sollen sich „sichere Häfen“ für illegale Angebote verhindern lassen können. Die Auswahl eines

296 BGH Urt v 2.3.2010, Az VI ZR 23/09 – New York Times Rn 24 einerseits und nun BGH Urt v 29.3.2011, Az VI ZR 111/10 – womanineurope.com andererseits.

297 BGH Urt v 10.11.2009, Az VI ZR 217/08; AZ beim EuGH: C-509/09 und C-161/10.

298 Vgl *Damm* GRUR 2010, 891, 893.

299 S die Nachweise zum Kollisionsrecht bei Schricker/Loewenheim/*Katzenberger* Vor §§ 120 ff UrhG Rn 145; Dreier/Schulze/*Dreier* Vor §§ 120 ff UrhG Rn 40 ff aA wohl OLG Karlsruhe JurPC Web-Dok 202/2007.

300 Vgl OLG Köln Urt v 21.9.2007, Az 6 U 86/07, 5: Zugänglichmachung durch allgemeine Bekanntgabe eines „geheimen“ Downloadlinks.

301 Vgl zu Zuständigkeit und Kollisionsrecht Wandtke/Bullinger/*von Welser* Vor §§ 120 ff UrhG Rn 19 und 34 mwN; s auch zur Lokalisierung der Zugänglichmachung *Handig* GRUR 2007, 206, 217 f; *Schack* GRUR 2007, 640, dort Fn 11 u 12.

302 Zum Urheberrecht Wandtke/Bullinger/*von Welser* Vor §§ 120 ff UrhG Rn 34; zu Domainnamen *Wegner* CR 1998, 676, 679 jeweils mwN; so auch OLG Jena BeckRS 2008 04589 unter II 1 und 3c).

303 OLG Karlsruhe JurPC Web-Dok 202/2007 Abs 3; *Danckwerts* GRUR 2007, 104; Hoeren/Sieber/*Pichler* Multimediarecht Teil 25 Rn 198; *Berger* GRUR Int 2005, 465, 466; dagegen Wandtke/Bullinger/*von Welser* Vor §§ 120 ff UrhG Rn 34.

304 *Schack* MMR 2000, 135, 138; zust Wandtke/Bullinger/*von Welser* Vor §§ 120 ff UrhG Rn 34.

Gerichtsortes und einer Rechtsordnung, die einseitig den Verletzten bevorzugt, ist dann anwaltliche Pflicht.[305] Somit soll sich der Kläger alle Vorteile der Rechtsordnung seines eigenen Sitzes sichern und zugleich für seine Klage aus allen Rechtsordnungen auswählen können. Eine Gerichtspflichtigkeit des gesamten Internet in Deutschland enthält einen unzeitgemäßen Geltungsanspruch des nationalen Rechts. Die Regeln zur internationalen Zuständigkeit dienen nicht dem Export von Rechtsordnungen gegenüber Einwohnern von Staaten, mit denen entsprechende völkerrechtliche Vereinbarungen nicht zustandegekommen sind. Zweck der Zuständigkeitsregeln ist allein die Bestimmung eines sachnahen Gerichts unter Berücksichtigung des Schutzes des Beklagten, dem ein Prozess aufgezwungen werden soll.[306]

Verhindern lassen sich sichere Häfen für illegale Angebote ohnehin nur durch **120** internationale Standards. Das unbegrenzte Ubiquitätsprinzip im Internet trifft nicht diejenigen Anbieter, die den eigenen Sitz verlegen, um einer Rechtsordnung zu entgehen, weil solche Anbieter auch in der Lage sind, geeignete Vorsichtsmaßnahmen gegen gerichtliche Maßnahmen zu unternehmen. Weltweit wären, bis auf einen statistisch verschwindenden Anteil, Anbieter einer Rechtsordnung unterworfen mit der sie nichts zu tun haben und mit der sie auch nicht rechnen.[307] Es ist unverhältnismäßig, für über 10 Mrd. ausländische Websites die internationale Zuständigkeit zu begründen, um Klägern in Einzelfällen die Nachteile des allgemein geltenden Gerichtsstands zu ersparen.

Anderen Ländern wäre zuzugestehen, nach den gleichen Grundsätzen zu handeln. **121** Damit wird diesen Rechtsordnungen die Geltung für hiesige Angebote zugesprochen, der Anbieter also beliebigen Normsystemen ausgesetzt.[308] Eine Prüfung und Befolgung aller Welt-Rechtsordnungen ist wirtschaftlich unmöglich. Aus der Nutzung einer weltweiten technischen Struktur wie dem Internet ist daher nicht zu folgern, der Anbieter habe auch die Geltung aller (Un-)Rechtsordnungen zu akzeptieren.

Die theoretische Abrufbarkeit stellt außerdem keinen Bezug zur inländischen **122** Rechtsordnung in Abgrenzung zu anderen Rechtsordnungen her. Ein besonderer Gerichtsstand kann nicht dadurch örtlich *bestimmt* werden, dass er immer überall gegeben ist.[309] Zu beachten ist, dass die besonderen Gerichtsstände Ausnahmen vom Grundsatz des allgemeinen Gerichtsstands darstellen.[310] Ein globaler Gerichtsstand für Internetsachverhalte drehte das Verhältnis von Regel zu Ausnahme um.

Schließlich fehlt es auch an der Vergleichbarkeit des Einstellens in das Internet mit **123** dem Vertrieb eines Presseproduktes oder einer Werbemaßnahme, für die der „fliegende Gerichtsstand" entwickelt wurde.[311] Der Anbieter kann die Abrufbarkeit nicht steuern, wie der Verleger die Verbreitung.[312] Der Nutzer bestimmt darüber, ob ein

---

305 *Schack* MMR 2000, 135, 139.

306 Warum darf gegen einen Beklagten aus Land A wegen einer Handlung in Land C durch einen Kläger aus Land D in Land E geklagt werden?

307 Aus diesem Grund lehnt BGH GRUR 1978, 194 – profil sogar einen Gerichtsstand am Wohnsitz des in seinem Persönlichkeitsrecht Verletzten ab.

308 Auch wenn eine Vollstreckung nicht erfolgen sollte.

309 OLG Bremen Urt v 17.2.2000, Az 2 U 139/99, Abs 7, abrufbar unter JurPC Web-Dok 205/2000.

310 Vgl Art 3 Abs 1 Brüssel I-VO; zur EuGVÜ BGH Urt v 7.12.2004, Az XI ZR 366/03, 8, 13; zum LogÜ: BGH Urt v 6.11.2007, Az VI ZR 34/07 Rn 17.

311 Dazu BGH GRUR 1978, 194, 195 – profil.

312 Überzeugend *Berger* GRUR Int 2005, 465, 466.

Angebot in einer Rechtsordnung genutzt wird, die Nutzbarkeit selbst ist dagegen eine technisch bedingte Gegebenheit auf die zuweilen von Seiten des Staates eingegriffen wird, die aber nach wie vor nur zu einem Teil vom Anbieter gesteuert werden kann.[313] Die technische Abrufbarkeit vermittelt noch keinen Werkgenuss.[314]

124 Auch nach der Leitentscheidung des BGH zur internationalen Gerichtszuständigkeit bei Persönlichkeitsrechtsverletzungen durch Presseerzeugnisse reichen „bloß zufällige" Kenntnisnahmen außerhalb des bestimmungsgemäßen Verbreitungsgebietes und insb die Eigenbeschaffung durch den Verletzten gerade nicht aus.[315]

125 Der eigene Abruf durch den Kläger kann den Gerichtsstand schon deswegen nicht begründen, weil sich der Kläger nicht einzig auf eine Rechtsgutsverletzung berufen kann, die er selbst veranlasst und gewollt hat.[316] Die bloße Abrufbarkeit vermittelt sowenig eine Nutzung eines Werkes wie die Kopierbarkeit und kann nur für vorbeugende Unterlassungsklagen einen Bestandteil einer möglichen Rechtsverletzung im Inland darstellen. Dann muss aber dargelegt sein, welche konkrete Abrufhandlung unmittelbar bevorsteht.

126 Nach der hier vertretenen Auffassung kann die Abrufbarkeit oder der Abruf für die urheberrechtliche Zugänglichmachung keinen globalen Gerichtsstand begründen. Der Erfolg der Zugänglichmachung tritt am Ort des Einstellens in das Internet ein, nicht dort, wohin erst ein Nutzer die Information „zieht".

127 Die Fiktion der globalen Nutzung verhindert im Internet die territoriale Aufteilung von Rechten, die im Urheberrecht sonst verbreitet ist.[317] Dies war zumindest auch ein Grund dafür, dass zehn Jahre lang nur zweifelhafte Musikprodukte im Internet angeboten wurden. Selbst Anbieter, die versuchen Medieninhalte nur an Nutzer eines bestimmten Staates zu liefern, können dies – derzeit – nicht sicherstellen, sodass der theoretische Abruf aus anderen Ländern möglich bleibt.[318] Wenn der mögliche Abruf für die Anknüpfung ausreicht, dann kann jede Lizenz vom Rechtsinhaber jeder Rechtsordnung, die sich dieser Ansicht anschließt, gerichtlich überprüft werden.

II. Anwendbares Recht

1. Grundlagen des IPR

128 Die Feststellung des internationalen Gerichtsstandes in Deutschland ist von der Frage zu unterscheiden, welches Recht inhaltlich auf den Fall anzuwendenden ist. Jedoch ergibt sich aus der inländischen Zuständigkeit der **Maßstab** für die Prüfung des anzuwendenden Rechts: Inländische Gerichte wenden hierfür die in Deutschland geltenden Bestimmungen an (lex fori). Die Regeln, nach denen das anzuwendende Recht bestimmt wird, heißen zusammengefasst **internationales Privatrecht (IPR)** oder

313 S auch OLG Bremen Urt v 17.2.2000, Az 2 U 139/99, Abs 7, abrufbar unter JurPC Web-Dok 205/2000.

314 Vgl dazu die Untersuchung von *Wimmer/Schulz* CR 2008, 170, 174 f zur Frage, wer Werknutzer in diesen Fällen ist; so Rn 8.

315 BGH GRUR 1978,194, 195 – profil; auf diese Entscheidung weist auch BGH Urt v 13.10.2004, Az I ZR 163/02 – Hotel Maritim, 7, hin.

316 Vgl bereits BGH GRUR 1978, 194, 195 – profil, wonach die Testbeschaffung keinen Vertrieb an diesen Ort begründe. AA OLG Hamburg NJW-RR 2003, 760 – Die Hunde sind los.

317 Die Instrumentalisierung beklagt Büchner/Dreier/*Bechtholdt* 55; gegen territoriale Ansätze s *Klass* GRUR 2007, 373, 381 f.

318 Neben der Möglichkeit zur Nutzung von IP-Nummern aus beliebigen Zonen ist auch an registrierte Nutzer zu denken, die ihren Account aus anderen Ländern abrufen.

Kollisionsrecht. Das anwendbare Recht wird auch Statut genannt, meist in Kombination mit dem Rechtsbereich (Bsp Deliktsstatut = die für unerlaubte Handlungen geltenden Vorschriften nach IPR). Wenngleich sich aus der internationalen Zuständigkeit eines inländischen Gerichts das für den Fall geltende Statut noch nicht ergibt, wird dies im Ergebnis meist das inländische Recht sein. Gerichte tendieren dazu, die ihnen bekannte Rechtsordnung anzuwenden und das Kollisionsrecht ähnelt ohnehin in Teilen den Bestimmungen zur internationalen Zuständigkeit, wenngleich das Kollisionsrecht umfangreicher und eingehender kodifiziert ist.[319] Ein wichtiger Unterschied zur Prüfung der internationalen Zuständigkeit besteht darin, dass die kollisionsrechtliche Beurteilung nicht allein anhand der Behauptungen des Klägers vorzunehmen, sondern der den Tatbestand der Kollisionsnorm tragende Sachverhalt **tatsächlich festzustellen** ist.[320]

Das IPR ist hauptsächlich im zweiten Kap des EGBGB geregelt und wird zunehmend durch internationale Verträge und Abkommen sowie Normen der EU bestimmt oder vorgegeben. In der EU ist mit dem einheitlichen Kollisionsrecht für vertragliche und außervertragliche Schuldverhältnisse durch Rom I-VO und Rom II-VO eine weitreichende Harmonisierung erreicht.[321] **129**

2. Vertragliche Schuldverhältnisse

Für alle nach dem 17.12.2009 geschlossenen Verträge bestimmt die Rom-I-VO das anzuwendende Recht, soweit die VO nach Art 1 anwendbar ist. Die Art 27 bis 38 EGBGB sind damit weggefallen und gelten nur noch für Altfälle. Die Sonderregelung des Verbraucherschutzes für besondere Gebiete ist von Art 29a EGBGB in Art 46b EGBGB gewandert. Für Telemedien bedeutsam ist vor allem Art 6 Abs 1b) Rom-I-VO nach dem für Verbraucherverträge das Recht des Staates des gewöhnlichen Aufenthaltes des Verbrauchers gilt sofern der Vertrag in den Bereich einer Tätigkeit fällt die der Unternehmer zumindest auch auf diesen Staat ausgerichtet hat. Dies entspricht dem Tatbestand des Art 15 Abs 1c) Brüssel-I-VO zur internationalen Zugeständigkeit (s Rn 94). Nach Art 6 Abs 2 S 2 Rom-I-VO gilt auch bei abweichender Rechtswahl das Verbraucherschutzrecht des Aufenthaltsorts zugunsten des Verbrauchers. Verbraucherschutzvorschriften des Wohnsitzlandes des Verbrauchers können so neben einem anderen anzuwendenden Recht zu prüfen sein und zu einem „Patchwork" unterschiedlicher Normen führen.[322] **130**

3. Außervertragliche Schuldverhältnisse

Außerhalb vertraglicher Beziehungen schafft die **Rom II-VO** ein einheitliches Kollisionsrecht in der EU. Seit dem 11.1.2009 gilt die Rom II-VO unmittelbar für alle nach ihrem Inkrafttreten eintretenden, schadensbegründenden Ereignisse (§§ 31 und 32 Rom II-VO). Die zunächst folgenden Ausführungen zu Art 38 ff EGBGB gelten nur außerhalb des Anwendungsbereichs der Rom II-VO und sind daher knapp gehalten. **131**

Außerhalb Rom II-VO. Vom Anwendungsbereich der Rom II-VO ausgenommen sind insb außervertragliche Schuldverhältnisse aus der Verletzung der Privatsphäre oder **132**

---

319 S Palandt/*Thorn* Einl v EGBGB Art 3 Rn 1 ff.

320 S etwa die entsprechende Prüfung bei BGH Urt v 30.3.2006, Az I ZR 24/03 – Arzneimittelwerbung im Internet, Rn 25.

321 Zum Vorschlag KOM/2006/0083 endg s BeckOK/*Spickhoff* EGBGB Art 42 Rn 9 ff.

322 Vgl *Horn* MMR 2002, 210, 212 ff; s a den Fall BGH Urt v 9.7.2009, Az Xa ZR 19/08.

der Persönlichkeitsrechte, einschließlich der Verleumdung, Art 1 Abs 2g) Rom II-VO und Altfälle. In diesem Zusammenhang ist für den Anbieter von Telemedien die Kollisionsnorm zum anwendbaren Recht bei **unerlaubten Handlungen** von besonderer Bedeutung (Art 40 EGBGB). Auch für das anwendbare Recht wird an den Tatort, also Handlungs- und Erfolgsort, angeknüpft. Zu diesen Begriffen wird auf die Ausführungen unter Rn 98 ff verwiesen.

133 Beim IPR gibt es jedoch wichtige **Besonderheiten:**

Nach Art 40 Abs 1 S 2 EGBGB gilt der **Handlungsort vorrangig**, es sei denn, der Verletzte wählt das Recht des Erfolgsorts. Während unter mehreren Gerichtsständen automatisch durch die Klageerhebung ausgesucht wird, bedarf es beim materiellen Recht einer klaren Regelung. Eine Ausnahme vom Tatortprinzip besteht außerdem, wenn **beide Parteien** zur Zeit des die Haftung auslösenden Ereignisses ihren gewöhnlichen Aufenthalt **in demselben Staat** haben. Dann gilt dessen Recht (Art 40 Abs 2 EGBGB).

134 Nach Art 41 EGBGB wird das Kollisionsrecht für Ansprüche aus Delikt, Geschäftsführung ohne Auftrag oder Bereicherungsrecht verdrängt, wenn eine **wesentlich engere Verbindung** zu dem Recht eines anderen Staates besteht. Ermöglicht ist somit eine Gesamtschau des Falles, um auf dieser Grundlage eine sachgerechte Anknüpfung vorzunehmen. Es ist jedoch nicht sehr wahrscheinlich, dass Gerichte nach Abwägung aller Umstände zu dem Ergebnis neigen werden, eine ihnen unbekannte Rechtsordnung anwenden zu müssen. Dies zeigt die Erforderlichkeit, die internationale Zuständigkeit inländischer Gerichte nicht über Ausnahmevorschriften in Fällen zu begründen, die eine wesentlich engere Bindung zu einer anderen Rechtsordnung aufweisen.

135 Für die Verletzung des allgemeinen Persönlichkeitsrechts könnten wie früher für das Wettbewerbsrecht **Modifikationen** der Tatortregel anzuwenden sein.

136 So galt für Verstöße gegen Lauterkeit im Wettbewerb das sog **Marktortprinzip.**[323] Die Sonderanknüpfung in Art 40 Abs 2 EGBG gilt dagegen im Wettbewerbsrecht nicht.[324] Danach setzte die Anwendung deutschen Wettbewerbsrechts voraus, dass die wettbewerblichen Interessen der Mitbewerber im Inland aufeinandertreffen. Nach deutschem Unlauterkeitsrecht war daher ein Online-Angebot zu beurteilen, wenn sich dieses bestimmungsgemäß auch **im Inland ausgewirkt** hat.[325] Ein Internetauftritt, der zielgerichtet für den deutschen Markt bestimmt ist und in Deutschland abgerufen werden kann, weist hinreichenden Inlandsbezug auf.[326] Begründet wird dies mit einer teleologischen Auslegung von Art 40 Abs 1 EGBGB, die dadurch notwendig werde, dass sich Handlungs- und Erfolgsort im Wettbewerbsrecht nicht unterscheiden ließen.[327]. Für Verletzungen des Allgemeinen Persönlichkeitsrechts könnte in Folge der Entscheidung des BGH zur internationales Zuständigkeit in diesen Fällen auch eine entsprechende Modifikation des Deliktsstatuts argumentiert werden.[328]

137 Weitere Besonderheiten galten für **Immaterialgüterrechte**. Wie bereits bei der internationalen Zuständigkeit liegt die Schwierigkeit darin, den Ort einer Verletzung zu lokalisieren, wenn das Recht noch nicht bekannt ist, wonach Verletzungshandlung oder -objekt bestimmt werden sollen. Maßgeblich ist das **Territorialitätsprinzip**. Der

---

323 Unlängst BGH Urt v 29.3.2007, Az I ZR 122/04 – Bundesdruckerei, Rn 16 mwN.
324 BGH Urt v 11.2.2010, Az I ZR 85/08 Rn 11.
325 BGH Urt v 30.3.2006, Az I ZR 24/03 – Arzneimittelwerbung im Internet.
326 BGH Urt v 5.10.2006, Az I ZR 229/03 – Pietra di Soln, Rn 15; ähnl BGH Urt v 5.10.2006, Az I ZR 7/04 – Schulden Hulp, Rn 13, beide.
327 MüKo/*Drexl* IntUnlWettbeR Rn 84 mwN.
328 BGH Urt v 2.3.2010, Az VI ZR 23/09 – New York Times.

in Anspruch genommene Schutz richtet sich deshalb nach dem Recht des Landes, für dessen Gebiet Schutz gesucht wird (**Schutzland**).[329] Die sich ergebende Rechtsordnung ist dann der Disposition der Parteien entzogen.[330] Die Dogmatik war vor allem bei Urheberrechten umstritten.[331]

4. Rom II-VO

a) **Allgemeines.** Die Rom II-VO gilt seit 11.1.2009 für außervertragliche Schuldverhältnisse. Dieser Begriff ist autonom im Sinne der Verordnung auszulegen.[332] Nach Art 2 Abs 1 Rom II-VO sind dies Ansprüche aus unerlaubter Handlung, ungerechtfertigter Bereicherung, Geschäftsführung ohne Auftrag oder Verschulden bei Vertragsverhandlungen. Dabei reicht es aus, wenn das Entstehen eines solchen Schuldverhältnisses wahrscheinlich ist (Art 2 Abs 2 Rom II-VO). Als Grundsatz legt Art 4 Abs 1 Rom II-VO fest, dass das Recht des Staates anzuwenden sei, in dem der **Schaden eintritt** (lex loci damni).[333] Nicht entscheidend soll der Staat des schadensbegründenden Ereignisses oder indirekter Schadensfolgen sein. Schadenseintrittsort meint daher nicht das Land in dem bloß mittelbare Auswirkungen auf das Vermögens des Geschädigten erfolgen, sondern den Erfolgsort der Verletzung des geschützten Rechtsguts. Diese Entscheidung erfolgt bewusst entgegen der Feststellung, dass nahezu alle Mitgliedstaaten am Begehungsort anknüpfen (lex loci delicti commissi).[334] Der Schadenseintrittsort soll für höhere Rechtssicherheit sorgen.[335] Rom II-VO weicht nicht nur von dem Vorrang des Handlungsortes nach Art 40 Abs 1 S 2 EGBGB ab, sondern bedauerlicherweise auch von der Terminologie des Art 5 Nr 3 Brüssel I-VO (s Rn 97). **138**

Der Ort des Schadenseintrittes ist am ehesten zu vergleichen mit dem Erfolgsort. Eine Wahlmöglichkeit wie nach Art 40 Abs 1 EGBGB besteht nicht. Somit kehrt sich das bisherige Verhältnis von Handlungs- zu Erfolgsort um. **Ausnahmen** vom Schadenseintrittsort sind – wie nach Art 40 Abs 2 EGBGB – lediglich für Fälle vorgesehen, in denen Haftender und Geschädigter zum Zeitpunkt des Schadenseintritts ihren gewöhnlichen Auftritt in demselben Staat haben (dann gilt das Recht dieses Staates, Art 4 Abs 2 Rom II-VO) oder wenn sich aus der Gesamtheit der Umstände eine offensichtlich engere Verbindung mit einer anderen Rechtsordnung ergibt (Art 4 Abs 3 Rom II-VO). Auf diese Weise soll auf Einzelfälle angemessen reagiert werden können.[336] In Art 26 Rom II-VO ist der Fortbestand der Ordre Public nach der lex fori festgehalten. **139**

b) **Sonderregelungen.** Nach eingehender Diskussion wurden Ansprüche aus der Verletzung der Privatsphäre oder der **Persönlichkeitsrechte** einschließlich der Verleumdung vom Anwendungsbereich der Verordnung **ausgenommen** (Art 1 Abs 2g). Hier **140**

---

329 Zum Schutz von Kennzeichen und einfacher geographischer Herkunftsangaben gegen Irreführung BGH Urt v 28.6.2007, Az I ZR 49/04 – Cambridge Institute, Rn 26; zum Urheberrecht BGH Urt v 24.5.2007, Az I ZR 42/04 – Staatsgeschenk, Rn 21.

330 BGH Urt v 24.5.2007, Az I ZR 42/04 – Staatsgeschenk, Rn 21 mwN zum Stand der Diskussion.

331 Statt vieler Wandtke/Bullinger/*von Welser* Vor §§ 120 ff UrhG Rn 4 ff; MüKo/*Drexl* IntImmGR Rn 10 ff; jüngst *Klass* GRUR 2007, 373; *Buchner* GRUR 2005, 1004, 1006; OLG München MMR 2005, 768m 771 – any DVD mit Anm *Hoeren; Mankowski* GRUR Int 1999, 909, 915 ff.

332 ErwG 11 Rom II-VO.

333 Der Ort der Verwendung unzulässiger AGB: BGH Urt v 29.4.2010, Az Xa ZR 5/09 Rn 13; Verwendung im Inland wenn über das Internet bestimmungsgemäß im Inland abrufbar: BGH Urt v 9.7.2009, Az Xa ZR 19/08 Rn 20.

334 ErwG 15 Rom II VO.

335 ErwG 15 und 16 Rom II-VO.

336 ErwG 14 Rom II-VO.

konnten die Vertreter der Interessen der Presse erreichen, dass zunächst eine Untersuchung dieses Bereiches bis zum 31.12.2008 vorgelegt werden sollte (Art 30 Abs 2 Rom II-VO).

141 Rom II-VO enthält für eine Reihe von Rechtsgebieten **Sondervorschriften.** Für Telemedien von besonderer Relevanz erscheinen die Vorschriften zur Produkthaftung (Art 5) zum unlauteren Wettbewerb (Art 6) sowie zur Verletzung von Rechten geistigen Eigentums (Art 8)[337]. Für die gesondert geregelten Rechtsbereiche gilt die Kollisionsnorm der engeren Verbindung zu einem Staat nicht, wie sich aus Art 4 Abs 3 Rom II-VO ergibt, der sich lediglich auf die Regelungen in Abs 1 und 2 bezieht.

142 Für den Bereich des **unlauteren Wettbewerbs** sieht Art 6 Abs 2 Rom II-VO vor, dass es bei konkreter Beeinträchtigung eines bestimmten Wettbewerbers bei der allgemeinen Kollisionsnorm des Art 4 verbleibt. Für andere Fälle gilt ein **modifiziertes Marktortprinzip** (Art 6 Abs 1 Rom II-VO). Anzuwenden ist das Recht des Staates, in dessen Gebiet die Wettbewerbsbeziehungen oder kollektive Interessen der Verbraucher beeinträchtigt werden. Hierbei soll es sich lediglich um eine Präzisierung der lex loci damni des Art 4 Abs 1 Rom II-VO handeln.[338] Die modifizierte Anknüpfungsnorm entspricht weitgehend der Bestimmung des **Marktortes** gemäß der Rechtsprechung des BGH (s oben Rn 136).

143 Für außervertragliche Schuldverhältnisse aus einer Verletzung von Rechten des geistigen Eigentums bestimmt Art 8 Abs 1 Rom II-VO die Geltung des Schutzlandsprinzips (s dazu oben Rn 137). Unter geistigen Eigentumsrechten werden alle Immaterialgüterrechte einschließlich des Urheberrechts, der verwandten Schutzrechte, des Schutzes für Datenbanken und die gewerblichen Schutzrechte verstanden.[339]

III. Herkunftslandprinzip

144 Ziel der Bemühungen der EU auf dem Gebiet des elektronischen Geschäftsverkehrs ist es, einheitliche Standards zu setzen (harmonisierter Bereich) und es den Unternehmen, die diese Standards einhalten, zu ermöglichen ihre Leistungen ungehindert innerhalb des gesamten Wirtschaftsraums der EU anbieten und erbringen zu können. Ein wesentlicher Baustein dabei ist das **Herkunftslandprinzip** auch für E-Commerce-Angebote (Art 3 ECRL, § 3 Abs 1 und Abs 2 TMG). Danach unterliegen die Diensteanbieter den Vorschriften des Ortes ihrer Niederlassung auch hinsichtlich solcher Telemedien, die in anderen Staaten erbracht werden. Im Gegenzug darf dieses Angebot in den anderen Staaten nicht eingeschränkt werden. Dabei gibt das TMG beinahe wörtlich die Vorgaben der ECRL wieder. Das wird als misslich empfunden, da sich die europäische Vorschrift wenig in die Dogmatik zum internationalen Prozessrecht einfügt.[340] Dies erklärt zum Teil, warum die recht klare Zielsetzung des Herkunftslandprinzips eine so heftige Reaktion des Rechtssystems auslöste.[341] Zum anderen liegt dies daran, dass die Bestimmungen die Angriffe der Interessengruppen während der europäischen Normfindung in durch verschachtelte Regeln und Ausnahmen nur schwer verständlicher Form überstanden haben.

337 Schutzlandprinzip: OLG München BeckRS 2009, 28030.
338 ErwG 21 Rom II-VO; BGH Urt v 9.7.2009, Az Xa ZR 19/08 Rn 19.
339 ErwG 26 Rom II-VO.
340 Vgl *Spindler* NJW 2002, 921, 926; s insb die ausf Vorlage des BGH zur Rechtsnatur des Herkunftslandprinzips: BGH Urt v 10.11.2009, Az VI ZR 217/08; AZ beim EuGH: C-509/09 und C-161/10.
341 S *Spindler* NJW 2002, 921, 925, insb Fn 62.

145 Das Herkunftslandprinzip basiert nicht auf lediglich harmonisierten Normen, sondern auf einem darüber hinausgehenden **koordinierten** Bereich.[342] Das bedeutet, die Mitgliedstaaten geben gegenüber Anbietern aus anderen Staaten die Durchsetzung eigenen Rechts auf. Daher stammt die Sorge eines Wettbewerbs um die niedrigsten Standards.[343] Der Eingriff in die Souveränität der Mitgliedstaaten wurde jedoch erheblich durch Eingrenzungen des koordinierten Bereiches und Generalklauseln als Einfallstore für nationale Sonderregelungen in sensiblen Rechtsbereichen abgefedert.

146 So bleiben nach § 3 Abs 3 TMG vom Herkunftslandsprinzip **unberührt** ua die Vorschriften für vertragliche Schuldverhältnisse in Bezug auf **Verbraucherverträge** und der **Datenschutz**. In § 3 Abs 4 TMG sind neun **Bereichsausnahmen** aufgelistet, für die das Herkunftslandprinzip nicht gelten soll, einschließlich breiter Gebiete wie Gewinn- und Glücksspiele[344], **Verteildienste** oder das **Urheberrecht und die gewerblichen Schutzrechte**[345]. In § 3 Abs 5 TMG finden sich schließlich ebenfalls weit gefasste Ausnahmen, die **Einschränkungen** eines Angebots aus einem Mitgliedsstaat auf der Grundlage des innerstaatlichen Rechts zulassen. Darunter fallen die öffentliche **Sicherheit und Ordnung, öffentliche Gesundheit**[346] oder **Interessen der Verbraucher**, wobei die Durchsetzung dieser Ausnahmen wiederum an besondere Voraussetzungen nach Art 3 Abs 4 und 5 der ECRL geknüpft ist.

147 Schließlich regelt die ECRL nur Dienste der Informationsgesellschaft (Rn 47), sodass die Ausführung von Leistungen in der Offline-Welt nicht harmonisiert ist. Dies soll dazu führen, dass auch das TMG für die Beurteilung der Offline-**Lieferung von Produkten** nicht einschlägig ist.[347] Andererseits soll das Herkunftslandprinzip auch das **Strafrecht** erfassen.[348]

148 Das Recht des Herkunftslands gilt also für Telemedien, soweit sie Dienste der Informationsgesellschaft sind, abschließend nur im koordinierten Bereich, soweit nicht eine Schranke oder Ausnahme greift.

149 Umstritten ist, wie sich das Herkunftslandprinzip auf die **Prüfung** von Telemedienangeboten auswirkt, insb nach Rom II-VO.[349] Aus den vorliegenden Entscheidungen des BGH[350] ergibt sich noch kein abgeschlossenes Bild.

150 Der BGH prüft das Herkunftslandprinzip als Ausschluss, das Angebot von Diensteanbietern mit Niederlassungen in einem anderen EU-Staat bspw durch Werbeverbote beschränken zu können.[351] Diese Prüfung erfolgt unmittelbar nach der Feststellung

---

342 MüKo/*Drexl* IntUnlWettbewR Rn 46; *Ohly* GRUR Int 2001, 899, 900.

343 Eingehend mit Blick für die Chancen *Ohly* GRUR Int 2001, 899, 906 mwN insb Fn 96 und 97.

344 BGH Urt v 1.4.2004, Az I ZR 317/01 – Schöner Wetten, 12; s nun EuGH Urt v 8.9.2010, Az C-316/07, C-358/07 bis C-360/07, C-409/07 und C-410/07.

345 Dazu BGH Urt v 5.10.2006, Az I ZR 229/03 – Pietra di Soln, Rn 18.

346 BGH Urt v 30.3.2006, Az I ZR 24/03 – Arzneimittelwerbung im Internet, Rn 30.

347 Zum wortgleichen TDG BGH Urt v 5.10.2006, Az I ZR 229/03 – Pietra di Soln, Rn 16.

348 Nach *Spindler* NJW 2002, 921, 926 folgt dies aus den in Art 3 Abs 4a) ECRL und § 3 Abs 5 Nr 1 TMG für das Strafverfahren vorgesehenen Ausnahmen (mwN). Die fehlende strafrechtliche Kompetenz der EU betreffe nicht die Harmonisierung von Straftatbeständen der Mitgliedstaaten zur Beseitigung von Binnenmarkthindernissen.

349 S die Nachweise bei *Ohly* GRUR Int 2001, 899; *Spindler* NJW 2002, 921; *Buchner* GRUR 2005, 1004.

350 BGH Urt v 30.3.2006, Az I ZR 24/03 – Arzneimittelwerbung im Internet; BGH Urt v 5.10.2006, Az I ZR 7/04 – Schulden Hulp; BGH Urt v 5.10.2006, Az I ZR 229/03 – Pietra di Soln; BGH Urt v 1.4.2004, Az I ZR 317/01 – Schöner Wetten, 12.

351 BGH Urt v 30.3.2006, Az I ZR 24/03 – Arzneimittelwerbung im Internet, Rn 26.

des anzuwendenden Rechts.[352] Damit scheint der BGH einer rein kollisionsrechtlichen Lösung, die ohnehin mit Art 1 Abs 4 ECRL schwer in Einklang zu bringen wäre, nicht zuzuneigen. Das Herkunftslandsprinzip legt nicht fest, welches Recht auf ein staatsübergreifendes Angebot anzuwenden ist, sondern enthält eigene Regeln, wann sich aus dem anwendbaren Recht ergebende Beschränkungen gegen ein Angebot aus einem anderen Mitgliedsstaat nicht durchgesetzt werden dürfen. Bezogen auf Werbung im elektronischen Geschäftsverkehr ist daher zunächst das auf die angegriffene Maßnahme anwendbare Recht zu bestimmen. Ergibt sich daraus ein inländischer Marktort, ist das **Eingriffsverbot** des Herkunftslandprinzips zu prüfen. Die Wirkweise ist damit nicht kollisionsrechtlich sondern **binnenmarktfunktional.**[353] Inzwischen liegt die Frage der dogmatischen Einordnung dem EuGH zur Entscheidung vor.[354]

151 Bei der Prüfung des Eingriffverbots sind Rückriffe auf europäische oder andere internationale Rechtsstandards möglich. Im **harmonisierten** Bereich kann das Herkunftslandsprinzip an den Vorgaben des inländischen Rechts dann nichts ändern, wenn diese Anforderungen über das Mindestschutzniveau einer EU-Norm nicht hinausgehen.[355] Eingreifen kann das Herkunftslandsprinzip daher nur im koordinierten Bereich, soweit dieser nicht zugleich harmonisiert ist oder der inländische Gesetzgeber über die Mindestanforderungen der Harmonisierung hinausgeht. Problematisch werden Fälle sein, in denen der Mindeststandard in den Mitgliedsländern unterschiedlich ausgelegt wird.

152 Wichtiger Anwendungsfall für das Herkunftslandsprinzip ist das **Wettbewerbsrecht**[356] nachdem die UGP-RL zu einer vollständigen Harmonisierung des Lauterkeitsrechts geführt hat und daher die Frage der Unlauterkeit von Geschäftspraktiken im Geschäftsverkehr zwischen Unternehmen und Verbrauchern wie insb die in diesem Verhältnis bestehenden Informationspflichten abschließend regelt.[357] Allerdings soll die Beschränkung von Werbung für Arzneimittel nach dem Ausnahmetatbestand von § 3 Abs S 1 Nr 3 TMG, Art 3 Abs 4a) ECRL zulässig sein, da ein entsprechendes Werbeverbot wiederum auf einer EU-Richtlinie beruhe und diese in ErwG 11 ECRL zum Rechtsstand gezählt wird, der das Schutzniveau für die öffentliche Gesundheit ausfüllt. Verallgemeinert zählen dann zumindest alle im ErwG 11 ECRL genannten Richtlinien zum Schutzniveau, welches jeder Mitgliedsstaat durch geeignete Gesetze über die Ausnahme des Arts 3 Abs 4a ECRL, § 3 Abs 5 TMG auch gegenüber in anderen Staaten niedergelassenen Diensteanbietern durchsetzen kann.

153 Liegt keine Ausnahme vom Herkunftslandprinzip vor und darf auch nicht auf Grund internationaler Übereinkommen darauf geschlossen werden, dass nach dem Recht des Sitzlandes des Anbieters der Eingriff begründet wäre, ist das Angebot nach dem Sitzlandrecht zu prüfen.[358] Ergibt sich dabei ein (wesensgleicher) Rechtsverstoß des Angebots,

352 BGH Urt v 5.10.2006, Az I ZR 7/04 – Schulden Hulp, Rn 13; BGH Urt v 5.10.2006, Az I ZR 229/03 – Pietra di Soln, Rn 16; vgl BGH Urt v 1.4.2004, Az I ZR 317/01 – Schöner Wetten, 12.

353 *Ohly* GRUR Int 2001, 899, 902.

354 Mit ausf Darstellung des Streitstandes: BGH Urt v 10.11.2009, Az VI ZR 217/08; AZ beim EuGH: C-509/09 und C-161/10.

355 Vgl BGH Urt v 5.10.2006, Az I ZR 229/03 – Pietra di Soln, Rn 18; MüKo/*Drexl* IntUnlWettbewR Rn 48, insb die unmittelbare Anwendbarkeit der Richtlinie über unlautere Geschäftspraktiken (RL 2005/29/EG) wird hier erhebliche Fragen aufwerfen.

356 S jedoch MüKo/*Drexl* IntUnlWettbewR Rn 48, insb Fn 147; zum Stand der Harmonisierung s Band 3 Kap 1.

357 BGH Urt v 5.6.2008, Az I ZR 4/06 – Millionen-Chance; BGH Urt v 4.2.2010, Az I ZR 66/09 – Gallardo Spyder Rn 15; BGH Urt v 25.3.2010, Az I ZR 68/09 Rn 12.

358 OLG Hamburg NJW-RR 2003, 760 – Die Hunde sind los, verkürzt die Prüfung im Rahmen eines Verfahrens auf Erlass einer einstweiligen Verfügung sogleich auf die Prüfung nach ausländischem Recht.

hindert das Herkunftslandprinzip nicht die Aussprache der inländischen Sanktion.[359] Dieses Hin und Her der Rechtsordnungen eröffnet im Detail zahlreiche Fragen.[360]

Daher hatte sich mancher eine Klarstellung durch die Rom II-VO als kollisionsrechtliches Regelwerk erwartet. Dort heißt es jedoch sibyllinisch, die auf der ECRL beruhenden Regelungen würden nicht eingeschränkt.[361] Somit unterfällt das Werberecht bald dem Kollisionsrecht aus Rom II-VO, die Kollision der Rechte aber der E-Commerce-RL.[362] **154**

§ 5
Besondere Pflichten für Telemedien

I. Zulassungserfordernisse/Meldepflichten

Wer Telemedien anbieten möchte, bedarf dafür **keiner staatlichen Zulassung** und hat dies auch nicht gesondert anzumelden (§ 4 TMG, § 54 Abs 1 RStV). Angesichts millionenfacher Telemedien wie etwa Homepages erscheint das selbstverständlich; im Gesetz wurde dies dennoch ausdrücklich erwähnt[363] und inzwischen entsprechend europaweit harmonisiert (Art 4 Abs 1 ECRL). **155**

Zulassungs-, Aufsichts- und Meldeanforderungen **aus anderen Vorschriften** bleiben hiervon unberührt.[364] Rechtsberatung bspw wird nicht dadurch unreglementiert, dass sie über ein Internetangebot erfolgt.[365] Es gelten also die allgemeinen berufs-, gewerbe- und funktionsspezifischen Regelungen auch, wenn ein Dienst als Telemedium erfolgt.[366] Aus der Etablierung als Telemediendienst dürfen sich jedoch keine weiteren Zulassungs- oder Anzeigeanforderungen ergeben.[367] Auch Anforderungen aus dem **TKG** bleiben vorrangig bestehen (§ 1 Abs 3 TMG s hierzu Kap 2 Rn 101). Die Aufsicht über Telemedien ist kaum noch überblickbar.[368] **156**

Die Abgrenzung zu nicht-telemedienspezifischen Anforderungen fällt nicht immer leicht. So bedürfen Informations- und Kommunikationsdienste, wenn und soweit sie dem Rundfunk zuzuordnen sind, nach § 20 Abs 2 RStV der Zulassung nach Landesrecht.[369] Nicht damit gemeint sind originäre Rundfunkangebote[370] iSd § 2 Abs 1 RStV, für die § 20 Abs 1 RStV gilt, sondern andere IuK-Dienste, also Angebote von Telemedien oder Telekommunikation, die dennoch dem Rundfunk zuzuordnen sind.[371] Enthält ein Telemedienangebot solche Rundfunkbestandteile, kann der Anbie- **157**

---

359 Nach anderer Auffassung soll eine Günstigkeitsprüfung stattfinden, wenn das Angebot nur am Sitzland rechtswidrig ist.

360 S vor allem *Ohly* GRUR Int 2001, 899, 902 f.

361 ErwG 35 Rom II-VO.

362 Die eine kollisionsrechtliche Bedeutung explizit ablehnt, zu diesem anregenden Oxymoron bereits *Ohly* GRUR Int 2001, 899, 900: Magritte-Theorie; *Buchner* GRUR 2005, 1004, 1010.

363 Bereits in § 4 TDG 1997.

364 S hierzu Spindler/Schmitz/Geis/*Spindler* § 5 TDG Rn 4 f.

365 BT-Drucks 14/1680, 20 f.

366 Spindler/Schmitz/Geis/*Spindler* § 5 TDG Rn 4; dabei können Besonderheiten des Internet eine großzügige Auslegung des Berufsrechts bedingen: BGH Urt v 1.12.2010, Az I ZR 55/08 – Zweite Zahnarztmeinung.

367 BT-Drucks 14/1680, 20.

368 S den Überblick bei *Holznagel/Ricke* MMR 2008, 18; *Lorenz* JurPC 171/2010.

369 Zur Rechtsnatur der Zulassung: *Bornemann* ZUM 2010, 146.

370 Zur Abgrenzung zum Rundfunk s Band 4 Teil 1 Kap 1.

371 Dies ergibt sich neben dem Wortlaut insb auch aus der Zuweisung des § 20 Abs 2 RStV für die Telemedien in § 1 Abs 1, 2. Halbs RStV.

ter von der zuständigen Landesmedienanstalt aufgefordert werden, eine Zulassung nach Rundfunkrecht zu beantragen oder die Rundfunkbestandteile einzustellen.[372] Der Zulassungsantrag ist unverzüglich zu stellen und nicht wie früher erst innerhalb von sechs Monaten. Alternativ hat die Änderung in ein rundfunkfreies Angebot binnen drei Monaten zu erfolgen, § 20 Abs 2 S 2 RStV. Ist sich der Anbieter nicht sicher, ob sein Telemediendienst auch dem Rundfunk zuzuordnen ist, kann er ein rundfunkrechtliches **Negativtestat** bei der zuständigen Landesmedienanstalt beantragen.

158 Fraglich ist allerdings, welche Angebote unter die Zulassungspflicht fallen sollen. Entscheidend ist zunächst das Verständnis vom Begriff „Rundfunk" (Rn 60 s Band 4 Teil 1 Kap 1). Die Veranstaltung eines dedizierten Vollprogramms wird nach Vorstellung der Länder der Zulassung bedürfen. Dies kann daraus geschlossen werden, dass für ausschließlich im Internet verbreitete Hörfunkprogramme lediglich eine Anzeigepflicht besteht, § 20b RStV. Allerdings wäre ein solches Angebot ohnehin Rundfunk (§ 2 Abs 1 S 1 iVm § 20 Abs 1 RStV).

159 Denkbar ist die Zulassungs- oder Anzeigepflicht nicht nur für Webradios oder solche Angebote, die Videobeiträge redaktionell oder automatisiert programmähnlich ablaufen lassen. Vor allem könnten auch Angebote erfasst sein, die fremde Sendungen als eigene Inhalte integrieren. Werden solche Angebote dagegen als Dienste Dritter ausgewiesen, dürfte der Dritte Anbieter bleiben und eine eigene Zulassungspflicht für das integrierende Angebot nicht entstehen.

160 Angesichts der kinderleichten Möglichkeiten zur Erstellung eines rundfunkähnlichen Telemedienangebots und des Fehlens eines dem Frequenzmangel im Rundfunkbereich entsprechenden Flaschenhalses[373] bei der Verbreitung im Internet ist eine Zulassungspflicht für Rundfunkbestandteile integrierende Telemedien unzeitgemäß. Die zur Vermeidung einer Zulassungspflicht eröffnete Löschung von Rundfunkbestandteilen in einem Telemediendienst verhindert Meinungsvielfalt und Informationsfreiheit, ohne dass Gründe ersichtlich sind, die das Zulassungsverfahren für solche Dienste rechtfertigen könnten. Angebote des Web 2.0 wie Vlogs oder Podcasts werden dadurch ebenso bedroht wie die Verbreitung von meinungsbildungsrelvanten Inhalten durch virale Werbekampagnen.

161 Unter Berücksichtigung des Verbots besonderer Zulassungspflichten oder Anforderungen gleicher Wirkung für die Aufnahme und die Ausübung der Tätigkeit eines Anbieters von Diensten der Informationsgesellschaft des Art 4 Abs 1 ECRL dürften zumindest nicht-lineare Angebote zulassungsfrei bleiben.

162 Jedenfalls gilt das Risiko der Zulassungspflicht für **massenkommunikative Verteildienste**, also Angebote, die gekennzeichnet sind durch gleichzeitige Übermittlung von meinungsbildungsrelevanten Informationen an viele Empfänger und **Angebote, die inhaltlich aus Radio- oder Fernsehsendungen bestehen** und bei denen das Internet lediglich einen weiteren Übertragungsweg darstellt. Sind Übertragungen von Beiträgen mit Meinungsbildungsrelevanz – vor allem durch die Merkmale der Breitenwirkung, der Aktualität und der Suggestivkraft – regelmäßige Bestandteile des Angebots, sollte die Einholung eines Negativtestats erwogen werden.

---

372 Dieses Zulassungserfordernis ist wegen Art 4 Abs 1 ECRL nur zulässig, soweit die ECRL für Rundfunkangebote nicht gilt (Rn 59).

373 *Dierking/Möller* MMR 2007, 426, 428 mit dem Hinweis, dass auch der „Engpass" gleichzeitiger Sendung und damit eines Programmablaufes entfällt.

II. Informationspflichten bei Telemedien

Die Fülle der Informationspflichten insb bei Geschäften mit Verbrauchern über Telemedien dürfte inzwischen nicht nur Anbieter, sondern auch Kunden überfordern.[374] Damit erscheint inzwischen fraglich, ob die Informationspflichten noch ihren Zweck erfüllen. Viele Pflichtangaben ergeben sich aus spezialgesetzlichen Vorschriften. Daneben hat der Anbieter ein eigenes Interesse daran, dem Nutzer bspw vor Vertragsschluss bestimmte Informationen mitzuteilen. Zu denken ist an Hinweise zur Nutzung des Angebots, Warnhinweise, Bedienungsanleitungen, die Einschränkung von Nutzungsrechten an den Inhalten einer Internetseite oder die Einbeziehung verbindlicher Regelungen[375] für die Nutzung des Telemediendienstes. **163**

1. Zweck von Informationspflichten

Für Anbieter von Telemedien ergeben sich aus unterschiedlichen Quellen Pflichten, den Nutzer über sich, sein Angebot und die hierfür geltenden Regelungen zu informieren. Einen Ursprung haben diese Pflichten auch im modernen Leitbild des Verbraucherschutzes. Neben dem klassischen Schutz des Verbrauchers soll durch vollständige und zutreffende Information sichergestellt werden, dass **sachlicher Wettbewerb** zwischen den Anbietern entsteht und unseriöse Telemedien geringere Erfolgschancen haben.[376] Der durchschnittlich informierte, aufmerksame und verständige Durchschnittsverbraucher soll durch ein möglichst objektives Informationsangebot zu Entscheidungen in die Lage versetzt werden, die einen unverzerrten Wettbewerb ermöglichen und dadurch gerade dem Verbraucher größtmögliche Vorteile aus dem europäischen Binnenmarkt verschaffen.[377] Dieser Schutz des unverfälschten Wettbewerbs steht nach § 1 S 2 UWG im Allgemeininteresse. Zutreffende sachliche Angaben sollen im Ergebnis also Schutz des freien Wettbewerbs an sich darstellen.[378] Im Interesse der Verbraucher fordert die Rechtsprechung daher eine Transparenz des Angebots.[379] **164**

Die Pflichtangabe einer ladungsfähigen Adresse[380] dient aber nicht nur Kunden bei der Durchsetzung etwaiger Ansprüche,[381] sondern ermöglicht außerdem die **Disziplinierung** durch Mitbewerber. **165**

Mit der Pflicht, jeder möge sich im Internet identifizieren, werden jedoch **überwachungsfreie Räume** verhindert. Diesbezügliche Gesetze werden leichtfertig erlassen, weil das Entstehen von Daten unter dem Aspekt der Kontrolle als Vorteil erscheint **166**

---

374 Zu den noch verschärften Schwierigkeiten bei der Verwendung mobiler Endgeräte siehe auch *Rauke* MMR 2002, 509.

375 Zur Einbeziehung von AGB durchs Links BGH Urt v 14.6.2006, Az I ZR 75/03.

376 Piper/Ohly/*Piper* § 2 UWG Rn 92 ff; Hefermehl/Köhler/Bornkamm/*Köhler* § 1 UWG Rn 18 ff.

377 Vgl RL 97/55/EG, ErwG 7 sowie die Erwägungsgründe der Irreführungs-RL 84/450/EWG, s auch ErwG 29 ECRL zu Transparenzerfordernissen.

378 Hefermehl/Köhler/Bornkamm/*Köhler* § 1 UWG Rn 38 mwN.

379 BGH Urt v 13.6.2002, I ZR 173/01 – Kopplungsangebot I, 11, unter Bezugnahme von § 7 Nr 3 TDG (2001) = § 6 Abs 1 Nr 3 TMG.

380 Postfachangabe wohl nicht ausreichend als ladungsfähige Anschrift, wohl aber als Widerrufsadresse: BGH Urt v 11.4.2002, Az I ZR 306/99.

381 OLG Hamburg MMR 2003, 105 – Backstage (mit Anm *Klute*) nimmt an, durch fehlende Identifizierbarkeit verschaffe sich der Anbieter im konkreten Fall den unsachlichen Vorteil, nicht so gut zivil- wie strafrechtlich in Anspruch genommen werden zu können und sei dadurch vielleicht in der Lage, günstiger anzubieten.

und der mit der konkreten einzelnen Maßnahme verbundene Verlust an Freiheit und Selbstbestimmung nicht als wesentlich empfunden wird.[382] Kaum Berücksichtigung findet der Aspekt, dass jede Art von Pflichtangabe zugleich zu weltweit zugänglichen elektronischen Informationen über den Anbieter führt, die für den Betroffenen kaum mehr beherrschbar sind. Dies widerspricht dem **informationellen Selbstbestimmungsrecht**, insb den Grundsätzen der Datenvermeidung und der Datensparsamkeit.[383]

2. Anbieterkennzeichnung und Impressum

167 a) **Frühere Regelung.** Seit 1997 besteht für die Anbieter von Telemedien die Verpflichtung, Angaben zur eigenen Identität und zur Kontaktaufnahme im Internet preiszugeben, § 6 TDG 1997 und § 6 MDStV. In der Folge können heute die wichtigsten Unternehmensangaben zu zahllosen Firmen, Gewerbetreibenden oder Freiberuflern mit hoher Zuverlässigkeit der jeweiligen Anbieterkennzeichnung im Internet sentnommen werden, ohne auf die offiziellen Unternehmensregister oder Wirtschaftsauskunftsdienste zurückgreifen zu müssen. Die Umsetzung dieser Anbieterkennzeichnung erfolgte zunächst zaghaft und oft fehlerhaft; erst mehrere, mitunter finanziell motivierte Abmahnwellen verschafften den Normen flächendeckende Geltung.[384]

168 Nachdem der Anwendungsbereich der Vorschriften zur Anbieterinformation sehr weit verstanden wurde, sahen sich auch viele nichtgewerbliche und private Homepagebetreiber veranlasst, ein „Impressum" zu führen und ein gültiges und regelmäßig abgerufenes Postfach für elektronische Nachrichten preiszugeben. Webseiten werden daher systematisch als Quelle für E-Mail-Adressen zur Zusendung unverlangter elektronischer Werbung oder von Späh-Angriffsprogrammen missbraucht, so dass die Vorschrift **illegalen Datensammlern und Spam-Versendern Vorschub leistete.**[385] Nachdem die bei Schaffung des IuKDG nachvollziehbaren Gründe der Stärkung des Vertrauens der Nutzer in das neue Medium heute nicht mehr überzeugen und insb für den Bereich des E-Commerce spezielle Regelungen für die Identifikation des Anbieters bestehen, erscheint es gut vertretbar, die anlassunabhängige Zwangspreisgabe von personenbezogenen Daten in TMG und RStV als **verfassungswidrig** anzusehen.

169 b) **Grundlagen der Anbieterinformationen nach TMG und RStV.** Ein Ziel der Novelle war es, den Adressatenkreis der Pflicht zur Anbieterinformation etwas enger zu stecken.[386] Zugleich wurde der Dualismus von TDG und MDStV durch **parallele Regelungen** einerseits des TMG andererseits des RStV ersetzt, die unterschiedliche Pflichten vorsehen. Aus § 5 Abs 2 TMG ergibt sich, dass der Anbieter unabhängig

---

[382] Das Phänomen ist aktuell wieder bei Entstehung und Umsetzung der Vorratsspeicherungs-RL 2006/24/EG zu beobachten; s dazu Rn 33.

[383] S § 3a BDSG, vgl auch Art 6 Abs 1b), c), e), Art 7b) bis f) Datenschutz-RL 95/46/EG; Kap 3 Rn 3.

[384] Zu den Umsetzungsproblemen der Anbieterkennzeichnung sowie den damit verbundenen Abmahnwellen s *Brunst* MMR 2004, 8 u insb Fn 74, und vor allem *Stickelbrock* GRUR 2004, 111; bzgl fehlerhafter Widerrufsbelehrungen LG Heilbronn MMR 2007, 536 f – Abmahnanwalt. Welche Winkelzüge Anwälte hierbei zuweilen unternehmen, zeigt etwa der Sachverhalt des OLG Düsseldorf Urt v 24.5.2005, Az I-20 U 25/05, abrufbar unter www.justiz.nrw.de/nrwe/olgs/duesseldorf/j2005/I_20_U_25_05urteil20050524.html zu § 4 Abs 2 JMStV.

[385] S hierzu *Ott* JurPC Web-Dok 78/2005 Abs 2 ff. Hilflos erscheint das Bemühen des Gesetzgebers, diese durch Pflichtangaben genährte, rechtswidrige Praxis wiederum durch Pflichtangaben eindämmen zu wollen.

[386] BT-Drucks 16/3078, 14; krit zum Erfolg *Ott* MMR 2007, 354.

davon, ob und welche Informationspflichten nach TMG bestehen, zusätzlich entsprechende Pflichten nach RStV zu prüfen hat, § 55 Abs 2 RStV wiederum verweist auf die unberührt bleibenden Pflichten des TMG.

Für das TMG bestimmt § 5 Abs 1 positiv, dass eine Anbieterkennzeichnung nur „für **geschäftsmäßige**, in der Regel gegen Entgelt angebotene Telemedien" verlangt wird. Negativ hingegen begrenzt § 55 Abs 1 RStV die Angabepflicht auf „Telemedien, die **nicht ausschließlich persönlichen oder familiären Zwecken** dienen." Dies ist nicht deckungsgleich. Inhaltlich hängt von der Unterscheidung die nicht ganz unwesentliche Frage ab, ob der private Homepagebetreiber neben Namen und Adresse auch noch seine Telefonnummer und E-Mailadresse zur weltweiten Auswertung durch Spam-Versender und Datensammler preiszugeben hat.[387] **170**

Es ergeben sich hinsichtlich der Identifikationspflicht nunmehr fünf Kategorien von Telemediendiensten: **171**

Dienst	Anbieterinformationspflichten
Nicht geschäftsmäßige Telemedien, die ausschließlich persönlichen oder familiären Zwecken dienen	Keine Informationspflichten, §§ 5 Abs 1 TMG, 55 Abs 1 RStV
Telemedien, die **nicht** nur ausschließlich persönlichen oder familiären Zwecken dienen	Vereinfachte Informationspflichten, § 55 Abs 1 RStV: – Namen und – Anschrift – Zusätzlich bei juristischen Personen auch Namen und Anschrift des Vertretungsberechtigten.
Geschäftsmäßige Telemedien	Anbieterkennzeichnung nach § 5 Abs 1 TMG: 1. Name und Anschrift, der Niederlassung, bei juristischen Personen zusätzlich Rechtsform, Vertretungsberechtigten und, sofern Angaben über das Kapital der Gesellschaft gemacht werden, das Stamm- oder Grundkapital sowie, wenn nicht alle in Geld zu leistenden Einlagen eingezahlt sind, der Gesamtbetrag der ausstehenden Einlagen, 2. Angaben, die eine schnelle elektronische Kontaktaufnahme und unmittelbare Kommunikation mit ihnen ermöglichen, einschließlich der Adresse der elektronischen Post, 3. Aufsichtsbehörde[388] bei zulassungspflichtigen Tätigkeiten, 4. Registerinformationen (Name des Registers, Nummer), 5. Zusatzangaben bei reglementierten Berufen (Kammer, Berufsbezeichnung und der diesen verleihende Staat, Nennung und Zugang zu den berufsrechtlichen Regelungen) 6. Ggf. die Umsatzsteueridentifikationsnummer, 7. Ggf. Abwicklung oder Liquidation bei bestimmten juristischen Personen

387 Dieses Problem erkennt auch *Ott* JurPC Web-Dok 78/2005 allerdings ohne daraus Konsequenzen zu ziehen, s *Ott* MMR 2007, 354, 359. Die „Selbstaufgabe der Privatheit" geschieht also nicht immer so freiwillig wie *Hohmann-Dennhardt* NJW 2006, 545, 548 annimmt.

388 S hierzu BGH Urt v 10.6.2009, Az I ZR 37/07 – Unrichtige Aufsichtsbehörde.

Dienst	Anbieterinformationspflichten
Journalistisch-redaktionelle Telemedien	Zusätzlich: Journalistische Pflichtangaben, § 55 Abs 2 RStV: – Namen und Anschrift eines Verantwortlichen – Bei mehreren Verantwortlichen: Zuweisung des verantworteten Teils
Telemedien mit kommerzieller Kommunikation	Zusätzlich: Besondere Informationspflichten nach § 6 TMG

172 Die Merkmale der einzelnen Kategorien sind noch nicht vollständig geklärt. Hier kann nur auf besonders neuralgische Punkte eingegangen werden. Die besonderen Informationspflichten des § 6 TMG werden unter Rn 195 besprochen.

173 c) **Anbieter.** Zur eigenen Identifizierung soll nach TMG der Diensteanbieter verpflichtet sein (§ 5 Abs 1) und nach RStV der Anbieter von Telemedien (§ 55 Abs 1). Der Begriff des Diensteanbieters wird im TMG zwar definiert (§ 2 Nr 1 TMG). Wie bereits gezeigt (Rn 72 ff), ist jedoch eine einzelnormspezifische Bestimmung des Anbieterbegriffs erforderlich, da insb die Vermittler fremder Informationen regelmäßig technisch nicht in der Lage und auch nicht berechtigt sein werden, den fremden Inhalten eigene Informationen beizumengen. Zugleich riskiert der Vermittler durch Angabe als Anbieter, sich die fremden Inhalte als eigene zurechnen lassen zu müssen (s Rn 270 f).

174 Auch erste Gerichtsentscheidungen stützen die Annahme, die Informationspflichten seien nur bei originärer Diensteanbietereigenschaft durch kommunikationsbezogene Eigenständigkeit erforderlich.[389] Verpflichtet ist also nur der Anbieter, der gegenüber dem Nutzer als **unmittelbare Ansprechpartner** für den Inhalt der Kommunikation auftritt. Der Normzweck der Anbieterinformation besteht darin, dem Nutzer solche Informationen zur Verfügung zu stellen, die dieser für seine Entscheidung, die konkret angebotenen Inhalte zu nutzen oder dagegen Beanstandungen vorzubringen, benötigt. Allerdings gilt dies im Zweifel für jeden konkreten Kommunikationszusammenhang. Besteht ein Angebot aus Telemediendiensten verschiedener Anbieter, ist daher zu jedem einzelnen Dienst entsprechend zu informieren. Ein „Sammelimpressum", welches nicht erkennbar werden lässt, welcher Teil von wem angeboten wird, genügt den Anforderungen an die Darstellung der Informationen (Rn 184 ff) nicht.

175 d) **Persönliche oder familiäre Zwecke (§ 55 Abs 1 RStV).** Das Kriterium der ausschließlich **persönlichen oder familiären Zwecke** als Anknüpfungspunkt entfallender Anbieterinformationspflicht nach § 55 Abs 1 RStV lässt unterschiedliche Auslegungen zu. Nach der Begründung soll lediglich die Kommunikation im **privaten Bereich** ohne Nennung des Namens und der Anschrift erfolgen können.[390] Als Beispiele werden die Einstellung von Meinungsäußerungen in Foren oder die Veräußerung von Waren über Plattformen Dritter angeführt. Private Homepages sind dagegen in der Begründung nicht erwähnt, obwohl dies nahegelegen hätte.[391] Freigestellt soll jedoch der „private wirtschaftliche Geschäftsverkehr" sein.[392]

176 Nachdem Internetseiten schlechthin öffentlich zugänglich sind, wird vertreten, dass Websites nur dann von der Anbieterinformation des RStV freigestellt sind, wenn auf Grund ihres Inhalts oder durch technische Vorkehrungen ausgeschlossen er-

389 OLG Frankfurt CR 2007, 545.
390 Begr 9. RÄStV, 17.
391 S auch *Ott* MMR 2007, 354, 356.
392 Begr 9. RÄStV, 17.

scheint, dass das Angebot zumindest auch an die Allgemeinheit gerichtet ist.[393] Dies berücksichtigt jedoch nicht, dass die Pflicht zur Angabe der eigenen Identität im Internet in Verbindung mit einem Telemediendienst zu weltweit recherchierbaren und über Dienste wie archive.org zu **zeitlich unbegrenzt gespeicherten personenbezogenen Informationen außerhalb der Einflusssphäre des Betroffenen** führt. Eine Rechtfertigung für diesen erheblichen Eingriff in das verfassungsrechtlich geschützte informationelle Selbstbestimmungsrecht gibt es bzgl privater Anbieter nur in dem diffusen Reflex, jede Information einer Person zuordnen können zu wollen. Im privaten Bereich besteht kein hinreichender Grund, wissen zu müssen, von wem ein Informationsangebot stammt: Bei schwerwiegenden Rechtsverletzungen durch private Telemedien wird regelmäßig das Instrumentarium der Strafverfolgung zur Identitätsfeststellung ausreichen (s Kap 5 Rn 383 ff). Verletzer, die Vorkehrungen dagegen treffen auf diesem Wege ermittelt werden zu können, werden sich kaum durch die Impressumpflicht beeindrucken lassen. Betroffen sind durch Informationspflichten also vor allem rechtstreue Anbieter, die zu identifizieren es keinen Grund gibt. Nur durch Nichtangabe seiner Identität kann der Anbieter in einem frei zugänglichen öffentlichen IuK-Dienst einen von öffentlicher Kontrolle und Beobachtung freien Rückzugsbereich seiner Privatsphäre erhalten.[394] Zu beachten ist in diesem Zusammenhang, dass die Anbieterkennzeichnung nach der Begründung zum IuKDG ursprünglich der Identifizierung des **möglichen Vertragspartners** zu dienen bestimmt war.[395] Dieser Zweck ist mit Schaffung der vorvertraglichen Informationspflichten entfallen (Rn 208).

Telemedien sind daher der Privatsphäre eines Anbieters dann zuzurechnen, wenn **177**
sie dessen persönlicher oder familiärer Lebensgestaltung zugeordnet werden können und keiner Wirtschaftstätigkeit dienen.[396]

e) **Geschäftsmäßigkeit (§ 5 Abs 1 TMG).** Die Geschäftsmäßigkeit eines Teleme- **178**
diums entscheidet über die Pflicht zur Anbieterkennzeichnung nach § 5 Abs 1 TMG. Die wohl hM nahm bisher Geschäftsmäßigkeit in Anlehnung an § 3 Nr 10 TKG bei jedem **nachhaltigen** Angebot an, unabhängig von einer Gewinnerzielungsabsicht.[397] Übersehen wird dabei, dass nachhaltige Angebote von Telekommunikation für Dritte iS von § 3 Nr 10 TKG deswegen zu Recht als geschäftsmäßig eingeordnet werden, weil Telekommunikationsanbieter im rein privaten Bereich schlechthin kaum denkbar sind. Das Geschäftsmäßige folgt also aus der Besonderheit der Telekommunikationsleistung und der Erbringung gerade für Dritte. Die Erbringung solcher Dienste ist nicht vergleichbar mit dem Erstellen einer Homepage. Internetauftritten von Privatpersonen einen geschäftsmäßigen Hintergrund zu unterstellen, nur weil ein solcher Auftritt „nachhaltig" ist, erscheint wenig überzeugend. Dem dürfte durch die Novelle endlich der Boden entzogen sein. Ausdrücklich wurde in den Gesetzestext aufgenommen, dass geschäftsmäßig iSd § 5 Abs 1 TMG nur solche Telemedien sind, die in der Regel **gegen Entgelt** erbracht werden. Diese Klarstellung stammt aus der Definition der Dienste der Informationsgesellschaft im Sinne der ECRL (s oben Rn 48). Der

---

393 *Ott* MMR 2007, 354, 356.
394 Zur Repersonalisierung des Internet: *Hoeren* NJW 2008, 2615 f.
395 BT-Drucks 13/7385, 21.
396 Vgl BT Drucks 16/3078, 14; Begr 9. RÄStV, 17.
397 Spindler/Schmitz/Geis/*Spindler* § 6 TDG Rn 7 mit zahllosen weiteren Nachweisen; *Stickelbrock* GRUR 2004, 111, 112; *Woitke* NJW 2003, 871, 872; *Ott* MMR 2007, 354, 355; wohl auch *Brunst* MMR 2004, 8, 9 f mwN.

Gesetzgeber möchte so Informationspflichten über die Vorgaben der ECRL hinaus vermeiden. Die Begründung stellt klar, dass damit eine **Wirtschaftstätigkeit** zumindest im Hintergrund bestehen muss.[398]

179 Damit unterliegen Telemedien, die ohne den Hintergrund einer **Wirtschaftstätigkeit** bereitgehalten werden, keinen Anbieterkennzeichnungspflichten nach TMG. Freigestellt sind insb rein private Homepages sowie Informationsseiten von Idealvereinen, die keine sonst nur gegen Entgelt verfügbaren Angebote enthalten.[399] Für die Einordnung einer Homepage als Handeln „im geschäftlichen Verkehr" stellt der BGH auf die erkennbar nach außen tretende Zielrichtung des Handelnden ab: „Dient das Verhalten nicht der Förderung der eigenen oder einer fremden erwerbswirtschaftlichen oder sonstigen beruflichen Tätigkeit, scheidet ein Handeln im geschäftlichen Verkehr aus."[400] Zwar erscheint es möglich, auch außerhalb des geschäftlichen Verkehrs geschäftsmäßig zu handeln, dies wird aber nur ausnahmsweise der Fall sein. Vor allem kann nicht aus der Verwendung von Technologien auf Geschäftsmäßigkeit geschlossen werden, wenn diese Privaten wie Unternehmen in gleicher Weise zur Verfügung stehen.

180 Ob ein Dienst in der Regel **gegen Entgelt** angeboten wird, hängt zunächst davon, was unter „Dienst" verstanden wird. Ist die abstrakte Form des gesamten Angebots (zB Informationsportal) maßgebend, dann ist das anders zu beurteilen als für einen konkreten Bestandteil (zB Teilnehmerliste). Dieser unbestimmte Bestandteil der Norm sollte verfassungsgemäß eng ausgelegt werden.[401]

181 Welche Angebote zu einem bestimmten Zeitpunkt „**in der Regel**" gegen Entgelt erbracht werden, dürfte selbst für Experten schwer zu beurteilen sein.[402] Lizenzfreie Musik, Audiodienste, Wissensdatenbanken, Suchmaschinen sowie zahlreiche Informations- und Medienportale aller Art gibt es vergütungsfrei und in kommerziellen Varianten. Selbst Links werden umsonst oder gegen Vergütung (Sponsored Links) angeboten. Das Kriterium der regelmäßigen Entgeltlichkeit soll nach der Begründung gerade dazu dienen, Informationspflichten nur noch in dem Umfang verbindlich vorzuschreiben, wie dies von der ECRL vorgesehen war.[403] Die vom Gesetz geforderte entgeltbezogene Geschäftsmäßigkeit liegt daher nur dann vor, wenn eine **tatsächliche Wirtschaftstätigkeit** auf unbestimmte Zeit durch den Diensteanbieter nachweisbar ist.[404] Nicht entscheidend ist dabei, ob die Vergütung für das Angebot vom Nutzer oder von Dritten gezahlt wird, bspw bei **werbefinanzierten Seiten.**[405] Allerdings bedeutet nicht jeder Werbelink auf einer privaten Homepage eine nachhaltige Wirtschaftstätigkeit. Entgegen der wohl bisher hM[406] ist eine private Homepage nicht deswegen einem „Geschäft" vergleichbar, weil der Anbieter sich das Hosting der Seite oder die Registrierungsgebühr der Domain durch Werbebanner subventionieren lässt.

---

398 BT-Drucks 16/3078, 14.

399 BT-Drucks 16/3078, 14; OLG Hamburg Urt v 3.4.2007, Az 3 W 64/07 MIR-Dok 04/2008, 2.

400 BGH Urt v 22.11.2001, Az I ZR 138/99 – *Shell.de*, 11.

401 Wenig überzeugend soll diesem Merkmal nach Ansicht von OLG Hamburg Urt v 3.4.2007, Az 3 W 64/07 MIR-Dok 04/2008, 2 keine eigene Bedeutung zukommen.

402 S etwa auch die Beispiele bei *Ott* MMR 2007, 354, 355.

403 BT-Drucks 16/3078, 14.

404 So Spindler/Schmitz/Geis/*Spindler* § 4 TDG Rn 12 zur Geschäftsmäßigkeit iSd § 4 Abs 2 TDG mit überzeugenden Gründen und weiteren Nachweisen.

405 Spindler/Schmitz/Geis/*Spindler* § 4 TDG Rn 12; *Ott* MMR 2007, 354, 355.

406 Spindler/Schmitz/Geis/*Spindler* § 4 TDG Rn 12.

Nach der hier vertretenen Auffassung bedarf die Verpflichtung zur Offenbarung eines Personenbezugs zu privaten Daten einer Homepage eines rechtfertigenden Zweckes und der Erforderlichkeit der Angaben zur Erfüllung dieses Zweckes. Das Merkmal der regelmäßigen Entgeltlichkeit ist daher restriktiv auszulegen, da nur bei Angeboten im geschäftlichen Verkehr ein berechtigtes Interesse besteht, schnell und unkompliziert den Anbieter identifizieren zu können.

f) **Juristische Personen.** Den „klassischen" juristischen Personen wird die **Personengesellschaft**, die mit der Fähigkeit ausgestattet ist, Rechte zu erwerben und Verbindlichkeiten einzugehen, gleichgestellt (§ 2 S 2 TMG). Für die teilrechtsfähigen Personengesellschaften und insb für die **GbR** wird daher eine Verpflichtung zur Angabe der Rechtsform sowie eines Vertretungsberechtigten nach TMG erforderlich sein.[407] Der **RStV** enthält keine solche Gleichstellung, obwohl Personengesellschaften in den §§ 21, 22 und 24 RStV ausdrücklich erwähnt werden. Die Verweise in RStV und TMG auf die Anwendung der jeweils anderen Norm helfen nicht unmittelbar weiter. Nach § 60 Abs 1 RStV gilt das TMG nur „im Übrigen", also gerade nicht bzgl der Regelungen im RStV, und § 1 Abs 4 TMG verweist nur auf sich aus dem RStV ergebende besondere Anforderungen an die Inhalte, womit eine Fernwirkung der Begriffsbestimmungen des § 2 TMG nicht verbunden sein kann, da sich die dadurch bedingten Anforderungen eben nicht mehr aus dem RStV ergeben. Die Relevanz dieses Formulierungsmissgeschickes ist gering, da die meisten teilrechtsfähigen Personengesellschaften geschäftsmäßig auftreten werden und dann den weiteren Pflichten des TMG unterliegen. Ohnehin wird die Empfehlung lauten, im Zweifel bis zur höchstrichterlichen Klärung der offenen Fragen alle denkbaren Informationspflichten zu erfüllen. 182

g) **Journalistisch-redaktionelle Telemedien.** Eine Besonderheit für die Pflicht zur Benennung eines Verantwortlichen besteht bei solchen massenkommunikativen Telemedien, die auch andere, nicht journalistisch-redaktionell gestaltete Bereiche enthalten oder bei denen mehrere Personen die Inhalte verantworten. In beiden Fällen ist eine entsprechende Beschränkung des Verantwortungsbereichs möglich, § 55 Abs 2 S 2 RStV. Die Zuordnung hat jedoch der vom Gesetz geforderten Klarheit zu genügen (s Rn 186). 183

h) **Anforderungen an die Wiedergabe der Informationen.** Die Pflichtinformationen der §§ 5 Abs 1 TMG sowie 55 Abs 1 und 2 RStV sind leicht erkennbar, unmittelbar erreichbar und ständig verfügbar zu halten.[408] Der Bundesgerichtshof hat in seiner Entscheidung „Anbieterkennzeichnung im Internet" diese Anforderungen präzisiert.[409] 184

---

407 So bereits zum TDG *Brunst* MMR 2004, 8, 10; Spindler/Schmitz/Geis/*Spindler* § 3 TDG Rn 4.

408 S hierzu die Beispiele und Nachweise bei *Woitke* NJW 2003, 871; *Brunst* MMR 2004, 8; *Stickelbrock* GRUR 2004, 111, *Hoeren* Internetrecht Rn 359 jedoch die Entscheidung des BGH noch nicht berücksichtigend; sowie OLG München MMR 2004, 321 (mit Anm *Ott*); OLG Hamburg MMR 2003, 105 – Backstage (mit Anm. *Klute*); „ständig verfügbar" auch bei technischer Unterbrechung: OLG Düsseldorf MMR 2009, 266.

409 BGH Urt v 20.7.2006, Az I ZR 228/03 – Anbieterkennzeichnung im Internet, Rn 15 ff. Die Entscheidung erging zwar zu TDG und MDStV, ist aber auf die insoweit wortgleichen Bestimmungen des TMG bzw RStV übertragbar.

185 Demnach ist die Anbieterinformation **leicht erkennbar**, wenn der Nutzer klar und unmissverständlich darauf hingewiesen wird, mit wem er in geschäftlichen Kontakt tritt.[410] Nicht erforderlich ist es hierzu, dass die Informationen unmittelbar auf der Startseite dargestellt werden. Ausreichend ist das Anbieten eines Links auf eine Unterseite, die die erforderlichen Informationen enthält, sofern der Link selbst für den Nutzer auf der Suche nach den Anbieterinformationen leicht zu finden ist und insb über einen aussagekräftigen Linktext beschrieben wird. Begriffe wie „Kontakt" oder „Impressum" sind auf Grund allgemeiner Übung im Internet zulässig.[411] Werden dagegen auf derselben Ebene verschiedene Links angeboten, unter denen der Nutzer die Pflichtangaben vermuten kann, so kann dies der leichten Erkennbarkeit oder der Klarheit entgegenstehen.[412]

186 Besondere Sorgfalt ist auf die **Klarheit** der Darstellung zu verwenden, wenn ähnliche Angaben an verschiedenen Stellen bspw eines Internetangebotes dargeboten werden. So werden oft neben einem „Impressum" noch Kommunikationsdetails für den Kundenservice unter „Kontakt" mitgeteilt, unter einem Link „über uns" findet sich eine Beschreibung des Anbieterunternehmens, an anderer Stelle wird eine Adresse zur Erfüllung der Informationspflichten nach Fernabsatzrecht angegeben und schließlich findet der Nutzer weitere Kontaktangaben in der Widerrufsbelehrung[413]. Die Trennung des Anbieters vom redaktionell-journalistischen Verantwortlichen gelingt oft nicht, oder weitere Mitwirkende an der Erstellung des Angebots werden genannt, ohne deren Rolle zu bestimmen. Es ist daher wichtig, das gesamte Telemedienangebot, insb die Navigationselemente, darauf zu prüfen, ob der Nutzer schnell und einfach widerspruchsfreie Angaben zu den gesetzlich vorgesehenen Aspekten erhält.

187 Die Kennzeichnung der verschiedenen Rollen sollte sich möglichst am Gesetzeswortlaut orientieren, also bspw einen „Anbieter dieses Telemediums" sowie gegebenenfalls einen „Verantwortlichen für journalistisch-redaktionelle Inhalte" benennen. Auch dies ist nicht unproblematisch, da solche Bezeichnungen – gleiches gilt bei Paragraphenangaben – dem raschen Wandel der gesetzlichen Grundlage nachfolgen müssen[414] und nach ständiger AGB-Rechtsprechung die Verwendung gesetzlicher Termini kein Garant für Transparenz ist.

188 **Unmittelbare Erreichbarkeit** ist nach Ansicht des Bundesgerichtshofs nicht technisch im Sinne des Zugangs ohne jeden Zwischenschritt zu verstehen[415], sondern ist dann erfüllt, wenn der Nutzer die Pflichtinformationen ohne „wesentliche Zwischenschritte" bzw ohne „langes Suchen" erreichen kann. Auch eine erst nach Verfol-

---

410 BGH Urt v 20.7.2006, Az I ZR 228/03 – Anbieterkennzeichnung im Internet, Rn 19 ff.

411 BGH Urt v 20.7.2006, Az I ZR 228/03 – Anbieterkennzeichnung im Internet, Rn 20; im Gegensatz zu „Backstage" nach Ansicht OLG Hamburg MMR 2003, 105 f – Backstage (mit Anm *Klute*).

412 OLG München MMR 2004, 321, 322 (mit Anm *Ott*); letztlich offen gelassen von BGH Urt v 20.7.2006, Az I ZR 228/03 – Anbieterkennzeichnung im Internet, Rn 22.

413 Hier soll die Angabe einer Telefonnummer wiederum wettbewerbswidrig sein (OLG Frankfurt 6 U 158/03) allerdings nicht, wenn dem Besteller klargemacht wird, dass die Rücksendung auch ohne telefonische Kontaktaufnahme möglich ist (KG Urt v 7.9. 2007, Az 5 W 266/07, abrufbar unter www. kammergericht. de/entscheidungen/5_W_266-07.pdf).

414 So erscheinen heute viele Anbieterkennzeichnungen irreführend, da auf aufgehobene Normen des TDG oder des MDStV verwiesen wird.

415 Die bis dahin vorherrschende Ansicht in der Literatur ging davon aus, dass von der Homepage ein unmittelbarer Link zum Impressum führen müsse („one click away") und von allen anderen Seiten aus zwei Links zulässig seien („two clicks away"), s *Brunst* MMR 2004, 8, 11; Spindler/Schmitz/Geis/*Spindler* § 6 TDG Rn 18 mwN.

gen zweier Verweise zugängliche Informationsseite kann daher unmittelbar erreichbar im Sinne der Vorschriften sein.[416]

Ständig verfügbar sind die Pflichtinformationen dann, wenn der Zugang zu den Angaben für den Nutzer jederzeit und ohne Beschränkungen gewährleistet ist. Dies ist dann nicht der Fall, wenn die Pflichtangaben erst nach einem Log-In des Nutzers abrufbar sind. Diskutiert wird sogar die Erforderlichkeit, auf jeder Unterseite einen Link zur Anbieterkennzeichnung anzubieten,[417] oder die Druckbarkeit sicherzustellen.[418] Dies erscheint heute nicht mehr haltbar. **189**

Wie sich aus diesen Beispielen ergibt, neigen Literatur und Gerichte zu **übertrieben hohen Anforderungen** an die Anbieterkennzeichnung. Kriterien wie „leichte Erkennbarkeit" oder „Klarheit" enthalten eine subjektive Komponente, deren Erfüllung vor allem davon abhängt welche Fähigkeiten und welche Vertrautheit den Nutzern im Umgang mit dem Internet zugebilligt werden.[419] Die Einschätzungen aus den Anfangsjahren des Mediums erscheinen nicht mehr zeitgemäß. Die Bedienung von Links oder Navigationselementen, das Scrollen[420] durch eine Seite oder das Aufrufen der Startseite durch Eingabe des Domainnamens sollten unter Berücksichtigung des gewandelten Verbraucherleitbildes[421] vorausgesetzt werden dürfen.[422] Die Möglichkeit Internetseiten über die Browserfunktion auszudrucken oder als Bildschirmfoto zu sichern ist in den Programmen durch Hilfetexte dokumentiert, sodass entsprechende Kenntnisse zumindest beim verständigen Nutzer einer Seite, der sich für Anbieterkennzeichnungen, Vertragsinformationen oder Bestellvorgänge interessiert, vorausgesetzt werden können. Websites nach einem allgemein Muster aufbauen zu lassen oder stets alle Beteiligten an einer Kommunikation identifizieren zu können, mag einem gewissen Bedürfnis nach Ordnung und Gleichförmigkeit entgegenkommen, widerspricht aber der grundrechtlich geschützten Freiheit des Anbieters bei der Gestaltung der eigenen Darstellung und seiner informationellen Selbstbestimmung. Die Auslegung der unbestimmten Begriffe des TMG sollte daher berücksichtigen, dass ein anerkennenswertes Bedürfnis für eine ladungsfähige Anbieteridentifikation nur in Ausnahmefällen bestehen kann und eine Standardstruktur für alle Internetseiten die Möglichkeiten des Mediums einschränkt, ohne entsprechende Vorteile zu verschaffen. Tatsächlich ist kein Rechtsgut bedroht, wenn ein Nutzer mehrmals klicken muss, um die Anbieterinformationen zu finden. Gestaltungen sollten daher erst dann als unzulässig beurteilt werden, wenn durchschnittlich mit dem Internet vertrauten Nutzern der Zielgruppe die Anbieterinformationen nicht mehr mit zumutbarem Aufwand finden und erkennen. **190**

---

416 BGH Urt v 20.7.2006, Az I ZR 228/03 – Anbieterkennzeichnung im Internet, Rn 22 f.

417 Spindler/Schmitz/Geis/*Spindler* § 6 TDG Rn 18 aE.

418 *Brunst* MMR 2004, 8, 12.

419 So wird entgegen OLG Hamburg MMR 2003, 105 f – Backstage (mit Anm *Klute*) die Anbieterkennzeichnung unter dem Linktext „Backstage" gesucht werden, wenn andere Links nicht näher liegen.

420 *Brunst* MMR 2004, 8, 13 legt anschaulich dar, weshalb das Erfordernis des Scrollens meist vom Nutzer und nicht dem Anbieter abhängt.

421 S dazu vor allem BGH Urt v 17.2.2002, Az I ZR 215/99 – Lottoschein, 9; BGH Urt v 6.7.2006, Az I ZR 145/03 – Kunden werben Kunden, 9, und Band 3 Kap 1.

422 Zur zunehmenden Vertrautheit des Nutzers mit Links BGH Urt v 16.12.2004, Az I ZR 222/02 – Epson-Tinte; BGH Urt v 7.4.2005, Az I ZR 314/02 – Internet-Versandhandel; BGH Urt v 14.6.2006, Az I ZR 75/03; ermutigend auch BGH Urt v 20.7.2006, Az I ZR 228/03 – Anbieterkennzeichnung im Internet, Rn 20 BGH Urt v 4.10.2007, Az I ZR 143/04 – Versandkosten, Rn 30.

191 Oft vernachlässigt wird der Aspekt der **Barrierefreiheit** bei der Umsetzung der Anbieterinformationen.[423] Hierbei ist allerdings fraglich, ob die bisher nur für die öffentliche Hand verbindlichen Regeln auch heranzuziehen sind, um an die Allgemeinheit gerichtete privatwirtschaftliche Websites auf ordnungsgemäße Darstellung der Anbieterinformationen zu prüfen. Ott weist zurecht darauf hin, dass technisch kein Grund besteht, gegenüber Teilen der Bevölkerung Hürden zu den Anbieterinformationen zu errichten, sodass eine Diskriminierung des Zugangs zu diesen Informationen im Nutzerinteresse nicht zulässig sein dürfte.[424] Insb für E-Commerce-Angebote wird sich dies auch aus § 19 Abs 1 Nr 1 AGG ergeben können.

192 i) **Anbieterinformationen nach anderen Vorschriften.** Pflichtangaben zur eigenen Identität aus **anderen Vorschriften** bleiben neben der Anbieterkennzeichnungs- oder Impressumspflicht bestehen. Zu denken ist insb an die Informationspflichten bei kommerzieller Kommunikation (§ 6 Abs 1 Nr 2 TMG) auf Geschäftsbriefen (Rn 205) oder im Fernabsatz (Rn 208). Die Anbieteridentifikation im Distanzhandel zumindest kann zugleich mit den Telemedienpflichtangaben erfüllt werden.[425] Wichtig ist es, bei verschiedenen Angaben zu Identität und Kontakt möglichst Widersprüche und unklare Zwecke der jeweiligen Informationen zu vermeiden.

193 j) **Rechtsfolgen bei Verstößen.** Verstöße gegen die Impressumspflicht stellen eine Ordnungswidrigkeit dar (§ 16 Abs 2 Nr 1 TMG und § 49 Abs 1 S 2 Nr 13 und 14 RStV). Außerdem regeln die den Pflichtangaben zugrundeliegenden Vorschriften im Interesse der Marktteilnehmer das Marktverhalten im Sinne des Wettbewerbsrechts, sodass Verstöße zugleich **unlauteres Verhalten** im Wettbewerb nach §§ 3, 4 Nr 11 UWG begründen.[426] Fraglich erscheint allerdings, ob jeder Verstoß gegen diese Pflichten zugleich auch die **Erheblichkeitsschwelle** des § 3 UWG überschreitet.[427]

194 Fehlerhafte Angaben des Anbieters zu seiner Identität dürften außerdem als **Verletzung sonstiger Pflichten** iSd § 241 Abs 2 BGB anzusehen sein. Nachdem Telemediendienste oft der Vertragsanbahnung oder zumindest der Aufnahme geschäftlicher Kontakte iSd § 311 Abs 2 Nr 3 BGB dienen, kann der Nutzer auf Grund solcher fehlerhaften Angaben entstehende Schäden ersetzt verlangen, wenngleich in der Praxis nennenswerte Schäden kaum möglich erscheinen ohne ein erhebliches Mitverschulden des Kunden.

3. Kommerzielle Kommunikation

195 Für Werbung über oder in Telemedien enthält § 6 TMG Vorschriften zur **Transparenz** insb bei E-Mail-Werbung. Der vom Gesetz verwendete Begriff der kommerziellen Kommunikation ist sehr weit definiert (§ 2 Nr 5 TMG) und umfasst auch Image-Werbung und andere Formen der Kundeninformation mit kommerziellem Hintergrund.

---

423 *Ott* JurPC Web-Dok 78/2005 Abs 11 ff; zur Verpflichtung der öffentlichen Hand § 11 Abs 1 BGG iVm § 3 und Anl BITV.

424 *Ott* JurPC Web-Dok 78/2005 Abs 11 ff.

425 BGH Urt v 20.7.2006, Az I ZR 228/03 – Anbieterkennzeichnung im Internet, Rn 34.

426 BGH Urt v 20.7.2006, Az I ZR 228/03 – Anbieterkennzeichnung im Internet, Rn 15.

427 OLG Hamburg MIR Dok 366-2007, 1; vgl keine Relevanzschwelle in Unterlassungsverpflichtungserklärung: BGH Urt v 10.6.2009, Az I ZR 37/07 – Unrichtige Aufsichtsbehörde.

Allgemeine Transparenzerfordernisse finden sich in § 6 Abs 1 TMG; gegenüber der Fassung des TDG 2001 wurden lediglich sprachliche Anpassungen vorgenommen;[428] beinahe wörtlich entspricht die Vorschrift Art 6 ECRL. **196**

Nach Ansicht des Gesetzgebers sind jedoch die allgemeinen Verpflichtungen durch das UWG in jedem Punkt strenger gegenüber den nur Mindestanforderungen darstellenden Regelungen des § 6 Abs 1 TMG, Art 6 ECRL; daher habe das Gesetz nur deklaratorischen Charakter.[429] Die Anwendbarkeit des UWG wird durch § 6 Abs 3 TMG gewährleistet, wobei Verstöße gegen § 6 Abs 1 TMG notwendig unlauteren Wettbewerb darstellen werden. **197**

Durch das TMG neu geschaffen wurde das **Verschleierungsverbot** für Absender oder den kommerziellen Charakter in **elektronischer Post** (§ 6 Abs 2 S 1).[430] Die Formulierung basiert auf dem Entwurf zu einem Anti-Spam-Gesetz[431] vom 15.2.2005, einem verzweifelten Akt symbolischer Gesetzgebung. Bereits im Gesetzgebungsverfahren wurde von verschiedenen Seiten darauf hingewiesen, dass die Regelung widersprüchlich formuliert sei, ihr Ziel verfehle und allenfalls denjenigen Unternehmen schade, die versuchten, E-Mail-Werbung rechtmäßig zu versenden.[432] Neben weiteren sprachlichen Mängeln der Norm[433] ist bereits der **Anwendungsbereich** fraglich. E-Mail ist die häufigste, aber nicht die einzige Form für den Austausch elektronischer Nachrichten. SMS, Instant Messaging, Internet Relay Chat, Twitter oder andere Übertragungsarten können ebenfalls unter elektronischer Post verstanden werden. Die in dem Entwurf zum Anti-Spam-Gesetz vorgesehene Einschränkung auf E-Mail ist entfallen. Der Begriff der elektronischen Post wird auch in § 7 Abs 2 Nr 3 und Abs 3 UWG verwendet und geht dort zurück auf Art 2h der Datenschutz-RL für elektronische Kommunikation.[434] Danach ist elektronische Post jede über ein öffentliches Kommunikationsnetz verschickte Text-, Sprach-, Ton- oder Bildnachricht, die im Netz oder im Endgerät des Empfängers gespeichert werden kann, bis sie von diesem abgerufen wird. **198**

Damit droht eine uferlose Ausdehnung der Vorschrift auf weitere Bereiche elektronischer Kommunikation. Hier hilft nur eine **restriktive Auslegung**, die berücksichtigt, dass der Tatbestand des § 6 Abs 2 TMG Kopf- und Betreffzeilen als Inhaltsbestandteil der Kommunikation voraussetzt. Demnach fallen unter elektronische Post im Sinne des TMG nur solche Nachrichtenformate, die einen briefähnlichen Aufbau einzelner Nachrichten einschließlich Absenderangaben und Betreffzeilen vorsehen. Diese Anforderungen erfüllt derzeit vor allem E-Mail, nicht aber SMS oder Tweets.[435] **199**

Aber auch für **E-Mail** bestehen Zweifel an der Anwendbarkeit der Regelung. So erscheint zwar das Angebot von E-Mail-Diensten als Telemediendienst (Rn 40), hingegen ist die von einem Unternehmen in eigener Sache übermittelte elektronische Werbung kein Dienst, sondern allenfalls ein **Bestandteil** davon, sodass das TMG für eine **200**

428 BT-Drucks 16/3078, 14.

429 BT-Drucks 14/6098, 22; zu den Transparenzerfordernissen aus UWG s Band 3 Kap 1.

430 Dazu *Bender/Kahlen* MMR 2006, 590.

431 BT-Drucks 15/4835.

432 Vgl Ausschuss-Drucks 15(9)1848 des Ausschusses für Wirtschaft und Arbeit, insb Stellungnahme HK2, 48 ff.

433 Bspw ist die Verschleierung in der „Kopf- und Betreffzeile" unzulässig. Gemeint ist aber wohl Alternativität. Eine einzelne Kopfzeile gibt es nicht und die regelkonformen Informationen im Header einer E-Mail dürften die meisten Nutzer verwirren. *Kitz* interpretiert die Formulierung dahingehend, dass eine Gesamtschau aus beiden Informationen nicht verschleiernd sein darf *Kitz* DB 2007, 385, 388.

434 ABl EG Nr L 201, 37; Piper/Ohly/*Piper* § 7 UWG Rn 66.

435 *Kitz* DB 2007, 385, 387.

einzelne E-Mail oder deren Zusenden gar nicht gilt (§ 1 TMG). Gleiches gälte für andere Kommunikationsformen, die unter den weiten Begriff der elektronischen Post iSd Art 2h der Datenschutz-RL für elektronische Kommunikation fallen.[436] § 6 Abs 1 TMG regelt ausdrücklich auch Bestandteile von Telemedien,[437] Abs 2 jedoch verwendet nur den Begriff der kommerziellen Kommunikation ohne diese Erweiterung. Das spricht dafür, dass Abs 2 gerade nicht auf „Bestandteile" von Telemedien Anwendung finden soll.[438]

201 Die Vorschrift zeugt insgesamt von geringem Verständnis des Problems. Anzunehmen, die fast ausschließlich aus dem Ausland agierenden Versender unverlangter elektronischer Post zu Themen wie dem Bezug verschreibungspflichtiger Medikamente aus zweifelhaften Quellen, Aktienspekulationen, der Preisgabe von Passworten oder der günstigen Beschaffung von Raubkopien würden auf Grund einer Bußgelddrohung in Deutschland nunmehr beginnen, ihre Identität und Absichten in ihren E-Mails offenzulegen, ist drollig.

202 Als Ergebnis ist nun ein weitgehend unbestimmter **Ordnungswidrigkeitstatbestand** geschaffen worden (§ 16 Abs 1 mit § 6 Abs 2 S 1 TMG) und eine Möglichkeit für weitere Abmahnwellen, sodass das „Verschleiern" in Kopf- und Betreffzeile vor allem seriösen Anbietern Probleme bereiten wird.[439]

203 Riskant erscheinen jetzt die Verwendung von Absendeadressen in E-Mails, deren Domain nicht mit dem Werbenden übereinstimmt oder außergewöhnliche Betreffzeilen, deren kommerzieller Bezug nicht von allen Adressaten unmittelbar verstanden wird. Offen ist, wer bei einem Auseinanderfallen von Initiator der Werbemail und Versender nun als Absender anzugeben ist. Die Begründung für den Vorentwurf deutet darauf hin, dass derjenige, für den die elektronische Post versandt wird, anzugeben ist.[440]

204 Wie befürchtet, schafft die überflüssige Novelle vor allem **Unklarheit**, obwohl die Anforderungen an den Versand elektronischer Nachrichten durch Unternehmen ohnehin extrem streng sind.

205 Neben den Vorschriften des UWG (insb § 7 Abs 2 Nr 3 und Abs 3 UWG) ergeben sich auch aus anderen Vorschriften Anforderungen an die elektronische Kommunikation mit Kunden.[441] So gelten die Pflichtangaben bei **Geschäftsbriefen** auch für elektronische Versionen.[442] **Geschäftsbriefe** sind alle Mitteilungen eines Kaufmanns über geschäftliche Angelegenheiten nach außen.[443] Ausnahmen bestehen für Schreiben an unbestimmte Empfänger (bspw Werbeschreiben, Anzeigen) und bestimmte Vordrucke. Für elektronische kommerzielle Kommunikation eines Unternehmens außerhalb von Rundschreiben wird daher die Angabe der Pflichtinformationen für Geschäftsbriefe zu

---

436 Sofern solche Angebote nicht bereits unter das TKG fallen.

437 Was allerdings mangels Geltung des Gesetzes hierfür nicht unproblematisch erscheint.

438 S bereits die Stellungnahme von HK2 in Ausschuss-Drucks 15(9)1848 des Ausschusses für Wirtschaft und Arbeit, 50.

439 So auch *Kitz* DB 2007, 385, 386.

440 BT-Drucks 15/4835, 7; differenzierend nach Bote oder Eigenversand *Kitz* DB 2007, 385, 388.

441 Hoffnungsvoll stimmt die Entscheidung OLG Brandenburg Urt v 10.7.2007, Az 6 U 12/07, abrufbar unter www.olg.brandenburg.de/sixcms/media.php/4250/6%2520U%252001 2-07.pdf, wonach nicht jede Auslassung bei Geschäftsbrief-Pflichtinformationen abmahnfähig sein soll (s zur Bagatellschwelle auch OLG Hamburg MIR Dok 366-2007).

442 Inzwischen ist ausdrücklich normiert, dass die Form des Geschäftsbriefes keine Rolle spielt, §§ 37a, 125a, 177a HGB, 35a GmbHG, 80 AktG, 15b GewO; einen Link auf die Pflichtinformationen halten *Levering/Reibel* NJW-Spezial 2008, 47 f für ausreichend.

443 Baumbach/Hopt/*Hopt* § 37a HGB Rn 4.

beachten sein. Zwar sollen nach § 6 Abs 3 TMG nur die Vorschriften des *UWG* unberührt bleiben, im Gegensatz zu den *anderen Rechtsvorschriften*, die nach § 5 Abs 2 TMG für weitere Informationspflichten gelten sollen. Die auch ansonsten sorgfaltslose Formulierung des § 6 TMG legt aber nahe, dass es sich um eine Ungenauigkeit handelt und nicht gemeint ist, kommerzielle Kommunikation sei abschließend in TMG und UWG geregelt.

4. Informationspflichten beim Absatz von Waren und Dienstleistungen über Telemedien

a) **Normenunklarheit und Bagatellverstöße.** Die für das Anbieten von Waren oder Dienstleistungen über Telemedien geltenden Informationspflichten sind **umfangreich, kompliziert und gesetzestechnisch mangelhaft**. Selbst Justizbehörden gelingt die gesetzeskonforme Information beim Internethandel nicht immer.[444] Der Gesetzgeber erweist sich als nicht in der Lage, für die eigenen Vorschriften auf Anhieb fehlerfreie Musterbelehrungen zu entwickeln.[445] **206**

Nachdem die Informationspflichten dem Verbraucherschutz dienen sollen und Marktverhaltensregeln (§ 4 Nr 11 UWG) darstellen, können Verstöße auch über das Wettbewerbsrecht verfolgt werden.[446] So haben sich die Informationspflichten für Abmahnprofis und Wettbewerbsfehden als fruchtbares Rechtsgebiet entwickelt.[447] Teile der Rechtsprechung versuchen den bedrängten Anbietern zu helfen. Nach zutreffender Ansicht des OLG Hamburg wäre es „eine Überspannung der Pflichten eines Gewerbetreibenden, wenn man verlangen wollte, dass er in dem überaus komplizierten und verschachtelten Fernabsatzrecht klüger sein soll als der Gesetzgeber."[448] Die hanseatischen Richter nutzen die **Bagatellklausel**[449] des § 3 UWG, um die Überforderung der Anbieter durch die gesetzlichen Bestimmungen zu berücksichtigen. Dieser Ansatz ist richtig.[450] Die Verletzung von Informationspflichten in Telemedien ist oft genug allein Folge der mangelnden Transparenz der Vorschriften. An der Verfolgung von Versäumnissen, die darin bestehen, dass ohne nennenswerte Marktrelevanz einzelne Informationspflichten nicht oder nicht vollständig umgesetzt sind, besteht kein schutzwürdiges Interesse. Solche Verfahren nicht zu fördern, liegt damit genau im **207**

---

444 S etwa die Abmahnung der Staatsanwaltschaft Magdeburg durch den IEBA eV wegen fehlerhafter Widerrufsbelehrung bei eBay-Verkäufen (www.spiegel.de/netzwelt/web/0,1518,507693,00.html, Stand 27.10.2007).

445 Eingehend *Föhlisch* MMR 2007, 139; *Hartmann* CR 2010, 371. Ein Änderungsvorschlag des BMJ (abrufbar unter http://www.bmj.bund.de/files/-/2550/%C4nderung_BGB-Informationspflichten-Verodnung.pdf, Stand 9.1.2007) ist sogleich auf Kritik gestoßen (Ausf im Gutachten von *Brönnecke*, http://www.vzbv.de/mediapics/gutachten_broennecke_widerrufsbelehrung_12_2007.pdf, Stand 9.1.2007).

446 Ganz hM s nur Piper/Ohly/*Piper* § 4.11 UWG Rn 299 ff s KG Urt v 25.1.2008, Az 5 W 344/07 BeckRS 2008 04033, s a BGH Urt v 29.4.2010, Az I ZR 66/08 – Holzhocker Rn 22 mwN.

447 Zu den Anforderungen an den Nachweis des Rechtsmissbrauchs: OLG Jena BeckRS 2010, 26582.

448 Hinsichtlich Verwendung der ungeeigneten Musterbelehrung der BGB-InfoV, OLG Hamburg MIR Dok. 366-2007 bei Ziff 3.

449 Band 3 Kap 1.

450 S auch LG Berlin Urt v 2.8.2007, Az 960 138/07; OLG Brandenburg Urt v 10.7.2007, Az 6 U 12/07, abrufbar unter www.olg.brandenburg.de/sixcms/media.php/4250/6%2520U%2520012-07.pdf: Auslassung bei Geschäftsbrief-Pflichtinformationen als Bagatelle.

Normzweck der Bagatellklausel.[451] Der BGH tendiert allerdings dazu, die Bagatellregelung restriktiv auszulegen. So soll eine iSd §§ 3, 5 UWG wettbewerblich relevante Irreführung zugleich die Überschreitung der Bagatellgrenze indizieren.[452] Verstöße gemäß der UGP-RL sollen grundsätzlich nicht unter die Bagatellregelung fallen können.[453]

208 b) **Überblick über Informationspflichten.** Die wichtigsten Informationspflichten beim Absatz von Waren und Dienstleistungen über Telemedien können hier bloß erwähnt werden.[454] Zunächst sind dies die allgemeinen Pflichten, die für alle Angebote im elektronischen Geschäftsverkehr gelten (§ 312e Abs 1 BGB iVm Art 246 § 3 EGBGB). Im Fernabsatz gelten außerdem die vorvertraglichen Standardinformationspflichten (§ 312c Abs 1 S 1 BGB iVm Art 246 § 1 Abs 1 EGBGB). Hinzu kommen die Textform-Informationspflichten, welche die Standardinformationen enthalten und teils vor Abgabe der Vertragserklärung (bei Finanzdienstleistungen § 312c Abs 1 BGB iVm Art 246 § 2 Abs 1 Nr 1 EGBGB) teils nachvertraglich (§ 312c Abs 1 BGB iVm Art 246 § 2 Abs 1 Nr 2 EGBGB) in Textform (Rn 212) zu übermitteln sind. Leicht übersehen wird dabei, dass einzelne der Textforminformationen, wenn diese im Rahmen von allgemeinen Geschäftsbedingungen übermittelt werden, besonders kenntlich zu machen sind (§ 312c Abs 1 BGB iVm Art 246 § 2 Abs 3 S 2 EGBGB). Weitergehende Informationspflichten gibt es insb für Finanzdienstleistungen oder Reiseverträge.

209 Neben der bloßen Fülle der Informationspflichten bereitet bei der Umsetzung der Informationspflichten die **mangelnde begriffliche Abstimmung der verschiedenen Normen** Schwierigkeiten. ZB sind die Informationen bei Fernabsatzverträgen nach § 312c Abs 1 S 1 BGB iVm Art 246 § 1 Abs 1 EGBGB und im elektronischen Geschäftsverkehr nach § 312e Abs 1 Nr 2 BGB „klar und verständlich mitzuteilen“, wohingegen nach § 5 Abs 1 TMG über die Identität des Anbieters „leicht erkennbar“ zu informieren ist. Ein materieller Unterschied wird in der Praxis wohl kaum bestehen. Auch begrifflich nicht abgestimmte Dopplungen erschweren die Umsetzung. So ergeben sich Identifikationspflichten für den Anbieter aus verschiedenen Normen mit unterschiedlichen Anforderungen (§ 5 Abs 1 Nr 1 TMG, § 55 Abs 1 RStV, § 312c Abs 1 S 1 BGB iVm Art 246 § 1 Abs 1 Nr 1–3 EGBGB). Eine weitere Dopplung sind die Verpflichtungen zur Preisangabe (einerseits § 312c Abs 1 S 1 BGB iVm Art 246 § 1 Abs 1 Nr 7–9, 11, 12 EGBGB andererseits PAngV).[455]

210 Zu einem Sonderproblem wurde das als Erleichterung gedachte **Muster für eine Widerrufsbelehrung.** Bei Verträgen zwischen Unternehmer und Verbraucher mittels – insb elektronischer – Ferntelekommunikationsmittel steht dem Verbraucher grundsätzlich ein Widerrufsrecht zu, welches unter bestimmten Voraussetzungen durch ein

---

451 Vgl Hefermehl/Köhler/Bornkamm/*Köhler* § 3 UWG Rn 48; abgekürzter Vorname: KG MMR 2008, 541; dagegen OLG Düsseldorf MMR 2009, 266.

452 BGH Urt v 28.6.2007, Az I ZR 153/04 – *Telefonaktion* Rn 26; zu Bagatellverstößen gegen PAngV: BGH Urt v 4.10.2007, Az I ZR 182/05 – Fehlerhafte Preisauszeichnung Rn 15 und BGH Urt v 29.4.2010, Az I ZR 99/08 – Preiswerbung ohne Umsatzsteuer Rn 30 f; falsche Widerrufsbelehrung: BGH Urt v 29.4.2010, Az I ZR 66/08 – Holzhocker Rn 24.

453 UStID-Nr: OLG Hamm MMR 2009, 552, so auch LG Stendal BeckRS 2010, 19860.

454 S auch *Hoenike/Hülsdunk* MMR 2002, 516; zum M-Commerce: *Ranke* MMR 2002, 509.

455 S hierzu BGH Urt v 4.10.2007; Az I ZR 143/04 – Versandkosten und BGH Urt v 4.10.2007, Az I ZR 182/05 – Fehlerhafte Preisauszeichnung Rn 15 und BGH Urt v 4.10.2007, Az I ZR 22/05 – Umsatzsteuerhinweis.

Rückgaberecht ersetzt werden kann. Diese Regelung des § 312d Abs 1 BGB dient der Umsetzung des Art 6 der Fernabsatz-RL 97/7 EG.[456] Der Verbraucher ist einerseits vorvertraglich zu unterrichten und andererseits bei oder nach Vertragsschluss über sein Widerrufs- oder Rückgaberecht in Textform zu informieren.[457] Um die Anbieter im E-Commerce zu unterstützen, wurde ein Mustertext für die Belehrung entwickelt, Anlage 2 BGB-InfoV. § 14 Abs 1 BGB-InfoV bestimmte, die Verwendung der Muster genüge den gesetzlichen Anforderungen an die Belehrung. Entgegen dem Zweck der Verordnung wurde die Verwendung des Textes auf Grund der Schwächen der Formulierung von Teilen der Rechtsprechung[458] und Literatur[459] als nicht gesetzeskonform zurückgewiesen, unter Hinweis auf den Rang der BGB-InfoV als Verordnung. Zwar hatte der Gesetzgeber im Jahr 2004 § 1 der BGB-InfoV und auch das Muster für die Widerrufsbelehrung neu gefasst und in Gesetzesform verkündet,[460] nach inzwischen herrschender Meinung änderte dies jedoch nichts am Verordnungsrang von § 14 Abs 1 und 2 BGB-InfoV, aus dem sich nach dem vom Gesetzgeber gebilligten Willen des Verordnungsgebers die unwiderlegbare Vermutung ordnungsgemäßer Belehrung ergeben sollte.[461] Die Verwendung der gesetzlichen Musterbelehrung verstieß damit gegen die gesetzlichen Pflichten zur Information.

Insb für den häufigen Fall des Vertriebs von Waren oder Dienstleistungen im Fernabsatz über Internetseiten hatten sich außerdem die unklaren Gestaltungshinweise der Belehrung für viele Anbieter als Falle erwiesen.[462] Hintergrund war, dass die Musterbelehrung von der zweiwöchigen Widerrufsfrist des § 355 Abs 1 S 2 BGB aF ausging. Die Zwei-Wochen-Frist durfte jedochn nur verwendet werden, wenn vor Vertragschluss in Textform belehrt worden war.[463] Erfolgt vor Vertragsschluss die Belehrung lediglich auf der Internetseite, vertritt die h M, dass dies nicht der Textform genügt, sodass die Monatsfrist Anwendung fand. Bei der Verwendung des gesetzlichen 211

456 RL 97/7 EG des Europäischen Parlaments und des Rats vom 20.5.1997 über den Verbraucherschutz bei Vertragsabschlüssen im Fernabsatz (ABl EG Nr L 144 v. 4.6.1997, S 19), im Folgenden Fernabsatz-RL.

457 Ob die Belehrung Pflicht oder Obliegenheit ist hat der BGH allerdings bislang ausdrücklich offengelassen, BGH Urt v 9.12.2009, Az VIII ZR 219/08, Rn 17; für Rechtspflicht: MüKO-*Masuch* § 355 Rn 44 mwN.

458 S insb LG Halle/Saale BeckRS 2006, 04804; LG Berlin Urt v 2.8.2007, Az 96 O 138/07; OLG Schleswig NJOZ 2008, 1477; vgl LG Koblenz CR 2007, 743, dagegen OLG Köln GRUR-RR 2008, 88, ablehnend für die Erfüllung vorvertraglicher Unterrichtungspflichten: OLG Hamm CR 2007, 387.

459 S eingehend *Masuch* BB 2005, 344, 345; *Schirmbacher* BB 2009, 1088; *Lejeune* CR 2008, 226, *Masuch* NJW 2008, 1700; *Bierekoven* CR 2008, 785; *Brönneke* listet gutachtlich 28 Probleme auf (http://www.vzbv.de/mediapics/gutachten_broenneke_widerrufsbelehrung_12_2007.pdf, Stand 16.3.2008); s auch Begründung zur 3. VO zur Änderung der BGB-InformationsVO BAnz 2008, 957.

460 Gesetz zur Änderung der Vorschriften über Fernabsatzverträge bei Finanzdienstleistungen v 2.12.2004 BGBl 2004 I v 7.12.2004 S 3102.

461 S mit umfassenden Nachweisen MüKo/*Masuch* § 355 Rn 56, der die zuvor in BB 2005, 344, 347 vertretene Auffassung unter Hinweis auf BVerfG BeckRS 2005, 30765 ausdrücklich aufgegeben hat. Der entscheidende Passus der Entscheidung des BverfG lautet (Rz 209): „Ändert das Parlament wegen des sachlichen Zusammenhangs eines Reformvorhabens bestehende Verordnungen oder fügt in diese neue Regelungen ein, so ist das dadurch entstandene Normgebilde aus Gründen der Normenklarheit insgesamt als Verordnung zu qualifizieren.“; überholt daher auch LG Münster MMR 2006, 762.

462 Aktuell *Föhlisch* MMR 2007, 139; *Buchmann* MMR 2007, 347; *Bonke/Gellman* NJW 2006, 3169.

463 Zum Folgeproblem der Belehrung über die Wertersatzpflicht: OLG Düsseldorf Urt v 15.4.2008, Az I – 20 U 187/07 entgegen OLG Hamburg Urt v 19.6.2007, Az 5 W 92/07.

Musters musste dann die Frist auf einen Monat verlängert werden. Der **Gestaltungshinweis 1** des amtlichen Musters wies lediglich darauf hin, dass die Frist einen Monat betrage wenn „die Belehrung erst nach Vertragsschluss mitgeteilt" werde. Dies wurde häufig missverstanden, da die Verwender meinten, die Belehrung über das Widerrufsrecht auf einer Internetseite erfolge schließlich vor Vertragsschluss, sodass der Gestaltungshinweis nicht einschlägig sei. Dies hat insb zu Abmahnwellen bei eBay-Anbietern geführt.

212 Dabei ist es bereits nicht überzeugend, dass nach hM die Darstellung einer Internetseite im Browser des Nutzers die Kriterien für **Textform** nur erfüllen soll, sofern es tatsächlich zur Abspeicherung oder zum Ausdruck der Seite beim Nutzer komme.[464] Begründet wird dies mit der flüchtigen Natur von Internetseiten und der Vorstellung des Gesetzgebers. Außerdem fehle es bei Internetseiten an einer an den konkreten Kunden gerichteten Erklärungsäußerung.[465] Es mag sein, dass der Gesetzgeber Internetseiten regelmäßig nicht als der Textform genügend im Auge hatte. In der verabschiedeten Norm findet sich hierfür jedoch kein Auslegungsansatz. Nach § 126b BGB ist es ausreichend, wenn die Erklärung in einer zur dauerhaften Wiedergabe in Schriftzeichen *geeigneten* Weise abgegeben wird. Die Abgabe der Erklärung muss also nicht auf einem Datenträger erfolgen, sondern kann online geschehen. Ausreichend ist allein die **Eignung zur dauerhaften Speicherung.** Dies ist zumindest bei solchen Internetseiten der Fall, die über die **standardmäßigen Browserfunktionen** zum Speichern oder Ausdrucken vom Kunden nach eigenem Belieben aufbewahrt werden können.[466] Diese Funktionalität ist in den Browsern enthalten und über Hilfefunktionen nachgewiesen. Begibt sich der Verbraucher in das Internet, um Verträge zu schließen, so darf von ihm erwartet werden, dass er sich das notwendige Verständnis der von **ihm selbst eingesetzten technischen Hilfsmittel** verschafft. Sobald die Bildschirmanzeige in einem ausdruckbaren und speicherbaren Browserfenster beim Nutzer angezeigt wird, liegt dem auch nichts anderes zugrunde als eine Übermittlung. Die die Widerrufsbelehrung ergebenden Zeichen sind damit in einer nach Belieben des Nutzers speicherbaren Form übermittelt. Die Anforderungen des § 126b BGB sind damit erfüllt.[467] Es besteht kein Grund, vermeidbare Unsicherheiten im Umgang mit der Technik durch ungeschriebene weitere Tatbestandsmerkmale abzufangen. Auch kann es nicht zu Lasten des Erklärenden gehen, dass er alle Interessenten seines Angebots belehrt und nicht nur den konkreten Käufer. Aus der Natur einer vorvertraglichen Information folgt, dass nicht jeder Empfänger den Vertrag abschließt.

213 Anders sieht das die h M. Der BGH meint unter Verweis auf das Erfordernis einer richtlinienkonformen Auslegung unter Berücksichtigung von Art 5 Abs 1 der RL 97/7/EG und Art 2 lit f und 5 Abs 1 sowie der Erwägungsgrund 20 der RL 2002/65/EG, die Informationen einer Website gingen dem Verbraucher **nicht in Textform** zu, solange er sie nicht abspeichere oder ausdrucke, das Anbieten der Informationen im Internet reiche nicht aus.[468] Dies verkennt den technischen Vorgang des Abrufs einer Internetseite durch den Nutzer und macht die Erfüllung der Textform in

464 Zur hM Palandt/*Ellenberger* § 126b Rn 3; *Bonke/Gellman* NJW 2006, 3169; KG MMR 2007, 185 f; OLG Hamburg MMR 2006, 675 f (mit Anm *Hoffmann*), OLG Jena BeckRS 2007, 10379; *Buchmann* MMR 2007, 347, 349 f; vgl BT-Drucks 14/7052, 195; aA MüKo/*Einsele* Bd 1a, 4. Aufl § 126b Rn 9.

465 *Buchmann* MMR 2007, 347, 349.

466 Überzeugend: MüKo/*Einsele* Bd 1a, 4. Aufl § 126b Rn 9.

467 Vgl zum Begriff des dauerhaften Datenträgers nach § 8 Abs 1 VerbrKrG OLG München NJW 2001, 2263, 2264 f.

468 BGH Urt v 29.4.2010, AZ I ZR 66/08 – Holzhocker Rn 18 f.

diesen Fällen von einer Mitwirkungshandlung des Nutzers abhängig. Ob es ausreicht, den Kunden zum Speichern oder Ausdrucken der Website aufzufordern und eine entsprechende Bestätigung einzufordern, erscheint insb bei durch AGB geregelten Sachverhalten sehr fraglich.

Inzwischen ist die **Problematik entschärft.** Zunächst hatte das Bundesministerium der Justiz einen weiteren Versuch unternommen, die aus dem eigenen Hause stammenden gesetzlichen Anforderungen in einem Muster abzubilden.[469] Ab 1.4.2008 galten neue Musterbelehrungen, die dem um sich greifenden Abmahngeschäft die Grundlage entziehen sollten, indem neuralgische Punkte der Belehrung verbessert wurden.[470] Die neuen Belehrungstexte wurden – soweit ersichtlich – noch nicht erfolgreich vor Gericht angegriffen.[471] **214**

Im Jahr 2009 hat dann der Gesetzgeber die Vorschriften zur Widerrufs- und Rückgabebelehrung neu strukturiert,[472] als formelles Gesetz erlassen und in BGB und EGBGB integriert. Die Regelungen zu den **Anforderungen** an die Widerrufs- oder Rückgabebelehrung sind nun entflochten von den Bestimmungen, die eine Belehrung anordnen. Verbunden sind die auf BGB und EGBGB verteilten Normen durch Verweise, welche eine Integration zukünftiger Regelungen in das Normengeflecht erleichtern sollen.[473] **215**

Hauptanliegen der Neuregelung war es, die **Rechtssicherheit** bei der Verwendung der Mustertexte wieder herzustellen. Dies geschieht einerseits durch die ausdrückliche gesetzliche Regelung, dass die Verwendung der Muster den gesetzlichen Anforderungen genüge, § 360 Abs 3 S 1 BGB, oder der Unternehmer die Muster zur Erfüllung seiner Informationspflicht verwenden könne, Art 246 § 2 Abs 3 EGBGB und andererseits durch Erlass der Musterbelehrungen als formelles Gesetz, Anlage 1 und 2 zu Art 246 § 2 Abs 3 S 1 EGBGB (doppelte Gesetzlichkeit). Zweck der Vorschriften und ausdrücklicher Wille des Gesetzgebers scheinen nur die Auslegung zuzulassen, dass bei korrekter Verwendung des Musters die einfach gesetzlichen Anforderungen erfüllt sind.[474] **216**

Zusätzlich wurde das **Textformproblem** (s Rn 211) entschärft. Verträge, die unmittelbar auf einer Website zustande kommen, ohne dass zuvor eine Textformbelehrung ausgetauscht werden konnte, und andere Vertragsabschlüsse im elektronischen Geschäftsverkehr sind bezüglich der Widerrufsfrist und der Möglichkeit des Wertersatzhinweises angeglichen. Die kurze Widerrufsfrist von 14 Tagen gilt auch dann, wenn bei Fernabsatzverträgen unverzüglich nach Vertragsschluss in Textform belehrt **217**

---

469 BGBl Urt v 12.3.2008, 292; die Gestaltungshinweise dürften den durchschnittlichen Anwender ebenso überfordern wie der damit produzierte Belehrungstext den Kunden. Das Problem sind die zu komplizierten gesetzlichen Grundlagen. Die Begründung zur 3. VO zur Änderung der BGB-InformationsVO BAnz 2008, 957 erkennt die früheren Fehler nicht an und verpasste dadurch die Gelegenheit, die strukturellen Mängel der Informationspflichten anzugehen.

470 S eingehend *Lejeune* CR 2008, 226; *Masuch* NJW 2008, 1700; umfassend mit zahlreichen Hinweisen und weiterführenden Anmerkungen *Schirmbacher* BB 2009, 1088.

471 Fehlerquellen bei der Anwendung sind nach wie vor nicht ausgeschlossen, siehe zu €-40-Klauseln: LG Dortmund Urt v 26.3.2009, Az 16 O 46/09 JurPC 26/2010; OLG Hamm Urt v 5.1.2010, Az 4 U 197/09 JurPC 61/2010; OLG Hamm Urt v 30.3.2010, Az 4 U 212/09 JurPC 86/2010; zu Hinsendekosten: EuGH Urt v 15.4.2010, Az C-511/08, CR 2010, 378; BGH Urt v 7.7.2010, Az VIII ZR 268/07.

472 S *Bierekoven* CR 2008, 785.

473 BT-Drucks 16/11643, 120.

474 *Bierekoven* CR 2008, 785, 790; *Schirmbacher* BB 2009, 1088, 1091.

wird, sofern die vorvertragliche Unterrichtung nach Art 246 § 1 Abs 1 Nr 10 EGBGB erfolgt ist, § 355 Abs 2 S 2 BGB. § 357 Abs 3 S 2 BGB stellt den unverzüglich in Textform nachfolgenden Wertersatzhinweis bei vorvertraglicher Unterrichtung entsprechend gleich.

218 Die erlangte Rechtssicherheit auf der Ebene einfachen Gesetzesrechts ist jedoch bereits wieder überholt durch eine Entscheidung des EuGH zur **Wertersatzpflicht.**[475] Nach der Entscheidung des EuGH ist es unvereinbar mit den Zielen der Fernabsatz-RL 97/7 EG, dem Verbraucher eine Zahlungspflicht dafür aufzuerlegen, dass er die Ware während der Widerrufsfrist lediglich geprüft und ausprobiert hat oder für die bloße Möglichkeit der Benutzung. Zwar lässt die Entscheidung Spielraum für eine konservative Auslegung der Wertersatzregeln des BGB dahingehend, dass dem Verbraucher nur eine Wertverschlechterung belastet wird, die auf einer Nutzung der Ware beruht, die über das hinausgeht, was auch in einem Ladengeschäft möglich gewesen wäre.[476] Dem hat sich der BGH jedoch nicht angeschlossen.[477] Wertersatz könne nicht verlangt werden, soweit eine Verschlechterung der Ware auf deren Prüfung beruhe.[478] Darüber belehrt der Mustertext jedoch nicht klar und eindeutig.

219 Damit ist jedoch sehr fraglich, ob die Verwendung der Musterbelehrung mit EU-Recht vereinbar ist: Die Belehrungspflicht besteht selbständig und ist als Voraussetzung für den Beginn der Widerrufsfrist in der Fernabsatz-RL 97/7/EG vorgeschrieben, Art 5 Abs 1 Unterabs 2 Spiegelstrich 1 mit Art 6 Abs 1 Unterabs 2 Spiegelstrich 1. Eine falsche Belehrung ist immer geeignet, die Wirksamkeit und Effektivität des Rechts auf Widerruf zu beeinträchtigen.[479] Mit der Fernabsatz-RL 97/7/EG nicht vereinbar scheinen auch die Regelungen in § 360 Abs 3 S 1 BGB und Art 246 § 2 Abs 3 EGBGB die für den Verbraucher nachteilige Folgen (In Gang setzen der Widerrufsfrist), an die Verwendung einer Belehrung knüpfen, die die Rechte aus der Fernabsatz-RL 97/7/EG falsch darstellt.

III. Datensicherheit, Datenspeicherung und Datenschutz

220 Es gibt wohl wenige Bereiche, bei denen politische Vorstellung und Praxis so weit auseinanderklaffen wie beim Telemediendatenschutz. Das IUKDG 1997 hatte ambitionierte Vorstellungen vom anzustrebenden Umgang mit Daten oder etwaigen Einwilligungen in die Datenverarbeitung – allgemeine Nichtumsetzung der Regelungen war die Folge. Selbst Unternehmen, für die ein vertrauensvoller Umgang mit den Kundendaten selbstverständlich ist, waren selten in der Lage, wirksame Einwilligungen einzuholen.[480]

---

475 EuGH CR 2009, 671–673; s hierzu: *Schirmbacher* Anmerkung in BB 2009, 2165; *Ballhausen* K&R 2009, 704; *Faustmann* ZGS 2009, 502; *Schinkels* ZGS 2009, 539; *Föhlisch/Buchmann* MMR 2010, 3; *Edler/Reiner* ZAP 2010 Fach 3, 259.

476 Eingehend: *Hartmann* CR 2010, 371, 375 f mwN.

477 BGH Urt v 3.11.2010, Az VIII ZR 337/09 – Wasserbett Rn 23.

478 BGH Urt v 3.11.2010, Az VIII ZR 337/09 – Wasserbett Rn 18.

479 Vgl EuGH Urt v 3.9.2009, Az C 489/07 – *Messner/Krüger* Rn 29.

480 Bedenklich ist auch der Umgang mit Nutzerdaten auf den Seiten staatlicher Einrichtungen, wie bspw LG Berlin Urt v 6.9.2007, Az 23 S 3/07 abrufbar unter http://www.daten-speicherung.de/data/Urteil_IP-Speicherung2007-09-06.pdf (Stand 24.3.2008) bezüglich der Speicherung von IP-Nummern zeigt.

Inzwischen ist die inländische Datenschutzproblematik vor allem durch die immensen Mengen personenbezogener Daten überholt, die bspw bei Suchmaschinenbetreibern außerhalb des örtlichen Geltungsbereichs des hiesigen Datenschutzrechtes entstehen. Der Gesetzgeber hat die Anforderungen an den Datenschutz in Telemedien gesenkt um der Praxis entgegenzukommen. Es bleibt abzuwarten, ob dies zur Durchsetzung des Datenschutzrechts führen wird. **221**

Zugleich wachsen die Begehrlichkeiten hinsichtlich der entstehenden Daten. Der Gesetzgeber selbst ist für die überflüssige Entstehung personenbezogener Daten unmittelbar verantwortlich (Rn 164). Besonderes Interesse besteht auch seitens der Rechtsinhaber an den bei den Intermediären entstehenden Daten über die Nutzung illegaler Angebote.[481] Die Umsetzung der Vorratsdatenspeicherungs-RL (2006/24/EG) steht aus, nachdem der erste Versuch gescheitert ist.[482] Ob eine Rückbesinnung auf die informationelle Selbstbestimmung gelingt,[483] wird entscheidend davon abhängen, ob die Nutzer ihr Recht auf informationelle Selbstbestimmung stärker als bisher einfordern werden. Die Reaktionen auf Vorfälle wie die versehentliche Veröffentlichung der Suchanfragen von 657000 Nutzern des Suchdienstes von AOL[484] deuten aber darauf hin, dass den Betroffenen der Umgang mit Profildaten nicht so egal ist, wie es manchmal scheint. Die Einzelheiten zum Datenschutz werden in Kap 3 behandelt. **222**

Ein weiterer wichtiger, oft vernachlässigter Aspekt ist die Datensicherheit. Verpflichtungen dazu ergeben sich nicht nur aus den datenschutzrechtlichen Vorschriften (bspw § 9 BDSG), sondern auch aus vertraglichen oder vorvertraglichen Schuldverhältnissen. Hierzu wird verwiesen auf Kap 4. **223**

IV. Besondere Pflichten journalistisch-redaktioneller Telemedien

Für journalistisch redaktionelle Telemedien enthält der RStV zusätzliche Regelungen. Streitig ist, inwieweit solchen Angeboten auch entsprechende journalistische Sonderrechte zur Verfügung stehen.[485] Ausdrücklich normiert ist bspw, dass Anbieter von Telemedien sich auf das Informationsrecht gegenüber Behörden wie Rundfunkveranstalter berufen können (§ 9a iVm § 55 Abs 3 RStV). **224**

Besondere Regelungen ergeben sich bei den Informationspflichten (Rn 165), der Gegendarstellung, dem Datenschutz, der Werbung und Aufsicht. **225**

Das Recht der Gegendarstellung entspricht im Wesentlichen den Regelungen für die Presse (s Band 4 Teil 1 Kap 2). Eine Besonderheit ist die Verpflichtung, die Gegendarstellung in unmittelbarer Verknüpfung mit der Tatsachenbehauptung und für dieselbe Dauer wie die Tatsachenbehauptung (§ 56 Abs 1 RStV) anzubieten. **226**

Für die Verwendung von personenbezogenen Daten zu journalistisch-redaktionellen Zwecken gestaltet § 57 RStV das sog **Medienprivileg** aus. Wie in § 41 Abs 1 BDSG vorgesehen, gelten für Medien, für die der Landesgesetzgeber dies bestimmt, nur Kernbestimmungen des BDSG (§§ 5, 7, 9 und 38).[486] Nach Ansicht des BGH fallen Telemedienangebote nur insoweit unter das Medienprivileg, als die meinungsbil- **227**

---

481 S etwa *Kitz* GRUR 2003, 1014.
482 S hierzu Rn 33 und *Gitter/Schnabel* MMR 2007, 411.
483 Vgl *Hohmann-Dennhardt* NJW 2006, 545.
484 *Barbaro/Zeller Jr*, A Face Is Exposed for AOL Searcher No 4417749, abrufbar www.nytimes.com/2006/08/09/technology/09aol.html?ei=5090&en=f6f61949c6da4d38&ex=1312776000&pagewanted=print).
485 Krit *Hoeren* NJW 2007, 801, 803.
486 S dazu *Gola/Schomerus* BDSG § 41 Rn 4; *Ohst* Kap 3 Rn 51 f.

dende Wirkung für die Allgemeinheit prägender Bestandteil des Angebots und nicht nur schmückendes Beiwerk ist. Bei einer bloß automatischen Auflistung von redaktionellen Beiträgen könne noch nicht von einer eigenen journalistisch-redaktionellen Gestaltung gesprochen werden. Automatisierte Berechnungen stellen noch keine journalistisch-redaktionelle Bearbeitung dar.[487]

228 Für die **Werbung** in journalistisch-redaktionellen Angeboten legt § 58 RStV fest, dass für Sponsoring oder Teleshoppingkanäle die entsprechenden Vorschriften des RStV Anwendung finden. Es gilt das **Trennungsgebot** (§ 58 Abs 1 RStV). Außerdem ist noch das Verbot subliminaler Manipulation in der Werbung ausdrücklich normiert (§ 58 Abs 1 S 2 RStV), ohne dass dies einen eigenen Verbotsgehalt gegenüber dem UWG enthalten dürfte. Bzgl der Aufsicht wird für journalistisch-redaktionelle Telemedien festgelegt, dass die Datenschutzaufsicht nicht bei den Kontrollbehörden für den Datenschutz liegt, sondern bei den für den Datenschutz im journalistisch-redaktionellen Bereich beim öffentlich-rechtlichen Rundfunk zuständigen Stellen (§ 59 Abs 1 RStV). Schließlich enthält § 59 Abs 3 RStV ein Privileg gegen Sperrungsanordnungen der Aufsicht für den journalistisch-redaktionellen Bereich.

§ 6
Verantwortlichkeit der Telemedienanbieter für Inhalte Dritter

229 Die folgenden Ausführungen beziehen sich auf die Haftung der Anbieter von Telemedien für Informationen, die Dritte eingestellt haben. Hier gibt es auf europäischen Vorgaben basierende Sonderregeln. Zunächst wird daher der Rahmen der Verantwortlichkeitsregelungen dargestellt und insb die speziellen Vorschriften des TMG zur Haftung. Anschließend werden aktuelle Sonderprobleme behandelt. Zwar zwingt dies zu undogmatischen Sprüngen, ermöglicht aber die zusammenhängende Darstellung der besonders diskutierten Sachverhalte.

I. Auswirkungen der Verantwortlichkeit der Anbieter

230 Aus Sicht der Rechtsinhaber stellt die nahezu beliebige, ohne Qualitätsverlust mögliche Verbreitung digitalisierter Produkte eine ernste Herausforderung dar. Von der Inanspruchnahme der Intermediäre erhofft sich diese Seite einfache, professionelle, schnelle und ausreichend solvente Hilfe beim Vorgehen gegen rechtswidrige Angebote Dritter. Ein Vorgehen unmittelbar gegen die Quellen oder Nutzer scheitert oft an unzureichenden Informationen, mangelnder Durchsetzbarkeit oder auch dem Nichtbestehen etwaiger Ansprüche auf Grund der anwendbaren Rechtsordnung.[488] Bei den Intermediären laufen einerseits die Informationen über Rechtsverletzungen und Verletzer zusammen, andererseits bestehen technische Möglichkeiten einzuwirken. Vergleichbar ist die Situation bei der Verfolgung von Persönlichkeitsrechtsverletzungen oder strafbaren Handlungen. Eine strenge Haftung der Intermediäre liegt also im Interesse all derer, die ihre Rechte verletzt sehen.

---

487 Beiträge und Daten auf einer Lehrerbewertungsplattform: BGH Urt v 23.6.2009, Az VI ZR 196/08 – Spickmich.de. Rn 21 f.

488 *Schmitz/Dierking* CR 2005, 420, 422 m zahlreichen Nachw.

Die **Haftung für Inhalte Dritter** hat aber zugleich Einschränkungen des allgemei- 231
nen Informationszugangs zur Folge, berührt also die Informationsfreiheit als das Grundrecht, sich aus allgemein zugänglichen Quellen ungehindert zu unterrichten (Art 5 Abs 1 S 1 GG).[489] Auswirkungen hat die Verantwortlichkeit damit auf meinungsbildungsrelevante Informationsverbreitung und die Internetkultur insgesamt. Werden Linkanbieter oder andere Intermediäre für Inhalte Dritter in Haftung genommen, so ist ihnen zu empfehlen, im Zweifel solche Angebote **nicht** zugänglich zu machen.[490] Folge ist eine **Selbstzensur** um **zweifelhafte** Angebote, wie Ermittlungsmaßnahmen des Generalbundesanwaltes bzgl einer im Internet abrufbaren Ausgabe der Zeitschrift radikal zeigten.[491] Staatliche Stellen könnten so ganze Internetserver vom Netz trennen durch bloße „Hinweise" an Intermediäre auf mögliche Strafbarkeit. Auch **Suchmaschinen** in Deutschland sperren URLs, die entweder von staatlichen Stellen oder sonst als rechtswidrig gemeldet werden.[492] Gleiches ist nun für **Forenbeiträge** zu erwarten.[493] Eine Prüfung denunzierter Inhalte auf rechtliche Zulässigkeit ist den Mittlern zu fremden Informationen kaum möglich und bei den typischen Geschäftsmodellen im Internet, die auf Automatisierung und Skalierung bestehen, wirtschaftlich nicht zumutbar. Besteht kein ökonomischer Vorteil, für Inhalte Dritter Risiken einzugehen, werden schon deshalb zukünftig zweifelhafte Inhalte ohne nähere Prüfung gesperrt werden.[494] Verhindert wird damit jedoch auch der Zugang zu zweifelhaften aber **rechtmäßigen** Angeboten, ohne dass eine Abwägung mit den betroffenen Grundrechten der Nutzer stattfindet.[495] Von den Intermediären kann auch nicht

---

489 Zu staatlichen Sperrungsverfügungen *Stadler* MMR 2002, 343, 346.

490 *Fülbier* CR 2007, 515, 519.

491 Dies konnte beobachtet werden am Beispiel der Ermittlungsmaßnahmen des Generalbundesanwaltes beim BGH zu Ausgabe 154, Juni 1996, der Zeitschrift „radikal". Mehrere Beiträge wurden vom Generalbundesanwalt als „strafrechtlich relevant" angesehen und einige Internetprovider angeschrieben mit dem Hinweis, eine Mitwirkung an der Zugänglichmachung der im Ausland abgelegten Texte begründe möglicherweise den Tatvorwurf der Beihilfe zu Straftaten. Eine Sperrungsaufforderung enthielt das Schreiben nicht. Daraufhin wurden die entsprechenden Seiten von einigen der Provider dadurch geblockt, dass der Zugang zum Server mit den Informationen insgesamt verhindert wurde (Sachverhalt nach BT-Drucks 13/8153). Gegen andere Provider wurde ein Ermittlungsverfahren eingeleitet und später eingestellt (s dazu *Hartmann* Computerrecht Intern 1998, 99); ähnlich hatten bereits die Ermittlungen zu AG München vom 28.5.1998, 8340 Ds 465 Js 173158/95 – *CompuServe*, abrufbar unter www.artikel5.de/artikel/urteil1.html gewirkt, *Sieber* JZ 1996, 429, 494, 429.

492 So werden durch die BPjM indizierte Telemedien auf Grund § 2 Nr 5b) Verhaltenssubkodex für Suchmaschinenanbieter der FSM (www.fsm.de/de/Subkodex_Suchmaschinenanbieter) ohne eigene Prüfung gesperrt, eine Kontrolle durch betroffene Anbieter aus dem Ausland ist ebenfalls nicht zu erwarten. Die gesetzliche Grundlage des § 24 Abs 5 JuSchG sieht dagegen gerade kein BPjM-Modul vor, sondern nutzerautonome Filterprogramme.

493 BGH Urt v 27.3.2007, Az VI ZR 101/06 – Meinungsforum im Internet, zur Durchsetzung mittels „virtuellem Hausrecht" *Maume* MMR 2007, 620.

494 Ein Beispiel sind jugendbeeinträchtigende Telemedien aus dem Ausland, die ein inländischer Mitbewerber bei einem Internetprovider für dessen 2,4 Mio Nutzer im September 2007 sperren ließ, da das erforderliche Altersverifikationssystem für die Zugangskontrolle, § 4 Abs 2 JMStV, fehle (www.spiegel.de/netzwelt/web/0,1518,505122,00.html, Stand 7.10.2007), auch wenn später entsprechende Unterlassungsansprüche einhellig abgelehnt wurden: OLG Frankfurt Urt v 22.1.2008, Az 6 W 10/08 JurPC Web-Dok 22/2008; LG Kiel Urt v 23.11.2007, Az 14 O 125/07 MIR-Dok 413-2007; zunächst aA LG Frankfurt aM Urt v 17.10.2007, Az 2-06 O 477/07 dann aber gegenteilig in der Hauptsacheentscheidung LG Frankfurt aM v 8.2.2008, Az 3-12 O 171/07, ebenso LG Frankfurt aM v 5.12.2007, Az 2-03 O 526/07 MIR-Dok 12/2007.

495 *Stadler* MMR 2002, 343.

erwartet werden, dass sie fremde Rechtspositionen mit dem gleichen Engagement verteidigen wie die Betroffenen. Durch die Inanspruchnahme der Intermediäre wird somit faktisch die Auseinandersetzung mit den Rechten des Nutzers oder Anbieters ausgespart. Jede Verantwortlichkeit bloßer Mittler verkürzt also die Informationsfreiheit und bedarf daher besonderer Rechtfertigung.

232 Aus Sicht der Rechtsverfolgung ist es spiegelbildlich besonders effektiv, Intermediäre in die Pflicht zu nehmen, um rechtswidrige oder bloß zweifelhafte Angebote zu verhindern. Die hM hat naturgemäß auch kein Problem mit der Verhinderung umstrittener Angebote. Doch auch bei der Umgehung von Verboten wirken die Mechanismen des Web 2.0 (Rn 4). Bislang konnte die Rechteverfolgung nach erfolgreichen Vorstößen nicht mit geänderten oder neuen Angeboten Schritt halten. Es ist jedoch absehbar, dass Verbote im Internet bald nicht mehr auf einfache Weise umgangen werden können.[496] Mit dem wirtschaftlichen Erfolg der Telemedienangebote nimmt der Druck auf die Anbieter zu, Mittel zur Verhinderung von Rechtsverletzungen zu schaffen.[497] Der Korridor der Inhalte, mit denen der durchschnittliche Nutzer konfrontiert wird, verengt sich. Das Internet der Nutzer von google.de ist bereits heute ein anderes als das der Nutzer von google.com.[498]

II. Europarechtliche Vorgaben

233 Die Haftungsregelungen des TMG beruhen auf fast wörtlicher Übernahme der entsprechenden Bestimmungen der ECRL. Nach ganz hM ist das Ziel der ECRL eine **vollständige Harmonisierung** der Vorschriften.[499] Begründet wird dies ua mit einem Verweis auf ErwG 50 der ECRL.[500] Dort wird das Ziel eines einheitlichen, klaren Regelwerkes in der EU für die Haftung der Vermittler bei Verstößen gegen das Urheberrecht und verwandte Schutzrechte zum Ausdruck gebracht.

234 Richtig ist, dass die ECRL verbindliche Regelungen in einem Rechtsraum enthält, der zum einen durch die Privilegien für bestimmte Tätigkeiten der Dienste der Informationsgesellschaft in Teil 3 Abschnitt 4 der ECRL bestimmt wird und zum anderen durch das Verbot von Einschränkungen der Waren- und Dienstleistungsfreiheit, die das Herkunftslandsprinzip verletzen (Art 3 Abs 2 ECRL). Bei genauerer Betrachtung stellt dies aber keinen Rahmen[501] für die Regulierung dar, sondern nur zwei sehr begrenzte Bereiche, die in bestimmten Aspekten geregelt sind. So spricht ErwG 10 ECRL auch nur von „unerlässlichen Maßnahmen" im Rahmen der Verhältnismäßigkeit, die die Richtlinie vorsehe. Der Titel der ECRL und ErwG 7 stellen klar, dass nur die Regelung „bestimmter rechtlicher Aspekte" des E-Commerce beabsichtigt sei.

235 Die Harmonisierung kann sich daher allenfalls auf die konkret in der ECRL **bestimmten Freistellungstatbestände** beziehen. Die Erwähnung des Zieles der Harmonisierung im Bereich der Vermittlerhaftung im Urheberrecht und den verwandten Schutzrechten in ErwG 50 der ECRL erschiene überflüssig, wenn die Vermittlerhaftung ohnehin abschließend festgelegt wäre. Eine Beschränkung der Umsetzung auf

496 S oben Rn 8.
497 S etwa den IFPI Digital Media Report 2008, 21 f (http://www.ifpi.org/content/ibrary/DMR2008.pdf Stand 16.3.2008).
498 Noch kann der Nutzer allerdings wählen.
499 BT-Drucks 14/6098, 22; *Hoffmann* MMR 2002, 284, 284; Spindler/Schmitz/Geis/*Spindler* TDG Vor § 8 Rn 3, 10, Einf Rn 13; einschränkend mit überzeugenden Argumenten *Sieber/Liesching* MMR-Beil Heft 8 2007, 1, 8.
500 *Hoffmann* MMR 2002, 284, 284.
501 So aber ErwG 8 ECRL.

den Mindestkompromiss von Privilegien lässt sich aus Gemeinschaftsrecht daher nicht gewinnen. Es ist lediglich vorgegeben, dass die in der ECRL genannten Tatbestände nicht zur Verantwortlichkeit der Diensteanbieter führen dürfen. Die Mitgliedstaaten sind jedoch nicht daran gehindert, mehr Privilegierungen einzuräumen, als dies in der ECRL vorgesehen ist.[502]

In der Tat **weicht** der bundesdeutsche Gesetzgeber in einigen Punkten **von der Vorgabe der ECRL ab.** Dies beginnt damit, dass die Regeln zur Verantwortlichkeit des TMG nicht nur für Dienste der Informationsgesellschaft gelten, sondern für alle Diensteanbieter des TMG (s oben Rn 72). Erfasst sind also auch die rein privaten Dienste, Verteildienste[503] und solche massenmedialen Angebote, die früher unter die entsprechenden Regelungen des MDStV fielen. Zum anderen betrifft dies einzelne sprachliche Umformulierungen im Aufbau, dem Text und den Überschriften, die Ansätze für Auslegungsfragen bieten.[504] Missverständlich heißt es in der Begründung zum EGG allerdings: „Die Richtlinienbestimmungen über die Verantwortlichkeit sind, soweit sie Verantwortlichkeitsprivilegierungen vorsehen, als Vollharmonisierung gedacht, dh die Mitgliedstaaten dürfen weder weitere noch engere Regelungen im nationalen Recht treffen."[505] **236**

Dennoch dürften keine Zweifel daran bestehen, dass durch das TMG die Verantwortlichkeitsregelungen der ECRL für Diensteanbieter iSd Art 22 Abs 1 ECRL im erforderlichen Maß **umgesetzt** sind. **237**

Davon zu trennen sind Fragen der **Auslegung** des TMG als der Umsetzung dienendem Recht.[506] Nach dem Grundsatz der gemeinschaftskonformen Auslegung ist es „Sache des nationalen Gerichts, das zur Durchführung der Richtlinie erlassene Gesetz unter voller Ausschöpfung des Beurteilungsspielraums, den ihm das nationale Recht einräumt, in Übereinstimmung mit den Anforderungen des Gemeinschaftsrechts auszulegen und anzuwenden."[507] Auszulegen ist also auch bei Gesetzen, die der Implementierung einer Richtlinie dienen, das nationale Recht.[508] Deshalb kommt eine richtlinienkonforme Auslegung nicht in Betracht, wenn die Norm absolut klar und eindeutig ist.[509] Verbindlich ist die Richtlinie allerdings hinsichtlich des zu erreichenden Ziels (Art 249 Abs 3 EGV), worunter der zu erreichende Rechtszustand hinsichtlich verbindlicher Vorgaben verstanden wird.[510] Außerdem sollen aus der Richtlinie übernommene Rechtsbegriffe nach Gemeinschaftsrecht auszulegen sein.[511] (Eingehend zur Wirkung europäischen Sekundärrechts Band 1 Kap 3). In der Konsequenz hilft eine richtlinienkonforme Interpretation insb dann nicht weiter, wenn die Richtlinie keinen zu erreichenden Rechtszustand vorgibt. **238**

502 In den sonst vom Gemeinschaftsrecht gezogenen Grenzen.
503 So bereits Spindler/Schmitz/Geis/*Spindler* TDG Vor § 8 Rn 21 ff.
504 *Hoffmann* MMR 2002, 284, 288.
505 BT-Drucks 14/6098, 22; zum Auslegungsgehalt dieses und weiterer Widersprüche in den Äußerungen des Gesetzgebers eingehend *Sieber/Liesching* MMR-Beil Heft 8 2007, 1, 8 f.
506 Eingehend Grabitz/Hilf/*Nettesheim* EGV Art 249 Rn 153.
507 EuGH Rs 14/83 – v Colson u Kamann NJW 1984, 2021, 2022.
508 *Geiger* EGV Art 249 Rn 10.
509 BGH Urt v 19.10.2004, Az XI ZR 337/03, 9.
510 Grabitz/Hilf/*Nettesheim* EGV Art 249 Rn 133.
511 EUV/EGV/*Geiger* EGV Art 249 Rn 13.

III. Haftungsprivilegierung im TMG

1. Das System der Regelung des TMG

239 Abschnitt 3 des TMG regelt die Verantwortlichkeit der Diensteanbieter. Die Bestimmungen wurden wortgleich aus dem TDG 2001 übernommen, welches wiederum die Vorgaben der ECRL implementiert hat. Der Abschnitt zur Verantwortlichkeit beginnt mit allgemeinen Grundsätzen (§ 7 TMG) und beschreibt dann bestimmte Tätigkeiten bei der Übermittlung, Zugangsvermittlung oder Speicherung **fremder Informationen**, für die der Diensteanbieter nicht verantwortlich sein soll (§§ 8–10 TMG). Für die eigenen Telemedien haftet der Diensteanbieter nach den allgemeinen Regeln, wobei allerdings die Besonderheiten des Mediums Berücksichtigung finden können.

240 Eine Kernfrage ist, wann **Provider** für Daten oder Kommunikationen ihrer Kunden und Nutzer in Anspruch genommen werden können. Die Regelungen befinden sich damit inmitten des Spannungsfelds zwischen den Polen eines effektiven Schutzes gegen Rechtsverletzungen, wirtschaftlicher Interessen der Intermediäre und letztlich der Freiheit der Nutzer. Es überrascht daher nicht, dass die Haftungsprivilegien heftig umstritten sind. Dies betrifft von der Verfassungsmäßigkeit,[512] über die Struktur der Privilegien und den Anwendungsbereich jedes einzelne Tatbestandsmerkmal. Inzwischen liegen mehrere Entscheidungen des BGH zur Verantwortlichkeit der Telemedienanbieter vor.[513]

241 So war streitig, auf welcher **Ebene die Haftungsprivilegien** eingreifen: Enthalten die Regelungen einen eigenen Haftungstatbestand? Begeht der von der Verantwortung befreite Provider dennoch voll umfänglich eine Rechtsverletzung? Handelt er dabei rechtswidrig und/oder schuldhaft? Die Einordnung der privilegierenden Wirkung in das Prüfungsschema einer etwaigen Rechtsverletzung hat Auswirkungen auf mögliche Handlungspflichten oder Beteiligungen Dritter[514] sowie im Zivilrecht auf die Beweislast. Im Wesentlichen werden drei Ansätze für die Wirkung der Privilegierung vertreten: Als **Vor- bzw Nach-Filter** zu den allgemeinen Verantwortlichkeitsregeln oder als **Verantwortlichkeit ausschließender Sondertatbestand** innerhalb der allgemeinen Verantwortlichkeitsregeln.[515]

---

512 Zum TDG 1997 *Lehmann* CR 1998, 232; Spindler/Schmitz/Geis/*Spindler* TDG Vor § 8 Rn 8 f.

513 Zum TDG/MDStV BGH vom 23.9.2003, VI ZR 335/02; BGH Urt v 22.11.2001, Az III ZR 5/01; BGH Urt v 4.3.2004, Az III ZR 96/03 – Dialer; BGH Urt v 11.3.2004, Az I ZR 304/01 – Internet-Versteigerung I; BGH Urt v 30.3.2006, Az I ZR 24/03 – Arzneimittelwerbung im Internet; BGH Urt v 1.4.2004, Az I ZR 317/01 – Schöner Wetten; BGH Urt v 5.10.2006, Az I ZR 229/03 – Pietra di Soln; zum TMG BGH Urt v 12.7.2007, Az I ZR 18/04 – Jugendgefährdende Medien bei eBay; BGH Urt v 19.4.2007, Az I ZR 35/04 – Internet-Versteigerung II; BGH Urt v 27.3.2007, Az VI ZR 101/06 – Meinungsforum im Internet; BGH Urt v 18.10.2007, Az I ZR 102/05 – ueber18.de; BGH Urt v 10.4.2008, Az I ZR 227/05 – Namensklau im Internet; BGH Urt v 30.4.2008, Az I ZR 73/05 – Internet-Versteigerung III; BGH Urt v 11.3.2009, Az I ZR 114/06 – Halzband; BGH Urt v 23.6.2009, Az VI ZR 196/08 – Spickmich.de; BGH Urt v 12.11.2009, Az I ZR 166/07 – marions-kochbuch.de/Chefkoch; BGH Urt v 2.3.2010, Az VI ZR 23/09 – New York Times; BGH Urt v 29.4.2010, Az I ZR 66/08 – Holzhocker; BGH Urt v 29.4.2010, Az I ZR 69/08 – Vorschaubilder; BGH Urt v 12.5.2010, Az I ZR 121/08 – Sommer unseres Lebens; BGH Urt v 14.10.2010, Az I ZR 191/08 – Ang DVD.

514 Hierzu eingehend *Spindler* MMR 1998, 639.

515 Spindler/Schmitz/Geis/*Spindler* TDG Vor § 8 Rn 27 ff; weiterführend jeweils mwN *Sobola/Kohl* CR 2005, 443, 445; *Stadler* Haftung 45 ff; *Hoffmann* MMR 2002, 284, 285; *Müller-Terpitz* Verantwortlichkeit: Vorfilter, aber tatbestandsintegriert zu prüfen.

Der Bundesgerichtshof hat für die deliktische Zivilrechtshaftung nach § 823 BGB entschieden, dass die Verantwortlichkeitsregelungen **keinen haftungsbegründenden** Charakter oder eigene Anspruchsgrundlagen aufwiesen[516], sondern als zusätzliches **anspruchsbegründendes Merkmal der Verantwortlichkeit** für die durch die Vorschriften privilegierten Diensteanbieter zu prüfen seien. Dies käme der in der Literatur vertretenen Filterfunktion der Verantwortlichkeitsregelungen gleich, wonach die Voraussetzungen der Normen erfüllt sein müssten, bevor die Prüfung der einschlägigen Vorschriften nach den Maßstäben des jeweiligen Rechtsgebiets erfolge.[517] Hiervon scheint der VI. Senat des BGH in der Entscheidung „Meinungsforum im Internet" für das TMG wieder etwas abgerückt:[518] Eine Verantwortlichkeit nach allgemeinen Vorschriften des Zivil- oder Strafrechts werde von den Haftungsprivilegien **vorausgesetzt.** Beide Urteile lassen letztlich offen, wie sich der BGH zur „Filterlösung" positioniert. Diese wird als „Auffassung der Literatur" zitiert und als dem vom BGH herangezogenen selbstständigen Privilegtatbestand lediglich gleichkommend dargestellt. Damit ist der BGH insb nicht gebunden hinsichtlich der Beurteilung von Fällen bei denen **Dritte mitwirken**, die sich auf keinen Privilegtatbestand berufen können. Zumindest die zuletzt zitierte Entscheidung spricht dafür, dass der BGH die Verantwortlichkeit nach TMG als Freistellung von Strafe oder Schadensersatzpflicht für eine vollumfänglich vorliegende Rechtsverletzung versteht.[519] Dies entspricht auch dem Konzept der ECRL (Rn 223). **242**

Für die Praxis hoch relevant ist die Einordnung durch den BGH als anspruchsbegründendes Merkmal der Verantwortlichkeit.[520] Damit obliegt dem Anspruchsteller die **Darlegungs- und Beweislast** dafür, dass die Privilegien des TMG **nicht** greifen.[521] **243**

2. Sachlicher Anwendungsbereich

Der Anwendungsbereich des TMG ist in § 1 bestimmt. Danach gilt das Gesetz für alle Telemedien und enthält lediglich konkrete Einschränkungen des Anwendungsbereiches hinsichtlich bestimmter Rechtsmaterien oder Inhalte: Das TMG **gilt nicht** für den Bereich der Besteuerung und soll weder Regelungen im Bereich des internationalen Privatrechts treffen noch die Zuständigkeit der Gerichte regeln (§ 1 Abs 2 und 5 TMG).[522] TKG, Pressegesetze und RStV bleiben unberührt (§ 1 Abs 3 und 4 TMG). Weitere Einschränkungen des Anwendungsbereiches finden sich speziell für das Herkunftslandprinzip (§ 3 Abs 4 TMG). **244**

Trotz dieser klaren Regelungen werden **erhebliche Einschränkungen der Anwendbarkeit** – vor allem der Verantwortlichkeitsregeln im Zivilrecht – angenommen. Diese werden gesondert behandelt (Rn 269 ff). **245**

---

516 So auch die Begründung zum EGG, BT-Drucks 14/6098, 23.

517 BGH Urt v 23.9.2003, Az VI ZR 335/02, 7 mwN; so etwa beschreibt auch die Begründung die Wirkung der Privilegierungen, BT-Drucks 14/6098, 23: „Sind daher im Einzelfall die Voraussetzungen der allgemeinen Vorschriften für eine Haftung erfüllt, so ist der Diensteanbieter für die Rechtsgutsverletzung gleichwohl nicht verantwortlich, wenn er sich auf das Eingreifen der §§ 9, 10 oder 11 berufen kann.".

518 BGH Urt v 27.3.2007, Az VI ZR 101/06 – Meinungsforum im Internet, 5.

519 Es bleibt dabei prozessökonomisch unbenommen, die Verantwortlichkeit nach TMG zuerst zu prüfen.

520 BGH Urt v 23.9.2003, Az VI ZR 335/02.

521 BGH Urt v 23.9.2003, Az VI ZR 335/02, S 6; vgl BGH Urt v 10.4.2008, Az I ZR 227/05 – Namensklau im Internet Rn 19.

522 S aber zum Herkunftslandprinzip Rn 144.

246 a) **Strafrecht.** Der Bundesgerichtshof hat die **Anwendbarkeit** der Haftungsprivilegien für den Bereich des Strafrechts **wiederholt bestätigt.**[523] Damit ist allerdings nicht entschieden, auf welcher Ebene die Privilegien greifen, also durch Ausschließung des Tatbestands, der Rechtswidrigkeit, der Schuld oder lediglich der Strafbarkeit.[524] Dies spielt in der Praxis eine wichtige Rolle, wenn es um mehrere Beteiligte geht oder wohl eher theoretisch bei Notwehr und Notstand.

247 b) **Öffentliches Recht.** Die Geltung der Privilegien des TMG auf Sachverhalte, die dem **öffentlichen Recht** unterfallen, ist fraglich. Grds spricht für die Geltung der Vorschriften, dass behördliche Sperrungsanordnungen in § 9 Nr 5 S 2 TMG ausdrücklich erwähnt sind, sich aus dem Anwendungsbereich des § 1 TMG keine Einschränkungen auf Rechtsgebiete ergeben und bereits die ECRL in den jeweils letzten Absätzen der Art 12–15 die Befolgung bestimmter behördlicher Anordnungen vorsieht.[525] Es ist bemerkenswert, dass der BGH schon wiederholt bei der Frage der dogmatischen Einordnung der Privilegien formuliert hat, diese setzten eine „Verantwortlichkeit nach allgemeinen Vorschriften des Zivil- oder Strafrechts voraus"[526] und damit öffentlich-rechtliche Ansprüche nicht erwähnt.

248 Spindler weist allerdings zu Recht darauf hin, dass der **praktische** Anwendungsbereich im öffentlichen Recht gering wäre:[527] Behördlich angeordnete Verpflichtungen zur **Entfernung** oder **Sperrung** der Nutzung von Informationen bleiben richtlinienkonform[528] unberührt, § 7 Abs 2 S 2 TMG.[529] Der Kampf der Bezirksregierung Düsseldorf mit Sperrungsverfügungen gegen das Internet scheitert daher nicht an den Haftungsprivilegierungen.[530] Eine andere Inanspruchnahme der Vermittler von Informationen durch öffentlich-rechtliches Handeln, für das es auf die Verantwortlichkeit der Diensteanbieter ankäme, ist nicht ersichtlich. Lediglich wird durch die Verantwortlichkeitsregeln eine öffentlich-rechtliche Anordnung einer **allgemeinen Überwachungs- oder Prüfungspflicht** fremder Inhalte verboten, § 7 Abs 2 S 1 TMG.[531]

249 c) **Zivilrecht.** Zivilrechtliche Ansprüche sind ein wesentlicher Aspekt der Verantwortlichkeit der Diensteanbieter. Die Privilegierung der Diensteanbieter bei zivilrechtlicher Inanspruchnahme wegen von Nutzern eingebrachter Informationen ist eines der Ziele der ECRL und des TMG. Die Praxis hat zentrale Bereiche wie die Unterlas-

---

523 BGH Urt v 11.3.2004, Az I ZR 304/01 – Internet-Versteigerung I, 13; BGH Urt v 12.7.2007, Az I ZR 18/04 – Jugendgefährdende Medien bei eBay, 11; vgl BGH Urt v 27.6.2001, Az 1 StR 66/01, 9.

524 S zum Diskussionsstand Fischer/*Fischer* StGB § 184 Rn 27 ff; *Vassilaki* MMR 1998, 630.

525 Ergänzend heißt es in ErwG 47 ECRL: „Die Mitgliedstaaten sind nur dann gehindert, den Diensteanbietern Überwachungspflichten aufzuerlegen, wenn diese allgemeiner Art sind. Dies betrifft nicht Überwachungspflichten in spezifischen Fällen und berührt insb nicht Anordnungen, die von einzelstaatlichen Behörden nach innerstaatlichem Recht getroffen werden."

526 Zuletzt BGH Urt v 27.3.2007, Az VI ZR 101/06 – Meinungsforum im Internet.

527 Spindler/Schmitz/Geis/*Spindler* TDG Vor § 8 Rn 19.

528 S die letzten Absätze der § 12–14 ECRL.

529 *Spindler* NJW 2002, 921, 922; zum TDG 1997 *Sieber* MMR (Beil 2) 1999, 1, 3 f und 25.

530 S beispielhaft OVG Münster MMR 2003, 348, 351 – Sperrungsverfügung (mit Anm *Spindler*); dazu *Spindler* MMR 2003, 353; *Engel* MMR Beil 4 2003, 1 ff; *Stadler* MMR 2002, 343; s auch *Ladeur* ZUM 2004, 1. Einen guten Überblick bietet www.artikel5.de/entscheidungen/sperrungsanordnungen_2002.html (Stand 3.10.2007); jetzt eingehend auch *Sieber/Nolde* Sperrverfügungen.

531 So auch Spindler/Schmitz/Geis/*Spindler* TDG Vor § 8 Rn 19.

sungsansprüche (Rn 290) und die Haftung für Links oder die Tätigkeit der Suchmaschinen (Rn 317) aus dem Anwendungsbereich der Vorschriften genommen und wendet insoweit die allgemeinen Regeln mit telemedienspezifischen Besonderheiten an. Diese Sachverhalte werden zusammenhängend unter den Sonderproblemen behandelt (Rn 269), wo auch die allgemeinen Haftungsregelungen der Verantwortlichkeit für Gefahrenquellen sowie der Gehilfen- und Störerhaftung dargestellt werden.

Die Haftungsprivilegien des TMG sind nicht auf außervertragliche Rechtsverhält- **250**
nisse beschränkt. Grds können die Vorschriften daher auch die Verantwortlichkeit in einem **Vertragsverhältnis** betreffen.[532] Sich aus dem Vertragsverhältnis ergebende Leistungs- oder Verhaltenspflichten sind jedoch vorrangig, da eine vertragliche Begründung der Haftung für einen der privilegierten Tatbestände durch das TMG nicht ausgeschlossen wird.[533] Verpflichtet sich der Diensteanbieter etwa, bestimmte Inhalte nicht zu speichern, so ergibt sich seine vertragliche Haftung bei Zuwiderhandlungen unbeschadet des § 10 TMG. Auswirkungen in den vertraglichen Bereich haben die Haftungsprivilegien aber, soweit vertragliche Regelungen nicht bestehen, als allgemeine Auslegungsgrundsätze sowie als Maßstab für die **AGB-Kontrolle** (§ 307 Abs 2 Nr 1 BGB).

3. Die Privilegierungstatbestände des TMG

a) **Durchleitung von Informationen** (**§ 8 Abs 1 TMG**). Die Übermittlung fremder **251**
Informationen in einem Kommunikationsnetz oder die Vermittlung des Zugangs zur Nutzung solcher Informationen wird nach § 8 Abs 1 S 1 TMG privilegiert. Hauptanwendungsfall sind Leistungen und Tätigkeiten von Providern, die den **Zugang des Nutzers** zum Internet ermöglichen oder die **netzinterne Übermittlungsvorgänge** beim Austausch von Informationen im Internet betreffen.[534] Umgesetzt wird damit Art 12 ECRL.[535] Freigestellt wird der automatisierte Betrieb der technischen Infrastruktur für Zugang zum Internet und die automatisierte Durchführung der von den Nutzern vorgenommenen Kommunikationsvorgänge.[536]

Eine bloße Durchleitung liegt **nicht mehr** vor, wenn der Diensteanbieter **252**

- die Übermittlung selbst **veranlasst** (§ 8 Abs 1 Nr 1 TMG),
- den **Adressaten** der übermittelten Informationen **auswählt** (§ 8 Abs S 1 Nr 2 TMG) oder
- die übermittelte **Information auswählt bzw verändert** (§ 8 Abs S 1 Nr 3 TMG).

Nach dem Wortlaut der Vorschrift und der Begründung[537] ist der Diensteanbieter **253**
selbst dann privilegiert, wenn er positiv Kenntnis davon hat, dass seine Tätigkeit konkret rechtswidrige Inhalte betrifft. Erst bei **absichtlichem Zusammenwirken** des Anbieters mit dem Nutzer zum Zwecke der Begehung rechtswidriger Handlungen greift die Privilegierung nicht mehr. Auf Grund der Ausklammerung der Unterlassungsansprüche (Rn 290) erscheint die Praxisrelevanz der Vorschrift allerdings gering. Zur Kenntnisnahme von durchzuleitenden Daten ist der Diensteanbieter ohnehin nur ausnahmsweise berechtigt.

Erschöpft sich die Tätigkeit des Diensteanbieters nicht in der bloßen Durchleitung, **254**
bspw weil er den Nutzer beim Zugang im Rahmen einer Schulung anleitet, haftet er für

532 Spindler/Schmitz/Geis/*Spindler* § 8 TDG Rn 14.
533 Vgl *Müller-Terpitz* Verantwortlichkeit 588.
534 Zur ECRL: *Freytag* CR 2000, 600, 606 f.
535 BT-Drucks 14/6098, 24.
536 S auch Erwägungsgrund 42 ECRL.
537 BT-Drucks 14/6098, 24.

diese Tätigkeit nach den allgemeinen Vorschriften.[538] Der Betreiber eines **Internetcafes** ermöglicht den Zugang zum Internet und ist insoweit privilegiert, das Bereitstellen des Zugangsgerätes wird dagegen nach den allgemeinen Vorschriften zu beurteilen sein.[539]

255 b) **Zwischenspeicherungen.** Haftungsprivilegiert sind auch bestimmte Formen technischer **Zwischenspeicherungen.** Dabei unterscheidet das TMG zwischen solchen Speichervorgängen, die während und ausschließlich **bei der Durchleitung** gem § 8 Abs 1 TMG entstehen (Rn 251) und Speicherungen zur **beschleunigten Übermittlung** von Informationen (§ 9 TMG).[540] In beiden Fällen ist wiederum allein die Tätigkeit eines Diensteanbieters bei der technischen Ermöglichung fremder Kommunikation privilegiert. Die Privilegierung ist daher gebunden an die Erforderlichkeit zur Erreichung des jeweiligen technischen Zwecks. Zwischenspeicherungen zur beschleunigten Übermittlung von Informationen (in der Gesetzesbegründung Caching genannt) gehen dabei über das für die Durchleitung der Information erforderliche Maß hinaus. Hier dienen die Speichervorgänge nicht der bloßen, sondern der effizienten bzw beschleunigten Übermittlung. Für die Zwischenspeicherung bei der Durchleitung gelten die Ausführungen unter Rn 251 entsprechend. Für das Caching hingegen gelten die Bestimmungen des § 9 TMG.

256 Zu Diskussionen führt zunächst das für Caching konstitutive Kriterium der **zeitlichen Begrenzung.**[541] Spindler weist darauf hin, dass sich eine allgemeine, feste Grenze nicht bestimmen lasse und schlägt als Anhaltspunkt regelmäßig zwei bis drei Tage vor.[542] Wortlaut und Begründung der Norm geben jedoch keinen Anlass, die Privilegierung des Cachings restriktiv zu handhaben. Zeitlich begrenzt ist eine Zwischenspeicherung immer dann, wenn bei der automatisierten Abspeicherung ein **Verfallsdatum feststeht.** Dieses Kriterium wird also regelmäßig durch die allgemeinen Einstellungen der Speichersysteme erfüllt sein. Strenger ist dagegen die Anforderung, dass die Speicherung **ausschließlich** dem Zweck dienen darf, die Übermittlung auf Nutzeranfrage hin **effizienter** zu gestalten. Das Vorhandensein einer konkreten Nutzeranfrage ist nach dem Wortlaut nicht erforderlich. Eine Speicherung auch **zu anderen** Zwecken als einer erwarteten Nutzeranfrage dagegen wäre nicht privilegiert. Um Caching im Sinne der Vorschrift handelt es sich daher dann nicht mehr, wenn die Speicherung dazu dient, eine **nicht mehr verfügbare Quelle** zu ersetzen. Daraus kann jedoch keine allgemeine Überwachungspflicht zur Überprüfung der Aktualität der verwendeten Quellen gefordert werden, wie sich aus § 7 Abs 2 S 1 sowie § 9 S 1 Nr 5 TMG ergibt. Jedenfalls zulässig wäre auch die Ausnutzung bestehender Industriestandards für die Aktualisierung (Schluss aus § 9 S 1 Nr 3 TMG). Allerdings sind solche Standards bislang nicht ersichtlich. Speicherungen von Internetseiten, die der Archivierung dienen (zB archive.org) oder eine eigene Verwertung der Inhalte darstellen,[543] fallen dagegen klar aus der Privilegierung des Caching heraus. Gleiches gilt für Speicherungen, die für den Nutzer erfolgen und daher unter § 10 TMG fallen (Rn 261).

538 AA wohl Spindler/Schmitz/Geis/*Spindler* § 9 TDG Rn 11 mwN.

539 Vgl *Liesching/Knupfer* MMR 2003, 562, 568; Spindler/Schmitz/Geis/*Spindler* § 9 TDG Rn 11.

540 BT-Drucks 14/6098, 24.

541 Spindler/Schmitz/Geis/*Spindler* § 10 TDG Rn 3 f.

542 Spindler/Schmitz/Geis/*Spindler* § 10 TDG Rn 4.

543 Denkbar etwa beim verkleinerten Angebot von Bilddateien durch Suchmaschinen, siehe OLG Jena BeckRS 2008 04589, Revision hierzu: BGH Urt v 29.4.2010, Az I ZR 69/08 – Vorschaubilder; hierzu *Spindler* GRUR 2010, 785, 792; zur schützenswerten Informationsfunktion der Onlinearchive: BGH Urt v 9.2.2010, Az VI ZR 243/08 – Sedlmayrmörder IV Rn 23.

Nach der hier vertretenen Auffassung kann sich die Zeitdauer der Speicherung am **Durchschnitt der Aktualisierungsrate** für die gecachte Art von Informationen orientieren. Das Cachen von Seiten mit aktuellen Meldungen wird daher nur für wenige Stunden privilegiert sein, bei weniger dynamischen Angeboten erscheinen Wochen oder gar Monate zulässig, denn privilegiert wird ein Zweck nicht eine Dauer.

An das **Caching** werden strengere Anforderungen hinsichtlich der Grenzen der **257**
Privilegierung gestellt. Die Privilegierung endet, wenn der Diensteanbieter
- die Informationen verändert (§ 9 S 1 Nr 1 TMG),
- Bedingungen für den Zugang zu Informationen nicht beachtet (§ 9 S 1 Nr 2 TMG),
- allgemeine Aktualisierungsstandards nicht einhält (§ 9 S 1 Nr 3 TMG),
- Standards zur Datenerhebung beeinträchtigt (§ 9 S 1 Nr 4 TMG).

Außerdem soll sich der Diensteanbieter auf die Privilegierung des Caching dann **258**
nicht mehr berufen können, wenn er Kenntnis von der tatsächlichen Entfernung oder Sperrung oder gerichtlichen oder behördlichen Anordnung einer solchen Maßnahme **bzgl der Quelle** erlangt hat und nicht seinerseits unverzüglich handelt, um die Informationen bei sich zu entfernen oder zu sperren (§ 9 S 1 Nr 5 TMG). Ziel dieser Privilegierungsausnahme ist es, das internettypische Ausweichverhalten auf andere Anbieter, bei Wegfall des ersten, zu verhindern.

Die Kenntnis der Rechtswidrigkeit der Information dagegen ist nach Wortlaut und **259**
Begründung[544] unschädlich. Spindler schlägt eine **teleologische Einschränkung** der Zwischenspeicherprivilegien für diese Fälle vor.[545] Dies soll sich aus ErwG 42 der ECRL ergeben. Ein entsprechender Umsetzungsauftrag kann jedoch Art 13 ECRL nicht entnommen werden. ErwG 42 der Richtlinie beschreibt lediglich allgemein den Regelfall der privilegierten Dienste, der Tatbestand der Privilegierung beim Caching ist in Art 13 ECRL für die Harmonisierung abschließend geregelt. Die Entscheidung fiel zugunsten der Akzessorietät der gecachten Informationen (§ 9 Nr 5 TMG), die bereits eine erhebliche Einschränkung der Informationszugangsfreiheit zur Folge haben kann.

Ein wichtiger Anwendungsfall des Caching wird in der automatisierten Spiegelung **260**
von Seiten Dritter gesehen.[546] Die umfangreichsten Caches zur Beschleunigung der Beantwortung von Nutzeranfragen unterhalten die **Suchmaschinenbetreiber.** Dort findet sich ein großer Teil des Internet teilweise mehrfach zwischengespeichert. Nach wohl noch immer vorherrschender Meinung soll diese Gruppe aber gerade von den Haftungsprivilegien ausgenommen sein (Rn 317).

c) **Speicherung von Informationen.** Die Speicherung von Informationen für einen **261**
Nutzer ist privilegiert (§ 10 S 1 TMG). Im Gegensatz zu den Zwischenspeicherungen (§ 8 Abs 2, § 9 TMG) handelt es sich um zeitlich nicht begrenzte, für den Nutzer oder Dritte abrufbare dauerhafte Festlegungen der Informationen auf Speichermedien des Anbieters oder von ihm eingeschalteter Dritter. Wichtigster Anwendungsfall ist das Hosting.[547]

---

544 BT-Drucks 14/6098, 24 f.

545 Spindler/Schmitz/Geis/*Spindler* § 10 TDG Rn 8, 20.

546 Spindler/Schmitz/Geis/*Spindler* § 10 TDG Rn 5.

547 Darunter fallen auch bestimmte Plattform und Forenbetreiber, *Fülbier* CR 2007, 515, 517.

262 Die Privilegierung ist an zwei Voraussetzungen geknüpft: Der Diensteanbieter darf keine **Kenntnis** von rechtswidrigen Speicherungen bzw diese implizierenden Umständen haben und er muss nach Kenntnis **unverzüglich handeln** (§ 10 S 1 Nr 1 und Nr 2 TMG). In § 10 S 2 TMG ist darüber hinaus die Feststellung enthalten, dass die Privilegierung nicht greift, wenn der Nutzer dem Diensteanbieter untersteht oder von diesem beaufsichtigt wird.

263 Umstritten ist das Merkmal der **Kenntnis.**[548] Die Ausnahme von der Privilegierung bei Kenntnis der Speicherung oder der Umstände unterscheidet nach Anspruchsgrundlagen. Für Fälle der **Schadensersatzhaftung** ist bereits die **Kenntnis der Umstände**, aus denen die rechtswidrige Handlung oder die Information offensichtlich wird, schädlich. In den **anderen Fällen** der Verantwortlichkeit – und dies ist wegen des Ausscheidens der Unterlassungsansprüche in erster Linie der Bereich des Strafrechts – ist dagegen erst die **Kenntnis der rechtswidrigen Handlung oder der Information** entprivilegierend.

264 Zu fordern ist **positive Kenntnis** in Bezug auf eine **konkrete Rechtsverletzung.**[549] Art 14 Abs 1 lit a ECRL verlangt „tatsächliche Kenntnis".[550] Eine Pflicht des Diensteanbieters, gespeicherte Informationen durch Mitarbeiter oder technische Hilfsmittel zu überwachen und nach rechtswidrigen Informationen zu suchen, besteht nicht (§ 7 Abs 2 S 1 TMG). Eine Ausnahme für Fälle eines Verdachts auf rechtswidrige Informationen ist in § 10 S 1 Nr 1 Alt 2 TMG ausdrücklich normiert. Systematik und Wortlaut lassen es daher nicht zu, Fälle fahrlässiger oder absichtlicher Unkenntnis der Kenntnis gleichzusetzen. Hierfür besteht auch kein Bedarf, da es dem Rechtsinhaber obliegt, entsprechende Rechtsverstöße zu ermitteln und den Diensteanbieter durch Inkenntnissetzung zur unverzüglichen Entfernung zu zwingen. Nicht ausreichend sind dabei allgemeine Hinweise, dass es zu Rechtsverletzungen komme.[551] Die Versuche der Ausdehnung der Haftung über den Wortlaut der Vorschriften hinaus beruhen auf einer Ablehnung des vom europäischen Gesetzgeber entwickelten Konzepts des Schutzes der Intermediäre zu Gunsten der Interessen der Rechteinhaber, nicht auf dem Text der Norm.

265 Der nächste Streitpunkt ist die Frage, ob sich Kenntnis oder Kennenmüssen auch auf die **Rechtswidrigkeit** beziehen müssen.[552] Der Wortlaut des § 10 S 1 Nr 1 TMG spricht nur von Kenntnis der rechtswidrigen Handlung, bzgl der Information fehlt dagegen der Aspekt der Rechtswidrigkeit. Aus der Begründung ergibt sich, dass diese Unterscheidung bewusst erfolgt ist.[553] Ist die Information als solche bereits zu beanstanden (bspw Besitz kinderpornografischer Schriften,[554] § 184b StGB) ist die Kenntnis von der Information ausreichend. Ergibt sich die Rechtswidrigkeit dagegen nicht unmittelbar aus einer Information selbst, sondern begründet bspw erst die Verwendung der Informationen die Rechtswidrigkeit, soll sich die Kenntnis auf die rechtswidrige Handlung beziehen müssen.

---

548 Eingehend mit der Darstellung zum aktuellen Stand der Diskussionen und zahlreichen weiteren Nachweisen Spindler/Schmitz/Geis/*Spindler* § 11 TDG Rn 10 ff.

549 So mit eingehender Begründung OLG Brandenburg MMR 2004, 330 (mit Anm *Spindler*) vgl BGH Urt v 23.9.2003, Az VI ZR 335/02, 5 Zu § 5 Abs 2 TD6 1997; Spindler/Schmitz/Geis/*Spindler* § 11 TDG Rn 11.

550 Vgl ErwG 46 ECRL, der von Bekannt- oder Bewusstwerden rechtswidriger Tätigkeiten spricht.

551 So auch OLG Brandenburg MMR 2004, 330, 332 (mit Anm *Spindler*) siehe aber um die damit verbundene Problematik der Verantwortung für eine Gefahrenquelle Rn 263.

552 Spindler/Schmitz/Geis/*Spindler* § 11 TDG Rn 17 ff.

553 BT-Drucks 14/6098, 25.

554 S Kap 5 Rn 272.

Gegen diese Differenzierung werden aus Gemeinschaftsrecht Bedenken erhoben.[555] 266
Für eine richtlinienkonforme Auslegung ist indes auf Grund des eindeutigen Wortlautes und dessen ausdrücklicher Begründung kein Raum. Die Differenzierung ist auch sachgerecht. Beim Hauptanwendungsfall – der Verantwortung für die Speicherung oder Mitwirkung bei der Zugänglichmachung von strafrechtswidrigem Material – ergibt sich das Verbotensein unmittelbar aus der Information. Der Diensteanbieter ist hier ab Kenntnis des Materials Normadressat wie jeder andere auch. Bei Informationen, deren Rechtsunzulässigkeit sich erst aus dem Zusammenspiel mit weiteren Handlungen ergibt, hätte jedes Abstellen auf weniger als positive Kenntnis Prüfungs- oder Kontrollpflichten zur Folge, welche die Vorschriften gerade zu verhindern suchen. Nicht der rechtsunkundige Provider wird prämiert, sondern der bösgläubige in die Haftung genommen.

Zweckmäßig zum Schutz der Meinungs- und Informationsfreiheit wäre die Etablie- 267
rung eines geregelten notice and take down-Verfahrens für alle gegen Diensteanbieter geltend gemachten Ansprüche. Auf der jetzigen Basis mangelt es an Transparenz der Löschungen sowohl für den Nutzer, der nicht erkennt, dass Informationen fehlen,[556] als auch für die Allgemeinheit, die über das Ausmaß der Sperrungen von Inhalten nicht informiert wird. Außerdem sollte eine Löschung von Inhalten voraussetzen, dass der Anspruchsteller in geeigneter Weise für zu unrecht verlangte Löschungen in Anspruch genommen werden kann. Das wäre ein angemessenes Gegengewicht zur mangelnden Prüfbarkeit des Anspruches durch den Diensteanbieter.

In der Praxis führt der Verlust der Privilegierung durch Kenntnis dazu, dass 268
Hostingprovider Inhalte aus dem Netz nehmen nicht weil sie rechtswidrig sind, sondern weil dies behauptet wird, und bereits die Kosten einer Plausibilitätsprüfung des Vorbringens das Interesse des Hostingproviders an der konkreten Zugänglichmachung der Inhalte übersteigen. Wirtschftlich ist das zögerliche Verhalten mancher Provider an der Sperrung gerügter Inhalte allein damit zu erklären, dass ein „Dammbruch“ befürchtet wird, sollte allgemein bekannt werden, dass sich die Hostingprovider eine sorgfältige Prüfung von Beanstandungen gar nicht leisten können. Aufgrund des mit der Prüfung problematischer Angebote verbundenen Aufwands haben viele Provider auch kein Interesse, solche Inhalte bei sich zu hosten. Hostingprovider sind technische Dienstleister, die keinen Vorteil davon haben, für Inhalte ihrer Kunden einzutreten.[557] Die Entfernung von Inhalten ist daher im Zweifel der sichere Rat, sodass nicht zu erwarten ist, die Informationsfreiheit im Internet werde durch die Hostingprovider verteidigt. Dies wiederum bedroht zugleich das Vertrauen in die Auslagerung von Daten und Programmen bspw im Rahmen des Cloud Computing.

---

555 Spindler/Schmitz/Geis/*Spindler* § 11 TDG Rn 19 mwN; *Schmitz/Dierking* CR 2005, 420, 426; vgl EuGH Urt v 23.3.2010, Az C 236/08 bis C 238/08 – Google France/Louis Vuitton Rn 120.

556 Positive Ausnahme sind bspw die Hinweise bei google.de auf gelöschte Resultate.

557 Veranschaulicht wird dies durch die Kündigung des Webspaces durch Amazon gegenüber Wikileaks.org im Dezember 2010 aufgrund der Veröffentlichung vertraulicher diplomatischer Korrespondenz der USA. Von einem technologischen Wirtschaftsunternehmen kann nicht erwartet werden, dass es für Meinungs- oder Äußerungsfreiheit größere Risiken eingeht. Anderes gilt für die klassischen Medien, deren Glaubwürdigkeit und Akzeptanz auch auf der Verteidigung der eigenen Veröffentlichungen beruhen. Beim Hostingprovider fehlt regelmäßig das Eigeninteresse an einer Klärung von Streitfragen.

IV. Sonderprobleme der Verantwortlichkeit von Telemedienanbietern

1. Eigene Inhalte – Fremde Inhalte

269 Das TMG unterscheidet zwischen **eigenen Informationen**, für die der Diensteanbieter ohne Privilegierung haftet, sofern er diese zur Nutzung bereithält (§ 7 Abs 1 TMG) und **fremden Informationen**, für die der Diensteanbieter unter bestimmten Bedingungen nicht haftet (§§ 8–10 TMG).[558] In den Filter der Privilegierungstatbestände gelangt somit nur der Diensteanbieter, der sich darauf berufen kann, die angegriffenen Inhalte seien *fremd*. Aus der Einteilung in fremde oder eigene Informationen folgt also eine entscheidende Bifurkation im Verantwortlichkeitsrecht.[559]

270 Die ohnehin zur Meidung der Sondervorschriften tendierende Rechtsprechung verwendet zudem die Figur der **zu eigen gemachten Informationen**, um auch auf diese die allgemeinen Gesetze anwenden zu können.[560] Eine solche Kategorie wird auch von der Begründung zum TDG 2001 erwähnt, nach der Gesetzesbegründung soll es sich um eine Unterform der eigenen Informationen handeln.[561] Inzwischen hat der BGH ausdrücklich die Haftung für zu eigen gemachte Inhalte festgestellt.[562] Das überzeugt jedoch nicht.

271 Abweichend von der wertenden Betrachtung des TMG sieht die ECRL für die Haftungsprivilegien das tatsachenorientierte Kriterium vor, ob Informationen vom Nutzer eingegebenen worden sind. Zutreffend wird daher von der Literatur darauf hingewiesen, dass die Einteilung in eigene und fremde Informationen der **Richtlinie fremd sei**.[563] Der von der ECRL vorgegebene, herzustellende Rechtszustand ist also die Freistellung der Verantwortung von Diensteanbietern unter den in Art 12 bis 14 näher bestimmten Konstellationen für die **durch einen Nutzer eingegebenen** Informationen. Nachdem es sich bei den Privilegierungstatbeständen der ECRL um umzusetzendes Recht handelt, muss sich die Bestimmung des Merkmals der fremden Informationen im Sinne des TMG in richtlinienkonformer Auslegung daran orientieren, dass zumindest die Sachverhalte, die nach der Richtlinie freizustellen sind, erfasst werden.[564]

272 Die Regelungen des TMG entsprechen außerdem vom Aufbau her den Privilegierungstatbeständen der ECRL und sind als Vollharmonisierung gedacht.[565] Es liegt daher fern anzunehmen, der Gesetzgeber habe sich durch die Verwendung des Begriffes der „fremden Informationen" aus den von der ECRL vorgegebenen Sachverhalten lösen wollen. **Fremde Inhalte** sind daher zumindest alle Informationen, die von Nutzern eingegeben und vom Diensteanbieter lediglich übermittelt, zugangsvermittelt oder gespeichert werden. Wählt der Diensteanbieter Informationen Dritter aus oder verändert diese, so bleiben die Informationen fremd. Allerdings ist der Anbieter dann

558 Vgl auch § 1 Abs 3 S 2 JuSchG.

559 S aber auch den vielversprechenden Ansatz der Abgrenzung des Werknutzers vom Vermittler im Urheberrecht bei *Wimmers/Schulz* CR 2008, 170.

560 S die Nachweise bei Spindler/Schmitz/Geis/*Spindler* § 8 TDG Rn 5; *Spindler* MMR 2004, 440; *Engels* AfP 2000, 524, 527; BGH Urt v 18.10.2007, Az I ZR 102/05 – ueber18.de Rn 20; BGH Urt v 12.11.2009, Az I ZR 166/07 – marions-kochbuch.de.

561 BT-Drucks 14/6098, 23; eingehend zum TDG 1997: *Sieber* Verantwortlichkeit Rn 290 ff.

562 BGH Urt v 18.10.2007, Az I ZR 102/05 – ueber18.de Rn 16; BGH Urt v 12.11.2009, Az I ZR 166/07 – marions-kochbuch.de; zurückhaltender noch BGH Urt v 11.3.2004, Az I ZR 304/01 – *Internet-Versteigerung* I, 13: „Eine Prüfung durch die Beklagte, die dazu führen könnte, dass sie sich die Inhalte zu eigen macht, findet nicht statt".

563 Spindler/Schmitz/Geis/*Spindler* § 8 TDG Rn 6; *Hoffmann* MMR 2002, 284, 288; *Schmitz/Dierking* CR 2005, 420, 424 f.

564 So auch *Spindler* MMR 2004, 440, 441.

565 BT-Drucks 14/6098, 22.

nicht mehr privilegiert (§ 8 Abs 1 Nr 3 TMG bzw Art 12 Abs 1c ECRL). Dagegen möchte die hM in diesem Fall wohl annehmen, es handele sich nicht mehr um fremde Informationen. Das ist mit der Systematik des Aufbaus der Haftungsprivilegien, wie er aus der ECRL übernommen wurde, schwerlich zu vereinbaren.[566] Dort sind Privilegierungstatbestände aufgeführt und Tatbestände, die die Privilegierungen wiederum ausschließen. Für eigene Informationen gelten jedoch die allgemeine Regeln (§ 7 Abs 1 TMG). Gleiches gilt im Falle des § 8 Abs 1 S 2 TMG. Danach findet die Privilegierung für die Durchleitung keine Anwendung bei kollusivem Zusammenwirken des Anbieters mit dem Nutzer. Auch dabei müsste es sich nach der Theorie der zu eigen gemachten Informationen um eine deklaratorische Norm ohne Anwendungsbereich handeln, weil § 8 TMG für diese Inhalte gar nicht gilt.

Für eine weite Auslegung des Begriffs der eigenen Informationen des Diensteanbieters, die auch vom Nutzer eingegebene Informationen umfasst, lässt die ECRL also keinen Raum[567]. Die von der Literatur kritisierte Tendenz der Gerichte, sich Auseinandersetzungen mit den Privilegierungstatbeständen zu ersparen, indem fremde Informationen als „zu eigen gemacht“ umqualifiziert werden,[568] ist **gemeinschaftsrechtswidrig.** Es besteht hierfür auch kein Bedarf, da die Privilegierungstatbestände der §§ 8 bis 10 TMG ein **ausdifferenziertes System der Verantwortlichkeit** gerade unter Berücksichtigung der Kenntnis und Beteiligung des Diensteanbieters an der Information selbst und ihrer Zugänglichkeit enthalten. Der Kunstgriff der zu eigen gemachten Informationen kann nur noch insoweit Bestand haben, als hierdurch Verhaltensweisen des Diensteanbieters erfasst werden, die nicht bereits in den Privilegierungstatbeständen abschließend geregelt sind. Dies hat vielleicht auch der BGH im Sinn, wenn die Zu-Eigen-Machung von Inhalten an deren Prüfung durch den Diensteanbieter geknüpft wird.[569] Gibt der Anbieter Inhalte Dritter weiter als von ihm geprüfte Informationen, so erschöpft sich der Beitrag des Anbieters nicht in den nach §§ 8 bis 10 TMG privilegierten Tätigkeiten, denn die aus der ECRL umzusetzenden Privilegien gelten nur bzgl des technischen Beitrages der Diensteanbieter.[570] 273

Nachdem die ECRL eine Bestimmung bzgl der *fremden Informationen* im Sinne der Privilegierungstatbestände liefert, erfolgt die Ausfüllung des Begriffes der *eigenen Informationen* negativ dazu. Dieses Ergebnis wird auch gestützt durch den Wortlaut des § 7 Abs 1 TMG. Dort wird die Anwendung der allgemeinen Vorschriften auf eigene Informationen zusätzlich beschränkt auf solche, die der Anbieter „zur Nutzung bereithält“. Zweifelsfrei bleiben Diensteanbieter aber auch sonst nach den allgemeinen Vorschriften verantwortlich. Die Vorschrift hat also deklaratorischen Charakter[571] und wird definiert durch die Privilegtatbestände. 274

Fremde Informationen sind folglich nach der hier vertretenen Auffassung alle Inhalte, die von Dritten in das Angebot eingestellt werden, eigene Informationen diejenigen, die der Diensteanbieter selbst einstellt oder als eigene veröffentlicht. Für die Beurteilung soll es nach herrschender Auffassung darauf ankommen, ob die Information aus **objektiver Sicht** auf der Grundlage einer **Gesamtbetrachtung** aller relevanten 275

566 S bereits *Freytag* CR 2000, 600, 608 zu Art 14 Abs 2 ECRL.

567 *Schmitz/Dierking* CR 2005, 420, 425 bemerken zu Recht, dass nicht das nationale Recht die Reichweite der ECRL bestimmt.

568 Spindler/Schmitz/Geis/*Spindler* § 8 TDG Rn 5; s vor allem *Sobola/Kohl* CR 2005, 443, 444 f.

569 BGH Urt v 11.3.2004, Az I ZR 304/01 – Internet-Versteigerung I, 13; BGH Urt v 12.11. 2009, Az I ZR 166/07 – marions-kochbuch.de.

570 Vgl ErwG 42 ECRL; BT-Drucks 14/6098, 22 f; vor allem *Spindler* MMR 2004, 440, 441.

571 So wohl auch *Sobola/Kohl* CR 2005, 443, 444.

Umstände dem **verständigen Internetnutzer** den **Eindruck** vermittle sie stamme vom Anbieter.[572] Sieber hat zum TDG 1997 das Kriterium der bewussten Einzelauswahl vorgeschlagen.[573] Spindler stellt dagegen darauf ab, ob der Anbieter aktiv die Kontrolle über Informationen ausübe.[574] Zwar lässt sich dies insb aus ErwG 42 der ECRL ableiten, dennoch führt diese Auffassung in die Untiefen technischer Kontingenzen.

276 Vorzugswürdig erscheint eine an den Privilegierungstatbeständen der ECRL orientierte Auslegung. Abzustellen ist allein auf die **objektive Handlung der Eingabe** durch Dritte und die Erschöpfung des Beitrags des Anbieters in der technischen Unterstützung durch Übermittlung, Speicherung oder Zugangsvermittlung. Die Privilegierungstatbestände der ECRL stellen auf die Tatsache und nicht den Anschein der Eingabe der Informationen durch den Nutzer ab; eine Ausnahme von der Privilegierung für das Setzen des Anscheins eigener Eingabe gibt es in den Regelungen der ECRL nicht. Erst wenn der Anbieter Informationen Dritter selbst verwertet oder sonst als eigene verwendet, besteht Anlass, das Prüfungsschema der §§ 8–10 TMG zu verlassen.

277 Nach der vom BGH vertretenen Ansicht wird wiederum durch eine Einzelabwägung aller Umstände die Haftung letztlich in das Ermessen der Gerichte gestellt anstatt die von der ECRL bezweckte Rechtssicherheit für die Entwicklung und Nutzung neuer Technologien zu schaffen. Als Kriterien für ein zu eigen machen zieht der BGH heran:[575]

- Das Labeln der Inhalte mit eigenen Kennzeichen,
- die Kontrolle der Inhalte durch den Anbieter,[576]
- die Verschaffung der Rechte an Nutzerinhalten zur eigenen Verwertung,
- die anderweitige eigene Verwertung der Inhalte,
- Integration der Inhalte in das eigene Angebot,
- Verlinkung von Angeboten Dritter als wesentlicher Bestandteil der eigenen Geschäftidee.[577]

278 Mit diesen Kriterien lassen sich zahllosen Internetportalen fremde Inhalte zurechnen.[578] Eine Kenntlichmachung als Inhalte Dritter soll dann nicht ausreichen, um aus der Haftung zu gelangen: es sei bei dem streitgegenständlichen Portal ohne weiteres erkennbar, dass die Beiträge nicht vom Anbieter stammten, der Anbieter identifiziere sich jedoch nach den angegebenen Kriterien mit den fremden Inhalten und mache sie sich zu eigen.[579] Der Anbieter habe für die fremden Inhalte die Verantwortung übernommen.[580] Es kommt dann also letztlich gar nicht darauf an, ob die Inhalte fremd und als solches erkennbar sind. Gehaftet wird, weil der Anbieter aufgrund der Gestaltung seiner Internetseiten nach Ansicht des BGH die Haftung übernimmt.

---

572 BGH Urt v 12.11.2009, Az I ZR 166/07 – marions-kochbuch.de Rn 23 mwN; *Plaß* WRP 2000, 599, 609 folgend OLG Braunschweig MMR 2001, 608, 609; ähnl OLG Brandenburg MMR 2004, 330, 330 (mit Anm *Spindler*); *Sobola/Kohl* CR 2005, 443, 444. *Leible/Sosnitza* NJW 2004, 3225, 3226.

573 *Sieber* Verantwortlichkeit Rn 302.

574 Spindler/Schmitz/Geis/*Spindler* § 8 TDG Rn 9; *Spindler* MMR 2004, 440, 442; das kann aber zu dem von *Schmitz/Dierking* CR 2005, 420, 425 aufgezeigten Problem führen, dass Anbieter für Kontrollen mit Haftung bestraft werden.

575 BGH Urt v 12.11.2009, Az I ZR 166/07 – marions-kochbuch.de Rn 25 ff.

576 Dies ist nach Ansicht von OLG Hamburg BeckRS 2010, 25588 das entscheidende Kriterium.

577 BGH Urt v 18.10.2007, Az I ZR 102/05 – ueber18.de Rn 21.

578 Bsp Youtube: LG Hamburg Urt v 3.9.2010, Az 308 O 27/09; andererseits OLG Hamburg BeckRS 2010, 25588.

579 BGH Urt v 12.11.2009, Az I ZR 166/07 – marions-kochbuch.de Rn 27.

580 BGH Urt v 12.11.2009, I ZR 166/07 – marions-kochbuch.de Rn 24.

Dieser Kreisschluss überzeugt nicht. Die Kriterien der Zueigenmachung sind für die Verletzung des Urheberrechts nicht relevant, daher überzeugt es nicht, an diese Kriterien eine Verbesserung der Haftung für den Verletzten zu knüpfen. Zueigenmachen ist keine Nutzung. Eine Behandlung mittels der ohnehin ausufernden Störerhaftung hätte ausgereicht, um rechtswidrige Nutzungen abzustellen. Stattdessen wird die Schadensersatzhaftung für Inhalte Dritter an das Design einer Internetseite geknüpft, ohne dass ein Zusammenhang zwischen Rechtsverletzung und Aussehen des Portals besteht. 279

2. Verantwortlichkeit für Gefahrenquelle/Verkehrspflicht

Ein **eigener Wettbewerbsverstoß** (§ 3 UWG) des Anbieters soll nach Ansicht des BGH in der Verletzung einer wettbewerbsrechtlichen **Verkehrspflicht** bestehen können: Wer durch sein Handeln im geschäftlichen Verkehr in einer ihm zurechenbaren Weise die Gefahr eröffne, dass Dritte Interessen von Marktteilnehmern verletzen, die durch das Wettbewerbsrecht geschützt sind, könne eine unlautere Wettbewerbshandlung begehen, wenn er diese Gefahr nicht im Rahmen des Möglichen und Zumutbaren begrenze. Eine solche **Gefahrenquelle** liege bei Angeboten vor, die mit der naheliegenden Gefahr verbunden sind, dass schutzwürdige Interessen von Verbrauchern beeinträchtigt werden können. Gelangten dann konkrete Rechtsverletzungen dem Anbieter zur Kenntnis, so hafte er für eigenes Unterlassen, wenn er solche Verstöße zukünftig nicht **so weit wie möglich verhindere.**[581] Die Pflicht zu zumutbaren, gefahrenverhütenden Maßnahmen entspreche dem allgemeinen Rechtsgedanken der Verantwortung für eine Gefahrenquelle.[582] Die Verkehrspflicht konkretisiere sich als Prüfungspflicht. Der unangemessenen Ausdehnung der Haftung werde durch das Kriterium der Zumutbarkeit Einhalt geboten. Hier sollen die Grundsätze der Störerhaftung entsprechend gelten.[583] Die konkrete Prüfungspflicht wird dann anhand der Umstände des Einzelfalles abgewogen, wobei das Verbot der Auferlegung allgemeiner Überwachungspflichten (§ 7 Abs S 1 TMG) immerhin als berücksichtigenswerter Aspekt erhalten bleibe.[584] Im Ergebnis habe der Betreiber einer Auktionsplattform jedes Anbieten konkret bekannt gewordener jugendgefährdender Titel zu verhindern und bzgl aufgefallener Drittanbieter deren Sortiment nach Kategorien unzulässigen Materials zu durchsuchen.[585] Außerdem soll es noch zumutbar sein, die von Anbietern eingesetzten Alterverifikationssysteme rechtlich zu prüfen.[586] 280

Die Entscheidung ist auf berechtigte Kritik gestoßen.[587] Die Einordnung von Internetplattformen als Gefahrenquelle[588] verlagert die Haftung aus der Störerverantwortlichkeit (s Rn 299) in die **täterschaftliche Haftung** mit der Folge der Schadensersatzpflicht (§ 9 UWG) oder Gewinnabführung (§ 10 UWG).[589] Vor allem aber fällt damit 281

581 BGH Urt v 12.7.2007, Az I ZR 18/04 – Jugendgefährdende Medien bei eBay, Rn 37.
582 BGH Urt v 12.7.2007, Az I ZR 18/04 – Jugendgefährdende Medien bei eBay, Rn 38.
583 BGH Urt v 12.7.2007, Az I ZR 18/04 – Jugendgefährdende Medien bei eBay, Rn 39, 41, 43 f, 46.
584 BGH Urt v 12.7.2007, Az I ZR 18/04 – Jugendgefährdende Medien bei eBay, Rn 43 f.
585 *Köster* MMR 2007, 640.
586 BGH Urt v 12.7.2007, Az I ZR 18/04 – Jugendgefährdende Medien bei eBay, Rn 49.
587 *Spindler* MMR 2007, 511, 512; *Köster* MMR 2007, 640; zustimmend dagegen *Köhler* GRUR 2008, 1, 2 f; vgl OLG Frankfurt Urt v 22.1.2008, Az 6 W 10/08.
588 S dazu aus strafrechtlicher Sicht bereits *Sieber* JZ 1996, 429, 494, 500 f.
589 S hierzu *Rössel/Kruse* CR 2008, 35 II; unklar ist, ob insoweit nicht allerdings die Privilegierungen der §§ 8 ff TMG zu Gunsten des Diensteanbieters greifen.

die Begrenzung der sich ergebenden Überwachungspflichten auf eine konkret mitgeteilte „Störung".[590] Stattdessen hat der Verantwortliche die Verletzung abstrakter Rechtsgüter zu verhindern, lediglich eingeschränkt durch das unvorhersehbare Kriterium der Zumutbarkeit. Automatisiert wird eine Überwachung von Titeln, Anbietern oder gar Altersverifikationssystemen nicht gelingen.[591] Sobald der Anbieter jedoch Kenntnis vom Inhalt nimmt, sitzt er in der Haftungsfalle (s Rn 264 ff, 308).

282 Grundlage der neuen Haftung ist die Auferlegung einer bisher nicht bestehenden Verhaltenspflicht zur Verhinderung des Missbrauches des bereitgestellten Angebots. Dem Mitwirkenden wird nicht sein konkreter Beitrag an einer Störung vorgehalten, sondern seine Untätigkeit hinsichtlich der von ihm geschaffenen „Gefahrenquelle". Gerade für Intermediäre ist damit ein Paradigmenwechsel verbunden.[592] Jedes Kommunikationsmedium eröffnet die Gefahr unzulässiger Übermittlungen; aus der Verletzung von Rechtsgütern kann auf das Bestehen einer Gefahrenquelle geschlossen werden. Versuche aufgrund des Merkmals der Zurechenbarkeit den Anwendungsbereich des Instituts sinnvoll einzuschränken[593] haben im Urteil des BGH wenig Stütze. Ob dieses Ergebnis allerdings mit § 7 Abs 2 S 1 TMG, Art 15 Abs 1 ECRL in Einklang steht, darf bezweifelt werden. Anbieter sind **nicht verpflichtet**, die von ihnen übermittelten oder gespeicherten Informationen **zu überwachen** oder nach Umständen zu forschen, die auf eine rechtswidrige Tätigkeit hinweisen. Die Annahme einer Verkehrssicherungspflicht für die „Gefahrenquelle" Plattform läuft aber genau darauf hinaus. Eine solche Verkehrssicherungspflicht geht auch über den systematisch nur auf den konkreten Einzelfall bezogenen Vorbehalt der Verpflichtung zur Entfernung oder Sperrung, § 7 Abs 2 S 2 TMG, Art 12 Abs 3, Art 13 Abs 2, Art 14 Abs 3 S 1 ECRL hinaus. Aufgrund der Unbestimmtheit der Voraussetzungen dieser Rechtsfigur, ist die Anwendung auf andere Fälle im Bereich der Internethaftung, in denen Unbehagen mit den herkömmlichen Ergebnissen besteht, denkbar.[594] Zumindest der BGH scheint jedoch nur wettbewerbsrechtliche Verkehspflichten annehmen zu wollen.[595]

283 Vertreten wird aber auch, ein Linksetzer gehe bewusst das Risiko einer Veränderung der verlinkten Seiten ein und übernehme daher eine Verkehrsicherungspflicht zur regelmäßigen Kontrolle.[596] Dies verkennt den Charakter von Links als schlichtes und

---

590 Obwohl dieses Kriterium bei der Störerhaftung auch nahezu aufgegeben ist, vgl *Köster* MMR 2007, 640, 640 f und Rn 1.

591 *Köster* MMR 2007, 640, 641.

592 *Köhler* GRUR 2008, 1 sieht gar die Ersetzung des Instituts der Störerhaftung.

593 LG Kiel Urt v 23.11.2007, Az 14 O 125/07 MIR-Dok 413-2007, 7 beschränkt die Zurechenbarkeit auf den „eigenen Verantwortungsbereich", sodass ein Provider nicht für Seiten Dritter haften soll. Aus der BGH-Entscheidung ergibt sich das nicht, da die Haftung am eigenen Beitrag für die Zugangsmöglichkeit anknüpft und dieser ohne Zweifel der Sphäre des Intermediärs zuzuordnen ist. LG Frankfurt aM Urt v 5.12.2007, Az 2-03 O 526/07 MIR-Dok 429-2007, 3 verneint in derselben Fallgestaltung ebenfalls die Zurechenbarkeit, da die Zugangsvermittlung „inhaltsneutral" sei.

594 Urheberrecht: LG Hamburg Urt v 26.7.2006, Az 308 O 407/06 (mit Anm *Mantz*); wohl durch BGH Urt v 12.5.2010, Az I ZR 121/08 – Sommer unseres Lebens überholt; Foren: LG Hamburg Urt v 2.12.2005, Az 324 O 721/05 allerdings insoweit aufgehoben durch OLG Hamburg Urt v 22.8.2006, Az 7 U 50/06 – *heise.de* MMR 2006, 745 (mit Anm *Feldmann*).

595 So nun BGH Urt v 12.5.2010, Az I ZR 121/08 – Sommer unseres Lebens Rn 13; keine Anwendung auf Accessproviding: OLG Frankfurt Urt v 22.1.2008, Az 6 W 10/08 JurPC Web-Dok 22/2008, LG Kiel Urt v 23.11.2007, Az 14 O 125/07 MIR-Dok 413-2007; *Köhler* GRUR 2008, 1, 6 f meint, die Störerhaftung im Markenrecht sei bereits mittelbare täterschaftliche Verantwortung wegen Verletzung einer Verkehrssicherungspflicht; Links als Gefahrenquelle: *Schmitz/Dierking* CR 2005, 420, 428.

596 OLG München Urt v 15.3.2002, Az 21 U 1914/02, abrufbar unter JurPC Web-Dok 262/2002.

wichtigstes Strukturmerkmal für die Suche nach Informationen im Internet. Eine nicht verlinkte Website wird nicht gefunden. Ntoulas, Cho und Olston haben 2004 festgestellt, dass jede Woche etwa 320 Millionen neue Seiten erstellt werden und nur 20 % der bestehenden Webpages nach Ablauf eines Jahres noch zugänglich sind. Zugleich bestehen neue Seiten nach dieser Untersuchung zu weniger als 40 % auch aus neuen Inhalten; dennoch soll nach etwa einem Jahr die Hälfte der Inhalte des Webs neu sein.[597] Zudem wird eine immer größer werdende Zahl von Internetseiten dynamisch, dh in Abhängigkeit von der konkreten Nutzeranfrage, individuell generiert. Der Verlinkende kann dann gar nicht prüfen, welche Seiteninhalte einem anderen Nutzer angezeigt werden. Eine Verknüpfung ist also eine Tür zu einem sich rasant ändernden, unüberschaubaren Kosmos. Niemand kann ernstlich die Haftung dafür übernehmen wollen, was sich hinter einem Link später tut.

Wenig Trost bietet zudem die Einschränkung der Verkehrspflichten auf „**zumutbares Handeln**". Es fehlt nicht nur an hinreichender Bestimmtheit dieses Kriteriums. Die konkreten wirtschaftlichen Auswirkungen lassen sich auch nur schwer in gerichtsverwertbarer Form in die Prozesse einbringen.[598] Es steht damit nahezu im Belieben eines Gerichts, seine Kasuistik der Zumutbarkeit zu entwickeln und im Verbund mit der Annahme seiner örtlichen Zuständigkeit für alle Rechtsverletzungen im Internet (s Rn 96) entsprechende Klagen bei sich zu konzentrieren.[599] Dem BGH selbst gelingt in seiner Leitentscheidung keine überzeugende Abgrenzung, weshalb etwa das Angebot eines Versteigerers nach Kategorien von Jugendgefährdung zu überprüfen und ein bestimmter Titel[600] insgesamt aus der Plattform zu filtern sein soll, während das Filtern der Liste indizierter Medien durch § 7 TMG nicht verlangt werden könne. Gerade letzteres wäre wenigsten technisch möglich, wenn es auf die Zeichenfolge der Titel gemäß der Liste beschränkt wird.[601] Allerdings lässt sich vielleicht für die Anbieter die Rechtsfigur der Verkehrssicherungspflicht auch nutzen, um das eigene Haftungsrisiko zu begrenzen. Nach ständiger Rechtsprechung können die „echten" deliktischen Verkehrsicherungspflichten auf Dritte übertragen werden.[602] Outsourcing der Überwachung von Portalen und Plattformen könnte also eine Lösung sein. 284

Lichtblick der BGH Entscheidung zur Verkehrspflicht ist die Klarstellung, dass die einen Unterlassungsanspruch begründende **Wiederholungsgefahr** eine Verletzung der Prüfpflichten erfordert, also mindestens einen weiteren Verstoß nach der Entstehung.[603] Löst eine Rechtsverletzung oder deren Kenntnisverschaffung durch eine Abmahnung die Prüfpflicht erst aus, so kann die Pflicht noch nicht verletzt worden sein und es besteht noch kein Unterlassungsanspruch. Entsprechend wäre es dann nicht geboten, einer Klage durch eine Unterlassungsverpflichtung das Rechtschutzbedürfnis zu entziehen.[604] 285

597 *Ntoulas/Cho/Olston* WWW2004, 2 abrufbar unter citeseer.ist.psu.edu/ntoulas04whats.html (Stand 13.11.2007).
598 S etwa die Darlegung des Aufwands bei *Köster* MMR 2007, 640, 641.
599 Zugleich ist es die Aufgabe des Anwalts, sich entsprechende Gerichte auszusuchen, *Schack* MMR 2000, 135, 139.
600 Ohne dass sich der BGH mit den vielfältigen Umgehungsmöglichkeiten für Filter auseinandersetzt oder gar der Frage, wie verschiedene Schnittversionen eines Titels vom Anbieter geprüft werden sollen (s *Köster* MMR 2007, 640, 640).
601 Das wird bei Suchmaschinen nämlich bereits praktiziert.
602 Jüngst BGH Urt v 22.1.2008, Az VI ZR 126/07 Rn 9 mwN.
603 BGH Urt v 12.7.2007, Az I ZR 18/04 – Jugendgefährdende Medien bei eBay, Rn 53.
604 *Köster* MMR 2007, 640, 641.

286 Allerdings sorgt der BGH sogleich für weitere Dunkelheit, indem er die Schwelle für die den Unterlassungsanspruch ebenfalls begründende **Erstbegehungsgefahr** dadurch senkt, dass er der Verletzung von Verkehrspflichten eine Indizwirkung für eine unmittelbar drohende Gefahr einer Rechtsverletzung zuzusprechen scheint.[605]

3. Zurechnung wegen Pflichtverletzung

287 In der Entscheidung Halzband hat der BGH eine neue weitere Form der Zurechnung fremden Verhaltens geschaffen. Bei einer Urheberrechts- und/oder Markenrechtsverletzung sowie einem Wettbewerbsverstoß kommt eine Haftung dann in Betracht, wenn sich der Inanspruchgenommene fremdes Verhalten zurechnen lassen muss, weil er gegen eigene Pflichten verstoßen hat. Grundlage ist der bis dahin unbekannte selbständige Zurechnungsgrund der Pflichtverletzung, der eine eigenständige Haftung als Täter begründet.[606] So soll die vertragliche Verpflichtung gegenüber dem Betreiber eines Handelsportals, das eigene Passwort geheimzuhalten, eine Art Vertrauenshaftung gegenüber Dritten begründen, die sich auf die Identifikationsfunktion[607] der Zugangsdaten verlassen: „Der Grund für die Haftung desjenigen, der seine Kontaktdaten nicht unter Verschluss gehalten hat, besteht in der von ihm geschaffenen Gefahr, dass für den Verkehr Unklarheiten darüber entstehen können, welche Person unter dem betreffenden Mitgliedskonto bei eBay gehandelt hat, und dadurch die Möglichkeiten, den Handelnden zu identifizieren und gegebenenfalls (rechtsgeschäftlich oder deliktisch) in Anspruch zu nehmen, erheblich beeinträchtigt werden."[608] Zugerechnet wird dann das Handeln desjenigen, der das Passwort missbraucht, als eigenes des Passwortinhabers.[609]

288 Die Entscheidung stößt auf Kritik.[610] Die Begründung des BGH mäandert zwischen Drittschutz vertraglicher Pflichten[611], Verantwortung für eine Gefahrenquelle[612] und schuldhafter Erschwerung der Inanspruchnahme des eigentlichen Täters. Es ist nicht erkennbar, warum der angeblichen Identifikationsfunktion ein drittschützendes Moment beizumessen sein soll, wenn der BGH selbst erkennt, dass die Eröffnung von Mitgliedskonten jederzeit kostenfrei möglich ist und keine Feststellungen dazu trifft, weshalb sonst Identität oder Authentizität eines Accountinhabers klar wären. Es scheint allerdings, dass der BGH bereits versucht, den Anwendungsbereich der Halzband-Entscheidung zu begrenzen. Bei einem nicht ausreichend gesicherten WLAN soll keine Zurechnung des urheberrechtsverletzenden Verhaltens eines Schwarzsurfers

605 BGH Urt v 12.7.2007, Az I ZR 18/04 – Jugendgefährdende Medien bei eBay, Rn 54.
606 BGH Urt v 11.3.2009, Az I ZR 114/06 – Halzband Rn 16.
607 Dies ist nach BGH Urt v 12.5.2010, Az I ZR 121/08 – Sommer unseres Lebens Rn 15 der entscheidende Punkt.
608 BGH Urt v 11.3.2009, Az I ZR 114/06 – Halzband Rn 18.
609 BGH Urt v 11.3.2009, Az I ZR 114/06 – Halzband Rn 22; dabei kommt es zu einer merkwürdigen Addition: Bei der Frage, ob im geschäftlichen Verkehr gehandelt wurde, soll sich dies entweder aus dem zugerechneten Verhalten ergeben können oder aus dem anderweitigen geschäftlichen Handeln des Passwortinhabers. In letzterem Falle entsteht eine Haftung etwa aus Wettbewerbs- oder Markenrecht erst durch den Passwortmissbrauch, während der in eigenem Namen Handelnde gar nicht hätte in Anspruch genommen werden können.
610 Im Ergebnis zustimmend *Leistner* GRUR-Beil 2010, 1, 8.
611 Dies sieht auch *Leistner* GRUR-Beil 2010, 1, 8.
612 Eine Gefahrerhöhung für Rechtsverletzung als solche sieht der BGH durch das ungesicherte Passwort gerade nicht sondern nur für die erfolgreiche Inanspruchnahme (Urt v 11.3.2009, Az I ZR 114/06 – Halzband Rn 18).

stattfinden, weil die IP-Adresse keine vergleichbare „Identifizierungsfunktion" habe.[613] Vor allem hat der BGH in dieser Entscheidung der Haftung wegen Verletzung von Verkehrspflichten im Urheberrecht eine Absage erteilt. Die urheberrechtlichen Tatbestände würden durch Verletzung einer Verkehrspflicht nicht begangen, während die Eröffnung einer nicht hinreichend begrenzten Gefahr für die geschützten Interessen anderer Marktteilnehmer ohne weiteres als eine unlautere geschäftliche Handlung eingeordnet werden könne.[614] Wer seine vertraglichen Regeln zur Passwortsicherheit verletzt, begeht dadurch auch keine Urheberrechtsverletzung, es erscheint nicht überzeugend, darüber mittels Zurechnung fremden Verhaltens hinwegzuhelfen.

4. Gehilfenhaftung

Offengelassen hat der BGH bislang, ob sich bei **nachhaltiger Verletzung von Störerpflichten** eine Gehilfenstellung des Störers ergeben kann.[615] Voraussetzung wäre neben einer objektiven Beihilfehandlung zumindest bedingter Vorsatz in Bezug auf die konkrete Haupttat, einschließlich des Bewusstseins der Rechtswidrigkeit. Letzteres soll voraussetzen, dass der konkrete Inhalt dem Anbieter bekannt ist.[616] Daran wird es fehlen, wenn eine Kontrolle der Inhalte durch den Betreiber nicht erfolgt, etwa weil Dritte diese auf einer Plattform ohne Vorabprüfung einstellen können. Die Annahme einer Pflicht zur Überwachung der in §§ 8–10 TMG privilegierten Dienste verstieße dabei gegen § 7 Abs 2 S 1 TMG. Bedeutung kann die Gehilfenhaftung erlangen, wenn Intermediäre versuchen, ihrer Verantwortung für die „Gefahrenquelle Internet", durch Kontrollen gerecht zu werden.[617] Durch Kenntnisnahme oder Kontrolle fremder Inhalte droht nach hM deren Zu-Eigen-Machung, jedenfalls aber der Verlust der Haftungsprivilegierung. **289**

5. Unterlassungsansprüche

Nach hM finden die Haftungsprivilegien **keine Anwendung** auf Unterlassungsansprüche.[618] Eine ursprünglich angelegte Differenzierung nach Rechtsmaterien[619] findet dabei wohl nicht statt, sodass alle zivilrechtlichen Unterlassungsansprüche nach allgemeinem Recht ohne die Besonderheiten des TMG zu beurteilen sein sollen. Dies gilt auch für den vorbeugenden Unterlassungsanspruch.[620] **290**

---

613 BGH Urt v 12.5.2010, Az I ZR 121/08 – Sommer unseres Lebens Rn 14.

614 BGH Urt v 12.5.2010, Az I ZR 121/08 – Sommer unseres Lebens Rn 13.

615 BGH Urt v 11.3.2004, Az I ZR 304/01 – Internet-Versteigerung I, 18; BGH Urt v 19.4.2007, Az I ZR 35/04 – Internet-Versteigerung II, Rn 31, abrufbar unter bundesgerichtshof.de.

616 Vgl BGH Urt v 19.4.2007, Az I ZR 35/04 – Internet-Versteigerung II, Rn 31.

617 Dies fordert etwa LG Hamburg MMR 2001, 491, 492 (mit Anm *Gercke*).

618 BGH Urt v 11.3.2004, Az I ZR 304/01 – Internet-Versteigerung I, 12 ff; BGH Urt v 19.4.2007, Az I ZR 35/04 – Internet-Versteigerung II; BGH Urt v 12.7.2007, Az I ZR 18/04 – Jugendgefährdende Medien bei eBay; BGH Urt v 30.4.2008, Az I ZR 73/05 – Internet-Versteigerung III,; OLG Brandenburg Urt v 16.11.2005, Az 4 U 5/05, S 10; s jüngst LG München I MMR 2007, 453 – Usenet (mit Anm *Mantz*); Spindler/Schmitz/Geis/*Spindler* § 8 TDG Rn 15 ff mwN; Nachweise zur aA *Ehret* CR 2003, 754, 759 f.

619 BGH Urt v 11.3.2004, Az I ZR 304/01 – Internet-Versteigerung I, 12, bezog sich zunächst nur auf Ansprüche „auf Unterlassung markenrechtlicher Verletzungshandlungen"; vgl auch LG München I MMR 2007, 453, 455 – Usenet (mit Anm *Mantz*).

620 BGH Urt v 19.4.2007, Az I ZR 35/04 – Internet-Versteigerung II, Rn 19.

291 Diese Ansicht stützt sich auf vier Argumente. Zunächst wird auf die zugrundeliegenden Vorschriften der ECRL verwiesen. Alle Privilegierungstatbestände der ECRL sehen vor, dass die Möglichkeit unberührt bleibe, „dass ein Gericht oder eine Verwaltungsbehörde nach den Rechtssystemen der Mitgliedstaaten vom Diensteanbieter verlangt, die Rechtsverletzung abzustellen oder zu verhindern (Art 12 Abs 3, Art 13 Abs 2, Art 14 Abs 3 S 1 ECRL). Damit bestehe bzgl der Unterlassungsansprüche keine Umsetzungspflicht zur Freistellung der Verantwortlichen nach den Privilegierungstatbeständen. Auch sehe ErwG 48 ECRL vor, dass die Mitgliedstaaten Diensteanbietern Pflichten zur Verhinderung von Rechtsverletzungen auferlegten.

292 Außerdem bliebe nach § 7 Abs 2 S 2 TMG die Verpflichtung zur Entfernung oder Sperrung der Nutzung von Informationen nach den allgemeinen Gesetzen auch im Falle der Nichtverantwortlichkeit privilegierter Diensteanbieter unberührt.

293 Weiter wird auf einen Wertungswiderspruch verwiesen, der sich sonst für das Speichern von Informationen gem § 10 TMG ergäbe. Dort wird in zulässiger Ausübung des Umsetzungsspielraums gem Art 14 Abs 1 lit a ECRL festgelegt, dass beim Speichern fremder Informationen die *allgemeine Verantwortlichkeit* ab *Kenntnis* der rechtswidrigen Handlung oder der Information beginne, für *Schadensersatz* jedoch bereits ab *Kennenmüssen* (Rn 251). Wäre diese Regelung auch auf Unterlassungsansprüche anwendbar, käme es zu dem Widerspruch, dass ein Provider zum Schadensersatz verpflichtet sein könnte, ohne zugleich Unterlassung zu schulden.

294 Schließlich wird auf die Entstehungsgeschichte der Vorläuferregelung in § 5 Abs 1 bis 3 TDG 1997 verwiesen.[621]

295 Die Gegenauffassung beruft sich vor allem auf den Gesetzeszweck der Privilegierung bestimmter Diensteanbieter. Wenn eine Privilegierung bei schuldhaft verursachten Schäden erfolge, dürften Anbieter, denen nicht einmal Verschulden vorgeworfen werden könne, erst Recht keinen Ansprüchen ausgesetzt sein.[622] Außerdem setze die Erwähnung von Schadensersatzansprüchen in § 10 Nr 1 TMG voraus, dass die Norm auch andere Ansprüche erfasse, nämlich die Haftung auf Unterlassung. Letzteres erscheint jedoch deswegen nicht zwingend, da die Norm unstreitig als andere Variante die strafrechtliche Verantwortung betrifft.[623]

296 Der BGH hat die Unanwendbarkeit der Privilegien auf Unterlassungsansprüche zunächst für das TMG bestätigt.[624] Eine überzeugende Begründung gibt es nicht. Aus der ECRL lässt sich wohl eher die Gegenmeinung ableiten. Die Erwähnung bei den Privilegierungstatbeständen, dass es möglich bleibe, nach den allgemeinen Vorschriften vom Diensteanbieter zu verlangen, die Rechtsverletzung abzustellen oder zu verhindern, setzt voraus, dass die Verantwortlichkeitsregelungen auch für solche Ansprüche gedacht sind. Damit läge eine entsprechende Interpretation der wortgleich umgesetzten Bestimmungen des TMG nahe. Die Haftungsprivilegien des TMG in den §§ 8–10 sprechen davon, wann Diensteanbieter *nicht verantwortlich* sind. Unter Verantwortlichkeit wird im Allgemeinen nicht nur verstanden, dass eine Person wegen

621 Insb BT-Drucks 13/7385, 20 f; BGH Urt v 11.3.2004, Az I ZR 304/01 – Internet-Versteigerung I, 16; siehe hierzu bereits *Spindler* K&R 1998, 177, 178.

622 *Ehret* CR 2003, 754, 760.

623 So BT-Drucks 14/6098, 25.

624 BGH Urt v 27.3.2007, Az VI ZR 101/06 – Meinungsforum im Internet, Rn 7; BGH Urt v 12.7.2007, Az I ZR 18/04 – Jugendgefährdende Medien bei eBay, Rn 20.

schuldhaften Verhaltens in Anspruch genommen werden kann, sondern auch die sog Störerverantwortung.[625]

Vom Wortlaut erfassen die Privilegien der §§ 8–10 TMG damit auch die Frage der Verantwortlichkeit als Störer. Entgegenstehende europarechtliche Vorgaben aus der ECRL bestehen gerade nicht. Die hM lässt sich damit nur aus § 7 Abs 2 S 2 TMG begründen. Die Gesetzesmaterialien sprechen dabei nicht gegen die Anwendung der Haftungsprivilegien auf Störer. Allgemein spricht die Begründung von der Verantwortlichkeit der Diensteanbieter. Eine Differenzierung nach Verschulden findet nicht statt. Allerdings wird § 8 Abs 2 S 2 TDG 2001 (= § 7 Abs2 S 2 TMG) mit der *Umsetzung* der Ausnahmeregelungen der ECRL begründet.[626] Dies ist indes nicht möglich, da die Richtlinie keinen solchen Rechtszustand als Vorgabe enthält, sondern stattdessen lediglich die Möglichkeit eröffnet, Befugnisse der Gerichte und Verwaltungsbehörden aufrechtzuerhalten, vom Diensteanbieter die Verhinderung oder Abstellung einer Rechtsverletzung zu verlangen.[627] Hier kann also nichts umgesetzt, sondern allenfalls Gebrauch gemacht werden von einer Möglichkeit. Dies ist nicht geschehen, da § 7 Abs 2 S 2 TMG keine Unterlassungsansprüche betrifft, sondern Verpflichtungen zur Entfernung oder Sperrung, also Handlungen.[628] Im Übrigen ändert § 7 Abs 2 S 2 TMG nicht die Verantwortlichkeit. Dort ist nur bestimmt, dass auch im Falle der Nichtverantwortlichkeit die allgemeinen Grundsätze gelten. Das inländische Recht kennt eine Verpflichtung zur Entfernung oder Sperrung des Nichtverantwortlichen aber nicht. Für dieses Ergebnis spricht auch die Begründung, die ausdrücklich davon ausgeht, Sperrungsverpflichtungen entstünden erst nach Kenntnis.[629] Gemeint ist echte Kenntnis, da die Begründung zwischen Kenntnis und Kennenmüssen unterscheidet.[630] Die Störerverantwortung kann damit nicht gemeint sein, da diese nur die willentlich adäquat kausale Verursachung einer Störung und die Verletzung von zumutbaren Prüfpflichten, nicht aber die Kenntnis der rechtswidrigen Information voraussetzt. Somit ist auch der Wertungswiderspruch, den die hM zwischen Schadensersatzhaftung und Unterlassungsverpflichtung für den komplizierten Unterfall des § 10 Nr 1 TMG anführt, Teil der Begründung der Norm. Im Übrigen erscheint eine Korrektur dieses Widerspruchs über § 7 Abs 2 S 2 TMG durchaus möglich. Sofern nach § 10 Nr 1 TMG der Diensteanbieter bereits bei Kennenmüssen auf Schadensersatz haftet, spricht nichts dagegen, ihn insoweit nach den allgemeinen Grundsätzen auf Unterlassung in Anspruch zu nehmen, da die Störerverantwortung vorverlagerter Schutz vor solchen Rechtsbeeinträchtigungen ist. **297**

Inzwischen scheint der BGH seine Position der Unanwendbarkeit der spezifischen Haftungsregelungen des TMG auf Unterlassungsansprüche zu überdenken. Unter Hinweis auf die Google-Entscheidungen des EuGH[631] hat der BGH in einem obiter dictum zu einem Unterlassungsanspruch ausgeführt, Art 14 Abs 1 ECRL sei auf die Bereitstellung der Dienstleistungen von Suchmaschinen anwendbar, wenn die betreffende Tätigkeit des Suchmaschinenbetreibers rein technischer, automatischer und passiver Art ist und er weder Kenntnis noch Kontrolle über die von ihm gespeicherte oder **298**

---

[625] Vgl *Freytag* CR 2000, 600, 604: (Mit-)Einstehenmüssen für eine Rechtsverletzung. § 276 BGB bestimmt zwar vertreten müssen als Maßstab für die Verantwortlichkeit, betrifft aber nur die Haftung in Schuldverhältnissen.

[626] BT-Drucks 14/6098, 23.

[627] ErwG 45 ECRL.

[628] So bereits *Leible/Sosnitza* NJW 2004, 3225, 3226; vgl LG Kiel Urt v 23.11.2007, Az 14 O 125/07 MIR-Dok 413-2007, 4.

[629] BD-Drucks 14/6098, 23.

[630] BD-Drucks 14/6098, 22.

[631] EuGH Urt v 23.3.2010, Az C 236/08 bis C 238/08 – Google France/Louis Vuitton Rn 114.

weitergeleitete Information besitzt.[632] Dunkel heißt es in der späteren WLAN-Entscheidung des BGH zu Unterlassungsansprüchen, die im konkreten Fall nicht geltenden Haftungsprivilegien des TMG schlössen im Falle eines Diensteanbieters nach § 10 S 1 TMG (Host Provider) einen weitergehenden Unterlassungsanspruch aus.[633] Ein ungesichertes WLAN ist kein Hostproviding, aber vielleicht Zugangvermittlung nach § 8 Abs 1 TMG. Dennoch kann der Hinweis des BGH so verstanden werden, dass die Nichtanwendung der Regelungen zur Verantwortlichkeit im TMG auf Unterlassungsansprüche nicht mehr aufrecht erhalten wird.

6. Störerhaftung

299 a) **Einführung.** Als **Störer** kommt in Betracht, wer in irgendeiner Weise willentlich und adäquat kausal zur Verletzung eines geschützten Gutes beiträgt, ohne Täter oder Teilnehmer zu sein.[634] Täterschaft oder Teilnahme werden bei Intermediären mangels konkreter Kenntnis der Rechtsverletzung regelmäßig nicht vorliegen. Abzuwarten bleibt aber die Entwicklung der Haftung für Verkehrssicherungspflicht (Rn 280) und der Gehilfenhaftung bei fortgesetzten Beiträgen als Störer (Rn 289). Störerhaftung kommt vor allem bei allen Fällen der **Verletzung von Immaterialgüterrechten** oder anderen **absoluten Rechten** nach § 823 BGB in Frage.[635]

300 Nach herrschender Auffassung (Rn 290) finden die Verantwortlichkeitsregelungen des TMG keine Anwendung auf Unterlassungsansprüche und damit auch auf die Störerhaftung. Damit ist der zentrale Konflikt um Inhalte in Telemedien – die Untersagung von Handlungen, die zur Zugänglichmachung inkriminierter Inhalte im Internet beitragen, ohne an der Rechtsverletzung teilzunehmen – den ausdifferenzierten und speziell zum Schutz der Diensteanbieter entwickelten Privilegien entzogen. Als Ersatz hat der BGH das Institut der Störerhaftung gerade in Bezug auf Telemedienanbieter weiterentwickelt. Hinsichtlich der Störerverantwortung der Intermediäre steht die Entwicklung der Rechtsprechung erst am Anfang. Aus den vorliegenden Entscheidungen sollen im Folgenden wichtige Aspekte der Störerverantwortung abgeleitet werden.

301 b) **Adäquate Kausalität. Kausal** ist jede Handlung, die zumindest auch den missbilligten Erfolg einer Rechtsgutsverletzung verursacht hat. **Adäquate** Kausalität ist gegeben, wenn das Ereignis im allgemeinen, nicht nur unter besonders eigenartigen, unwahrscheinlichen oder nach dem gewöhnlichen Verlauf der Dinge außer Betracht zu lassenden Umständen geeignet ist, einen Erfolg der eingetretenen Art herbeizuführen.[636] Selbst dazwischentretendes, vorsätzliches Verhalten eines Dritten ist dem Störer regelmäßig zuzurechnen.[637] An der Adäquanz scheitern damit nur Ursachen, bei denen bei wertender Betrachtung der Zurechnungszusammenhang nicht gegeben ist oder denen fernliegende ungewöhnliche Geschehensabläufe zugrunde liegen. Inter-

---

632 BGH Urt v 29.4.2010, Az I ZR 69/08 – Vorschaubilder Rn 39.

633 BGH Urt v 12.5.2010, Az I ZR 121/08 – Sommer unseres Lebens Rn 24.

634 BGH Urt v 11.3.2004, Az I ZR 304/01 – Internet-Versteigerung I, 18 f.

635 BGH Urt v 11.3.2004, Az I ZR 304/01 – Internet-Versteigerung I, 18 f; zu der Tendenz der Einschränkung der Störerhaftung auf Fälle des Verhaltensunrecht bei denen der Störer bspw nicht Adressat der Verbotsnormen ist s KG GRUR-RR 2006, 68.

636 BGH Urt v 11.1.2005, Az X ZR 163/02, 7 mwN.

637 KG GRUR-RR 2006, 68, 70; so auch ohne Begründung BGH Urt v 12.5.2010, Az I ZR 121/08 – Sommer unseres Lebens.

mediäre tragen typischer Weise zur Zugänglichmachung, Verbreitung, Übermittlung und Abrufbarkeit von Inhalten aller Art bei. Ihr willentlich adäquater Beitrag zu einer Verletzung absoluter Rechtspositionen wird meist schon daraus gefolgert werden, dass sie die den Beanstandungen zugrundeliegenden Kommunikationsvorgänge erst ermöglichen. Ziel der Haftungsprivilegien war es gerade, die für die Entwicklung zur Informationsgesellschaft zentralen Intermediäre von Risiken zu befreien, die zu ihrer technisch orientierten Infrastrukturleistung nicht angemessen erscheinen und deren Entwicklung bremsen können. Von der Möglichkeit durch einen spezifischen Adäquanzbegriff für die Störerhaftung den Kreis der Verantwortlichen durch **beitragsbezogene Adäquanzkriterien** entsprechend einzuschränken, wird jedoch kein Gebrauch gemacht.[638] So sieht es der BGH als adäquate Störungsverursachung durch den Internetanschlussinhaber an, wenn ein Dritter in einen ansonsten nicht genutzten, WPA-gesicherten WLAN-Anschluss eindringt um dort illegal Musik zu tauschen, weil dies eine nicht ganz unwahrscheinliche Gefahr darstelle.[639]

c) **Verletzung zumutbarer Prüfpflichten.** Die ganz hM grenzt die Verantwortlichkeit des Störers dadurch ein, dass die Haftung eine Verletzung von **Prüfpflichten** voraussetzt, deren Umfang sich danach bestimmt, ob und wieweit dem als Störer in Anspruch Genommenen nach den Umständen des Einzelfalls eine Prüfung zuzumuten sei.[640] Das allein begrenzende Kriterium der Störerhaftung sind letztlich die zumutbaren Prüfpflichten. Für Unterlassungsansprüche wird also das ausgeklügelte System der Privilegierungstatbestände des TMG durch eine vom Zumutungsempfinden des angerufenen Gerichts abhängige Einzelfallprüfung ersetzt.[641] In der Literatur wird vorgeschlagen statt von Prüfpflichten von Verkehrspflichten zu sprechen und die Regelungen des TMG zur Haftung zumindest analog anzuwenden.[642] Dies könnte auch die Lösung des BGH sein, der scheinbar Art 14 ECRL anwenden möchte.[643] 302

aa) **Bestimmung des verlangten Verhaltens.** In einem ersten Schritt ist festzustellen, welches Verhalten vom Störer zukünftig verlangt wird. Hier steckt, wie Spindler aufzeigt, ein großes Manko der Störerhaftung: Die Zulassung weitgefasster Unterlassungsanträge auf der Grundlage der sog Kerntheorie. Geht es um die Sperrung von Inhalten wandelt sich die Pflicht zur Unterlassung eines konkret beanstandeten Ver- 303

---

638 S aber LG Kiel Urt v 23.11.2007, Az 14 O 125/07 MIR-Dok 413-2007, 7; LG Frankfurt aM Urt v 5.12.2007, Az 2-03 O 526/07 MIR-Dok 429-2007, 3; *Leistner* GRUR 2006, 801, 809 f schlägt eine beitragsbezogene Differenzierung zwischen aktiven und neutralen Störern vor. Zum umgekehrten Fall der Zurechnung des Verhaltens von Vertragspartnern siehe *Spieker* GRUR 2006, 903, 907 f.

639 BGH Urt v 12.5.2010, Az I ZR 121/08 – Sommer unseres Lebens Rn 21; dabei geht das Gericht zugleich davon aus, dass dieses Risiko für den Anschlussinhaber nicht vorhersehbar sei, Rn 15; zur Flucht in den Anschein bei Internetsachverhalten: *Hoeren* NJW 2008, 2615, 2618.

640 BGH Urt v 11.3.2004, Az I ZR 304/01 – Internet-Versteigerung I, 19; zu den Kriterien der Zumutbarkeit nach TDG 1997 *Sieber* Verantwortlichkeit Rn 403 ff; BGH Urt v 11.3.2004, Az I ZR 304/01 – *Internet-Versteigerung* I, 19; zu den Kriterien der Zumutbarkeit nach TDG 1997: *Sieber* Verantwortlichkeit Rn 403 ff; nicht relevant sind Prüfpflichten, wenn der Intermediär ausnahmsweise Kenntnis von der Rechtswidrigkeit des vermittelten Angebots hat, wie im Sachverhalt des OLG München Urt v 28.7.2005, Az 29 U 2887/05 – *anyDVD*, MMR 2005, 768, 772.

641 Auf ein solches Konzept zumutbarer Prüfungspflichten weicht der BGH inzwischen auch in anderen Rechtsbereichen aus, wie dem Werkvertragsrecht (vgl BGH Urt v 8.11.2007, Az VII ZR 183/05 Rn 24).

642 *Borges* NJW 2010, 2624.

643 BGH Urt v 29.4.2010, Az I ZR 69/08 – Vorschaubilder Rn 39.

haltens durch eine abstrakte Formulierung des Tenors in eine Pflicht zur Überwachung zukünftigen Contents.[644] Zu **weit gefasste Anträge** können zu unbestimmt sein oder das beantragte Verhalten als unerfüllbar bzw unzumutbar erscheinen lassen.[645] Das geforderte Unterlassen muss hinreichend bestimmt sein, dafür reicht die bloße Wiederholung gesetzlicher Tatbestände regelmäßig nicht aus, sondern das konkret beanstandete Verhalten ist als Unterlassungsantrag zu formulieren.[646] Mit der vom Gerichtssystem zu schaffenden Rechtssicherheit ist es kaum zu vereinbaren, wegen Schwierigkeiten der Antragsfassung Kernfragen der Unterlassungspflichten in das Vollstreckungsverfahren zu verlagern, wie vom BGH vorgeschlagen.[647] Stattdessen können bspw Prüfungspflichten zur Klarstellung in den Antrag integriert werden.[648] Dabei soll allerdings eine uneingeschränkte Verurteilung zur Unterlassung zulässig sein, wenn der Beklagte seiner sekundären Darlegungslast nicht nachkommt und deshalb eine Konkretisierung des Antrags, welche Prüfungsmaßnahmen zu ergreifen gewesen wären, nicht möglich ist.[649] Bei der Ausweitung auf kerngleiche zukünftige Verletzungshandlungen könnte außerdem die vorherige Kenntniserlangung Bestandteil des Antrags sein.[650]

304 **bb) Möglichkeit eines Alternativverhaltens.** Der Störer kann nur haften, sofern er **rechtlich**[651] **und tatsächlich**[652] zu der geforderten Unterlassungshandlung in der Lage ist. Dies ergibt sich aus dem allgemeinen Grundsatz, dass niemand zum **Unmöglichen** verpflichtet sein kann (ultra posse nemo obligatur). Dies ist nicht zu verwechseln mit der Frage der adäquaten Kausalität, die bereits gegeben ist, wenn in der Vergangenheit das Verhalten des Störers in zurechenbarer Weise ursächlich für die Rechtsverletzung geworden ist oder vorbeugend ein entsprechender Geschehensablauf wahr-

---

644 *Spindler* MMR 2007, 511, 514; grundlegend BGH vom 23.2.2006, I ZR 272/02 – Markenparfümverkäufe; einschränkend BGH Urt v 13.11.2007, Az VI ZR 265/06 und VI ZR 269/06; s auch die Antragsfassung bei OLG Brandenburg Urt v 16.11.2005, Az 4 U 5/05 S 3.

645 Eingehend zur Antragsfassung gegen Intermediäre BGH Urt v 19.4.2007, Az I ZR 35/04 – Internet-Versteigerung II, Rn 49 ff; BGH Urt v 12.5.2010, Az I ZR 121/08 – Sommer unseres Lebens Rn 36; zur verbreiteten aber nicht hinreichend bestimmten „insbesondere – Formulierung" s BGH Urt v 4.10.2007, Az I ZR 143/04 – Versandkosten, Rn 12; s a OLG Düsseldorf Urt v 27.4.2010, Az I-20 U 166/09 JurPC 128/2010 Abs 33.

646 BGH Urt v 16.11.2006, Az I ZR 191/03 – Telefonwerbung für „Individualverträge", Rn 16; zur Formulierung der Unterlassung bei unzureichender Sicherung des WLAN-Anschlusses: BGH Urt v 12.5.2010, Az I ZR 121/08 – Sommer unseres Lebens Rn 36.

647 BGH Urt v 19.4.2007, Az I ZR 35/04 – Internet-Versteigerung II, Rn 48; nach BGH Urt v 8.11.2007, Az I ZR 172/05 – EURO und Schwarzgeld, soll die parallele Durchführung von Ordnungsmittelverfahren und negativer Feststellungsklage zulässig sein beim Streit, ob eine Verhaltensweise unter einen bestehenden Unterlassungstitel fällt. Insoweit kann der Unterlassungsschuldner ein vielleicht sorgfältigeres Hauptsacheverfahren erzwingen. Das Risiko der Festsetzung von Ordnungsmitteln aufgrund zu weit gefasster Titel trägt dennoch der Unterlassungsschuldner obwohl die Formulierungsdefizite keinesfalls aus seiner Sphäre stammen. Es wäre dem Unterlassungsschuldner daher wohl zu raten – obwohl es gerade nicht seine Aufgabe ist – mögliche Anträge aufzuzeigen; s a *Hoeren* NJW 2008, 2615, 2618.

648 OLG Köln Urt v 21.9.2007, Az 6 U 86/07.

649 BGH Urt v 10.4.2008, Az I ZR 227/05 – Namensklau im Internet Rn 20.

650 Bereits *Kloos* CR 1999, 46, 47; vgl aber BGH Urt v 13.11.2007, Az VI ZR 265/06 und VI ZR 269/06.

651 LG Hamburg MMR 2005, 480 f; LG Hamburg ZUM 2010, 902.

652 Bspw OLG Hamburg MMR 2005, 53 – polonia-hamburg.de: Falsches Verknüpftwerden in Suchmaschine kann nicht verhindert werden; LG Kiel Urt v 23.11.2007, Az 14 O 125/07 MIR-Dok 413-2007, 7: keine Haftung, wenn Unterlassung des eigenen Beitrags nicht effektiv die Rechtsverletzung verhinderte.

scheinlich erscheint. Davon zu trennen ist auch die Frage, ob der Störer durch sein Verhalten zukünftige Rechtsverletzungen insgesamt verhindern kann. Dies kann im Rahmen der Zumutbarkeit eine Rolle spielen.

In Internet-Versteigerung I hat der BGH es für den Unterlassungsanspruch jedoch für unerheblich gehalten, ob der Störer durch **Filterverfahren** zukünftige Rechtsverletzungen erkennen kann.[653] Die Prüfung der Verhinderungsmöglichkeit soll danach erst im Vollstreckungsverfahren geprüft werden. Dies hat der BGH in Internet-Versteigerung II jedoch relativiert, indem er die Möglichkeit zur Filterung als Kriterium der Zumutbarkeit behandelt.[654] Nach Ansicht des Kammergerichts ist es dem AdminC einer Domain unter der eine Suchmaschine betrieben wird zwar nicht möglich, inhaltlich einzuwirken, doch soll er als ultima ratio verpflichtet sein, die Domain zu löschen, wenn der Domaininhaber nicht greifbar ist.[655] Das OLG Köln entscheidet mangels weiterer Erkenntnisquellen im Zweifel für die Filterbarkeit.[656] Für nutzlos erachtet das OLG Düsseldorf Textfilter bei Filehostern, da die Umgehung einfach sei, die Erkennung ungenau und die Rechtsverletzungen nicht an den Filterbegriffen anknüpfe.[657] Rechtlich unzulässig sollen nach anderer Ansicht Filter sein, die ohne ausreichende gesetzliche Grundlage in Kommunikationsvorgänge eingreifen.[658] 305

cc) **Aspekte der Zumutbarkeit.** Die Zumutbarkeit von Prüfungspflichten im engeren Sinne ergibt sich aus einer Abwägung der Umstände des Einzelfalls. Diese lassen sich in verschiedene Aspekte unterteilen. 306

Zunächst sind die **Umstände der Rechtsverletzung** zu ermitteln. Relevant ist hier, inwieweit für den Störer erkennbar war, dass Rechtsverletzungen der gerügten Art drohen[659] und ob die Wahrscheinlichkeit des Eintritts solcher Rechtsverletzungen entsprechenden Aufwand für die Verhinderung angemessen erscheinen lassen. Dabei spielen Schwere der Rechtsverletzung und geschütztes Rechtsgut eine Rolle. Außerdem kann der Beitrag des Störers an der Rechtsverletzung Berücksichtigung finden[660] oder ein Profitieren an der Rechtsverletzung.[661] 307

Selbst wenn ursprünglich keine Prüfungspflichten zumutbar gewesen sind, sollen diese **entstehen** können, wenn der Störer von einer möglichen Rechtsverletzung erfährt. So soll eine Störerhaftung begründet sein, wenn ein Hyperlink aufrechterhalten bleibt, obwohl eine nunmehr zumutbare Prüfung, insb nach einer Abmahnung oder Klageerhebung, ergeben hätte, dass mit dem Hyperlink ein rechtswidriges Verhalten unterstützt wird.[662] Wichtig ist dabei, dass die Verletzung der Prüfpflichten in diesen 308

---

653 BGH Urt v 11.3.2004, Az I ZR 304/01 – Internet-Versteigerung I, 20.

654 BGH Urt v 19.4.2007, Az I ZR 35/04 – Internet-Versteigerung II, 21.

655 KG MMR 2006, 392, 393; vgl aber gegen die vorrangige Inanspruchnahme einzelner Mitstörer BGH Urt v 27.3.2007, Az VI ZR 101/06 – Meinungsforum im Internet.

656 OLG Köln Urt v 21.9.2007, Az 6 U 86/07, 9.

657 OLG Düsseldorf Urt v 27.4.2010, Az I-20 U 166/09 JurPC 128/2010 Abs 25 ff.

658 LG Hamburg ZUM 2010, 902, 905.

659 Vgl BGH Urt v 1.4.2004, Az I ZR 317/01 – Schöner Wetten, 13 ff; wenig ergiebig: BGH Urt v 12.5.2010, Az I ZR 121/08 – Sommer unseres Lebens Rn 22; Komplizierte rechtliche Prüfung; *Fülbier* CR 2007, 515, 519.

660 BGH Urt v 1.4.2004, Az I ZR 317/01 – Schöner Wetten, 11, 14: Eigenverantwortung des unmittelbar Haftenden, geringfügiger Beitrag durch beiläufiges Verlinken; siehe auch *Leistner* GRUR 2006, 801, 809 f. Den Umfang vertraglicher Pflichten gegenüber dem Hauptverantwortlichen möchte *Nennen* GRUR 2005, 214, 220 bei Werbeagenturen berücksichtigen.

661 BGH Urt v 19.4.2007, Az I ZR 35/04 – Internet-Versteigerung II, 45.

662 BGH Urt v 1.4.2004, Az I ZR 317/01 – Schöner Wetten, 14; BGH Urt v 14.10.2010, Az I ZR 191/08 – Link.

Fällen erst **nach** entsprechender Kenntnis erfolgen kann. Im Falle der Kenntniserlangung durch Abmahnung ist der Empfänger noch kein Störer. Bei der Zumutbarkeit ist also immer auch zu prüfen, ob eine ursprünglich nicht bestehende Prüfungspflicht inzwischen zumutbar geworden ist, sofern der Inanspruchgenommene sein Verhalten nicht geändert hat.

309 Allerdings nimmt der BGH Prüfungspflichten **auch ohne Kenntnis** des Inanspruchgenommenen dann an, wenn mit bestimmten Rechtsverletzungen zu rechnen ist.[663] Die Haftung vor Kenntnis wird dabei wenig nachvollziehbar davon abhängig gemacht, ob ein berechtigtes Interesse daran besteht, ohne Prüfungspflichten vor Kenntnis agieren zu können. Außerdem wird dadurch die Prüfungspflicht abgekoppelt von der Rechtsverletzung: es ist nicht mehr zu prüfen, ob eine fremde Rechtsverletzung vorliegt, sondern ob eine solche geschehen könnte. Das ist dann aber kaum zu unterscheiden von der Verantwortung für eine Gefahrenquelle, die der BGH in der gleichen Entscheidung für Sachverhalte außerhalb des Wettbewerbsrechts ablehnt mit dem Argument, eine besondere Rücksichtnahme auf Rechtsgüter, die durch sein Verhalten gefährdet werden, sei nur bei eigenen wirtschaftlichen Interessen – wie etwa im Wettbewerbsrecht zu rechtfertigen.[664]

310 Als nächstes ist die **Beeinträchtigung des Störers** durch die Beachtung etwaiger Prüfungspflichten einzuschätzen. Hier sind die Auswirkungen einer entsprechenden Prüfpflicht zu berücksichtigen auf das Angebot selbst oder auch den Geschäftsbetrieb des Störers. Dies sind unmittelbare wirtschaftliche Auswirkungen wie Kosten oder die Beeinträchtigung des mit dem Angebot verbundenen Geschäftsmodelles.[665] Bei der Gestaltung dieses Geschäftsmodelles erscheint der Anbieter relativ frei.[666] Die Möglichkeit einer automatisierten Filterung kann den Umfang des Unterlassungsgebots bestimmen.[667] Festzustellen ist aber auch, ob die Einforderung von Prüfungspflichten zu mittelbaren Beeinträchtigungen der Meinungs- oder Informationsfreiheit führen wird.[668] Die möglichen Auswirkungen entsprechender Pflichten können in Sonderfällen sogar ergeben, dass den Handelnden **keinerlei Prüfungspflichten** treffen. So soll eine hochspezialisierte Organisation zur Registrierung von Domainnamen von der Prüfung bei der Erstregistrierung ganz freigestellt sein und nach Kenntnis konkreter Verletzungen nur in offenkundigen Fällen zur Beendigung der Störung verpflichtet sein[669], wohingegen Betreibern von Meinungsforen die unmittelbare Inanspruch-

663 BGH Urt v 12.5.2010, Az I ZR 121/08 – Sommer unseres Lebens Rn 24.

664 BGH Urt v 12.5.2010, Az I ZR 121/08 – Sommer unseres Lebens Rn 13.

665 BGH Urt v 11.3.2004, Az I ZR 304/01 – Internet-Versteigerung I, 19.

666 Zu Rapidshare: OLG Düsseldorf Urt v 27.4.2010, Az I-20 U 166/09 JurPC 128/2010.

667 BGH Urt v 19.4.2007, Az I ZR 35/04 – Internet-Versteigerung II, 21.

668 Vgl BGH Urt v 1.4.2004, Az I ZR 317/01 – Schöner Wetten, 14: Bedeutung von Hyperlinks für Nutzbarkeit des Internet. Nach OLG München Urt v 28.7.2005, Az 29 U 2887/05 – *anyDVD*, MMR 2005, 768, 772 soll die Angabe einer URL, nicht aber die Verlinkungen selbst der Pressefreiheit unterfallen. Diese wenig hilfreiche Unterscheidung verkennt bereits den technischen Sachverhalt: Die „Verlinkung selbst" geschieht durch den Nutzer, der Anbieter übermittelt tatsächlich nur die URL und die Information, dass es sich dabei um URL handelt; vgl nunmehr BGH Urt v 14.10.2010, Az I ZR 191/08 – Link; s a OLG Düsseldorf Urt v 27.4.2010, Az I-20 U 166/09 JurPC 128/2010 Abs 26.

669 Zur DeNIC: BGH Urt v 17.5.2001, Az I ZR 251/99 – *Ambiente.de*; BGH Urt v 19.2.2004, Az I ZR 82/01 – kurt-biedenkopf.de. Diese Privilegierung überzeugt nicht. Die Annahme, die DeNIC verwalte die Domains im Interesse aller Nutzer und der Öffentlichkeit kann sich zwar auf deren Statut berufen, nicht aber auf die Mitgliederstruktur. Ob die DeNIC nur wenige Mitarbeiter einsetzt, kann ebenfalls nicht relevant sein, da sich deren Anzahl aus den

nahme nach Kenntnis droht.[670] Keine unzumutbare Beeinträchtigung sieht der BGH darin, vor der Inbetriebnahme eines WLAN-Internetanschlusses die Sicherheitseinstellungen des Herstellers überprüfen zu müssen und das WPA-Kennwort durch ein eigenes sicheres Passwort auszuwechseln.[671] Dabei handelt es sich allerdings kaum noch um eine Prüfungs- sondern eher um eine Sicherungspflicht.[672]

311 Unter dem Gesichtspunkt der **Geeignetheit** ist die Effektivität der Verhinderung durch die Prüfungspflicht zu bestimmen. Aufwändige Prüfungspflichten, die nur minimale Effekte hinsichtlich etwaiger Rechtsverletzungen zur Folge haben können, erscheinen kaum zumutbar.[673]

312 In einem letzten Schritt sind die ermittelten Aspekte des **Einzelfalls abzuwägen** und das vom Störer hinzunehmende Maß an Beeinträchtigung festzulegen. Hier sind allgemeine Abwägungskriterien zu beachten, wie bspw das grundsätzliche Verbot der Auferlegung von Überwachungspflichten nach § 7 Abs S 1 TMG[674] oder die besondere Bedeutung von Hyperlinks als Strukturmerkmal des Internets.[675] Der hinzunehmende Aufwand ist spezifisch für das betroffene Angebot und den Anbieter festzulegen.[676] Wirtschaftsunternehmen ist ein höherer Aufwand zuzumuten als Privatpersonen oder nicht-kommerziellen Unternehmen.[677] Andererseits spielt das Interesse privater Nutzer an einem offenen WLAN oder einem unkomplizierten Nutzen der werkseitigen Sicherheitseinstellungen offenbar keine Rolle, allerdings besteht keine Verpflichtung zur Aktualisierung oder kostenaufwändigen Absicherung.[678] Besonderes privilegiert sind außerdem Presse- und Rundfunkunternehmen.[679] Es bietet sich an, die differenzierten Regelungen der Verantwortlichkeit in den §§ 8 bis 10 TMG als Wertungsmaßstab heranzuziehen.

313 Die Regelungen des TMG zur Haftung ersetzt die Rechtsprechung im Bereich der Störerhaftung durch Bildung neuer Fallgruppen und Einzelfallabwägungen.[680] Die

---

zugewiesenen Aufgaben ergibt und nicht umgekehrt. Nach Kilian/Heussen/*Koch* CHB Nr 24 Rn 118 ist die Rechtsabteilung der DeNIC außerdem gut besetzt. Schließlich wird noch auf die Kostengünstigkeit der Domainregistrierung verwiesen, obwohl die Preise bei der DeNIC direkt kaum besonders niedrig erscheinen und bei einer Registrierung über ein DeNIC-Mitglied dessen kommerzielles Interesse wohl für eine Störerverantwortung spräche. Schließlich besteht kein schutzwertes Interesse daran, Domainnamen dadurch etwas günstiger anbieten zu können, dass Rechtsverletzungen hingenommen werden.

670 BGH Urt v 27.3.2007, Az VI ZR 101/06 – *Meinungsforum im Internet*.

671 BGH Urt v 12.5.2010, Az I ZR 121/08 – Sommer unseres Lebens Rn 22.

672 So bereits *Borges* NJW 2010, 2624, 2627.

673 So wohl auch OLG Köln Urt v 21.9.2007, Az 6 U 86/07, 11; vgl LG Kiel Urt v 23.11.2007, Az 14 O 125/07 MIR-Dok 413-2007, 7: keine Verpflichtung zu nahezu wirkungslosen Maßnahmen.

674 Vgl bereits *Freytag* CR 2000, 600, 605.

675 BGH Urt v 1.4.2004, Az I ZR 317/01 – Schöner Wetten, zust *Spindler* GRUR 2004, 724, 728; s a BGH Urt v 14.10.2010, Az I ZR 191/08 – Link.

676 Vgl BGH Urt v 27.3.2007, Az VI ZR 101/06 – Meinungsforum im Internet, Rn 8: Keine spezifischen Einschränkungen für Meinungsforum; BGH Urt v 1.4.2004, Az I ZR 317/01 – Schöner Wetten, 11, 14: Funktion und Aufgabe des Störers sind zu berücksichtigen, bei der Verantwortlichkeit für Hyperlinks sind Meinungs- und Pressefreiheit zu berücksichtigen.

677 BGH Urt v 11.3.2004, Az I ZR 304/01 – Internet-Versteigerung I, 19; BGH Urt v 17.5.2001, Az I ZR 251/99 – Ambiente.de. *Fülbier* CR 2007, 515, 519.

678 BGH Urt v 12.5.2010, Az I ZR 121/08 – Sommer unseres Lebens.

679 Vgl BGH Urt v 1.4.2004, Az I ZR 317/01 – Schöner Wetten, 14, vor allem BGH Urt v 14.10.2010, Az I ZR 191/08 – Link.

680 In der Entscheidung BGH Urt v 12.5.2010, Az I ZR 121/08 – Sommer unseres Lebens Rn 24, wird die Haftungsprivillegierung für Hosting-Provider (§ 10 S 1 TMG zurückgewiesen, obwohl ein Nutzer, der sein WLAN nicht sichert, dadurch keine Daten speichert, sondern allenfalls den Zugang zu Inhalten vermittelt. Dies deutet darauf hin, dass die Rechtsprechung

Ergebnisse mögen konsensfähig sein, ein dogmatisches Raster bietet die Entscheidungspraxis nicht. Dadurch kommt es zu lokalen Sonderrechtsprechungen, die aufgrund der örtlichen Allzuständigkeit für Internetsachverhalte enstprechende Verfahren an sich ziehen.[681]

314 d) **Beweislast.** Im Rahmen der Haftungsprivilegien der §§ 7 ff TMG trifft den Anspruchsteller die **Darlegungs- und Beweislast** dafür, dass die Privilegien des TMG **nicht** greifen, insb hat der Anspruchsteller daher die Kenntnis des Inanspruchgenommenen zu beweisen, die Voraussetzung der Haftung beim Zwischenspeichern oder Hosten fremder Inhalte ist, §§ 9 S 1 Nr 5, 10 S 1 Nr 2 TMG.[682] Entsprechendes gilt auch für die Störerhaftung. Auch hier hat der Anspruchsteller alle anspruchsbegründenden Tatsachen darzulegen und ggfls zu beweisen. Dazu gehören auch die Behauptungen, aus denen sich die Störerhaftung ergibt, einschließlich der Adäquanz und der Zumutbarkeit etwaiger Maßnahmen zur Verhinderung weiterer Rechtsverletzungen. Allerdings kommen dem Antragsgegner die Grundsätze der sekundären Darlegungs- und Beweislast zu Gute. Hat der Verletzte keinen Einblick in die technischen Möglichkeiten und kann von sich aus nicht erkennen, der Einsatz einer bestimmten Maßnahme im Hinblick auf ihre internen Betriebsabläufe des Anbieters zumutbar ist, trifft den Anbieter die sekundäre Darlegungslast im Einzelnen vorzutragen, welche Schutzmaßnahmen er ergreifen kann oder weshalb weitergehende Maßnahmen nicht zumutbar sind. Erst diesen Vortrag muss der Verletzte dann entkräften.[683] Eine sekundäre Darlegungslast trifft auch den Inhaber einer IP-Adresse unter der eine Rechtsverletzung begangen wurde. Er hat darzulegen, weshalb er die Rechtsverletzung nicht selbst begangen hat.[684]

315 e) **Störerauswahl.** Nach Ansicht des BGH darf der Verletzte frei wählen, ob und welche Störer er in Anspruch nimmt.[685] Die Auswahl oder ihre Kriterien werden nicht überprüft. Eine Störerauswahl unter Zumutbarkeitserwägungen nimmt dagegen das KG überzeugend im konkreten Einzelfall an.[686]

316 f) **Inhalt der Störerhaftung.** Der Störer haftet **ausschließlich** auf Unterlassung, nicht auf Schadensersatz.[687] Entsprechend besteht auch kein Anspruch auf Auskunft über das Verhalten des Störers oder gar zu personenbezogenen Daten Dritter.[688] Auch rechtfertigt die Störerhaftung kein Tätigwerden auf die Entfernung von Inhalten bei

---

die Besonderheiten der Intermediäre gar nicht zur Kennntnis nimmt, die zu den Priviligien der ECRL geführt haben.

681 LG Hamburg MMR 2006, 491, 492: Kann der Forumsbetreiber die Anzahl der Beiträge nicht überprüfen, soll er verpflichtet sein, sein Angebot entsprechend einzuschränken; insoweit jedoch nicht bestätigt durch OLG Hamburg MMR 2006, 745 – heise.de (mit Anm *Feldmann*).

682 BGH Urt v 23.9.2003, Az VI ZR 335/02 S 6.

683 BGH Urt v 10.4.2008, Az I ZR 227/05 – Namensklau im Internet Rn 20.

684 BGH Urt v 12.5.2010, Az I ZR 121/08 – Sommer unseres Lebens Rn 12.

685 BGH Urt v 27.3.2007, Az VI ZR 101/06 – Meinungsforum im Internet.

686 KG MMR 2006, 392, 393: Löschung der Domain durch AdminC erst wenn Inhaber nicht erreichbar.

687 BGH Urt v 11.3.2004, Az I ZR 304/01 – Internet-Versteigerung I, 20; s zur Abgrenzung zu den Verkehrspflichten *Rössel/Kruse* CR 2008, 35, 36 f.

688 OLG Frankfurt MMR 2005, 241 (mit Anm *Spindler*); hingegen nicht mehr vertretbar LG Köln Urt v 12.9.2007, Az 28 O 339/07, abrufbar unter JurPC Web-Dok 164/2007; siehe hierzu aA bei § 101a UrhG; *Dreier*/Schulze/*Dreier* § 101a RuG, zur Auskunft im einstweiligen Rechtsschutz; OLG Hamburg GRUR-RR 2007, 29 f.

Dritten, die das Angebot des Störers als Quelle verwendet haben.[689] Hochproblematisch ist die Ausweitung der Störerhaftung auf zukünftige Sachverhalte durch verallgemeinernde Tenorierung (Rn 303). Dunkel sind schließlich die Ausführungen des BGH zum Anspruch auf Beseitigung außerhalb der Verletzung von Prüfungspflichten in der Entscheidung *Meinungsforum im Internet*.[690]

7. Hyperlinks und Suchmaschinen

Verknüpfungen sind ein Kernbestandteil des World Wide Web, dem wohl bekanntesten Teilbereich des Internet.[691] Die Möglichkeit zu verlinken ist keine zusätzliche Funktionalität des Web, sondern ein **integraler Wesensbestandteil** der zugrundeliegenden Protokolle.[692] Das Prinzip der Verknüpfung hat sich als unschätzbarer Systemvorteil erwiesen. Linkverbote berühren somit nicht nur die betroffenen Inhalte sondern die Struktur des Internet. Auf Linkhaftung reagiert das Internet daher sehr stark.[693] Im Bereich des Telemedienrechts dürfte dies das am umfangreichsten bearbeitete Thema sein.[694] Entsprechendes gilt für Suchmaschinen, ohne die ein zielgerichteter Zugang zu den mehr 12 Mrd[695] Internetseiten nicht möglich wäre. **317**

689 So aber LG Hamburg MMR 2006, 697.

690 BGH Urt v 27.3.2007, Az VI ZR 101/06 – Meinungsforum im Internet, Rn 9: „Auch wenn von ihm keine Prüfpflichten verletzt werden, so ist er doch nach allgemeinem Zivilrecht zur Beseitigung und damit zur Unterlassung künftiger Rechtsverletzungen verpflichtet".

691 "A defining characteristic of the Web is that it allows embedded references to other resources via URIs. The simplicity of creating hypertext links using [URL] is partly (perhaps largely) responsible for the success of the hypertext Web as we know it today." (Architecture of the World Wide Web, Volume One, abrufbar unter: www.w3.org/TR/webarch (Stand 23.4.2007); *O'Reilly* What Is Web 2.0, Design Patterns and Business Models for the Next Generation of Software (www.oreillynet.com/pub/a/oreilly/tim/news/2005/09/30/what-is-web-20.html? page=1)); s auch *Müglich* CR 2002, 583, 583.

692 Statt vieler *Müglich* CR 2002, 583, 583; MAH/*Lotze* § 31 Rn 221, zust LG Düsseldorf GRUR-RR 2006, 54, 56; *Kochinke/Tröndle* CR 1999, 190, 190: Links sind das „Herzstück des Internet".

693 Bekanntes Beispiel sind die Überreaktionen auf die Entscheidung LG Hamburg Urt v 12.5.1998, Az 312 O 85/98 – Link, abrufbar unter JurPC Web-Dok 86/1998 Unzählige Homepages – bspw der StA Cottbus (www.sta-cottbus.brandenburg.de/sixcms/detail.php?id=214223&template=seite_stcb_1 (Stand 29. 6. 2007)) – enthalten unter Hinweis auf das Urteil eine pauschale Distanzierung von verlinkten Inhalten und verkennen dabei, dass der Kern der Entscheidung darin besteht, dass solche allgemein gehaltenen Hinweise gerade nicht ausreichen.

694 Für eine Übersicht über die Entwicklung Spindler/Schmitz/Geis/*Spindler* Vor § 8 TDG Rn 30; s zum internationalen Vergleich *Manna/Vasapollo* CRi 2007, 59; *Ott* GRUR Int 2007, 14; jüngst umfassend *Sieber/Liesching* MMR-Beil Heft 8 2007, 1; zentrale Entscheidungen: Störerverantwortung für Links BGH vom 1.4.2004, I ZR 317/01 – Schöner Wetten; urheberrechtliche Qualifizierung: BGH Urt v 17.7.2003, Az I ZR 259/00 – Paperboy; Verkehrssicherungspflicht zur regelmäßigen Prüfung von gesetzten Links: OLG München Urt v 15.3.2002, Az 21 U 1914/02, abrufbar unter JurPC Web-Dok 262/2002; Keine Zueigenmachung durch bloßen Link: OLG Schleswig MMR 2001, 399 – Swabedoo (mit Anm *Schütz/Attendorn*); Framing: OLG Hamburg GRUR 2001, 831 – Roche Lexikon Medizin; Zu-Eigen-Machung durch Link: OLG Braunschweig MMR 2001, 608; keine Verantwortung für Verlinktwerden: OLG Hamburg MMR 2005, 53 – polonia-hamburg.de; Haftung für Links in Webkatalog: OLG Hamburg MMR 2006, 37 Angabe einer URL zu einem urheberrechtsverletzenden Angebot durch Presse zulässig aber nicht die „Verlinkung" OLG München MMR 2005, 768, 772 – *anyDVD*; Verlinkung als objektivierender Rahmen einer Meinungsäußerung: OLG München GRUR-RR 2006, 208 – Flop-Airline.

695 *Gulli/Signorini* The Indexable Web is More than 11.5 billion pages, abrufbar unter www.cs.uiowa.edu/~asignori/web-size/size-indexable-web.pdf (Stand 9.10.2007).

318 Die derzeit noch hM nimmt an, die Privilegierungstatbestände fänden auf Links und Suchmaschinen **keine Anwendung.**[696] Dies war die überraschende Wendung nachdem die Diskussion vor allem um die richtige Einordnung unter die verschiedenen Enthaftungstatbestände geführt worden war.[697] Die Begründung dafür soll sich aus der ECRL gewinnen lassen. Die ECRL sieht alle zwei Jahre eine Überprüfung der Regelungen vor (Art 21 Abs 1). Ausdrücklich soll dabei auch untersucht werden, „ob Vorschläge in Bezug auf die Haftung der Anbieter von Hyperlinks und von Instrumenten zur Lokalisierung von Informationen, Verfahren zur Meldung und Entfernung rechtswidriger Inhalte („notice and take down"-Verfahren) und eine Haftbarmachung im Anschluss an die Entfernung von Inhalten erforderlich sind" im „Hinblick auf das etwaige Erfordernis einer Anpassung" der ECRL (Art 21 Abs 2 ECRL).

319 Aus diesem unglücklich formulierten Absatz soll gefolgert werden können, die ECRL treffe zu Hyperlinks und Suchmaschinen keine Aussage. Nachdem die Haftungsvorschriften vom bundesdeutschen Gesetzgeber beinahe wörtlich der ECRL nachgebildet worden seien und trotz Kenntnis des Streites zu Hyperlinks und entsprechender Anregungen zu einer spezifischen Regelung – wie in § 17 Österr. ECG – keine solche Hyperlink-Bestimmung erlassen worden sei, fänden die Privilegien des TMG keine Anwendung auf Hyperlinks.[698] Der BGH hat sich dieser Auffassung angeschlossen, wobei anstelle einer Begründung auf Materialien und Literatur verwiesen wird.[699]

320 Es ist das Verdienst von Sieber und Liesching, die Argumente gegen diese wenig überzeugende Ansicht unter dem Aspekt der Suchmaschinenhaftung zusammengetragen zu haben.[700] Kurzgefasst: der **Nichtregelung fehlt Gestaltungswille.** Der Anwendungsbereich des TMG ergibt sich aus § 1 der Vorschrift ohne die geringsten Ansatzpunkte für eine Einschränkung bzgl Suchmaschinen oder Hyperlinks. Das gleiche gilt für die ECRL, die in Art 1 Abs 5 sehr genau bestimmt, auf welche Bereiche die RL keine Anwendung finden soll. In Art 3 Abs 3 ECRL zeigt der EU-Gesetzgeber seine Fähigkeit, sogar innerhalb einzelner Normen klarzustellen, wenn bestimmte Bereiche von der Anwendung ausgenommen werden sollen. Stattdessen werden Suchmaschinen als Dienste der Informationsgesellschaft ausdrücklich genannt (Rn 48). Ohne einen Anknüpfungspunkt für Zweifel ergibt der Wortlaut von ECRL und TMG, dass Suchmaschinen oder Links nicht aus dem Anwendungsbereich ausgenommen sind. Dies ändert sich auch nicht durch die Überprüfungsberichte nach Art 21 Abs 2 ECRL. Dort ist nicht davon die Rede, dass die Einführung entsprechender Regelungen geprüft werden soll, sondern ob *spezifische* Regelungen für Links und Suchmaschinen trotz Umsetzung der Richtlinie erforderlich erscheinen, und ob diese dann eine Anpas-

---

696 BGH Urt v 1.4.2004, Az I ZR 317/01 – Schöner Wetten, 9: „Spezialgesetzliche Vorschriften, nach denen die Verantwortlichkeit der Beklagten für das Setzen eines Hyperlinks in der beanstandeten Art und Weise zu beurteilen wäre, bestehen nach der geltenden Rechtslage nicht. Die Vorschriften des Mediendienste-Staatsvertrages (...) sind – nicht anders als die entsprechenden Vorschriften des Teledienstegesetzes (...) – auf Fälle der vorliegenden Art nicht anwendbar"; „ohne Wenn und Aber" zustimmend *Spindler* GRUR 2004, 724, 728, BGH Urt v 18.10.2007, Az I ZR 102/05 – ueber18.de Rn 20 mwN; s aber nun BGH Urt v 14.10.2010, Az I ZR 191/08 – Ang DVD: Die Freiheit zur Berichterstattung umfasst auch das Recht als Beleg oder zusätzliche Information auf Seiten zu verlinken, auf denen rechtswidrige Angebote zu finden sind.

697 S die Nachweise zum TDG 1997 bei *Sieber* Verantwortlichkeit Rn 307.

698 S Darlegung und Nachweise bei Spindler/Schmitz/Geis/*Spindler* Vor § 8 TDG Rn 32 ff.

699 BGH Urt v 1.4.2004, Az I ZR 317/01 – Schöner Wetten, 9 f.

700 Eingehend *Sieber/Liesching* MMR-Beil Heft 8 2007, 1.

sung der Richtlinie erfordern. Dieser ausdrücklich doppelte Vorbehalt eines Erfordernisses kann nur so verstanden werden, wie dies auch die Vorschriften zum Anwendungsbereich nahelegen: Die ECRL lässt die Frage offen. Die ECRL gibt damit für die Auslegung des TMG nichts her. Dies hat auch der bundesdeutsche Gesetzgeber so gesehen und sich nicht für die Schaffung eines *Sonderrechts* für Hyperlinks und Suchmaschinen entschieden. So ist auch die von der hM angeführte Gegenäußerung der Bundesregierung zur Anregung einer spezifischen Bestimmung zu verstehen. Dort heißt es zwar, es bleibe hinsichtlich der zivil- oder strafrechtlichen Verantwortlichkeit für Hyperlinks bei der Haftung nach allgemeinen Vorschriften.[701] Dieser Satz steht jedoch im Zusammenhang mit der Frage, ob die Bundesregierung *spezielle Beschränkungen für Links* für notwendig erachtet. Dafür soll indes „zunächst die weitere Entwicklung in Wissenschaft und Rechtsprechung" verfolgt werden. Damit ist klargestellt, dass die Linkhaftung keine besondere Regelung erfahren, sondern zunächst mittels der allgemeinen Bestimmungen – zu denen das TMG zählt – entwickelt werden soll.[702] Im Übrigen erscheint es wenig überzeugend, Diskussionen bei der Entstehung der Richtlinie, zumindest missverständliche Gegenäußerungen eines Organs innerhalb des Entstehungsprozesse der Norm oder gar das Schweigen des Gesetzgebers über den klaren Wortlaut der Vorschrift zum Anwendungsbereich zu stellen. Immer wieder werden in den Materialien in diesem Zusammenhang zwar Links, nicht aber die Suchmaschinen erwähnt, ohne dass daraus Besonderheiten gefolgert würden.[703] Stattdessen stellt die Begründung ausdrücklich klar, dass Suchmaschinen unter das TMG fallen.[704]

Der EuGH hat inzwischen ohne Erwähnung des Art 21 ECRL entschieden, dass ein Referenzierungsdienst wie Google unter Art 14 ECRL fällt.[705] Damit dürfte die Auffassung der bislang hM hinsichtlich Links und Suchmaschinen kaum vereinbar sein, selbst wenn der EuGH nur über den Bestandteil Keyword Advertising des Suchmaschinenangebots entschieden hat. Inzwischen hat sich der BGH dem in einem obiter dictum angeschlossen und hält Art 14 ECRL auf Suchmaschinen für anwendbar, geht allerdings nicht auf das TMG ein.[706] **321**

Damit sind die drängenden Fragen der Suchmaschinen- und Linkhaftung nicht gelöst, sondern verlagert, denn eine Einordnung von **Links** unter einen der Privilegierungstatbestände gelingt nicht unmittelbar.[707] Wer einen spezifischen Link oder eine Linkliste unterhält, möchte die Auffindbarkeit und Abrufbarkeit einer Information durch den Nutzer herstellen und nicht die Kommunikation Dritter durchleiten. Eine **322**

701 BT-Drucks 14/6098, 37.

702 So auch *Sieber/Liesching* MMR-Beil Heft 8 2007, 1, 9, dort Fn 9 mwN.

703 Bspw in dem zuvor zitierten Satz aus BT-Drucks 14/6098, 37.

704 BT-Drucks 14/6098, 13.

705 EuGH Urt v 23.3.2010, Az C 236/08 bis C 238/08 Rn 106 ff; allerdings ging es nicht um Unterlassungsansprüche.

706 BGH Urt v 29.4.2010, Az I ZR 69/08 – Vorschaubilder Rn 39; hierzu vor allem *Spindler* GRUR 2010, 785, 792, der die Entscheidung für einen nicht verallgemeinerbaren Einzelfall hält.

707 Das OLG Jena BeckRS 2008 04589 unter II 4 versucht Unterlassungsansprüche gegen eine Suchmaschine, die Miniaturansichten von Bildern ohne Zustimmung des Urhebers zugänglich macht, nach Treu und Glauben auszuschließen, wenn der Urheber selbst durch den Inhalt der Metatags auf seiner Seite die Suchmaschine „angelockt" habe. Das OLG verkennt dabei allerdings, dass die Metatags standardkonform zur Beschreibung eines Internetangebotes dienen und sich ua Suchmaschinen dies zu nutze machen. Dass ein Urheber durch ordnungsgemäß ausgewählte Metatags zur Aufmerksamkeitssteigerung für sein Angebot sich des Einspruchs gegen rechtswidrige Nutzungen begeben soll, opfert das Urheberrecht den durch die Suchmaschine geschaffenen Tatsachen.

Speicherung für den Nutzer liegt erst vor, wenn die Auswahl des Links durch den Nutzer erfolgt ist. Anderes lässt sich vertreten für automatisiert produzierte Linklisten, bspw bei Suchmaschinen. Ergänzend wird eine analoge Anwendung vorgeschlagen. Diese ist nach hM nicht zulässig, da der Gesetzgeber keine **planwidrige Regelungslücke** gelassen habe. Eingehend weisen Sieber und Liesching nach, dass dieses Argument nicht greift, da sich ein Wille des Gesetzgebers gegen eine Erfassung der Links unter dem Regelungsplan der Privilegien nicht nachweisen lässt, sondern lediglich die Nichtschaffung einer spezifischen Regelung und im Übrigen der Gesetzgeber die Lösung der als ungelöst erkannten Problematik durch die Weiterentwicklung der Regelungen durch Wissenschaft und Rechtsprechung ausdrücklich erwartet hat.[708] Für automatisierte Linklisten der Suchmaschinenbetreiber wenden Sieber und Liesching mit überzeugenden Argumenten die Regeln für Zugangsanbieter analog an (§ 8 TMG).[709] Bei manuell ausgewählten Links soll es dagegen bei den allgemeinen Regeln bleiben. Auf das Caching der Suchmaschinenbetreiber ist hingegen § 9 TMG unmittelbar anwendbar (Rn 255). Allerdings ist es nach den Kriterien der hM auch möglich, Suchmaschinenergebnisse als zu eigen gemachte Inhalte zu beurteilen (Rn 270). Der EuGH ordnet das Keyword Advertising unter die Regelungen des Hostings des Art 14 ECRL, solange der Anbieter neutral ist, also sein Verhalten rein technischer, automatischer und passiver Art ist und er weder Kenntnis noch Kontrolle über die weitergeleitete oder gespeicherte Information besitzt.[710]

323 Die Diskussion, ob das Haftungskonzept des TMG mangels ausdrücklicher Nennung nicht auf Suchmaschinen und Links anwendbar sei, ist allerdings wenig relevant, solange für die wichtigste Anspruchsgrundlage in diesem Bereich, nämlich die Störerhaftung, eine Anwendung der Haftungsprivilegien ohnehin ausscheiden soll. Es entbehrt nicht einer gewissen Ironie, dass diese Störerhaftung auf einer über Jahrzehnte durch die Rechtsprechung entwickelten und vom Gesetzgeber aufrechterhaltenen „planwidrigen" Regelungslücke basiert.

---

708 *Sieber/Liesching* MMR-Beil Heft 8 2007, 1, 9 f; *Stenzel* MMR 2006, V weist darauf hin, dass selbst absichtliche Lücken einer rechtsstaatlichen Ausführung bedürften und fordert dringend gesetzgeberisches Eingreifen.

709 *Sieber/Liesching* MMR-Beil Heft 8 2007, 1, 11 ff; so auch *Sieber/Nolde* Sperrverfügungen 134 ff.

710 EuGH Urt v 23.3.2010, Az C 236/08 bis C 238/08 – Google France/Louis Vuitton Rn 114.

Kapitel 2

Telekommunikationsrecht*

Literatur

Berger-Kögler Regulierung des Auslandsroaming-Marktes MMR 2007, 294; *Brinkel/Lammers* Innere Sicherheit auf Vorrat ZUM 2008, 11; *Demmel/Skrobotz* Vergabe und Nutzung von Vanity-Nummern MMR 1999, 74; *Ditscheid* Unterschiedliche Abrechnungssysteme in Zusammenschaltungsverhältnissen im Wandel? CR 2006, 316; *Dorschel* BVerfG: Einstweilige Anordnung über die Vorratsdatenspeicherung CR 2008, R 39; *Eckhardt* Die Neuregelung der Telekommunikationsüberwachung und anderer verdeckter Ermittlungsmaßnahmen im TKG CR 2007, 405; *Erman* Bürgerliches Gesetzbuch, 12. Aufl Münster/Köln 2008 (zit Erman/*Bearbeiter*); *Geppert/Piepenbrock/Schütz/Schuster* (Hrsg) Beck'scher TKG-Kommentar, 3. Aufl München 2006 (zit BeckTKG-Komm/*Bearbeiter*); *Geppert/Ruhle/Schuster* Handbuch Recht und Praxis der Telekommunikation, 2. Aufl Baden-Baden 2002; *Gersdorf* Telekommunikationsrecht Stand: Sommersemester 2008 www.jura.gersdorf.uni-rostock.de/fileadmin/Jura_KR/TKRSkript2008.pdf; *Gola/Schomerus* Bundesdatenschutzgesetz, 10. Aufl München 2010; *Hahn* AGB in TK-Dienstleistungsverträgen MMR 1999, 251; *Heun* (Hrsg) Handbuch Telekommunikationsrecht, Köln 2002 (zit Heun/*Bearbeiter*); *Hoeren* Internetrecht Stand: Februar 2010 www.uni-muenster.de/Jura.itm/hoeren/materialien/Skript/Skript_Internetrecht_Februar_2010. pdf; *Holznagel* Domainnamen- und IP-Nummern-Vergabe – eine Aufgabe der Regulierungsbehörde? MMR 2003, 219; *Holznagel/Hombergs* Das Prinzip nachrangiger Regulierung auf den Endnutzermärkten K&R 2003, 322; *Holznagel/Enaux/Nienhaus* Telekommunikationsrecht, 2. Aufl München 2006; *Klotz/Brandenburger* Der novellierte EG-Rechtsrahmen für elektronische Kommunikation – Anpassungsbedarf im TKG MMR 2010, 147; *Koenig/Neumann* Internet-Protokoll-Adressen als Nummern im Sinne des Telekommunikationsrechts? K&R 1999, 145; *Jenny* Eile mit Weile – Vorratsdatenspeicherung auf dem Prüfstand CR 2008, 282; *Koenig/Loetz/Neumann* Telekommunikationsrecht, Heidelberg 2004; *Krüger* (Red) Münchner Kommentar zum Bürgerlichen Gesetzbuch Band 2 Schuldrecht Allgemeiner Teil, §§ 241–432, 5. Aufl München 2007 (zit MünchKommBGB/*Bearbeiter*); *Mayer/Möller* Bekämpfung von Spam mit den Mitteln des Telekommunikationsrechts durch die RegTP K&R 2005, 251; *O'Brien* EU considers telecom 'superregulator', International Herald Tribune, 12.8.2007, http://www.iht.com/articles/2007/08/12/business/telecom13.php; *Palandt* Bürgerliches Gesetzbuch, 70. Aufl. München 2011; *Pohle/Dorschel* Entgeltnachweis und technische Prüfung CR 2007, 153; *ders* Verantwortlichkeit und Haftung für die Nutzung von Telekommunikationsanschlüssen CR 2007, 628; *Redeker* Provider-Verträge – ihre Einordnung in die Vertragstypen des BGB ITRB 2003, 82; *Rösler/Zagouras* Neue verbraucherschützende Grundlagen bei Mehrwertdiensten NJW 2002, 2930; *Schimanek/von Lewinski* Grundlagen des Telekommunikations-, Rundfunk- und Medienrechts sowie Vertragsgestaltung im Telekommunikations- und Internetrecht Stand: 14.7.2006, www.rewi.hu-berlin.de/jura/etc/lwk/DOK/TKM.pdf; *Säcker* (Hrsg) Berliner Kommentar zum TKG, 2. Aufl Frankfurt 2009 (zit BerlKommTKG/*Bearbeiter*); *Schlotter* Die neuen Endkunden schützenden Regelungen des „Gesetzes zur Änderung telekommunikativer Vorschriften" vom 18.02.2007 – ein detaillierter Überblick JurPC Web-Dok 148/2007; *Schmitz* Inhalt und Gestaltung von Telekommunikationsverträgen

* Herrn Thorsten Ammann gebührt der Dank des Verfassers für die Unterstützung bei der Verfassung dieses Abschnitts.

MMR 2001, 150; *Schmitz/Eckhardt* Vertragsverhältnisse und CRM bei Mehrwertdiensten CR 2006, 323; *Schulze/Dörner/Ebert/Eckert/Hoeren/Kemper/Saenger/Schulte-Nölke/Staudinger* Bürgerliches Gesetzbuch Handkommentar, 6. Aufl Baden-Baden 2009 (zit Hk-BGB/*Bearbeiter*); *Schütz* Kommunikationsrecht, München 2005; *Schuster* (Hrsg) Vertragshandbuch Telemedia, München 2001; *Spindler* Neues im Vertragsrecht der Internetprovider CR 2004, 203; *ders* Urteilskommentierung zu BGH, Beschluss vom 23.3.2005 – III ZR 338/04 (ZIP 2005, 951) EWiR § 611 BGB 1/05, 627; *ders* Vertragsrecht der Internetprovider, 2. Aufl Köln 2004; *ders* Vertragsrecht der Telekommunikationsanbieter, Köln 2000; *Tipke/Kruse* (Hrsg) Kommentar zur AO und FGO, Köln Erg-Lfg 05.2010 (zit Tipke/Kruse/*Bearbeiter*); *Ufer* Aktuelle Gesetzgebungsverfahren gegen unerwünschte Telefonwerbung K&R 2008, 493 ff.; *Ulmer/Brandner/Hensen* (Hrsg) AGB-Recht, 10. Aufl Köln 2006 (zit Ulmer/Brandner/Hensen/*Bearbeiter*); *Vander* Der neue Rechtsrahmen für Mehrwertdienste NJW 2007, 2580; *ders* Telefonmarketing im Fadenkreuz MMR 2008, 639; *Graf von Westphalen/Grote/Pohle* Der Telefondienstvertrag, Heidelberg 2001; *Wissmann* (Hrsg) Telekommunikationsrecht, 3. Aufl Frankfurt 2008 (zit Wissmann/*Bearbeiter*); *Zscherpe* Anforderungen an die datenschutzrechtliche Einwilligungen im Internet MMR 2004, 723.

Übersicht

§ 1
Einführung

I. Telekommunikationsrecht zwischen privater Vertragsgestaltung und öffentlicher Regulierung

1. Vom Monopol zum Wettbewerb

Lange Zeit begriff man in Deutschland wie auch in vielen anderen europäischen Staaten das Post- und Fernmeldewesen als **Bestandteil der Daseinsvorsorge.** Entsprechende Dienste waren staatlich monopolisiert. Die in **Art 87 Abs 1 GG aF** niederlegte bundeseigene Verwaltung der Materie wurde von der Deutschen Bundespost als Sondervermögen des Bundes wahrgenommen. Sie durfte Post- und Telekommunikationsleistungen exklusiv vertreiben. Einzelheiten regelten das Fernmeldeanlagengesetz (FAG) und das Telegrafenwegegesetz (TWG).[1] **1**

[1] Vgl insgesamt *Holznagel/Enaux/Nienhaus* Rn 20 f.

2 Wie viele andere Bereiche hat innerhalb der letzten beiden Jahrzehnte auch die Telekommunikationsindustrie vom Aufschwung und der rasanten technischen Entwicklung der Informationstechnologie profitiert und auf Basis neuer Technologien ihr Nutzungsangebot kontinuierlich erweitern können.[2] Der damit einhergehende **gesamtwirtschaftliche Bedeutungszuwachs des Telekommunikationssektors** für den europäischen Binnenmarkt weckte schließlich den **Bedarf nach einer Vereinheitlichung des einschlägigen Regelungsgeflechts.** So haben zahlreiche europäische Richtlinien den europäischen Telekommunikationsmarkt über Jahre hinweg liberalisiert und harmonisiert und überkommene monopolistische Strukturen aufgeweicht. Angefangen beim sog Grünbuch **der Europäischen Kommission** über die Entwicklung des gemeinsamen Marktes für Telekommunikationsdienstleistungen und Telekommunikationsgeräte (1987),[3] über die **Endgeräte-RL** (1988),[4] die **Dienste-RL** (1990),[5] ergänzt durch **RL 94/46/EG** (Satellitenkommunikation),[6] **RL 95/51/EG** (Kabel-RL)[7] und **RL 96/2/EG** (Mobilnetz-RL),[8] wurden mit **RL 96/19/EG** (Richtlinie zur Einführung des vollständigen Wettbewerbs auf den Telekommunikationsmärkten)[9] und der **Verordnung 2887/2000** des Europäischen Parlaments und des Rates über die Endbündelung der Ortsnetze[10] Betreiber von beträchtlicher Marktmacht verpflichtet, Anschlussleitung und Verbindungsleitung getrennt anzubieten (sog Line-Sharing).letztlich alle Monopolrechte der ehemaligen Post- und Fernmeldeverwaltungen aufgehoben und der Prozess der Liberalisierung im Jahre 2000 im Wesentlichen abgeschlossen.

3 Um einen fairen und funktionsfähigen Wettbewerb des sich vor diesem Hintergrund immer weiter öffnenden Telekommunikationsmarktes gewährleisten zu können, hielt man es ferner für erforderlich, einheitliche Marktzutrittsbedingungen zu normieren. Einen ersten Schritt in diese Richtung unternahm der europäische Gesetzgeber im Jahre 1990 mit der sog **ONP-RL.**[11] Sie verpflichtete die Mitgliedstaaten zur Schaffung objektiver, transparenter und diskriminierungsfreier Zugangsbedingungen zu den Netzen. Diese Richtlinie wurde in der Folgezeit weiter angepasst und ergänzt. Die **Mietleitungs-RL**[12] aus dem Jahre 1992 formuliert einheitliche Bedingungen für den Zu-

---

[2] *Holznagel/Enaux/Nienhaus* Rn 22.

[3] KOM [87] 290 v 30.6.1987.

[4] RL 80/301/EWG der Kommission v 16.5.1988 über den Wettbewerb auf dem Markt für Telekommunikations-Endgeräte, ABl EG Nr L 131 v 27.5.1988, 73 ff.

[5] RL 90/388/EWG, ABl EG Nr L 192 v 24.7.1990, 10.

[6] RL 94/46/EG der Kommission v 13.10.1994 zur Änderung der RL 88/301/EWG und 90/388/EWG, insb betreffend die Satelliten-Kommunikation, ABl EG Nr L 268 v 19.10.1994, 15 ff.

[7] RL 95/51/EG, Richtlinie der Kommission v 18.10.1995 zur Änderung der RL 90/388/EWG hinsichtlich der Aufhebung der Einschränkungen bei der Nutzung von Kabelfernsehnetzen für die Erbringung bereits liberalisierter Telekommunikationsdienste, ABl EG Nr L 308 v 29.11.1996, 59 ff.

[8] RL 96/2/EG der Kommission v 16.1.1996 zur Änderung der RL 90/388/EWG betreffend die mobile Kommunikation und Personal Communications, ABl EG Nr L 66 v 16.3.1996.

[9] RL 96/19/EG der Kommission v 13.3.1996 zur Änderung der RL 90/388/EWG hinsichtlich der Einführung des vollständigen Wettbewerbs auf den Telekommunikationsmärkten, ABl EG Nr L 74 v 22.3.1996, 13 ff.

[10] Verordnung (EG) Nr 2887/2000 des Europäischen Parlaments und des Rates v 18.12. 2000 über den entbündelten Zugang zum Teilnehmeranschluss, ABl EG Nr L 336 v 30.12.2000, 4 ff.

[11] Open Network Provision, RL 90/387/EWG des Rates v 28.6.1990 zur Verwirklichung des Binnenmarktes für Telekommunikationsdienste durch Einführung eines offenen Netzzugangs, ABl EG Nr L 192 v 24.7.1990, 1 ff.

[12] RL 92/44/EWG des Rates v 5.6.1992 zur Einführung des offenen Netzzugangs bei Mietleistungen, ABl EG Nr L 165 v 19.6.1992, 27 ff.

gang und die Nutzung von Mietleitungen, die **Genehmigungs-RL** (1997)[13] den supranationalen Rechtsrahmen für nationale Genehmigungs- und Lizenzverfahren. Unter Betonung der Interoperabilität der Netze als Schlüsselfaktor eines funktionierenden und wettbewerbsfähigen Telekommunikationsmarktes wurde zu alledem Marktteilnehmern mit beträchtlichem Marktumfang im Jahre 1997 aufgetragen, Wettbewerbern durch Zusammenschaltung der Netze fortan die Möglichkeit zu eröffnen, ihre Geschäftstätigkeit auch auf solche Endkunden erstrecken zu können, die sie mit eigenen Netzen nicht zu erreichen vermögen (**Zusammenschaltungs-RL**).[14] Den Belangen des Gemeinwohls versucht die **Sprachtelefonie-RL** aus dem Jahre 1998[15] Rechnung zu tragen. Auf ihrer Grundlage soll im liberalen Telekommunikationsmarkt die fortwährende Bereitstellung von Netzanschlüssen, Telefondiensten, Auskunftsdiensten und öffentlichen Karten-/Münztelefonen gewährleistet werden.

Zunehmender Wettbewerb, die wachsende Konvergenz der Netze sowie der damit einhergehende steigende Harmonisierungsbedarf waren für den europäischen Gesetzgeber 2002 schließlich Anlass, das bis dahin bestehende supranationale Regelungsgeflecht im Wege einer vollständigen Überarbeitung in einem neuen Richtlinienpaket zusammenzuführen. Jenes besteht aus einer **Rahmen-RL**[16] – dem allgemeinen Teil – und vier einzelbereichsspezifischen Richtlinien (**Genehmigungs-RL**,[17] **Zugangs-RL**,[18] **Universaldienst-RL**[19] und **Datenschutz-RL**).[20] Daneben fasst eine **Wettbewerbs-RL**[21] die überarbeiteten früheren Liberalisierungs-RL (unter anderem Dienste-,[22] Satelliten-[23] **4**

13 RL 97/13/EG v 10.4.1997 über einen gemeinsamen Rahmen für Allgemein- und Einzelgenehmigungen für Telekommunikationsdienste, ABl EG Nr L 117 v 7.5. 1997, 15 ff.

14 RL 97/33/EG des Europäischen Parlaments und des Rates v 30.6.1997 über die Zusammenschaltung in der Telekommunikation im Hinblick auf die Sicherstellung eines Universaldienstes und der Interoperabilität durch Anwendung der Grundsätze für einen offenen Netzzugang (ONP), ABl EG Nr L 199 v 26.7.1997, 32 ff (sog „Zusammenschaltungs-RL“).

15 RL 98/10/EG v 26.2.1998 über die Anwendung des offenen Netzzugangs (ONP) beim Sprachtelefondienst und den Universaldienst im Telekommunikationsbereich in einem wettbewerbsorientierten Umfeld, ABl EG Nr L 101 v 1.4.1998, 24 ff.

16 RL 2002/21/EG des Europäischen Parlaments und des Rates v 7.3.2002 über einen gemeinsamen Rechtsrahmen für elektronische Kommunikationsnetze und -dienste, ABl EG Nr L 108 v 24.4.2002, 33 ff.

17 RL 2002/20/EG des Europäischen Parlaments und des Rates v 7.3.2002 über die Genehmigung elektronischer Kommunikationsnetze und -dienste, ABl EG Nr L 108 v 24.4.2002, 21 ff.

18 RL 2002/19/EG des Europäischen Parlaments und des Rates v 7.3.2002 über den Zugang zu elektronischen Kommunikationsnetzen und zugehörigen Einrichtungen sowie deren Zusammenschaltung, ABl EG Nr L 108 v 24.4.2002, 7 ff.

19 RL 2002/22/EG des Europäischen Parlaments und des Rates v 7.3.2002 über den Universaldienst und Nutzerrechte bei elektronischen Kommunikationsnetzen und -diensten, ABl EG Nr L 108 v 24.4.2002, 51 ff.

20 RL 2002/58/EG des Europäischen Parlaments und des Rates v 12.7.2002 über die Verarbeitung personenbezogener Daten und den Schutz der Privatsphäre in der elektronischen Kommunikation, ABl EG Nr L 201 v 31.7.2002, 37 ff.

21 RL 2002/77/EG der Kommission v 16.9.2002 über den Wettbewerb auf den Märkten für elektronische Kommunikationsnetze und -dienste, ABl EG Nr L 249 v 17.9.2002, 21 ff.

22 RL 90/388/EWG, ABl EG Nr L 192 v 24.7.1990, 10.

23 RL 94/46/EG der Kommission v 13.10.1994 zur Änderung der Richtlinien 88/301/EWG und 90/388/EWG, insb betreffend die Satelliten-Kommunikation, ABl EG Nr L 268 v 19.10.1994, 15 ff.

und Kabel-RL)[24] zu einem einheitlichen Normenwerk zusammen.[25] Da Richtlinien – im Gegensatz zu Verordnungen – unmittelbare Geltung grundsätzlich nicht entfalten, sind sie von den Mitgliedstaaten in nationales Recht umzusetzen. Dies geschah in Deutschland in drei Schritten:

5 Während die **erste Postreform** (1989) das operative Geschäft der Deutschen Bundespost in drei selbstständige öffentliche Unternehmen – „Deutsche Bundespost Postbank", „Deutsche Bundespost Postdienst" und „Deutsche Bundespost Telekom" – splittete sowie den Markt für Satelliten- und Mobilfunk teilweise, den Markt für Endgeräte und Firmennetze hingegen vollständig dem freien Wettbewerb öffnete, brachte die **zweite Postreform** (1994) grundlegende verfassungsrechtliche Änderungen mit sich.[26] So wurde die Bundespost aus dem Katalog bundeseigener Verwaltung (Art 87 Abs 1 GG) heraus gelöst. Telekommunikationsdienste dürfen seither privatwirtschaftlich angeboten werden (Art 87f Abs 2 GG). Für eine flächendeckende Versorgung der Bevölkerung mit Post- und Telekommunikationsdienstleistungen hat der Bund Sorge zu tragen (Art 87f Abs 1 GG). Die Umwandlung der ehemals Deutschen Bundespost in ein Unternehmen privater Rechtsform bestimmt Art 143b Abs 1 GG. Hierauf basierend entstand aus der „Deutschen Bundespost Telekom" die Deutsche Telekom AG.

6 Erst aus der **dritten Postreform** (1996) entstand in Umsetzung oben bezeichneter Richtlinien dann das Telekommunikationsgesetz (TKG), welches wiederum in Umsetzung des Richtlinienpaketes aus 2002 im Jahre 2004 im Wesentlichen zu seiner heute geltenden Fassung fand.[27] Zur Ausführung des Gesetzes zuständige Behörde ist die Bundesnetzagentur für Elektrizität, Gas, Telekommunikation, Post und Eisenbahnen (§ 116 TKG).

7 Seither befindet sich das Telekommunikationsrecht in permanenter Dynamik. Gegenwärtig steht neben etlichen Änderungen des Sekundärrechts insb der Aufbau einer europäischen Regulierungsbehörde (EECMA) mit eigenen und superregulierenden Befugnissen im Fokus. Wurde jener Vorschlag zunächst noch eher kritisch aufgenommen, hat er mit der Schaffung eines Gremiums Europäischer Regulierungsstellen für elektronische Kommunikation (GEREK) indessen Gestalt angenommen.[28] Diskussionen, im Zuge einer Überarbeitung des supranationalen Rechtsrahmens Netze und Dienste voneinander entkoppeln zu wollen, sind allerdings größtenteils wieder verstummt. Ende Dezember 2009 wurde mit der RL 2009/140/EG zur Änderung der Rahmen-RL, Zugangs-RL und Genehmigungs-RL,[29] der RL 2009/136/EG zur Änderung der Universaldienste-RL[30] sowie der EG-Verordnung Nr 1211/2009 zur Errichtung eines Gremiums Europäischer Regulierungsstellen für elektronische Kommunikation (GEREK)[31] ein neues Rahmenwerk auf den Weg gebracht. Ziel ist es, eine Stärkung des Binnenmarktes durch Anpassung geltenden Rechts an die technische und wirtschaftliche Entwicklung zu erreichen. Hiervon motiviert, wurden Regulierungsinstrumentarien konkretisiert, Marktregulierungsverahren optimiert und der Zugang zu Funkfrequenzen effizienter ausgestaltet. Auch steht der Verbraucher stärker im Blick. Die genannten Richtlinien sind von den Mitgliedstaaten bis zum 25.5.2011 in

24 RL 95/51/EG, Richtlinie der Kommission v 18.10.1995 zur Änderung der RL 90/388/EWG hinsichtlich der Aufhebung der Einschränkungen bei der Nutzung von Kabelfernsehnetzen für die Erbringung bereits liberalisierter Telekommunikationsdienste, ABl EG Nr L 308 v 29.11.1996, 59 ff.

25 *Holznagel/Enaux/Nienhaus* Rn 312.

26 *Holznagel/Enaux/Nienhaus* Rn 25 ff.

27 TKG v 22.6.2004 (BGBl I S 1190), zuletzt geändert durch Art 2 des Gesetzes v 17.2.2010 (BGBl I S 78).

28 Hierzu IP/10/641.

29 ABl EU 2009 L337/37.

30 ABl EU 2009 L337/11.

31 ABl EU 2009 L337/1.

nationales Recht umzusetzen.[32] Dies im Blick hat das Bundesministerium für Wirtschaft und Technologie einen Regierungsentwurf zur Änderung des Telekommunikationsgesetzes bereits vorgelegt.[33]

2. Sektorspezifische Marktregulierung

a) **Heutige wirtschaftliche Rahmenbedingungen.** Insb mit den Zielen, einen chancengleichen Wettbewerb zu fördern und flächendeckend leistungsfähige Infrastrukturen gewährleisten zu wollen, unterwirft das TKG den Telekommunikationsmarkt **hoheitlichen Regulierungsmechanismen** (vgl §§ 1 und 2 TKG). Einzelheiten finden sich in den §§ 9 ff TKG, wobei zwischen ökonomischer und nicht-ökonomischer Regulierung unterschieden wird. Während erstere dazu dient, Wettbewerbsverzerrungen, die auf der besonderen Wettbewerbsposition von Anbietern beträchtlicher Marktmacht beruhen (§§ 9–43 TKG), entgegen zu wirken, tangiert letztere technische, infrastrukturelle und datenschutzrechtliche Belange und solche des Kundenschutzes (§§ 43a ff TKG).[34] 8

In Abweichung zur alten Rechtslage setzt das TKG für die Erbringung von Telekommunikationsdienstleistungen nicht mehr den Erwerb einer Lizenz voraus. Die Erbringung telekommunikativer Dienstleistungen sind der Bundesnetzagentur für Elektrizität, Gas, Telekommunikation, Post und Eisenbahnen lediglich noch **schriftlich anzuzeigen** (§ 6 Abs 1 TKG). Da das TKG allerdings nur den Marktzugang nach telekommunikationsrechtlichen Regeln erleichtern will und nicht den Anspruch erhebt, gewerberechtliche Vorschriften aufweichen zu wollen, vermag eine Anzeige allein nach § 6 Abs 1 TKG dort nicht auszureichen, wo andere Vorschriften die Aufnahme einer gewerblichen Tätigkeit von einer ausdrücklichen Genehmigung vorsehen (bspw § 14 GewO).[35] Kontrovers diskutiert wird nach wie vor die Frage, ob und unter welchen Umständen WLAN Hotspots meldepflichtig sind.[36] 9

Konkretisiert und ergänzt wird das TKG durch zahlreiche Rechtsverordnungen, auf die das TKG verschiedentlich verweist. Insoweit sind insb § 44 Abs 1 und 2 TKG; § 53 Abs 1 TKG; § 54 Abs 3 TKG; § 66 Abs 4 TKG; § 67 Abs 1 TKG; § 78 Abs 2 Nr 5 TKG; § 98 Abs 3 TKG; § 102 Abs 6 TKG; § 108 Abs 1, 2 TKG; § 110 Abs 1, 4, 5, 6, 8 und 9 TKG zu nennen. Zu Einzelheiten sei auf den weiteren Verlauf der Darstellung verwiesen. 10

b) **TKG und allgemeines Wettbewerbsrecht.** Wie sowohl die historische Entwicklung des Telekommunikationsrechts als auch die Vorschriften der §§ 1 und 2 TKG verdeutlichen, setzt sich das deutsche wie das europäische Regelungsgeflecht maßgeblich für die Öffnung der Telekommunikationsmärkte und die Herstellung gleicher Wettbewerbsbedingungen ein (vgl insb § 2 Abs 2 Nr 2 TKG). Auf Grund ehemals überwiegend monopolistisch geprägter Strukturen können die nationalen Ex-Monopolisten – in Deutschland die Deutsche Telekom AG – auf eine über Jahrzehnte staatlich finanzierte Netzinfrastruktur zurückgreifen und verfügen in nahezu allen Ge- 11

[32] Einen kurzen Überblick über die wesentlichen Neuerungen bieten *Klotz/Brandenburger* MMR 2010, 147 ff.

[33] Entwurf eines Gesetzes zur Änderung telekommunikationsrechtlicher Regelungen vom 2.3.2011 abrufbar unter www.bmwi.de/BMWi/Navigation/Prsse/pressemitteilungen,did=381892.html.

[34] Vgl *Holznagel/Enaux/Nienhaus* Rn 70 ff.

[35] BT-Drucks 15/2316, 60; BerlKommTKG/*Gosse* § 6 Rn 22 mwN; *Schütz* Rn 6.

[36] Zum Streitstand wie auch zur Problematik insgesamt vgl BerlKommTKG/*Gosse* § 6 Rn 27 f, jeweils mwN.

schäftsfeldern über einen beträchtlichen Marktvorsprung. Neue Marktteilnehmer könnten neben einem derart übermächtigen Wettbewerber unmöglich bestehen. Ihr Einstieg in den Telekommunikationsmarkt wäre von vornherein zum Scheitern verurteilt.

12 Die **allgemeinen Wettbewerbsgesetze** – GWB und UWG – begegnen zwar der unangenehmen Eigenschaft des Wettbewerbs, sich stets selbst beseitigen zu wollen. Sie regulieren aber – zumindest überwiegend aus einer bloßen ex-post-Betrachtung heraus, indem sie den vorhandenen und generell funktionsfähigen Wettbewerb vor einer Verschlechterung des status quo zu bewahren suchen. An einem solch schützenswerten status quo fehlt es dem Telekommunikationsmarkt jedoch noch an vielen Stellen, so dass es einen funktionsfähigen Wettbewerb erst einmal herzustellen gilt. Diese Wettbewerbsschieflage berücksichtigt der Gesetzgeber im **TKG**. Er gibt der Bundesnetzagentur hinreichendes Regulierungsinstrumentarium an die Hand, um im Sinne eines chancengleichen Wettbewerbs marktgestalterisch tätig werden zu können. Insoweit übernimmt das TKG zugleich die Rolle eines bereichsspezifischen Kartellrechts,[37] das die wirtschaftlichen und technischen Besonderheiten des Telekommunikationsmarktes angemessen zu würdigen weiß. Das TKG ist insoweit lex specialis, UWG und GWB gelten lediglich ergänzend und mithin dort, wo das TKG keine oder nur unzureichende Regelungen enthält (zB bei Preisabsprachen).[38]

3. Auswirkungen auf die Vertragsgestaltung

13 Mit Öffnung der Telekommunikationsmärkte und dem Wandel vom öffentlichrechtlichen[39] zum privatrechtlichen Nutzungsverhältnis[40] hat die **Bedeutung privatrechtlicher Vertragsgestaltung** im Bereich telekommunikativer Dienstleistungen an Bedeutung gewonnen. Insb hat der Liberalisierungsprozess eine stetig wachsende Zahl von Anbietern in den unterschiedlichsten Bereichen telekommunikativer Dienstleistungen nach sich gezogen und weicht die klassische Konstellation der Identität von Netzbetreiber und Diensteanbieter immer weiter auf. Zwischenzeitlich ist in nahezu allen Telekommunikationsdienstleistungssegmenten eine Vielzahl unterschiedlichster Anbieter anzutreffen, deren Rechte und Pflichten über komplexe Vertragswerke miteinander verwoben sind. Dies gilt umso mehr, als dass sich Telekommunikationsdienstleistungen – sowohl im Festnetz als auch im Mobilfunkbereich – nicht mehr nur auf klassische Sprachdienste beschränken, sondern von einem stetig wachsenden Angebot unterschiedlichster Daten- und Inhaltedienste begleitet werden.

14 Dies gilt für den Vorleistungsbereich nicht minder als für den Endkundenbereich. Ersterer betrifft Verträge zwischen Telekommunikationsdienstleistern und Netzbetreibern (auch untereinander) über Zugangs- und Zusammenschaltungsleistungen und unterliegt dem Einflussbereich der Bundesnetzagentur, die die Deutsche Telekom AG als Adressat dieser Regelung auch gegen ihren Willen verpflichten kann (§ 21 TKG). Letzterer betrifft die klassischen Telefonanschlussverträge im Endkundenbereich. Hier setzen die §§ 43a ff TKG (Kundenschutz), §§ 88 ff TKG (Fernmeldegeheimnis), §§ 91 ff TKG (Datenschutz), §§ 305 ff BGB (AGBs), §§ 312 ff sowie §§ 355 ff BGB (bürgerlich-rechtliches Kundenschutzrecht) der auf der Privatautonomie fußenden Vertragsfreiheit angemessene Grenzen.

---

37 *Gersdorf* 29, 32 f.

38 BT-Drucks 13/3609, 36; *Geppert/Ruhle/Schuster* Rn 230; *Gersdorf* 34 f.

39 Vgl hierzu noch *Graf von Westphalen/Grote/Pohle* 17.

40 Seit dem 1.7.1991 (Postreform I).

II. Grundbegriffe der Telekommunikationsregulierung

1. Rechtsgrundlagen

Die Regeln des Telekommunikationsrechts sind nicht auf ein kompaktes Regel- 15
werk begrenzt sondern finden ihre Stütze in unterschiedlichen rechtlichen Bestimmungen, die sich im Wesentlichen auf das **TKG** und auf diesem fußende **Verordnungen** beschränken:

Das Telekommunikationsgesetz (TKG). Das TKG, das über eine viele Jahre an- 16
dauernde Entwicklung[41] zu seiner heute geltenden Fassung[42] gefunden hat, regelt in insgesamt 152 Paragrafen nach einem einleitenden Teil, der insb die Zwecke und Ziele des Gesetzes erläutert (§§ 1 und 2 TKG), und einem umfangreichen Definitionskatalog (§ 3 TKG), in den §§ 9 ff die einzelnen Instrumente der Markregulierung. Mit den §§ 43a ff haben mit dem TKG 2004 ferner kundenschutzrechtliche Bestimmungen, die zuvor in der Telekommunikations-Kundenschutzverordnung (TKV)[43] geregelt waren, in das TKG Eingang gefunden. Mit dem Ziel, auf einen endnutzerorientierten TV-Endgerätemarkt mit einheitlichen Standards und der Förderung nachhaltiger Wettbewerbsbedingungen im Bereich der Übertragung digitaler Rundfunksignale und Breitbanddienstleistungen hinzuwirken, enthalten die §§ 48 ff TKG zudem erste Regelungen zur Rundfunkübertragung. Die Vorschriften zur Vergabe von Frequenzen, Nummern und zum Aufbau neuer Netzinfrastrukturen erforderlicher Wegerechte finden sich in den §§ 52 ff TKG. In den §§ 88 ff TKG sind Fernmeldegeheimnis, Datenschutz und Fragen der öffentlichen Sicherheit geregelt. Die sich anschließenden §§ 116 ff TKG betreffen Organisation, Verfahren und Befugnisse der Bundesnetzagentur, welcher die Aufgaben der Nationalen Regulierungsbehörde iSd Art 3 Abs 1 RahmenRL[44] übertragen sind.

Verordnungen zum TKG. Aus dem inzwischen überkommenen Verständnis, sich 17
bloß auf grundlegende Fragen der Telekommunikationsregulierung beschränken zu wollen, wird das TKG auch heute durch zahlreiche Verordnungen ergänzt und konkretisiert.[45] Zwar gibt der Gesetzgeber – dies zeigen etwa die aktuellen Regelungen zum Kundenschutz in den §§ 43a ff TKG[46] – zunehmend zu erkennen, das TKG zu einem umfassenden telekommunikationsrechtlichen Kompendium ausgestalten zu wollen. Dennoch verweist das TKG auch heute noch vergleichsweise häufig auf ergänzende Verordnungen. Erwähnenswert sind hier insb die Telekommunikations-Überwachungsverordnung (TKÜV), die Frequenzgebührenverordnung (FgebV),[47] die Frequenznutzungsplanaufstellungsverordnung (FreqNPAV),[48] die Frequenzschutzbei-

---

41 Siehe § 1 I 1.

42 Telekommunikationsgesetz v 22.6.2004 (BGBl I S 1190), zuletzt geändert durch Art 2 des Gesetzes v 17.2.2010, BGBl I S 78.

43 BGBl 1997 I S 2910, aufgehoben durch Art 5 Nr 1 S 2 des Gesetzes zur Änderung telekommunikationsrechtlicher Vorschriften v 18.2.2007 BGBl I S 106, 120.

44 Hierzu im Folgenden § 1 II 2; vgl jedoch RL 2002/21/EG des Europäischen Parlaments und des Rates v 7.3.2002 über einen gemeinsamen Rechtsrahmen für elektronische Kommunikationsnetze und -dienste, ABl EG Nr L 108 v 24.4.2002, 33 ff.

45 *Holznagel/Enaux/Nienhaus* Rn 88.

46 BGBl 2007 I S 106.

47 BGBl 1997 I S 1226, zuletzt geändert durch Artikel 1 Fünfte ÄndVO v 23.11.2006, BGBl 2006 I S 2661.

48 BGBl 2001 I S 827, zuletzt geändert durch Artikel 464 der Verordnung v 31.10.2006, BGBl 2006 I S 2407.

tragsverordnung (FSBeitrV),[49] die Telekommunikations-Nummerngebührenverordnung (TNGebV)[50] und die TKG-Übertragungsverordnung (TKGÜbertrV).[51] Die Telekommunikations-Kundenschutzverordnung, welche telekommunikationsrechtlich maßgebliche Kundenschutzvorschriften beinhaltete, ist im Zuge des TKG-Änderungsgesetzes 2004[52] in den §§ 43a ff TKG aufgegangen. Eine Telekommunikationsnummerierungsverordnung (TNV) ist seit 15.2.2008 in Kraft.[53] Auch existiert seit 18.3.2009 eine Telekommunikations-Notrufverordnung (TNotrufV).[54]

2. Zuständige Behörden und Entscheidungsbefugnisse

18 **a) Einzelzuständigkeiten.** Gem Art 3 Abs 1 der Rahmen-RL[55] obliegt die hoheitliche Überwachung und Regulierung der Telekommunikationsmärkte unabhängigen[56] nationalen Regulierungsbehörden (National Regulatory Authority).[57] Diese Aufgabe ist in Deutschland der **Bundesnetzagentur** für Elektrizität, Gas, Telekommunikation, Post und Eisenbahnen übertragen.[58] Sie hat für die Sicherstellung eines chancengleichen und funktionsfähigen Wettbewerbs (§ 2 Abs 2 Nr 2 TKG) ebenso Rechnung zu tragen wie für eine flächendeckende Grundversorgung mit Telekommunikationsdienstleistungen (§ 2 Abs 2 Nr 5 TKG). Auch hat sie die effiziente und störungsfreie Nutzung von Frequenzen und Rufnummern sowie deren Verwaltung (§ 2 Abs 2 Nr 7 und 8) sicherzustellen. Insgesamt erstreckt sich die Zuständigkeit der Bundesnetzagentur auf sämtliche Hoheitsbefugnisse des TKG und dieses konkretisierender Rechtsvorschriften.

19 **b) Allgemeine Missbrauchsaufsicht.** Eine der regulatorischen Hauptaufgaben der Bundesnetzagentur liegt darin, sicherzustellen, dass übermächtige TK-Unternehmen ihre marktbeherrschende Stellung nicht zum Nachteil anderer Marktteilnehmer missbrauchen. Während § 19 GWB Verhaltensweisen dieser Art generell verbietet, bezieht sich das TKG sektorspezifisch auf den regulierungsbedürftigen TK-Markt und beinhaltet neben entgeltspezifischen Missbrauchsvorschriften in § 28 (ggf iVm §§ 38/39) TKG auch einen **allgemeinen Missbrauchstatbestand (§ 42 TKG).**[59] „Ein Missbrauch liegt insb vor, wenn andere Unternehmen unmittelbar oder mittelbar unbillig behindert oder deren Wettbewerbsmöglichkeiten ohne sachlich gerechtfertigten Grund erheblich beeinträchtigt werden“, definiert § 42 Abs 1 S 2 TKG allgemein. Im Falle

49 BGBl 2004 I S 958, zuletzt geändert durch Artikel 1 Zweite ÄndVO v 29.11.2007, BGBl 2007 I S 2776.

50 BGBl 1999 I S 1887, zuletzt geändert durch Art 1 der Verordnung v 19.12.2006, BGBl 2006 I S 3378.

51 BGBl 2004 I S 2899, zuletzt geändert durch Art 465 der Verordnung v 31.10.2006, BGBl 2006 I S 2407.

52 BGBl 2007 I S 106.

53 BGBl 2008 I S 141.

54 BGBl 2009 I S 481.

55 RL 2002/21/EG des Europäischen Parlaments und des Rates v 7.3.2002 über einen gemeinsamen Rechtsrahmen für elektronische Kommunikationsnetze und -dienste, ABl EG Nr L 108 v 24.4.2002, 33 ff.

56 Vgl Art 3 Abs 2, 3 RL 2002/21/EG des Europäischen Parlaments und des Rates v 7.3.2002 über einen gemeinsamen Rechtsrahmen für elektronische Kommunikationsnetze und -dienste, ABl EG Nr L 108 v 24.4.2002, 33 ff.

57 RL 2002/21/EG des Europäischen Parlaments und des Rates v 7.3.2002 über einen gemeinsamen Rechtsrahmen für elektronische Kommunikationsnetze und -dienste, ABl EG Nr L 108 v 24.4.2002, 33 ff.

58 Vgl Gesetz über die Bundesnetzagentur für Elektrizität, Gas, Telekommunikation, Post und Eisenbahnen (BEGTPG) v 7.7.2005 (BGBl I S 1970 (2009)), geändert durch Art 27 der Verordnung v 31.10.2006 (BGBl I S 2407).

59 Zum Verhältnis § 28 – §§ 42 ff TKG vgl BeckTKG-Komm/*Schütz* § 42 Rn 6 ff sowie *Holznagel/Enaux/Nienhaus* Rn 338.

der Abs 2 und 3 wird ein Missbrauch im Sinne der Vorschrift gesetzlich vermutet. Missbräuchliche Verhaltensweisen ahndet die Bundesnetzagentur auf der Grundlage des § 42 Abs 4 TKG. Hiernach kann sie auf das regulierte Unternehmen tatsächlich oder verpflichtend einwirken (§ 41 Abs 4 S 2 TKG). In bestimmten Fällen ist die Bundesnetzagentur ferner zur Abschöpfung rechtswidrig erlangter Vorteile (§ 43 TKG) und zur Verhängung von Bußgeldern (§ 149 TKG) ermächtigt.

3. Marktabgrenzung, Marktanalyse, Regulierungsverfügung

a) **Konzept der asymmetrischen ex-ante Regulierung.** Wie eingangs angedeutet, **20**
wäre es zur Schaffung eines fairen und chancengleichen Wettbewerbs und der flächendeckenden Grundversorgung der Bevölkerung mit Telekommunikationsdienstleistungen zu erschwinglichen Preisen (vgl §§ 1 und 2 TKG) allein nicht ausreichend gewesen, den Telekommunikationsmarkt bloß zu liberalisieren und sich selbst zu überlassen. Die marktbeherrschende Stellung, die die Deutsche Telekom AG im Jahr 2000 nach dem im Wesentlichen abgeschlossenen Liberalisierungsprozess in nahezu allen Geschäftsfeldern inne hatte, hätte Markteinsteiger, die überwiegend noch immer auf Teilnehmeranschlussleitungen der Deutschen Telekom angewiesen sind, um Endkunden mit Kommunikationsdienstleistungen versorgen zu können, in tiefe Abhängigkeit gestürzt und einen fairen Wettbewerb nicht minder verhindert wie eine flächendeckenden und preisgünstigere Versorgung der Bevölkerung mit telekommunikativien Dienstleistungen. Gem Art 87f Abs 1 GG kommt der flächendeckenden Versorgung der Bevölkerung mit Telekommunikationsdienstleistungen jedoch besonderer Schutz zu (vgl auch §§ 1, 2 Abs 2 TKG). Dem wäre mit einer bloßen ex-post Missbrauchskontrolle, wie sie die allgemeinen Wettbewerbsrechte – GWB und UWG – vorsehen, nicht Genüge getan.[60] Vielmehr erlaubt der Gesetzgeber der für die Ausführung des TKG zuständigen Bundesnetzagentur (vgl § 116 TKG), das Marktgeschehen bereits vorab – also **ex-ante** – regulatorisch zu steuern und so einem fairen und ausgewogenem Telekommunikationsmarkt zur Entstehung zu verhelfen.[61] Dabei bedient sich das TKG eines **asymmetrischen Regulierungsansatzes:** Nicht das Telekommunikationsunternehmen als solches ist Gegenstand der Regulierung, sondern nur dasjenige, welches auf einem Markt tätig ist, auf dem kein wirksamer Wettbewerb besteht und im betreffenden Geschäftsbereich zugleich über „beträchtliche Marktmacht" iSv § 3 Nr 4 und § 11 Abs 1 S 3–5 TKG verfügt (vgl § 9 Abs 1 und 2 iVm §§ 10 und 11 TKG).[62] Probleme bereitet in diesem Zusammenhang insb § 9a TKG, der „neue Märkte" von einer Regulierung ausnehmen soll („Regulierungsferien"). Mit dieser Regelung ist Deutschland national und international auf heftige Kritik gestoßen. Die Rechtsauffassung des deutschen Gesetzgebers, Anbietern, die neue Techniken zu etablieren beabsichtigen, Investitionsanreize schaffen zu wollen, teilte die Europäische Kommission von Anfang an nicht. Sie sah in § 9a TKG eine einseitige Bevorzugung der Deutschen Telekom AG, die für andere Anbieter keinen Mehrwert bringe. Nach Einleitung eines Vertragsverletzungsverfahrens mündete die Auseinandersetzung schließlich in einer Klage vor dem Europäischen Gerichtshof, der mit Entscheidung vom 3.12.2009 § 9a TKG für europarechtswidrig erklärte.[63]

---

60 S hierzu bereits § 1 II 2b).
61 *Gersdorf* 33.
62 *Gersdorf* 32 f.
63 EuGH Urt v 3.12.2009 – C-424/07, CR 2010, 24.

21 b) **Marktabgrenzung und Marktanalyse.** Dem Prinzip der asymmetrischen ex-ante Regulierung folgend ist es zunächst notwendig, einen Markt als regulierungsbedürftig zu erkennen und zu definieren bevor in einem zweiten Schritt untersucht werden kann, ob auf ihm ein funktionierender Wettbewerb besteht. Diesen ersten Schritt übernimmt **§ 10 TKG (Marktdefinitionsverfahren)**, wonach für eine Regulierung solche Märkte in Betracht kommen, die durch beträchtliche und anhaltende strukturell oder rechtlich bedingte Marktzutrittsbeschränkungen gekennzeichnet sind, längerfristig nicht zu wirksamem Wettbewerb tendieren und die Anwendung allgemeiner Wettbewerbsregeln nicht ausreicht, um einem Marktversagen entgegenzuwirken (§ 10 Abs 2 S 1 TKG). Wann dies der Fall ist, bestimmt die Bundesnetzagentur im Rahmen des ihr zustehenden und gerichtlich nur eingeschränkt überprüfbaren Beurteilungsspielraums (§ 10 Abs 2 S 2 TKG).[64] Sie hat allerdings die Empfehlungen der Kommission in Bezug auf relevante Produkt- und Dienstmärkte, basierend auf der Rahmen-RL, zu berücksichtigen (§ 10 Abs 2 S 3 TKG). Dabei fällt auf, dass § 10 Abs 2 S 1 TKG zwar Kriterien für die Einordnung eines Marktes als regulierungsbedürftig aufstellt, den Begriff des Marktes selbst jedoch nicht definiert, sondern vielmehr voraussetzt.[65] Gem Art 15 Abs 1 S 3 der Rahmen-RL[66] und Gliederungspunkt (5) der Märkteempfehlung der Kommission[67] definiert sich der Marktbegriff im Sinne der Vorschrift jedoch im Einklang mit den Grundsätzen des Wettbewerbsrechts, wonach einem Markt in sachlicher Hinsicht immer solche Produkte angehören, die aus Sicht der Marktgegenseite austauschbar und aus Sicht der Anbieterseite umstellungsflexibel sind.[68] Handelt es sich aus Kundensicht also um alternative Produkte und ist mit einer kurzfristigen und kostenneutralen Umstellung der Produktion anderer Anbieter zu rechnen, bilden die betreffenden Produkte einen Markt iSd Vorschrift,[69] den die Bundesnetzagentur unter Berücksichtigung der Kommissionsempfehlung,[70] die bereits etliche relevante Vorleistungs- und Endkundenmärkte ausdrücklich benennt, den Kriterien des § 10 Abs 2 S 1 TKG zu unterziehen hat.[71] Kommt sie dabei zu dem Ergebnis, mit dem betreffenden Telekommunikationssektor handele es sich um einen regulierungsbedürftigen Markt, hat sie diesen in einem zweiten Schritt auf funktionierende wettbewerbliche Strukturen zu untersuchen (**§ 11 TKG: Marktanalyse**). Dies ist nur bei „Abwesenheit von beträchtlicher Marktmacht“ der Fall (§ 3 Nr 31 TKG), was unter den in § 11 Abs 1 S 2, 3 TKG beschriebenen Gegebenheiten zu verneinen ist, da unter diesen Umständen von beträchtlicher Marktmacht auszugehen ist. Im Übrigen hat die Europäische Kommission Leitlinien zur Marktanalyse und Ermittlung beträchtlicher Marktmacht aufgestellt.[72] An diese Kriterien ist die Bundesnetzagentur gebunden (§ 11 Abs 1 S 4 TKG).

64 Hierzu auch VG Köln MMR 2006, 422 (424); VG Köln MMR 2007, 744 ff.

65 *Koenig/Loetz/Neumann* 116.

66 RL 2002/21/EG des Europäischen Parlaments und des Rates v 7.3.2002 über einen gemeinsamen Rechtsrahmen für elektronische Kommunikationsnetze und -dienste, ABl EG Nr L 108 v 24.4.2002, 33 ff.

67 Empfehlung der Kommission v 11.2.2003, ABl L 114 v 8.5.2003, 45 ff.

68 S auch *Koenig/Loetz/Neumann* 116 f.

69 BerlKommTKG/*Heinen-Hosseini* § 10 Rn 32 ff mwN; *Gersdorf* 40; *Koenig/Loetz/Neumann* 116 f.

70 Empfehlung der Kommission vom 11.2.2003, ABl L 114 vom 8.5.2003, 45 ff.

71 Näheres anschaulich bei *Gersdorf* 39 ff.

72 Leitlinien der Kommission zur Marktanalyse und Ermittlung beträchtlicher Marktmacht nach dem gemeinsamen Rechtsrahmen für elektronische Kommunikationsnetze und -dienste (2002/C165/03), ABl C165 v 11.7.2002, 6 ff. Anschauliche Übersicht bei *Gersdorf* 39 f; Sonderprobleme vgl *Gersdorf* 36 ff.

Zu beachten ist, dass Entscheidungen der Bundesnetzagentur sowohl im Marktdefinitions- als auch im Marktanalyseverfahren **in bestimmten Fällen nur im Einvernehmen mit dem Bundeskartellamt** ergehen können (vgl § 123 Abs 1 S 1 TKG). Darüber hinaus ist gem § 12 TKG ein Konsultations- und unter bestimmten Umständen ferner ein Konsolidierungsverfahren durchzuführen. Das **Konsultationsverfahren** (§ 12 Abs 1 TKG) dient dazu, interessierten Parteien Gelegenheit zur Stellungnahme zu geben. Zeigt sich, dass die Ergebnisse des Marktdefinitions- und -analyseverfahrens Auswirkungen auf den Handel zwischen den Mitgliedstaaten haben werden, ist (auch) ein **Konsolidierungsverfahren** (§ 12 Abs 2 TKG) durchzuführen (§ 12 Abs 2 iVm § 10 Abs 3; § 11 Abs 3 TKG). Dies ist angesichts der wirtschaftlichen Bedeutung von Telekommunikationsdienstleistungen für den europäischen Binnenmarkt und der Vielzahl der Marktteilnehmer der Regelfall.[73] Im Rahmen dieses Verfahrens prüft die Kommission, ob und ggf inwieweit Beeinträchtigungen in tatsächlicher Hinsicht bestehen. Eingehende Stellungnahmen der Kommission sind von der Bundesnetzagentur zu berücksichtigen (§ 12 Abs 2 Nr 2 S 1 TKG). Unter den Voraussetzungen des § 12 Abs 2 Nr 3 TKG steht der Kommission gegen Entscheidungen der Bundesnetzagentur ferner ein **Veto** zu. **22**

Sind aus Sicht der Bundesnetzagentur derart außergewöhnliche Umstände gegeben, dass zum Zwecke der Gewährleistung des Wettbewerbs und zum Schutze der Nutzerinteressen dringender Handlungsbedarf besteht, kann sie gem § 12 Abs 2 Nr 4 TKG – ohne ein vorheriges Konsultations- bzw Konsolidierungsverfahren – **vorläufig notwendige Maßnahmen** treffen. Von den übrigen gesetzlichen Vorgaben und Voraussetzungen befreit sie die Vorschrift jedoch nicht.[74] **23**

c) **Regulierungsverfügung.** Kommt die Bundesnetzagentur nach Durchführung der in den §§ 10 und 11 TKG niedergelegten Verfahren zu dem Ergebnis, dass ein regulierungsbedürftiger Markt vorliegt, kann sie übermächtige Unternehmen Verpflichtungen iSd §§ 19, 20, 21, 24 TKG (Maßnahmen im Bereich von Netzzugang und Zusammenschaltung – sog **Zugangsregulierung**), iSd §§ 30, 39 TKG (Maßnahmen hinsichtlich Entgelten für Zugangsleistungen – sog **Entgeltregulierung**), des § 40 TKG (**Maßnahmen bzgl Betreiberauswahl und -vorauswahl**) oder gemäß § 41 TKG (**Verpflichtung zur Bereitstellung von Mietleitungen**) auferlegen (§ 13 Abs 1 S 1 TKG). Der Bundesnetzagentur kommt insoweit ein **Auswahlermessen** hinsichtlich des zur Verfügung stehenden Maßnahmeninstrumentariums zu. Ein Entschließungsermessen hat sie, wie sich aus dem Wortlaut des § 9 Abs 2 TKG („werden") ergibt, nicht.[75] Insoweit „hat" sie übermächtigen Unternehmen mit **Verpflichtungen in Form sog Regulierungsverfügungen** zu begegnen, womit es sich dem Grunde nach um Verwaltungsakte iSd § 35 VwVfG handelt (§ 13 Abs 3 TKG). Bereits bestehende Verpflichtungen können von der Behörde beibehalten, geändert oder widerrufen werden (§ 13 Abs 1 S 1 TKG). Dabei stellt § 13 I 1 letzter Halbs TKG klar, dass auch im Rahmen von Regelungsverfügungen ein Konsultationsverfahren und – für den Fall, dass die jeweilige Maßnahme Auswirkungen auf den Handel zwischen den Mitgliedstaaten haben sollte – ferner ein Konsolidierungsverfahren durchzuführen ist. Ein Vetorecht der Kommission gegen die Regulierungsverfügung als solche besteht nicht. § 13 Abs 1 S 1 letzter Halbs TKG verweist lediglich auf § 12 Abs 1, 2 Nr 1, 2 und 4 TKG, nicht auf Nr 3. Planungen gehen **24**

73 Vgl ausf *Holznagel/Enaux/Nienhaus* Rn 116.

74 Vgl exemplarisch VG Köln MMR 2005, 340.

75 Vgl hierzu *Schimanek/von Lewinski* 21 f.

jedoch dahin, das Vetorecht der Kommission auch auf Regulierungsverfügungen auszudehnen.

III. Inhalt und Struktur von Telekommunikationsverträgen

25 Wie eingangs angedeutet, hat die Liberalisierung der Telekommunikationsmärkte das Recht der Telekommunikationsdienste um eine stets an Bedeutung gewinnende privatrechtliche Komponente ergänzt. Das ehemals klassische bilaterale Verhältnis zwischen Anbieter, der gleichzeitig Netzbetreiber und Diensteanbieter war, und Endkunde ist von einer bunten Vielzahl von Anbietern, die auf unterschiedlichen Leistungsstufen miteinander konkurrieren und neben der klassischen Sprachtelefonie weiterer Dienste anbieten, mehr und mehr verdrängt worden. Die gegenseitige Abhängigkeit der unterschiedlichsten Anbieter macht es erforderlich, wechselseitige Rechte und Pflichten eindeutigen vertraglichen Regelungen zuzuführen. Angesichts der steigenden Komplexität der Sachverhalte hat die Vertragsgestaltung im Bereich telekommunikativer Dienstleistung immens an Bedeutung gewonnen.[76]

1. Vor- und Endleistungsbereich

26 Vertragstypologisch ist zwischen Vorleistungs- und Endleistungsbereich zu unterscheiden. Der **Vorleistungsbereich** betrifft die vertraglichen Beziehungen der Anbieter von Telekommunikationsdiensten mit den Netzbetreibern und untereinander, die angesichts der Zersplitterung der Leistungsangebote und -dienste sowie deren Vielfalt erforderlich geworden sind, um den Endkunden mit Telekommunikationsdienstleistungen versorgen zu können. Hierbei handelt es sich typischerweise um Verträge über Zugangs- und Zusammenschaltungsleistungen wie Carrier-Festverbindungsverträge, Zusammenschaltungsverträge, Carrier-Carrier-Verträge oder Resellerverträge.[77] Der **Endleistungsbereich** hingegen umfasst Verträge mit dem Endkunden. Hierunter fällt zunächst der klassische Telefonanschlussvertrag zwischen Endkunde und Festnetzbetreiber, einem alternativen Teilnehmernetzbetreiber oder auch einem Mobilfunkanbieter. Aber auch Verträge mit alternativen Verbindungsnetzbetreibern auf Call-by-Call- oder Preselection-Basis zählen zum Endleistungsbereich, ebenso Verträge über Internetdienstleistungen. Im Bereich des Mobilfunks beinhaltet der Endleistungsbereich neben solchen mit Mobilfunkbetreibern alternativ auch Vertragsbeziehungen des Endkunden mit Resellern und Mobile Virtual Network Operators (nicht jedoch anderen Netzbetreibern im Falle des Roamings).[78]

2. AGB, Preisliste, Leistungsbeschreibungen

27 Ein Telekommunikationsvertrag besteht in der Praxis aus mehreren in sich abgeschlossenen Regelungsmodulen, namentlich Auftragsformular, Allgemeinen Geschäftsbedingungen, Preisliste und Leistungsbeschreibungen. Die separate Fassung der einzelnen Dokumente dient nicht nur der inhaltlichen Übersichtlichkeit sondern ist aus

---

76 Ausf hierzu s bereits oben § 1 I 3.

77 Einen kurzen Einblick in die Materie gibt *Schmitz* MMR 2001, 150 ff. Für ausführliche Darstellungen sei auf *Schuster* Teil 1 Rn 5 sowie auf *Spindler* Vertragsrecht der Telekommunikationsanbieter verwiesen.

78 Vgl *Graf von Westphalen/Grote/Pohle* 27 ff sowie 167 ff.

rechtlichen Gesichtspunkten wesentlich praktikabler als ein einzelnes in vier Teile untergliedertes Dokument. Insb unterliegen die einzelnen Regelungsmodule teils unterschiedlichen rechtlichen Anforderungen. Dem lässt sich durch tatsächliche räumliche Trennung in verschiedene Dokumente praktikabel begegnen.[79]

Die Hauptleistungspflichten eines Telekommunikationsvertrages werden in der Praxis häufig ausdrücklich so bezeichneten **Leistungsbeschreibungen** festgeschrieben.[80] Sie legen vorwiegend die Kommunikationsdienstleistung fest, die der Anbieter dem Kunden zu erbringen hat, enthalten jedoch nicht selten auch besondere Nebenleistungspflichten. Leistungsbeschreibungen sind im Grundsatz allgemeine Geschäftsbedingungen iSd §§ 305 ff BGB. Da sie regelmäßig hauptleistungspflichtbezogen sind, unterfallen Sie jedoch in der Regel nicht der Inhaltskontrolle der §§ 307–309 BGB (vgl § 307 Abs 3 S 1 BGB).[81] Das Transparenzgebot ist jedoch zu beachten (§ 307 Abs 3 S 2 BGB).[82] **28**

Im Gegensatz zur Leistungsbeschreibung treffen die ausdrücklich als solche bezeichnete **Allgemeinen Geschäftsbedingungen** – kurz AGB – keine Regelung betreffend Leistung und Gegenleistung sondern legen weitere Vertragsmodalitäten fest. Hierzu zählen Regelungen in das Zustandekommen des Vertrages, Leistungsstörungen, Haftungsfragen, Datenschutz und die eventuelle Prüfung der Kreditwürdigkeit des Kunden.[83] Hier gelten die §§ 305 ff BGB im Rahmen des § 310 BGB grundsätzlich vollumfänglich. Darüber hinaus werden die Entgelte der einzelnen Telekommunikationsdienstleistungen in einer **Preisliste** detailliert aufgeschlüsselt. In das **Auftragsformular** als solches sind in aller Regel lediglich noch Kundendaten, Vertragsart, Tarife und ggf zusätzliche Dienstleistungen einzutragen.[84] **29**

3. Durchbrechung der Privatautonomie durch Regulierung und Kundenschutz

Für die Vertragsgestaltung gilt in erster Linie der **Grundsatz der Privatautonomie**, wonach die Parteien in dem, was sie vereinbaren und wie sie es vereinbaren, prinzipiell frei sind. Sie haben lediglich die **gesetzlichen Grenzen** zu beachten, wie etwa § 134 BGB (gesetzliche Verbote), § 138 BGB (Sittenwidrigkeit, Wucher), §§ 305 ff BGB (Gestaltung rechtsgeschäftlicher Schuldverhältnisse durch Allgemeine Geschäftsbedingungen) oder Regelungen des Verbraucherschutzes (§§ 312 ff; §§ 355 ff BGB). Dies verhält sich bei der Gestaltung von Telekommunikationsverträgen nicht anders. Sie betreffend setzt das **TKG** der Privatautonomie lediglich **zusätzliche Grenzen:** **30**

So unterliegen etwa Verträge zwischen Telekommunikationsdienstleistern und/oder Netzbetreibern über den Zugang und die Zusammenschaltung von Netzen und den dafür geforderten Entgelten (Vorleistungsbereich) den regulatorischen Vorgaben der Bundesnetzagentur (vgl §§ 16 ff sowie §§ 30 ff TKG). So kann die Bundesnetzagentur gemäß § 21 TKG Betreiber öffentlicher Telekommunikationsnetze mit beträchtlicher Marktmacht bspw auch gegen ihren Willen verpflichten, Konkurrenzanbietern Netzzugang zu gewähren. Insoweit erhalten Verträge ihre typische Prägung letztlich durch eine vorherige Verfügung der Bundesnetzagentur. Im Endleistungsbereich schränken zwingende Vorgaben im Bereich des Kundenschutzes (§§ 43a ff TKG), des Fernmelde- **31**

---

79 So auch *Schimanek/von Lewinski* 68.
80 Vgl auch *Schimanek/von Lewinski* 67.
81 BGH NJW 1992, 688, 689, BGH NJW 1994, 318; BGH NJW 1993, 2369.
82 Vgl Ulmer/Brandner/Hensen/*Fuchs* Vorbem zu § 307 Rn 40. Zu den Einzelheiten vgl noch §§ 4 ff.
83 *Schimanek/von Lewinski* 67.
84 *Schimanek/von Lewinski* 67.

geheimnisses (§§ 88 ff TKG) und des Datenschutzes (§§ 91 ff TKG) die Freiheit vertraglicher Gestaltung mit dem Endkunden sogar unmittelbar ein. Der Vertragsgestalter hat hier zwei Gesetzeswerke parallel zu beachten.[85]

§ 2
Freiheit des Marktzutritts

I. Grundsatz

32 Setzte der Betrieb von Übertragungswegen, die die Grenze eines Grundstücks überschreiten und für Telekommunikationsdienstleistungen für die Öffentlichkeit genutzt werden, nach § 6 TKG aF nicht minder den Erwerb einer Lizenz voraus wie der Betrieb von Sprachtelefondiensten auf Basis selbst betriebener Telekommunikationsnetze,[86] sind diese Anforderungen nach geltender Rechtslage entfallen. Gemäß § 6 TKG[87] ist die Erbringung von Telekommunikationsleistungen der Bundesnetzagentur lediglich noch schriftlich anzuzeigen (sog **Allgemeingenehmigung**).[88] Allein die Nutzung von Funkfrequenzen ist weiterhin von einer vorherigen Zuteilung der Bundesnetzagentur abhängig (§ 55 TKG).[89]

II. Anzeigepflichten

33 Die Anzeigepflicht dient der Übersichtlichkeit und Kontrolle. Sie verschafft der Bundesnetzagentur einen Überblick über den Gesamtmarkt und seinen Wettbewerb und verschafft ihr die Möglichkeit, Dienstleister auf Einhaltung ihrer Verpflichtungen zu überprüfen.[90] Normansatz ist **§ 6 TKG**. Hiernach hat jeder, der gewerblich öffentliche Telekommunikationsnetze betreibt oder gewerbliche Telekommunikationsdienste für die Öffentlichkeit erbringt, Aufnahme, Änderung und Beendigung seiner Tätigkeit der Bundesnetzagentur unverzüglich schriftlich anzuzeigen. Selbiges gilt für Änderungen seiner Firma. § 3a VwVfG stellt eine elektronische Meldung der Schriftform gleich, sofern sie unter Verwendung einer qualifizierten elektronischen Signatur iSd § 2 Nr 3 SigG erfolgt. Die Meldung muss Angaben enthalten, die für die Identifizierung des Betreibers oder Anbieters erforderlich sind. Hierzu zählen insb Handelsregisternummer, Anschrift, Kurzbeschreibung des Netzes bzw Dienstes sowie ein voraussichtlicher Termin, über die Aufnahme der Tätigkeit (§ 6 Abs 2 S 1 TKG). Es ist das von der Bundesnetzagentur vorgeschriebene und veröffentlichte Formular zu verwenden (§ 6 Abs 2 S 2 TKG). Auf Antrag bestätigt die Bundesnetzagentur innerhalb einer Woche die Vollständigkeit der Meldung und bescheinigt, dass dem Unternehmen die durch das TKG und seine Verordnungen eingeräumten Rechte zustehen (§ 6 Abs 3 TKG). Ist die Einstellung der Geschäftstätigkeit nicht innerhalb von sechs Monaten der Bundesnetzagentur gemeldet worden, ist sie ermächtigt, jene von Amts wegen festzustellen

---

85 Einzelheiten bei *Spindler* CR 2004, 203 ff.
86 BGBl 1996 I S 1120, 1123.
87 TKG v 22.6.2004 (BGBl I S 1190), zuletzt geändert durch Art 2 des Gesetzes v 17.2.2010, BGBl I S 78.
88 Zum historischen und gemeinschaftsrechtlichen Hintergrund vgl die Darstellung bei *Holznagel/Enaux/Nienhaus* Rn 185 ff.
89 Ausf hierzu vgl Gliederungspunkt § 3 I in dieser Abhandlung (Zugang zu Frequenzen).
90 Vgl BT-Drucks 15/2316, 60.

(§ 6 Abs 5 TKG). Zur Problematik ausdrücklicher gewerberechtlicher Zulassungsvoraussetzungen – wie etwa gem § 14 GewO – sei auf obige Erörterungen verwiesen.[91]

III. Gebühren und Beiträge

Die §§ 142 ff TKG ermöglichen es der Behörde, unter bestimmen Voraussetzungen Abgaben zu verlangen. Dabei unterscheidet das Gesetz zwischen **Gebühren** und Auslagen einerseits (§ 142 TKG) und Beiträgen andererseits (§§ 143; 144 TKG). Gebühren im Sinne der Vorschriften sind regelmäßig Verwaltungsgebühren, dh Gegenleistungen für hoheitliche Amtshandlungen.[92] Entstehen der Behörde im Zusammenhang mit einer Amtshandlung finanzielle Nachteile oder treffen diese Zahlungspflichten gegenüber Dritten, spricht man demgegenüber von **Auslagen.**[93] Was die Begrifflichkeit der **Beiträge** anbelangt, so handelt es sich mit ihnen – ähnlich der Gebühr – um Gegenleistungen für staatliche Leistungen. Sie unterscheidet sich von dieser jedoch darin, dass die betreffende staatliche Leistung nicht zwingend in Anspruch genommen zu werden braucht. Entscheidend ist allein, dass eine staatliche Leistung für einen bestimmten Personenkreis bereitgestellt wird.[94] Beitragspflichtig iSd § 143 TKG sind all diejenigen, denen Frequenzen zugeteilt wurden oder Frequenzen dauerhaft ohne Zuteilung nutzen.[95] ISd § 144 TKG sind alle auf dem Telekommunikationsmarkt tätigen Unternehmen beitragspflichtig. Die Kosten sind anteilig zu verteilen.[96] Wann die Bundesnetzagentur Gebühren und Auslagen erheben darf, fasst § 142 TKG zusammen. § 142 TKG liegt das Kostendeckungsprinzip zugrunde (§ 142 Abs 2 S 2 TKG).[97] Lediglich für die Zuteilung von Nutzungsrechten an Frequenzen und Rufnummern dürfen Gebühren auch unter Lenkungsgesichtspunkten erhoben werden (vgl § 142 Abs 2 S 4 TKG). Dies gilt nicht, wenn Nummern von außerordentlich wirtschaftlichem Wert vergeben werden (§ 142 Abs 2 S 5 TKG). Beiträge iSd § 143 TKG sind den einzelnen Nutzergruppen anteilig der Frequenzzuweisung, aufzuerlegen (§§ 143 Abs 2 S 2 TKG). 34

§ 3
Infrastrukturelle Voraussetzungen

I. Zugang zu Frequenzen

Funkgestützte Kommunikationssysteme bieten dem Nutzer eine beachtliche Flexibilität und genießen insb in Form von WLAN, Mobilfunk- und GPS-Nutzung großen Zuspruch. Die Bedeutung der Funktechnik wächst seit Jahren immens.[98] Technisch basieren funkgestützte Kommunikationssysteme auf der Verwendung von Funkfrequenzen, wobei jede Frequenz nur für einen physikalischen Übertragungsweg genutzt werden kann. Zugleich unterliegt das technisch nutzbare Frequenzspektrum physikali- 35

91 § 1 II.
92 BerlKommTKG/*Höfler* § 142 Rn 1 f.
93 Vgl BeckTKG-Komm/*Schütz* § 142 Rn 4.
94 BeckTKG-Komm/*Schütz* § 143 Rn 2 mit Verweis auf *Schlabach*, Einl VwKostG, Rn 5, Tipke/Kruse/*Düen* § 3 AO Rn 21.
95 BeckTKG-Komm/*Schütz* § 143 Rn 2 f.
96 BeckTKG-Komm/*Schütz* § 144 Rn 2.
97 So BeckTKG-Komm/*Schütz* § 142 Rn 2 und 12.
98 *Holznagel/Enaux/Nienhaus* Rn 455.

schen Grenzen.[99] Technische Neuerungen ermöglichen zwar eine immer effizientere Ausnutzung der Frequenzbereiche, gleichzeitig steigt aber auch deren Nutzungsbedarf kontinuierlich an.[100] Mit anderen Worten: Die **Ressource „Frequenz"** ist **knapp.** Um ein „Chaos im Funkverkehr"[101] zu vermeiden, ist es zwingend erforderlich, den Zugang zu Frequenzen **hoheitlich** zu **verwalten.**[102] Hierbei sind allgemeine Frequenzplanung und individuelle Frequenzzuteilung zu unterscheiden.

1. Verbot mit Erlaubnisvorbehalt

36 § 55 Abs 1 S 1 TKG macht vorbehaltlich anderweitiger Regelungen jedwede Nutzung von Frequenzen von einem vorherigen **Frequenzzuteilungsakt** abhängig. Hierunter verbirgt sich die ausdrückliche behördliche oder aber zumindest durch Rechtsvorschriften erteilte Erlaubnis, bestimmte Frequenzen unter festgelegten Bedingungen nutzen zu dürfen (§ 55 Abs 1 S 2 TKG). Juristisch spricht man von einem **Verbot mit Erlaubnisvorbehalt.**

2. Frequenzplanung

37 Da sich Funkfrequenzen vom Bestand nationaler Territorialitätsgrenzen unbeeindruckt zeigen und sich weder mit physikalischen Mitteln noch auf andere Weise zuverlässig regional beschränken lassen, sind schädliche Störungen zwischen den Funkstellen verschiedener Länder im Wege einer länderübergreifenden Planung zu vermeiden. Während die **International Telecommunication Union (ITU)**,[103] eine Sonderorganisation der Vereinten Nationen mit Sitz in Genf, unter anderem Funkdiensten bestimmte Frequenzbänder sowie einzelnen Staaten bestimmte Frequenzen zuweist und auf diese Weise einen internationalen Frequenzbereichsplan[104] entwickelt hat, übernimmt die **Conférence Européenne des Administrations des Postes et des Télecommunications (CEPT)**[105] die europaweite Koordination der Frequenznutzung. Die **Europäische Union** begnügt sich damit, durch Erlass von Rechtsvorschriften die Marschrichtung nationaler Frequenzplanungen vorzugeben.[106] National gilt der **Frequenzbereichszuweisungsplan**, der von der Bundesregierung als Rechtsverordnung erlassen wird.[107] Auf seiner Grundlage erstellt die Bundesnetzagentur einen sog **Frequenznutzungsplan** (§ 54 TKG), der sowohl eine detaillierte Aufteilung der Frequenzbereiche als auch nähere Nutzungsbestimmungen enthält (§ 54 Abs 2 S 1 TKG). Der Frequenznutzungsplan ist – im Gegensatz zum Frequenzbereichszuweisungsplan – keine Rechtsnorm sondern lediglich planerische Grundlage für sich zeitlich anschließende Frequenzzuteilungen.[108]

---

99 *Geppert/Ruhle/Schuster* Rn 701; auch *Holznagel/Enaux/Nienhaus* Rn 457.
100 So anschaulich *Holznagel/Enaux/Nienhaus* Rn 457.
101 So das BVerfG in seiner ersten Rundfunkentscheidung, BVerfGE 12, 205, 230.
102 *Geppert/Ruhle/Schuster* Rn 701; *Schütz* Rn 30.
103 www.itu.int.
104 Bestandteil Vollzugsordnung für den Funkdienst (VO-Funk).
105 www.cept.org.
106 *Holznagel/Enaux/Nienhaus* Rn 461 ff.
107 Frequenzbereichszuweisungsplanverordnung (FreqBZPV), BGBl 2001 I S 778.
108 *Holznagel/Enaux/Nienhaus* Rn 481 ff.

3. Frequenzzuteilung

Während die Frequenzplanung die Grundlagen der Frequenzordnung abstrakt festlegt, werden im Rahmen der Frequenzzuteilung einzelnen Anbietern telekommunikativer Dienste **bestimmte Frequenzbänder konkret zugewiesen.** Dies bestimmt sich nach § 55 TKG, der maßgeblich von europarechtlichen Vorgaben geprägt ist. Insb auf Grund der Vorgabe des Art 9 Abs 1 S 2 der Rahmen-RL, wonach die Zuteilung von Frequenzen anhand objektiver, transparenter, diskriminierungfreier und angemessener Kriterien zu erfolgen hat, gewährt § 55 Abs 5 TKG bei Vorliegen der enumerativ aufgeführten Voraussetzungen einen durchsetzbaren **Anspruch auf Erteilung.**[109] Ein Anspruch auf eine bestimmte Einzelfrequenz besteht allerdings nicht (§ 55 Abs 5 S 2 TKG). Die Vergabe von Frequenzen erfolgt grds zeitlich begrenzt (§ 55 Abs 8 TKG). Beabsichtigt der Antragsteller, beantragte Frequenzen in einer den in § 2 Abs 2 TKG niedergelegten Regulierungszielen widerstrebenden Weise zu vewenden, kann die Erteilung versagt werden (§ 55 Abs 10 TKG). Dies ist etwa der Fall, wenn eine Überprüfung des Nutzungskonzeptes des Antragsstellers ergibt, dass dessen Bedürfnis nach Frequenzzuteilungen nur der Hortung von Frequenzen auf Vorrat dient oder auf einer ineffizienten Gestaltung seiner Funkanlagen beruht.[110] 38

a) **Allgemeinzuteilung.** Gem § 55 Abs 2 TKG werden Frequenzen in aller Regel in Form der Allgemeinzuteilung vergeben. Hierbei erteilt die Bundesnetzagentur „von Amts wegen" (§ 55 Abs 2 S 1 TKG) der Allgemeinheit oder wenigstens einem nach allgemeinen Merkmalen bestimmten oder bestimmbaren Personenkreis die generelle und nicht exklusive Nutzung bestimmter Frequenzen (**Allgemeinverfügung** iSv § 35 S 2 VwVfG). Da vor diesem Hintergrund eine gleichzeitige Nutzung derselben Frequenz am selben Ort nicht ausgeschlossen werden kann, unterliegen der Allgemeinzuteilung lediglich Funkanwendungen mit geringem Störpotential,[111], bspw DECT-Telefone, Infrarot-Funkanwendungen, Abstandswarnsysteme oder WLAN-Anwendungen. Frequenzzuteilungen der genannten Art sind zu veröffentlichen (§ 55 Abs 2 S 2 TKG).[112] 39

b) **Einzelzuteilung.** Ist eine Allgemeinzuteilung nicht möglich, etwa weil funktechnische Störungen nicht auszuschließen sind oder eine effiziente Frequenznutzung nicht sichergestellt werden kann, vergibt die Bundesnetzagentur auf schriftlichen Antrag Frequenzen individuell und exklusiv (§ 55 Abs 3, 4 TKG). Per **Verwaltungsakt** iSd § 35 S 1 VwVfG wird dem Begünstigten dann das Recht zuteil, eine bestimmte Frequenz zu den jeweils bezeichneten Bedingungen exklusiv nutzen zu dürfen.[113] Der als solcher formulierte Ausnahmefall der Einzelzuteilung dürfte im Mobilfunkbereich jedoch die Regel sein.[114] 40

c) **Ausschreibung und Versteigerung.** Übersteigt die Nachfrage das Kontingent verfügbarer Frequenzen, „kann" ein Vergabeverfahren durchgeführt werden (§ 55 41

109 Vgl BT-Drucks 15/2316, 77.
110 So BT-Drucks 15/2316, 78.
111 BeckTKG-Komm/*Ehmer* 2. Aufl § 47 Rn 11.
112 Vgl www.bundesnetzagentur.de.
113 BerlKommTKG/*Wegmann* § 55 Rn 26.
114 *Gersdorf* 53; ausf hierzu *Koenig/Loetz/Neumann* 181.

Abs 9; § 61 TKG).[115] § 61 Abs 1 S 1 TKG stellt hierzu zwei Vergabemodi zur Verfügung: Das Versteigerungsverfahren (Abs 5) und das Ausschreibungsverfahren (Abs 6). Beide müssen nach vorab festgesetzten, objektiven, nachvollziehbaren und diskriminierungsfreien Kriterien erfolgen. Einzelheiten finden sich in § 61 Abs 5, 6 TKG. Das **Versteigerungsverfahren** sieht eine Frequenzzuteilung gegen Höchstgebot vor, wobei es der Bundesnetzagentur freisteht, ein Mindestgebot festzusetzen (§ 61 Abs 5 S 2 TKG).[116] Im **Ausschreibungsverfahren** werden die in Rede stehenden Frequenzen nach Maßgabe des Abs 6 und seitens der Bundesnetzagentur vorab zu bestimmenden Kriterien vergeben. Erweisen sich mehrere Bewerber als gleich geeignet, entscheidet das Los (§ 61 Abs 6 S 5 TKG). Das **Versteigerungsverfahren** genießt **Anwendungsvorrang** (§ 61 Abs 2 TKG). Es kommt nicht in Betracht, wenn es den Regulierungszielen zuwider liefe.[117] Ist zu erwarten, dass sich ein erfolgreiches Gebot oder eine erfolgreiche Bewerbung eines Antragstellers wettbewerbsgefährdend auswirken würde, kann dieser von der weiteren Teilnahme ausgeschlossen werden (§ 61 Abs 3 S 1 TKG). Berechtigte Interessen sind in die Entscheidungserwägungen einzubeziehen (§ 61 Abs 3 S 2 TKG).

42 Das Versteigerungsverfahren kam gerade in jüngerer Vergangenheit mehrfach zur Anwendung, so etwa bei der Lizenzvergabe für den Funkdienst ERMESC (1996) und der Vergabe zusätzlicher Frequenzen im Bereich GSM 1800 (1999). Das bislang bekannteste Versteigerungsverfahren betraf die Vergabe von UMTS-Frequenzen für den Zeitraum bis 2020, das im Sommer 2000 stattfand und erheblicher verfassungsrechtlicher und wirtschaftspolitischer Kritik ausgesetzt war. Gleichwohl griff die Bundesnetzagentur bei der Vergabe von Frequenzbändern für den Wireless Broadband Access (WiMAX) 2006 und der Zuteilung von Frequenzen des begehrten 800 MHz-Bereichs, der sog. „Digitalen Dividende“, 2010 erneut auf das Versteigerungsverfahren zurück.

4. Frequenzhandel

43 § 62 Abs 1 S 1 TKG erklärt den Handel mit Frequenznutzungsrechten **im Grundsatz für zulässig.** Er ermächtigt die Bundesnetzagentur nach Anhörung der betroffenen Kreise, Frequenzbereiche für den Handel freizugeben sowie Rahmenbedingungen und das Verfahren für ihren Handel festzulegen. Insoweit getroffene Entscheidungen sind zu veröffentlichen (§ 62 Abs 2 S 2 TKG). Hierbei von der Bundesnetzagentur einzuhaltende Kriterien ergeben sich aus § 62 Abs 2 TKG. Bislang hat die Behörde allerdings weder Frequenzen zum Handel freigegeben noch diesbezügliche Vorgaben veröffentlicht. Infolgedessen werden in Deutschland zurzeit noch keine Frequenzen gehandelt.[118] Im Übrigen ließe § 150 Abs 8 TKG einen Handel mit Frequenzen, die nach §§ 10; 11 und 47 Abs 5 TKG vom 25.7.1996[119] zugeteilt wurden, nicht zu. Ein **Handel mit UMTS-Lizenzen** wäre also selbst im Falle erfolgter Frei- und Vorgaben der Bundesnetzagentur **nicht erlaubt.**

---

115 AA BerlKommTKG/*Wegmann* § 55 Rn 52, der die Bundesnetzagentur unter Berücksichtigung von Art 3 Abs 1, 12 Abs 1 GG im Sinne einer Ermessensreduzierung auf Null zur Durchführung eines solchen Verfahrens für verpflichtet hält.

116 Allgemein bekannt ist bspw die Versteigerung der UMTS-Frequenzen (Mitte 2000).

117 Ausf mit Beispiel *Schütz* Rn 69.

118 *Holznagel/Enaux/Nienhaus* Rn 504 mwN.

119 BGBl 1996 I S 1120.

II. Zugang zu Nummern

Nach den Vorgaben der ITU[120] darf eine internationale Rufnummer – exklusiv internationaler Präfixe (0 bzw 00) – gegenwärtig aus maximal 15 Stellen bestehen. Damit verbleiben in Deutschland abzüglich der zweistelligen Landeskennzahl (49) noch 13 Stellen, die als nationale Rufnummer vergeben werden können. Auf Grund nicht sonderlich effizienter Vergabe in der Vergangenheit sind Nummern heutzutage ein knappes Gut. Dies gilt zumindest potentiell. Zur Verfügung stehende Stellen wurden oft nicht effizient ausgenutzt. Vielmehr begnügte man sich teils bereits mit siebenstelligen Rufnummern inkl. nationaler Bereichskennzahl.[121] Der Verzicht auf eine Stelle hat jedoch zur Folge, dass 10 nachfolgende Nummern, der Verzicht auf zwei Stellen, dass sogar 100 nachfolgende Nummern blockiert sind.[122] Um eine effiziente Nutzung von Nummerierungsressourcen zu gewährleisten, erhebt § 2 Nr 8 TKG die **Nummernverwaltung** seit einigen Jahren zum **Gegenstand hoheitlicher Regulierung.** 44

1. Nummernarten und Nummernbereiche

Als „**Nummer**" definiert das Gesetz in § 3 Nr 13 TKG solche Zeichenfolgen, die in Telekommunikationsnetzen Zwecken der Adressierung dienen. Hierzu zählen unter anderem Ortskennzahlen, Netzzugangsnummern, Teilnehmernummern, Diensterufnummern und nach richtigem Verständnis auch IP-Nummern. Hintergrund ist, dass auch das Internet ein Telekommunikationsnetz iSd § 3 Nr 27 TKG darstellt,[123] in dessen Rahmen sich über IP-Nummern einzelne Rechner adressieren und identifizieren lassen.[124] Schwieriger gestaltet sich die Frage, ob dies auch auf **Domainnamen** zutrifft, weil sie unter Berücksichtigung der Funktionsweise des Domain Name Systems (DNS) nicht der unmittelbaren Adressierung dienen, sondern durch sog Nameserver zunächst in IP-Nummern übersetzt werden müssen.[125] Mit dieser Argumentation wird eine Klassifizierung von Domainnamen als Nummern iSd § 3 Nr 13 TKG teilweise abgelehnt.[126] Dem lässt sich mit Blick auf § 66 Abs 1 S 4 TKG jedoch entgegenhalten, dass sich der Gesetzgeber bei Erlass der Nummerierungsvorschriften der Problematik um die Nummernbegrifflichkeit im Hinblick auf Domainnamen durchaus bewusst gewesen sein muss. Wie sich aus den Gesetzgebungsmaterialien zum TKG 2004 ergibt, hatte er die geschilderte Problematik sogar in seine Erwägungen einbezogen.[127] Auch wird in der aktuellen Gesetzesbegründung ausgeführt, der „entwicklungsoffene Nummernbegriff des § 3 Nr 13 TKG" gelte „für sämtliche Telekommunikationsnetze einschließlich solcher, in denen das Internet-Protokoll Verwendung findet".[128] Dies spricht deutlich dafür, den telekommunikationsrechtlichen Nummernbegriff offen und technologieneutral zu verstehen.[129] Dennoch hat sich der Gesetzgeber angesichts der zweifelhaften Rechtslage dafür ausgesprochen, die Verwal- 45

---

120 ITU-Empfehlung E.164. Näheres vgl Wissmann/*Baumgarten* Kap 7 Rn 3 ff.

121 Vgl *Holznagel/Enaux/Nienhaus* Rn 518.

122 So insgesamt mit Beispiel *Holznagel/Enaux/Nienhaus* Rn 518.

123 So ausdr BT-Drucks 15/2316, 58.

124 So BerlKommTKG/*Brodkorb* § 66 Rn 38 f.

125 Ausf hierzu *Holznagel* MMR 2003, 219, 220; *Koenig/Neumann* K&R 1999, 145; *Schütz* Rn 95 sowie *Holznagel/Enaux/Nienhaus* Rn 514; zum technischen Hintergrund *Demmel/Skrobotz* MMR 1999, 74, 77.

126 So etwa *Koenig/Loetz/Neumann* 186 f.

127 Vgl etwa BT-Drucks 15/2316, 82.

128 BT-Drucks 16/2581, 22.

129 Ausf zur Problematik und zum selben Ergebnis kommend *Holznagel/Enaux/Nienhaus* Rn 514 mwN.

tung von Domainnamen weiterhin der DENIC eG zu überlassen.[130] § 66 Abs 1 S 4 TKG schließt eine Verwaltung von Domainnamen durch die Bundesnetzagentur daher bisweilen aus.

46 Eine besondere Ausprägung der Nummer ist die **Rufnummer.**[131] Ihre Begrifflichkeit ist enger gefasst und beinhaltet solche Nummern, durch deren Wahl im öffentlichen Telefondienst eine Verbindung zu einem bestimmten Ziel aufgebaut werden kann (§ 3 Nr 18 TKG). Sie beschränkt sich laut Gesetzeswortlaut auf den „öffentlichen Telefondienst", der sich gem § 3 Nr 17 TKG auf die klassische Sprachtelefonie beschränkt. Eine Rufnummer setzt sich aus **Landeskennzahl** (zB 49 für Deutschland), **nationaler Bereichskennzahl** (Ortskennzahl (zB 030 für Berlin)), **Netzkennzahl** (zB 0160, 0170, 0171 für T-Mobile, 0172, 0173, 0174 für Vodafone, 0177, 0178 für E-Plus, 0176, 0179 für O2) oder **Dienstekennzahl** (bspw 0700 (persönliche Rufnummer), 0800 (entgeltfreie Telefondienste)) und der **Teilnehmerrufnummer** zusammen.

47 Die Gesamtheit aller Nummern, die für eine bestimmte Art der Adressierung verwendet werden, bilden einen sog „**Nummernraum**" (vgl § 3 Nr 13c TKG).[132] Zentrales Beispiel ist der Nummernraum für das öffentliche Telefonnetz auf der Basis der Empfehlung E.164 der ITU, der unter anderem auch die Mobilfunkrufnummern umfasst. Einem anderen Nummernraum gehören bspw Kurzwahlnummern im Mobilfunk an.

48 Als „**Nummernart**" gelten alle Nummern eines Nummernraums, die für einen bestimmten Dienst oder eine bestimmte technische Adressierung (§ 3 Nr 13a TKG) definiert sind. Bspw handelt es sich bei sog Premium-Diensten um eine Nummernart, für die im Nummernraum des öffentlichen Telefonnetzes die Nummern (0)190 und (0)900 vorgesehen waren bzw sind. Als weitere Beispiele lassen sich die Nummern aus den Bereichen (0)15, (0)16 und (0)17 anführen, die für die Nummernart „Mobilfunkrufnummern" reserviert sind.

49 Als „**Nummernbereich**" bezeichnet man eine für eine Nummernart bereitgestellte Teilmenge des Nummernraums (§ 3 Nr 13b TKG).[133] Hierzu zählen bestimmte Rufnummerngassen, innerhalb derer bestimmte Dienste oder Adressierungsformen angeboten werden können. So etwa bilden alle (0)180er Nummern den Nummernbereich (0)180. Einzelne Teilmengen eines Nummernbereichs nennt man „Nummernteilbereiche" (§ 3 Nr 13d TKG). So lässt sich der (0)180er Nummernbereich etwa in die Nummernbereiche (0)1801, (0)1802, (0)1803 usw. unterteilen (unterschiedliche Preistarife).

2. Zuteilung

50 Nummern sind mit Blick auf § 66 Abs 1 S 2 TKG öffentliches Gut. Dem Zuteilungsnehmer wird folglich kein Eigentumsrecht zuteil, er erhält lediglich ein **beschränktes Nutzungsrecht** an der Nummer.[134] Eine rechtmäßige Nummernnutzung

130 Vgl BT-Drucks 15/2316, 118.
131 *Gersdorf* 83.
132 Eine Übersicht „Der Nummernraum für das öffentliche Telefonnetz/ISDN in Deutschland" findet sich unter www.bundesnetzagentur.de.
133 Zur Praxis der Ein- und Zuteilung von Nummern hält die Bundesnetzagentur unter www.bundesnetzagentur.de zahlreiche Informationen zum Abruf bereit.
134 BerlKommTKG/*Brodkorb* § 66 Rn 32; *Holznagel/Enaux/Nienhaus* Rn 521.

hat zwingend von der Bundesnetzagentur auszugehen,[135] sie erfolgt in Form eines **begünstigenden Verwaltungsaktes.**[136] Bereitgestellte Nummern sind kein handelbares Wirtschaftsgut.[137]

Bei der Vergabe von Nummern ist zwischen ein- und zweistufigem Zuteilungsverfahren sowie Allgemeinzuteilung zu unterscheiden: Im Rahmen des **einstufigen Zuteilungsverfahrens** vergibt die Bundesnetzagentur die Nummer dem Zuteilungsnehmer unmittelbar zu dessen eigener Verwendung (sog „direkte Zuteilung", vgl § 4 Abs 2 Nr 1 TNV).[138] Beim **zweistufigen Zuteilungsverfahren** hingegen stellt die Bundesnetzagentur Betreibern und Anbietern von Telekommunikationsnetzen und -diensten in einem ersten Schritt Nummern oder Nummernblöcke dergestalt zur Verfügung, dass jene sie dem Endkunden in einem zweiten Schritt weiterzureichen vermögen. Dabei wird der hoheitlich erfolgende erste Schritt als **„originäre Zuteilung"** (§ 4 Abs 2 Nr 2 TNV), die privatrechtliche Zuteilung an den Endkunden (zweiter Schritt) als **„rechtsgeschäftlich abgeleitete Zuteilung"** (§ 4 Abs 2 Nr 3 TNV) bezeichnet. Soweit die Bundesnetzagentur durch originäre Zuteilungen massenhaft abgeleitete Nummernzuteilungen ermöglicht, gestattet ihr § 4 Abs 4 S 2 TNV besondere Rahmenbedingungen vorzugeben, um diejenigen Pflichten, die ihr TKG und TNV aufbürden, auf die originären Zuteilungsempfänger zu übertragen. § 10 TNV statuiert insoweit unabdingbare Sonderregeln. Eine weitere rechtsgeschäftliche Übertragung – und damit eine Handelbarkeit – von Nummern schließt § 4 Abs 5 TNV allerdings aus. **In Ausnahmefällen** kann die Bundesnetzagentur Nummern auch im Wege einer **Allgemeinzuteilung**[139] vergeben (§ 4 Abs 2 Nr 4 TNV). Für die Zuteilung von Rufnummern werden **Gebühren** erhoben (§ 142 Abs 1 S 1 Nr 2 TKG).[140] 51

3. Nutzungsbedingungen

§ 4 Abs 4 S 1 TNV trägt dem Umstand Rechnung, dass es sich bei Nummern grds um eine knappe Ressource[141] handelt und erlaubt es daher, Zuteilungen im Einzelfall inhaltlich und/oder zeitlich zu beschränken.[142] Dasselbe gilt unter Kundenschutzgesichtspunkten für den Bereich der Mehrwertdienste. 52

a) **Inhalt und Voraussetzungen.** Ausdrücklich nennt § 4 Abs 4 S 1 TNV Befristung und Auflagen. Während die **Befristung** von Zuteilungen der Transparenz und Planungssicherheit der Marktbeteiligten im Falle nur vorläufig oder auslaufend strukturierter, ausgestalteter und bereitgestellter Nummernbereiche dienen soll,[143] betreffen **Auflagen** insb die Verwendung von Nummern. So kann etwa die Erteilung einer Num- 53

135 Vgl Entwurf der Begründung der TNV vom 22.6.2007, B, zu § 4 (Nummernzuteilung), S 4, abrufbar unter www.bundesnetzagentur.de; vgl auch § 4 V 1 TNV-E.

136 Vgl Entwurf der Begründung der TNV v 22.6.2007, B, zu § 4 (Nummernzuteilung), S 4 sowie *Holznagel/Enaux/Nienhaus* Rn 523.

137 Vgl Entwurf der Begründung der TNV v 22.6.2007, B, zu § 4 (Nummernzuteilung), S 5 sowie zu § 10 (abgeleitete Zuteilung von Nummern), S 8, abrufbar unter www.bundesnetzagentur.de.

138 Abrufbar unter www.bmwi.de/BMWi/Navigation/Service/gesetze,did=209586.html (14.9.2007).

139 Zur Begrifflichkeit vgl bereits oben (Thematik Frequenzen).

140 Zur Problematik und Vereinbarkeit dieser Regelung mit europarechtlichen Vorgaben vgl *Holznagel/Enaux/Nienhaus* Rn 525 mwN.

141 S bereits § 3 II 1 u. 2.

142 Vgl Entwurf der Begründung der TNV v 22.6.2007, B, zu § 4 (Nummernzuteilung), S 5, abrufbar unter www.bundesnetzagentur.de.

143 Vgl Entwurf der Begründung der TNV v 22.6.2007, B, zu § 4 (Nummernzuteilung), S 5, abrufbar unter www.bundesnetzagentur.de.

mer an bestimmte Zwecke gebunden sein oder mit Informations-, Nutzungs- oder Rückgabepflichten einhergehen. **Sonstige Nebenbestimmungen** beziehen sich zumeist auf Änderung und Widerruf zugeteilter, die Wiederverwendung freigewordener oder die Veröffentlichung von Nummern.[144] Zahlreiche Regelungen dieser Art finden sich in den von der Bundesnetzagentur veröffentlichten **Zuteilungsbedingungen.**[145]

54 **b) Überwachung und Sanktionen.** Über die Einhaltung gesetzlicher Vorschriften und der von ihr erteilten Zuteilungsbedingungen wacht die **Bundesnetzagentur.** Widerrechtliches Verhalten kann sie mit angemessenen **Anordnungen und Maßnahmen** sanktionieren (§ 67 Abs 1 TKG). So kann sie etwa rechtswidrig genutzte Nummern einziehen (§ 67 Abs 1 S 4 TKG) und deren Abschaltung veranlassen (§ 67 Abs 1 S 5 TKG) sowie dem Rechnungssteller die Ausfertigung einer Rechnung untersagen (§ 67 Abs 1 S 6 TKG). Ebenso kann sie in begründeten Ausnahmefällen bestimmte Kategorien von Dialern verbieten (§ 67 Abs 1 S 7 TKG). Darüber hinaus ist sie ermächtigt, Auskünfte über personenbezogene Daten einzuholen, insb dann, wenn eine solche zur einzelfallbezogenen Überprüfung der Einhaltung von Verpflichtungen erforderlich ist (vgl § 67 Abs 1 S 2 TKG). Die Aufzählung des § 67 Abs 1 TKG ist keineswegs abschließend. Sofern mildere oder effektivere Maßnahmen in Betracht kommen und zur Beseitigung des Rechtsverstoßes geeignet sind, kann die Bundesnetzagentur sich auf § 67 Abs 1 S 1 TKG stützen.[146]

55 **c) Exkurs: Mehrwertdiensterufnummern und R-Gespräche.** Unter den Begriff der **Mehrwertdienste** werden solche Dienstleistungen gefasst, die der Kunde bei Anwahl der jeweiligen Dienstenummer neben der reinen Telekommunikationsdienstleistung erhält.[147] Das zeitabhängig oder en block berechnete Entgelt erfasst sowohl die Gebühr für die Telekommunikationsleistung als solche als auch die Vergütung für die auf ihrer Grundlage bereitgestellte Dienstleistung. Eine **Vielzahl von Missbrauchsfällen** zulasten des Endkunden haben den Gesetzgeber über die letzten Jahre hinweg jedoch veranlasst, dem Kundenschutz stärkeres Gewicht beizumessen und das Regelungsgeflecht um Mehrwertdienste weiter zu verengen. Die neuesten nummerierungsspezifischen **kundenschützenden Regelungen** finden sich seit dem 1.9.2007 in den **§§ 66a ff TKG.**

---

144 *Holznagel/Enaux/Nienhaus* Rn 523.

145 Vgl bspw die Regeln für die Zuteilung von Nationalen Teilnehmerrufnummern, ABl RegTP Nr 23/2004 Vfg; Regeln für die Zuteilung von (0)9009er-Rufnummern für über Anwählprogramme erreichbare „Premium Rate"-Dienste, ABl RegTP Nr 16/2003 Vfg Nr 38/2003; Regeln für die Zuteilung von (0)900-Rufnummern für Premium Rate-Dienste, ABl RegTP Nr 16/2004 Verfügung 037/2004 v 11.8.2004; Regeln für die Zuteilung von Rufnummern für Auskunftsdienste, ABl Bundesministerium für Post und Telekommunikation Nr 8/97 Vfg 61 sowie Änderungsverfügung ABl RegTP Nr 24/98 Vfg 143; Regeln für die Zuteilung von Rufnummern für öffentliche zellulare Mobilfunkdienste, ABl RegTP Nr 23/2000 v 6.12.2000, geändert mit Vfg 10/2002, ABl 7/2002 und mit Vfg 31/2003, ABl 14/2003; Regeln für die Zuteilung von Rufnummern für Internationale Virtuelle Private Netze, ABl Bundesministerium für Telekommunikation und Post Nr 16/97 Vfg 132; Regeln für die Zuteilung von Persönlichen Rufnummern, ABl RegTP Nr 16/2004, Vfg 035/2004 v 11.8.2004; Regeln für die Zuteilung von Rufnummern für Freephone-Dienste, ABl RegTP Nr 16/2004, Vfg 036/2004 v 11.8.2004; und andere (allesamt veröffentlicht auch unter www.bundesnetzagentur.de).

146 BerlKommTKG/*Brodkorb* § 67 Rn 12. Ebenso *Mayer/Möller* K&R 2005, 251, 255.

147 So die Definition der Begründung zum ersten Entwurf einer Telekommunikationsnummerierungs-Verordnung v 30.7.2004. Vgl Nachweise bei BeckTKG-Komm/*Klees* TKG-E 2005 § 66a Fn 17 zu Rn 11; vgl auch die Definitionen in § 3 Nr 2a, 8b, 11b, 11d, 12a, 17a und 25.

In diesem Zusammenhang ist insb § 66h Abs 2 TKG augenfällig, auf dessen Grundlage alle zugeteilten (0)900er **Rufnummern** in einer zentralen Datenbank der Bundesnetzagentur erfasst und unter Angabe von Namen und ladungsfähiger Anschrift im Internet veröffentlicht werden.[148] Auskunftsrechte und -pflichten konkretisiert § 66h Abs 1, 3 TKG. Auch Anwählprogramme, die Verbindungen zu einer Nummer herstellen, über die neben der Telekommunikationsdienstleistung als solcher auch Inhalte abgerechnet werden (sog **Dialer**), dürfen nur eingesetzt werden, wenn sie zuvor bei der Bundesnetzagentur registriert wurden, die von dieser vorgeschriebenen Mindestvoraussetzungen erfüllen[149] und ihr gegenüber schriftlich versichert wurde, dass eine rechtswidrige Nutzung ausgeschlossen ist (§ 66f Abs 1 S 1 TKG). Sie dürfen darüber hinaus nur aus einem von der Bundesnetzagentur hierzu zur Verfügung gestellten Nummernbereich angeboten werden (§ 66f Abs 1 S 2 TKG). Um eine mögliche Umgehung – etwa durch Verwendung anderer Dienstenummern – zu verhindern, gilt § 66f Abs 1 S 1 TKG rufnummerunabhängig. Auf Grund etlicher Missbrauchsfälle in der Vergangenheit[150] untersagt § 66f Abs 1 S 3 TKG den Betrieb eines nicht registrierten Dialers neben einem registrierten Dialer unter einer Nummer. Aus Gründen der Überprüfung registriert die Bundesnetzagentur unter einer Nummer jeweils nur einen einzigen Dialer (§ 66f Abs 2 S 1 TKG). Rechtfertigen Tatsachen die Annahme, dass der Antragsteller nicht die erforderliche Zuverlässigkeit besitzt, so kann die Bundesnetzagentur die Registrierung des Dialers ablehnen (§ 66f Abs 3 S 1 TKG). Dies gilt insb, wenn der Antragsteller sich schwerwiegender Verfehlungen gegen das TKG schuldig gemacht oder wiederholt Registrierungen mittels falscher Angaben erschlichen hat (§ 66f Abs 3 S 2 TKG). 56

Was Telefonverbindungen, in deren Rahmen der Angerufene das Verbindungsentgelt trägt (sog **R-Gespräche**) betrifft, erklärt § 66i TKG Angebot und Abrechnung anderer als reiner Telefondienstleistungen für unzulässig. Die Bundesnetzagentur führt **Sperrlisten**, in die sich Endkunden eintragen lassen können, um Missbräuchen vorzubeugen (§ 66i Abs 2 TKG). 57

Weitere Regelungen betreffen die Transparenz von Preisen, sonstigen **Informationen und Verbindungstrennungspflichten** finden sich in §§ 66a–e TKG. Einen umfassenden Schutz vor Nummernmissbrauch bietet das **Umgehungsverbot** des § 66l TKG. Verstöße können zum **Wegfall des Entgeltanspruchs** führen (§ 66g TKG). 58

4. Übertragung von Nummern

Im Hinblick darauf, dass Rufnummernwechsel für den Nutzer mit erheblichen Kosten und im Falle gewerblicher Nutzung auch mit vertrieblichen Nachteilen verbunden sein können,[151] bestimmt § 46 Abs 1 TKG, dass Nutzer, die den Anbieter wechseln, ihre Rufnummer behalten dürfen (sog **Rufnummernübertragbarkeit**). Hierzu setzt § 46 Abs 1 S 1 Nr 1 TKG im Falle **geographisch gebundener Nummern** – insb Festnetzrufnummern eines bestimmten Ortsbereichs – jedoch den Verbleib des Nutzers am selben Standort voraus. **Nicht geographisch gebundene Nummern**, so etwa Mobilfunknummern, können auch bei einem Standortwechsel beibehalten werden 59

---

148 Abrufbar unter www.bundesnetzagentur.de.

149 Vgl BNetzA Vfg Nr 36–39/2003, ABl Nr 16/2003 v 13.8.2003; Vfg Nr 51/2003, ABl Nr 24 v 3.12.2007; Vfg Nr 4/2005, ABl Nr 3 v 16.2.2005. Eine Überprüfung des Dialers findet jedoch nur bei Beschwerden bzw bei Vorliegen konkreter Verdachtsmomente statt, Vfg Nr 37/2003.

150 Vgl *Holznagel/Enaux/Nienhaus* Rn 425.

151 *Holznagel/Enaux/Nienhaus* Rn 532.

(§ 46 Abs 1 S 1 Nr 2 TKG). Die genannten Regelungen gelten jedoch nur innerhalb derjenigen Nummernräume oder Nummernteilräume, die für einen Telefondienst festgelegt wurden (§ 46 Abs 1 S 2 TKG). Insb eine Übertragung von Festnetznummern ins Mobilfunknetz oder umgekehrt ist unzulässig (§ 46 Abs 1 S 3 TKG).

60 Verpflichtete dieser Regelungen sind sowohl Netzbetreiber (§ 46 Abs 1 S 1 TKG) als auch Anbieter von Telekommunikationsdiensten (§ 46 Abs 2 TKG). Dem wechselnden Teilnehmer können nur die einmalig beim Wechsel entstehenden **Kosten** auferlegt werden (§ 46 Abs 3 S 1 TKG). Das gleiche gilt im Verhältnis von Netzbetreiber und Anbieter (§ 46 Abs 3 S 2 TKG).

III. Zugang zu Grund und Boden

61 Mit dem Aufweichen monopolistischer Strukturen im Wege der Liberalisierung der Märkte ist das **Netzmonopol der Deutschen Telekom AG entfallen.** Konkurrenten steht seitdem die **Errichtung eigener Netzinfrastrukturen** offen, wovon regionale und überregionale Anbieter zunehmend Gebrauch machen. Der Aufbau von Infrastrukturen und Kommunikationslinien setzt zwangsläufig das Betreten fremden Grund und Bodens voraus. Insoweit ist zwischen gesetzlichen und privatrechtlichen Nutzungsrechten zu unterscheiden:

1. Gesetzliche Nutzungsrechte

62 Gesetzlich verankerte Wegerechte finden sich in den §§ 68 ff TKG.[152] Regulatorisch differenziert das Gesetz zwischen öffentlichen Verkehrswegen und privaten Grundstücken:

63 a) **Öffentliche Verkehrswege.** Öffentliche Verkehrswege iSd § 68 Abs 1 S 2 TKG darf der Bund hinsichtlich öffentlichen Zwecken dienender Telekommunikationslinien unentgeltlich nutzen (§ 68 Abs 1 S 1 TKG). Hierfür erforderliche Befugnisse werden Betreibern öffentlicher Telekommunikationsnetze durch die Bundesnetzagentur auf schriftlichen Antrag erteilt (§ 69 Abs 1 TKG).

64 b) **Private Grundstücke.** Die Beeinträchtigung privater Grundstücke regelt § 76 TKG. Hiernach hat der Eigentümer Errichtung, Betrieb und Erneuerung von Telekommunikationslinien auf seinem Grundstück insoweit zu dulden, als dies nicht mit zusätzlichen Einschränkungen der Nutzbarkeit verbunden ist (§ 76 Abs 1 Nr 1 TKG) oder die Benutzung ihn nicht oder nur unwesentlich beeinträchtigt (§ 76 Abs 1 Nr 2 TKG). Das BVerfG versteht § 76 TKG als Inhalts- und Schrankenbestimmung iSv Art 14 Abs 1 S 2 GG.[153] Beeinträchtigen Maßnahmen den Grundeigentümer über das erforderliche Maß hinaus, gewährt § 76 Abs 2 TKG angemessene Ausgleichsansprüche.

---

152 Zum verfassungsrechtlichen Infrastrukturauftrag des Art 87f Abs 1 GG sowie zum europarechtlichen Hintergrund vgl *Holznagel/Enaux/Nienhaus* Rn 553 f.

153 BVerfG NJW 2003, 196, 198; BVerfG NJW 2000, 798, 799.

2. Privatrechtliche Nutzungsverträge

Neben bzw ergänzend zu gesetzlichen Nutzungsrechten besteht für Zugangsanbieter und Grundstückseigentümer weiter die Möglichkeit, sog Nutzungsverträge abzuschließen, wonach der Anbieter das Recht erwirbt, sämtliche Einrichtungen auf dem Grundstück anbringen zu dürfen, die erforderlich sind, um ihm obliegenden Bereitstellungsverpflichtungen nachkommen zu können. § **45a TKG** regelt in diesem Zusammenhang den praktisch häufigsten (Unter-)Fall der Grundstücksnutzung zur Gewährleistung des Netzzugangs und insoweit bestehender Kündigungsrechte und Mitbenutzungen vorhandener Leitungen und Einrichtungen.[154] 65

IV. Zugang zu fremder Infrastruktur

Wie eingangs angedeutet, wären Marktneulinge am Telekommunikationsmarkt ohne die mannigfachen Regulierungsinstrumentarien des TKG, nicht in der Lage, im Markt gegen den Ex-Monopolisten Deutsche Telekom AG zu bestehen. Dies gilt vor allem im Bereich der Netzinfrastruktur. So befinden sich gerade Teilnehmeranschlussleitungen (TAL) – so bezeichnet man die Verbindungsleitung vom letzten Vermittlungspunkt zum Netzanschluss beim Endkunden – bis heute flächendeckend in Händen der Deutschen Telekom AG. Der Zugang zum Endkunden führt nur über diese „letzte Meile“. Daher ist der Zugang zum Netz des ehemaligen Monopolisten für andere Anbieter von Telekommunikationsdiensten von essentieller Bedeutung.[155] Ziel der Zugangsregulierung ist es, die **Interoperabilität elektronischer Kommunikationsdienste** sicherzustellen und auf diese Weise zu einem **nachhaltigen Wettbewerb** auf dem Telekommunikationsmarkt beizutragen (Art 1 Abs 1 S 2 Zugangs-RL).[156] 66

1. Zugangsregulierung

Gem § 21 Abs 1 S 1 und § 3 Nr 32 TKG kann die Bundesnetzagentur über beträchtliche Marktmacht verfügende Betreiber öffentlicher Telekommunikationsnetze verpflichten, anderen Unternehmen Einrichtungen oder Dienste zum Zwecke der Erbringung von Telekommunikationsdiensten zur Verfügung zu stellen. Hierbei kommt der Behörde **Ermessen** zu (§ 21 Abs 1 S 1 TKG), dem **im Einzelfall** durch **Muss- oder Soll-Vorgaben** Grenzen gesetzt sind. Einen umfassenden Katalog mit Abwägungsgesichtspunkten enthält § 21 Abs 2, 3 TKG.[157] 67

Ist einem übermächtigen Betreiber eine **Zugangsverpflichtung** iSd § 21 TKG auferlegt worden, so hat er unverzüglich, spätestens aber nach Ablauf von drei Monaten, ein Angebot abzugeben (§ 22 Abs 1 TKG). **Individuelle Vertragsverhandlungen** sind **vorrangig** (vgl § 25 Abs 2 TKG). Erst wenn diese scheitern, ist die Bundesnetzagentur zur Anordnung eines Zugangs berechtigt (§ 25 Abs 1 S 1 TKG). Die Behörde ist zur Anordnung von Standardangeboten ermächtigt (s § 23 Abs 3 TKG). Gegenstand einer Anordnung können auch Entgelte sein (§ 25 Abs 5 S 1 TKG). Bei Nichtbefolgung von 68

154 *Holznagel/Enaux/Nienhaus* Rn 596 sowie 366.
155 So insgesamt *Holznagel/Enaux/Nienhaus* Rn 204.
156 RL 2002/19/EG des Europäischen Parlaments und des Rates v 7.3.2002 über den Zugang zu elektronischen Kommunikationsnetzen und zugehörigen Einrichtungen sowie deren Zusammenschaltung, ABl EG Nr L 108 v 24.4.2002, 7 ff.
157 *Holznagel/Enaux/Nienhaus* Rn 211 ff.

Anordnungen der Bundesnetzagentur können Zwangsgelder bis zu € 1 Mio festgesetzt werden (§ 25 Abs 8 TKG).

2. Zusammenschaltung

69 § 3 Nr 34 TKG definiert die Zusammenschaltung als **besondere** – und wohl auch gewichtigste – **Form des Zugangs** iSd § 3 Nr 32 TKG. Sie ist „die physische und logische Verbindung öffentlicher Telekommunikationsnetze [...] um Nutzern eines Unternehmens die Kommunikation mit Nutzern desselben oder eines anderen Unternehmens [...] zu ermöglichen" (§ 3 Nr 34 TKG). Ohne sie wäre eine Kommunikation über eigene Netzgrenzen hinweg nicht möglich. Will bspw ein Kunde der Deutschen Telekom AG mit einem Anschlusskunden eines alternativen Teilnehmernetzbetreibers telefonieren, erfordert dies die Zusammenschaltung beider Netze. Die Zusammenschaltung ermöglicht mithin die **Kommunikation von Teilnehmern verschiedener Netzbetreiber** miteinander. Dies ist insb im Hinblick auf die eingangs erwähnte Problematik um Teilnehmeranschlussleitungen von immensem Gewicht. Insofern erschöpft sich die Zusammenschaltung von Netzen nicht bloß in ihrer Interoperabilität sondern ist entscheidender **Grundstein für die Entstehung eines nachhaltigen Wettbewerbs auf dem Telekommunikationsmarkt.**[158]

§ 4
Zustandekommen von Telekommunikationsverträgen

70 Nachdem eingangs[159] auf Inhalt und Struktur von Telekommunikationsverträgen im Allgemeinen eingegangen wurde, soll der Vertragsschluss im Endkundensegment als solcher sowie damit einhergehende Problematiken Gegenstand der nun folgenden Erörterungen sein. Einige beispiele aus der jüngeren Rechtsprechung:

I. Bewerbung telekommunikativer Dienste

71 Ein starker Wettbewerb auf dem Telekommunikationsmarkt und die damit einhergehende offensive Werbepraxis haben dazu geführt, dass auch und gerade Sachverhalte mit telekommunikationsrechtlichem Hintergrund vermehrt Gegenstand lauterkeitsrechtlicher Streitigkeiten werden:

72 So bewarb in einem vor dem OLG Frankfurt/M. entschiedenen Fall ein Anbieter ein Kombinationsangebot bestehend aus DSL-Flatrate zu € 9,90 und Telefonflaterate zu € 19,90 monatlich, wobei er allein den Preis für die DSL-Flatrate blickfangmäßig hervorgehoben hatte. Bezüglich weiterer Kosten des Telefontarifs verwies lediglich ein branchenübliches fußnotenartiges Sternchen auf einen klein gedruckten umfangreichen Erläuterungstext. Ein derartiges Vorgehen wertete das Gericht als irreführend und damit Verstoß gegen die §§ 3 und 5 UWG; 1 Abs 1 S 1, Abs 6 PAngV. Anders als im Mobilfunkbereich, wo für den Verbraucher offensichtlich sei, dass er ein subven-

158 Ausf zur Zusammenschaltung *Holznagel/Enaux/Nienhaus* Rn 208 sowie 227.

159 Siehe § 1 III.

tioniertes Handy nicht losgelöst von einem Mobilfunkvertrag erwerben könne, sei er sich im DSL-Geschäft weiterer Kosten nicht bewusst.[160] Auch erwarte der Verkehr im Rahmen der Bewerbung einer Telefonflatrate keine Aufklärung über die fehlende Möglichkeit der Inanspruchnahme von Preselection-Angeboten. Lauterkeitsrechtliche Aufklärungspflichten bestünden nur insoweit als die Unterlassung einer Aufklärung beworbene Adressatenkreise in für eine Kaufentscheidung wesentlichen Punkten zu täuschen geeignet sei. Der Umstand, dass ein Flatrateangebot die kostenlose Inanspruchnahme eines anderen Preselection-Anbieters ausschließe, sei demgegenüber ein naheliegender Umstand.[161] Hat ein Teilnehmernetzbetreiber seine EDV-Systeme so ausgestaltet, dass einem Kundenberater die Information einer bestehenden Preselection-Einstellung verborgen bleibt und führen Änderungen anderer Leistungskomponenten zu einem Wegfall der Preselectioneinstellung, liegt hierin eine zielgerichtete Behinderung von Mitbewerbern.[162] Dassselbe gilt, wenn Anrufe auf Mobilfunkrufnummern per aktiver Rufumleitung systematisch auf Festnetzanschlüsse umgeleitet werden sollen, um auf für Kunden profitable Weise Zusammenschaltungsentgelte zu vermeiden (§ 4 Nr 10 UWG).[163]

Als irreführend wertet das OLG Hamm die Bewerbung telekommunikativer Dienstleistungen mit Verweis auf nicht mehr aktuelle Standardtarife von Konkurrenzanbietern.[164] Gleiches gilt für einen Preisvergleich, in dessen Rahmen doppelt so lange Mindestvertragslaufzeiten verschleiert werden.[165] Demgegenüber hat das OLG Düsseldorf eine Telefonwerbung, in deren Zusammenhang einem gewerblichen Preselection-Kunden die Bereitstellung eines Telefonanschlusses im Rahmen einer bestehenden Geschäftsbeziehung angetragen wurde, vor § 7 Abs 2 Nr 2, 2. Alt UWG für zulässig erachtet.[166] Das OLG Hamm beurteilte die Situation etwas restriktiver und hält eine bestehende Geschäftsbeziehung für sich genommen nicht ausreichend. Für eine insoweit mutmaßliche Einwilligung müssten weitere Umstände hinzutreten, die eine solche ex ante nach Art und Inhalt erkennen ließen.[167] Als irreführend bewertete das OLG Hamburg überdies eine Werbung mit dem Hinweis „keine Grundgebühr", wenn dem Verbraucher bei Nichterreichen eines bestimmten Mindestumsatzes eine Administrationsgebühr in Rechnung gestellt werden soll.[168] 73

Als wettbewerbsrechtlich unzulässig erachtet das LG Köln die Bewerbung von DSL-Leistungen, in deren Rahmen Maximalübertragungsgeschwindigkeiten als permanente Übertragungsraten suggeriert werden.[169] Gleiches gilt für werbende Aussagen à la „Schnellster Anbieter bundesweit", womit eine unzutreffende Alleinstellungsleistung behauptet würde.[170] Demgegenüber täuscht die Aussage „Deutschlands beliebtester DSL-Anbieter" den Verkehr nicht in unangemesser Weise, wenn jener tatsächlich den Großteil der deutschen Kunden auf sich vereint.[171] Anders verhält es sich, wenn der Werbende Dienstleistungen lediglich auf bestimmte Regionen beschränkt anbietet.[172] 74

160 OLG Frankfurt aM MMR 2007, 252 ff.
161 BGH CR 2010, 302.
162 LG Bonn CR 2010, 171.
163 BGH K&R 2010, 265.
164 OLG Hamm CR 2008, 296.
165 OLG Köln CR 2010, 513.
166 OLG Düsseldorf CR 2008, 297 f.
167 OLG Hamm CR 2009, 784.
168 OLG Hamburg K&R 2008, 616.
169 OLG Hamburg MMR 2010, 331.
170 LG Köln CR 2009, 19.
171 LG Hamburg, CR 2008, 784; OLG Hamburg MMR 2010, 333.
172 OLG Hamburg MMR 2010, 331; OLG Köln Urt v 18.12.2009, Az 6 U 90/09.

Werden Telefonanschlüsse und Telefongeräte beworben, ist der Anbieter nach § 1 Abs 1 S 1 PAngV lediglich verpflichtet, die für die beworbenen Produkte geltenden Preise anzugeben. Verbindungsentgelte müssen nicht aufgeschlüsselt werden.[173] Gleiches gilt für die Veräußerung von Mobiltelefonen und Prepaidkarten im Bundle.[174] Bei der Bewerbung von Telefontarifen „für 0 Cent!" hält der BGH allerdings die Angabe von Bereitstellungskosten für erforderlich.[175] Wer für einen Telefontarif oder eine Internetflatrate unter Angabe von Preisen wirbt, muss, wenn ihre Inanspruchnahme einen Kabelanschluss erfordert, für den weitere Kosten entstehen, auch auf diese Kosten hinweisen.[176] Unzulässig ist es demgegenüber, mit einer konkreten Anzahl von Freiminuten als „Starterpaket" zu werben, wenn es sich hiermit lediglich um eine Gutschrift handelt, die nach wenigen Minuten verbraucht ist.[177] Werden mit SIM-Lock versehene Mobiltelefone veräußert, ist auf Verriegelungszeiten und vorzeitige Entriegelungskosten hinzuweisen.[178]

II. Vertragstypologie

75 Die **vertragstypologische Einordnung** von Telekommunikationsverträgen gestaltet sich bis heute als **schwierig.** Insb gibt es nicht *den* Telekommunikationsvertrag. Der Kunde trifft vielmehr auf ein buntes Angebot unterschiedlichster Dienste, die sich je nach Anbieter mehr oder weniger bedarfsgerecht zu einem individuellen Leistungspaket zusammenschnüren lassen. Wie bereits dargestellt, ist außerdem zwischen unterschiedlichen Leistungsebenen sowie festnetzgebundenen und mobilen Telekommunikationsleistungen zu unterscheiden.[179] Eine solche Vielschichtigkeit erfordert differenzierte Betrachtungsweisen. Vertragstypologisch kommen insoweit **miet-, dienst-** und **werkvertragliche Elemente** in Betracht.

76 **Festnetztelefonie.** Im Rahmen von Festnetztelefonieverträgen ist zwischen Telefon*anschluss* und Telefon*verbindung* zu unterscheiden. Bei der **Anschlussleitung** handelt es sich um eine „Sache" iSd § 90 BGB, die dem Kunden typischerweise auf Zeit zur Verfügung gestellt wird. Richtigerweise ist daher insoweit von einem Mietverhältnis auszugehen.[180] Das Herstellen der **Telefonverbindung** wird überwiegend als Dienstleistung, teilweise auch als Werkvertrag[181] eingestuft. Sind Verbindungs- und Teilnehmernetzbetreiber identisch, liegt ein typengemischtes Vertragsverhältnis vor, das hinsichtlich der Anschlussleitung mietvertragliche, hinsichtlich der Telefonverbindung jedoch dienstvertragliche Elemente enthält. Wählt der Kunde im Wege von Call-by-Call- oder Preselection einen anderen Anbieter, hat dieser zwei Verträge mit unterschiedlichen Parteien abgeschlossen: Einen Mietvertrag über den Anschluss mit seinem Teilnehmernetzbetreiber betreffend den Telefonanschluss einerseits und einen insofern wegen der Erfolgsbezogenheit zutreffenden Werkvertrag über Verbindungsleistungen mit dem jeweiligen Call-by-Call- oder Preselection-Anbieter andererseits.

---

173 BGH CR 2008, 488 f.
174 BGH K&R 7/8/2009, 471.
175 BGH K&R 2009, 37.
176 BGH CR 2010, 510 ff.
177 OLG Düsseldorf Urt v 19.5.2009, Az I-20 U 77/08.
178 BGH K&R 7/8/2009, 471.
179 Vgl bereits § 1 III 1.
180 *Graf von Westphalen/Grote/Pohle* 20; aA wohl Palandt/*Sprau* Einf v § 631 BGB Rn 28/29; differenzierend *Schuster* CR 2006, 444, 453.
181 Dienstvertrag: BGH NJW 2002, 2386, 2387; BGH NJW 2005, 3636; BGH NJW 2004, 1590, 1591, der von der Anwendung des Dienstvertragsrechts (§§ 611 ff BGB) ausgeht; Werkvertrag: *Graf von Westphalen/Grote/Pohle* 29 f.

Mobilfunktelefonie. Im Bereich der Mobilfunktelefonie gestalten sich die Verhältnisse nicht wesentlich anders. Auch hier kann zwischen der Zugangsleistung zum Netz und Verbindungsleistungen unterschieden werden. So eröffnet der Mobilfunknetzbetreiber dem Kunden dergestalt **Zugang zum Netz**, dass er diesem eine SIM-Karte für die Dauer des Vertragsverhältnisses entgeltlich zur Verfügung stellt. Insoweit ist angesichts des § 535 BGB ein Mietverhältnis anzunehmen.[182] Was die vertragliche Einordnung der einzelnen **Verbindungsleistungen** betrifft, sind mobilfunkspezifische Besonderheiten angemessen zu berücksichtigen. So lässt sich etwa den am Markt typischerweise verwendeten Vertragsunterlagen entnehmen, dass derartige Verbindungsleistungen sowohl natürlich als auch technisch bedingt nicht stets und unter allen Umständen gewährleistet werden können. Eine im Rahmen des Abschlusses eines Mobilfunkvertrags seitens des Anbieters abgegebene Willenserklärung kann nach Treu und Glauben und unter Berücksichtigung der Verkehrssitte daher nie im Sinne eines Erfolgs verstanden werden, sondern allenfalls als redliches Bemühen iSd § 611 BGB (§§ 133; 157 BGB).[183] Hieran vermögen auch sich zunehmend verdichtende Netzinfrastrukturen nichts zu ändern. Ein Mobilfunkvertrag ist daher als typengemischter Vertrag aus miet- und dienstvertraglichen Elementen zu qualifizieren.[184] Ähnlich wie schon bei der Festnetztelefonie unterstellt die Rechtsprechung, Mobilfunkverträge ohne nähere Begründung prinzipiell dienstvertragsrechtlichen Regeln (§§ 611 ff).[185] 77

Datendienste. Da der Transport von Daten im Internet – nicht etwa die Nutzung des Rechners des Providers – im Vordergrund der Leistungsbeziehung steht, hat der BGH die Anwendung mietvertraglicher Vorschriften auf Access-Provider-Verträge abgelehnt.[186] Ebenso wenig sei der Provider angesichts schwankender Netzauslastung in der Lage, permanent zuverlässige Verbindungen oder bestimmte Übertragungsgeschwindigkeiten zu garantieren, womit auch werkvertragsrechtliche Regeln außer Betracht bleiben.[187] Jedenfalls auf zeitabhängige Datendienste findet daher **Dienstvertragsrecht** Anwendung.[188] **Anders** verhält es sich mit **volumenabhängigen Verträgen oder Internet-by-Call**-Verbindungen, wonach jeweils konkrete Erfolge geschuldet werden.[189] 78

III. Parteien

1. Grundlagen

Telekommunikationsverträge im Endkundensegment unterliegen auf Grund ihres privatrechtlichen Charakters dem **Grundsatz der Privatautonomie.** Damit ist es den Parteien im Grundsatz unbenommen, mit wem sie Verträge schließen und welchen Inhalt diese haben. Prinzipiell sind Telekommunikationsverträge zweiseitige Verträge zwischen dem jeweiligen Leistungserbringer und dem Kunden, der sich für die Nutzung entsprechender Telekommunikationsdienste zur Zahlung der jeweiligen Entgelte 79

182 *Graf von Westphalen/Grote/Pohle* 172.
183 *Graf von Westphalen/Grote/Pohle* 173.
184 *Graf von Westphalen/Grote/Pohle* 172.
185 Vgl BGH NJW 2005, 3636; BGH NJW 2002, 2386, 2387.
186 BGH NJW 2005, 2076; ebenso *Spindler* CR 2004, 203, 207.
187 BGH NJW 2005, 2076 sowie zuletzt AG Oldenburg MMR 2010, 497 f; ebenso *Spindler* CR 2004, 203, 207.
188 Vgl etwa BGH NJW 2005, 2076; *Spindler* Vertragsrecht der Internetprovider Teil IV Rn 93; *Spindler* CR 2004, 203, 207 f, *Redeker* ITRB 2003, 82, 83.
189 So auch *Spindler* EWiR § 611 BGB 1/05, 627, 628.

verpflichtet hat. Dies gilt für Festnetz-, Mobilfunk- und Datendienstverträge gleichermaßen.

2. Mehrparteien-Konstellationen

80 Die dem Liberalisierungsprozess zu verdankende Vielfalt an Angeboten und Anbietern telekommunikativer Dienstleistungen, die der Markt auf den unterschiedlichsten Ebenen bereithält, hat jedoch dazu geführt, dass die klassische Konstellation, sämtliche Leistungen (Netzzugang, Verbindungsleistungen, Internet-, Daten- und Servicedienste) aus einer Hand abzunehmen, heute alles andere als selbstverständlich ist. Tendenziell werden Leistungsangebote zunehmend anbieterkonkurrierend aufgeschlüsselt. Dies gilt insb für den Bereich der Festnetztelefonie. Während es Jahrzehnte lang gang und gäbe war, Telefonanschluss und Verbindungen über einen einzigen Anbieter zu erhalten, hält der Markt heute frei kombinierbare Alternativen bereit:

81 **a) Alternative Teilnehmernetzbetreiber.** Um Telekommunikationsdienstleistungen in Anspruch nehmen zu können, benötigt der Kunde zunächst einen **Telefonanschluss**, dh einen Zugang zum öffentlichen Telekommunikationsnetz den er über den **Teilnehmernetzbetreiber** erhält.[190] Dies ist in Deutschland selbst ein Jahrzehnt nach Einführung des Wettbewerbs in der Sprachtelefonie größtenteils noch immer die **Deutsche Telekom AG.**[191] Zwar haben auch **konkurrierende Teilnehmernetzbetreiber**, die zwecks Leistungserbringung die Teilnehmeranschlussleitung der Deutschen Telekom AG anmieten,[192] auf dem Anschlusssektor Fuß gefasst und sind in Ballungszentren oder regional begrenzt für Endkunden ein Alternative geworden. Dennoch wird gerade in ländlichen Gebieten das Endkundengeschäft nach wie vor von der Deutschen Telekom AG beherrscht.

82 **b) Alternative Verbindungsnetzbetreiber.** Die **einzelnen Telefonverbindungen** werden durch den **Verbindungsnetzbetreiber** realisiert. Dieser kann mit dem Teilnehmernetzbetreiber identisch sein, muss dies aber nicht zwingend, da der Kunde den Verbindungsnetzbetreiber frei wählen kann. So kann etwa ein Anschlusskunde der **Deutschen Telekom AG** diese auch als Verbindungsnetzbetreiber in Anspruch nehmen. Er ist jedoch nicht dazu verpflichtet. Genauso gut kann er sich für einen **alternativen Verbindungsnetzbetreiber** entscheiden.

83 **aa) Call by call.** Eine Möglichkeit, über einen alternativen Verbindungsnetzbetreiber zu telefonieren, ist das sog Call by Call-Verfahren. Hier wählt der Kunde durch Eingabe einer **Verbindungsnetzbetreiberkennzahl** (in Deutschland nach dem Muster 010xy) denjenigen Betreiber aus, über den er das konkrete Telefonat führen möchte. Das auf diesem Wege zwischen Kunde und Verbindungsnetzbetreiber zustande kommende Vertragsverhältnis bezieht sich lediglich auf das konkrete Telefonat, die Telefonverbindung. Damit ist der Call by Call-**Vertrag** ist **auf einmalige Leistung** gerichtet.

84 **bb) Preselection.** Beim Preselection schließen Kunde und Verbindungsnetzbetreiber einen **Vertrag über die dauerhafte Erbringung von Verbindungsleistungen.** Das Vertragsverhältnis beschränkt sich im Gegensatz zum Call by Call-Verfahren also

---

190 *Schmitz* MMR 2001, 150, 152.
191 *Holznagel/Enaux/Nienhaus* Rn 204.
192 Zum Begriff s bereits oben § 3 IV.

nicht nur auf einen konkreten Anruf. Der betreffende **Verbindungsnetzbertreiber** ist **für alle Anrufe voreingestellt.** Die Wahl einer Verbindungsnetzbetreiberkennzahl entsprechend dem Call by Call-Verfahren entfällt.

Wählt der Kunde einen von seinem Teilnehmernetzbetreiber verschiedenen Verbindungsnetzbetreiber, so sind zwei selbstständige schuldrechtliche Verträge gegeben: Einmal unterhält der Kunde einen Telefonanschlussvertrag mit dem Teilnehmernetzbetreiber und zum Zweiten (jeweils) einen Vertrag über die Erbringung von Verbindungsleistungen mit dem (jeweiligen) Verbindungsnetzbetreiber. Eine eventuelle Zusammenschaltungsvereinbarung zwischen Teilnehmer und Verbindungsnetzbetreiber ist für die Endkundenbeziehung ohne Bedeutung (Relativität der Schuldverhältnisse). **85**

Demgegenüber ist eine **Aufspaltung von Netz- und Verbindungsnetzbetreiber im Bereich des Mobilfunks nicht möglich.** Beide Leistungen werden vom Mobilfunknetzbetreiber erbracht. Es liegt ein zweiseitiges Vertragsverhältnis vor, woran sich auch dann nichts ändert, wenn der Mobilfunkbetreiber auf fremde Netzinfrastrukturen zurückgreift, wie dies etwa bei Resellern oder sog Mobile Virtual Network Operators (virtuelle Mobilfunknetzbetreiber) der Fall ist. Vertragliche Verhältnisse zwischen Mobilfunkbetreiber und Netzbetreiber, auf den ersterer zurückgreift, um seine Vertragspflichten dem Endkunden gegenüber erfüllen zu können, macht Letzteren zwar zu dessen Erfüllungsgehilfen (§ 278 BGB), lassen das einheitliche Vertragsverhältnis zum Endkunden jedoch unberührt, da schuldrechtliche Vertragsverhältnisse stets nur inter partes wirken. Dasselbe gilt in Fällen, in denen Mobilfunkverträge zwischen Endkunde und sog Serviceprovidern[193] zustande gekommen sind. Auch hier ist der Mobilfunknetzbetreiber lediglich Erfüllungsgehilfe des Serviceproviders.[194] Auch für den Fall, dass der nationale Mobilfunkbetreiber auf Netze ausländischer Betreiber zurückgreift, um seinem Kunden im Ausland mobile Telefonate zu ermöglichen (sog internationales Roaming), gilt nichts anderes. Der ausländische Netzbetreiber ist lediglich Erfüllungsgehilfe des nationalen Mobilfunkanbieters. Nur mit Letzterem unterhält der Kunde ein vertragliches Schuldverhältnis.[195] **86**

Datendienste (insb Internetleistungen) können im Festnetzbereich vom Anschlussanbieter selbst oder einem separaten Internet-Access-Provider – dauerhaft oder im Wege des Internet by Call – bereitgestellt werden. Wählt der Kunde einen vom Anschlussanbieter verschiedenen Internet Access Provider, so bestehen jeweils selbstständige Vertragsverhältnisse. Mobile Internetzugänge und Anwendungen weisen zur mobilen Sprachtelefonie keine Besonderheiten auf. Hier erfolgen Sprach- und Datendienste aus einer Hand. **87**

3. Mehrwertdienste

Etwas komplizierter gestaltet sich die Betrachtung des rechtlichen Geflechts um Mehrwertdienste, die in der Vergangenheit Gegenstand zahlreicher Diskussionen waren, insb im Hinblick auf den Download von Handyklingeltönen durch Minderjährige.[196] **88**

Mehrwertdienste werden im Einzelfall weder vom Teilnehmernetzbetreiber noch vom jeweiligen Verbindungsnetzbetreiber und im Bereich des Mobilfunks auch nicht **89**

[193] ZB debitel, Talkline, The Phone House und andere.

[194] *Graf von Westphalen/Grote/Pohle* 178.

[195] LG Rostock NJ 2004, 133; ebenso *Graf von Westphalen/Grote/Pohle* 197 f.

[196] Vgl exemplarisch BGH GRUR 2006, 776 ff.

seitens des Mobilfunknetzbetreibers angeboten. Vielmehr gesellt sich dem Leistungsgeflecht ein weiterer Anbieter hinzu, der den jeweiligen Mehrwertdienst selbst betreibt (sog **Mehrwertdiensteanbieter**). Werden Mehrwertdienste in Anspruch genommen, erschöpft sich die Leistung des Teilnehmernetzbetreibers auf den Zugang zum Netz, die Überführung des Anrufs in das Netz des Verbindungsnetzbetreibers und dessen Leistung in der Weiterleitung an den betreffenden Zielanschluss (Festnetzbereich). Im Bereich des Mobilfunks werden Netzzugang und Verbindungsleistungen durch den Mobilfunkanbieter als einheitliche Leistung angeboten.[197] Erst am Zielanschluss erbringt der jeweilige Mehrwertdiensteanbieter dann die konkrete Mehrwertdienstleistung.

90 Nach Ansicht des BGH ist in der Bereithaltung des Mehrwertdienstes durch den Mehrwertdiensteanbieter ein Angebot auf Abschluss eines Vertrags über die Erbringung einer konkreten Mehrwertdienstleistung zu sehen (**Realofferte**), das der Kunde durch Anwahl einer bestimmten Mehrwertdiensterufnummer konkludent annimmt.[198] Die schuldrechtlichen Beziehungen zwischen Endnutzer und Mehrwertdiensteanbieter sind juristisch betrachtet wenig spektakulär. Dasselbe gilt für die Beziehung des Endkunden zum Teilnehmernetzbetreiber. Der zwischen beiden bestehende Telefonanschlussvertrag erschöpft sich auf die Transportleistung des Anrufs in das Netz des Verbindungsnetzbetreibers. Diese Leistung ist durch das – in der Regel monatlich – zu zahlende Bereitstellungsentgelt abgegolten.[199] **Aus der Inanspruchnahme von Mehrwertdiensten erwachsen jedoch keine eigenen vertraglichen Beziehungen zwischen Endkunde und Verbindungsnetzbetreiber.** Dies hat der BGH klargestellt.[200] Der Anwahl einer Mehrwertdiensterufnummer sei angesichts der maßgeblichen Vorschriften der §§ 133; 157 BGB kein Erklärungswert dahingehend zu entnehmen, dass der Nutzer nicht nur mit dem Mehrwertdiensteanbieter sondern auch mit dem Verbindungsnetzbetreiber eine (entgeltliche) vertragliche Beziehung begründen wolle. Dem durchschnittlich verständigen und informierten Telefon- und Internetnutzer, auf den bekanntlich abzustellen sei, sei dabei nicht bewusst, dass die Verbindung zu dem Mehrwertdienst durch weitere zwischengeschaltete Leistungserbringer erfolge. Doch selbst dann, wenn er damit rechne, beurteile er angesichts des Umstandes, dass das im Wege der Mehrwertdienstleistung zu entrichtende Entgelt auch die Leistungen des Verbindungsnetzbetreibers beinhalte, Letzteren lediglich als für die Erbringung des Mehrwertdienstes notwendige technische Hilfspersonen und daher bloßen Erfüllungsgehilfen. Damit gehe der erkennbare Wille des Endkunden nicht dahin, mit diesem zusätzliche vertragliche Beziehungen eingehen zu wollen. Ebenso spreche, so der BGH, die bei der Auslegung von Willenserklärungen stets zu berücksichtigende Interessenlage gegen eine solche Annahme. So wäre der Kunde hinsichtlich ein- und desselben Entgeltanspruchs zusätzlichen Gläubigern ausgesetzt, obwohl er im Ergebnis nur einmal zu zahlen hätte. Regelmäßige Streitigkeiten über die Tilgungswirkung von Leistungen wären vorprogrammiert. Im Falle der Inanspruchnahme von Mehrwertdiensten unterhalte der **Verbindungsnetzbetreiber** daher **keine eigene vertragliche Beziehung zum Endkunden.** Originäre Entgeltansprüche für seine Transportleistung gegenüber dem Endkunden stehen ihm folglich nicht zu. Ob und ggf in welchem

---

197 Ausf § 4 I und II.
198 BGH NJW 2005, 3636, 3637; BGH NJW-RR 2004, 928, 929 mwN.
199 BGH MMR 2004, 308, 309; BGH NJW 2002, 361, 362; *Schmitz/Eckhardt* CR 2006, 323, 327 f.
200 BGH NJW 2006, 286, 287 f.

Umfang der Verbindungsnetzbetreiber allerdings Ansprüche gegen den Mehrwertdienstleister erheben kann, ist eine andere Frage. Jedenfalls ist es dem Verbindungsnetzbetreiber möglich, Vergütungsansprüche des Mehrwertdiensteanbieters auf Grundlage einer wirksamen Abtretung, Einziehungsermächtigung, Inkassobefugnis oder eines Forderungskaufs geltend zu machen, vorausgesetzt er kann sowohl derartige Absprachen als auch geltend gemachte Forderungen mittels Vorlage einer qualifiziert bestreitbaren Telefonrechnung substantiiert darlegen und beweisen.[201]

IV. Typische Rechtsprobleme beim Vertragsschluss

Grds kommt ein Vertrag durch zwei korrespondierende Willenserklärungen, namentlich **Angebot und Annahme** – zustande (§§ 145 ff BGB). Dies ist bei Telekom- **91** munikationsverträgen nicht anders. **Je nach Vertriebsform** kann jedoch der **Zeitpunkt des Vertragsschlusses variieren.** Bestellt der Kunde wie in einem Fall, den das LG Hamburg zu entscheiden hatte, eine **SIM-Karte** per Internet, so kommt ein Vertrag in aller Regel durch Versand einer Auftragsbestätigung oder der SIM-Karte selbst zustande. Eine bloße Benachrichtigung des Kunden über den Eingang seiner Bestellung befand das LG Hamburg nicht für ausreichend.[202] Im Übrigen dürfte ein Vertragsschluss regelmäßig auch dann anzunehmen sein, wenn der Kunde die jeweilige Leistung des Telekommunikationsanbieters tatsächlich in Anspruch nimmt, etwa die erhaltene SIM-Karte freischalten lässt.[203] Nach Ansicht des BGH gibt ein **Anbieter von Mehrwertdiensten oder Call-by-Call-Verbindungsleistungen** durch die Bereitstellung derartiger Dienste eine Realofferte ab, die der Kunde im Wege der Anwahl einer entsprechenden Nummer konkludent annehme.[204] Bei der Inanspruchnahme von **Premium-SMS**-Diensten soll ein Vertragsschluss demgegenüber erst dadurch erfolgen, dass der Anbieter das per SMS seitens des Kunden empfangene Angebot auf Abschluss eines Content-Vertrags durch zur Verfügungstellen des Downloads bzw Versand entsprechender Daten und Inhalte annehme.[205]

92 Erschließen sich jene Überlegungen insgesamt auch aus den allgemeinen Regeln über den Abschluss von Verträgen (§§ 145 ff BGB) und der anerkannten Rechtspraxis, so fühlen sich etliche TK-Unternehmen hierdurch nicht gehindert, rechtliche Wertungen dieser Art zusätzlich in Allgemeinen Geschäftsbedingungen – sog **Vertragsabschlussklauseln** – in ab und an auch leicht modifizierter Form niederzuschreiben. So findet sich etwa in Allgemeinen Geschäftsbedingungen von Mobilfunkanbietern gelegentlich eine Klausel, wonach eine Vertragsannahme im Wege der Freischaltung der SIM-Karte nur eine von mehreren Möglichkeiten der Angebotsannahme durch den Kunden darstelle.[206] Auf Grund ihres lediglich deklatorischen Charakters werden Klauseln dieser Art allgemein für zulässig erachtet.[207] Neben diesen und weiteren Problemen, die im Rahmen des Abschlusses von Telekommunikationsverträgen bedeutsam werden können, verdienen vier typische und folgenden erörterte Fragestellungen besondere Aufmerksamkeit:

---

201 Hierzu LG Koblenz CR 2007, 513 (514) sowie LG Augsburg MMR 2007, 672 f.

202 LG Hamburg CR 2005, 227.

203 *Graf von Westphalen/Grote/Pohle* 183 sowie *Hahn* MMR 1999, 251, 252 und *Schöpflin* BB 1997, 106.

204 BGH NJW 2005, 3636, 3637.

205 *Klees* CR 2005, 626, 629.

206 *Graf von Westphalen/Grote/Pohle* 183 mwN.

207 Vgl etwa die Darstellung bei *Hahn* MMR 1999, 251, 252 f.

1. Einbeziehung von AGB

93 Um Bindungswirkung entfalten zu können, müssen Allgemeine Geschäftsbedingungen wirksamer Bestandteil des Vertrages geworden sein. Dies setzt neben inhaltlicher Wirksamkeit der betreffenden Klauseln zunächst ihre wirksame Einbeziehung voraus. Hierzu muss der Verwender die andere Vertragspartei ausdrücklich oder – wenn ein ausdrücklicher Hinweis wegen der Art des Vertragsschlusses nur unter unverhältnismäßigen Schwierigkeiten möglich ist – durch deutlich sichtbaren Aushang am Ort des Vertragsschlusses auf diese hinweisen (§ 305 Abs 2 Nr 1 BGB) und seinem Gegenüber die Möglichkeit verschaffen, vom Inhalt der jeweiligen Klauseln in zumutbarer Weise Kenntnis zu nehmen. Erkennbaren körperlichen Behinderungen seines Vertragspartners hat der Verwender angemessen Rechnung zu tragen (§ 305 Abs 2 Nr 2 BGB). Im Übrigen macht § 305 Abs 2 aE BGB zur Voraussetzung, dass sich der Vertragspartner mit deren Geltung einverstanden erklärt. Diese allgemeinen strengen Voraussetzungen mildert **§ 305a Nr 2b) BGB** für einen Spezialfall ab. Demnach gilt unter anderem beim Abschluss von Verträgen über Telekommunikationsdienstleistungen, die unmittelbar durch Einsatz von Fernkommunikationsmitteln und während der Erbringung einer Telekommunikationsdienstleistung in einem Mal erbracht werden, ein **erleichtertes Einbeziehungsverfahren**. Können die Allgemeinen Geschäftsbedingungen der anderen Vertragspartei vor dem Vertragsschluss nur unter unverhältnismäßigen Schwierigkeiten zugänglich gemacht werden, so genügt es, wenn die AGB des Anbieters im Amtsblatt der Bundesnetzagentur veröffentlicht sind und die andere Partei mit ihrer Geltung einverstanden ist. Der Verwender hat seine AGBs zusätzlich jedoch in seinen Geschäftsstellen bereitzuhalten.[208] § 305a Nr 2b) zielt auf Vertragsschlüsse im offenen Call-by-Call-Verfahren, Mehrwert- und Informationsdienste ab, welche üblicherweise nach Dauer der Telekommunikationsdienstleistung abgerechnet werden und der Vertragspartner daher kein Interesse daran haben wird, vorgelesenen AGBs auf eigene Kosten lauschen zu müssen.[209]

2. Verbraucherschutzrechtliche Widerrufsrechte

94 Gerade auf dem Telekommunikationsmarkt haben sich moderne Vertriebsformen als feste Größe etabliert. Immer häufiger gehen Telekommunikationsanbieter dazu über, Kunden per Telefon oder Internet vertraglich zu binden. Zahlreiche Anbieter verzichten sogar vollständig auf den klassischen Filialvertriebsweg und bieten ihre Produkte und Leistungen ausschließlich noch per **Fernabsatzgeschäft** an. Hier sind die **§§ 312b ff BGB** von besonderer Bedeutung. Mit Blickrichtung auf den Verbraucher- und allgemeinen Kundenschutz formulieren die §§ 312c; 312e BGB besondere Informationspflichten des Anbieters, denen er auch durch abweichende Vereinbarungen nicht entgehen kann (vgl § 312f BGB). So sind dem Verbraucher rechtzeitig vor Abgabe seiner Vertragserklärung die in Art 246 §§ 1 und 2 EGBGB niedergelegten Angaben klar und verständlich zu unterbreiten (§ 312c Abs 1 S 1 BGB). Identität und geschäftlicher Zweck des Kontaktes hat der Unternehmer offen zu legen (§ 312c Abs 2 BGB). Vertragsbestimmungen und Allgemeine Geschäftsbedingungen sind spätestens bei vollständiger Erfüllung des Vertrages in **Textform** mitzuteilen (**Art 246 § 2 Abs 1 S 1 Nr 2 EGBGB**). Da dies bei solchen Dienstleistungen, die unmittelbar durch Einsatz von

---

208 Vgl Hk-BGB/*Schulte-Nölke* § 305a BGB Rn 4.

209 Hk-BGB/*Schulte-Nölke* § 305a BGB Rn 6.

Fernkommunikationsmitteln erbracht werden (wie zB Call-by-Call-, Mehrwert- oder SMS-Dienste), technisch nicht realisiert werden kann, kommt Art 246 § 2 Abs 1 S 1 EGBGB dieser Besonderheit entgegen und erklärt **Informationspflichten iSd Art 246 § 2 Abs 1 S 1 Nr 2 EGBGB ausnahmsweise** für **entbehrlich.** Für das **Online-Shopping** gelten – gegenüber Verbrauchern wie Unternehmen – gem Art 246 § 3 EGBGB **zusätzliche Pflichten.** Etabliert hat sich ein sog **„Vier-Fenster-Modell"**, wonach dem Kunden nacheinander vier Fenster angezeigt werden, deren Inhalt er jeweils durch Klicken bestätigt. Das erste Fenster enthält die Beschreibung des Lieferanten und des ausgewählten Produkts nach den Vorgaben des Fernabsatzrechts, das zweite Fenster die Allgemeinen Geschäftsbedingungen. Im dritten Fenster erteilt der Kunde – soweit erforderlich – seine Datenschutzeinwilligung (§§ 4; 4a BDSG). Das vierte Fenster gewährt dem Kunden die Möglichkeit, eventuelle Bestellfehler zu korrigieren (§ 312e Abs 1 S 1 Nr 1 BGB).[210]

Für den **Verbraucher** besteht im Rahmen von Fernabsatzverträgen die **Möglichkeit,** 95
seine auf den Abschluss des jeweiligen Vertrages gerichtete **Willenserklärung innerhalb von zwei Wochen** ohne Angabe von Gründen **widerrufen zu können** (§ 312d Abs 1 iVm § 355 BGB). Ist der **TK-Unternehmer** den ihm obliegenden **Pflichten nicht im gesetzlich vorgeschriebenen Umfang nachgekommen**, kann dies **erhebliche Nachteile** für ihn haben. So bestimmt § 312d Abs 2 BGB, dass etwa für den Fall, dass der Unternehmer seinen Pflichten nach Art 246 § 2 iVm § 1 Abs 1 und 2 EGBGB nicht zu Genüge nachgekommen ist, eine **Widerrufsfrist erst gar nicht zu laufen beginnt.** Dasselbe gilt für den Fall, dass eine den Anforderungen des § 355 Abs 2 BGB nicht entsprechende Widerrufsbelehrung erfolgt ist. Ordnungsgemäße, jedoch verspätete Widerrufsbelehrungen führen **günstigstenfalls** zu **Fristverlängerungen** (vgl § 355 Abs 2 S 3 BGB). **Probleme** bereiten insb solche **Dienstleistungen**, die unmittelbar **durch Einsatz von Fernkommunikationsmitteln** erbracht werden. Wie sollte ein Widerrufsrecht bei Dienstleistungen aussehen, die unmittelbar nach Vertragsschluss bereits unwiderkehrbar erfüllt sind? Der **BGH** löste solche Fälle nach alter Rechtslage über **§ 312d Abs 3 Nr 2 BGB aF.** Demnach erlosch das Widerrufsrecht auch in den Fällen, in denen der Unternehmer auf Grund ausdrücklicher Zustimmung des Verbrauchers bereits vor Ablauf der Widerrufsfrist mit der Ausführung der Dienstleistung begonnen hatte (1. Alt) oder diese vom Verbraucher selbst veranlasst worden war (2. Alt). Letzteres war **durch Anwahl einer Call-by-Call-, Mehrwertdienste- oder SMS-Dienstenummer oder die Annahme eines R-Gesprächs durch Eintippen einer bestimmten Tastenkombination** der Fall. Insoweit **veranlasst ein Kunde** nicht nur den Vertragsschluss sondern **auch die sofortige und unumkehrbare Erbringung der georderten Leistung,** so dass § 312d Abs 3 Nr 2, 2. Alt BGB aF als erfüllt anzusehen war.[211] Dies galt nach überwiegender Ansicht unabhängig davon, ob der jeweilige TK-Unternehmer zuvor seinen Informationspflichten gem § 312c Abs 1 BGB aF iVm § 1 BGB-Info-Verordnung aF nachgekommen war oder nicht.[212] Nach **seit 11.6.2010 geltender Rechtslage** sind diese Fälle nun über **§ 312d Abs 3 BGB** zu lösen. Der Norm erwächst die Besonderheit, dass das Widerrufsrecht – in Abweichung von der bisherigen Rechtslage – bei Dienstleistungen nur noch erlischt, wenn der Vertrag von beiden Seiten auf ausdrücklichen Wunsch des Verbrauchers vollständig erfüllt ist bevor jener sein Widerrufsrecht ausgeübt hat. Darüber hinaus bestimmt der seit 4.8.2009 geltende § 312d Abs 6 BGB,

210 *Hoeren* Rn 480.

211 Vgl BGH MMR 2006, 453, 457 – R-Gespräche.

212 Vgl Erman/*Saenger* § 312d BGB Rn 14.

dass Verbraucher, die einen Fernabsatzvertrag widerrufen, bis zum Widerrufszeitpunkt erbrachte Leistungen nur ausgleichen müssen, wenn sie vor Vertragsschluss auf jene Kostenfolge hingewiesen und in Kenntnis dieser einer Leistungserbringung vor Ablauf der Widerrufsfrist gleichwohl zugestimmt haben. Insoweit leisten Unternehmen nun auf eigenes Risiko.[213] Die Norm ist gerade für Telefondienstleister von besonderer Relevanz, da diese nun entsprechend belehren müssen.

96 Zu beachten ist zu alledem, dass Telekommunikationsunternehmen verpflichtet sind, innerbetriebliche Strukturen zu schaffen, die die rechtzeitige Umsetzung per Widerrufsrecht ausgelöster Rechtsfolgen gewährleisten. Das Widerrufsrecht ist keine Kulanzleistung sondern gesetzliche Pflicht, der im Wege verzögerungsfreier Bearbeitung Rechnung zu tragen ist. Wird der Anbieter hieraus resultierenden Pflichten nicht gerecht und kommt es hierdruch zu Schäden beim Kunden, treffen den insoweit nachlässigen Anbieter Einstandspflichten wegen gezielter Behinderung nach § 4 Nr 10 iVm §§ 8 ff UWG.[214]

97 Hintergrund der seit 4.8.2009 geltenden gesetzlichen Neuregelung war es zudem, den Verbraucher vor untergeschobenen Telekommunikationsverträgen auf dem Telekommunikationsmarkt (sog „Slamming“) zu schützen. In diesem Zusammenhang ist auf den neu eingeführten § 312f BGB hinzuweisen, wonach eine Kündigung von Dauerschuldverhältnissen oder hierzu ermächtigenden Vollmachten nach neuer Rechtslage der Textform unterliegt, wenn ein zwischen einem Verbraucher und einem Unternehmer bestehendes Dauerschuldverhältnis durch ein neu zu begründendes solches mit einem anderen Unternehmer ersetzt werden soll. Hiermit sollen Missbräuche in der Praxis unterbunden werden, wonach Telekommunikationsdiensteanbieter Kundenverträge mit bisherigen Anbietern faktisch wie rechtlich ohne weiteres aufzukündigen in der Lage waren. Da sich das Problem untergeschobener Verträge vor allem im Rahmen der Umstellung der Betreibervorauswahl (Preselection) stellte und es sich hiermit lediglich um die Einrichtung eines Dienstmerkmals an einem bereits bestehenden Anschluss handelt, statuiert § 40 Abs 1 S 4 TKG neuerdings ein Textformerfordernis auch insoweit.

3. Sittenwidrige Telekommunikationsverträge

98 Während vor wenigen Jahren noch Sex- und Erotikangebote die Hauptfallgruppe sittenwidriger Telekommunikationsverträge bildeten, hat diese Fallgruppe seit Inkrafttreten des ProstG[215] fast vollständig an Bedeutung verloren.[216] Die heute wesentlich bedeutendere Fallgruppe sittenwidriger Telekommunikationsverträge rankt sich vielmehr um **überhöhte Entgeltforderungen**. So hat der BGH anlässlich eines Verbindungsentgelts von 2,9 Cent pro Sekunde – € 1,74 pro Minute – im Rahmen von R-Gesprächen und dem mit der Dienstleistung einhergehenden Überrumpelungscharakter über eine Nichtigkeit nach **§ 138 BGB** nachgedacht.[217] In diesem Zusammenhang mag § 66d TKG bewertungstechnisch hilfreich sein. Ihm zufolge darf der Minutenpreis maximal € 3,– (§ 66d Abs 1 S 1 TKG), das Entgelt pro Verbindung maximal € 30,– (§ 66d Abs 2 S 1 TKG) betragen. Insgesamt ist jedoch zu bedenken, dass vor

213 Hierzu *Ufer* K&R 2008, 493 (495).
214 OLG Düsseldorf CR 2009, 436.
215 Gesetz zur Regelung der Rechtsverhältnisse der Prostituierten v 20.12.2001, BGBl I S 3983, in Kraft seit 1.1.2002 (vgl Art 3 ProstG).
216 So BGH MMR 2004, 308, 309.
217 Vgl BGH NJW 2006, 1971, 1975.

§ 138 BGB ein überhöhtes Verbindungsentgelt zur Begründung der Sittenwidrigkeit alleine nicht ausreichen kann. Insoweit kommt den Gesamtumständen maßgebliches Gewicht zu. Hiervor vermag § 66d TKG zwar hilfreich, letztlich jedoch nicht mehr als eine allgemeine Richtschnur zu sein.

4. Dauerschuldverhältnisse bei Kurzwahldiensten

Probleme bereiten zu alledem sog Kurzwahldienste. Kurzwahldienste sind Dienste, **99** die Merkmale eines Premium-Dienstes erfüllen, jedoch eine spezielle Nummernart mit kurzen Nummern nutzen (§ 3 Nr 11b TKG). Es ist zwischen sog **Kurzwahl-Sprachdiensten**, bei denen die Kommunikation sprachgestützt erfolgt (§ 3 Nr 11c TKG) und sog **Kurzwahl-Datendiensten**, die der Übermittlung nichtsprachgestützter Inhalte mittels Telekommunikation dienen. Sie sind von Telediensten im Sinne des Teledienstegesetzes und Mediendienste im Sinne des Mediendienste-Staatsvertrages – heute TMG – zu unterscheiden (§ 3 Nr 11a TKG). Insb bei **Premium-SMS- und MMS-Diensten** sind dem Kunden wesentliche Vertragsinhalte oftmals unklar. Ihm ist häufig nicht mal bewusst ein **Dauerschuldverhältnis** einzugehen. Daher verspühren etliche Kunden erst nach Erhalt der ersten **überhöhten Rechnung** das dringende Bedürfnis, von der vertraglichen Verpflichtung wieder los kommen zu wollen. Meist sind ihnen dann jedoch die Kündigungsbedingungen nicht einmal bekannt.[218]

Dieses Dilemma versucht seit dem 1.9.2007 § **45l TKG** zu beseitigen. Hiernach **100** setzt ein Entgeltanspruch des Anbieters oben beschriebener Dienste voraus, dass der Diensteanbieter den Nutzer über die wesentlichen Inhalte des Abonnement-Vertrages informiert und der Kunde sich mit diesen Bedingungen einverstanden erklärt (vgl § 45l Abs 3 TKG). Dies erfolgt in der Praxis per sog **Handshake-SMS**, die seitens des Kunden durch eine weitere SMS bestätigt wird. Hinzuweisen hat der Anbieter insb auf geltende Preise inkl Steuern und Abgaben je eingehender Kurzwahlsendung, den Abrechnungszeitraum und – sofern möglich – auch auf die Höchstzahl pro Abrechnungszeitraum eingehender Kurzwahlsendungen (§ 45l Abs 3 S 2 TKG). Zudem besteht für den Kunden ein **jederzeitiges Kündigungsrecht**, auf das er in der Handshake-SMS hingewiesen werden muss (§ 45l Abs 2 und 3 S 2 TKG). Die Kündigung eines Abonnements wird technisch meist durch Eingabe eines sog **Stop-Codes** realisiert.[219] Sofern der Kunde von seinem Auskunftsanspruch, über Entgeltansprüche jenseits von € 20,– informiert werden zu wollen, gem § 45l Abs 1 S 1 TKG Gebrauch gemacht hat, stehen dem Anbieter **Entgeltansprüche von mehr als € 20,–** pro Kalendermonat nur zu, wenn er jenem Begehren unverzüglich entsprochen hat (§ 45l Abs 1 S 2, 3 TKG).

§ 5
Pflichten des Anbieters

Ist ein wirksamer Telekommunikationsvertrag im Endkundensegment zustande ge- **101** kommen, so entstehen beiden Parteien wechselseitige Verpflichtungen. Neben den für das jeweilige Schuldverhältnis typischen **Haupt- und Nebenleistungspflichten** (I) treffen den Anbieter insb **kundeschutzspezifische Nebenpflichten** nach Maßgabe der §§ 43a ff TKG (II).

---

218 BT-Drucks 16/2581, 30.

219 BT-Drucks 16/2581, 30.

I. Vertragliche Haupt- und Nebenleistungspflichten

102 Zunächst bürdet das begründete Vertragsverhältnis dem Anbieter vertragsspezifische Haupt- und Nebenleistungspflichten auf. Als **Hauptleistungspflichten** bezeichnet man solche, die nach Vertragszweck und Parteiwille als wesentlich anzusehen sind,[220] mit anderen Worten dem jeweiligen Vertrag sein typisches Gepräge geben.[221] Damit die vertraglich vereinbarte Hauptleistung sachgerecht nutzbar oder verwertbar ist, kann es erforderlich sein, zusätzliche Leistungen zu erbringen. Derartige Pflichten werden als **Nebenleistungspflichten** bezeichnet. Sie dienen der Vorbereitung und Sicherung der Hauptleistung.[222]

103 Hauptleistungspflichten des Anbieters sind üblicherweise in sog **Leistungsbeschreibungen** ausdifferenziert. Gelegentlich wird per AGB auch pauschal auf eine Leistungsbeschreibung Bezug genommen.[223] So liegt die **Hauptpflicht des Anbieters** bei klassischen Telefondienstverträgen etwa darin, **dem Kunden Zugang zum öffentlichen Telekommunikationsnetz zu eröffnen und ihm zu ermöglichen, unter Aufbau abgehender und Entgegennahme ankommender Telefonverbindungen mit anderen Teilnehmern eines Telefonfest- oder Mobilfunknetzes Sprache und sonstige Daten auszutauschen.**[224] Hiermit verbunden ist freilich die Pflicht, dem Vertragskunden auch die vereinbarte **Rufnummer** absprachegemäß zur Verfügung zu stellen,[225] bei Mobilfunkverträgen ist dem Kunden die entsprechende **SIM-Karte** einschließlich dazu gehöriger **PIN und PUK** auszuhändigen.[226] Je nach Leistungspaket können Hauptleistungspflichten variieren. Sind etwa Daten- oder im Rahmen von Mobilfunkverträgen **Roamingdienste** vertraglich vereinbart worden, so zählt auch deren Nutzungsmöglichkeit zu den Hauptpflichten des Anbieters.[227]

II. Kundenschutzspezifische Nebenpflichten

104 Neben den Haupt- und Nebenleistungspflichten des Anbieters, die allesamt auf schuldrechtlicher Vertragsgrundlage beruhen, bürden die **§§ 43a ff TKG** dem Anbieter zusätzliche kundenschutzspezifische Nebenpflichten auf, denen er sich nicht zulasten des Kunden entziehen kann (vgl § 47b TKG). **Insoweit schränkt das TKG die privatautonome Gestaltungsfreiheit** der Beteiligten zugunsten eines effektiven Kundenschutzes ein. Von wesentlicher Bedeutung sind insb:

1. Informationspflichten

105 Zunächst hat der TK-Unternehmer gesetzlich vorgegebene Informationspflichten zu erfüllen. So schreibt § 43a TKG für Verbraucherverträge (vgl § 43a S 2 TKG) den Vertragsinhalt bereits insoweit vor, dass der Anbieter zwingend seinen **Namen, ladungsfähige Anschrift** sowie ggf **Rechtsform, Sitz** und **Registergericht** in den Vertrag

220 Palandt/*Grüneberg* § 320 BGB Rn 4.
221 Palandt/*Heinrichs* § 241 BGB Rn 5.
222 Vgl Palandt/*Heinrichs* § 241 BGB Rn 5 sowie MünchKommBGB/*Kramer* § 241 BGB Rn 18 f.
223 Zu Leistungsbeschreibungen selbst sowie zur Anwendbarkeit der §§ 305 ff BGB vgl bereits ausf § 1 III 2.
224 BGH NJW 2002, 361, 362.
225 *Graf von Westphalen/Grote/Pohle* 19 f.
226 *Graf von Westphalen/Grote/Pohle* 196 ff.
227 Vgl auch *Graf von Westphalen/Grote/Pohle* 196.

aufzunehmen hat (§ 43a S 1 Nr 1 TKG). Dasselbe gilt im Hinblick auf Art und wesentliche **Leistungsdaten** der angebotenen Telekommunikationsdienste (Nr 2), voraussichtliche **Bereitstellung des Anschlusses** (Nr 3), angebotene **Wartungs- und Entstördienste** (Nr 4), Einzelheiten zu **Preisen** (Nr 5) sowie Bezugsquellen detaillierter **Preisverzeichnisse** (Nr 6). Ebenso sind **Vertragslaufzeit** (Nr 7), Voraussetzungen für **Verlängerung und Beendigung des Bezugs** der Dienste (Nr 8), etwaige **Entscheidungs- und Erstattungsregelungen** (Nr 9) und die **zur Einleitung eines eventuellen außergerichtlichen Streitverfahrens (§ 47a TKG) praktisch einzuleitenden Schritte** (Nr 10) in den Vertragstext aufzunehmen. Sinn und Zweck der Vorschrift ist es ferner, dem Endnutzer den Vergleich konkurrierender Angebote zu erleichtern und auf diese Weise zur Förderung eines Qualitätswettbewerbs beizutragen.[228] Bleiben die Informationen des TK-Unternehmers hinter den Anforderungen des § 43a TKG zurück und entstehen dem Nutzer hierdurch Schäden, hat der TK-Unternehmer **Ersatz** zu leisten (**§ 280 Abs 1 (ggf iVm § 311 Abs 2) BGB**).[229]

Daneben treffen den Anbieter gem **§ 45n TKG** schon **im Vorfeld allgemeine Informationspflichten.** Hierzu zählen insb Name und ladungsfähige Anschrift des Anbieters, von ihm angebotene Dienste, Preise, allgemeine Geschäftsbedingungen und grundlegende Rechte des Nutzers. Die genannten Informationen sind zu **veröffentlichen** (§ 45n Abs 1 S 1 TKG). Hierdurch soll ein größeres Maß an Markttransparenz erreicht werden und dem Endnutzer eine zuverlässige Möglichkeit an die Hand gegeben werden, unterschiedliche Marktteilnehmer miteinander zu vergleichen.[230] Gem § 45n Abs 3 S 1 TKG kann die Bundesnetzagentur in ihrem **Amtsblatt** jegliche Informationen veröffentlichen, die für den Endnutzer von Bedeutung sein können. Der weit gefasste Wortlaut der Norm soll der Regulierungsbehörde möglichst umfassenden Spielraum für eine eigene Informationspolitik eröffnen.[231] **106**

Darüber hinaus verpflichtet **§ 45p TKG** Anbieter entgeltlicher Dienste, die über die bloße Verbindungsleistung hinausgehen, Endnutzer auf Verlangen über Grund und Gegenstand mit ihr verbundener Entgelte zu informieren. Diese Regelung ist insb für **Mehrwertdiensteanbieter** von Bedeutung[232] und fußt auf der Überlegung, dass ein dem Anbieter verschiedener Netzbetreiber derartige Auskünfte nicht zu erteilen vermag.[233] **107**

2. Anforderungen an den Netzzugang

Ein Anbieter, der einem Endkunden einen Netzzugang zur Verfügung stellt, hat diesen an einer mit dem Kunden zu vereinbarenden **geeigneten Stelle** zu installieren (§ 45d Abs 1 TKG). Darüber hinaus ist dem Kunden unentgeltlich die Möglichkeit zu gewähren, bestimmte Rufnummernbereiche sperren zu lassen (§ 45d Abs 2 S 1 TKG). Die netzseitige **Anrufsperre** ist ein probates Mittel, um einem hohen Forderungsaufkommen im Wege der Anwahl bestimmter Informationsdienste entgegenzuwirken. Hierbei hat der Gesetzgeber insb an die Nummerngasse 0900 gedacht.[234] Für die **Freischaltung gesperrter Rufnummernbereiche** steht es dem Anbieter frei ein **Entgelt** zu verlangen (§ 45d Abs 2 S 2 TKG). **108**

---

228 So BT-Drucks 15/5213, 21.
229 BerlKommTKG/*Rugullis* § 43a Rn 35.
230 BerlKommTKG/*Robert* § 45n Rn 1; ebenso *Holznagel/Enaux/Nienhaus* Rn 361.
231 BerlKommTKG/*Robert* § 45n Rn 24.
232 BerlKommTKG/*Robert* § 45p Rn 5.
233 *Holznagel/Enaux/Nienhaus* Rn 363.
234 Vgl BT-Drucks 16/2581, 25.

3. Übermittlung von Kündigungserklärungen

109 Gem § **45d Abs 3 TKG** hat es der Anbieter hinzunehmen, dass der das Vertragsverhältnis aufkündigende Kunde seine **Kündigungserklärung** nicht selbst überbringt, sondern diese **durch einen anderen übermitteln** lässt. Die Vorschrift soll dem Wettbewerb um Kundenverhältnisse auch im Bereich des Netzzugangs Rechnung tragen und einer ansonsten wettbewerbsrechtlich problematischen Entgegennahme und Weiterleitung von Kündigungserklärungen durch neue Anbieter ermöglichen.[235] Hinsichtlich der zivilrechtlich relevanten Frage, wann eine Kündigung Wirksamkeit entfaltet, trifft § 45d Abs 3 TKG keine Aussage. Insoweit ist bei den zivilrechtlichen Grundsätzen zu verbleiben. Die Kündigungserklärung ist eine **empfangsbedürftige Willenserklärung.** Sie wird in dem Zeitpunkt wirksam, in welchem sie dem „Noch"-Anbieter zugeht (§ 130 Abs 1 S 1 BGB).[236] Geht die Kündigung aus vom neuen Anbieter zu vertretenden Umständen dem bisherigen Vertragspartner **verspätet** zu, so kann der Kunde den neuen Anbieter auf **Schadensersatz** in Anspruch nehmen.[237] Da § 45d spezielle Regelungen für den Netzzugang des Endnutzers enthält, findet er keine Anwendung auf Konstellationen im Bereich der Betreiberauswahl iSd § 40 Abs 1 TKG.[238]

4. Teilnehmerverzeichnisse

110 Verlangt der Teilnehmer in ein allgemein zugängliches Teilnehmerverzeichnis eingetragen zu werden, hat der Anbieter dem nachzukommen (§ 45m Abs 1 S 1 TKG). Hierbei muss es sich nicht um ein anbietereigenes Verzeichnis handeln; der Eintrag muss jedoch **unentgeltlich** erfolgen (§ 45m Abs 1 S 1 TKG). **Unrichtige Einträge** hat der Anbieter zu **berichtigen** (§ 45m Abs 1 S 2 TKG). Verlangt der Teilnehmer – soweit gesetzliche Vorschriften nicht entgegen stehen – die Eintragung von Mitbenutzern seines Zugangs, hat der Anbieter auch dem zu entsprechen (§ 45m Abs 1 S 3 TKG). Wie der Wortlaut der Vorschrift zum Ausdruck bringt, muss der Kunde – im Gegensatz zur alten Rechtslage – nunmehr ausdrücklich bestimmen, ob und in welcher Form er in ein Teilnehmerverzeichnis eingetragen werden möchte (**Antragsprinzip**).[239] Dies ergibt sich mittelbar auch aus der datenschutzrechtlichen Vorschrift des § 104 S 2 TKG, womit es Bestimmungsrecht des Teilnehmers ist, welche Angaben in Teilnehmerverzeichnissen veröffentlicht werden sollen.[240] Entsprechende Pflichten treffen den Anbieter auch Wiederverkäufern von Sprachdiensten gegenüber (§ 45m Abs 2 TKG). Wenn auch gem § 45m Abs 1 S 1 TKG die Eintragung dem Endnutzer gegenüber unentgeltlich zu erfolgen hat, kann der Zugangsanbieter ein **Entgelt** insoweit **sehr wohl vom Wiederverkäufer** fordern.[241] Dies ergibt sich aus der Historie der Norm. So wurde in § 21 Abs 2 S 3 TKV 1997 der Endnutzer aus der Sicht des Zugangsanbieters noch als „Mitbenutzer" angesehen. Dies ist nach aktuellem Gesetzesstand nun nicht mehr eindeutig, da § 45m Abs 2 bloß noch pauschal auf „die Ansprüche nach Abs 1" verweist. Die bis dahin bestehende Interessenlage ist allerdings die gleiche geblieben, denn Kunden soll der optimalen Erreichbarkeit wegen

---

235 BeckTKG-Komm/*Piepenbrock* § 45d Rn 9.

236 BeckTKG-Komm/*Piepenbrock* § 45d Rn 9.

237 BeckTKG-Komm/*Piepenbrock* § 45d Rn 9; *Geppert/Ruhle/Schuster* Rn 487.

238 Zum Anwendungsbereich der Norm vgl BerlKommTKG/*Schlotter* § 45d Rn 13 ff.

239 Vgl BeckTKG-Komm/*Dahlke* § 45m TKG-E 2005 Rn 11.

240 So auch BeckTKG-Komm/*Dahlke* § 45m TKG-E 2005 Rn 16.

241 BerlKommTKG/*Robert* § 45m Rn 21.

nach wie vor die Eintragung in Teilnehmerverzeichnisse ermöglicht werden.[242] Für die Aufnahme in **Verzeichnisse von Auskunftsdiensten** gilt das Gesagte entsprechend (§ 45m Abs 3 TKG).

5. Einzelverbindungsnachweis

Gem § 45e Abs 1 S 1 TKG kann der Teilnehmer von seinem/seinen Telekommunikationsanbieter/n jederzeit und für die Zukunft die Ausstellung sog Einzelverbindungsnachweise verlangen. **Normadressat** ist sowohl der **Teilnehmernetz- als auch** der **Verbindungsnetzbetreiber**[243] unabhängig von der zugrunde liegenden Übertragungstechnik (Festnetz/Mobilfunknetz).[244] § 45e Abs 1 S 1 TKG definiert den Einzelverbindungsnachweis als eine **nach Einzelverbindungen aufgeschlüsselte Rechnung**, die zumindest diejenigen **Angaben** enthalten muss, die für eine Nachprüfung der jeweiligen Teilbeträge erforderlich sind. Einzelheiten legt die Regulierungsbehörde fest (§ 45e Abs 2 S 1 TKG). Ihrer derzeitigen Auffassung nach muss ein Verbindungsnachweis im Sinne der Norm folgende Angaben enthalten: **111**
- Datum des jeweiligen Verbindungsbeginns[245]
- Anschlussnummer, von der aus der jeweilige Verbindungsaufbau erfolgt ist[246]
- Zielrufnummer[247]
- Die Angabe des Entgelts für jede Einzelverbindung ist nach Auffassung der Bundesnetzagentur nicht immer erforderlich. Es genügt die Ausweisung der jeweiligen Tarifeinheiten. Soweit sich die Verbindungsentgelte nicht nach Tarifeinheiten errechnen, ist das Entgelt für jede Einzelverbindung allerdings anzugeben.[248]
- Beginn und Dauer des Anrufs[249]
- Kostenpflichtige Entgelte, die von einem festen Betrag – etwa einem Mindestumsatz – abgerechnet werden, sind stets vollständig aufzuführen.[250] Setzt sich das Entgelt sowohl aus zeitabhängigen als auch zeitunabhängigen Tarifen zusammen (sog Kombitarife), sind die Preisanteile nach § 66d Abs 2 S 2 TKG getrennt auszuweisen.[251]

Einen diesen Festlegungen entsprechenden Einzelverbindungsnachweis kann der Kunde **unentgeltlich** verlangen (§ 45e Abs 2 S 2 TKG). Ein darüber hinausgehender „Komfort-Einzelverbindungsnachweis" kann selbstverständlich vereinbart werden, ist aber meist kostenpflichtig.[252] Zu **unterscheiden** ist der Einzelverbindungsnachweis iSd § 45e TKG **von** dem des **§ 45i TKG**, der eine vorherige Beanstandung der Rechnung nach § 45i TKG voraussetzt und eine detaillierte Aufschlüsselung der einzelnen Verbindungsdaten sowie eine technische Prüfung der Vorgänge beinhaltet.[253] Der Anspruch des Endnutzers aus § 45e TKG erstreckt sich lediglich auf die im Rahmen der **112**

---

242 So BerlKommTKG/*Robert* § 45m Rn 21 mwN.

243 Zur Begrifflichkeit von Teilnehmer- und Verbindungsnetzbetreiber s bereits oben § 4 I und II.

244 BeckTKG-Komm/*Dahlke* § 45e TKG-E 2005 Rn 17.

245 RegTP, Mitt Nr 184/98, ABl RegTP 1998, 2008, 2009.

246 RegTP, Mitt Nr 184/98, ABl RegTP 1998, 2008, 2009.

247 BeckTKG-Komm/*Dahlke* § 45e TKG-E 2005, Rn 32 ff mwN.

248 Reg-TP, Mitt Nr 184/98, ABl RegTP, 2008, 2012.

249 Reg-TP, Mitt Nr 184/98, ABl RegTP, 2008, 2012.

250 BeckTKG-Komm/*Dahlke* § 45e TKG-E 2005 Rn 41 mwN.

251 BeckTKG-Komm/*Dahlke* § 45e TKG-E 2005 Rn 42 mwN.

252 BeckTKG-Komm/*Dahlke* § 45e TKG-E 2005 Rn 26.

253 Vgl hierzu BeckTKG-Komm/*Dahlke* § 45e TKG-E 2005, Rn 8.

jeweiligen Vertragsbeziehung in Anspruch genommenen Telekommunikationsdienste. Eine Übersicht über Verbindungsleistungen etwaiger Call-by-Call oder Preselection-Anbieter ist bei diesen selbst einzufordern.[254] Angesichts der Zunahme reiner Pauschaltarife (sog Flatrates) ist allerdings zu erwarten, dass Einzelverbindungsnachweise zunehmend an Bedeutung verlieren werden.[255]

§ 6
Pflichten des Kunden

113 Aus dem Telekommunikationsvertrag resultieren nicht nur Pflichten für den Anbieter sondern auch Pflichten für den Endkunden. Auch seine Seite betreffend ergänzt und modifiziert das TKG die privatautonom getroffenen Vereinbarungen:

I. Entgeltpflicht

1. Grundlagen

114 Bestand die Hauptleistungspflicht des Anbieters in der Bereitstellung und Erbringung vereinbarter telekommunikativer Dienste, liegt diese auf der Seite des Kunden in der **Zahlung** hierfür **vereinbarten Entgelte.** So wird in aller Regel bereits bei der Bereitstellung des Telefonanschlusses bzw der Freischaltung der SIM-Karte ein einmaliges **Bereitstellungsentgelt** fällig, dem nutzungsunabhängige **Grund- und** nutzungsabhängige **Verbindungsentgelte** folgen. Verwendet der Kunde eine **Prepaid-Karte**, so erfüllt jener ihn treffende Entgeltpflichten dadurch, dass er bzgl in Anspruch genommener Verbindungsleistungen in Vorlage tritt.[256] Nicht zu den Hauptleistungspflichten zählen hingegen solche Zahlungspflichten des Kunden, die außerhalb des Synallagmas stehen, wie dies etwa bei De- und Reaktivierungsentgelten der Fall ist.

2. Postpaid- und Prepaid-Verträge

115 **a) Überblick.** Wann der Endkunde seiner Entgeltpflicht nachzukommen hat, bestimmt sich nach dem jeweils zugrundeliegenden Vertragsverhältnis. Es ist zwischen **Postpaid- und Prepaid-Verträgen zu unterscheiden:**

116 Haben die Parteien einen Festnetz- oder Mobilfunkvertrag mit nachträglicher – in aller Regel monatlicher – Rechnungslegung abgeschlossen, liegt ein sog **Postpaid-Vertrag** vor. Dem Kunden werden Telekommunikationsdienstleistungen insbeosndere in Gestalt von Versicherungsleistungen erst nach Inanspruchnahme in Rechnung gestellt. Daher auch die Bezeichnung „postpaid" (engl „post" = nachträglich, danach; „pay" = zahlen).

117 Bei **Prepaid-Verträgen** erbringt nicht der Anbieter, sondern der Kunde die Vorleistung. Er zahlt ein gewisses Guthaben ein, das er durch Inanspruchnahme von Tele-

---

254 BeckTKG-Komm/*Dahlke* § 45e TKG-E 2005 Rn 19.

255 BeckTKG-Komm/*Dahlke* § 45e TKG-E 2005 Rn 47.

256 Vgl auch *Graf von Westphalen/Grote/Pohle* 206.

kommunikationsleistungen aufzehren kann. Der Kunde leistet also Vorauskasse (engl „pre" = vor-, vorab; „pay" = zahlen). Prepaid lässt sich auf verschiedene Arten realisieren. Neben **Überweisungsmodellen** ist es gerade im Bereich des Mobilfunks gängige Praxis geworden, sein sog Guthabenkonto durch Erwerb einer **Guthabenkarte** in bestimmter Höhe dergestalt aufzuladen, dass ein auf der Karte freizurubbelnder Code nach Anwahl einer Servicenummer über die Mobiltelefontastatur eingegeben wird. Für den Festnetzbereich wäre die **traditionelle Telefonkarte** für die öffentliche Telefonzelle als Beispiel anzuführen. Daneben gibt es sog **Calling Cards**, die es ermöglichen, durch Anwählen einer besonderen Diensterufnummer und nach Eingabe eines Codes beitragsmäßig limitierte Gespräche zu führen.[257]

Insb im Bereich des Mobilfunks erfreuen sich Vorauszahlungsprodukte großer Be- **118**
liebtheit. Sie gewährleisten nicht nur effektive Kostenkontrolle sondern bedienen auch den nicht zu vernachlässigenden Kundenstamm minderjähriger Mobilfunknutzer, denen in Deutschland nicht zuletzt wegen der gesetztlichen Regelungen zum Minderjährigenschutz (§§ 104 ff BGB) keine Laufzeitverträge angeboten werden. Auch können Kunden mit mangelnder Bonität bedient werden. Dies entspricht auch der noch relativ neuen Norm des **§ 45f S 1 TKG**, wonach Endkunden ein Mindestangebot an Vorauszahlungsprodukten zur Verfügung stehen muss,[258] um ihnen Möglichkeiten zur Vorbeugung überhöhten Entgeltaufkommens offen zu halten und Überschuldungsgefahren zu minimieren.[259]

b) **Guthabenverfall.** Auf besonderes juristisches Interesse stoßen immer wieder **119**
Klauseln einiger Prepaid-Anbieter, wonach ein vorhandenes Guthaben nur für eine begrenzte Zeit Gültigkeit haben soll. Die Rechtsprechung hat derartige **Verfallsklauseln** bislang einhellig als Verstoß gegen wesentliche Grundgedanken der gesetzlichen Regelung angesehen und als **nichtig** eingestuft (§ 307 Abs 1 iVm Abs 2 Nr 1 BGB).[260] Da es sich bei solchen Klauseln weder um kontrollfreie Leistungsbeschreibungen noch um Preisangaben handelt (§ 307 Abs 3 BGB), sind sie der Inhaltskontrolle der §§ 307–309 BGB nicht entzogen.[261] Demnach sind Verfallsklauseln an § 307 Abs 1 S 1 BGB zu messen, der den Vertragspartner unangemessen benachteiligende AGB für unwirksam erklärt. Dies ist im Zweifel sowohl der Fall, wenn eine Bestimmung gegen wesentliche Grundgedanken der gesetzlichen Regelung verstößt (§ 307 Abs 2 Nr 1 BGB) als auch dann, wenn eine Bestimmung nicht klar verständlich ist (§ 307 Abs 1 S 2 BGB). Mit der Rechtsprechung sind beide Varianten als erfüllt zu betrachten: Einmal **greifen** Verfallsklauseln der genannten Art in das schuldrechtliche Verträge kennzeichnende **Prinzip der Äquivalenz von Leistung und Gegenleistung ein.**[262] Zum anderen **verstößt** eine solche **gegen** das **Transparenzgebot** (§ 307 Abs 1 S 2 BGB), da Prepaid-Leistungen generell als mindestumsatz- und grundgebührfrei vermarktet werden und so der Sache nach eine faktische Mindestumsatzverpflichtung verschleiern.[263] Das OLG München bejahte im Hinblick darauf, dass der Verfall des Guthabens in beliebiger Höhe auch nach nur kurzer Vertragslaufzeit vorgesehen sei und so jeden-

257 BeckTKG-Komm/*Dahlke* § 45f TKG-E 2005 Rn 24; Schuster/*Schmitz* 224, Rn 138 ff; 226, Rn 147 ff.

258 BeckTKG-Komm/*Dahlke* § 45f TKG-E 2005 Rn 10.

259 BT-Drucks 15/5213, 22.

260 Vgl für den Bereich des Mobilfunks etwa OLG München NJW 2006, 2416 ff; OLG Köln WRP 2003, 1014 ff; LG Köln WRP 2003, 408 ff; hinsichtlich des Verfalls von Telefonkarten für öffentliche Fernsprecher vgl BGH NJW 2001, 2635 ff.

261 Vgl exemplarisch OLG München NJW 2006, 2416, 2417.

262 OLG München NJW 2006, 2416 f.

263 OLG München NJW 2006, 2416, 2418.

falls in bestimmten Fällen eine unangemessen hohe Vergütung vorsehe, auch einen Verstoß gegen § 308 Nr 7 BGB.[264]

120 Eine nachträgliche Befristung der Gültigkeitsdauer älterer Telefonkarten für öffentliche Fernsprecher unter Anrechnung unverbrauchter Guthabensätze hält das OLG Köln im Wege ergänzender Vertragsauslegung sowie gestützt auf § 315 BGB vor dem Hintergrund der BGH-Rechtsprechung[265] jedoch für wirksam. Unmöglich könne ein durchschnittlicher Telefonkartenerwerber vor dem Hintergrund stetiger informationstechnischer Fortentwicklung, zu der der Betreiber aus Missbrauchsgesichtspunkten angehalten sei, von einer unbegrenzten Gültigkeitsdauer ausgehen (§§ 133, 157 BGB).[266] Ein Eingriff in das vertragliche Äquivalenzverhältnis bestehe jedenfalls so lange nicht, wie betroffene Karten eingetauscht und unverbrauchtes Guthaben angerechnet bzw. ausgezahlt werde. Demgegenüber sei eine pauschale Rücknahmeverweigerung unter Hinweis auf die Verjährung etwaiger Erstattungsansprüche aus Vertragsparitätsgesichtspunkten nicht für zulässig zu halten. Hintergrund sei, dass das insoweit bestehende Umtauschrecht dem einseitigen Bestimmungsrecht des Anbieters entspringe, das ebenfalls nach billigem Ermessen auszuüben sei. Dem werde eine vor § 199 Abs 1 BGB geltende allgemeine Verjährungsfrist von drei Jahren nicht gerecht. Ein redlicher Leistungsbestimmungsberechtigter hätte nach Ansicht des BGH eine Verjährungsfrist von zehn Jahren als recht und billig angesehen, welche insoweit auch maßgeblich sei.[267]

3. Prinzip der Gesamtrechnung

121 Lange Zeit war der Anschlussanbieter und Rechnungssteller gem § 15 Abs 1 TKV aF verpflichtet, dem Kunden eine sog **Gesamtrechnung** zu erstellen, dh nicht nur seine eigenen Entgeltforderungen sondern auch solche von Call-by-Call und Preselection-Anbietern auszuweisen. Diese Verpflichtung ist inzwischen weggefallen (vgl §§ 18 und 21 Abs 2 Nr 7 TKG). Erstellt der Anschlussinhaber eine Gesamtrechnung gleichwohl weiterhin, hat er Namen und ladungsfähige Anschrift, kostenfreie Kundendienstetelefonnummern der einzelnen Anbieter und zumindest die Gesamthöhe der auf sie entfallenden Entgelte aufzuführen (§ 45h Abs 1 S 1 TKG). Die **Zahlung des gesamten Rechungsbetrages** hat für den Kunden auch gegenüber den übrigen auf der Rechnung aufgeführten Anbietern **befreiende Wirkung** (§ 45h Abs 1 S 3 TKG). Begleicht dieser seine Rechnung nur teilweise und ist nichts Abweichendes vereinbart worden, sind **Teilzahlungen** auf in der Rechnung ausgewiesene Forderungen **anteilig zu verrechnen** (§ 45h Abs 2 TKG). Auf die Möglichkeit, begründete Einwendungen gegen einzelne in Rechnung gestellte Forderungen erheben zu können, ist der Empfänger in der Rechnung hinzuweisen (§ 45h Abs 3 TKG). An die **Begründungspflicht** sind keine hohen Anforderungen zu stellen. Es soll lediglich vermieden werden, dass sich der Kunde Zahlungspflichten unbegründet widersetzen kann.[268]

4. Fakturierung und Inkasso

122 Bezieht der Kunde Netzzugang, Verbindungsleistungen, Internet-, Daten- und sonstige Servicedienste von unterschiedlichen Anbietern, so ist diese Mehrparteienkons-

264 OLG München NJW 2006, 2416, 2418.
265 BGH MMR 2001, 806.
266 OLG Köln MMR 2007, 382 ff.
267 BGH K&R 2010, 405, 406.
268 *Holznagel/Enaux/Nienhaus* Rn 387 sowie *Rösler/Zagouras* NJW 2002, 2930 f.

tellation von mehreren selbstständigen vertraglichen Schuldverhältnissen geprägt,[269] woraus den einzelnen Anbietern jeweils eigene Entgeltansprüche gegen den Kunden zustehen. Ist die Deutsche Telekom AG nach aktueller Rechtslage auch nicht mehr dazu verpflichtet,[270] erfolgt die Abrechnung sämtlicher über einen Teilnehmeranschluss in Anspruch genommenen Leistungen auch heute noch regelmäßig in einer einheitlichen Rechnung der Deutschen Telekom AG (sog **Fakturierung**). Sie zieht Forderungen ihrer Wettbewerber ferner ein (sog **Inkasso**). Waren die rechtlichen Grundlagen dieser Praxis bislang in § 15 TKV aF geregelt (Gesamtrechnung) bzw völlig unumstritten (Inkasso), fußen die genannten Leistungen heute auf vertraglicher Grundlage, subsidiär auch der Kontrolle der Bundesnetzagentur (§ 21 Abs 2 Nr 7 TKG).[271] Im Rahmen des Inkasso ist zwischen zweierlei Verfahren zu differenzieren:

a) **Online-Billing.** Beim Online-Billing-Verfahren legt der Teilnehmernetzbetreiber den Endkundenpreis fest und fakturiert die Leistung dem Endkunden gegenüber als eigene, im eigenen Namen und auf eigene Rechnung. Vom Kunden eingezogene Entgelte leitet der Teilnehmernetzbetreiber nach Abzug ihm aus der jeweiligen Zusammenschaltungsvereinbarung zustehender Aufwendungen dem jeweiligen Verbindungsnetzbetreiber zu, der – genauso wie der etwaige Mehrwertdienstanbieter – dem Endkunden gegenüber nicht in Erscheinung tritt. Das Risiko etwaiger Zahlungsausfälle liegt allein beim Teilnehmernetzbetreiber. Anwendung findet das Online-Billing-Verfahren derzeit im Rahmen der Abrechnung von Verbindungen zu 0137er und 0180er Nummern sowie Mehrwert- (0900) und Auskunftsdiensten (118xy), die aus dem Mobilfunknetz getätigt werden.[272] **123**

b) **Offline-Billing.** Beim sog Offline-Billing legt der Verbindungsnetzbetreiber die Entgelte fest und entspricht hierbei ggf Vorgaben des Mehrwertdiensteanbieters. Die Abrechnung der Entgelte nimmt allerdings – wie schon beim Online-Billing – der Teilnehmernetzbetreiber nach Maßgabe des § 45h TKG vor.[273] Dieser zieht Kundenentgelte auch ein und leitet sie an den Verbindungsnetzbetreiber weiter. Mahnung und Inkasso obliegen weiterhin dem Verbindungsnetzbetreiber, der auch das Zahlungsausfallrisiko trägt. Per Offline-Billing werden derzeit Preselection- und Call-by-Call-Verbindungen, Verbindungen zu Online-Diensten sowie 0900er-Verbindungen, die aus dem Festnetz hergestellt werden, abgerechnet.[274] **124**

5. Entgelthöhe

Was die Höhe vereinbarter Gegenleistungen anbelangt, unterliegen Telekommunikationsverträge folgenden rechtlichen Vorgaben und Grundsatzen: **125**

a) **Grundsatz der Privatautonomie.** Wie bei der privatrechtlichen Vertragsgestaltung üblich, gilt auch bei Telekommunikationsverträgen zunächst der zivilrechtliche Grundsatz der Privatautonomie. Hiernach liegt die Vereinbarung geldwerter Leistun- **126**

269 S hierzu bereits § 4 II 2 und 3.
270 Siehe § 6 I 3.
271 *Holznagel/Enaux/Nienhaus* Rn 390.
272 Vgl insgesamt *Ditscheid* CR 2006, 316, 319 ff.
273 Vgl hierzu bereits § 6 I 3.
274 Vgl insgesamt *Ditscheid* CR 2006, 316, 319 ff.

gen und deren Höhe grds in Händen der Parteien. Verständigen sich die Parteien allerdings auf Entgelthöhen, die geeignet sind, dem leitenden Grundgedanken des TKG zuwider zu laufen, insb einen fairen, chancengleichen und nachhaltigen Wettbewerb zu gefährden oder Endnutzer in nicht billigenswerter Weise zu benachteiligen, sind einer derartigen Ausgestaltung gesetzliche und regulatorische Grenzen gesetzt.[275]

127 b) **Entgeltregulierung.** Entgeltregulatorische Maßnahmen obliegen der Bundesnetzagentur (§§ 27 ff TKG). Neben allgemeinen Leitlinien und Bewertungskriterien, die zur Überprüfung und Bewertung von Entgelten gleichermaßen von Bedeutung sind, bezieht sich **§ 39 TKG** im speziellen auf solche Entgelte, die dem Endkunden in Rechnung gestellt werden. Die §§ 30–38 TKG betreffen Entgeltforderungen im Vorleistungsbereich. Sie berühren den Endkunden nicht unmittelbar. Dies im Blick soll sich nachfolgende Darstellung auf die Frage der Regulierung von Endkundenentgelten beschränken.[276]

128 Wie **§ 39 Abs 1 S 1 TKG** bestimmt, sind Endkundenentgelte nur dann vorab („ex-ante") genehmigungspflichtig, wenn sie betreffende Maßnahmen im Vorleistungsbereich[277] im Hinblick auf die Regulierungsziele des § 2 Abs 2 TKG nicht ausreichend erscheinen und der betreffende Markt eine negative Wettbewerbsprognose diagnostiziert (**ultima ratio-Prinzip**).[278] Ist dies der Fall, sind die Vorschriften über das Genehmigungsverfahren der Regulierung von Entgelten für Zugangsleistungen (§§ 31–37 TKG) entsprechend anzuwenden (§ 39 Abs 1 S 3 TKG). Ob die Bundesnetzagentur Entgelte der Genehmigungspflicht unterwirft, steht in ihrem **Ermessen.**[279]

129 Sind die Voraussetzungen des § 39 Abs 1 S 1 TKG nicht gegeben, sind in Frage stehende Endkundenentgelte lediglich nachträglich – „ex-post" – überprüfbar. § 38 Abs 4 TKG ist entsprechend anzuwenden. Prüfungsmaßstab ist § 28 TKG. Bestehen obligatorische Anzeigepflichten nicht, ist die Bundesnetzagentur unter Beachtung des § 39 Abs 1 S 1 TKG ermächtigt, solche anzuordnen (§ 39 Abs 2 S 3 TKG). Auch kann die Bundesnetzagentur die Einführung geplanter Entgeltmaßnahmen untersagen, wenn sie offenkundig mit § 28 TKG nicht zu vereinbaren sind (§ 39 Abs 3 S 3 TKG).

Um Wettbewerber in die Lage zu versetzen, Endkundenangebote dominanter Anbieter nachbilden zu können, bestimmt § 39 Abs 4 TKG, dass ein Unternehmen, das auf einem Endkundenmarkt über beträchtliche Marktmacht verfügt und Zugang zu einer wesentlichen Zugangsleistung nach § 21 TKG gewähren muss, mit einer geplanten Entgeltmaßnahme im Endnutzerbereich zugleich ein den Anforderungen des § 28 TKG gerecht werdendes Angebot vorzulegen verpflichtet ist (§ 39 Abs 4 S 1 TKG). Sofern das Unternehmen mit beträchtlicher Marktmacht kein solches Vorleistungsangebot vorlegt, kann die Bundesnetzagentur die Forderung des Endkundenentgelts ohne weitere Prüfung untersagen (§ 39 Abs 4 S 2 TKG). Man kann sich mit Fug und Recht fragen, was eine solche Regelung mit der Entgeltregulierung von Endnutzerleistungen zu tun hat. Die Regelung war bereits im Gesetzgebungsverfahren hoch umstritten, verquickt sie doch zwei Dinge – Vorleistungspflicht und geplante Entgeltmaß-

275 Vgl hierzu auch bereits § 1 I 3 sowie III 3.
276 Zur Regulierung von Zugangsentgelten (§§ 30–38 TKG) vgl ausf etwa *Holznagel/Enaux/Nienhaus* Rn 260 ff.
277 Zur Begrifflichkeit vgl bereits § 1 III 1.
278 *Holznagel/Enaux/Nienhaus* Rn 301. Ausf *Holznagel/Hombergs* K&R 2003, 322 ff. Zu beachten bleibt jedoch, dass Endkundenentgelte der Anbieter von Sprachtelefondiensten zum Teil noch der Genehmigungspflicht nach § 25 TKG 1996 unterfallen, (§ 150 Abs 1 TKG), vgl EuGH MMR 2008, 94.
279 Vgl Wortlaut „kann" (§ 39 I 1 TKG).

nahmen – miteinander, die an sich nicht in Zusammenhang stehen. Problematisch ist weiterhin, dass eine solche Verpflichtung ihrem Wortlaut nach bereits eine Zugangsverpflichtung voraussetzt. Dies dürfte gerade bei innovativen Produkten nicht der Regelfall sein, auf welche die Norm gerade aber gemünzt sein soll. Besteht eine derartige Zugangsverpflichtung nicht, läuft § 39 Abs 4 TKG ins Leere,[280] womit die Norm als systematisch und inhaltlich missglückt zu bezeichnen ist.[281]

Festzuhalten bleibt jedenfalls, dass der Kunde auch bei abweichenden Vereinba- **130**
rungen nur die seitens der Bundesnetzagentur genehmigten Entgelte zu zahlen hat (§§ 39 Abs 1 S 3; 37 Abs 2 TKG bzw §§ 39 Abs 3 S 1; 38 Abs 4 S 4; 37 Abs 2 TKG).

c) **Sonstige gesetzliche Vorgaben.** Neben den regulatorischen Vorgaben der Bundes- **131**
netzagentur sorgt auch das Gesetz selbst für eine angemessene Limitierung dem Kunden in Rechnung gestellter Entgelte. So legt § 66d TKG **Preishöchstgrenzen** fest, wonach der Minutenpreis € 3,– nicht überschreiten darf (§ 66d Abs 1 S 1 TKG). Dies gilt auch im Falle der Weitervermittlung durch einen Auskunftsdienst (§ 66d Abs 1 S 2 TKG). Die Abrechnung darf höchstens im 60-Sekunden-Takt erfolgen (§ 66d Abs 1 S 3 TKG). Zeitunabhängig abgerechnete Dienstleistungen über Premium-Dienste-Rufnummern dürfen € 30,– pro Verbindung nicht überschreiten (§ 66d Abs 2 S 1 TKG). Setzt sich der Preis aus zeitabhängigen und zeitunabhängigen Diensten gleichermaßen zusammen, sind die Entgelte anteilig auszuweisen (§ 66d Abs 2 S 2 TKG). Von § 66d Abs 1, 2 TKG abweichende Entgelte dürfen nur unter den Voraussetzungen von § 66 Abs 3 TKG gefordert werden. Einzelheiten regelt die Bundesnetzagentur.

Ein weiterer Schutz vor überhöhten Telefonentgelten bietet § 66e TKG, wonach **132**
Verbindungen über Premium-Dienste- bzw Kurzwahl-Sprachdienste-Nummern – auch nach Weitervermittlung – **nach spätestens sechs Minuten** zu **trennen** sind (§ 66e Abs 1 TKG). Längere Verbindungen setzen eine geeignete Legitimation des Endnutzers voraus (§ 66e Abs 2 S 1 TKG). Einzelheiten bestimmt die Bundesnetzagentur.

Weiteren Schutz vor einer erhöhten Rechnung bietet dem Kunden die **Registrie- 133**
rungspflichtigkeit von Dialern (§ 66f TKG), die **Erfassung und Veröffentlichung von (0)900er Rufnummern** (§ 66h TKG) sowie § 66i TKG, der es verbietet, dem Kunden im Rahmen sog **R-Gespräche** andere als die für die reine Verbindungsleistung anfallenden Entgelte in Rechnung zu stellen. Zu besagten Normen wurde bereits im Rahmen der Mehrwertdienste ausführlich Stellung bezogen.[282] Im Übrigen statuieren §§ 66a–66c TKG deutliche **Preisangabe, -ansage-** und **-anzeigepflichten.** Verstöße gegen §§ 66a ff TKG führen unter den Voraussetzungen des § 66g TKG zum **Wegfall der Entgeltzahlungspflicht** des Kunden. Die §§ 66a ff – und mithin auch § 66g – TKG gelten ferner dann, wenn sie durch anderweitige Gestaltungen umgangen werden (§ 66l TKG).

Für den Bereich des **Mobilfunks** gilt seit 30.6.2007 die sog **Roaming-Verord- 134**
nung.[283] Mit ihr greift der europäische Gesetzgeber im Wege legislativer Festsetzung verbindlicher Höchstgrenzen für Roaming-Tarife erstmals unmittelbar in die Tarifgestaltung der Telekommunikationsdiensteanbieter ein.[284] Roamingdienste ermöglichen es dem Kunden über die eigene SIM-Karte auch im Ausland zu telefonieren,

---

280 Vgl auch *Holznagel/Enaux/Nienhaus* Rn 305.

281 So auch BeckTKG-Komm/*Schuster-Ruhle* § 39 Rn 41.

282 § 3 II 3c).

283 ABl L 171/32.

284 Ausf *Berger-Kögler* MMR 2007, 294.

wobei der nationale Mobilfunkbetreiber auf Netze ausländischer Betreiber zurückgreift. Die hierfür unter den Netzbetreibern vereinbarten als auch dem Kunden letztlich in Rechnung gestellten Entgelte überstiegen in der Vergangenheit nach Einschätzung des Verordnungsgebers die Bereitstellungskosten in nicht gerechtfertigter Weise. Dem soll die Verordnung begegnen. Hiervon ausgehend beschränkt sie in Art 3 Abs 1 zunächst das durchschnittliche **Großkundenentgelt** auf € 0,30 pro Minute, einschließlich der Kosten für Verbindungsaufbau, Transit und Anrufzustellung. Diese Beträge sanken am 1.8.2008 bereits auf € 0,28 und zum 1.8.2009 auf € 0,26 (Art 3 Abs 2). Zur Berechnung des durchschnittlichen Großkundenentgeltes siehe Abs 3. Für **Endkundenentgelte** regelt Art 4 der Verordnung den sog „Eurotarif". Dieser darf € 0,49 pro Minute für abgehende und € 0,24 für eingehende Gespräche nicht überschreiten. Zum 30.8.2008 fand eine weitere Ermäßigung auf € 0,46 bzw € 0,22 sowie zum 30.8.2009 auf € 0,43 bzw € 0,19 statt (Art 4 Abs 2). Bestandskunden haben die Möglichkeit, zwischen dem Eurotarif und einem anderen Roaming-Tarif zu wählen. Haben diese innerhalb der in Art 4 Abs 3 bezeichneten Frist keine Entscheidung mitgeteilt, gilt automatisch der Eurotarif. Die Vereinbarung eines zeitunabhängigen pauschalen Roamingentgelts steht den Anbietern weiterhin jedoch frei. Außerdem treffen den Anbieter gem Art 6 besondere Informationspflichten. So hat er jeden Teilnehmer schon bei der Einreise in einen anderen Mitgliedstaat über anfallende Roamingentgelte (inklusive Mehrwertsteuer) per Kurznachricht zu informieren (Art 6 Abs 1). Weiterhin schreibt Art 6 Abs 2 vor, dass der Teilnehmer die Möglichkeit haben muss, kostenlos ausführliche personalisierte Preisinformationen abzurufen. Derartige Informationspflichten bestehen bereits bei Vertragsschluss. Werden Roamingentgelte aktualisiert oder geändert, sind Kunden ohne unnötige Verzögerungen hierüber zu unterrichten (Art 6 Abs 3).

135 Am 22.4.2009 hat das Europäische Parlament einem **Kompromiss zur Änderung der Roaming-Verordnung**[285] zugestimmt. Hiervon ausgehend müssen seit Juli 2009 Roaminggespräche ab der 31. Sekunde sekundengenau abgerechnet werden. Ferner wurden Preisgrenzen für Roamingentgelte weiter gesenkt: Seit 1.7.2010 dürfen maximal noch € 0,39 für ausgehende und € 0,15 für eingehende Mobilfunkanrufe in Rechnung gestellt werden. Zum 1.7.2011 tritt eine weitere Ermäßigung auf € 0,35 bzw € 0,11 ein. Günstiger geworden ist auch das Datenroaming. SMS dürfen nur noch mit max € 0,11 zu Buche schlagen. Anderes Datenroaming wird auf Großkundenebene reguliert. Hier lagen die Preisobergrenzen für Tarife, die ein Anbieter dem Heimatanbieter des Roaming-Kunden berechnen darf von Juli 2009 an zunächst bei maximal € 1,– pro Megabyte. Zum 1.7.2010 ist eine Senkung auf € 0,80, – eingetreten. Zum 1.7.2011 gilt eine maximale Obergrenze von € 0,50 (jeweils zzgl. Mehrwertsteuer). Auch müssen sich Roaming-Kunden seit dem 1.3.2010 kostenlos für eine maximale Preisobergrenze entscheiden können. Für Kunden, die keine Preisobergrenze festgelegt haben, gilt seit 1.7.2010 eine Preisobergrenze von € 50,– (€ 59,90 einschließlich MwSt). Bei Erreichen von 80 Prozent der vereinbarten Obergrenze ist der Kunde zu informieren. Eine weitere Mitteilung ist nach Erreichen der Preisobergrenze fällig. Reagiert der Nutzer nicht, ist der Anbieter verpflichtet, sämtliche Roamingdienste zu

---

285 http://www.europarl.europa.eu/sides/getDoc.do?pubRef=-//EP//TEXT+IM-PRESS+20090421IPR54062+0+DOC+XML+V0//DE (22.9.2010).

kappen.[286] Die Verordnung tritt zum 30.6.2012 selbstständig außer Kraft. Ihre Rechtmäßigkeit wurde durch den EuGH inzwischen bestätigt.[287]

Der Gefahr überhöhter Entgelte im Rahmen der Nutzung von **Kurzwahldiensten** beugt § 45l TKG vor.[288] **136**

Ebenso wirkt § **45f TKG** überraschend hohen Verbindungsentgelten entgegen. **137**
Hiernach hat dem Endkunden stets die Möglichkeit offen zu stehen, auf **Vorauszahlungsbasis** Zugang zum öffentlichen Telefonnetz oder öffentlich zugänglichen Telefondiensten zu erhalten. Dem wird durch Calling-Cards im Festnetzbereich und Prepaid-Karten im Mobilfunkbereich Rechnung getragen.[289]

Neben den speziellen Vorschriften des TKG versteht auch das **BGB** unangemessen **138**
hohe Entgelte zu unterbinden. Überwucherte bzw sittenwidrige Entgelte können zur Nichtigkeit vertraglicher Vereinbarungen führen (§§ 138; 139 BGB).[290] Dasselbe gilt im Falle des Verstoßes gegen Verbotsnormen (§ 134 BGB). Ist der Kunde durch Täuschung oder Drohung zum Vertragsschluss bewogen worden, kann er seine Willenserklärung gem § 123 BGB anfechten.[291] Vereinbarte Entgelte unterliegen als Hauptleistungspflichten nicht der Inhaltskontrolle der §§ 307–309 BGB, Zahlungsmodalitäten hingegen sehr wohl. Dies betrifft insb Klauseln, wonach der Kunde sich verpflichtet, am Lastschriftverfahren teilzunehmen.[292] Die Frage welche **Lastschriftklausel** in welcher konkreten Ausprägung den Kunden unangemessen benachteiligt, wird nach wie vor kontrovers diskutiert.[293] Der BGH hält Lastschriftklauseln selbst für den Fall, dass dem Endkunden nur gegen zusätzliches Entgelt alternative Zahlungsmöglichkeiten eingeräumt werden, für zulässig. Er macht jedoch zur Voraussetzung, dass dem Kunden zwischen Zugang der Rechnung und Einziehung des Rechnungsbetrages mindestens fünf Werktage verbleiben müssen, um in Rechnung gestellt überprüfen und für ausreichende Kontodeckung sorgen zu können.[294] Eine **Bearbeitungsgebühr für Rücklastschriften** ist vor § 309 Nr 5b) BGB als unzulässige Pauschalierung allerdings abzulehnen.[295]

6. Einwendungen gegen die Rechnung

a) **Grundlagen.** Ist der Kunde mit der Höhe ihm in Rechnung gestellter Verbin- **139**
dungsentgelte nicht einverstanden und will er diese nicht gegen sich gelten lassen, kann er die Rechnung beanstanden. Wie er vorgehen kann, wie Beweispflichten und Haftungsradien verlaufen und was zu tun ist, wenn sich das tatsächliche Verbindungsaufkommen nicht (mehr) ermitteln lässt, versuchen § 45i und § 45j TKG einer Klärung zuzuführen. Im Einzelnen gilt Folgendes:

---

286 Vgl insoweit die Informationen des Bundesministeriums für Ernährung, Landwirtschaft und Verbraucherschutz unter http://www.bmelv.de/SharedDocs/Standardartikel/Verbraucherschutz/Internet-Telekommunikation/Roaming.html (4.10.2010); Rechtsgrundlage ist Verordnung (EG) Nr 544/2009, ABl L 167/12.

287 EuGH MMR 2010, 561 ff.

288 Vgl hierzu ausf bereits § 4 IV 4.

289 S hierzu bereits ausf § 6 I 2.

290 Vgl hierzu bereits § 4 IV 3.

291 Zur Frage automatisierter Vertragsschlüsse durch Einwahlprogramme (sog Dialer) vgl § 3 II 3c).

292 Vgl BGH NJW 2003, 1237, 1238 sowie BGH NJW 1996, 988.

293 Vgl exemplarisch OLG Düsseldorf NJW-RR 1997, 374, 377 f; Heun/*Sörup* K Rn 560 ff; *Graf von Westphalen/Grote/Pohle* 110 f; konträr dazu etwa LG Düsseldorf NJW-RR 1996, 308, 309; *Hahn* MMR 1999, 586, 588.

294 BGH NJW 2003, 1237, 1239.

295 OLG Düsseldorf NJW-RR 2002, 1716.

140 b) **Entgeltnachweis und technische Prüfung.** Zunächst hat der Endkunde die **Abrechnung zu beanstanden** (§ 45i Abs 1 S 1 TKG). Hierfür einzuhaltende Fristen bemessen sich grds nach den Vereinbarungen der Parteien, die jedoch – so stellt es § 45; Abs 1 S 1 TKG klar – nicht kürzer als acht Wochen bemessen sein dürfen. In der Praxis gängig und im Rahmen der einschlägigen AGB-rechtlichen Regelungen im Übrigen ausdrücklich zulässig[296] sind sog Einwendungsausschlussklauseln im Rahmen allgemeiner Geschäftsbedingungen. Kürzere Beanstandungsfristen sind vor dem Verbot geltungserhaltender Reduktion unwirksam (§ 306 BGB).[297] Der Zugang der Rechnung setzt den Fristlauf in Gang (§ 45i Abs 1 S 1 TKG). Hier trifft den Anbieter – entsprechend dem zivilprozessualen Grundsatz, dass derjenige, der einen Anspruch geltend macht, Beweis über die diesen stützenden Tatsachen zu erbringen hat – die Beweislast.[298] Form- und Fristgemäßheit der Beanstandung unterliegen der Beweispflicht des Kunden. Hierbei ist zu beachten, dass die AGB der Anbieter Beanstandungen **häufig** der **Schriftform** unterwerfen. Von der AGB-rechtlichen Zulässigkeit dieser Regelungen abgesehen dürfte vor dem Hintergrund des § 127 Abs 2 BGB nicht immer ein **eigenhändig unterzeichnetes Beanstandungsschreiben** (§§ 126; 127 Abs 1 BGB) erforderlich sein. Vielmehr wird – soweit ein entgegenstehender Wille des Anbieters nicht ersichtlich ist – ebenso die **telekommunikative Übermittlung** eines solchen ausreichen, zumindest in den Fällen, in denen der Anbieter dem Endnutzer im Rahmen der Vertragsabwicklung Faxnummer oder E-Mail-Adresse (zB auf der Rechnung) bekannt gegeben hat.[299] Unter Berücksichtigung der ihn treffenden Beweislast sowie der Problematik um die Beweisbarkeit des Zugangs von E-Mails ist dem Kunden zu einem Einschreiben jedoch zu raten.[300] Im Übrigen ist darauf zu achten, dass der Kunde seine Beanstandung zwar nicht begründen muss, dem Regelungszweck der Norm gleichwohl jedoch gehalten ist, den Anbieter auf vermutete **Abrechnungsfehler nachvollziehbar hinzuweisen**, um ihm Gelegenheit zur Nachprüfung zu geben.[301] Seiner Erklärung muss sich zumindest andeutungsweise entnehmen lassen, dass er die Verbindungspreise beanstandet.[302] Die **bloße Einstellung von Zahlungen** wird dem nicht gerecht.[303]

141 Hat der Kunde die Abrechnung ordnungsgemäß beanstandet, ist der Anbieter verpflichtet, das in Rechnung gestellte Verbindungsaufkommen in Form eines Entgeltnachweises nach **einzelnen Verbindungsdaten aufzuschlüsseln** und eine **technische Prüfung** durchzuführen (§ 45i Abs 1 S 2 TKG). Sowohl Entgeltnachweis als auch Ergebnisse der technischen Prüfung sind dem Kunden innerhalb von **acht Wochen** nach der Beanstandung auf Verlangen vorzulegen (§ 45i Abs 1 S 3 TKG). Lässt der Anbieter diese Frist verstreichen, erlöschen bis dahin entstandenen Ansprüche aus Verzug; eine mit der Abrechnung geltend gemachte Forderung wird erst im Zeitpunkt der Vorlage fällig (§ 45i Abs 1 S 4 TKG). Vorgaben zum Verfahren der technischen Prüfung veröffentlicht die Bundesnetzagentur (§ 45i Abs 1 S 5 TKG). Ob sich aus die-

---

296 Vgl BT-Drucks 16/2581, 26.

297 Hk-BGB/*Schulte-Nölke* § 306 BGB Rn 4; BeckTKG-Komm/*Dahlke* § 45i TKG-E 2005 Rn 8; BGH MMR 2004, 602, 603; Palandt/*Grüneberg* Vorbem vor § 307 BGB Rn 8.

298 Palandt/*Ellenberger* § 130 BGB Rn 21; BeckTKG-Komm/*Dahlke* § 45i TKG-E 2005 Rn 12.

299 Palandt/*Ellenberger* § 127 BGB Rn 2, § 126b BGB Rn 3; BeckTKG-Komm/*Dahlke* § 45i TKG-E 2005 Rn 12.

300 BeckTKG-Komm/*Dahlke* § 45i TKG-E 2005 Rn 12.

301 So BeckTKG-Komm/*Dahlke* § 45i TKG-E 2005 Rn 15.

302 BGH MMR 2004, 602, 604.

303 BGH MMR 2004, 602, 604.

ser Formulierung auch eine Befugnis der Bundesnetzagentur, Standards verbindlich festzulegen, ableiten lässt, ist nicht eindeutig.[304]

Beruht die Beanstandung nachweislich nicht auf einem technischen Mangel (sondern etwa auf der Zugrundelegung eines falschen Tarifs),[305] ist der Anbieter von der Pflicht zur technischem Prüfung befreit (vgl § 45i Abs 1 S 2 aE TKG). Zur Erstellung eines die einzelnen Telekommunikationsverbindungen aufschlüsselnden Entgeltnachweises bleibt der Anbieter weiterhin verpflichtet.[306] Wurden aus technischen Gründen keine Verkehrsdaten gespeichert oder gespeicherte Daten nach Verstreichen in § 45i Abs 1 TKG genannter, mit dem Anbieter vereinbarter Fristen oder auf Grund anderer rechtlicher Verpflichtung gelöscht, trifft den Anbieter weder eine Nachweispflicht über die erbrachten Verbindungsleistungen noch eine Auskunftspflicht hinsichtlich einzelner Verbindungen (§ 45i Abs 2 S 1 TKG). Dasselbe gilt für den Fall, dass der Teilnehmer unter deutlichem Hinweis auf beschriebene Rechtsfolgen den Anbieter ausdrücklich zur Löschung der Daten angewiesen oder ihm bereits die Speicherung verboten hat (§ 45i Abs 2 S 2 TKG). 142

In Ergänzung von Darlegungs- und Beweislastverteilung und allgemeinen Grundsätzen bestimmt § 45i Abs 3 S 1 TKG ferner, dass es Sache des Anbieters ist, nachzuweisen, dass er den Telekommunikationsdienst oder den Zugang zum Telekommunikationsnetz bis zum Übergabepunkt, an dem dem Teilnehmer der Netzzugang bereitgestellt wird, fehlerfrei erbracht hat. Mängel oder Fehler an technischen Einrichtungen sind dem Einfluss- und Verantwortungsbereich des Anbieters zuzurechnen. Die **Beweislastverteilung** entspricht also der tatsächlich bestehenden Risiko- und Einflusssphäre.[307] Daher treffen den Anbieter Nachweispflichten auch hinsichtlich Netzkomponenten Dritter, derer er sich bedient.[308] Bringt die technische Prüfung nach § 45i Abs 1 TKG Mängel zutage, die sich auf die Berechnung des beanstandeten Entgelts zu Lasten des Teilnehmers möglicherweise ausgewirkt haben können, wird widerleglich vermutet, dass das in Rechnung gestellte Verbindungsaufkommen unrichtig ist; dasselbe gilt für den Fall, dass zwischen Beanstandung und Abschluss der technischen Prüfung mehr als zwei Monate vergangen sind (§ 45i Abs 3 S 2 TKG). Die **Unrichtigkeitsvermutung** entlastet den Endnutzer somit vom Kausalitätsnachweis, dass sich festgestellte technische Mängel tatsächlich auf das in Rechnung gestellte Verbindungsentgelt nachteilig ausgewirkt haben.[309] Kann der Anbieter nachweisen, dass die geforderten Verbindungsentgelte trotz technischer Mängel korrekt ermittelt wurden, kann er die Vermutung des § 45i Abs 3 S 2 TKG widerlegen. Gelingt ihm dies, ist er zur Einforderung der beanstandeten Entgelte berechtigt. § 45i TKG gilt ausdrücklich auch für Prepaid-Produkte.[310] 143

c) **Zahlung des Durchschnittsbetrages.** Wird nach § 45i Abs 3 S 2 TKG vermutet, dass das in Rechnung gestellte Verbindungsaufkommen unzutreffend ist und lässt sich das **tatsächliche Verbindungsaufkommen nicht (mehr) ermitteln**, verbleibt dem Anbieter lediglich ein Anspruch auf Zahlung eines Teilbetrages, der sich an dem durch- 144

304 Dies bejahend BT-Drucks 16/2581, 26; ebenso *Pohle/Dorschel* CR 2007, 153, 157; vorsichtig hingegen *Schlotter* JurPC Web-Dok 148/2007, Abs 87 sowie BerlKommTKG/*Schlotter* § 45i Rn 20.

305 So das Beispiel der BT-Drucks 16/2581, 26.

306 So auch *Schlotter* JurPC Web-Dok 148/2007, Abs 83 ff.

307 BeckTKG-Komm/*Dahlke* § 45i TKG-E 2005 Rn 32.

308 *Schlotter* JurPC Web-Dok 148/2007, Abs 90.

309 BeckTKG-Komm/*Dahlke* § 45i TKG-E 2005 Rn 35.

310 BT-Drucks 16/2581, 26.

schnittlichen Entgelt der sechs vorangegangenen Abrechnungszeiträume orientiert (§ 45j Abs 1 S 1 TKG). Der **Ermittlung des Durchschnittsbetrages** sind lediglich nutzungsabhängige Entgelte zugrunde zu legen.[311] Nutzungsunabhängige Fixkosten – wie etwa Grundgebühren – können nicht Gegenstand einer Durchschnittsberechnung gem § 45j Abs 1 S 1 TKG werden, da es insoweit nicht zu Unsicherheiten hinsichtlich der Höhe kommen kann.[312]

145 Sind in der Geschäftsbeziehung zwischen Anbieter und Teilnehmer **weniger als sechs Monate unbeanstandet** geblieben, stützt sich die Durchschnittsberechnung auf die verbleibenden Abrechnungszeiträume (§ 45j Abs 2 S 1 TKG). Bestanden bei vergleichbaren Umständen in den Abrechnungszeiträumen der Vorjahre niedrigere Entgeltforderungen, treten diese an die Stelle der durchschnittlich berechneten (§ 45j Abs 2 S 2 TKG). Vergleichbare Umstände sind bspw bei Urlaub oder Auslandsaufenthalten in den entsprechenden Abrechnungszeiträumen der Vorjahre anzunehmen.[313]

146 Gelingt dem Teilnehmer der **Nachweis**, dass er in dem in Frage stehenden Abrechnungszeitraum den **Netzzugang nur unterdurchschnittlich oder** gar **überhaupt nicht genutzt** hat, hat die Durchschnittsberechnung zu unterbleiben (§ 45 Abs 1 S 2 TKG). Dasselbe gilt, wenn den Umständen nach erhebliche Zweifel verbleiben, ob dem Teilnehmer die Inanspruchnahme in Rechnung gestellter Leistungen überhaupt zugerechnet werden kann (§ 45 Abs 1 S 3 TKG).

147 Fordert der Anbieter den Kunden auf Grundlage einer Durchschnittsberechnung berechtigterweise zur Zahlung auf, sind Letzterem **zu viel gezahlte Entgelte** spätestens zwei Monate nach Beanstandung zu **erstatten** (§ 45j Abs 3 TKG).[314]

148 d) **Haftung des Anschlussinhabers.** Die Nutzung des Netzzugangs liegt im Gefahren- und Risikobereich des Endnutzers. So kommt es, dass fehlerfrei erbrachte und korrekt abgerechnete Leistungen prinzipiell zu vergüten sind. Aus Gründen des **Kundenschutzes** hat sich der Gesetzgeber allerdings entschieden, gewisse Risikofaktoren dem Anbieter aufzuerlegen und diesem eine Berechnung ordnungsgemäß erbrachter Leistungen gleichwohl zu versagen (vgl § 45i Abs 4 TKG).[315]

149 So bürdet § 45i Abs 4 S 1 TKG dem Anbieter das Kostenrisiko insoweit auf, als dass der Teilnehmer nachweist, dass ihm die Inanspruchnahme in Rechnung gestellter Leistungen nicht zurechenbar ist. Dies kann nur dann der Fall sein, wenn der Endnutzer Leistungen weder selbst schuldhaft (§ 276 BGB analog) noch durch einen Dritten, dem er Zugang zum Telekommunikationsnetz eingeräumt hat, zurechenbar schuldhaft (§ 278 BGB analog) veranlasst hat.[316] Gleichzeitig entspringen dem Telekommunikationsvertrag auf Grund seines Dauerschuldcharakters **besondere Treuepflichten**, die im Interesse einer störungsfreien Leistungsabwicklung von beiden Parteien einzuhalten sind[317] und dem Endnutzer die **Sorgfaltspflicht** auferlegen, durch geeignete Vorkehrungen eine missbräuchliche Nutzung seines Telekommunikationsanschlusses zu verhindern.[318] Über die Angemessenheit der Maßnahmen entscheiden die Umstände des Einzelfalles. Unbefugte Nutzungen durch Familien-, Haushalts- oder Betriebs-

---

311 BeckTKG-Komm/*Dahlke* § 45j TKG-E 2005 Rn 8.
312 BerlKommTKG/*Robert* § 45j Rn 9.
313 BT-Drucks 16/2581, 26.
314 Vgl auch BT-Drucks 16/2581, 26.
315 BeckTKG-Komm/*Dahlke* § 45i TKG-E 2005 Rn 36 und 38.
316 Vgl BGH JurPC Web-Dok 179/2004, Abs 10 ff sowie BerlKommTKG/*Schlotter* § 45i Rn 29.
317 Palandt/*Grüneberg* § 314 BGB Rn 2 sowie Palandt/*Grüneberg* § 242 BGB Rn 32.
318 Vgl BeckTKG-Komm/*Dahlke* § 45i TKG-E 2005 Rn 39.

angehörige wird sich der Endkunde wohl stets zurechnen lassen müssen.[319] *Trotz angemessener Vorsichtsmaßnahmen nicht vermeidbare Missbräuche durch Dritte werden dem Endkunden regelmäßig jedoch nicht zurechenbar sein.*[320]

Darüber hinaus schließt § 45i Abs 4 S 2 TKG eine Haftung für in Rechnung gestellte Entgelte auch insoweit aus, als dass Tatsachen die Annahme rechtfertigen, dass Dritte durch unbefugte Veränderungen an öffentlichen Telekommunikationsnetzen das in Rechnung gestellte Verbindungsentgelt beeinflusst haben. Wie aus dem Wortlaut ersichtlich, ist es nicht erforderlich, dass Maßnahmen Dritter in Rechnung gestellte Verbindungsentgelte tatsächlich beeinflusst haben. Es genügt bereits, dass der Endnutzer Tatsachen darlegt und beweist, die entsprechende **Verdachtsmomente** begründen.[321] Über diesen in § 45i Abs 4 S 2 TKG verkörperten Rechtsgedanken, der an für sich § 16 Abs 3 S 3 TKV aF entstammt, löste der BGH in der Vergangenheit auch solche Rechtsfälle, in denen ein automatisches Einwahlprogramm auf dem Computer des Anwenders heimlich installiert worden war, das unbemerkt Internetverbindungen über teure Mehrwertdiensterufnummern herstellte (sog Dialer).[322] Letzterer Konstellation begegnet nach neuer Rechtslage § 66g Nr 5 TKG, demzufolge Endnutzer Verbindungsentgelte, die über § 66f TKG zuwider betriebene Dialer verursacht worden sind, nicht zahlen müssen.[323] 150

7. Zahlungsverzug und Entgeltsperre

Da Zahlungspflicht des Kunden und Leistungspflicht des Anbieters im Gegenseitigkeitsverhältnis stehen, berechtigt § 320 Abs 1 BGB den Anbieter für den Fall, dass der Kunde seiner Zahlungspflicht nicht nachkommt, zur Verweigerung der Leistung. **Leistungsverweigerungsrechte** sind üblicherweise in den AGB des Anbieters näher spezifiziert. Sie verklausulieren allgemeine Prinzipien des Schuldrechts und sind im Grundsatz daher nicht zu beanstanden.[324] Verweigert der Anbieter seine Leistung durch Sperrung des Zugangs, so gilt für den „Anbieter öffentlich zugänglicher Telefondienste [...] an festen Standorten“[325] – ausgenommen ist also der Mobilfunkanbieter[326] – § 45k TKG, der dem Leistungsverweigerungsrecht des Anbieters **Grenzen** setzt. Hiernach darf der Anbieter den Kunden nur sperren, wenn dieser sich nach Abzug etwaiger Anzahlungen mit mindestens € 75,– in Verzug befindet (§§ 280 Abs 1, 2; 286 BGB), die Sperrung mindestens zwei Wochen zuvor schriftlich angedroht und den Kunden auf die Möglichkeit hingewiesen hat, Rechtsschutz vor den Gerichten suchen zu können (§ 45k Abs 2 S 1 TKG). Seitens des Teilnehmers form-, fristgerecht und schlüssig begründet beanstandete Beträge haben bei der Berechnung außer Betracht zu bleiben, sofern betreffende Forderungen nicht bereits tituliert sind (§ 45k Abs 2 S 2 TKG). Schlüssig begründet sind Forderungen dann, wenn sie die Rechnungshöhe nicht bloß pauschal in Frage stellen, sondern konkrete Rechnungspositio- 151

319 Vgl BeckTKG-Komm/*Dahlke* § 45i TKG-E 2005 Rn 39.

320 Vgl BeckTKG-Komm/*Dahlke* § 45i TKG-E 2005 Rn 39.

321 BerlKommTKG/*Schlotter* § 45i Rn 30. Ausf zur Verantwortlichkeit und Haftung für die Nutzung von Telekommunikationsanschlüssen *Pohle/Dorschel* CR 2007, 628 ff.

322 S BGH MMR 2004, 308 ff.

323 Vgl hierzu bereits § 3 II 3c).

324 *Graf von Westphalen/Grote/Pohle* 238 ff.

325 So der Wortlaut des § 45k I 1 TKG.

326 *Ditscheid* MMR 2007, 210, 214; BeckTKG-Komm/*Dahlke* § 45k Abs 1 S 1 TKG-E 2005 Rn 6; BerlKommTKG/*Schlotter* § 45k Rn 7, aA LG Itzehoe Urt v 19.9.2008, Az 10 O 91/08, das angesichts der wachsenden Bedeutung von Mobilfunkverträgen für eine analoge Anwendung von § 45k TKG auch auf jene plädiert.

nen unter Angabe von Gründen bestritten werden.[327] Ist die **Schlüssigkeit einer Beanstandung streitig**, darf eine Sperre nur erfolgen, wenn der Anbieter den Kunden zuvor zur vorläufigen Zahlung eines Durchschnittsbetrages nach § 45j TKG aufgefordert hat und der Teilnehmer dieses nicht binnen zwei Wochen zum Ausgleich gebracht hat (§ 45k Abs 2 S 3 TKG).[328]

152 Steigt das Verbindungsaufkommen und die Höhe damit einhergehender **Entgeltforderungen sprunghaft an**, darf der Anbieter eine Sperrung vornehmen. Dies gilt jedoch nur, wenn zugleich Tatsachen die Annahme rechtfertigen, der Endnutzer werde jene Entgelte auch beanstanden.[329] Vergleichsgrundlage bilden die Abrechnungen der vergangenen sechs Monate (§ 45k Abs 4 TKG). Darüber hinaus ist der Anbieter bei **wiederholten oder schwerwiegenden Verstößen des Teilnehmers** gegen gesetzliche Verbote unter kurzer Fristsetzung zu Sperrmaßnahmen berechtigt (§ 45k Abs 1 S 1 iVm § 45o TKG). Der Sperrung hat eine Abmahnung vorauszugehen (§ 45o S 3 TKG). Notrufdienste müssen unangetastet bleiben (§ 45k Abs 1 S 2 iVm § 108 Abs 1 TKG).

II. Nebenpflichten

153 Neben der Pflicht zur Zahlung von Bereitstellungs- und Nutzungsentgelten treffen den Endkunden ferner vertragsimmanente und formularvertraglich spezifizierte Nebenpflichten, insb **Mitteilungs- und Hinweispflichten.** So ist der Kunde etwa regelmäßig verpflichtet, seinen Vertragspartner über etwaige Änderungen von Name, Anschrift oder Bankverbindung zu unterrichten. SIM-Karten sind vor unberechtigten Zugriffen Dritter zu schützen, PIN- und PUK geheim zu halten. Dasselbe gilt für Access-Zugangsdaten und Passwörter. Unberechtigte Kenntnisnahmen oder Nutzungen sind unverzüglich anzuzeigen, etwaige Kartendiebstähle umgehend zu melden.[330]

§ 7
Vertragsbeendigung

I. Grundlagen

154 Die Beendigung eines Telekommunikationsvertrages setzt dessen **Kündigung** voraus. In der Praxis wird der Kunde üblicherweise per AGB ermächtigt, das Vertragsverhältnis nach Ablauf einer Mindestvertragslaufzeit unter Beachtung besonderer Kündigungsfristen einseitig aufzulösen. Neben sog Laufzeitklauseln, die sich mit dem Einzug von Bündelangeboten (Telefondienstvertrag nebst Hardware, zB Router) längst nicht mehr auf Mobilfunkverträge beschränken, werden in diesem Zusammenhang immer auch Fragen eines Wechsels des Verbindungsnetzbetreibers, Deaktivierungsentgelte und ein etwaiger Verfall von Prepaid-Guthaben diskutiert.

---

327 BerlKommTKG/*Schlotter* § 45i Rn 9.
328 *Schlotter* JurPC Web-Dok 148/2007, Abs 101.
329 S auch BeckTKG-Komm/*Dahlke* § 45k TKG-E 2005 Rn 28.
330 Vgl ausf etwa zu Nebenpflichten im Rahmen von Mobilfunkverträgen *Graf von Westphalen/Grote/Pohle* 217 ff.

II. Einzelfragen

1. Wechsel des Telekommunikationsanbieters

Alternative Telekommunikationsanbieter werben damit, Neukunden bei der Kündigung ihrer bisherigen Telekommunikationsverträge behilflich zu sein. Diese Möglichkeit unterstützt § 45d Abs 3 TKG,[331] wonach der das Vertragsverhältnis aufkündigende Kunde seine **Kündigungserklärung durch** seinen **neuen Anbieter übermitteln** lassen kann. Die Norm dient dem Wettbewerb im Kundeninteresse[332] und sichert den Übermittlungsakt des neuen Anbieters wettbewerbsrechtlich ab.[333] Darüber hinaus hat der BGH klargestellt, dass die dauerhafte Voreinstellung eines Endkundenanschlusses auf das Netz des neuen Verbindungsnetzbetreibers (sog **Preselection**)[334] seitens der Deutschen Telekom AG nicht von einer schriftlichen Erklärung des Kunden abhängig gemacht werden darf. Eine solche Vorgehensweise sei weder vor dem Hintergrund etwaiger Missbrauchsgefahren noch aus einer entsprechenden Anwendung des § 174 BGB gedeckt und diskriminiere den Wettbwerber vor § 42 Abs 1 S 2 TKG, da für eine Rückumstellung auf das eigene Verbindungsnetz eine schriftliche Erklärung des Kunden nicht Voraussetzung sei.[335] Jenes Urteil öffnete dem Missbrauch Tür und Tor, da Telekommunikationsanbieter dazu übergingen, Kundenverträge mit Konkurrenzanbietern unaufgefordert aufzukündigen. Um dem Einhalt zu gebieten, bestimmt § 312f BGB in seiner seit dem 4.8.2009 geltenden Fassung, dass die Kündigung von Dauerschuldverhältnissen und hierzu ermächtigenden Vollmachten der Textform bedarf, wenn jenes zwischen einem Verbraucher und einem Unternehmer besteht und durch ein neu zu begründendes ersetzt werden soll. Um Missbräuche selbigen Musters unter Preselectionanbietern einzudämmen, unterstellt § 40 Abs 1 S 4 TKG auch eine Änderung der Betreibervorauswahl sowie hierzu ermächtigender Erklärungen neuerdings dem Textformerfordernis.[336] 155

2. Laufzeitklauseln

Soweit Mobilfunk- oder DSL-Anbieter Endgeräte verbilligt abgeben oder Flatratetarife anbieten, geschieht dies zumeist über Laufzeitverträge mit **Mindestvertragslaufzeiten von bis zu 24 Monaten**. Soweit Laufzeitklauseln üblicherweise allgemeine Geschäftsbedingungen darstellen, sind sie jedenfalls im nichtkaufmännischen Verkehr an § 309 Nr 7a) BGB zu messen. Soweit jene Vertragskonstellationen als Typengemisch aus Miet- und Dienst-/Werkvertrag einzuordnen sind, steht im Rahmen des § 309 Nr 7a) BGB ihre dienst- bzw werkvertragliche Komponente im Vordergrund.[337] Demnach sind Vertragslaufzeiten, die sich im Rahmen von 24 Monaten halten, nicht zu beanstanden.[338] Dasselbe gilt für Vertragslaufzeiten im kaufmännischen Verkehr, wo § 309 Nr 7a) BGB gem § 310 Abs 1 S 1 BGB zwar keine unmittelbare Anwendung erfährt, im Rahmen des § 307 jedoch Indizwirkung zu entfalten vermag.[339] Problematischer erscheinen Laufzeitklauseln, die nur den Kunden langfristig binden, dem 156

331 S hierzu bereits § 5 II 3.
332 BT-Drucks 16/2581, 25.
333 BerlKommTKG/*Schlotter* § 45d Rn 25.
334 Vgl hierzu bereits § 4 III 2b) bb).
335 BGH GRUR 2007, 256 ff.
336 Einzelheiten hierzu bereits oben § 4 IV 2.
337 *Graf von Westphalen/Grote/Pohle* 245 f.
338 Differenzierend und teils aA *Hahn* MMR 1999, 251, 255 f.
339 Vgl BGH NJW 1981, 1501, 1502; BGH NJW 1984, 1750, 1751; BGH NJW 1993, 2436 sowie die Darstellung in MünchKommBGB/*Basedow* § 310 BGB Rn 8.

Anbieter hingegen kürzere Kündigungsrechte belassen. Solche Klauseln laufen dem Äquivalenzgedanken zuwider und benachteiligen den Kunden daher unangemessen (§ 307 Abs 1 S 1 BGB).[340]

3. Sperr- und Kündigungsklauseln für den Fall übermäßiger Nutzung von Flatrates

157 Vermehrt sind Telekommunikationsanbieter auch dazu übergegangen, die Nutzung von Telefon- und/oder Internetflatrates per AGB auf das für Privatkunden marktübliche Maß zu beschränken und sich für den Fall der Zuwiderhandlung Sperr- und Sonderkündigungsrechte auszubedingen. Klauseln dieser Art verstoßen gegen das Transparenzgebot und laufen dem Charakter eines Flatrate-Vertrages zuwider, weshalb sie sowohl vor § 307 Abs 1 S 2 als auch Abs 2 Nr 2 BGB als unwirksam zu beurteilten sind.[341] Im Übrigen dürften Klauseln der genannten Art auch aufgrund überraschenden Charakters nicht Vertragsbestandteil werden (§ 305c Abs 1 BGB).

4. Deaktivierungsentgelte

158 Auch dürfen Anbieter Kunden keine Entgelte für die Deaktivierung von Anschlüssen abverlangen.[342] Der BGH führt hierzu aus, dass derartige Klauseln als Allgemeine Geschäftsbedingen der Inhaltskontrolle der §§ 307–309 BGB unterliegen. Dem stehe auch § 307 Abs 3 BGB, der die AGB-rechtliche Inhaltskontrolle von Leistung und Gegenleistung ausschließe,[343] nicht entgegen, da ein Deaktivierungsentgelt mit den vertraglichen Hauptleistungspflichten in keinerlei Zusammenhang stehe. Vielmehr diene die Dokumentation vertragsrelevanter Vorgänge im Hinblick auf etwaige spätere Beanstandungen des Kunden, über wirksam beendete Vertragsverhältnisse oder beglichene bzw noch offen stehende Entgelte ausschließlich Eigeninteressen des Anbieters.[344] Jene Aufwendungen dem Kunden in Gestalt als solcher bezeichneter Deaktivierungsentgelte zu überwälzen, **widerspräche daher wesentlichen Grundgedanken des BGB**, wonach jeder Rechtsunterworfene ihn treffende gesetzliche Verpflichtungen selbst zu erfüllen habe.[345]

5. Verfall von Prepaid-Guthaben

159 Ebenso wie Klauslen über den Verfall von Guthaben nach einer bestimmten Zeit[346] benachteiligen Klauseln über den Verfall von Guthaben am Ende der Vertragslaufzeit als Missachtung des Äquivalenzverhältnisses von Leistung und Gegenleistung den Kunden unangemessen. Auch sie sind vor § 307 Abs 1 S 1 iVm Abs 2 Nr 1 BGB als **nichtig** zu betrachten. Insoweit sei zunächst auf die Ausführungen zur Problematik des periodischen Guthabenverfalls verwiesen.[347] Hinzu kommt, dass ein Guthabenverfall im Falle der Beendigung des Vertrages dem Endkunden die Kündigung unangemessen erschwert.[348]

160 Anders hingegen gestaltet sich die Rechtslage im Falle von Gutschriften, die dem Teilnehmer auf dessen Wunsch ersatzweise für ein ihm eigentlich zu überlassendes

---

340 So OLG Koblenz MMR 2004, 106.

341 LG Düsseldorf, MMR 2007, 674 f.

342 BGH NJW 2002, 2386 ff.

343 Vgl Palandt/*Grüneberg* § 307 BGB Rn 54 mwN.

344 So BGH NJW 2002, 2386, 2387.

345 BGH NJW 2002, 2386, 2387.

346 Vgl hierzu bereits § 6 I 2b).

347 § 6 I 2b).

348 LG München MMR 2006, 410, 411.

Endgerät gewährt werden. So hatte in einem durch das OLG Düsseldorf entschiedenen Fall ein Kunde, der die Vertragsoption „Gutschrift statt Handy DM 250,– pro Vertrag/pro SIM-Karte“ gewählt, bei Vertragsende jene DM 250,– jedoch noch nicht vertelefoniert hatte, den Anbieter auf Auszahlung des Guthabenrestes verklagt. Hier stellte das Gericht klar, dass jene Formulierung unter Berücksichtigung der §§ 133, 157 BGB, Treu und Glauben und der Verkehrssitte lediglich dahingehend aufzufassen seien, als dass entsprechende Gutschriften ausschließlich mit den für die Nutzung des Mobilfunkanschlusses und der Herstellung von Verbindungsleistungen entstehenden Kosten verrechnet werden könnten und verwies dabei auf eine AGB-Klausel des Anbieters, wonach Kulanzgutschriften ohnehin lediglich in Form von Gesprächsguthaben gewährt würden. Auch verneinte das Gericht einen etwaigen Verstoß gegen § 307 Abs 1 S 1 BGB. Aufgrund des freiwilligen Zugabe-Charakters in Rede stehenden Guthabens sei von einer unangemessenen Benachteiligung des Kunden nicht auszugehen.[349]

§ 8
Haftung der Anbieter

Kommt der Anbieter seinen Verpflichtungen nicht oder in nicht ausreichender Weise nach, stellt sich die Frage, ob und inwieweit er dem Vertragspartner für eventuelle Nachteile haften muss. Anspruchsteller können in diesem Rahmen sowohl Endkunden als auch andere Marktteilnehmer, insb Telekommunikationsdienstleister, sein: **161**

I. Haftung gegenüber dem Endkunden

Kommt es dem Endkunden gegenüber zu Leistungsstörungen, richtet sich die Haftung des Anbieters nach dem der jeweiligen Leistungsbeziehung zugrunde liegenden **bürgerlich-rechtlichen Leistungsstörungsrecht**. So liegt etwa der **Bereitstellung eines Festnetzanschlusses** – wie gezeigt[350] – ein Mietvertragsverhältnis zugrunde. Anschlussstörungen wären daher nach mietvertraglichem Leistungsstörungsrecht zu behandeln, auf dessen Grundlage dem Endkunden Ansprüche auf Beseitigung der Störung zustehen (§ 535 Abs 1 S 2 BGB). Minderungs- bzw Schadensersatzansprüche kann der Endkunde unter den Voraussetzungen der §§ 536 ff BGB geltend machen. Eventuelle Kündigungsrechte ergeben sich aus § 543 BGB. Telefonverbindungsleistungen hingegen liegen nach überwiegender Ansicht dienstvertragsrechtliche Vorschriften zugrunde,[351] entsprechende Leistungsstörungen bemächtigen den Endkunden folglich auf die §§ 280 ff BGB zurückzugreifen. Begreift man diese Leistung werkvertraglich, dh insb im Preselection-Segment, bestimmen sich die Rechte des Kunden nach §§ 633; 634 BGB, dh Nacherfüllung (§§ 634 Nr 1; 635 BGB), Aufwendungsersatz (§§ 634 Nr 2; 637 BGB) oder Schadensersatz (§§ 634 Nr 4; 636; 280; 281; 283 und 311a BGB) oder §§ 634 Nr 3; 636; 323 und 326 Abs 5 BGB.[352] Bei **Mobilfunkverträgen**, die richtiger- **162**

349 OLG Düsseldorf MMR 2007, 388 f.

350 Siehe § 4 II.

351 Hierzu ebenfalls § 4 II.

352 Die Rechtsprechung, die das Erbringen von Verbindungsleistungen hingegen auf dienstvertragsrechtliche Beine stellt, müsste demgegenüber auf die §§ 626 ff BGB zurückgreifen.

weise als Typengemisch aus Miet- und Dienstvertragsrecht anzusehen sind,[353] orientiert sich die Haftung des Anbieters je nach vertragstypologischer Einordnung der jeweiligen Leistungsstörung entweder anhand der §§ 536 ff oder der §§ 633; 280 ff BGB. Sind **Datendienste**, wie etwa Internetdienste, gestört, so sind Endnutzer je nach dem, wie der jeweilige Dienst konkret vertragstypologisch einzuordnen ist,[354] gehalten, den Anbieter entweder über die §§ 633; 634 BGB oder über §§ 626 ff BGB haftbar zu machen. Im Übrigen sind auch etwaige Ansprüche des Endkunden aus Unmöglichkeit (§§ 280 Abs 1, 2; 283 BGB), Verzug (§§ 280 Abs 1, 2; 286 BGB), der Verletzung von Nebenleistungs- und Nebenpflichten[355] sowie direkt aus § 280 Abs 1 BGB zu beachten.

163 Da sich eine hundertprozentige und störungsfreie Verfügbarkeit von Telekommunikationsdiensten weder mit technisch noch wirtschaftlich vertretbarem Aufwand sicherstellen lässt,[356] schuldet der Anbieter keine Verfügbarkeit der Leistung. Dies berücksichtigt das BGB in seiner Generalität leider nur unzureichend, das TKG bemüht sich an geeigneter Stelle insoweit um einen angemessenen Ausgleich. So trägt **§ 45b TKG** der **technisch bedingten Störanfälligkeit von Telekommunikationsnetzen** dadurch Rechnung, dass marktmächtige Anbieter Störungen stets unverzüglich und tageszeitunabhängig zu beseitigen haben, auch an Sonn- und Feiertagen. Ebenso wenig dürfen zu Universaldiensten verpflichtete Unternehmen ihre Leistungen nach eigenem Gutdünken einstellen oder beschränken (§ 85 Abs 1 S 1 TKG). Derartige Maßnahmen sind nur auf gesetzlicher Grundlage und zur Sicherheit des Netzbetriebes, der Aufrechterhaltung der Netzintegrität, der Interoperabilität der Dienste und aus Gründen des Datenschutzes erlaubt (§ 85 Abs 2 TKG). Belange der Endnutzers sind angemessen zu berücksichtigen und Leistungseinstellungen/-beschränkungen im Rahmen technischer Möglichkeiten auf den betroffenen Dienst zu beschränken (§ 85 Abs 1 S 2 TKG). Handelt der Telekommunikationsunternehmer im Rahmen dieser Vorschrift, liegt hierin keine Pflichtverletzung. Etwaige Leistungsstörungsansprüche des Endkunden scheiden in diesen Fällen aus.[357]

164 Liegt der gestörten Telekommunikationsleistung hingegen kein Dauerschuldverhältnis zugrunde und kommt, wie dies zB im Wege des **Call-by-Call** der Fall sein kann, eine Verbindung schon gar nicht zustande, fehlt es bereits an einem Vertragsschluss, mangels dessen auch das **Leistungsstörungsrecht nicht Anwendung** zu finden vermag. Wie im Rahmen des Vertragsschlusses bereits erörtert,[358] kommt bei Call-by-Call als auch **Mehrwertdiensten** ein Vertrag erst durch Anwahl und Herstellung der Verbindung zustande.[359] Gelingt die Verbindung nicht, fehlt es an einem Vertrag. Gewährleistungsansprüche des Kunden scheiden folglich aus. Der Fall, dass eine **Verbindung hingegen zunächst zustande kommt, später jedoch abbricht**, bedarf etwas **differenzierter Betrachtung.** Hier hängen etwaige Ansprüche des Kunden maßgeblich davon ab, welches Leistungsversprechen der Anbieter im Rahmen der Realofferte abgegeben hat. Insb bei Sprachkommunikationsdienstleistungen, wo es für den Kunden keine Schwierigkeit darstellt, eine neue Verbindung – gegebenenfalls auch über einen Konkurrenzanbieter – herzustellen und der Anbieter die Störanfälligkeit des

---

353 S hierzu bereits ausf § 4 II.

354 Vgl hierzu bereits § 4 II.

355 Vgl bereits § 5 II 1.

356 Hierzu eingehend *Graf von Westphalen/Grote/Pohle* 17 ff und 196 ff.

357 *Graf von Westphalen/Grote/Pohle* 53.

358 S § 4 IV.

359 Sog „Realofferte", s hierzu bereits § 4 IV mwN.

Netzes nur eingeschränkt zu beeinflussen vermag, spricht Vieles dafür, dessen Leistungsversprechen nur auf die tatsächlich bestandene Verbindung zu beziehen und nachträgliche Störungen einer bereits bestehenden Verbindung mit einem Wegfall entsprechender Gewährleistungsansprüche des Kunden korrespondieren zu lassen.[360] Dies wird man jedoch bei Mehrwertdiensten, die für den Kunden nur nach ordnungsgemäßem Abschluss der jeweiligen Verbindung nutzbar sind – wie bspw beim Download eines Handy-Klingeltons – anders sehen müssen. Hier ist es angebracht, die werkvertraglichen Gewährleistungsrechte der §§ 633; 634 BGB greifen zu lassen.

Hat der Anbieter letztlich Schadensersatz zu leisten, so bestimmt sich die **Höhe** des betreffenden Schadens und Ersatzanspruchs wie üblich nach den **§§ 249 ff BGB**. Besteht diese Pflicht gegenüber einem Endnutzer, so gilt die **Besonderheit** des **§ 44a TKG**, wonach der Anbieter nur dann unbeschränkt haftet, wenn er den Schaden vorsätzlich verursacht hat. Bloß fahrlässig verursachte Vermögensschäden sind begrenzt auf € 12 500,– pro Endnutzer (§ 44a S 1 TKG) bzw € 10 Mio pro Schadensfall (§ 44a S 2 TKG) zu ersetzen.[361] Ist der Endnutzer nicht Verbraucher, besteht auch die Möglichkeit einzelvertraglicher Haftungsregelungen, dh Haftungserweiterungen oder weitergehender Haftungsbegrenzungen(§ 44a S 5 TKG). Jedenfalls im letztgenannten Fall sind wiederum die Grenzen des AGB-Rechts zu beachten. 165

II. Haftung gegenüber anderen Marktteilnehmern

Anderen Marktteilnehmern haftet der Anbieter für Pflichtverletzungen nach den vertraglichen oder gesetzlichen Regeln. Auch hierfür ist – wie im vorigen Absatz dargestellt – die vertragstypologische Einordnung der betreffenden Pflichtverletzung entscheidend. Von besonderer Bedeutung im Vorleistungsbereich ist insb **§ 44 TKG**, wonach Mitbewerber nicht nur Unterlassungs-, sondern auch Schadensersatzansprüche geltend machen können, wenn ein Unternehmen gegen Vorschriften des TKG, auf dessen Grundlage erlassener Rechtsverordnungen oder Verfügungen der Bundesnetzagentur verstößt, bspw seine beträchtliche Marktmacht missbräuchlich ausnutzt (§ 42 TKG).[362] Im Einzelfall ist die Bundesnetzagentur auch zur **Abschöpfung** rechtswidrig erlangter wirtschaftlicher Vorteile ermächtigt (§ 43 TKG). 166

§ 9
Datenschutz

„Wer nicht mit Sicherheit überschauen kann, welche ihn betreffenden Informationen in bestimmten Bereichen seiner sozialen Umwelt bekannt sind, und wer das Wissen möglicher Kommunikationspartner nicht einigermaßen abzuschätzen vermag, kann in seiner Freiheit wesentlich gehemmt sein, aus eigener Selbstbestimmung zu planen oder zu entscheiden“, so entschied das BVerfG am 15.12.1983 im sog Volkszählungsurteil.[363] Diese Aussage bestimmt bis heute maßgeblich das **Recht des Einzelnen** 167

360 *Graf von Westphalen/Grote/Pohle* 55 f.
361 Vgl auch BerlKommTKG/*Rugullis* § 44a Rn 17 f.
362 Vgl hierzu exemplarisch § 7 II 1.
363 BVerfGE 65, 1.

auf informationelle Selbstbestimmung,[364] welches in Art 2 Abs 1 iVm Art 1 Abs 1 GG seine verfassungsrechtliche und in den allgemeinen sowie besonderen sektorspezifischen Datenschutzgesetzen seine einfachgesetzliche Grundlage erfährt. Dem Schutz personenbezogener Daten kommt gerade im Rahmen der Multimedialisierung immer gewichtigere Bedeutung zu. Daher sei dem medienrechtlich relevanten Datenschutz ein eigenes Kapitel gewidmet. Nachfolgende Betrachtungen sollen sich mit Rücksicht auf den nur begrenzt zur Verfügung stehenden Raum dieser Darstellung jedoch auf telekommunikationsspezifische Probleme in Bezug auf die Verarbeitung personenbezogener Daten beschränken.

I. Grundlagen

168 Besondere **telekommunikationsrechliche Datenschutzbestimmungen** finden sich in den **§§ 91 ff TKG.** Sie regeln den Schutz personenbezogener Daten speziell bezogen auf die Nutzung telekommunikativer Dienste und erlegen Unternehmen und natürlichen Personen, die geschäftsmäßig Telekommunikationsdienste erbringen oder daran mitwirken, spezielle Pflichten auf (§ 91 Abs 1 S 1 TKG). Inhalte und nähere Umstände der Telekommunikation unterliegen dem besonderen Schutz des **Fernmeldegeheimnisses** (§§ 88 ff TKG), worin über § 91 Abs 2 S 2 TKG auch juristische Personen und rechtsfähige Personengesellschaften einbezogen sind. Selbiges gilt für geschlossene Nutzergruppen öffentlicher Stellen (§ 91 Abs 2 TKG). An ausländische nicht öffentliche Stellen dürfen Diensteanbieter personenbezogene Daten nur übermitteln, wenn das Bundesdatenschutzgesetz dies zulässt und auch nur insoweit, als dass Übermittlungsvorgänge zu Erstellung und Versand von Rechnungen oder zur Missbrauchsbekämpfung erforderlich sind (§ 92 TKG).

II. Besondere Informationspflichten

169 Gem § 93 TKG treffen den Diensteanbieter besondere Informationspflichten, wobei die Norm differenziert:

170 Vertragspartner des Anbieters – sog **Teilnehmer** (§ 3 Nr 20 TKG) – sind stets über Art, Umfang, Ort und Zweck der Erhebung und Verwendung personenbezogener Daten in allgemein verständlicher Form so zu unterrichten (§ 93 Abs 1 S 1 TKG). Hierdurch soll der Betroffene grundlegende Kenntnis von für ihn maßgeblichen Datenverarbeitungstatbeständen erhalten, um sein Recht auf informationelle Selbstbestimmung ausüben zu können. Dies gilt umso mehr, als dass die jeweilige Datenerhebung und -verarbeitung von der Einwilligung des Teilnehmers abhängig ist, da diesem ohne substantiierte Information eine eigenverantwortliche und willensmangelfreie Entscheidung nicht möglich sein wird.[365] Dem Teilnehmer sind daher die verschiedenen Datengattungen, insb Bestandsdaten (§ 3 Nr 3 TKG) und Verkehrsdaten (§ 3 Nr 30 TKG), zu benennen und zu erläutern. Auch ist er darüber zu informieren, dass bestimmte personenbezogene Daten vor § 95 TKG zum Zwecke der Begründung, Ausgestaltung, Änderung oder Beendigung des Vertragsverhältnisses gespeichert und verarbeitet werden dürfen. Auf deren Löschung nach Ablauf des auf die Beendigung des Vertragsverhältnisses folgenden Jahres (§ 95 Abs 3 TKG) ist ebenfalls hinzuwei-

---

364 BeckTKG-Komm/*Büttgen* § 93 Rn 5; *Gola/Schomerus* § 33 BDSG Rn 1.

365 BeckTKG-Komm/*Büttgen* § 93 Rn 25.

sen.[366] Weiterhin ist der Teilnehmer darüber in Kenntnis zu setzen, welche Daten zu Abrechnungszwecken gespeichert, verarbeitet oder an andere Diensteanbieter oder Dritte zu diesem Zweck übermittelt werden (§ 97 Abs 5, 6 TKG). Über die Verwendung personenbezogener Daten im Rahmen von Störbeseitigungen (§ 100 TKG) ist gleichfalls zu unterrichten. Dasselbe gilt im Hinblick auf ihre Übermittlung an ausländische Stellen (§ 92 TKG).[367] Auch auf zulässige Wahl- und Gestaltungsmöglichkeiten sind die Teilnehmer aufmerksam zu machen (vgl § 93 Abs 1 S 2 TKG).

Nichtteilnehmern – sog **Nutzern** (vgl § 3 Nr 14 TKG) – gegenüber, bestehen weniger detailreiche Informationspflichten. Gem § 93 Abs 1 S 3 TKG genügt es, diese durch allgemein zugängliche Informationen über die Erhebung und Verwendung personenbezogener Daten zu unterrichten. Die unterschiedliche Behandlung findet ihren Grund darin, dass Telekommunikationsdiensteanbieter lediglich zu Kunden in unmittelbarer Beziehung stehen und nur ihnen gegenüber in der Lage sind, datenschutzbezogene Auskünfte zu erteilen.[368] **171**

III. Elektronische Einwilligung

Wie sich aus § 4 BDSG ergibt, sind Erhebung, Verarbeitung und Nutzung personenbezogener Daten nur zulässig, soweit dies gesetzlich erlaubt oder angeordnet wird. In allen übrigen Fällen setzt § 4 Abs 1 BDSG eine ausdrückliche Einwilligung des Betroffenen voraus. Sie bedarf grds der Schriftform (vgl § 4a Abs 1 S 3 TKG). Hiervon macht **§ 94 TKG** eine Ausnahme, der im Rahmen der Telekommunikationsdienste **unter gewissen Umständen** auch eine **elektronische Einwilligung** für **ausreichend** erachtet. Die strengen Vorgaben der Norm sollen sicherstellen, dass die elektronische Einwilligung ein der schriftlichen Einwilligung vergleichbares Maß an Rechtssicherheit bereit hält.[369] **172**

So ist zunächst zu gewährleisten, dass der Betroffene seine Einwilligung **bewusst und eindeutig** erteilen kann (§ 94 Nr 1 TKG). Er muss in die Lage versetzt werden, sich der Tragweite seiner Entscheidung bewusst zu werden, um auf dieser Grundlage das ihm zustehende Recht auf informationelle Selbstbestimmung eigenverantwortlich ausüben zu können.[370] Dem ist nur mit umfangreichen Informationspflichten zu begegnen, welchen der Anbieter vor § 93 TKG vollumfänglich nachzukommen hat.[371] **173**

Um das Recht des Einwilligenden auf informationelle Selbstbestimmung zu sichern, verpflichtet § 94 Nr 2 TKG den Anbieter ferner dazu, Einwilligungen zu **protokollieren.** Nur so ist es dem Betroffenen möglich, festzustellen, in was er wann, in welchem Umfang und zu welchem Zweck eingewilligt hat. Hiervor sind **wenigstens Umfang und Zeitpunkt** der Einwilligungserklärung zu speichern.[372] Weiterhin hat der Dienstanbieter sicherzustellen, dass der Teilnehmer oder Nutzer den Inhalt seiner Einwilligung jederzeit abrufen (§ 94 Nr 3 TKG) und diese mit Wirkung für die Zukunft widerrufen (§ 94 Nr 4 TKG) kann. Sind die Vorgaben des § 94 TKG sichergestellt, kann eine Einwilligung in die Erhebung, Verarbeitung und Nutzung personenbezogener Daten auch auf elektronischem Wege wirksam erklärt werden. **174**

---

366 BeckTKG-Komm/*Büttgen* § 93 Rn 26.
367 Vgl insgesamt BeckTKG-Komm/*Büttgen* § 93 Rn 27 ff.
368 BeckTKG-Komm/*Büttgen* § 93 Rn 23.
369 BeckTKG-Komm/*Büttgen* § 94 Rn 4.
370 BeckTKG-Komm/*Büttgen* § 94 Rn 6.
371 Zu den Informationpflichten des Anbieters s bereits § 9 II.
372 BeckTKG-Komm/*Büttgen* § 94 Rn 7 und 9.

IV. Gesetzliche Erlaubnistatbestände

175 In den §§ 95 ff TKG findet sich ein abschließender **Katalog von Erlaubnistatbeständen**, wonach eine Datenverarbeitung unter bestimmten Umständen auch ohne Einwilligung des Nutzers zulässig ist. Insofern unterscheidet das Gesetz zwischen Bestands- und Nutzungsdaten. **Bestandsdaten** sind nach der **Legaldefinition des § 3 Nr 3 TKG** „Daten eines Teilnehmers, die für die Begründung, inhaltliche Ausgestaltung, Änderung oder Beendigung eines Vertragsverhältnisses über Telekommunikationsdienste erhoben werden". Hierzu zählen bspw Name und Anschrift des Vertragspartners, Kontoverbindung und die Art des abgeschlossenen Vertrages. Die Verarbeitung von Bestandsdaten ist gemäß **§ 95 TKG** zulässig, soweit eine solche erforderlich ist (§ 95 Abs 1 TKG). Gleiches gilt für Daten anderer Anbieter, wenn eine vertragliche Vereinbarung zwischen diesen Diensteanbietern eine Datenverarbeitung erforderlich macht (zB eine Zusammenschaltungsvereinbarung). Eine Übermittlung an Dritte bedarf der Einwilligung des Teilnehmers, § 95 Abs 1 S 3 TKG. Gleiches gilt für die Nutzung von Bestandsdaten zu Werbezwecken (sog Opt-in-Prinzip, vgl § 95 Abs 2 S 1 TKG). § 95 Abs 2 S 2 TKG gestattet ausnahmsweise die Nutzung der Rufnummer sowie der Post- und Emailadresse des Nutzers im Rahmen einer bestehenden Kundenbeziehung (sog Opt-out-Prinzip). **Verkehrsdaten** definiert **§ 3 Nr 30 TKG** als Daten, die während der Nutzung des Dienstes erhoben und verwendet werden. Die **§§ 96 ff TKG** normieren verschiedene Erlaubnistatbestände, wonach eine Nutzung von Verkehrsdaten zulässig ist. Generell ist eine Datenverarbeitung ohne Einwilligung des betroffenen Nutzers zulässig so weit diese zur Erbringung der Telekommunikationsdienstleistung, zu deren Abrechnung, zur Störungsbeseitigung, Missbrauchsbekämpfung (§ 96 Abs 2 S 1 TKG iVm §§ 97, 99, 100, 101 TKG) oder „für [...] durch andere gesetzliche Vorschriften begründete" Zwecke erforderlich ist. Diese Erweiterung der Verarbeitungszwecke hat nach der amtlichen Begründung zum TKGÄndG lediglich klarstellende Bedeutung dahingehend, dass einer aufgrund strafprozessualer und vergleichbarer Vorschriften zulässigen Datenverarbeitung die Bestimmungen des Datenschutzrechts nicht entgegenstehen. Im Einzelnen zielt die Regelung auf die §§ 100g, 100h StPO, § 8 Abs 8 und 10 BVerfSchG, § 10 Abs 3 MAD-Gesetz und § 8 Abs 3a BND-Gesetz sowie durch Landesrecht geregelte Ermächtigungen über die Erteilung von Auskünften an Strafverfolgungs- und Sicherheitsbehörden ab. Verkehrsdaten, deren weitere Nutzung nach vorgenannten Grundsätzen nicht zulässig ist, sind unverzüglich nach Ende der Verbindung zu löschen (§ 96 Abs 2 S 2 TKG). Was die Nutzung von **Standortdaten** iSd **§ 3 Nr 19 TKG**, dh Daten, die in einem Telekommunikationsnetz erhoben oder verwendet werden und die den Standort des Endgeräts eines Endnutzers eines Telekommunikationsdienstes für die Öffentlichkeit abgeben, anbelangt, findet sich in **§ 98 TKG** eine spezielle und differenzierte gesetzliche Regelung.

V. Kopplungsverbot

176 Wie § 4a Abs 1 S 1 BDSG klarstellt, ist eine Einwilligung nur wirksam, wenn sie auf der freien Entscheidung des Betroffenen beruht. Die Einwilligung muss also freiwillig, dh frei von jeglicher unangemessener Beeinflussung erfolgen, da sie sonst nicht den wahren Willen des Einwilligenden widerspiegelt.[373] Dem soll § 95 Abs 5 TKG

---

373 Vgl *Gola/Schomerus* § 4a BDSG Rn 6 ff.

Rechnung tragen, der es **verbietet, die Erbringung von Telekommunikationsdiensten von einer Einwilligung des Teilnehmers in die Verwendung seiner Daten für solche Zwecke abhängig zu machen, die für das Erbringen entsprechender Dienste selbst nicht erforderlich sind.** Bedauerlicherweise enthält die Norm im Gegensatz zu ihrer Vorgängervorschrift die Einschränkung, dass eine solche Kopplung nur dann nicht der Fall sein darf, wenn dem Teilnehmer ein anderer Zugang zu diesen Telekommunikationsdiensten nicht oder in nicht zumutbarer Weise möglich ist (vgl § 95 letzter Halbs TKG). Damit stellt die aktuelle Regelung den Teilnehmer datenschutzrechtlich schlechter als die Vorgängerregelung.[374] Ob dem im Wege einer restriktiven Auslegung der Wortgruppe „Zugang zu diesen Telekommunikationsdiensten" derart zu begegnen ist, der jeweilige Diensteanbieter selbst müsse mindestens eine Nutzungsmöglichkeit anbieten, bei der die Leistung nicht von der Angabe hierfür nicht erforderlicher Daten abhängig sei,[375] ist umstritten. Nach anderer Ansicht soll es genügen, wenn Mitbewerber ungekoppelte vergleichbare Dienste anbieten.[376] Insoweit führt die ehemals klare Regelung in ihrer Neufassung in die rechtliche Unsicherheit.

VI. Vorratsdatenspeicherung

Aufgrund des Gesetzes zur Neuregelung der Telekommunikationsüberwachung und anderer verdeckter Ermittlungsmaßnahmen, sowie zur Umsetzung der RL 2006/24/EG,[377] welches das BVerfG mit Datum vom 2.3.2010 in seiner konkreten Ausgestaltung für verfassungswidrig erklärt hat,[378] waren Anbieter, die öffentlich zugängliche Telekommunikationsdienste für Endnutzer erbringen, seit dem 1.1.2008 verpflichtet, im Rahmen der Nutzung ihres Dienstes anfallende Verbindungsdaten für die Dauer von sechs Monaten auf Vorrat zu speichern (§ 113a Abs 1 S 1 TKG). Anbieter, die öffentlich zugängliche Telekommunikationsdienste für Endnutzer erbringen, ohne selbst Verkehrsdaten zu erzeugen oder zu verarbeiten, waren verpflichtet sicherzustellen, dass entsprechende Daten gespeichert werden (§ 113a Abs 1 S 2 TKG). Auf Nachfrage war der Bundesnetzagentur mitzuteilen, vom wem die in Rede stehenden Daten gespeichert werden (§ 113a Abs 1 S 2 TKG). In der Konsequenz wurden Reseller bspw nicht zur Speicherung von Verkehrsdaten für verpflichtet gehalten, vorausgesetzt der Netzbetreiber kam seinen gesetzlichen Verpflichtungen insoweit nach.[379] **177**

Welche Daten konkret zu speichern waren, ergab sich aus den Absätzen 2 ff des § 113a TKG. Sie unterschieden zwischen Anbietern von Telekommunikationsdiensten (Abs 2), Anbietern von E-Mail-Diensten (Abs 3) und Anbietern von Internetzugangsdiensten (Abs 4), deren Pflichten dienstespezifisch variierten. Einzelheiten gab das Gesetz vor. Eine Speicherpflicht für „erfolglose Anrufversuche" bestand nur, soweit der Verpflichtete Daten ohnehin zu eigenen Zwecken erhob oder protokollierte (§ 113a Abs 5 TKG), wovon etwa auszugehen war, wenn Diensteanbieter Teilnehmer per SMS darüber in Kenntnis setzen, dass bestimmte Anrufe nicht entgegengenommen werden konnten. In Fällen gescheiterten Verbindungsaufbaus bestand eine Verpflich- **178**

374 So auch BeckTKG-Komm/Büttgen § 95 Rn 33 mwN.
375 So BeckTKG-Komm/Büttgen § 95 Rn 33 aE.
376 Zum Streitstand des inzwischen aufgehobenen jedoch wortlautidentischen § 3 Abs 4 TDDSG vgl Zscherpe MMR 2004, 723, 727.
377 S BGBl I 2007 S 3198, 3205 ff.
378 BVerfG Urt v 2.3.2010, Az 1 BvR 256/08, 1 BvR 263/08 u 1 BvR 586/08, www.bundesverfassungsgericht.de (7.3.2010).
379 Hierzu auch *Brinkel/Lammers* ZUM 2008, 11, 14.

tung zur Speicherung von Verkehrsdaten demgegenüber nicht.[380] Besondere Regeln galten für Anonymisierungsdienste, welche zur Speicherung ursprünglicher und veränderter Daten gleichermaßen verpflichtet waren (vgl § 113a Abs 6 TKG).[381] Mobilfunkanbieter mussten sogar die geographische Lage, Funkzelle und Hauptabstrahlrichtung der diese versorgenden Funkantennen speichern (§ 113a Abs 7 TKG). Kommunikationsinhalte durften nicht gespeichert werden (§ 113a Abs 8 TKG). Gespeicherte Informationen waren mit äußerster Sorgfalt zu behandeln (§ 113a Abs 10 TKG). Verstöße waren bußgeldbewehrt (§§ 149; 150 Abs 12b S 1 TKG).

179 Die Vorhaltezeit zu speichernder Verbindungsdaten belief sich auf sechs Monate (§ 113a Abs 1 S 1 TKG). Ihre Löschung musste spätestens einen Monat nach Ablauf der Vorhaltezeit erfolgen (§ 113a Abs 11 TKG).

180 Auf Vorrat gespeicherte Verbindungsdaten sollten ausweislich § 113b StGB sowohl zu Strafverfolgungszwecken (vgl § 113b Nr 1 TKG) als auch – und insoweit schoss die Norm deutlich über die zugrunde liegende Richtlinie des Europäischen Parlamentes und des Rates vom 15.3.2006[382] hinaus – zur Abwehr erheblicher Gefahren für die Öffentliche Sicherheit (vgl § 113b Nr 2 TKG) verwendet werden dürfen. Auch sollten unter Vorliegen weiterer gesetzlicher Voraussetzungen Verfassungsschutzbehörden, Bundesnachrichtendienst und Militärischer Abschirmdienst Zugriff erhalten (vgl § 113b Nr 3 TKG), nicht jedoch private Rechteinhaber.[383]

181 Wie vom BVerfG bestätigt, stößt das Gesetz zur Neuregelung der Telekommunikationsüberwachung und anderer verdeckter Ermittlungsmaßnahmen sowie zur Umsetzung der RL 2006/24/EG[384] auf durchgreifende Bedenken.

182 Supranational wurde zunächst die Richtlinienkompetenz des europäischen Gesetzgebers zum Erlass einer derartigen Richtlinie in Frage gestellt, was Irland bereits im Jahre 2006 zu einer Nichtigkeitsklage gegen die Entscheidung des Rates bewog.[385] Sie wurde vom EuGH mit Urteil vom 10.2.2009 allerdings zurückgewiesen.[386]

183 In Deutschland stieß eine derart breit angelegte und verdachtsunabhängige Speicherung von Telekommunikationsverkehrsdaten vor allem auf verfassungsrechtliche Bedenken. Gegen das Gesetz wurde mit insgesamt rund 35.000 Klagen die bisweilen umfangreichste Verfassungsbeschwerde seit Bestehen der Bundesrepublik eingereicht.

184 Zunächst gab das BVerfG einem mit der Verfassungsbeschwerde verbundenen ersten Eilantrag teilweise statt und beschränkte die Übermittlung von Vorratsdaten zu Strafverfolgungszwecken (§ 113b S 1 Nr 1 TKG) auf die Verfolgung von Katalogstraftaten im Sinne des § 100a Abs 1 StPO.[387] In Anbetracht geänderter Polizeiaufgaben- und Verfassungsschutzgesetze in den Ländern Bayern und Thüringen wurde seitens der Verfassungsrichter in einem zweiten Schritt jedoch auch eine Übermittlung auf Vorrat gespeicherter Verkehrsdaten zur Abwehr erheblicher Gefahren für die öffentliche Sicherheit (§ 113b S 1 Nr 2 TKG) und die Erfüllung gesetzlicher Aufgaben von Verfassungsschutzbehörden, Bundesnachrichtendienst und Militärischem Abschirm-

380 So BT-Drucks 16/5846, 71.
381 Vgl BT-Drucks 16/5846, 72.
382 RL 2006/24/EG, Abl EU 2006 L 105/54.
383 Vgl BT-Drucks 16/6979, 71; zur Europarechtskonformität vgl EuGH Urt v 29.1.2008 – Rs C 275/06 – CR 2008, 381 ff.
384 BGBl I 2007 S 3198.
385 Rs C-301/06, Abl EU C 237/5 v 30.9.2006, 5.
386 EuGH Urt v 10.2.2009 – C-301/06 – CR 2009, 151.
387 BVerfG CR 2008, 287 ff.

dienst (§ 113b S 1 Nr 3 TKG) für zulässig gehalten.[388] In diesem Zusammenhang schränkte das BVerfG eine Übermittlung an ersuchende Behörden allerdings auf die Abwehr dringender Gefahren für Leib, Leben oder Freiheit einer Person, Bestand oder Sicherheit des Bundes oder eines Bundeslandes sowie zur Abwehr einer gemeinen Gefahr ein. Eine Übermittlung zum Zwecke der Erledigung von Aufgaben des Verfassungsschutzes sollte neben dem Vorliegen der Vorraussetzungen der Abrufnorm zur Voraussetzung haben, dass die Anforderungen von § 1 Abs 1 und § 3 Art 10-Gesetz erfüllt sind. In beiden Fällen sollten übermittelte Daten ausschließlich zu Zwecken verwendet werden, zu denen sie abgerufen worden waren[389]. Anträge auf Erlass einer Einstweiligen Anordnung im Hinblick auf durch das Gesetz zur Vorratsdatenspeicherung von Telekommunikations-Verkehrsdaten zu Zwecken der öffentlichen Sicherheit eingeführten § 100a Abs 2 u 4; § 100f; § 110 Abs 3 und § 160a StPO lehnten die Richter demgegenüber ab.[390]

Neben der verfassungsrechtlichen Problematik im Allgemeinen ergaben sich Fragen der Verfassungskonformität im Besonderen im Hinblick auf die §§ 110 Abs 1 S 1 Nr 1 TKG iVm § 9 TKG, wonach Telekommunikationsanbieter verpflichtet werden sollten, aus der Realisierung der Vorratsdatenspeicherung resultierende Kosten vollumfänglich selbst tragen zu müssen. Akut waren jene Überleguntgen zunächst im Rahmen der Überwachung von Auslandsköpfen geworden. Insofern hatte erstmals das VG Berlin mit Verweis auf Art 3, 12 und 14 GG Zweifel anklingen lassen und sich veranlasst gesehen, die Frage an das BVerfG zu adressieren.[391] Wegen fortbestehender Zweifel an der Verfassungsmäßigkeit der genannten Vorschriften hatte das VG Berlin der Bundesnetzagentur ferner verboten, gegen Anbieter vorzugehen, die sich weigerten, ihre Systeme mit zur Speicherung von Vorratsdaten notwenidgen Einrichtungen auszustatten.[392] Dem folgte auch das VG Köln, das der Bundesnetzagentur in einer ersten Entscheidung Ermessenfehler bescheinigte. Es habe sich in Anbetracht des laufenden Verfahrens vor dem BVerfG aufgedrängt, sich im Rahmen der vorgenommenen Verwaltungsentscheidung abwägungstechnisch differenzierter mit der Sache auseinanderzusetzen, so die Richter.[393] In dieselbe Richtung tendierte das OVG Münster.[394] Gleichwohl vertrat das VG Köln in einer späteren Entscheidung die gegenteilige Auffassung,[395] der sich auch das OVG Berlin-Brandenburg anschloss, das Anbieter von Telekommunikationsdiensten trotz bestehender verfassungsrechtlicher Zweifel zu Einrichtung und Betrieb des technischen Speicherinstrumentariums auf eigene Kosten und Risiken für verpflichtet hielt und insoweit die erwähnte Entscheidung des VG Berlin in zweiter Instanz wieder aufhob.[396] Zwar hatte der Bundestag am 18.12.2008 über den Entwurf eines Gesetzes zur Neuordnung der Entschädigung von Telekommunikationsunternehmen für die Heranziehung im Rahmen der Strafverfolgung beschlossen.[397] Empfehlungen von Experten, welche eindeutig dafür plädierten, Telekommu- 185

388 BVerfG Beschl v 1.9.2008, Az 1 BvR 256/08; BVerfG Beschl v 28.10.2008, Az 1 BvR 256/08.

389 BVerfG Beschl v 28.10.2008, Az 1 BvR 256/08.

390 BVerfG Beschl v 15.10.2008, Az 2 BvR 236/08, Rz 87 ff.

391 VG Berlin Beschl CR 2008, 165; VG Berlin CR 2008, 563.

392 VG Berlin MMR 2008, 845.

393 VG Köln Beschl v 20.5.2009 – 21 L 234/09 (bisher unveröffentlicht).

394 OVG Münster MMR 2010, 134.

395 VG Köln CR 2009, 786.

396 OVG Berlin-Brandenburg MMR 2010, 269; OVG Berlin-Brandenburg MMR 2010, 274, hierzu Beck-Aktuell Meldung v. 8.12.2009, http://rsw.beck.de/rsw/shop/default.asp?docid=294624&docClass=NEWS&site=Beck%20Aktuell&from=HP.10 (4.10.2010).

397 BT-Drucks 16/7103, abrufbar unter http://dip21.bundestag.de/dip21/btd/16/071/1607103.pdf (4.10.2010).

nikationsunternehmen auch für die Vorhaltung von Überwachungstechniken zu entschädigen, wurden gleichwohl ignoriert.[398]

186 Nachdem zunächst der rumänische Gerichtshof nationale Gesetze zur Vorratsdatenspeicherung für verfassungswidrig erklärt hatte,[399] hat sich am 2.3.2010 auch das BVerfG zur Thematik geäußert und das Gesetz zur Neuregelung der Telekommunikationsüberwachung und anderer verdeckter Ermittlungsmaßnahmen sowie zur Umsetzung der RL 2006/24/EG[400] für verfassungswidrig erklärt. Die Normen der §§ 113a und 113b TKG sowie § 100g Abs 1 S 1 StPO seien nichtig und auf Vorrat gespeicherte Daten unverzüglich zu löschen:[401]

187 Die eingelegten Verfassungsbeschwerden seien zulässig, soweit sie gegen die Umsetzung der RL 2006/24/EG gerichtet seien. Eine Vorlage an den Europäischen Gerichtshof, wie teils gefordert wurde, lehnten die Richter ab, da es im Rahmen der rechtlichen Würdigung auf einen eventuellen Vorrang gemeinschaftsrechtlicher Regelungen nicht ankomme. Zwar sei dem nationalen Gesetzgeber die Umsetzung der Speicherpflicht als solcher vorgeschrieben. Dies gelte im Wesentlichen jedoch nur für deren Umfang. Hinsichtlich Datenzugang und ihrer Verwendung seien den Mitgliedstaaten jedoch frei, do dass eine Grundrechte achtende Umsetzung der Richtlinie prinzipiell zu erreichen sei.

188 Materiell-rechtlich greifen die §§ 113a und 113b TKG sowie § 100g Abs 1 S 1 StPO nach Ansicht der Verfassungsrichter in den Schutzbereich von Art 10 Abs 1 GG ein, dies jedoch in einer Streubreite, wie es die Rechtsordnung bisher nicht kenne. Dies nehme einer Norm zwar nicht schon ihre Verfassungsmäßigkeit. Problematisch sei jedoch ihre unzureichende gesetzgeberische Ausgestaltung im Hinblick auf den Grundsatz der Verhältnismäßigkeit, was den angegriffenen Regelungen in ihrer bis zuletzt vorhandenen Form ihre Verfassungskonformität nehme. In Sachen Verhältnismäßigkeit misst der Senat zunächst der Datensicherheit besondere Bedeutung bei, die der Gesetzgeber klar und verbindlich vorgeben müsse. Sicherzustellen sei vor allem, dass Entscheidungen über Art und Ausmaß zu treffender Schutzvorkehrungen nicht unkontrolliert in Händen zur Speicherung verpflichteter Telekommunikationsanbieter liegen dürften. Dies sei ggf auf aufsichtsbehördlichem Wege sicherzustellen. Auch komme vor dem Hintergrund des Verhältnismäßigkeitsprinzips eine Verwendung gespeicherter Daten nur für überragend wichtige Aufgaben des Rechtsgüterschutzes in Betracht, was im Bereich des Strafrechts nur für besonders schwerwiegende Straftaten gelten könne, die der Gesetzgeber gesetzlich spezifizieren müsse. Für den Bereich der Gefahrenabwehr ergebe sich aus dem Verhältnismäßigkeitsgrundsatz, dass der Abruf vorsorglich gespeicherter Telekommunikationsverbindungsdaten auf durch bestimmte Tatsachen hinreichend belegte, konkrete Gefahren für Leib, Leben, Freiheit einer Person sowie Sicherheit und Bestand des Bundes oder eines Landes zur Abwehr gemeiner Gefahren zu begrenzen sei. Gleiches gelte für nachrichtendienstliche Verwertungsabsichten.

189 Darüber hinaus gebiete der Verhältnismäßigkeitsgrundsatz die Einschränkung, die Übermittlung bestimmter Telekommunikationsverbindungsdaten, insb zu Institutionen, die besonderen Verschwiegenheitspflichten unterlägen, zu verbieten. Auch seien

---

398 http://rsw.beck.de/rsw/shop/default.asp?docid=275223&highlight=tkg (4.10.2010).

399 Vgl Beck-Aktuell Meldung v 13.10.2009. http://rsw/shop/default.asp?docid=290957&docClass=NEWS&site=Beck%20Aktuell&from=HP.10 (15.10.2009).

400 S BGBl I 2007 S 3198, 3205 ff.

401 BVerfG CR 2010, 232 ff mit Anm *Heun*.

Übermittlung und Nutzung anlasslos gespeicherter Daten zumindest im Grundsatz einem Richtervorbehalt zu unterstellen. Geringere Anforderungen billigten die Verfassungsrichter lediglich für eine mittelbare Verwendung von Daten zur Identifizierung von IP-Adressen zu, da Behörden insoweit lediglich Kenntnis bzgl eines von vornherein festgelegten Informationsausschnittes erhielten, so dass ihrer Speicherung geringeres Eingriffsgewicht zukomme. Im Übrigen sei Betroffenen eine nachträgliche gerichtliche Kontrollmöglichkeit zu eröffnen.

Aufgetragen hat der Senat dem Gesetzgeber ferner, der aus der breit angelegten Speicherung resultierenden allgemeinen Bedrohlichkeitslage Transparenzvorschriften entgegenzusetzen. Auch insoweit habe der Gesetzgeber nachzubessern, will er Verwendung und Nutzung auf Vorrat gespeicherter Verkehrsdaten verfassungskonform ausgestalten. **190**

Zwar wurde eine gesetzliche Neukonzeptionierung bereits diskutiert.[402] Konkrete Ergebnisse sind an die Öffentlichkeit bisweilen jedoch noch nicht herangetragen worden. **191**

§ 10
Rechtsschutz

Wie im Verlauf der Darstellung aufgezeigt, beinhaltet das Telekommunikationsrecht sowohl **öffentlich-rechtliche als auch privatrechtliche Regelungskomplexe**. So erfolgt die Regulierung des Telekommunikationsmarktes hoheitlich, dasselbe gilt für die Vergabe von Nummern und Frequenzen, die Wahrung der Öffentlichen Sicherheit und im Hinblick auf Abgaben. Auf der anderen Seite nimmt das TKG insb im Rahmen des Kunden- und Datenschutzes Einfluss auf das zivilrechtliche Geschehen. Dies gilt insb hinsichtlich der Beschränkung der Vertragsfreiheit. Dem folgend gabelt sich – dem betroffenen Regelungskomplex entsprechend – auch der Weg zu den Gerichten. **192**

I. Öffentlich-rechtliche Bestimmungen

Streitigkeiten über Entscheidungen der Bundesnetzagentur sind als öffentlich-rechtliche Streitigkeiten vor den **Verwaltungsgerichten** auszutragen (§ 40 Abs 1 S 1 VwGO). Zu beachten ist jedoch, dass Widerspruch und Klage gegen Entscheidungen der Bundesnetzagentur keine aufschiebende Wirkung entfalten (§ 137 Abs 1 TKG). Im Falle von Beschlusskammerentscheidungen – dies betrifft sämtliche marktregulatorische Entscheidungen nach dem zweiten Teil des TKG und Entscheidungen im förmlichen Verfahren der Frequenzvergabe – ist außerdem gem § 137 Abs 2 TKG kein Vorverfahren vorgesehen. Ferner ist die Berufung ausgeschlossen (§ 137 Abs 3 S 1 TKG). Hierdurch soll zügig Rechtssicherheit und Rechtsklarheit erreicht werden.[403] Die Möglichkeit einer Revision zum Bundesverwaltungsgericht bleibt im Hauptsacheverfahren bestehen. Für alle übrigen Entscheidungen der Bundesnetzagentur verbleibt es bei den bekannten instanzgerichtlichen Regelungen. **193**

---

402 Zum Diskussionsstand *Eckhardt/Schütze* CR 2010, 225 ff.

403 Vgl BR-Drucks 755/03, 136.

II. Zivilrechtliche Bestimmungen

194 Verletzt ein Marktteilnehmer Vorschriften des TKG oder telekommunikationsrechtliche Rechtsverordnungen, verstößt er gegen Regulierungsverfügungen der Bundesnetzagentur (§ 44 TKG) oder sonstige – evtl auch einzelvertragliche – Verpflichtungen, so steht den streitenden Parteien der **Zivilrechtsweg** offen. Neben den einschlägigen BGB-rechtlichen Haftungsregularien gilt dies insb für § 44 TKG. Verstößt ein Marktteilnehmer gegen Vorschriften des Verbraucherschutzes, so besteht gem § 44 Abs 2 TKG ferner ein Verbandsklagerecht. Insoweit wird auf § 3 des Unterlassungsklagegesetzes verwiesen.

III. Schlichtungsverfahren

195 Zu alledem eröffnet **§ 47a TKG** Teilnehmern die Möglichkeit, etwaige Streitfälle mit Anbietern von Telekommunikationsdiensten für die Öffentlichkeit über die Erfüllung von Verpflichtungen gem der §§ 43a; 45 bis 46 Abs 2 sowie § 84 TKG **außergerichtlich** beizulegen (§ 47a Abs 1 TKG). **Schlichterin** ist die **Bundesnetzagentur** (§ 47a Abs 2 TKG), die auch die Einzelheiten des Schlichtungsverfahrens in einer Schlichtungsanordnung festlegt.

Kapitel 3

Datenschutzrecht

Literatur

Abel Rechtsfragen von Scoring und Rating RDV 2006, 108; *Auernhammer* Bundesdatenschutzgesetz, 3. Aufl Köln ua 1993; *Arlt* Datenschutzrechtliche Betrachtung von Onlineangeboten zum Erwerb digitaler Inhalte MMR 2007, 683; *Backes/Eul/Guthmann/Martwich/Schmidt* Entscheidungshilfe für die Übermittlung personenbezogener Daten in Drittländer RDV 2004, 156; *Ballhausen/Roggenkamp* Personenbezogene Bewertungsplattformen K&R 2008, 403; *Bauer* Personalisierte Werbung auf Social Community-Websites – Datenschutzrechtliche Zulässigkeit der Verwendung von Bestandsdaten und Nutzungsprofilen MMR 2008, 435; *Beck'scher TKG Kommentar* Telekommunikationsgesetz, 3. Aufl München 2006 (zit BeckTKG-Komm/Bearbeiter); *Bergmann/Möhrle/Herb* Kommentar zum Bundesdatenschutzgesetz, den Datenschutzgesetzen der Länder und zum bereichsspezifischen Datenschutz, Stuttgart 2009; *Beyer/Kirchner/Kreuzberger/Schmeling* Privacy im Social Web DuD 2008, 601; *Bizer* Web-Cookies – datenschutzrechtlich DuD 1998, 277; *ders* Vorratsdatenspeicherung: Ein fundamentaler Verfassungsverstoß DuD 2007, 586; *ders* Sieben goldene Regeln des Datenschutzes DuD 2007, 350; *ders* Was sind Telemedien? DuD 2007, 40; *Böhme/Pfitzmann* Digital Rights Management zum Schutz personenbezogener Daten? DuD 2008, 342; *Brandt* Betriebsvereinbarungen als datenschutzrechtliche „Öffnungsklauseln" DuD 2010, 213; *Breyer* AGB und „Datenschutzerklärung" eines Internetauktionshauses MMR 2006, 407; *Buchner* Formularmäßige Einwilligung DuD 2010, 52; *ders* Die Einwilligung im Datenschutzrecht DuD 2010, 39; *Däubler* Neue Unabhängigkeit für den Datenschutzbeauftragten DuD 2010, 20; *Dix* Testberichte über Hochschullehrer DuD 2006, 330; *Dorn* Lehrerbenotung im Internet – Eine kritische Würdigung des Urteils des OLG Köln vom 27.11.2007 DuD 2008, 98; *Dörr/Schmidt* Neues Bundesdatenschutzgesetz, Köln 1992; *Duhr/Naujok/Peter/Seiffert* Neues Datenschutzrecht für die Wirtschaft DuD 2002, 5; *Eberle* Medien und Datenschutz MMR 2008, 508; *Eckhardt* BDSG: Neuregelungen seit 1.9.2009, DuD 2009, 587; *ders* Datenschutz im Direktmarketing nach dem BDSG – Quo vadis CR 2009, 337; *ders* Datenschutzrichtlinie für elektronische Kommunikation – Auswirkungen auf Werbung mittels elektronischer Post MMR 2003, 557; *ders* Datenschutzerklärungen und Hinweise auf Cookies ITRB 2005, 46; *Ehmann* Strafbare Fernwartung in der Arztpraxis CR 1991, 293; *ders* Der Datenschutzbeauftragte im Unternehmen, Köln 1993; *Eichler* Cookies – verbotene Früchte? K&R 1999, 76; *Enzmann/Roßnagel* Realisierter Datenschutz für den Einkauf im Internet CR 2002, 141; *Erfurter Kommentar zum Arbeitsrecht*, 11. Aufl München 2011; *Fickert* Geodaten im Spannungsfeld zwischen Datenschutz und Informationsfreiheit DuD 2009, 495; *Forgo/Krügel* Der Personenbezug von Geodaten, Cui bono, wenn alles bestimmbar ist? MMR 2010, 17; *Fraenkel/Hammer* Rechtliche Löschvorschriften DuD 2007, 899; *Garstka* Bestandsaufnahme über die Situation des Datenschutzes – „10 Jahre nach dem Volkszählungsurteil" DuD 1994, 243; *Gietl* Das Schicksal der Vorratsdatenspeicherung DuD 2008, 317; *Gola* Die Einwilligung als Legitimation für die Verarbeitung von Arbeitnehmerdaten RDV 2002, 109; *Gola/Klug* Grundzüge des Datenschutzrechts, München 2003; *Gola/Schomerus* Bundesdatenschutzgesetz, 10. Aufl München 2010; *Gomille* Prangerwirkung und Manipulationsgefahr bei Bewertungsforen im Internet ZUM 2009, 815; *Graef* Anmerkung zu BGH Urt v 23.6.2009, Az VI ZR 196/08 – spickmich.de, ZUM 2009, 759; *Grentzenberg/Schreibauer/Schuppert* Die Datenschutznovelle (Teil I) K&R 2009, 368; *Greve/Schärdel* Der digitale Pranger MMR 2008, 644; *Grützmacher* Datenschutz und Outsourcing ITRB 2007, 183; *Hartmann* Konzernweiter Kundendatenschutz – mit oder ohne Codes of Conduct (CoC) DuD 2008, 455; *Heidrich* ua (Hrsg) Heise Online-Recht, Hannover

2010 (zit Heise Online-Recht/*Bearbeiter*); *Härting* „Prangerwirkung" und „Zeitfaktor" – 14 Thesen zu Meinungsfreiheit, Persönlichkeitsrechten und Datenschutz im Internet CR 2009, 21; *ders* Datenschutz im Internet CR 2008, 743; *Heidrich* Rechtliche Fragen bei der Verwendung von DNS-Blacklisting zur Spam-Filterung CR 2009, 168; *Heidrich/Wegener* Datenschutzrechtliche Aspekte bei der Weitergabe von IP-Adressen DuD 2010, 172; *Hanloser* Anmerkung zu BGH MMR 2010, 138 – Happy Digits MMR 2010, 140; *Heller* Anmerkung zu OLG Köln Urt v 27.11.2007. Az 15 U 142/07 – spickmich.de ZUM 2008, 243; *Hoeren/Sieber* (Hrsg) Handbuch Multimedia Recht, München 2006 (zit Hoeren/Sieber/*Bearbeiter*; *Holznagel/Bennekoth* Radio Frequency Identification – Innovation vs Datenschutz? MMR 2006, 17; *Ihde* Cookies – Datenschutz als Rahmenbedingung der Internetökonomie CR 2000, 413; *Jacob* Perspektiven des neuen Datenschutzrechts DuD 2000, 5; *Jandt* Das neue TMG – Nachbesserungsbedarf für den Datenschutz im Mehrpersonenverhältnis MMR 2006, 652; *Jandt/Schnabel* Location Based Services im Fokus des Datenschutzes K&R 2008, 723; *Kessel/Jüttner* Pflicht zur Erhebung wahrer Kundendaten bei Prepaid-Produkten K&R 2008, 413; *Kilian/Heussen* (Hrsg) Computerrechtshandbuch, München 2006 (zit Kilian/Heussen/*Bearbeiter*); *Koch* Der betriebliche Datenschutzbeauftragte, Frechen 2003; *Koehler* Allgemeine Geschäftsbedingungen im Internet MMR 1998, 289; *Kloepfer/Kutschbach* Schufa und Datenschutzrecht MMR 1998, 650; *Kohlhage* Konzerndatenschutz DuD 2009, 752; *Klug* Die Vorabkontrolle – Eine neue Aufgabe für betriebliche und behördliche Datenschutzbeauftragte RDV 2001, 12; *Koch* Scoring-Systeme in der Kreditwirtschaft – Einsatz unter datenschutzrechtlichen Aspekten MMR 1998, 458; *Köcher/Kaufmann* Speicherung von Verkehrsdaten bei Internet-Access-Providern DuD 2006, 360; *Kühling/Sivridis/Schwunchow/Burghardt* Das datenschutzrechtliche Vollzugsdefizit im Bereich der Telemedien – ein Schreckensbericht DuD 2009, 335; *Kühn* Geolokalisierung mit anonymisierten IP-Adressen DuD 2009, 747; *Kuner/Hladjk* Die alternativen Standardvertragsklauseln der EU für internationale Datenübermittlungen RDV 2005, 193; *Ladeur* Datenverarbeitung und Datenschutz bei neuartigen Programmführern in „virtuellen Videotheken" – Zur Zulässigkeit der Erstellung von Nutzerprofilen MMR 2000, 715; *Lejeune* Datentransfer in das außereuropäische Ausland ITRB 2005, 94; *Lensdorf* E-Mail Archivierung: Zwingend oder nur „nice to have" CR 2008, 332; *Lerch/Krause/Hotho/Roßnagel/Stumme* Social Bookmarking-Systeme – die unbekannten Datensammler – Ungewollte personenbezogene Datenverarbeitung? MMR 2010, 454; *Lindner* Persönlichkeitsrecht und Geo-Dienste im Internet – zB Google Street View/Google Earth ZUM 2010, 292; *Mähner* Neuregelung des § 32 BDSG zur Nutzung personenbezogener Mitarbeiterdaten – Am Beispiel der Deutschen Bahn MMR 2010, 379; *Mattke* Adressenhandel – Das Geschäft mit Konsumentenadressen – Praktiken und Abwehrrechte, Frankfurt aM 1995; *Meyer* Cookies & Co – Datenschutz und Wettbewerbsrecht WRP 2002, 1028; *Menzel* Datenschutzrechtliche Einwilligungen Plädoyer für eine Rückkehr zur Selbstbestimmung DuD 2008, 400; *Möller/Florax* Kreditwirtschaftliche Scoring-Verfahren – Verbot automatisierter Einzelentscheidungen gem § 6a BDSG MMR 2002, 806; *Möncke* Data Warehouses – eine Herausforderung für den Datenschutz? DuD 1998, 561; *Moos* Die Entwicklung des Datenschutzrechts im Jahr 2008 K&R 2008, 154; *ders* Die EU Standardvertragsklauseln für Auftragsverarbeiter 2010 CR 2010, 281; *Moritz/Tinnefeld* Der Datenschutz im Zeichen einer wachsenden Selbstregulierung Jur-PC Web-Dok 181/2003; *Müglich* Datenschutzrechtliche Anforderungen an die Vertragsgestaltung beim eShop-Hosting – Anspruch, Wirklichkeit und Vollzugsdefizit CR 2009, 479; *Müller/Wächter* Der Datenschutzbeauftragte, München 1991; *Nägele/Jacobs* Rechtsfragen des Cloud Computing ZUM 2010, 281; *Niedermeier/Schröcker* Asset-Tracking – datenschutzrechtlicher Zündstoff? CR 2002, 241; *Nielen/Thum* Auftragsdatenverarbeitung durch Unternehmen im Nicht-EU-Ausland K&R 2006, 171; *von Nussbaum/Krienke* Telefonwerbung gegenüber Verbrauchern nach dem Payback-Urteil MMR 2009, 372; *Ott* Schutz der Nutzerdaten bei Suchmaschinen – Oder: Ich weiß, wonach du letzten Sommer gesucht hast ... MMR 2009, 448; *Otten* Die auskunftsrechtliche Anordnung nach § 101 IX UrhG in der gerichtlichen Praxis GRUR-RR 2009, 369; *Nordemann/Dustmann* To Peer Or Not To Peer CR 2004, 380; *Peifer/Kamp* Datenschutz und Persönlichkeitsrecht – Anwendung der Grundsätze über Produktkritik auf das Bewertungsportal „spickmich.de"? ZUM 2009, 185; *Petri/Tinnefeld* Völlige Unabhängigkeit der Datenschutzkontrolle – Demokratische Legitimation und unabhängige parlamentarische Kontrolle als moderne Konzeption der Gewaltenteilung MMR 2010, 157; *Podlech/Pfeifer* Die informationelle Selbstbestimmung im Spannungsverhältnis zu modernen Werbestrategien RDV 1998, 139; *Rasmussen* Die elektronische Einwilligung im TDDSG DuD 2002, 406; *Räther* Datenschutz und Outsourcing DuD 2005, 461; *Raitz von Frentz/Masch* Mehrwertdienste und Datenschutz RDV 2008, 150, 155; *Rittweger/Schmidl* Einwirkung von Standardvertragsklauseln auf § 28 BDSG DuD 2004, 617; *Redeker* Datenschutz und Internethandel ITRB 2009, 204; *Roßnagel* (Hrsg) Handbuch Datenschutzrecht, München 2003 (zit Roßnagel/*Bearbeiter*); *Reimer* Soziale Netzwerke und europäischer Datenschutz DuD 2009, 624; *Roßnagel/Scholz* Datenschutz durch Anonymität und Pseudonymität – Rechtsfolgen der Verwendung anonymer und pseudonymer Daten MMR 2000, 721; *Rössel* Telemediengesetz – ein Zwischenschritt: neues Gesetz mit Novellierungsbedarf ITRB 2007, 158; *ders* Anmerkung zum Urt des AG München Az 133 C 5677/08 ITRB 2008, 244; *ders* Anmerkung zum Urt des OLG Köln Az 15 U 43/08 ITRB 2008, 170; *Schaar* Datenschutz im Internet, München 2002; *ders* Neues Datenschutzrecht für das Internet RDV 2002, 4; *Schilde-Stenzel* „Lehrevaluation“ oder Prangerseite im Internet: www.meinprof.de – Eine datenschutzrechtliche Bewertung RDV 2006, 104; *Schlemann* Recht des betrieblichen Datenschutzbeauftragten, Köln 1996; *Schleipfer* Nutzungsprofile unter Pseudonym – Die datenschutzrechtlichen Bestimmungen und ihre Anwendung im Internet RDV 2008, 143; *Schmidt* Beschätigtendatenschutz in § 32 BDSG DuD 2010, 207; *Schmitz* Übersicht über die Neuregelung des TMG und des RStV K&R 2007, 135; *Schröder* Verbindliche Unternehmensregelungen – Binding Corporate Rules – Zur Verbindlichkeit nach § 4 II BDSG DuD 2004, 462; *Schumacher/Unverricht* Rechtliche und gesellschaftliche Empfehlungen zur Gestaltung biometrischer Systeme DuD 2009, 308; *Simitis* (Hrsg) Bundesdatenschutzgesetz, 6. Aufl Baden-Baden 2006 (zit Simitis/*Bearbeiter*); *Spindler* Das neue Telemediengesetz – Konvergenz in sachten Schritten CR 2007, 239; *Spatscheck/Engler* Elektronische Archivierung – Aufbewahrungspflichten nach Handels- und Steuerrecht DuD 2009, 678; *Spiecker gen Döhmann* Datenschutzrechtliche Fragen und Antworten in Bezug auf Panorama – Abbildungen im Internet CR 2010, 311; *Spindler/Dorschel* Auskunftsansprüche gegen Internet-Service-Provider CR 2005, 38; *Splittgerber/Klytta* Auskunftsansprüche gegen Internetprovider K&R 2007, 78; *Steidle/Pordesch* Im Netz von Google. Web-Tracking und Datenschutz DuD 2008, 324; *Taeger* Kundenprofile im Internet – Customer Relationsship Management und Datenschutz K&R 2003, 220; *Sowa* IT-relevante Aspekte einer Prüfung von Datenschutz-Compliance DuD 2010, 104; *Taroschka* „Auslandsübermittlung“ personenbezogener Daten im Internet CR 2004, 280; *Tinnefeld/Schild* Entwicklungen im Arbeitsnehmerdatenschutz DuD 2009, 469; *Voigt* Datenschutz bei Google MMR 2009, 377; *Wagner* Datenschutz bei Kundenkarten DuD 2010, 30; *Wandtke/Bullinger* (Hrsg) Praxiskommentar zum Urheberrecht, 3. Aufl München 2009 (zit Wandtke/Bullinger/*Bearbeiter*); *Warga* Das ELENA-Konzept DuD 2010, 216; *Warneke* Das Bürgerportalgesetz – Vertrauliche Kommunikation im E-Government und E-Commerce MMR 2010, 227; *Weichert* Biometrie – Freund oder Feind des Datenschutzes? CR 1997, 369; *ders* Dauerbrenner BDSG-Novellierung DuD 2010, 7; *ders* Datenschutz als Verbraucherschutz DuD 2001, 264; *ders* Datenschutzrechtliche Anforderungen an Verbraucher-Kredit-Scoring DuD 2005, 582; *ders* Datenschutzrechtliche Anforderungen an Data-Warehouse-Anwendungen bei Finanzdienstleistern RDV 2003, 113; *ders* Datenschutzrechtliche Probleme beim Adressenhandel WRP 1996, 522; *ders* Geodaten – datenschutzrechtliche Erfahrungen, Erwartungen und Empfehlungen DuD 2009, 351; *Werner/Wegener* Bürgerportale – Technische und rechtliche Hintergründe von DE-Mail und Co CR 2009, 310; *Wichert* Web-Cookies – Mythos und Wirklichkeit DuD 1998, 273; *Wisskirchen* Grenzüberschreitender Transfer von Arbeitnehmerdaten CR 2004, 862; *Wittig* Die datenschutzrechtliche Problematik der Anfertigung von Persönlichkeitsprofilen zu Marketingzwecken RDV 2000, 59; *Witzel* Organisatorische Pflichten beim Outsourcing im Bankenbereich ITRB 2006, 286; *Woitke* Informations- und Hinweispflichten im E-Commerce BB 2003, 2469; *Wrede* Rechtliche Einordnung von Webcams DuD 2010, 225; *Wuermeling* Neue Einschränkungen im Direktmarketing CR 2001, 303; *Zilkens* Europäisches Datenschutzrecht – Ein Überblick RDV 2007, 196; *Zscherpe* Anforderungen an die datenschutzrechtliche Einwilligung im Internet MMR 2004, 723; *dies* Datenschutz im Internet – Grundsätze und Gestaltungsmöglichkeiten für Datenschutzerklärungen K&R 2005, 264.

Übersicht

„Daten sind das fundamentale Problem dieses Jahrhunderts. An unserem Umgang damit wird sich entscheiden, was aus uns Menschen wird.“[1]

Dieser Teil gibt eine Einführung in die vielfältige Welt des Datenschutzes, die die Welt der Papierakten bis hin zu Telekommunikationsdaten erfasst, und möchte für den Umgang mit diesen wichtigen Daten sensibilisieren.

§ 1
Grundlagen des Datenschutzes

1 Das Deutsche Datenschutzrecht nahm seinen Anfang mit dem ersten Landesdatenschutzgesetz[2] 1970 über das erste Bundesdatenschutzgesetz im Jahre 1978[3] bis hin zum **Volkszählungsurteil**[4] des BVerfG 1984.[5] Aber bereits in der frühen **Mikrozensus**-Entscheidung aus dem Jahre 1969 zeigte das BVerfG ein Verständnis für den Datenschutz, das heute in der Politik, wenn man zB die Debatte um die Zentraldatei, dh die Einführung einer zentralen Datenbank über alle Bundesbürger im Zuge der Einführung der einheitlichen Steuernummer,[6] oder der Debatte um die Vorratsdatenspeicherung[7] betrachtet, leider zu fehlen scheint. In diesem Urteil heißt es: *„Mit der Menschenwürde wäre es nicht zu vereinbaren, wenn der Staat das Recht für sich in Anspruch nehmen könnte, den Menschen zwangsweise in seiner ganzen Persönlichkeit zu registrieren und zu katalogisieren, sei es auch in der Anonymität einer statistischen Erhebung, und ihn damit wie eine Sache zu behandeln, die einer Bestandsaufnahme in jeder Beziehung zugänglich ist.“*[8] Die Befürchtungen der Datenschützer, dass eine Zentraldatei, ELENA und sonstige Vorratsdatenspeicherung „Begehrlichkeiten“ wecken,[9] den Missbrauch von personenbezogenen Daten und Dystopien vom „Gläsernen Menschen“ und „Big Brother“ fördern wird, sind berechtigt.[10]

I. Zweck und Grundprinzipien

2 Mit der steigenden Bedeutung des Datenschutzes steigt auch das Bedürfnis, den Datenschutz zu instrumentalisieren. Das Verständnis von Datenschutz wird oftmals mit der gesetzgeberischen Festlegung darüber, *„wer darf Daten zu welchen Zwecken unter welchen Voraussetzungen nutzen und wie lange müssen sie gespeichert werden“*, verwechselt.[11] Das widerspräche der herkömmlichen Definition und den Zielen, die mit dem Datenschutz angestrebt werden, ganz erheblich. Das BVerfG[12] definiert da-

1 *Bruce Schneier* in seiner Dankesrede zu den 16. Pioneer Awards der Electronic Frontier Foundation www.heise.de/newsticker/meldung/87488.

2 Das Hessische Datenschutzgesetz v 30.9.1970, GVBl I 1970, 625, das zugleich das erste Datenschutzgesetz weltweit war.

3 BGBl I 1977 S 201.

4 BVerfG NJW 1984, 419 – Volkszählung.

5 Zur Geschichte vgl ausf Simitis/*Simitis* Einl Rn 1 ff.

6 Vgl nur www.heise.de/newsticker/meldung/94111; www.fr-online.de/in_und_ausland/politik/aktuell/?em_cnt=1187903.

7 Vgl Rn 10.

8 BVerfG NJW 1969, 1707 – Mikrozensus.

9 www.heise.de/newsticker/meldung/94067.

10 Vgl zB auch zum Bürgerportal *Werner/Wegener* CR 2009, 310; *Warneke* MMR 2010, 227.

11 www.heise.de/newsticker/meldung/84463.

12 BVerfG NJW 1984, 419 – Volkszählungsurteil.

gegen den Datenschutz wie folgt: „*Unter den Bedingungen der modernen Datenverarbeitung wird der Schutz des einzelnen gegen unbegrenzte Erhebung, Speicherung, Verwendung und Weitergabe seiner persönlichen Daten von dem allgemeinen Persönlichkeitsrecht des Art 2 I iV mit Art 1 I GG umfaßt. Das Grundrecht gewährleistet insoweit die Befugnis des einzelnen, grundsätzlich selbst über die Preisgabe und Verwendung seiner persönlichen Daten zu bestimmen.*“ Es geht also nicht darum, wer Daten wie lange nutzen und speichern darf, sondern um das **Recht des Einzelnen**, über seine Daten selbst zu bestimmen und deren Verwertungen ggf zu verhindern. Der Zweck des Datenschutzes wird in § 1 Abs 1 BSDG daher auch wie folgt legaldefiniert: „*Zweck dieses Gesetzes ist es, den Einzelnen davor zu schützen, dass er durch den Umgang mit seinen personenbezogenen Daten in seinem Persönlichkeitsrecht beeinträchtigt wird.*“ Das BVerfG hat kürzlich den Umfang des allgemeinen Persönlichkeitsrechts weiter konkretisiert und das Grundrecht auf Gewährleistung der Vertraulichkeit und Integrität informationstechnischer Systeme entwickelt.[13] Der Schutzbereich ist zB dann betroffen, wenn „*es der Zugriff auf ein System ermöglicht, einen Einblick in wesentliche Teile der Lebensgestaltung einer Person zu gewinnen oder gar ein aussagekräftiges Bild der Persönlichkeit zu erhalten*“.[14] Vom Schutzbereich umfasst ist damit sowohl die private als auch die geschäftliche Nutzung; auch Mobiltelefone, elektronische Terminkalender, externe Speichermedien sind vom Schutzbereich erfasst.[15] Das BVerfG stellte außerdem bereits im Volkszählungsurteil klar, dass nicht zwischen relevanten und irrelevanten Daten unterschieden werden kann – belanglose Daten existieren nicht.[16] Im Vordergrund steht daher das Prinzip der Datenvermeidung bzw der Datensparsamkeit.

1. Datensparsamkeit/Datenvermeidung

3 „*Den besten Schutz vor Datendiebstahl und Datenmissbrauch stellt es dar, wenn von vornherein möglichst wenige persönliche Daten erhoben und gespeichert werden.*“[17] Vom Grundsatz der Datenvermeidung bzw -sparsamkeit gehen sowohl BDSG (§ 3a BDSG) als auch TMG (§ 13 Abs 6 TMG) ausdrücklich aus.[18] Nach § 3a BDSG ist insbesondere von den Möglichkeiten der Anonymisierung[19] und Pseudonymisierung[20] Gebrauch zu machen, soweit dies keinen im Verhältnis zum angestrebten Schutzzweck unverhältnismäßigen Aufwand erfordert.[21] Allerdings handelt es sich um einen reinen Programmsatz, der von den Aufsichtsbehörden nicht mit Zwangsmitteln durchgesetzt werden kann.[22] Die Datenvermeidung steht zum einen unter dem Aspekt des Systemdatenschutzes. Dies beinhaltet die Datenvermeidung durch entsprechende Gestaltung der technischen Systeme, zB durch Angebote, die nur noch Verbindungsdaten zur Abrechnung benötigen, jedoch ein Vorhalten von Nutzungsdaten überflüssig machen,[23] oder die Verwendung von anonymen Geldkarten. Zum anderen wurde

---

13 BVerfG NJW 2008, 822, 824 – Online-Durchsuchung.

14 BVerfG NJW 2008, 822, 827 – Online-Durchsuchung; vgl auch BVerfG Beschl v 10.3.2008, Az 1 BvR 2388/03; BGH MMR 2007, 237 – Online-Durchsuchung.

15 Vgl *Moos* K&R 2009, 154, 155 mwN.

16 BVerfG NJW 1984, 419 – Volkszählungsurteil.

17 Forderungspapier zum TMG von 11 Organisationen ua Vereinigung für Datenschutz DVD eV und der Verbraucherzentrale Bundesverband www.daten-speicherung.de/index.php/telemediengesetz/.

18 Auch § 78 SGB X legt diesen Grundsatz für Sozialdaten fest.

19 Vgl Rn 46 f.

20 Vgl Rn 48.

21 BT-Drucks 16/13657, 17.

22 *Gola/Schomerus* § 3a Rn 2 ff.

23 Unterrichtung durch die Bundesregierung, BT-Drucks 14/1191, 13.

die Datensparsamkeit darüber hinaus nun auch generell auf die Erhebung, Verarbeitung und Nutzung personenbezogener Daten erweitert.

2. Transparenz

Transparenz bedeutet, dass die verarbeitende Stelle bestimmten **Aufklärungs- und Hinweispflichten** nachkommen muss; die Verwendung von personenbezogenen Daten muss für den Betroffenen transparent sein. Transparenzpflichten finden sich ua in § 4 Abs 3 BDSG, § 33 Abs 1 BDSG, § 13 Abs 3 TMG, § 15 Abs 3 TMG und § 93 TKG. 4

Nach § 4 Abs 3 BDSG ist der Betroffene bei der Erhebung von Daten bei ihm selbst über die **Identität der verantwortlichen Stelle** (mindestens Name und Anschrift),[24] alle **Zweckbestimmungen** der Erhebung, Verarbeitung oder Nutzung und die **Kategorien von Empfängern** zu informieren; Letzteres allerdings nur, soweit der Betroffene nach den Umständen des Einzelfalls nicht mit der Übermittlung an diese rechnen muss. Das ist aber zB der Fall, wenn zum Zweck der Mitbestimmung die Personaldaten dem Betriebsrat übermittelt werden.[25] Der Betroffene muss auch darauf hingewiesen werden, ob er zur Auskunft verpflichtet ist oder seine Angaben freiwillig erfolgen, und ggf über die verpflichtende Rechtsvorschrift aufgeklärt, was aber in der Praxis im Wesentlichen nur auf öffentliche Stellen zutrifft. Werden erstmals personenbezogene Daten für eigene Zwecke ohne Kenntnis des Betroffenen gespeichert, ist der Betroffene gem § 33 Abs 1 BDSG zusätzlich von der Speicherung an sich und der Art der gespeicherten Daten zu benachrichtigen.[26] Bei der geschäftsmäßigen Speicherung zum Zweck der Übermittlung ohne Kenntnis des Betroffenen muss außerdem über die erstmalige Übermittlung und die Art der übermittelten Daten informiert werden. Ein Verstoß gegen Transparenzpflichten des BDSG wird weitgehend nicht geahndet. Im Einzelfall kann ein **Verstoß gegen Treu und Glauben** vorliegen und damit auch die Datenerhebung, jedenfalls deren Weiterverarbeitung, unzulässig werden.[27] Ein Verstoß gegen die Benachrichtigungspflicht nach § 33 BDSG stellt jedoch eine **Ordnungswidrigkeit** dar (§ 43 Abs 1 Nr 8 BDSG). 5

Auch das TMG gibt zahlreiche Hinweis- und Aufklärungspflichten vor. Gem § 13 Abs 1 ist der Diensteanbieter verpflichtet, den Nutzer **zu Beginn des Nutzungsvorgangs**, zB im Rahmen der Registrierung,[28] über Art, Umfang und Zwecke der Erhebung und Verwendung personenbezogener Daten sowie über die Verarbeitung außerhalb der EU/EWR in allgemein verständlicher Form zu unterrichten.[29] Der Inhalt der Unterrichtung muss dabei für den Nutzer **jederzeit abrufbar** sein. Der Nutzer von Telemedien muss aber auch über die Möglichkeiten der anonymen und pseudonymen Verwendung seiner Daten informiert werden (§ 13 Abs 6 TMG). Ein Verstoß gegen diese Transparenzpflichten stellt gem § 16 Abs 2 Nr 2 TMG eine Ordnungswidrigkeit dar. Gleiches gilt gem §§ 47, 49 RStV auch für den Rundfunk. 6

Sehr umfangreiche und detaillierte Informationspflichten gibt das Gesetz vor allem den Anbietern von Telekommunikationsdienstleistungen auf. Gem § 93 TKG haben Diensteanbieter ihre Teilnehmer **bei Vertragsabschluss** über Art, Umfang, Ort und Zweck der Erhebung und Verwendung personenbezogener Daten so zu unterrichten, 7

---

24 Vgl ausf *Gola/Schomerus* § 4 Rn 30.
25 *Gola/Schomerus* § 4 Rn 34.
26 Vgl Rn 137 ff.
27 Vgl *Gola/Schomerus* § 4 Rn 41 ff.
28 Vgl *Arlt* MMR 2007, 683, 685.
29 Zur Praxis bei 100 untersuchten Anbietern *Kühling/Sivridis/Schwuchow/Burghardt* DuD 2009, 335, 338 ff; zu Informationspflichten bei „Like-Buttons" vgl KG Beschluss v 29.4.2011, Az 5 W 88/11; LG Berlin Beschluss v 14.3.2011, Az 910 25/11.

dass die Teilnehmer in **allgemein verständlicher Form** Kenntnis von den grundlegenden Verarbeitungstatbeständen der Daten erhalten. Ausdrücklich sieht § 93 vor, dass die Teilnehmer auch auf die zulässigen Wahl- und Gestaltungsmöglichkeiten hinzuweisen sind, damit sie sich für die **datenschutzfreundlichste** entscheiden können. Unter anderem muss der Teilnehmer informiert werden über:

- die Verwendung seiner Bestandsdaten gem § 95 Abs 1 S 1 TKG zur Werbung für eigene Angebote und zur Marktforschung (nur soweit dies für diese Zwecke erforderlich ist und der Teilnehmer eingewilligt hat),
- das Widerspruchsrecht bei besonderen Kundenbeziehungen nach § 95 Abs 2 S 2 TKG,
- die Möglichkeit des Einzelverbindungsnachweises gem § 99 TKG,
- die Möglichkeiten der Rufnummernanzeige nach § 102 TKG, zB die Möglichkeit, sowohl bei eingehenden als auch bei ausgehenden Anrufen, die Rufnummern dauerhaft oder auch einzeln zu unterdrücken; bei SMS muss der Teilnehmer darauf hingewiesen werden, dass eine solche Unterdrückung grds nicht erfolgt,[30]
- die Möglichkeit, dass eine von einem Dritten veranlasste automatische Weiterschaltung auf sein Endgerät auf einfache Weise und unentgeltlich abgestellt werden kann, soweit dies technisch möglich ist, gem § 103 TKG,
- die Möglichkeit der Aufnahme in ein öffentliches Teilnehmerverzeichnis auf Antrag, gem § 104 TKG,
- die Möglichkeit der telefonischen Auskunft gem § 105 Abs 1 TKG und das Widerspruchsrecht,
- die Möglichkeit der Inverssuche gem § 105 Abs 3 TKG und das Widerspruchsrecht.[31]

8 Im **World Wide Web** besteht die einfache Möglichkeit, sich bereits durch die Verwendung von **Website Privacy Policies** um Transparenz zu bemühen[32] und gleichzeitig das Vertrauen der Nutzer in das eigene Angebot zu stärken. Den Nutzern kann bereits an dieser Stelle erklärt werden, was mit ihren Daten im Falle der Erhebung, Verarbeitung und Nutzung passiert. Zusätzlich zu den Pflichtangaben empfiehlt es sich, außerdem einen **Ansprechpartner** bei weiteren Fragen zu benennen. Die Datenschutzerklärung sollte leicht und jederzeit erreichbar sein, dh von jeder Seite des Webangebots durch einen Klick zugänglich, und auch als **Datenschutzerklärung** bezeichnet werden und nicht zB als „weitere Informationen“ oder in den AGB etc versteckt.[33] Außerdem sollte sie gut gegliedert und optisch so aufbereitet sein, dass sie am Bildschirm gut lesbar ist.[34] Überdies ist es unzulässig, die Erklärung ausschließlich in Englisch oder anderen Sprachen außer Deutsch zu verfassen, da es anderenfalls an der allgemeinen Verständlichkeit fehlen dürfte.[35]

3. Zweckbestimmung und Zweckbindung

9 Die Zweckbestimmung ist Ausfluss des Rechts auf informationelle Selbstbestimmung. Der Betroffene muss detailliert über den **Zweck der Datenerhebung, -verarbei-**

---

30 BeckTKG-Komm/*Büttgen* § 93 Rn 39.

31 Zur Verpflichtung der Anwendung von § 105 Abs 3 gegenüber Auskunftsdienstebetreibern vgl BGH ZUM 2007, 853.

32 Vgl *Eckhardt* ITRB 2005, 46; Heise Online-Recht/*Arning/Haag* C. II. 2.; *Zscherpe* K&R 2005, 264, 268.

33 OLG München RDV 2007, 27, 29; *Eckhardt* ITRB 2005, 46, 48; *Woitke* BB 2003, 2469, 2476; *Zscherpe* K&R 2005, 264, 268.

34 *Eckhardt* ITRB 2005, 46, 47; *Taeger* K&R 2003, 220, 225.

35 *Koehler* MMR 1998, 289, 294; *Zscherpe* K&R 2005, 264, 268.

tung und -nutzung informiert werden,[36] und die verarbeitende Stelle muss sich an diese Zweckbestimmung auch halten. Bei Vorliegen einer gesetzlichen Ermächtigung ist die Zweckbestimmung Ausdruck der **Verhältnismäßigkeit.** Daten dürfen nur für den vorgesehenen Zweck erhoben und genutzt werden (§§ 28 Abs 1 S 2, 29, 30a Abs 1 S 2 BDSG). Ist eine Einwilligung erforderlich, ist der Betroffene über **alle Zwecke** der Erhebung und Verarbeitung zu informieren. Darüber hinaus dürfen die Daten nicht verwendet werden;[37] dies gilt zB auch für Suchmaschinen im WWW.[38] Eine besondere Zweckbindung betrifft gem § 31 BDSG Daten, die ausschließlich zu Zwecken der **Datenschutzkontrolle,** der Datensicherung oder zur Sicherstellung eines ordnungsgemäßen Betriebes einer Datenverarbeitungsanlage gespeichert werden und entsprechend auch nur für diese Zwecke verwendet werden dürfen.

Von diesen Vorschriften wurde jedoch im Rahmen der Umsetzung der umstrittenen Richtlinie[39] zur **Vorratsdatenspeicherung**[40] eine Ausnahme gemacht, was im Widerpruch zu der eindeutigen ständigen Rechtsprechung des BVerfG steht.[41] Im sog Volkszählungsurteil hieß es bereits ausdrücklich: „*Ein Zwang zur Angabe personenbezogener Daten setzt voraus, dass der Gesetzgeber den Verwendungszweck bereichsspezifisch und präzise bestimmt und dass die Angaben für diesen Zweck geeignet und erforderlich sind. Damit wäre die Sammlung nicht anonymisierter Daten auf Vorrat zu unbestimmten oder noch nicht bestimmbaren Zwecken nicht zu vereinbaren.*“[42] Das BVerfG hat diese Rechtsprechung letztlich nun auch mit Urteil vom 2.3.2010 bestätigt.[43] Die Regelungen im TKG (§ 113a, b) und die entsprechenden Regelungen in der StPO wurden wegen Verstoßes gegen Art 10 Abs 1 GG für nichtig erklärt. Die aufgrund der Anordnungen in den Eilverfahren[44] noch gespeicherten Daten waren unverzüglich zu löschen und durften nicht mehr übermittelt werden. Das BVerfG stellte fest, dass es sich bei der Vorratsdatenspeicherung um einen besonders schweren Eingriff handele, mit einer Streubreite, wie sie die Rechtsordnung bisher nicht kennt.[45] Es hat allerdings nicht – auch unter Berücksichtigung des Volkszählungsurteils – erklärt, dass grundsätzlich eine solche Speicherung unzulässig sei, sondern bei einer Ausgestaltung, die dem besonderen Gewicht des hierin liegenden Eingriffs hinreichend Rechnung trägt, möglich ist bzw ausnahmsweise zulässig sein kann.[46] Wichtigste Voraussetzung dafür ist aber, dass die Speicherung zu bestimmten Zwecken stattfindet; damit ist die Speicherung zu unbestimmten oder noch bestimmbaren Zwecken ausgeschlossen.[47] Außerdem hat das BVerfG festgestellt, dass die Einführung einer verfas- 10

36 Vgl Rn 4 ff.

37 Vgl zu Privacy-DRM, dh Systemen, die die Zweckbindung technisch durchsetzen sollen *Böhme/Pfitzmann* DuD 2008, 342; zu Content-DRM Wandtke/Bullinger/*Wandtke/Ohst* § 95a UrhG Rn 12 ff.

38 Arbeitspapier „Opinion on data protection issues related to search engines“ der Art-29-Datenschutzgruppe 00737/EN WP 148 vom 4.4.2008; vgl hierzu auch *Ott* MMR 2009, 448.

39 RL 2006/24/EG des Europäischen Parlaments und des Rates vom 15.3.2006 über die Vorratsspeicherung von Daten, die bei der Bereitstellung öffentlich zugänglicher elektronischer Kommunikationsdienste oder öffentlicher Kommunikationsnetze erzeugt oder verarbeitet werden, und zur Änderung der RL 2002/58/EG.

40 BGBl I 2007 S 3198.

41 Vgl zur Verfassungswidrigkeit dieser neuen Regelungen ausf *Bizer* DuD 2007, 586, 587 ff.

42 BVerfG NJW 1984, 419, 422 – Volkszählungsurteil.

43 BVerfG NJW 2010, 833 – Vorratsdatenspeicherung.

44 BVerfG K&R 2008, 291 – Vorratsdatenspeicherung; s zur Verwertung der Daten zwischen dem Eilverfahren und der Entscheidung in der Hauptsache BGH Beschl v 4.11.2010, Az 4 StR 404/10.

45 BVerfG NJW 2010, 833, 838, Rz 210 – Vorratsdatenspeicherung.

46 BVerfG NJW 2010, 833, 837 f, Rz 205 f – Vorratsdatenspeicherung.

47 BVerfG NJW 2010, 833, 839, Rz 213 – Vorratsdatenspeicherung unter nachfolgender

sungskonformen Speicherung von Telekommunikationsdaten nicht als Vorbild für andere Datensammlungen dienen darf, sondern im Gegenteil den Gesetzgeber dazu zwingt, gegenüber weiteren Datensammlungen noch größere Zurückhaltung zu üben.[48] Eine weitere Ausnahme vom Zweckbindungsgrundsatz stellt das ELENA-Gesetz[49] dar, gegen das ebenfalls eine Massenverfassungsbeschwerde eingereicht wurde.[50]

4. Sicherheit und Geheimhaltung

11 Eng mit dem Datenschutz verbunden ist die Datensicherheit, denn der rechtliche Schutz der Daten ist ohne die Schaffung der tatsächlichen Voraussetzungen für ihren Schutz schwer durchsetzbar. Zentrale Norm ist § 9 BDSG, der die erforderlichen technischen und organisatorischen Maßnahmen insbesondere in seiner Anlage 1 spezifiziert.[51]

5. Weitere Grundprinzipien

12 Weiteres zentrales Grundprinzip des Datenschutzes ist das Vorhandensein von **Betroffenenrechten**, dh das Recht des Einzelnen, die Einhaltung der datenschutzrechtlichen Bestimmungen auch einzufordern.[52] Wichtig sind (nicht abschließend) außerdem die Gewährleistung der **Datenqualität** und **-integrität**, dh dass personenbezogene Daten genau, vollständig und aktuell sein müssen, und der Grundsatz der **Verhältnismäßigkeit.**

II. Rechtsquellen und ihre Anwendbarkeit

13 Datenschutzgesetze gibt es auf Bundes- und Landesebene. Das BDSG[53] ist das allgemeine Bundesgesetz für den Datenschutz, das aber gem § 1 Abs 3 BDSG gegenüber anderen Bundesvorschriften wie dem TMG[54] und dem TKG[55] subsidiär ist.[56] Es wurde im Jahr 2009 gleich dreimal novelliert,[57] ohne dass damit der Novellierungsbedarf geringer geworden wäre.[58] Das BDSG sieht unterschiedliche Vorschriften für öffentliche und nicht-öffentliche Stellen vor, wobei im Folgenden die Vorschriften für die **nicht-öffentlichen Stellen**[59] in den Vordergrund gestellt werden. Die entsprechen-

---

ausf Beschreibung der Anforderungen an eine verfassungskonforme Ausgestaltung.

48 BVerfG NJW 2010, 833, 839, Rz 218 – Vorratsdatenspeicherung.

49 Vgl hierzu *Warga* DuD 2010, 216.

50 Das Verfahren wird unter dem Az 1 BvR 902/10 geführt.

51 Vgl hierzu ausf *Kutzschbach* Kap 4; vgl auch *Sowa* DuD 2010, 104.

52 Vgl ausf Rn 130 ff.

53 Bundesdatenschutzgesetz in der Fassung der Bekanntmachung v 14.1.2003 (BGBl I S 66), zuletzt geändert durch Art 1 G v 14.8.2009 (BGBl I S 2814).

54 Telemediengesetz v 26.2.2007 (BGBl I S 179), zuletzt geändert durch Art 1 G v 31.5.2010 (BGBl I S 692).

55 Telekommunikationsgesetz v 22.6.2004 (BGBl I S 1190), zuletzt geändert durch Art 2 G v 17.2.2010 (BGBl I S 78).

56 Spezialvorschriften zum Datenschutz finden sich zB außerdem im SGB X, §§ 90 ff BBG, §§ 56 ff BRRG, §§ 28 ff Straßenverkehrsgesetz.

57 Gesetz v 29.7.2009, BGBl I S 2254; Gesetz v 14.8.2009, BGBl I S 2814; Gesetz v 29.7.2009, BGBl I S 2355.

58 Vgl nur *Weichert* DuD 2010, 7.

59 Vgl zum Begriff Rn 39.

den Landesgesetze[60] gelten für die einzelnen öffentlichen Stellen der Länder.[61] Hinzu kommen die europarechtlichen Vorschriften:[62] 1995 wurde die Datenschutz-RL[63] verabschiedet, 1997 die TK-Datenschutz-RL,[64] die 2002 durch die Datenschutz-RL für elektronische Kommunikation ersetzt wurde.[65]

Im **Medienbereich** sind neben dem BDSG und den Landesgesetzen vor allem das TMG und das TKG von Bedeutung. Der Datenschutz bei **Telemedien**[66] hat sich durch die Einführung des Telemediengesetzes nicht wesentlich verändert;[67] die früheren Regelungen des MStV[68] für Mediendienste und TDDSG[69] für Teledienste wurden 14

60 Bayerisches Datenschutzgesetz (BayDSG) v 23.7.1993, zuletzt geändert am 27.7.2009 (GVBl 2009, 380); Datenschutzgesetz Nordrhein-Westfalen – DSG NRW – zuletzt geändert durch Art 5 des Gesetzes v 8.12.2009 (GV NRW 765); Gesetz zum Schutz personenbezogener Daten der Bürger (DSG-Land Sachsen Anhalt) v 12.3.1992 (GVBl 152) in der Fassung der Neubekanntmachung v 18.2.2002 (GVBl 54), zuletzt geändert durch Art 2 Abs 25 des Gesetzes v 15.12.2009 (GVBl LSA 648, 680); Gesetz zum Schutz personenbezogener Daten (Landesdatenschutzgesetz – LDSG – Baden Württemberg) in der Fassung v 18.9.2000 (GBl 648), zuletzt geändert durch Gesetz v 18.11.2008 (GBl 387); Landesdatenschutzgesetz (LDSG – Rheinland Pfalz) v 5.7.1994 (GVBl 293), zuletzt geändert durch Art 1 des Gesetzes v 17.6.2008 (GVBl 99); Hessisches Datenschutzgesetz (HDSG) idF v 7.1.1999 (GVBl I 98); Gesetz zum Schutz des Bürgers bei der Verarbeitung seiner Daten (Landesdatenschutzgesetz – DSG Mecklenburg-Vorpommern) v 28.3.2002 (GVOBl M-V 154), zuletzt geändert am 25.10.2005 (GVOBl M-V 535); Bremisches Datenschutzgesetz (BremDSG) v 4.3.2003 (Brem GBl 85); Niedersächsisches Datenschutzgesetz (NDSG) idF v 29.1.2002 (Nds GVBl 22), zuletzt geändert durch Art 10 des Gesetzes v 25.3.2009 (Nds GVBl 71 – VORIS 20600 02 –); Schleswig-Holsteinisches Gesetz zum Schutz personenbezogener Informationen v 9.2.2000, GVOBl Schl-H 4/2000, 169; Gesetz zum Schutz personenbezogener Daten in der Berliner Verwaltung (Berliner Datenschutzgesetz – BlnDSG) idF v 17.12.1990 (GVBl 1991, 16, 54), zuletzt geändert durch Gesetz v 30.11.2007 (GVBl 598); Gesetz zum Schutz personenbezogener Daten im Land Brandenburg (Brandenburgisches Datenschutzgesetz – BbgDSG idF v 9.3.1999 (GVBl I, 66), zuletzt geändert durch das Vierte Gesetz zur Änderung des Brandenburgischen Datenschutzgesetzes und anderer Rechtsvorschriften v 25.5.2010 (GVBl I Nr 21); Hamburgisches Datenschutzgesetz (HmbDSG) v 5.7.1990 (HmbGVBl 133, 165, 226), zuletzt geändert am 17.2.2009 (HmbGVBl 29, 33); Gesetz zum Schutz der informationellen Selbstbestimmung im Freistaat Sachsen (Sächsisches Datenschutzgesetz – SächsDSG) v 25.8.2003 (SächsGVBl 330), rechtsbereinigt mit Stand v 1.1.2009; Thüringer Datenschutzgesetz v 10.10.2001 (GVBl 248); Gesetz Nr 1308 – Saarländisches Gesetz zum Schutz personenbezogener Daten (Saarländisches Datenschutzgesetz – SDSG) v 24.3.1993, in der Fassung der Bekanntmachung v 28.1.2008 (Amtsbl 293).

61 Vgl *Gola/Schomerus* § 1 Rn 19a.

62 Vgl Band 1 Kap 3.

63 RL 95/46/EG des Europäischen Parlaments und des Rates v 24.10.1995 zum Schutz natürlicher Personen bei der Verarbeitung personenbezogener Daten und zum freien Datenverkehr, ABl EG L v 23.11.1995, 23; vgl Band 1 Kap 3.

64 RL 97/66/EG des Europäischen Parlaments und des Rates v 15.12.1997 über die Verarbeitung personenbezogener Daten und den Schutz der Privatsphäre im Bereich der Telekommunikation, ABl EG L 24, 1 v 30.1.1998; vgl Band 1 Kap 3.

65 RL 2002/58/EG des Europäischen Parlaments und des Rates v 12.7.2002 über die Verarbeitung personenbezogener Daten und den Schutz der Privatsphäre in der elektronischen Kommunikation ABl EG L 201/37 v 31.7.2002; vgl Band 1 Kap 3.

66 In Abgrenzung zum Rundfunk und den Telekommunikationsdiensten (vgl zur Abgrenzung ausf Band 5 Kap 1 Rn 52 ff).

67 BT-Drucks 16/3078, 15; vgl auch *Schmitz* K&R 2007, 135.

68 Staatsvertrag über Mediendienste (2002) (Mediendienste-Staatsvertrag), zuletzt geändert durch Art 8 des Achten Staatsvertrages zur Änderung rundfunkrechtlicher Staatsverträge v 8. bis 15.10.2004, (GBl BW 2005 197).

69 Gesetz über den Datenschutz bei Telediensten (Teledienstedatenschutzgesetz – TDDSG) v 22.7.1997 (BGBl I S 1870), zuletzt geändert durch Art 3 des Gesetzes über rechtliche Rahmenbedingungen für den elektronischen Geschäftsverkehr (Elektronischer Geschäftsverkehr-Gesetz – EGG) v 14.12.2001 (BGBl I S 3721).

weitgehend übernommen und nun für Telemedien vereinheitlicht. Das TMG ist hinsichtlich der Erlaubnistatbestände, wie auch schon das TDDSG, gegenüber dem BDSG speziell und zählt diese abschließend auf; dies ist nun in § 12 Abs 1 TMG ausdrücklich klargestellt.[70] Das TMG gilt nicht in Dienst- und Arbeitsverhältnissen, soweit die Nutzung der Dienste ausschließlich zu beruflichen oder dienstlichen Zwecken erfolgt (§ 11 Abs 1 Nr 1 TMG). Ebenso ist die Anwendung für die Kommunikation von und zwischen Unternehmen ausgeschlossen, soweit die Nutzung der Dienste ausschließlich zur Steuerung von Arbeits- und Geschäftsprozessen stattfindet (§ 11 Abs 1 Nr 2 TMG). Das TMG gilt nicht nur im Verhältnis **Nutzer** und **Diensteanbieter**, sondern auch im Verhältnis zwischen zwei Diensteanbietern, wenn ein Diensteanbieter die Funktion eines Nutzers im Verhältnis zum anderen ausübt, zB ein Websitebetreiber im Verhältnis zum Host-Provider.[71]

15 Das Recht der **Telekommunikation** hat in den letzten Jahren viele Änderungen durchlaufen.[72] Die für den Datenschutz maßgeblichen Vorschriften finden sich nun in §§ 91 ff TKG.[73] Das **TKG** regelt gem § 91 Abs 1 den Schutz personenbezogener Daten der Teilnehmer und Nutzer von Telekommunikation bei der Erhebung und Verwendung dieser Daten durch Unternehmen und Personen, die geschäftsmäßig Telekommunikationsdienste erbringen oder an deren Erbringung mitwirken. Juristische Personen sind hier ausdrücklich mitgeschützt, sofern es sich um dem Fernmeldegeheimnis[74] unterliegende Einzelangaben über Verhältnisse einer bestimmten oder bestimmbaren juristischen Person oder Personengesellschaft handelt.[75] Das BDSG ist auch gegenüber dem TKG gem § 1 Abs 3 BDSG subsidiär.[76] Im TK-Bereich sind außerdem besonders das **Fernmeldegeheimnis**[77] und die Sicherheit der Telekommunikation zu beachten.[78] Für Anbieter, die sowohl der Regelungsmaterie des TMG als auch der des TKG unterliegen (zB für die Bereiche Internet-Access, E-Mail-Übertragung), finden nun aus Gründen der Rechtsklarheit[79] gem § 11 Abs 3 TMG die Vorschriften des TMG nur noch vereinzelt Anwendung. Dies betrifft die Möglichkeiten der Datenverarbeitung zur Bekämpfung missbräuchlicher Nutzung (§ 15 Abs 8 TMG) und die diesbezüglichen Sanktionen (§ 16 Abs 2 Nr 4 TMG).

16 Gem § 47 Abs 1 RStV ergeben sich die datenschutzrechtlichen Regelungen für den **Rundfunk** ebenfalls aus dem TMG,[80] so dass die komplizierte Abgrenzung zwischen diesen Diensten für den Bereich des Datenschutzes nicht von Bedeutung ist. Spezialregelungen gelten außerdem in vielen Bereichen, ua im Bereich der Banken und Börsen.[81]

---

70 BT-Drucks 16/3078, 16; *Spindler/Dorschel* CR 2005, 38, 45; *Schaar* Rn 372; KG MMR 2007, 116; OLG München MMR 2006, 739, 743; aA für das TDDSG LG Hamburg MMR 2005, 55.

71 BT-Drucks 14/6098, 16; *Spindler/Dorschel* CR 2005, 38, 45 mwN.

72 Vgl im Einzelnen Kap 2.

73 Früher waren diese Vorschriften lediglich in Verordnungen, dh in der Telekommunikationsdiensteunternehmen-Datenschutzverordnung (TDSV 1996), ersetzt durch die Telekommunikations-Datenschutzverordnung (TDSV 2000), die bis 26.6.2004 galt, zu finden.

74 Hierzu ausf Kap 2 Rn 13, 155.

75 Vgl im Einzelnen BeckTKG-Komm/*Robert* § 91 Rn 15.

76 *Spindler/Dorschel* CR 2005, 38, 45; *Schaar* Rn 372.

77 Vgl hierzu ausf Kap 2 Rn 13, 155.

78 *Grützmacher* ITRB 2007, 183, 187.

79 BT-Drucks 16/3078, 15.

80 § 49 RStV enthält die zugehörigen Bußgeldvorschriften – vgl Rn 193.

81 *Witzel* ITRB 2006, 286.

III. Begriffe

1. Personenbezogene Daten

Personenbezogene Daten, der wohl wichtigste Begriff im Datenschutzrecht, sind Einzelangaben über persönliche oder sachliche Verhältnisse einer bestimmten oder bestimmbaren natürlichen Person (**Betroffener**) (§ 3 Abs 1 BDSG), dh zB Name, Anschrift, E-Mail-Adresse, Geburtsdatum und -ort, aber auch Werturteile über Personen.[82] Das BVerfG führte im Volkszählungsurteil[83] aus, dass es *„unter den Bedingungen der automatischen Datenverarbeitung kein „belangloses" Datum mehr"* gibt. Entscheidend ist, ob das Datum einen Rückschluss auf den Betroffenen zulässt. Auf welche Weise dabei der Bezug zur Person hergestellt werden kann, ist nicht von Bedeutung.[84] Auch Zusatzwissen ist mit einzubeziehen, so dass der Personenbezug relativ ist.[85] **Besondere Arten personenbezogener Daten** oder auch **sensitive Daten** sind Angaben über die rassische und ethnische Herkunft, politische Meinungen, religiöse oder philosophische Überzeugungen, Gewerkschaftszugehörigkeit, Gesundheit oder Sexualleben (§ 3 Abs 9 BDSG). Diese Angaben sind besonders schutzwürdig. **17**

Geschützt sind in Deutschland[86] grds nur Daten von **natürlichen Personen.**[87] Die Daten **juristischer Personen** können lediglich entweder als Betriebsgeheimnis nach § 17 UWG, über das Recht am eingerichteten und ausgeübten Gewerbebetrieb, das Allgemeine Persönlichkeitsrecht[88] (als absolutes Recht § 823 Abs 1 BGB) geschützt werden oder mittelbar zB durch die im Unternehmen tätigen Mitarbeiter oder Gesellschafter.[89] Im Sozialrecht stehen Betriebs- und Geschäftsgeheimnisse auch von juristischen Personen aber den Sozialdaten (§ 67 Abs 1 SGB X) gleich (§ 35 Abs 4 SGB I) und sind daher ebenfalls vom Sozialgeheimnis umfasst. Der Endnutzerbegriff des TKG umfasst gleichfalls juristische Personen (§ 3 Nr 8 TKG); das TMG schließt hingegen in § 11 Abs 2 juristische Personen ausdrücklich aus. **18**

Im **Medienbereich** sind selbstverständlich die allgemeinen personenbezogenen Daten, wie Name, Adresse, Telefonnummer, dh die Bestandsdaten des Datensubjekts, relevant, jedoch auch immer mehr Daten, die das Kauf- bzw Nutzerverhalten beschreiben, so dass es verstärkt zum Anlegen und Speichern von **Nutzerprofilen** kommt, die das Konsumverhalten eines Menschen derart detailliert wiedergegeben, dass hieraus Schlussfolgerungen für sein künftiges Verhalten gezogen werden können und er zielgerichtet und individuell mit Werbung und maßgeschneiderten Kaufangeboten versorgt werden kann. **Scorewerte**, dh die Bewertung einer Person nach bestimmten Kriterien hinsichtlich der Zuordnung zu einer bestimmten Gruppe (zB Kauf- **19**

82 BGH ZUM 2009, 753, 756 – spickmich.de; *Dix* DuD 2006, 330; Simitis/*Dammann* § 3 Rn 12; *Gola/Schomerus* § 3 Rn 5 ff; OLG Köln ZUM 2008, 869, 875 – spickmich.de; LG Duisburg MMR 2008, 691, 694 – spickmich.de; aA *Härting* CR 2009, 21, 26 für Internetveröffentlichungen.

83 BVerfG NJW 1984, 419 – Volkszählungsurteil.

84 Simitis/*Dammann* § 3 Rn 20 ff.

85 *Rasmussen* DuD 2002, 406, 407; *Roßnagel/Scholz* MMR 2000, 721, 723; *Steidle/Pordesch* DuD 2008, 324, 326; wohl auch *Härting* CR 2008, 743.

86 In anderen europäischen Ländern, zB in Österreich, sind auch Daten juristischer Personen geschützt.

87 In § 11 Abs 2 TMG für den Begriff der Nutzer noch einmal ausdrücklich klargestellt (vgl BT-Drucks 16/3078, 15).

88 Vgl hierzu BGH NJW 1994, 2505.

89 Vgl BGH NJW 1986, 2505 – Angaben über die finanzielle Situation einer GmbH als Teil der Angaben über die Person des alleinigen Geschäftsführers/Gesellschafters; VG Wiesbaden JurPC Web Dok 70/2008, Abs 47.

kraft), sind ebenfalls personenbezogene Daten.[90] Auch **Prognose- und Planungsdaten** sind als personenbezogene Daten einzustufen, denn auch wenn sie in der Zukunft liegen, beschreiben sie dennoch die Verhältnisse von Betroffenen, zB die Karriereaussichten in einem Unternehmen.[91] Zur Anlegung von Nutzerprofilen im Internet werden meist ua IP-Adressen und Cookies verwendet.

20 **IP-Adressen** sind als personenbezogene Daten anzusehen.[92] Dem kann zwar entgegengehalten werden, dass die IP-Adresse keinen Aufschluss über die konkrete Person gibt, die an dem Rechner „gesessen" hat; jedenfalls kann – außer bei öffentlichen Computern – immer zumindest indirekt oder mit einer gewissen Wahrscheinlichkeit ein Rückschluss auf die betreffende Person gezogen werden. Auch die RL 95/46/EG will mit der Einbeziehung der technischen Angaben solche Daten erfassen.[93] Die Einordnung als personenbezogenes Datum ist jedenfalls bei einer statischen IP-Adresse der Fall. Aber auch bei einer dynamischen Adresse kann zB in Zusammenhang mit den Logfiles ein Personenbezug hergestellt werden, so dass eine dynamische IP-Adresse ebenso unter die Datenschutzbestimmungen fallen kann.[94] Überdies wird man in der Praxis beim Erheben von IP-Adressen kaum unterscheiden können, ob gerade eine statische oder eine dynamische IP-Adresse erhoben bzw verarbeitet wird. Die Erhebung von IP-Adressen und damit beispielweise die Analyse des Nutzungsverhaltens unter Verwendung vollständiger IP-Adressen (einschließlich einer Geolokalisierung)[95] ist daher nur mit bewusster, eindeutiger Einwilligung zulässig. Liegt eine solche Einwilligung nicht vor, ist die IP-Adresse vor jeglicher Auswertung so zu kürzen, dass eine Personenbeziehbarkeit ausgeschlossen ist.[96]

21 **Cookies** sind kurze Einträge in einer meist kleinen Datenbank bzw in einem speziellen Dateiverzeichnis auf einem Computer. Sie dienen dem Austausch von Informationen zwischen Computerprogrammen oder der zeitlich beschränkten Archivierung von Informationen. Ein Cookie besteht aus mindestens zwei Bestandteilen, seinem Namen und dem Inhalt oder *Wert* des Cookie; zusätzlich können Angaben über den zweckmäßigen Gebrauch vorhanden sein.[97] Im Web bedeutet dies, dass ein Datensatz mit bestimmten Informationen in die „Cookie-Datei" des lokalen Rechners abgelegt und auch wieder ausgelesen werden kann. Mit Hilfe von Cookies werden regelmäßig Informationen über Nutzer abgelegt, die dann insbesondere für Nutzerprofile verwendet werden können. Cookies sind zwar nicht selbst personenbezogene Daten, da es sich um Dateien handelt, aber in ihnen sind regelmäßig personenbezogene Daten abgelegt, da die darin gespeicherten Daten, insbesondere in Verbindung mit IP-Adres-

90 *Koch* MMR 1998, 458; *Kloepfer/Kutschbach* MMR 1998, 650; *Weichert* DuD 2005, 582; *Abel* RDV 2006, 108, 110.

91 *Gola/Schomerus* § 3 Rn 9.

92 So auch Hoeren/Sieber/*Helfrich* 16.1 Rn 31 f; *Köcher/Kaufmann* DuD 2006, 360; *Splittgerber/Klytta* K&R 2007, 78, 82; *Härting* CR 2008, 743; *Heidrich* CR 2009, 168, 171.

93 Vgl Hoeren/Sieber/*Helfrich* 16.1 Rn 31 f.

94 Vgl nur *Nordemann/Dustmann* CR 2004, 380, 386; *Spindler/Dorschel* CR 2005, 38, 44; *Voigt* MMR 2009, 377, 379; BGH MMR 2011, 341; LG Frankenthal CR 2008, 666; AG Mitte ZUM 2008, 83; LG Berlin ZUM 2008, 70 – BMJ; AG Darmstadt MMR 2005, 634, 635; LG Darmstadt MMR 2006, 330; *Rössel* ITRB 2008, 244; aA AG München K&R 2008, 767, da die Bestimmbarkeit nur mit illegalen Mitteln möglich sei.

95 Zur Geolokalisierung trotz Anonymisierung der IP-Adresse ausf *Kühn* DuD 2009, 747.

96 Beschl des Düsseldorfer Kreises v 26./27.11. 2009.

97 Vgl auch insb zur Herkunft des Begriffs de.wikipedia.org/wiki/Cookie.

sen, den Personenbezug erlauben[98] bzw – von demselben Anbieter ausgelesen – als Nutzerprofile dienen können.

Biometrische Daten sind ebenfalls personenbezogene Daten. Das gilt sowohl für den Fingerabdruck, die Handgeometrie, die Stimmaufnahme, das Gesichtsbild als auch wie die daraus abgeleiteten mathematisch berechneten, digitalisierten, einzigartigen Charakteristiken.[99] Biometrische Daten werden vielfach als Zugangskontrolle bei nicht-öffentlichen Stellen, aber auch verstärkt von öffentlichen Stellen, zB im Rahmen des Europäischen Reisepasses, genutzt. Bei diesen maschinenlesbaren Pässen besteht zB die besondere Gefahr, dass diese unberechtigt ausgelesen und zum Identitätsdiebstahl und bei Straftaten verwendet werden.[100] Hinweise und Empfehlungen zum Einsatz von biometrischen Systemen bis hin zur Gestaltung von Allgemeinen Geschäftsbedingungen in diesem Bereich wurden im Januar 2009 in einem internationalen technischen Bericht formuliert.[101] 22

Geodaten[102] werden in letzter Zeit häufig diskutiert, nicht nur als Standortdaten im Telekommunikationsrecht, sondern auch als Abbildungen von Häusern, Kfz-Zeichen etc[103] in Zusammenhang mit Projekten wie Google Street View. Nach einem älteren Urteil des LG Waldshutt-Tiengen[104] können Gebäude-Abbildungen, die Rückschlüsse auf eine Person zulassen könnten, personenbezogene Daten sein. Dies wird grundsätzlich zu Recht von weiteren Entscheidungen[105] und dem Düsseldorfer Kreis[106] bestätigt, denn eine Person ist – jedenfalls bei Einfamilienhäusern oä – oftmals über ihre Adresse bestimmbar. Für eine Anonymisierung von Geodaten werden je nach möglichem Zusatzwissen Zusammenfassungen von drei bis zehn Grundstücken[107] oder aber bestimmte Pixelgrößen und Maßstabsangaben[108] vorgeschlagen. Eine abschließende oder gar absolute Grenzziehung scheint aber kaum möglich; es ist immer auf den Einzelfall abzustellen, wobei bei Großprojekten aus Praktikabilitätsgründen wohl eher auf die verzichtet wird und entsprechend einer Einzelfallbetrachtung Grenze gezogen werden muss, bei der ein Personenbezug ausgeschlossen ist.[109] 23

Viele medienrechtlich relevante Arten von personenbezogenen Daten werden im TMG und im TKG legaldefiniert. Für den Begriff der **Bestandsdaten** finden sich je nach Anwendungsbereich gleich zwei Definitionen: In § 14 Abs 1 TMG für die Tele- 24

98 So auch Hoeren/Sieber/*Helfrich* 16.1 Rn 32; *Bizer* DuD 1998, 277, 278; *Eckhardt* ITRB 2005, 46, 47; *Eichler* K&R 1999, 76, 79; *Ihde* CR 2000, 413, 416 f; differenzierend *Meyer* WRP 2002, 1028, 1030; aA *Wichert* DuD 1998, 273, 275, der den Aufwand, das Datensubjekt zu identifizieren, für unverhältnismäßig hoch hält.

99 *Weichert* CR 1997, 369, 372.

100 Vgl Budapester Erklärung zu maschinenlesbaren Ausweisdokumenten www.fidis.net/fileadmin/fidis/press/budapest_declaration_on_MRTD.de.pdf.

101 ISO/IEC TR 24714-1 „Biometrics-Jurisdictional and Societal Considerations for Commercial Applications“ – Part 1: General Guidance; ausf *Schumacher/Unverricht* DuD 2009, 308.

102 Zu Definitionsvorschlägen vgl *Forgo/Krügel* MMR 2010, 17, 21 ff.

103 Vgl ausf Rn 76.

104 LG Waldshutt-Tiengen DuD 2000, 106, 109.

105 AG München Urt v 19.8.2009, Az 161 C 3130/09; LG Köln MMR 2010, 278 – Bilderbuch Köln; unklar VG Karlsruhe MMR 2000, 181.

106 Beschl des Düsseldorfer Kreises v 13./14.11. 2008.

107 *Weichert* DuD 2009, 347, 351; vgl auch *Forgo/Krügel* MMR 2010, 17, 20.

108 *Weichert* DuD 2009, 347, 350 f mit Bezug auf die Ampelstudie: Kartendarstellung mit einem Maßstab 1 : 10000.

109 Hierzu kann dann auf die Maßstäbe der Ampelstudie zurückgegriffen werden: Die Ampelstudie - Datenschutzrechtliche Rahmenbedingungen für die Bereitstellung von Geodaten für die Wirtschaft, http://www.geobusiness.org/Geobusiness/Navigation/publikationen,did=272442.html.

medien heißt es: „*Der Diensteanbieter darf personenbezogene Daten eines Nutzers nur erheben und verwenden, soweit sie für die Begründung, inhaltliche Ausgestaltung oder Änderung eines Vertragsverhältnisses zwischen dem Diensteanbieter und dem Nutzer über die Nutzung von Telemedien erforderlich sind (Bestandsdaten)*". Bestandsdaten in § 3 Nr 3 TKG werden als Daten eines Teilnehmers, die für die Begründung, inhaltliche Ausgestaltung, Änderung oder Beendigung eines Vertragsverhältnisses über Telekommunikationsdienste erhoben werden, definiert. Beispiele für Bestandsdaten sind die Grunddaten eines Datensubjekts, wie sein Name und seine Adresse, aber auch ggf seine statische IP-Adresse.

25 **Nutzungsdaten** werden für Telemedien in § 15 TMG wie folgt definiert: Daten, die zur Ermöglichung und Abrechnung der Inanspruchnahme von Telemedien erforderlich sind. Sie entstehen während der Nutzung der Telemedien, zB bei Interaktionen des Diensteanbieters mit dem Nutzer.[110] Nutzungsdaten sind insbesondere

1. Merkmale zur Identifikation des Nutzers,
2. Angaben über Beginn und Ende sowie den Umfang der jeweiligen Nutzung *und*
3. Angaben über die vom Nutzer in Anspruch genommenen Telemedien.

Hierunter können zB auch das Datenvolumen,[111] Dauer der Verbindung, Standort eines Nutzers von Location Based Services,[112] Name von Downloads, URLs und IP-Adressen fallen. Allerdings können gerade statische IP-Adressen auch Bestandsdaten darstellen.[113]

26 **Abrechnungsdaten** sind gem § 15 Abs 4 TMG Daten, die für Zwecke der Abrechnung mit dem Nutzer erforderlich sind. Hierbei handelt es sich um Nutzungsdaten mit der besonderen Zweckbestimmung der Abrechnung. Der Begriff ist eng auszulegen und steht in Abhängigkeit vom konkreten Vertragsverhältnis,[114] dh zB dem Datenvolumen für den Fall einer volumenabhängigen Rechnungsstellung oder der Gesamtnutzungszeit bei der Vereinbarung eines zeitabhängigen Zahlbetrags. Der Begriff der Abrechnungsdaten war lange Zeit umstritten, da es der weitverbreiteten Praxis entsprach, selbst bei volumen- und zeitunabhängigen **Flat Rates** zahlreiche Daten der Nutzer zu speichern.[115]

27 **Verkehrsdaten** sind gem § 3 Nr 30 TKG Daten, die bei der Erbringung eines Telekommunikationsdienstes erhoben, verarbeitet oder genutzt werden. Der Begriff entspricht im Wesentlichen dem der Verbindungsdaten und wurde durch die Eingliederung der TDSV 2000 in das TKG 2004 eingeführt.[116] IP-Adressen sind bspw Verkehrsdaten.[117]

28 **Standortdaten** sind gem § 3 Nr 19 TKG Daten, die in einem Telekommunikationsnetz erhoben oder verwendet werden und die den Standort des Endgeräts eines Endnutzers eines Telekommunikationsdienstes für die Öffentlichkeit angeben. Aus Art 9 RL 2002/58/EG ergibt sich, dass es sich um Verkehrsdaten handeln kann, jedoch nicht muss. Standortdaten sind exakte geographische Standortverarbeitungen durch die neuen standortbezogenen Dienste.[118] Das sind zB Location Based Services wie die „WHERE" iphone App.

---

110 BT-Drucks 13/7385, 24.
111 LG Darmstadt MMR 2006, 330; *Köcher/Kaufmann* DuD 2006, 360.
112 *Jandt/Schnabel* K&R 2008, 723, 726.
113 Vgl auch Hoeren/Sieber/*Schmitz* 16.4 Rn 117; *Splittgerber/Klytta* K&R 2007, 78, 82.
114 Hoeren/Sieber/*Schmitz* 16.4 Rn 125.
115 Vgl zur alten Diskussion *Spindler/Dorschel* CR 2005, 38, 46; zur Frage der Löschungspflicht vgl ausf Rn 150.
116 BT-Drucks 755/03, 120.
117 Vgl nur LG Frankenthal CR 2008, 666.
118 BeckTKG-Komm/*Wittern* § 3 Rn 40.

Inhaltsdaten sind Daten, die den Inhalt der Kommunikation zwischen Diensteanbieter und Nutzer betreffen. Das betrifft bspw Daten, die im Internet aber für die „Offline-Welt" erhoben werden,[119] zB den Inhalt von Kaufverträgen oder Versicherungen, deren Abschluss im WWW erfolgt ist. 29

2. Verwertungsarten

Das BDSG definiert ferner verschiedene Verwertungsarten: Erheben, Verarbeiten, Speichern, Verändern, Übermitteln, Sperren, Löschen und Nutzen. **Erheben** ist gem § 3 Abs 3 BDSG das Beschaffen von Daten über den Betroffenen, wobei die Zusammenstellung aus bereits vorhandenen Unterlagen nicht hierunter fällt.[120] An einem Erheben fehlt es, wenn die Daten ohne Aufforderung geliefert werden; es liegt aber vor, wenn der Empfänger zumindest Interesse an den Daten geäußert hat.[121] Allerdings fällt das reine Beschaffen bei nicht-öffentlichen Stellen noch nicht unter das Datenschutzgesetz, da gem § 1 Abs 2 Nr 3 und § 27 BDSG der Anwendungsbereich nur eröffnet ist, wenn dieser Beschaffung eine Verarbeitung oder Nutzung folgen soll („dafür erheben"). Erforderlich ist daher ein zielgerichtetes Beschaffen von Daten; den Daten muss ein Zweck zugewiesen sein.[122] Beispiele für das Erheben von Daten sind Kundenbefragungen zum Erstellen von Nutzerprofilen, Meinungsumfragen, Erfassen von Verbindungsdaten bei der Telekommunikation und bei Mediendiensten im Internet, aber auch Blutproben, Chipkartenverwendung und Videoaufzeichnungen.[123] 30

Verarbeiten ist gem § 3 Abs 4 BDSG der Oberbegriff für Speichern, Verändern, Übermitteln, Sperren und Löschen personenbezogener Daten, dh die Phasen der Datenverarbeitung außer dem Erheben und Nutzen. Diese einzelnen Begriffe wiederum werden, ungeachtet der dabei angewendeten Verfahren, wie folgt definiert: 31

Speichern ist das Erfassen, Aufnehmen oder Aufbewahren personenbezogener Daten auf einem Datenträger zum Zwecke ihrer weiteren Verarbeitung oder Nutzung (§ 3 Abs 4 Nr 1 BDSG). Das Speichern erfordert nicht unbedingt einen elektronischen Datenträger; auch das Aufschreiben auf einen Zettel kann Speichern sein. Es kommt lediglich darauf an, dass die Daten „nachlesbar" fixiert werden; sie können auch von einer anderen Stelle übertragen worden sein.[124] 32

Verändern ist das inhaltliche Umgestalten gespeicherter personenbezogener Daten (§ 3 Abs 4 Nr 2 BDSG). Hierunter fällt sowohl die Modifikation der Daten selbst als auch ihrer Bezugsobjekte. Beispiele sind das Pseudonymisieren, Anonymisieren oder Berichtigen von Daten, nicht jedoch das Löschen. Das Zusammenführen von Daten aus verschiedenen Dateien ist ebenfalls ein Verändern, da hier regelmäßig eine Kontext- und/oder Qualitätsveränderung vorliegen dürfte.[125] 33

Übermitteln ist das Bekanntgeben gespeicherter oder durch Datenverarbeitung gewonnener personenbezogener Daten an einen Dritten in der Weise, dass (a) die Daten an den Dritten weitergegeben werden *oder* (b) der Dritte zur Einsicht oder zum Abruf bereitgehaltene Daten einsicht oder abruft (§ 3 Abs 4 Nr 3 BDSG). Dies kann schriftlich, mündlich, direkt im selben Raum oder auch auf Distanz elektronisch oder fern- 34

---

119 *Zscherpe* K&R 2005, 264, 266; Hoeren/Sieber/*Schmitz* 16.4 Rn 140 ff; *Redeker* ITRB 2009, 204.
120 *Gola/Schomerus* § 3 Rn 24.
121 LG Ulm MMR 2006, 265, 266.
122 Kilian/Heussen/*Weichert* Nr 132 Rn 33.
123 Vgl mit weiteren Beispielen *Bergmann/Möhrle/Herb* § 3 BDSG Rn 70.
124 *Gola/Schomerus* § 3 Rn 27.
125 *Bergmann/Möhrle/Herb* § 3 BDSG Rn 86.

mündlich erfolgen.[126] Der Empfänger muss dabei nicht bekannt sein; auch eine Bekanntgabe gegenüber der Öffentlichkeit genügt. Eine Übermittlung liegt – mangels Bekanntgabe an einen Dritten – nicht vor bei einer Bekanntgabe innerhalb der verantwortlichen Stelle, an den Betroffenen oder zwischen Auftraggeber und Auftragnehmer bei der Auftragsdatenverarbeitung innerhalb der EU/EWR.[127]

35 **Sperren** ist das Kennzeichnen gespeicherter personenbezogener Daten, um ihre weitere Verarbeitung oder Nutzung einzuschränken (§ 3 Abs 4 Nr 4 BDSG). Gesperrte Daten dürfen dann ohne Einwilligung des Betroffenen im Rahmen des BDSG nur übermittelt oder genutzt werden, wenn (1) es zu wissenschaftlichen Zwecken, zur Behebung einer bestehenden Beweisnot oder aus sonstigen im überwiegenden Interesse der verantwortlichen Stelle oder eines Dritten liegenden Gründen unerlässlich ist und (2) die Daten hierfür übermittelt oder genutzt werden dürften, wenn sie nicht gesperrt wären (§ 35 Abs 8 BDSG). Bei nicht automatisierten Dateien können Sperrvermerke angebracht werden, bei automatisierten Dateien werden die Datensätze aus der Datei genommen und in eine separate, gesondert aufbewahrte Sperrdatei aufgenommen[128] oder aber auch eine Zugriffsbeschränkung aktiviert.

36 **Löschen** ist das Unkenntlichmachen gespeicherter personenbezogener Daten (§ 3 Abs 4 Nr 5 BDSG), dh der bloße Vermerk „Gelöscht" genügt nicht. Hierzu zählen aber Methoden wie das Vernichten der Datenträger, Schwärzen, Schreddern etc. Bei der Löschung von Daten im WWW gehört hierzu, dass die Daten auch zB durch den Server Cache, den Google Cache oder die Wayback Machine nicht mehr auffindbar sind.

37 Unter **Nutzen** ist jede Verwendung personenbezogener Daten, soweit es sich nicht um Verarbeitung handelt, zu verstehen (§ 3 Abs 5 BDSG).

3. Weitere datenschutzrechtliche Begriffe

38 **a) Verantwortliche Stellen, Empfänger und Dritte. Verantwortliche Stelle** ist jede Person oder Stelle, die personenbezogene Daten für sich selbst erhebt, verarbeitet oder nutzt oder dies durch andere im Auftrag vornehmen lässt (§ 3 Abs 7 BDSG). **Empfänger** ist jede Person oder Stelle, die Daten erhält. **Dritter** hingegen ist jede Person oder Stelle außerhalb der verantwortlichen Stelle. Hierzu zählt aber nicht der Betroffene sowie Personen und Stellen, die im Inland, in einem anderen Mitgliedstaat der Europäischen Union oder in einem anderen Vertragsstaat des Abkommens über den Europäischen Wirtschaftsraum personenbezogene Daten im Auftrag erheben, verarbeiten oder nutzen (§ 3 Abs 8 BDSG). Wer Dritter ist, ist nach dem funktionalen Stellenbegriff zu bestimmen.[129]

39 **Nicht-öffentliche Stellen**, auf die sich der vorliegende Beitrag konzentriert, sind gem § 2 Abs 4 BDSG negativ definiert als natürliche und juristische Personen, Gesellschaften und andere Personenvereinigungen des privaten Rechts, soweit es sich nicht um öffentliche Stellen iSd § 2 Abs 1–3 handelt, dh sie im Wesentlichen keine Behörden, Organe der Rechtspflege und andere öffentlich-rechtlich organisierte Einrichtun-

126 Kilian/Heussen/*Weichert* Nr 132 Rn 38.
127 Vgl Rn 39 ff; vgl zum Begriff der Übermittlung im Internet auch EuGH MMR 2004, 95 – Lindqvist, Rn 178.
128 *Bergmann/Möhrle/Herb* § 3 BDSG Rn 106 ff.
129 Vgl BVerfG NJW 1988, 959, 961 – Arbeitsstättenzählung; s zum funktionalen Stellenbegriff auch Rn 41.

gen des Bundes, der bundesunmittelbaren Körperschaften, Anstalten und Stiftungen des öffentlichen Rechts darstellen oder Aufgaben der öffentlichen Verwaltung wahrnehmen.[130]

b) **Auftragsdatenverarbeitung. Auftragsdatenverarbeitung** ist gem § 11 BDSG die Erhebung, Verarbeitung oder Nutzung personenbezogener Daten im Auftrag durch eine andere Stelle.[131] Hierbei bleibt der Auftraggeber Herr der Daten und ist für die Einhaltung der Vorschriften über den Datenschutz verantwortlich. Er bleibt auch weiterhin Verantwortlicher für die Ansprüche wie auf Löschung oder Schadensersatz (§§ 6, 7 und 8 BDSG). Zu den Pflichten des Auftraggebers zählt die sorgfältige Auswahl des Auftragnehmers unter besonderer Berücksichtigung der Eignung der von ihm getroffenen technischen und organisatorischen Maßnahmen.[132] Der Auftragnehmer darf die Daten nur im Rahmen der Weisungen des Auftraggebers erheben, verarbeiten oder nutzen; er wird nicht „verantwortliche Stelle". Er muss den Auftraggeber jedoch unverzüglich darauf hinweisen, wenn er meint, dass eine Weisung des Auftraggebers gegen den Datenschutz verstößt. Die Regelungen des BDSG gelten für den Auftragnehmer nur bedingt, und zwar für nicht-öffentliche Stellen, soweit sie personenbezogene Daten im Auftrag als Dienstleistungsunternehmen geschäftsmäßig erheben, verarbeiten oder nutzen, die §§ 4f, 4g (Datenschutzbeauftragter und dessen Aufgaben), §§ 5 (Verpflichtung auf das Datengeheimnis), 9 (technische und organisatorische Maßnahmen), 38 (Aufsichtsbehörde), 43 Abs 1 Nr 2, 10 und 11, Abs 2 Nr 1 bis 3 und Abs 3 sowie § 44 (Ordnungswidrigkeiten und Strafvorschriften). 40

Der Auftrag ist detailliert schriftlich zu erteilen. Der Auftraggeber ist verpflichtet, die Einzelheiten der Datenerhebung, -verarbeitung oder -nutzung, der technischen und organisatorischen Maßnahmen und etwaige Unterauftragsverhältnisse festzulegen.[133] Mit der Novelle II des BDSG hat der Gesetzgeber nun außerdem ausführlich in zehn Punkten geregelt, was der Inhalt einer solchen **Vereinbarung zur Auftragsdatenvereinbarung** sein muss. Altverträge, die dem nicht genügen, sollten angepasst werden, wobei die „Übergangsfrist" aus Sicht der Aufsichtsbehörden hierfür bereits abgelaufen sein dürfte, insbesondere, da das Gesetz nicht einmal eine solche vorsieht. Die Verträge zur Auftragsdatenverarbeitung können auch der AGB-Kontrolle, jedenfalls der Transparenzkontrolle, unterfallen; ob auch die Inhaltskontrolle gegeben ist, hängt gem § 307 Abs 3 BGB von der Frage ab, ob eine vom Gesetz abweichende Regelung getroffen wurde, was nach § 11 Abs 2 nicht bei allen Punkten der Fall sein kann. Die Einhaltung der beim Auftragnehmer getroffenen technischen und organisatorischen Maßnahmen muss der Auftraggeber außerdem **vor Beginn der Datenverarbeitung und sodann regelmäßig** überprüfen und diese Überprüfungen dokumentieren, wobei die Dokumentationstiefe, wie auch die gesamte Prüfung, vom jeweiligen Einzelfall ab- 41

130 Vgl *Gola/Schomerus* § 2 Rn 4 ff.

131 Besonders problematisch ist die Auftragsdatenverarbeitung bzw jegliches Outsourcing bei Geheimnisträgern wie Rechtsanwälten und Ärzten (§ 203 StGB); hier ist in jedem Fall die Einwilligung des Kunden erforderlich (vgl ausf *Ehmann* CR 1991, 293).

132 Bei bekannten Providern kann man aufgrund dessen, dass diese regelmäßig von den Datenschutzbehörden überprüft werden, meist von dieser Eignung ausgehen (vgl *Grützmacher* ITRB 2007, 183, 185).

133 Mustervereinbarungen sind zB unter https://www.datenschutzzentrum.de/wirtschaft/vertrgad.htm zu finden; eine Mustervereinbarung für die Auftragsdatenverarbeitung bei der Akten- und Datenträgervernichtung ist unter https://www.datenschutzzentrum.de/wirtschaft/vertrgav.htm abrufbar; weitere Muster für eine Auftragsdatenverarbeitung nach dem neuen § 11 BDSG finden sich bei der GDD unter http://www.gdd.de und beim BITKOM unter http://www.bitkom.org.

hängt. Bspw spielen Größe und Komplexität eine Rolle,[134] aber auch die Art der Daten (zB sensitive Daten) und das Vorverhalten des Auftragnehmers (Zuverlässigkeit). Die Kontrolle kann der Auftraggeber jedoch auch Dritten überlassen,[135] auch zB einer verlässlichen Selbstauskunft oder einem Sachverständigen.[136] Die Einführung der zeitlichen Aspekte (vor der Datenverarbeitung und dann regelmäßig) wurde eingeführt, um die nötige Bestimmtheit für den daran geknüpften Bußgeldtatbestand (§ 43 Abs 1 Nr 2b BDSG) sicherzustellen, wobei dieser jedoch nur an die Vorabkontrolle anschließt; die regelmäßigen Kontrollen sind nicht bußgeldbewehrt. Eine starre Regelung, wie zB die jährliche Überprüfung und nähere Regelungen zur **Dokumentationspflicht** wollte der Gesetzgeber jedoch nicht festlegen, um die nötige Flexibilität wegen der Vielfältigkeit der Gestaltungen der Auftragsdatenverarbeitung zu erhalten.[137] Ein Problem der Vorabkontrolle ist allerdings, dass diese mangels zulässiger Datenübertragung nie mit Echtdaten stattfinden kann, so dass diese Methode des Testens schon aus diesem Grund fehleranfällig ist.

42 Die Regelungen über die Auftragsdatenverarbeitung gelten auch, wenn die Prüfung oder Wartung automatisierter Verfahren oder Datenverarbeitungsanlagen durch andere Stellen im Auftrag vorgenommen wird und dabei ein Zugriff auf personenbezogene Daten nicht ausgeschlossen werden kann. Das gilt zB ebenfalls, wenn Rechner zum Betreiben eines eShops zur Verfügung gestellt werden, da der Provider in der Regel, außer zB wenn die Rechner direkt in den Räumen des Auftraggebers stehen, die Leistungsfähigkeit und anderen Funktionen der Rechner überprüft.[138] Insofern dürften auch ASP und Cloud Computing unter die Auftragsdatenverarbeitung fallen.[139] Problematisch ist in der Praxis jedoch die Abgrenzung zwischen der Auftragsdatenverarbeitung und dem **Outsourcing**, bei dem der Auftragnehmer verantwortlich iSd Datenschutzes ist.[140] Beim Outsourcing liegt im Gegensatz zur Auftragsdatenverarbeitung eine Funktionsübertragung und mithin eine datenschutzrechtlich relevante Übermittlung an den Funktionsnehmer vor. Diese wäre dann entsprechend wieder an den datenschutzrechtlichen Voraussetzungen für die Übermittlung zu messen, dh sie müsste gesetzlich oder durch Einwilligung erlaubt sein.[141] Im Wesentlichen kommt hier als gesetzlicher Erlaubnistatbestand nur § 28 Abs 1 Nr 2 BDSG – das Überwiegen eines berechtigten Interesses – in Betracht.[142] Bei sensitiven Daten sind zudem die § 28 Abs 6–9 BDSG zu beachten. Entscheidend ist daher, ob gem §§ 3 Nr 8, 11 Abs 3 BDSG „im Auftrag" verarbeitet wird, dh weisungsabhängig, oder nicht. Entscheidet der Auftragnehmer eigenverantwortlich und entscheidet er über die ordnungsgemäße Datenverarbeitung, liegt eine **Funktionsübertragung**, dh hier Outsourcing, vor.[143] Hinweis hierfür ist es zB, wenn Vertragsgegenstand nicht vorrangig die Datenverarbeitung, sondern andere Aufgaben sind, so dass die Datenverarbeitung eher selbstständig im Rahmen der eigentlichen Aufgabenerfüllung erfolgt. Weitere Indizien für eine Funktionsübertragung sind zB die Überlassung von Nutzungsrechten oder die Kontaktaufnahme des Auftragnehmers mit dem Betroffenen im eigenen Namen.[144] Hat der Dienstleister aber keine eigene Entscheidungsbefugnis, agiert er sozusagen nur als

134 BT-Drucks 16/13657, 18.
135 *Grützmacher* ITRB 2007, 183, 186.
136 BT-Drucks 16/13657, 18.
137 BT-Drucks 16/13657, 18.
138 Ausf *Müglich* CR 2009, 479, 481 f.
139 *Nägele/Jacobs* ZUM 2010, 281, 290.
140 Vgl *Grützmacher* ITRB 2007, 183; *Müglich* CR 2009, 479, 481.
141 Vgl ausf Rn 53 ff.
142 S Rn 59 ff.
143 Zur Auftragsdatenverabeitung im Ausland vgl Rn 175, 181.
144 Mit weiteren Beispielen *Müglich* CR 2009, 479, 481.

„verlängerter Arm" des Auftraggebers, ist er kein Dritter iSd § 3 Nr 8 BDSG;[145] es liegt dann eine Auftragsdatenverarbeitung vor. Auch im Konzern liegen zwischen den einzelnen Gesellschaften die oben beschriebenen Verhältnisse vor, dh auch innerhalb eines Konzerns müssen ggf Vereinbarungen zur Auftragsdatenverarbeitung geschlossen werden.[146] Wegen der komplizierten Regelungen zur Auftragsdatenverarbeitung wird derzeit vielfach eine „Flucht" aus der Auftragsdatenverarbeitung in die Funktionsübertragung diskutiert. Dies scheint aber zu kurz gedacht, denn auch die Funktionsübertragung erfordert in der Regel eine vertragliche Absicherung und wird gerade bei Übermittlung in „unsichere" Drittstaaten kompliziert. Außerdem verliert der Auftraggeber seine umfassenden Einflussmöglichkeiten auf die Datenverarbeitung.

c) **Automatisierte Verarbeitung und Verbot automatisierter Einzelentscheidung.** **43**
Automatisierte Verarbeitung ist die Erhebung, Verarbeitung oder Nutzung personenbezogener Daten unter Einsatz von Datenverarbeitungsanlagen. Eine nicht automatisierte Datei ist jede nicht automatisierte Sammlung personenbezogener Daten, die gleichartig aufgebaut und nach bestimmten Merkmalen zugänglich ist und ausgewertet werden kann.[147] Beispiele für eine nicht-automatisierte Datei sind Karteikartensammlungen oder Mikrofichesysteme, die ähnlich benutzbar sind, nicht hingegen einfache Listen, Bücher oder Register.[148]

Seit 2001 stellt § 6a BDSG **besondere Anforderungen an automatisierte Einzelentscheidungen.** § 6a will verhindern, dass Entscheidungen aufgrund von Persönlichkeitsprofilen ergehen, ohne dem Betroffenen die Möglichkeit zu geben, von den Bewertungsmaßstäben Kenntnis zu erhalten.[149] Entscheidungen sind solche, die auf Daten gestützt werden, die zum Zweck der **Bewertung einzelner Aspekte einer Person**, wie ihrer beruflichen Leistungsfähigkeit, ihrer Kreditwürdigkeit, ihrer Zuverlässigkeit oder ihres Verhaltens, erhoben wurden.[150] Hierzu zählen nicht Abhebungen am Geldausgabeautomaten, automatisierte Genehmigungen von Kreditkartenverfügungen oder der automatisiert gesteuerte Guthabenabgleich zur Ausführung von Überweisungs-, Scheck- oder Lastschriftaufträgen.[151] Es muss sich um eine Entscheidung handeln, die rechtliche Folgen nach sich zieht oder zumindest eine erheblich beeinträchtigende Wirkung hat. Eine solche Entscheidung liegt zB beim **Schufa-Scoring**[152] vor, denn je nach Scoring-Wert können sich die Konditionen eines abzuschließenden Vertrages ändern, bis hin zur Verweigerung des Vertragsabschlusses; ist ein negativer Score erst einmal übermittelt, wird sich selbst eine darauf folgende Entscheidung durch einen Sachbearbeiter auch maßgeblich auf diesen stützen.[153] Allerdings ist nur die reine automatisierte Entscheidung verboten; sobald es eine Überprüfung durch einen Menschen gibt, fällt die Entscheidung aus dem Anwendungsbereich des § 6a BDSG; das betrifft zB die automatisierte Vorauswahl, zB bei Personalentscheidungen.[154] Dies wurde nun in § 6a Abs 1 S 2 BDSG noch einmal klargestellt, der bestimmt, dass eine ausschließlich auf eine automatisierte Verarbeitung gestützte Entscheidung insbesondere dann vorliegt, wenn keine inhaltliche Bewertung und darauf gestützte Entschei- **44**

145 Vgl *Räther* DuD 2005, 461, 465.
146 Vgl ausf *Kohlhage* DuD 2009, 752, 753.
147 So legaldefiniert in § 3 Abs 2 BDSG.
148 Ausf *Bergmann/Möhrle/Herb* § 3 BDSG Rn 50 ff.
149 BT-Drucks 14/4329, 37.
150 BT-Drucks 14/4329, 37.
151 BT-Drucks 14/4329, 37.
152 Die Schufa hat ausweislich ihres Jahresberichts aus dem Jahr 2009 66 Mio Personen und 462 Mio Daten erfasst.
153 Ausf *Möller/Florax* MMR 2002, 806, 809; *Koch* MMR 1998, 458.
154 BT-Drucks 14/4329, 37.

dung durch eine natürliche Person stattgefunden hat. Insbesondere muss diese Person eine ausreichende Datengrundlage und die Befugnis zur Entscheidung haben.[155]

45 Das Verbot der automatisierten Einzelentscheidung gilt jedoch nicht, wenn die Entscheidung im Rahmen des Abschlusses oder der **Erfüllung eines Vertragsverhältnisses** oder eines sonstigen Rechtsverhältnisses ergeht und dem Begehren des Betroffenen stattgegeben wurde oder die Wahrung der berechtigten Interessen des Betroffenen durch **geeignete Maßnahmen** gewährleistet und dem Betroffenen von der verantwortlichen Stelle die Tatsache des Vorliegens einer solch automatisierten Entscheidung mitgeteilt sowie auf Verlangen die wesentlichen Gründe dieser Entscheidung mitgeteilt und erläutert. Als geeignete Maßnahme gilt insbesondere die Möglichkeit des Betroffenen, seinen Standpunkt geltend zu machen. Diese genauere Bestimmung einer geeigneten Maßnahme ebenso wie die ausdrückliche Verpflichtung der verantwortlichen Stelle findet sich seit dem 31.3.2010 nicht mehr im Gesetz. Anliegen des Gesetzgebers war es jedoch nicht, diese Regelungen inhaltlich zu streichen, sondern nur „kürzer zu fassen".[156] Daneben kommen auch andere Maßnahmen in Betracht. Maßstab ist insoweit die Effizienz der jeweiligen Maßnahme hinsichtlich der Wahrung des berechtigten Interesses der betroffenen Personen. Um dem Zweck dieser Regelung gerecht zu werden, muss der Betroffene über die Tatsache des Vorliegens einer Entscheidung iSv § 6a Abs 1 informiert werden. Die erneute Überprüfung darf nicht ausschließlich automatisiert erfolgen. § 6a Abs 3 gibt ferner ein Auskunftsrecht über den logischen Aufbau der automatisierten Verarbeitung; dies soll Transparenz für den Betroffenen schaffen. Selbstverständlich gilt auch hier der Schutz von Geschäftsgeheimnissen und der Schutz des geistigen Eigentums.[157]

46 d) **Anonymisieren und Pseudonymisieren. Anonymisieren** ist nach der Legaldefinition des § 3 Abs 6 BDSG das Verändern personenbezogener Daten derart, dass die Einzelangaben über persönliche oder sachliche Verhältnisse nicht mehr oder nur mit einem unverhältnismäßig großen Aufwand an Zeit, Kosten und Arbeitskraft einer bestimmten oder bestimmbaren natürlichen Person zugeordnet werden können. Unverhältnismäßig ist der Aufwand, wenn die Deanonymisierung zu aufwändig im Verhältnis zum Wert der Information ist bzw die Neubeschaffung einfacher wäre.[158] Bei der Entscheidung, ob eine Person bestimmbar ist, sollten insgesamt alle Mittel berücksichtigt werden, die vernünftigerweise entweder von der verantwortlichen Stelle oder von einem Dritten eingesetzt werden könnten, um die betreffende Person festzustellen.[159] Das Reidentifizierungsrisiko ist jedoch immer im Einzelfall zu bestimmen. Anonymisierte Daten unterfallen nicht mehr dem Datenschutzrecht, denn sie sind nicht mehr personenbezogen. Allerdings besteht immer die Gefahr, dass diese Daten durch das Hinzufügen von Zusatzwissen reindividualisiert werden können und dadurch deanonymisiert.[160]

47 Eine mögliche Anonymisierung und damit die Möglichkeit der Datenvermeidung sah der Gesetzgeber noch in der Verwendung von Prepaid-Karten.[161] Allerdings wer-

---

155 BT-Drucks 16/10259, 13.

156 BT-Drucks 16/13219, 8; es ist allerdings auch möglich, dass eine Streichung gar nicht beabsichtigt war und ein Redaktionsversehen vorliegt, vgl auch BT-Drucks 16/10259, 13.

157 BT-Drucks 14/4329, 37; Erwägungsgrund 41 RL 95/46/EG.

158 Vgl *Roßnagel/Scholz* MMR 2000, 721, 724.

159 So Erwägungsgrund 26 RL 95/46/EG.

160 Vgl *Roßnagel/Scholz* MMR 2000, 721, 723.

161 BT-Drucks 13/7385, 23.

den auch bei der Verwendung von **Prepaid-Systemen** Nutzungsdaten, zB die IP-Adresse oder Telefonnummer, benötigt, so dass auch hier die datenschutzrechtlichen Regelungen zu beachten sind.[162] Bestandsdaten über das für das Vertragsverhältnis Erforderliche hinaus müssen nach[163] einer Gesetzesänderung in § 111 Abs 1 TKG nun aber auch zusätzlich noch erhoben werden, so dass die Hoffnung, durch Prepaid-Systeme Daten „sparen" zu können, sich nicht erfüllt hat.[164]

Pseudonymisieren ist das Ersetzen des Namens und anderer Identifikationsmerkmale durch ein Kennzeichen zu dem Zweck, die Bestimmung des Betroffenen auszuschließen oder wesentlich zu erschweren (§ 3 Abs 6a BDSG). Pseudonymisierte Daten unterfallen noch dem Datenschutzrecht, denn die Bestimmung des Betroffenen ist zwar erschwert, aber nicht ausgeschlossen. Relativ gesehen kann hier aber bereits Anonymität vorliegen, denn für denjenigen, der die Pseudonymisierung nicht vorgenommen hat, ist vom Pseudonym in der Regel nicht auf den Betroffenen zu schließen.[165] Pseudonyme sind zB das Kfz-Zeichen, die Matrikelnummer oder der eBay-Benutzername. Pseudonyme können, wie bei der Matrikelnummer, von der verantwortlichen Stelle ausgegeben, wie bei der Benutzer-ID vom Betroffenen selbst gewählt oder wie bei einem Signaturschlüssel nach dem SigG von einem vertrauenswürdigen Dritten vergeben werden. Bei der Weitergabe dieser pseudonymisierten Daten an einen Dritten, der keine Referenzliste oder Zuordnungsregel zur Wiederherstellung des Bezugs zur Person hat, handelt es sich nicht um eine Übermittlung personenbezogener Daten.[166] Grds handelt es sich jedoch um personenbezogene Daten,[167] für die insbesondere im TMG auch einige spezielle Vorschriften gelten. 48

e) **Mobile personenbezogene Speicher- und Verarbeitungsmedien.** Mobile personenbezogene Speicher- und Verarbeitungsmedien sind Datenträger, (1) die an den Betroffenen ausgegeben werden, (2) auf denen personenbezogene Daten über die Speicherung hinaus durch die ausgebende oder eine andere Stelle automatisiert verarbeitet werden können und (3) bei denen der Betroffene diese Verarbeitung nur durch den Gebrauch des Mediums beeinflussen kann (§ 3 Abs 10 BDSG). Typischer Anwendungsfall sind EC-Karten, SIM-Karten, Krankenversicherungskarten, aber auch oft Kundenkarten; teilweise sind diese auch bereits mit **RFID**-Technologien ausgestattet. Nicht unter den Begriff der mobilen personenbezogenen Speicher- und Verarbeitungsmedien fallen jedoch die passiven Produkte-Tags mit RFID-Technologie, da es hier an der zweiten Voraussetzung, der Möglichkeit der automatisierten Verarbeitung von Daten, fehlt.[168] 49

Gem § 6c BDSG muss die Stelle, die ein Medium ausgibt oder ein Verfahren zur automatisierten Verarbeitung personenbezogener Daten, das ganz oder teilweise auf einem solchen Medium abläuft, auf dieses Medium aufbringt, ändert oder hierzu bereithält, den Betroffenen 50

162 Vgl auch Hoeren/Sieber/*Schmitz* 16.4 Rn 102.

163 Vgl zur alten Rechtslage BVerwG MMR 2004, 114 – Erhebung von Kundendaten bei Prepaid-Produkten.

164 Vgl aber BVerfG MMR 2007, 308 und Rn 104 f; zur Frage der Richtigkeit der erhobenen Kundendaten *Kessel/Juttner* K&R 2008, 413.

165 Zu den einzelnen Aufdeckungsrisiken und Vorsorgemaßnahmen vgl ausf *Roßnagel/Scholz* MMR 2000, 721, 727.

166 *Gola/Schomerus* § 3a Rn 10; *Roßnagel/Scholz* MMR 2000, 721, 727.

167 So auch Simitis/*Bizer* § 3 Rn 217; *Schleipfer* RDV 2008, 143, 146 ff; *Steidle/Pordesch* DuD 2008, 324, 327.

168 *Holznagel/Bennekoth* MMR 2006, 17, 21.

1. über seine Identität und Anschrift,
2. in allgemein verständlicher Form über die Funktionsweise des Mediums einschließlich der Art der zu verarbeitenden personenbezogenen Daten,
3. darüber, wie er seine Rechte nach den §§ 19, 20, 34 und 35 ausüben kann, *und*
4. über die bei Verlust oder Zerstörung des Mediums zu treffenden Maßnahmen

unterrichten, soweit der Betroffene nicht bereits Kenntnis erlangt hat.

IV. Medienprivileg – Datenschutz bei der Presse

51 Das Medienprivileg gem § 41 BDSG gibt den Ländern vor, dass diese in ihrer Gesetzgebung vorsehen müssen, dass für die Erhebung, Verarbeitung und Nutzung personenbezogener Daten von Unternehmen und Hilfsunternehmen der **Presse** ausschließlich zu eigenen journalistisch-redaktionellen oder literarischen Zwecken den Vorschriften der §§ 5 (Datengeheimnis), 9 (Technische und organisatorische Maßnahmen) und 38a (Verhaltensregeln) entsprechende Regelungen einschließlich einer hierauf bezogenen Haftungsregelung entsprechend § 7 (Schadensersatz) zur Anwendung kommen.[169] Da die Gesetzgebungskompetenz des Bundes für die Rundfunksender (bis auf die Deutsche Welle) nicht gilt, müssen die Länder die entsprechenden Regelungen vorsehen. § 41 BDSG enthält insofern nur eine Rahmenregelung. Die entsprechenden Regelungen finden sich daher im Rundfunkdienstestaatsvertrag (§ 47 RStV),[170] in den Landespressegesetzen und Landesdatenschutzgesetzen.[171] **Rundfunkanstalten** sind zwar nicht ausdrücklich in § 41 BDSG benannt, aus den Regelungen für die Deutsche Welle ist aber ersichtlich, dass diese vom Regelungsbereich umfasst sind.

52 Die Ausnahmeregelungen sind Ausfluss der **Pressefreiheit** (Art 5 Abs 1 S 2 GG), so dass der Pressebegriff ebenso wie im GG zu verstehen ist; zB sind auch Kunden- und Werkszeitungen erfasst.[172] In diesem Regelungsbereich bedarf es im Wesentlichen des Datenschutzes nicht, sondern hier werden sogar oft sensitive Daten zulässigerweise genutzt.[173] Geschützt ist die Veröffentlichung selbst und die hierzu durchgeführte Recherche.[174] Zu beachten ist jedoch, dass lediglich die Daten mit einer **journalistisch-redaktionellen oder literarischen Zweckbestimmung** von der Regelung umfasst sind. Für alle anderen gilt das BDSG; sie sind nicht privilegiert.[175] Hierunter fallen zB Honorardaten von freien Mitarbeitern, Reisekostenabrechnungen, die Abonnentenverwaltung und auch Leseranalysen oder GEZ-Daten.[176] Das bedeutet, dass zB die Übermittlung von Daten und deren automatische Auflistung beim Empfänger noch nicht unter das Medienprivileg fallen, weil die journalistisch-redaktionelle Tätigkeit fehlt,[177] wohl aber, wenn hierzu ein meinungsbildender Aspekt kommt und dieser

---

169 Spezialregeln nach dem BDSG gelten für die Deutsche Welle, da diese der Gesetzgebungskompetenz des Bundes unterfällt (§§ 41 Abs 2–4, 42 BDSG).

170 Der Mediendienstestaatsvertrag, der in das TMG übergegangen ist, ist am 1.3.2007 außer Kraft getreten.

171 ZB § 22a Berliner Pressegesetz und § 31 BlnDSG.

172 Vgl zum Pressebegriff und den presserechtlichen „Betroffenenrechten" ausf Band 4 Kap 2.

173 Vgl insb BVerfG DÖV 1973, 451 – Lebach-Urteil.

174 BGH DuD 1990, 371; vgl auch EuGH K&R 2009, 102.

175 Vgl auch LG Ulm MMR 2005, 265, 267.

176 *Gola/Schomerus* § 41 Rn 11 ff; Simitis/*Walz* § 41 Rn 15; zu den praktischen Problemen vgl *Eberle* MMR 2008, 508, 511 f.

177 BGH ZUM 2009, 753, 756 – spickmich.de; LG Köln MMR 2010, 278 – „Bilderbuch Köln".

nicht nur schmückendes Beiwerk ist.[178] Außerdem gilt die Privilegierung nur für eigene Zwecke, dh die kommerzielle Verwertung der journalistischen Datenbanken und Archive zu nicht-journalistischen Zwecken, insbesondere durch Dritte, ist nicht erfasst.[179] Dies ist zB der Fall, wenn Online-Recherchen im Datenbestand von außen zugelassen werden. Die Privilegierung kann aber auch unternehmensintern entfallen, wenn die Daten zB bei internen Marketing- oder Personalfragen genutzt werden. Gilt das Medienprivileg, sind nur die Regelungen des §§ 5, 9, 38a und, entsprechend hierauf bezogen, die Regelung zum Schadensersatz § 7 BDSG anwendbar. Daneben gelten die presserechtlichen Regelungen zur Gegendarstellung oä. Hier findet sich in den Landespressegesetzen auch oft ein Verweis zu den Regelungen für die Deutsche Welle nach § 41 Abs 2–4 BDSG.

§ 2
Materielles Datenschutzrecht

Ausgangspunkt des materiellen Datenschutzrechts ist die Frage, wann die Daten von Betroffenen verwendet werden dürfen. Hier definiert bereits das Volkszählungsurteil ein strenges Regel-Ausnahme-Verhältnis[180], dh ein **Verbot mit Erlaubnisvorbehalt.** Das bedeutet, dass Erhebung, Speicherung, Verarbeitung und Nutzung grundsätzlich verboten sind und nur in zwei Fällen erlaubt[181]: 53

1. **gesetzliche Erlaubnis**

oder

2. **Einwilligung des Betroffenen**

Einwilligungserklärung und die gesetzlichen Erlaubnistatbestände sind stets **restriktiv** auszulegen[182].

I. Gesetzliche Erlaubnistatbestände

Gesetzliche Erlaubnistatbestände[183] finden sich zB in §§ 13 ff BDSG (für öffentliche Stellen), §§ 28 ff BDSG (für nicht-öffentliche Stellen), §§ 14, 15 TMG (für Telemedien und über § 47 RStV für den Rundfunk), §§ 95 ff TKG (für Telekommunikation) und in zahlreichen Spezialgesetzen. Für Medienunternehmen besonders relevant sind die Vorschriften des BDSG für nicht-öffentliche Stellen, für Telemedien und ggf für die Telekommunikation, die im Folgenden näher erläutert werden sollen. 54

1. Nicht-öffentliche Stellen im BDSG

a) Eigene Geschäftszwecke (§ 28 Abs 1 Nr 1–3 BDSG). Bei der gesetzlichen Erlaubnis sind vor allem § 28 Abs 1 Nr 1–3 BDSG von Bedeutung. Hiernach ist das Erheben, Speichern, Verändern oder Übermitteln personenbezogener Daten oder ihre 55

178 So LG Köln MMR 2010, 278 – „Bilderbuch Köln".
179 Simitis/*Walz* § 41 Rn 16 f; Kilian/Heussen/*Weichert* Nr 137 Rn 3.
180 BVerfG NJW 1984, 419 – Volkszahlungsurteil; vgl auch *Garstka* DuD 1994, 243.
181 Vgl § 4 Abs 1 BDSG; § 12 Abs 1, 2 TMG.
182 OLG Celle NJW 1980, 347; Hoeren/Sieber/*Helfrich* 16.1 Rn 36; Simitis/*Simitis* § 4a Rn 44.
183 Hierzu zählen auch Tarifverträge und Betriebsvereinbarungen (BAG NJW 1987, 674, 677).

Nutzung als Mittel für die Erfüllung **eigener Geschäftszwecke** zulässig. Hiermit sind Datenverarbeitungen gemeint, die der Erfüllung bestimmter anderer, eigener Zwecke der Daten verarbeitenden Stelle dienen, dh wenn die Daten nur Mittel zum Zweck sind, aber nicht geschäftsmäßig verarbeitet werden,[184] wobei Letzteres durch § 29 BDSG erlaubt sein kann.[185] Dies ist besonders bei der Verarbeitung von **Kunden- und Arbeitnehmerdaten**[186] der Fall. Bei bspw **Wirtschafts- und Handelsauskunfteien** kann eine Verarbeitung sowohl nach § 28 (Inkassobüro) als auch nach § 29 bzw § 28a (Auskunftei) erfolgen; diese sind dann jedoch organisatorisch streng zu trennen.[187] Dies trifft auch auf **Bewertungs- und Meinungsportale** im Internet zu, wobei die personenbezogenen Daten, die von Dritten als Bewertungen eingestellt werden, nach § 29 BDSG zu beurteilen sind.[188]

56 Nach dem Erlaubnistatbestand in Nr 1 muss die Datenverarbeitung für die Begründung, Durchführung oder Beendigung eines rechtsgeschäftlichen oder rechtsgeschäftsähnlichen **Schuldverhältnisses** mit dem Betroffenen **erforderlich** sein. Die Datenverarbeitung ist erforderlich, wenn Daten mit Rücksicht auf den Zweck eines zwischen der verantwortlichen Stelle und den Betroffenen bestehenden Vertragsverhältnisses benötigt werden;[189] auch hier ist eine Vorratsdatenspeicherung nicht zulässig (vgl auch § 28 Abs 1 S 2). Der Zweck ergibt sich dabei aus dem Vertrag und muss jedenfalls von den Parteien durch gemeinsame Erklärungen ihrer rechtsgeschäftlichen Beziehung zugrunde gelegt worden sein[190]. Sobald der Vertrag, dh zB ein Kaufvertrag, durch die Lieferung und Zahlung erfüllt ist, müssen die Daten gelöscht werden oder das Unternehmen muss sich die Einwilligung des Kunden zur weiteren Speicherung einholen. Wenn die Daten, zB Name und Adresse, zur Abwicklung einer Bestellung im **Internet** erhoben werden, kann daraus keine Erlaubnis für die Verwendung von selbst firmengebundenen Werbeaktionen erwachsen. Wird die Leistung bspw durch Download einer Datei auf den Computer oder Übertragung auf das Mobiltelefon erbracht, besteht kein Grund für die Angabe der postalischen Adresse des Empfängers (außer, wenn die Rechnung auf diesem Weg gewünscht wird). Im Einzelfall können aber auch Angaben zulässig sein, die zwar nicht unverzichtbar für die Vertragserfüllung sind, aber zB die Vertragsabwicklung erleichtern; so dient das Geburtsdatum laut BGH bei dem Bonusprogramm Payback aufgrund dessen, dass 30 Millionen Teilnehmer vorliegen, der besseren Identifizierung als lediglich Name, Anschrift und Geburtsjahr.[191] Diese Rechtsprechung kann allerdings wieder in Zweifel gezogen werden, denn die kürzliche Änderung des § 28 Abs 1 Nr 1 erfolgte mit der ausdrücklichen Bestimmung des Bundesrates, das Erheben von „überschießenden" Daten zu verhindern.[192]

---

184 *Gola/Schomerus* § 28 Rn 4.

185 Wenn die Beratung im Vordergrund steht und nicht die Datenverarbeitung, fallen auch zB Steuerberater und Wirtschaftsprüfer unter § 28 BDSG (*Gola/Schomerus* § 28 Rn 5).

186 Vgl zu letzteren auch § 32a BDSG.

187 Vgl ausf *Gola/Schomerus* § 28 Rn 6 ff.

188 BGH ZUM 2009, 753, 756 – spickmich.de *Dix* DuD 2006, 330; *Dorn* DuD 2008, 98, 100; *Heller* ZUM 2008, 243, 245; aA OLG Köln GRUR-RR 2007, 26, 29 – spickmich.de; LG Duisburg MMR 2008, 691, 694 – spickmich.de.

189 Vgl LG Frankfurt aM MMR 2006, 769 – FIFA WM 2006, hier war die Erhebung der Ausweisnummer bei Kauf einer Eintrittskarte zur WM als zulässig betrachtet worden, weil sie bei der Einlasskontrolle und damit für den Vertragszweck benötigt wurde.

190 Simitis/*Simitis* § 28 Rn 79.

191 BGH CR 2008, 720, 724 – Payback.

192 BT-Drucks 16/12011, 41; BT-Drucks 16/13657, 18.

Damit ist dem Anlegen von **Kundenprofilen** im Sinne eines **Data Warehouse**[193] oder **Data Mining**[194] meist ein Riegel vorgeschoben. Diese sind datenschutzrechtlich bereits wegen der Grundsätze der Datensparsamkeit bzw -vermeidung und Zweckbindung bedenklich. Eine Einwilligung ist fast immer erforderlich;[195] es ist allerdings genau nach der Art der Daten und ihrer Erhebung zu unterscheiden.[196] Auch hier stellt der Grundsatz der Zweckbindung hohe Anforderungen, so dass eine Pauschaleinwilligung regelmäßig nicht genügen wird. Dasselbe trifft auf die Erhebung von **Akquisedaten**, zB Hobbys, Gewohnheiten und Vorlieben von Kunden, selbst im Rahmen einer Geschäftsbeziehung zu.[197] 57

Im Rahmen von **Bonus- oder Kundenkarten** ist die Erhebung von Kundendaten, wie Ort und Zeit des Karteneinsatzes und der getätigte Umsatz, zulässig, wenn dies zur Rabattgewährung bzw für Serviceleistungen im Rahmen des Kundenkartenvertrages erforderlich ist.[198] Die Art der Ware oder Dienstleistung hingegen dürfte nur dann zulässig sein, wenn sich danach zB die Höhe des Rabatts bestimmt. Hierfür können dann auch **RFID-Technologien** sowohl für die Kundenkarte als für den Kauf von Produkten (RFID-Tags an Produkten) verwendet werden.[199] Ein Problem ergibt sich aber zB dann, wenn ein RFID-Tag nicht vom ersten Geschäft, sondern einem anderen, in das der Kunde sich anschließend begibt, ausgelesen wird, denn der **Produkte-RFID-Tag** wird nicht automatisch deaktiviert, sondern kann auch von Dritten ausgelesen werden, denen keine Erlaubnis nach § 28 Abs 1 Nr 1 BDSG zusteht.[200] Hierfür wäre dann die Einwilligung des Kunden erforderlich, die aber regelmäßig nicht eingeholt wird. Aus diesem Grund werden ua Hinweispflichten für Unternehmen und Deaktivierungsmöglichkeiten für den Kunden gefordert.[201] 58

Gem § 28 Abs 1 Nr 2 ist das Erheben, Speichern, Verändern oder Übermitteln personenbezogener Daten oder ihre Nutzung als Mittel für die Erfüllung **eigener Geschäftszwecke** zulässig, soweit es **zur Wahrung berechtigter Interessen** der verantwortlichen Stelle erforderlich ist und kein Grund zu der Annahme besteht, dass das schutzwürdige Interesse des Betroffenen an dem Ausschluss der Verarbeitung oder Nutzung überwiegt. Der Begriff des berechtigten Interesses ist weit zu verstehen.[202] Es genügt jedes Interesse, das in wirtschaftlicher Hinsicht der Optimierung des Unternehmensgegenstandes und der Erreichung der geschäftlichen Ziele dient;[203] es genügt allerdings auch ein tatsächliches oder ideelles Interesse. Die Darlegungs- und Beweislast trifft die verantwortliche Stelle.[204] Die Datenverarbeitung muss jedoch auch **erforderlich** zur Wahrung dieses Interesses sein. Die Erforderlichkeit ist hierbei streng 59

193 Zentraler Datenspeicher zur Sammlung von (personenbezogenen) Daten.
194 Anwendung von (statistisch-mathematischen) Methoden auf einen Datenbestand wie ein Data Warehouse mit dem Ziel der Mustererkennung, dh hier zur Erstellung von Kundenprofilen.
195 *Podlech/Pfeifer* RDV 1998, 139; *Ladeur* MMR 2000, 715, 719; *Möncke* DuD 1998, 561; *Taeger* K&R 2003, 220; *Weichert* DuD 2001, 264; *Weichert* RDV 2003, 113; *Wittig* RDV 2000, 59.
196 Hoeren/Sieber/*Schmitz* 16.4 Rn 226.
197 Vgl *Gola/Schomerus* § 28 Rn 12.
198 *Holznagel/Bennekoth* MMR 2006, 17, 20; vgl auch *Wagner* DuD 2010, 30, 33.
199 Hierzu ausf *Holznagel/Bennekoth* MMR 2006, 17; LG Frankfurt aM MMR 2006, 769 – FIFA WM 2006.
200 *Holznagel/Bennekoth* MMR 2006, 17, 21.
201 Beschl der obersten Aufsichtsbehörden für den Datenschutz im nicht-öffentlichen Bereich am 8./9.11.2006 in Bremen; Arbeitspapier Datenschutzfragen im Zusammenhang mit der RFID-Technik der Art-29-Datenschutzgruppe 10107/05/DE WP 105 v 19.1.2005.
202 *Grützmacher* ITRB 2007, 183, 186; *Gola/Schomerus* § 28 Rn 33.
203 *Grützmacher* ITRB 2007, 183, 186.
204 Vgl ausf BGH NJW 1984, 436, 437; OLG Koblenz MMR 2010, 277.

auszulegen.[205] Überflüssige Daten dürfen nicht erhoben, verwendet oder genutzt werden, dh nicht mehr als für den Zweck notwendig.[206] Die Erforderlichkeit ist nicht mehr gegeben, wenn die Interessen auch **auf andere objektiv zumutbare Weise gewahrt werden können.** Das berechtigte Interesse ist nun wiederum im Einzelfall gegen das schutzwürdige Interesse des Betroffenen abzuwägen.[207] *„Dabei sind Art, Inhalt und Aussagekraft der beanstandeten Daten an den Angaben und Zwecken zu messen, denen die Speicherung dient. Nur wenn diese am Verhältnismäßigkeitsgrundsatz ausgerichtete Abwägung, die die speichernde Stelle vorzunehmen hat, keinen Grund zur Annahme bietet, dass die Speicherung der in Frage stehenden Daten zu dem damit verfolgten Zweck schutzwürdige Belange des Betroffenen beeinträchtigt, ist die Speicherung zulässig.*"[208]

60 Das Anlegen von **Kundenprofilen** kann daher gem § 28 Abs 1 Nr 2 BDSG zulässig sein.[209] Die Übermittlung von Adressaten an Dritte zwecks Werbung ist es jedenfalls nicht.[210] Bei der Übermittlung an sog **Auskunfteien** war früher regelmäßig § 28 Abs 1 Nr 2 BDSG zu prüfen; nun gibt es in § 28a BDSG hierfür einen gesonderten Tatbestand. Bei Warndiensten ist zudem zu berücksichtigen, dass durch evtl fehlende Voreintragungen ein falscher Eindruck von dem allgemeinen und aktuellen Vertragsverhalten entstehen kann, so dass eine Übermittlung unzulässig ist.[211] Beim **Scoring** wird die Kaufkraft und die Kreditwürdigkeit eines Kunden nach einer statistisch-mathematischen Analyse bewertet. Aus dieser Auswertung soll erkennbar sein, wie ein Kunde sich bei der Erfüllung gerade eines noch abzuschließenden Vertrages verhalten wird.[212] Bestimmte Daten, die für die Kreditwürdigkeit relevant sind, wie Einkommen und Beruf, können daher zulässig sein; Daten, die nicht relevant sind, wie Familienstand, Adresse und Alter, dagegen nicht.[213] Dies ist am konkreten Interesse zu prüfen. Für das Scoring, das früher ebenfalls nach § 28 Abs 1 Nr 2 zu beurteilen war, gibt es nun ebenfalls eine Sonderregelung in § 28b BDSG. Ein reines **Geoscoring**, dh ein Scoring für das ausschließlich Anschriftsdaten verwendet werden, ist gem § 28b Nr 3 BDSG nicht mehr zulässig.

61 Unzulässig ist zB die Speicherung von Nutzungsdaten in sog **Logfiles** zu Kontrollzwecken.[214] Hier protokollieren Anbieter – oftmals Betreiber öffentlicher Websites oder unternehmensinterner Intranets – die Nutzungen der einzelnen Nutzer mit, um entweder das Benutzerverhalten zu prüfen oder auch Missbrauch schneller nachverfolgen zu können.[215] Diese Protokollierung fällt jedoch nicht mehr in den Geschäftszweck, sofern das BDSG wegen § 12 Abs 1 TMG überhaupt noch Anwendung findet,[216] und auch eine Einwilligung wird nicht anzunehmen sein. Unzulässig wäre wohl auch die Feststellung mit **RFID**, wie lange sich welcher Kunde in welchem Geschäft bzw in welchen Abteilungen eines Geschäfts aufhält[217]. Problematisch ist ebenfalls die Verwendung von **DNS-Blacklisting** zur Spam-Filterung. Wird die DNS-

---

205 *Gola/Schomerus* § 28 Rn 34; Simitis/*Simitis* § 28 Rn 143.

206 *Bizer* DuD 2007, 350, 353.

207 Zur Interessenabwägung bei sog Asset-Tracking vgl ausf *Niedermeier/Schröcker* CR 2002, 241.

208 BGH NJW 1986, 2505, 2506.

209 Vgl auch *Eckhardt* MMR 2003, 557, 561; *Holznagel/Bennekoth* MMR 2006, 17, 20; *Wuermeling* CR 2001, 303, 304.

210 *Gola/Schomerus* § 28 Rn 39.

211 *Gola/Schomerus* § 28 Rn 40; OLG Düsseldorf RDV 2006, 124.

212 Ausf zum Kredit-Scoring *Weichert* DuD 2005, 582, 584.

213 *Weichert* DuD 2005, 582, 584.

214 Hoeren/Sieber/*Schmitz* 16.4 Rn 213; AG Mitte Urt v 27.3.2007, Az 5 C 314/06.

215 Vgl zu pseudonymisierten Webstatistiken Rn 82.

216 Vgl Rn 14.

217 *Holznagel/Bennekoth* MMR 2006, 17, 20.

Blacklist heruntergeladen, um dann den Abgleich der IP-Adressen offline durchführen zu können, wird man ein berechtigtes Interesse des Verwenders annehmen können, da legitime E-Mails möglichst schnell und störungsfrei übersandt werden sollen; beim elektronischen Abgleich der IP-Adressen der Absender aller E-Mails eines Postfachinhabers mit Online-DNS-Blacklists ist dieses Interesse jedoch zu verneinen, da insbesondere auch die IP-Adressen der Absender völlig legitimer E-Mails zum Abgleich übermittelt und überprüft werden, oftmals sogar an einen Blacklist-Anbieter in einem nicht sicheren Drittland iSd § 4c BDSG.[218]

Als Mittel für die Erfüllung eigener Geschäftszwecke ist es ebenfalls gem § 28 Abs 1 Nr 3 BDSG zulässig, wenn die **Daten allgemein zugänglich** sind oder die verantwortliche Stelle sie veröffentlichen dürfte, allerdings erneut nicht, wenn das schutzwürdige Interesse des Betroffenen an dem Ausschluss der Verarbeitung oder Nutzung gegenüber dem berechtigten Interesse der verantwortlichen Stelle offensichtlich überwiegt. Im Gegensatz zu Nr 2 muss das schutzwürdige Interesse des Betroffenen hier offensichtlich überwiegen, da die Daten in diesem Fall aus öffentlichen Quellen stammen; insbesondere die Meinungsfreiheit (Art 5 Abs 1 GG) und ein allgemeines Informationsinteresse sind zu berücksichtigen.[219] Die verantwortliche Stelle muss demnach – im Gegensatz zu Nr 2 – keine detaillierte Einzelprüfung vornehmen. **Allgemein zugängliche Quellen** sind zB Zeitungen, Zeitschriften, WWW, Rundfunk, Messen und Ausstellungen und öffentliche Register, wenn an die Einsichtnahme keine besonderen Anforderungen gestellt werden.[220] Allerdings zählen auch öffentliche Foren, Mailinglisten, Websites[221] oder Newsgroups hierzu, so dass zB die Erhebung von Email-Adressen oder anderen personenbezogenen Daten aus diesen Quellen zulässig sein kann.[222] 62

b) **Zwecke der Werbung (§ 28 Abs 3 BDSG).** Für **Medienunternehmen** von besonderem Interesse ist Verwendung für Zwecke der Werbung gem § 28 Abs 3 BDSG, der im Jahr 2009 neu eingefügt/gefasst wurde. § 28 Abs 3 S 1 legt darin zunächst den Grundsatz der Einwilligung bei Verwendung zum Zweck der Werbung fest. Die nachfolgenden Sätze lassen aber auch hier Möglichkeiten für eine gesetzliche Erlaubnis zu. Dabei ist die Verarbeitung oder Nutzung personenbezogener Daten zulässig, soweit es sich um listenmäßig oder sonst zusammengefasste Daten über Angehörige einer Personengruppe handelt, die sich auf die Zugehörigkeit des Betroffenen zu dieser Personengruppe, seine Berufs-, Branchen- oder Geschäftsbezeichnung, seinen Namen, Titel, akademischen Grad, seine Anschrift und sein Geburtsjahr beschränken, und die Verarbeitung oder Nutzung für bestimmte nachfolgend aufgezählte Zwecke erforderlich ist. Dabei weist der Düsseldorfer Kreis darauf hin, dass eine Übermittlung für Werbezwecke nur zulässig ist, wenn Herkunft der Daten und Empfänger gespeichert werden und eine Gruppenauswahl nach einem Merkmal erfolgt (**Listenübermittlung**). Die bisher weit verbreitete Praxis der Übermittlung von nach mehr als einem Merkmal selek- 63

218 Vgl ausf *Heidrich* CR 2009, 168; *Heidrich/Wegener* DuD 2010, 172.

219 BGH ZUM 2009, 753 – spickmich.de; OLG Köln GRUR-RR 2008, 26, 29 – spickmich.de; LG Köln MMR 2007, 729, 731 f – spickmich.de; LG Duisburg MMR 2008, 691, 694 – spickmich.de.

220 Schuldnerverzeichnis, Handels- und Vereinsregister, nicht aber das Grundbuch.

221 OLG Köln GRUR-RR 2008, 26, 29 – spickmich.de; LG Köln MMR 2007, 729, 731 f – spickmich.de; LG Duisburg MMR 2008, 691, 694 – spickmich.de; *Ballhausen/Roggenkamp* K&R 2008, 403, 408.

222 Hoeren/Sieber/*Schmitz* 16.4 Rn 225.

tierten Adressen ist unzulässig, wenn keine Einwilligung vorliegt.[223] Bei der Werbemaßnahme muss die erstmalig erhebende Stelle den Adressaten mitgeteilt werden.

64 Der erste benannte Zweck ist **Werbung für eigene Angebote** der verantwortlichen Stelle, die diese Daten mit Ausnahme der Angaben zur Gruppenzugehörigkeit beim Betroffenen nach § 28 Abs 1 S 1 Nr 1 oder aus allgemein zugänglichen Adress-, Rufnummern-, Branchen- oder vergleichbaren Verzeichnissen erhoben hat. Hiernach ist Werbung zum einen dann möglich, wenn der Anbieter im Rahmen eines Vertragsverhältnisses die Daten beim Betroffenen erhoben hat und sie dann auch für Eigenwerbung nutzen möchte. Mit dieser Möglichkeit wird der Betroffene auch regelmäßig rechnen; außerdem wird er im Rahmen eines Vertragsverhältnisses wissen, wie er sein Widerspruchsrecht ausüben kann[224]. Zum anderen ist aber auch die Erhebung aus allgemein zugänglichen Quellen möglich. § 28 Abs 3 S 3 ergänzt diesen Erlaubnistatbestand um die Möglichkeit des „Hinzuspeicherns". Dabei ist Abs 3 S 3 keine eigene Erhebungs- und Übermittlungsbefugnis, sondern setzt diese voraus. Die verantwortliche Stelle soll dabei in die Lage versetzt werden, zum Zwecke der Eigenwerbung selektieren und Kunden gezielter ansprechen zu können.[225] Nach Nr 2 besteht ein weiterer Zweck für **Werbung** im Hinblick auf die **berufliche Tätigkeit** des Betroffenen und unter seiner beruflichen Anschrift. Dies schließt nun auch Beschäftigte bei beruflich oder gewerblich Tätigen ein, zB den Leiter der Entwicklungsabteilung oder die Sekretärin der Geschäftsführung.[226] Zuletzt sind auch **Werbungszwecke für Spenden**, die nach § 10b Abs 1 und § 34g des EstG steuerbegünstigt sind, erlaubt. Für die Zwecke des Satz 2 dürfen gem Satz 4 die Daten im Weiteren übermittelt werden, wobei der Ursprung der Daten, die erstmalig erhebende Stelle, eindeutig hervorgehen muss.[227] Dabei handelt es sich um die Stelle, die die Daten erhoben hat und daher nicht unbedingt um die Stelle, von der die Daten übermittelt wurden, so dass die Mitteilung derartiger erforderlicher Angaben für den Übermittlungsempfänger ggf durch Vertrag abgesichert sein sollte.[228]

65 Für Zwecke der **Werbung für fremde Angebote** können personenbezogene Daten gem § 28 Abs 3 S 5 genutzt werden, wenn für den Betroffenen bei der Ansprache zum Zwecke der Werbung die für die Nutzung der Daten verantwortliche Stelle eindeutig erkennbar ist. Eindeutig erkennbar bedeutet, dass der Betroffene die verantwortliche Stelle ohne Zweifel und mit seinen Kenntnissen und Möglichkeiten identifizieren kann.[229] Eine Erkennbarkeit **„bei der Ansprache"** ist außerdem nach der Gesetzesbegründung nicht gegeben, wenn der Betroffene anhand eines Kennzeichens oder einer Nummer lediglich die Möglichkeit erhält, durch weiteres Tätigwerden die Stelle zu identifizieren; einer eindeutigen Erkennbarkeit bei der Ansprache genügt nur eine Bezeichnung im Klartext.[230] Beispiele für den neuen Erlaubnistatbestand sind die **Beipackwerbung**, bei der dem Rechnungs- oder Warenversand Fremdwerbung „beigepackt" wird[231], und die **Empfehlungswerbung**, bei der etwa ein Unternehmen seine Kundendaten im Interesse eines anderen Unternehmens nutzt, indem es seinen Kunden im Werbeanschreiben ein Angebot des anderen Unternehmens empfiehlt.[232] Eine

---

223 Beschl des Düsseldorfer Kreises v 26./27.11. 2010.
224 BT-Drucks 16/12011, 31.
225 BT-Drucks 16/12011, 32.
226 Beispiele aus der Gesetzesbegründung BT-Drucks 16/13657, 19.
227 BT-Drucks 16/13657, 19.
228 Vgl *Eckhardt* DuD 2009, 587, 593.
229 BT-Drucks 16/13657, 19.
230 BT-Drucks 16/13657, 19.
231 Vgl *Grentzenberg/Schreibauer/Schuppert* K&R 2009, 368, 371.
232 BT-Drucks 16/13657, 19.

Übermittlung ist jedoch nicht vorgesehen.[233] Ob die Abwägung nach § 28 Abs 3 S 6 BDSG auch für Satz 5 gilt, ist offen. Der Wortlaut ist zwar eindeutig, nahe liegt jedoch ein redaktionelles Versehen bei der Änderung der letzten Entwurfsfassung.[234] Aufgrund der kürzlich erfolgten Gesetzesänderung sind noch die Übergangsvorschriften des § 47 BDSG zu beachten, die für Zwecke der Werbung noch bis zum 31.8.2012 gelten. In einem Beschluss des Düsseldorfer Kreises weisen die Datenschutzaufsichtsbehörden aber darauf hin, dass für Daten, deren erstmalige Speicherung nicht eindeutig erkennbar ist, die neuen Regelungen angewendet werden.[235]

c) **Andere Zwecke (§ 28 Abs 2, 5 BDSG).** Eine Übermittlung oder Nutzung zu einem anderen Zweck ist gem § 28 Abs 2 und 5 in engen Grenzen möglich: **66**

1. erneut unter den bereits genannten Voraussetzungen des § 28 Abs 1 S 1 Nr 2 und 3 (§ 28 Abs 2 Nr 1),
2. zur Wahrung von berechtigten Interessen Dritter (§ 28 Abs 2 Nr 2a)),
3. zur Gefahrenabwehr und zur Verfolgung von Straftaten (§ 28 Abs 3 Nr 2b)),
4. zur wissenschaftlichen Forschung (§ 28 Abs 2 Nr 3),
5. für Dritte ebenfalls unter den Voraussetzungen dieser Abs 2 und 3 (§ 28 Abs 5).

Im Falle der Werbung und Markt- und Meinungsforschung hat der Betroffene nach § 28 Abs 4 BDSG ein **Widerspruchsrecht**, auf das die verantwortliche Stelle hinzuweisen hat. Nach Ausübung des Widerspruchs sind die Daten zu sperren.[236] Hierzu genügt auch ein Telefonanruf oder eine konkludente Erklärung oder der Hinweis „Annahme verweigert".[237] Diese Erklärung kann auch gegenüber einem Erfüllungsgehilfen oder Auftragnehmer der verantwortlichen Stelle, zB dem Interviewer eines Meinungsforschungsunternehmens, abgegeben werden. Der Eintrag in eine sog **Robinson-Liste**[238] genügt nicht. Bei der Vermarktung von Adressen wird man es jedoch zu den Sorgfaltspflichten der betreffenden Stelle zählen dürfen, ihre Liste mit der Robinson-Liste abzugleichen und die betreffenden Daten entsprechend zu löschen bzw zu sperren.[239] Der Hinweis auf das Widerspruchsrecht muss nicht den Anforderungen an die Einwilligung genügen, darf allerdings auch nicht versteckt werden.[240] Ein Verstoß gegen diese Hinweispflicht ist eine Ordnungswidrigkeit (§ 43 Abs 1 Nr 3 BDSG). **67**

Diese Regelungen korrelieren auch mit den allgemeinen Regelungen des BGB (§§ 823, 1004 BGB) und § 7 Abs 2 UWG, § 6 TMG zur Abwehr von **Briefkastenwerbung, Spam** und **Cold Calls.**[241] Die Nutzung auch von allgemein zugänglichen Daten (zB auf einer Website) zu wettbewerbswidrigen Zwecken ist zudem auch datenschutzrechtlich immer rechtswidrig.[242] **68**

d) **Spezialregelungen für sensitive Daten (§ 28 Abs 6–9 BDSG).** Eine gesetzliche Erlaubnis für besondere personenbezogene Daten (§ 3 Abs 9 BDSG)[243] ist nur unter besonderen Umständen gem § 28 Abs 6 BDSG möglich, zB wenn dies zum Schutz **lebenswichtiger Interessen des Betroffenen** (zB eine erforderliche medizinische Be- **69**

---

233 *Eckhardt* DuD 2009, 587, 593.
234 Vgl ausf *Eckhardt* DuD 2009, 587, 593.
235 Beschl des Düsseldorfer Kreises vom 26./27.11.2009.
236 Vgl Rn 142 ff.
237 *Gola/Schomerus* § 28 Rn 59.
238 Hierzu *Weichert* WRP 1996, 522, 531 f.
239 *Gola/Schomerus* § 28 Rn 60; ausf *Mattke* 249 ff; *Weichert* WRP 1996, 522, 531 f.
240 Vgl ausf *Gola/Schomerus* § 28 Rn 62 ff.
241 Näheres vgl Band 3 Kap 1; Band 5 Kap 1.
242 Vgl nur *Gola/Schomerus* § 28 Rn 54b; aA LG Kiel RDV 2000, 226.
243 Vgl zum Begriff Rn 17.

handlung) oder eines Dritten erforderlich ist, sofern der Betroffene aus physischen oder rechtlichen Gründen außerstande ist, seine Einwilligung zu geben, und in bestimmten Fällen für die wissenschaftliche Forschung. Gem § 28 Abs 6 Nr 3 ist die Verwendung aber auch dann erlaubt, wenn dies zur Geltendmachung, Ausübung oder Verteidigung rechtlicher Ansprüche (iSd § 194 BGB) erforderlich ist und kein Grund zu der Annahme besteht, dass das schutzwürdige Interesse des Betroffenen an dem Ausschluss der Erhebung, Verarbeitung oder Nutzung überwiegt, zB innerhalb von Dienstverhältnissen.[244] Die Abs 7–9 enthalten zudem Privilegien aus medizinischen Gründen, zur Gefahrenabwehr und Strafverfolgung und für zB religiöse Organisationen ohne Erwerbszweck.

70 e) **Geschäftsmäßige Datenerhebung und -speicherung zum Zweck der Übermittlung (§ 29 BDSG).** Werden Daten nicht zu eigenen Zwecken, sondern geschäftsmäßig erhoben, bleibt nur der Rückgriff auf §§ 29 ff BDSG. **Geschäftsmäßig** bedeutet jede auf eine gewisse Dauer angelegte Tätigkeit. Das schließt auch ein erstmaliges Tätigsein ein, wenn Wiederholungsabsicht besteht.[245] Entgeltlichkeit ist kein Kriterium.[246] Für die Verarbeitung oder Nutzung der übermittelten Daten gilt § 28 Abs 4 und 5 BDSG. Die Bestimmungen der § 28 Abs 6 bis 9 BDSG für sensitive Daten gelten ebenfalls entsprechend.[247] Am 1.4.2010 sind außerdem neue Erlaubnistatbestände speziell für die Datenübermittlung an Auskunfteien und für das Scoring in Kraft getreten, mit erweiterten Auskunftsansprüchen.[248]

71 (1) **Erheben, Speichern oder Verändern der Daten (§ 29 Abs 1 BDSG).** Das geschäftsmäßige Erheben, Speichern oder Verändern personenbezogener Daten zum Zweck der Übermittlung ist nach § 29 Abs 1 BDSG in **drei Fällen** zulässig, wenn

1. kein Grund zu der Annahme besteht, dass der Betroffene ein schutzwürdiges Interesse an dem Ausschluss der Erhebung, Speicherung oder Veränderung hat,
2. die Daten aus allgemein zugänglichen Quellen[249] entnommen werden können oder die verantwortliche Stelle sie veröffentlichen dürfte, es sei denn, dass das schutzwürdige Interesse des Betroffenen an dem Ausschluss der Erhebung, Speicherung oder Veränderung offensichtlich überwiegt, *oder.*
3. für die Datenübermittlung an Auskunfteien unter den Voraussetzungen des § 28a Abs 1, 2 BDSG.

72 Im ersten Fall ist erneut, wie bei § 28 Abs 1 S 1 Nr 2 BDSG, das berechtigte Interesse der verantwortlichen Stelle mit dem schutzwürdigen Interesse des Betroffenen im Einzelfall abzuwägen.[250] Sind die Interessen als gleichrangig einzustufen, ist die Datenerhebung unzulässig.[251] Die Beweislast trägt allerdings der Betroffene.[252] Insgesamt müssen konkrete Anhaltspunkte für ein entgegenstehendes schutzwürdiges Interesse des Betroffenen bestehen. Die betreffende Stelle muss jedoch prüfen, ob die übermittelten Daten jedenfalls korrekt sind.[253] Besonders zu beachten ist das Interesse der Betroffenen bei Daten, die sich negativ für sie auswirken können.[254] Für die klassi-

244 *Gola/Schomerus* § 28 Rn 73.
245 *Gola/Schomerus* § 29 Rn 4.
246 LG Ulm MMR 2005, 265, 266.
247 Vgl Rn 69.
248 Diese Tatbestände sollen hier nicht näher behandelt werden.
249 Vgl zur Auslegung § 28 Abs 1 S 1 Nr 3 BDSG.
250 LG Köln RDV 2008, 28, 30; vgl hierzu Rn 57.
251 Simitis/*Ehmann* § 29 Rn 159 ff.
252 Simitis/*Ehmann* § 29 Rn 167.
253 LG Paderborn MDR 1981, 581.
254 Vgl zB OLG Düsseldorf RDV 2006, 124; aA wohl OLG Frankfurt aM CR 2001, 294.

schen Fälle des Scoring und der Datenübermittlung an Auskunfteien wurden nun eigene Tatbestände in den § 28a und § 28b BDSG geschaffen.

Nach Abs 1 Nr 1 ist aber auch die Erhebung und Speicherung von Bewertungen bei **Bewertungsportalen** wie meinprof.de[255] oder spickmich.de zu bewerten.[256] Wenngleich – zB im Fall meinprof.de – die Grunddaten wie Name und Lehrveranstaltung dem Vorlesungsverzeichnis oder der Website der Universität zu entnehmen sind,[257] handelt es sich bei den Bewertungen, die auch personenbezogene Daten darstellen können, nicht um Daten aus allgemein zugänglichen Quellen, so dass Nr 1, und nicht Nr 2, zu prüfen ist. Für die Zulässigkeit spricht im Rahmen der dann notwendigen Interessenabwägung, dass es sich um eine öffentlich angebotene Dienstleistung handelt, die bewertet wird,[258] dagegen spricht die erhöhte Möglichkeit einer Schmähkritik in derartigen Portalen,[259] die solchen Bewertungsportalen immanente fehlende Objektivität, die enorme Breitenwirkung eines solchen Portals durch die weltweite Abrufbarkeit[260] und auch die Anonymität dieses Mediums. Eine generelle Prüfungspflicht kann dennoch den Betreibern nicht auferlegt, aber eine Registrierung, bei der auch Angaben zur Schule oder Hochschule verlangt werden.[261] 73

Im Falle spickmich.de – einem Schulportal – hat der BGH[262] das Recht der klagenden Lehrerin auf informationelle Selbstbestimmung mit dem allgemeinen Kommunikationsgrundrecht abgewogen. Bzgl des Rechts auf informationelle Selbstbestimmung wertete der BGH die Bewertungen zu Recht in den Bereich der Sozialsphäre, da es sich um die berufliche Tätigkeit der Klägerin handelte. Der BGH stellte weiterhin fest, dass es sich im konkreten Fall weder um unsachliche Schähkritik noch um Formalbeleidigungen oder um Angriffe auf die Menschenwürde handelte. Außerdem habe spickmich.de zahlreiche Vorkehrungen getroffen, wie keine mehrfach Registrierung zuzulassen, Registrierung nur bei Kenntnissen von der Schule zu erlauben, eine Löschung nach 12 Monaten zu veranlassen, wenn keine Neubewertung erfolgt, die Vorgabe von Bewertungskriterien einzuführen, eine „Hier stimmt was nicht"-Schaltfläche vorzusehen und eine Anzeige einer Note erst ab zehn[263] Bewertungen zuzulassen.[264] Ein schutzwürdiges Interesse der Klägerin gegenüber dem schutzwürdigen Informationsinteresse der Schüler, Eltern und Lehrer war daher nicht gegeben; die 74

---

255 Der Berliner Datenschutzbeauftragter ging hier von einem Verstoß aus und verhängte ein Bußgeld gegen meinprof.de (http://www.heise.de/newsticker/Datenschuetzer-verhaengt-Bussgeld-gegen-Bewertungsportal-meinprof-de-/meldung/107123).

256 BGH ZUM 2009, 753, 756 – spickmich.de; *Dix* DuD 2006, 330; LG Berlin CR 2007, 742 – meinprof.de; LG Regensburg Urt v 2.2.2009, Az 1 O 1642/08 (2); *Ballhausen/Roggenkamp* K&R 2008, 403, 407; *Greve/Schärdel* MMR 2008, 644, 646 f; aA OLG Köln ZUM 2008, 869, 874 – spickmich.de; LG Duisburg MMR 2008, 691, 694 – spickmich.de.

257 Vgl auch LG Regensburg Urt v 2.2.2009, Az 1 O 1642/08 (2).

258 *Dix* DuD 2006, 330.

259 Vgl hierzu LG Berlin CR 2007, 742 – meinprof.de zur Störerhaftung für Schmähkritik.

260 *Dix* DuD 2006, 330, 331; *Greve/Schärdel* MMR 2008, 644, 648.

261 So auch *Greve/Schärdel* MMR 2008, 644, 649.

262 BGH ZUM 2009, 753, 757 ff – spickmich.de; die Verfassungsbeschwerde gegen dieses Urteil wurde ohne Begründung nicht zur Entscheidung angenommen, BVerfG Beschl v 16.8.2010, Az 1 BvR 1750/09; krit zum Ergebnis der Interessenabwägung *Graef* ZUM 2009, 729.

263 Das Unternehmen hatte am Anfang die Bewertung bei vier vorhandenen Bewertungen angezeigt und im Laufe des Verfahrens auf zehn erhöht; zur genauen zulässigen Anzahl hat sich der BGH entsprechend nicht geäußert.

264 Zum Mindeststichprobenumfang vgl *Peifer/Kamp* ZUM 2009, 185, 190.

Speicherung und Nutzung gem § 29 Abs 1 Nr 1 BDSG ist zulässig. Bei der Übermittlung der Daten an die registrierten Nutzer der Plattform ist eine Darlegung eines berechtigten Interesses erforderlich, was jedoch in der Praxis so gut wie nie erfolgt.[265] Hier nahm der BGH schließlich eine verfassungskonforme Auslegung des § 29 Abs 2 BDSG vor, denn die Darlegung und Aufzeichungspflicht sind im Internet schwerlich möglich;[266] die entsprechende Auslegung ist daher durch das Recht auf uneingeschränkte Kommunikationsfreiheit und das Recht des Internetnutzers auf Anonymität geboten.[267]

75 Bei Bewertungsplattformen ist deshalb eine **Abwägung im Einzelfall** unerlässlich. Eine sinnvolle Einschränkung der Problematik kann sich beispielweise aber dadurch ergeben, dass die Bewertung von Unternehmen/Unternehmern und Privatpersonen unterschieden werden kann.[268] Unternehmer (auch Ärzte und Anwälte) begeben sich mit ihrem Leistungsangebot auf den Markt und müssen sich dann auch darauf einstellen, dass der Markt das Leistungsangebot bewertet. Personen werden hier also nur mittelbar bewertet; die Dienstleistungen stehen im Vordergrund. Bei Privatpersonen muss im Weiteren dann zwischen der beruflichen Tätigkeit („spickmich.de") und dem rein privaten („rottenneighbor.com" oder „dontdatehim.com") unterschieden werden. Letzteres dürfte regelmäßig unzulässig sein, wohingegen die berufliche Tätigkeit nach den Grundsätzen des BGH zulässig sein kann. Hier ist vor allem darauf zu achten, dass eine Person nur jeweils einmal bewertet werden darf,[269] die bewertende Person tatsächlich eine Beziehung zu der bewerteten Person bzgl der bewerteten Leistung hat und die übrigen Grundsätze wie die Registrierung eingehalten werden.

76 Ebenfalls nach § 29 Abs 1 Nr 1 bzw Nr 2 sind die Fälle der **Abbildung von Wohnhäusern** mit sichtbaren Hausnummern zu behandeln, in dem die Interessen der sichtbaren Bewohner der Häuser in ihrer Sozialsphäre mit den Interessen eines Internet-Angebots mit Bildern – im Fall des LG Köln zB zum aktuellen und historischen Köln – abgewogen wurde.[270] Das LG Köln entschied die Interessenabwägung zu Gunsten des Internet-Anbieters, da ja auch jeder Passant Haus, Hausnummer und Name am Klingelschild lesen könne und durch das Internet-Angebot ein Informationsinteresse der Öffentlichkeit befriedigt werde. Die Begründung des LG Köln ist kritisch zu hinterfragen. Nur allein aus der Tatsache, dass Daten öffentlich zugänglich sind, kann nicht geschlussfolgert werden, dass sie ohne Weiteres datenschutzrechtlich erhoben und übermittelt werden dürfen, wie schon die gesetzliche Regelung des § 29 Abs 1 Nr 2 BDSG zeigt, den das VG Karlsruhe in einer älteren Entscheidung zu Recht angesprochen hat.[271] Das VG Karlsruhe verneinte das offensichtlich schutzwürdige entgegenstehende Interesse des Betroffenen beim „begrenzten Aussagegehalt der Abbildung einer Gebäudefassade".[272] Ebensowenig kann die Schlussfolgerung des LG Köln für die Sozialsphäre allgemein gelten, wie § 23 Abs 2 KUG zeigt.[273] Außerdem ist im Einzelfall viel stärker zu differenzieren, wie detailliert die Aufnahmen sind, ob Kfz-Kennzeichen und Personen erkennbar sind und ggf auch noch im Verhältnis zum Aufnahmedatum stehen etc. Eine grundsätzliche gesetzliche Erlaubnis für derartige Angebote ist

---

265 *Peifer/Kamp* ZUM 2009, 185, 187.
266 BGH ZUM 2009, 753 – spickmich.de.
267 BGH ZUM 2009, 753, 758 – spickmich.de.
268 So ausf *Gomille* ZUM 2009, 815, 820 ff.
269 *Gomille* ZUM 2009, 815, 822.
270 LG Köln MMR 2010, 278 – „Bilderbuch Köln".
271 VG Karlsruhe MMR 2000, 181; vgl auch *Spiecker gen Döhmann* CR 2010, 311, 316.
272 VG Karlsruhe MMR 2000, 181.
273 *Gomille* ZUM 2009, 815, 818; zur Rechtfertigung bzgl des Bildnisschutzes nach dem KUG unter dem Aspekt „Person als Beiwerk" vgl *Lindner* ZUM 2010, 292, 294 f.

auch aus dem LG Köln-Urteil nicht zu entnehmen. Das Projekt Google Street View steht auch weiterhin auf dem datenschutzrechtlichen Prüfstand.[274] Der Düsseldorfer Kreis hat bereits 2008 erklärt, dass die Veröffentlichung von georeferenziert und systematisch bereit gestellten Bilddaten unzulässig ist, wenn hierauf Gesichter, Kraftfahrzeugkennzeichen[275] oder Hausnummern erkennbar sind. Im jedem Fall muss es eine Widerspruchsmöglichkeit vor Erhebung aber auch nach der Veröffentlichung geben.[276] Problematisch ist aber nicht nur die Veröffentlichung der Daten, sondern auch die Speicherung der unveränderten Rohdaten; auch hierfür müssen für die Speicherung dieselben Voraussetzungen vorliegen wie für die Veröffentlichung der Daten.[277]

Beim Erlaubnistatbestand nach § 29 Abs 1 Nr 2 – der Zulässigkeit bei Entnahme der Daten aus öffentlich zugänglichen Quellen, sind erneut die Grundsätze zu § 28 Abs 1 S 2 BDSG anzuwenden.[278] Außerdem gilt für alle drei Erlaubnistatbestände nach § 29 Abs 1 BDSG der Grundsatz der Zweckbestimmung, so dass auch hier eine Vorratspeicherung nur mit Einwilligung der Betroffenen möglich ist.[279] **77**

(2) **Übermittlung der Daten (§ 29 Abs 2 BDSG).** Die Übermittlung im Rahmen der Zwecke nach § 29 Abs 1 BDSG ist zulässig, wenn **78**

1. der Dritte, dem die Daten übermittelt werden, ein berechtigtes Interesse an ihrer Kenntnis glaubhaft dargelegt hat *und*
2. kein Grund zu der Annahme besteht, dass der Betroffene ein schutzwürdiges Interesse an dem Ausschluss der Übermittlung hat.

Bei der Übermittlung nach Satz 1 Nr 1 sind die Gründe für das Vorliegen eines berechtigten Interesses und die Art und Weise ihrer **glaubhaften Darlegung** von der übermittelnden Stelle aufzuzeichnen. Nach diesem Erlaubnistatbestand ist auch regelmäßig die Zulässigkeit der Datenübermittlung bei **Bewertungsportalen** zu beurteilen.[280] Im Rahmen einer geschlossenen Benutzergruppe kann hier zB beim Abschluss des Nutzervertrags überprüft werden, ob ein berechtigtes Interesse tatsächlich vorliegt.[281] Ist das nicht möglich, ist mit dem BGH bzgl. der Darlegung des berechtigten Interesses und dessen Aufzeichung § 29 Abs 2 Nr 1 BDSG im Internet verfassungskonform dahingehend auszulegen, dass auf diese Erfordernisse verzichtet werden kann, da sie mit der Meinungsfreiheit und dem Recht auf Anonymität der §§ 12 TMG nicht vereinbar wären und der Gesetzgeber bei der Einführung des § 29 BDSG im Jahr 1991 noch nicht an die heutigen technischen Möglichkeiten gedacht hat.[282] **79**

---

274 Am 9.7.2010 hat der Bundesrat einen Gesetzesentwurf mit einem speziellen Erlaubnistatbestand in § 30b BDSG eingebracht (BR-Drucks 259/10 (Beschl)); vgl auch BR-Drucks 707/1/10; Google selbst hatte 2009 13 Zusagen an den Düsseldorfer Kreis gegeben, ua Verpflichtungen zur Verschleierung und Widerspruchmöglichkeiten (vgl http://www.hamburg.de/datenschutz/aktuelles/1569338/google-street-view-zusage.html) und außerdem ein Rechtsgutachten in Auftrag gegeben (http://www.iri.uni-hannover.de/streetview.html); vgl auch Schweizer BVG Urt v 30.3.2011, Az A-7040/2009.

275 So auch *Wrede* DuD 2010, 225, 228 für den Fall der Überwachung durch eine Webcam.

276 Beschl des Düsseldorfer Kreises v 13./14.11.2008.

277 So auch *Fickert* DuD 2009, 495, 498; *Lindner* ZUM 2010, 292, 300.

278 Vgl Rn 62.

279 Vgl zur Auslegung Rn 60.

280 BGH ZUM 2009, 753, 758 f – spickmich.de; *Dorn* DuD 2008, 98, 100; *Heller* ZUM 2008, 243, 245; aA OLG Köln ZUM 2008, 869, 874 – spickmich.de; LG Duisburg MMR 2008, 691, 694 – spickmich.de.

281 *Heller* ZUM 2008, 243, 245.

282 BGH ZUM 2009, 753, 758 f – spickmich.de.

Auch hier gibt es ein Widerspruchsrecht (§ 29 Abs 4 iVm § 28 Abs 4 BDSG), auf das hinzuweisen ist. § 28 Abs 3 bis 3b BDSG gelten im Rahmen ihrer Zwecke entsprechend.[283] Bei der Übermittlung im automatisierten Abrufverfahren obliegt die **Aufzeichnungspflicht** dem Dritten, dem die Daten übermittelt werden. Für die glaubhafte Darlegung genügt eine Kurzbeschreibung, um den Bezug zum konkreten Vorgang herzustellen.[284] Die Aufzeichnungen sollten solange aufbewahrt werden, wie mit Schadensersatzansprüchen der Betroffenen zu rechnen ist. Durch die Aufzeichnungspflicht soll der Entscheidung der Betroffenen stärker Rechnung getragen werden. Die übermittelnde Stelle hat seit dem 1.4.2010 gem Abs 3 S 5 Stichprobenverfahren nach § 10 Abs 4 S 3 BDSG durchzuführen und dabei auch das Vorliegen eines berechtigten Interesses einzelfallbezogen festzustellen und zu überprüfen. Für die Abwägung des schutzwürdigen Interesses gem § 29 Abs 2 Nr 2 BDSG gilt erneut das zu § 29 Abs 1 Nr 1 BDSG Gesagte.[285]

80 (3) **Aufnahme in Verzeichnisse.** Die Aufnahme personenbezogener Daten in **elektronische oder gedruckte Adress-, Rufnummern-, Branchen- oder vergleichbare Verzeichnisse** hat gem § 29 Abs 3 BDSG zu unterbleiben, wenn der entgegenstehende Wille des Betroffenen aus dem zugrunde liegenden elektronischen oder gedruckten Verzeichnis oder Register ersichtlich ist, denn dann liegt bereits ein entgegenstehendes schutzwürdiges Interesse vor, das hier durch § 29 Abs 3 BDSG noch einmal ausdrücklich kodifiziert wird. Der Empfänger der Daten hat sicherzustellen, dass Kennzeichnungen aus elektronischen oder gedruckten Verzeichnissen oder Registern bei der Übernahme in weitere Verzeichnisse oder Register übernommen werden. In diesem Rahmen ist insbesondere die Regelung für die Teilnehmerverzeichnisse gem § 104 TKG zu beachten.[286] Die Verletzung dieser Pflicht ist bußgeldbewehrt (§ 43 Abs 1 Nr 7 BDSG).

81 **f) Geschäftsmäßige Datenerhebung und -speicherung zum Zweck der Übermittlung in anonymisierter Form (§ 30 BDSG).** Werden personenbezogene Daten geschäftsmäßig erhoben und gespeichert, um sie in **anonymisierter Form** zu übermitteln, sind gem § 30 Abs 1 BDSG die Merkmale gesondert zu speichern, mit denen Einzelangaben über persönliche oder sachliche Verhältnisse einer bestimmten oder bestimmbaren natürlichen Person zugeordnet werden können. Werden Daten dagegen zB von Instituten sofort anonymisiert, per Post mit Datentrennung erhoben, greift der Datenschutz von Anfang an nicht. Bleibt der Personenbezug aber nach Erhebung bestehen, wenn auch nur im Gedächtnis eines Interviewers, ist § 30 BGDG anwendbar, auch wenn die Daten nur in anonymisierter Form weitergegeben werden.[287] § 30 gilt ferner nur für kommerzielle und geschäftsmäßige Erhebung; anderenfalls kommt § 40 BDSG in Betracht.[288] Eine Erhebung zu eigenen Zwecken unterfällt jedoch § 28 BDSG.

82 § 30 BDSG regelt für die Erhebung und Speicherung der Daten nur die **Datentrennung**; für ihre Zulässigkeit selbst bleibt es daher bei der **Erforderlichkeit der Einwilligung**,[289] es sei denn, die Daten werden nach §§ 28 ff BDSG verarbeitet. Dann ist jedenfalls die Erhebung auch ohne Einwilligung zulässig und die auf die zulässige

283 Vgl ausf Rn 63.
284 *Gola/Schomerus* § 29 Rn 22.
285 Vgl hierzu Rn 69.
286 Vgl *Gola/Schomerus* § 29 Rn 34.
287 *Gola/Schomerus* § 30 Rn 1.
288 *Gola/Schomerus* § 30 Rn 2.
289 *Gola/Schomerus* § 30 Rn 3; Simitis/*Ehmann* § 30 Rn 40 ff; *Auernhammer* § 30 Rn 10, 16; vgl auch Rn 97 ff.

Erhebung folgende Speicherung ist es ebenso.[290] Die Übermittlung der Daten ist in diesem Fall datenschutzrechtlich ohnehin unbedenklich, da sie nach § 30 BDSG in anonymisierter Form erfolgt.[291] Die Merkmale dürfen mit den Einzelangaben wieder zusammengeführt werden, also depseudonymisiert, soweit dies für die Erfüllung des Zwecks der Speicherung oder zu wissenschaftlichen Zwecken erforderlich ist.

Die **Veränderung personenbezogener Daten** ist ferner nach Abs 2 zulässig, wenn 83

1. kein Grund zu der Annahme besteht, dass der Betroffene ein schutzwürdiges Interesse an dem Ausschluss der Veränderung hat *oder*
2. die Daten aus allgemein zugänglichen Quellen entnommen werden können oder die verantwortliche Stelle sie veröffentlichen dürfte, soweit nicht das schutzwürdige Interesse des Betroffenen an dem Ausschluss der Veränderung offensichtlich überwiegt.

Es gilt insofern das Gleiche wie bei § 28 Abs 1 Nr 3 und § 29 Abs 1 Nr 1, 2 BDSG Gesagte.[292]

Die personenbezogenen Daten sind gem § 30 Abs 3 BDSG zu löschen, wenn ihre Speicherung unzulässig ist. § 29 BDSG gilt nicht. Für sensitive Daten gilt § 28 Abs 6 bis 9 BDSG entsprechend. 84

g) Geschäftsmäßige Datenerhebung und -speicherung für Zwecke der Markt- oder Meinungsforschung (§ 30a BDSG). Die Novelle II hat auch einen neuen **Erlaubnistatbestand** für Zwecke der Markt- und Meinungsforschung gebracht, der den Unterschieden zur Werbung Rechnung tragen soll.[293] Das geschäftsmäßige **Erheben, Verarbeiten oder Nutzen** personenbezogener Daten für Zwecke der Markt- oder Meinungsforschung ist danach zulässig, wenn (1) kein Grund zu der Annahme besteht, dass der Betroffene ein schutzwürdiges Interesse an dem Ausschluss der Erhebung, Verarbeitung oder Nutzung hat oder (2) die Daten aus allgemein zugänglichen Quellen entnommen werden können oder die verantwortliche Stelle sie veröffentlichen dürfte und das schutzwürdige Interesse des Betroffenen an dem Ausschluss der Erhebung, Verarbeitung oder Nutzung gegenüber dem Interesse der verantwortlichen Stelle nicht offensichtlich überwiegt. 85

Der Begriff der Geschäftsmäßigkeit ist ebenso wie in §§ 29, 30 BDSG zu verstehen.[294] Die materiellen Voraussetzungen knüpfen an § 30 Abs 2 BDSG für die Veränderung an;[295] es gilt insofern das Gleiche wie das bei § 28 Abs 1 Nr 3 und § 29 Abs 1 Nr 1, 2 BDSG Gesagte.[296] Sensible Daten (§ 3 Abs 9 BDSG) dürfen aber – anders als bei § 30 Abs 2 BDSG – nur für ein bestimmtes Forschungsvorhaben erhoben, verarbeitet oder genutzt werden.

Für Zwecke der Markt- oder Meinungsforschung erhobene oder gespeicherte personenbezogene Daten dürfen gem § 30a Abs 2 BDSG nur für diese Zwecke verarbeitet oder genutzt werden. Daten, die nicht aus allgemein zugänglichen Quellen entnommen worden sind und die die verantwortliche Stelle auch nicht veröffentlichen darf, dürfen nur für das Forschungsvorhaben verarbeitet oder genutzt werden, für das sie erhoben worden sind. Für einen anderen Zweck dürfen sie nur verarbeitet oder genutzt werden, wenn sie zuvor so anonymisiert werden, dass ein Personenbezug nicht 86

290 Simitis/*Ehmann* § 30 Rn 46 ff.
291 Vgl Rn 46 f.
292 Vgl Rn 62 f.
293 BT-Drucks 16/13657, 19.
294 BT-Drucks 16/13657, 20.
295 BT-Drucks 16/13657, 20.
296 Vgl Rn 62 f.

mehr – auch nicht durch den Empfänger[297] – hergestellt werden kann. Die **Zweckbindung für die Markt- und Meinungsforschung** ist damit gestuft.[298] Hierdurch soll sichergestellt werden, dass die für Markt- und Meinungsforschung erhobenen und verarbeiteten Daten letztlich nicht doch wieder zu forschungsfremden Werbezwecken verwendet werden können, da hierfür der Personenbezug ja regelmäßig erforderlich wäre.[299]

87 Abs 3 unterstützt noch einmal den Grundsatz der vorrangigen **Anonymisierung und Pseudonymisierung** (§ 3a S 2 BDSG) und legt ein gestuftes System hierfür fest. Personenbezogenen Daten sind danach zu anonymisieren, sobald dies nach dem Zweck des Forschungsvorhabens, für das die Daten erhoben worden sind, möglich ist. Bis dahin sind die Merkmale gesondert zu speichern, mit denen Einzelangaben über persönliche oder sachliche Verhältnisse einer bestimmten oder bestimmbaren Person zugeordnet werden können. Diese Merkmale dürfen mit den Einzelangaben nur zusammengeführt werden, soweit dies nach dem Zweck des Forschungsvorhabens erforderlich ist. Dies ist zB dann der Fall, wenn die Betroffenen über einen längeren Zeitraum wiederholt befragt werden müssen.[300]

Der Widerspruchsmöglichkeit des § 28 Abs 4 BDSG gilt gem § 30a Abs 5 BDSG hier entsprechend. § 28 Abs 6 bis 9 BDSG (für sensible Daten) gelten entsprechend. Die Geltung von § 29 BDSG wird in Abs 4 ausdrücklich ausgeschlossen.

88 **h) Beschäftigtendatenschutz.** Die Novelle II hat auch eine Konkretisierung des Beschäftigtendatenschutzes[301] gebracht und einen neuen Erlaubnistatbestand in § 32 BDSG, der die Anwendung von § 28 BDSG weiter einschränkt[302]. Außerdem wurde in § 3 Abs 11 BDSG der Begriff des Beschäftigten legaldefiniert.

2. Telemedien

89 Für Telemedien[303] wird bei den gesetzlichen Erlaubnistatbeständen primär zwischen der Verarbeitung von Bestands- und Nutzungsdaten[304] unterschieden. Die Erlaubnistatbestände des TMG sind abschließend; auf das BDSG kann nicht zurückgegriffen werden.[305]

90 **a) Bestandsdaten.** Bestandsdaten[306] dürfen gem § 14 Abs 1 TMG (ähnlich § 28 Abs 1 Nr 1 BDSG) erhoben und verwendet werden, soweit sie für die Begründung, inhaltliche Ausgestaltung oder Änderung eines Vertragsverhältnisses zwischen dem Diensteanbieter und dem Nutzer über die Nutzung von Telemedien erforderlich sind[307]. Die Vorschrift bestimmt daher die Zulässigkeit in Abhängigkeit von der **Erforderlichkeit**[308] und nicht anhand eines Zulässigkeitskatalogs.

---

297 BT-Drucks 16/13657, 20.
298 BT-Drucks 16/13657, 20.
299 BT-Drucks 16/13657, 20.
300 BT-Drucks 16/13657, 20.
301 Fragen des Beschäftigtendatenschutzes werden aus systematischen Gründen hier nicht vertieft; arbeitsrechtliche Ausführungen finden sich hierzu in *Mähner* MMR 2010, 379; *Schmidt* DuD 2010, 207; *Brandt* DuD 2010, 213; *Tinnefeld/Schild* DuD 2009, 469.
302 BT-Drucks 16/13657, 20 f; zudem gibt es einen Gesetzesentwurf für detaillierte Regelungen des Beschäftigtendatenschutzes für die §§ 32a–32n BDSG (BT-Drucks 17/4230).
303 Vgl hierzu ausf Band 5 Kap 1 Rn 36 ff.
304 Zu den Begriffen der Bestand- und Nutzungsdaten vgl Rn 24 f.
305 Vgl Rn 14.
306 Vgl hier Rn 24.
307 Zur Löschung vgl Rn 149.
308 Vgl Rn 56 ff.

Problematisch und umstritten war und ist jedoch Abs 2. Die Regelung, dass für Zwecke der Strafverfolgung die Auskunftserteilung erfolgen darf, fand sich bereits im TDDSG. Nun setzt der Gesetzgeber praktisch die Bekämpfung von Verbrechen mit der Durchsetzung des geistigen Eigentums gleich, so dass eine Norm, mit deren Hilfe die Bekämpfung des Terrorismus erfolgen sollte,[309] nun auch dazu dient, zivilrechtliche Ansprüche von Urhebern oder Markeninhabern durchzusetzen.[310] Hier ist der Gesetzgeber in seiner Umsetzung der sog Enforcement-RL[311] weit über das Ziel hinausgeschossen. Die Änderung im TMG in Abweichung von der alten Regelung des § 5 TDDSG macht den Weg frei für die neuen Ansprüche ua in den § 101 UrhG, § 140b PatG, § 19 MarkenG, § 46 GeschmacksmMG, § 24b GebrauchsmusterG, nach denen der Rechteinhaber bei einer Verletzung im gewerblichen Ausmaß nun auch von Telemedienanbietern Bestandsdaten herausverlangen kann.[312] Die Gesetzesänderung im TMG wäre außerdem zur Umsetzung der Enforcement-RL nicht notwendig gewesen, da der Richtliniengeber den Mitgliedstaaten zur Umsetzung einen Ermessenspielraum gegeben hat und zudem nach Erwägungsgrund 15 die Datenschutz-RL nicht berührt werden sollten.[313] Es bleibt zu hoffen, dass es der Praxis gelingen wird, durch den Grundsatz der Verhältnismäßigkeit diese Ansprüche verfassungsgemäß auszulegen. Da auf **Internet-Access-Provider** ausweislich der Gesetzesbegründung die Datenschutzvorschriften des TKG Anwendung finden,[314] fallen diese nicht unter die Regelung, da § 14 Abs 2 TMG (und auch § 15 Abs 5 S 3) gem § 11 Abs 3 TMG nicht auf diese anwendbar ist,[315] so dass es für diese Anbieter auch weiterhin dabei bleibt, dass die Zuordnung dynamischer IP-Adressen zu Name und Adressen des Nutzers weiterhin nach dem TKG zu beurteilen bleibt. Das BVerfG erklärt in seinem Urteil zur Vorratsdatenspeicherung: „*Dementsprechend darf der Gesetzgeber solche Auskünfte auch unabhängig von begrenzenden Rechtsgüter- oder Straftatenkatalogen für die Verfolgung von Straftaten, für die Gefahrenabwehr und die Aufgabenwahrnehmung der Nachrichtendienste auf der Grundlage der allgemeinen fachrechtlichen Eingriffsermächtigungen zulassen.*“[316] Es hat auch festgestellt, dass sich die Ansprüche nach § 101 UrhG nicht auf nach der Vorratsdatenspeicherung gespeicherte Daten beziehen kann.[317] Die mittlerweile zahlreichen Entscheidungen zum Auskunftsanspruch beschäftigen sich allerdings eher selten mit der datenschutzrechtlichen Problematik. Aufgrund des Wortlauts von § 101 Abs 9 UrhG wird dieser zu Recht als ein spezieller Erlaubnistatbestand für die Verwendung von Verkehrsdaten bzw. als eine gesetzliche Vorschrift iSd § 96 Abs 2 TKG iVm § 101 Abs 2, 9 UrhG angesehen.[318] Eine Speiche- 91

309 Vgl zu den Rechtsgrundlagen Hoeren/Sieber/*Schmitz* 16.4 Rn 181 ff; BT-Drucks 14/7386.

310 Vgl zur Kritik auch *Jandt* MMR 2006, 652, 653; *Spindler* CR 2007, 239, 243.

311 RL 2004/48/EG des Europäischen Parlaments und des Rates vom 29.4.2004 zur Durchsetzung der Rechte des geistigen Eigentums, ABl L 157 v 30.4.2004.

312 Zur alten Rechtslage vgl KG MMR 2007, 116; OLG München MMR 2006, 739, 743; LG Hamburg MMR 2005, 55; *Spindler/Dorschel* CR 2005, 38, 44 ff; *Splittgerber/Klytta* K&R 2007, 78, 82.

313 EuGH CR 2008, 381 – Promusicae./.Telefónica; vgl auch *Spindler/Dorschel* CR 2005, 38, 47: Ein Leerlaufen von Art 8 der RL wäre dennoch nicht zu befürchten gewesen, da jedenfalls die Produktpiraterie außerhalb der Telemedien bzw Telekommunikation betroffen gewesen wäre.

314 BT-Drucks 16/3078, 15.

315 Vgl auch *Rössel* ITRB 2007, 158; *Spindler* CR 2007, 239, 243.

316 BVerfG NJW 2010, 833, 845 Rz 261 – Vorratsdatenspeicherung.

317 BVerfG NJW 2010, 833 – Vorratsdatenspeicherung mit Bezug auf die Rechtsprechung des OLG Frankfurt GRUR-RR 2010, 91.

318 OLG Karlsruhe ZUM 2009, 957, 959 ff; OLG Hamburg MMR 2010, 338, 340; OLG Köln FGPrax 2009, 43, 45; *Moos* K&R 2009, 154, 158; *Otten* GRUR-RR 2009, 369.

rungspflicht des Providers kann sich hieraus jedoch nicht ergeben.[319] Unklar ist jedoch die Frage der Herausgabe der Bestandsdaten, die mit der Abfrage verbunden ist. Hier hatte der Bundesrat im Gesetzgebungsverfahren vorgeschlagen, eine Ergänzung der Vorschriften des Urheberrechts und gewerblichen Rechtsschutzes vorzunehmen, so dass dieser Gesetzesvorschlag ein „anderes Gesetz" iSd § 88 Abs 3 S 3 bzw § 95 Abs 1 TKG darstellen würden.[320] Die Bundesregierung hielt eine solche Klarstellung jedoch für nicht erforderlich, da Fragen des Datenschutzes in der gerichtlichen Abwägung berücksichtigt werden können.[321]

92 b) **Nutzungsdaten.** Der Diensteanbieter darf gem § 15 Abs 1 TMG personenbezogene Daten eines Nutzers nur erheben und verwenden, soweit dies **erforderlich** ist, um die Inanspruchnahme von Telemedien zu ermöglichen und abzurechnen. Die Erhebung und Verwendung zu anderen Zwecken, zB die Verwendung von IP-Adressen zu statistischen Auswertungen, ist von § 15 Abs 1 TMG nicht erfasst.[322] Wie bereits im TDDSG, bleibt aber auch hier die Frage ungeklärt, ob damit auch Nutzungsdaten anderer Betroffener als dem Nutzer erfasst sind. Nutzer geben im Internet oftmals die **Daten von Dritten** weiter, zB im Rahmen eines Sozialen Netzwerks oder des Geschenkeservice eines Online-Shops. Während nach § 28 BDSG diese Daten innerhalb des Vertragsverhältnisses regelmäßig verarbeitet werden dürfen, bezieht sich § 15 TMG lediglich auf die Daten des Nutzers, nicht jedoch auf Daten eines anderen Betroffenen, der aber ebenfalls datenschutzrechtliche Ansprüche hat. Obwohl das TMG hinsichtlich der Erlaubnistatbestände abschließend ist, wird für den Dritten daher ein Rückgriff auf die Vorschriften des BDSG notwendig.[323] Eine gesetzliche Erlaubnis zur Verwendung von Nutzungsdaten gibt das Gesetz des Weiteren dafür, Nutzungsdaten über die Inanspruchnahme verschiedener Telemedien zusammenzuführen, soweit dies für Abrechnungszwecke mit dem Nutzer erforderlich ist (§ 15 Abs 2). Dies kann zB **Cookies** betreffen, die in verschiedenen Sessions zB den Warenkorbinhalt eines Nutzers speichern.[324]

93 Außerdem darf der Diensteanbieter **Nutzungsprofile** zB in Cookies für Zwecke der Werbung, der Marktforschung (zB bei **Webstatistiken** und Suchhistorien bei **Suchmaschinen**) oder zur bedarfsgerechten Gestaltung der Telemedien bei Verwendung von Pseudonymen erstellen, sofern der Nutzer dem nicht widerspricht (§ 15 Abs 3). Neben der Werbung ist zum einen entsprechend die Marktforschung im Internet, zB im Internet betriebene **Kundenbindungs- oder Bonusprogramme** oder Tools wie **Google Analytics**, und zum anderen bereits auf den Nutzer zugeschnittene Telemedienangebote, wie Video on Demand oder **Social Bookmarking**, Anwendungsbereich von § 15 Abs 3 TMG. Die Nutzung dieser Dienste wäre ohne pseudonyme Nutzung unter den Voraussetzungen des § 15 Abs 3 regelmäßig einwilligungsbedürftig. Pseudonymisierte Nutzungsdaten dürfen nicht mit Daten über den Träger des Pseudonyms zusammengeführt werden. Dies ist gem § 13 Abs 4 Nr 6 durch entsprechende technische und organisatorische Vorkehrungen, wie zB eine Funktionstrennung bei Mitarbeitern, die die Nutzungsprofile und die Warenbestellung verwalten,[325] sicherzustellen. Die Daten

---

319 OLG Frankfurt GRUR-RR 2010, 91; aA OLG Hamburg MMR 2010, 338, 340.
320 Stellungnahme des Bundesrates BT-Drucks 16/5048, 57.
321 Gegenäußerung der Bundesregierung BT-Drucks 16/5048, 63.
322 *Steidle/Pordesch* DuD 2008, 324, 327.
323 Vgl ausf *Jandt* MMR 2006, 652.
324 Vgl AG Ulm CR 2000, 469.
325 Beispiel von *Schleipfer* RDV 2008, 143, 149.

müssen gelöscht werden, wenn ihre Speicherung für die Erstellung der Nutzungsanalyse nicht mehr erforderlich ist oder der Nutzer dies verlangt. Auf die Erstellung von pseudonymen Nutzungsprofilen und die Möglichkeit zum Widerspruch müssen die Anbieter in deutlicher Form im Rahmen der Datenschutzerklärung auf ihrer Internetseite hinweisen.[326] Eine Zusammenführung von anonymen Daten aus verschiedenen Telemedien desselben Diensteanbieters ist grundsätzlich möglich.[327] Dass der Dienst tatsächlich unter dem Pseudonym genutzt wird, ist hingegen nicht erforderlich.[328] Wichtig hierbei ist jedoch, dass der Diensteanbieter den Nutzer auf sein Widerspruchsrecht im Rahmen der Unterrichtung nach § 13 Abs 1 TMG hinweist, so dass dieser um die Opt-Out-Möglichkeit weiß. Ein Hinweis auf mögliche Änderungen in der Browsereinstellung genügt hierfür nicht.[329] Bei **Google Analytics** bspw fehlt die Widerspruchsmöglichkeit; außerdem dürften auch hier die IP-Adressen nicht vollständig ohne Einwilligung verwendet werden, da sie keine Pseudonyme sind.[330] Die Nutzungsprofile zB in **Cookies** dürfen (ohne Einwilligung) außerdem **keinesfalls mit personenbezogenen Daten** über den Träger des Pseudonyms **zusammengeführt** werden. Dies verbietet es dem Diensteanbieter zB, mit dem TK-Anbieter Daten hinsichtlich der dynamischen IP-Adresse auszutauschen, weil damit die pseudonymisierte Nutzung auf die Person des Nutzers zurückgeführt werden kann.[331] In der Praxis kann es hier zum Beispiel zu Kollisionen mit dem Auskunftsanspruch des Nutzers kommen, da hierfür eine Zusammenführung erforderlich scheint.[332] Möglich wäre aber auch die Zuweisung eines zusätzlichen internen Pseudonyms und das Errichten einer „Chinese Wall", was nicht unerhebliche Probleme bereiten dürfte,[333] aber auch wegen § 13 Abs 4 Nr 6 TMG nötig wäre. Insgesamt bleibt nach dem TMG auch beim Setzen von Cookies im Wesentlichen nur die Möglichkeit der Einwilligung.[334] Dabei sollte neben der Tatsache, dass ein Cookie gesetzt wird, auch über dessen Inhalt und den Zweck der Erhebung und auch darüber, ob und mit welchen Daten an welchen Web-Server der Inhalt gesendet wird bzw wurde,[335] informiert werden. Eine Einwilligung kann aber nicht bereits in der entsprechenden Browser-Einstellung gesehen werden, die das Speichern von Cookies zulässt.[336] Aufgrund der praktischen Probleme bei einer wirksamen Einwilligungserklärung wird oft nur die Verwendung von nicht personenbezogenen bzw anonymisierten Daten bleiben.[337] Auch bei der Verwendung von Pseudonymen hat der Nutzer einen Anspruch auf Auskunft der unter seinem Pseudonym gespeicherten Daten gem § 13 Abs 7 TMG.[338]

326 Beschl des Düsseldorfer Kreises v 26./27.11. 2009.
327 *Schleipfer* RDV 2008, 143, 146.
328 Hoeren/Sieber/*Schmitz* 16.4 Rn 163.
329 Zur Unterrichtung bei Google Analytics ausf *Steidle/Pordesch* DuD 2008, 324, 328.
330 Beschl des Düsseldorfer Kreises v 26./27.11. 2009; vgl auch *Ott* MMR 2009, 448, 453.
331 Vgl auch *Kühn* DuD 2009, 747.
332 Vgl Rn 120.
333 Vgl auch *Bauer* MMR 2008, 435, 438.
334 AG Ulm CR 2000, 469; *Bizer* DuD 1998, 277, 281; *Eichler* K&R 1999, 76, 79; *Ihde* CR 2000, 413; *Meyer* WRP 2002, 1028, 1030 mit Hinweis auf die zusätzlichen wettbewerbsrechtlichen Folgen; *Zscherpe* K&R 2005, 264, 266; Arbeitspapier „Opinion on data protection issues related to search engines" der Art-29-Datenschutzgruppe 00737/EN WP 148 v 4.4.2008.
335 Vgl ausf *Bizer* DuD 1998, 277, 281; Arbeitspapier „Opinion on data protection issues related to search engines" der Art-29-Datenschutzgruppe 00737/EN WP 148 v 4.4.2008.
336 Vgl ausf *Eichler* K&R 1999, 76, 80; Heise Online-Recht/*Arning/Haag* C. II. 4.3 Rn 85; Hoeren/Sieber/*Schmitz* 16.4 Rn 219; *Meyer* WRP 2002, 1028, 1030; *Ott* MMR 2009, 448, 453.
337 *Ihde* CR 2000, 413.
338 Vgl zu den Problemen dieses Anspruchs Rn 120.

94 Nutzungsprofile, die von den Nutzern selbst erstellt werden, in der Regel aber nicht pseudonym genutzt werden, sind unter dem Stichwort Social Communities bekannt. Zu den sog **Social Communities** hat es in den letzten Jahren viele Stellungnahmen zu einer datenschutzgerechten Gestaltung gegeben. Die Art-29-Gruppe hat eine Stellungnahme zur Nutzung sozialer Online-Netzwerke erarbeitet[339] und definiert dieses Internet-Angebot zutreffend als Angebot, bei dem Nutzer aufgefordert werden, persönliche Daten zur Erstellung eines Profils anzugeben, bei dem die Möglichkeit besteht, eigenes Material hochzuladen, sowie ein „social networking" mit einer Kontakteliste erfolgen kann. Bekannte Beispiele sind Facebook, Xing und studiVZ. Auch der Düsseldorfer Kreis hat verschiedene Richtlinien für die datenschutzkonforme Gestaltung sozialer Netzwerke beschlossen.[340] Dazu gehören Unterrichtungspflichten für die Wahl- und Gestaltungsmöglichkeiten, die Möglichkeit des anonymen oder pseudonymen Handelns im Netzwerk, unabhängig von der Frage der Identifizierung mit Echtdaten bei dem Netzwerk selber, die datenschutzfreundliche Gestaltung der Standardeinstellungen, insbesondere für Kinder, und einfache Löschmöglichkeiten. BITKOM[341] hingegen weist darauf hin, dass die unternehmerische Freiheit nicht zu kurz kommen darf und dass zu viele Hinweise zum Thema Datenschutz eher dazu führen, dass der Nutzer sie nicht mehr wahrnimmt. Einigkeit besteht aber darin, dass die Informationspflichten bei Kindern und Jugendlichen über die des § 13 TMG hinausgehend auch auf Risiken und Folgen der Datenpreisgabe auszudehnen sind. Außerdem ist eine Einwilligung für die Erhebung und Nutzung der Daten in einer Social Community unerlässlich. Uneinigkeit besteht bei der Frage der Notwendigkeit von datenschutzfreundlichen Standardeinstellungen. Unabhängig von der Frage der möglichen Individualisierung von Privacy-Einstellungen müssen sich die Grundeinstellungen aber in der Einwilligung widerspiegeln. Sollen die Grundeinstellungen viele Datennutzungen und Verknüpfungen erlauben, muss hierzu auch deutlich in der Einwilligung hingewiesen werden, damit der Nutzer die Folgen seiner Anmeldung kennt. Eine weitere Möglichkeit besteht darin, den Nutzer bei der Anmeldung zwischen verschiedenen Datenschutzeinstellungen wählen zu lassen, denn das Hauptproblem besteht darin, dass die meisten Nutzer sich nach dem Anmeldeprozess nicht mehr mit Datenschutzfragen auseinandersetzen[342] und dann ungewollt mehr Daten preisgeben, als ihnen eigentlich bewusst ist. Eine Grundeinstellung sollte zum Beispiel verhindern, dass das Nutzerprofil von einer Suchmaschine durchsucht wird.

95 Weiterer Streitpunkt ist die Erforderlichkeit einer **anonymen oder pseudonymen Nutzung** von Social Communities nach § 13 Abs 6 TMG. Die Anbieter von Social Communities argumentieren zu Recht, dass in diesem Bereich ein pseudonymes Angebot, jedenfalls bei Xing oder Facebook, wenig Sinn macht, da es ja gerade darum geht, „gefunden zu werden". Allerdings kann diese Möglichkeit dem Nutzer dennoch zumindest angeboten werden, auch wenn sie wahrscheinlich wenig genutzt werden wird. Bei anderen Communities mag die pseudonyme Nutzung dagegen sogar sinnvoll sein, denn oftmals sind Nutzer unter anderen Namen als Ihren Klarnamen im Internet bekannt und wollen auch über diesen Namen neue Freundschaften etc. schließen;

---

339 http://ec.europa.eu/justice_home/fsj/privacy/docs/wpdocs/2009/wp163_de.pdf; hierzu erläuternd *Reimer* DuD 2009, 624; vgl zu „Like-Buttons" KG Beschluss v 29.4.2011, Az 5 W 88/11; LG Berlin v 14.3.2011, Az 91 O 25/11.

340 Beschl des Düsseldorfer Kreises v 17./18.4.2008.

341 Stellungnahme des BITKOM, http://www.bitkom.org/files/documents/BITKOM_Position_Social_Networks.pdf.

342 Vgl auch Stellungnahme der Art 29 Gruppe, http://ec.europa.eu/justice_home/fsj/privacy/docs/wpdocs/2009/wp163_de.pdf.

beim Social Bookmarking[343] erscheint eine pseudonyme Nutzung unproblematisch. Davon unabhängig zu betrachten ist – wie der Düsseldorfer Kreis bereits feststellte – ob sich die Nutzer dennoch mit ihren Echtdaten bei der Community selbst anmelden müssen, denn die Hemmschwelle für Verstöße gegen das Gesetz, die Nutzungsbedingungen oder einen Verhaltenskodex ist in der Regel in der Anonymität geringer.[344]

c) **Abrechnungsdaten. Abrechnungsdaten** dürfen auch über das Ende des Nutzungsvorgangs hinaus verwendet werden, wobei es wieder die Möglichkeit der Sperrung der Daten anstelle der Löschung zur Erfüllung bestehender gesetzlicher, satzungsmäßiger oder vertraglicher Aufbewahrungsfristen des Diensteanbieters gibt (§ 15 Abs 4 TMG). Die Nutzung steht auch hier unter dem strengen Vorbehalt der **Erforderlichkeit**, so dass nach deren Wegfall, bspw durch Erfüllung oder Verjährung der Forderung,[345] die Löschungspflicht eintritt.[346] Dynamische **IP-Adressen** sind, jedenfalls bei Pauschaltarifen, regelmäßig keine Abrechungsdaten und dürfen daher nicht gem § 15 Abs 4 TMG über die Nutzung hinaus verwendet werden[347]. Aber auch die Erhebung und Speicherung des **Datenvolumens** ist bei einem volumenunabhängigen Pauschaltarif nicht zulässig.[348] Zum Abrechnungsnachweis genügen auch Kunden-ID und zB Telefonnummer, so dass zusätzliche Daten gem dem Grundsatz der Datenvermeidung und -sparsamkeit ohnehin nicht zu speichern sind.[349] Erlaubt ist die Übermittlung von Abrechnungsdaten an andere Diensteanbieter oder Dritte, soweit dies zur Ermittlung des Entgelts und zur Abrechnung mit dem Nutzer erforderlich ist (§ 15 Abs 5 TMG). Hat der Diensteanbieter zB mit einem Dritten einen Vertrag über den Einzug des Entgelts geschlossen, so darf er diesem Dritten Abrechnungsdaten – soweit erforderlich – übermitteln. 96

Zum Zwecke der **Marktforschung** anderer Diensteanbieter dürfen nur anonymisierte Nutzungsdaten übermittelt werden, dh auch die IP-Adressen oder Telefonnummern dürfen nicht übertragen, sondern müssen gelöscht werden. Bei den verbleibenden Daten wird es sich daher in der Regel um die Anzahl und Dauer von Zugriffen auf ein bestimmtes Angebot handeln. Da anonyme Daten keine personenbezogenen Daten mehr sind, ist dies jedoch nicht mehr als eine Klarstellung. § 14 Abs 2 TMG findet entsprechende Anwendung. Da dieser Verweis auf § 14 TMG sich systematisch in § 15 Abs 5 S 3 TMG befindet, kann die Herausgabe von Daten sich auch nur auf die Abrechungsdaten als Teil der Nutzungsdaten beziehen. 97

§ 15 Abs 6 TMG erläutert parallel zu § 99 TKG die Zulässigkeit von **Einzelverbindungsnachweisen:** Die Abrechnung über die Inanspruchnahme von Telemedien darf Anbieter, Zeitpunkt, Dauer, Art, Inhalt und Häufigkeit bestimmter, von einem Nutzer in Anspruch genommener, Telemedien nicht erkennen lassen, es sei denn, der Nutzer verlangt einen Einzelverbindungsnachweis.[350] Das bedeutet, dass Anbieter, Zeitpunkt, Dauer, Art, Inhalt und Häufigkeit keine Abrechnungsdaten darstellen, es sei denn, der Nutzer wünscht diesen Nachweis. 98

Weitere Vorschriften parallel zu den Telekommunikationsdiensten legt § 15 Abs 7 TMG fest. Hiernach ist die Speicherung von Abrechnungsdaten, die für die Erstellung 99

343 Vgl ausf *Lerch/Krause/Hotho/Roßnagel/Stumme* MMR 2010, 454.
344 Beschl des Düsseldorfer Kreises v 17./18.4.2008.
345 Vgl *Arlt* MMR 2007, 683, 685.
346 Hoeren/Sieber/*Schmitz* 16.4 Rn 126.
347 Vgl aber Rn 150.
348 LG Darmstadt MMR 2006, 330.
349 LG Darmstadt MMR 2006, 330, 331.
350 Vgl hierzu ausf Kap 5 Rn 102 ff.

von Einzelnachweisen über die Inanspruchnahme bestimmter Angebote auf Verlangen des Nutzers verarbeitet werden, höchstens bis zum Ablauf des sechsten Monats nach Versendung der Rechnung erlaubt. Werden gegen die Entgeltforderung innerhalb dieser Frist **Einwendungen** erhoben oder Rechnungen trotz Zahlungsaufforderung nicht beglichen, dürfen die Abrechnungsdaten weiter gespeichert werden, bis die Einwendungen abschließend geklärt sind oder die Entgeltforderung beglichen ist.

100 Gem § 15 Abs 8 TMG darf der Diensteanbieter, soweit dies für Zwecke der Rechtsverfolgung erforderlich ist, personenbezogene Daten von Nutzern über das Ende des Nutzungsvorgangs sowie die Speicherfrist nach § 15 Abs 7 TMG hinaus verwenden, wenn zu dokumentierende tatsächliche Anhaltspunkte vorliegen, dass Dienste von bestimmten Nutzern in der Absicht in Anspruch genommen werden, das Entgelt nicht oder nicht vollständig zu entrichten. Sonstige **Missbrauchsfälle** wie in § 100 Abs 3 TKG[351] sind im TMG nicht geregelt. Zu diesen im TKG geregelten Fällen der Leistungserschleichung gibt es daher im TMG keine gesetzliche Erlaubnis; eine Verwendung über das Ende des Nutzungsvorgangs bzw über das Ende der Speicherfrist hinaus ist demnach nicht möglich. Da das TMG jedenfalls hinsichtlich der Erlaubnistatbestände abschließend ist,[352] kann hierzu auch nicht auf § 28 BDSG zurückgegriffen werden. Der Diensteanbieter hat die Daten unverzüglich zu löschen, wenn diese Voraussetzungen nicht mehr vorliegen oder die Daten für die Rechtsverfolgung nicht mehr benötigt werden. Der betroffene Nutzer ist zu unterrichten, sobald dies ohne Gefährdung des mit der Maßnahme verfolgten Zweckes möglich ist.

101 d) **Inhaltsdaten.** Die Behandlung von sog **Inhaltsdaten**[353] ist im TMG nicht ausdrücklich geregelt. Wird die gesamte Leistung mittels Telemedien erbracht, sind die Regelungen des TMG anwendbar.[354] Anderenfalls fallen die Inhaltsdaten nicht in den Anwendungsbereich des TMG und sind daher nach den allgemeinen Regelungen des BDSG zu beurteilen,[355] was allerdings auch bedeutet, dass hierfür ggf eine schriftliche Einwilligung nach § 4a BDSG, dh nicht nur eine elektronische, erforderlich ist,[356] wenn nicht wegen § 4a BDSG bereits eine andere Form angemessen ist.

3. Telekommunikation

102 §§ 95 ff TKG zählen – abschließend – zahlreiche **Erlaubnistatbestände** auf. Eine Einwilligung ist natürlich unabhängig davon immer möglich.[357]

103 a) **Bestandsdaten.** Gem § 95 TKG dürfen **Bestandsdaten**[358] im Rahmen eines Vertragsverhältnisses mit einem anderen Diensteanbieter erhoben und verwendet werden, soweit dies zur Erfüllung des Vertrages zwischen den Diensteanbietern **erforderlich**[359] ist. Eine Übermittlung der Bestandsdaten an Dritte darf jedoch nur mit Einwilligung des Teilnehmers erfolgen, soweit sie nicht durch die §§ 91 ff TKG oder ein anderes Gesetz bereits erlaubt ist. Bestandsdaten dürfen nur zur Beratung der Teilnehmer, zur

351 Vgl Rn 103.
352 Vgl oben Rn 14.
353 Vgl Rn 29.
354 *Schaar* Rn 310 f, 462 ff; *Zscherpe* K&R 2005, 264, 266.
355 Hoeren/Sieber/*Schmitz* 16.4 Rn 150 ff; *Rössel* ITRB 2007, 158, 160; *Spindler* CR 2007, 239, 243; *Zscherpe* K&R 2005, 264, 266.
356 *Spindler* CR 2007, 239, 243; *Schaar* Rn 462 ff.
357 § 94 TKG; vgl ausf Rn 110 ff.
358 Vgl Rn 24.
359 Vgl Rn 56 ff.

Werbung für eigene Angebote und zur Marktforschung verwendet werden, soweit dies für die Zwecke des Bestands erforderlich ist und der Teilnehmer eingewilligt hat. Besondere datenschutzrechtliche Regelungen gelten ua auch für:

- **Störungen von Telekommunikationsanlagen und Missbrauch von Telekommunikationsdiensten** (§ 100 TKG): Hier darf der Diensteanbieter zum Erkennen, Eingrenzen oder Beseitigen von Störungen oder Fehlern an Telekommunikationsanlagen die Bestandsdaten und Verkehrsdaten der Teilnehmer und Nutzer[360] erheben und verwenden. Der Begriff der Störung ist dabei umfassend zu verstehen als jede vom Diensteanbieter nicht gewollte Veränderung der von ihm für sein Telekommunikationsangebot genutzten technischen Einrichtungen; hierzu zählen insbesondere auch DoS-Attacken und Versendung von Schadprogrammen und Spam.[361] Nach einer kürzlich ergangenen BGH-Entscheidung genügt hierfür auch eine abstrakte Gefahr; ob im Falle der genannten Störungen allerdings auch die Speicherung von IP-Adressen notwendig ist, ist hiernach weiterhin offen.[362] Soweit erforderlich, darf der Diensteanbieter bei Vorliegen zu dokumentierender tatsächlicher Anhaltspunkte auch die Bestandsdaten und Verkehrsdaten nach § 100 Abs 3 erheben und verwenden, die zum Aufdecken sowie Unterbinden von Leistungserschleichungen und sonstigen rechtswidrigen Inanspruchnahmen der Telekommunikationsnetze und -dienste erforderlich sind. Er darf aus den erhobenen Verkehrsdaten und Bestandsdaten auch einen pseudonymisierten Gesamtdatenbestand bilden.
- **Aufnahme in Teilnehmerverzeichnisse** (§ 104 TKG),
- **Telefonauskunft** (§ 105 TKG).

b) **Verkehrsdaten.** Erlaubt ist im Rahmen des § 96 Abs 1 TKG die Erhebung und **104**
Verwendung von **Verkehrsdaten**, soweit dies für die Zwecke der §§ 91 ff TKG, dh zB für Entgeltabrechnung, **erforderlich** ist.[363] Die Erlaubnis ist auf folgende Daten beschränkt:

1. Nummer oder Kennung der beteiligten Anschlüsse oder der Endeinrichtung, personenbezogene Berechtigungskennungen, bei Verwendung von Kundenkarten auch die Kartennummer, bei mobilen Anschlüssen auch die Standortdaten,
2. Beginn und Ende der jeweiligen Verbindung nach Datum und Uhrzeit und, soweit die Entgelte davon abhängen, die übermittelten Datenmengen,
3. vom Nutzer in Anspruch genommene Telekommunikationsdienste,
4. Endpunkte von festgeschalteten Verbindungen, ihren Beginn und ihr Ende nach Datum und Uhrzeit und, soweit die Entgelte davon abhängen, die übermittelten Datenmengen,
5. sonstige zum Aufbau und zur Aufrechterhaltung der Telekommunikation sowie zur Entgeltabrechnung notwendige Verkehrsdaten.

Für die Zulässigkeit der Nutzung kommt es im Wesentlichen wieder auf die Frage **105**
der **Erforderlichkeit** an. Die Erhebung von EC-Karten-Daten neben den Personalausweisdaten ist bspw beim Abschluss von Mobilfunkverträgen nicht erforderlich und bedarf daher der Einwilligung.[364] Bei der E-Mail-Kommunikation ist in diesem Rahmen auch die Zwischenspeicherung in zB POP3-Mailpostfächern und SMTP-Spooldateien erlaubt.

---

360 Mangels eigener Daten der Nutzer ergibt sich hieraus jedoch keine Erlaubnis für DNS-Blacklists (*Heidrich* CR 2009, 168, 172 f).
361 BGH MMR 2011, 341, 343 f.
362 BGH MMR 2011, 341, 343 f.
363 Zur Beschlagnahme von Verbindungsdaten im Herrschaftsbereich des Teilnehmers vgl BVerfG NJW 2006, 976.
364 BGH NJW 2003, 1237, 1241.

106 Besondere datenschutzrechtliche Regelungen gelten ua auch für:

- den **Einzelverbindungsnachweis**[365] (§ 99 TKG) für die Mitteilungs- und Informationspflichten gegenüber dem Teilnehmer. Dies ist insbesondere für den Nachweis von Entgeltforderungen von Bedeutung.
- **Störungen von Telekommunikationsanlagen und Missbrauch von Telekommunikationsdiensten** (§ 100 TKG),[366]
- **Mitteilen ankommender Verbindungen** (§ 101 TKG) bei bedrohenden oder belästigenden Anrufen: Dies bezieht sich jedoch nur auf Anrufe – **E-Mail**-Spam ist daher nicht erfasst.
- **Rufnummernanzeige und -unterdrückung** (§ 102 TKG): Bietet der Diensteanbieter die Anzeige der Rufnummer der Anrufenden an, müssen Anrufende und Angerufene die Möglichkeit haben, die Rufnummernanzeige dauernd oder für jeden Anruf einzeln auf einfache Weise und unentgeltlich zu unterdrücken. Angerufene müssen die Möglichkeit haben, eingehende Anrufe, bei denen die Rufnummernanzeige durch den Anrufenden unterdrückt wurde, auf einfache Weise und unentgeltlich abzuweisen.
- **Automatische Anrufweiterschaltung** (§ 103 TKG): Der Diensteanbieter ist verpflichtet, seinen Teilnehmern die Möglichkeit einzuräumen, eine von einem Dritten veranlasste automatische Weiterschaltung auf sein Endgerät auf einfache Weise und unentgeltlich abzustellen, soweit dies technisch möglich ist.
- **Nachrichtenübermittlungssysteme mit Zwischenspeicherung** (§ 107 TKG)

107 Eine Löschungspflicht besteht nach § 96 Abs 2 TKG.[367] Gem § 97 TKG können Verkehrsdaten für die Entgeltermittlung und Entgeltabrechnung verwendet werden. Hier stellen sich ähnliche Probleme wie im TMG.[368] Bei **Prepaid-Karten** ist aber eine Speicherung der Verkehrsdaten zu Abrechnungszwecken nicht erforderlich, wenn der Kunde auf den Einzelverbindungsnachweis verzichtet und die sich für ihn daraus resultierenden Beweislastnachteile in Kauf nimmt.[369] Die Nutzung von Verkehrsdaten bei dem Auskunftsanspruch des Urheberrechts- und gewerblichen Rechtsschutzes ergibt sich dagegen direkt aus den Ansprüchen selbst, zB § 101 Abs 9 UrhG.[370]

108 c) **Standortdaten. Standortdaten** dürfen gem § 98 Abs 1 nur in dem zur Bereitstellung von Diensten mit Zusatznutzen (§ 3 Nr 5 TKG) erforderlichen Maß und innerhalb des dafür erforderlichen Zeitraums verarbeitet werden, wenn sie anonymisiert wurden oder wenn der Teilnehmer seine Einwilligung erteilt hat. Auch hier besteht eine Informationspflicht. Die Einwilligung kann jederzeit widerrufen werden. Bei mobilen Geräten besteht jedoch das Problem, dass die Einwilligung in der Regel gerätebezogen eingeholt wird; hierdurch und auch durch die ansonsten komplizierte Möglichkeit des Widerrufs kann es für die rechtssichere Anwendung Vorteile haben, die Einwilligung jedes Mal bei Nutzung eines Location Based Service abzufragen. Besondere Regelungen gelten zB für Verbindungen zu Notrufnummern (§ 98 Abs 3 TKG, § 102 Abs 6).

4. Rundfunk

109 Gem § 47 RStV sind auf den Rundfunk die datenschutzrechtlichen Regelungen des TMG anwendbar.[371]

---

365 Vgl auch Kap 2 Rn 102 ff.
366 Vgl Rn 90.
367 Zur Löschung vgl Rn 134 ff.
368 Vgl Rn 83 ff.
369 BVerfG MMR 2007, 308.
370 Vgl ausf Rn 91.
371 Vgl Rn 16.

II. Einwilligung

Ist keine gesetzliche Erlaubnis vorhanden, muss der Betroffene in die Erhebung, Verarbeitung oder Nutzung eingewilligt haben.[372] Eine **Einwilligungsfiktion** (Einwilligung, wenn der Betroffene nicht innerhalb einer Frist widerspricht), ist **unzureichend.**[373] Eine Einwilligung ist eine **vorherige** Erklärung des Betroffenen (vgl § 183 BGB). Eine Genehmigung (§ 184 BGB) oder Heilung einer rechtswidrigen Nutzung ist nicht möglich[374]. Umstritten ist, was in einem „Genehmigungsfall" mit den bereits erhobenen Daten geschehen muss. Es ist möglich, eine Genehmigung der Erhebung als Einwilligung in die jedenfalls künftige Verarbeitung der Daten anzusehen.[375] Anderenfalls wären die Daten zu löschen und neu zu erheben.[376] In jedem Fall kann die Genehmigung der rechtswidrigen Datenerhebung aber den Verzicht auf Schadensersatz darstellen.[377] **110**

Grds ist es eine gute Nachricht für den Verwerter von personenbezogenen Daten, dass der Betroffene in jede Verwendung seiner personenbezogenen Daten einwilligen kann;[378] erforderlich ist „nur" eine wirksame Einwilligungserklärung. Die **Beweislast** für das Vorliegen einer wirksamen Einwilligung trägt der Verwender.[379] Die Erklärung gilt außerdem regelmäßig nur für die Stelle, gegenüber der sie abgegeben wurde. In eine Weitergabe, zB auch innerhalb eines Konzerns, muss ggf zusätzlich eingewilligt werden.[380] An eine wirksame Einwilligungserklärung werden jedoch hohe formelle und materielle Anforderungen gem § 4a BDSG gestellt: **111**

Die Einwilligung ist nur wirksam, wenn sie auf der ***freien Entscheidung*** *des Betroffenen beruht. Er ist auf den vorgesehenen* ***Zweck*** *der Erhebung, Verarbeitung oder Nutzung sowie, soweit nach den Umständen des Einzelfalles erforderlich oder auf Verlangen, auf die* ***Folgen*** *der Verweigerung der Einwilligung* ***hinzuweisen.*** *Die Einwilligung bedarf der* ***Schriftform,*** *soweit nicht wegen besonderer Umstände eine andere Form angemessen ist. Soll die Einwilligung zusammen mit anderen Erklärungen schriftlich erteilt werden, ist sie* ***besonders hervorzuheben.***

a) **Freie Entscheidung.** Die freie Willensentscheidung zeichnet sich durch die Möglichkeit aus, die Einwilligung verweigern zu können. Hiervon wird nicht nur die Dispositionsfreiheit umfasst,[381] sondern auch die Möglichkeit, die Entscheidung treffen zu können. Das ist nicht der Fall, wenn in einem Vertragsverhältnis ein Partner ein solches Gewicht hat, dass er den Vertragsinhalt faktisch einseitig bestimmen kann.[382] Ein solches **Ungleichgewicht** besteht zB in dem Fall, in dem die Einwilligung des Arbeitnehmers in eine Datenverarbeitung, zB die Überwachung durch den Arbeitgeber beim Surfen, unwirksam ist, da dem Arbeitnehmer, sofern er weiterhin in dem Unter- **112**

372 Dies ist auch immer der Fall, wenn es sich um Datennutzung durch Geheimnisträger (vgl § 203 StGB) handelt; vgl zum Datenschutz in der Insolvenz BGH DuD 2006, 45.
373 Simitis/*Simitis* § 4a Rn 43 f.
374 Simitis/*Simitis* § 4a Rn 29.
375 *Gola/Schomerus* § 4a Rn 15.
376 Simitis/*Simitis* § 4a Rn 29.
377 *Gola/Schomerus* § 4a Rn 15; Simitis/*Simitis* § 4a Rn 29.
378 Ein Grenze bildet aber das Fragerecht des Arbeitnehmers (vgl Erfurter Kommentar zum Arbeitsrecht § 611 BGB Rn 271 ff; *Gola* RDV 2002, 109, 111).
379 BGH NJW 1991, 2955.
380 *Kohlhage* DuD 2009, 752, 755.
381 Wie in BVerfG NJW 1992, 1875, 1876 – Fangschaltung, wo die Benutzer der Fernmeldeleitung aufgrund der hoheitlichen Festlegung der Benutzungsbedingungen durch die Deutsche Bundespost keine Dispositionsfreiheit hatten.
382 BVerfG MMR 2007, 93 – Schweigepflichtentbindung; BGH CR 2008, 720, 721 – Payback.

nehmen beschäftigt sein möchte, nichts anderes übrig bleibt, als die Erklärung zu unterzeichnen. Gerade bei Datentransfer in internationalen Konzernen kann dies zu Problemen führen.[383] Gleiches gilt auch gegenüber Behörden (sofern eine Datenerhebung etc nicht bereits durch Gesetz geregelt ist), bei ärztlicher (Notfall-) Versorgung[384] oder im Versicherungswesen.[385] Ein weiterer Anwendungsbereich ist die **„Schufa-Klausel"**,[386] bei der der Vertragschließende zB einen Kredit- oder Versicherungsvertrag nicht abschließen kann, wenn er nicht in die Überprüfung einwilligt. Bei der Beurteilung der (Un-)Wirksamkeit einer Einwilligungserklärung ist daher von erheblicher Bedeutung, ob zwischen den Parteien ein **Verhandlungsungleichgewicht** besteht oder nicht. Wenn ein Einwilligender derartige Nachteile bei Nichtunterzeichnung in Kauf nehmen muss, dass er seinen informationellen Selbstschutz nicht mehr sicherstellen kann, wenn er die Einwilligung in einer Situation wirtschaftlicher oder sozialer Schwäche oder Unterordnung erteilt oder durch übermäßige Anreize finanzieller oder sonstiger Natur zur Preisgabe seiner Daten verleitet wird, ist seine Einwilligungserklärung als unwirksam anzusehen.[387] Bei einem Bonuskarten- oder -punkteprogramm ist dies bspw aber nicht der Fall.[388]

113 Aber auch die Einwilligung in **AGB** kann problematisch sein, denn auch bei formularmäßigen Einwilligungserklärungen besteht die Gefahr, dass die Einwilligung zu einer reinen Formalität absinkt,[389] eine Erklärung versehentlich abgegeben wird,[390] oder dem Betroffenen suggeriert wird, dass seine Einverständniserklärung keine Bedeutung mehr habe, da die Verarbeitung und Nutzung ohnehin innerhalb der jeweils geltenden Datenschutzgesetze erfolgt,[391] dh der Betroffene keine freiwillige Entscheidung mehr treffen kann. Ausreichend ist eine Gestaltung jedoch, wenn dem Betroffenen zB die Möglichkeit des Ankreuzens „Ja/Nein" gegeben wird. Allerdings kann für § 4a BDSG auch eine reine **Opt-Out-Lösung** zulässig sein, zB in dem die vorgesehene Check-Box nicht angekreuzt werden soll[392] oder eine Klausel händisch gestrichen.[393] Insgesamt ist nicht auf einen oberflächlichen, sondern auf einen durchschnittlich informierten und verständigen Verbraucher abzustellen.[394]

114 Der Grundsatz der Freiwilligkeit war außerdem in § 12 Abs 3 TMG für Telemedien kodifiziert. Das zweckneutrale **Kopplungsverbot** ist jedoch durch die BDSG-Novelle II entfallen. Statt dessen wurde in § 28 Abs 3b BDSG ein werbespezifisches Kopplungsverbot eingeführt. Hiernach darf die verantwortliche Stelle den Abschluss eines Vertrags nicht von einer Einwilligung des Betroffenen im Falle der Werbung abhängig machen, wenn dem Betroffenen ein anderer Zugang zu gleichwertigen vertraglichen

---

383 Vgl Rn 209.

384 BSG CR 2009, 460, 464 – Externe private Abrechnungsstellen.

385 BVerfG MMR 2007, 93 – Schweigepflichtentbindung.

386 Eine solche Schufa-Klausel wurde vom BGH bereits 1986 als Verstoß gegen § 9 AGBG (heute § 307 BGB) angesehen, BGH NJW 1986, 46; vgl zur Schufa-Klausel ausf *Bergmann/Möhrle/Herb* § 3 BDSG Rn 43b.

387 BVerfGE MMR 2007, 93, 94 – Schweigepflichtentbindung; BGH CR 2008, 720, 721 – Payback; BGH MMR 2010, 138, 139 – Happy Digits.

388 BGH MMR 2010, 138, 139 – Happy Digits; vgl auch *Buchner* DuD 2010, 39, 41.

389 BGH NJW 1986, 46, 47.

390 Vgl *Enzmann/Roßnagel* CR 2002, 141.

391 LG München I MMR 2001, 466, 467 – Payback-Rabattsystem; vgl auch kritisch zur Möglichkeit, eine freiwillige Erklärung in AGB abzugeben, *Menzel* DuD 2008, 400.

392 OLG München RDV 2007, 27, 29; BGH CR 2008, 720, 721 – Payback; vgl auch *Hanloser* CR 2008, 713, 714.

393 BGH MMR 2010, 138, 139 – Happy Digits; aA zum Teil eines Textes *von Nussbaum/Krienke* MMR 2009, 372, 374.

394 BGH MMR 2010, 138, 139 – Happy Digits.

Leistungen ohne die Einwilligung nicht oder nicht in zumutbarer Weise möglich ist. Eine solche Einwilligung ist unwirksam. Die Schaffung eines allgemeinen Kopplungsverbots, wie vom Bundesrat vorgeschlagen, wurde abgelehnt, da dies die Vertragsfreiheit der Unternehmen zu sehr einschränke.[395] Über die Verweisung in § 29 Abs 1 S 2 und Abs 2 S 2 BDSG gilt es auch für die geschäftsmäßige Datenverarbeitung. Das Kopplungsverbot in § 12 Abs 3 für die Telemedien wurde hingegen gestrichen. Diese Streichung erfolgte allerdings mit der Begründung, dass die allgemeinen Datenschutzregeln und auch so das Kopplungsverbot in § 28 Abs 3b BDSG für Telemedien gelten würden.[396] Dabei wurde allerdings übersehen, dass § 28 Abs 3b BDSG systematisch nicht zu den allgemeinen Datenschutzregeln zählt, sondern zu den Erlaubnistatbeständen, bei denen lex speciales das TMG gilt, und vor allem, dass in TMG ein zweckneutrales Kopplungsverbot bestand, wohingegen das Kopplungsverbot sich nur auf die Einwilligung in Werbung und den Adresshandel bezieht. Wie beim TKG hätte das Kopplungsverbot im TMG daher lediglich verschärft werden dürfen.

Das Kopplungsverbot soll eine freie und eigenständige Willensentscheidung bewahren.[397] Es gilt selbstverständlich dann nicht, wenn die Datenverarbeitung der Abwicklung eines bestehenden Vertrages dient, denn diese ist bereits gem § 28 Abs 1 S 1 Nr 1 BDSG bzw § 14 TMG zulässig.[398] Beim Kopplungsverbot stellt sich die zentrale Frage, ob dem Nutzer ein anderer Zugang zu dem betreffenden Angebot zumutbar ist.[399] Dies ist dann der Fall, wenn andere Anbieter gleichwertige – nicht unbedingt identische[400] – Dienste anbieten, die der Nutzer ohne unzumutbare Nachteile in Anspruch nehmen kann.[401] Hierbei kommt es hingegen nicht auf die Frage an, ob derselbe Anbieter seinen Dienst auch ohne Einwilligung zur Verfügung stellt,[402] sondern im Wesentlichen darauf, ob der Anbieter ein Monopolist in seinem Gebiet ist; dh die jeweilige Marktsituation ist ausschlaggebend.[403] Insb auch die Frage, wann „gleichwertige“ Leistungen vorliegen, bereitet in der Praxis Probleme. Es handelt sich natürlich immer um Fragen des Einzelfalls. Einen Anhaltspunkt bietet die Entscheidung des OLG Brandenburg zum § 12 Abs 3 TMG aF, in dem der vom dortigen Kläger behauptete 73 %ige Marktanteil von eBay bei Online-Auktionen nicht als Monopolstellung erkannt wurde.[404] Eine Lösung für Monopolisten besteht zB darin, ihren Dienst mit der Einwilligung in die Nutzung der Dienste kostenfrei anzubieten, hingegen für Nutzer, die nicht einwilligen, gegen eine Gebühr. Diese Gebühr darf dann natürlich nicht derart unangemessen sein, dass dies einem Verstoß gegen das Kopplungsverbot gleichkommt. **115**

Allerdings hat § 28 Abs 3b BDSG das bisherige Kopplungsverbot aus § 12 Abs 3 TMG verschärft. Durch die Ergänzung „ohne die Einwilligung“ im Gegensatz zu den früheren Regelungen im TMG und TKG wird nun auch die Konstellation erfasst, dass die marktbeteiligten Unternehmen für sich genommen jeweils keine marktbeherrschende Stellung haben und dem Betroffenen daher ein Zugang zu gleichwertigen vertraglichen Leistungen an sich in zumutbarer Weise möglich wäre, aber zB durch Absprachen unter den marktbeteiligten Unternehmen marktweit immer nur, wenn er **116**

395 BT-Drucks 12/12011, 43, 52.
396 BT-Drucks 12/12011, 36.
397 Vgl Hoeren/Sieber/*Schmitz* 16.4 Rn 81.
398 Simitis/*Simitis* § 4a Rn 63.
399 Vgl ausf *Schaar* Rn 593 f.
400 Vgl auch *Eckhardt* CR 2009, 337, 341.
401 OLG Brandenburg MMR 2006, 405, 407 mwN.
402 OLG Brandenburg MMR 2006, 405, 407.
403 *Rasmussen* DuD 2002, 406, 410; *Zscherpe* MMR 2004, 723, 726.
404 OLG Brandenburg MMR 2006, 405, 407; Hoeren/Sieber/*Schmitz* 16.4 Rn 83.

seine Einwilligung irgendwo erteilt.[405] Das bedeutet, dass ein Zugang nach Abs 3b auch dann nicht in zumutbarer Weise möglich ist, wenn er nur mit Einwilligung nach Abs 3 S 1 erfolgen kann. § 95 Abs 5 TKG enthält ein Kopplungsverbot, dh die Erbringung von Telekommunikationsdienstleistungen darf ebenfalls nicht von einer Einwilligung des Teilnehmers in eine Verwendung seiner Daten für andere Zwecke abhängig gemacht werden, wenn dem Teilnehmer ein anderer Zugang zu diesen Telekommunikationsdiensten nicht oder in nicht zumutbarer Weise möglich ist.[406] Das Kopplungsverbot nach § 95 Abs 5 TKG wurde in gleicher Weise verschärft.

117 b) **Informierte Entscheidung.** Der Einwilligende muss rechtzeitig und umfassend über Art, Umfang und Zweck der Erhebung, Verwendung und Nutzung seiner Daten aufgeklärt werden[407], damit er anschließend und abschließend eine informierte Entscheidung treffen kann. Eine Vorabinformation und Bevollmächtigung kann ggf diesem Erfordernis nicht mehr Rechnung tragen, da neue Gesichtspunkte, die bei Abgabe der Erklärung vorliegen, evtl bei Abgabe der Bevollmächtigung noch nicht vorgelegen haben. Deshalb muss die Einwilligung in der Regel auch **höchstpersönlich** abgegeben werden, denn nur der Betroffene selbst kann eine freie informierte Entscheidung über sein Recht auf informationelle Selbstbestimmung treffen.[408] Ausnahme ist, wenn der „Bevollmächtigte" lediglich als Bote handelt, denn dann übermittelt er nur eine fremde Willenserklärung.[409]

118 Zu den mitzuteilenden Angaben zählen:

- **Wer** erhebt, verwendet oder nutzt die Daten (ladungsfähige Anschrift)?
- **Welche** Daten werden erhoben, verwendet oder genutzt?
- **Wozu** werden die Daten erhoben, verwendet oder genutzt?
- Ggf an **wen** werden **welche** Daten **zu welchem Zweck** übermittelt etc?
- **Welche Rechte** hat der Betroffene und **welche Folgen** hat deren Ausübung (Weigerung, Löschung, Sperrung, Auskunft etc)?

119 Die Information muss deshalb auch **vor der Einwilligung** erfolgen. Um derartige Informationspflichten aber nicht ausufern zu lassen, stellt Art 10 RL 95/46/EG diese Informationspflichten unter den Vorbehalt, dass sie auch geeignet und erforderlich sein müssen, um eine Verarbeitung nach Treu und Glauben zu gewährleisten. Bspw genügt bei der Frage, wer die Daten verarbeitet, die Funktion der Mitarbeiter, der Name ist nicht erforderlich. Wichtig bei der Übermittlung ist jedoch die Frage, ob eine Übermittlung in Länder außerhalb des Europäischen Wirtschaftsraums erfolgt.[410] Um einerseits eine informierte Entscheidung zu ermöglichen, andererseits aber auch den Einwilligenden nicht mit Informationen zu überfrachten, ist es sinnvoll, ihn mit den geeigneten und erforderlichen Grundinformationen zu versorgen und die Möglichkeit zu einer näheren Information zu bieten, zB auf einem Beiblatt[411] oder mit einem Link oder einer URL.

120 Die Einwilligungserklärung muss auch hinreichend **bestimmt** sein, dh Blankoerklärungen oder auch pauschale Einwilligungserklärungen können in keinem Fall als hinreichend erachtet werden.[412] Teilweise werden auch Einwilligungserklärungen in

---

405 BT-Drucks 12/12011, 33.
406 Näheres zu § 95 Abs 5 Kap 2 Rn 162.
407 Vgl ausf Hoeren/Sieber/*Helfrich* 16.1 Rn 48.
408 So auch Heise Online-Recht/*Arning/Haag* C II 6.2.2. Rn 122; Hoeren/Sieber/*Helfrich* 16.1 Rn 56; Simitis/*Simitis* § 4a Rn 30 ff; *Zscherpe* MMR 2004, 7723, 725; aA Roßnagel/*Holznagel/Sonntag* Kap 4.8. Rn 27.
409 Simitis/*Simitis* § 4a Rn 31.
410 Hierzu ausf Rn 199 ff.
411 Vgl *Menzel* DuD 2008, 400, 407.
412 BGH NJW 1986, 46, 47 – Schufaklausel; OLG Celle NJW 1980, 347.

AGBs grds als unwirksam betrachtet: *„Das Erfordernis eines ausdrücklichen oder konkludenten Einverständnisses schließt eine Herbeiführung der „Einverständniserklärung“ durch AGB aus. Jede andere Sicht der Dinge würde Wettbewerber zu einer entsprechenden Angleichung ihrer Geschäftsbedingungen ermuntern und zu eben der massiven Belästigung führen, der das Erfordernis des ausdrücklichen oder zumindest konkludenten Einverständnisses entgegenwirken soll.“*[413] Auf solche vorformulierten Einwilligungserklärungen sind aber jedenfalls die §§ 305 ff BGB anwendbar.[414] Pauschale Einwilligungserklärungen verstoßen hiernach bereits gegen § 305c BGB – die Einbeziehung überraschender Klauseln – und sind daher bereits unwirksam.[415] In jedem Fall liegt jedoch zumindest ein Verstoß gegen § 307 BGB vor, wenn der Einwilligende die Reichweite der Einwilligung nicht mehr überblicken kann.[416] Ebenfalls zu unbestimmt ist die Klausel, dass an „die in diesem Zusammenhang beauftragten Dienstleistungsunternehmen“ übermittelt wird, denn hiermit bleibt ua offen, welche Art von Dienstleistungsunternehmen erfasst werden; insbesondere kann es sich auch um Werbe- oder Marktforschungsunternehmen handeln.[417] Auch alle anderen Klauseln einer Einwilligungserklärung unterliegen (bei Vorliegen der Voraussetzungen des § 307 Abs 3 BGB) der Inhaltskontrolle. Liegt eine pauschale Einwilligungserklärung vor, ist die Wirksamkeit dieser jedoch nicht auf diejenigen Daten zu reduzieren, deren Verarbeitung der Einwilligende vernünftigerweise voraussehen konnte,[418] sondern ist gesamtunwirksam. Alles andere würde dem Verbot der geltungserhaltenden Reduktion widersprechen und den Datenschutz aushöhlen.

c) **Schriftform.** Grds sind Einwilligungserklärungen **ausdrücklich**[419] zu erteilen. **121**
Bei einer länger andauernden Geschäftsbeziehung kann auch eine konkludente Einwilligung ausreichend sein.[420] Gleiches gilt, wenn ein Verbraucher bei einer freiwilligen, schriftlichen Haushaltsumfrage eine längere Bedenkzeit hat, um zu entscheiden, ob er die Unterlagen ausfüllen möchte.[421] Die Einwilligung muss **schriftlich** iSd § 126 BGB erfolgen, wenn nicht gem § 4a BDSG wegen besonderer Umstände eine andere Form angemessen ist. Die Schriftform soll dabei ermöglichen, etwaige Grenzen der Einwilligung (zB Übermittlung nur innerhalb des Konzerns oder nur an bestimmte Dritte oder nur Nutzung, aber keine Übermittlung) nachzuvollziehen. Die Schriftform kann gem § 126 Abs 3 BGB auch durch die elektronische Form gem § 126a BGB ersetzt werden; das bedeutet jedoch das Hinzufügen einer qualifizierten[422] elektronischen Signatur, was gerade im B2C-Bereich noch nicht verbreitet ist. Angemessen ist eine andere Form zB bei Meinungsumfragen von Passanten oder bei telefonischen Umfragen; dabei liegt in der Bereitschaft, in dieser Situation Auskunft zu geben, bereits ein beson-

413 BGH NJW 1999, 1864 – Telefonwerbung.
414 BGH NJW 1986, 46 – Schufaklausel; BGH MMR 2000, 607; BGH MMR 2003, 389; LG München I MMR 2001, 466 – Payback-Rabattsystem; *Breyer* MMR 2006, 407; *Buchner* DuD 2010, 52.
415 BGH NJW 2003, 1237, 1241; OLG Karlsruhe RDV 1988, 146; Hoeren/Sieber/*Helfrich* 16.1 Rn 44; *Wittig* RDV 2000, 59, 62.
416 LG Bonn CR 2007, 237; Hoeren/Sieber/*Helfrich* 16.1 Rn 44.
417 LG München I MMR 2001, 466, 467 – Payback-Rabattsystem.
418 So aber OLG Celle NJW 1980, 347, 348.
419 So *Bizer* DuD 2007, 350, 351; Simitis/*Simitis* § 4 Rn 43; Hoeren/Sieber/*Helfrich* 16.1 Rn 59; ausnahmsweise *Auernhammer* § 4 Rn 15; *Gola/Schomerus* § 4a Rn 13; grds auch konkludent möglich *Dörr/Schmidt* § 4 Rn 7 f.
420 *Gola/Schomerus* § 4a Rn 13; anders BT-Drucks 16/12011, 33 in Zusammenhang mit § 28 Abs 3a, wonach eine konkludente, stillschweigende oder mutmaßliche Einwilligung grundsätzlich nicht reicht.
421 OLG Frankfurt aM CR 2001, 294; vgl auch LG Darmstadt RDV 1999, 28.
422 Vgl *Schaar* RDV 2002, 4, 11.

derer Umstand für den Verzicht auf die Schriftform.[423] Besondere Umstände liegen auch dann vor, wenn die erhobenen Daten anonymisiert und nur in dieser Weise weiter verarbeitet werden.[424] Anders ist das allerdings bei der Erhebung von sensitiven Daten zu sehen, wenngleich eine Gleichbehandlung hier praxisgerecht wäre. Jedenfalls ist in diesem Fall eine konkludente oder stillschweigende Einwilligung erst recht ausgeschlossen.[425] Freiwilligkeit kann die Notwendigkeit der schriftlichen Einwilligung ebenfalls nicht aufheben.[426] Für Telemedien und Telekommunikationsdienste gelten Sonderbestimmungen,[427] dh die Möglichkeit der elektronischen Einwilligung. Die Schriftform gilt aber grundsätzlich auch für Mehrwertdienste, die weder Telemedien noch Telekommunikationsdienste darstellen[428] und deshalb dem Regime des BDSG unterfallen; hier wird man in Zukunft jedoch einen pragmatischen Ansatz über die Möglichkeit einer elektronischen Einwilligung finden müssen.[429]

122 **Einwilligung bei Werbung.** Gem § 28 Abs 3a BDSG gibt es Sonderregelungen für die Einwilligung bei Werbung. Wird die Einwilligung nach § 4a Abs 1 S 3 BDSG in anderer Form als der Schriftform erteilt, hat die verantwortliche Stelle dem Betroffenen den Inhalt der Einwilligung schriftlich zu bestätigen, damit er kontrollieren kann, ob die verantwortliche Stelle die erteilte Einwilligung korrekt dokumentiert hat.[430] Allerdings hindert die fehlende Bestätigung die Wirksamkeit der Einwilligung nicht;[431] das Fehlen kann jedoch zu Beweisschwierigkeiten führen. Vor dem 1.9.2009 eingeholte Einwilligungen, die diesen Anforderungen nicht genügen, sollten jedenfalls zur Sicherheit aktualisiert werden.[432] Wenn die Einwilligung im Rahmen des § 4a BDSG elektronisch erfolgt ist, muss keine Bestätigung erfolgen. Allerdings muss sich diese elektronische Einwilligung dann an den Maßstäben für die Einwilligung nach TMG und TKG messen lassen.[433]

123 d) **Besondere Hervorhebung.** Die Einwilligung muss besonders **hervorgehoben** sein, vorzugsweise in einer separaten Erklärung. Wenn die Einwilligung zusammen mit anderen Erklärungen abgegeben werden soll, muss sie **drucktechnisch** deutlich (zB Kursiv- oder Fettdruck, größere Schrift, anderen Schrifttyp, Umrahmung und/oder besonders zentral platziert) hervorgehoben werden und sich optisch deutlich vom restlichen Text unterscheiden, um zu verhindern, dass der Betroffene die Erklärungen beispielsweise einfach übersieht.[434] Bloße Hinweise in den AGB reichen in keinem Fall aus;[435] separate Erklärungen sind aber auch nicht erforderlich.[436] Hingegen ist die direkte Platzierung der Einwilligung unmittelbar über der Unterschriftenzeile zusätzlich empfehlenswert.[437] Dies entspricht auch den Voraussetzungen des neuen § 28 Abs 3a BDSG für die Einwilligung in Werbung, dessen Formulierung dem Payback-Urteil Rechnung trägt.[438]

---

423 *Gola/Schomerus* § 30 Rn 5.
424 *Gola/Schomerus* § 30 Rn 5.
425 *Gola/Schomerus* § 4a Rn 16a.
426 So auch LG Stuttgart RDV 1998, 262; aA LG Darmstadt RDV 1999, 28.
427 Vgl ausf Rn 124 ff.
428 Eine Ausnahme liegt über § 47 RStV dann vor, wenn die Mehrwertdienste bei der Veranstaltung von Rundfunk angeboten werden; vgl ausf *Raitz von Frentz/Masch* RDV 2008, 150, 155 f.
429 Vgl ausf *Raitz von Frentz/Masch* RDV 2008, 150, 155.
430 BT-Drucks 16/12011, 33.
431 *Eckhardt* DuD 2009, 587, 591.
432 *Eckhardt* DuD 2009, 587, 594.
433 Vgl Rn 124.
434 BGH CR 2008, 720, 722 – Payback.
435 Vgl nur Simitis/*Simitis* § 4a Rn 41; BGH CR 2008, 720, 722 – Payback.
436 BGH CR 2008, 720, 722 – Payback; anders bei der Einwilligung in Werbung mittels SMS oder E-Mail gem § 7 Abs 2 Nr 3 UWG BGH MMR 2010, 138, 139 – Happy Digits.
437 BGH CR 2008, 720, 722 – Payback.
438 Vgl auch BGH MMR 2010, 138, 140 – Happy Digits; BT-Drucks 16/13657, 19.

e) Elektronische Erklärung bei Telemedien und Telekommunikationsdiensten.[439] 124
Die Einwilligung kann bei Telemedien, Rundfunk- und Telekommunikationsdiensten auch elektronisch erklärt werden; sie ist nicht an die Verwendung von elektronischen Signaturen geknüpft.[440] In diesem Fall muss gem § 13 Abs 2 TMG[441] bzw § 94 TKG sichergestellt werden, dass
1. der Nutzer seine Einwilligung bewusst und eindeutig erteilt hat,
2. die Einwilligung protokolliert wird,
3. der Nutzer den Inhalt der Einwilligung jederzeit abrufen kann[442] und
4. der Nutzer die Einwilligung jederzeit mit Wirkung für die Zukunft widerrufen kann.

Gerade bei der elektronischen Einwilligung ist auf die **eindeutige** und **bewusste** 125
Handlung des Nutzers zu achten, da er zB nur durch einen Mausklick einwilligen könnte und hier die Gefahr besteht, dass der Nutzer nicht erkennt, welche Folgen dieser eine Mausklick haben bzw dass er überhaupt rechtliche Folgen haben kann. Da an die Einwilligung wie an jede Willenserklärung bestimmte Anforderungen geknüpft sind,[443] fehlte es hier ggf am erforderlichen Erklärungsbewusstsein. Insgesamt wird daher auf den durchschnittlichen verständigen Nutzer abgestellt und darauf, ob dieser erkennen kann und muss, dass er rechtsverbindlich in die Nutzung seiner persönlichen Daten einwilligt.[444] Dies ist jedenfalls dann der Fall, wenn noch eine bestätigende Wiederholung erfolgt,[445] dh dass zB nach dem Anklicken einer Check-Box noch ein Schaltfeld mit der erneuten Erklärung der Einwilligung zu betätigen ist.[446] Eine einfache Schaltfläche nach Eingabe der Daten genügt hingegen nicht.[447] Eine weitere Möglichkeit ist die Zusendung der Datenschutzerklärung per E-Mail, die dann per E-Mail akzeptiert wird. Bei der Zusendung von **Newslettern** empfiehlt sich diese Möglichkeit des Double-Opt-In in jedem Fall. So wird auch dem Missbrauch von E-Mail-Adressen durch Dritte vorgebeugt. Eine Opt-Out-Lösung ist im Bereich des TMG nicht zulässig.[448] Hinsichtlich der Form der Einwilligungserklärung sollte aber auf die für § 4a BDSG entwickelten Grundsätze zurückgegriffen werden, dh dass die Erklärung zB darstellungstechnisch hervorgehoben wird.[449] Um den **Transparenzpflichten** genüge zu tun, empfiehlt sich ohnehin eine **Datenschutzerklärung**, die dann auch als Basis für die Einwilligungserklärung verwendet werden kann.[450]

Die **Protokollierung** erfordert keine Archivierung mit Reidentifikationsmöglich- 126
keit.[451] Auch bei der **Abrufbarkeit** ist es nicht erforderlich, dass die personenbezogene Einwilligung des Nutzers bereitgehalten wird; vielmehr genügt es, dass die standardisierte Einwilligungserklärung rund um die Uhr abgerufen werden kann.[452] Bei Änderungen sind alle Fassungen zur Verfügung zu stellen[453]. Der Gesetzgeber orientierte sich hierbei vornehmlich an der Möglichkeit von E-Mail-Verfahren,[454] allerdings kommen genauso Webformulare oä in Betracht.

---

439 Zur Abgrenzung vgl ausf Kap 1.
440 BT-Drucks 14/6098, 28.
441 Strenger als im alten § 4 Abs 1 S 2 TDDSG.
442 Zur Praxis bei 100 untersuchten Anbietern *Kühling/Sivridis/Schwunchow/Burghardt* DuD 2009, 335, 340: Diese Voraussetzung erfüllten fast alle untersuchten Anbieter.
443 Vgl Hoeren/Sieber/*Schmitz* 16.4 Rn 71.
444 OLG Brandenburg MMR 2006, 405, 406.
445 *Eckhardt* ITRB 2005, 46, 47.
446 OLG Brandenburg MMR 2006, 405, 406; *Rasmussen* DuD 2002, 406, 408; *Zscherpe* MMR 2004, 723, 726.
447 *Rasmussen* DuD 2002, 406, 408.
448 OLG München RDV 2007, 27, 29.
449 Vgl Hoeren/Sieber/*Schmitz* 16.4 Rn 73.
450 Vgl Rn 8.
451 Hoeren/Sieber/*Helfrich* 16.1 Rn 75.
452 *Rasmussen* DuD 2002, 406, 409.
453 *Rasmussen* DuD 2002, 406, 409; *Schaar* RDV 2002, 4, 11.
454 BT-Drucks 14/6098, 28.

127 Eine **Speicherfrist** ist für die Protokollierung der Einwilligung sowie deren Inhalt nicht genannt. Da es sich aber um Bestandsdaten handelt, ist die Verwendung gem § 14 Abs 1 TMG auf die inhaltliche Ausgestaltung oder Änderung des Vertragsverhältnisses zwischen dem Diensteanbieter und dem Nutzer beschränkt; sie ist daher jedenfalls nach Beendigung des Nutzerverhältnisses zu löschen. Eine längere Speicherfrist kann sich auch nicht daraus ergeben, dass der Nutzer den Inhalt der Erklärung gem § 13 Abs 2 Nr 3 TMG jederzeit abrufen können muss, denn zum einen würde dies den Diensteanbieter überfordern,[455] zum anderen ist für die Abrufbarkeit des Inhalts auch eine Abrufbarkeit der standardisierten Erklärung ausreichend, dh auch in anonymer Form. Allenfalls kann sich eine längere **Speicherungsfrist** ua aus § 257 HGB oder § 147 Abs 3 AbgO ergeben. In diesem Fall sind die Daten jedoch zu sperren.[456] Zuletzt muss der Nutzer die Einwilligung jederzeit mit Wirkung für die Zukunft widerrufen können.

128 f) **Widerruflichkeit.** Die Widerruflichkeit der Einwilligung, die in § 13 Abs 2 TMG bzw § 94 TKG normiert ist, gilt auch außerhalb dieser Gesetze.[457] Eine Genehmigung ist nicht möglich; daher ist eine Verarbeitung ohne Einwilligung unzulässig.[458] Ein Verzicht auf das Widerrufsrecht ist ausgeschlossen,[459] wobei an den Widerruf ebenso hohe Anforderungen zu stellen sind wie an die Einwilligung selbst.[460] Regelmäßig unzulässig dürfte es sein, den Betroffenen hinsichtlich seines Widerrufs auf ein anderes Kommunikationsmittel als bei seiner Einwilligung zu verweisen, zB auf einen schriftlichen Widerruf bei einer elektronischen Einwilligung; selbst der Wechsel von SMS auf E-Mail ist eine Erschwerung des Widerrufs und unzulässig.[461]

129 g) **Einwilligungsfähigkeit von Kindern und Jugendlichen.** Bei der Frage nach der Einwilligungsfähigkeit von Kindern und Jungendlichen ist, unabhängig von der Frage, ob es sich bei der Einwilligung um einen Realakt oder eine Willenserklärung handelt, von der Einsichtsfähigkeit des Betroffenen (§§ 828 Abs 1 BGB und § 10 StGB iVm §§ 1 Abs 2, 3 JGG) auszugehen.[462] Das bedeutet, dass eine Einwilligungsfähigkeit von Kindern unter 7 Jahren jedenfalls nicht gegeben ist, zwischen 7–14 Jahren hingegen möglich, wenn auch regelmäßig nicht gegeben. Von 14–16 Jahren muss eine Betrachtung im Einzelfall erfolgen, so dass hierbei insbesondere auch auf den Einwilligungsumfang abzustellen ist; eine Einwilligung zu Marketingzwecken wird hier eher abzulehnen sein. Ab 16 Jahre kann dagegen regelmäßig von einer Einwilligungsfähigkeit ausgegangen werden, da ein Jugendlicher, der in einigen Bundesländern wählen und zB auch Moped fahren darf, auch in der Regel die Auswirkungen, zB der Weitergabe seiner Daten, einschätzen kann.[463] Ist ein Kind oder Jugendlicher nicht einwilligungsfähig, ist die Einwilligung der Eltern bzw des Erziehungsberechtigten einzuholen.

---

455 Vgl Hoeren/Sieber/*Schmitz* 16.4 Rn 75.
456 *Bizer* DuD 2007, 350, 353.
457 Hoeren/Sieber/*Helfrich* 16.1 Rn 77; OLG Düsseldorf ZIP 1985, 1319; Simitis/*Simitis* § 4a Rn 94 mwN.
458 Hoeren/Sieber/*Helfrich* 16.1 Rn 78; Simitis/*Simitis* § 4 Rn 29 mwN.
459 Hoeren/Sieber/*Helfrich* 16.1 Rn 79.
460 Vgl hierzu Rn 110 ff.
461 So auch *Raitz von Frentz/Masch* RDV 2008, 150, 157.
462 So auch *Zscherpe* MMR 2004, 723, 724.
463 So auch *Arlt* MMR 2007, 683, 684; *Zscherpe* MMR 2004, 723, 724.

§ 3
Betroffenenrechte

Zentral für den Datenschutz sind die sog Betroffenenrechte, dh die Rechte, die der Betroffene zur Abwehr von rechtswidrigen Nutzungen etc seiner Daten geltend machen kann. Hierzu zählen Rechte auf Auskunft, Benachrichtigung, Widerspruch, Unterlassung/Beseitigung, Berichtigung/Gegendarstellung, Löschung/Sperrung, Vernichtung und Schadensersatz. Gem § 6 Abs 3 BDSG dürfen personenbezogene Daten über die Ausübung eines Rechts des Betroffenen, das sich aus diesem Gesetz oder aus einer anderen Vorschrift über den Datenschutz ergibt, nur zur Erfüllung der sich aus der Ausübung des Rechts ergebenden Pflichten der verantwortlichen Stelle verwendet werden. Durch diese Regelung soll sichergestellt werden, dass die Betroffenen durch die Inanspruchnahme nicht benachteiligt werden (zB durch eine Bonitätsanfrage).[464] **130**

I. Auskunft

Der Betroffene hat einen Anspruch auf Auskunft, zB über den Namen und die Anschrift eines Datenempfängers bei der Übermittlung von Daten aus **§ 34 BDSG.** Dieses Recht ist gem § 6 Abs 1 BDSG unabdingbar. Daneben besteht der Anspruch auf Auskunft auch nach allgemeinen Regeln aus § 242 BGB. **131**

Der Betroffene kann gem § 34 Abs 1 BDSG Auskunft verlangen über **132**

1. die zu seiner Person gespeicherten Daten, auch soweit sie sich auf die Herkunft dieser Daten beziehen, und ggf auch die Bezeichnung der Datei, in der die Daten gespeichert sind,[465]
2. Empfänger oder Kategorien von Empfängern, an die Daten weitergegeben werden, *und*
3. den Zweck der Speicherung.

Bei der geschäftsmäßigen Speicherung zum Zweck der Übermittlung kann der Betroffene aber über Herkunft und Empfänger nur Auskunft verlangen, sofern nicht das Interesse an der Wahrung des Geschäftsgeheimnisses überwiegt, wobei dieser Ausnahmetatbestand eng auszulegen ist, da ansonsten wohl immer ein entgegenstehendes Interesse besteht.[466] Auskunft über Herkunft und Empfänger sind aber auch dann zu erteilen, wenn diese Angaben nicht gespeichert sind. Gem § 34 Abs 3 BDSG kann der Betroffene von Stellen, die geschäftsmäßig personenbezogene Daten zum Zwecke der Auskunftserteilung speichern, Auskunft über seine personenbezogenen Daten verlangen, auch wenn sie weder in einer automatisierten Verarbeitung noch in einer nicht automatisierten Datei gespeichert sind. Dieser frühere Auskunftanspruch des § 34 Abs 2 BDSG wurde außerdem erweitert, denn nun ist gem § 34 Abs 3 S 2 BDSG auch Auskunft zu erteilen über Daten, die gegenwärtig noch keinen Personenbezug aufweisen, bei denen ein solcher aber im Zusammenhang mit der Auskunftserteilung von der verantwortlichen Stelle hergestellt werden soll, und Daten, die die verantwortliche Stelle nicht speichert, aber zum Zweck der Auskunftserteilung nutzt. Auskunft über Herkunft und Empfänger kann der Betroffene auch hier nur verlangen, sofern nicht das Interesse an der Wahrung des Geschäftsgeheimnisses überwiegt. Gem § 34 Abs 5 **133**

---

464 BT-Drucks 16/10529, 13.
465 *Gola/Schomerus* § 34 Rn 9.
466 *Gola/Schomerus* § 34 Rn 11a; vgl auch zu § 19 BDSG BVerfG Beschl v 10.3.2008, Az 1 BvR 2388/03.

BDSG dürfen die wegen der Absätze 1a bis 4 zum Zweck der Auskunftserteilung an den Betroffenen gespeicherten Daten nur für diesen Zweck der Auskunft sowie für Zwecke der Datenschutzkontrolle verwendet werden; für andere Zwecke sind sie zu sperren. In § 34 Abs 2 und 4 wurden außerdem Auskunftsansprüche speziell für Scoring eingeführt.

134 In § 34 Abs 6 BDSG ist der Gesetzgeber nun von der Schriftlichkeit der Auskunft abgewichen; auf Verlangen ist die Textform (dh auch Email) zulässig, soweit nicht wegen der besonderen Umstände eine andere Form der Auskunftserteilung angemessen ist. Die Auskunft ist gem § 34 Abs 8 BDSG **unentgeltlich** zu erteilen. Bei der geschäftsmäßig zum Zweck der Übermittlung erfolgten Speicherung kann ein Entgelt verlangt werden, wenn der Betroffene die Auskunft gegenüber Dritten zu wirtschaftlichen Zwecken nutzen kann. Auch in diesen Fällen kann er aber gem § 34 Abs 8 S 2 BDSG einmal je Kalenderjahr eine unentgeltliche Auskunft in Textform verlangen.[467] Das Entgelt darf über die durch die Auskunftserteilung entstandenen direkt zurechenbaren Kosten nicht hinausgehen. Ein Entgelt kann außerdem in den Fällen nicht verlangt werden, in denen besondere Umstände die Annahme rechtfertigen, dass Daten unrichtig oder unzulässig gespeichert werden oder in denen die Auskunft ergibt, dass die Daten zu berichtigen oder unter der Voraussetzung des § 35 Abs 2 S 2 Nr 1 BDSG zu löschen sind. Besteht die Entgeltpflicht nach § 34 Abs 8 BDSG, muss dem Betroffenen die Möglichkeit gegeben werden, sich im Rahmen seines Auskunftsanspruchs persönlich Kenntnis über die ihn betreffenden Daten und Angaben zu verschaffen. Die Auskunftserteilung kann unterbleiben, wenn der Betroffene nach § 33 Abs 2 S 1 Nr 2, 3 und 5 bis 7 BDSG nicht zu benachrichtigen ist.[468] Bei automatisierten Entscheidungen erstreckt sich das Recht des Betroffenen nach § 6a Abs 3 BDSG auch auf den logischen Aufbau der automatisierten Verarbeitung der ihn betreffenden Daten. Dies umfasst jedoch nicht Auskunft über die verwendete Software.[469] Verstöße gegen die Auskunftspflicht können nunmehr auch gem § 43 Abs 1 Nr 8a–8c BDSG bußgeldbewehrt sein.

135 Für **Telemedien** verweist § 13 Abs 7 TMG auf § 34 BDSG; nach dieser Maßgabe hat der Diensteanbieter dem Nutzer auf Verlangen Auskunft über die zu seiner Person oder zu seinem Pseudonym gespeicherten Daten zu erteilen.[470] Im Gegensatz zum BDSG kann die Auskunft hier jedoch grundsätzlich auf Verlangen des Nutzers elektronisch erteilt werden. Das Auskunftsrecht könnte an dieser Stelle jedoch mit dem Verbot der Zusammenführung der pseudonymisierten Daten mit der Person des Nutzers kollidieren, denn durch das Auskunftsbegehren muss der Diensteanbieter in aller Regel diese Daten zusammenführen, um die Auskunft erteilen zu können.[471] Allerdings wird man es hier genügen lassen, dass der Nutzer unter seinem **Pseudonym** anfragt,[472] oder in der Geltendmachung des Anspruchs eine Einwilligung des Nutzers auf jedenfalls zu diesem Zweck erlaubte Zusammenführung sehen müssen. Auch im Rahmen des TKG können die Ansprüche gem § 34 BDSG geltend gemacht werden (§ 93 Abs 1 S 4 TKG).

---

467 Vgl auch BT-Drucks 16/10529, 18.

468 Vgl hierzu Rn 139.

469 *Gola/Schomerus* § 6a Rn 18.

470 Zur Praxis bei 100 untersuchten Anbietern *Kühling/Sivridis/Schwuchow/Burghardt* DuD 2009, 335, 342, wobei 48 Anbieter sogar überhaupt keine Auskunft erteilen.

471 Vgl ausf Hoeren/Sieber/*Schmitz* 16.4 Rn 170 f, der die Regelung deshalb als verfassungswidrig ansieht.

472 So *Schaar* Rn 508.

Im Rahmen des **Medienprivilegs**[473] hat der Betroffene gem § 41 Abs 3 BDSG im Falle der Beeinträchtigung in seinem Persönlichkeitsrecht durch eine Berichterstattung der Deutschen Welle[474] das Recht auf Auskunft über die der Berichterstattung zugrunde liegenden, zu seiner Person gespeicherten Daten. Diese Auskunft kann allerdings nach Abwägung der schutzwürdigen Interessen der Beteiligten verweigert werden, soweit 136

1. aus den Daten auf Personen, die bei der Vorbereitung, Herstellung oder Verbreitung von Rundfunksendungen berufsmäßig journalistisch mitwirken oder mitgewirkt haben, geschlossen werden kann,
2. aus den Daten auf die Person des Einsenders oder des Gewährsträgers von Beiträgen, Unterlagen und Mitteilungen für den redaktionellen Teil ein Rückschluss gezogen werden kann,
3. durch die Mitteilung der recherchierten oder sonst erlangten Daten die journalistische Aufgabe der Deutschen Welle durch Ausforschung des Informationsbestandes beeinträchtigt würde.

II. Benachrichtigung

In vielen Fällen legt das Gesetz der verantwortlichen Stelle die Pflicht auf, den Betroffenen über die Verarbeitung seiner Daten – auch ohne Geltendmachung eines Auskunftsanspruchs – zu informieren. Die **allgemeine Vorschrift des BDSG** findet sich in § 33 Abs 1 BDSG. Hiernach ist der Betroffene zu benachrichtigen, wenn erstmals personenbezogene Daten für eigene Zwecke ohne seine Kenntnis gespeichert werden. Dies kann nur dann geschehen, wenn die Daten in Abweichung vom Grundprinzip der Direkterhebung nicht bei ihm selbst erhoben wurden. Ein Beispiel für diese Erhebung ist die Einstellung von allgemein zugänglichen Daten aus dem Vorlesungsverzeichnis oder von Schulwebsites in Bewertungsforen wie spickmich.de oder meinprof.de.[475] Der Betroffene ist zu informieren über 137

- die erfolgte Speicherung,
- die Art der Daten,
- die Zweckbestimmung der Erhebung, Verarbeitung oder Nutzung,
- die Identität der verantwortlichen Stelle *und*
- die Kategorien der Empfänger, sofern er nach den Umständen des Einzelfalles nicht mit der Übermittlung an diese rechnen muss.

Auf welche Weise der Betroffene die Kenntnis erlangt hat, so dass eine Benachrichtigung nicht erforderlich wäre, ist nicht von Bedeutung. Es ist ebenfalls nicht erforderlich, dass er konkrete Kenntnis von der Art der Datenspeicherung hat; er muss lediglich nach allgemeiner Lebenserfahrung wissen, dass die Speicherung automatisiert bzw dateigebunden erfolgt ist.[476] Für die Kenntnis kommt es nicht auf die tatsächliche Kenntnis an, sondern darauf, dass Kenntnis vorhanden sein müsste; das ist zB dann der Fall, wenn die Datenspeichung üblich oder gar unvermeidlich ist.[477] Bei der **geschäftsmäßig** zum Zweck der Übermittlung ohne Kenntnis des Betroffenen erfolgten Speicherung ist der Betroffene von der erstmaligen Übermittlung, der Art der über- 138

---

473 Vgl hierzu Rn 49 f.

474 Bzw nach den entsprechenden Landesgesetzen, vgl Rn 13.

475 Vgl http://www.heise.de/newsticker/Datenschuetzer-verhaengt-Bussgeld-gegen-Bewertungsportal-meinprof-de-/meldung/107123.

476 *Gola/Schomerus* § 33 Rn 28.

477 *Gola/Schomerus* § 33 Rn 29.

mittelten Daten und den Kategorien der Empfänger, sofern er nach den Umständen des Einzelfalles nicht mit der Übermittlung an diese rechnen muss, zu benachrichtigen.

139 Ausnahmen von der Pflicht zur Benachrichtigung enthält der umfangsreiche Katalog nach § 33 Abs 2 BDSG, ua wenn

1. der Betroffene auf andere Weise Kenntnis von der Speicherung oder der Übermittlung erlangt hat (§ 33 Abs 2 Nr 1 BDSG),
2. die Daten nur deshalb gespeichert sind, weil sie aufgrund gesetzlicher, satzungsmäßiger oder vertraglicher Aufbewahrungsvorschriften nicht gelöscht werden dürfen oder ausschließlich der Datensicherung oder der Datenschutzkontrolle dienen und eine Benachrichtigung einen unverhältnismäßigen Aufwand erfordern würde (§ 33 Abs 2 Nr 2 BDSG), zB beim Eintrag von Telefonnummern in eine Sperrliste,[478]
3. die Daten nach einer Rechtsvorschrift oder ihrem Wesen nach, namentlich wegen des überwiegenden rechtlichen Interesses eines Dritten, geheim gehalten werden müssen (§ 33 Abs 2 Nr 3 BDSG),
4. die Daten für eigene Zwecke gespeichert sind (§ 33 Abs 2 Nr 7 BDSG) und
   a) aus allgemein zugänglichen Quellen entnommen wurden und eine Benachrichtigung wegen der Vielzahl der betroffenen Fälle unverhältnismäßig ist, *oder*
   b) die Benachrichtigung die Geschäftszwecke der verantwortlichen Stelle erheblich gefährden würde, es sei denn, dass das Interesse an der Benachrichtigung die Gefährdung überwiegt
5. die Daten geschäftsmäßig zum Zweck der Übermittlung gespeichert sind (§ 33 Abs 2 Nr 8 BDSG) und
   a) aus allgemein zugänglichen Quellen entnommen wurden, soweit sie sich auf diejenigen Personen beziehen, die diese Daten veröffentlicht haben, *oder*
   b) es sich um listenmäßig oder sonst zusammengefasste Daten handelt (§ 29 Abs 2 S 2 BDSG)

   und eine Benachrichtigung wegen der Vielzahl der betroffenen Fälle unverhältnismäßig ist.
6. die Daten aus allgemein zugänglichen Quellen entnommene Daten geschäftsmäßig für Zwecke der Markt- oder Meinungsforschung gespeichert sind und eine Benachrichtigung wegen der Vielzahl der betroffenen Fälle unverhältnismäßig ist (§ 33 Abs 2 Nr 9 BDSG).

Die Ausnahmen (bis auf §§ 33 Abs 2 Nr 1, 8 und 9 BDSG) sind dabei von der verantwortlichen Stelle schriftlich zu vermerken. Der Datenschutzbeauftragte hat im Rahmen seiner Kontrollpflicht auf die Erstellung dieser Dokumentation hinzuwirken.[479]

140 Bei der **Bewertungsplattform** meinprof.de wurde ein Verstoß gegen die Benachrichtigungspflicht angenommen und ein Bußgeld verhängt[480]. Hier wird man jedoch in Anlehnnung an die bereits erfolgte verfassungskonforme Auslegung des § 29 Abs 2 S 4 BDSG durch den BGH im Falle „spickmich", auch § 33 Abs 2 Nr 7a BDSG dahingehend auslegen müssen, dass hier die Benachrichtigungspflicht entfällt, da eine solche

---

478 AG Frankfurt aM MMR 2007, 470, 471.
479 *Gola/Schomerus* § 33 Rn 43.
480 http://www.heise.de/newsticker/Datenschuetzer-verhaengt-Bussgeld-gegen-Bewertungsportal-meinprof-de-/meldung/107123

Benachrichtigungspflicht das Kommunikationsgrundrecht behindern würde; jedenfalls wäre aufgrund der Vielzahl der Fälle eine Benachrichtigung unverhältnismäßig.[481]

Weiterhin ist der Betroffene bei Maßnahmen gegen den Missbrauch von **Telekommunikationsdiensten** nach § 100 Abs 4 S 4 TKG zu benachrichtigen, sobald dies ohne Gefährdung des Zwecks der Maßnahmen möglich ist. **141**

III. Widerspruch

Sowohl die Vorschriften des BDSG als auch die Spezialnormen des TMG und TKG geben dem Betroffenen bei Zulässigkeit der Verarbeitung oder Einwilligung zahlreiche Widerspruchsrechte. **142**

Gem § 28 Abs 4 S 1 BDSG hat der Betroffene das Recht, der Verarbeitung oder Nutzung seiner Daten für Zwecke der **Werbung** oder der **Markt- oder Meinungsforschung** zu widersprechen. Die Verarbeitung oder Nutzung ist dann für diese Zwecke unzulässig. Auf dieses Recht ist der Betroffene **bei der Ansprache** zum Zweck der Werbung oder der Markt- oder Meinungsforschung und bei Begründung des rechtsgeschäftlichen oder rechtsgeschäftsähnlichen Schuldverhältnisses (§ 28 Abs 1 S 1 Nr 1 BDSG) **hinzuweisen**; soweit personenbezogene Daten des Betroffenen genutzt werden, die bei einer dem Ansprechenden im Rahmen einer solchen Umfrage nicht bekannten Stelle gespeichert sind, hat dieser auch sicherzustellen, dass der Betroffene Kenntnis über die Herkunft der Daten erhalten kann. Auch bei diesem Dritten hat der Betroffene dann ein Widerspruchsrecht mit der Folge, dass der Dritte die Daten für diese Zwecke zu sperren hat. In den Fällen des § 28 Abs 1 S 1 Nr 1 BDSG darf für den Widerspruch keine strengere Form verlangt werden als für die Begründung des rechtsgeschäftlichen oder rechtsgeschäftsähnlichen Schuldverhältnisses. Hier wurde ein bereits geltender Grundsatz kodifiziert;[482] es ist also zB nicht zulässig, bei einem elektronisch geschlossenen Schuldverhältnis den Widerspruch in schriftlicher Form zu verlangen. Ein ähnliches Widerspruchsrecht steht dem Betroffenen außerdem bei Verwendung seiner **Nutzungsdaten** für **Telemedien** gem § 15 Abs 3 TMG zu. Hiernach darf der Diensteanbieter für Zwecke der Werbung, der Marktforschung oder zur bedarfsgerechten Gestaltung der Telemedien Nutzungsprofile bei Verwendung von Pseudonymen nur erstellen, sofern der Betroffene nicht von seinem Widerspruchsrecht Gebrauch macht. Hierauf muss der Diensteanbieter den Betroffenen bereits im Rahmen der Unterrichtung nach § 13 Abs 1 TMG hinweisen. **143**

Gem § 35 Abs 5 BDSG dürfen personenbezogene Daten außerdem nicht für eine automatisierte Verarbeitung oder Verarbeitung in nicht automatisierten Dateien erhoben, verarbeitet oder genutzt werden, soweit der Betroffene dieser bei der verantwortlichen Stelle widerspricht und eine Prüfung ergibt, dass das schutzwürdige Interesse des Betroffenen wegen seiner besonderen persönlichen Situation das Interesse der verantwortlichen Stelle an dieser Erhebung, Verarbeitung oder Nutzung überwiegt, es sei denn, dass eine Rechtsvorschrift zur Erhebung, Verarbeitung oder Nutzung verpflichtet. **144**

---

481 Mit gleichem Ergebnis, aber anderer Argumentation *Härting* CR 2009, 21, 26, der Nr 7a auf rechtmäßig veröffentlichungsfähige Daten ausdehnt und *Ballhausen/Roggenkamp* K&R 2008, 403, 408 f, die meinen, dass die Benachrichtigungspflicht entfällt, weil im Wege verfassungskonformer Auslegung das Datenschutzrecht kein geeignetes Instrument für deren Zulässigkeit ist.

482 Vgl Rn 128.

145 Weitere Widerspruchsrechte finden sich in § 95 Abs 3 S 2 TKG (Versendung von Text- oder Bildmitteilungen im Falle der rechtmäßigen Kenntnis von der Rufnummer oder der Postadresse) und § 105 Abs 2, 3 TKG (Telefonauskunft).

IV. Unterlassung/Beseitigung/Widerruf

146 Neben den Ansprüchen aus dem BDSG können dem Betroffenen auch Beseitigungs- und Unterlassungsansprüche und auch Widerrufsansprüche bzw Richtigstellungsansprüche[483] zustehen, und zwar aus den allgemeinen Normen der §§ 1004, 823 BGB, denn die Erhebung, Verarbeitung oder Nutzung personenbezogener Daten kann eine Verletzung des allgemeinen Persönlichkeitsrechts und des Rechts auf informationelle Selbstbestimmung darstellen (vgl schon § 1 Abs 1 BDSG).[484]

147 Gem § 44 Abs 1 TKG hat ein Endverbraucher oder Wettbewerber einen Anspruch auf Beseitigung bzw Unterlassung gegen ein Unternehmen, das gegen das TKG, eine auf Grund des TKG erlassene Rechtsverordnung, eine auf Grund des TKG in einer Zuteilung auferlegte Verpflichtung oder eine Verfügung der Bundesnetzagentur verstößt. Der Anspruch besteht bereits dann, wenn eine Zuwiderhandlung droht. Aktivlegitimiert sind gem § 3 UKlaG auch Verbraucherschutzverbände,[485] nach § 44 Abs 2 TKG beschränkt auf die Fälle, in denen in anderer Weise als durch Verwendung oder Empfehlung von Allgemeinen Geschäftsbedingungen gegen Vorschriften des TKG, die dem Schutz der Verbraucher dienen, verstoßen wird. Werden die Zuwiderhandlungen in einem geschäftlichen Betrieb von einem Angestellten oder einem Beauftragten begangen, so ist der Unterlassungsanspruch auch gegen den Inhaber des Betriebes begründet. Im Übrigen bleibt das Unterlassungsklagengesetz unberührt, dh auch bei Verstößen gegen das BDSG und TMG kann das UKlaG Anwendung finden.[486]

V. Berichtigung/Gegendarstellung

148 Gem § 35 Abs 1 BDSG gilt der Grundsatz, dass personenbezogene Daten **berichtigt** werden müssen, wenn sie unrichtig sind. Dieses Recht ist gem § 6 Abs 1 BDSG unabdingbar. Geschätzte Daten sind gem § 35 Abs 1 S 2 BDSG nun als solche deutlich zu kennzeichnen. Dies dient dem Schutz des Betroffenen und Empfängers, denn geschätzte Daten sollen nicht als Fakten verbreitet werden. Die Kennzeichung eines Datums als Schätzung muss mit dem Datum selbst eine Einheit bilden, so dass auch bei der Übermittlung des Datums die Tatsache, dass es sich um eine Schätzung handelt, mitübermittelt wird.[487] Wird die Richtigkeit der Daten lediglich bestritten und lässt sich weder die Richtigkeit noch die Unrichtigkeit feststellen, sind die Daten lediglich gem § 35 Abs 4 BDSG zu sperren.[488] Eine Ausnahme gilt dann gem § 35 Abs 6 BDSG bei der geschäftsmäßigen Datenspeicherung zum Zweck der Übermittlung, wenn die Daten aus allgemein zugänglichen Quellen entnommen und zu Dokumentationszwecken gespeichert sind (außer in den Fällen des § 35 Abs 2 Nr 2 BDSG). Zumindest hat der Betroffene in diesen Fällen (und für den Fall, dass aus diesen Grün-

483 OLG Düsseldorf DuD 2006, 124.

484 Vgl nur BGH NJW 1984, 436; OLG Köln GRUR-RR 2008, 26, 27; AG Mitte Urt v 27.3.2007, Az 5 C 314/06; Bamberger/Roth/*Bamberger* § 12 BGB Rn 160; *Gomille* ZUM 2009, 815, 816.

485 Vgl OLG München RDV 2007, 27, 28.

486 Vgl OLG München RDV 2007, 27.

487 BT-Drucks 16/10529, 18.

488 Vgl hierzu BVerwG MMR 2007, 171, 172.

den auch kein Sperrungs- oder Löschungsrecht besteht) aber ein Recht, den unrichtigen Daten (oder wenn die Richtigkeit bestritten wird) seine Gegendarstellung beizufügen.[489] Die Daten dürfen dann von der verantwortlichen Stelle nicht mehr ohne diese Gegendarstellung übermittelt werden. Von der Berichtigung unrichtiger Daten sind gem § 35 Abs 7 BDSG die Stellen zu verständigen, denen im Rahmen einer Datenübermittlung diese Daten zur Speicherung weitergegeben werden, wenn dies keinen unverhältnismäßigen Aufwand erfordert und schutzwürdige Interessen des Betroffenen nicht entgegenstehen. Weitere Ansprüche auf Berichtigung finden sich in § 41 Abs 3 S 3 BDSG (Medienprivileg) und § 45m TKG (unrichtige Daten in einem öffentlichen Teilnehmerverzeichnis).

VI. Löschung/Sperrung

Personenbezogene Daten sind gem § 35 Abs 2 S 2 BDSG zu **löschen**, wenn (1) ihre Speicherung unzulässig ist, (2) es sich um sensitive Daten[490] oder Daten über strafbare Handlungen oder Ordnungswidrigkeiten handelt und ihre Richtigkeit von der verantwortlichen Stelle nicht bewiesen werden kann, (3) sie für eigene Zwecke verarbeitet werden, sobald ihre Kenntnis für die Erfüllung des Zwecks der Speicherung nicht mehr erforderlich ist, oder (4.) sie geschäftsmäßig zum Zweck der Übermittlung verarbeitet werden und eine Prüfung jeweils am Ende des vierten, soweit es sich um Daten über erledigte Sachverhalte handelt und der Betroffene der Löschung nicht widerspricht, am Ende des dritten Kalenderjahres beginnend mit dem Kalenderjahr, das der erstmaligen Speicherung folgt, ergibt, dass eine längerwährende Speicherung nicht erforderlich ist.[491] Für Verträge gem § 1 Abs 1 S 2 KWG gilt gem § 35 Abs 3 S 3 BDSG eine neue Löschungspflicht auf Verlangen nach Beendigung des Vertrags.[492] Auch das Recht auf Löschung ist gem § 6 Abs 1 BDSG unabdingbar. Gem § 30 Abs 3 BDSG sind außerdem im Rahmen von § 30 BDSG unzulässig gespeicherte Daten zu löschen. Da eine Wiederholungs- oder Erstbegehungsgefahr beim Löschungsanspruch nicht erforderlich ist, besteht dieser Anspruch auch neben Unterlassungsansprüchen gem § 1004 BGB.[493] **149**

Seit Jahren diskutiert wird die **Löschungspflicht** des § 96 Abs 2 TKG bei **Flat Rates**. Der langen Speicherfrist von 80 Tagen hatten die begrüßenswerten Urteile aus Darmstadt ein Ende gesetzt, in denen entschieden wurde, dass bei einer Flat Rate keine Nutzungsdaten gespeichert werden müssen und diese daher unverzüglich zu löschen sind.[494] Dies bezieht sich insb auf die dynamischen IP-Adressen, da diese in keinem Fall bei einer zeit- oder volumenunabhängigen Abrechnung erforderlich sind; auch der Anwendungsbereich des § 9 BDSG zur Datensicherheit ist hier deutlich überschritten[495]. Allerdings führt dies nach einem Urteil des OLG Frankfurt[496] nicht dazu, dass die Daten sofort gelöscht werden müssen; wegen Abrechnung und Feststellung von Störungen sei eine Löschung erst nach sieben Tagen auch im Falle der Flat Rate nicht zu beanstanden. Der Begriff „unverzüglich“ in § 96 Abs 2 S 2 TKG deute **150**

489 Vgl *Gola/Schomerus* § 35 Rn 8.
490 Rn 17.
491 Vgl zu Löschdefiziten in der Praxis ausf *Fraenkel/Hammer* DuD 2007, 899, 900 ff.
492 BT-Drucks 16/10529, 19.
493 *Rössel* ITRB 2008, 170, 171; aA OLG Köln ZUM 2008, 869, 874 – spickmich.de.
494 AG Darmstadt MMR 2005, 634, 635; LG Darmstadt MMR 2006, 330.
495 AG Darmstadt MMR 2005, 634, 636.
496 OLG Frankfurt MMR 2010, 645.

auch nicht auf eine sofortige Löschungfrist hin. Das Urteil des OLG Frankfurt ist gleich aus mehreren Gründen nicht nachvollziehbar. Aus welchen Gründen Abrechnungsdaten bei einer Flat Rate erforderlich sein sollen, erschließt sich nicht. Bzgl der Störungsbeseitigung erlegt das Gericht zudem dem Kläger – also dem Kunden – die Beweislast dafür auf, dass die Telekom die Daten auch schneller löschen könnte, obwohl gem § 4 BDSG das Verbot mit Erlaubnisvorbehalt gilt, § 96 Abs 2 S 1 TKG die Verwendungsbefugnis an die Erforderlichkeit anknüpft und eine solche Darlegung dem Kunden nie gelingen kann, weil dies eindeutig die Sphäre des Telekommunikationsunternehmens betrifft. Dies hat, insbesondere zur Frage der Darlegungs- und Beweislast, auch der BGH[497] so gesehen und den Rechtsstreit nun wieder an das OLG Frankfurt zurückverwiesen.

151 An die Stelle einer Löschung tritt gem § 35 Abs 3 BDSG dann eine **Sperrung**, soweit (1) im Fall des § 35 Abs 2 Nr 3 BDSG einer Löschung gesetzliche, satzungsmäßige oder vertragliche Aufbewahrungsfristen, zB § 257 HGB,[498] entgegenstehen, (2) Grund zu der Annahme besteht, dass durch eine Löschung schutzwürdige Interessen des Betroffenen beeinträchtigt würden, oder (3) eine Löschung wegen der besonderen Art der Speicherung nicht oder nur mit unverhältnismäßig hohem Aufwand möglich ist. Personenbezogene Daten sind außerdem zu sperren, soweit ihre Richtigkeit vom Betroffenen bestritten wird und sich weder die Richtigkeit noch die Unrichtigkeit feststellen lässt.[499] Eine Sperrung von Daten muss auch nach Widerspruch gem § 28 Abs 4 BDSG erfolgen (**Werbung**), wobei vom Betroffenen eine Verzögerung hinzunehmen ist, wenn die verantwortliche Stelle den Sperrvermerk erst beim nächsten turnusmäßigen Abgleich vornimmt[500]. Verlangt der Betroffene, dass seine Daten auch aus der „Sperrliste" gelöscht werden, ist dem nachzukommen. Allerdings kann dann der verantwortlichen Stelle kein Vorwurf gemacht werden, wenn sie bei Verwendung von Fremddaten den Betroffenen erneut anschreibt.[501] Eine **Ausnahme** gilt dann gem § 35 Abs 6 BDSG bei der geschäftsmäßigen Datenspeicherung zum Zweck der Übermittlung, wenn die Daten aus allgemein zugänglichen Quellen entnommen und zu Dokumentationszwecken gespeichert sind (außer in den Fällen des § 35 Abs 2 Nr 2 BDSG).[502] Gem dem neueingefügten § 35 Abs 4a BDSG darf die Tatsache, dass eine Sperrung erfolgte, nicht übermittelt werden. Damit soll verhindert werden, dass ein Datenempfänger allein aus der Tatsache der Sperrung Schlussfolgerungen ziehen kann; eine Umgehung durch andere Formulierungen ist ebenfalls unzulässig.[503] Von der Sperrung bestrittener Daten sowie der Löschung oder Sperrung wegen Unzulässigkeit der Speicherung sind gem § 35 Abs 7 BDSG die **Stellen**, denen im Rahmen einer Datenübermittlung diese Daten zur Speicherung weitergegeben werden, zu **verständigen**, wenn dies keinen unverhältnismäßigen Aufwand erfordert und schutzwürdige Interessen des Betroffenen nicht entgegenstehen.

152 **Gesperrte Daten** dürfen ohne Einwilligung des Betroffenen gem § 35 Abs 8 BDSG nur noch übermittelt oder genutzt werden, wenn

1. es zu wissenschaftlichen Zwecken, zur Behebung einer bestehenden Beweisnot oder aus sonstigen im überwiegenden Interesse der verantwortlichen Stelle oder eines Dritten liegenden Gründen unerlässlich ist und

497 BGH MMR 2011, 341.

498 Eine Übersicht zu den Archivierungspflichten bieten *Lensdorf* CR 2008, 332, *Spatscheck/Engler* DuD 2009, 678.

499 Vgl hierzu BVerwG MMR 2007, 171, 172.

500 *Gola/Schomerus* § 28 Rn 65.

501 *Gola/Schomerus* § 28 Rn 65; vgl auch AG Frankfurt aM MMR 2007, 470, 471.

502 Zum dann bestehenden Gegendarstellungsanspruch Rn 133.

503 BT-Drucks 16/10529, 19.

2. die Daten hierfür übermittelt oder genutzt werden dürften, wenn sie nicht gesperrt wären.

Die Notwendigkeit einer teleologischen Reduktion des § 35 Abs 4 BDSG, um Daten zu statistischen Zwecken bei Bewertungsforen auswerten zu dürfen, besteht über die Gründe des § 35 Abs 8 BDSG hinaus nicht.[504] Hier gibt es außerdem auch immer die Möglichkeit der Verwendung von anonymisierten Daten.

Bei Telemedien hat der Diensteanbieter gem § 13 Abs 4 S 1 Nr 2, S 2 TMG durch **153**
technische und organisatorische Vorkehrungen sicherzustellen, dass die anfallenden personenbezogenen Daten über den Ablauf des Zugriffs oder der sonstigen Nutzung unmittelbar nach deren Beendigung gelöscht oder, soweit einer Löschung gesetzliche, satzungsmäßige oder vertragliche Aufbewahrungsfristen entgegenstehen, gesperrt werden. Danach sind zB Profildaten bei Deaktivierung der Mitgliedschaft in einem Online-Netzwerk oder Online-Shop zu löschen. Da es für die Löschung von Bestandsdaten keine Regelung gibt, sind hier die Regelungen des § 35 BDSG anwendbar.[505] Für die Nutzungsdaten von Telemedien ist hingegen in § 15 Abs 8 S 2 TMG ein Löschungsanspruch vorgesehen, der dann besteht, wenn die nach § 15 Abs 1 TMG erhobenen Nutzungsdaten nicht mehr für die Inanspruchnahme von Telemedien oder zur Abrechnung benötigt werden. Eine Sperrungsmöglichkeit ist gem § 15 Abs 4 TMG zur Erfüllung bestehender gesetzlicher, satzungsmäßiger oder vertraglicher Aufbewahrungsfristen für Abrechnungsdaten über das Ende des Nutzungsvorgangs hinaus vorgesehen.

Weitere Löschungsansprüche/-pflichten bestehen ua in § 6b Abs 5 BDSG (Video- **154**
überwachung), § 95 Abs 3 TKG (Beendigung des Vertragsverhältnisses), § 96 Abs 2 TKG (Verkehrsdaten), § 97 Abs 3 TKG (Verwendung von Verkehrsdaten zur Entgeltermittlung und Entgeltabrechnung) und § 100 Abs 3 S 4 TKG (Maßnahmen zur Aufdeckung von Missbrauch von Telekommunikationsdiensten).

VII. Vernichtung

Einen separaten Anspruch auf Vernichtung der Daten gibt es nicht; dies wird an **155**
sich durch die Löschung der Daten erreicht. Lediglich das TKG sieht im Falle einer Kopie des amtlichen Ausweises für die Begründung eines Vertragsverhältnisses die Vernichtung dieser Kopie gem § 95 Abs 4 S 3 TKG unverzüglich nach Feststellung der für den Vertragsabschluss erforderlichen Angaben vor.

VIII. Schadensersatz

1. Vertragliche Ansprüche

Ansprüche auf Schadensersatz können wie immer aus Vertrag oder aus Gesetz **156**
bestehen. Aus Vertrag kann sich bei unrichtiger oder unzulässiger Datenverarbeitung im Arbeitsverhältnis oder zB bei Verträgen, bei denen Kundendaten benötigt werden, ein Anspruch aus § 280 Abs 1 BGB ggf, im Fall von vorvertraglichen Vertrauensver-

---

504 So aber *Gomille* ZUM 2009, 815, 823.

505 OLG Bamberg CR 2006, 274; *Gola/Klug* 193.

hältnissen, iVm § 311 Abs 2 BGB ergeben. Bei der Auftragsdatenverarbeitung können in der Regel Ansprüche wegen Verletzung der Hauptleistungspflichten aus einem Geschäftsbesorgungsvertrag (§ 675 BGB) bestehen. Es gelten die allgemeinen Regeln des BGB.[506]

2. Gesetzliche Ansprüche

157 Im BDSG gibt es lediglich für **öffentliche Stellen** gem § 8 BDSG eine verschuldensunabhängige Schadensersatznorm. Bei einer schweren Verletzung des Persönlichkeitsrechts ist dem Betroffenen der Schaden, der nicht Vermögensschaden ist, angemessen in Geld zu ersetzen. Die Ansprüche sind aber in jedem Fall insgesamt auf einen Betrag von € 130 000,– begrenzt. Das gilt nach § 8 Abs 3 S 2 BDSG auch dann, wenn aufgrund desselben Ereignisses an mehrere Personen Schadensersatz zu leisten ist, der insgesamt den **Höchstbetrag** von € 130 000,– übersteigt. Dann verringern sich die einzelnen Schadensersatzleistungen in dem Verhältnis, in dem ihr Gesamtbetrag zu dem Höchstbetrag steht. **Unzulässig** ist jede Verarbeitung, die rechtswidrig ist, wobei sich die Rechtswidrigkeit aus dem BDSG, aber auch anderen datenschutzrechtlichen Vorschriften, wie § 83 BetrVG, TKG oder TMG, ergeben kann.[507] Sie kann auch unrichtig sein, wenn sie zB unvollständig ist und ein falsches Bild über den Betroffenen gibt.[508]

158 Sind bei einer automatisierten Verarbeitung **mehrere Stellen** speicherungsberechtigt, zB bei einem Datenpool, und ist der Geschädigte nicht in der Lage, die speichernde Stelle festzustellen, so haftet jede dieser Stellen. Dadurch ist der Betroffene von der Last entbunden, nachweisen zu müssen, wer konkret den Schaden verursacht hat. Ansonsten gelten auch hier die Normen für das Mitverschulden (§ 254 BGB) und die Verjährung der unerlaubten Handlung (§§ 852, 199 ff BGB) durch ausdrücklichen Verweis.

159 Eine weitere Schadensersatznorm, die sowohl für **nicht-öffentliche Stellen** als auch für öffentliche Stellen gilt, ist § 7 BDSG.[509] Fügt eine verantwortliche Stelle hiernach dem Betroffenen durch unzulässige oder unrichtige Erhebung, Verarbeitung oder Nutzung seiner personenbezogenen Daten einen Schaden zu, ist sie dem Betroffenen zum Schadensersatz verpflichtet. Die Ersatzpflicht entfällt allerdings, soweit die verantwortliche Stelle die nach den Umständen des Falles gebotene Sorgfalt beachtet hat; § 7 S 2 BDSG kehrt damit die **Beweislast** um. Hierfür kommt das Vorliegen von höherer Gewalt oder ein Eigenverschulden des Betroffenen in Betracht.[510] Ersetzt wird – im Gegensatz zu § 8 BDSG – nur der Vermögensschaden. Schäden hinsichtlich des Persönlichkeitsrechts[511] und Zahlung eines Schmerzensgeldes können sich daher nur aus den allgemeinen Vorschriften § 823 Abs 1 BGB iVm Art 1, 2 GG, die neben §§ 7, 8 BDSG anwendbar sind,[512] ergeben. Sonstige Haftungsbestimmungen, wie die Gesamtschuldnerschaft, richten sich nach den allgemeinen Vorschriften des BGB.

---

506 Vgl *Gola/Schomerus* § 7 Rn 18, 20.

507 *Gola/Schomerus* § 7 Rn 3, § 8 Rn 10.

508 *Gola/Schomerus* § 7 Rn 4, § 8 Rn 11.

509 Die entsprechenden landesrechtlichen Vorschriften sind sehr unterschiedlich, § 18 Abs 1 BlnDSG schließt zB den Ersatz immaterieller Schäden ein und legt keine Höchstsumme fest (vgl zu weiteren landesrechtlichen Vorschriften *Gola/Schomerus* § 7 Rn 21).

510 Vgl Erwägungsgrund 55 RL 95/46/EG; zur Frage, ob die Exkulpation nach § 831 BGB übernommen werden kann, vgl *Gola/Schomerus* § 7 Rn 10.

511 Vgl OLG Rostock ZIP 2001, 793; AG Charlottenburg MMR 2006, 255.

512 *Gola/Schomerus* § 7 Rn 15; *Gola/Schomerus* § 8 Rn 2; Bamberger/Roth/*Bamberger* § 12 BGB Rn 160; AG Speyer RDV 2008, 161 (nur bei einem schwerwiegenden Eingriff in das Persönlichkeitsrecht).

Gem § 44 Abs 1 TKG hat ein Endverbraucher oder Wettbewerber einen Anspruch auf Schadensersatz gegen ein Unternehmen, das gegen das TKG, eine auf Grund dieses Gesetzes erlassene Rechtsverordnung, eine auf Grund dieses Gesetzes in einer Zuteilung auferlegte Verpflichtung oder eine Verfügung der Bundesnetzagentur vorsätzlich oder fahrlässig verstößt. Der Anspruch besteht bereits dann, wenn eine Zuwiderhandlung droht. Geldschulden sind ab Eintritt des Schadens zu verzinsen. Die §§ 288 und 289 S 1 BGB finden entsprechende Anwendung. Die Haftung für einen Vermögensschaden ist gem § 44a Abs 1 TKG jedoch im Falle einer bloß fahrlässigen Handlung gegen einen Endnutzer auf höchstens € 12500,– je Endnutzer begrenzt. Entsteht die Schadensersatzpflicht durch eine einheitliche Handlung oder ein einheitliches Schaden verursachendes Ereignis gegenüber mehreren Endnutzern und beruht dies nicht auf Vorsatz, ist die Schadensersatzpflicht unbeschadet der Begrenzung in S 1 in der Summe auf höchstens € 10 Mio begrenzt. Dann wird der Schadensersatz im Verhältnis gekürzt. Diese Haftungsbegrenzung schließt nicht den Verzugsschaden für die Zahlung des Schadensersatzes ein. Abweichende einzelvertragliche Vereinbarungen sind gem § 44a S 5 jedoch möglich. **160**

§ 4
Durchsetzung und Verfahren

I. Aufsichts- und Kontrollinstanzen

Der **Bundesbeauftragte für den Datenschutz und die Informationsfreiheit** wird vom Deutschen Bundestag für eine Amtszeit von 5 Jahren gewählt (§ 22 BDSG). Er **kontrolliert** die **Einhaltung** der **datenschutzrechtlichen Bestimmungen** bei den Behörden der Bundesverwaltung und sonstigen öffentlichen Stellen des Bundes sowie der bundesunmittelbaren Körperschaften (§ 24 BDSG). Stellt der Bundesbeauftragte für den Datenschutz und die Informationsfreiheit Verstöße gegen solche Vorschriften oder sonstige Mängel bei der Verarbeitung oder Nutzung personenbezogener Daten fest, beanstandet er dies bei der zuständigen Behörde (§ 25 BDSG) und erstattet dem Deutschen Bundestag Bericht, spricht **Empfehlungen** aus und wirkt auf die Zusammenarbeit mit den Aufsichtsbehörden hin (§ 26 BDSG). Er kann sich auch in der Öffentlichkeit zu datenschutzrechtlichen Problemen äußern, wobei Warnungen insbesondere dem Verhältnismäßigkeitsgrundsatz unterliegen.[513] **161**

Gem § 38 BDSG sind **Aufsichtsbehörden**[514] als externe Kontrollinstanz zur Überwachung der datenschutzrechtlichen Bestimmungen in der Privatwirtschaft einzurichten.[515] Die **Aufgabe** dieser Aufsichtsbehörden ist es, die Ausführung der datenschutzrechtlichen Vorschriften zu kontrollieren, soweit diese die automatisierte Verarbeitung personenbezogener Daten oder die Verarbeitung oder Nutzung personenbezogener Daten in oder aus nicht automatisierten Dateien regeln. Sie werden insb in den problematischen Feldern wie dem Adresshandel und bei den Auskunfteien tätig.[516] Daneben kontrollieren sie die Einhaltung der datenschutzrechtlichen Vorschriften nach **162**

---

513 VG Köln RDV 1999, 125.

514 ZB Berliner Beauftragter für Datenschutz und Informationsfreiheit www.datenschutz-berlin.de/und Unabhängiges Landeszentrum für Datenschutz Schleswig-Holstein https://www.datenschutzzentrum.de/.

515 Vgl *Gola/Schomerus* § 38 Rn 1.

516 Vgl *Weichert* DuD 2001, 264, 270.

den jeweiligen Landesgesetzen.[517] Außerdem beraten und unterstützen sie die Beauftragten für den Datenschutz[518] und die verantwortlichen Stellen. Stellt die Aufsichtsbehörde einen Verstoß gegen die datenschutzrechtlichen Vorschriften fest, ist sie befugt, die Betroffenen hierüber zu unterrichten, den Verstoß bei den zuständigen Stellen anzuzeigen sowie bei schwerwiegenden Verstößen die Gewerbeaufsichtsbehörde zur Durchführung gewerberechtlicher Maßnahmen zu unterrichten. Die Aufsichtsbehörden müssen gem Art 28 Abs 1 S 2 RL 95/46/EG ihre Aufgaben „in völliger Unabhängigkeit" wahrnehmen, dh frei von unmittelbarer und mittelbarer Einflussnahme des Bundes oder der Länder sein. Gegen diesen Grundsatz hat Deutschland verstoßen, da die Aufsichtsbehörden staatlicher Aufsicht (zB durch die Regierungspräsidien) in den Bundesländern unterliegen.[519] Daher sind in nächster Zeit Umstrukturierungen in diesem Bereich zu erwarten.

163 Die Aufsichtsbehörde führt gem § 38 Abs 2 BDSG ein **Register** der nach § 4d BDSG meldepflichtigen automatisierten Verarbeitungen mit den Angaben nach § 4e S 1 BDSG. Das Register kann, bis auf die Information nach § 4e S 1 Nr 9 und die Angabe der zugriffsberechtigten Personen, von jedem eingesehen werden. Die verantwortlichen Stellen haben der zuständigen Aufsichtsbehörde auf Verlangen die für die Erfüllung ihrer Aufgaben erforderlichen Auskünfte gem § 38 Abs 3 BDSG unverzüglich zu erteilen. Die Aufsichtsbehörde ist gem § 38 Abs 4 BDSG auch befugt, während der Betriebs- und Geschäftszeiten Grundstücke und Geschäftsräume der betreffenden Stelle zu betreten und dort **Prüfungen** und **Besichtigungen** vorzunehmen. Sie kann geschäftliche Unterlagen, insbesondere die Übersicht nach § 4g Abs 2 S 1, sowie die gespeicherten personenbezogenen Daten und die Datenverarbeitungsprogramme einsehen. Eine Änderung für die Befugnisse der Aufsichtbehörde besteht seit 1.9.2009. Nach § 38 Abs 5 BDSG konnten bislang lediglich Maßnahmen nach § 9 BDSG durchgesetzt werden, allerdings nur, soweit diese die automatisierte Verarbeitung und Nutzung personenbezogener Daten oder die Verarbeitung personenbezogener Daten in oder aus nicht automatisierten Dateien regelten.[520] Nun kann die Aufsichtsbehörde umfassend **Maßnahmen zur Beseitigung festgestellter Verstöße** anordnen, und zwar auch für die Erhebung und nicht nur die Verarbeitung und Nutzung. Die Aufsichtsbehörde kann auch die Abberufung des Beauftragten für den Datenschutz verlangen, wenn dieser die zur Erfüllung seiner Aufgaben erforderliche Fachkunde und Zuverlässigkeit nicht besitzt.[521]

164 Die bundesweite Zusammenarbeit der Aufsichtsbehörden ist im sog **„Düsseldorfer Kreis"** organisiert. Es handelt sich dabei um eine informelle Vereinigung der obersten Aufsichtsbehörden für die Einhaltung der datenschutzrechtlichen Vorschriften im nichtöffentlichen Bereich.[522] Vertreter dieser Behörden waren im Herbst 1977 in Düsseldorf zusammengekommen, um sich über eine möglichst einheitliche Anwendung des damals neu erlassenen Bundesdatenschutzgesetzes zu verständigen. Zu diesem Zweck fasst und veröffentlicht der Düsseldorfer Kreis zu bestimmten datenschutzrechtlichen Themen Beschlüsse, in denen eine einheitliche Rechtsauffassung niedergelegt wird.[523]

517 Vgl Rn 13.
518 Vgl hierzu Rn 153 ff.
519 EuGH MMR 2010, 352 – Unabhängigkeit der Datenschutz-Kontrollstellen; vgl auch *Petri/Tinnefeld* MMR 2010, 157.
520 OVG Hamburg NJW 2006, 310.
521 Vgl *Gola/Schomerus* § 38 Rn 27.
522 Für den öffentlichen Bereich gibt es die Konferenz der Datenschutzbeauftragten des Bundes und der Länder.
523 Die Entschließungen des Düsseldorfer Kreises sind unter www.bfdi.bund.de/nn_531946/DE/Oeffentlichkeitsarbeit/Entschliessungssammlung/Functions/DKreis_table.html abrufbar.

Auf europäischer Ebene gibt es zunächst eine Kontrollbehörde **Europäischer Datenschutzbeauftragter**, die aufgrund Art 41 der EG-Verordnung 45/2001 eingerichtet wurde und die Organe und Einrichtungen der EG bei der Verarbeitung von personenbezogenen Daten berät und überwacht.[524] Dieses Amt ist unabhängig und weisungsfrei gestaltet. Der Europäische Datenschutzbeauftragte prüft gem Art 46 EG-Verordnung 45/2001 ua Beschwerden, führt aber auch von sich aus Untersuchungen durch; er kontrolliert die Anwendung der datenschutzrechtlichen Bestimmungen und überwacht relevante Entwicklungen insoweit, als sie sich auf den Schutz personenbezogener Daten auswirken, insb die Entwicklung der Informations- und Kommunikationstechnologie. Im Rahmen dieser Tätigkeit kann er zB gem Art 47 EG-Verordnung 45/2001 die Berichtigung, Sperrung, Löschung oder Vernichtung aller Daten, die unter Verletzung der datenschutzrechtlichen Bestimmungen verarbeitet wurden, anordnen, die Verarbeitung vorübergehend oder endgültig verbieten und auch beim Gerichtshof der Europäischen Gemeinschaften anhängigen Verfahren beitreten. 165

Nach Art 29 der RL 95/46/EG gibt es außerdem eine Gruppe zur Förderung der grenzüberschreitenden Zusammenarbeit, die sog **Art-29-Gruppe**.[525] Sie ist das unabhängige Beratungsgremium der Europäischen Union in Datenschutzfragen. Ihre Aufgaben sind in Art 30 der RL 95/46/EG sowie in Art 14 der RL 97/66/EG festgelegt. Mit der Einsetzung dieser Datenschutzgruppe sollen danach ua die folgenden vorrangigen Ziele erreicht werden: 166

- Abgabe von Stellungnahmen zu Fragen des Datenschutzes in der Gemeinschaft gegenüber der Kommission und zu den auf Gemeinschaftsebene erarbeiteten Verhaltensregeln,
- Förderung der einheitlichen Anwendung der allgemeinen Grundsätze der Richtlinien in allen Mitgliedstaaten durch die Zusammenarbeit der Aufsichtsbehörden für den Datenschutz,
- Beratung der Kommission hinsichtlich aller Gemeinschaftsmaßnahmen, die sich auf die Rechte und Freiheiten natürlicher Personen bei der Verarbeitung personenbezogener Daten und den Schutz der Privatsphäre auswirken.

Im Bereich der Telekommunikationsdienstleistungen übernimmt gem § 115 Abs 4 TKG oftmals auch der **Bundesdatenschutzbeauftragte** (§§ 21, 24–26 Abs 1–4 BDSG) die Aufgabe der Aufsichtsbehörde in Abstimmung mit der **Bundesnetzagentur**,[526] die für den Bereich des TKG häufig zusätzlich zuständig ist. In vielen Fällen kann sie wahlweise statt des Bundesdatenschutzbeauftragten über Verfahren informiert werden.[527] 167

II. Formelle Anforderungen an den Datenschutz in Medienunternehmen

1. Datenschutzbeauftragter

Jedes Unternehmen, das personenbezogene Daten automatisiert verarbeitet, muss gem § 4f BDSG einen Datenschutzbeauftragten bestellen. Auch bei der nicht-automatisierten Verarbeitung personenbezogener Daten muss ein Datenschutzbeauftragter bestellt werden, wenn damit in der Regel, dh auf Dauer bei normaler Beschäftigten- 168

524 Vgl im Einzelnen Art 41 ff EG-Verordnung 45/2001; *Zilkens* RDV 2007, 199.
525 ec.europa.eu/justice_home/fsj/privacy/.
526 Vgl ausf *Heinrich* Kap 5 Rn 17 ff.
527 §§ 100 Abs 3 S 5, 100 Abs 4 S 3, 101 Abs 5 TKG.

zahl des Betriebes, mindestens 20 Personen beschäftigt sind. Hierbei wird nicht auf den Arbeitnehmerbegriff abgestellt, sondern auf die eingesetzten Personen, die insofern auch zB freie Mitarbeiter oder Teilzeitkräfte sein können.[528] Eine Ausnahme für die Bestellung eines Datenschutzbeauftragten gilt für die **nicht-öffentlichen Unternehmen**, die in der Regel **höchstens neun Personen ständig** mit der automatisierten Verarbeitung personenbezogener Daten beschäftigen. Der Begriff „mit der Verarbeitung beschäftigt" ist weit zu verstehen und umfasst zB das Kassenpersonal, die Personalabteilung, das EDV-Personal, jeden, der sich personenbezogene Daten anzeigen lassen kann, dabei auch Personen, die im Rahmen der **Auftragsdatenverarbeitung** tätig werden. Ständig bedeutet nicht, dass es die Hauptaufgabe der Person sein muss; es ist auch kein bestimmter Anteil an der Arbeit festgelegt, aber die Person muss die datenverarbeitende Tätigkeit immer dann ausführen, wenn sie anfällt.[529]

169 Außerdem besteht die Pflicht der Bestellung eines Datenschutzbeauftragten gem § 4f Abs 1 S 6 BDSG bei der Verarbeitung von personenbezogenen Daten, die der Vorabkontrolle (§ 4d Abs 5 BDSG) unterliegen,[530] oder wenn personenbezogene Daten geschäftsmäßig zum Zweck der Übermittlung, der anonymisierten Übermittlung oder für Zwecke der Markt- oder Meinungsforschung automatisiert verarbeitet werden. In diesem Fall, wie zB bei **Auskunfteien, Markt- und Meinungsforschungsunternehmen** und im **Adresshandel**, ist immer ein Datenschutzbeauftragter zu stellen. In einem Konzern muss für jede Gesellschaft ein Datenschutzbeauftragter bestellt werden; einen „Konzerndatenschutzbeauftragten" gibt es nicht.[531] Wichtig ist auch, dass entsprechend diesem Grundsatz ein Angestellter nur für eine Gesellschaft des Konzerns als interner Datenschutzbeauftragter fungieren kann; für die anderen Gesellschaften wäre er extern. Eine Obergrenze, dh eine Höchstzahl an Gesellschaften, für die man externer Datenschutzbeauftragter sein kann, gibt es allerdings nicht.

170 Selbst wenn bei einer nicht-öffentlichen Stelle keine Verpflichtung zur Bestellung besteht, hat der Leiter der nicht-öffentlichen Stelle die Erfüllung der Aufgaben nach § 4g Abs 1 und 2 BDSG in anderer Weise sicherzustellen. Wer trotz Erforderlichkeit keinen Datenschutzbeauftragten bestellt, ist bußgeldpflichtig bis zu € 50000,– (§ 43 Abs 1 Nr 2 BDSG).

171 a) **Aufgaben und Befugnisse eines Datenschutzbeauftragten.** Der Datenschutzbeauftragte wirkt gem § 4g BDSG grds auf die Einhaltung des Bundesdatenschutzgesetzes, des ggf anwendbaren Landesdatenschutzgesetzes und anderer Vorschriften über den Datenschutz hin. Im Einzelnen gehören hierzu ua folgende Aspekte:

- Überwachung der Einhaltung der formellen und materiellen Vorschriften des Datenschutzes,
- Beratung, Mitwirkung und Überwachung bei der Bearbeitung personenbezogener Daten, insbesondere bei der Verwendung von Datenverarbeitungsprogrammen (zu diesem Zweck ist der Datenschutzbeauftragte über Vorhaben der automatisierten Verarbeitung personenbezogener Daten rechtzeitig zu unterrichten),
- Schulung der Mitarbeiter in datenschutzrechtlichen Fragen,
- Zusammenarbeit mit der Aufsichtsbehörde (§ 38 Abs 1 S 2 BDSG),
- Verfügbarmachen der Angaben nach § 4e S 1 Nr 1 bis 8 (Inhalt der Meldepflicht) auf Antrag an jedermann in geeigneter Weise (dies gilt nicht für Behörden im Falle des § 4g Abs 3 BDSG),

---

528 Vgl *Gola/Schomerus* § 4f Rn 10a, 11.
529 *Gola/Schomerus* § 4f Rn 12.
530 Vgl Rn 181.
531 Vgl hierzu ausf *Kohlhage* DuD 2009, 752.

- Überprüfung von IT-Sicherheitskonzepten,
- Ansprechpartner für die Arbeitnehmer des Unternehmens in datenschutzrechtlichen Fragen.

Der Datenschutzbeauftragte ist in der Anwendung seiner Fachkunde auf dem 172
Gebiet des Datenschutzes gem § 4f Abs 3 S 2 BDSG **weisungsfrei**. Er darf wegen der Erfüllung seiner Aufgaben nicht benachteiligt werden. Dem Datenschutzbeauftragten müssen alle zur Erfüllung seiner Aufgaben erforderlichen sowohl personelle als auch sachlichen Mittel zur Verfügung gestellt werden.[532] Er ist von allen relevanten Vorgängen rechtzeitig zu unterrichten. Gem § 4f Abs 4 BDSG ist der Datenschutzbeauftragte zur Verschwiegenheit sowohl über die Identität des Betroffenen als auch über die Umstände, die Rückschlüsse auf den Betroffenen zulassen, verpflichtet. Er kann allerdings durch den Betroffenen auch davon befreit werden. Dem Datenschutzbeauftragten kann sogar ein Zeugnisverweigerungsrecht zustehen und seine Akten und andere Schriftstücke können einem Beschlagnahmeverbot unterliegen, soweit er Kenntnis von Daten erlangt, für die dem Leiter oder einer bei der öffentlichen oder nicht-öffentlichen Stelle beschäftigten Person aus beruflichen Gründen diese Rechte zustehen (§ 4f Abs 4a BDSG). Seit 2009 wurde die Position des Datenschutzbeauftragten erneut gestärkt; seine Kündigung ist nun gem § 4f Abs 3 BDSG regelmäßig unzulässig. Außerdem wurde die Fortbildung und Kostenübernahmepflicht hierfür nun gesetzlich verankert. Dabei ist die Fortbildung erforderlich, die benötigt wird, um die Eignung zum Datenschutzbeauftragten, insbesondere die Fachkunde, aufrechtzuerhalten.[533] Hierzu zählt auch eine angemessene Ausstattung mit Fachliteratur.[534] Außerdem kann auch in diesem Bereich auf die Grundsätze für Betriebsräte zurückgegriffen werden, wobei diese lediglich eine Untergrenze für den Datenschutzbeauftragten darstellen.[535]

b) **Eignung zum Datenschutzbeauftragten.** Der Datenschutzbeauftragte muss eine 173
natürliche Person sein. Zum Beauftragten kann gem § 4f Abs 2 S 3 BDSG auch eine Person außerhalb der verantwortlichen Stelle, zB ein Anwalt,[536] bestellt werden; die Kontrolle erstreckt sich auch auf personenbezogene Daten, die einem Berufs- oder besonderen Amtsgeheimnis, insbesondere dem Steuergeheimnis nach § 30 der AbgO, unterliegen. Gem § 4f Abs 2 BDSG darf zum Datenschutzbeauftragten nur ernannt werden, wer die zur Erfüllung seiner Aufgaben erforderliche Fachkunde und Zuverlässigkeit besitzt. Fehlt dem formell bestellten Datenschutzbeauftragten die Fachkunde und/oder Zuverlässigkeit, wurde kein Datenschutzbeauftragter wirksam bestellt.

Unter **Fachkunde** versteht man sowohl das allgemeine Grundwissen, das jeder 174
Beauftragte aufweisen muss, als auch die betriebsspezifischen Kenntnisse.[537] Zum Grundwissen gehört vor allem das Datenschutzrecht, für das im Allgemeinen eine rechtskundige Person am besten geeignet ist. Weiterhin erforderlich ist das Verständnis für betriebswirtschaftliche Zusammenhänge sowie Grundkenntnisse über Verfahren und Techniken der automatisierten Datenverarbeitung. Dabei ist es nicht erforderlich, dass unbedingt IT-Spezialkenntnisse vorhanden sind, sondern lediglich ein „Grundwissen". Außerdem muss der Beauftragte mit der Organisation und den Funktionen seines Betriebes vertraut sein; ggf muss ihm ein Stab von Fachleuten, aber jedenfalls

532 Vgl hierzu ausf *Koch* 143 ff; *Schlemann* 161 ff.
533 BT-Drucks 16/12011, 30.
534 *Däubler* DuD 2010, 20, 21.
535 Vgl ausf *Däubler* DuD 2010, 20, 22.
536 Zur Stellung des sog externen Datenschutzbeauftragten vgl ausf *Ehmann* 46 ff, 106 ff.
537 *Gola/Schomerus* § 4f Rn 20.

eine Kontaktperson, zugeteilt sein. Das Maß der erforderlichen Fachkunde bestimmt sich gem § 4f Abs 2 S 2 BDSG insbesondere nach dem Umfang der Datenverarbeitung der verantwortlichen Stelle und dem Schutzbedarf der personenbezogenen Daten, die die verantwortliche Stelle erhebt oder verwendet, so dass an einen Datenschutzbeauftragten eines Handwerksunternehmens andere Anforderungen zu stellen sind als an den Datenschutzbeauftragten einer Wirtschaftsauskunftei. Ein einwöchiges Seminar ist allenfalls geeignet, die Fachkunde zu vermitteln, nicht jedoch die betriebsspezifischen Kenntnisse.[538]

175 Zusätzlich muss der Datenschutzbeauftragte über die erforderliche **Zuverlässigkeit** verfügen. Zur Zuverlässigkeit eines Datenschutzbeauftragten gehört es auch, dass er dieser Aufgabe die erforderliche Arbeitszeit widmen kann, dh hierfür freigestellt wird. Bei zB einem Betrieb mit weniger als 300 Beschäftigten wird die Aufgabe des Datenschutzbeauftragten in der Regel weniger als 20 % der Arbeitszeit in Anspruch nehmen.[539] Wichtig ist jedoch auch, dass bestimmte Personen aufgrund einer möglichen **Interessenkollision** nicht zum Datenschutzbeauftragten bestellt werden dürfen. Dies betrifft vor allem den Inhaber einer Firma, den Vorstand, den Geschäftsführer oder sonstige gesetzliche oder verfassungsmäßig berufene Leiter. Auch weitere Personen, die in Interessenkonflikte geraten könnten, sollten nicht zum Datenschutzbeauftragten bestellt werden, wie zB der Leiter der EDV, der Personalleiter oder – beim Direktvertrieb – der Vertriebsleiter.[540] Eine Interessenkollision mit der Funktion als Betriebsratsmitglied ist im Einzelfall möglich, eine gleichzeitige Wahrnehmung beider Funktionen aber nicht ausgeschlossen.[541]

176 c) **Bestellung des Datenschutzbeauftragten.** Ein Datenschutzbeauftragter muss gem § 4f Abs 1 BDSG **schriftlich** bestellt werden, wobei Aufgabe und organisatorische Stellung zu konkretisieren sind. Die Wahrung der Schriftform ist dabei konstitutiv.[542] Nicht-öffentliche Stellen sind hierzu spätestens innerhalb eines Monats nach Aufnahme ihrer Tätigkeit verpflichtet. Die Bestellung zum betrieblichen Datenschutzbeauftragten sollte allen Mitarbeitern bekannt gemacht werden. Wird ein Arbeitnehmer zum Datenschutzbeauftragten bestellt, kann hierfür ggf eine Änderung des Arbeitsvertrages erforderlich werden.[543] Wenngleich die Beauftragung von kurzzeitig befristeten Mitarbeitern zum Datenschutzbeauftragten als Umgehung des Kündigungsschutzes angesehen werden kann, ist es dennoch möglich, eine Befristung auf fünf Jahre (sowohl im Amts- als auch Grundverhältnis) zu vereinbaren;[544] eine kurzfristige Vertretung des Datenschutzbeauftragten wegen Sonderurlaub oder Elternzeit bleibt jedoch möglich.

177 Die Bestellung zum Beauftragten für den Datenschutz kann gem § 626 BGB analog auch **widerrufen** werden, bei nicht-öffentlichen Stellen auch auf Verlangen der Aufsichtsbehörde (§ 38 Abs 5 S 3 BDSG). Dies ist zB dann der Fall, wenn die Erforderlichkeit für die Bestellung eines Datenschutzbeauftragten nicht mehr besteht, die Zuverlässigkeit und Fachkunde nicht mehr gegeben sind oder grobe Pflichtverletzungen vorliegen. Da die Weiterbeschäftigung aber freiwillig ist, sollte ggf ein Widerruf

538 LG Köln RDV 2000, 174.
539 ArbG Offenbach RDV 1993, 83.
540 Vgl ausf *Gola/Schomerus* § 4f Rn 26 ff.
541 LAG Berlin-Brandenburg MMR 2010, 61, 62; BAG Urt v 23.3.2011, Az 10 AZR 562/09.
542 Muster sind unter https://www.datenschutzzentrum.de/wirtschaft/mustbdsb.htm abrufbar.
543 Vgl ausf *Gola/Schomerus* § 4f Rn 30 ff.
544 So auch *Däubler* DuD 2010, 20, 24.

oder eine Kündigung[545] erfolgen, wenn keine Fortsetzung der Tätigkeit gewollt ist. 2009 wurde nun außerdem ein **Sonderkündigungsschutz für Datenschutzbeauftragte** eingeführt, der durchaus mit dem von Betriebsräten gleichgestellt ist. Eine Kündigung ist danach unzulässig, es sei denn, dass Tatsachen vorliegen, welche die verantwortliche Stelle zur Kündigung aus wichtigem Grund ohne Einhaltung einer Kündigungsfrist berechtigen. Nach der Abberufung als Beauftragter für den Datenschutz ist die Kündigung innerhalb eines Jahres nach der Beendigung der Bestellung unzulässig, es sei denn, dass die verantwortliche Stelle zur Kündigung aus wichtigem Grund ohne Einhaltung einer Kündigungsfrist berechtigt ist. Als wichtiger Grund iSd § 626 BGB kommen alle Gründe sowohl aus der Tätigkeit als Datenschutzbeauftragter als auch aus der ggf anderen Tätigkeit in Betracht. Wirtschaftliche oder betriebsorganisatorische Gründe sind aber nur im Ausnahmefall als wichtiger Grund anzusehen. Dies liegt darin begründet, dass der Datenschutzbeauftragte in aller Regel seine Tätigkeit ohne Furcht vor Abberufung nachgehen können soll.[546] Betriebliche Gründe können zum Beispiel Betriebsschließung oder Fusion und dadurch Wegfall eines Datenschutzbeauftragten sein, nicht aber der bloße Wunsch, nach einer konzerneinheitlichen Betreuung.[547] Wirtschaftliche bzw finanzielle Gründe können nur in Notsituationen zulässig sein.[548] Die organisatorische Veränderung, einen internen Datenschutzbeauftragten durch einen externen ersetzen zu wollen, ist ebenfalls kein wichtiger Grund; der Schutz des bisherigen Amtsinhabers geht hier vor.[549] Zwischen externen und internen Datenschutzbeauftragten ist auch bzgl des Kündigungsschutzes nicht zu unterscheiden, auch wenn das unterliegende Vertragsverhältnis bei einen der Arbeits- beim anderen der Geschäftsbesorgungsvertrag ist. Der Schutzzweck und das Anliegen des Gesetzgebers würde aber unterlaufen, wenn die verantwortliche Stelle den externen Datenschutzbeauftragten nach Belieben wechseln könnte.[550]

2. Meldepflicht

Gem § 4d BDSG sind Verfahren automatisierter Verarbeitung vor ihrer Inbetriebnahme der zuständigen Aufsichtsbehörde[551] zu melden.[552] Diese Meldepflicht kann entfallen, wenn ein Datenschutzbeauftragter bestellt wurde. Die Meldepflicht entfällt außerdem, wenn die verantwortliche Stelle personenbezogene Daten für eigene Zwecke erhebt, verarbeitet oder nutzt, hierbei höchstens neun Personen mit der Erhebung, Verarbeitung oder Nutzung personenbezogener Daten beschäftigt sind und entweder eine Einwilligung der Betroffenen vorliegt oder die Erhebung, Verarbeitung oder Nutzung für die Begründung, Durchführung oder Beendigung eines rechtsgeschäftlichen oder rechtsgeschäftsähnlichen Schuldverhältnisses mit dem Betroffenen erforderlich ist **178**

545 Zur Frage, ob eine Beendigungskündigung oder eine Änderungskündigung erfolgen muss, sowie zum besonderen Kündigungsschutz vgl ausf *Gola/Schomerus* § 4f Rn 39 ff; vgl auch LAG Berlin RDV 1998, 73; LAG Niedersachsen RDV 2004, 177.

546 LAG Berlin RDV 1998, 73, 74.

547 LAG Berlin-Brandenburg MMR 2010, 61, 62; BAG Urt v 23.3.2011, Az 10 AZR 562/09.

548 LAG Berlin-Brandenburg MMR 2010, 61, 62.

549 LAG Berlin-Brandenburg MMR 2010, 61, 62.

550 Vgl auch *Däubler* DuD 2010, 20, 24; zur Möglichkeit/Gefahr des Unterlaufens durch Bestellung eines externen Datenschutzbeauftragten vgl *Grentzenberg/Schreibauer/Schuppert* K&R 2009, 368, 375.

551 Vgl Rn 162 f.

552 Muster sind unter https://www.datenschutzzentrum.de/wirtschaft/meldung.htm und www.datenschutz-berlin.de/infomat/download.htm#melde abrufbar.

(vgl § 28 Abs 1 S 1 Nr 1 BDSG). Durch diese Ausnahmen obliegt die Meldepflicht daher eher selten. In jedem Fall, dh zB auch wenn ein Datenschutzbeauftragter bestellt ist, muss eine Meldung bei automatisierten Verarbeitungen erfolgen, wenn die Daten geschäftsmäßig gespeichert werden und die Speicherung der Daten zum Zweck der (anonymisierten) Übermittlung § 29 (bzw § 30) BDSG oder für Zwecke der Markt- und Meinungsforschung (§ 30a BDSG) erfolgt.

179 Sofern Verfahren automatisierter Verarbeitungen meldepflichtig sind, sind gem § 4e BDSG folgende Angaben zu machen:

1. Name oder Firma der verantwortlichen Stelle,
2. Inhaber, Vorstände, Geschäftsführer oder sonstige gesetzliche oder nach der Verfassung des Unternehmens berufene Leiter und die mit der Leitung der Datenverarbeitung beauftragten Personen,
3. Anschrift der verantwortlichen Stelle,
4. Zweckbestimmungen der Datenerhebung, -verarbeitung oder -nutzung,
5. eine Beschreibung der betroffenen Personengruppen und der diesbezüglichen Daten oder Datenkategorien, wobei sensitive Daten besonders zu kennzeichnen sind,
6. Empfänger oder Kategorien von Empfängern, denen die Daten mitgeteilt werden können (auch interne Stellen oder Auftragsdatenverarbeiter),
7. Regelfristen für die Löschung der Daten,
8. eine geplante Datenübermittlung in Drittstaaten,
9. eine allgemeine Beschreibung, die es ermöglicht, vorläufig zu beurteilen, ob die Maßnahmen nach § 9 BDSG zur Gewährleistung der Sicherheit der Verarbeitung angemessen sind.

180 Auch **Änderungen** von meldepflichtigen Angaben sowie der Zeitpunkt der Aufnahme und der Beendigung der meldepflichtigen Tätigkeit müssen entsprechend mitgeteilt werden. Ein **Verstoß** gegen die Meldepflicht ist bußgeldbewehrt (§ 43 Abs 1 Nr 1 BDSG) und kann mit einem Bußgeld bis zu € 50000,– geahndet werden. Eine **weitere Meldepflicht** besteht nach § 1 Abs 5 S 3 BDSG für die im Inland operierenden verantwortlichen Stellen, die nicht in einem Mitgliedstaat von EU/EWR belegen sind. Diese haben Angaben über im Inland ansässige Vertreter zu machen, es sei denn, dass Datenträger nur zum Zweck des Transits durch das Inland eingesetzt werden.

181 Bestimmte automatisierte Verarbeitungen, die besondere Risiken für die Rechte und Freiheiten der Betroffenen aufweisen, unterliegen nach § 4d Abs 5 BDSG einer **Vorabkontrolle.** Diese ist insbesondere durchzuführen, wenn sensitive Daten verarbeitet werden oder die Verarbeitung personenbezogener Daten dazu bestimmt ist, die Persönlichkeit des Betroffenen zu bewerten, einschließlich seiner Fähigkeiten, seiner Leistung oder seines Verhaltens. Erfasst werden nicht einzelne Verarbeitungsvorgänge, wie das Erheben oder Nutzen von Daten, sondern Verarbeitungspakete, wie Personalverwaltung und Videoüberwachung.[553] Wann derartige Risiken vorliegen, ist auslegungsbedürftig. Hierunter fallen aber zB Data-Warehouse-Datenbanken, Datenbanken von Wirtschaftsauskunfteien oder Videoüberwachung[554] Aber auch hier gibt es sog „**Befreiungstatbestände**“, so dass es genügt, dass eine gesetzliche Verpflichtung oder eine Einwilligung des Betroffenen vorliegt oder die Erhebung, Verarbeitung oder Nutzung für die Begründung, Durchführung oder Beendigung eines rechtsgeschäft-

553 *Gola/Schomerus* § 4d Rn 9a.

554 *Gola/Schomerus* § 4d Rn 13; *Klug* RDV 2001, 12, 16; *Jacob* DuD 2000, 5, 7.

lichen oder rechtsgeschäftsähnlichen Schuldverhältnisses mit dem Betroffenen erforderlich ist (§ 28 Abs 1 S 1 Nr 1 BDSG); dann ist die Vorabkontrolle nicht erforderlich.

Kontrollorgan ist der Datenschutzbeauftragte, der sich gem § 4d Abs 6 BDSG in **182**
Zweifelsfällen an die Aufsichtsbehörde zu wenden hat.[555] Auf eine Stellungnahme der Behörde nach Meldung muss die verantwortliche Stelle jedoch nicht warten. Erfolgt die Vorabkontrolle nicht, führt dies zu einer formell rechtswidrigen Verarbeitung;[556] dies ergibt sich bereits aus der Voraussetzung, dass die Vorabkontrolle vor Beginn der Verarbeitung stattzufinden hat. Jedoch führt auch eine formelle Bestätigung durch den Datenschutzbeauftragten nicht automatisch zur materiellen Rechtmäßigkeit.[557]

3. Datengeheimnis

Mitarbeiter, die mit der Verarbeitung, Erhebung oder Speicherung von personen- **183**
bezogenen Daten beschäftigt sind bzw darauf Zugriff haben, müssen auf das Datengeheimnis verpflichtet werden[558]; das schließt auch den Betriebsrat ein.[559] Das gilt auch für vorübergehend beschäftigte Arbeitnehmer sowie für Praktikanten, Boten, Schreibkräfte und Wartungspersonal, in der Regel jedoch nicht für den Reinigungsdienst. Das Datengeheimnis besteht auch nach Beendigung ihrer Tätigkeit fort.

4. Informationspflicht bei unrechtmäßiger Kenntniserlangung von Daten

Das BDSG wurde durch eine komplizierte Regelung bei **„Datenpannen"** in § 42a **184**
BDSG ergänzt. Hierbei geht es nur um Stellen, für die der Anwendungsbereich der §§ 28 ff BDSG eröffnet ist; das schließt jedenfalls jede nicht-öffentliche Stelle ein. Stellt eine solche Stelle fest, dass bei ihr gespeicherte (1) sensitive Daten, (2) personenbezogene Daten, die einem Berufsgeheimnis unterliegen, (3) personenbezogene Daten, die sich auf strafbare Handlungen oder Ordnungswidrigkeiten oder den Verdacht strafbarer Handlungen oder Ordnungswidrigkeiten beziehen, oder (4) personenbezogene Daten zu Bank- oder Kreditkartenkonten unrechtmäßig übermittelt worden oder auf sonstige Weise Dritten unrechtmäßig zur Kenntnis gelangt sind und schwerwiegende Beeinträchtigungen für die Rechte oder schutzwürdigen Interessen der Betroffenen drohen, hat sie dies unverzüglich der zuständigen Aufsichtsbehörde sowie den Betroffenen mitzuteilen. Die Feststellung erfolgt anhand von tatsächlichen Anhaltspunkten, zB aus dem eigenen Sicherheitsmanagement oder durch Hinweise von Strafverfolgungsorganen und unter Einbeziehung des betrieblichen Datenschutzbeauftragten.[560] Die Frage, ob schwerwiegende Beeinträchtigungen drohen, wird an der Art der betroffenen Daten und den potenziellen Auswirkungen der unrechtmäßigen Kenntniserlangung durch Dritte auf die Betroffenen, zB materielle Schäden bei Kreditkarteninformationen oder soziale Nachteile einschließlich des Identitätsbetrugs, gemessen.[561] Diese **Evidenzkontrolle**[562] ist auch deshalb notwendig, weil Konstellationen

---

555 Hierin liegt sogar eine verbindliche Verpflichtung (*Gola/Schomerus* § 4d Rn 18).
556 Simitis/*Petri* § 4d Rn 39; aA *Gola/Schomerus* § 4d Rn 15.
557 Simitis/*Petri* § 4d Rn 40.
558 Ausf *Müller/Wächter* 74 ff; eine entsprechende Formulierungshilfe kann unter https://www.datenschutzzentrum.de/wirtschaft/verpflds.htm abgerufen werden.
559 Mit Fallbeispiel *Müller/Wächter* 74.
560 BT-Drucks 16/12011, 34.
561 BT-Drucks 16/12011, 34.
562 Die Evidenzkontrolle sollte nach einem Vorschlag des Bundesrates gestrichen werden (BT-Drucks 16/12011, 45).

denkbar sind, in denen diese Daten Dritten unrechtmäßig zur Kenntnis gelangen, ohne dass hieraus eine schwerwiegende Beeinträchtigung für die Rechte oder schutzwürdigen Interessen der Betroffenen droht, zB wenn die Daten verschlüsselt waren.[563]

185 Die nachfolgenden Sätze 2 bis 6 regeln das **Prozedere** hierzu: Die Benachrichtigung des Betroffenen muss unverzüglich (§ 121 BGB) erfolgen, allerdings sollen angemessene Maßnahmen zur Sicherung der Daten ergriffen worden und die Strafverfolgung nicht mehr gefährdet sein. Dem Verpflichteten soll damit die Möglichkeit gegeben werden, etwaige technische Sicherheitslücken zu analysieren und so weit wie möglich zu beheben, bevor breitere Kreise von der Lücke Kenntnis erhalten, um zu verhindern, dass Dritte von dieser Kenntnis profitieren, um selbst die fragliche Sicherheitslücke auszunutzen („**Responsible Disclosure**"). Hiernach wird nach dem Finden einer Schwachstelle als erstes der Hersteller informiert. Erst nach einer angemessenen Frist werden Bug und die diesen ausnutzende Software veröffentlicht. Der Hersteller soll damit die Möglichkeit bekommen, das Problem durch einen Patch oder eine neue Version zu beheben und die Anwender über die neue Version der Software zu informieren und sie zeitnah auszuliefern.[564] Außerdem kann eine Benachrichtigung auch erst dann erfolgen, wenn die Strafverfolgung nicht mehr gefährdet wird. Der Inhalt der Benachrichtigung richtet sich nach dem Empfänger. Die **Benachrichtigung der Betroffenen** muss – nach dessen Verständnishorizont – eine Darlegung der Art der unrechtmäßigen Kenntniserlangung und Empfehlungen für Maßnahmen zur Minderung möglicher nachteiliger Folgen enthalten. Die Benachrichtigung der zuständigen Aufsichtsbehörde hingegen muss zusätzlich eine Darlegung möglicher nachteiliger Folgen der unrechtmäßigen Kenntniserlangung und der von der Stelle daraufhin ergriffenen Maßnahmen beinhalten. Hierdurch soll die Aufsichtsbehörde sicherstellen können, dass der datenschutzrechtliche Verstoß beseitigt wurde.[565] Soweit die Benachrichtigung der Betroffenen einen unverhältnismäßigen Aufwand erfordern würde, insbesondere aufgrund der Vielzahl der betroffenen Fälle (zB durch eine vorherige notwendige Ermittlung des Adressdaten),[566] tritt an ihre Stelle die Information der Öffentlichkeit durch Anzeigen, die mindestens eine halbe Seite umfassen, in mindestens zwei bundesweit erscheinenden Tageszeitungen oder durch eine andere, in ihrer Wirksamkeit hinsichtlich der Information der Betroffenen gleich geeignete Maßnahme. Letzteres gilt zB, wenn das die Veröffentlichungspflicht auslösende Ereignis nur regionale Bedeutung hat, dann müssen es keine bundesweiten Tageszeitungen sein[567].

186 Satz 6 enthält ein flankierendes **strafrechtliches Verwertungsverbot**. Eine Benachrichtigung, die der Benachrichtigungspflichtige erteilt hat, darf in einem Strafverfahren oder in einem Verfahren nach dem Gesetz über Ordnungswidrigkeiten gegen ihn oder einen zur Zeugnisverweigerung nach § 52 Abs 1 StPO berechtigten Angehörigen des Benachrichtigungspflichtigen nur mit Zustimmung des Benachrichtigungspflichtigen verwendet werden. Diese Regelung ist notwendig, da das Spannungsverhältnis zwischen Selbstbezichtigung und der Ordnungswidrigkeit gem § 43 Abs 2 Nr 7 BDSG

563 So die Bundesregierung BT-Drucks 16/12011, 52; hierbei ist aber zu bedenken, dass es sehr unterschiedliche Arten und Grade der Verschlüsselung und Sicherung von Daten gibt, so dass der Grundgedanke der Bunderregierung zwar nachvollziehbar ist, aber im Einzelfall abgewogen werden muss und nicht jede Verschlüsselung als „sicher" gelten kann.

564 BT-Drucks 16/12011, 34.

565 BT-Drucks 16/12011, 35.

566 BT-Drucks 16/12011, 35.

567 BT-Drucks 16/13657, 22.

(für eine Nichtbenachrichtigung) aufzulösen ist. Diese Konstellation ist bspw bei der Ein-Mann-GmbH durchaus möglich.[568] Ein Verweis auf § 42a BDSG findet sich im neuen § 15a TMG und § 93 Abs 3 TKG.

III. Audit und Gütesiegel

Gem § 9a BDSG können Anbieter von Datenverarbeitungssystemen und -pro- 187
grammen sowie datenverarbeitende Stellen ihr Datenschutzkonzept und ihre technischen Einrichtungen durch unabhängige und zugelassene Gutachter prüfen und bewerten lassen und das Ergebnis der Prüfung veröffentlichen. Diese Regelung wurde aufgenommen, um eine höhere Akzeptanz für den Datenschutz zu erreichen und damit die Einhaltung von Datenschutzbestimmungen zum Qualitätsmerkmal zu erheben und einen Wettbewerbsvorteil hierfür zu erreichen. Ein von § 9a BDSG vorgesehenes Gesetz wurde bislang nicht erlassen (vgl Gesetzesentwurf für ein Bundesdatenschutzauditgesetz).[569] Ein Datenschutzaudit bietet zB der TÜV an;[570] das Bundesamt für Sicherheit in der Informationstechnik (BSI) hat einen IT-Grundschutz-Baustein „Datenschutz“ erstellt.[571] Das Unabhängige Landeszentrum für Datenschutz[572] in Schleswig Holstein bietet der Privatwirtschaft ein Audit[573] auf Basis ihres Landesdatenschutzgesetzes an. Außerdem verleiht es auf Antrag – auf der Basis von Sachverständigengutachten – ein Gütesiegel:[574]

Die Zertifizierung erfolgt zunächst für 2 Jahre. Dieses Gütesiegel wurde ua auch 188
von Microsoft für die Bereitstellung und den Abruf von Updates und Upgrades für Microsoftprodukte beantragt und vom Datenschutzzentrum verliehen.[575]

IV. Ordnungswidrigkeiten/Strafrecht

Verstöße gegen das Datenschutzrecht sind sowohl **bußgeldbewehrt** als auch oft- 189
mals sogar **strafbar**. Der Bußgeldkatalog findet sich in § 43 BDSG. Mit einer **Geldbuße** von bis zu € 50 000,– können danach ua folgende Verstöße geahndet werden:

568 BT-Drucks 16/12011, 35.
569 BT-Drucks 16/12011.
570 www.tuev-sued.de/informatik_services/datenschutz.
571 www.bsi.de/gshb/baustein-datenschutz/dokumente/b01005.pdf.
572 www.datenschutzzentrum.de/.
573 www.datenschutzzentrum.de/audit/.
574 www.datenschutzzentrum.de/guetesiegel/.
575 Liste der registrierten Unternehmen mit Kurzgutachten, abrufbar unter www.datenschutzzentrum.de/guetesiegel/register.htm.

1. Verstoß gegen die Meldepflicht (§§ 4d, e BDSG),
2. Verstoß gegen die Pflicht, einen Datenschutzbeauftragten zu bestellen (§ 4f BDSG),
3. Verstoß gegen Benachrichtigungspflichten (§ 33 Abs 1 BDSG),
4. Verstoß gegen die Vorschriften der Auftragsdatenverarbeitung (§ 11 BDSG).

190 Mit einer Geldbuße bis zu € 300 000,– sind ua folgende Verstöße bußgeldbewehrt:
1. unbefugte Erhebung oder Verarbeitung personenbezogener Daten, die nicht allgemein zugänglich sind,
2. unbefugtes Bereithalten personenbezogener Daten, die nicht allgemein zugänglich sind, zum Abruf mittels automatisierten Verfahrens,
3. unbefugtes Verschaffen personenbezogener Daten, die nicht allgemein zugänglich sind, aus automatisierten Verarbeitungen oder nicht automatisierten Dateien für sich oder andere
4. Erschleichung der Übermittlung von personenbezogenen Daten, die nicht allgemein zugänglich sind, durch unrichtige Angaben
5. Verstoß gegen das Kopplungsverbot nach § 28 Abs 3b BDSG,
6. Verstoß gegen die Informationspflicht des § 42a BDSG.

Da oftmals Datenschutzverstöße rein wirtschaftlich betrachtet für das Unternehmen günstiger sein können, als den Datenschutz zu beachten, wurde § 43 Abs 3 BDSG dahingehend ergänzt, dass die Beträge nach Abs 1 und 2 überschritten werden können, um sicherzustellen, dass die Geldbuße den wirtschaftlichen Vorteil, den der Täter aus der Ordnungswidrigkeit gezogen hat, übersteigt.

191 Mit einer Geldbuße von bis zu € 50 000,– können außerdem nach § 16 TMG folgende Verstöße geahndet werden, wenn:
1. entgegen § 13 Abs 1 S 1 oder 2 TMG, der Nutzer nicht, nicht richtig, nicht vollständig oder nicht rechtzeitig unterrichtet wird (Verstoß gegen **Transparenzpflichten**),
2. einer Vorschrift des § 13 Abs 4 S 1 Nr 1 bis 4 oder 5 TMG, über eine dort genannte **Pflicht zur Sicherstellung** zugewiderhandelt wird,
3. entgegen § 14 Abs 1 TMG (Bestandsdaten) oder § 15 Abs 1 S 1 TMG (Nutzungsdaten) oder Abs 8 S 1 oder 2 TMG, personenbezogene Daten erhoben oder verwendet oder nicht oder nicht rechtzeitig gelöscht werden *oder*
4. entgegen § 15 Abs 3 S 3 TMG, ein Nutzungsprofil mit Daten über den Träger des Pseudonyms zusammengeführt wird.

192 Mit einer Geldbuße von bis zu € 300 000,– können Verstöße gegen die datenschutzrechtlichen Bestimmungen des TKG geahndet werden, und zwar wenn:
1. entgegen § 95 Abs 2 oder § 96 Abs 2 S 1 oder Abs 3 S 1 TKG, Daten verwendet werden (unzulässige Verwendung von Bestands- und Verkehrsdaten, § 149 Abs Nr 16 TKG),
2. entgegen § 96 Abs 2 S 2 oder § 97 Abs 3 S 2 TKG, Daten nicht oder nicht rechtzeitig gelöscht werden (§ 149 Abs Nr 17 TKG) *oder*
3. entgegen § 106 Abs 2 S 2 TKG, Daten oder Belege nicht oder nicht rechtzeitig gelöscht werden (§ 149 Abs Nr 18 TKG).

193 Weitere Ordnungswidrigkeitstatbestände sieht § 49 Abs 1 Nr 18–23 RStV für den Verstoß gegen datenschutzrechtliche Vorschriften im Rundfunkbereich vor, die mit einer Geldbuße bis zu € 500 000,– geahndet werden können. Inhaltlich stimmen sie mit den Bußgeldvorschriften des TMG überein.

194 Die **Strafbarkeit** richtet sich gem § 44 BDSG lediglich gegen in § 43 Abs 2 BDSG bezeichnete vorsätzliche Handlungen (die auch mit einem Bußgeld bis zu € 300 000,–

bewehrt sind). Weitere Voraussetzung ist, dass diese Handlungen gegen Entgelt oder in der Absicht, sich oder einen anderen zu bereichern oder einen anderen zu schädigen, begangen werden.[576] Es handelt sich hierbei um ein **Vergehen**, das mit Freiheitsstrafe bis zu zwei Jahren oder mit Geldstrafe bestraft wird. Die Tat wird nur auf **Antrag** verfolgt. Antragsberechtigt sind dabei der Betroffene, die verantwortliche Stelle, der Bundesbeauftragte für den Datenschutz und die Aufsichtsbehörde. Weiterhin kann sich die Strafbarkeit aus den allgemeinen Straftatbeständen des StGB ergeben, so zB eine Leistungserschleichung § 265a StGB oder Betrug § 263 StGB in den Missbrauchsfällen von Telemedien und Telekommunikation.[577]

§ 5
Grenzüberschreitende Datenverarbeitung

Deutschland hat ein hohes Datenschutzniveau und ist verpflichtet, dieses Niveau auch bei einem Datentransfer ins Ausland sicherzustellen. Da eine Rechtswahl im Datenschutzrecht nicht möglich ist, kommt es für die Anwendbarkeit des Deutschen Rechts allein auf den Sitz der erhebenden, verarbeitenden oder nutzenden Stelle an (**Territorialprinzip**). Verarbeitende Stelle ist, wer personenbezogene Daten verarbeitet oder verarbeiten lässt und über Zweck und Ziel der Datenverarbeitung verwendete Daten, Verfahren und über die Übermittlungsadressaten entscheidet (Art 2 lit d RL 95/46/EG).[578] Wenn ein Unternehmen nicht in einem Mitgliedstaat der EU niedergelassen ist, wobei zur „Niederlassung" in der EU bereits das Betreiben einer .de-Domain genügt[579], kann es dem deutschen Datenschutzrecht schon dann unterliegen, wenn es Mittel verwendet, die in Deutschland belegen sind, dh es genügt schon das Eigentum an der technischen Infrastruktur.[580] Dies ist insbesondere bei der Übermittlung von Daten von inländischen Stellen ins Ausland von Bedeutung. **195**

Da § 3 Abs 8 S 3 BDSG nur bei Stellen gilt, die im Inland in einem anderen Mitgliedstaat der EU/EWR personenbezogene Daten **im Auftrag** erheben, verarbeiten oder nutzen, muss die konkret vorgenommene Übermittlung regelmäßig nach § 28 Abs 1 BDSG erlaubt sein. Wenn dies ähnlich einer Auftragsdatenverarbeitung erfolgt, sprechen schon die Musterklauseln[581] der EU dafür, dass das hierfür benötigte Interesse der Unternehmen an einer solchen Übermittlung besteht.[582] Besonders problematisch ist dies jedoch bei **sensitiven Daten**, deren Übermittlung selten ohne Einwilligung zulässig ist.[583] Bei der Bereitstellung von Daten auf einer **Website**, die natürlich **196**

576 AG Wuppertal ITRB 2008, 99.
577 Vgl ausf Kap 5.
578 Zum Problem Abgrenzung bei Auftragsdatenverarbeitung/Outsourcing vgl Rn 41.
579 *Zscherpe* K&R 2005, 264, 265 mwN.
580 *Zscherpe* K&R 2005, 264, 265.
581 Standardvertragsklauseln v 5.2.2010 für die Übermittlung personenbezogener Daten an Auftragsverarbeiter in Drittländern nach der RL 95/46/EG des Europäischen Parlaments und des Rates K (2010) 593 endg, die die alten Standardvertragsklauseln von 2002 ablösen.
582 Vgl auch *Räther* DuD 2005, 461, 464; *Rittweger/Schmidl* DuD 2002, 617, 619 f; Simitis/*Walz* § 11 Rn 16; *Nielen/Thum* K&R 2006, 171, 173; *Grützmacher* ITRB 2007, 183, 187.
583 *Grützmacher* ITRB 2007, 183, 187; *Räther* DuD 2005, 461, 464; *Nielen/Thum* K&R 2006, 171, 173 f; aA mit Bezug auf die Standardvertragsklauseln *Rittweger/Schmidl* DuD 2002, 617, 620.

weltweit abrufbar ist, handelt es sich beim Abruf jedoch noch nicht um eine Übermittlung in ein Drittland.[584]

197 Im **Telekommunikationsbereich** dürfen Diensteanbieter zusätzlich gem § 92 TKG an ausländische nicht öffentliche Stellen personenbezogene Daten nach Maßgabe des BDSG nur übermitteln, soweit es (1) für die Erbringung von Telekommunikationsdiensten, (2) für die Erstellung oder Versendung von Rechnungen oder (3) für die Missbrauchsbekämpfung erforderlich ist. Zur ersten Fallgruppe gehört im Wesentlichen die Übertragung von Verkehrsdaten bei Auslandstelefonaten. Bei der zweiten Fallgruppe geht es um Bestands- und Verkehrsdaten für die Rechnungserstellung. Die dritte Fallgruppe befasst sich im Wesentlichen mit den Fällen der Leistungserschleichung iSd § 100 Abs 3 TKG.[585]

I. Mitgliedstaaten der EU bzw Vertragsstaaten des EWR

198 Für die Frage der Zulässigkeit der Übermittlung von personenbezogenen Daten ins Ausland muss zunächst zwischen einer Übermittlung von Daten innerhalb und außerhalb der EU/EWR unterschieden werden. Die RL 95/46/EG[586] hat innerhalb von Europa ein einheitliches Schutzniveau für personenbezogene Daten eingeführt. Weil das Schutzniveau in der EU/EWR mit Deutschland vergleichbar ist, bestehen gem § 4b BDSG keine Bedenken beim Datentransfer in andere EU- bzw EWR-Staaten, sofern dort deren Bestimmungen eingehalten werden.

II. Staaten außerhalb der EU/EWR

199 Für die Übermittlung in Staaten außerhalb der EU/EWR gibt es folgende Möglichkeiten:[587]

1. Angemessenes Datenschutzniveau

200 Für die Beurteilung, ob die grenzüberschreitende Datenverarbeitung in Staaten außerhalb der EU/EWR zulässig ist, muss zunächst festgestellt werden, ob deren Datenschutzniveau dem Europäischen gleicht, dh ob bei der die **Daten empfangenden Stelle** aus Sicht der EU, nicht unbedingt nach den Regelungen des Empfängerlandes, ein vergleichbares, adäquates Datenschutzniveau gegeben ist.[588] Die Verantwortung für die Übermittlung trägt gem § 4b Abs 5 BDSG die übermittelnde Stelle. Ein angemessenes Datenschutzniveau liegt anerkanntermaßen in der Schweiz,[589] Kanada,[590]

584 EuGH MMR 2004, 95 – Lindqvist; *Taroschka* CR 2004, 280.

585 Vgl ausf BeckTKG-Komm/*Büttgen* § 92 Rn 19; BeckTKG-Komm/*Wittgen* § 100 Rn 9 ff.

586 Vgl Rn 13.

587 Vgl zu den einzelnen Fallkonstellationen im Dreipersonenverhältnis insbesondere den Beschl der obersten Aufsichtsbehörden für den Datenschutz im nicht öffentlichen Bereich am 19./20.4.2007 in Hamburg für den internationalen Datenverkehr.

588 Vgl *Lejeune* ITRB 2005, 94; ausf *Backes/Eul/Guthmann/Martwich/Schmidt* RDV 2004, 156 f.

589 ABl EG L 215/1 v 25.8.2000.

590 ABl EG L 2/13 v 4.1.2002 (eingeschränkt für den öffentlichen Bereich, vgl genauer DuD 2002, 315 f).

Guernsey,[591] Argentinien[592] und Isle of Man[593] vor. Eine aktuelle Liste und die Entscheidungen der Kommission sind jederzeit auf den Webseiten der EU abrufbar.[594] Im Falle eines Datentransfers in die USA liegt unbestritten ein angemessenes Datenschutzniveau regelmäßig nicht vor, da die dortigen Datenschutzanforderungen hinter den europäischen zurückbleiben.[595] Gerade hier besteht aber oftmals die wirtschaftliche Notwendigkeit eines Datentransfers.

2. Zur Ausführung eines Vertrages erforderlicher Datenaustausch

Erlaubt ist die Übermittlung stets, wenn die erforderliche Datenübermittlung sich aus dem Zweck eines Vertrages ergibt (§ 4c Abs 1 Nr 2 BDSG), sofern der Betroffene hiervon Kenntnis hat; dabei ist Transparenz von entscheidender Bedeutung. Typischer Fall der zulässigen Übermittlung ist die Reservierung eines Hotelzimmers in einem anderen Land. Problematisch wird es jedoch bereits bei **Arbeitsverträgen.**[596] Als unstreitig zulässig kann es betrachtet werden, wenn der Datentransfer aufgrund der konkreten Umstände erforderlich ist, zB bei international tätigen Mitarbeitern, bei Auslandseinsätzen oder Konzernbezug.[597] Zulässig ist auch der Datentransfer bei der Gewährung von Aktienbezugsrechten an die Mitarbeiter.[598] **201**

3. Standardvertragsklauseln

Die Europäische Kommission hat seit 2001 von ihrem Recht gem Art 26 Abs 4 RL 95/46/EG Gebrauch gemacht und Standardvertragsklauseln beschlossen, mit deren Hilfe Unternehmen über den Datentransfer Verträge, die ein angemessenes Datenschutzniveau sicherstellen, abschließen können[599] (**Standardklausel I**). Aufgrund diverser Kritikpunkte[600] wurde 2004 eine neue Klausel eingeführt, die die alte jedoch nicht ersetzt, sondern neben sie tritt (**Standardklausel II** oder **„alternative Standardklausel"**).[601] Werden die Klauseln inhaltlich unverändert übernommen, entfällt die an- **202**

---

591 ABl EG L 308 v 25.11.2003.

592 ABl EG L 168 v 5.7.2003.

593 ABl EG L 151/51 v 30.4.2004.

594 ec.europa.eu/justice_home/fsj/privacy/thridcountries/index_de.htm.

595 Eine spezielle Regelung gibt es für Fluggastdaten – Agreement between the European Union and the United States of America on the processing and transfer of passenger name record (PNR) data by air carriers to the United States Department of Homeland Security (DHS) v 18.7.2007; dieses Abkommen hat seitens der Art-29-Datenschutzgruppe, die zu den datenschutzrechtlichen Aspekten noch nicht einmal gehört wurde, zu Recht erhebliche Kritik erhalten: Stellungnahme 5/2007 zum Folgeabkommen zwischen der Europäischen Union und den Vereinigten Staaten von Amerika vom Juli 2007 über die Verarbeitung von Fluggastdatensätzen (Passenger Name Records – PNR) und deren Übermittlung durch die Fluggesellschaften an das United States Department of Homeland Security v 17.8.2007.

596 *Backes/Eul/Guthmann/Martwich/Schmidt* RDV 2004, 156, 159; *Lejeune* ITRB 2005, 94, 95.

597 *Gola* RDV 2002, 109, 115; *Lejeune* ITRB 2005, 94, 95.

598 *Gola* RDV 2002, 109, 115.

599 Standardvertragsklauseln v 15.6.2001 zur Eigenverarbeitung, ABl EG L 181/19 v 4.7.2001 und Standardvertragsklauseln v 5.2.2010 für die Übermittlung personenbezogener Daten an Auftragsverarbeiter in Drittländern nach der RL 95/46/EG des Europäischen Parlaments und des Rates K (2010) 593 endg., die die alten Standardvertragsklauseln von 2002 ablösen.

600 Vgl hierzu Stellungnahme der Art 29-Datenschutzgruppe, ec.europa.eu/justice_home/fsj/privacy/docs/wpdocs/2003/wp84_de.pdf.

601 Alternative Standardvertragsklauseln v 27.12.2004 ABl EG L 385/74 v 29.12.2004; zu den einzelnen Klauseln ausf *Kuner/Hladjk* RDV 2005, 193.

sonsten erforderliche Genehmigung der Aufsichtsbehörde. Allerdings ist zu raten, die Aufsichtsbehörde dennoch zu informieren, da einige dies erwarten.[602] Jedenfalls hat die Aufsichtsbehörde das Recht, im Rahmen ihrer Aufsichtstätigkeit nach § 38 BDSG die Vorlage der vereinbarten Standardvertragsklauseln zu Überprüfungszwecken zu verlangen.[603] Im Fall der **Auftragsdatenverarbeitung** im Ausland muss die Entscheidungsbefugnis beim Auftraggeber bleiben, die Erteilung von Unteraufträgen war in der Vergangenheit dadurch erschwert.[604] Klausel 11 der neuen Standardvertragsklauseln für Auftragsdatenverarbeitung sieht nun jedoch ausdrücklich die Erteilung von Unteraufträgen vor, sofern eine vorherige schriftliche Erlaubnis des Auftraggebers vorliegt. Diese Neuregelung soll nun Kettenauslagerungen ermöglichen.[605]

4. Individueller Datenschutzvertrag

203 Auch individualvertragliche Lösungen sind selbstverständlich möglich (§ 4c Abs 2 BDSG). Allerdings bedürfen die dann ausgehandelten Verträge der **Genehmigung** der datenschutzrechtlichen Aufsichtbehörden. Da dieses Vorbereitungs- und Genehmigungsverfahren als zu lang und aufwendig angesehen wird, wird es selten praktiziert. Allerdings kann eine solche Lösung natürlich helfen, die individuellen Bedürfnisse des Unternehmens zu wahren. Inhaltliche Abweichungen von den Vorgaben der Standardvertragsklauseln können dann unschädlich sein und genehmigt werden, wenn eine hinreichende Kompensation durch sonstige verbindliche unternehmensinterne Regelungen oder organisatorische Maßnahmen erfolgt. Besonderes Augenmerk ist hierbei gem § 4c Abs 2 BDSG auf die besonderen Garantien des Persönlichkeitsrecht und der Ausübung der damit verbundenen Rechte zu legen.

204 Die erforderliche Genehmigung ist nur unter **Widerrufsvorbehalt** zu erteilen. Der Grund hierfür ist, dass die erteilte Genehmigung wegen der Pflicht zur Notifizierung nach § 4c Abs 3 BDSG dem Bund und von diesem nach Art 26 Abs 3 RL 95/46/EG der Europäischen Kommission vorgelegt werden muss. Nach Art 26 Abs 3 iVm Art 31 Abs 2 RL 95/46/EG besteht für andere Mitgliedstaaten oder die Europäische Kommission die Möglichkeit, Widerspruch gegen die erteilte Genehmigung einzulegen. Die Kommission kann geeignete Maßnahmen erlassen, die von den Mitgliedstaaten zu beachten sind. Der Widerspruchsvorbehalt sichert der Aufsichtsbehörde die Möglichkeit, die von der Europäischen Kommission gegebenenfalls beschlossenen Maßnahmen umzusetzen.

5. Code of Conduct

205 Nach § 4c Abs 2 BDSG ist es ebenfalls möglich, durch unternehmensinterne Regelungen[606] ein angemessenes Datenschutzniveau zu sichern.[607] Dies hat den Vorteil,

602 *Backes/Eul/Guthmann/Martwich/Schmidt* RDV 2004, 156, 160.

603 www.innenministerium.baden-wuerttemberg.de/fm/1227/him_40_endfassung.pdf.

604 Beschl des Düsseldorfer Kreises v 19./20.4. 2007.

605 Vgl ausf *Moos* CR 2010, 281, 282 f.

606 Zu deren Rechtsnatur und Verbindlichkeit vgl ausf *Schröder* DuD 2004, 462.

607 Diese Lösung bietet sich allerdings nur für Großunternehmen an; vgl zum DaimlerChrysler Code of Conduct *Moritz/Tinnefeld* JurPC Web-Dok 181/2003 und die Unternehmensrichtlinie des GDV (Gesamtverband der deutschen Versicherungswirtschaft, www.datenschutz-berlin.de/infomatzdateien/jb/anl02.pdf, 49 ff).

dass kein umfangreiches Vertragsmanagement erforderlich ist, sondern im Wesentlichen mit **Corporate Policies** oder **Binding Corporate Rules** gearbeitet werden kann, deren Umsetzung durch entsprechende Corporate Audits regelmäßig überprüft werden.[608] Nach dem BDSG sind diese zwar als Ausnahme formuliert, aber dennoch als gleichberechtigt anzusehen.[609] Sie sind jedoch den Datenschutzbehörden zur Prüfung und Genehmigung vorzulegen. Unklar ist aber, ob sich diese Prüfungspflicht auch auf einzelne Übermittlungen oder bestimmte Arten von Übermittlungen beziehen kann;[610] der Wortlaut des § 4c Abs 2 BDSG spricht dafür. Jedenfalls empfiehlt sich jeweils die Abstimmung mit der Aufsichtbehörde.[611] Die Genehmigung ist auch hier unter Widerrufsvorbehalt zu erteilen.[612]

6. Safe Harbor

Die sog Safe-Harbor-Regelungen[613] enthalten spezielle Regelungen für den **Datenaustausch mit den USA.** Wenn sich der Empfänger in den USA zur Beachtung dieser Regelungen verpflichtet hat, steht der Datenübermittlung nichts im Wege.[614] Anwendung findet Safe Harbor jedoch nur im Bereich der US Federal Trade Commission (FTC) und der Luftfahrtgesellschaften und Ticket-Agenten, die dem Department of Transportation unterstehen, da diese auch die Einhaltung der oben genannten Regelungen überprüfen. Eine Übermittlung von Unternehmen, die der FCC (Federal Communications Commission) unterliegen, ist noch nicht gegeben.[615] Unternehmen, die in den Bereichen Banken, Sparkassen und Telekommunikation tätig sind, fallen bspw bisher nicht unter das Abkommen. Die Liste[616] der Safe-Harbor-Unternehmen ist selbstverständlich öffentlich und jederzeit abrufbar. In dieser Liste finden sich zB Unternehmen wie Microsoft, Google und Amazon. 206

Kern dieser Safe-Harbor-Regelungen sind **sieben Prinzipien** und **15 FAQs**:[617] 207

Diese sieben Prinzipien sind:

- **Informationspflicht** – Bekanntgabe der Datenverarbeitung (Zweck, Empfänger etc) an den Betroffenen,
- **Wahlmöglichkeit** – Wahlmöglichkeit des Betroffenen, seine Daten nicht oder nicht für einen bestimmten Zweck weiterleiten zu lassen,
- **Weitergabe** – Datenempfänger muss bei Weitergabe seinerseits hinreichenden Datenschutz, insbesondere Informationspflicht und Wahlmöglichkeit, gewähren,
- **Sicherheit** – Personenbezogene Daten müssen vor Verlust, unberechtigtem Zugriff, Zerstörung etc geschützt werden,

608 Richtlinien geben die Arbeitsdokumente der Art 29-Gruppe, abrufbar unter http://ec.europa.eu/justice/policies/privacy/binding_rules/tools_en.htm.

609 *Backes/Eul/Guthmann/Martwich/Schmidt* RDV 2004, 156, 161.

610 Zust *Backes/Eul/Guthmann/Martwich/Schmidt* RDV 2004, 156, 161; wohl auch *Lejeune* ITRB 2005, 94, 96.

611 *Backes/Eul/Guthmann/Martwich/Schmidt* RDV 2004, 156, 161.

612 Vgl hierzu Rn 183.

613 www.export.gov/safeharbor/.

614 Gemäß Beschl des Düsseldorfer Kreises v 28./29.4.2010 verlangen die Aufsichtbehörden jedoch, dass der Datenexporteur die Selbstzertifizierung des Datenimporteurs überprüft.

615 *Gola/Klug* 65; *Gola/Schomerus* § 4a Rn 6 ff.

616 web.ita.doc.gov/safeharbor/shlist.nsf/webPages/safe+harbor+list.

617 eur-lex.europa.eu/LexUriServ/site/de/oj/2000/l_215/l_21520000825de00070047.pdf.

- **Datenintegrität** – Personenbezogene Daten müssen zweckbezogen, genau, vollständig und aktuell sein,
- **Auskunftsrecht** – Betroffene haben einen Anspruch auf Zugang zu ihren Daten und ggf Berichtigung etc,
- **Durchsetzung** – Schaffung von Mechanismen, die die Durchsetzung dieser Prinzipien sicherstellen.

208 Für Medienunternehmen sind zusammenfassend folgende der 15 FAQs von besonderer Bedeutung:

- FAQ 1: Ausnahmen für das Erfordernis der Zustimmung bei der Übermittlung von **sensitiven Daten.**
- FAQ 2: Ausnahmen für den **journalistischen Bereich**: Die Grundsätze vom Safe Harbor gelten nicht für personenbezogene Daten, die zur Veröffentlichung, zur Verbreitung über Rundfunk und Fernsehen oder für andere Formen öffentlicher Kommunikation gesammelt werden, unabhängig davon, ob sie tatsächlich genutzt werden oder nicht, ebenso nicht für früher veröffentlichtes Material, das aus Medienarchiven stammt.
- FAQ 3: Keine hilfsweise Haftung für **Internet Service Provider**, Telekommunikationsunternehmen und andere Organisationen, die lediglich übermitteln, weiterleiten oder zwischenspeichern (vgl §§ 8, 9 TMG).
- FAQ 15: Daten aus **öffentlichen Registern** und **öffentlich zugängliche Daten**: Die Grundsätze der Informationspflicht, der Wahlmöglichkeit und der Weiterübermittlung sind nicht auf Daten in öffentlichen Registern anzuwenden, wenn diese nicht mit nicht-öffentlichen Daten kombiniert sind und solange die von der zuständigen Behörde festgelegten Bedingungen für ihre Abfrage beachtet werden. Im Allgemeinen gelten die Grundsätze der Informationspflicht, der Wahlmöglichkeit und der Weiterübermittlung auch nicht für öffentlich verfügbare Daten, es sei denn, der europäische Übermittler weist darauf hin, dass diese Daten Beschränkungen unterliegen, aufgrund derer die Organisation die genannten Grundsätze im Hinblick auf die von ihr geplante Verwendung anwenden muss. Organisationen haften nicht dafür, wie diese Daten von denen genutzt werden, die sie aus veröffentlichtem Material entnommen haben.

7. Einwilligung

209 Selbstverständlich kann ein Betroffener in den Datenaustausch einwilligen, auch wenn beim Empfänger das angemessene Datenschutzniveau nicht eingehalten wird. Allerdings verlangt § 4c Abs 1 Nr 1 BDSG hierfür eine **„informierte Einwilligung"**. Das heißt, die Betroffenen müssen zusätzlich über die Risiken informiert werden, die durch diese Übermittlung entstehen können, dh über das Datenschutzniveau bei der empfangenden Stelle. Dies kann und wird in vielen Fällen eher abschrecken. Außerdem muss die informierte Einwilligung von den Betroffenen selbst erfolgen, dh ggf von einem Arbeitnehmer, Versicherten, Konsumenten etc. selbst. Dadurch kann eine Einwilligung auch nicht zwischen zwei juristischen Personen erfolgen.[618] Bei Personaldaten stellt sich besonders verstärkt die Frage, ob der betreffende Mitarbeiter über-

---

618 *Backes/Eul/Guthmann/Martwich/Schmidt* RDV 2004, 156, 159.

haupt eine freiwillige Entscheidung treffen kann,[619] wenn hiervon praktisch sein Arbeitsplatz abhängt. Grds bleibt jedoch auch hier die Einwilligungsmöglichkeit bestehen.[620] Wichtig ist jedenfalls, dass der Arbeitnehmer nicht unter Druck gesetzt wird oder dass er zB mit einer Vertrauensperson vorab über die Einwilligung sprechen kann.[621] Hinzu kommt, dass eine automatisierte Übermittlung natürlich erschwert wird, wenn manche Betroffene einwilligen und manche nicht. Außerdem besteht natürlich auch hier die Möglichkeit, die Einwilligung zu widerrufen. Dann wird es zusätzlich Schwierigkeiten bereiten, den Datentransfer rückabzuwickeln, weshalb ggf anzuraten ist, die Daten in einem getrennten System auch lokal weiterhin vorrätig zu halten.[622] Letztlich kann die Einwilligung nur dann eine geeignete Rechtsgrundlage für einen Datentransfer darstellen, wenn es sich lediglich um einen kleinen Personenkreis handelt und der Datentransfer nicht in Zusammenhang mit einem für das Unternehmen notwendigen Informationssystem steht.[623]

619 Vgl Rn 99; *Duhr/Naujok/Peter/Seiffert* DuD 2002, 5, 13.
620 *Wisskirchen* CR 2004, 862, 863; *Gola* RDV 2002, 109 ff mwN.
621 *Wisskirchen* CR 2004, 862, 863.
622 *Backes/Eul/Guthmann/Martwich/Schmidt* RDV 2004, 156, 159.
623 So auch *Backes/Eul/Guthmann/Martwich/Schmidt* RDV 2004, 156, 159; vgl auch *Hartmann* DuD 2008, 455, 459.

Kapitel 4
IT-Sicherheitsrecht

Literatur

Arlt Digital Rights Management-Systeme GRUR 2004, 548; *Bartsch* Computerviren und Produkthaftung CR 2000, 721; *ders* Die Vertraulichkeit und Integrität informationstechnischer Systeme als sonstiges Recht nach § 823 Abs 1 BGB, CR 2008, 613; *Bergfelder* Was ändert das 1. Signaturänderungsgesetz? CR 2005, 148; *Bizer* Kryptokontroverse – Der Schutz der Vertraulichkeit in der Telekommunikation DuD 1996, 5; *Borges* Rechtsfragen der Haftung im Zusammenhang mit dem elektronischen Identitätsnachweis Bochum 2010; *Brauch* Geld oder Netz! c't 14/2004, 48; *Gründer/Schrey* (Hrsg) Managementhandbuch IT-Sicherheit. Risiken, Basel II, Recht Berlin 2007 (zit Gründer/Schrey/*Bearbeiter*); *Dreier/Schulze* Urheberrecht Kommentar, 3. Aufl München 2008 (zit Dreier/Schulze/*Bearbeiter*); Hamm Kryptokontroverse DuD 1997, 186; *Holznagel* Recht der IT-Sicherheit, München 2003; *Hörl/Häuser* Service Level Agreements in IT-Outsourcingverträgen CR 2003, 713; *Kloepfer* Umweltrecht, München 2003; *Lapp* Zivilprozessualer Beweiswert und Beweiskraft digitaler Dokumente ITRB 2004, 64; *Lensdorf/Steger* IT-Compliance im Unternehmen ITRB 2006, 206; *Meier/Wehlau* Die zivilrechtliche Haftung für Datenlöschung, Datenverlust und Datenzerstörung NJW 1998, 1585; *Möller* Rechtsfragen im Zusammenhang mit dem PostIdent-Verfahren NJW 2005, 1605; *Pleister/Ruttig* Neues Urheberrecht – neuer Kopierschutz MMR 2003, 763; *Reinhard/Pohl/Capellaro* (Hrsg) IT-Sicherheit und Recht. Rechtliche und technisch-organisatorische Aspekte für Unternehmen, Berlin 2007 (zit Reinhard/Pohl/Capellaro/*Bearbeiter*); *Roßnagel* Das neue Recht elektronischer Signaturen NJW 2001, 1817; *ders/Schnabel* Das Grundrecht auf Gewährleistung der Vertraulichkeit und Integrität informationstechnischer Systeme und sein Einfluss auf das Privatrecht, NJW 2008, 3534; *Spindler* IT-Sicherheit und Produkthaftung – Sicherheitslücken, Pflichten der Hersteller und der Softwarenutzer NJW 2004, 3145; *ders* Verantwortlichkeit von IT-Herstellern, Nutzern und Intermediären, Bonn 2007; *Wandtke/Bullinger* Praxiskommentar zum Urheberrecht, 3. Aufl München 2009 (zit Wandtke/Bullinger/*Bearbeiter*); *Wiesner* Key Recovery DuD 2000, 698.

Übersicht

§ 1
Einleitung

I. Rechtsgrundlagen des IT-Sicherheitsrechts

1. Bedrohungen für die IT-Sicherheit

1 Medien sind ohne moderne Informationstechnik nicht mehr denkbar. Die Abhängigkeit von IT nimmt stetig zu. Gleichzeitig steigt die Komplexität und Anfälligkeit der IT, sei es durch technische Probleme, Sicherheitslücken oder gezielte Angriffe auf IT-Systeme.

2 Als Beispiel für die zunehmende Gefährdung sei die zunehmende Ausnutzung von Sicherheitslücken durch die Organisierte Kriminalität genannt. Wurden früher Viren und Würmer überwiegend von Einzelpersonen zur Befriedigung ihres persönlichen Geltungsbedürfnisses verbreitet, haben Angriffe heutzutage meist einen kriminellen Hintergrund und werden entsprechend professionell durchgeführt und verschleiert. So gibt es in letzter Zeit immer wieder Berichte über virtuelle „Schutzgelderpressungen“: Anbieter von Internetangeboten, zB Online-Wettbüros, werden mit der Drohung, ihr Angebot mittels sog DDoS-Angriffe[1] lahm zu legen, erpresst. Weigern sich diese, werden (zunächst nur kurzzeitig) entsprechende Angriffe unter Nutzung sog Bot-Netze[2] gefahren, bis der Erpresste zahlt, da der Schaden durch einen Ausfall seines Systems zu groß zu werden droht.[3]

3 Aufgrund der zunehmenden Bedeutung der IT-Sicherheit hat sich aus ursprünglich nur vereinzelten und versprengten Regelungen ein eigenes Rechtsgebiet entwickelt, das sich allein (und unabhängig vom „klassischen“ Datenschutzrecht) mit Fragen der

1 DDoS steht für Distributed Denial of Service. Bei Denial of Service-Angriffen wird versucht, einen Server durch viele gleichzeitige Anfragen zu überlasten und dadurch außer Betrieb zu nehmen. Von einem Distributed Denial of Service Angriff spricht man, wenn dieser von mehreren ferngesteuerten Rechnern gleichzeitig aus erfolgt.

2 Bei einem Bot-Netz handelt es sich um ein fernsteuerbares Netzwerk von in der Regel gekaperten PCs. Die Kontrolle über diese PCs wird durch die Verbreitung von Schadsoftware (Viren, Würmern, Trojanischen Pferden) erlangt. Die Schadsoftware eröffnet einem oder mehreren Steuerungs-Servern Zugriff auf die befallenen Rechner und erlaubt die Ausführung beliebiger Befehle.

3 Vgl bereits *Brauch* c't 14/2004, 48; www.heise.de/newsticker/meldung/48613.

IT-Sicherheit befasst. Dieses Rechtsgebiet ist insb für elektronische Medienangebote von wachsender Bedeutung. Die Rechtsgrundlagen des IT-Sicherheitsrechts sind dabei immer noch sehr unterschiedlichen Ursprungs:

2. Verfassungsrecht

Im Rahmen der Entscheidung zur sogenannten „Online-Durchsuchung" hat das BVerfG festgestellt, dass das allgemeine Persönlichkeitsrecht (Art 2 Abs 1 iVm Art 1 Abs 1 GG) auch das Grundrecht auf Gewährleistung der Vertraulichkeit und Integrität informationstechnischer Systeme umfasst.[4] Zwar stellt dieses Grundrecht zunächst nur ein Abwehrrecht gegen staatliche Eingriffe in informationstechnische Systeme dar. Jedoch kommt ihm über die Auslegung von Generalklauseln auch eine Drittwirkung zwischen Privaten zu. Insbesondere im Rahmen des Haftungsrechts dürften zukünftig zivilrechtliche Ansprüche aufgrund von Eingriffen in informationstechnische Systeme leichter zu begründen sein. Auch wenn die wissenschaftliche Diskussion hierüber nicht abgeschlossen ist,[5] zeigt die Debatte zu diesem Urteil die gewachsene Bedeutung und die verfassungsrechtliche Dimension des IT-Sicherheitsrechts. 4

3. Datenschutzrecht

Soweit fremde personenbezogene Daten verarbeitet werden, stellt § 9 BDSG nebst Anlage Anforderungen an die Absicherung der Informationsverarbeitung. Für Anbieter von elektronischen Medien und Mediendiensten werden Teilaspekte in den datenschutzrechtlichen Vorschriften des Telemediengesetzes konkretisiert.[6] 5

4. Vertragliche und deliktische Haftung

Nicht auf die Verarbeitung personenbezogener Daten beschränkt sind die übrigen vertraglichen oder deliktischen Haftungsnormen: Hierunter fällt einerseits die Haftung der Hersteller und Verkäufer von Hard- und insb Software. Aber auch der Anwender von IT muss im Geschäftsverkehr die IT-Sicherheit betreffende Sorgfaltspflichten beachten, um Schäden Dritter zu vermeiden, wenn er sich nicht schadensersatzpflichtig machen will. 6

5. Handels-, Steuer-, Gesellschafts- und Kapitalmarktrecht

Auch das Handels- und Steuerrecht enthält im Zeitalter der elektronischen Buchführung spezifische Vorgaben für den sicheren IT-Einsatz bei der Rechnungslegung und im e-Commerce. Entsprechend gehören die IT-Organisation und IT-Sicherheit zu den Kernaufgaben der Geschäftsführung im Gesellschaftsrecht.[7] Insb durch das KonTraG[8] wurden neue Vorschriften zum Risikomanagement im HGB, AktG und GmbHG eingefügt. Dies beinhaltet auch ein umfassendes Informationssicherheits-Management. Für Aktiengesellschaften, deren Wertpapiere auch in den USA gehandelt 7

[4] BVerfGE 120, 274.

[5] Vgl *Roßnagel/Schnabel* NJW 2008, 3534 ff; *Bartsch* CR 2008, 613 ff.

[6] Zu den datenschutzrechtlichen Vorschriften s *Ohst* Kap 3.

[7] Reinhard/Pohl/Capellaro/*Sundermann* Rn 184; *Lensdorf/Steger* ITRB 2006 206, 207.

[8] Gesetz zur Kontrolle und Transparenz im Unternehmensbereich vom 27.4.1998, BGBl I S 786.

werden, enthält der Sarbanes-Oxley Act von 2002, der in Reaktion auf diverse Bilanzskandale (Enron, Worldcom) erlassen wurde, strenge Anforderungen an die internen Kontrollsysteme von Kapitalgesellschaften. Insb Sec 404 schreibt ein entsprechendes (IT-)Risikomanagement vor. Durch die sog „Basel II" Vorschriften[9] sind Kreditinstitute verpflichtet, im Rahmen der Kreditvergabe eine umfassende Risikobewertung vorzunehmen, die auch die Bewertung des beim Kreditnehmer vorhandenen IT-Risikomanagements umfasst.[10]

6. Strafrecht

8 Schließlich zielen auch zahlreiche Normen des Strafrechts auf den Schutz der Informationstechnik. Während die meisten IT-relevanten Vorschriften des StGB vorsätzliche Angriffe auf IT-Systeme oder die dort verarbeiteten Daten unter Strafe stellen, können einige Fahrlässigkeitstatbestände auch durch Sorgfaltspflichtverletzungen seitens der Betreiber von Informationstechnischen Systemen begangen werden.[11]

7. BSIG und bereichsspezifisches IT-Sicherheitsrecht

9 Neben den vorgenannten Regelungen mit eher grundsätzlichem Anwendungsbereich existieren ferner zahlreiche bereichsspezifische Vorschriften des IT-Sicherheitsrechts in den jeweiligen Fachgesetzen. Exemplarisch seien hier die Reglungen im BSIG genannt: Neben den Aufgaben und Befugnisse des Bundesamts für Sicherheit in der Informationstechnik (BSI) regelt dies insb die Erteilung des Sicherheitszertifikats für IT-Produkte. Die für den elektronischen Rechtsverkehr wichtigen Fragen der elektronischen Signatur sind im Signaturgesetz (SigG) geregelt.

Auch im Urheberrecht sind Fragen der IT-Sicherheit von Bedeutung, insb dann, wenn Rechtsinhaber Werke durch technische Maßnahmen sichern wollen (Digital Rights Management – DRM).

8. Technische Regelwerke

10 Allen genannten Rechtsnormen ist gemein, dass sie die jeweils ergreifenden technischen Sicherungsmaßnahmen und damit den rechtlichen Rahmen der informationstechnischen Sorgfaltspflichten allenfalls abstrakt-generell umschreiben. Ein IT-Verantwortlicher oder Administrator wird allein durch die Lektüre der Gesetzestexte diesen nicht entnehmen können, welche technischen Maßnahmen er im konkreten Anwendungsfall ergreifen muss.

11 Die rechtlichen Sorgfaltspflichten bedürfen vielmehr der Konkretisierung durch technische Regelwerke. Mit zunehmender Komplexität und Verbreitung der Informationstechnik haben sich zahlreiche Standards für die unterschiedlichen Einsatzbereiche gebildet. Als Normgeber kommen neben den „klassischen" Normungsgremien wie DIN oder ISO Behörden wie das BSI mit seinen Grundschutzkatalogen, Branchenverbände oder Herstellerkonsortien in Betracht.

---

9 Die auf den Vorschlägen des Baseler Ausschusses für Bankenaufsicht beruhenden Eigenkapitalvorschriften der RL 2006/48/EG und RL 2006/49/EG sind im KWG sowie in der Solvabilitätsverordnung (SolvV) und der Groß- und Millionenkreditverordnung (GroMiKV) umgesetzt.

10 Reinhard/Pohl/Capellaro/*Breithaupt* Rn 677.

11 ZB § 317 StGB Störung von Telekommunikationsanlagen.

II. Bedeutung der IT-Sicherheit im Medienrecht

Das IT-Sicherheitsrecht ist grds branchenübergreifend, auch wenn die technische Konkretisierung je nach Branche oder Unternehmensart unterschiedlich ausfallen kann. Insb die handels- und gesellschaftsrechtlichen Vorgaben zur IT-Organisation treffen grds jedes Unternehmen abhängig von Rechtsform, Größe und Art des IT-Einsatzes. Im Folgenden soll der Fokus daher auf diejenigen Ausschnitte des IT-Sicherheitsrechts gelegt werden, die für Anbieter von (insb elektronischen) Medien, Mediendiensten oder Telemediendiensten[12] von besonderer Relevanz sind. **12**

Dies sind zunächst die Vorschriften über die elektronische Kommunikation und Identifizierung, insb das Signaturrecht, ohne die wirksame Vertragsschlüsse auf elektronischem Weg nicht möglich sind. **13**

Ferner stellen sich für Anbieter von Inhalten gegen Bezahlung Fragen der wirksamen Absicherung desselben. Handelt es sich hier zunächst nur um eine Frage der Sorgfalt in eigenen Angelegenheiten, wird diese haftungsrechtlich dann relevant, wenn der Inhalteanbieter diese nicht selbst elektronisch verbreitet, sondern auf entsprechende Dienstleistungen Dritter zurückgreift, zB im Rahmen von Outsourcing. Rechtliche Anforderungen an den Zugriffsschutz ergeben sich weiterhin auch für Anbieter von jugendgefährdenden Inhalten. Aber auch Anbieter von werbefinanzierten und frei zugänglichen elektronischen Medien sind betroffen: Nur durch entsprechende technische Maßnahmen lässt sich sicherstellen, dass die Angebote sowie die darauf geschaltete Werbung auch in der gewünschten Form elektronisch abgerufen werden können. Insb Fragen der Verfügbarkeit spielen hier eine Rolle, wenn zB aufgrund erhöhter Netzlast oder gezielter Angriffe Server auszufallen drohen. **14**

Unmittelbar medienrechtsrelevant sind schließlich alle technikrechtlichen Fragen, die mit dem Einsatz von DRM im Zusammenhang stehen. **15**

Aufgrund der Bedeutung technischer Regelwerke für die Auslegung des IT-Sicherheitsrechts sollen schließlich die wichtigsten technischen Normen ebenso wie Möglichkeiten zur Zertifizierung von IT-Sicherheit behandelt werden. **16**

III. Begrifflichkeiten

Eine Legaldefinition des Begriffs der IT-Sicherheit findet sich in § 2 Abs 2 BSIG: „Sicherheit in der Informationstechnik im Sinne dieses Gesetzes bedeutet die Einhaltung bestimmter Sicherheitsstandards, die die Verfügbarkeit, Unversehrtheit oder Vertraulichkeit von Informationen betreffen, durch Sicherheitsvorkehrungen **17**

1. in informationstechnischen Systemen, Komponenten oder Prozessen oder
2. bei der Anwendung von informationstechnischen Systemen, Komponenten oder Prozessen."

Dabei umfasst Informationstechnik gem § 2 Abs 1 BSIG „alle technischen Mittel zur Verarbeitung oder Übertragung von Informationen." Durch diese sehr weite Definition fällt nicht nur die elektronische Datenverarbeitung in IT-Systemen in den Anwendungsbereich des IT-Sicherheitsrecht, sondern bspw auch die Telekommunikationssicherheit, für die das TKG freilich größtenteils spezialgesetzliche Vorgaben enthält.

---

12 Zur Abgrenzung der Begriffe oben *Hartmann* Kap 1 Rn 35 ff.

18 § 2 Abs 2 BSIG bennet die drei wichtigen Schutzziele der IT-Sicherheit: Verfügbarkeit, Unversehrtheit und Vertraulichkeit.

19 Unter *Verfügbarkeit* ist dabei die beständige Gewährleistung der Funktionalität der eingesetzten Informationstechnik zu verstehen: Diese darf zu keinem Zeitpunkt beeinträchtigt sein. Ein (auch zeitweiser) Ausfall der Informationstechnik würde die Verfügbarkeit ebenso beeinträchtigen wie Fehlfunktionen, die zu einer Beeinträchtigung des Datenverarbeitungsprozesses führen.

20 *Unversehrtheit* bedeutet in erster Linie die Integrität des eingesetzten IT-Systems: Dieses muss gewährleisten, dass Daten nur vom Berechtigten und nur in der von ihm beabsichtigten Art und Weise verarbeitet werden können. Die verarbeiteten Daten müssen in diesem Sinne stets vollständig und korrekt sein. Die Sicherung der Integrität umfasst dabei den Schutz vor Datenverlust oder -veränderung durch Fehlfunktionen ebenso wie vor absichtlicher Manipulation der Daten. Die Integrität eines IT-Systems kann bereits durch Veränderungen an der Informationstechnik selbst gestört werden (zB durch heimliche oder nicht dokumentierte Veränderungen an Software durch Schadprogramme), auch wenn sich dieses nicht unmittelbar in Fehlern bei der Datenverarbeitung niederschlägt.

21 Sofern Daten nicht nur lokal verarbeitet, sondern auch übertragen werden, muss auch deren *Authentizität* verbürgt sein: Dies bedeutet, dass durch geeignete Kontrollmechanismen, bspw der Verwendung von Signaturen, die Herkunft der Daten von einer bestimmten Person oder einem bestimmten IT-System sichergestellt werden kann.

22 Die *Vertraulichkeit* eines IT-System ist gegeben, wenn die dort verarbeiteten Informationen nur für Berechtigte zugänglich sind. Mittel zur Sicherstellung der Vertraulichkeit sind neben der Zugangs- und Zugriffskontrolle insb Methoden der Verschlüsselung.

23 Auffällig an der Definition des § 2 Abs 2 BSIG ist, dass IT-Sicherheit nicht als definierter Zustand beschrieben wird, sondern auf die Einhaltung von Sicherheitsstandards bzw Sicherheitsvorkehrungen zur Gewährleistung der Schutzziele der IT-Sicherheit abgestellt wird. Hintergrund für diese etwas komplizierte Konstruktion dürfte die Tatsache sein, dass ein klar definierter „sicherer" Zustand aufgrund der enormen Komplexität moderner Informationstechnik jedenfalls bei voller Funktionalität kaum zu erreichen ist. IT-Sicherheit beschreibt vielmehr den Prozess, durch Einhaltung von Standards und Sicherheitsvorkehrungen nach dem jeweiligen Stand der Technik den effektivsten Schutz zu erreichen. Durch den im Rahmen der BSIG-Novelle 2009[13] hinzugefügten Begriff der „Prozesse" wird klargestellt, dass IT-Sicherheit nicht nur eine Frage der einzelnen technischen Komponenten, sondern auch von deren Einsatz und Zusammenspiel im Rahmen der IT-Prozesse ist.[14]

§ 2
Sichere elektronische Kommunikation und elektronischer Identitätsnachweis

24 Die elektronische Kommunikation ersetzt mehr und mehr den Schriftverkehr. Insb wenn Leistungen in elektronischer Form angeboten werden, soll auch der zugrunde liegende Vertragsschluss auf elektronischem Weg erfolgen. Ein Medienbruch würde hier von den Beteiligten als unpraktisch und langwierig wahrgenommen.

---

13 BSI-Gesetz vom 14.8.2009 (BGBl I S 2821).

14 Die amtliche Begr spricht hier lapidar von einer redaktionellen Anpassung, BT-Drucks 16/11697, 11.

25 Eine herkömmliche Email hat allerdings den Nachteil, dass weder Integrität noch Authentizität sichergestellt sind. Email-Absender können auch ohne besonderes technisches Know-How gefälscht werden. Der Inhalt kann während oder nach der Übertragung sowohl seitens des Absenders als auch des Empfängers oder eines Dritten verändert werden, ohne dass die Änderungen erkennbar wären. Und allein aufgrund der Email-Adresse kann in der Regel kein Rückschluss darauf gezogen werden, wer tatsächlich der Verfasser der Email war. Die Beweiskraft einer Email tendiert im Rechtsverkehr daher gegen Null.[15]

26 Ist dies bei den nach wie vor weit verbreiteten werbefinanzierten Medienangeboten noch hinnehmbar, ist die fehlende Beweiskraft für Vertragsabschlüsse über Email oder Webdialoge schon kritischer, wenn es sich um entgeltliche Angebote handelt. Der herkömmliche Online-Handel kann die fehlende Authentizität des Online-Vertragsschlusses durch den für den Versand ohnehin notwendigen Medienbruch regelmäßig heilen: Spätestens mit der Annahme der Lieferung kann regelmäßig ein konkludenter Vertragsschluss konstruiert und die Rechnungsadresse verifiziert werden. Für rein elektronische Angebote, sei es das Online-Abonnement oder der Kauf in Download-Shops, müssen aber andere Formen des beweissicheren Vertragsschlusses gefunden werden. Vollends untauglich sind Formen der elektronischen Kommunikation ohne Signaturen, wenn die Identität des Vertragspartners eindeutig festgestellt werden muss: Anbieter jugendgefährdender Inhalte müssen bspw die Volljährigkeit ihrer Kunden eindeutig feststellen, um damit eine effektive Barriere für den Zugang Minderjähriger zu schaffen. Altersverifikationssysteme, die mit einfachen Mitteln umgangen werden können, genügen hier nicht.[16]

I. Signaturrecht

27 Einen Versuch, diesen Nachteilen im elektronischen Geschäftsverkehr zu begegnen, hat der Gesetzgeber in Form des Signaturgesetzes (SigG), ergänzt durch die Signaturverordnung (SigV), unternommen. Mit diesen Vorschriften wird auch die europäische Signatur-Richtlinie[17] umgesetzt.

28 Technisch beruhen elektronische Signaturen auf dem Prinzip der asymmetrischen Verschlüsselung[18]: Jede Signatur besteht aus einem privaten und einem öffentlichen Schlüssel. Um eine Email zu signieren, wird aus dieser zunächst ein sog Hash-Wert[19] errechnet. Mit dem privaten Schlüssel (oder „Signaturschlüssel“, § 2 Nr 4 SigG) wird dieser Hash-Wert verschlüsselt. Mittels des dem Empfänger bekannt gegebenen öffentlichen Schlüssels („Signaturprüfschlüssel“, § 2 Nr 5 SigG) kann der Hash-Wert wieder

[15] AG Bonn NJW-RR 2002, 1363; AG Erfurt MMR 2002, 127; Reinhard/Pohl/Capellaro/*Ewald* Rn 23; *Lapp* ITRB 2004, 64 f.

[16] BGH NJW 2008, 1882; OLG Düsseldorf MMR 2005, 611.

[17] RL 1999/93/EG des Europäischen Parlaments und des Rates über gemeinschaftliche Rahmenbedingungen für elektronische Signaturen v 19.1.2000, ABl L 13 S 12.

[18] Bei der asymmetrischen Verschlüsselung wird mit Schlüsselpaaren gearbeitet: Die mittels eines privaten (geheimen) Schlüssels verschlüsselte Nachricht kann nur mittels des zugehörigen öffentlichen Schlüssels entschlüsselt werden. Aus dem öffentlichen Schlüssel lässt sich dabei nicht der private Schlüssel berechnen, so dass der öffentliche Schlüssel ohne das Risiko eines Missbrauchs öffentlich verteilt werden kann.

[19] Ein Hash-Wert ist ein mittels einer mathematischen Funktion aus einer beliebigen Eingabe ermittelter Wert, der dieser Eingabe möglichst eindeutig zugeordnet werden kann. Eine Änderung am Eingabewert führt auch zu einer Änderung des Hash-Werts.

entschlüsselt werden. Durch Vergleich des Hash-Werts der Email mit dem entschlüsselten Hash-Wert der Signatur lassen sich die Integrität und Authentizität der Email verifizieren.

29 Das Signaturgesetz definiert vier in ihrem Sicherheitsniveau abgestufte Varianten der elektronischen Signatur: einfache, fortgeschrittene, qualifizierte und akkreditierte qualifizierte Signaturen.

30 a) **Einfache elektronische Signatur.** Die einfache elektronische Signatur sind gem § 2 Nr 1 SigG Daten in elektronischer Form, die anderen Daten beigefügt oder logisch mit diesen verknüpft sind und der Authentifizierung dienen. Diese Definition wird durch jede Beifügung von Daten erfüllt, die dem Zweck dienen, den Urheber einer Nachricht oder Datei auszuweisen, sei es durch die Wiedergabe eines Namens am Ende einer Email oder durch eine Grafik, die eine Unterschrift darstellt. Die Definition ist offenbar lediglich der Vollständigkeit halber in das SigG aufgenommen worden, Rechtsfolgen knüpft das SigG keine an die Verwendung einer einfachen Signatur. Die Integrität oder Authentizität einer Nachricht kann mit dieser nicht bewiesen werden.[20] Eine einfache Signatur soll die Zuordnung einer elektronischen Nachricht zu deren Urheber erleichtern. Irgendeine Beweiskraft hinsichtlich der Identität des Verfassers oder der Integrität der Nachricht kommt ihr nicht zu.

31 b) **Fortgeschrittene elektronische Signatur.** Fortgeschrittene elektronische Signaturen verwenden bereits asymmetrische Schlüsselpaare, um eine Nachricht eindeutig dem Inhaber des Signaturschlüssels zuzuordnen (§ 2 Nr 2a) SigG) und diesen als Schlüsselinhaber zu identifizieren (§ 2 Nr 2b) SigG). Nachträgliche Änderungen an den signierten Daten können durch die oben beschriebene Verfahrensweise erkannt werden (§ 2 Nr 2d) SigG). Dabei können die Mittel zur Schlüsselerzeugung in der alleinigen Kontrolle des Schlüsselinhabers bleiben (§ 2 Nr 2c) SigG). Zur fortgeschrittenen Signierung können damit Programme eingesetzt werden, die vollständig auf dem Rechner des Anwenders laufen, wie zB PGP („Pretty Good Privacy") oder Verschlüsselungsprodukte nach dem OpenPGP-Standard wie GnuPG.

Durch eine fortgeschrittene Signatur lässt sich die Integrität einer Nachricht feststellen. Die Authentizität jedenfalls soweit, als die Herkunft vom Inhaber des zugehörigen Signaturschlüssels nachgewiesen ist. Die tatsächliche Sicherheit einer fortgeschrittenen elektronischen Signatur hängt dabei von den eingesetzten Signaturverfahren, der verwendeten Soft- und Hardware und vor allem von der Sorgfalt des Anwenders bei der Signaturerstellung ab.

Da die Schlüsselerzeugung allein in der Hand des Schlüsselinhabers bleibt, gibt sie zudem keine Rückschlüsse über die Identität des Schlüsselinhabers. Dieser kann seine Nachrichten auch unter einem falschen Namen fortgeschritten signieren. Das Signaturrecht knüpft daher ebenfalls keine Rechtsfolgen an die Verwendung einer fortgeschrittenen elektronischen Signatur. Gleichwohl kann diese zumindest einen Anhaltspunkt für die Identität des Verfassers einer Nachricht geben: Ist einmal die Identität eines Signaturinhabers festgestellt worden, kann aus der Verwendung derselben Signatur bei anderen Nachrichten regelmäßig geschlossen werden, dass auch diese vom selben Verfasser stammen.[21]

---

20 *Holznagel* § 5 Rn 15.
21 Sofern dieser den Schlüssel nicht an Dritte weitergegeben hat.

c) **Qualifizierte elektronische Signatur.** Die der fortgeschrittenen Signatur fehlende Identifizierungsfunktion ist daher die wesentliche Funktionserweiterung bei der qualifizierten elektronischen Signatur. Diese muss gem § 2 Nr 3a) SigG auf einem zum Zeitpunkt ihrer Erzeugung gültigen qualifizierten Zertifikat beruhen. Außerdem schreibt § 2 Nr 3b) SigG die Verwendung einer „sicheren" Signaturerstellungseinheit vor. Damit scheiden reine Softwarelösungen aus. Eine sichere Signaturerstellungseinheit stellt insb der seit dem 1.11.2010 ausgegebene elektronische Personalausweis dar (§ 22 PAuswG[22]). 32

Erst durch das qualifizierte Zertifikat wird ein öffentlicher Schlüssel (Signaturprüfschlüssel) einer Person eindeutig zugeordnet und deren Identität bestätigt (§ 2 Nr 6 SigG). Der Empfänger einer Email kann das Zertifikat bei der Zertifizierungsstelle, die das Zertifikat augestellt hat, online überprüfen und dadurch dessen Identität bestätigen. Die genauen Anforderungen an den Inhalt des Zertifikats sind in § 2 Nr 7 und § 7 SigG festgelegt. Ein Zertifikat darf insb nur ausgestellt werden, wenn die Person, die das Zertifikat beantragt, sich gegenüber der Zertifizierungsstelle zuvor eindeutig identifiziert hat (§ 5 Abs 1 SigG). Das Zertifikat ist spätestens nach fünf Jahren zu erneuern (§ 14 Abs 3 SigV). Nach Ablauf eines Zertifikats kann die Identität des Inhabers einer qualifizierten elektronischen Signatur noch weitere 5 Jahre beim Zertifizierungsdiensteanbieter überprüft werden (§ 4 Abs 1 SigV). 33

Der Betrieb eines solchen Zertifizierungsdienstes ist genehmigungsfrei und lediglich anzeigepflichtig (§ 4 Abs 1, 3 SigG). Der Zertifizierungsdiensteanbieter muss die erforderliche Fachkunde und Zuverlässigkeit besitzen und insb durch Vorlage eines Sicherheitskonzepts nachweisen (§ 4 Abs 2 SigG). Verletzt der Zertifizierungsdiensteanbieter schuldhaft seine Pflichten nach dem SigG, ist er gem § 11 SigG schadensersatzpflichtig. Hinsichtlich des Verschuldens wird durch § 11 Abs 2 SigG die Beweislast dem Zertifizierungsdiensteanbieter auferlegt. 34

Die Verwendung einer qualifizierten elektronischen Signatur erfüllt gem § 126a BGB das Schriftformerfordernis. Die elektronische Signatur ist der Unterschrift auf einem papierschriftlichen Dokument gleichgestellt. Sind elektronische Rechnungen mit einer qualifizierten elektronischen Signatur versehen, sind diese gem § 14 Abs 3 Nr 1 UStG zum Vorsteuerabzug berechtigt, auch wenn keine schriftliche Rechnung gestellt wurde. Theoretisch bleibt eine qualifizierte elektronische Signatur allerdings anfechtbar mit der Behauptung, die bei einem Zertifizierungsdiensteanbieter eingesetzte Technik sei nicht sicher genug, um die Identität eines Absenders eindeutig zu belegen.[23] 35

d) **Qualifizierte elektronische Signatur mit Anbieter-Akkreditierung.** Um auch dieses Risiko auszuschließen besteht für Zertifizierungsdiensteanbieter die Möglichkeit, sich gem § 15 SigG auf freiwilliger Basis bei der zuständigen Behörde akkreditieren zu lassen. Anders als bei der bloßen Anzeige nach § 4 Abs 3 SigG muss er im Rahmen des Akkreditierungsverfahrens der zuständigen Behörde nachweisen, dass er sämtliche Anforderungen des SigG und der SigV erfüllt. Ist der Nachweis erbracht, erhält er ein entsprechendes Gütesiegel als akkreditierter Zertifizierungsdiensteanbieter. Damit gilt gem § 15 Abs 1 S 4 SigG die technische und administrative Sicherheit für die auf ihren qualifizierten Zertifikaten beruhenden qualifizierten elektronischen Signaturen als 36

22 Personalausweisgesetz idF v 1.11.2010, BGBl I 2009 S 1364.

23 Zu den prozessrechtlichen Fragen in diesem Zusammenhang *Bergfelder* CR 2005, 148, 149.

nachgewiesen (qualifizierte elektronische Signatur mit Anbieter-Akkreditierung).[24] Auch solche akkreditierten qualifizierten Signaturen haben eine Gültigkeit von maximal fünf Jahren, anders als bei der (einfachen) qualifizierten elektronischen Signatur kann die Identität des Signaturinhabers allerdings bis 30 Jahre nach Ablauf des Zertifikats beim Zertifizierungsdiensteanbieter überprüft werden (§ 4 Abs 2 SigV).

37 e) **Nachhaltigkeit von qualifizierten Signaturzertifikaten.** Der Identitätsnachweis durch qualifizierte Signaturen erfolgt immer über den Zertifizierungsdiensteanbieter, den die entsprechenden Aufbewahrungspflichten nach § 4 SigV treffen. Stellt der Zertifizierungsdiensteanbieter seinen Geschäftsbetrieb ein, zB in Folge der Insolvenz des Anbieters, kann der für den Rechtsverkehr wichtige Identitätsnachweis nicht mehr erbracht werden. Eine einfache qualifizierte Signatur wird in diesem Moment wertlos. Auch für noch während des Bestehens des Zertifizierungsdiensteanbieters signierte Nachrichten lässt sich im Nachhinein nicht mehr die Identität des Signaturinhabers verifizieren. Lediglich für qualifizierte elektronische Signaturen mit Anbieter-Akkreditierung sieht §15 Abs 6 SigG vor, dass die zuständige Behörde das Zertifikatsverzeichnis übernimmt, so dass der Identitätsnachweis auch im Insolvenzfall weiter geführt werden kann.

II. Online-Identifizierung und elektronischer Identitätsnachweis

38 Obwohl das SigG nunmehr seit 1997 (in seiner heutigen Fassung seit 2001) besteht, haben sich elektronische Signaturen im Geschäftsverkehr noch kaum durchgesetzt.[25] Auch das 2003 gegründete sog Signaturbündnis[26] der Bundesregierung mit der Industrie, das mit dem Ziel gestartet wurde, die Verbreitung elektronischer Signaturen zu fördern, hat an diesem Zustand bislang wenig verändert. Da qualifizierte elektronische Signaturen nur wenig verbreitet sind, werden im elektronischen Geschäftsverkehr weitgehend Alternativen akzeptiert. Da hierdurch andererseits für kaum einen Geschäftsvorfall eine qualifizierte elektronische Signatur erforderlich ist, sinkt die Bereitschaft, die Kosten und den organisatorischen Aufwand für den Erwerb einer qualifizierten elektronischen Signatur auf sich zu nehmen: Ein qualifiziertes Zertifikat kostet derzeit ca. 50,– € im Jahr, aufgrund der technischen Anforderungen insb des § 15 Abs 1 SigV kann die Signatur nicht auf dem Rechner gespeichert werden, sondern muss auf einem externen Medium, zB einer Chipkarte, vorgehalten werden. Auch können elektronische Signaturen nur für natürliche, nicht aber für juristische Personen ausgestellt werden (§ 2 Nr 9 SigG). Die fortgeschrittene elektronische Signatur ist für den Anwender einfacher und preiswerter zu handhaben, genießt aber mangels Identifizierungsfunktion keine rechtliche Privilegierung gegenüber unsignierten Nachrichten.[27] Durch die Einführung des elektronischen Personalausweises zum 1.11.2010 wird der Aufwand zwar insoweit geringer, als damit (nach Ablauf der im Umlauf befindlichen alten Ausweise) jedem Bundesbürger eine signaturfähige Chipkarte zur Verfügung steht (§ 22 PAuswG[28]). Gleichwohl muss das Signaturzertifikat auch hier gesondert erworben werden. Da zugleich mit dem neuen Personalausweis

---

[24] Reinhard/Pohl/Capellaro/*Ewald* Rn 40; *Roßnagel* NJW 2001, 1817, 1822.
[25] *Bergfelder* CR 2005, 148.
[26] www.signaturbuendnis.de.
[27] Zum Ganzen auch Reinhard/Pohl/Capellaro/*Ewald* Rn 27.
[28] Personalausweisgesetz idF v 1.11.2010, BGBl I 2009 S 1364.

zumindest ein einfacher elektronischer Identitätsnachweis eingeführt wird, bleibt fraglich, ob die Verbreitung elektronischer Signaturen zunehmen wird.[29]

Aus diesem Grund wird in der Praxis überwiegend auf mehr oder weniger sichere Alternativen zurückgegriffen, wenn insb die Identität des Verfassers sichergestellt werden muss. Da nur die wenigsten Rechtsgeschäfte dem Schriftformerfordernis unterliegen, ist dies rechtlich ohne weiteres möglich. Problematisch ist lediglich die Frage der Beweiskraft. **39**

1. Identifizierung im Rahmen von Zahlungsfunktionen

Die meisten elektronischen Medienangebote sind auf eine sichere Identifizierung des Kunden nicht angewiesen. Daher wird auf diese in der Regel verzichtet und das Augenmerk auf die Sicherstellung der Bezahlung gelegt. Da eine Zug um Zug Leistung wie bei Bargeschäften im elektronischen Rechtsverkehr nicht möglich ist, ist die für den Anbieter sicherste Methode, Vorkasse zu verlangen. Erst nach Zahlungseingang erhält der Kunde die gewünscht Leistung, zB in Form von Zugangsdaten zu einem Mediendienst. Der Kunde muss in diesem Fall allerdings darauf vertrauen, dass der Anbieter selbst korrekte Angaben über seine Identität gemacht hat bzw er im Betrugsfall zumindest den Zahlungsempfänger anhand der Bankverbindung ermitteln kann. Nicht nur aufgrund des Vorleistungsrisikos, sondern auch aufgrund der für die Überweisung benötigten Zeitspanne sind solche Angebote für viele potenzielle Kunden nicht akzeptabel. **40**

Schneller ist die Zahlung per Kreditkarte. Hier muss nicht der tatsächliche Zahlungsfluss abgewartet werden, da der Kartenaussteller in seinem Vertrag mit dem Anbieter ein entsprechendes Zahlungsversprechen für den Fall der ordnungsgemäßen Belastung der Kreditkarte durch den Karteninhaber abgibt. Grds ist für die Zahlung mit Kreditkarte neben Vorlage der Karte auch die Unterschrift des Karteninhabers notwendig. Lässt sich ein Händler lediglich die Kreditkartendaten geben, trägt damit grds er das Risiko, dass der Karteninhaber die Zahlung später verweigert. Da eine Unterschrift im elektronischen Geschäftsverkehr ohne den Einsatz qualifizierter Signaturen nicht geleistet werden kann, haben die Kartenaussteller unterschiedliche zusätzliche Verifizierungssysteme eingeführt (je nach Kartenaussteller CVC, CVN oder CVC-Code genannt). Dieser ist auf der Rückseite der Karte aufgedruckt und muss bei der elektronischen Kartenzahlung zusätzlich zu den Kartendaten auf der Vorderseite angegeben werden als Nachweis, dass man tatsächlich im Besitz der Karte ist. Tatsächlich bietet dieses System keinerlei Sicherheit: Ein Kreditkartenbetrüger kann sich mit geringem Aufwand in den Besitz aller für eine Online-Zahlung erforderlichen Daten bringen, da diese bei jedem Bezahlvorgang, sei es im Internet oder im Ladengeschäft, offen angegeben werden. Zwar wird die auf der Rückseite aufgedruckte Nummer bei Zahlung per Unterschrift nicht erfasst. Für das jeweilige Verkaufspersonal ist es aber problemlos möglich, während des Bezahlvorgangs (zB beim Einführen der Karte in das Lesegerät) diese Nummer abzulesen. **41**

Bestreitet daher ein Kunde eine Kreditkartenzahlung im Internet, kann ihm auch bei Verwendung der korrekten Kartenprüfnummer nicht nachgewiesen werden, dass er den Zahlungsvorgang mit seiner Karte ausgelöst hat. Ein rechtliches Haftungsrisiko **42**

---

29 Zum elektronischen Identitätsnachweis durch den elektronischen Personalausweis unten Rn 51 ff.

besteht für den Kunden bei Missbrauch seiner Karte daher nicht. De facto werden die Missbrauchsfälle seitens der Kartenaussteller offenbar in Kauf genommen. Durch die automatisierte Überwachung der Zahlungsströme hinsichtlich Auffälligkeiten (fraud detection) und ggf Sperrung der betroffenen Karte lässt sich der Schaden begrenzen. Für den Anbieter ist die Kreditkartenzahlung aufgrund der erhöhten Risiken allerdings mit höheren Gebühren verbunden.

43 Eine weitere (und für den Anbieter kostengünstigere) Methode, die Zahlung sofort bestätigt zu erhalten, ist die sogenannte „Sofortüberweisung“. Hier gibt der Kunde seine Überweisung und seine Legitimationsdaten (zB PIN und TAN) nicht unmittelbar bei seiner Bank ein, sondern bei einem Dienstleister, der mittels dieser Daten selbst den Überweisungsvorgang bei der Bank des Kunden auslöst und dann sogleich gegenüber dem Anbieter den Zahlungsvorgang bestätigt. Rechtlich handelt es sich hier um eine verdeckte Stellvertretung bei Auslösung des Überweisungsvorgangs sowie um eine Garantieerklärung des „Sofortüberweisers“ gegenüber dem Anbieter der kostenpflichtigen Leistung. Im Ergebnis müssen die Vertragsparteien dem Sofortüberweisungs-Anbieter das entsprechende Vertrauen entgegenbrigen – jedenfalls mehr als sich gegenseitig.

44 In letzterem Punkt liegt auch die Problematik dieser Zahlungsform. Denn technisch könnte der Sofortüberweisungs-Anbieter mit den Daten des Kunden jede beliebige Transaktion ausführen – genau wie ein Betrüger über den gefälschten Internetauftritt einer Bank vorgehen würde. Auch wenn bei seriösen Anbietern derartiger Dienstleistungen bislang keine Missbrauchsfälle bekannt geworden sind, verstößt der Bankkunde im Zweifel durch die Weitergabe seiner Bankzugangsdaten gegen seine vertraglichen Pflichten. Sollte es doch einmal zu einem Missbrauch kommen, muss der Kunde damit rechnen, für den gesamten Schaden alleine zu haften: Gem § 675v Abs 1 BGB ist die Haftung des Zahlers auch bei Verlust des Zahlungsauthentifizierungsinstruments zwar auf 150,– € begrenzt. Dies gilt gem § 675v Abs 2 Nr 2 BGB allerdings nicht, wenn er grob fahrlässig oder vorsätzlich die vereinbarten Bedingungen für die Ausgabe des Zahlungsauthentifizierungsinstruments verletzt hat. Soweit die AGB der jeweilgen Bank die Weitergabe von PIN und TAN auch an Sofortüberweisungs-Anbieter untersagen, ist der Kunde im Missbrauchsfall zum Ersatz des gesamten Schadens verpflichtet.[30]

45 Eine letzte Methode ist schließlich die Bezahlung über die Telefonrechnung. Hier gibt der Anbieter dem Kunden eine Mehrwert-Telefonnummer, die er von seinem Telefonanschluss aus anruft. Der Kaufpreis wird daraufhin seiner Telefonrechnung belastet. Dieses eignet sich allerdings nur für Kleinbeträge (Micro-Payment): Zum einen tritt hier der Anbieter (abgesehen von Prepaid-Telefonverträgen) regelmäßig in Vorleistung und trägt damit das Ausfallrisiko, wenn der Kunde nicht in der Lage oder Willens ist, seine Telefonrechnung zu begleichen. Auch stellt sich wie bei sonstigen Mehrwertdiensten die Frage der Haftung des Anschlussinhabers für den Missbrauch durch Dritte.[31]

---

30 So jedenfalls im Verhältnis zwischen der jeweiligen Bank und ihrem Kunden. Hiervon zu trennen ist der Vorwurf von Sofortüberweisungs-Anbietern gegenüber den Kreditinstituten, durch das Verbot der Weitergabe von PIN und TAN an Sofortüberweisungs-Anbieter ihre marktbeherrschende Stellung zu missbrauchen, um das Geschäftsmodell gegenüber bankeigenen Online-Bezahlsystemen zu benachteiligen. Ob die in dieser Sache anhängigen Verfahren Erfolg haben, bleibt abzuwarten.

31 Hierzu auch *Pohle* Kap 2 Rn 148 ff.

2. Identifizierung über Dritte, Identitätsmanagement-Systeme, DE-Mail

In den oben geschilderten Fällen überträgt der Anbieter praktisch die Aufgabe der Identifizierung auf das für den Bezahlvorgang eingeschaltete Kreditinstitut. Dieses ist gem § 4 bzw § 6 Abs 2 Nr 2 GWG ohnehin verpflichtet, seine Kunden durch Vorlage von Personalausweis oder Reisepass, durch elektronischen Identitätsnachweis nach § 18 PAuswG oder anhand einer qualifizierten elektronischen Signatur zu identifizieren. So bieten Kreditkartenaussteller bspw die Möglichkeit, gegenüber Online-Händlern nicht nur die Bezahlung abzuwickeln, sondern auch die vom Kunden angegebene Lieferanschrift zu verifizieren. Wie das Beispiel der Bezahlung über die Telefonrechnung zeigt, ist auch eine Identifizierung über sonstige Dritte möglich, wenn auch weniger weit verbreitet. 46

Von besonderer Bedeutung sind in diesem Zusammenhang sog Identitätsmanagement-Systeme.[32] Die Idee dahinter ist, dass sich der Nutzer einmal gegenüber dem Identitätsmanagement-Portal authentifiziert. Will der Nutzer nun Angebote Dritter nutzen, kann er sich bei diesen über das Portal des Identitätsmanagement-Systems anmelden, dass gegenüber dem eigentlichen Anbieter die Identität des Nutzers bestätigt (Single Sign On). Die Bundesregierung beabsichtigt in diesem Zusammenhang die Schaffung der sog DE-Mail Dienste. Im Rahmen von DE-Mail-Diensten sollen staatlich zertifizierte Provider eine sichere elektronische Kommunikationsplattform anbieten. Hierüber soll die elektronische Kommunkation mit einzelnen Behörden, aber auch privatwirtschaftlichen Anbietern erfolgen. Die Identifizierung und Authentifizierung erfolgt dann über den jeweiligen DE-Mail-Provider.[33] 47

Einen Sonderfall stellen Altersverifikationssysteme dar. Hier kommt es dem Anbieter selbst oft gar nicht darauf an, die Identität seines Vertragspartners zu kennen. Gem § 4 Abs 2 S 2 JMStV sind aber jugendgefährdende, insb pornografische Telemedien nur zulässig, wenn sichergestellt wird, dass diese nur Erwachsenen zugänglich sind. Um diesen Altersnachweis zu erbringen, bedienen sich viele Anbieter sog Altersverifikationssysteme. Diese müssen zuvor die Identität bzw die Volljährigkeit einer Person mit der erforderlichen Sicherheit festgestellt haben und können die Volljährigkeit dann gegenüber den angeschlossenen Anbietern jugendgefährdender Medien bestätigen.[34] Mit Einführung des neuen elektronischen Personalausweises wird auch dieser die Möglichkeit der Altersverifikation bieten.[35] Wie auch bei anderen Altersverifikaitonssystemen besteht dabei die Möglichkeit, gegenüber dem Anbieter lediglich das Alter zu bestätigen, ohne weitere personenbezogene Daten an diesen übermitteln zu müssen. 48

3. Identifizierung durch Medienbruch

Viele Anbieter bedienen sich schließlich des Medienbruchs, um die Identität ihres Kommunikationspartners zu verifizieren. So können bspw Zugangsdaten statt per Email per Post an den Empfänger versand werden. Ein Beweis über die tatsächliche 49

32 Das bekannteste ist wohl Microsoft Passport.NET. Da Microsoft aufgrund seiner Marktmacht wenig Vertrauen entgegengebracht wird, haben sich als Gegenpart das Open ID-Project und die Liberty Alliance gebildet.

33 Gesetz zur Regelung von DE-Mail-Diensten und zur Änderung weiterer Vorschriften, BT-Drucks 17/3630 und 17/4893. Das Gesetz ist am 24.2.2011 vom Bundestag beschlossem worden. Das Gesetzgebungsverfahren war bei Redaktionsschluss noch nicht abgeschlossen.

34 Zu den Anforderungen an die Identifizierung gegenüber dem Altersverifikationssystem BGH NJW 2008, 1882; OLG Düsseldorf MMR 2005, 611.

35 Unten Rn 50 ff.

Identität ist damit noch nicht geführt, aber das Missbrauchsrisiko kann hierdurch minimiert werden. Der größte Vorteil elektronischer Kommunikation, nämlich deren Geschwindigkeit, geht hierbei verloren.

50 Gesetzlichen Pflichten zur Identifizierung des Geschäftspartners, wie sie § 4 GWG oder implizit § 4 Abs 2 S 2 JMStV postulieren, wird im Zweifelsfall nur durch Verwendung sicherer Identitifzierungsverfahren wie der qualifizierten elektronischen Signatur, dem Identitätsnachweis durch den elektronischen Personalausweis oder dem PostIdent-Verfahren genügt.[36] Bei letzterem weist sich der Betroffene mit seinem Personalausweis in einer Postfiliale aus und übergibt zusätzlich eine Postsendung, zB einen Kontoeröffnungsantrag. Der Post-Mitarbeiter bestätigt dann die Identität des Einsenders auf dem Schreiben.

4. Elektronischer Identitätsnachweis mit dem Personalausweis

51 Zum 1.11.2010 wurde in Deutschland mit dem elektronischen Personalausweis ein weiteres technisches Medium für den Identitätsnachweis eingeführt.[37] Die ab dem 1.11.2010 ausgegebenen Personalausweise verfügen über eine Chipkarte, die einerseits als sichere Signaturerstellungseinheit iSd § 2 Nr 10 SigG gilt (§ 22 PAuswG) und damit für die Erstellung qualifizierter elektronischer Signaturen genutzt werden kann. Allein mit dem Besitz eines Personalausweises ist man damit allerdings noch nicht in der Lage, Dokumente elektronisch zu signieren. Es bleibt weiterhin erforderlich, ein entsprechendes Zertifikat bei einem Zertifizierungsdiensteanbieter zu erwerben und mit dem Personalausweis zu verknüpfen.

52 Darüber hinaus wird mit dem neuen Personalausweis der elektronische Identitätsnachweis eingeführt. Gem § 18 PAuswG darf der Personalausweis auch dazu genutzt werden, seine Identität gegenüber berechtigten öffentlichen oder privaten Stellen nachzuweisen. Hierzu können alle oder ein Teil der im Personalausweis enthaltenen Daten zu Name, Anschrift, Geburtsdatum und -ort an die Stelle übertragen werden, gegenüber der man sich identifizieren kann. Technisch müssen hierzu die Ausweisdaten über einen geeigneten Kartenleser ausgelesen und übermittelt werden. Dabei sind die Daten nur zugänglich, wenn der Inhaber seine PIN eingibt und die Gegenstelle über ein gültiges Berechtigungszertifikat nach § 21 PAuswG verfügt (§ 18 Abs 4 S 1 PAuswG). Das Berechtigungszertifikat kann auf bestimmte Datenarten, zB das Alter, beschränkt werden (§ 18 Abs 5 S 1 PAuswG). Der elektronische Identitätsnachweis erfolgt im Gegensatz zur Signaturfunktion nicht durch Einschaltung eines Dritten, sondern unmittelbar durch den Ausweis. Daher kann diese Funktion bereits bei Beantragung aktiviert werden. Auch nachträglich lässt sie sich jederzeit sperren oder reaktivieren (§ 10 PAuswG).

53 Das Identifizierungsverfahren gilt, soweit Kartenleser mit eigener Tastatur verwendet werden, als sicher, so dass einer ordnungsgemäß dokumentierten Identifizierung über dieses Verfahren grundsätzlich Beweiskraft in Form eines Anscheinsbeweises zukommt. Lediglich bei Verwendung von Kartenlesern, bei denen die PIN über die Tastatur des Rechners eingegeben wird, besteht die Mögichkeit, dass diese durch ein Schadprogramm abgefangen und für weitere Identifizierungsvorgänge genutzt wird, so lange der Ausweis im Lesegerät verbleibt. In diesem Fall könnte der Ausweisinha-

---

36 Hierzu ausf *Möller* NJW 2005, 1605.

37 Gesetz über Personalausweise und den eletronischen Identitätsnachweis sowie zur Änderung weiterer Vorschriften v 18.6.2009, BGBl I S 1346.

ber den Anschein mit der Beuahuptung erschüttern, dass der Identifizierungsvorgang nicht von ihm ausgelöst wurde.[38] Anbieter, die auf einen gerichtsfesten Identitätsnachweis angewiesen sind, sollten daher die Verwendung von Kartenlesern mit eigener Tastatur vorschrieben. Für die qualifizierte elektronische Signatur sind Kartenleser ohne eigene Tastatur ohnehin nicht zugelassen.

III. Kryptorecht

Im Internet übertragene Daten, insb E-Mails, können auf dem Übertragungsweg **54**
abgefangen, kopiert und mitgelesen werden. Um insb die Vertraulichkeit der Kommunikation zu gewährleisten, bedarf es des Einsatzes der Kryptographie. Auch die oben beschriebenen Signaturverfahren bedienen sich kryptographischer Methoden. Die Sicherung der Vertraulichkeit und Integrität der Daten ist auch dann von Bedeutung, wenn Daten auf Datenträgern gespeichert werden: Erlangt ein Unbefugter Zugang zu diesen Daten, sei es durch Überwinden der Zugangssperren, sei es durch physischen Zugriff auf das Speichermedium, kann nur die Verschlüsselung der Daten (und sichere Verwaltung des Schlüssels) den Abfluss sensibler Informationen verhindern. Die Kryptographie ist die Schlüsseltechnologie für die Gewährleistung der IT-Sicherheit.

Im Gegensatz zum Signaturrecht existiert jedoch keine allgemeinverbindliche **55**
Rechtsvorschrift über den Einsatz von Verschlüsselung. Lediglich in einigen neueren bereichsspezifischen Gesetzen ist für bestimmte Fälle der Einsatz von Kryptographie vorgeschrieben.[39] Im Übrigen ergibt sich eine Verpflichtung zum Einsatz kryptographischer Methoden nur mittelbar aus den jeweiligen den IT-Einsatz betreffenden Sorgfaltspflichten. Soweit personenbezogene Daten verarbeitet werden, nennt Satz 3 der Anlage zu § 9 BDSG die Nutzung von Verschlüsselungsverfahren als Regelbeispiel für die nach Satz 2 vorgesehenen technischen und organisatorischen Maßnahmen zum Schutz der Daten.

1. Kryptodebatte und Kryptobeschluss

Die sog Kryptodebatte war demgegenüber in der Vergangenheit von der Diskus- **56**
sion über eine beschränkende Regulierung des Kryptoeinsatzes geprägt: Wenn moderne starke Verschlüsselungsverfahren fehlerfrei implementiert und angewendet werden, besteht auch für Strafverfolgungsbehörden keine Möglichkeit, die verschlüsselten Daten wieder lesbar zu machen. Telekommunikations-Überwachungsmaßnahmen nach §§ 100a ff. StPO laufen ins Leere, wenn die Tatverdächtigen entsprechend Kryptographie einsetzen.

Diskutiert wurden neben einem völligen Verbot des Einsatzes von Verschlüsse- **57**
lungstechniken für Private[40] die Gestattung nur von Verschlüsselungstechnik, die einen staatlichen Zugriff auf die Schlüssel gestattet (key recovery)[41] oder bei denen der Schlüssel bei staatlichen Stellen hinterlegt wird (key escrow)[42].

---

[38] Ausf zur Beweiskraft *Borges* Rechtsfragen der Haftung im Zusammenhang mit dem elektronischen Identitätsnachweis (2010), 220 ff, 239.

[39] ZB § 3 der Passdatenerfassungs- und Übermittlungsverordnung (PassDEÜV).

[40] Vgl *Bizer* DuD 1996, 5, 10; *Hamm* DuD 1997, 186, 188.

[41] *Wiesner* DuD 2000, 698.

[42] *Wiesner* DuD 2000, 698, 699.

58 Die Bundesregierung hat schließlich mit ihrem Eckwertepapier zur deutschen Krypto-Politik[43] von 1999 (sog Kryptobeschluss) erklärt, dass sie nicht beabsichtige, „die freie Verfügbarkeit von Verschlüsselungsprodukten in Deutschland einzuschränken." Sie sähe „in der Anwendung sicherer Verschlüsselung eine entscheidende Voraussetzung für den Datenschutz der Bürger, für die Entwicklung des elektronischen Geschäftsverkehrs sowie für den Schutz von Unternehmensgeheimnissen." Die Bundesregierung hat deshalb erklärt, die Verbreitung sicherer Verschlüsselung in Deutschland aktiv zu unterstützten. Einen vergleichbaren Beschluss hat in der Folge auch die europäische Kommission gefasst.[44]

59 Damit unterliegt der Einsatz auch starker Verschlüsselungsverfahren in Deutschland keinen rechtlichen Schranken. Dies bedeutet im Umkehrschluss, dass es je nach Art und Umfang der betrieblichen Datenverarbeitung eine Sorgfaltspflichtverletzung darstellen kann, wenn auf den Einsatz von Kryptographie verzichtet wird.[45]

2. Bestehende kryptorechtliche Regelungen

60 Gleichwohl existieren einige, den Einsatz oder die Vermarktung von Kryptographie beschränkende Vorschriften: So sind die Betreiber von Telekommunikationsanlagen gem § 8 Abs 3 TKÜV verpflichtet, Telekommunikationsinhalte im Falle einer Telekommunikations-Überwachungsmaßnahme in entschlüsselter Form an die zuständige Behörde auszuleiten. Dies gilt natürlich nur, soweit es sich um eine vom Provider eingesetzte systemseitige Verschlüsselung handelt, denn nur in diesem Fall verfügt der Provider über den Schlüssel. Setzt der Tatverdächtige an seinem Endgerät eine eigene Ende-zu-Ende Verschlüsselung ein, kann auch der Telekommunikationsprovider nur den verschlüsselten Datenstrom ausleiten. Auch die §§ 146 Abs 5 und 147 Abs 5 AO sehen vor, dass für das Finanzamt die hier aufgeführten elektronischen Geschäfts- und Buchführungsunterlagen lesbar gemacht werden, das heißt im Fall der Verschlüsselung insb entschlüsselt werden müssen. Auch die Mitwirkungspflichten nach § 200 AO beinhalten ggf eine Pflicht, verschlüsselte Unterlagen lesbar zu machen.[46]

61 Schließlich unterliegen einige Kryptoprodukte der Ausfuhrkontrolle nach der EG-Dual-Use-Verordnung,[47] wobei viele marktgängige Produkte bereits gem Teil 2 Anmerkung 3 des Anhangs I zur Dual-Use-Verorordnung von deren Anwendungsbereich ausgenommen sind. Für Hersteller von Kryptosystemen, die für die Übertragung staatlicher Verschlusssachen zugelassen sind, gelten außerdem Beschränkungen für ausländische Beteiligungen gem §§ 7 Abs 2 Nr 5 AWG, 52 AWO.

IV. Vertragliche und deliktische Haftung

62 Wer Informationstechnik herstellt, verkauft, betreibt oder nutzt setzt sich notwendigerweise zahlreichen Haftungsrisiken aus. Die schädigenden Ereignisse können dabei unterschiedlichster Natur sein:

---

43 www.dud.de/dud/documents/kreg990602.htm.

44 Mitteilung der Kommission an den Rat, das Europäische Parlament, den Wirtschafts- und Sozialausschuss und den Ausschuss der Regionen v 26.1.2001 „Schaffung einer sicheren Informationsgesellschaft durch Verbesserung der Sicherheit der Informationsinfrastruktur und Bekämpfung der Computerkriminalität", KOM (2000) 890, 11.

45 Hierzu Rn 31 ff.

46 *Holznagel* § 6 Rn 22.

47 Verordnung des Rates v 22.7.2000 1334/2000/EG, ABl L 159, 1.

Neben vorsätzlichen Angriffen auf IT-Infrastrukturen, zB in Form von Einbrüchen in IT-Systeme, Ausspähen, Zerstören und Ändern von Daten oder Angriffen auf die Verfügbarkeit von IT-Systemen können Daten auch durch Fehlfunktionen der eingesetzten Hard- und Software oder deren Fehlbedienung verloren gehen oder verändert werden. 63

Befindet sich die Informationstechnik eines Unternehmens, bspw eines Mediendiensteanbieters, allein in dessen Hand und Verantwortung, bedeutet ein Ausfall oder eine Störung zunächst nur eine Eigenschädigung, die unter betriebswirtschaftlichen Gesichtspunkten verheerend sein mag, aber juristisch noch keine Haftungsansprüche auslöst.[48] In der Praxis wird der Betrieb der Informationstechnik aber auf viele Schultern verteilt: So kümmert sich der eigentliche Mediendiensteanbieter möglicherweise lediglich um die Inhalte. Die technische Aufbereitung und Verteilung obliegt einem anderen Dienstleister, der sich wiederum der Dienste eines Großrechenzentrums bedient. Der Zugang zum Internet erfolgt über einen entsprechenden Zugangsprovider, die eingesetzte Hard- und Software wurde über entsprechende Händler von den jeweiligen Herstellern erworben oder gemietet und möglicherweise von einem weiteren IT-Dienstleister an die Bedürfnisse des Auftraggebers angepasst. Und Kundendaten werden schließlich in sogenannten „Cloud-Diensten" gespeichert, riesigen weltweit verteilten Rechnerverbünden, in denen die Daten vollautomatisiert entsprechend der jeweilgen Lastverteilung verteilt werden. Dieses Beispiel verdeutlicht: Kommt es durch Ausfall oder Fehlfunktion der Informationstechnik bei einem der Beteiligten (oder einem unbeteiligten Dritten) zu einem Schaden, ist die Frage, wer für diesen einzustehen hat und welche Regressforderungen in diesem Beziehungsgeflecht entstehen, nicht immer trivial. 64

Soweit zwischen den Parteien Vertragsbeziehungen bestehen, kommen dabei insb vertragliche Schadensersatzansprüche in Betracht. Unter welchen Umständen die Vertragsparteien für einen Schaden haften, ist dabei auch eine Frage der Vetragsgestaltung. Im übrigen können auch Ansprüche aus Delikt, insb aus §§ 823 ff BGB, dem Produkthaftungsgesetz oder ggf dem BDSG[49] bestehen. Nicht jeder Schaden ist aus deliktischen Ansprüchen ersetzbar. Voraussetzung ist in der Regel die schuldhafte Verletzung eines Rechtsguts des Geschädigten oder eines Schutzgesetzes. Der Ersatz reiner Vermögensschäden (zB durch Produktionsausfälle) ist nur sehr eingeschränkt möglich. 65

Auch soweit Schäden durch vorsätzliche Angriffe von außen verursacht wurden, stellen sich diese Haftungsfragen. Denn Ansprüche gegen den Angreifer selbst sind in der Regel wertlos, da dieser nicht oder nur mit unverhältnismäßigem Aufwand überhaupt zu ermitteln ist, oftmals im Ausland sitzt oder gar nicht über die finanziellen Mittel verfügt, die durch sein Verhalten verursachten Schäden zu ersetzten. 66

Wesentlich wichtiger ist daher für den Geschädigten die Frage, welche Ansprüche er gegen Dritte hat. Denn erfolgreiche Angriffe beruhen in der Regel auf Schwachstellen der eingesetzten Informationstechnik, insb Programmierfehlern, Fehlkonfiguration oder einem von vornherein falschen Einsatzkonzept. 67

1. Ansprüche gegen den Hersteller

Soweit ein Schaden auf einen Fehler der eingesetzten Hard- oder Software zurückzuführen ist, stellt sich die Frage nach der Haftung des Herstellers. Da jedenfalls Stan- 68

48 Abgesehen von möglichen innerbetrieblichen Regressforderungen gegen Arbeitnehmer oder die Geschäftsführung.

49 Hierzu *Ohst* Kap 3 Rn 157 ff.

dardkomponenten in der Regel über einen Händler erworben werden und damit keine Vertragsbeziehungen zwischen Hersteller und Geschädigtem bestehen, sind hier insb deliktische Ansprüche von Bedeutung.

69 a) **Deliktische Ansprüche.** Voraussetzung für einen Anspruch aus § 823 Abs 1 BGB ist die Verletzung eines hier aufgeführten Rechtsguts. Die Haftung für die Verletzung von Leben, Körper und Gesundheit spielt dabei eine eher untergeordnete Rolle, auch wenn nicht auszuschließen ist, dass zB durch den Ausfall einer Steuerungssoftware in Industrieanlagen auch solche Schäden durch IT-Sicherheitslücken entstehen. In der Regel stellt sich aber die Frage, ob es durch eine Sicherheitslücke in einem Produkt zu einer Eigentumsverletzung gekommen ist.

70 Aber auch eine Eigentumsverletzung in Form einer Substanzverletzung ist eher selten: Die Hardware wird durch Sicherheitsvorfälle regelmäßig nicht zerstört. Ein bloß vorübergehender Ausfall der IT hebt deren Gebrauchstauglichkeit in der Regel nicht auf und stellt daher keine Eigentumsverletzung dar.[50]

71 Der Begriff des Eigentums in § 823 Abs 1 BGB umfasst nach herrschender Meinung allerdings auch die Integrität von Daten, die im Eigentum des Geschädigten stehen. Damit führt jede ungewollte Veränderung oder Löschung von Daten zu einer Eigentumsverletzung.[51] Dies gilt erst Recht für die Zerstörung von immaterialgüterrechtlich geschützten elektronischen Werken.[52] Keine Verletzung der Datenintegrität und damit des Eigentums liegt allerdings in den immer häufigeren Fällen vor, in denen die Daten, zB Konstruktionszeichnungen und andere Betriebsgeheimnisse, durch einen Trojaner ausgespäht werden, solange sie auf dem Datenträger des Geschädigten unverändert bleiben.

72 Liegt eine Eigentumsverletzung vor, muss diese dem Hersteller auch zuzurechnen sein. Bei IT-Sicherheitsvorfällen ist typischerweise das Verhalten Dritter für den Schaden mitursächlich, insb wenn ein Hacker eine Sicherheitslücke ausnutzt. Mit einem solchen Fehlverhalten Dritter ist allerdings regelmäßig zu rechnen: Auch wenn sich ein Schaden erst durch die Ausnutzung einer latenten Gefahr (Sicherheitslücke) verwirklicht, ist dieser dem Hersteller zurechenbar.[53]

73 Hinsichtlich des Verschuldens des Herstellers greifen die allgemeinen zur deliktischen Produkthaftung von der Rechtsprechung entwickelten Grundsätze: Der Hersteller haftet für Konstruktionsfehler, Anleitungsfehler und für die Verletzung von Produktbeobachtungs- Warn- und Rückrufpflichten.[54] Kann der Geschädigte nachweisen, dass der Fehler im Organisationsbereich des Herstellers entstanden ist, kommt es hinsichtlich der objektiven Verkehrspflichtverletzung und des Verschuldens zu einer Beweislastumkehr zugunsten des Geschädigten.

74 Schwierig zu beantworten ist die Frage, wann ein IT-Produkt fehlerhaft ist und erst gar nicht in den Verkehr hätte gebracht werden dürfen bzw Handlungspflichten des Herstellers nach Inverkehrbringen auslöst. Grds ist der Hersteller verpflichtet, sein

---

50 Reinhard/Pohl/Capellaro/*Bäumer* Rn 328; *Spindler* NJW 2004, 3145, 3146. Eine Ausnahme besteht, wenn eine erhebliche Beeinträchtigung der bestimmungsgemäßen Verwendung der Sache vorliegt: BGHZ 55, 153, 159; BGHZ 105, 346, 350; BGH NJW 1994, 517, 518.

51 OLG Karlsruhe, NJW 1996, 200, 201; *Meier/Wehlau* NJW 1998, 1585, 1587; *Spindler* Rn 110; *Spindler* NJW 2004, 3145, 3146; aA LG Konstanz NJW 1996, 2662; AG Dachau NJW 2001, 3488.

52 *Spindler* Verantwortlichkeiten von IT-Herstellern, Nutzern und Intermediären Rn 110.

53 BGH NJW 1990, 1236, 1237.

54 Ausf *Spindler* Rn 122.

Produkt nach dem jeweiligen Stand der Technik fehlerfrei herzustellen.[55] Soweit ein Produkt Sicherheitslücken aufweist, ist der Zeitpunkt der Kenntnis des Herstellers von der Sicherheitslücke maßgeblich: Kennt er diese bereits vor dem Inverkehrbringen des Produkts, darf er das fehlerhafte Produkt erst gar nicht zum Verkauf bringen.[56] Erfährt er erst später von der Sicherheitslücke, muss er die Nutzer des Produkts in geeigneter Weise warnen. Dabei ist zu berücksichtigen, dass die vorzeitige Veröffentlichung von Sicherheitslücken, für die es noch keine Abhilfe gibt, deren Ausnutzung durch Angreifer beschleunigen kann. Im Ergebnis muss der Hersteller daher abwägen, ob und wie er vor Verfügbarkeit eines Sicherheitspatches die Nutzer warnt. Spätestens wenn erste Schadprogramme auftauchen, die die Sicherheitslücke ausnutzen, kann der Hersteller mit der Warnung aber nicht mehr warten.

In der Praxis veröffentlichen Hersteller von Standardsoftware regelmäßig Sicher- **75**
heitspatches, um bekannt gewordenen Sicherheitslücken zu beheben. Eine grundsätzliche Pflicht zu derartigen Nachbesserungen besteht allein aus § 823 BGB allerdings nicht, theoretisch würde eine Rücknahme des fehlerhaften Produktes genügen.

Neben den Ansprüchen aus § 823 BGB können auch solche nach dem Produkt- **76**
haftungsgesetz (ProdHaftG) bestehen. Da hier der Kreis der geschützten Rechtsgüter noch enger gefasst ist, spielen diese aber in der Praxis gegenüber den deliktischen Produkthaftungsansprüchen aus § 823 I BGB keine Rolle.

b) Vertragliche Ansprüche. Wird die Informationstechnik unmittelbar vom Herstel- **77**
ler erworben, was insb bei individuell für den Käufer hergestellter oder angepasster Software (Individualsoftware) der Fall sein kann, kommen gegen den Hersteller auch vertragliche Ansprüche in Betracht, wenn die Informationstechnik Sicherheitslücken aufweist.

Ob und welche Gewährleistungsansprüche bestehen, hängt davon ab, welcher Ver- **78**
tragstyp vorliegt. Während bei Standardsoftware regelmäßig ein Kaufvertrag geschlossen wird, wird es sich beim Erwerb von Individualsoftware oftmals um einen Werkvertrag handeln. Möglich ist aber auch die Miete oder das Leasing von Software, die sich nicht einmal auf der Hardware des Nutzers befinden muss, sondern zB online genutzt wird und auf den Servern des Herstellers bzw Leasinggebers läuft. Bei hochkomplexen IT-Projekten, insb wenn eine maßgeschneiderte Softwarelösung für den Auftraggeber angefertigt werden soll, werden oftmals lediglich Dienstleistungsverträge geschlossen, da ein geschuldeter Erfolg, wie er für einen Werkvertrag notwendig wäre, bei Vertragsschluss noch gar nicht definiert werden kann.

Beim Kaufvertrag hängen Gewährleistungsansprüche davon ab, welche Beschaf- **79**
fenheit vereinbart wurde. Regelmäßig ist zugrunde zu legen, ob der Kaufgegenstand für den vertraglich vorausgesetzten Zweck oder den gewöhnlichen Gebrauch geeignet ist. Maßgeblich ist hierfür die Funktionsfähigkeit, Korrektheit und das Fehlen von Schadensneigungen.[57] Dasselbe gilt letztlich auch beim Miet- und Werkvertrag. Insb bei letzterem ist die genaue Beschreibung des geschuldeten Werks im Pflichtenheft von ausschlaggebender Bedeutung dafür, ob der Auftraggeber Gewährleistungsansprüche geltend mache kann.

Gewährleistungsansprüche sehen je nach Vertragsart lediglich die Nachbesserung **80**
des Produkts selbst bzw die Minderung des Kaufpreises vor. Entstehen dem Käufer

---

55 BGH DB 1972, 1335; BGH NJW 1981, 1603. Zur Bedeutung technischer Normen bei Auslegung des Begriffs unten Rn 92–93.

56 *Spindler* Rn 123.

57 *Bartsch* CR 2000, 721 mwN.

bzw Auftraggeber weitere Mangelfolgeschäden, müssen diese ggf über § 280 Abs 1 BGB ersetzt werden. Gegenüber Dienstleistern ist § 280 Abs 1 BGB ohnehin die einzige vertragliche Anspruchsgrundlage. Der Verkäufer oder Auftragnehmer ist nicht haftbar, wenn er den Beweis erbringt, dass ihn hinsichtlich der Schlechtleistung kein Verschulden trifft, § 280 Abs 1 S 2 BGB.

2. Ansprüche gegen den Verkäufer

81 Gegen den Verkäufer hat der Käufer eines mangelhaften, da mit Sicherheitslücken behafteten Produkts grds die oben beschriebenen Gewährleistungsansprüche auf Nachbesserung, Minderung, Rücktritt und Schadensersatz. Mangelfolgeschäden wird der Käufer allerdings regelmäßig nicht geltend machen können, da den Verkäufer diesbzgl meistens kein Verschulden trifft.

In der Praxis spielen Gewährleistungsansprüche gegen den Verkäufer von Standardsoftware kaum eine Rolle: Für Sicherheitslücken werden in der Regel von den Herstellern – jedenfalls innerhalb des Gewährleistungszeitraums – kostenlos Sicherheitspatches zur Verfügung gestellt. Die Geltendmachung von Gewährleistungsansprüchen ist für den Käufer dagegen mit zahlreichen Nachteilen verbunden: Zum einen trägt er das Beweis- und Prozessrisiko. Zum anderen wird vom Verkäufer erfolgreich nur die Rückabwicklung des Kaufs verlangt werden können, da der Verkäufer keine Möglichkeiten zur Nachbesserung hat. Mangels Alternativen ist der Käufer insb bei Betriebssystemen aber auf deren Einsatz angewiesen und wird nolens volens die Sicherheitslücken in Kauf nehmen und das mangelhafte Produkt weiter benutzen.

3. Ansprüche gegen Dienstleister

82 Die Bedeutung von Dienstleistungsverträgen nimmt im IT-Recht immer mehr zu. Dies betrifft weniger die oben beschriebenen Verträge zur Erstellung individueller IT-Lösungen, sondern insb den Trend, die immer schwieriger zu beherrschende und zugleich immer wichtiger werdende Informationstechnik nicht mehr selbst zu betreiben, sondern diese Leistungen an spezialisierte Dienstleister outzusourcen.

83 Erfüllt der Dienstleister die vertraglich vereinbarten Leistungen nicht, schlecht oder zu spät, kommen Schadensersatzansprüche wegen Nichtleistung, Schlechtleistung oder Verzug in Betracht.

84 Allerdings wird sich kaum ein IT-Dienstleister vertraglich verpflichten, für eine zu 100 % fehlerfreie Leistung einzustehen. Dazu ist die Informationstechnik und deren Beherrschung zu komplex und fehleranfällig. In der Praxis hat es sich daher eingebürgert, in sog Service-Level-Agreements (SLAs) genaue Parameter zu vereinbaren, bis zu welchem Grad welche Leistungen geschuldet werden.[58] Ein wichtiges Kriterium ist zB die Verfügbarkeit: Diesbzgl kann festgelegt werden, an wie vielen Stunden/Tagen im Jahr das System ausfallen darf, wie lange ein Ausfall höchstens dauern darf, ob eine Fehlerbeseitigung nur Werktags oder auch an Wochenenden oder nachts notwendig ist. Auch hinsichtlich eines möglichen Datenverlusts kann vereinbart werden, in welchen Abständen bspw Sicherungskopien des Datenbestands gefertigt werden müssen.

85 Maßnahmen gegen das Ausspähen von Daten lassen sich in SLAs schwerer erfassen. Hier sollten die Parteien im Vertrag genau vereinbaren, welche Maßnahmen mindestens zu ergreifen sind.

58 Ausf hierzu *Hörl/Häuser* CR 2003, 713.

Verstößt der Auftragnehmer gegen die im Vertrag oder SLA vereinbarten Pflichten, sollten auch die daran geknüpften Sanktionen genau vereinbart worden sein, zumal sich der Nachweis eines konkreten Schadens einschließlich Schadenshöhe in Folge von IT-Sicherheitsvorfällen äußerst schwierig gestalten kann. Je nach Erheblichkeit eines Verstoßes bietet es sich an, eine Minderung der Vergütung, Vertragsstrafen oder Schadensersatzpauschalen und bei besonders schweren oder andauernden Vertragsverletzungen zusätzlich ein außerordentliches Kündigungsrecht zu vereinbaren.[59] **86**

V. Urheberrecht – Digital Rights Management

Auch die Verwertung und Verbreitung urheberrechtlich geschützter Werke erfolgt zunehmend auf elektronischem Weg. Im Gegensatz zu herkömmlichen Vertriebswegen lassen sich von digitalen Werken auch durch Unberechtigte problemlos Kopien erstellen, die vom Original in keiner Weise zu unterscheiden sind. Vor diesem Hintergrund entsteht bei den Rechtsinhabern der Wunsch, der unbefugten Verbreitung urheberrechtlich geschützter Werke auch mit technischen Mitteln zu begegnen. Der Einsatz von technischen Schutzmaßnahmen zur faktischen Sicherung einer der materiellen Rechtslage entsprechenden Verwertung wird unter dem Begriff des Digital Rights Management (DRM) diskutiert.[60] Neben der Bekämpfung der sog Produktpiraterie soll DRM auch der wirksamen Durchsetzung urheberrechtlicher Ausschließlichkeitsrechte sowie einer Produktgestaltung mit abgestuften Nutzungsberechtigungen und einer ggf damit einhergehenden abgestuften Preisgestaltung dienen.[61] **87**

a) **Arten von DRM.** Aus technischer Sicht können drei verschiedene Varianten unterschieden werden: Zum Einen die verschiedenen Kopierschutzsysteme, die das Erstellen von digitalen Kopien erschweren oder unmöglich machen sollen. **88**

Des weiteren Maßnahmen zur individuellen Kennzeichnung von Daten: Diese können eine illegale Vervielfältigung zwar nicht verhindern, aber erlauben es zumindest, die Herkunft illegaler Kopien nachzuverfolgen. Dies kann technisch einfach aber leicht manipulierbar durch das Abspeichern von Informationen zum Urheber oder eingeräumten Nutzungsrechten im Meta-Datensatz einer Datei erfolgen. Hiervon zu unterscheiden ist das sog Wasserzeichen (Watermark). Hier werden diese Informationen unauffällig in die eigentliche Mediendatei eingebettet, ohne dass dies bei Betrachtung auffällt. Solche Wasserzeichen werden mittels kryptographischer Methoden in der eigentlichen Datei versteckt. Werden im Wasserzeichen auch Informationen über den Kunden, dem ein digitales Werk verkauft wurde, gespeichert, spricht man vom digitalen Fingerabdruck (Fingerprinting). Hierunter zu fassen ist letztlich auch das Perceptual Hashing. Dabei wird aus bestimmten signifikanten Abschnitten einer Mediendatei (zB bestimmten Bildfolgen einer Videosequenz) ein Hash gebildet. Dieser verändert sich in der Regel nicht, auch wenn zB das Format der Datei geändert wird. **89**

Schließlich können digitale Werke kryptographisch gesichert werden: Die Datei wird nur verschlüsselt weitergegeben. Nur der Inhaber des zugehörigen Schlüssels ist in der Lage, diese wiederzugeben. Wird der Schlüssel zB im Abspielgerät abgespeichert, wie bei CSS-geschützten DVDs, kann er nicht ohne größeren Aufwand weiter- **90**

59 Reinhard/Pohl/Capellaro/*Bäumer* Rn 326; *Hörl/Häuser* CR 2003, 713, 717.

60 *Arlt* GRUR 2004, 548.

61 Dreier/Schulze/*Dreier* § 95a UrhG Rn 2.

gegeben werden. Bei PC-basierten DRM-Systemen wird in der Regel ein aus bestimmten Hardwareparametern des autorisierten Gerätes generierter Schlüssel verwendet, so dass eine Übertragung auf andere Geräte nicht möglich ist.

91 **b) Regelungen des UrhG.** Rechtlich ist DRM einerseits in § 95a UrhG abgesichert: Wirksame technische Maßnahmen zum Schutz eines Werkes dürfen nicht unbefugt umgangen werden, um den Zugang zu dem Werk oder die Nutzung zu ermöglichen (§ 95a Abs 1 UrhG).

Unter technische Maßnahmen fallen gem § 95a Abs 2 UrhG alle Technologien und Vorrichtungen, die dazu bestimmt sind, geschützte Werke betreffende Handlungen, die vom Rechtsinhaber nicht genehmigt sind, zu verhindern oder einzuschränken. Verstöße gegen § 95a UrhG sind unter den Voraussetzungen des § 108b UrhG strafbar.

92 Aber auch der Einsatz von DRM seitens des Rechtsinhabers unterliegt rechtlichen Beschränkungen. Gem § 95d Abs 1 UrhG sind Werke, die mit technischen Maßnahmen geschützt werden, deutliche sichtbar mit Angaben über die Eigenschaften der technischen Maßnahme zu kennzeichnen. Es sind alle technischen Verwendungsbeschränkungen aufzulisten oder der Umfang der technisch möglichen Nutzung anzubringen.[62] Verstöße gegen § 95d Abs 1 UrhG sind im UrhG nicht sanktioniert. Allerdings liegt bei einem nicht gekennzeichneten aber mit technischen Mitteln geschützten Werk ein Sachmangel vor, da der Kunde bei Fehlen der Kennzeichnung davon ausgehen darf, dass das Werk technisch frei kopierbar ist.[63] Dies ergibt sich unmittelbar aus dem Umkehrschluss zu § 95d UrhG.

93 Für Software gelten die Regelungen der §§ 95a bis 95d UrhG nicht (§ 69a Abs 5 UrhG).

94 **c) Haftung des Rechtsinhabers.** Mit einem erheblichen Haftungsrisiko für den Rechtsinhaber ist der Einsatz von DRM dann verbunden, wenn dieses an informationstechnischen Systemen undokumentiert Änderungen vornimmt. Jede derartige Veränderung an einem informationstechnischen System erfüllt den objektiven Tatbestand des § 303a StGB (Datenveränderung), da notwendigerweise Daten auf dem Zielsystem, in der Regel Systemdateien, verändert werden müssen. Außerdem stellt sie eine Eigentumsverletzung iSd § 823 Abs 1 BGB dar. Normalerweise ist eine solche Datenveränderung, die bei der Installation jeder Software von statten geht, nicht rechtswidrig, da sie mit Einwilligung des Eigentümers erfolgt. Dieser will die Software installieren und willigt damit zumindest konkludent in die für die Installation und Ausführung der Software notwendigen Änderungen an seinen Daten ein. Änderungen an Daten durch Schadprogramme wie Trojaner oder Viren erfolgen hingegen gegen den Willen des Eigentümers und sind rechtswidrig (vgl die Legaldefinition in § 2 Abs 5 BSIG). Dasselbe gilt für sog Spyware: Hier installiert der Eigentümer zwar freiwillig eine Software. Von seiner Einwilligung nicht umfasst ist allerdings die undokumentierte Installation zusätzlicher Funktionen, die in keinem Zusammenhang mit der installierten Software stehen und bspw Daten über sein Nutzungsverhalten sammeln und heimlich an Dritte übermitteln.

95 Nichts anderes gilt, wenn bei Nutzung eines DRM-geschützten Werks oder DRM-geschützter Software Änderungen am System vorgenommen werden, die allein der

---

62 Dreier/Schulze/*Dreier* § 95d UrhG Rn 4.

63 Wandtke/Bullinger/*Wandtke/Ohst* § 95d UrhG Rn 4.

Umsetzung des DRM dienen, wenn der Nutzer nicht vor der Installation darauf hingewiesen wird und er zumindest die Möglichkeit hat, den Vorgang abzubrechen und auf die Nutzung des geschützten Werks zu verzichten.

Praktisch relevant geworden ist dieser Fall im Jahr 2005, als bekannt wurde, dass die Musik-CDs eines großen Unternehmens beim Einlegen in einen PC eine Software in Form eines sog Root-Kits[64] installierten, ohne dass der Nutzer hierauf in irgendeiner Form hingewiesen wurde. Da der Nutzer weder ausdrücklich noch konkludent hierin eingewilligt hat, geschah diese Datenveränderung rechtswidrig. **96**

In einem solchen Fall steht dem Geschädigten ein Schadensersatzanspruch sowohl aus § 823 Abs 1 als auch § 823 Abs 2 BGB iVm § 303a StGB zu. Dieser geht grds auf Wiederherstellung des ursprünglichen Zustandes. Sind in Folge der Datenveränderung weitere Schäden entstanden, weil zB eine zusätzliche Sicherheitslücke geschaffen und von einem Angreifer ausgenutzt wurde, müssen auch diese ersetzt werden. **97**

VI. Technische Regelwerke, Zertifizierung

1. Technische Regelwerke

a) **Rechtliche Relevanz technischer Regelwerke.** Allen Normen des IT-Sicherheitsrechts gemein ist, dass Maßstäbe für Sorgfaltspflichten nicht oder nur sehr abstrakt festgelegt sind. Wenn es um die Definition der verkehrsüblichen Sorgfalt oder die Wahrung anderer technischer Standards geht, rekurrieren Gesetzgeber wie Rechtsprechung auf unbestimmte Rechtsbegriffe wie die „allgemein anerkannten Regeln der Technik“, den „Stand der Technik“ oder „Stand der Wissenschaft und Technik“.[65] Hierdurch bleiben die rechtlichen Definitionen flexibel, um den jeweiligen Umständen des Einzelfalls und vor allem der technischen Entwicklung angepasste Verhaltensweisen zu fordern. Insb in der schnelllebigen Informationstechnik und angesichts der in immer kürzeren Zeitabständen auftretenden neuen Sicherheitsrisiken bleibt im Rahmen der Rechtsetzung praktisch keine andere Wahl. **98**

Für den Rechtsunterworfenen ist damit aber immer noch unklar, welche Sicherheitsmaßnahmen er tatsächlich zu treffen hat. Zur Beantwortung dieser Frage muss daher auf technische Regelwerke, insb technische Standards und Normen, zurückgegriffen werden.[66] Technische Regelwerke entfalten für sich genommen keine Rechtswirkung. Sie werden von Normungsausschüssen verabschiedet, in denen in der Regel Interessenvertreter und Sachverständige vertreten sind, so dass es ihnen auch an der demokratischen Legitimation fehlte. Soweit für ein IT-System entsprechende Standards existieren, kann allerdings vermutet werden, dass es bei Einhaltung des Standards den Regeln der Technik entspricht. Bleiben die Sicherungsvorkehrungen hinter dem Standard zurück, ist dies ein Indiz dafür, dass der Hersteller oder Betreiber seine Sorgfaltspflichten verletzt. Der Haftungsmaßstab wird durch die technischen Regelwerke also konkretisiert.[67] **99**

---

64 Ein Root-Kit ist eine typische Schadsoftware, die einem Dritten Zugang zu einem System verschaffen kann und sich in diesem derart versteckt, dass sie auch mit viel Aufwand nur schwer zu entdecken und ohne bleibende Schäden zu entfernen ist.

65 Ausf zu den Begriffen *Kloepfer* § 3 Rn 75.

66 *Holznagel* § 4 Rn 43.

67 BVerwG NVwZ-RR 1997, 209, 214; Reinhard/Pohl/Capellaro/*Reinhard* Rn 3.

100 b) **IT-Grundschutz.** Das nicht nur in Deutschland wohl bekannteste Regelwerk für IT-Sicherheit sind die IT-Grundschutzkataloge (früher IT-Grundschutzhandbuch) des Bundesamts für Sicherheit in der Informationstechnik (BSI).[68] Die Vorgaben der IT-Grundschutzkataloge gehen dabei von einer für die IT-Systeme üblichen Gefährdungslage aus, die in den meisten Fällen zutreffend ist, und empfehlen hierfür adäquate Gegenmaßnahmen. Eine meist sehr aufwendige Risikoanalyse kann hierdurch vermieden werden. So kann ein Sicherheitsniveau erreicht werden, das in den meisten Fällen als ausreichend betrachtet werden kann. In Fällen eines höheren Sicherheitsbedarfs kann der IT-Grundschutz als Grundlage für weitergehende Maßnahmen genutzt werden.

101 Die Grundschutzkataloge beschreiben dabei nicht nur rein technische Maßnahmen, sondern machen auch Vorgaben für die Organisation und das Sicherheitsmanagement.

102 c) **BSI-Technische Richtlinien und BSI-Standards.** Neben den Grundschutzkatalogen gibt das BSI auch die BSI-Standards heraus. Diese enthalten Empfehlungen des BSI zu Methoden, Prozessen und Verfahren sowie Vorgehensweisen und Maßnahmen mit Bezug zur Informationssicherheit. Das BSI greift dabei Themenbereiche auf, die von grundsätzlicher Bedeutung für die Informationssicherheit in Behörden oder Unternehmen sind und für die sich national oder international sinnvolle und zweckmäßige Herangehensweisen etabliert haben.

103 Schließlich erlässt das BSI Technische Richtlinien (BSI-TR). Mit diesen sollen angemessene IT-Sicherheitsstandards verbreitet werden. Technische Richtlinien richten sich an diejenigen, die mit dem Aufbau oder der Absicherung von IT-Systemen zu tun haben. Bereits bestehende Standards werden gegebenenfalls referenziert und ergänzt. Für Bundesbehörden können Technische Richtlinien des BSI unter den Voraussetzungen des § 8 Abs 1 BSIG als Verwaltungsvorschriften für verbindlich erklärt werden. Ebenso sind Rahmenrichtlinien des BSI für die Entwicklungen von Anforderungen für die öffentliche Auftragsvergabe rechtsverbindlich (§ 8 Abs 2 BSIG).

104 d) **ISO 17799 und ISO 27001.** Von großer Bedeutung sind weiterhin die Standards ISO 17799 und 27001. Diese wurden zunächst als Britische Standards durch eine Kommission des britischen Handelsministeriums entwickelt (BS 7799-1 und 7799-2). Durch die Überführung in die internationalen Standards ISO 17799 und ISO 27001 wurden diese auch für andere Staaten relevant.

105 ISO 17799 enthält Spezifikationen für ein Informations-Sicherheits-Management (ISMS). Ausgehend von einer Risikoanalyse werden Verfahren und Methoden für ein Sicherheits-Management vorgeschlagen. Das Hauptaugenmerk liegt auf der Dokumentation des Mangement-Systemes und dessen Bewertung.[69]

106 ISO 27001 gibt Vorgaben zur Beurteilung eines nach ISO 17799 aufgebauten Management-Systems. Es legt Anforderungen für Herstellung, Einführung, Betrieb, Überwachung, Wartung und Verbesserung eines ISMS fest.

107 e) **Common Criteria.** Von besonderer Relevanz für die Hersteller von IT-Systemen sind die Common Criteria (CC).[70] Diese sind ein internationaler Standard für die

68 www.bsi.bund.de/gshb/deutsch/index.htm.
69 Reinhard/Pohl/Capellaro/*Reinhard* Rn 8.
70 www.commoncriteria.org. Weitergehende Informationen sind unter www.bsi.bund.de/cc/index.htm abrufbar.

Bewertung und Zertifizierung der Sicherheit von Computersystemen im Hinblick auf Datensicherheit und Datenschutz. Die CC sind ihrerseits in der ISO 15408 standardisiert. Die Bewertung der CC umfasst die Funktionalität und die Vertrauenswürdigkeit. Die Funktionalitätsklassen werden durch die Schutzprofile (Protection Profiles – PP) spezifiziert. Diese sind für die jeweiligen Anforderungen an ein Produkt vorher zu entwickeln und definieren diese durch Beschreibung der Grundfunktionen. Im Rahmen der Prüfung werden die Schutzprofile dann weiter in Schutzziele (Protection Targets) überführt, um ein möglichst genaues Raster für die Prüfung zu erhalten.

Vorgänger der CC und teilweise immer noch relevant waren die europäischen ITSEC-Standards[71] und die amerikanischen TCSEC[72]. **108**

f) Sonstige Standards. Der Verband der EDV-Prüfer (ISACA) hat die Control Objectives for Information and Related Technology (CoBIT) entwickelt.[73] Dieser Standard spezifiziert Methoden zur Kontrolle von Risiken, die sich durch den Einsatz von IT zur Unterstützung geschäftsrelevanter Abläufe ergeben. **109**

Zu nennen ist ferner noch die ISO-TR 13335, die für Führungskräfte in Unternehmen und Organisationen Hinweise für den Aufbau eines Sicherheitskonzepts enthält. Die Norm ISO 9000 beschreibt schließlich ein Verfahren zur Überprüfung von Qualitätsmanagement-Systemen. **110**

2. Zertifizierung

Zahlreiche der genannten Normen sehen die Prüfung und Bewertung der Konformität mit den Sicherheitsanforderungen der jeweiligen Standards durch unabhängige Stellen vor. Dies ist insb für Hersteller und Dienstleister von Bedeutung, da die Konformität ihrer Produkte und Dienstleistungen für die potentiellen Kunden in der Regel nur schwer zu beurteilen ist. Hierzu wird durch eine fachkundige Prüfstelle die Konformität des Untersuchungsgegenstandes mit dem jeweiligen Standard überprüft (Konformitätsbewertung). Erfüllt der Untersuchungsgegenstand die Anforderungen des Standards, wird dies durch ein Zertifikat bescheinigt, mit dem der Hersteller sein Produkt bewerben kann. **111**

Eine haftungsrechtliche Wirkung im Sinne eines Haftungsprivilegs für das zertifizierte Produkt hat die Zertifizierung dabei nicht.[74] Allenfalls im Rahmen der Beweiswürdigung kann einem Zertifikat eine Indizwirkung für die Normenkonformität zukommen.[75] Aber auch dabei ist zu beachten, dass ein Zertifikat jeweils nur die Überprüfung gegen eine bestimmte Norm oder ein bestimmtes Schutzprofil beinhaltet und auch die Möglichkeit besteht, die Konformitätsprüfung auf bestimmt Aspekte zu beschränken. So trifft die Zertifizierung eines Betriebssystems auf einem Einzelplatzrechner keine Aussage über dessen Sicherheit, wenn der Rechner an ein Netzwerk angeschlossen ist. Auch sehen Prüfverfahren zB nach CC verschiedene Abstufungen der Prüfungstiefe vor. Diese kann von einer bloßen Schlüssigkeitsprüfung der Dokumentation bis hin zu einer vertieften Prüfung des Quellcodes einer Software reichen. **112**

Wichtigste Zertifizierungsinstanz in Deutschland ist das BSI, zu dessen Aufgaben gem § 3 Abs 1 Nr 5 BSIG die Prüfung und Bewertung der Sicherheit von informa- **113**

---

71 Information Technology Security Evaluation Criteria.

72 Trusted Computer Evaluation Criteria.

73 www.isaca.org/cobit.

74 *Spindler* Rn 157 mwN.

75 Bamberger/Roth/*Spindler* § 823 BGB Rn 491.

tionstechnischen Systemen oder Komponenten und die Erteilung von Sicherheitszertifikaten gehören. Die Erteilung von Sicherheitszertifikaten durch das BSI richtet sich nach § 9 BSIG und der BSI-Zertifizierungsverordnung. Dabei bedient sich das BSI gem § 9 Abs 3 BSIG vom BSI anerkannter sachverständiger Stellen.

114 Eine Zertifizierung von Produkten erfolgt insb nach den Common Criteria sowie nach den Technischen Richtlinien des BSI. Die Zertifizierung nach CC erfolgt gegen entsprechende Protection Profiles. Je nach Tiefe der Überprüfung werden verschiedene Vertrauenswürdigkeitsstufen (Evaluation Assurance Level – EAL) unterschieden. So wird ab EAL 4 auch der Quellcode von Software evaluiert, ab Stufe EAL 5 kommen formale Spezifikations- und Verifikationsmethoden hinzu, die über die üblicherweise im Produktionsprozess verwendeten Methoden deutlich hinaus gehen.

115 Zertifikate nach CC bis zur EAL 4 werden aufgrund der Common-Criteria-Vereinbarung (Common Criteria Recognition Arrangement – CCRA) in den wichtigsten westlichen Industriestaaten gegenseitig anerkannt.

116 Neben den CC und TR zertifiziert das BSI auch anhand anderer Standards: Zu nennen ist einerseits die Zertifizierung nach ITSEC-Standards. Außerdem kann die Einhaltung der im IT-Grundschutz-Katalog vorgeschlagenen Maßnahmen und des damit verbundenen Schutzniveaus durch das BSI zertifiziert werden. Auf der Basis des IT-Grundschutzes zertifiziert das BSI zudem auch nach ISO 27001.[76]

[76] Weiterführende Informationen unter www.bsi.bund.de/zertifiz/index.htm.

Kapitel 5

Medienstrafrecht

Literatur

Abdallah/Gercke Strafrechtliche und strafprozessuale Probleme der Ermittlung nutzerbezogener Daten im Internet ZUM 2005, 368; *Ahrens* Napster, Gnutella, FreeNet & Co. – die immaterialgüterrechtliche Beurteilung von Internet-Musiktauschbörsen ZUM 2000, 1029; *Altenhain* Die strafrechtliche Verantwortung für die Verbreitung mißbilligter Inhalte in Computernetzen CR 1997, 485; *ders* Der strafbare Mißbrauch kartengestützter elektronischer Zahlungssysteme JZ 1997, 752; *Alwart* Personale Öffentlichkeit (§ 169 GVG) JZ 1990, 883; *Arndt* Die Herausgabe der Stasi-Unterlagen Prominenter NJW 2004, 3157; *Arzt* Anm zu OLG Celle (MDR 1977, 596) JZ 1977, 339; *Bär* Auskunftsanspruch über Telekommunikationsdaten nach den neuen §§ 100g, 100h StPO MMR 2002, 358; *ders* Fehlende Ermächtigungsgrundlage für Online-Durchsuchungen MMR 2007, 239; *Bartels/Kollorz* Zum Verwechseln ähnliches Kennzeichen NStZ 2000, 648; *Barton* Multimedia-Strafrecht, Ein Handbuch für die Praxis, Neuwied 1999; *ders* Verantwortlichkeitsregelung des § 5 TDG K&R 2000, 195; *Barton/Gercke/Janssen* Die Veranstaltung von Glücksspielen durch ausländische Anbieter per Internet unter besonderer Berücksichtigung der Rechtsprechung des EuGH wistra 2004, 2047; *Baumann* Zur Reform des politischen Strafrechts JZ 1966, 329; *Baumann/Weber/Mitsch* Strafrecht Allgemeiner Teil, 11. Aufl Bielefeld 2003; *von Becker* Straftäter und Tatverdächtige in den Massenmedien: Die Frage der Rechtmäßigkeit identifizierender Kriminalberichte, Baden-Baden 1979; *ders* Neues zum „Schlüsselfilm" AfP 2006, 124; *ders* Schmerzen wie du sie noch nie erlebt hast NJW 2007, 662; *Behm* Verletzung von Dienstgeheimnissen und Beihilfe durch Journalisten? AfP 2000, 427; *Beisel* Die Strafbarkeit der Auschwitzlüge NJW 1995, 997; *ders* Die Kunstfreiheitsgarantie des Grundgesetzes und ihre strafrechtlichen Grenzen, Heidelberg 1997; *Beisel/B Heinrich* Die Strafbarkeit der Ausstrahlung pornographischer Sendungen in codierter Form durch das Fernsehen JR 1996, 95; *dies* Die Zulässigkeit der Indizierung von Internet-Angeboten und ihre strafrechtliche Bedeutung CR 1997, 360; *Berger-Zehnpfund* Kinderpornographie im Internet – Rechtliche Aspekte der Bekämpfung des Kindesmißbrauchs in internationalen Datennetzen Kriminalistik 1996, 635; *Bergmann* Zur strafrechtlichen Beurteilung von Straßenblockaden als Nötigung (§ 240 StGB) unter Berücksichtigung der jüngsten Rechtsprechung Jura 1985, 457; *Bertram* Der Rechtsstaat und seine Volksverhetzungs-Novelle NJW 2005, 1476; *Beulke* Empirische und normative Probleme der Verwendung neuer Medien in der Hauptverhandlung ZStW 113 (2001), 709; *Binder* Computerkriminalität und Datentransferübertragung – Teil I RDV 1995, 57; *Bloy* Grund und Grenzen der Strafbarkeit der misslungenen Anstiftung JR 1992, 493; *ders* Zum Merkmal der Ernstlichkeit bei der Anstiftung JZ 1999, 157; *Borgmann* Von Datenschutzbeauftragten und Bademeistern – Der strafrechtliche Schutz am eigenen Bild durch den neuen § 201a StGB NJW 2004, 2133; *Bosch* Der strafrechtliche Schutz vor Foto-Handy-Voyeuren und Paparazzi JZ 2005, 377; *ders* Höchstpersönliche Bildaufnahmen in besonders geschützten Räumlichkeiten JA 2009, 308; *Boßmanns* Urheberrechtsverletzungen im Online-Bereich und strafrechtliche Verantwortlichkeit der Internet-Provider, Frankfurt aM 2003; *Bott* Die Medienprivilegien im Strafprozess. Zeugnisverweigerungsrecht und Beschlagnahmeverbot zum Schutz der Medien im Strafverfahren, Frankfurt aM ua 2009; *Bottke* Strafverfolgungsverjährung bei Anbringen eines gedruckten Aufklebers strafbaren Inhalts JR 1983, 299; *ders* Bemerkungen zu dem Beschluß des BVerfG zu § 353d Nr 3 StGB NStZ 1987, 314; *Branahl* Medienrecht. Eine Einführung, 6. Aufl Wiesbaden 2009; *Brauneck* Zur Verantwortlichkeit des Telediensteanbieters für illegal ins Netz gestellte Musikdateien nach § 5 TDG ZUM 2000, 480; *Bremer* Strafbare Internet-Inhalte in internationaler Hinsicht –

Ist der Nationalstaat wirklich überholt?, Frankfurt aM 2001; *Breuer* Anwendbarkeit des deutschen Strafrechts auf exterritorial handelnde Internet-Benutzer MMR 1998, 141; *Britz* Fernsehaufnahmen im Gerichtssaal Baden-Baden 1999; *Brockhorst-Reetz* Repressive Maßnahmen zum Schutz der Jugend im Bereich der Medien Film, Video und Fernsehen, München 1989; *Brüning* Beihilfe zum Geheimnisverrat durch Journalisten und die strafprozessualen Folgen NStZ 2006, 253; *dies* Der Schutz der Pressefreiheit im Straf- und Strafprozessrecht wistra 2007, 333; *Brugger* Verbot oder Schutz von Haßrede? AöR 128, 372; *Büchele* Urheberrecht im World Wide Web, Wien 2002; *Bühler* Ein Versuch, Computerkriminellen das Handwerk zu legen – Das Zweite Gesetz zur Bekämpfung der Wirtschaftskriminalität MDR 1987, 448; *Burbulla* Fernsehöffentlichkeit als Bestandteil des Öffentlichkeitsgrundsatzes, Frankfurt aM 1998; *Buscher* Neuere Entwicklungen der straf- und ehrenschutzrechtlichen Schranken der Meinungsfreiheit und der Kunstfreiheit NVwZ 1997, 1057; *Busse-Muskala* Strafrechtliche Verantwortlichkeit der Informationsvermittler im Netz, Berlin 2006; *Clauß* Zur Bestimmung des Erfolgsorts und zur Strafverfolgungskompetenz bei Äußerungsdelikten im Internet MMR 2001, 232; *Collardin* Straftaten im Internet CR 1995, 618; *Collova* Über die Entwicklung der gesetzlichen und vertraglichen Regelung der Vervielfältigung zum persönlichen Gebrauch (private Überspielung) in der Bundesrepublik Deutschland UFITA 125, 53; *Conradi/Schlömer* Die Strafbarkeit der Internet-Provider NStZ 1996, 366, 472; *Cornelius* Zur Strafbarkeit des Anbieters von Hackertools: Was nach dem 41. Strafrechtsänderungsgesetz noch für die IT-Sicherheit getan werden darf CR 2007, 682; *ders* Beschluss des BGH zur verdeckten Online-Durchsuchung JZ 2007, 105; *Cornils* Der Begehungsort von Äußerungsdelikten im Internet JZ 1999, 394; *Cramer* Zur strafrechtlichen Beurteilung der Werbung für Pornofilme AfP 1989, 611; *Dalbkermeyer* Der Schutz der Beschuldigten vor identifizierenden und tendenziösen Pressemitteilungen der Ermittlungsbehörden, Frankfurt aM 1994; *Dallinger* Aus der Rechtsprechung des Bundesgerichtshofes in Strafsachen MDR 1971, 185; *Dannecker* Neuere Entwicklungen im Bereich der Computerkriminalität – Aktuelle Erscheinungsformen und Anforderungen an eine effektive Bekämpfung BB 1996, 1285; *Degenhart* Rundfunk und Internet ZUM 1998, 333; *Derksen* Strafrechtliche Verantwortung für in internationalen Computernetzen verbreitete Daten mit strafbarem Inhalt NJW 1997, 1878; *Dessecker* Im Vorfeld eines Verbrechens: die Handlungsmodalitäten des § 30 StGB JA 2005, 549; *Dieckmann* Zur Zulassung von Ton- und Fernseh-Rundfunkaufnahmen in Gerichtssälen: „Drum prüfe, wer sich ewig bindet!“ NJW 2001, 2451; *Diemer* Verfahrensrügen im Zusammenhang mit der audiovisuellen Vernehmung nach § 247a StPO NStZ 2001, 393; *Dietrich* Rechtsprechungsbericht zur Auskunftspflicht des Access-Providers nach Urheberrechtsverletzung im Internet (zu LG Flensburg GRUR-RR 2006, 174) GRUR-RR 2006, 145; *Dörr* Zulässigkeit von Fernsehaufnahmen in Gerichtsverhandlungen JuS 2001, 1018; *ders* Grundrechte – Gerichtsverfassungsrecht. Zulässigkeit von Fernsehaufnahmen im Sitzungssaal außerhalb der Hauptverhandlung JuS 2008, 735; *ders* Grundrechte. Bildberichterstattung über Strafprozess JuS 2009, 951; *Dörr/Kreile/Cole* Handbuch Medienrecht, Frankfurt aM 2007 (zit Dörr/Kreile/Cole/*Bearbeiter*); *Dose* Zur analogen Anwendung des § 7 Abs 2 StPO (Gerichtsstand des Tatorts) auf Rundfunk- und Fernsehsendungen NJW 1971, 2212; *Dreher* Der Paragraph mit dem Januskopf, FS Gallas Berlin 1973, 307; *Dreier/Schulze* Urheberrechtsgesetz, 3. Aufl München 2008 (zit Dreier/Schulze/*Bearbeiter*); *Dreyer/Kotthoff/Meckel* Heidelberger Kommentar zum Urheberrecht, 2. Aufl Heidelberg 2008 (zit Dreyer/Kotthoff/Meckel/*Bearbeiter*); *Dunkhase* Das Pressegeheimnis. Wandel und Perspektiven gesetzlicher Sicherungen der Pressefreiheit gegen strafprozessuale Zwangsmaßnahmen, Berlin 1998; *Durlach* Strafbarer Eigennutz: Abgrenzung von Glücksspiel und Sportwette; Abgrenzung von Veranstalten und Vermitteln NStZ 2001, 254; *Duttge/Hörnle/Renzikowski* Das Gesetz zur Änderung der Vorschriften über die Straftaten gegen die sexuelle Selbstbestimmung NJW 2004, 1065; *Eberle* Journalistischer Umgang mit Stasi-Unterlagen – Rechtliche Aspekte DtZ 1992, 263; *ders* Gesetzwidrige Medienöffentlichkeit beim BVerfG? NJW 1994, 1637; *Eberle/Rudolf/Wasserburg* Mainzer Rechtshandbuch der Neuen Medien, Heidelberg 2003 (zit Eberle/Rudolf/Wasserburg/*Bearbeiter*); *Ehmann* Zur Struktur des Allgemeinen Persönlichkeitsrechts JuS 1997, 193; *Eichelberger* Sasser, Blaster, Phatbot & Co. – alles halb so schlimm? Ein Überblick über die strafrechtliche Bewertung von Computerschädlingen MMR 2004, 594; *Eichler* Kommentar zu AG München: „CompuServe“-Urteil K&R 1998, 412; *Eisele* Strafrechtlicher Schutz vor unbefugten Bildaufnahmen JR 2005, 6; *Eisenberg* Beweisrecht der StPO, 6. Aufl München

2008; *Elster* Gewerblicher Rechtsschutz, Berlin 1921; *Emmerich/Würkner* Kunstfreiheit oder Antisemitismus? NJW 1986, 1195; *Enders* Die Beschränkung der Gerichtsöffentlichkeit durch § 169 S 2 GVG – verfassungswidrig? NJW 1996, 2712; *Engau* Straftäter und Tatverdächtige als Personen der Zeitgeschichte, Frankfurt aM 1993; *Engel-Flechsig* Das Informations- und Kommunikationsgesetz des Bundes und der Mediendienstestaatsvertrag der Bundesländer ZUM 1997, 231; *Engel-Flechsig/Maennel/Tettenborn* Das neue Informations- und Kommunikationsdienste-Gesetz NJW 1997, 2981; *Ensthaler/Weidert* (Hrsg) Handbuch Urheberrecht und Internet, 2. Aufl Frankfurt aM 2010; *Erbs/Kohlhaas* (Hrsg) Strafrechtliche Nebengesetze Loseblattsammlung, Stand: 181. Ergänzungslieferung München November 2001, Kommentierung des Urheberrechtsgesetzes, U 180, Stand 1.7. 2006 (zit Erbs/Kohlhaas/*Bearbeiter*); *Erdemir* Gewaltverherrlichung, Gewaltverharmlosung und Menschenwürde ZUM 2000, 699; *Erhardt* Kunstfreiheit und Strafrecht: zur Problematik satirischer Ehrverletzungen, Heidelberg 1989; *Ernst* Anmerkung zu AG München: Zur Strafbarkeit von Providern – „CompuServe" NJW-CoR 1998, 362; *ders* Informations- oder Illustrationsinteresse? NJW 2001, 1624; *ders* Informations- oder bloßes Illustrationsinteresse? Zur Fernsehöffentlichkeit von Gerichtsverfahren, FS Herrmann Baden-Baden 2002, 73; *ders* Hacker und Computerviren im Strafrecht NJW 2003, 3233; *ders* Gleichklang des Persönlichkeitsschutzes im Bild- und Tonbereich? NJW 2004, 1277; *ders* Anmerkung zum Beschluss des BVerfG vom 15. März 2007 JR 2007, 392; *ders* Das neue Computerstrafrecht NJW 2007, 2661; *Etter* Softwareschutz durch Strafanzeige? CR 1989, 115; *Evert* Anwendbares Urheberrecht im Internet, Hamburg 2005; *Fassbender* Angriffe auf Datenangebote im Internet und deren strafrechtliche Relevanz, Hamburg 2003; *Fechner* Medienrecht, 10. Aufl Tübingen 2009; *Finger/Baumanns* Die Öffentlichkeit von Gerichtsverhandlungen bei medienwirksamen Prozessen JA 2005, 717; *Fink* Bild- und Tonaufnahen im Umfeld der strafrechtlichen Hauptverhandlung, Berlin 2007; *Fischer* Strafgesetzbuch und Nebengesetze, 57. Aufl München 2010; *Flechsig* Neuüberlegungen zum Urheberrecht GRUR 1978, 287; *ders* Zu Ulrich Weber: Der Strafrechtliche Schutz des Urheberrechts UFITA 84 (1979), 356; *ders* Rechtmäßige private Vervielfältigung und gesetzliche Nutzungsgrenzen GRUR 1993, 532; *ders* Schutz gegen Verletzung des höchstpersönlichen Lebensbereichs durch Bildaufnahmen ZUM 2004, 605; *Flechsig/Gabel* Strafrechtliche Verantwortlichkeit im Netz durch Einrichten und Vorhalten von Hyperlinks CR 1998, 351; *Franke* Haftet pressestrafrechtlich als „verantwortlicher Redakteur", wer die persönlichen Anforderungen nicht erfüllt? NStZ 1983, 114; *ders* Strukturmerkmale der Schriftenverbreitungstatbestände des StGB GA 1984, 452; *ders* Anbringen eines Aufklebers als Verbreiten eines Druckwerks? NStZ 1984, 126; *Freiwald* Die private Vervielfältigung im digitalen Kontext am Beispiel des Filesharings, Baden-Baden 2003; *Frenz* Recht am eigenen Bild für Prinzessin Caroline NJW 2008, 3102; *Freytag* Providerhaftung im Binnenmarkt CR 2000, 600; *Friedrichsen* Zwischenruf: Der „Eislingen-Prozess" vor dem LG Ulm – Ausschluss der Öffentlichkeit ZRP 2009, 243; *Fritze/Holzbach* Der investigative Journalismus unter der Strafdrohung des Staates oder Das Schwert der freien Presse in Gefahr?, FS Tilman Köln ua 2003, 937; *Fromm/Nordemann* Urheberrechtskommentar, 10. Aufl Suttgart ua 2008 (zit Fromm/Nordemann/*Bearbeiter*); *Führich* Zur Auslegung des Begriffs „Ladengeschäft" im Jugendschutzrecht NJW 1986, 1156; *Gabriel* Strafrechtliche Verantwortlichkeit für fremde Texte, Frankfurt aM 2003; *Gaede* Neuere Ansätze zum Schutz der Pressefreiheit beim „Geheimnisverrat durch Journalisten" AfP 2007, 410; *Gänßle* Strafbarkeit der Verbreitung eines „Terrorists Handbook" über Mailbox NStZ 1999, 90; *Gazeas/Grosse-Wilde/Kießling* Die neuen Tatbestände im Staatsschutzstrafrecht – Versuch einer ersten Auslegung der §§ 89a, 89b und 91 StGB NStZ 2009, 593; *Geppert* Repetitorium – Strafrecht Wahrnehmung berechtigter Interessen (§ 193 StGB) Jura 1985, 25; *ders* Die versuchte Anstiftung (§ 30 Abs 1 StGB) Jura 1997, 546; *ders* Zur passiven Beleidigungsfähigkeit von Personengemeinschaften und von Einzelpersonen unter einer Kollektivbezeichnung Jura 2005, 244; *Gercke* Die Entwicklung der Rechtsprechung zum Internetstrafrecht in den Jahren 2000 und 2001 ZUM 2002, 238; *ders* Auskunftspflicht StraFo 2005, 244; *ders* Strafbarkeit einer Online-Demo MMR 2005, 868; *Gercke/Brunst* Praxishandbuch Internetstrafrecht, Stuttgart 2009; *Gerhardt* Die Beschränkung der Gesetzgebung auf das Unerlässliche (Darstellung am Beispiel des § 131 StGB) NJW 1975, 375; *ders* Störenfried oder demokratischer Wächter? Die Rolle des Fernsehens im Gerichtssaal – Plädoyer für eine Änderung des § 169 S 2 GVG ZRP 1993, 377; *ders* Die Richter und das Medienklima ZRP 2009, 247; *Germann* Gefahrenabwehr und Strafverfolgung im Internet, Berlin 2000; *Gersdorf* Kameras in Gerichtsverhandlungen – Karlsruhe auf verschlungenem verfassungsdogmatischen Pfade AfP 2001, 29; *Gnirck/Lichtenberg* Internetprovider im Spannungsfeld staatlicher Auskunftsersuchen DUD 2004, 598; *Gostomzyk* Informationelle Selbstbestimmung der öffentlichen Hand? – BVerfG NJW 2001, 1633 JuS 2002, 228; *Gotke* Öffentliches Anbieten einzelner alter Stücke von Hitlers „Mein Kampf" JA 1980, 123; *Gounalakis* Soldaten sind Mörder NJW 1996, 481; *ders* Kameras im Gerichtssaal – Rechtsvergleichende Überlegungen zu einem Pilotprojekt „Gerichtsfernseher", FS Kübler Heidelberg 1997, 173; *ders* Der Mediendienste-Staatsvertrag der Länder NJW 1997, 2993; *Gounalakis/Rhode* Haftung des Host-Providers – ein neues Fehlurteil aus München? NJW 2000, 2168; *dies* Persönlichkeitsschutz im Internet, München 2002; *Gounalakis/Vollmann* Stasi-Unterlagen-Gesetz – „Sprachrohr" oder „Maulkorb" für die Presse? AfP 1992, 36; *dies* Die pressespezifischen Vorschriften des Stasi-Unterlagen-Gesetzes im Lichte des Art 5 GG DtZ 1992, 77; *von Gravenreuth* Strafverfahren wegen Verletzung von Patenten, Gebrauchsmustern, Warenzeichen oder Urheberrechten GRUR 1983, 349; *ders* Das Plagiat aus strafrechtlicher Sicht, München ua 1986; *ders* Computerviren, Hacker, Datenspione, Crasher und Cracker – Überblick und rechtliche Einordnung NStZ 1989, 201; *Greiser* Die Sozialadäquanz der Verwendung von NS-Kennzeichen bei Demonstrationen NJW 1969, 1155; *ders* Verbreitung verfassungsfeindlicher Propaganda NJW 1972, 1556; *Gröseling/Höfinger* Computersabotage und Vorfeldkriminalisierung: Auswirkungen des 41. StrÄndG zur Bekämpfung der Computerkriminalität MMR 2007, 626; *Gropp* Strafrecht Allgemeiner Teil, 3. Aufl Berlin, Heidelberg 2005; *Groß* Presserecht, 3. Aufl Heidelberg 1999; *ders* Medien und Verteidigung im Ermittlungsverfahren, FS Hanack Berlin 1999, 39; *Gündisch/Dany* Rundfunkberichterstattung aus Gerichtsverhandlungen NJW 1995, 760; *Gusy* Der Schutz des Staates gegen seine Staatsform GA 1992, 195; *Haberstumpf* Zur urheberrechtlichen Beurteilung von Programmen für Datenverarbeitungsanlagen GRUR 1982, 142; *Härting/Kuon* Designklau: Webdesign, Screendesign, Look und Feel im Urheberrecht CR 2004, 527; *Hain* Big Brother im Gerichtssaal? DÖV 2001, 589; *Hamm* Große Prozesse und die Macht der Medien 1997; *ders* Hauptverhandlungen in Strafsachen vor Fernsehkameras – auch bei uns? NJW 1999, 1524; *ders* Vom Grundrecht der Medien auf das Fischen im Trüben NJW 2001, 269; *Hannisch* (Hrsg) Karlsruher Kommentar zur Strafprozessordnung und zum Gerichtsverfassungsgesetz mit Einführungsgesetz, 6. Aufl München 2008 (zit KK/*Bearbeiter*); *Hanten* Publizistischer Landesverrat vor dem Reichsgericht, Frankfurt aM ua 1999; *Harms* Ist das bloße Anschauen von kinderpornographischen Bildern im Internet nach geltendem Recht strafbar? NStZ 2003, 647; *von Hartlieb* Gewaltdarstellungen in Massenmedien. Zur Problematik der §§ 131 und 184 Abs 3 StGB UFITA 86 (1980), 101; *Hassemer* Vorverurteilung durch die Medien NJW 1985, 1921; *Haucke* Piratensender auf See – eine völkerrechtliche Studie über periphere Rundfunksender an Bord von Schiffen oder auf künstlichen Inseln im offenen Meer, München 1968; *Hauptmann* Zur Strafbarkeit des sog Computerhackens – Die Problematik des Tatbestandsmerkmals „Verschaffen" in § 202a StGB JurPC 1989, 215; *Heghmanns* Öffentliches und besonderes öffentliches Interesse an der Verfolgung von Softwarepiraterie NStZ 1991, 112; *ders* Strafrechtliche Verantwortlichkeit für illegale Inhalte im Internet JA 2001, 71; *ders* Rechtsprechung Strafrecht – Internationales Strafrecht JA 2001, 276; *ders* Die Strafbarkeit der vorsätzlichen unerlaubten Vervielfältigung und Verbreitung von Tonträgern MMR 2004, 14; *Heidrich* Anmerkung zum Urteil des AG Offenburg vom 20. Juli 2007 CR 2007, 678; *Heine* Oddset-Wetten und § 284 StGB – Rechtsfragen im Zusammenhang mit der Vermittlung von nach DDR-Recht erlaubten Sportwetten wistra 2003, 441; *B Heinrich* Strafrecht, Allgemeiner Teil I, 2. Aufl Stuttgart 2010 (zit *B Heinrich* AT I); *ders* Strafrecht, Allgemeiner Teil II, 2. Aufl Stuttgart 2010 (zit *B Heinrich* AT II); *ders* Die Strafbarkeit der unerlaubten Vervielfältigung und Verbreitung von Standardsoftware, Berlin 1993 (zit *B Heinrich* Vervielfältigung); *ders* Der Erfolgsort beim abstrakten Gefährdungsdelikt GA 1999, 72; *ders* Anmerkung zum Urteil des Kammergerichts vom 16. März 1999 NStZ 2000, 533; *ders* Handlung und Erfolg bei Distanzdelikten, FS Weber Bielefeld 2004, 91; *M Heinrich* Neue Medien und klassisches Strafrecht – § 184b IV StGB im Lichte der Internetdelinquenz NStZ 2005, 361; *Heldrich* Persönlichkeitsschutz und Pressefreiheit nach der Europäischen Menschenrechtskonvention NJW 2004, 2634; *Henschel* Die Kunstfreiheit in der Rechtsprechung des BVerfG NJW 1990, 1937; *Herrmann/Lausen* Rundfunkrecht, 2. Aufl München 2004; *Herzberg* Anstiftung zur unbestimmten Haupttat (BGHSt 34, 63) JuS 1987, 617; *Herzog* Rechtliche Probleme einer Inhaltsbeschränkung im Internet, Frankfurt aM 2000; *Hesse* § 201a StGB aus Sicht des öffentlich-rechtlichen Rundfunks ZUM 2005, 432; *Heuchemer/Bendorf/Paul* Die Strafbarkeit unbefugter Bildaufnahmen – Tatbestandliche Probleme des § 201a StGB JA 2006, 616; *Heymann* Strafrechtlicher Schutz der Intimsphäre – Schranke für Spanner oder das Ende des investigativen Journalismus? AfP 2004, 240; *Hielscher* Investigativer Journalismus in Deutschland, München 2004; *Hildebrandt* Die Strafvorschriften des Urheberrechts, Berlin 2001; *Hilgendorf* Überlegungen zur strafrechtlichen Interpretation des Ubiquitätsprinzips im Zeitalter des Internet NJW 1997, 1873; *Hilgendorf/Frank/Valerius* Computer- und Internetstrafrecht, Berlin 2005; *Hillgruber/Schemmer* Darf Satire wirklich alles? – Zum Beschluß des Ersten Senats des BVerfG v 25.3.1992 – 1 BvR 514/90 JZ 1992, 946; *Hochrathner* Hidden Camera – Ein zulässiges Einsatzwerkzeug des investigativen Journalismus? ZUM 2001, 669; *Hodel* Kannibalismus im Wohnzimmer? Psychosoziale Auswirkungen der Gewaltdarstellungen in den Medien Kriminalistik 1986, 354; *Hoeren* Ist Felix Somm ein Krimineller? NJW 1998, 2792; *ders* Auskunftspflichten der Internetprovider an Strafverfolgungs- und Sicherheitsbehörden – eine Einführung wistra 2005, 1; *ders* Das Telemediengesetz NJW 2007, 801; *Hörisch* (Wie) Passen Justiz und Massenmedien zusammen? StV 2005, 15; *Hörnle* Verbreitung der Auschwitzlüge im Internet NStZ 2001, 309; *dies* Pornographische Schriften im Internet – Die Verbotsnormen im deutschen Strafrecht und ihre Reichweite NJW 2002, 1008; *dies* Anm zu BGH: Vermietung pornografischer Filme durch Automatenvideothek NStZ 2004, 150; *Hofmann* Der Sonderweg des Bundesverfassungsgerichts bei der Fernsehübertragung von Gerichtsverhandlungen ZRP 1996, 399; *Hoffmann-Riem* Zur Verfassungsmäßigkeit von StGB § 353d Nr 3 JZ 1986, 494; *Holzer* Investigativer Journalismus AfP 1988, 113; *Holznagel/Kussel* Möglichkeiten und Risiken bei der Bekämpfung rechtsradikaler Inhalte im Internet MMR 2001, 347; *Horn* Zum Recht der gewerblichen Veranstaltung und Vermittlung von Sportwetten NJW 2004, 2047; *Horn/Hoyer* Rechtsprechungsübersicht zum 27. Abschnitt des StGB – „Gemeingefährliche Straftaten" JZ 1987, 965; *von der Horst* Rollt die Euro-Pornowelle? ZUM 1993, 227; *Huff* Justiz und Öffentlichkeit, Berlin 1996; *ders* Fernsehöffentlichkeit im Gerichtsverfahren – Kippt das BVerfG § 169 S 2 GVG? NJW 1996, 571; *ders* Saalöffentlichkeit auch in Zukunft ausreichend – Keine Änderung des § 169 S 2 GVG NJW 2001, 1622; *ders* Notwendige Öffentlichkeitsarbeit der Justiz NJW 2004, 403; *Huppertz* Zeugnisverweigerungsrecht, Beschlagnahme- und Durchsuchungsverbot zugunsten des Rundfunks im Strafprozeß, München 1971; *Huster* Das Verbot der „Auschwitzlüge", die Meinungsfreiheit und das Bundesverfassungsgericht NJW 1996, 487; *Isensee* Kunstfreiheit im Streit mit Persönlichkeitsschutz AfP 1993, 619; *B-U Jahn* Die Anwendbarkeit allgemeiner presse- und rundfunkgesetzlicher Straftatbestände auf den Rundfunk und das Bestimmtheitsgebot des Grundgesetzes, Köln 1973; *J Jahn* Die Justiz bremst Medien aus AnwBl 2005, 385; *ders* Unangenehme Wahrheiten für Prominente NJW 2009, 3344; *Jakobs* Strafrecht Allgemeiner Teil, 2. Aufl Berlin 1991; *Janisch* Investigativer Journalismus und Pressefreiheit. Ein Vergleich des deutschen und amerikanischen Rechts, Baden-Baden 1998; *Janz* Rechtsfragen der Vermittlung von Oddset-Wetten in Deutschland NJW 2003, 1694; *Jescheck* Zur Reform des politischen Strafrechts JZ 1967, 6; *Jescheck/Weigend* Lehrbuch des Strafrechts, Allgemeiner Teil, 5. Aufl Berlin 1996; *Jeßberger* Äußerungen (Volksverhetzungen) eines Ausländers auf einem ausländischen Server JR 2001, 432; *Jessen* Zugangsberechtigung und besondere Sicherung im Sinne von § 202a StGB, Frankfurt aM 1994; *Jofer* Strafverfolgung im Internet, Frankfurt aM 1999; *Jung* Die Inlandsteilnahme an ausländischer strafloser Haupttat JZ 1979, 325; *Kaboth* Der Kannibale von Rothenburg und die Kunstfreiheit ZUM 2006, 412; *Kächele* Der strafrechtliche Schutz vor unbefugten Bildaufnahmen (§ 201a StGB), Baden-Baden 2007; *Kargl* Zur Differenz zwischen Wort und Bild im Bereich des strafrechtlichen Persönlichkeitsschutzes ZStW 117 (2005), 324; *Katzenberger* Der Schutz von Werken der bildenden Künste durch das Urheberstrafrecht und die Praxis der Strafverfolgung in der Bundesrepublik Deutschland GRUR 1982, 715; *Kaufmann* Strafrechtliche Sozialadäquanz einer Verlinkung auf rechtswidrige Internet-Inhalte CR 2006, 545; *Kemper* Anforderungen und Inhalt der Online-Durchsuchung bei der Verfolgung von Straftaten ZRP 2007, 105; *Kempf* Sanktionen gegen juristische Personen und Gesellschaften KJ 2003, 462; *Kienle* Internationales Strafrecht und Straftaten im Internet: zum Erfordernis der Einschränkung des Ubiquitätsprinzips des § 9 Abs 1 Var 3 StGB, Konstanz 1998; *Kindhäuser* Strafrecht Allgemeiner Teil, 4. Aufl Baden-Baden 2009 (zit *Kindhäuser* AT); *ders* Strafrecht Besonderer Teil II, 5. Aufl Baden-Baden 2008 (zit *Kindhäuser* BT 2); *Kindhäuser/Neumann/Paeffgen* (Hrsg) Nomos-Kommentar zum Strafgesetzbuch, 2. Aufl Baden-Baden 2005 (zit NK/*Bearbeiter*); *Kirste* Der Schutz des Amtsträgers vor der Öffentlichkeit (BVerwG NJW 2002, 1815) JuS 2003, 336; *Kitz* Das neue Recht der elektronischen Medien in Deutschland – sein Charme, seine Fallstricke ZUM 2007, 368; *Kleine-Cosack* Das Urteil des BVerwG zum Stasi-Unterlagen-Gesetz (Fall Kohl) NJ 2002, 350; *Klengel/Heckler* Geltung des deutschen Strafrechts für vom Ausland aus im Internet angebotenes Glücksspiel CR 2001, 243; *Kloepfer* Das Stasi-Unterlagen-Gesetz und die Pressefreiheit, Berlin 1993; *Klug* Das Grundrecht der Fernsehfreiheit im Spannungsfeld der Interessen- und Rechtsgüterabwägung nach § 34 StGB bei Kollisionen mit § 201 StGB, FS Oehler Köln 1985, 397; *ders* Das Aufstacheln zum Angriffskrieg (§ 80a StGB), FS Jescheck Berlin 1985, 583; *Knauer* Bestrafung durch Medien? Zur strafmildernden Berücksichtigung von Medienberichterstattung GA 2009, 541; *Knöbl* Die „kleine Münze" im System des Immaterialgüter- und Wettbewerbsrechts, Hamburg 2002; *Knothe* Neues Recht für Multi-Media-Dienste AfP 1997, 494; *Knothe/Wanckel* „Angeklagt vor laufender Kamera" ZRP 1996, 106; *Koch* Aspekte des technischen und strafrechtlichen Zugriffsschutzes von EDV-Systemen RDV 1996, 123; *ders* Zur Strafbarkeit der Auschwitzlüge im Internet (zu BGHSt 46, 212) JuS 2002, 123; *ders* Perspektiven für die Link- und Suchmaschinen-Haftung CR 2004, 213; *Köbele* Anspruch auf Mitteilung des Anschlussinhabers bei bekannter IP-Adresse DuD 2004, 609; *Köhn* Die Technisierung der Popmusikproduktion – Probleme der „kleinen Münze" in der Musik ZUM 1994, 278; *Körber* Rechtsradikale Propaganda im Internet – der Fall Töben, Würzburg 2003; *Köster/Jürgens* Haftung professioneller Informationsvermittler im Internet MMR 2002, 420; *Kohl* Vorverurteilung durch die Medien? ZUM 1985, 495; *Kohlhaas* Das Mitschneiden von Telefongesprächen im Verhältnis zum Abhörverbot und dem Fernmeldegeheimnis NJW 1972, 238; *Kohlmann* Verfassungswidrige Parteien für immer mundtot? (zu BGHSt 23, 226) JZ 1971, 681; *Kortz* Ausschluß der Fernsehöffentlichkeit im Gerichtsverfahren. Interessenausgleich oder Verfassungsverstoß? AfP 1997, 443; *Kraft/Meister* Rechtsprobleme virtueller Sit-ins MMR 2003, 366; *dies* Die Strafbarkeit von Internetdemonstrationen K&R 2005, 458; *Kramer* Heimliche Tonbandaufnahmen im Strafprozess NJW 1990, 1760; *Krausnick* Kameras in Gerichtsverhandlungen – Karlsruhe auf verschlungenem verfassungsdogmatischen Pfade ZUM 2001, 230; *Kremp* Investigativer Journalismus AfP 1988, 114; *Kress* Die private Vervielfältigung im Urheberrecht, Hamburg 2004; *Kreutzer* Napster, Gnutella & Co.: Rechtsfragen zu Filesharing-Netzen aus der Sicht des deutschen Urheberrechts de lege lata und de lege ferenda GRUR 2001, 193, 307; *Krey* Deutsches Strafrecht, Allgemeiner Teil, Bd 2: Täterschaft und Teilnahme, Unterlassungsdelikte, Versuch und Rücktritt, Fahrlässigkeitsdelikte, 3. Aufl Stuttgart 2008 (zit *Krey* AT 2); *Krey/M Heinrich* Strafrecht Besonderer Teil, Bd 1: Besonderer Teil ohne Vermögensdelikte, 14. Aufl Stuttgart 2008 (zit *Krey/M Heinrich* BT 1); *Krüger* Die digitale Privatkopie im zweiten Korb GRUR 2004, 204; *Kuch* Der Staatsvertrag über Mediendienste ZUM 1997, 225; *Kudlich* Anwendung deutschen Strafrechts bei Volksverhetzung im Internet StV 2001, 397; *ders* Die Neuregelung der strafrechtlichen Verantwortung von Internetprovidern – Die Änderungen des TDG durch das EGG, insbesondere aus strafrechtlicher Sicht JA 2002, 798; *ders* Beabsichtigtes Verbreiten pornographischer Schriften JZ 2002, 310; *ders* Zu den Voraussetzungen des § 216 StGB sowie zu den Mordmerkmalen zur Befriedigung des Geschlechtstriebs und zur Ermöglichung einer anderen Straftat JR 2005, 342; *Kühl* Strafrecht Allgemeiner Teil, 6. Aufl München 2008; *ders* Zur Strafbarkeit unbefugter Bildaufnahmen AfP 2004, 190; *Kühne* Nochmals – Die Strafbarkeit der Zugangsvermittlung von pornographischen Informationen im Internet NJW 2000, 1003; *Küpper/Bode* Neuere Entwicklung zur Nötigung durch Sitzblockaden Jura 1993, 187; *Kugelmann* Pressefreiheit ohne Informantenschutz ZRP 2005, 260; *Kujath* Der Laienjournalismus im Internet als Teil der Medienöffentlichkeit im Strafverfahren, Berlin 2011; *Kunert* Das Gesetz über das Zeugnisverweigerungsrecht der Mitarbeiter von Presse und Rundfunk MDR 1975, 885; *Kusch* Zum strafprozessualen Gerichtsstand bei Beleidigungen durch Rundfunksendungen und Fernsehsendungen NStZ 1990, 200; *Kuß* Öffentlichkeitsmaxime der Judikative und das Verbot von Fernsehaufnahmen um Gerichtssaal, Berlin 1999; *Kutscha* Verdeckte Online-Durchsuchung und Unverletzlichkeit der Wohnung NJW 2007, 1169; *Lackner/Kühl* Strafgesetzbuch, 26. Aufl München 2007; *von Lackum* Verantwortlichkeit der Betreiber von Suchmaschinen MMR 1999, 697; *Ladeur/Gostomzyk* Rundfunkfreiheit und Rechtsdogmatik – Zum Doppelcharakter des Art 5 I 2 GG in der Rechtsprechung des BVerfG

JuS 2002, 1145; *Lagodny* Zur Behandlung von einem Ausländer auf einem ausländischen Server ins Internet eingestellter, in Deutschland abrufbarer volksverhetzender Äußerungen als nach deutschem Strafrecht strafbare Inlandstat JZ 2001, 1198; *Lampe* Der strafrechtliche Schutz der Geisteswerke (II) UFITA 83 (1978), 15; *ders* Der strafrechtliche Schutz der Geisteswerke UFITA 87 (1980), 107; *Laubenthal* Sexualstraftaten, Berlin 2000; *Laufhütte/Rissing-van Saan/Tiedemann* Leipziger Kommentar, Großkommentar, 11. und 12. Aufl Berlin 1992 ff/2006 ff (LK/*Bearbeiter*); *Lehr* Bildberichterstattung der Medien über Strafverfahren NStZ 2001, 63; *ders* Grenzen der Öffentlichkeitsarbeit der Ermittlungsbehörden NStZ 2009, 409; *Lenckner* Strafrecht und ziviler Ungehorsam (zu OLG Stuttgart NStZ 1987, 121) JuS 1988, 349; *Lerche* Verfassungsrechtliche Aspekte der „inneren Pressefreiheit", Berlin 1974 (zit *Lerche* Pressefreiheit); *ders* Verfassungsrechtliche Fragen zur Pressekonzentration, Berlin 1971 (zit *Lerche* Pressekonzentration); *Lesch* Sportwetten via Internet – Spiel ohne Grenzen? wistra 2005, 241; *Leupold/Bachmann/Pelz* Russisches Roulette im Internet? – Zulässigkeit von Glücksspielen im Internet unter gewerbe- und strafrechtlichen Gesichtspunkten MMR 2000, 648; *Leupold/Demisch* Bereithalten von Musikwerten zum Abruf in digitalen Netzen ZUM 2000, 379; *Leutheusser-Schnarrenberger* Die gesetzliche Sicherung der Pressefreiheit: Eine endlose Geschichte ZRP 2007, 249; *Lieben* Strafrechtliche Bekämpfung der Videopiraterie durch die §§ 257 ff StGB GRUR 1984, 572; *Liesching* Anm zum Urteil des OLG Stuttgart vom 24.4.2006 MMR 2006, 390; *Liesching/Günter* Verantwortlichkeit von Internet-Cafe-Betreibern MMR 2000, 260; *Liesching/von Münch* Die Kunstfreiheit als Rechtfertigung für die Verbreitung pornographischer Schriften AfP 1999, 37; *Lindenmann/Wachsmuth* Verbreiten und Zugänglichmachen im Internet JR 2002, 206; *Lindner* Der Schutz des Persönlichkeitsrechts des Beschuldigten im Ermittlungsverfahren StV 2008, 210; *Löffler* Presserecht Kommentar, 5. Aufl München 2006 (zit Löffler/*Bearbeiter* Presserecht); *ders* Beginn der Verjährung bei Pressedelikten NJW 1960, 2349; *ders* Lücken und Mängel im neuen Zeugnisverweigerungs- und Beschlagnahmerecht von Presse und Rundfunk NJW 1978, 913; *Löffler/Ricker* Handbuch des Presserechts, 5. Aufl München 2005; *Löhnig* „Verbotene Schriften" im Internet JR 1997, 496; *Löwe/Rosenberg* Die Strafprozeßordnung und das Gerichtsverfassungsgesetz. Großkommentar, hrsg von *Rieß*, 25. Aufl Berlin 1997 ff; 26. Aufl 2006 ff (zit Löwe/Rosenberg/*Bearbeiter*); *Loewenheim* Der Schutz der kleinen Münze im Urheberrecht GRUR 1987, 761; *ders* Vervielfältigungen zum eigenen Gebrauch von urheberrechtswidrig hergestellten Werkstücken, FS Dietz München 2001, 415; *ders* Handbuch des Urheberrechts, 2. Aufl München 2010 (zit Loewenheim/*Bearbeiter*); *Lüttger* Zur Strafbarkeit der „Verwendung von Kennzeichen ehemaliger national-sozialistischer Organisationen" nach § 4 des Versammlungsgesetzes GA 1960, 129; *Ludwig* Investigativer Journalismus, 2. Aufl Konstanz 2007; *Malek* Strafsachen im Internet, Heidelberg 2005; *Mantz* Anm zum Urteil des LG Hamburg vom 26.7.2006 MMR 2006, 764; *Marberth-Kubicki* Computer- und Internetstrafrecht, 2. Aufl München 2010; *Martin* Die Strafbarkeit grenzüberschreitender Umweltbeeinträchtigungen Freiburg iBr 1989; *ders* Grenzüberschreitende Umweltbeeinträchtigungen im deutschen Strafrecht ZRP 1992, 19; *Matzky* Kinderpornographie im Internet: Strafgesetzgeberischer Handlungsbedarf? ZRP 2003, 167; *Maunz/Dürig* Grundgesetz Loseblattsammlung, 59. Aufl München 2010 (zit Maunz/Dürig/*Bearbeiter*); *Maurach/Gössel/Zipf* Strafrecht Allgemeiner Teil, Teilband 2, 7. Aufl Heidelberg 1989 (zit *Maurach/Gössel/Zipf* AT 2); *Maurach/Schroeder/Maiwald* Strafrecht Besonderer Teil, Teilband 1: Straftaten gegen Persönlichkeits- und Vermögenswerte, 10. Aufl Heidelberg 2009 (zit *Maurach/Schroeder/Maiwald*, BT 1); *dies* Strafrecht Besonderer Teil, Teilband 2: Straftaten gegen Gemeinschaftswert, 9. Aufl Heidelberg 2005 (zit *Maurach/Schroeder/Maiwald*, BT 2); *Mecklenburg* Internetfreiheit ZUM 1997, 525; *Meier* Strafbarkeit des Anbietens pornographischer Schriften NJW 1987, 1610; *ders* Zulässigkeit und Grenzen der Auskunftserteilung gegenüber den Medien – Zur Bedeutung der Presserichtlinien der Justiz, FS Schreiber Heidelberg 2003, 331; *ders* Auskünfte gegenüber den Medien in: Alternativentwurf Strafjustiz und Medien, München 2004, 89; *Meirowitz* Gewaltdarstellungen auf Videokassetten, Berlin 1993; *ders* Übungshausarbeit Öffentliches Recht – Horror auf Video Jura 1993, 152; *Meyer* Sportwetten als illegales Glücksspiel? – Zur Anwendbarkeit des § 284 StGB auf Sportwetten JR 2004, 447; *Meyer-Goßner* Strafprozessordnung, 53. Aufl München 2010; *Mitsch* Strafrecht Besonderer Teil 2, Teilband 2: Vermögensdelikte (Randbereich), Heidelberg 2001 (zit *Mitsch* BT II/2); *Möhring/Nicolini* Urheberrechtsgesetz, 2. Aufl München 2000 (zit Möhring/Nicolini/*Bearbeiter*); *Möller/Kelm* Distributed

Denial-of-Service Angriffe (DDoS) DuD 200, 292; *Mönkemöller* Moderne Freibeuter unter uns? – Internet, MP3 und CD-R als GAU für die Musikbranche! GRUR 2000, 663; *Moritz* Verantwortlichkeitsgrenzen für Zugangsprovider CR 2000, 119; *Muckel* Fernsehaufnahmen von Hauptverhandlungen in Strafsachen JA 2007, 905; *ders* Fernsehaufnahmen von einem Angeklagten in einem Strafverfahren („Holzklotz-Fall") JA 2009, 829; *Müller-Terpitz* Regelungsreichweite des § 5 MDStV MMR 1998, 478; Münchener Kommentar zum Strafgesetzbuch, hrsg von *Joecks/Miebach* München 2003 ff (zit MünchKommStGB/*Bearbeiter*); *Nagel* Bedingt ermittlungsbereit. Investigativer Journalismus in Deutschland und in den USA, Berlin 2007; *Neuling* Inquisition durch Information – Medienöffentliche Strafrechtspflege im nichtöffentlichen Ermittlungsverfahren, Berlin 2005; *ders* Strafjustiz und Medien – mediale Öffentlichkeit oder „justizielle Schweigepflicht" im Ermittlungsverfahren? HRRS 2006, 94; *Noogie* Anmerkung zum Urteil des OLG Stuttgart vom 24. April 2006 CR 2007, 545; *Obert/Gottschalk* § 201a StGB aus der Sicht des privaten Rundfunks ZUM 2005, 436; *Oehler* Das deutsche Strafrecht und die Piratensender, München 1970; *ders* Die strafrechtliche Behandlung der nicht genehmigten Rundfunksendungen von Hoher See nach dem Seerechtsübereinkommen von 1982 im Verhältnis zum Europäischen Recht für besondere Fragen, FS Stern München 1997, 1339; *Otto* Zur Bewertung der Äußerung „Soldaten sind Mörder" als Beleidigung und zur Zuständigkeit des BVerfG bei der Anwendung des einfachen Rechts NStZ 1996, 127; *ders* Ehrenschutz und Meinungsfreiheit Jura 1997, 193; *ders* Die Haftung für kriminelle Handlungen in Unternehmen Jura 1998, 409; *ders* Grundkurs Strafrecht, Allgemeine Strafrechtslehre, 7. Aufl Berlin 2004 (zit *Otto* AT); *ders* Grundkurs Strafrecht, Die einzelnen Delikte, 7. Aufl Berlin 2005 (zit *Otto* BT); *ders* Vorliegen von Mordmerkmalen im sog Kannibalen-Fall JZ 2005, 799; *Park* Die Strafbarkeit von Internet-Providern wegen rechtswidriger Internet-Inhalte GA 2001, 23; *Pätzel* Verbreitung pornographischer Schriften durch Internet-Provider CR 1998, 625; *Paschke* Medienrecht, 3. Aufl Berlin 2009; *Paschke/Berlit/Meyer* Gesamtes Medienrecht, Baden-Baden 2008 (zit Paschke/Berlit/Meyer/*Bearbeiter*); *Peglau* Der Schutz des allgemeinen Persönlichkeitsrechts durch das Strafrecht, Frankfurt aM 1997; *Pelz* Die strafrechtliche Verantwortlichkeit von Internet-Providern ZUM 1998, 530; *Pernice* Öffentlichkeit und Medienöffentlichkeit, Berlin 2000; *Petersen* Medienrecht, 5. Aufl München 2010; *Pieroth/Schlink* Grundrechte – Staatsrecht II, 26. Aufl Heidelberg 2010; *Pollähne* Lücken im kriminalpolitischen Diskurs – Zu den Gesetzentwürfen zur Verbesserung des Schutzes der Intimsphäre KritV 2003, 387; *Plate* Wird das Tribunal zur Szene? NStZ 1999, 391; *Pöppelmann/Jehmlich* Zum Schutz der beruflichen Kommunikation von Journalisten AfP 2003, 218; *Puttfarcken* Zulässigkeit der Veröffentlichung des Barschel-Fotos ZUM 1988, 133; *Rackow* Das Gewaltdarstellungsverbot des § 131 StGB – Ein Risikodelikt und sein symbolischer Subtext, FS Maiwald Frankfurt aM 2003, 195; *Ramberg* Erfahrungen bei der Strafverfolgung der Verbreitung von Pornographie via Satellit ZUM 1994, 140; *Ranft* Verfahrensöffentlichkeit und „Medienöffentlichkeit" im Strafprozeß Jura 1995, 573; *Rebmann* Aktuelle Probleme des Zeugnisverweigerungsrechts von Presse und Rundfunk und des Verhältnisses von Presse und Polizei bei Demonstrationen AfP 1982, 189; *Rehbinder* Die rechtlichen Sanktionen bei Urheberrechtsverletzungen nach ihrer Neuordnung durch das Produktpirateriegesetz ZUM 1990, 462; *ders* Urheberrecht, 16. Aufl München 2010; *Reinbacher* Die Strafbarkeit der Vervielfältigung urheberrechtlich geschützter Werke zum privaten Gebrauch nach dem Urheberrechtsgesetz, Berlin 2007; *ders* Zur Strafbarkeit der privaten Vervielfältigung von offensichtlich rechtswidrig hergestellten oder öffentlich zugänglich gemachten Vorlagen GRUR 2008, 394; *Reinbacher/Wincierz* Kritische Würdigung des Gesetzentwurfs zur Bekämpfung von Kinder- und Jugendpornographie ZRP 2007, 195; *Rengier* Die Reichweite des § 53 Abs 1 Nr 5 StPO zum Schutze des namentlich preisgegebenen, aber unauffindbaren Informanten JZ 1979, 797; *Rengier* Strafrecht Besonderer Teil II, Delikte gegen die Person und die Allgemeinheit, 11. Aufl München 2010 (zit *Rengier* BT II); *Riklin* Anstiftung durch Fragen GA 2006, 361; *Ringel* Rechtsextremistische Propaganda aus dem Ausland im Internet CR 1997, 302; *Rinsche* Strafjustiz und öffentlicher Pranger ZRP 1987, 384; *Rochlitz* Der strafrechtliche Schutz des ausübenden Künstlers, des Tonträger- und Filmherstellers und des Sendeunternehmens, Frankfurt aM 1987; *ders* Die Strafbarkeit der vorsätzlichen unerlaubten Vervielfältigung und Verbreitung von Tonträgern UFITA 83 (1978), 69; *ders* Der strafrechtliche Schutz des Urhebers und Leistungsschutzrechtsinhabers FuR 1980, 351; *Römer* Verbreitungs- und Äußerungsdelikte im Internet, Frankfurt aM 2000; *Roggan* Am deutschen

Rechtswesen soll die Welt genesen? – Eine rechtspolitische Skizze zum Urteil des BGH vom 12.12.2000 KJ 2001, 337; *Roßnagel* Neues Recht für Multimediadienste – Informations- und Kommunikationsdienste-Gesetz und Mediendienste-Staatsvertrag NVwZ 1998, 1; *Roxin* Strafrecht Allgemeiner Teil Band I: Grundlagen: Der Aufbau der Verbrechenslehre, 4. Aufl München 2006 (zit *Roxin* AT I); *ders* Strafrecht Allgemeiner Teil Band II: Besondere Erscheinungsformen der Straftat, München 2003 (zit *Roxin* AT II); *Rudolphi/Horn/Samson/Günther* (Hrsg) Systematischer Kommentar zum Strafgesetzbuch Loseblattsammlung, 8. Aufl Stand 06/2010 Neuwied (zit SK/*Bearbeiter*); *Rüping* Strafrechtliche Fragen staatlich genehmigter Lotterien JZ 2005, 234; *Ruhrmann* Rechtsfragen zur Staatsgefährdung NJW 1954, 1512; *Sankol* Die Qual der Wahl: § 113 TKG oder §§ 100g, 100h StPO? Die Kontroverse über das Auskunftsverlangen von Ermittlungsbehörden gegen Access-Provider bei dynamischen IP-Adressen MMR 2006, 361; *Satzger* Die Anwendung des deutschen Strafrechts auf grenzüberschreitende Gefährdungsdelikte NStZ 1998, 112; *ders* Strafrechtliche Verantwortlichkeit von Zugangsvermittlern CR 2001, 109; *Schack* Urheber- und Urhebervertragsrecht, 5. Aufl Tübingen 2010; *ders* Schutz digitaler Werke vor privater Vervielfältigung: zu den Auswirkungen der Digitalisierung auf § 53 UrhG ZUM 2000, 379; *Schaefer* Welche Rolle spielt das Vervielfältigungsrecht auf der Bühne der Informationsgesellschaft?, FS Nordemann Baden-Baden 1999, 193; *Schaefer/Rasch/Braun* Zur Verantwortlichkeit von Online-Diensten und Zugangsvermittlern für fremde urheberrechtsverletzende Inhalte ZUM 1998, 451; *Scharnke* Die strafrechtliche Verantwortlichkeit der leitenden Personen des Rundfunks, München 1978; *Scheerer* Gerichtsöffentlichkeit als Medienöffentlichkeit: Zur Transparenz der Entscheidungsfindung im straf- und verwaltungsgerichtlichen Verfahren, Königstein/Taunus 1979; *Scheu* Interessenwahrnehmung durch Rundfunk und Presse: eine strafrechtliche Untersuchung, Berlin 1965; *Schiemann* Mord oder Totschlag? – Kannibalismus und die Grenzen des Strafrechts NJW 2005, 2350; *Schippan* Nun endgültig verabschiedet: Das digitale Urheberrecht – Korb 1 ZUM 2003, 678; *Schlottfeldt* Die Verwertung rechtswidrig beschaffter Informationen durch Presse und Rundfunk, Baden-Baden 2002; *Schmidt* Privates Glücksspielmonopol für Sportwetten auf der Grundlage von DDR-Genehmigungen WRP 2004, 1145; *Schmidt-De Caluwe* Pressefreiheit und Beihilfe zum Geheimnisverrat iSd § 353b StGB – Der Fall „Cicero" und die Entscheidung des BVerfG NVwZ 2007, 640; *Schmitz* Ausspähen von Daten, § 202a StGB JA 1995, 478; *ders* Verletzung von (Privat)geheimnissen – Qualifikationen und ausgewählte Probleme der Rechtfertigung JA 1996, 949; *Schnabel* Strafbarkeit des Hacking – Begriff und Meinungsstand wistra 2004, 211; *Schoene* Zum Begriff „Veranstaltung" iS des § 286 StGB NStZ 1991, 469; *Schönke/Schröder* Strafgesetzbuch, 28. Aufl München 2010 (zit Schönke/Schröder/*Bearbeiter*); *Scholderer* „Mörder, die man nie vergisst" – Ein Lehrstück über die Rechtswirklichkeit des Lebach-Urteils ZRP 1991, 298; *Scholz* Meinungsfreiheit und Persönlichkeitsschutz – Gesetzgeberische oder verfassungsgerichtliche Verantwortung? AfP 1996, 323; *Schomburg* Das strafrechtliche Verbot vorzeitiger Veröffentlichung von Anklageschriften und anderen amtlichen Schriftstücken ZRP 1982, 142; *Schramm* Staatsanwaltschaftliche Auskunft über dynamische IP-Adressen DuD 2006, 785; *Schreibauer* Das Pornographieverbot des § 184 StGB, Regensburg 1999; *Schroeder* Grundprobleme des § 49a StGB JuS 1967, 290; *ders* Das Erziehungsprivileg im Strafrecht, FS Lange Berlin 1976, 391; *ders* Die Überlassung pornographischer Darstellungen in gewerblichen Leihbüchereien (§ 184 Abs 1 Nr 3 StGB) JR 1977, 231; *ders* Probleme der Staatsverunglimpfung JR 1979, 89; *ders* Pornographie, Jugendschutz und Kunstfreiheit, Heidelberg 1992; *ders* Das 27. Strafrechtsänderungsgesetz – Kinderpornographie NJW 1993, 2581; *Schulte* Anmerkung zu Fredrik Roggan – Am deutschen Rechtswesen soll die Welt genesen? KJ 2001, 341; *Schulze* Die kleine Münze und ihre Abgrenzungsproblematik bei den Werkarten des Urheberrechts, Freiburg iBr 1983; *ders* Der Schutz der kleinen Münze im Urheberrecht GRUR 1987, 769; *Schwartmann* Praxishandbuch Medien-, IT- und Urheberrecht, Heidelberg 2008 (zit Schwartmann/*Bearbeiter*); *Schwarzenegger* Handlungs- und Erfolgsort beim grenzüberschreitenden Betrug, FS Schmid Zürich 2001, 240; *ders* Der räumliche Geltungsbereich des Strafrechts im Internet: Die Verfolgung von grenzüberschreitenden Internetkriminalität in der Schweiz im Vergleich mit Deutschland und Österreich SchwZStW 118 (2001), 109; *ders* Die strafrechtliche Beurteilung von Hyperlinks, FS Rehbinder München 2002, 723; *Schwenzer* Urheberrechtliche Fragen der „kleinen Münze" in der Popmusikproduktion ZUM 1996, 584; *ders* Werden Träume wahr in der CD-Kopier-Bar? – Grenzen der Privatkopie nach § 53 Abs 1 UrhG ZUM 1997, 478;

Sedlmeier Die Auslegung der urheberrechtlichen Straftatbestände bei Internet-Sachverhalten, Frankfurt aM 2003; *Sieber* Strafrechtliche Verantwortlichkeit für den Datenverkehr in internationalen Computernetzen JZ 1996, 429, 494; *ders* Anmerkung zu AG München: „CompuServe"-Urteil MMR 1998, 438; *ders* Kinderpornographie, Jugendschutz und Providerverantwortlichkeit im Internet, Bonn 1999; *ders* Verantwortlichkeit im Internet: Technische Kontrollmöglichkeiten und multimediarechtliche Regelungen, München 1999; *ders* Internationales Strafrecht im Internet – Das Territorialitätsprinzip der §§ 3, 9 StGB im globalen Cyberspace NJW 1999, 2065; *ders* Mindeststandards für ein globales Pornografiestrafrecht – Eine rechtsvergleichende Analyse ZUM 2000, 89; *ders* Die Bekämpfung von Hass im Internet ZRP 2001, 97; *Siebert* Zur allgemeinen Problematik des Persönlichkeitsrechts NJW 1958, 1369; *Simitis* Das Stasi-Unterlagen-Gesetz – Einübung in die Zensur? NJW 1995, 639; *Soehring* Pressrecht, 4. Aufl Köln 2010; *Sorth* Rundfunkberichterstattung aus Gerichtsverfahren, Hamburg 1999; *Spautz* Tonträgerpiraterie, Bootlegs und strafrechtlicher Schutz im Urheberrechtsgesetz FuR 1978, 743; *Spindler* Verantwortlichkeit und Haftung für Hyperlinks im neuen Recht MMR 2002, 495; *ders* Das Gesetz zum elektronischen Geschäftsverkehr – Verantwortlichkeit der Diensteanbieter und Herkunftslandprinzip NJW 2002, 921; *Stange* Pornographie im Internet – Versuche einer strafrechtlichen Bewältigung CR 1996, 424; *Stapper* Presse und Unschuldsvermutung AfP 1996, 349; *Steffen* Schranken des Persönlichkeitsschutzes für den „investigativen" Journalismus AfP 1988, 117; *Stegbauer* Der Straftatbestand gegen die Auschwitzleugnung – eine Zwischenbilanz NStZ 2000, 281; *ders* Rechtsextremistische Propaganda und das Kennzeichenverbot des § 86a StGB JR 2002, 182; *Steinbach* Die Beschimpfung von Religionsgesellschaften gemäß § 166 StGB – eine Würdigung des Karikaturenstreits nach deutschem Strafrecht JR 2006, 495; *Stender-Vorwachs* Bildberichterstattung über Prominente – Heide Simonis, Sabine Christiansen und Caroline von Hannover NJW 2009, 334; *Stoltenberg* Stasi-Unterlagen-Gesetz, Kommentar, Baden-Baden 1992; *ders* Die historische Entscheidung für die Öffnung der Stasi-Akten – Anmerkungen zum Stasi-Unterlagen-Gesetz DtZ 1992, 65; *Stree* Zur Problem des publizistischen Landesverrats JZ 1963, 527; *Strömer* Online-Recht, 4. Aufl Heidelberg 2006; *Stürner* Persönlichkeitsschutz und Geldersatz AfP 1998, 1; *ders* Bildberichterstattung aus deutschen Gerichtssälen JZ 1995, 297; *Thoms* Der urheberrechtliche Schutz der kleinen Münze, München 1980; *Tiedemann* Die Bekämpfung der Wirtschaftskriminalität durch den Gesetzgeber JZ 1986, 865; *Tillmanns* Das Redaktionsgeheimnis muss besser geschützt werden ZRP 2007, 37; *Uebbert* Die strafrechtliche Haftung des verantwortlichen Redakteurs bei der Veröffentlichung strafbarer Inhalte, insbesondere nach § 21 Abs 2 S 1 Ziffer 1 LPG NW, Münster 1995; *Ulmer-Eilfort* Zur Zukunft der Vervielfältigungsfreiheit nach § 53 UrhG im digitalen Zeitalter, FS Nordemann Baden-Baden 1999, 285; *Vahle* Zur (Mit-)Verantwortlichkeit beim Überlassen von sog Horror-Videos an Kinder bzw. Jugendliche DVP 1999, 345; *Valerius* Ermittlungsmaßnahmen im Internet: Rückblick, Bestandsaufnahme, Ausblick JR 2007, 275; *Vassilaki* Multimediale Kriminalität – Entstehung, Formen und rechtspolitische Fragen der „Post-Computerkriminalität" CR 1997, 297; *dies* Strafrechtliche Verantwortlichkeit der Dienstanbieter nach dem TDG MMR 1998, 630; *dies* Strafrechtliche Verantwortlichkeit durch Einrichten und Aufrechterhalten von elektronischen Verweisen (Hyperlinks) CR 1999, 85; *dies* Online-Auschwitzlüge und deutsches Strafrecht CR 2001, 262; *dies* Strafrechtliche Haftung nach §§ 8 ff TDG MMR 2002, 659; *Vetter* Gesetzeslücken bei der Internetkriminalität, Hamburg 2003; *Vlachopoulos* Kunstfreiheit und Jugendschutz, Berlin 1996; *Vogel* Fernsehübertragungen von Strafverfahren in der Bundesrepublik Deutschland und den USA, Frankfurt aM 2005; *Vogel/Norouzi* Europäisches ne bis in idem – EuGH NJW 2003, 1173, JuS 2003, 1059; *Wagner* Beschlagnahme und Einziehung staatsgefährdender Massenschriften MDR 1961, 93; *ders* Strafprozessführung über die Medien, Baden-Baden 1987; *Waldenberger* Teledienste, Mediendienste und die „Verantwortlichkeit" ihrer Anbieter MMR 1998, 124; *Walther* Zur Anwendbarkeit der Vorschriften des strafrechtlichen Jugendmedienschutzes auf im Bildschirmtext verbreitete Mitteilungen NStZ 1990, 523; *Wandres* Die Strafbarkeit des Auschwitz-Leugnens, Berlin 2000; *Wandtke/Bullinger* Praxiskommentar zum Urheberrecht, 3. Aufl München 2008 (zit Wandtke/Bullinger/*Bearbeiter*); *Warntjen* Die verfassungsrechtlichen Anforderungen an eine gesetzliche Regelung der Online-Durchsuchung Jura 2007, 581; *U Weber* Der strafrechtliche Schutz des Urheberrechts Tübingen 1976 (zit *Weber* Urheberstrafrecht); *ders* Grundsätze und Grenzen strafrechtlichen Schutzes des Urheberrechts und der verwandten

Schutzrechte FuR 1980, 335; *ders* Zur strafrechtlichen Erfassung des Musikdiebstahls, FS Sarstedt Berlin 1981, 379; *ders* Strafrechtliche Aspekte der Sportwette in: Rechtsprobleme der Sportwette Heidelberg 1989, 39 (zit *Weber* Sportwette); *W Weber* Innere Pressefreiheit als Verfassungsproblem Berlin 1973 (zit *W Weber*); *Weider* Die Videovernehmung von V-Leuten gemäß § 247a StPO unter optischer und akustischer Abschirmung StV 2000, 48; *Weigend* Strafrechtliche Pornographieverbote in Europa ZUM 1994, 133; *ders* Gewaltdarstellung in den Medien, Ethik als Schranke der Programmfreiheit im Medienrecht, FS Herrmann Baden-Baden 2002, 35; *Wendt* Das Recht am eigenen Bild als strafbewehrte Schranke der verfassungsrechtlich geschützten Kommunikationsfreiheiten des Art 5 Abs 1 GG AfP 2004, 181; *Werle/Jeßberger* Grundfälle zum Strafanwendungsrecht JuS 2001, 35; *Werwigk-Hertneck* Schutz vor den Paparazzi? Ein Einbruch in die Intimsphäre soll strafbar werden ZRP 2003, 293; *Wessels/Beulke* Strafrecht Allgemeiner Teil, 40. Aufl Heidelberg 2010; *Widmaier* Gerechtigkeit – Aufgabe von Justiz und Medien? NJW 2004, 399; *Wilhelm* Vorzeitige Weitergabe einer Anklageschrift, § 353d Nr 3 StGB NJW 1994, 1520; *Willms* Verfassungsfeindliche Schriften – Zur Auslegung und Reform des § 93 StGB JZ 1958, 601; *Wimmer/Michael* Der Online-Provider im neuen Multimediarecht, Baden-Baden 1998; *Wohlers* Die Qualifizierung von Sportwetten als Glücksspiele im Sinne des StGB § 284 JZ 2004, 2047; *Wohlers/Demko* Der strafprozessuale Zugriff auf Verbindungsdaten (§§ 100g, 100h StPO) StV 2003, 214; *Wolf* Die Gesetzwidrigkeit von Fernsehübertragungen aus Gerichtsverhandlungen NJW 1994, 681; *ders* Gerichtsberichterstattung – künftig „live" im Fernsehen? ZRP 1996, 106; *ders* „Wir schalten um nach Karlsruhe ..." Fernsehübertragungen aus Sitzungen des Bundesverfassungsgerichts? JR 1997, 441; *Wormer* Der strafrechtliche Schutz der Privatsphäre vor Missbräuchen mit Tonaufnahme- und Abhörgeräten, Mannheim 1977; *Wrage* Allgemeine Oddset-Sportwetten: Zur Strafbarkeit des Buchmachers gemäß § 284 StGB JR 2001, 405; *Wysse* Öffentlichkeit von Gerichtsverfahren und Fernsehberichterstattung EuGRZ 1996, 1; *Zechlin* Kunstfreiheit, Strafrecht und Satire NJW 1984, 1091; *Zuck* Mainstream-Denken contra Medienöffentlichkeit – Zur Politik der n-tv-Entscheidung des BVerfG NJW 2001, 1622.

Übersicht

§ 1
Die Stellung des Medienstrafrechts im Rahmen des Medienrechts

I. Der Gegenstandsbereich des Medienstrafrechts

1 Im Rahmen der strafrechtlichen Verantwortlichkeit für Verhaltensweisen, die im Zusammenhang mit Medienprodukten zu prüfen sind, wird als Oberbegriff oft vom **„Medienstrafrecht“** gesprochen.[1] Dabei muss man sich aber im Klaren sein, dass es sich hierbei nicht um eine abgegrenzte Gruppe von Straftatbeständen, wie zB beim „Umweltstrafrecht“ (§§ 324 ff StGB) oder beim „Betäubungsmittelstrafrecht“ (§§ 29 ff BtMG) handelt. Vielmehr wird das „Medienstrafrecht“, wie zB auch das „Arztstrafrecht“ oder das „Computerstrafrecht“, ausschließlich von seinem Gegenstand her definiert.[2] In diesem Zusammenhang existieren zwar auch vereinzelt Sondertatbestände, weitgehend werden aber die allgemeinen Straftatbestände – und eben keine Spezialtatbestände – zur Anwendung gebracht.

2 Dabei ist die **Abgrenzung** unklar, was noch zum Medienstrafrecht zu zählen ist und was nicht. Wer eine Zeitung, die einem anderen gehört, zerreißt, begeht eine Sachbeschädigung (§ 303 StGB), wer im Rahmen einer Internetauktion einen anderen täuscht, kann einen Betrug begehen (§ 263 StGB) und wer einem anderen ein Buch entwendet, hat sich wegen eines Diebstahls (§ 242 StGB) zu verantworten. In allen diesen Fällen sind jedoch **keine medienspezifischen Besonderheiten** zu beachten, sodass eine Erörterung im vorliegenden Zusammenhang nicht angezeigt ist.

3 Anders stellt sich die Sachlage bei denjenigen Delikten dar, die zwar häufig im Zusammenhang mit der Verbreitung durch ein Medium begangen werden, die aber **auch außerhalb des Medienbereiches** stattfinden können, wie etwa die Beleidigungsdelikte (§§ 185 ff StGB) oder die Volksverhetzung (§ 130 StGB). Denn hier können die spezifischen Umstände der Verbreitung, insb die Erreichbarkeit eines weit größeren Personenkreises, sowie die besondere Zwecksetzung eine differenzierte Beurteilung erfordern, was sich ua in der Sonderrolle der Medien im Rahmen der Vorschrift des § 193 StGB (Rechtfertigungsgrund der „Wahrnehmung berechtigter Interessen“)[3] zeigt.[4] Daher wurden insb auch die Delikte, die an die **Verbreitung bestimmter Inhalte** anknüpfen, in die folgende Darstellung mit aufgenommen.[5]

4 Eindeutig ist die Zuordnung zum Bereich des Medienstrafrechts hingegen bei denjenigen Tatbeständen, die **notwendigerweise die Verbreitung durch ein Medium voraussetzen**, wie zB § 33 KUG[6] oder bei denjenigen Normen, die eine besondere (strafrechtliche) Stellung von Medienmitarbeitern begründen, wie zB das besondere Zeugnisverweigerungsrecht der Medienmitarbeiter in § 53 Abs 1 Nr 5 StPO.

II. Erscheinungsformen der Medienkriminalität

5 Im Folgenden soll versucht werden, die unterschiedlichen Erscheinungsformen der Medienstraftaten in verschiedene Fallgruppen einzuordnen. Dabei ist als erstes danach

1 Vgl nur Dörr/Kreile/Cole/*Cole* Kap G; *Petersen* Überschrift zum 5. Teil.
2 Vgl auch *Fechner* 6. Kap Rn 92; *Petersen* 5. Teil Rn 1.
3 Vgl hierzu ausf unten Rn 125 ff.
4 Dagegen will *Petersen* 5. Teil Rn 2 diese Tatbestände aus dem spezifischen Medienstrafrecht ausklammern; anders *Paschke* Rn 1250 ff.
5 Vgl hierzu ausf unten Rn 170 ff.
6 Vgl hierzu ausf unten Rn 332 ff.

zu differenzieren, ob Medienunternehmen bzw deren Mitarbeiter **als Täter oder als Opfer** von Straftaten auftreten (wobei bereits an dieser Stelle darauf hinzuweisen ist, dass eine strafrechtliche Verantwortlichkeit nach deutschem Recht stets an das Verhalten einzelner natürlicher Personen anknüpft und daher das Medienunternehmen selbst als juristische Person im strafrechtlichen Sinne niemals Täter sein kann[7]). Als weiteres Unterscheidungskriterium im Bereich der Medienkriminalität kann die **Zielrichtung** von Straftaten herangezogen werden. Dabei liegt der Schwerpunkt und damit das „Medientypische" in der Verbreitung gefährlicher oder verbotener Inhalte. Durch die Verbreitung dieser Medieninhalte werden in erster Linie kollektive Rechtsgüter verletzt. Darüber hinaus können jedoch auch, wie das Beispiel der Beleidigungsdelikte zeigt, Individualrechtsgüter betroffen sein.[8]

1. Die Verletzung von individuellen Rechten durch Medien

Als erstes soll auf die Besonderheit von individuellen Rechtsgutsverletzungen, die über ein Medium begangen werden, eingegangen werden. Hier ist zu unterscheiden zwischen Delikten, die **spezifisch** im Zusammenhang mit der Verbreitung von Inhalten stehen und durch die einzelne Personen beeinträchtigt und in ihren Rechten verletzt werden sowie Delikten, bei denen – vorwiegend über das Medium des Internets – das **Medium lediglich als „Werkzeug"** des Einzelnen dient, um Straftaten zu begehen. 6

Als Musterbeispiel für die **erste Gruppe** sind wiederum die Beleidigungsdelikte, §§ 185 ff StGB, zu nennen, bei denen die Intensität der Ehrverletzung mit der Zahl der Empfänger der Nachricht zunimmt.[9] Dies wird im Rahmen der §§ 186, 187 StGB dadurch deutlich, dass die Verbreitung der ehrverletzenden Äußerung durch Schriften iSd § 11 Abs 3 StGB[10] als Qualifikation normiert wurde. 7

In die **zweite Gruppe** fallen Straftaten, bei denen sich der Täter des Mediums zwar als „Werkzeug" bedient, er die Rechtsverletzung aber auch auf andere Weise in gleicher Form hätte erreichen können. So kann die Verletzung von Privatgeheimnissen, § 203 StGB,[11] auf vielerlei Wegen durchgeführt werden: durch die Ausstrahlung im Fernsehen, durch Rundfunksendungen, den Abdruck von Geheimnissen in der Presse oder durch die Veröffentlichung im Internet. 8

Daneben ist insb im **Bereich des Internets** an Straftaten zu denken, die der Einzelne unter Benutzung des Mediums begeht, die aber in den Bereich der allgemeinen Kriminalität fallen und die daher im Folgenden auch nicht näher untersucht werden. Ebenso wie eine betrugsrelevante Täuschung verbal oder mittels eines Briefes vollzogen werden kann, ist an eine Betrugsstrafbarkeit, § 263 StGB, zu denken, bei der sich der Täter des Mediums des Internets bedient. Wer zB über „E-Bay" schlechte Ware zum Verkauf anbietet oder wer Sachen ersteigert, ohne dabei die Absicht zu haben, diese später zu bezahlen, nutzt die speziellen Möglichkeiten, die ihm das Internet bietet, um Straftaten zu begehen, die aber nicht zu den „medienspezifischen" Straftaten zu rechnen sind. 9

---

[7] Vgl hierzu noch unten Rn 63.

[8] Vgl aber auch *Vassilaki* CR 1997, 297, 298 f, die eine Einteilung in Straftaten der Verbreitung von Informationen mit rechtswidrigem Inhalt und solchen vornimmt, die „Informationsrechte Dritter" verletzen (zB die Verletzung urheberrechtlicher oder datenschutzrechtlicher Vorschriften).

[9] Vgl hierzu ausf unten Rn 108 ff.

[10] Vgl zum Schriftenbegriff des § 11 Abs 3 StGB noch unten Rn 55 ff.

[11] Vgl hierzu ausf unten Rn 152 ff.

2. Die Verbreitung gefährdender Inhalte durch Medien

10 In besonderer Weise „medientypisch“ – und in der Praxis auch bedeutender – sind diejenigen Delikte, in denen gerade durch die Verbreitung gefährlicher oder verbotener Inhalte eine Straftat begangen wird. So knüpft eine Vielzahl von Delikten daran an, dass der Täter bestimmte Inhalte verbreitet, die entweder grds (wie zB volksverhetzende Äußerungen, § 130 StGB, oder „harte“ Pornografie, §§ 184a, 184b StGB[12]) oder gegenüber einem bestimmten Personenkreis (wie zB „weiche“ Pornografie gegenüber Jugendlichen, § 184 StGB[13]) nicht übermittelt werden dürfen. Man spricht hier auch von sog **„Inhaltsdelikten“**, die, wie insb die „Presseinhaltsdelikte“, teilweise spezielle Regelungen erfahren haben.[14]

3. Aufforderung zur Begehung von Straftaten über die Medien

11 Eine Besonderheit, die insb auf den Multiplikatoreffekt einer großflächigen Verbreitung von Informationen abzielt, ist die Möglichkeit, über Medien zur Begehung von Straftaten aufzufordern, § 111 StGB.[15] Auch die Anleitung zur Begehung von Straftaten, § 130a StGB,[16] ist in diesem Zusammenhang zu nennen. Schließlich ist auch daran zu denken, dass eine Belohnung und Billigung von Straftaten, § 140 StGB,[17] über ein bestimmtes Medium eine besonders nachteilige Wirkung erzeugt.

4. Medien(unternehmen) als Opfer von Straftaten

12 Medienunternehmen bzw deren Mitarbeiter können darüber hinaus aber auch Opfer von Straftaten werden. Hierbei ist jedoch zu beachten, dass in diesen Fällen zwar teilweise medientypische Besonderheiten zu berücksichtigen sind, es sich im Wesentlichen dabei jedoch um Delikte handelt, die, wie die Nötigung, § 240 StGB, die Betriebsspionage (Verrat von Betriebsgeheimnissen), § 17 UWG, und die Sabotage, § 303b StGB, in ähnlicher Weise auch gegen andere Wirtschaftsunternehmen begangen werden können.[18]

5. Sonstige Rechtsverletzungen

13 Darüber hinaus sind noch einige Delikte und Deliktsgruppen zu nennen, die sich dadurch auszeichnen, dass sie zwar auch unter Verwendung eines Mediums begangen werden können, dass es sich aber im Wesentlichen um **Straftaten der allgemeinen Kriminalität** handelt, bei denen das Medium – insb hier wiederum das Internet – nur ein besonderes Werkzeug darstellt. Zu nennen wäre hier als Beispiel der Tatbestand des unerlaubten Veranstaltens eines Glücksspiels, § 284 StGB, welcher sowohl durch Online-Casinos als auch durch die Vermittlung von Sportwetten erfüllt werden kann.[19]

---

12 Vgl zu § 130 StGB noch unten Rn 244 f; zu § 184a StGB unten Rn 270 f; zu § 184b StGB unten Rn 272 ff.

13 Vgl zu § 184 StGB unten Rn 256 ff.

14 Vgl zur Sonderregelung bei Presseinhaltsdelikten noch unten Rn 52.

15 Vgl hierzu ausf unten Rn 276 ff.

16 Vgl hierzu ausf unten Rn 279 f.

17 Vgl hierzu ausf unten Rn 281.

18 Vgl hierzu ausf unten Rn 295 ff.

19 Vgl hierzu ausf unten Rn 302 ff.

III. Medienstrafrecht und Grundgesetz

Im Bereich des Medienstrafrechts kollidieren die einzelnen Strafnormen oftmals mit grundgesetzlich garantierten Rechten, insb aus Art 5 GG. Andererseits stellen die Strafvorschriften auch „allgemeine Gesetze“ dar, die über Art 5 Abs 2 GG jedenfalls die Grundrechte des Art 5 Abs 1 GG einschränken können. Dabei ist der Strafgesetzgeber jedoch gehalten, bei der Schaffung und Ausgestaltung der Strafnormen wiederum den Wesensgehalt der Grundrechte zu beachten, sodass diesbezüglich von einer **„Wechselwirkung“** auszugehen ist.[20] Dies gilt auch – im Hinblick auf bestehende Strafgesetze – für die Auslegung der einzelnen Straftatbestände. Insoweit hat eine Abwägung der betroffenen Rechte zu erfolgen. Auch die Strafgesetze müssen als „ihrerseits [...] aus der Erkenntnis der wertsetzenden Bedeutung dieses Grundrechts im freiheitlich demokratischen Staat ausgelegt und so zu in ihrer das Grundrecht begrenzenden Wirkung selbst wieder eingeschränkt werden“.[21] Dies erfolgt zumeist schon über die Auslegung der einzelnen Tatbestandsmerkmale, sodass ein entsprechendes Verhalten bereits die tatbestandliche Verwirklichung des Deliktes und nicht erst die Rechtswidrigkeit ausschließt.[22] **14**

Andererseits ist zu beachten, dass Rechtsverletzungen, die über die Medien stattfinden, infolge der **großen Breitenwirkung** oftmals weit gravierender sind als Rechtsverletzungen, die sich in einem kleinen Kreis abspielen. So kann eine Verbreitung ehrverletzender Tatsachen über Funk, Fernsehen oder das Internet für den Ruf des Betroffenen infolge des großen Adressatenkreises in weit stärkerem Maße negative Folgen haben als eine Verbreitung derselben Tatsache am Stammtisch.[23] **15**

1. Die Meinungsfreiheit (Art 5 Abs 1 S 1 Alt 1 GG)

Nach Art 5 Abs 1 S 1 Alt 1 GG hat jeder das Recht, seine Meinung in Wort, Schrift und Bild frei zu äußern. Ob dies verbal, schriftlich oder über ein (Massen-)Medium geschieht, ist dabei gleichgültig. Die Meinungsfreiheit ist dabei ein Menschenrecht („Jeder“), steht also nicht nur Deutschen zu. Der Schutz des Grundrechts umfasst dabei nicht nur die Meinungsäußerung, die über ein Medium getätigt wird, sondern auch die Berichterstattung der Massenmedien an sich.[24] Verboten sind demnach alle Vorschriften, die eine Äußerung oder die Verbreitung von Meinungen beeinflussen, behindern oder verbieten. Medienrechtlich interessant ist, dass **auch die Wirtschaftswerbung** (insb die sog „Schockwerbung“) vom Grundrecht der Meinungsfreiheit grds erfasst ist. Vom Schutzbereich der Meinungsfreiheit nicht erfasst sind allerdings erwiesen oder bewusst unwahre Tatsachenbehauptungen.[25] Andererseits kann aber die Ver- **16**

---

[20] Vgl zur Wechselwirkungslehre BVerfGE 7, 198, 208 f – Lüth; BVerfGE 20, 162, 176 f – Spiegel; BVerfGE 35, 202, 223 f – Lebach I; BVerfGE 59, 231, 265 – Freie Rundfunkmitarbeiter; BVerfGE 60, 234, 240 – Kredithaie; BVerfGE 62, 230, 244 – Boykottaufruf; BVerfGE 91, 125, 136 – Honecker ua; *Petersen* § 2 Rn 36 f; Schönke/Schröder/*Eser/Hecker* Vorbem § 1 Rn 30 ff.

[21] BVerfGE 7, 198, 209 – Lüth.

[22] Zur Frage, inwieweit aus den Grundrechten unmittelbar eine Rechtfertigung tatbestandlichen Verhaltens abgeleitet werden kann, sie also Rechtfertigungsgründe darstellen können, vgl unten Rn 85.

[23] Vgl hierzu auch *Herrmann/Lausen* § 26 Rn 3; *Siebert* NJW 1958, 1369; vgl auch BVerfGE 35, 202, 227 – Lebach I; BVerfGE 54, 208, 216, wonach Fernsehen in der Regel einen weitaus stärkeren Eingriff als Hörfunk oder Presse verursachen kann.

[24] BVerfGE 81, 1, 11 f; BVerfG NJW-RR 2007, 1340.

[25] BVerfGE 61, 1, 8; BVerfGE 90, 241, 249; BVerfG NJW 2008, 2907, 2908 – Heimatvertriebenenlied.

öffentlichung rechtswidrig erlangter Informationen vom Schutz der Meinungsfreiheit gedeckt sein.[26]

17 Nach Art 5 Abs 2 GG finden die Grundrechte des Art 5 Abs 1 GG ihre **Schranken** in den Vorschriften der allgemeinen Gesetze, den gesetzlichen Bestimmungen zum Schutze der Jugend und in dem Recht der persönlichen Ehre. Unter **„allgemeinen Gesetzen"** sind dabei alle Gesetze zu verstehen, die sich nicht gegen die Meinungsfreiheit (oder die Freiheit von Presse und Rundfunk) an sich oder gegen die Äußerung einer bestimmten Meinung richten, sondern dem Schutz eines schlechthin, dh ohne Rücksicht auf eine bestimmte Meinung zu schützenden Rechtsguts dienen.[27] Zu diesen allgemeinen Gesetzen gehören zB die zivilrechtlichen Vorschriften über den Schutz des Persönlichkeitsrechts durch Ansprüche auf Unterlassung nach §§ 823 Abs 1, 1004 Abs 1 BGB, die aber ihrerseits im Lichte des Art 5 Abs 1 GG ausgelegt werden müssen (Wechselwirkung).[28] Da Strafgesetze zu den allgemeinen Gesetzen zählen, ist ein allgemeines strafrechtliches Verbot, eine bestimmte Meinung zu äußern (relevant zB bei § 130 Abs 3 StGB, der sog „Auschwitzlüge"[29]) prinzipiell vom Wortlaut des Art 5 Abs 2 GG gedeckt.

18 Die Schranken des Art 5 Abs 2 GG können aber nicht in dem Sinne als absolut verstanden werden, dass das entsprechende Grundrecht nunmehr problemlos und unbegrenzt eingeschränkt werden dürfte. Vielmehr gelten diese Schranken nur „relativ", dh sie müssen wiederum der besonderen Bedeutung der entsprechenden Grundrechte im freiheitlichen Rechtsstaat Rechnung tragen (**Wechselwirkungslehre**).[30]

2. Die Informationsfreiheit (Art 5 Abs 1 S 1 Alt 2 GG)

19 Nach Art 5 Abs 1 S 1 Alt 2 GG hat jeder das Recht, sich aus allgemein zugänglichen Quellen ungehindert zu unterrichten. Da das „Recht, sich selbst zu informieren"[31] als **Grundrecht des Einzelnen** (des „Nutzers") ausgestaltet ist, schützt es in erster Linie nicht die Medien selbst bzw die Medienunternehmen. Es schützt vielmehr die Informationsfreiheit des Einzelnen und zwar nicht nur vor Beschränkungen seitens des Staates, sondern auch bei der Ausgestaltung zivilrechtlicher Verhältnisse. So gewährt Art 5 Abs 1 S 1 Alt 2 GG ua dem (ausländischen) Mieter einen Anspruch gegen seinen Vermieter auf Anbringung einer Parabolantenne zum Empfang von Sendern seines Heimatlandes.[32] Geschützt ist ferner nicht nur die aktive Informationsverschaffung, sondern auch die bloße Entgegennahme von Informationen, sodass der Einzelne auch dann betroffen ist, wenn eine an ihn ohne seine Kenntnis gerichtete Information unterbunden wird.[33]

---

26 BVerfGE 66, 116, 137 f – Wallraff; vgl hierzu noch ausf unten Rn 35.

27 BVerfGE 7, 198, 209 f – Lüth; BVerfGE 26, 186, 205; BVerfGE 28, 175, 185 f; BVerfGE 28, 282, 292; BVerfGE 50, 234, 240 f – Kölner Volksblatt; BVerfGE 59, 231, 263 f – Freier Rundfunkmitarbeiter; BVerfGE 62, 230, 244 – Boykottaufforderung; BVerfGE 91, 125, 135 – Honecker ua; BVerfGE 117, 244, 260 – Cicero.

28 Vgl hierzu ua BVerfGE 7, 198, 211 ff – Lüth; ferner BVerfG NJW-RR 2007, 1340, 1341: Presseberichte über getilgte Vorstrafen eines Unternehmens.

29 Hierzu BVerfG NStZ 2007, 216, 217; vgl zu § 130 noch unten Rn 244 f.

30 BVerfGE 7, 198, 208 f – Lüth; vgl hierzu bereits oben Rn 14.

31 BVerfGE 27, 71, 81 – Leipziger Volkszeitung.

32 BVerfGE 90, 27 – Parabolantenne; BGH NJW 2004, 937.

33 BVerfGE 21, 71, 82 f – Leipziger Volkszeitung: Einziehung von aus der DDR zugesandten Zeitungen.

Da jedoch die Informationsfreiheit nur gewährleistet werden kann, wenn eine Informationsvielfalt gegeben ist, folgt hieraus auch eine **institutionelle Garantie** der Medien, über welche die Informationen verbreitet werden. Dem Staat ist es also verwehrt, zB Zeitungen grds zu verbieten oder ihr Erscheinen oder die Publikationen von einer vorherigen Genehmigung abhängig zu machen. Auch darf die Schaffung oder Auslegung von Strafnormen nicht dazu führen, dass die Verantwortlichen eines Medienunternehmens bei der Verbreitung von (kritischen) Informationen mit strafrechtlicher Verfolgung zu rechnen haben, denn auch dies kann zur Folge haben, dass entsprechende Informationen nicht mehr verbreitet werden. Dann aber wird auch das Recht des Einzelnen, sich umfassend zu informieren, beschnitten und führt zu einer **Einschränkung** des Rechts auf Informationsfreiheit. Hieraus folgt, dass die Verbreitung von Information nur dann verboten bzw unter Strafe gestellt werden darf, wenn sie ihrerseits bedeutende Rechte anderer Personen (zB bei Verleumdungen) oder kollektive Rechtsgüter (zB den öffentlichen Frieden) beeinträchtigt. Möglich ist dies auf Grund des auch für die Informationsfreiheit einschlägigen Art 5 Abs 2 GG, da die Strafgesetze zu den „allgemeinen Gesetzen" in diesem Sinne zählen.[34] **20**

Um Informationen weitergeben zu können, müssen diese Informationen aber durch die Mitarbeiter der Medien beschafft werden, sodass auch die **Informationsgewinnung** durch die Medien in den Schutzbereich mit einbezogen werden muss.[35] Allerdings ist hier zu beachten, dass die Informationsgewinnung ihrerseits auch nur aus „allgemein zugänglichen Quellen" erfolgen darf. Hierunter versteht man Quellen, die technisch dazu geeignet und bestimmt sind, der Allgemeinheit, dh einem individuell nicht bestimmbaren Personenkreis Informationen zu verschaffen.[36] Insoweit gewährleistet die Informationsfreiheit kein allgemeines Recht auf Eröffnung einer Informationsquelle.[37] Allgemein wird davon ausgegangen, dass über die Zugänglichkeit einer Informationsquelle an sich sowie über die jeweiligen Modalitäten des Zugangs derjenige entscheidet, der über ein entsprechendes „Bestimmungsrecht" verfügt.[38] Dies ist aber insb bei staatlichen Informationsquellen deswegen problematisch, weil die staatlichen Träger dann selbst bereits den Schutzbereich des jeweiligen Grundrechts bestimmen könnten. Es liegt daher näher, den Schutzbereich bei Informationen, die aus der staatlichen Sphäre stammen, stets als betroffen anzusehen und eine Einschränkung lediglich über die Grenzen des Art 5 Abs 2 GG vorzunehmen. Das Grundrecht der Informationsfreiheit gewährt daher Journalisten nicht das Recht, im Rahmen ihrer Recherche Rechte anderer zu beeinträchtigen (sie dürfen also nicht in fremde Besitztümer eindringen, § 123 StGB, oder fremde Sachen wegnehmen, § 242 StGB).[39] Hierdurch werden dem **„investigativen Journalismus"** eindeutige Grenzen gesetzt.[40] Da dies aber dazu führen kann, dass Skandale oder Missstände nicht aufgedeckt werden können, ist im Einzelfall durchaus daran zu denken, eine Rechtfertigung **21**

[34] Vgl zu Art 5 Abs 2 GG und zur „Wechselwirkungslehre" bereits oben Rn 14 und Rn 18.
[35] *Wendt* AfP 2004, 181, 184.
[36] BVerfGE 27, 71, 83 – Leipziger Volkszeitung; BVerfGE 33, 52, 65 – Der lachende Mann; BVerfGE 90, 27, 32 – Parabolantenne; BVerfGE 103, 44, 60 – n-TV; *Wendt* AfP 2004, 181, 184.
[37] BVerfGE 103, 44, 59 f – n-TV; BVerfGE 119, 309, 319 – Bundeswehrrekruten; *Flechsig* ZUM 2004, 605, 608.
[38] *Flechsig* ZUM 2004, 605, 608.
[39] BVerfGE 66, 116, 137 ff – Wallraff; demgegenüber fällt jedoch die Verbreitung rechtswidrig erlangter Informationen in den Schutzbereich des Art 5 Abs 1 GG; vgl hierzu auch unten Rn 33.
[40] Vgl *Holzer* AfP 1988, 113; *Kremp* AfP 1988, 114; *Petersen* § 2 Rn 7; *Steffen* AfP 1988, 117; vgl zum Sonderproblem des „investigativen Journalismus" noch ausf unten Rn 33 ff.

auf Grund der allgemeinen Rechtfertigungsgründe, insb § 34 StGB, anzunehmen.[41] Das Risiko, dass die Rechtsverletzung nicht zu dem entsprechenden Ergebnis führt, dh der vermutete „Missstand bzw die vermutete Gefahr“ nicht vorlag, trägt in diesen Fällen allerdings der Journalist selbst.

22 Die Informationsfreiheit wird darüber hinaus insb bei der Frage der Medienberichterstattung von Gerichtsverhandlungen relevant,[42] denn auch diese sind allgemein zugängliche Informationsquellen.[43] Über ihre öffentliche Zugänglichkeit entscheidet allerdings der Gesetzgeber im Rahmen seiner Befugnis zur Ausgestaltung des Gerichtsverfahrens.

3. Die Pressefreiheit (Art 5 Abs 1 S 2 Alt 1 GG)

23 In Art 5 Abs 1 S 2 Alt 1 GG ist die Pressefreiheit geregelt. Sie gewährleistet „die institutionelle Eigenständigkeit der Presse von der Beschaffung der Information bis zur Verbreitung der Nachricht und der Meinung“.[44] Insoweit stellt sie nicht nur ein **Individualgrundrecht** dar, sondern sichert im Wege der **institutionellen Garantie**[45] ein Existenzrecht der Presse bzw der Presseorgane. Auch die Presseagenturen sind dabei vom Schutzbereich erfasst.[46] Dabei zerfällt die Pressefreiheit in eine äußere und eine innere Pressefreiheit.

24 Die **äußere Pressefreiheit** sichert der Presse bzw den einzelnen Presseorganen einen weitgehenden Schutz vor staatlicher Einflussnahme. Denn die Freiheit der Presse und der Medien ist konstituierend für die freiheitlich-demokratische Grundordnung.[47] Insoweit sind eine freie Presse und ein freier Rundfunk von besonderer Bedeutung für den freiheitlichen Staat.[48] Garantiert wird eine freie und regelmäßig erscheinende Presse, die als „ständiges Verbindungs- und Kontrollorgan zwischen dem Volk und seinen gewählten Vertretern“ stehen muss.[49] Geschützt ist dabei insb auch die publizistische Vorbereitungstätigkeit, da nur der ungehinderte Zugang zur Information die Presse in den Stand versetzt, ihre Funktion wirksam wahrzunehmen.[50] So erfasst die Pressefreiheit zB auch das Recht der im Pressewesen tätigen Personen, sich über Vorgänge in einer öffentlichen Gerichtsverhandlung zu informieren und hierüber zu berichten.[51] Darüber hinaus erfasst die Pressefreiheit auch die Vertraulichkeit der

---

41 Vgl hierzu unten Rn 84.
42 Vgl hierzu ausf unten Rn 401 ff.
43 BVerfGE 103, 44, 61; vgl aber auch §§ 170 ff GVG; § 48 JGG.
44 BVerfGE 10, 118, 121; BVerfGE 12, 205, 260; BVerfGE 62, 230, 243 – Boykottaufforderung; BVerfGE 66, 116, 133 – Wallraff; BVerfGE 103, 44, 59; BVerfG NJW 2005, 965 – Körperwelten; vgl auch BVerfGE 20, 162, 176 – Spiegel; BVerfGE 36, 193, 204; BVerfGE 50, 234, 240; BVerfGE 77, 346, 354; BVerfGE 117, 244, 259 – Cicero; BVerfG NJW 2009, 350, 351 – Holzklotz; OLG Düsseldorf NJW 2006, 630, 631 – Butterflymesser.
45 BVerfGE 10, 118, 121; BVerfGE 20, 162, 175 f – Spiegel; BVerfGE 25, 256, 268 – Blinkfüer; BVerfGE 50, 234, 240 – Kölner Volksblatt; BVerfGE 66, 116, 133 – Wallraff; BVerfGE 77, 65, 74; BVerfGE 117, 244, 258 f – Cicero; aA *Pieroth/Schlink* Rn 90.
46 BVerfG NJW 2006, 2836, 2837.
47 BVerfGE 10, 118, 121; BVerfGE 35, 202, 221 f – Lebach I; BVerfGE 59, 231, 266 – Freie Rundfunkmitarbeiter; BVerfGE 77, 65, 74; BVerfGE 117, 244, 258 – Cicero.
48 BVerfGE 20, 162, 174 – Spiegel; BVerfGE 50, 234, 239 f; BVerfGE 52, 283, 296 – Tendenzschutz; BVerfGE 66, 116, 133 – Wallraff; BVerfGE 77, 65, 74; BVerfGE 117, 244, 258 – Cicero.
49 BVerfGE 20, 162, 174 f – Spiegel.
50 BVerfGE 20, 162, 176 – Spiegel; BVerfGE 21, 271, 279; BVerfGE 50, 234, 240 – Kölner Volksblatt; BVerfGE 91, 125, 134 – Honecker ua.
51 BVerfGE 50, 234, 240 – Kölner Volksblatt; BVerfGE 91, 125, 134 – Honecker ua; vgl hierzu noch unten Rn 401 ff.

Redaktionsarbeit eines Presseunternehmens.[52] Insoweit sind vor allem auch die Geheimhaltung der Informationsquellen und das Vertrauensverhältnis zwischen den Pressemitarbeitern und den Informanten geschützt.[53] Die Pressefreiheit schließt dabei diejenigen Voraussetzungen und Hilfstätigkeiten mit ein, ohne die die Medien ihre Funktion nicht in angemessener Weise erfüllen können.[54] Insoweit sind vor allem auch die Geheimhaltung der Informationsquellen und das Vertrauensverhältnis zwischen den Pressemitarbeitern und den Informanten geschützt.[55] Dabei ist der Begriff der Presse in einem weiten Sinn zu verstehen und schließt sowohl die sog Boulevard- und Unterhaltungspresse („Sensationspresse")[56] als auch den Anzeigenteil einer Zeitung[57] mit ein. Die Pressefreiheit ist also nicht etwa auf die „seriöse Presse" beschränkt.[58] Allerdings kann im Rahmen der Abwägung mit anderen verfassungsrechtlich geschützten Rechtsgütern durchaus berücksichtigt werden, „ob die Presse im konkreten Fall eine Angelegenheit von öffentlichem Interesse ernsthaft und sachbezogen erörtert, damit den Informationsanspruch des Publikums erfüllt und zur Bildung der öffentlichen Meinung beiträgt, oder ob sie lediglich das Bedürfnis einer mehr oder minder breiten Leserschicht nach oberflächlicher Unterhaltung befriedigt".[59]

Darüber hinaus schützt Art 5 Abs 1 S 2 Alt 1 GG die **innere Pressefreiheit** im Sinne einer Unabhängigkeit von Journalisten und Redaktionen.[60] Hierdurch ist nicht nur zu gewährleisten, dass die Presseunternehmen in geistiger und wirtschaftlicher Konkurrenz zueinander stehen müssen (Verbot der Pressekonzentration),[61] sondern auch, dass die Tätigkeit der einzelnen Journalisten und Redaktionen nicht beschnitten werden darf. 25

Möglich ist eine **Einschränkung** der Pressefreiheit im Sinne einer Ahndung von durch Pressevertreter begangenen Straftaten allerdings auf Grund des auch hier einschlägigen Art 5 Abs 2 GG, da die Strafgesetze zu den hier aufgeführten „allgemeinen Gesetzen" zählen.[62] 26

4. Die Freiheit der Berichterstattung durch Rundfunk (Art 5 Abs 1 S 2 Alt 2 GG)

Nach Art 5 Abs 1 S 2 Alt 2 GG wird die Freiheit der Rundfunkberichterstattung gewährleistet.[63] Sie entspricht in ihren wesentlichen Zügen der Pressefreiheit, mit der 27

52 BVerfGE 66, 116, 133 f – Wallraff.
53 BVerfGE 100, 313, 365; BVerfGE 117, 244, 259 – Cicero.
54 BVerfGE 20, 162, 176 – Spiegel; BVerfGE 36, 193, 204; BVerfGE 64, 108, 114; BVerfGE 66, 116, 133 f – Wallraff; BverfGE 100, 313, 365; BVerfGE 117, 244, 259 – Cicero.
55 BVerfGE 20, 162, 176 – Spiegel; BVerfGE 36, 193, 204; BVerfGE 64, 108, 114; BVerfGE 66, 116, 133 f – Wallraff; BverfGE 100, 313, 365; BVerfGE 117, 244, 259 – Cicero.
56 BVerfGE 12, 205, 260; BVerfGE 34, 269, 283 – Soraya; BVerfGE 101, 361, 389 f – Caroline von Monaco II; BVerfG NJW 2006, 2836, 2837.
57 BVerfGE 21, 271, 278 f; BVerfGE 64, 108, 114.
58 BVerfGE 25, 296, 307; BVerfGE 34, 269, 283 – Soraya; BVerfGE 50, 234, 240 – Kölner Volksblatt; BVerfGE 66, 116, 134 – Wallraff; für Rundfunk BVerfGE 12, 205, 260.
59 BVerfGE 34, 269, 283 – Soraya.
60 Vgl ausf *Lerche* Pressefreiheit 1994; *W Weber*.
61 Hierzu BVerfGE 66, 116, 133 – Wallraff; *Lerche* Pressekonzentration 1971; vgl auch BVerfGE 20, 162, 176 – Spiegel: „Pflicht des Staates [...], Gefahren abzuwehren, die einem freien Pressewesen aus der Bildung von Meinungsmonopolen erwachsen könnten.".
62 Vgl zur Einschränkung der Pressefreiheit durch Strafvorschriften BVerfGE 20, 162, 177 f – Spiegel; zu Art 5 Abs 2 GG und zur „Wechselwirkungslehre" bereits oben Rn 14 und Rn 18.
63 Vgl hierzu *Ladeur/Gostomzyk* JuS 2002, 1145.

zusammen sie auch teilweise als ein einheitliches Grundrecht der **„Medienfreiheit“** zusammengefasst wird.[64] Insb Rundfunk und Fernsehen sollen als „unentbehrliche moderne Massenkommunikationsmittel“[65] einen besonderen verfassungsrechtlichen Schutz genießen. Wie schon bei der Pressefreiheit ist auch die Rundfunkfreiheit weit zu fassen. Sie dient der Gewährleistung freier individueller und öffentlicher Meinungsbildung[66] und schützt die Berichterstattung von der Beschaffung der Information bis zur Verbreitung der Nachricht und der Meinung.[67] Ein wesentliches Element stellt in diesem Zusammenhang die Programmfreiheit dar, verstanden als das Verbot nicht nur staatlicher, sondern darüber hinaus auch jeder sonstigen fremden Einflussnahme auf Auswahl, Inhalt und Ausgestaltung der Programme.[68] Dies schließt auch die Freiheit ein, für die Auswahl, die Einstellung und Beschäftigung der Mitarbeiter eigenständige Entscheidungen treffen zu können.[69] Dabei bezieht die Rundfunkfreiheit auch die Unterhaltungssendungen mit ein.[70] Im Unterschied zur Pressefreiheit ist allerdings zu beachten, dass durch die authentische Berichterstattung in Wort und Bild stärkere Beeinträchtigungen von Rechten Dritter ausgehen können, die in Teilbereichen weitergehende Beschränkungen rechtfertigen können.[71] Während die Pressefreiheit auch die Freiheit umfasst, die Grundrichtung einer Zeitung unbeeinflusst zu bestimmen und zu verwirklichen,[72] müssen die Rundfunkanstalten auf eine Ausgewogenheit bei der Programmgestaltung achten und dürfen in ihrem Gesamtprogramm nicht eine Tendenz verfolgen.[73] Neben dem Rundfunk und dem Fernsehen sind auch die **modernen digitalisierten Formen der Telekommunikation**, wie Teletext, Bildschirmtext, Videotext sowie die verschiedenen Formen des „Pay-TV“ erfasst.[74] Problematisch ist in diesem Zusammenhang allerdings die Einbeziehung des Internets in die Rundfunkfreiheit. Während ein eigenständiges Grundrecht der **„Internetfreiheit“** derzeit noch **abgelehnt** wird,[75] erstreckt sich die Rundfunkfreiheit jedenfalls insoweit auf das Internet, als hierüber Rundfunk und Fernsehsender empfangen werden können.

28 Auch das Grundrecht der Rundfunkfreiheit gilt jedoch nicht absolut. Es ist auch hier eine Ahndung von Straftaten, die durch Mitarbeiter von Medienunternehmen begangen werden, auf Grund der Einschränkung des Grundrechts durch Art 5 Abs 2 GG möglich, da die Strafgesetze zu den „allgemeinen Gesetzen“ in diesem Sinne zählen.[76] Auch gewährleistet die Rundfunkfreiheit – ebenso wenig wie die Informationsfreiheit – das Recht auf Eröffnung einer Informationsquelle,[77] es sei denn, eine

---

64 *Paschke* Rn 201 ff.

65 BVerfGE 12, 205, 260.

66 BVerfGE 57, 295, 319 f; BVerfGE 59, 231, 257 – Freie Rundfunkmitarbeiter.

67 BVerfGE 10, 118, 121; BVerfGE 91, 125, 134 – Honecker ua; BVerfGE 103, 44, 59; BVerfGE 119, 309, 318 – Bundeswehrrekruten; BVerfG NJW 2009, 350, 351 – Holzklotz.

68 BVerfGE 59, 231, 258 – Freie Rundfunkmitarbeiter.

69 BVerfGE 59, 231, 260 – Freie Rundfunkmitarbeiter.

70 BVerfGE 35, 202, 222 f – Lebach I; BVerfGE 59, 231, 258 – Freie Rundfunkmitarbeiter.

71 BVerfGE 91, 125, 134 f – Honecker ua; BVerfG NJW 2009, 350, 351 f – Holzklotz; BVerfG NJW 2009, 3357, 3359 – Fußballligaspieler; vgl bereits BVerfGE 35, 202, 226 f – Lebach I.

72 BVerfGE 52, 283, 296; BVerfGE 59, 231, 258 – Freie Rundfunkmitarbeiter.

73 BVerfGE 59, 231, 258 – Freie Rundfunkmitarbeiter.

74 Vgl hierzu *Petersen* § 2 Rn 17.

75 *Gounalakis/Rhode* Rn 241; *Petersen* § 2 Rn 17; anders aber *Mecklenburg* ZUM 1997, 525; vgl ferner *Degenhart* ZUM 1998, 333.

76 Vgl zu Art 5 Abs 2 GG und zur „Wechselwirkungslehre“ bereits oben Rn 14 und Rn 18.

77 BVerfGE 103, 44, 59 f – n-TV; BVerfGE 119, 309, 319 – Bundeswehrrekruten; BVerfG NJW 2009, 350, 351 – Holzklotz; *Wendt* AfP 2004, 181, 185.

im staatlichen Verantwortungsbereich liegende Informationsquelle ist auf Grund von rechtlichen Vorgaben zur öffentlichen Zugänglichkeit bestimmt.[78]

5. Die Freiheit der Berichterstattung durch Film (Art 5 Abs 1 S 2 Alt 3 GG)

Nach Art 5 Abs 1 S 2 Alt 3 GG wird die Freiheit der Filmberichterstattung gewährleistet. Auch sie ähnelt in ihren wesentlichen Zügen der Rundfunkfreiheit und bedarf daher an dieser Stelle – auch und gerade unter der Berücksichtigung strafrechtlicher Aspekte – keiner gesonderten Erörterung. Hinzuweisen ist auch hier lediglich auf die Möglichkeit der **Einschränkung** der Filmfreiheit durch Art 5 Abs 2 GG.[79] In der Praxis bedeutsam ist hierbei die Einschränkung durch das allgemeine Persönlichkeitsrecht, Art 2 Abs 1 GG, sofern durch die Verfilmung das Privatleben einer bestimmten Person oder durch sie begangene Straftaten nachgezeichnet werden.[80] Bei der Abwägung kann allerdings berücksichtigt werden, ob der Film auch – oder sogar vorrangig – dem Informationsinteresse der Öffentlichkeit dienen soll oder ob er vorwiegend Unterhaltungszwecke verfolgt.[81] 29

6. Die Kunstfreiheit (Art 5 Abs 3 GG)

Nach Art 5 Abs 3 GG sind Kunst, Wissenschaft, Forschung und Lehre frei. Insb das Verhältnis von Kunst und Strafrecht ist seit langem Gegenstand der wissenschaftlichen Diskussion und kann hier nicht im Einzelnen nachgezeichnet werden.[82] Einerseits soll und darf das Strafrecht dem einzelnen Kunstschaffenden nicht vorschreiben, welche Inhalte und Ausdrucksformen er seinen Kunstwerken geben darf und welche nicht. Andererseits ist es aber auch nicht einzusehen, dass beleidigende oder verleumderische Behauptungen oder pornografische Darstellungen nur deswegen nicht den Strafgesetzen unterliegen, weil sie als Kunst tituliert und dadurch dem an sich unbeschränkten Grundrecht der Kunstfreiheit unterfallen. Denn im Gegensatz zu den Grundrechten des Art 5 Abs 1 GG unterliegt das Grundrecht aus Art 5 Abs 3 GG **keiner ausdrücklichen Schranke** (es kann also – so zumindest nach dem Wortlaut und der Systematik des Gesetzes – nicht durch „allgemeine Gesetze" eingeschränkt werden). Dies bedeutet nun aber nicht, dass das Grundrecht der Kunstfreiheit schrankenlos gewährleistet ist. Denn oftmals kollidiert das Grundrecht des Art 5 Abs 3 GG mit anderen Grundrechten, insb der Menschenwürde des Art 1 Abs 1 GG oder des allgemeinen Persönlichkeitsrechts des Art 2 Abs 1, Art 1 Abs 1 GG. Die Grundrechte müs- 30

78 BVerfGE 119, 309, 319 – Bundeswehrrekruten; BVerfG NJW 2009, 350, 351 – Holzklotz.
79 Vgl zu Art 5 Abs 2 GG und zur „Wechselwirkungslehre" bereits oben Rn 14 und Rn 18.
80 OLG Frankfurt NJW 2007, 699 – Kannibale von Rotenburg (hierzu *von Becker* AfP 2006, 124; *Kaboth* ZUM 2006, 412); LG Koblenz NJW 2007, 695 – Gäfgen (hierzu *von Becker* NJW 2007, 662); zur Problematik der Erkennbarkeit realer Personen in einer Romanfigur BVerfGE 30, 173 – Mephisto; BGH NJW 2005, 2844 – Esra; KG NJW-RR 2007, 1415 (zum hier betroffenen Grundrecht der Kunstfreiheit vgl unten Rn 30).
81 OLG Frankfurt NJW 2007, 699, 703; LG Koblenz NJW 2007, 695, 696 f.
82 Vgl zu dem Verhältnis von Kunstfreiheit und Strafrecht allgemein *Beisel*, Die Kunstfreiheitsgarantie des Grundgesetzes und ihre strafrechtlichen Grenzen 1997; *Emmerich/Würkner* NJW 1986, 1195; *Erhardt* Kunstfreiheit und Strafrecht: zur Problematik satirischer Ehrverletzungen 1989; *Henschel* NJW 1990, 1937; *Schroeder* Pornographie, Jugendschutz und Kunstfreiheit 1992; *Vlachopoulos* Kunstfreiheit und Jugendschutz 1996.

sen hier im Wege der **„praktischen Konkordanz“** ausgelegt werden und beeinflussen sich gegenseitig.[83] Dies rechtfertigt daher eine Bestrafung zB einer verleumderischen Beleidigung auch dann, wenn diese literarisch aufbereitet und in ein urheberrechtlich geschütztes Werk eingestellt und veröffentlicht wird.

31 Insoweit stellt sich das problematische Verhältnis von Strafrecht und Kunst im Medienrecht[84] nicht anders als im allgemeinen Strafrecht dar.

7. Schutz der Mediengrundrechte durch die Europäische Menschenrechtskonvention

32 Die Europäische Menschenrechtskonvention, die in Deutschland im Range eines einfachen Bundesgesetzes unmittelbar gilt,[85] schützt in Art 10 die Freiheit der Meinungsäußerung.[86] Nach Art 10 Abs 1 S 2 schließt diese die Freiheit ein, Informationen und Ideen ohne behördliche Eingriffe und ohne Rücksicht auf Staatsgrenzen zu empfangen und weiterzugeben. Zwar ist die Pressefreiheit in Art 10 EMRK nicht ausdrücklich genannt, dennoch geht der Europäische Gerichtshof für Menschenrechte davon aus, auch die Pressefreiheit werde von dieser Vorschrift erfasst.[87] Zu beachten ist aber auch hier die Einschränkung des Grundrechts nach Art 10 Abs 2. Insb im Zusammenhang mit unbefugt aufgenommenen Fotos prominenter Persönlichkeiten[88] ist jedoch auch Art 8 EMRK zu beachten, der dem Einzelnen ein Recht auf Achtung des Privat- und Familienlebens gewährt. Dieses umfasst auch das Recht am eigenen Bild.[89]

8. Keine verfassungsrechtliche Privilegierung des „investigativen Journalismus“

33 Umstritten ist, ob und inwieweit investigativ tätige Journalisten unter Berufung auf die genannten Grundrechte (Meinungsfreiheit, Informationsfreiheit, Pressefreiheit) im Rahmen ihrer Tätigkeit Privilegien genießen, insb auch strafrechtliche Grenzen überschreiten dürfen. Dabei versteht man unter **investigativem Journalismus**[90] die Erarbeitung eines meist längeren Artikels oder Beitrages, der eine gründliche und umfassende Recherche voraussetzt. Zielrichtung ist dabei meist die Berichterstattung über aktuelle politische, wirtschaftliche oder gesellschaftliche Verhältnisse, zumeist verbunden mit der Aufdeckung von Skandalen. Stellvertretend hierfür sind die Ermittlungen im Zusammenhang mit der Watergate-Affäre durch die amerikanischen Journalisten *Bob Woodward* und *Carl Bernstein* von der Washington Post zu nennen, die zum Rücktritt

83 Vgl hierzu insb BVerfGE 30, 173, 193 – Mephisto; BVerfGE 67, 213, 228; BVerfGE 75, 369, 380; BVerfGE 77, 240, 253; BVerfGE 81, 278, 292; BGH NJW 2005, 2844, 2847 – Esra; KG NJW-RR 2007, 1415.
84 Vgl zu den medienstrafrechtlichen Aspekten des Verhältnisses von Kunstfreiheit und Strafrecht *Liesching/von Münch* AfP 1999, 37.
85 BVerfGE 74, 358, 370.
86 Vgl hierzu aus der Rechtsprechung EGMR NJW 1985, 2885; EGMR NJW 1987, 2143; EGMR NJW 2004, 2647 – Caroline von Hannover; EGMR NJW 2008, 2563 – Zwangshaft; EGMR NJW 2008, 2565 – Sternreporter.
87 EGMR NStZ 1995, 237, 238; EGMR NJW 2000, 1015; vgl hierzu *Heldrich* NJW 2004, 2634.
88 Vgl hierzu noch unten Rn 332 ff.
89 EGMR NJW 2004, 2647, 2648 – Caroline von Hannover.
90 Vgl hierzu *Fritze/Holzbach* FS Tilmann 937; *Hielscher* Investigativer Journalismus in Deutschland 2004; *Holzer* AfP 1988, 133; *Janisch* Investigativer Journalismus und Pressefreiheit. Ein Vergleich des deutschen und amerikanischen Rechts, 1998; *Kremp* AfP 1988, 114; *Ludwig* Investigativer Journalismus; *Nagel* Bedingt ermittlungsbereit. Investigativer Journalismus in Deutschland und in den USA 2007.

des damaligen US-Präsidenten *Richard Nixon* am 9. August 1974 führten.[91] In Deutschland ist hier ua an den Fall von *Günther Wallraff* zu erinnern, der sich unter falschem Namen als freier Mitarbeiter in die Redaktion der BILD-Zeitung einschlich und seine Eindrücke und Erlebnisse später in seinem Buch „Der Aufmacher. Der Mann der bei ‚Bild' Hans Esser war" verwertete.[92] In diesem Zusammenhang wurde ihm vorgeworfen, Betriebsgeheimnisse ausgekundschaftet und verraten zu haben (zu denken ist auch an eine Urkundenfälschung bei Vorlage falscher Papiere oder an einen Einstellungsbetrug). Im „Weltbühneprozess" gegen den Journalisten *Walter Kreiser* und den Herausgeber der Weltbühne *Carl v. Ossietzky* ging es um die Zulässigkeit der Veröffentlichung eines Artikels („Windiges aus der deutschen Luftfahrt"[93]), in dem nachgewiesen wurde, dass die deutsche Reichswehr unter Verstoß gegen Art 198 des Versailler Friedensvertrages den heimlichen Aufbau einer Luftwaffe betrieb. Die Angeklagten wurden wegen Verrats militärischer Geheimnisse zu Gefängnisstrafen verurteilt, obwohl die verbreiteten Tatsachen wahr waren.[94] Auch das Strafverfahren gegen den Reporter des „Stern", *Sebastian Knauer*, ist in diesem Zusammenhang zu nennen, der zusammen mit einem Kollegen 1987 in das Hotelzimmer des ehemaligen Ministerpräsidenten von Schleswig-Holstein, *Uwe Barschel*, eindrang, den toten Ministerpräsidenten in der Badewanne fotografierte und die Fotos anschließend veröffentlichte (der Fall spielte in der Schweiz, nach deutschem Recht käme eine Strafbarkeit nach § 123 StGB wegen Hausfriedensbruchs[95] und nach § 33 KUG[96] in Betracht).[97] Insoweit ist also in vielfältiger Weise daran zu denken, dass strafrechtliche Grenzen überschritten werden (müssen), um sich Materialien und Informationen zu verschaffen, die in einer späteren Reportage verwertet werden. Zentral ist dabei an die Tatbestände des Hausfriedensbruchs, § 123 StGB, und des Diebstahls, § 242 StGB, zu denken. Schleust sich ein Journalist in eine organisierte Bande ein, die einen lebhaften Drogenhandel betreibt, kommt die Mitgliedschaft in einer kriminellen Vereinigung, § 129 StGB, ebenso in Frage wie die Beteiligung an Betäubungsmitteldelikten, §§ 29 ff BtMG. Zu erinnern ist auch an den Fall des Journalisten, der zur Aufdeckung von Sicherheitslücken (und zur Herstellung einer entsprechenden Fernsehreportage) bei der Kontrolle an deutschen Flughäfen im Zusammenhang mit diversen Inlandsflügen ein Butterflymesser mit sich führte und dadurch die Strafnorm des § 60 Abs 1 Nr 8 iVm § 27 Abs 4 S 1 Nr 1 LuftVG aF (jetzt: § 19 Abs 1 iVm § 11 Abs 1 Nr 1 LuftSiG nF) erfüllte.[98]

Insgesamt wird man davon ausgehen können, dass Journalisten im Hinblick auf **34**
die **Informationsbeschaffung** keine Privilegierung erfahren.[99] So führte auch das BVerfG im Wallraff-Fall aus, dass weder das Grundrecht der Meinungsfreiheit noch die Pressefreiheit oder Informationsfreiheit dem recherchierenden Journalisten ein an

---

91 Vgl hierzu *Kremp* AfP 1988, 114, 115 f.
92 BVerfGE 66, 116 – Wallraff; BGHZ 80, 25 – Wallraff; OLG Hamburg GRUR 1979, 735 – Wallraff.
93 Die Weltbühne 1929 Nr 11, S 402.
94 RG Urt v 21.11.1931 – 7 J 35/29 (das Urteil blieb bis heute unveröffentlicht); zu diesem Prozess *Gusy* GA 1992, 195, 208 ff; *Hanten* 158 ff; zur Ablehnung des Wiederaufnahmeverfahrens BGHSt 39, 75; KG NJW 1991, 2505; vgl in diesem Zusammenhang auch den sog „Ponton-Prozess", RGSt 62, 65.
95 Vgl hierzu unten Rn 165 ff.
96 Vgl hierzu unten Rn 332 ff.
97 Schweizer Bundesgericht BGE 118 IV, 319; abgedr in NJW 1994, 504; hierzu *Flechsig* ZUM 2004, 605, 612 f; *Kremp* AfP 1988, 114; *Puttfarcken* ZUM 1988, 133; ferner die Berichte in AfP 1990, 292; vgl ferner den Fall der veröffentlichten Photos des toten Reichskanzlers *von Bismarck* RGZ 45, 170; zum Abdruck eines Fotos einer Leiche eines bei einem Bombenanschlag umgekommenen Täters vgl OLG Hamburg AfP 1983, 466.
98 Vgl OLG Düsseldorf NJW 2006, 630 – Butterflymesser.
99 Vgl *Hochrathner* ZUM 2001, 669, 670.

sich rechtswidriges Verhalten gestatten würden.[100] Hiervon wird man allenfalls in Ausnahmefällen abrücken können, wenn das Informationsinteresse der Öffentlichkeit die Rechtsbeeinträchtigungen wesentlich überwiegt und die Übertretung strafrechtlicher Grenzen die einzige Möglichkeit darstellt, die entsprechenden Informationen zu erlangen. In diesem Fall wäre das Vorgehen nach § 34 StGB gerechtfertigt.[101] Von diesen Ausnahmefällen abgesehen, ist die Tat jedoch weder gerechtfertigt noch entschuldigt.[102]

35 Anders hingegen beurteilte das BVerfG die **Informationsverwertung**. Denn auch die Veröffentlichung rechtswidrig beschaffter oder erlangter Informationen werde vom Schutz der Meinungsfreiheit erfasst.[103] Allerdings habe in Fällen, in denen sich der Publizierende die Informationen widerrechtlich durch Täuschung und in der Absicht verschafft habe, sie gegen den Getäuschten zu verwerten, eine Veröffentlichung grundsätzlich zu unterbleiben. Hiervon sei lediglich dann eine Ausnahme zu machen, „wenn die Bedeutung der Information für die Unterrichtung der Öffentlichkeit und für die öffentliche Meinungsbildung eindeutig die Nachteile überwiegt, welche der Rechtsbruch für den Betroffenen und die (tatsächliche) Geltung der Rechtsordnung nach sich [zieht]“.[104]

§ 2
Probleme im Zusammenhang mit dem Allgemeinen Teil des Strafrechts

I. Die Anwendbarkeit deutschen Strafrechts

36 Die Verbreitung von Medieninhalten zeichnet sich gerade dadurch aus, dass sie vor Ländergrenzen nicht halt macht. So können Druckwerke, die im Inland hergestellt werden, ins Ausland geliefert und Fernseh- oder Radiosendungen über Satellit im Ausland empfangen werden. Auch und gerade das Internet hat zur Folge, dass Texte, die auf einem inländischen Server abgelegt werden, regelmäßig weltweit abgerufen werden können. Gleiches gilt selbstverständlich auch im umgekehrten Fall: Druckschriften, die im Ausland erscheinen, können nach Deutschland geliefert und ausländische Radio- oder Fernsehsendungen können hier empfangen werden. Schließlich ist es auch problemlos möglich, Texte mit strafrechtlich relevantem Inhalt, die auf einem ausländischen Server abgelegt wurden, über das Internet in Deutschland abzurufen. Insoweit stellt sich die Frage, ob diese Taten auch nach deutschem Strafrecht abgeurteilt werden können. Hier **unterscheidet sich das Strafrecht deutlich vom Zivilrecht**: Während im Zivilrecht in Fällen von Auslandsberührung stets festgestellt werden muss, welches Recht im konkreten Fall anwendbar ist, weil jeweils nur eine Rechtsordnung zur Anwendung kommen kann (vgl Art 3 EGBGB), ist es im Strafrecht durchaus möglich, dass mehrere Staaten in gleicher Weise ihre Strafgewalt ausüben können. Im Gegen-

100 BVerfGE 66, 116, 137 – Wallraff; BVerfG NJW 2004, 1855, 1856; OLG Düsseldorf NJW 2006, 630, 631 – Butterflymesser.

101 Eine Anwendung des § 34 StGB wurde zB abgelehnt im Fall OLG Düsseldorf NJW 2006, 630 – Butterflymesser; zu § 34 StGB vgl noch unten Rn 84.

102 So ausdrücklich OLG Düsseldorf NJW 2006, 630, 631 – Butterflymesser.

103 BVerfGE 66, 116, 137 f – Wallraff; so auch BVerfG NStZ-RR 2005, 119; OLG München ZUM 2005, 399, 405 – Schleichwerbung; OLG Düsseldorf NJW 2006, 630, 631 – Butterflymesser; hierzu *Hochrathner* ZUM 2001, 669, 671; *Klug* FS Oehler 397, 404 ff.

104 BVerfGE 66, 116, 139 – Wallraff.

satz zu den deutschen Zivilgerichten, die insoweit im Einzelfall auch ausländisches Recht anzuwenden haben, darf ein deutsches Strafgericht aber stets nur deutsches Strafrecht anwenden.

Da die staatliche Strafgewalt Ausfluss der staatlichen Hoheitsrechte ist, kann ein 37
Staat diese wahrnehmen, sobald irgendein Anknüpfungspunkt vorhanden ist, der die Anwendung des eigenen Strafrechts rechtfertigt.[105] Dabei sind **verschiedene Anknüpfungspunkte** denkbar (und völkerrechtlich zulässig), die der deutsche Gesetzgeber in unterschiedlicher Weise ausgestaltet hat. Zu nennen ist hier als erstes der **Begehungsort der Tat** (Territorialitätsprinzip, §§ 3, 9 StGB), der die wichtigste Rolle spielt. Das deutsche Strafrecht gilt hierbei uneingeschränkt für Taten, die im Inland begangen wurden (§ 3 StGB). Darauf, ob der Täter oder das Opfer Deutscher ist, kommt es hierbei nicht an. Hinsichtlich des Begehungsortes gilt nach § 9 StGB das **Ubiquitätsprinzip**: Hiernach ist eine Tat an demjenigen Ort begangen, a) an dem der Täter gehandelt oder die erforderliche Handlung unterlassen hat oder b) an dem der Erfolg eingetreten ist oder hätte eintreten sollen. Sowohl der Handlungs- als auch der Erfolgsort begründen somit die Tatortstrafbarkeit. Noch weiter als bei der Täterstrafbarkeit erstreckt sich der Anwendungsbereich des deutschen Strafrechts für den **Teilnehmer** (§ 9 Abs 2 StGB):[106] Nicht nur der Ort der (Haupt-)Tat, sondern auch der Ort, an dem der Teilnehmer selbst gehandelt hat (oder im Falle des Unterlassens hätte handeln müssen) oder an dem nach seiner Vorstellung die Tat begangen werden sollte, begründen die Anwendbarkeit deutschen Strafrechts.

Im Zusammenhang mit dem Begehungsort stellen sich dabei eine **Vielzahl von** 38
Problemen. So ist bereits unklar, wo der Täter gehandelt hat, wenn er sich zwar im Ausland aufhält, sein Verhalten aber in Deutschland über das Medium Radio oder Fernsehen hör- bzw sichtbar wird oder wenn er auf einem ausländischen Server eine Webseite ins Internet einstellt.

Fall 1:[107] Anlässlich eines Länderspieles der deutschen Fußballnationalmannschaft 39
in Polen zeigten mehrere Personen im dortigen Stadion den „Hitlergruß" (eine verbotene Grußform iSd § 86a Abs 2 StGB[108]). Diese Szenen waren sowohl live als auch zeitlich versetzt im deutschen Fernsehen zu sehen. – Das KG nahm hier einen Handlungsort in Deutschland an, denn unter Handlung sei jede „auf die Tatbestandsverwirklichung gerichtete Tätigkeit" zu verstehen.[109] Eine solche Tätigkeit läge aber dann im Inland, wenn die „Wirkungen" des Verhaltens, die nach der tatbestandlichen Handlungsbeschreibung als deren Bestandteil zu betrachten seien, im Inland einträten.[110] Tatbestandliche Handlungsbeschreibung sei in § 86a Abs 1 Nr 1 StGB das „Verwenden" des Kennzeichens. Ein solches Verwenden läge nun überall dort vor, wo das Kennzeichen optisch und akustisch wahrnehmbar gemacht werde.[111] Indem das

---

105 Zur Notwendigkeit eines legitimierenden Anknüpfungspunktes vgl BGHSt 27, 30, 32; BGHSt 34, 334, 336; BGHSt 45, 64, 66; BGHSt 46, 212, 224; BGHSt 46, 292, 306.

106 Vgl hierzu MünchKommStGB/*Ambos/Ruegenberg* § 9 Rn 36 ff; krit zu dieser Weite *Jung* JZ 1979, 325, 330 ff.

107 Fall nach KG NJW 1990, 3500; vgl hierzu *B Heinrich* NStZ 2000, 533; *ders* FS Weber 91, 95 f.

108 BGHSt 25, 30; BGHSt 25, 133, 136; OLG Celle NStZ 1994, 440.

109 KG NJW 1990, 3500, 3502.

110 Zust *Werle/Jeßberger* JuS 2001, 35, 39.

111 Ähnl *Weigend* ZUM 1994, 133, 184 für die Tathandlung des Vorführens oder Zugänglichmachens von Pornografie über das Fernsehen (vgl § 184 Abs 1 Nr 1 und Nr 2 StGB). Dies finde überall dort statt, wo sich die filminteressierten Jugendlichen aufhalten, unabhängig davon, ob die Sendungen von einem inländischen oder ausländischen Sender ausgestrahlt würden; aA *Ringel* CR 1997, 302, 304; *Schreibauer* 101.

KG hier allerdings auf die „Wirkungen“ abstellt, verwechselt es Handlung und Erfolg, ein Handlungsort hätte daher verneint werden müssen.[112]

40 **Fall 2:**[113] Der in Deutschland geborene Täter ist australischer Staatsbürger. 1996 schloss er sich mit Gleichgesinnten in Australien zum „Adelaide Institute“ zusammen, dessen Direktor er war. Ziel des Instituts ist es, zu beweisen, dass die Schandtaten des deutschen NS-Regimes insb im Hinblick auf die Vernichtung von Juden niemals (oder jedenfalls nicht in der behaupteten Form) stattgefunden haben. Zu diesem Zweck stellte der Täter über mehrere Jahre Webseiten des „Instituts“ auf einem australischen Server ins Internet, die auch von Deutschland aus abgerufen werden konnten. Diese Seiten enthielten englischsprachige Artikel, in denen der Völkermord an den Juden geleugnet und behauptet wurde, dieses Gerücht sei nur von jüdischen Mitbürgern in die Welt gesetzt worden, um vom deutschen Staat eine Rente zu kassieren. – Zutreffend äußerte der BGH hier Bedenken, eine sich im Inland auswirkende Handlung allein darin zu sehen, dass sich der Täter eines ihm zuzurechnenden Werkzeugs (des Internets) zur – rein physikalischen – Beförderung der Daten ins Inland bediene.[114]

41 Will man zu einer nachvollziehbaren Abgrenzung von Handlung(sort) und Erfolg(sort) gelangen, so wird man bei Distanzdelikten davon ausgehen müssen, dass der Täter nur dort handelt, wo er sich körperlich aufhält, während er zB die betreffenden Dateien ins Netz stellt, die Äußerungen tätigt oder die Verhaltensweisen an den Tag legt, die dann über Radio oder Fernsehen übertragen werden.[115]

42 Als Begehungsort – und somit tauglicher Anknüpfungspunkt im Rahmen der §§ 3, 9 StGB – gilt aber auch der Ort des **Erfolges**. Dies ist bei den **„Erfolgsdelikten“**, wie zB bei der Beleidigung, § 185 StGB, die als Erfolg eine Ehrkränkung verlangt, unproblematisch. Eine beleidigende Äußerung über Radio, Fernsehen oder Internet, die der Betreffende (oder ein Dritter) in Deutschland hört, sieht oder liest, begründet in Deutschland einen Erfolgsort. Problematischer ist dies schon bei den sog **„konkreten Gefährdungsdelikten“**, die neben der Tathandlung voraussetzen, dass der Täter durch die Tat bestimmte Rechtsgüter, die im jeweiligen Tatbestand genannt sein müssen, konkret gefährdet. Dort wo diese konkrete Gefährdung dann tatsächlich eintritt, ist zutreffender Weise der Ort des „Erfolges“ der Straftat zu sehen. Umstritten ist dies jedoch bei den sog **„abstrakten Gefährdungsdelikten“**, die – zumeist als schlichte Tätigkeitsdelikte ausgestaltet – bereits eine bestimmte Verhaltensweise unter Strafe stellen, ohne dass im Tatbestand ein Erfolg ausdrücklich genannt ist. Die hM lehnt hier einen Erfolgsort ab[116] und kommt insoweit zu untragbaren Ergebnissen. Da der

---

112 So auch *B Heinrich* NStZ 2000, 533; *ders* FS Weber 91, 98 ff.

113 Fall nach BGHSt 46, 21; vgl hierzu die Anmerkungen bei *Clauß* MMR 2001, 232; *Gercke* ZUM 2002, 283, 284 f; *Heghmanns* JA 2001, 276; *B Heinrich* FS Weber 91, 96 ff; *Hörnle* NStZ 2001, 309; *Jeßberger* JR 2001, 432; *Koch* JuS 2002, 123; *Kudlich* StV 2001, 397; *Lagodny* JZ 2001, 1198; *Roggan* KJ 2001, 337; *Schwarzenegger* FS Schmidt 240; *Sieber* ZRP 2001, 97; *Vassilaki* CR 2001, 262.

114 BGHSt 46, 212, 224 f; eine Handlung im Inland ablehened auch *Heghmanns* JA 2001, 276, 277, 279; *B Heinrich* NStZ 2000, 533; *ders* FS Weber 91, 98 ff; *Jeßberger* JR 2001, 432, 433; *Kudlich* StV 2001, 397, 398; *Schulte* KJ 2001, 341.

115 So auch *B Heinrich* FS Weber 91, 95 f; *Klengel/Heckler* CR 2001, 243, 244; *Leupold/Bachmann/Pelz* MMR 2000, 648, 652; *Schreibauer* 101; *Sieber* NJW 1999, 2065, 2067; vgl auch *Derksen* NJW 1997, 1878, 1880.

116 KG NJW 1999, 3500, 3502 – Hitlergruß; *Breuer* MMR 1998, 141, 142; *Cornils* JZ 1999, 394, 395 f; *Horn/Hoyer* JZ 1987, 965, 966; *von der Horst* ZUM 1993, 227, 228; *Hilgendorf* NJW 1997, 1873, 1875 f; *Jakobs* 5/21; *Kienle* 41 ff; *Klengel/Heckler* CR 2001, 243, 248; *Lackner/Kühl* § 9 Rn 2; *Leupold/Bachmann/Pelz* MMR 2000, 648, 653; LK/*Gribbohm*

Gesetzgeber bei den abstrakten Gefährdungsdelikten die Strafbarkeit infolge der hohen Gefährlichkeit des Verhaltens gerade nach vorne verlagert hat, ist nicht einzusehen, warum dies dazu führen soll, dass dort, wo das unter Strafe gestellte Verhalten tatsächlich den strafrechtlich unerwünschten Erfolg herbeiführt, ein Tatort abgelehnt wird.[117] Der Erfolgsort bei den abstrakten Gefährdungsdelikten liegt somit dort, wo sich das gefährliche Verhalten auswirken **kann** – tritt ein solcher Erfolg tatsächlich ein, ist dies als unwiderlegbares Indiz dafür anzusehen, dass eine abstakte Gefahr an diesem Ort auch tatsächlich bestand. Der BGH scheint bei seiner Entscheidung im Fall 2 (Adelaide-Institute) mit dieser Ansicht zu sympathisieren, glaubte aber, diese Streitfrage nicht entscheiden zu müssen, da § 130 Abs 3 StGB kein (rein) abstraktes, sondern ein sog abstrakt-konkretes oder auch **„potenzielles Gefährdungsdelikt"** darstelle, denn der Tatbestand setze immerhin voraus, dass die Handlung **geeignet sei**, den öffentlichen Frieden zu stören.[118] In dieser „Eignung zur Friedensstörung" sah der BGH den zum Tatbestand gehörenden Erfolg, der im konkreten Fall jedenfalls auch in Deutschland eingetreten sei, da die Handlung dazu geeignet gewesen wäre, gerade hier den öffentlichen Frieden zu stören.[119] Dass potenzielle Gefährdungsdelikte aber auch nach Ansicht des BGH an sich als Unterfall der abstrakten Gefährdungsdelikte anzusehen sind,[120] denen die Anerkennung eines Erfolgsortes bisher gerade versagt blieb, störte ihn dabei nicht.

Problematisch an dieser weiten Bestimmung des Tatortes (Erfolgsortes) iSd §§ 3, 9 StGB ist nun aber, dass gerade im Medienbereich, insb beim Einstellen strafrechtlich relevanter Texte ins Internet, über den Begehungsort eine nahezu weltweite Strafverfolgung auch von weniger gravierenden Delikten möglich wäre. Dies wurde in der Literatur zutreffend kritisiert und insoweit **Einschränkungsmodelle** entwickelt.[121] Man wird hier jedenfalls fordern müssen, dass ein legitimierender Anknüpfungspunkt vorliegen muss, der einen Bezug der Straftat gerade im Hinblick auf Deutschland hervorhebt. Dieser Anknüpfungspunkt kann in der Verwendung der deutschen Sprache oder auch in der Auseinandersetzung mit der deutschen Geschichte liegen. **43**

Als weiterer Anknüpfungspunkt kommt – wenn die Tat im Ausland begangen wurde – die Staatsangehörigkeit des Täters (**aktives Personalitätsprinzip**, § 7 Abs 2 Nr 1 StGB) oder des Opfers (**passives Personalitätsprinzip**, § 7 Abs 1 StGB) in Frage. Voraussetzung ist hierbei jedoch jeweils, dass die Tat im Ausland ebenfalls strafbar ist oder aber der Tatort keiner Strafgewalt unterliegt. Letzteres kommt insb dann in Frage, wenn die Tat, wie zB bei der Aussendung eines Piratensenders,[122] auf hoher See begangen wird. **44**

---

11. Aufl, § 9 Rn 20; *Pelz* ZUM 1998, 530, 531; *Ringel* CR 1997, 302, 303; *Römer* 126 f; *Roggan* KJ 2001, 337, 339; *Satzger* NStZ 1998, 112, 114 f; Schönke/Schröder/*Eser* § 9 Rn 6.

117 So auch *Barton* Rn 221; *Beisel/B Heinrich* JR 1996, 95, 96; *Germann* 233 ff; *B Heinrich* GA 1999, 72, 77; *ders* NStZ 2000, 533; *ders* FS Weber 91, 98 ff; *Martin* 79 ff, 118 ff; *Martin* ZRP 1992, 19, 20 f; *Schulte* KJ 2001, 341; *Schwarzenegger* SchwZStW 118 (2000), 109, 124 ff; SK/*Hoyer* § 9 Rn 7.

118 BGHSt 46, 212, 220 ff.

119 Zust *Jeßberger* JR 2001, 432, 433; aA *Hilgendorf* NJW 1997, 1873, 1875; *Kienle* 78; *Ringel* CR 1997, 302, 305 f.

120 BGHSt 46, 212, 218; BGH NJW 1999, 2129.

121 Vgl allgemein zum Meinungsstand MünchKommStGB/*Ambos/Ruegenberg* § 9 Rn 26 ff; ferner *Collardin* CR 1995, 618, 621; *Derksen* NJW 1997, 1878, 1880 f; *Ringel* CR 1997, 302, 307.

122 Vgl zur Problematik der Piratensender *Haucke* Piratensender auf See 1968; *Oehler* Das deutsche Strafrecht und die Piratensender 1970; *Oehler* FS Stern 1339.

45 Als völkerrechtlich zulässiger Anknüpfungspunkt ist ferner der **Schutz bestimmter inländischer Rechtsgüter** anerkannt (Schutzprinzip, § 5 StGB). Im hier interessierenden Zusammenhang können nach diesen Grundsätzen zB die Vorbereitung eines Angriffskrieges (§ 80 StGB), der Hoch- oder Landesverrat sowie die Gefährdung der äußeren Sicherheit (§§ 81 ff, 94 ff StGB) und ausgewählte Straftaten gegen die Landesverteidigung (§§ 109 ff StGB) auch dann geahndet werden, wenn sie im Ausland stattfinden und kein Deutscher daran beteiligt ist. Zu nennen sind weiter die Delikte der Gefährdung des demokratischen Rechtsstaates (§§ 89 ff StGB). Teilweise muss hier zwar der Täter die deutsche Staatsangehörigkeit besitzen, es entfällt jedoch – im Gegensatz zu § 7 StGB – die Voraussetzung, dass die Tat im Ausland mit Strafe bedroht sein muss.

46 Insb im Zusammenhang mit der Verbreitung pornografischer Schriften, §§ 184a ff StGB, ist auch im Medienbereich der völkerrechtliche Anknüpfungspunkt der Interessen von universaler, die Weltrechtsgemeinschaft betreffender Bedeutung relevant (**Weltrechtsprinzip**, § 6 StGB).

47 Zu nennen ist schließlich noch der Anknüpfungspunkt der stellvertretenden Rechtspflege (**Stellvertretungsprinzip**, § 7 Abs 2 Nr 2 StGB), der dann eingreift, wenn der Täter einer Auslandstat in Deutschland gefasst wird, seine Auslieferung aber, obwohl prinzipiell zulässig, nicht möglich ist, weil der betreffende Staat kein entsprechendes Ersuchen stellt oder dem Täter dort eine menschenunwürdige Behandlung oder Folter droht.

48 Bedenkt man, dass in anderen Ländern ähnliche Regelungen mit denselben Anknüpfungspunkten gelten, ist es unausweichlich, dass bei grenzüberschreitenden Taten mehrere Länder für eine Verurteilung zuständig sind und insoweit mehrere Verfahren wegen derselben Tat durchgeführt werden können. Da der Grundsatz des **Doppelbestrafungsverbots** wegen derselben Tat (vgl Art 103 Abs 3 GG) im internationalen Bereich aber nicht gilt,[123] finden sich vielfach völkerrechtliche Vereinbarungen zwischen verschiedenen Staaten, welche eine solche Doppelbestrafung einschränken oder ausschließen. Was das deutsche Strafrecht angeht, so ist zu beachten, dass bei Auslandstaten der **Verfolgungszwang** durch deutsche Behörden stark eingeschränkt ist (vgl §§ 153c StPO). Wenn sich die Staatsanwaltschaft jedoch zum Tätigwerden entschließt, dann hindert eine frühere Strafverfolgung oder Bestrafung derselben Tat in einem anderen Staat die Durchführung eines Verfahrens in Deutschland nicht. Allerdings muss eine **im Ausland bereits verbüßte Strafe** im Inland angerechnet werden (§ 51 Abs 3 StGB).[124] Zu beachten sind jedoch die in der Europäischen Union geltenden Sondervorschriften im Rahmen des Schengener Durchführungsübereinkommens (SDÜ). Nach Art 54 SDÜ haben sich die Vertragsparteien verpflichtet, untereinander den Grundsatz „ne bis in idem" anzuwenden.[125] Eine vergleichbare Regelung enthält heute auch Art 50 der Europäischen Grundrechtecharta.[126]

49 Neben den geschilderten allgemeinen Grundsätzen des Strafanwendungsrechts ist zu beachten, dass sich teilweise bereits aus der tatbestandlichen Handlungsumschreibung eine Einschränkung der Anwendbarkeit deutschen Strafrechts ergibt. So finden sich bspw Tatbestände, nach denen der Handelnde nur strafbar ist, wenn er Schriften

123 Vgl hierzu BVerfGE 12, 62, 66; BGHSt 24, 54, 57; *B Heinrich* AT I Rn 40, 62; *Vogel/Norouzi* JuS 2003, 1059, 1060.

124 Vgl hierzu auch BGHSt 29, 63.

125 Vgl zu Art 54 SDÜ auch BGHSt 45, 123; BGHSt 46, 187; BGHSt 46, 307; *Vogel/Norouzi* JuS 2003, 1059.

126 Amtsblatt EU v 14.12.2007 C 303/1.

im Inland verbreitet.[127] Handelt der Täter in diesen Fällen von Deutschland aus, indem er zB Propagandamittel verfassungswidriger Organisationen im Inland herstellt, die dann aber ausschließlich im Ausland verbreitet werden sollen, dann läge an sich (Tatortprinzip, §§ 3, 9 StGB) eine Straftat vor, die jedoch nach § 86 StGB deswegen ausscheidet, weil nur die Herstellung in der Absicht, die Schriften im Inland zu verbreiten, erfasst ist.

II. Der Gerichtsstand

Ist die Anwendbarkeit deutschen Strafrechts begründet, stellt sich bei der gerichtlichen Verfolgung als erstes die Frage nach dem Gerichtsstand, dh die Frage, welches Gericht für die Aburteilung örtlich und sachlich zuständig ist. **50**

Nach § 7 Abs 1 StPO ist der primäre Gerichtsstand derjenige des **Tatorts:** Örtlich zuständig ist dasjenige Gericht, in dessen Bezirk die Straftat begangen wurde. Begangen ist die Tat nach § 9 StGB sowohl dort, wo der Täter gehandelt hat als auch dort, wo der Erfolg eingetreten ist.[128] **51**

Eine solche Regelung hätte nun im Medienbereich – insb im Hinblick auf den Erfolgsort – die Konsequenz, dass eine Vielzahl von Gerichtsständen begründet würde (man denke nur an die Verbreitung von Druckschriften an mehreren Orten, die Ausstrahlung von Radio- und Fernsehsendungen an sämtliche Haushalte etc). Da ein solcher „fliegender Gerichtsstand“ kaum akzeptabel wäre, schuf der Gesetzgeber bereits im Jahre 1902 in § 7 Abs 2 StPO jedenfalls für **Druckschriften** eine Sonderregelung:[129] Liegt ein **Presseinhaltsdelikt** vor (dh wird die Straftat gerade durch den Inhalt der Druckschrift begangen), so ist ausschließlich dasjenige Gericht zuständig, in dessen Bezirk die Druckschrift erschienen ist (Gerichtsstand des Erscheinungsortes). Erschienen ist eine Druckschrift dort, wo die verantwortlichen Entscheidungen über die Veröffentlichung getroffen werden,[130] idR also am Geschäftssitz des Verlegers bzw des verantwortlichen Redakteurs.[131] Im Ausnahmefall sind aber auch mehrere Erscheinungsorte denkbar.[132] Ein „Erscheinen“ setzt dabei voraus, dass die Druckschrift einem größeren Personenkreis zugänglich gemacht werden soll.[133] Eine Ausnahme gilt nach § 7 Abs 2 S 2 StPO lediglich dann, wenn es sich um eine Beleidigung nach § 185 StGB handelt und der Beleidigte die Straftat im Wege der Privatklage verfolgt. In diesen Fällen ist auch das Gericht zuständig, in dessen Bezirk der Beleidigte seinen Wohnsitz oder gewöhnlichen Aufenthalt hat.[134] Eine weitere Ausnahme gilt dann, wenn der Erscheinungsort – zB bei fehlendem Impressum – nicht festgestellt werden **52**

---

127 Vgl § 86 Abs 1 StGB.

128 Vgl zur Frage des Handlungs- und des Erfolgsortes bereits ausf oben Rn 37 ff.

129 Durch die StPO-Novelle vom 13.6.1902, RGBl 1902, 227; zum früheren Rechtszustand vgl RGSt 23, 155.

130 Löwe/Rosenberg/*Erb* § 7 Rn 21. Stellt man auf den Ort ab, an dem das Druckerzeugnis mit dem Willen des Verfügungsberechtigten die Stätte ihrer Herstellung zum Zweck der Verbreitung verlässt (so RGSt 64, 292; KK/*Fischer* § 7 Rn 6; *Meyer-Goßner* § 7 Rn 9), würde man im Ergebnis auf den Ort abstellen, wo „das Druckwerk körperlich betrachtet den Weg seiner Verbreitung antritt“ und nicht auf den Ort, an dem die verantwortlichen Personen handeln; vgl hierzu Löwe/Rosenberg/*Erb* § 7 Rn 20.

131 Löwe/Rosenberg/*Erb* § 7 Rn 21; *Meyer-Goßner* § 7 Rn 9.

132 KK/*Fischer* § 7 Rn 6; *Meyer-Goßner* § 7 Rn 9.

133 BGHSt 13, 257; KK/*Fischer* § 7 Rn 6; *Meyer-Goßner* § 7 Rn 9.

134 Vgl BGH NJW 1958, 229.

kann oder dieser im Ausland liegt. Dann bleibt es bei der allgemeinen Regelung des § 7 Abs 1 StPO.

53 Da die Interessenlage im Hörfunk und Fernsehbereich ähnlich ist, ist § 7 Abs 2 StPO – obwohl dieser ausdrücklich nur von „Druckschriften“ spricht – nach allerdings umstrittener Ansicht auch auf diese Medien **analog** anwendbar (Gerichtsstand des Ausstrahlungsortes).[135] Dies gilt aber auch in diesen Fällen nur dann, wenn die Straftat gerade durch den Inhalt der Sendungen verwirklicht wird. Da die Interessenlage auch beim Medium des Internets ähnlich ist, muss auch hier die Vorschrift des § 7 Abs 2 StPO analog anwendbar sein (Gerichtsstand des Standortes des Servers).

54 Die weiteren in der StPO vorgesehenen Gerichtsstände spielen auch im Medienstrafrecht eine eher untergeordnete Rolle und sollen daher nur kurz erwähnt werden. Zwar kann die Staatsanwaltschaft zwischen den verschiedenen Gerichtsständen nach ihrem Ermessen wählen, in der Praxis wird aber dann, wenn ein Gerichtsstand nach § 7 StPO gegeben ist, auch dieser gewählt. Nach § 8 StPO ist ein Gerichtsstand auch an dem Ort begründet, an dem der Angeschuldigte seinen **inländischen Wohnsitz** (Abs 1) oder in Ermangelung eines solchen, seinen **gewöhnlichen Aufenthaltsort** (Abs 2) hat. Ein weiterer Gerichtsstand wird am **Ergreifungsort** begründet (§ 9 StPO). Sofern **zusammenhängende Taten** zur (örtlichen) Zuständigkeit mehrerer Gerichte führen würden, wird nach § 13 StPO an jedem Ort ein Gerichtstand für sämtliche miteinander in Zusammenhang stehende Taten begründet (Gerichtsstand des Zusammenhangs).

III. Der Schriftenbegriff des § 11 Abs 3 StGB

55 Eine Vielzahl der im kommenden Abschnitt noch näher zu untersuchenden Straftatbestände, insb solcher des StGB, enthalten das Tatbestandsmerkmal der **„Schriften“**, deren Verbreitung oder Verwendung unter Strafe gestellt ist. Dabei ist dieses Merkmal zumeist strafbegründend,[136] kann jedoch, wie zB bei der Verleumdung nach § 187 StGB, auch straferhöhende Wirkung haben.[137] Zumeist findet sich in diesen Tatbeständen ein ausdrücklicher Hinweis auf die Vorschrift des § 11 Abs 3 StGB. In diesen Fällen gilt die vom Gesetzgeber unter der Überschrift „Personen- und Sachbegriffe“ aufgenommene Definition des Schriftenbegriffes in der genannten Vorschrift. Diese vor die Klammer gezogene Definition in § 11 Abs 3 StGB hat den Vorteil, dass der umfangreiche Schriftenbegriff nicht in jedem Tatbestand erneut umschrieben werden muss. Findet sich hingegen in der entsprechenden Vorschrift kein ausdrücklicher Verweis auf § 11 Abs 3 StGB, muss eine eigenständige tatbestandsbezogene Auslegung erfolgen.[138]

56 Als **„Schriften“** gelten hiernach nicht nur die klassischen Druckschriften, sondern darüber hinaus auch Ton- und Bildträger, Datenspeicher, Abbildungen und andere

---

135 LG Arnsberg NJW 1964, 1972; LG Landshut NStZ-RR 1999, 367; AG Würzburg NStZ 1990, 199; *Dose* NJW 1971, 2212; KK/*Fischer* § 7 Rn 7; *Kusch* NStZ 1990, 200; Löffler/*Kühl* Presserecht Vor §§ 20 ff LPG Rn 17; Löwe/Rosenberg/*Erb* § 7 Rn 12 ff; *Meyer-Goßner* § 7 Rn 7.

136 Vgl ua §§ 80a; 86 Abs 2; 86a Abs 1 Nr 1; 90 Abs 1; 90a Abs 1; 91 Abs 1 Nr 1; 111 Abs 1 Alt 3; 130 Abs 2 Nr 1 und Abs 5; 130a Abs 1 und 2 Nr 1; 131 Abs 1; 166 Abs 1 und 2; 184 Abs 1; 184a; 184b Abs 1; 184c Abs 1 StGB.

137 Vgl ferner §§ 186, 188 StGB; auch weitere Rechtsfolgen können sich an die Begehung einer Tat durch eine Schrift knüpfen; vgl zB § 103 Abs 2 iVm § 200 StGB sowie § 194 Abs 1 und 2 StGB.

138 *Fischer* § 11 Rn 33; NK/*Lemke* § 11 Rn 69.

Darstellungen. Insoweit enthält § 11 Abs 3 StGB keine klassische „Legaldefinition", sondern fasst lediglich mehrere Darstellungsformen unter dem **Sammelbegriff** der „Schrift" zusammen.[139] Insoweit wird auch deutlich, dass der weit auszulegende[140] Begriff der „Darstellung" hier als Oberbegriff anzusehen ist, der in den genannten Erscheinungformen lediglich seine spezielle Ausprägung gefunden hat.[141] Als „Darstellung" werden dabei sämtliche, einen bestimmten Gedanken zum Ausdruck bringenden Zeichen verstanden, die – wenn auch gegebenenfalls unter Verwendung technischer Hilfsmittel – sinnlich wahrnehmbar sind und deren stoffliche Verkörperung von gewisser Dauerhaftigkeit ist.[142]

Als **Schriften** sind allgemein solche stofflichen Zeichen zu verstehen, in denen in sinnlich wahrnehmbarer Weise, insb durch Sehen und Tasten, eine Gedankenerklärung durch Buchstaben, Bilder oder Zeichen verkörpert ist.[143] Dies kann auch in Form einer Geheim-, Kurz- oder Bilderschrift geschehen.[144] **57**

Tonträger sind Gegenstände, die bestimmte technisch gespeicherte Laute enthalten, wie zB Sprachlaute oder Musik, und diese durch Wiedergabe für das Ohr wahrnehmbar gemacht werden können.[145] Als Beispiele sind hier Tonbänder und CDs zu nennen.[146] **58**

Unter einem **Bildträger** hingegen versteht man einen Gegenstand, der bestimmte Bilder oder Bildfolgen enthält, die durch Wiedergabe für das Auge wahrnehmbar gemacht werden können, wie zB Videokassetten und DVDs.[147] **59**

Seit 1997[148] sind auch die **Datenspeicher** ausdrücklich in § 11 Abs 3 StGB erwähnt. Dadurch werden nun insb auch Inhalte, die über das Internet verbreitet werden, vom Schriftenbegriff erfasst. Zuvor bestanden Schwierigkeiten, die als Daten – dh in digitalisierter Form – vorliegenden Inhalte mangels ihrer dauerhaften stofflichen Fixierung mit dem Begriff der „Darstellung" zu erfassen. Unter Datenspeichern versteht man einen Gegenstand, auf dem ein gedanklicher Inhalt elektronisch, elektromagnetisch, optisch, chemisch oder auf sonstige Weise niedergelegt ist, auch wenn dieser nur unter Zuhilfenahme technischer Geräte wahrnehmbar gemacht werden kann.[149] Erfasst werden somit Magnetbänder, Festplatten, Disketten, USB-Sticks, CD-ROMs, aber auch der Arbeitsspeicher eines Computers.[150] Ferner gilt die Definition auch für die Darstellung von Inhalten auf einem Computerbildschirm.[151] Damit kann der Schriftenbegriff nun auf Internetseiten, E-Mails, Usenet-News und den FTP-Dienst angewendet werden.[152] Probleme kann es jedoch im Hinblick auf Inhalte geben, die über **Chats** vermittelt werden, da diese Chats regelmäßig Echtzeitübertragungen dar- **60**

---

139 Schönke/Schröder/*Eser/Hecker* § 11 Rn 67.

140 *Lackner/Kühl* § 11 Rn 28; Satzger/Schmitt/Widmaier/*Satzger* § 11 Rn 52.

141 Vgl hierzu noch näher unten Rn 62.

142 *Fischer* § 11 Rn 33; Schönke/Schröder/*Eser* § 11 Rn 78; *Sieber* JZ 1996, 494, 495.

143 BGHSt 13, 375; *Lackner/Kühl* § 11 Rn 27; Schönke/Schröder/*Eser/Hecker* § 11 Rn 67.

144 *Lackner/Kühl* § 11 Rn 27.

145 Schönke/Schröder/*Eser/Bosch* § 242 Rn 78; vgl aus der Rechtsprechung RGSt 47, 404; OLG Düsseldorf NJW 1967, 1142.

146 MünchKommStGB/*Radtke* § 11 Rn 116.

147 Schönke/Schröder/*Eser/Hecker* § 11 Rn 67; vgl aus der Rechtsprechung OLG Koblenz NStZ 1991, 45; LG Duisburg NStZ 1987, 367.

148 IuKDG vom 22.7.1997, BGBl 1997 I S 1870, 1876; vgl zur früheren Rechtslage und dem Streit, ob und wie Datenspeicher vom Schriftenbegriff erfasst werden können OLG Stuttgart NStZ 1992, 38; *Stange* CR 1996, 424, 426 ff.

149 Schönke/Schröder/*Eser/Hecker* § 11 Rn 67.

150 Vgl BT-Drucks 13/7385, 36; BGHSt 47, 55, 58.

151 BT-Drucks 13/7385, 36; Schönke/Schröder/*Eser/Hecker* § 11 Rn 67; aM *Derksen* NJW 1997, 1878, 1881; vgl hierzu auch OLG Hamburg NJW 2010, 1893.

152 *Barton* 120 f, 176 f; vgl auch BGH NStZ 2007, 216, 217.

stellen.[153] Zwar werden auch hier kurzzeitige Zwischenspeicherungen vorgenommen, diese sollen nach der Ansicht des Gesetzgebers aber gerade nicht vom Schriftenbegriff erfasst sein.[154] Dem muss jedoch widersprochen werden, da hier jedenfalls eine Zwischenspeicherung im Arbeitsspeicher des Computers stattfindet. Dies reicht jedoch – im Gegensatz zu ganz kurzfristigen Zwischenspeicherungen – im vorliegenden Zusammenhang aus.[155]

61 Gleichwohl scheinen gewisse Fälle denkbar, in denen die Anwendbarkeit des Begriffs der Datenspeicher auf im Internet übertragene Inhalte (Daten) zu verneinen sein könnte. In Betracht kommt hierbei insb die Übertragung von Inhalten im Wege des Live-Streaming. Werden diese (beispielsweise Fernseh-/Hörfunkformate) als Live-Übertragung in Echtzeit über das Internet „gesendet" und erfahren dabei – abgesehen von technisch zwingend notwendigen kurzfristigen Zwischenspeicherungen – keinerlei Speicherung und werden nach der einmaligen Wahrnehmung durch den Empfänger auch nicht weiter im bzw durch den Arbeitsspeicher seines Computers verkörpert, so kann in diesem Fall eine Zuordnung der betreffenden Inhalte zum Begriff des „Datenspeichers" wohl kaum erfolgen.

62 Unter **Abbildungen** versteht man die optische Wiedergabe körperlicher Gegenstände oder Vorgänge in der Außenwelt in Fläche und Raum, zB Gemälde, Fotos und Dias.[156] § 11 Abs 3 StGB nennt am Ende noch **„andere Darstellungen"**. Fraglich ist, ob damit die „Darstellung" als Oberbegriff sämtlicher in dieser Vorschrift genannten Träger anerkannt wird[157] oder ob sich die andere Darstellung nur auf die unmittelbar zuvor genannten Abbildungen bezieht. Da aber auch Schriften und die anderen in § 11 Abs 3 StGB genannten Objekte problemlos als Darstellungen angesehen werden können, liegt die Einordnung als Oberbegriff nahe. Als **Darstellungen** werden dabei alle Arten von stofflichen Zeichen angesehen, die sinnlich wahrnehmbar sind und einen geistigen Sinngehalt vermitteln.[158] Teilweise wird darüber hinaus gefordert, dass die stoffliche Verkörperung von einer gewissen Dauer sein muss.[159] Dies ist jedoch insoweit problematisch, als zB **Bildschirmanzeigen** einer über das Internet abgerufenen Information dann nicht unter diese Definition fallen würden, da die Anzeige auf einem Computerbildschirm eben gerade keine Verkörperung von einer gewissen Dauer darstellt.[160] Argumentiert wird hier insb mit § 74d StGB,[161] wonach Schriften iSd § 11 Abs 3 StGB eingezogen werden können, was bei unkörperlichen Gegenständen gerade nicht möglich ist.[162] Dies ist im Ergebnis jedoch nicht haltbar, da, wie oben gesehen,[163] die flüchtigen Speicherungen in einem Arbeitsspeicher eines Computers sowie die Anzeige auf dem Bildschirm als „Datenspeicher" inzwischen von dieser

153 Vgl hierzu *Römer* 84.
154 BT-Drucks 13/7385, 36.
155 MünchKommStGB/*Radtke* § 11 Rn 118, vgl bereits *Altenhain* CR 1997, 485, 495.
156 Schönke/Schröder/*Eser/Hecker* § 11 Rn 67.
157 So LK/*Hilgendorf* 12. Aufl, § 11 Rn 125; Schönke/Schröder/*Eser/Hecker* § 11 Rn 67.
158 Vgl *Fischer* § 11 Rn 33; NK/*Lemke* § 11 Rn 62 f; Schönke/Schröder/*Eser/Hecker* § 11 Rn 67; *Walther* NStZ 1990, 523.
159 Vgl *Berger-Zehnpfund* Kriminalistik 1996, 635, 636; NK/*Lemke* § 11 Rn 63; Schönke/Schröder/*Eser/Hecker* § 11 Rn 67; SK/*Rudolphi/Stein* § 11 Rn 63; *Walther* NStZ 1990, 523.
160 *Sieber* JZ 1996, 494, 495; *Walther* NStZ 1990, 523; im Ergebnis auch *Derksen* NJW 1997, 1878, 1881.
161 Vgl zur Einziehung von Schriften noch unten Rn 97 ff.
162 *Sieber* JZ 1996, 494, 495; vgl auch allgemein zur Beschränkung der Einziehung auf körperliche Gegenstände BVerwGE 85, 169, 171.
163 Vgl oben Rn 60.

Definition erfasst werden.[164] Nicht erfasst ist dagegen die „Live-Übertragung" im Fernsehen oder im Hörfunk.[165]

IV. Täterschaft und Teilnahme gem §§ 25 ff StGB

1. Allgemeine Grundsätze

a) **Keine Strafbarkeit des Medienunternehmens als juristische Person.** Strafrechtliche Verantwortlichkeit knüpft stets an das Verhalten einzelner natürlicher Personen an. So kennt das deutsche Strafrecht, obwohl dies von verschiedener Seite aus immer wieder gefordert wird,[166] keine strafrechtliche Haftung juristischer Personen. Eine Verbandsstrafe ist dem deutschen Strafrecht also fremd.[167] Dies ist auf der Grundlage der herrschenden Strafrechtsdogmatik in Deutschland auch zwingend, da nur natürliche Personen, nicht aber rechtliche Konstrukte **handeln** können.[168] Für die juristischen Personen handeln jedoch die jeweils zuständigen Organe (zB der Geschäftsführer oder der Vorstand, vgl § 14 StGB).[169] Eine weitere Begründung des Ausschlusses einer strafrechtlichen Haftung juristischer Personen lässt sich aus dem mit Verfassungsrang ausgestalteten **Schuldprinzip** herauslesen. Denn nur natürliche Personen, nicht aber Personenmehrheiten als solche können schuldhaft handeln. Anders ist dies im Ordnungswidrigkeitenrecht.[170] Hier können nach § 30 OWiG gegen juristische Personen oder Personenvereinigungen auch Geldbußen verhängt werden. 63

b) **Grundsatz der Trennung von Täterschaft und Teilnahme.** Das deutsche Strafrecht beruht – jedenfalls im Bereich der Vorsatzdelikte[171] – auf der grundsätzlichen Trennung von Täterschaft und Teilnahme (sog „dualistisches Beteiligungssystem"), wobei es als gemeinsamen Oberbegriff den **„Beteiligten"** an einer Straftat nennt (vgl § 28 Abs 2 StGB). Es existieren insgesamt vier verschiedene Formen der Täterschaft und zwei Formen der Teilnahme. 64

In § 25 StGB werden drei der vier Formen der **Täterschaft** ausdrücklich normiert. In § 25 Abs 1 Alt 1 StGB findet sich die Grundform der **Alleintäterschaft** („Als Täter wird bestraft, wer die Straftat selbst [...] begeht"). Die Alleintäterschaft ist das Kernstück der Täterschaft. Es findet keine Zurechnung irgendwelcher Tatbeiträge eines anderen statt. Jeder Täter wird nur und ausschließlich für sein eigenes Handeln bestraft. In § 25 Abs 1 Alt 2 StGB wird die **mittelbare Täterschaft** umschrieben („Als Täter wird bestraft, wer die Straftat [...] durch einen anderen begeht"). Diese Form ist 65

164 Vgl hierzu auch *Altenhain* CR 1997, 485, 495; ferner *Berger-Zehnpfund* Kriminalistik 1996, 635, 636; zur Möglichkeit der Erfassung von beim Btx-Verfahren auf dem Bildschirm sichtbar werdenden Zeichen vor Erwähnung der Datenspeicher in § 11 Abs 3 StGB vgl OLG Stuttgart NStZ 1992, 38.

165 MünchKommStGB/*Radtke* § 11 Rn 114; Schönke/Schröder/*Eser/Hecker* § 11 Rn 67.

166 Zu den Tendenzen hin zu einem Unternehmensstrafrecht – insb auf europäischer Ebene – vgl *Kempf* KJ 2003, 462.

167 Vgl auch Paschke/Berlit/Meyer/*Liesching* 87. Abschn Rn 2.

168 Vgl hierzu nur *B Heinrich* AT I Rn 198; *Roxin* AT I § 8 Rn 58; *Wessels/Beulke* Rn 94.

169 Hierzu näher *Kindhäuser* AT § 7; *Otto* Jura 1998, 409.

170 Vgl zum Ordnungswidrigkeitenrecht unten Rn 363 ff.

171 Anders hingegen bei den Fahrlässigkeitsdelikten, bei denen sich jeder als Täter strafbar machen kann, der sich sorgfaltspflichtwidrig verhalten hat (sog „Einheitstäter"); auch das deutsche Ordnungswidrigkeitenrecht kennt eine Differenzierung zwischen Täterschaft und Teilnahme nicht; vgl hierzu *B Heinrich* AT II Rn 1177.

regelmäßig dadurch gekennzeichnet, dass der mittelbare Täter eine andere Person, die selbst strafrechtlich nicht verantwortlich ist, zur Tatbegehung einsetzt. Schließlich regelt § 25 Abs 2 StGB die **Mittäterschaft** („Begehen mehrere die Straftat gemeinschaftlich, so wird jeder als Täter bestraft"). Hier findet eine gegenseitige Zurechnung der jeweils erbrachten Tatbeiträge statt. Gesetzlich nicht geregelt ist die **Nebentäterschaft**, bei der mehrere Personen einen tatbestandsmäßigen Erfolg herbeiführen, ohne dass ein gemeinsamer Tatplan vorliegt.

66 Als Teilnahmeformen nennt das Gesetz die **Anstiftung** und die **Beihilfe**. Unter einer **Anstiftung** (§ 26 StGB) versteht man das vorsätzliche Bestimmen eines anderen zu dessen vorsätzlich und rechtswidrig – aber nicht notwendigerweise schuldhaft – begangenen Haupttat. Der Anstifter wird – ohne Möglichkeit einer Strafmilderung – wie ein Täter bestraft. Unter **Beihilfe** (§ 27 StGB) ist dagegen das vorsätzliche Hilfeleisten zu einer vorsätzlich und rechtswidrig – wiederum aber nicht notwendigerweise schuldhaft – begangenen Tat eines anderen zu verstehen. Die Strafbarkeit der Beihilfe richtet sich zwar ebenfalls nach der Haupttat, es findet jedoch eine obligatorische Strafmilderung nach § 27 Abs 2 iVm § 49 Abs 1 StGB statt. Die Anwendung der Vorschriften über die Anstiftung und die Beihilfe wirft insb dann Probleme auf, wenn Journalisten durch die Veröffentlichungen bisher „geheimer" Informationen eine Strafbarkeit eines Amtsträgers wegen Verletzung des Dienstgeheimnisses, § 353b StGB, ermöglichen.[172] So kann bereits die Anfrage an einen Amtsträger nach „geheimer" Information eine strafbare Anstiftung zu § 353b StGB darstellen.[173] Darüber hinaus ist auch noch an eine Beihilfe zu denken und zwar sowohl im Zusammenhang mit der Entgegennahme der Information als auch im Rahmen der späteren Veröffentlichung.[174] Letzteres ist allerdings durchaus problematisch. Denn die bloße Entgegennahme eines Geheimnisses durch den Journalisten ist nach den Grundsätzen der „notwenigen Teilnahme" an sich straflos. Da durch die Mitteilung an den Journalisten zudem die Verletzung des Dienstgeheimnisses bereits vollendet ist, ist eine Beihilfe hieran durch die anschließende Publikation nur dann möglich, wenn man die Möglichkeit einer „sukzessiven Beihilfe" mit der Rechtsprechung[175] – und entgegen der wohl hM in der Literatur[176] – im Stadium zwischen Vollendung und Beendigung einer Tat überhaupt noch für zulässig ansieht. Vergegenwärtigt man sich darüber hinaus, dass der Gesetzgeber durch das 17. Strafrechtsänderungsgesetz vom 21.12.1979[177] den bisherigen „Maulkorbparagraphen" des § 353c StGB aF (Öffentliche Bekanntmachung von Dienstgeheimnissen durch Nichtgeheimnisträger) ersatzlos gestrichen hat, wird

---

172 Vgl zu § 353b StGB noch unten Rn 226.

173 Vgl hierzu *Riklin* GA 2006, 361; vgl zudem aus der Schweiz BGE 127 IV 22.

174 Vgl hierzu BVerfGE 117, 244 – Cicero; BayObLG NStZ 1999, 568; *Behm* AfP 2000, 421; *Brüning* NStZ 2006, 253; *Fritze/Holzbach* FS Tilmann 937, 940 ff.

175 RGSt 52, 202, 203; RGSt 71, 193, 194; BGHSt 2, 344, 346; BGHSt 3, 40, 43 f; BGHSt 4, 132, 133; BGHSt 6, 248, 251; BGHSt 14, 280, 281; BGHSt 19, 323, 325; BGH NStZ 2000, 594; BGH NStZ 2007, 35, 36; BayObLG NStZ 1999, 568; OLG Bamberg NJW 2006, 2935, 2937 f; ebenso *Baumann/Weber/Mitsch* § 28 Rn 4 f, § 31 Rn 25; *Jescheck/Weigend* § 64 III 2b; Schönke/Schröder/*Cramer/Heine* § 27 Rn 17.

176 *Geppert* JURA 1999, 266, 272; *Jakobs* 22/39; *Kudlich* JA 2007, 308; *Kühl* § 20 Rn 236 ff; *ders* JuS 2002, 729, 734; LK/*Roxin* 11. Aufl § 27 Rn 35; LK/*Schünemann* 12. Aufl § 27 Rn 44; MünchKommStGB/*Joecks* § 27 Rn 17 ff; NK/*Kindhäuser* § 242 Rn 131; *Sengbusch* JURA 2007, 623, 630; SK/*Hoyer* § 27 Rn 18; *Steffan* JuS 2007, 348, 351; *Roxin* AT II § 26 Rn 259 ff.

177 BGBl 1979 I S 2324.

aber deutlich, dass hier jedenfalls eine restriktive Auslegung angezeigt ist.[178] In der Praxis bedeutsam ist dies insb im Hinblick auf eine mögliche Beschlagnahme von Unterlagen in Redaktionsräumen: Diese ist nach § 97 Abs 5 StPO zwar grundsätzlich unzulässig soweit dem Journalisten ein Zeugnisverweigerungsrecht nach § 53 Abs 1 S 1 Nr 5 StPO zusteht. Dieses Verbot entfällt jedoch dann, wenn der Journalist verdächtig ist, sich wegen einer Teilnahme an der Tat strafbar gemacht zu haben.[179]

Da in Medienunternehmen zumeist eine Vielzahl von Personen zusammen wirken, ist die Feststellung der strafrechtlichen Verantwortlichkeit des Einzelnen oft schwierig.[180] Kann der jeweilige Tatbeitrag des Einzelnen festgestellt werden, ist zwischen den verschiedenen Beteiligungsformen, insb zwischen Täterschaft und Teilnahme abzugrenzen. Dabei geht die Rechtsprechung traditionell von einem **subjektiven Maßstab** aus (Täter ist, wer die Tat als eigene will, Teilnehmer hingegen, wer lediglich eine fremde Tat veranlassen und fördern will),[181] während die hM in der Literatur[182] einen objektiveren Maßstab mit dem Kriterium der **Tatherrschaft** anlegt (Täter ist, wer die Tat beherrscht, dh als Schlüsselfigur das Tatgeschehen nach seinem Willen hemmen, lenken oder mitgestalten kann; Teilnehmer ist, wer die Tat nicht beherrscht und lediglich als Randfigur die Begehung der Tat veranlasst oder in irgendeiner Weise fördert).[183] In der praktischen Anwendung sind die Unterschiede allerdings gering, da auch der BGH inzwischen fordert, dass der die Täterschaft begründende „Täterwille" auf Grund einer „wertenden Betrachtung" zu ermitteln sei, welcher sämtliche Umstände der Tat mit einschließen müsse. Wesentliche Anhaltspunkte dieser wertenden Betrachtung sollen hierbei sein: der gemeinsame Tatplan, der Umfang der Tatbeteiligung, der Grad des eigenen Interesses am Taterfolg, die Tatherrschaft oder wenigstens der „Wille zur Tatherrschaft".[184] 67

Nach diesen Grundsätzen ist jedenfalls der Autor bzw Verfasser eines Textes für dessen Inhalt als Täter anzusehen, sofern die Verbreitung von ihm veranlasst wird bzw mit seinem Willen geschieht.[185] Da bei Presseerzeugnissen jedoch im Nachhinein oftmals schwer zu ermitteln ist, wer tatsächlich der Autor des betreffenden Textes war (insb wenn keine ausdrückliche Namensnennung erfolgte), wurde im Presserecht das Institut des „Verantwortlichen Redakteurs" geschaffen.[186] So sehen zB die einzelnen Landespressegesetze bei periodischen Druckwerken regelmäßig vor, dass der verant- 68

178 Vgl hierzu *Brüning* NStZ 2006, 253, 255; für eine ausdrückliche Straffreistellung von Journalisten im Hinblick auf eine Beihilfe zu § 353b StGB durch Aufnahme eines neuen § 353b Abs 5 StGB vgl den Entwurf der FDP-Franktion vom 16.3.2006, BT-Drucks 16/956; hierzu *Leutheusser-Schnarrenberger* ZRP 2007, 249, 251; vgl in diesem Zusammenhang auch den Entwurf der Fraktion BÜNDNIS 90/DIE GRÜNEN vom 7.2.2006, BT-Drucks 16/576, sowie den Entwurf der Fraktion DIE LINKE vom 6.3.2007, BT-Drucks 16/4539.

179 Vgl hierzu näher unten Rn 390 ff.

180 Vgl allgemein zu Täterschaft und Teilnahme im Presserecht *Soehring* § 26 Rn 4 ff.

181 BGHSt 2, 150, 151; BGHSt 2, 169, 170; BGHSt 3, 349, 350; BGHSt 8, 70, 73; BGHSt 8, 390, 391; BGHSt 8, 393, 396; BGHSt 16, 12, 13; BGHSt 18, 87, 90 f; BGHSt 28, 346, 348.

182 *Gropp* § 10 Rn 34 ff; *Jakobs* 21/32 ff; *Jescheck/Weigend* § 61 V; *Krey* AT 2 Rn 67 ff, 86 ff; *Kühl* § 20 Rn 29 ff; *Lackner/Kühl* Vor § 25 Rn 6; LK/*Schünemann* 12. Aufl § 25 Rn 32 ff; *Maurach/Gössel/Zipf* AT 2 § 47 Rn 84; MünchKommStGB/*Joecks* § 25 Rn 27 ff; *Otto* AT § 21 Rn 21 ff; *Roxin* AT II § 25 Rn 27 ff; SK/*Hoyer* Vor § 25 Rn 11; Schönke/Schröder/*Heine* Vorbem §§ 25 ff Rn 61 ff; *Wessels/Beulke* Rn 518.

183 Vgl zum Streitstand *B Heinrich* AT II Rn 1203 ff.

184 Vgl in ähnlicher Formulierung BGHSt 19, 135, 138; BGHSt 34, 124, 125; BGHSt 36, 363, 367; BGHSt 37, 289, 291; BGHSt 38, 32, 33; BGHSt 38, 315, 319; BGHSt 39, 381, 386; BGHSt 43, 219, 232; BGHSt 48, 52, 56; BGH NStZ 1988, 406.

185 Eberle/Rudolf/Wasserburg/*Schmitt* Kap XI Rn 16.

186 Vgl hierzu *Franke* NStZ 1983, 114.

wortliche Redakteur im Impressum benannt wird.[187] Seine Aufgabe ist es, die Druckwerke von strafbaren Inhalten freizuhalten. Gelingt ihm dies nicht, macht er sich nach den insoweit subsidiär geltenden Strafnormen der Landespressegesetze strafbar, sofern er wegen der begangenen Straftat nicht schon nach allgemeinem Strafrecht als Täter oder Teilnehmer belangt werden kann. Eine solche Täterschaft (zB bei einem beleidigenden, pornografischen oder gewaltverherrlichenden Inhalt des Beitrages) ist dabei immer dann anzunehmen, wenn der verantwortliche Redakteur die Veröffentlichung eines Beitrags aktiv veranlasst (selbst wenn er ihn nicht selbst verfasst hat). Problematischer ist hingegen die Annahme einer **Strafbarkeit durch Unterlassen**, wenn der Autor bzw der Programmverantwortliche die Verbreitung eines bestimmten Textes nicht verhindert hat. Die Strafbarkeit wegen Unterlassens richtet sich nach § 13 StGB und erfordert, dass der Unterlassende rechtlich dafür einzustehen hat, dass ein bestimmter Erfolg nicht eintritt (sog „Garantenpflicht"). Eine solche Garantenpflicht ist jedenfalls für den verantwortlichen Redakteur oder Sendeleiter anzunehmen.[188] Da eine Garantenpflicht aber auch vertraglich übernommen werden kann, ist es ferner möglich, dass andere, mit der Programmkontrolle beauftragte Personen eine solche Garantenstellung innehaben. Jedoch können sich die verantwortlichen Redakteure oder Sendeleiter nicht durch eine Kollektiventscheidung der Verantwortung entziehen.[189] Hinzuweisen ist darauf, dass in den meisten Pressegesetzen der Länder Strafbestimmungen aufgenommen wurden, die an einen vorsätzlichen oder fahrlässigen Verstoß gegen die Pflicht, ein Druckwerk von strafbaren Inhalten freizuhalten, anknüpft.[190]

2. Die Verantwortlichkeit im Internet

69 **Sonderregelungen** bestehen hinsichtlich der strafrechtlichen Verantwortlichkeit der verschiedenen Beteiligten im Internet.[191] Hier wurde schon früh deutlich, dass eine Beschränkung der strafrechtlichen Verantwortlichkeit insb für Tele- und Mediendiensteanbieter erforderlich ist, um vor allem die Internet-Provider vor nicht mehr kalkulierbaren Strafbarkeits- und Haftungsrisiken zu schützen.[192]

70 a) **Die Providerhaftung.** Die Verantwortlichkeit der Internetprovider war ab 1997 in § 5 Teledienstegesetz (TDG aF 1997) geregelt.[193] Ab 2001 fand sich eine umfassende Regelung in §§ 8 ff TDG aF 2001.[194] Das TDG ist am 1.3.2007 durch das Telemedien-

---

187 Vgl zu den Sondertatbeständen für verantwortliche Redakteure und Verleger nach den einzelnen Landespressegesetzen unten Rn 339.

188 Vgl BGH NJW 1977, 626, 627; Eberle/Rudolf/Wasserburg/*Schmitt* Kap XI Rn 17; *Herrmann/Lausen* § 26 Rn 19.

189 OLG Stuttgart NStZ 1981, 27; *Herrmann/Lausen* § 26 Rn 19.

190 Vgl hierzu noch unten Rn 339.

191 Vgl zu diesem Komplex *Altenhain* CR 1997, 485; *Brauneck* ZUM 2000, 480; *Conradi/Schlömer* NStZ 1996, 366, 472; *Derksen* NJW 1997, 1878; *Gounalakis/Rhode* NJW 2000, 2168; *Heghmanns* JA 2001, 71; *Köster/Jürgens* MMR 2002, 420; *Lackum* MMR 1999, 697; *Liesching/Günter* MMR 2000, 260; *Park* GA 2001, 23; *Pelz* ZUM 1998, 530; *Satzger* CR 2001, 109; *Vassilaki* MMR 2002, 659; *Wimmer/Michael* 119 ff.

192 *Petersen* § 18 Rn 1.

193 Gesetz vom 22.7.1997, BGBl 1997 I S 1870; in Kraft ab dem 1.8.1997; vgl zu Vorschlägen der Providerhaftung vor Inkrafttreten des TDG 1997 *Derksen* NJW 1997, 1878, 1882 ff.

194 Die Neufassung des TDG geht auf Art 1 des Gesetzes über rechtliche Rahmenbedingungen für den elektronischen Geschäftsverkehr (EGG) vom 14.12.2001 zurück, BGBl 2001 I S 3721. Die Änderungen des TDG traten am 21.12.2001 in Kraft. Ein Vergleich der beiden Regelungen findet sich bei *Spindler* MMR 2002, 495, 496 f; vgl ferner BGH NJW 2004, 3102; *Kudlich* JA 2002, 798, 800.

gesetz (TMG)[195] abgelöst worden. Die Vorschriften des TDG zur Haftung wurden dabei jedoch inhaltsgleich übernommen.[196]

Nach § 5 Abs 1 TDG aF 1997 waren Diensteanbieter für eigene Inhalte, die sie zur Nutzung bereithielten, sog **Contentprovider**, nach den allgemeinen Gesetzen verantwortlich. § 5 Abs 2 TDG aF 1997 regelte, dass Diensteanbieter für fremde Inhalte, die sie zur Nutzung bereithielten, sog **Service- oder Hostprovider**, nur dann verantwortlich waren, wenn sie von diesen Inhalten Kenntnis hatten und es ihnen technisch möglich und zumutbar war, deren Nutzung zu verhindern. In § 5 Abs 3 TDG aF 1997 fand sich schließlich die Regelung für die sog **Accessprovider:** Diensteanbieter waren für fremde Inhalte, zu denen sie lediglich den Zugang zur Nutzung vermittelten, nicht verantwortlich, wobei eine automatische und kurzzeitige Vorhaltung fremder Inhalte auf Grund einer Nutzerabfrage als eine solche Zugangsvermittlung galt (sog Proxy-Cache-Privileg). § 5 Abs 4 TDG aF 1997 stellte schließlich klar, dass durch diese Privilegierung Verpflichtungen zur Sperrung der Nutzung rechtswidriger Inhalte nach den allgemeinen Gesetzen unberührt blieben, wenn der Diensteanbieter unter Wahrung des Fernmeldegeheimnisses (§ 85 TKG aF) von diesen Inhalten Kenntnis erlangte und eine Sperrung technisch möglich und zumutbar war. **71**

Aufsehen erregte in diesem Zusammenhang das sog **„Compuserve-Urteil“**:[197] Der Geschäftsführer einer in Deutschland sitzenden hundertprozentigen Tochterfirma eines US-amerikanischen Online-Service-Providers (Compuserve-USA) wurde wegen des Zugänglichmachens gewalt- und kinderpornografischer Darstellungen angeklagt, die für deutsche Kunden auf dem Server der Compuserve-USA bereitgehalten wurden. Vertragspartner der Kunden war Compuserve-USA, die deutsche Tochterfirma stellte für die Kunden jedoch die Einwahlknoten bereit, die zum Abruf der Inhalte in den USA erforderlich waren. Das AG München[198] verurteilte hier auf der Grundlage des § 5 Abs 2 TDG aF 1997 und lehnte eine bloße Zugangsvermittlung nach § 5 Abs 3 TDG aF 1997 ab. Das Verhalten der Compuserve-USA sei dem Angeklagten im Wege der Mittäterschaft über § 25 Abs 2 StGB zuzurechnen. Auch hätte der Angeklagte positive Kenntnis von den strafrechtsrelevanten Inhalten besessen. In der Berufungsinstanz wurde das Urteil indes durch das LG München aufgehoben.[199] Begründet wurde dies damit, dass der angeklagten deutschen Tochterfirma infolge ihrer völlig untergeordneten Stellung die Tatherrschaft gefehlt habe. Insoweit läge eine bloße Zugangsvermittlung nach § 5 Abs 3 TDG aF 1997 vor.[200] **72**

---

195 Gesetz vom 26.2.2007, BGBl 2007 I S 179; in Kraft ab dem 1.3.2007; hierzu *Hoeren* NJW 2007, 810.

196 Vgl hierzu auch BGH NJW 2007, 2558. Die Regeln stimmen jedoch in der Zählung nicht überein. Der Begriff „Teledienste“ wurde außerdem durch „Telemedien“ ersetzt. Unter dem Begriff der „Telemedien“ sind laut § 1 Abs 1 S 1 TMG „alle elektronischen Informations- und Kommunikationsdienste, soweit sie nicht Telekommunikationsdienste nach § 3 Nr 24 des Telekommunikationsgesetzes, die ganz in der Übertragung von Signalen über Telekommunikationsnetze bestehen, telekommunikationsgestützte Dienste nach § 3 Nr 25 des Telekommunikationsgesetzes oder Rundfunk nach § 2 des Rundfunkstaatsvertrages sind“, zu verstehen. Zur früheren Trennung zwischen Tele- und Mediendiensten vgl unten Rn 268; krit zur fehlenden Neuregelung der Verantwortlichkeitsregeln *Kitz* ZUM 2007, 368, 374 f.

197 AG München MMR 1998, 429; LG München NJW 2000, 1051; vgl hierzu auch *Marberth-Kubicki* Rn 366/367; *Petersen* § 18 Rn 2 ff.

198 AG München MMR 1998, 429, vgl hierzu *Eichler* K&R 1998, 412; *Ernst* NJW-CoR 1998, 362; *Hoeren* NJW 1998, 2792; *Pätzel* CR 1998, 625; *Sieber* MMR 1998, 438.

199 LG München NJW 2000, 1051; zu diesem Urteil *Barton* K&R 2000, 195; *Kühne* NJW 2000, 1003; *Moritz* CR 2000, 119.

200 Zur fehlenden Möglichkeit der Provider, einen Zugriff auf bestimmte Netzangebote zu unterbinden, vgl *Conradi/Schlömer* NStZ 1996, 472, 472 f.

73 Inzwischen findet sich eine Regelung über die Verantwortlichkeit der Diensteanbieter wie der Internetprovider in **§§ 7 ff TMG** (§§ 8 ff TDG aF 2001).[201] Diese Vorschriften beziehen sich nicht nur auf die strafrechtliche, sondern auch auf die zivilrechtliche und die urheberrechtliche[202] Haftung des Providers. Die Abstufung des § 5 TDG aF 1997 wurde dabei zwar im Wesentlichen beibehalten, in einzelnen Punkten jedoch nicht unerheblich modifiziert.[203] Die Regelungen sollen im Wesentlichen zu einer weitgehenden Entlastung der strafrechtlichen Verantwortlichkeit der Provider führen und stellen mithin einen Filter dar, welcher der Prüfung der strafrechtlichen Verantwortlichkeit nach den allgemeinen Regeln vorgeschaltet ist.[204] Vor dem Eintritt in die „klassische" strafrechtliche Prüfung (zB wegen der Verbreitung pornographischer Schriften gem § 184 Abs 1 StGB) ist also zunächst anhand der §§ 7 ff TMG festzustellen, ob überhaupt eine Verantwortlichkeit – und damit auch eine strafrechtliche Haftung – des Diensteanbieters in Betracht kommt. Andere Modelle integrieren hingegen die §§ 7 ff TMG in die strafrechtliche Deliktsprüfung. Innerhalb dieser sog „Integrationslösung" ist allerdings wiederum umstritten, unter welchem Punkt bzw auf welcher Ebene des dreistufigen Deliktsaufbaus die Prüfung erfolgen soll.[205]

74 § 7 Abs 1 TMG (§ 8 Abs 1 TDG aF 2001) regelt, dass Diensteanbieter für eigene „Informationen",[206] die sie zur Nutzung bereit halten, sog **Contentprovider**, nach den allgemeinen Gesetzen verantwortlich sind. Eine genauere und zugleich für alle Arten gültige Umschreibung des Begriffs des Diensteanbieters findet sich in § 2 Nr 1 TMG (§ 3 Nr 1 TDG aF 2001). Hiernach versteht man unter einem Diensteanbieter denjenigen, der eigene oder fremde Telemedien zur Nutzung bereit hält oder den Zugang zur Nutzung vermittelt. Abzustellen ist also nicht auf den Eigentümer des Servers, sondern auf denjenigen, der einen Dienst anbietet, was im Fall des Contentproviders bzw Inhalteanbieters derjenige ist, der eigene Informationen auf dem Server abgelegt hat (etwa auf einer eigenen Webseite, einer Online-Auktion etc).[207] Dies gilt in gleicher Weise auch für denjenigen, der, zB durch die Moderation von „News-Groups", nur Beiträge verbreitet, die er zuvor redaktionell überprüft hat.[208] Unbeachtlich ist es, ob es sich um einen kommerziellen oder privaten Anbieter handelt.[209] Insoweit können zB auch Unternehmen, Universitäten, Schulen und Bibliotheken, die ihren Studierenden, Schülern, Mitarbeitern oder Nutzern einen Internetzugang ermöglichen, als

---

201 Vgl hierzu *Kudlich* JA 2002, 798, 800; vgl zu den Unterschieden von § 5 TDG aF 1997 und § 8 TDG aF 2001 *Spindler* MMR 2002, 495, 496 f.

202 Die Anwendung auf Urheberrechtsverletzungen ist allerdings durchaus streitig; vgl *Müller-Terpitz* MMR 1998, 478; *Schaefer/Rasch/Braun* ZUM 1998, 451; *Waldenberger* MMR 1998, 124, 127 f.

203 Zum Überblick über die §§ 7 ff TMG vgl *Gercke/Brunst* Rn 587 ff; *Marberth-Kubicki* Rn 365 ff.

204 Eberle/Rudolf/Wasserburg/*Schmitt* Kap XI Rn 23; vgl zum Meinungsstreit über die Rechtsnatur auch *Gercke/Brunst* Rn 579 ff; *Marberth-Kubicki* Rn 363 f; Schönke/Schröder/*Lenckner/Perron/Eisele* § 184 Rn 56.

205 Vgl hierzu *Heghmanns* JA 2001, 71, 78 (Strafausschließungsgrund); *Sieber* Verantwortlichkeit im Internet Rn 245 sowie *Spindler* NJW 2002, 921, 922 (Tatbestandsmerkmal) und schließlich LG München I NJW 2000, 1051, 1052 sowie *Vassilaki* MMR 1998, 630, 634 ff (Schuldmerkmal).

206 Nach § 5 Abs 1 TDG aF noch: „Inhalte".

207 Zur Frage der Verantwortlichkeit für fremde Inhalte, die man sich über eine „Verlinkung" zu eigen gemacht hat, vgl unten Rn 81.

208 Eberle/Rudolf/Wasserburg/*Schmitt* Kap XI Rn 16; *Hörnle* NJW 2002, 1008, 1011.

209 Eberle/Rudolf/Wasserburg/*Schmitt* Kap XI Rn 24; *Park* GA 2001, 21, 31 zu § 5 TDG aF 1997.

Diensteanbieter, nämlich sog Accessprovider, angesehen werden.[210] Von §§ 8–10 TMG als Diensteanbieter in technischer Hinsicht nicht erfasst sind hingegen die Betreiber einer privaten Webseite. Da diese im Normalfall fremde Dienste technischer Art bei der Einstellung bzw Bereitstellung benötigen, sind sie als „Nutzer" iSd § 2 Nr 3 TMG (§ 3 Nr 2 TDG aF 2001) und nicht als Diensteanbieter iSd §§ 8–10 TMG anzusehen. Unbeschadet dessen gelten diejenigen, die eigene oder zu eigen gemachte Informationen auf einer Webseite zur Verfügung stellen, jedoch als Contentprovider iSv § 7 Abs 1 TMG.[211] Die gleichzeitige Einordnung als Nutzer anderer technischer Dienste iSv § 2 Nr 3 TMG steht dem nicht entgegen.[212]

Eine wesentliche Einschränkung findet sich in **§ 7 Abs 2 S 1 TMG** (§ 8 Abs 2 S 1 TDG aF 2001). Hier wird bestimmt, dass (nur) die Diensteanbieter[213] nach §§ 8–10 TMG (§§ 9–11 TDG aF 2001) (dh die Access- und Service- bzw Hostprovider, nicht aber die Contentprovider nach § 8 Abs 1 TDG aF 2001) **nicht verpflichtet** sind, „die von ihnen übermittelten oder gespeicherten Informationen zu überwachen oder nach Umständen zu forschen, die auf eine rechtswidrige Tätigkeit hinweisen". Allerdings bleiben nach S 2 Verpflichtungen zur Entfernung oder Sperrung der Nutzung von Informationen nach den allgemeinen Gesetzen unberührt. § 7 Abs 2 S 1 TMG (§ 8 Abs 2 S 1 TDG aF 2001) stellt also die Anbieter technischer Dienstleistungen von allgemeinen proaktiven Überwachungs- und Kontrollpflichten frei. Lediglich diejenigen, die auf Grund einer (freiwilligen) Kontrolle auf rechtswidrige Informationen stoßen, sind verpflichtet, diese im Rahmen ihrer Möglichkeiten zu beseitigen. Dies führt nun freilich dazu, dass diejenigen Provider, die besonders intensiv und sorgfältig kontrollieren, eher in die (auch strafrechtliche) Haftung genommen werden können, wenn sie auf rechtswidrige Informationen stoßen und diese nicht sogleich beseitigen. Halten die Provider jedoch die für sie jeweils geltenden Vorschriften der §§ 8–10 TMG ein, sind sie für die Verbreitung rechtswidriger Inhalte anderer strafrechtlich nicht verantwortlich.[214] Im Folgenden unterscheidet das TMG drei unterschiedliche Handlungsformen, die für die Providertätigkeit typisch sind und an die sich unterschiedliche Pflichten knüpfen: das Weiterleiten (oder Durchleiten – § 8 TMG, § 9 TDG aF 2001), das Zwischenspeichern (§ 9 TMG, § 10 TDG aF 2001) und das Bereithalten (§ 10 TMG, § 11 TDG aF 2001) von Informationen. 75

In **§ 8 TMG** (§ 9 TDG aF 2001) wird (in Anlehnung an § 5 Abs 3 TDG aF 1997) eine weitgehende Freistellung von der strafrechtlichen Verantwortlichkeit im Hinblick auf den bereits oben erwähnten **Accessprovider**[215] getroffen: „Diensteanbieter sind für fremde Informationen, die sie in einem Kommunikationsnetz übermitteln oder zu denen sie den Zugang zur Nutzung vermitteln, nicht verantwortlich, sofern sie (1) die Übermittlung nicht veranlasst, (2) den Adressaten der übermittelten Information nicht ausgewählt und (3) die übermittelten Informationen nicht ausgewählt oder verändert haben." Hierzu sind im Allgemeinen hohe Anforderungen zu stellen, es bedarf also einer bewussten Auswahl bzw Veranlassung durch den Provider, um ihn in die strafrechtliche Verantwortung zu nehmen.[216] Die Regelung findet allerdings nach S 2 keine 76

---

210 Schönke/Schröder/*Perron/Eisele* § 184 Rn 55a, sofern der Internetzugang auch zu allgemeinen, insb privaten Zwecken zur Verfügung gestellt wird.

211 *Gercke/Brunst* Rn 588.

212 *Hilgendorf/Frank/Valerius* Rn 280.

213 Vgl zum Begriff des Diensteanbieters die vorstehende Rn 74.

214 Vgl hierzu auch *Vassilaki* MMR 2002, 659.

215 Zu nennen sind hier zB Zugangsdienste wie AOL oder T-Online, ferner aber auch Betreiber von Internet-Suchmaschinen und Mail-Servern.

216 Vgl hierzu ausf Eberle/Rudolf/Wasserburg/*Schmitt* Kap XI Rn 27; *Gercke/Brunst* Rn 608 ff; *Marberth-Kubicki* Rn 366 ff; *Spindler* NJW 2002, 921, 923.

Anwendung, wenn der Diensteanbieter absichtlich mit einem der Nutzer seines Dienstes zusammenarbeitet, um rechtswidrige Handlungen zu begehen. In § 8 **Abs 2 TMG**[217] wird dann klar gestellt, dass das Accessproviding auch die technisch bedingte automatische und kurzzeitige Zwischenspeicherung, die zur **Weiterleitung (oder Übermittlung)** erforderlich ist, mit einschließt. Wie bereits dargelegt, kommen neben den rein gewerblichen Anbietern als Accessprovider zB auch Unternehmen, Universitäten, Schulen und Bibliotheken, welche ihren Studierenden, Schülern, Mitarbeitern bzw Nutzern einen Internetzugang ermöglichen, in Betracht. Noch umstritten ist, ob auch Privatpersonen, die ungesicherte Funknetzwerke (sog W-LANs) betreiben, als Accessprovider zu behandeln sind.[218]

77 § 9 **TMG** (§ 10 TDG aF 2001) enthält dann eine Sonderregelung für **Zwischenspeicherungen** (sog Caching), dh nicht nur kurzzeitige, aber zeitlich begrenzte Speicherungen, die dazu dienen, die Kommunikation zwischen den Netzteilnehmern zu erleichtern (Proxy-Cache-Privileg, früher § 5 Abs 3 S 2 TDG aF 1997).[219] Im Unterschied zu den kurzzeitigen, technisch notwendigen – und daher nach § 8 Abs 2 TMG privilegierten – Zwischenspeicherungen betrifft § 9 TMG also solche Zwischenspeicherungen, die aus wirtschaftlichen Gründen erfolgen.[220] Die Diensteanbieter sind hier für die Informationen nicht verantwortlich, wenn sie gem § 9 S 1 TMG: „(1) die Informationen nicht verändern, (2) die Bedingungen für den Zugang zu den Informationen beachten, (3) die Regeln für die Aktualisierung der Information, die in weithin anerkannten und verwendeten Industriestandards festgelegt sind, beachten, (4) die erlaubte Anwendung von Technologien zur Sammlung von Daten über die Nutzung der Information, die in weithin anerkannten und verwendeten Industriestandards festgelegt sind, nicht beeinträchtigen und (5) unverzüglich handeln, um im Sinne dieser Vorschrift gespeicherte Informationen zu entfernen oder den Zugang zu ihnen zu sperren, sobald sie Kenntnis davon erhalten haben, dass die Informationen am ursprünglichen Ausgangsort der Übertragung aus dem Netz entfernt wurden oder der Zugang zu ihnen gesperrt wurde oder ein Gericht oder eine Verwaltungsbehörde die Entfernung oder Sperrung angeordnet hat." Kenntnis meint in diesem Zusammenhang ebenfalls die positive Kenntnis, ein „Kennen-Müssen" im Sinne einer groben Fahrlässigkeit genügt nicht.[221] Da das Caching sowohl das Speichern von als auch die Zugangsvermittlung zu Informationen beinhaltet, entsprechen die Privilegierungsvoraussetzungen des § 9 S 1 TMG teilweise denen der Access- und teilweise denen der Hostprovider. § 9 S 2 TMG enthält einen Verweis auf § 8 Abs 1 S 2 TMG, so dass der Diensteanbieter auch hier haftet, wenn er kollusiv mit einem Nutzer zusammenwirkt, um rechtswidrige Handlungen zu begehen.

78 Schließlich enthält § **10 TMG** (§ 11 TDG aF 2001) eine Regelung über den sog **„Service- oder Hostprovider"** (früher § 5 Abs 2 TDG aF 1997), also denjenigen, der fremde Inhalte auf seinen Rechnern **speichert** und für den Online-Zugriff durch Dritte

217 Vgl hierzu ausf *Gercke/Brunst* Rn 617 ff.

218 Vgl *Gercke/Brunst* Rn 609; dafür *Mantz* MMR 2006, 764, 765; unklar bzw widersprüchlich Schönke/Schröder/*Perron/Eisele* § 184 Rn 55a (dagegen), 59 (dafür). Vgl ferner zur Pflicht, ein W-LAN-Funknetz gegen unbefugte Nutzung durch Dritte abzusichern LG Hamburg MMR 2006, 763, 764.

219 Vgl hierzu ausf *Gercke/Brunst* Rn 621 ff; *Hilgendorf/Frank/Valerius* Rn 328 ff.

220 Vgl *Gercke/Brunst* Rn 621.

221 Eberle/Rudolf/Wasserburg/*Schmitt* Kap XI Rn 30, *Engel-Flechsig/Maennel/Tettenborn* NJW 1997, 2981, 2985.

bereit hält.[222] Dabei umfasst der Begriff des Hostproviders prinzipiell jeden Akteur im Internet, der es (anderen) Nutzern ermöglicht, Inhalte bereitzustellen. Neben denjenigen, die sog Webspace auf ihren eigenen Servern kommerziell anbieten (zB gegen Zahlung einer regelmäßigen Mietgebühr), kommen auch diejenigen, die Angebote wie zB Chats, Foren, virtuelle Gästebücher oder Tauschbörsen zur Verfügung stellen, als Hostprovider in Betracht.[223] Die Service- oder Hostprovider „sind für fremde Informationen [...] nicht verantwortlich, sofern (1) sie keine Kenntnis von der rechtswidrigen Handlung oder der Information haben und ihnen im Falle von Schadensersatzansprüchen auch keine Tatsachen oder Umstände bekannt sind, aus denen die rechtswidrige Handlung oder die Information offensichtlich wird, oder (2) sie unverzüglich tätig geworden sind, um die Information zu entfernen oder den Zugang zu ihr zu sperren, sobald sie diese Kenntnis erlangt haben."[224] Diese Regelung findet nach S 2 jedoch keine Anwendung, wenn der Nutzer dem Diensteanbieter untersteht oder von ihm beaufsichtigt wird. Wenn in § 10 S 1 Nr 2 TMG von „Kenntnis" die Rede ist, so ist auch hier eine positive Kenntnis gemeint, sodass jedenfalls eine grob fahrlässige Unkenntnis nicht ausreicht. Dagegen reicht nach den allgemeinen strafrechtlichen Grundsätzen – nach allerdings umstrittener Ansicht – ein bedingter Vorsatz aus.[225]

Aus § 10 Abs 1 TMG folgt also, dass der Diensteanbieter für das bloße kenntnis- **79**
lose Speichern fremder rechtswidriger Inhalte generell nicht haftbar sein soll. Eine Verantwortlichkeit entsteht jedoch dann, wenn der Diensteanbieter trotz Kenntnis der rechtswidrigen Inhalte nicht tätig wird, dh diese entweder nicht löscht oder zumindest nicht den Zugriff auf diese sperrt. Regelmäßig reicht bereits der Versuch der Entfernung der rechtswidrigen fremden Informationen aus, um die Privilegierung des § 10 TMG zu erlangen.[226] Allerdings kann die Einordnung eines Akteurs im Internet als Host- oder als Contentprovider schwierig sein. Als Contentprovider iSv § 7 Abs 1 TMG soll nicht nur derjenige haften, der eigene Informationen bereitstellt, sondern auch derjenige, der sich die von ihm bereitgehaltenen Informationen eines anderen zu eigen macht. Dies kann aber beim Hostprovider, dessen Angebot sowohl in technischen als auch inhaltlichen Diensten bestehen kann (zB das Bereithalten einer Webseite, die inhaltlich als Forum ausgestaltet oder mit einem Gästebuch ausgestattet ist), durchaus problematisch sein.[227]

Eine mit den Regelungen des TDG aF 2001 identische (wenn auch in der Zählung **80**
nicht übereinstimmende) Regelung fand sich für Mediendienste im **Mediendienste-Staatsvertrag,**[228] der – wie auch das TDG aF 2001 – durch das Telemediengesetz 2007 gegenstandslos geworden ist.[229]

---

222 Vgl hierzu auch ausf *Gercke/Brunst* Rn 594 ff; *Hilgendorf/Frank/Valerius* Rn 304 ff; *Marberth-Kubicki* Rn 373 ff.

223 Vgl *Gercke/Brunst* Rn 595.

224 Damit wird die strafrechtliche sowie die schadensersatzrechtliche Haftung ausgeschlossen, zivilrechtliche Unterlassungsansprüche bleiben hingegen unberührt; vgl BGHZ 58, 236, 246 ff – Internet-Versteigerung I; BGH ZUM 2007, 846, 848 – eBay.

225 So auch OLG München MMR 2000, 617, 618; *Barton* Rn 336; aA (dolus directus erforderlich) Eberle/Rudolf/Wasserburg/*Schmitt* Kap XI Rn 33; *Engel-Flechsig/Maennel/Tettenborn* NJW 1997, 2981, 2985; *Sieber* MMR 1998, 438, 441 f; *Vassilaki* MMR 1998, 630, 634; vgl auch *Spindler* NJW 1997, 3193, 3196; jeweils zu § 5 Abs 2 TDG aF 1997.

226 Vgl *Gercke/Brunst* Rn 605; *Hilgendorf/Frank/Valerius* Rn 305.

227 Zum Problem der Abgrenzung zwischen eigenen/zu eigen gemachten und fremden Information vgl ua *Gercke/Brunst* Rn 589 ff; *Sieber* Verantwortlichkeit im Internet Rn 291 ff.

228 Vgl hierzu *Engel-Flechsig* ZUM 1997, 231; *Gounalakis* NJW 1997, 2993; *Knothe* AfP 1997, 494; *Kuch* ZUM 1997, 225; *Roßnagel* NVwZ 1998, 1.

229 Hierzu BGH CR 2007, 586; *Hoeren* NJW 2007, 801; die frühere (künstliche) Trennung

81 b) **Das Setzen von Hyperlinks.** Insb im Bereich des Setzens von Hyperlinks auf der eigenen Webseite, die auf andere Webseiten mit strafbaren Inhalten verweisen, ist eine Abgrenzung von Mittäterschaft, Beihilfe oder straflosem Verhalten erforderlich.[230] Die Frage des Setzens von Hyperlinks wurde vom Gesetzgeber im TMG (wie schon im TDG aF) nicht geregelt, sodass die **allgemeinen Vorschriften** (und nicht die im TMG vorgesehenen Privilegierungen für die Provider) anwendbar sind.[231] Voraussetzung einer Strafbarkeit ist hier jedenfalls, dass der Betreffende vom rechtswidrigen Inhalt der Seite, auf die er durch Setzung eines Links verweist, **Kenntnis** hat.[232] Unzweifelhaft liegt eine strafbare Beteiligung jedenfalls dann vor, wenn derjenige, der auf seiner eigenen Seite einen Link setzt, sich die fremden Informationen zu Eigen macht. Im Detail ist dabei allerdings umstritten, welche Voraussetzungen diesbezüglich zu fordern sind.[233] Von einem Sich-Zueigenmachen des Linksetzenden muss aber jedenfalls dann ausgegangen werden, wenn er sich in seinem eigenen Text positiv zum rechtswidrigen Inhalt der fremden Seite äußert, auf die er verweist.[234] Fraglich ist in diesem Fall lediglich, ob hier eine Täterschaft oder – lediglich – eine Beihilfestrafbarkeit vorliegt.[235] Letztere wäre in den Fällen problematisch, in denen auf eine auf einem ausländischen Server abgelegte Webseite verwiesen wird, deren Inhalt dort nicht gegen Strafgesetze verstößt. Da die Beihilfe nach § 27 Abs 1 StGB eine vorsätzlich begangene rechtswidrige Haupttat voraussetzt, käme man hier zur Straflosigkeit, sofern man nicht auch die ausländischen Webseiten dem deutschen Strafrecht unterwirft.[236] Das OLG Stuttgart hat in einer Entscheidung aus dem Jahre 2006 nach den im jeweiligen Tatbestand vorausgesetzten Handlungsformen differenziert und geht im Hin-

---

zwischen Tele- und Mediendiensten ging auf unterschiedliche Gesetzgebungszuständigkeiten für elektronisch verbreitete Inhalte zurück. So beanspruchte der Bund die Zuständigkeit für Teledienste (= Waren- und Dienstleistungsangebote, die man im Netz abrufen konnte; vgl § 2 Abs 1 TDG aF 2001), während die Länder die Zuständigkeit für die Mediendienste (= Informations- und Kommunikationsdienste, die an die Allgemeinheit gerichtet sind; vgl § 2 Abs 1 MDStV) besaßen; vgl dazu *Kitz* ZUM 2007, 368. Der Weg hin zur Vereinheitlichung wurde durch das JMStV (dieser enthält in § 23 iVm § 4 eine Strafvorschrift) und das JuSchG, sowie §§ 52, 53 RStV geebnet. Bund und Länder beschlossen Ende 2004 auch außerhalb des Jugendschutzes die Vereinheitlichung „Telemedien" voranzutreiben. Der Bund sollte die wirtschaftsbezogenen Bestimmungen, ua zur Verantwortlichkeit, erlassen und die Länder sollten die inhaltlichen Anforderungen an Telemedien festsetzen. So verabschiedete der Bund das Gesetz zur Vereinheitlichung von Vorschriften über bestimmte elektronische Informations- und Kommunikationsdienste (dieses enthält in § 1 das TMG), die Länder führten durch den 9. RÄStV einen neuen Abschnitt „Telemedien" im RStV ein.

230 Hierzu *Flechsig/Gabel* CR 1998, 351; *Freytag* CR 2000, 600, 604; *Petersen* § 19 Rn 6; *Spindler* MMR 2002, 495.

231 BT-Drucks 14/6098, 37; BGH NJW 2004, 2158, 2159 – Schöner Wetten; OLG Stuttgart MMR 2006, 387, 388; *Gercke/Brunst* Rn 631; *Kaufmann* CR 2006, 545; *Marberth-Kubicki* Rn 377; *Spindler* NJW 2002, 921, 924; krit hierzu allerdings *Liesching* MMR 2006, 390, 391.

232 *Petersen* § 19 Rn 6; vgl auch *Köster/Jürgens* MMR 2002, 420, 424; *Spindler* MMR 2002, 495, 498.

233 So soll das schlichte Setzen des Links für sich allein noch nicht ausreichen, vgl *Malek* Rn 81. Einen anderen Ansatz vetritt wiederum *Sieber* Verantwortlichkeit im Internet Rn 307 ff, der danach differenziert, auf welche Ebene (Hauptseite oder Unterseiten) der verwiesenen Webseite der Link gerichtet ist.

234 Eberle/Rudolf/Wasserburg/*Schmitt* Kap XI Rn 21; vgl zum Ganzen auch *Hörnle* NJW 2002, 1008, 1010; *Marberth-Kubicki* Rn 378.

235 Vgl hierzu OLG Stuttgart MMR 2006, 387, 388, *Barton* Rn 308 ff, 357; *Gercke/Brunst* Rn 631 *Heghmanns* JA 2001, 71, 73; *Kaufmann* CR 2007, 545; *Koch* CR 2004, 213, 215; *Lackner/Kühl* § 184 Rn 7b; *Liesching* MMR 2006, 390, 391; *Löhnig* JR 1997, 496, 498; *Malek* Rn 129 ff; *Park* GA 2001, 23, 32; *Schwarzenegger* FS Rehbinder 723 (733 ff); *Vassilaki* CR 1999, 85 (89 ff).

236 Dass dies äußerst problematisch ist, wurde bereits oben, Rn 36 ff, näher dargelegt.

blick auf das Zugänglichmachen[237] regelmäßig von Täterschaft aus, da mit einem Seitenaufruf verbundene Schwierigkeiten beseitigt und die Verbreitung strafbarer Inhalte wesentlich beeinflusst werden können.[238] Für die Annahme einer Beihilfe spricht hier allerdings der Umstand, dass auch ohne Verlinkung die Möglichkeit des Zugriffs auf die betreffende Seite besteht und dieser Zugriff durch die Setzung des Hyperlinks lediglich erleichtert wird. Zudem hat es allein derjenige, der die strafbaren Inhalte ins Netz gestellt hat, in der Hand, diese durch Löschung wieder zu beseitigen. Insoweit besitzt er (und nicht derjenige, der den Hyperlink setzt) Tatherrschaft.[239] Problematisch ist ferner die Konstellation, dass sich der Inhalt der Seite, auf die verwiesen wird, nachträglich ändert und erst ab der Änderung rechtswidrige Inhalte aufweist. Hier kann eine Strafbarkeit lediglich durch **Unterlassen** begründet werden, was aber voraussetzt, dass eine **Garantenpflicht**, dh eine Rechtspflicht des den Link Setzenden vorliegt, nunmehr den gesetzten Link zu löschen.[240] Da das Setzen des Hyperlinks auf die ursprüngliche Seite nicht pflichtwidrig war,[241] kann eine Garantenpflicht lediglich in Form der „Schaffung einer Gefahrenquelle" diskutiert werden, was jedoch äußerst zweifelhaft ist.[242] Die gleichen Grundsätze wie beim Setzen von Hyperlinks gelten auch für **Suchmaschinen**.[243]

V. Rechtfertigungsgründe

Keine größeren Besonderheiten im Vergleich zum allgemeinen Strafrecht sind im Bereich der Rechtfertigungsgründe zu verzeichnen. Auch bei medienrechtlich relevanten Sachverhalten ist im Einzelfall an eine Rechtfertigung auf der Grundlage der allgemeinen Rechtfertigungsgründe zu denken, wobei eine Rechtfertigung auf der Grundlage der **Notwehr** (§ 32 StGB) nur selten einschlägig sein dürfte. **82**

Bei medienrechtlichen Sachverhalten ist dagegen häufig die **„Wahrnehmung berechtigter Interessen"** nach § 193 StGB einschlägig. Da dieser Rechtfertigungsgrund ausschließlich für die Beleidigungsdelikte gilt und keinen allgemeinen Rechtsgrundsatz darstellt,[244] soll er im dortigen Zusammenhang erörtert werden.[245] **83**

Zu denken ist ferner an den regelmäßig subsidiären Rechtfertigungsgrund des § 34 StGB, den **rechtfertigenden Notstand**. Dieser setzt allerdings eine nicht anders abwendbare Gefahr für ein bestimmtes Rechtsgut voraus. Dabei muss das geschützte Interesse das beeinträchtigte Interesse **wesentlich überwiegen**. Problematisch ist hier zB die Konstellation, dass ein Journalist bei der Recherche auf Missstände stößt, die aber nur dadurch aufgedeckt werden können, dass er das Hausrecht (§ 123 StGB) oder das Eigentum (§ 242 StGB – zB durch die Mitnahme von Akten) anderer verletzt.[246] Man wird im Rahmen dieses „investigativen Journalismus" § 34 StGB nur im **84**

---

237 Vgl dazu unten Rn 172.

238 OLG Stuttgart MMR 2006, 387, 388, anders (regelmäßig Beihilfe) *Liesching* MMR 2006, 390, 391; *Löhnig* JR 1997, 496, 498.

239 So auch *Liesching* MMR 2006, 390, 391.

240 Vgl zum Problem der Garantenstellung des Linksetzenden ausf *Busse-Muskala* 105 ff.

241 So auch *Römer* 239 f.

242 Eine Garantenstellung pauschal annehmend *Löhnig* JR 1997, 496, 498. Eine solche grds ablehnend hingegen *Malek* Rn 122.

243 Eberle/Rudolf/Wasserburg/*Schmitt* Kap XI Rn 35; *Spindler* NJW 2002, 921, 924.

244 So die hM; vgl OLG Düsseldorf NJW 2006, 630, 631 – Butterflymesser; *B Heinrich* AT I Rn 517; *Jakobs* 16/37; *Krey/M Heinrich* BT 1 Rn 375 f; *Kühl* § 9 Rn 51; *Lenckner* JuS 1988, 349, 352; *Roxin* AT I, § 18 Rn 39; aA *Schmitz* JA 1996, 949, 953 f – zumindest in Bezug auf § 203 StGB.

245 Vgl unten Rn 125 ff.

246 Vgl hierzu bereits oben Rn 21.

Ausnahmefall als einschlägig ansehen können, denn auch bei der Beschaffung von Informationen sind die Journalisten grds an die allgemeinen Gesetze gebunden.[247]

85 Fraglich ist, ob Rechtfertigungsgründe direkt aus der **Verfassung**, insb aus den Grundrechten abgeleitet werden können. Dies wurde zwar gelegentlich diskutiert,[248] ist aber letztlich nur in Ausnahmefällen möglich. Denn in den meisten Fällen werden die Grundrechte bereits die Auslegung der einzelnen tatbestandlichen Voraussetzungen einer Strafnorm sowie der anderen Rechtfertigungsgründe beeinflussen,[249] sodass für einen eigenständigen, direkt aus der jeweiligen Grundrechtsnorm abzuleitenden Rechtfertigungsgrund kein Platz bleibt. Insb gilt dies auch für Art 5 GG, der keinen eigenständigen Rechtfertigungsgrund darstellt.[250]

VI. Die Freiheit der Parlamentsberichterstattung nach Art 42 Abs 3 GG, § 37 StGB

86 Nach § 37 StGB bleiben wahrheitsgetreue Berichte über öffentliche Sitzungen des Bundestages, der Bundesversammlung oder eines Landesparlaments oder der jeweiligen Ausschüsse dieser Körperschaften von jeder strafrechtlichen Verantwortung frei. Hierdurch soll einerseits die Publizität der Parlamentsarbeit sichergestellt, andererseits eine ungezwungene Erörterung gewährleistet werden.[251] Da es sich hierbei nicht um einen klassischen Rechtfertigungsgrund,[252] sondern um einen **sachlichen Strafausschließungsgrund** handelt,[253] war er an dieser Stelle gesondert darzustellen.

VII. Die Problematik des Berufsverbotes des § 70 StGB

87 § 70 StGB eröffnet die Möglichkeit, dass gegen denjenigen, der eine Straftat „unter Missbrauch seines Berufes oder Gewerbes oder unter grober Verletzung der mit ihnen verbundenen Pflichten begangen hat, ein **Berufsverbot** verhängt werden kann. Die Verhängung des Berufsverbotes neben einer Strafe (oder – bei Schuldunfähigkeit – anstatt der Strafe) ist fakultativ („kann")[254] und bezieht sich auf eine **Dauer von einem bis zu fünf Jahren.** Ausnahmsweise ist auch ein lebenslanges Berufsverbot möglich, wenn zu erwarten ist, dass die Anordnung einer Frist von fünf Jahren zur Abwehr der vom Täter ausgehenden drohenden Gefahr nicht ausreicht (§ 70 Abs 1 S 2 StGB).

---

247 Vgl in diesem Zusammenhang auch BVerfGE 66, 116, 137 – Wallraff; hierzu *Klug* FS Oehler 397; zum investigativen Journalismus vgl bereits oben Rn 33 ff.

248 Vgl BVerfGE 73, 206, 248 – hier wurde aber aus Art 8 GG gerade kein Recht auf die Durchführung einer Sitzblockade angenommen; vgl ferner *Bergmann* Jura 1985, 457, 462 f; *Kühl* § 9 Rn 114; *Küpper/Bode* Jura 1993, 187, 190; *Radtke* GA 2000, 19, 33; *Roxin* AT I § 18 Rn 49 ff.

249 Vgl hierzu schon oben Rn 14.

250 Vgl allerdings auch *Liesching/von Münch* AfP 1989, 37, 39.

251 BGH NJW 1980, 780, 781; Schönke/Schröder/*Perron* § 37 Rn 1.

252 So aber OLG Braunschweig NJW 1953, 516; *Jakobs* 16/30; LK/*Häger* 12. Aufl § 37 Rn 10; NK/*Neumann* § 37 Rn 2; *Roxin* AT I § 23 Rn 14; *Ruhrmann* NJW 1954, 1512, 1513; SK/*Günther* § 37 Rn 1.

253 So Baumann/Weber/Mitsch/*Weber* § 7 Rn 29; *Jescheck/Weigend* § 19 II 3; *Lackner/Kühl* § 37 Rn 1; Schönke/Schröder/*Perron* § 37 Rn 1.

254 Vgl hierzu BGH NStZ 1981, 391, 392.

Inhalt des Berufsverbotes ist das Verbot, einen Beruf, Berufszweig, ein Gewerbe oder einen Gewerbezweig auszuüben. Der Verurteilte darf in diesen Fällen die Tätigkeit auch nicht für einen anderen ausüben oder durch eine von ihm weisungsabhängige Person ausüben lassen (§ 70 Abs 3 StGB). 88

Voraussetzung für die Verhängung eines Berufsverbotes ist einerseits, dass der Täter bei der Begehung der Straftat die sich aus seinem Beruf oder Gewerbe ergebenden Möglichkeiten bewusst und planmäßig ausgenutzt hat („missbraucht")[255] und andererseits, dass die Gesamtwürdigung des Täters und der Tat die Gefahr erkennen lässt, dass der Täter bei der weiteren Ausübung des Berufes erhebliche rechtswidrige Taten begehen wird, die mit der abgeurteilten Tat vergleichbar sind. Es ist diesbezüglich also eine Prognose erforderlich. 89

Eine nachträgliche Aussetzung des Berufsverbotes **zur Bewährung** ist möglich, wenn sich nach der Anordnung Gründe ergeben, die eine Prognose rechtfertigen, dass die angenommene Gefahr nicht mehr besteht (§ 70a StGB). Eine solche Aussetzung ist allerdings frühestens nach einem Jahr möglich. 90

Insb im **presserechtlichen Bereich** ist es umstritten, ob wegen des Entscheidungsmonopols des BVerfG nach Art 18 GG (Verwirkung von Grundrechten) ein Berufsverbot nach § 70 StGB auch dann erfolgen darf, wenn die Straftat durch eine verfassungsfeindliche Gesinnung des Verlegers oder Journalisten motiviert war und als politische Meinungsäußerung zu qualifizieren ist. Für eine Anwendung des § 70 StGB spricht jedoch, dass diese Taten sonst im Vergleich zur Meinungsäußerung nicht politisch motivierter Täter privilegiert wären.[256] 91

VIII. Verjährung

Die Verjährung richtet sich bei Straftaten nach § 78 ff StGB (entscheidend für die Länge der Frist ist dabei die Höhe der im Gesetz angedrohten Freiheitsstrafe), bei Ordnungswidrigkeiten nach § 31 OWiG. 92

Eine Ausnahme von diesen Verjährungsvorschriften machen jedoch die **landesrechtlichen Presse- und Mediengesetze**,[257] die zumeist für Presseverstöße eine kürzere Verjährungsfrist vorsehen.[258] Privilegiert sind dabei aber jeweils nur Straftaten, die durch die Veröffentlichung oder Verbreitung von periodischen Druckwerken strafbaren Inhalts begangen wurden (Presseinhaltsdelikt) sowie Taten gegen das jeweilige Landespressegesetz selbst. Dabei sind die Regelungen im Einzelfall unterschiedlich. So beträgt die Verjährungsfrist in den meisten Landespressegesetzen bei einem Verbrechen ein Jahr, bei einem Vergehen sechs Monate und bei einer Ordnungswidrigkeit 93

255 BGH NJW 1968, 1730; BGH NJW 1989, 3231, 3232; *Löffler/Ricker* Kap 49 Rn 22.

256 BGHSt 17, 38, 41; Maunz/Dürig/*Dürig/Klein* Art 18 Rn 136 ff (§ 70 StGB als rechtliches aliud zur Grundrechtsverwirkung); Schönke/Schröder/*Stree/Kinzig* § 70 Rn 4 (Nebeneinander beider Vorschriften); aA *Löffler/Ricker* Kap 49 Rn 26.

257 Vgl zur Begründung für diese Privilegierung BGHSt 25, 347; BGHSt 27, 18; BGHSt 33, 271, 274; *Löffler* NJW 1960, 2349; *Löffler/Ricker* Kap 49 Rn 34.

258 Vgl § 24 LPG Baden-Württemberg; § 14 LPG Bayern; § 22 LPG Berlin; § 16 LPG Brandenburg; § 24 LPG Bremen; § 23 LPG Hamburg; § 13 LPG Hessen; § 22 LPG Mecklenburg-Vorpommern; § 24 LPG Niedersachsen; § 25 LPG Nordrhein-Westfalen; § 37 LMG Rheinland-Pfalz; § 66 LMG Saarland; § 14 LPG Sachsen; § 15 LPG Sachsen-Anhalt; § 17 LPG Schleswig-Holstein; § 14 LPG Thüringen.

drei Monate.[259] Teilweise wird aber auch eine einheitliche Verjährungsfrist für Pressedelikte von nur sechs Monaten festgelegt.[260]

94 Ausgenommen hiervon sind jedoch regelmäßig besonders genannte Straftaten, wie etwa der Hochverrat (§ 81 StGB), die Volksverhetzung (§ 130 StGB), Gewaltdarstellungen (§ 131 StGB) sowie die Verbreitung „harter" Pornografie (§ 184 Abs 3 und 4 StGB). Auch die Verbreitung von Propagandamitteln oder das Verwenden von Kennzeichen verfassungswidriger Organisationen (§§ 86, 86a StGB) werden in manchen Landespressegesetzen von der kürzeren Verjährungsfrist ausgenommen.

95 Oftmals ist es fraglich, ob tatsächlich ein privilegierendes Presseinhaltsdelikt vorliegt. Dies scheidet bspw dann aus (mit der Konsequenz der Anwendung der allgemeinen Verjährungsfristen), wenn die Verbreitung des Inhalts grds erlaubt und nur auf Grund bestimmter Umstände im Einzelfall verboten ist,[261] wie zB bei der Verbreitung jugendgefährdender Schriften (Trägermedien) nach §§ 15, 27 JuSchG.[262]

96 Neben der kürzeren Verjährungsfrist besteht eine weitere Privilegierung darin, dass die Verjährungsfrist bereits mit der ersten Veröffentlichung bzw Verbreitung beginnt.[263] Dies gilt jedoch nicht für eine sog **„Scheinveröffentlichung"**, dh einer heimlichen Veröffentlichung weniger Exemplare eben zu dem Zweck, die kurze Verjährungsfrist in Gang zu setzen.[264] Auch bei einer Teil- oder Neuveröffentlichung beginnt die Frist jeweils neu zu laufen.[265]

IX. Einziehung

97 Eine große Rolle im Bereich des Medienstrafrechts spielt die strafrechtliche Einziehung, geregelt in den §§ 74 ff StGB. Sie ist abzugrenzen vom strafrechtlichen Verfall, §§ 73 ff StGB. Der Verfall ermöglicht es, Vorteile, die der Täter oder Teilnehmer aus einer rechtswidrigen Tat erlangt hat (zB das Entgelt aus dem Verkauf verbotener pornografischer Schriften), **für verfallen** zu erklären, sofern kein Dritter einen zivilrechtlichen Anspruch auf Herausgabe des Gegenstandes besitzt (§ 73 Abs 1 StGB). Dagegen können im Wege der **Einziehung** nach § 74 Abs 1 StGB Gegenstände, die durch eine vorsätzliche Straftat hervorgebracht oder zu ihrer Begehung oder Vorbereitung gebraucht werden (oder dazu bestimmt gewesen sind) dem Täter entzogen werden.

---

259 Vgl § 24 LPG Baden-Württemberg; § 22 LPG Berlin; § 16 LPG Brandenburg; § 12 LPG Bremen; § 23 LPG Hamburg; § 22 LPG Mecklenburg-Vorpommern; § 24 LPG Niedersachsen; § 25 LPG Nordrhein-Westfalen; § 37 LMG Rheinland-Pfalz (abweichend bei Ordnungswidrigkeiten: sechs Monate); § 66 LMG Saarland (teilweise abweichend bei Ordnungswidrigkeiten im Bereich des Rundfunks und der Mediendienste, nicht aber für den Bereich der Presse); § 15 LPG Sachsen-Anhalt; § 17 LPG Schleswig-Holstein; § 14 LPG Thüringen.

260 Vgl § 14 LPG Bayern (bei Ordnungswidrigkeiten: drei Monate); § 13 LPG Hessen; § 14 LPG Sachsen (bei Ordnungswidrigkeiten: drei Monate).

261 Vgl im Hinblick auf § 89 StGB BGHSt 27, 353, 354; BGH MDR 1978, 503.

262 BGHSt 26, 40; dies ist jedoch umstritten; anders zB *Löffler/Ricker* Kap 49 Rn 40.

263 Vgl hierzu BGH AfP 1985, 202; KG JR 1990, 124, 125.

264 BGHSt 25, 347, 355; *Löffler/Ricker* Kap 49 Rn 38.

265 Vgl hierzu die jeweiligen ausdrücklichen Regelungen in den Landespressegesetzen; ferner BGHSt 27, 18.

Eine wichtige Sonderregelung für die **Einziehung und Unbrauchbarmachung von Schriften** iSd § 11 Abs 3 StGB[266] enthält § 74d StGB. Diese Vorschrift betrifft Schriften, die einen solchen Inhalt haben, dass jede vorsätzliche Verbreitung in Kenntnis ihres Inhalts einen Straftatbestand verwirklichen würde (sog **„Inhaltsdelikte"**)[267] und stellt hierfür eine Spezialvorschrift zu den §§ 74 ff StGB dar.[268] Für sonstige Delikte, die zwar im Zusammenhang mit (der Verbreitung von bzw in) Medien stehen, bei denen sich die Strafbarkeit jedoch nicht über den jeweiligen Inhalt begründet (zB Fehlen des erforderlichen Impressums,[269] Verletzung von Urheberrechten), gelten hingegen die üblichen Einziehungsvorschriften, die für den Täter günstiger sind, weil sie weniger weit reichen.[270] 98

§ 74d Abs 1 StGB erweitert den Bereich der Schriften, die infolge einer Straftat eingezogen werden können, über den Kreis der konkreten Tatobjekte (dh über diejenigen Schriften, die tatsächlich verbreitet wurden) hinaus auf **sämtliche Schriften, die zur Verbreitung bestimmt waren** (dh letztlich auf die gesamte zur Verbreitung bestimmte Auflage).[271] Dabei ist die Einziehung obligatorisch („werden eingezogen"), während sie bei sonstigen Gegenständen fakultativ ist (§ 74 Abs 1 StGB: „können eingezogen werden"). 99

Neben der Einziehung der Schriften ist obligatorisch („wird angeordnet") auch die **Unbrauchbarmachung der Herstellungsvorrichtungen** anzuordnen (§ 74d Abs 1 S 2 StGB). Das Gesetz nennt hier als Beispiele Platten, Formen, Drucksätze, Druckstöcke, Negative oder Matrizen). 100

Von der Einziehung **ausgenommen** sind allerdings diejenigen **Schriften, die bereits in den Umlauf gelangt sind** (§ 74d Abs 2 StGB). Aus praktischen Gründen werden also nur diejenigen Schriften eingezogen, die sich noch im Besitz des Täters (oder einer von ihm beauftragten Person) befinden oder jedenfalls dem Empfänger noch nicht zugestellt wurden. 101

Erweitert wird der Kreis der Schriften nach § 74d Abs 3 StGB auf solche, die erst bei **Hinzutreten weiterer Tatumstände** einen Straftatbestand erfüllen (zB Schriften, die nur dann strafrechtlich relevant werden, wenn ihre Verbreitung in einer bestimmten Absicht vorgenommen wird, wie bei § 219a StGB, oder die nur an bestimmten Orten nicht verbreitet werden dürfen, wie bei § 184 Abs 1 Nr 5 StGB). Allerdings gilt hierbei die Einschränkung, dass sich diese Schriften (sowie die Herstellungsgegenstände) im Besitz des Täters oder deren Beauftragten befinden müssen und die Maßnahmen erforderlich sind, um ein gesetzeswidriges Verbreiten durch diese Personen zu verhindern. 102

Eine nicht unerhebliche Erweiterung findet sich schließlich in § 74d Abs 4 StGB, wonach es dem Verbreiten einer Schrift gleichsteht, wenn wenigstens ein Exemplar durch Ausstellen, Anschlagen, Vorführen oder **in anderer Weise der Öffentlichkeit zugänglich gemacht** wird. 103

Nach § 74d Abs 5 iVm § 74b Abs 2 und Abs 3 StGB ist jedoch bei der Frage, ob die Einziehung anzuordnen ist, trotz deren an sich obligatorischen Charakters der Grundsatz der **Verhältnismäßigkeit** zu beachten. Sind mildere Maßnahmen möglich 104

266 Vgl zum Schriftenbegriff des § 11 Abs 3 StGB oben Rn 55 ff.

267 Zu den Inhaltsdelikten vgl BGHSt 19, 63; BGH NJW 1969, 1818; BGH NJW 1970, 818.

268 Vgl *Fischer* § 74d Rn 2; *Löffler/Ricker* Kap 49 Rn 28.

269 Dieses Beispiel findet sich bei *Fischer* § 74d Rn 7; *Löffler/Ricker* Kap 49 Rn 28; vgl auch RGSt 66, 145, 146.

270 *Löffler/Ricker* Kap 49 Rn 31.

271 OLG Düsseldorf AfP 1992, 280 f; *Löffler/Ricker* Kap 49 Rn 30.

(zB das Schwärzen eines Hakenkreuzes auf einer Schallplattenhülle,[272] Einziehung nur eines Teils der Schrift[273]) müssen diese ergriffen werden. Obwohl in § 74d Abs 5 StGB nicht ausdrücklich erwähnt, ist auch der allgemeine Verhältnismäßigkeitsgrundsatz des § 74b Abs 1 StGB hier anwendbar.[274]

X. Strafzumessung – Strafmildernde Berücksichtigung exzessiver Medienberichterstattung

105 Ein gesteigertes Medieninteresse und in dessen Folge eine exzessive Medienberichterstattung kann insb für den Angeklagten zu einer dauerhaften Beeinträchtigung seiner Interessen führen. Zwar ist die Berichterstattung über laufende Strafverfahren auf Grund des gesteigerten Informationsbedürfnisses der Allgemeinheit zulässig und notwendig und ein Verbot würde jedenfalls in den Schutzbereich der Presse- und Rundfunkfreiheit eingreifen. Dennoch sind die Gefahren nicht zu übersehen, die eine exzessive Berichterstattung sowohl für die am Strafverfahren Beteiligten als auch für die Wahrheitsfindung mit sich bringt.[275] Für den Angeklagten bestehen diese Gefahren in erster Linie in einer – die Unschuldsvermutung[276] verletzenden – Vorverurteilung durch die Medien.[277] Auch ist durch die ständige Präsenz seines Namens und seines Fotos in den Medien eine Verletzung seines Allgemeinen Persönlichkeitsrechts möglich,[278] der er sich nicht entziehen kann. Wird die Gerichtsverhandlung als zeitgeschichtliches Ereignis eingestuft, hat er die Veröffentlichung seines Fotos möglicherweise sogar zu dulden.[279] Schließlich können durch die Berichterstattung auch Resozialisierungsinteressen des später Verurteilten beeinträchtigt werden. Daher ist stets zu prüfen, ob diese Nachteile in irgendeiner Weise zu kompensieren sind.

106 Während in der Literatur im Hinblick auf die exzessive Medienberichterstattung Verfahrenshindernisse[280] oder einzelne Beweisverwertungsverbote ebenso diskutiert werden, wie die Ablehnung einzelner Richter wegen Befangenheit, dürfte der Schwerpunkt möglicher Berücksichtigung zumindest beim Verurteilten[281] auf der Strafzumessungsebene liegen.[282] Die Grundsätze der Strafzumessung sind in § 46 StGB niedergelegt. Dieser enthält in Abs 2 S 2 einige „vertypte" Kriterien, die das Gericht bei der Strafzumessung zu beachten und gegeneinander abzuwägen hat. Da die medialen „Auswirkungen der Tat" in diesem Katalog nicht enthalten sind, wird überwiegend davon ausgegangen, dass diese als sonstiger, gesetzlich nicht ausformulierter Strafzu-

---

272 BGHSt 23, 64, 79.

273 Ausdrücklich geregelt in § 74b Abs 3 Nr 2.

274 BGHSt 23, 267, 269 zu §§ 40b, 41 StGB aF; *Löffler/Ricker* Kap 49 Rn 36.

275 Vgl hierzu noch ausf unten Rn 409.

276 Dies stellt sich beim verurteilten Straftäter anders dar. So weist *Bornkamm* NStZ 1983, 102, 106 darauf hin, dass nach BVerfGE 35, 202, 231 f der verurteilte Straftäter durch seine Tat den Persönlichkeitsschutz quasi verwirkt und er die Berichterstattung darüber als zusätzliche Bestrafung hinnehmen müsse.

277 Vgl hierzu *Hassemer* NJW 1985, 1921; *Rinsche* ZRP 1987, 384.

278 Teilweise wird allerdings davon ausgegangen, dass in diesen Fällen stets eine Verletzung des Allgemeinen Persönlichkeitsrechts vorliegt, die der Betreffende nur in Ausnahmefällen zu dulden hat, vgl *Bornkamm* NStZ 1983, 102, 106.

279 Vgl zu den hier einschlägigen Regelungen des KUG unten Rn 332 ff, ferner *Renner* Band 4 Teil 3 Kap 3.

280 Vgl hierzu *Hassemer* NJW 1985, 1921, 1927 f.

281 Noch problematischer stellt sich die Situation für den später frei gesprochenen Angeklagten dar, für den eine Kompensation kaum denkbar ist.

282 Vgl hierzu *Hassemer* NJW 1985, 1921, 1928; *Knauer* GA 2009, 541, 546; aA *Roxin* NStZ 1991, 153, 154.

messungsgesichtspunkt zu behandeln sind.[283] Allerdings wird dabei in der Praxis danach differenziert, ob es sich bei der betreffenden Person um eine solche handelt, die bereits zuvor im Lichte der Öffentlichkeit stand (dann keine Berücksichtigung),[284] und einer solchen, die bisher nicht im Mittelpunkt des Medieninteresses stand (dann eine Berücksichtigung)[285]. Zudem ist allerdings zu berücksichtigen, ob es der Angeklagte selbst war, der offensiv auf die Medien zuging, um diese für seine Zwecke zu instrumentalisieren (dann keine Berücksichtigung)[286] oder ob der Angeklagte gleichsam das (passive) Opfer einer gegen ihn gerichteten Medienkampagne wurde (dann Berücksichtigung), wobei ihm in diesem Fall zugestanden wird, sich gegen eine bereits laufende Medienkampagne dadurch zu wehren, dass er selbst mittels diverser Interviews um Klarstellung bemüht ist.[287] Schließlich sind auch der Umfang und die Tendenz der Medienberichterstattung bei der Strafzumessung zu berücksichtigen, wobei eine groß angelegte Medienkampagne und eine tendenziöse, einer Vorverurteilung gleichkommende Berichterstattung eher für eine Strafmilderung sprechen. Allerdings ist eine solche Strafmilderung auch bei einer ausgewogenen und nicht Partei ergreifenden Berichterstattung möglich.[288]

Da sich die Auswirkungen der Tat für den Täter in vergleichbarer Weise darstellen **107**
wie bei einer – allerdings in der Regel allein von den Strafverfolgungsbehörden verursachten – rechtsstaatswidrigen Verfahrensverzögerung (überlange Verfahrensdauer),[289] könnte hier auch daran gedacht werden, unter Anwendung der „Vollstreckungslösung" der Rechtsprechung[290] einen bestimmten Teil der Strafe als bereits vollstreckt anzusehen.

§ 3
Die wichtigsten medienstrafrechtlich relevanten Straftatbestände aus dem StGB

I. Die Verletzung von Individualrechten durch Medien

1. Die Beleidigungsdelikte (§§ 185 ff StGB)

Berichte in der Tagespresse, in Funk und Fernsehen, aber auch in anderen Medien, **108**
sind vielfach Meldungen, in denen es um das Leben und das Verhalten anderer Personen geht. Hierbei können auch Behauptungen aufgestellt oder Inhalte vermittelt werden, die den Betroffenen in seiner Ehre beeinträchtigen oder von ihm jedenfalls als ehrenrührig empfunden werden. In diesem Zusammenhang sind die Beleidigungsdelikte in vielen Fällen ein taugliches Mittel, um den Betroffenen auch strafrechtlich vor allzu

---

283 *Knauer* GA 2009, 541, 542; MünchKomm-*Franke* § 46 Rn 55; S/S/*Stree* § 46 Rn 55 iVm 52.

284 BGH NJW 2000, 154, 157; BGH NJW 2008, 2057; anders allerdings LG Bonn NJW 2001, 1736, 1739 – Kohl; LG Wiesbaden, Urt v 18.4.2005 – 6 Js 320.4/00 – 16 KLs Rn 851 (juris) – Kanther; LG Frankfurt NJW 2005, 692, 696 – Daschner.

285 BGH NJW 1990, 194, 195; BGH NJW 2001, 2102, 2106; BGH wistra 2008, 58, 59 – Gammelfleisch; LG Karsruhe NJW 2005, 915, 916 – Autobahnraser; gegen eine solche Differenzierung allerdings *Knauer* GA 2009, 541, 549 f.

286 MünchKomm-*Franke* § 46 Rn 55; Wohlers StV 2005, 186, 190.

287 BGH NJW 1990, 194, 195; *Marxen* JZ 2000, 294, 299.

288 Hierzu auch *Knauer* GA 2009, 541, 550 f.

289 *Weiler* ZRP 1995, 130, 135.

290 BGHSt 52, 124; BGH StV 2008, 399; BGH NStZ 2010, 94.

„überspannter" Berichterstattung zu schützen. Dass hier ein besonderes Schutzbedürfnis besteht, zeigen auch die Qualifikationen im Rahmen der Tatbestände der §§ 186, 187 StGB sowie die Vorschrift des § 188 StGB, die eine Strafschärfung für den Fall vorsehen, dass die Tat durch Verbreitung von Schriften iSd § 11 Abs 3 StGB begangen wurde.[291] Andererseits wird oft auch ein Bedürfnis seitens der Medien bestehen, die Öffentlichkeit insb bei Personen des öffentlichen Lebens über Vorgänge zu informieren, die für den Betreffenden nicht unbedingt vorteilhaft sind. Hier schützt die Vorschrift über die Wahrnehmung berechtigter Interessen (§ 193 StGB) die Verantwortlichen im Wege eines speziellen Rechtfertigungsgrundes vor zu weitgehender Strafverfolgung. Insb sind in diesem Zusammenhang aber auch die Grundrechte, allen voran Art 5 Abs 1 und Abs 3 S 1 GG zu nennen, die einer allzu weit gehenden Strafbarkeit Grenzen setzen können.

109 a) **Das System des strafrechtlichen Ehrenschutzes.** Das StGB kennt mit der Beleidigung (§ 185 StGB), der Üblen Nachrede (§ 186 StGB) und der Verleumdung (§ 187 StGB) drei Tatbestände, die den Einzelnen vor ehrenrührigen Behauptungen in unterschiedlicher Intensität schützen. Daneben tritt mit der Verunglimpfung des Andenkens Verstorbener (§ 189 StGB) eine Spezialregelung für den Fall, dass sich die Beleidigung auf eine nicht mehr lebende Person bezieht.

110 Geschütztes Rechtsgut ist bei sämtlichen Beleidigungsdelikten die **Ehre.**[292] Insofern ist es jeweils Voraussetzung, dass der Täter eine ehrenrührige Aussage macht. Die **Ehrenrührigkeit** ist daher bei sämtlichen Beleidigungsdelikten ein (ungeschriebenes) Tatbestandsmerkmal, auf welches sich auch der Vorsatz beziehen muss. Dazu führt der BGH aus: „Ein Angriff auf die Ehre wird geführt, wenn der Täter einem anderen zu Unrecht Mängel nachsagt, die, wenn sie vorlägen, den Geltungswert des Betroffenen mindern würden. Nur durch eine solche ‚Nachrede' […] wird der aus der Ehre fließende verdiente Achtungsanspruch verletzt. Sie stellt die Kundgabe der Mißachtung, Geringschätzung oder Nichtbeachtung dar, die den Tatbestand verwirklicht".[293] Somit liegt eine Ehrenrührigkeit vor, wenn ein unbefangener Dritter unter Beachtung der objektiven Rahmenbedingungen aus einer Äußerung auf sittliche Defizite des Betroffenen schließen muss.

111 Die Abgrenzung der einzelnen Vorschriften vollzieht sich auf der Grundlage von drei Unterscheidungskriterien, wobei stets zu beachten ist, dass die Beleidigung nach § 185 StGB als Auffangtatbestand fungiert. Dies bedeutet: Greift trotz Vorliegens einer der speziellen Voraussetzungen der §§ 186, 187 StGB der entsprechende Tatbestand einmal nicht (etwa weil es an den besonderen subjektiven Voraussetzungen fehlt), kann stets subsidiär auf § 185 StGB zurückgegriffen werden. Die Abgrenzung selbst orientiert sich an folgenden Fragestellungen: (1) Liegt eine **Tatsachenbehauptung oder** ein **Werturteil** vor? Nur dann, wenn eine Tatsachenbehauptung vorliegt, ist der Anwendungsbereich der §§ 186, 187 StGB eröffnet. Handelt es sich hingegen um ein Werturteil, kann nur § 185 StGB zur Anwendung kommen. (2) Richtet sich die Äußerung **allein** an den **Beleidigten oder** (auch) an einen **Dritten**? Nur dann, wenn die Äußerung (auch) an einen Dritten gerichtet ist, können §§ 186, 187 StGB einschlägig sein (das Gesetz umschreibt dies mit der Wendung „Wer […] in Beziehung auf einen **anderen** […]"). Ist hingegen ausschließlich der Beleidigte Adressat der Äußerung,

---

291 Vgl zum Schriftenbegriff des § 11 Abs 3 StGB oben Rn 55 ff.

292 Vgl nur *Fischer* Vor § 185 Rn 1; *Lackner/Kühl* Vor § 185 Rn 1; Schönke/Schröder/*Lenckner/Eisele* Vorbem §§ 185 ff Rn 1.

293 BGHSt 36, 145, 148.

kann wiederum nur § 185 StGB einschlägig sein.[294] (3) Ist die getroffene **Aussage wahr, unwahr oder lässt sich der Wahrheitsgehalt nicht ermitteln** (das Gesetz umschreibt dies in § 186 StGB mit der Wendung „nicht **erweislich** wahr"). Bei Unwahrheit greift § 187 StGB, bei Nichterweislichkeit § 186 StGB. Ist die Äußerung hingegen wahr (aber dennoch ehrenrührig), verbleibt es bei § 185 StGB. Dass eine Bestrafung auch bei der Behauptung oder Verbreitung wahrer Tatsachen denkbar ist, stellt § 192 StGB ausdrücklich fest (sog „Formalbeleidigung").

b) **Der geschützte Personenkreis.** Durch die Beleidigungsdelikte geschützt sind in erster Linie natürliche, lebende Personen. Tote genießen zwar einen postmortalen Ehrschutz, dieser ist aber ausschließlich über § 189 StGB, der Verunglimpfung des Andenkens Verstorbener, geschützt.[295] **112**

Umstritten ist, ob neben den natürlichen Personen auch Personenmehrheiten als solche geschützt sind (ob ihnen also eine „Kollektivehre" zukommt). Dies wird deswegen vertreten, weil in § 194 Abs 3 S 2 und S 3 sowie Abs 4 StGB explizit die Antragsberechtigung geregelt ist, wenn sich die Tat „gegen eine Behörde" etc richtet. Hieraus wird teilweise geschlossen, dass auch andere Personenmehrheiten unter bestimmten Voraussetzungen beleidigungsfähig sind.[296] Dies kann insb bei reißerischen Schlagzeilen wie „alle deutschen Ärzte sind Kurpfuscher",[297] „Alle Soldaten sind Mörder!"[298] oder „Die Polizisten gingen bei Ihrem Einsatz wie gewohnt recht brutal vor"[299] einmal eine Rolle spielen. Der Streit hat aber praktisch kaum Relevanz, da sich hinter einer der Beleidigung eines Kollektivs zumeist auch ein Angriff auf die Ehre der dahinter stehenden Einzelpersonen verbirgt (Beleidigung unter einer Kollektivbezeichnung).[300] Von einer Ehrkränkung kann in diesem Fall allerdings nur dann gesprochen werden, wenn der Personenkreis klar umgrenzt und überschaubar ist und auch ein Bezug auf bestimmte, individualisierte Personen erkennbar wird.[301] **113**

c) **Die Abgrenzung von Tatsachenbehauptung und Werturteil.** Unter einer **Tatsachenbehauptung** versteht man eine Äußerung, die in ihrem Gehalt einer objektiven Klärung offen steht und daher dem Beweis zugänglich ist.[302] Dagegen ist ein **Wert-** **114**

---

294 Auf diese Unterscheidung muss im Folgenden nicht näher eingegangen werden, da sich die Äußerung im Rahmen einer Verbreitung durch ein Medium stets an Dritte richtet.

295 Schönke/Schröder/*Lenckner*/*Eisele* Vorbem § 185 Rn 2; zur Irrtumsproblematik, wenn der Täter meint, die beleidigte Person sei noch am Leben bzw sei bereits verstorben, vgl nur *Rengier* BT II § 28 Rn 8.

296 So BGHSt 6, 186, 191; Schönke/Schröder/*Lenckner*/*Eisele* Vorbem § 185 Rn 3 f; aA LK/*Herdegen* 10. Aufl Vor § 185 Rn 19; SK/*Rudolphi*/*Rogall* Vor § 185 Rn 35 f, 38 ff.

297 BGHSt 36, 83, 87.

298 BVerfGE 93, 266; hierzu *Gounalakis* NJW 1996, 481; *Otto* NStZ 1996, 127; zur Beleidigungsfähigkeit der Bundeswehr als Institution vgl BGHSt 36, 83, 88.

299 Hierzu BayObLG NJW 1990, 921, 922; BayObLG NJW 1990, 1742; OLG Frankfurt NJW 1977, 1353.

300 Hierzu *Geppert* Jura 2005, 244, 245 ff; ferner SK/*Rudolphi*/*Rogall* Vor § 185 Rn 38 ff.

301 Vgl hierzu im Einzelnen BGHSt 14, 48 (angenommen für die Aussage: Zwei Mitglieder der X-Fraktion unterstützten eine terroristische Vereinigung); BGHSt 19, 235 (angenommen für die Aussage: Ein bayerischer Minister habe zu den Kunden eines Call-Girl-Rings gehört); BGHSt 36, 83, 85 ff (angenommen für die Aussage: Alle Berufssoldaten seien (wie) Folterknechte und Henker); BayObLG NJW 1990, 1742 (abgelehnt für die sinngemäße Aussage: Bullen seien Schweine); vgl auch BGHSt 11, 207, 208; BGHSt 16, 49, 57; BGHSt 40, 97, 103 (Annahme einer beleidigungsfähigen Personenmehrheit für die Gruppe der Juden als vom Nationalsozialismus verfolgte Menschen, die jetzt in Deutschland leben).

302 *Rengier* BT II § 29 Rn 2.

urteil dadurch gekennzeichnet, dass es durch Elemente der subjektiven Stellungnahme, des Dafürhaltens oder Meinens geprägt ist und letztlich auf einer persönlichen Überzeugung beruht.[303] Die Abgrenzung ist durchweg problematisch und letztlich eine Frage des Einzelfalles. Denn hinter offen ausgesprochenen Wertungen oder Fragen können sich ebenso Tatsachenbehauptungen verbergen, wie sich hinter einer nach außen wie eine Tatsachenbehauptung wirkenden Mitteilung letztlich ein Werturteil verbergen kann. Die Frage ist aber entscheidend, da eine Bestrafung nach §§ 186, 187 StGB nur dann erfolgen kann, wenn es sich bei der Äußerung um eine Tatsachenbehauptung handelt.[304]

115 Bei Äußerungen in Medien, insb wenn es sich um Stellungnahmen zu politischen Fragen handelt, ist allerdings eine Tendenz in der Rechtsprechung erkennbar, **im Zweifelsfalle** ein **Werturteil** anzunehmen. So wurde zB die im Zusammenhang mit der Wiederaufrüstung der Bundesrepublik in einer Druckschrift aufgestellte Behauptung: „Bundeskanzler und Bundesregierung bereiten aus Profitgier einen Krieg vor und wollen die deutsche Jugend als Kanonenfutter mißbrauchen“ als Werturteil angesehen.[305]

116 d) **Die Beleidigung (§ 185 StGB).** Die Beleidigung kommt im Bereich der Medien in erster Linie bei Werturteilen in Frage, die ehrenrührigen Charakter haben. Bei Tatsachenbehauptungen kann sie dann einschlägig sein, wenn die Tatsache zwar wahr ist, das Vorhandensein einer Beleidigung aber aus der Form der Behauptung oder Verbreitung oder aus den Umständen unter welchen sie erfolgte, hervorgeht (sog „Formalbeleidigung“). Dies kann bei einer groß angelegten Veröffentlichung dann vorliegen, wenn alltägliche Vorkommnisse, die sich zwar tatsächlich ereignet haben, aber eine bekannte Persönlichkeit bloßstellen, publiziert werden, um den Betreffenden lächerlich zu machen und in seiner Ehre zu kränken.

117 e) **Die üble Nachrede (§ 186 StGB).** § 186 StGB ist nur anwendbar bei Tatsachenbehauptungen in Bezug auf einen anderen. Die Tatsache muss behauptet oder verbreitet werden.[306] Während es bei der **Behauptung** erforderlich ist, dass der Behauptende die Tatsache als nach eigener Überzeugung wahr hinstellt, ist es für die **Verbreitung** kennzeichnend, dass der Täter eine (ehrenrührige) Tatsache als Gegenstand fremden Wissens weitergibt, ohne sich die Tatsache zu eigen zu machen.[307] Dies kann auch dann vorliegen, wenn der Betreffende sich von der Aussage distanziert, sie aber gleichwohl verbreitet,[308] nicht jedoch, wenn er ihr ernsthaft entgegentritt.[309] Insoweit erfüllen auch Berichte in den Medien, in denen zB über nicht erwiesene ehrverletzende Aussagen Dritter im Rahmen eines Gerichtsverfahrens berichtet wird, den Tatbestand. Hier wird jedoch zumeist § 193 StGB eingreifen.[310]

118 Entscheidend für das Verständnis des § 186 StGB ist das Merkmal der **Nichterweislichkeit** der Tatsache. Ist die Tatsache wahr, kommt lediglich § 185 StGB in

303 OLG Köln NJW 1993, 1486, 1487; vgl auch BVerfGE 61, 1, 8; BVerfGE 66, 116, 149 – Wallraff.

304 Vgl hierzu bereits oben Rn 111.

305 BGHSt 6, 357.

306 Vgl zum Tatbestandsmerkmal der Verbreitung noch unten Rn 170 f.

307 *Rengier* BT II § 29 Rn 6.

308 RGSt 22, 221, 223; RGSt 38, 368, 368 f; BGHSt 18, 182, 183.

309 Für einen Tatbestandsausschluss in diesen Fällen NK/*Zaczyk* § 186 Rn 10; SK/*Rudolphi*/*Rogall* § 186 Rn 15; für die Annahme einer Rechtfertigung durch (mutmaßliche) Einwilligung Schönke/Schröder/*Lenckner*/*Eisele* § 186 Rn 8.

310 Vgl aber BGHSt 18, 182, 184 f; zu § 193 StGB vgl noch näher unter Rn 125 ff.

Frage, ist sie unwahr, kann, bei einem Handeln wider besseren Wissens, § 187 StGB in Frage kommen. Bleibt der behauptete oder verbreitete Sachverhalt jedoch unaufklärbar, kann also das Gericht trotz (notwendiger!) intensiver Bemühungen den Wahrheitsgehalt der Äußerung nicht feststellen, greift für diese „non-liquet-Situation" § 186 StGB ein. Der Gesetzgeber hat diese Situation – dem Grundsatz „in dubio pro reo" an sich widersprechend – in § 186 StGB vor dem Hintergrund normiert, dass wegen der potentiellen Breitenwirkung von nach außen kund gemachten Sachverhalten, Situationen und Begebenheiten (und dies gilt besonders für den Medienbereich) ehrenrührige Tatsachen über Dritte nicht vorschnell und ungeprüft behauptet oder verbreitet werden sollen und dürfen. Dies soll gewährleisten, dass vor der Publikation oder Sendung einer Nachricht deren Wahrheitsgehalt ausreichend recherchiert wird. Eine Strafbarkeit scheidet insoweit nur dann aus, wenn es dem Täter gelingt, einen Wahrheitsbeweis zu erbringen. Dabei muss er gerade den Umstand als wahr nachweisen, aus dem die Ehrverletzung folgt. Nicht ausreichend ist, wenn er nachweist, dass andere dasselbe ehrverletzende Gerücht verbreitet hätten und er an die Wahrheit der Aussage geglaubt hatte.[311]

Aus dem Gesagten ergibt sich auch, dass sich der **Vorsatz** nicht auf die Nichterweislichkeit der Tatsache beziehen muss. Der Täter kann sich also nicht damit „herausreden", er hätte an den Wahrheitsgehalt seiner Äußerung geglaubt. Die Nichterweislichkeit ist insoweit kein objektives Tatbestandsmerkmal, sondern eine **objektive Bedingung der Strafbarkeit**, auf die sich weder der Vorsatz noch der Fahrlässigkeitsvorwurf zu erstrecken brauchen. **119**

f) **Die Verleumdung (§ 187 StGB).** § 187 StGB ist nur anwendbar bei Tatsachenbehauptungen in Bezug auf einen anderen. Die Tatsache muss behauptet oder verbreitet werden.[312] Im Gegensatz zu § 186 StGB muss die Tatsache im Rahmen des § 187 StGB allerdings **unwahr** sein. Hinzu kommt, dass im subjektiven Bereich der Täter nicht nur Vorsatz hinsichtlich der Unwahrheit der Tatsache besitzen, sondern darüber hinaus auch noch **wider besseren Wissens** gehandelt haben muss. Dies setzt voraus, dass er die Unwahrheit der Tatsache positiv kennt (bedingter Vorsatz reicht also nicht).[313] **120**

g) **Qualifikationen.** Sowohl die Üble Nachrede (§ 186 StGB) also auch die Verleumdung (§ 187 StGB) enthalten im letzten Halbsatz eine Qualifikation, wenn die Tat **öffentlich oder durch die Verbreitung von Schriften** (§ 11 Abs 3 StGB)[314] begangen wurde. In diesem Fall erhöht sich der jeweilige Strafrahmen: für die Üble Nachrede auf zwei Jahre, für die Verleumdung auf bis zu fünf Jahre Freiheitsstrafe. **121**

Eine spezielle Qualifikation enthält auch § 188 StGB, sofern sich die Üble Nachrede (Abs 1) oder die Verleumdung (Abs 2) gegen eine **im politischen Leben des Volkes stehende Person** richtet und die Tat öffentlich, in einer Versammlung oder – medienrechtlich relevant – durch die Verbreitung von Schriften iSd § 11 Abs 3 StGB[315] geschieht. Voraussetzung ist allerdings, dass die Tat aus Beweggründen begangen wird, die mit der Stellung des Beleidigten im öffentlichen Leben zusammen- **122**

311 BGHSt 18, 182, 183.

312 Vgl zum Tatbestandsmerkmal der Verbreitung noch unten Rn 170 f.

313 Vgl zu den verschiedenen Vorsatzformen *B Heinrich* AT I Rn 275 ff.

314 Vgl zum Schriftenbegriff des § 11 Abs 3 StGB oben Rn 55 ff.

315 Vgl zum Schriftenbegriff des § 11 Abs 3 StGB oben Rn 55 ff.

hängen und die Tat geeignet ist, das öffentliche Wirken der Person erheblich zu erschweren. Dem Täter droht bei einer Üblen Nachrede eine Freiheitsstrafe von drei Monaten bis zu fünf Jahren unter Wegfall der Möglichkeit, nur auf eine Geldstrafe zu erkennen (es gilt jedoch ergänzend § 47 Abs 2 StGB), bei einer Verleumdung sogar eine Freiheitsstrafe von sechs Monaten bis zu fünf Jahren.

123 Schließlich findet sich – an etwas versteckter Stelle – noch die Qualifikation des **§ 103 StGB**, die sich auf die **Beleidigung von Organen und Vertretern ausländischer Staaten** bezieht. Geschützt sind (1) ausländische Staatsoberhäupter, (2) ausländische Regierungsmitglieder, welche sich in amtlicher Eigenschaft im Inland aufhalten, und (3) Leiter einer ausländischen diplomatischen Vertretung, wenn sie im Inland beglaubigt sind. Auch hier droht dem Täter eine Freiheitsstrafen von bis zu drei Jahren (im Falle der verleumderischen Beleidigung sogar eine solche von drei Monaten bis zu fünf Jahren unter Wegfall der Möglichkeit, nur auf eine Geldstrafe zu erkennen; es gilt jedoch auch hier ergänzend § 47 Abs 2 StGB).

124 **h) Die Verunglimpfung des Andenkens Verstorbener (§ 189 StGB).** Richtet sich die Tat gegen eine verstorbene Person, ist ausschließlich § 189 StGB anwendbar. Tatbestandlich handelt hier, wer das Andenken eines Verstorbenen **verunglimpft**.

125 **i) Die Wahrnehmung berechtigter Interessen (§ 193 StGB).** Für den Bereich des Medienrechts in besonderer Weise einschlägig ist die Vorschrift des § 193 StGB: „[...] Äußerungen, welche [...] zur Wahrnehmung berichtigter Interessen gemacht werden, [...] sind nur insofern strafbar, als das Vorhandensein einer Beleidigung aus der Form der Äußerung oder aus den Umständen, unter welchen sie geschah, hervorgeht". Nach hM handelt es sich hierbei um einen – sprachlich allerdings missglückten – **speziellen Rechtfertigungsgrund**, der ausschließlich auf die Beleidigungsdelikte zugeschnitten ist.[316] In der Praxis kann er allerdings nur Fälle nach §§ 185, 186 StGB rechtfertigen, weil Verleumdungen (§ 187 StGB) und Verunglimpfungen (§ 189 StGB) niemals von einem „berechtigten Interesse" gedeckt sein können.[317]

126 Der Rechtfertigungsgrund beruht letztlich auf dem Prinzip einer umfassenden Güter- und Interessenabwägung, wobei zuerst festzustellen ist, ob überhaupt ein „berechtigtes Interesse" des Äußernden vorliegt. Danach ist eine Abwägung mit dem beeinträchtigten Interesse des Verletzten, nämlichen dessen Ehre und dessen Achtungsanspruch, vorzunehmen.

127 Ein **berechtigtes Interesse** kann nur dann vorliegen, wenn die Äußerung weder gegen ein Gesetz noch gegen die guten Sitten verstößt.[318] Auch ein Handeln, welches ausschließlich dazu dient, die eigene wirtschaftliche Lage zu verbessern, kann eine Ehrverletzung nicht rechtfertigen.[319] Äußerungen vor Gericht können dagegen als berechtigtes Interesse anerkannt werden. Im „Kampf um das Recht" darf demnach ein Verfahrensbeteiligter auch starke, eindringliche Ausdrücke und sinnfällige Schlagworte benutzen, um seine Rechtsposition geltend zu machen.[320] Ferner wird ein berechtigtes Interesse insb im Bereich von Presseveröffentlichungen regelmäßig aner-

316 OLG Düsseldorf NJW 2006, 630, 631 – Butterflymesser; OLG Stuttgart NStZ 1987, 121, 122; *Rengier* BT II § 29 Rn 36.

317 *Löffler/Ricker* Kap 53 Rn 32.

318 *Löffler/Ricker* Kap 53 Rn 36; Schönke/Schröder/*Lenckner/Eisele* § 193 Rn 9.

319 RGSt 38, 251.

320 BVerfGE 76, 171, 192; BVerfG NJW 2000, 199, 200; BVerfG NJW 2007, 2839, 2840.

kannt.[321] Wer zB in einem Leserbrief seiner Kritik an bestimmten Zuständen in scharfer Form Ausdruck verleiht, kann sich auf ein berechtigtes Interesse berufen.[322]

Allerdings ist nicht jede Berichterstattung, die über ein Medium wie Presse, Funk, **128**
Fernsehen oder das Internet erfolgt, schon allein deswegen von einem berechtigten Interesse des Handelnden erfasst. Äußerungen aus reiner Sensationsgier oder „Skandallust“[323] stehen einem berechtigten Interesse ebenso entgegen, wie beleidigende Äußerungen, für die allein aus Gründen der größeren Verbreitung eines der genannten Medien gewählt wurde.

Im Rahmen der **Interessenabwägung** gelten die allgemeinen Abwägungskrite- **129**
rien.[324] Die Äußerung muss geeignet und erforderlich sein, den zuvor festgestellten berechtigten Interessen zu dienen und sie muss zudem ein angemessenes Mittel zur Interessenverfolgung darstellen.[325] Die **Erforderlichkeit**, verstanden als „Grundsatz des mildesten Mittels“, scheidet zB dann aus, wenn die Form der Darstellung in einem für einen unbestimmten Personenkreis zugänglichen Medium gewählt wurde, obwohl die Interessen auch in kleinerem Kreis hätten wirksam verfolgt werden können (Unzulässigkeit der „Flucht in die Öffentlichkeit“), oder wenn eine konkrete Namensnennung zur Verfolgung der Interessen nicht notwendig war.

Zentral – und insoweit auch am problematischsten – ist die Prüfung der **Angemes-** **130**
senheit, die letztlich eine Verhältnismäßigkeitsprüfung erfordert: Es muss in jedem Einzelfall überprüft werden, ob auf der Grundlage der konkreten Umstände die Interessen des Handelnden (also des Beleidigenden) mit denen des Verletzten mindestens gleichwertig sind.[326] In diesem Zusammenhang sind aber insb im Medienrecht die verfassungsrechtlichen Ausstrahlungen der **Meinungs- und Pressefreiheit** (Art 5 Abs 1 GG)[327] und der **Kunstfreiheit** (Art 5 Abs 3 S 1 GG) zu berücksichtigen,[328] denen insb das BVerfG tendenziell – und im Einzelfall oftmals zu Lasten des Ehrenschutzes – einen hohen Rang einräumt.[329] Bei der Beurteilung ist auch die **Form der Äußerung** zu berücksichtigen. Daher sind Schmähkritik, reine Polemik und bloße Diffamierungen nicht zulässig.[330] Allerdings gilt insb im Rahmen der politischen Auseinanderset-

---

321 BVerfGE 12, 113; BGHSt 12, 287, 293 f; BGHZ 45, 296, 306 ff; OLG Düsseldorf NJW 1992, 1336; *Löffler/Ricker* Kap 53 Rn 29.

322 BVerfG NJW 1992, 2815 zur Bezeichnung von Abschiebemaßnahmen als „Gestapo-Methoden“.

323 BGHSt 18, 182, 187; hierzu *Löffler/Ricker* Kap 52 Rn 36; *Rengier* BT II § 29 Rn 40.

324 Vgl hierzu OLG Frankfurt NJW 1989, 1367, 1368 f; *Geppert* Jura 1985, 25, 29 f; *Lackner/Kühl* § 193 Rn 10 ff mit weiteren Beispielen.

325 *Löffler/Ricker* Kap 53 Rn 38.

326 BVerfGE 7, 198, 210 – Lüth; BVerfG NJW 1995, 3303, 3304; BVerfG NJW 1999, 2262, 2263; BGHSt 18, 182, 184 f; OLG Frankfurt NJW 1989, 1367, 1368; OLG Frankfurt NJW 1991, 2032, 2034 ff; *Lackner/Kühl* § 193 Rn 10; *Rengier* BT II § 29 Rn 43; andere fordern hingegen, dass die Interessen des Handelnden „überwiegen“ müssen; so Schönke/Schröder/*Lenckner/Eisele* § 193 Rn 12.

327 Nach BGH NJW 1965, 1476, 1477 bildet § 193 StGB (der im Urteil allerdings nicht ausdrücklich genannt wird) zusammen mit Art 5 GG die „Magna Charta der Presse“, denn er gilt als praktische Ausprägung des Grundrechts der Meinungs- und Pressefreiheit auf dem Gebiet des Beleidigungsrechts; so auch *Löffler/Ricker* Kap 53 Rn 29; vgl auch BGHZ 45, 296, 307 ff.

328 Hierzu BVerfGE 93, 266, 292 ff; BVerfG NJW 1992, 2815, 2816; BGH NJW 1977, 626; BayObLG NStZ-RR 2002, 40, 41 ff; BayObLG NStZ 2005, 215, 216; BayObLG NJW 2005, 1291, 1292 ff; KG StV 1997, 485, 486; OLG Düsseldorf NJW 1992, 1336; OLG Düsseldorf NJW 1998, 3214, 3215; *Otto* Jura 1997, 139.

329 Dies ist vielfach auf Kritik gestoßen; vgl nur *Buscher* NVwZ 1997, 1057; *Ehmann* JuS 1997, 193, 198; *Isensee* AfP 1993, 619, 628; *Scholz* AfP 1996, 323; *Stürner* AfP 1998, 1, 6 f.

330 BVerfGE 82, 272, 281; BVerfGE 93, 266, 294; BVerfG NJW 2003, 3760; BGHSt 36, 83, 85.

zungen ein etwas abgeschwächter Maßstab. Hier können auch überzogene Kritik und polemische Überzeichnungen zulässig sein.[331]

131 Entscheidend ist aber insb für Presseveröffentlichungen, dass den Betreffenden vor der Verbreitung eine **Informationspflicht** trifft, da von den Veröffentlichungen in modernen Massenmedien eine „unberechenbare und tiefgreifende Wirkung" ausgeht.[332] Insoweit trifft die Presse eine erhöhte Verantwortung. Die von ihr zu beachtenden Sorgfaltspflichten sind höher als diejenigen im Bereich privater Veröffentlichungen.[333] Wer ehrenrührige Mitteilungen veröffentlicht, muss folglich zuvor (!) prüfen, ob diese Mitteilungen der Wahrheit entsprechen. Auf der anderen Seite ist aber zu berücksichtigen, dass insb die Presse oft unter Zeitdruck arbeitet und eine detaillierte Prüfung aller eingehenden Meldungen nicht immer möglich sein wird.[334] Dieser Umstand ist regelmäßig in die Interessenabwägung mit einzubeziehen, sodass vielfach eine wenigstens leichtfertige oder sogar wissentliche Aufstellung unrichtiger Behauptungen oder haltloser Vermutungen gefordert werden muss, um den § 193 StGB auszuschließen.[335] Man wird in diesem Zusammenhang freilich auch den **Umfang der Ehrverletzung** und die **Bedeutung der Information für die Allgemeinheit** in die Abwägung mit einstellen müssen.

2. Der Schutz des persönlichen Lebens- und Geheimbereichs (§§ 201 ff StGB)

132 Die allgemeine Pressefreiheit (Art 5 Abs 1 S 2 GG)[336] umfasst nicht nur die Verbreitung von Informationen, sondern über das Recht auf **Informationsfreiheit der Presse** auch das Recht, sich Informationen zu verschaffen, die mitunter nicht allgemein zugänglich sind. Insoweit kann es jedoch im Zuge der Informationsbeschaffung zu Eingriffen in den persönlichen Lebens- und Geheimbereich kommen, der als Ausfluss des **Rechts des Einzelnen auf freie Entfaltung seiner Persönlichkeit** (Art 2 Abs 1 GG iVm Art 1 Abs 1 GG) auch strafrechtlich gem §§ 201 ff StGB geschützt ist. Daher ist auch hier eine Abwägung der jeweils betroffenen Rechtsgüter geboten.[337]

133 **a) Die Verletzung der Vertraulichkeit des Wortes (§ 201 StGB).** Durch § 201 StGB wird die unbefugte **Verletzung der Vertraulichkeit** des nichtöffentlich gesprochenen Wortes unter Strafe gestellt. Hierdurch soll in erster Linie das Selbstbestimmungsrecht des Einzelnen über die Reichweite seiner Äußerung und insoweit die unbefangene zwischenmenschliche Kommunikation geschützt werden.[338] Hieraus ergibt sich, dass das gesprochene Wort umfassend geschützt wird. Gleichgültig ist also, ob es sich um private, berufliche oder dienstliche Äußerungen handelt.[339] Auch Selbstgespräche oder

---

331 Vgl zu politischen Auseinandersetzungen BVerfGE 66, 116, 150 f – Wallraff; BVerfG NJW 1984, 1741, 1746; BGHSt 36, 83, 85; BayObLG NStZ 1983, 265, 265 f; OLG Frankfurt JR 1996, 250.

332 BGHZ 3, 270, 285; zu dieser Informationspflicht vgl *Rengier* BT II § 29 Rn 45 f.

333 BVerfG NJW 2003, 1855, 1856; vgl auch BVerfGE 12, 113, 130; BGHZ 31, 308, 312 f.

334 Vgl hierzu *Löffler/Ricker* Kap 53 Rn 31; gegen eine Überspannung der Sorgfaltspflichten auch BVerfG NJW 1980, 2072, 2073; BGH NJW 1998, 3047, 3049.

335 BGHSt 14, 48, 51; BGH NJW 1998, 3047, 3049; KG JR 1988, 522, 523; OLG Celle NJW 1988, 353, 354; HansOLG Hamburg MDR 1980, 953; OLG Hamm NJW 1987, 1034, 1035.

336 Vgl hierzu oben Rn 23 ff.

337 BVerfG NJW 1973, 891.

338 *Fischer* § 201 Rn 2; Schönke/Schröder/*Lenckner/Eisele* § 201 Rn 2; vgl ferner BVerfGE 34, 238, 245; BGHSt 14, 358, 359 f; BGHSt 31, 296, 299.

339 OLG Karlsruhe NJW 1979, 1513, 1514.

Telefongespräche[340] sind erfasst. Entscheidend ist jedoch, dass es sich dabei gerade um **nicht öffentlich gesprochene Worte** handelt. Da sich Äußerungen – mit Ausnahme von Selbstgesprächen – stets an andere Personen richten, ist die Abgrenzung mitunter problematisch. Entscheidend ist einerseits der Wille des sich Äußernden, die Äußerung **nur** einem **begrenzten Adressatenkreis zugänglich** machen zu wollen, der regelmäßig dadurch gekennzeichnet ist, dass es sich um einen kleineren, durch persönliche Beziehungen miteinander verbundenen Personenkreis handelt.[341] Andererseits kann aber der Wille des sich Äußernden nicht allein entscheidend sein. Daher scheiden solche Äußerungen aus, die von ihrer Art her von Dritten problemlos wahrgenommen werden können, selbst wenn dies nicht dem Interesse des sich Äußernden entspricht.[342] So erfüllt zB derjenige, der unbefugt eine Rede im Rahmen einer öffentlichen Versammlung mitschneidet,[343] den Tatbestand ebenso wenig wie derjenige, dessen Wutausbruch in einer gut besuchten Gaststätte mitgeschnitten wird.[344]

Nach § 201 Abs 1 Nr 1 StGB macht sich strafbar, wer unbefugt das nichtöffentlich gesprochene Wort eines anderen auf einen Tonträger **aufnimmt**. Eine Einwilligung des Sprechenden schließt ein solches „unbefugtes“ Handeln aus, wobei allerdings darauf hinzuweisen ist, dass es sich bei dem Merkmal „unbefugt“ nicht um ein Tatbestandsmerkmal, sondern um einen Hinweis des Gesetzgebers handelt, dass im Rahmen des § 201 StGB besonders häufig Rechtfertigungsgründe einschlägig sein werden.[345] Fraglich ist aber, ob der Tatbestand auch dann ausgeschlossen ist, wenn der sich Äußernde zwar nicht in die Aufnahme einwilligt, aber Kenntnis von derselben hat. Eine Tatbestandserfüllung wird hier mitunter mit dem Argument abgelehnt, dass sich der Äußernde bei entsprechender Kenntnis in seiner Wortwahl darauf einstellen könne, dass die Äußerung mitgeschnitten wird.[346] Dies ist mit der hM abzulehnen. Unbefugt – und damit tatbestandsmäßig – handelt auch derjenige, der mit Wissen des Sprechenden, aber entgegen dessen ausdrücklichen Willen, eine Aufnahme fertigt.[347] **134**

Strafbar ist ferner derjenige, der eine nach § 201 Abs 1 Nr 1 StGB hergestellte Aufnahme **unbefugt gebraucht oder einem Dritten zugänglich macht** (§ 201 Abs 1 Nr 2 StGB). Unter einem **Gebrauchmachen** ist hier insb das Abspielen – gleichgültig, ob vor sich selbst oder vor einem Dritten – aber auch das Herstellen von Vervielfältigungsstücken zu vestehen.[348] **135**

In § 201 Abs 2 S 1 Nr 1 StGB ist darüber hinaus das unbefugte **Abhören** eines nicht zu seiner Kenntnis bestimmten nichtöffentlich gesprochenen Wortes eines anderen mittels eines Abhörgerätes unter Strafe gestellt. Ein Abhörgerät im Sinne dieser Vorschrift liegt nur dann vor, wenn es sich um eine verbotene technische Einrichtung **136**

---

340 So jedenfalls die hM; vgl OLG Karlsruhe NJW 1979, 1513, 1514; *Fischer* § 201 Rn 3; *Löffler/Ricker* Kap 54 Rn 6; aA *Kohlhaas* NJW 1972, 238, 239.

341 OLG Nürnberg NJW 1995, 974, 974 f.

342 Vgl BGHSt 31, 304, 306.

343 Vgl *Kramer* NJW 1990, 1760, 1761; *Löffler/Ricker* Kap 54 Rn 7; anders jedoch, wenn es sich gerade um eine nichtöffentliche Versammlung handelt, bei der durch effektive Zugangskontrollen sicher gestellt wurde, dass nur geladene Gäste den Raum betreten und die Rede mithören können; vgl OLG Brandenburg NJW-RR 2007, 1641, 1642 – Hassprediger; OLG Nürnberg NJW 1995, 974.

344 OLG Celle MDR 1977, 596, 597; LK/*Schünemann* 11. Aufl § 201 Rn 7; *Löffler/Ricker* Kap 54 Rn 7; vgl auch *Arzt* JR 1977, 339 (krit zu OLG Celle MDR 1977, 596).

345 *Klug* FS Oehler 397, 401 f; LK/*Schünemann* 11. Aufl § 201 Rn 27; NK/*Kargl* § 201 Rn 22.

346 AG Hamburg NJW 1984, 2111; vgl auch Schönke/Schröder/*Lenckner/Eisele* § 201 Rn 13.

347 OLG Thüringen NStZ 1995, 502, 503; *Fischer* § 201 Rn 10; *Lackner/Kühl* § 201 Rn 11; LK/*Schünemann* 11. Aufl § 201 Rn 33.

348 Vgl zum Tatbestandsmerkmal des „Zugänglichmachens“ unten Rn 172 ff.

handelt, die das gesprochene Wort über dessen normalen Klangbereich hinaus durch Verstärkung oder Übertragung unmittelbar wahrnehmbar macht, wie zB Richtmikrophone, Minispione oder Stethoskope zum Abhören von Wänden.[349] Werden Worte abgehört, die an sich für den Abhörenden bestimmt waren, diesem aber erst später mitgeteilt werden sollen, so ist der Tatbestand ebenfalls erfüllt, da es Sache des sich Äußernden ist, wann und wie er die Äußerung dem Adressaten mitteilt.[350]

137 Für Medienunternehmen besonders relevant ist schließlich der Straftatbestand des § 201 Abs 2 S 1 Nr 2 StGB: Bestraft wird hiernach derjenige, der entweder das nach § 201 Abs 1 Nr 1 StGB unbefugt aufgenommene oder das nach § 201 Abs 2 S 1 Nr 1 StGB unbefugt abgehörte nichtöffentlich gesprochene Wort eines anderen im Wortlaut oder seinem wesentlichen Inhalt nach **öffentlich mitteilt.**[351] Die Tat ist hier jedoch nur strafbar, „[...] wenn die öffentliche Mitteilung geeignet ist, berechtigte Interessen eines anderen zu beeinträchtigen" (§ 201 Abs 2 S 2 StGB). Durch diese „Bagatellklausel" sollen **offensichtlich belanglose Äußerungen** aus der Strafbarkeit **ausgenommen** werden.[352] Andererseits kommt es auf die Art des Interesses des sich Äußernden nicht an, es sind also sowohl private als auch ideelle Interessen erfasst. Schließlich enthält § 201 Abs 2 S 3 StGB noch eine weitere Einschränkung im Wege eines aus Art 5 Abs 1 GG abgeleiteten Rechtfertigungsgrundes. Die Tat ist dann nicht rechtswidrig, wenn die öffentliche Mitteilung zur Wahrnehmung überragender öffentlicher Interessen gemacht wird.[353] Diese Klausel soll insb klar stellen, dass Mitteilungen über bevorstehende oder bereits stattgefundene schwerwiegende Straftaten oder sonstige rechtswidrige Verhaltensweisen im Interesse der Allgemeinheit zulässig sind. Daneben sind aber auch Fälle denkbar, die eine Rechtfertigung nach § 34 StGB ermöglichen.[354]

138 **b) Die Verletzung des höchstpersönlichen Lebensbereiches durch Bildaufnahmen (§ 201a StGB).** Nach einer längeren kriminalpolitischen Diskussion wurde die Verletzung des höchstpersönlichen Lebensbereiches durch Bildaufnahmen im Jahre 2004 durch die Einfügung des § 201a StGB nun auch ausdrücklich strafrechtlich sanktioniert.[355] Seitdem genießt das Recht am eigenen Bild einen vergleichbaren Schutz wie

---

349 BGHSt 39, 335, 343: hier wird eine Strafbarkeit bei der Benutzung von „[...] übliche(n) und von der Post zugelassene(n) Mithöreinrichtungen [...]" abgelehnt; BGH NJW 1982, 1397, 1398; *Löffler/Ricker* Kap 54 Rn 12; vgl andererseits Schönke/Schröder/*Lenckner/Eisele* § 201 Rn 19, die entgegen der hM auch die von der Post (offiziell) angeboten Zusatzdienste, welche das Mithören von Telefongesprächen ermöglichen, von der Strafnorm erfasst sehen.

350 LK/*Schünemann* 11. Aufl § 201 Rn 19 f; differenzierend hinsichtlich des „Wie" der Kenntnisnahme Schönke/Schröder/*Lenckner/Eisele* § 201 Rn 21.

351 Vgl zu diesem Tatbestandsmerkmal unten Rn 190.

352 Vgl BT-Drucks 11/7414, 4.

353 Vgl zur Motivation des Gesetzgebers zur Schaffung dieses Rechtfertigungsgrundes BT-Drucks 11/7414, 4 f.

354 Hierzu ausf *Klug* FS Oehler 397, 402 ff; LK/*Schünemann* 11. Aufl § 201 Rn 41 f.

355 Eingefügt durch Gesetz vom 30.7.2004, BGBl 2004 I S 2012; Materialien: BT-Drucks 15/2466; BT-Drucks 15/2995; frühere Entwürfe: BT-Drucks 15/361; BT-Drucks 15/533; BT-Drucks 15/1891; vgl zu diesem neuen Tatbestand *Borgmann* NJW 2004, 2133; *Bosch* JZ 2005, 377; *ders* JA 2009, 308; *Eisele* JR 2005, 6; *Flechsig* ZUM 2004, 605; *Hesse* ZUM 2005, 432; *Heuchemer/Bendorf/Paul* JA 2006, 616; *Heymann* ZUM 2004, 240; *Kargl* ZStW 117 (2005), 324, 329 ff; *Kühl* AfP 2004, 190; *Obert/Gottschalck* ZUM 2005, 436; *Polähne* KritV 2003, 387, 405 ff; *Wendt* AfP 2004, 181; noch zum Entwurf der Norm *Ernst* NJW 2004, 1277; *Werwigk-Hertneck* ZRP 2003, 293; sowie die gemeinsame Stellungnahme der Medienverbände, abgedruckt in AfP 2004, 110; ferner ausf *Kächele* Der strafrechtliche Schutz vor unbefugten Bildaufnahmen (§ 201a StGB), 2006.

das Recht am nichtöffentlich gesprochenen Wort (vgl hierzu § 201 StGB). Dies ist zu begrüßen, auch wenn allein durch die Existenz dieser Vorschrift eine Einschränkung der fotografischen Berichterstattung und damit der Presse verbunden sein wird.[356] Allerdings ist die Strafe (Freiheitsstrafe bis zu einem Jahr oder Geldstrafe) im Vergleich zur Verletzung der Vertraulichkeit des Wortes (Freiheitsstrafe bis zu drei Jahren oder Geldstrafe) geringer. Neben § 201a StGB ist stets noch an eine Strafbarkeit nach § 33 KUG zu denken,[357] welcher über einen identischen Strafrahmen verfügt. Während § 33 KUG jedoch erst die Verbreitung von Bildnissen unter Strafe stellt, sanktioniert § 201a StGB bereits die (unbefugte) Herstellung bzw. Übertragung derselben.

Strafbar ist nach § 201a Abs 1 StGB das unbefugte **Herstellen** oder **Übertragen** **139**
von Bildaufnahmen anderer Personen, die sich in einer Wohnung oder einem gegen Einblick besonders geschützten Raum befinden. Einschränkend wird jedoch gefordert, dass die Aufnahmen den **„höchstpersönlichen Lebensbereich“** der betreffenden Person verletzen. Was hierunter fällt, ist streitig.[358] Oft wird auf den in der zivilrechtlichen Rechtsprechung ausgeformten Begriff der „Intimsphäre“ verwiesen, der jedenfalls die Bereiche Sexualität, Krankheit und Tod aber auch bestimmte Bereiche des „normalen“ Familienlebens umfasst.[359] Nicht erfasst ist hingegen die bloße Sozialsphäre, also das Berufs- und Erwerbsleben.[360] Bei den Personen selbst muss es sich um lebende Personen handeln, sodass Aufnahmen nach dem Tod der betreffenden Person nicht erfasst sind.[361] Geschützt werden die Personen nur, wenn sie sich in den genannten Räumlichkeiten aufhalten, die dem Einzelnen gleichsam als „letzter Rückzugsbereich“[362] verbleiben müssen.[363] Während sich der Begriff der **„Wohnung“** noch einigermaßen konkret bestimmen lässt (nicht erfasst sind Büro- und Geschäftsräume, die zumindest einer beschränkten Öffentlichkeit zugänglich sind, ansonsten ist auf die Auslegung des Begriffs in § 123 StGB zurück zu greifen[364]), ist der Bereich des **„gegen Einblick besonders geschützten Raumes“** problematischer.[365] Hierunter fallen in erster Linie Gärten, sofern sie von sichtundurchlässigen hohen Hecken umgeben sind. Der Sichtschutz muss gerade dazu dienen, einen höchstpersönlichen Lebensbereich abzugrenzen, sodass ein Büro oder das Wartezimmer einer Arztpraxis nicht dadurch zu geschützten Räumlichkeiten werden, dass man die Jalousien herunter lässt.[366] Auch ein öffentlich zugänglicher Saunabereich eines Erlebnisbades fällt nicht hierun-

---

356 Krit daher *Löffler/Ricker* Kap 54 Rn 24c; *Obert/Gottschalck* ZUM 2005, 436; zur Bedeutung des § 201a StGB für die Presse vgl auch *Flechsig* ZUM 2004, 605, 608, sowie den Bericht von *Heymann* AfP 2004, 240; ausf zur Vereinbarkeit des § 201a StGB mit Art 5 GG *Wendt* AfP 2004, 181, 183 ff sowie die gemeinsame Stellungnahme der Medienverbände, abgedruckt in AfP 2004, 110, 111 f.

357 Vgl zu § 33 KUG unten Rn 332 ff.

358 Krit zu diesem Begriff insb *Borgmann* NJW 2004, 2133, 2134 f; *Bosch* JZ 2005, 377, 379 f; *ders* JA 2009, 308, 309; *Flechsig* ZUM 2004, 605, 607, 609 f; *Kargl* ZStW 117 (2005), 324, 336 f; *Lackner/Kühl* § 201a Rn 1; *Obert/Gottschalck* ZUM 2005, 436, 438 f; vgl ferner *Kühl* AfP 2004, 190, 193 sowie die gemeinsame Stellungnahme der Medienverbände, abgedruckt in AfP 2004, 110, 111 f.

359 Vgl BR-Drucks 164/1/03, 7; BT-Drucks 15/2466, 4 f; hierzu auch *Flechsig* ZUM 2004, 605, 609; *Hesse* ZUM 2005, 432, 434; *Wendt* AfP 2004, 181, 189; vgl auch BGHSt 30, 212, 214.

360 *Hesse* ZUM 2005, 432, 434.

361 *Flechsig* ZUM 2004, 605, 612 f; krit hierzu *Kühl* AfP 2004, 190, 195.

362 BT-Drucks 15/2466, 5.

363 Krit zu dieser Einschränkung *Bosch* JZ 2005, 377, 379; *Fischer* § 201a Rn 2; vgl ferner *Kargl* ZStW 117 (2005), 324, 349; *Kühl* AfP 2004, 190, 194.

364 Für eine engere Auslegung allerdings *Fischer* § 201a Rn 7.

365 Vgl hierzu BT-Drucks 15/1891, 7; BT-Drucks 15/2466, 6; *Obert/Gottschalck* ZUM 2005, 436, 437.

366 *Fischer* § 201a Rn 9.

ter.[367] Erfasst sind dagegen die Behandlungszimmer von Arztpraxen, Umkleidekabinen in Kaufhäusern und Badeanstalten oder Beichtstühle.

140 Unter den Begriff des **Herstellens** fallen sämtliche Vorgänge, mit denen ein Bild (in analoger oder digitaler Form) auf einem Bild- oder Datenträger abgespeichert wird.[368] Allerdings muss es sich dabei um eine Erstaufzeichnung handeln, sodass die Fertigung von Vervielfältigungsstücken einer bereits vorliegenden Aufnahme nicht unter Abs 1, sondern unter Abs 2 („Gebrauchen“) fällt.[369] Das Merkmal des **Übertragens** wurde daneben aufgenommen, um auch die Herstellung einer Echtzeitübertragung („Live-Sendung“) zu erfassen, die nicht abgespeichert wird und insoweit kein „Herstellen“ darstellt. In beiden Tatvarianten sind insoweit technische Hilfsmittel erforderlich. Nicht erfasst ist das bloße Beobachten anderer Personen (das sog „Spannen“),[370] selbst wenn es unter Einsatz von Ferngläsern, Teleskopen oder Nachtsichtgeräten erfolgt. Dieses Verhalten kann aber vom ebenfalls neuen „Stalking“-Tatbestand (§ 238 StGB) erfasst sein. Schließlich muss die Bildaufnahme **„unbefugt“** hergestellt worden sein. Dieses Merkmal, welches nicht den Tatbestand ausschließt, sondern auf Rechtswidrigkeitsebene angesiedelt ist,[371] ist insb bei einer Einwilligung der betroffenen Person nicht erfüllt. Darüber hinaus ist aber auch hier das Grundrecht der Informationsfreiheit der Medien und der Presse zu berücksichtigen, sodass im Einzelfall stets eine Interessenabwägung zu erfolgen hat.[372] Dagegen ist § 193 StGB hier weder unmittelbar noch analog als Rechtfertigungsgrund anwendbar.[373] Der Gesetzgeber hat vielmehr bewusst davon abgesehen, einen mit § 193 StGB vergleichbaren Rechtfertigungsgrund, der eine Abwägung zwischen dem Persönlichkeitsrecht und der Pressefreiheit ermöglicht hätte, gesondert in § 201a StGB aufzunehmen.[374]

141 Nach § 201a Abs 2 StGB wird die Strafbarkeit auf denjenigen ausgedehnt, der nach Abs 1 unbefugt hergestellte oder übertragene Bildaufnahmen **gebraucht** oder einem **Dritten zugänglich macht.**[375] Unter das Gebrauchen fällt **jede Nutzung der Aufnahme** zu privaten oder kommerziellen Zwecken. Umfasst sind daher bereits das Speichern, Archivieren und Kopien der entsprechenden Bilder oder Bilddateien.[376] Selbst das Betrachten der unbefugt hergestellten Bildaufnahmen fällt hierunter.[377] Dies ist deswegen problematisch, weil das bloße Betrachten einer Person in ihren geschützten Räumlichkeiten von Abs 1 gerade nicht erfasst wird. Insoweit können sich auch Redakteure und sonstige Medienschaffende bei der Veröffentlichung dieser Bildaufnahmen strafbar machen, wenn sie mit der Möglichkeit einer unbefugten Aufnahme rechnen und dies billigend in Kauf nehmen (bedingter Vorsatz genügt im Rahmen des

367 Hierzu OLG Koblenz NStZ 2009, 268; *Bosch* JA 2009, 308, 309 f; *Heuchemer/Bendorf/Paul* JA 2006, 616, 617.

368 BR-Drucks 164/1/03, 7.

369 *Fischer* § 201a Rn 12.

370 Hierzu *Eisele* JR 2005, 6, 9; *Flechsig* ZUM 2004, 605, 607 f; *Heuchemacher/Bendorf/Paul* JA 2006, 616, 617; *Kühl*, AfP 2004, 190, 194.

371 BT-Drucks 15/2466, 5 („Die Befugnis wird sich in den überwiegenden Fällen aus dem Einverständnis der abgebildeten Person ergeben.“); *Eisele* JR 2005, 6, 10; *Fischer* § 201a Rn 16; *Kühl* AfP 2004, 190, 196; *Lackner/Kühl* § 201a Rn 9.

372 *Löffler/Ricker* Kap 43 Rn 24c; gegen die Heranziehung des Art 5 Abs 1 S 2 GG als allgemeinen Rechtfertigungsgrund *Fischer* § 201a Rn 27.

373 *Fischer* § 201a Rn 16; SK/*Hoyer* § 201a Rn 24.

374 Dieser war teilweise in den Entwürfen noch vorgesehen; vgl BR-Drucks 164/03, 6; BT-Drucks 15/361, 2; zu dieser Problematik auch *Bosch* JZ 2005, 377, 382 ff, der die fehlende Regelung begrüßt.

375 Vgl zum Tatbestandsmerkmal des „Zugänglichmachens“ unten Rn 172 ff.

376 BT-Drucks 15/2466, 5; *Fischer* § 201a Rn 18.

377 BT-Drucks 15/1891, 7; krit hierzu *Bosch* JZ 2005, 377, 380; *Heuchemer/Bendorf/Paul* JA 2006, 616, 619.

§ 201a Abs 2 StGB). Bei der unbefugten Veröffentlichung von Bildnissen kann es zu Überschneidungen mit § 33 KUG kommen.[378]

Eine Erweiterung der Strafbarkeit auf ursprünglich befugt hergestellte Bildaufnahmen macht § 201a Abs 3 StGB. Hiernach ist auch strafbar, wer eine Bildaufnahme einer anderen Person, die sich in einer Wohnung oder einem gegen Einblick besonders geschützten Raum befindet, und die ursprünglich befugt – dh regelmäßig mit Einwilligung der betreffenden Person – hergestellt wurde, nunmehr unbefugt einem Dritten zugänglich macht.[379] Bestraft wird also der „nachträgliche Vertrauensbruch".[380] Wiederum ist es hierbei allerdings erforderlich, dass „dadurch" der „höchstpersönliche Lebensbereich" des Opfers verletzt wird.[381] Subjektiv muss noch hinzukommen, dass der Täter hinsichtlich seiner mangelnden Befugnis wissentlich unbefugt handelt.[382] Bedingter Vorsatz genügt also nicht. Insoweit ist die „Unbefugtheit" in Abs 3 ein Tatbestandsmerkmal.[383] Problematisch könnte diese Variante insb dann werden, wenn zB für eine Zeitungsveröffentlichung oder eine Fernsehreportage Aktphotos oder Bildnisse aus dem höchstpersönlichen Lebensbereich („Big Brother") aufgenommen werden und die anfangs vorliegende Einwilligung (wegen gewandelter Überzeugung oder aus finanziellen Gründen) widerrufen wird.[384] Hier wird man die rechtliche Wirksamkeit eines solchen Widerrufs ebenso zu prüfen haben wie die Frage, ob die erteilte Einwilligung sich auch auf eine mögliche Zweitveröffentlichung (unter Umständen Jahre später) erstreckt. Zudem dürfte man in diesem Bereich in Konflikt mit dem allgemeinen Grundsatz geraten, dass es nicht Aufgabe des Strafrechts sein kann, bloße Vertragsverletzungen zu sanktionieren. **142**

c) **Die Verletzung des Briefgeheimnisses** (§ **202 StGB**). § 202 StGB stellt die Verletzung des **Briefgeheimnisses** sowie die unbefugte Einsichtnahme in sonstige geheim gehaltene **Schriftstücke** (Abs 2) sowie Abbildungen (Abs 3) unter Strafe. Medienstrafrechtlich ist dieser Tatbestand insb dann interessant, wenn Journalisten im Rahmen ihrer Recherchetätigkeit auf verschlossene Schriftstücke stoßen. Dabei stellt § 202 StGB allerdings **lediglich** das unbefugte **Öffnen bzw** die **Kenntnisnahme** des Inhalts unter Strafe. Vom Schutzbereich **nicht erfasst** ist hingegen die **Veröffentlichung** des entsprechenden Materials. **143**

Nach § 202 Abs 1 StGB ist es untersagt, einen verschlossenen Brief (oder ein anderes verschlossenes Schriftstück), welches nicht zur eigenen Kenntnis bestimmt ist, zu **öffnen** (Nr 1). Nicht erforderlich ist, dass sich der Täter auch Kenntnis vom Inhalt des Schriftstückes verschafft. Ferner ist es untersagt, sich vom Inhalt eines Schriftstücks ohne Öffnung des Verschlusses unter Anwendung technischer Mittel **Kenntnis zu verschaffen** (Nr 2). Hier ist es also – im Gegensatz zu Nr 1 – erforderlich, dass der Täter wenigstens einen Teil des Schriftstückes gelesen hat. Dabei muss es sich beim Inhalt des entsprechenden Schriftstückes nicht um ein Geheimnis handeln. **144**

---

378 Vgl zu hier entstandenen Unstimmigkeiten *Eisele* JR 2005, 6, 11.

379 Vgl zum Tatbestandsmerkmal des „Zugänglichmachens" unten Rn 172 ff.

380 Vgl *Bosch* JZ 2005, 377, 382; *Fischer* § 201a Rn 22.

381 Hierzu *Kühl* AfP 2004, 190, 195; krit zu dieser Regelung *Borgmann* NJW 2004, 2133, 2135.

382 Krit hierzu *Bosch* JZ 2005, 377, 382.

383 *Bosch* JZ 2005, 377, 381; *Heuchemer/Bendorf/Paul* JA 2006, 616, 620; *Fischer* § 201a Rn 24; *Flechsig* ZUM 2004, 605, 615; *Kühl* AfP 2004, 190, 196; *Obert/Gottschalck* ZUM 2005, 436, 439; krit hierzu *Eisele* JR 2005, 6, 10.

384 Hierzu auch *Bosch* JZ 2005, 377, 384 f.

145 § 202 Abs 2 StGB bezieht (nicht verschlossene) Schriftstücke in den Schutzbereich ein, die durch ein (anderes) verschlossenes Behältnis gegen Kenntnisnahme besonders gesichert sind. Strafbar macht sich hier derjenige, der sich Kenntnis vom Inhalt eines solchen Schriftstückes verschafft, nachdem er das entsprechende Behältnis geöffnet hat. Geschützt sind hierdurch also etwa Tagebücher und Abrechnungen, die in verschlossenen Aktentaschen oder Schubladen aufbewahrt werden. Da ein „Behältnis" nur dann vorliegt, wenn es nicht von Menschen betreten werden kann, scheiden verschlossene Autos oder Räumlichkeiten aus.

146 Durch § 202 Abs 3 StGB werden schließlich Abbildungen (also etwa Fotos) den Schriftstücken der Abs 1 und 2 gleichgestellt.

147 **d) Das Ausspähen von Daten (§ 202a StGB).** Während § 202 StGB die (verschlossenen) Schriftstücke betrifft, befasst sich § 202a StGB mit Daten, die „elektronisch, magnetisch oder sonst nicht unmittelbar wahrnehmbar gespeichert sind oder übermittelt werden" (vgl die Legaldefinition in § 202a Abs 2 StGB). Strafbar macht sich dabei derjenige, der sich (oder einem Dritten) unbefugt Daten verschafft, die nicht für ihn bestimmt und die gegen unberechtigten Zugang besonders gesichert sind. Ein solches „Ausspähen von Daten", zB durch das Eindringen in fremde Computersysteme, kann insb wiederum im Zusammenhang mit der Recherchetätigkeit von Journalisten relevant werden.

148 So unterfällt es zB bereits dem Tatbestand, wenn man sich Zugang zu Webseiten im Internet verschafft, die durch ein Passwort besonders gesichert sind. Dies kann allein durch bloßes Ausprobieren mehrerer möglicher Kombinationen geschehen. Hatte der Gesetzgeber lange Zeit bewusst davon abgesehen, das sog „Hacking", dh das bloße Eindringen in fremde Computersysteme, unter Strafe zu stellen,[385] sodass jedenfalls die Überwindung des ersten Passwortes beim Zugang zu einer EDV-Anlage nicht strafbar war,[386] hat sich dies durch die Änderung des § 202a StGB durch das 41. StrÄndG 2007[387] inzwischen geändert. Bereits bisher von § 202a StGB erfasst war jedoch der Zugriff auf die konkreten Daten nach Überwindung des entsprechenden Passworts.[388] Dabei ist es nicht erforderlich, dass der Täter die betreffenden Daten dauerhaft auf einem Speichermedium fixiert,[389] ausreichend ist vielmehr die bloße Kenntnisnahme des durch das Passwort gesicherten Inhalts.[390] Zuweilen wird allerdings eine Ausnahme für diejenigen Fälle gefordert, in denen das Passwort als „Allerweltsname" leicht zu erraten ist und daher keine effektive Sicherung darstellt.[391] Dem ist jedoch entgegenzuhalten, dass auch in diesen Fällen der Berechtigte eine Zugangssperre gegen die unbefugte Benutzung errichtet hat, die bewusst überwunden wird. Ferner kann eine Abgrenzung dahingehend, welche Begriffe noch oder schon dem

---

385 BT-Drucks 10/5058, 28 f; vgl hierzu *Dannecker* BB 1996, 1285, 1289; *Schnabel* wistra 2004, 211, 213; *Tiedemann* JZ 1986, 865, 870 f.

386 *Binder* RDV 1995, 57, 60; *Hilgendorf/Frank/Valerius* Rn 691; *Lackner/Kühl* § 202a Rn 5; MünchKommStGB/*Graf* § 202a Rn 63; *Schmitz* JA 1995, 478, 483; Schönke/Schröder/*Lenckner/Eisele* § 202a Rn 10; krit *Bühler* MDR 1987, 448, 453; abl *Fischer* § 202a Rn 10a; *Jessen* 181 ff.

387 BGBl 2007 I S 1786.

388 NK/*Kargl* § 202a Rn 1, 13.

389 So aber *Hauptmann* JurPC 1989, 215, 217 f.

390 *Binder* RDV 1995, 57, 60.

391 *Von Gravenreuth* NStZ 1989, 201, 206; *Koch* RDV 1996, 123, 126; LK/*Schünemann* 11. Aufl § 202a Rn 16.

Bereich der „Allerweltsnamen" angehören, kaum gefunden werden (mit den entsprechenden Konsequenzen im Bereich des Irrtums).[392]

Die vorgenannten Überlegungen gelten im Übrigen auch (und erst recht), wenn **149** der Täter das Passwort nicht mittels „Ausprobierens" im Einzelfall, sondern mittels eines eigens dafür vorgesehenen (Wortlisten-)Programms ermittelt.[393] Bei diesen sog **„Brute-Force-Attacks"** werden zur Überwindung von Passwörtern im Internet im „Trial-and-Error-Verfahren" systematisch alle denkbaren Buchstaben und Zahlenkombinationen ausprobiert, bis die richtige Kombination gefunden wird.

Schließlich ist noch an die Fälle zu denken, in denen der Täter das Passwort durch **150** Täuschung oder durch Diebstahl erlangt (im betrieblichen Bereich hat sich hierfür der Begriff des **„social-engineering"** eingebürgert: Ein Informationsträger wird durch gezielte Manipulation zur Preisgabe von Kennwörtern veranlasst). Während die Erlangung durch Täuschung noch kein „Ausspähen" darstellt und daher nicht nach § 202a StGB strafbar sein kann, ist bei der Erlangung der sensiblen Daten durch Diebstahl (zB durch die Wegnahme von Notizbüchern) oder Erpressung zwar der Bereich strafbaren Verhaltens erreicht, fraglich ist jedoch, ob hier neben § 242 StGB (bzw § 240 StGB oder §§ 253, 255 StGB) auch § 202a StGB anwendbar ist. Zwar gelangt der Täter auch hier unbefugt an Daten, die nicht für ihn bestimmt sind (und die auch möglicherweise gegen unberechtigten Zugang besonders gesichert sind), er erlangt diese jedoch nicht durch die Überwindung der hierfür vorgesehenen Zugangssperre, sodass auch hier § 202a StGB ausscheidet.

Sondertatbestände sind in diesem Zusammenhang noch in **§ 202b StGB** (Abfangen **151** von Daten) und **§ 202c StGB** (Vorbereiten des Ausspähens und Abfangens von Daten) enthalten.[394] Im Gegensatz zu § 202a StGB will § 202b StGB nicht das Ausspähen, sondern das Abfangen von nicht für den Täter bestimmten Daten erfassen, das unter Anwendung von technischen Mitteln aus einer nichtöffentlichen Datenübermittlung erfolgt. Dem gleich gestellt ist das Sich-Verschaffen dieser Daten aus der elektromagnetischen Abstrahlung einer Datenverarbeitungsanlage. Dagegen stellt **§ 202c StGB** ein Vorbereitungsdelikt zu §§ 202a, 202b StGB dar. Wer, um eine solche Straftat zu begehen, Passwörter, Sicherungscodes oder Computerprogramme herstellt, sich oder einem anderen verschafft, verkauft, einem anderen überlässt, verbreitet oder sonst zugänglich macht, wird auf der Grundlage dieser Norm bestraft.

e) **Die Verletzung von Privatgeheimnissen** (§ **203 StGB**). § 203 StGB sanktioniert **152** die unbefugte **Preisgabe von Privatgeheimnissen** durch Amtsträger (vgl die Aufzählung in Abs 2) oder Angehörige bestimmter Berufsgruppen (vgl die Aufzählung in Abs 1) sowie deren Personal (vgl Abs 3 S 2). Genannt werden hier ua Ärzte, Anwälte, Wirtschaftsprüfer und Sozialpädagogen. **Angehörige von Medienunternehmen** sind hier nicht aufgezählt, was zur Folge hat, dass sie **nicht Täter** dieses Sonderdelikts sein können. Relevant werden kann die Strafvorschrift für Angehörige von Medienunternehmen daher nur insoweit, als dass sie die in § 203 StGB genannten Personen zur Straftatbegehung **anstiften oder** dazu **Beihilfe leisten.** Während eine **Anstiftung** in der Aufforderung an ein Mitglied einer der genannten Berufsgruppen liegen kann, ihm ein

392 Ebenfalls abl im Hinblick auf die qualitative Anforderung an Passwörter *Ernst* NJW 2003, 3233, 3236.

393 *Malek* Rn 159; MünchKommStGB/*Graf* § 202a Rn 63.

394 Beide eingeführt durch das 41. Strafrechtsänderungsgesetz vom 7.8.2007, BGBl 2007 I S 1786.

bestimmtes Geheimnis zu offenbaren, damit er es aufarbeiten und publizieren kann,[395] ist eine mögliche Strafbarkeit eines Journalisten wegen **Beihilfe** problematischer.[396] Denn die bloße Entgegennahme eines Geheimnisses ist im Rahmen der „notwenigen Teilnahme" straflos. Da durch die Mitteilung an den Journalisten zudem die Verletzung des Privatgeheimnisses nicht nur vollendet, sondern auch beendet ist, ist eine Beihilfe hieran durch die anschließende Publikation nicht mehr möglich.[397]

153 Im presserechtlichen Zusammenhang kann die Strafvorschrift insb dann Relevanz erlangen, wenn seitens einer Behörde eine Pressekonferenz einberufen wird, um über ein gerichtliches Verfahren oder über staatsanwaltschaftliche Ermittlungsverfahren zu berichten,[398] da hier oftmals auch Dinge zur Sprache kommen können, die zum „persönlichen Lebensbereich" eines Beteiligten zählen und daher als „fremdes Geheimnis" zu werten sind. Hier ist aber Vorsicht geboten. Einerseits ergibt sich aus dem Informationsanspruch der Presse kein Recht auf vollständige Offenlegung von Informationen, die fremde Geheimnisse darstellen. Andererseits kann aber die Behörde auch nicht unter Berufung auf die Strafvorschrift des § 203 StGB eine Auskunft pauschal und grds ablehnen.[399] Um dem Spannungsfeld zwischen der Wahrung des Geheimhaltungsinteresses des Betroffenen (zB eines Angeklagten) nach § 203 StGB einerseits und dem Informations- und Auskunftsinteresse der Allgemeinheit (welches zB bei bedeutsamen Strafprozessen regelmäßig vorliegen wird) andererseits entgegenzuwirken, wird in der **presserechtlichen Auskunftspflicht** einer Behörde eine **rechtfertigende Offenbarungsbefugnis** gesehen.[400]

154 Unter einem **Geheimnis** iSd § 203 StGB ist eine Tatsache zu verstehen, die nur dem Geschützten allein oder einem begrenzten Personenkreis bekannt ist und an deren Geheimhaltung der Geschützte ein sachlich begründetes Interesse hat.[401]

155 **f) Die Verwertung fremder Geheimnisse (§ 204 StGB).** In Anlehnung an § 203 StGB stellt § 204 StGB denjenigen unter Strafe, der unbefugt ein fremdes Geheimnis, namentlich ein Betriebs- oder Geschäftsgeheimnis, zu dessen Geheimhaltung er nach § 203 StGB verpflichtet ist, **verwertet.** Hierunter ist das wirtschaftliche Ausnutzen zum Zwecke der Gewinnerzielung zu verstehen,[402] wobei ein „Offenbaren" nicht erforderlich ist.[403]

156 **g) Die Verletzung des Post- oder Fernmeldegeheimnisses (§ 206 StGB).** § 206 StGB schützt das Post- und Fernmeldegeheimnis und stellt – wie auch § 203 StGB – insofern ein **Sonderdelikt** dar, als hier nur Personen als Täter in Frage kommen, die als Inhaber oder Beschäftigte eines Unternehmens, das geschäftsmäßig Post- oder Telekommunikationsdienste erbringt, tätig sind. Dennoch kommt den Tatbeständen des § 206 StGB im vorliegenden Zusammenhang eine gewisse Relevanz zu, da Journalisten bzw sonstige Mitarbeiter von Medienunternehmen durchaus als Teilnehmer (also Anstifter oder Gehilfen) auftreten können. Dies ist dann der Fall, wenn sie entweder einen der genannten Täter zur Tatbegehung verleiten (Anstiftung) oder aber

395 Vgl hierzu *Brüning* NStZ 2006, 253.
396 Eine vergleichbare Problematik stellt sich im Zusammenhang mit der Verletzung von Dienstgeheimnissen, § 353b StGB; hierzu unten Rn 226.
397 *Brüning* NStZ 2006, 253.
398 Vgl zu dieser Problematik noch ausf unten Rn 414 f.
399 Vgl hierzu *Löffler/Ricker* Kap 54 Rn 25.
400 Vgl *Fischer* § 203 Rn 44.
401 Vgl *Fischer* § 203 Rn 4 ff.
402 BayObLG NStZ 1984, 169, 169 f zum Begriff des „Verwertens" im Fall des § 355 Abs 1 StGB; *Fischer* § 204 Rn 3.
403 *Fischer* § 204 Rn 3.

wenn sie Informationen veröffentlichen, die eine Verletzung des Post- und Fernmeldegeheimnisses darstellen (Beihilfe). Denn tatbestandsmäßig ist nach § 206 Abs 1 StGB die **unbefugte Mitteilung** von Tatsachen, die dem Post- oder Fernmeldegeheimnis unterliegen. Erfolgt diese Mitteilung über ein Medium, so kann zwar weiterhin nur der Inhaber oder Beschäftigte des Post- oder Telekommunikationsunternehmens Täter sein, eine Teilnahme des Medienschaffenden (zB eines Journalisten) an dieser Tat ist jedoch möglich.

3. Die Nötigung (§ 240 StGB) – Medien als Täter

Nötigende Verhaltensweisen im Zusammenhang mit der Erlangung und Verbreitung von Informationen können in mehrfacher Hinsicht in Betracht kommen. Einerseits ist daran zu denken, dass Informationen im Rahmen einer (journalistischen) Recherche in der Weise erlangt werden, dass der Informant unter Druck gesetzt wird. Andererseits ist auch daran zu denken, dass den Tatopfern mit der Publikation bestimmter Informationen gedroht wird, wenn sie sich nicht in einer bestimmten Art und Weise verhalten. Dies kann sowohl seitens der Medienunternehmen selbst, als auch durch Privatpersonen erfolgen („Wenn Sie sich nicht in dieser Weise verhalten, werde ich entsprechende Informationen der Presse zuspielen"). Im letzteren Fall spricht man von **„aktiver Pressenötigung"** (die „passive Pressenötigung", dh die Nötigung von Presseorganen, wird an anderer Stelle behandelt[404]). **157**

Nach § 240 StGB wird derjenige bestraft, der einen anderen mit Gewalt oder durch Drohung mit einem empfindlichen Übel zu einer Handlung, Duldung oder Unterlassung nötigt, wobei die Tat nur dann als rechtswidrig anzusehen ist, wenn die Anwendung des Nötigungsmittels (also die Gewaltanwendung oder die Drohung) im Verhältnis zum angestrebten Zweck als verwerflich anzusehen ist. Erstrebt der Täter dabei einen Vermögensvorteil zu Lasten des Genötigten, kommt darüber hinaus auch der Tatbestand der Erpressung (§ 253 StGB) in Frage. **158**

Das Grundrecht der Presse- und Informationsfreiheit gibt dem recherchierenden Journalisten kein Recht, mittels Anwendung von Gewalt oder Androhung von empfindlichen Übeln von einer Person Informationen „abzupressen". Zwar kann das Grundrecht des Art 5 Abs 1 S 2 GG Einfluss auf die Abwägung im Rahmen von § 240 Abs 2 StGB haben, es sind jedoch kaum Fälle denkbar, wo die Anwendung von Nötigungsmitteln zur Erlangung von Informationen einmal nicht als „verwerflich" im Sinne dieser Norm angesehen werden kann. Dem „investigativen Journalismus" sind also auch hier deutliche Grenzen gesetzt. **159**

Bei der Androhung der Veröffentlichung von Informationen ist zu beachten, dass selbst die angedrohte Veröffentlichung wahrer Informationen eine strafbare Nötigung darstellen kann, wenn die Verknüpfung mit der erhobenen Forderung als verwerflich anzusehen ist (§ 240 Abs 2 StGB).[405] **160**

4. Sonstige individualrechtsschützende Delikte

a) **Die Beschimpfung von Bekenntnissen (§ 166 StGB).** Nach § 166 StGB wird mit Freiheitsstrafe bis zu drei Jahren oder Geldstrafe bestraft, „[...] wer öffentlich oder **161**

---

404 Vgl unten Rn 295.

405 Vgl hierzu BGH NStZ 1992, 278; OLG Bremen NJW 1957, 151; OLG Hamm NJW 1957, 1081.

durch das Verbreiten von Schriften (§ 11 Abs 3 StGB[406]) den Inhalt eines religiösen oder weltanschaulichen Bekenntnisses anderer in einer Weise beschimpft, die geeignet ist, den öffentlichen Frieden zu stören [...]" (Abs 1). Ebenso wird bestraft, wer in gleicher Weise „[...] eine im Inland bestehende Kirche oder andere Religionsgesellschaft oder Weltanschauungsvereinigung, ihre Einrichtungen oder Gebräuche beschimpft [...]" (Abs 2). Schutzgut der Norm ist insoweit der öffentliche Friede und nicht das religiöse Empfinden der betroffenen Gläubigen.[407] Unter **„Beschimpfen"** versteht man dabei eine nach Inhalt oder Form besonders verletzende, rohe Kundgabe der Missachtung.[408] Dies erfasst weder ein bloßes Verspotten[409] noch eine kritische Auseinandersetzung mit religiösen Bekenntnissen und Gebräuchen. Insoweit stellt die Vorschrift keine unzulässige Einschränkung der Meinungsäußerungsfreiheit (Art 5 Abs 1 GG) sowie der Freiheit von Wissenschaft und Kunst (Art 5 Abs 3 GG) dar.[410] Die Grundrechte sind hier allerdings nicht erst auf Rechtfertigungsebene zu beachten, vielmehr entfällt bereits der Tatbestand, da es an einer „Beschimpfung" fehlt.[411] Daher können auch Karikaturen nur im Ausnahmefall den entsprechenden Tatbestand erfüllen.[412] Dies ist dann der Fall, wenn sie – auch unter Beachtung einer der Karikatur wesenseigenen Verfremdung – den Bereich sachlicher Kritik verlassen.[413]

162 **b) Die falsche Verdächtigung (§ 164 StGB).** Zu den journalistischen Aufgaben gehört es auch, Missstände aufzudecken und im Wege der öffentlichen Verbreitung bekannt zu machen. Betreffen diese Missstände bestimmte Straftaten, so kann – stellt sich die verbreitete Tatsache später als unwahr heraus – neben den Beleidigungsdelikten[414] auch der Straftatbestand der Falschen Verdächtigung (§ 164 StGB) erfüllt sein. Strafbar macht sich hiernach derjenige, der einen anderen bei einer amtlichen Stelle oder aber – für den Bereich der Medien von großer Bedeutung – **öffentlich** der Begehung einer rechtswidrigen Tat (dh einer Straftat iSd § 11 Nr 5 StGB) oder der Verletzung einer Dienstpflicht in der Absicht verdächtigt, ein behördliches Verfahren oder eine andere behördliche Maßnahme gegen ihn herbeizuführen oder fortdauern zu lassen (Abs 1). Hinzukommen muss aber, dass die Verdächtigung **wider besseren Wissens** geschieht. Die behauptete Tatsache muss also nicht nur unwahr sein, sondern der Täter muss die Unwahrheit positiv kennen, dh nicht nur für möglich halten und billigend in Kauf nehmen. Ein bedingter Vorsatz diesbezüglich scheidet also aus.

163 Darüber hinaus macht sich nach § 164 Abs 2 StGB derjenige strafbar, der in gleicher Absicht (also der Absicht, ein Verfahren etc einzuleiten) bei einer amtlichen Stelle oder öffentlich über einen anderen wider besseren Wissens eine sonstige Behauptung

---

406 Vgl zu § 11 Abs 3 StGB oben Rn 55 ff.

407 OLG Celle NJW 1986, 1275, 1276; OLG Karlsruhe NStZ 1986, 363, 364; OLG Köln NJW 1982, 657, 658; *Steinbach* JR 2006, 495, 496; aA noch RGSt 16, 245, 248; RGSt 23, 103, 103 f; RGSt 28, 403, 407. Jeweils zu § 166 StGB aF („Gotteslästerung").

408 BGHSt 7, 110; BGH NStZ 2000, 643, 644 zu § 90a Abs 1 Nr 1 StGB; OLG Karlsruhe NStZ 1986, 363, 364 f; OLG Nürnberg NStZ-RR 1999, 238, 239; *Steinbach* JR 2006, 495, 496; vgl auch OLG Celle NJW 1986, 1275.

409 *Fischer* § 166 Rn 12; Schönke/Schröder/*Lenckner/Bosch* § 166 Rn 9 f.

410 LG Bochum NJW 1989, 727, 728.

411 Einschränkend bzw zwischen Wissenschafts- und Kunstfreiheit differenzierend *Fischer* § 166 Rn 16; *Lackner/Kühl* § 166 Rn 4; § 193 Rn 14.

412 Vgl hierzu auch den Fall OLG Köln NJW 1982, 657; ferner OLG Karlsruhe NStZ 1986, 363; LG Bochum NJW 1989, 727, 728; LG Düsseldorf NStZ 1982, 291; *Steinbach* JR 2006, 495.

413 Zur Karikatur als Kunstform vgl BVerfGE 75, 369, 377 f; BGHSt 37, 55, 57 ff; *Hillgruber/Schemmer* JZ 1992, 946; LK/*Dippel* 11. Aufl, § 166 Rn 37; *Steinbach* JR 2006, 495, 497 f.

414 Vgl hierzu oben Rn 108 ff.

tatsächlicher Art aufstellt, die geeignet ist, ein behördliches Verfahren oder andere behördliche Maßnahmen gegen ihn herbeizuführen oder fortdauern zu lassen.

Zu beachten ist in diesem Zusammenhang noch die Vorschrift des § 165 StGB. So heißt es in Abs 1 S 1: „Ist die Tat öffentlich oder durch Verbreiten von Schriften (§ 11 Abs 3 StGB) begangen und wird ihretwegen auf Strafe erkannt, so ist auf Antrag des Verletzten anzuordnen, daß die Verurteilung wegen falscher Verdächtigung auf Verlangen **öffentlich bekannt gemacht** wird". **164**

c) **Der Hausfriedensbruch** (**§§ 123, 124 StGB**). Insb im Rahmen journalistischer Tätigkeit stellt sich oftmals die Frage, inwieweit fremde Räumlichkeiten für Recherchetätigkeiten betreten werden dürfen. Dies gilt sowohl für Privatwohnungen als auch für Geschäftsräume oder Gebäude von Behörden. Ein Betreten oder Verweilen in den geschützten Räumlichkeiten gegen den Willen des Hausrechtsinhabers wird dabei durch §§ 123, 124 StGB umfassend unter Strafe gestellt. **165**

Nach § 123 StGB fallen in den Schutzbereich des Straftatbestandes des Hausfriedensbruchs Wohnungen, Geschäftsräume, sonstige befriedete Besitztümer sowie zum öffentlichen Dienst oder Verkehr bestimmte Räumlichkeiten (also insb auch Behördenräume, Schulen etc). Erforderlich ist stets eine räumliche Abgrenzbarkeit, welche allerdings regelmäßig auch bei Nebenräumen und Zubehörsflächen gegeben ist.[415] **166**

Strafbar macht sich derjenige, der in die geschützten Räumlichkeiten entweder widerrechtlich **eindringt** oder sich, wenn er ohne Befugnis darin verweilt, auf die Aufforderung des Berechtigten hin **nicht entfernt**. Berechtigter ist jeweils der Hausrechtsinhaber, der nicht notwendigerweise mit dem Eigentümer identisch sein muss (zB der Mieter einer Wohnung). Sind mehrere Berechtigte vorhanden, genügt das Einverständnis eines Hausrechtsinhabers, sofern das Betreten für die übrigen Hausrechtsinhaber nicht unzumutbar ist. **167**

Bei **öffentlichen Versammlungen** in geschlossenen Räumen übt nach § 7 Abs 4 VersammlG der Leiter der Versammlung das Hausrecht aus. Zwar können nach § 6 Abs 1 VersammlG bestimmte Personen oder Personenkreise in der Einladung von der Teilnahme an der Versammlung ausgeschlossen werden. Für **Pressevertreter** gilt jedoch die Sondernorm des § 6 Abs 2 VersammlG,[416] wonach sie nicht von der Versammlung ausgeschlossen werden können, sich jedoch dem Versammlungsleiter gegenüber ordnungsgemäß ausweisen müssen. **168**

Einen besonderen Rechtfertigungsgrund für Pressevertreter und Journalisten für das Eindringen in fremde Räumlichkeiten gibt es nicht, insb kann aus Art 5 Abs 1 S 2 GG kein solches Recht hergeleitet werden.[417] Auch hier sind dem „investigativen Journalismus" also Grenzen gesetzt.[418] **169**

---

415 BayObLG MDR 1969, 778; LK/*Lilie* 11. Aufl § 123 Rn 11.
416 LK/*Lilie* 11. Aufl § 123 Rn 69.
417 *Löffler/Ricker* Kap 52 Rn 7; zum „Fall Barschel" vgl oben Rn 33.
418 Vgl zum „investigativen Journalismus" ausf oben Rn 33 ff.

II. Die Verbreitung gefährdender Inhalte durch die Medien

1. Die hauptsächlichen Tathandlungen

170 a) **Das Verbreiten.** Unter dem Tatbestandsmerkmal des Verbreitens[419] versteht man die mit einer körperlichen Weitergabe einer Schrift verbundene Tätigkeit, die darauf gerichtet ist, die Schrift ihrer Substanz nach einem größeren Personenkreis zugänglich zu machen.[420] Entscheidend ist hierbei, dass die Schrift ihrer Substanz nach, dh in **körperlicher Form**, weitergegeben wird.[421] Wird sie in unkörperlicher Form weitergegeben, so kommt lediglich ein Zugänglichmachen in Frage.[422] Ferner ist entscheidend, dass der Personenkreis nach Zahl und Individualität unbestimmt oder jedenfalls so groß sein muss, dass er für den Täter nicht mehr kontrollierbar ist. Das Merkmal ist also nicht erfüllt, wenn auf einer Internet-Auktion eine Schrift zwar einer Mehrzahl von Personen angeboten, aber nur an eine dieser Personen versandt wird.[423] Wiederum ausreichend ist aber die Weitergabe der Schrift an lediglich eine Person, wenn von dieser die Verbreitung an einen unbestimmbar großen Personenkreis erwartet wird. Erfasst ist auch die sukzessive Weitergabe ein und desselben Schriftexemplars innerhalb eines unbestimmten Personenkreises.[424]

171 Weil die Daten, auf denen die Weitergabe von Inhalten im Internet basiert, grundsätzlich selbst keinen körperlichen Bestand haben, sondern lediglich durch entsprechende Speichermedien (zB Festplatten, CD-ROMs, USB-Sticks, Speicherkarten, Arbeitsspeicher des Computers) verkörpert werden, kann der klassische Begriff des Verbreitens nicht ohne Weiteres auf die Datenübertragung im Internet angewendet werden. Dies hat die Rechtsprechung dazu veranlasst, den Begriff der Verbreitung für Internetsachverhalte zu modifizieren.[425] Während das bloße Bereitstellen von Daten im Internet nicht unter den Begriff der Verbreitung falle, sondern als öffentliches Zugänglichmachen anzusehen sei,[426] könne die Versendung von Daten durchaus als Verbreitung angesehen werden. Diese sei vollendet, wenn die Daten auf dem Rechner des Empfängers angekommen sind.[427] Insoweit sei eine körperliche Weitergabe nicht

---

419 Das Merkmal ist enthalten in § 80a; § 86 Abs 1; § 86a Abs 1 Nr 1; § 90; § 90a Abs 1; § 90b; § 103 Abs 2; § 109d; § 111; § 130 Abs 2 Nr 1 lit a, Nr 2; § 130a Abs 1, Abs 2 Nr 1; § 131 Abs 1 Nr 1, Abs 2; § 140 Nr 2; § 166 Abs 1; § 176a Abs 3; § 184 Nr 5, 9; § 184a Nr 1; § 184b Abs 1 Nr 1; § 184c Abs 1 Nr 1; § 184d; § 186; § 187; § 187a; § 219a; § 202c Abs 1; § 330a Abs 1 StGB; § 116; § 119; § 120 Abs 1 Nr 2; § 128 Abs 1 Nr 1 OWiG; vgl ferner § 29 Abs 1 Nr 12 BtMG.

420 BGHSt 13, 257, 258; BGHSt 13, 375, 376 f; BGHSt 18, 63, 64; BGHSt 19, 63, 70 f; BayObLGSt 1 (1951), 417, 422; BayObLGSt 13 (1963), 37, 38; BayObLG NStZ 2002, 258, 259; *Derksen* NJW 1997, 1878, 1881; *Fischer* § 74d Rn 4; vgl ferner BGHSt 31, 51, 55 f zum „Verbreiten" im Zusammenhang mit dem presserechtlichen Begriff des „Erscheinens".

421 BGHSt 18, 63, 63 ff; BGH ZUM 2007, 846, 849 – eBay; BayObLG NJW 1979, 2162; BayObLG NStZ 1983, 120, 121; OLG Frankfurt NJW 1984, 1128; HansOLG Hamburg MDR 1963, 1027; OLG Hamburg NStZ 1983, 127, 127 f; *Bottke* JR 1983, 299, 300; *Fischer* § 74d Rn 4; *Franke* NStZ 1984, 126; *ders* GA 1984, 452, 456 f.

422 Vgl hierzu noch unten Rn 172 ff.

423 BGH ZUM 2007, 846, 849 – eBay.

424 Schönke/Schröder/*Perron*/*Eisele* § 184b Rn 5a.

425 Insoweit wurde von BGHSt 47, 55 der sog „internetspezifische Verbreitungsbegriff" entwickelt.

426 Vgl hierzu *Fischer* § 184 Rn 33; *Hörnle* NJW 2002, 1008, 1010; *Lackner*/*Kühl* § 184 Rn 5; Schönke/Schröder/*Lenckner*/*Perron*/*Eisele* § 184 Rn 9.

427 BGHSt 47, 55, 59 f; *Derksen* NJW 1997, 1878, 1881; *Lackner*/*Kühl* § 184 Rn 5; aA Schönke/Schröder/*Lenckner*/*Perron*/*Eisele* § 184 Rn 34, die den Verbreitungstatbestand nur bei Schriftstücken im engeren (dh körperlichen) Sinn anerkennen wollen.

zu fordern.[428] Nicht zuletzt wegen des Verzichts auf das Körperlichkeitskriterium begegnet diese weite Auslegung des Verbreitens in der wissenschaftlichen Literatur allerdings vielfacher Kritik.[429] Dennoch erwarten auch die Kritiker eine Durchsetzung des internetspezifischen Verbreitungsbegriffs in der Praxis, zumal dieser durchaus auch mit dem Wortlaut des „Verbreitens" noch vereinbar sei.[430]

b) **Das Zugänglichmachen.** Das Zugänglichmachen[431] umfasst sämtliche Tätigkeiten, die Inhalte für eine andere Person in der Weise verfügbar machen, dass diese von ihnen durch sinnliche Wahrnehmung Kenntnis erlangen kann.[432] Dabei reicht es aus, wenn einem anderen **die konkrete Möglichkeit** eröffnet wird, sich vom Inhalt – sei es entgeltlich oder unentgeltlich – Kenntnis zu verschaffen,[433] auf die tatsächliche Kenntnisnahme kommt es nicht an. Ebenso ist es nicht entscheidend, ob die Möglichkeit der Kenntnisnahme für kürzere oder längere Zeit erfolgt. Anders als das Verbreiten, erfordert das Zugänglichmachen unstreitig nicht die körperliche Weitergabe der Schrift. **172**

Im **Internet** reicht es für ein Zugänglichmachen aus, dass Daten auf einem Server bereitgestellt werden und somit von anderen abgerufen werden können.[434] Nicht erforderlich ist es, dass tatsächlich ein Zugriff seitens eines Internetnutzers erfolgt.[435] **173**

In manchen Tatbeständen wird darüber hinaus ein **öffentliches** Zugänglichmachen verlangt.[436] Dies liegt dann vor, wenn **unbestimmt viele Personen** auf den jeweiligen Inhalt zugreifen können.[437] Voraussetzung hierfür ist, dass der Zugriff einem größeren, individuell nicht feststellbaren oder durch persönliche Beziehungen nicht verbundenen Personenkreis ermöglicht wird.[438] Dies liegt im Bereich des **Internet** zB dann vor, wenn Inhalte auf einem Server bereitgestellt werden, ohne dass (wie etwa durch die Vergabe von Passwörtern an wenige bestimmte Personen) sicher gestellt wird, dass nur bestimmte Personen Zugriff erhalten. Problematisch kann dies allerdings bei sog geschlossenen Benutzergruppen im Internet sein.[439] Aufgrund der vielen verschiede- **174**

---

428 *Busse-Muskala* 56; *Hörnle* NJW 2002, 1008, 1010.

429 Zur Kritik am „internetspezifischen Verbreitungsbegriff" vgl ua *Gercke/Brunst* Rn 312; *Hilgendorf/Frank/Valerius* Rn 413 ff; *Kudlich* JZ 2002, 310, 311; Schönke/Schröder/*Perron/Eisele* § 184b Rn 5.

430 Vgl *Hilgendorf/Frank/Valerius* Rn 415.

431 Das Merkmal ist enthalten in § 86; § 91; § 97 Abs 1; § 130 Abs 2 Nr 1 lit b und lit c; § 130a Abs 1, Abs 2 Nr 1; § 131 Abs 1 Nr 2 und Nr 3, Abs 4; § 184 Abs 1 Nr 1, Nr 2, Nr 9, Abs 2; § 184a Nr 2; § 184b Abs 1 Nr 2; § 201 Abs 1 Nr 2; § 201a Abs 2, Abs 3 StGB; § 202c; § 27 Abs 1 Nr 1, Abs 4 JuSchG; § 119 Abs 1 Nr 2, Abs 3; § 120 Abs 1 Nr 2 OWiG.

432 *Beisel/B Heinrich* JR 1996, 95, 96; *Derksen* NJW 1997, 1878, 1881; *Lackner/Kühl* § 184 Rn 5.

433 *Lackner/Kühl* § 184 Rn 5; MünchKomm-StGB/*Hörnle* § 184 Rn 28.

434 BGHSt 47, 55, 60; OLG Stuttgart MMR 2006, 387, 388; *Beisel/B Heinrich* CR 1997, 360, 362; *Derksen* NJW 1997, 1878, 1881 f; *Lackner/Kühl* § 184 Rn 5; vgl auch *Stange* CR 1996, 424, 426 der insb den Vorsatz des Providerbetreibers problematisiert.

435 BGHSt 47, 55, 60; *Busse-Muskala* 57; *Hilgendorf/Frank/Valerius* Rn 399.

436 Vgl ua § 86; § 130 Abs 1 Nr 2; § 184a Nr 2; § 184b Abs 1 Nr 2; § 184c Abs 1 Nr 2 StGB; § 119 Abs 1 Nr 2, Abs 3; § 120 Abs 1 Nr 2 OWiG.

437 BGHSt 10, 194, 195 ff.

438 BT-Drucks VI/3521, 57; BT-Drucks 7/514, 3 unter Bezugnahme auf BT-Drucks VI/3521; *Derksen* NJW 1997, 1878, 1881; *Fischer* § 74d Rn 6; *Lackner/Kühl* § 74d Rn 6; vgl bereits BGHSt 10, 194 (194).

439 Hierzu *Berger-Zehnpfund* Kriminalistik 1996, 635, 636; *Gercke/Brunst* Rn 309; *Hilgendorf/Frank/Valerius* Rn 408; Schönke/Schröder/*Perron/Eisele* § 184b Rn 6.

nen Möglichkeiten, die dem Anbieter hier zur Verfügung stehen, um den Kreis der Nutzer eines bestimmten Angebots zu begrenzen, kann oft nur im Einzelfall anhand der konkreten Zugangskriterien bzw. Nutzungsbedingungen[440] festgestellt werden, ob es sich tatsächlich um eine geschlossene Benutzergruppe handelt oder nicht. Verallgemeinert kann daher nur gesagt werden, dass ein öffentliches Zugänglichmachen jedenfalls auch in hinreichend definierten bzw abgegrenzten Benutzergruppen stattfinden kann, wenn der Beitritt zu diesen praktisch jedem Interessenten ohne Weiteres möglich ist.[441]

175 Problematisch ist das Zugänglichmachen dann, wenn das Medienunternehmen durch Sicherungsmittel, wie zB die Vergabe von Passwörtern oder die Codierung von Programmen[442] sicherstellen will, dass nur bestimmte Personen auf bestimmte Inhalte Zugriff nehmen können. Dies ist insb in denjenigen Bereichen interessant, in denen lediglich das Zugänglichmachen von Inhalten gegenüber bestimmten Personen (insb gegenüber Jugendlichen) mit Strafe bedroht ist.[443] Während ein Zugänglichmachen gegenüber denjenigen, denen das Passwort gezielt übermittelt wurde, unproblematisch vorliegt, ist ein strafbares Zugänglichmachen gegenüber Unbefugten (zB den Jugendlichen) abzulehnen, wenn sich diese durch die Überwindung spezieller Sicherungsvorkehrungen selbst Zugang zu den entsprechenden Inhalten verschaffen.[444]

176 Fraglich ist allerdings, welche Anforderungen hier an die entsprechenden Sicherungsmaßnahmen zu stellen sind. Erforderlich sind **effektive Zugangshindernisse**, die einen Zugriff für Unbefugte nahezu ausschließen.[445] Als nicht ausreichend wird es dabei angesehen, wenn über das Internet oder den Verkauf von Decodierkarten lediglich das Alter abgefragt oder die Eingabe der Identitätsnummer des Personalausweises gefordert wird.[446] Ebenfalls nicht ausreichend ist die Zuteilung einer Geheimnummer, welche allein davon abhängig gemacht wird, dass eine Alterskontrolle dahingehend erfolgt, dass der Betreffende eine Ausweiskopie übersenden muss.[447] Nicht genügen kann auch die bloße Kostenpflichtigkeit eines bestimmten Angebots, da dies lediglich ein – bei Jugendlichen zumal meist untaugliches – psychisches, nicht aber eine physisches Zugangshindernis darstellt.[448] Im Hinblick auf die Verbreitung pornografischer Schriften ist dabei die Sondervorschrift des § 184d StGB zu beachten, deren S 2 klar stellt, dass eine Strafbarkeit der Verbreitung (einfacher) Pornografie durch Medien- und Teledienste dann entfällt, „[...] wenn durch technische oder sonstige Vorkehrungen sichergestellt ist, dass die pornographische Darbietung Personen unter achtzehn Jahren nicht zugänglich ist".[449]

---

440 Vgl hierzu auch unten Rn 176.

441 So auch *Gercke/Brunst* Rn 309 unter Verweis auf das zutreffende Beispiel einer Tauschbörse.

442 Vgl zum Zugänglichmachen verschlüsselter Filme insb BVerwG AfP 2002, 257, 259 f; VG München ZUM 2003, 160, 162 f; *Beisel/B Heinrich* JR 1996, 95; *Derksen* NJW 1997, 1878, 1882.

443 Als Beispiel sei hier das Verbot der Verbreitung „weicher" Pornografie an Jugendliche nach § 184 Abs 1 Nr 1 StGB genannt.

444 *Beisel/B Heinrich* JR 1996, 95, 96 f; aA *Ramberg* ZUM 1994, 140, 141.

445 KG ZUM 2004, 571; OLG Düsseldorf ZUM 2004, 480; Eberle/Rudolf/Wasserburg/*Schmitt* Kap XI Rn 76; *Löffler/Ricker* Kap 59 Rn 15; vgl hierzu ausf auch *Strömer* 283 ff.

446 *Löffler/Ricker* Kap 59 Rn 15.

447 Eberle/Rudolf/Wasserburg/*Schmitt* Kap XI Rn 76; *Hörnle* NJW 2002, 1008, 1010.

448 *Löffler/Ricker* Kap 59 Rn 15.

449 Vgl zu dieser Vorschrift noch ausf unten Rn 268 f.

c) **Sonstige Tathandlungen.** Über die genannten Tathandlungen des Verbreitens und des Zugänglichmachens hinaus findet sich noch eine Vielzahl weiterer Tathandlungen in diversen Straftatbeständen, die im Zusammenhang mit einzelnen Medienprodukten relevant werden können und die hier nur kurz angesprochen werden sollen. **177**

Unter dem Begriff des (öffentlichen) **Ausstellens**[450] einer Schrift versteht man, dass deren gedanklicher oder bildlicher Inhalt optisch wahrnehmbar gemacht wird, ohne dass jedoch die Sache selbst an den Empfänger gelangt.[451] Das Ausstellen stellt dabei eine besondere Form des Zugänglichmachens dar.[452] **178**

Teilweise wird verlangt, der Täter müsse eine Schrift **„anschlagen"**.[453] Wie auch beim Ausstellen versteht man hierunter, dass der gedankliche oder bildliche Inhalt der Schrift optisch wahrnehmbar gemacht wird, ohne dass jedoch die Sache selbst an den Empfänger gelangt.[454] Das Anschlagen stellt dabei ebenfalls eine besondere Form des Zugänglichmachens dar.[455] **179**

Schließlich wird teilweise auf das **Vorführen**[456] einer Schrift abgestellt. Hierunter versteht man, wie schon bei den Merkmalen des Ausstellens oder Anschlagens, dass die Schrift ihrem gedanklichen oder bildlichen Inhalt nach wahrnehmbar gemacht wird, ohne dass jedoch die Sache wiederum selbst an den Empfänger gelangt.[457] Im Gegensatz zum Ausstellen oder Anschlagen kann dies jedoch **auch** im Wege der **akustischen Wiedergabe** geschehen. Auch das Vorführen stellt eine besondere Form des Zugänglichmachens dar.[458] **180**

Unter einem **Überlassen**[459] einer Schrift ist die Verschaffung des Besitzes an selbiger zur eigenen Verfügung oder zu eigenem, wenn auch nur vorübergehenden Gebrauch des Empfängers zu verstehen.[460] Eine Leihe reicht daher aus. Ein Überlassen scheidet allerdings dann aus, wenn die betreffende Person die Sache nur als Bote entgegennimmt, um sie einem anderen zu übergeben.[461] **181**

---

450 Das Merkmal ist enthalten in § 130 Abs 2 Nr 1 lit b; § 130a Abs 1, Abs 2 Nr 1; § 131 Abs 1 Nr 2; § 184 Abs 1 Nr 2; § 184a Nr 2; § 184b Abs 1 Nr 2; § 243 Abs 1 Nr 5 StGB; § 27 Abs 1 Nr 1 JuSchG; § 119 Abs 3; § 120 Abs 1 Nr 2 OWiG.

451 Schönke/Schröder/*Perron/Eisele* § 184 Rn 15.

452 Vgl hierzu oben Rn 172 ff.

453 Das Merkmal ist enthalten in § 130 Abs 2 Nr 1 lit b; § 130a Abs 2 Nr 1 lit b; § 131 Abs, 1 Nr 2; § 134; § 184 Abs 1 Nr 2; § 184a Nr 1; § 184b Abs 1 Nr 2 StGB; § 119 Abs 3; § 120 Abs 1 Nr 2 OWiG; § 27 Abs 1 Nr 1 JuSchG.

454 Schönke/Schröder/*Perron/Eisele* § 184 Rn 15.

455 Vgl hierzu oben Rn 172 ff.

456 Das Merkmal ist enthalten in § 130 Abs 2 S 1 lit b; § 130a Abs 1, Abs 2 Nr 1; § 131 Abs 1 Nr 1; § 184 Abs 1 Nr 2, Nr 7; § 184a Nr 2; § 184b Abs 1 Nr 2 StGB; § 27 Abs 1 Nr 1; § 28 Abs 1 Nr 14a JuSchG; § 119 Abs 3; § 120 Abs 1 Nr 2 OWiG.

457 Schönke/Schröder/*Perron/Eisele* § 184 Rn 15.

458 Vgl hierzu oben Rn 172 ff.

459 Das Merkmal ist enthalten in § 87 Abs 1 Nr 3; § 89a Abs 2 Nr 2 § 130 Abs 2 Nr 1 lit c; § 131 Abs 1 Nr 3, Abs 4; § 149 Abs 1; § 152a Abs 1 Nr 2; § 184 Abs 1 Nr 1, Nr 3, Nr 3a, Abs 2; § 202c Abs 1; § 263a Abs 3; § 265 Abs 1; § 275 Abs 1; § 276 Abs 1 Nr 2; § 281 Abs 1; § 310 Abs 1; § 316c Abs 4; § 323b; § 328 Abs 3 Nr 2 StGB; § 127 Abs 1; § 128 Abs 1 Nr 2 OWiG; vgl ferner § 29 Abs 1 Nr 6 lit b; § 29a Abs 1 Nr 1; § 30 Abs 1 Nr 3 BtMG; § 27 Abs 1 Nr 1, Abs 4, § 28 Abs 1 Nr 16 JuSchG; § 19 Abs 1 Nr 1; § 20 Abs 1 Nr 1; § 20a Abs 1 Nr 1; 22a Abs 1 Nr 2, Nr 7 KWKG; § 40 Abs 2 Nr 3 lit a, lit b, lit c, lit d, lit e; § 41 Abs 1 Nr 1a, Nr 1b, Nr 1c, Nr 1d, Nr 2, Nr 10, Nr 17 SprengG; § 51 Abs 1; § 52 Abs 1 Nr 1, Nr 2 lit a, Nr 3, Abs 3 Nr 1, Nr 6, Nr 7; § 53 Abs 1 Nr 2, Nr 10, Nr 16 WaffG.

460 Schönke/Schröder/*Perron/Eisele* § 184 Rn 8.

461 RG GA 59, 314; Schönke/Schröder/*Perron/Eisele* § 184 Rn 8.

182 Unter dem Begriff des **Herstellens**[462] versteht man jedes von einem Menschen mittelbar oder unmittelbar bewirkte Geschehen, das ohne Weiteres oder in fortschreitender Entwicklung ein bestimmtes körperliches Ergebnis zustande bringt.[463]

183 **Liefern**[464] stellt das Gegenstück zum Beziehen dar und erfasst den Übergang einer Sache zur eigenen Verfügungsgewalt in **beiderseitigem Einvernehmen.**[465] Ein unaufgefordertes Gelangenlassen an einen anderen genügt also nicht. Nicht erforderlich ist es, dass der Gewahrsamswechsel auf Dauer erfolgt, sodass auch die Vermietung und der Verleih erfasst werden.[466]

184 Unter dem Begriff des **Vorrätighaltens**[467] versteht man das Besitzen einer Schrift zu einem bestimmten Zweck, zumeist zum Zweck späterer Verbreitung.[468] Dabei muss der Betreffende jedoch eigene Verfügungsgewalt über die Schrift besitzen, dh er muss über den späteren Absatz jedenfalls mitbestimmen können. Daher scheidet ein bloßes Verwahren eines Gegenstandes für einen anderen hier aus. Auch ist nicht erforderlich, dass der Täter mehrere Einzelstücke besitzt. So kann auch das Speichern nur einer Schrift auf der Festplatte des Computers ausreichen, wenn eine weitere Verbreitung (von Vervielfältigungsstücken) geplant ist.

185 Unter dem Merkmal des **Anbietens**[469] versteht man ein konkretes Angebot an eine Person im Sinne einer ausdrücklichen oder konkludenten Erklärung der Bereitschaft zur Besitzübergabe, ohne dass dies jedoch ein Antrag zum Vertragsschluss nach den Vorschriften des BGB darstellen muss.[470] Ein bloßes Zeitungsinserat oder das Auslegen einer Schrift im Schaufenster genügt allerdings nicht.

---

462 Das Merkmal ist enthalten in § 86 Abs 1; § 86a Abs 1 Nr 2; § 87 Abs 1 Nr 3, Nr 6; § 89a Abs 2 Nr 1, Nr 2, Nr 3; § 100a Abs 2; § 109e Abs 2; § 130 Abs 2 Nr 1 lit d; § 131 Abs 1 Nr 4; § 149 Abs 1; § 184 Abs 1 Nr 8; § 184a Nr 3; § 184b Abs 1 Nr 3; § 184c Abs 1 Nr 3, Abs 4; § 201 Abs 1 Nr 2; § 201a; § 202c Abs 1; § 206 Abs 3 Nr 3; § 263a Abs 3; § 267 Abs 1; § 268; § 275 Abs 1; § 310 Abs 1; § 312 Abs 1; § 316c Abs 4 StGB; § 127 Abs 1; § 128 Abs 1, Abs 2 OWiG; vgl ferner § 95 Abs 1 Nr 3a, Abs 3 Nr 3; § 96 Nr 3, Nr 4; § 97 Abs 2 Nr 18 AMG; § 29 Abs 1 Nr 1, Nr 2, Abs 5; § 29a Abs 1 Nr 2; § 30 Abs 1 Nr 1; § 30a Abs 1 BtMG; § 19 Abs 1 Nr 1; § 20 Abs 1 Nr 3 GÜG; § 27 Abs 1 Nr 2 JuSchG; § 19 Abs 1 Nr 1; § 20 Abs 1 Nr 1; § 20a Abs 1 Nr 1; § 22a Abs 1 Nr 1 KWKG; § 51 Abs 1; § 52 Abs 1 Nr 1, 2 lit c, Nr 4, Abs 3 Nr 1, Nr 3; § 53 Abs 1 Nr 2 WaffG; § 4 ZKDSG.

463 RGSt 41, 205, 207.

464 Das Merkmal ist enthalten in § 99 Abs 1 Nr 1, Abs 2; § 109e Abs 2; § 130 Abs 2 Nr 1 lit d; § 131 Abs 1 Nr 4; § 184 Abs 1 Nr 8; § 184a Nr 3; § 184b Abs 1 Nr 3; § 184c Abs 1 Nr 3; § 312 Abs 1 StGB; vgl ferner § 27 Abs 1 Nr 2 JuSchG.

465 Schönke/Schröder/*Perron/Eisele* § 184 Rn 45.

466 BGHSt 29, 68, 71 f zu § 184 Abs 1 Nr 7 StGB; *Laubenthal* Rn 843; MünchKommStGB/*Hörnle* § 184 Rn 93; aA Schönke/Schröder/*Perron/Eisele* § 184 Rn 45.

467 Das Merkmal ist enthalten in § 86 Abs 1; § 86a Abs 1 Nr 2; § 130 Abs 2 Nr 1 lit d; § 131 Abs 1 Nr 4; § 184 Abs 1 Nr 8; § 184a Nr 3; § 184b Abs 1 Nr 3 StGB; § 184c Abs 1 Nr 3; § 27 Abs 1 Nr 2 JuSchG; vgl ferner § 69 Abs 3 Nr 21, Abs 4 Nr 3 BNatSchG.

468 RGSt 42, 209, 210 f; *Horn* NJW 1977, 2329, 2331; Schönke/Schröder/*Perron/Eisele* § 184 Rn 46.

469 Das Merkmal ist enthalten in § 108b Abs 1; § 130 Abs 2 Nr 1 lit c, lit d; § 131 Abs 1 Nr 3, Nr 4, Abs 4; § 176 Abs 5; § 184 Abs 1 Nr 1, Nr 3; Nr 3a, Nr 5, Abs 2; § 184a Nr 3; § 184b Abs 1 Nr 3; § 184c Abs 1 Nr 3; § 219a Abs 1; § 287 Abs 1; § 299 Abs 2; § 333 Abs 1, Abs 2; § 334 Abs 1, Abs 2, Abs 3; § 337 StGB; § 119 Abs 1, Abs 2; § 120 Abs 1 Nr 2 OWiG; vgl ferner § 96 Nr 18 AMG; § 69 Abs 3 Nr 21, Abs 4 Nr 3 BNatSchG; § 27 Abs 1 Nr 1, Abs 4; § 28 Abs 1 Nr 11, Nr 13, Nr 16 JuSchG.

470 BGHSt 34, 94, 98; HansOLG Hamburg NJW 1992, 1184, 1184 f; *Horn* NJW 1977, 2329, 2332; LK/*Laufhütte* 11. Aufl § 184 Rn 20; Schönke/Schroeder/*Perron/Eisele* § 184 Rn 7.

Ankündigen[471] ist jede Kundgabe, durch die auf die Gelegenheit zum Bezug oder zur Vorführung aufmerksam gemacht wird.[472] Es muss also über Bezugsquellen oder Betrachtungsmöglichkeiten informiert werden. Dabei muss die Ankündigung **werbenden Charakter** besitzen. Es reicht daher nicht aus, wenn jemand sich kritisch mit einer bestimmten Schrift auseinandersetzt und dadurch bei anderen das Interesse für die jeweilige Schrift weckt.[473] Eine Gewinnerzielungsabsicht ist jedoch nicht erforderlich.[474] **186**

Unter dem Begriff des **Anpreisens**[475] versteht man eine lobende oder empfehlende Erwähnung und Beschreibung, welche die Vorzüge der jeweiligen Schrift hervorhebt.[476] Insoweit reicht auch hier eine neutral gefasste Werbung oder kritische Auseinandersetzung nicht aus.[477] Für ein Anpreisen iSd § 184 Abs 1 Nr 5 StGB ist es dabei unerheblich, ob auf mögliche Bezugsquellen hingewiesen wird oder ob der Anpreisende die Schrift dem Adressaten später auch wirklich zugänglich machen will oder nicht.[478] Insoweit liegt ein Anpreisen auch dann vor, wenn auf einer Internetseite lobend über ein Produkt (zB ein Buch) berichtet wird, ohne darauf hinzuweisen, wo dieses konkret erworben werden kann.[479] **187**

Unter **Einführen**[480] versteht man das Verbringen eines Gegenstandes aus einem fremden Hoheitsgebiet ins Bundesgebiet,[481] wobei unter dem „Bundesgebiet" gerade das **Hoheitsgebiet** (und nicht etwa das Zoll- oder Wirtschaftsgebiet) der Bundesrepublik Deutschland zu verstehen ist. **188**

---

471 Das Merkmal ist enthalten in § 130 Abs 2 Nr 1 lit d; § 131 Abs 1 Nr 4; § 184 Abs 1 Nr 5; § 184a Nr 3; § 184b Abs 1 Nr 3; § 184c Abs 1 Nr 3; § 219a Abs 1 StGB; § 27 Abs 1 Nr 1; § 28 Abs 1 Nr 4 JuSchG; § 119 Abs 1, Abs 2; § 120 Abs 1 Nr 2 OWiG.

472 RGSt 37, 142; MünchKommStGB/*Hörnle* § 184 Rn 70; Schönke/Schröder/*Perron*/*Eisele* § 184 Rn 30.

473 BGHSt 34, 218: LK/*Laufhütte* 11. Aufl § 184 Rn 34; MünchKommStGB/*Hörnle* § 184 Rn 70; Schönke/Schröder/*Perron*/*Eisele* § 184 Rn 31; SK/*Wolters* § 184 Rn 45, 47.

474 BGHSt 34, 218; Schönke/Schröder/*Perron*/*Eisele* § 184 Rn 31.

475 Das Merkmal ist enthalten in § 91 Abs 1 Nr 1; (§ 97;) § 130 Abs 2 Nr 1 lit d; § 131 Abs 1 Nr 4; § 184 Abs 1 Nr 5; § 184a Nr 3; § 184b Abs 1 Nr 3; § 184c Abs 1 Nr 3; § 219a Abs 1 StGB; § 27 Abs 1 Nr 1 JuSchG; § 119 Abs 1, Abs 2; § 120 Abs 1 Nr 2 OWiG.

476 RGSt 37, 142; MünchKommStGB/*Hörnle* § 184 Rn 71; Schönke/Schröder/*Perron*/*Eisele* § 184 Rn 30.

477 MünchKommStGB/*Hörnle* § 184 Rn 72; Schönke/Schröder/*Perron*/*Eisele* § 184 Rn 31.

478 OLG Hamburg NStZ 2007, 487; MünchKommStGB/*Hörnle* § 184 Rn 71; aA *Laubenthal* Rn 807; LK/*Laufhütte* 11. Aufl § 184 Rn 34; SK/*Wolters* § 184 Rn 47.

479 OLG Hamburg NStZ 2007, 487.

480 Das Merkmal ist enthalten in § 86 Abs 1; § 86a Abs 1 Nr 2; § 87 Abs 1 Nr 3; § 130 Abs 2 Nr 1 lit d; § 131 Abs 1 Nr 4; § 184 Abs 1 Nr 4, Nr 8; § 184a Nr 3; § 184b Abs 1 Nr 3; § 184c Abs 1 Nr 3; § 275 Abs 1; § 276 Abs 1 Nr 1; § 328 Abs 1 StGB; § 127 Abs 1; § 128 Abs 1 Nr 2 OWiG; vgl ferner § 372 Abs 1 AO; § 29 Abs 1 Nr 1, Abs 5; § 30 Abs 1 Nr 4; § 30a Abs 1, Abs 2 Nr 2; § 31a Abs 1, § 32 Abs 1 Nr 5 BtMG; § 19 Abs 1 Nr 1, Nr 3, Nr 5; § 20 Abs 1 Nr 4 GÜG; § 27 Abs 1 Nr 1, Nr 2 JuSchG; § 19 Abs 1 Nr 1; § 20 Abs 1 Nr 1; § 20a Abs 1 Nr 1; § 22a Abs 1 Nr 4, Abs 5 KWKG; § 40 Abs 2 Nr 1; § 41 Abs 1 Nr 1c, Nr 2 SprengG; § 18 Abs 1 Nr 21a TierschG; § 4 ZKDSG.

481 MünchKommStGB/*Hörnle* § 184 Rn 67; Schönke/Schröder/*Perron*/*Eisele* § 184 Rn 27, 47.

189 **Ausführen**[482] meint dagegen das Verbringen einer Schrift aus dem Hoheitsgebiet der Bundesrepublik über die Grenze in ein **fremdes Hoheitsgebiet.**[483] Dabei reicht regelmäßig bereits die Durchfuhr durch das Hoheitsgebiet der Bundesrepublik aus.[484]

190 Ferner taucht als Tathandlungen noch vereinzelt die (öffentliche) **Mitteilung** auf.[485] Hierunter versteht man bereits die (schlichte) Veröffentlichung von Inhalten.[486]

191 Der Täter **offenbart**[487] eine Sache, wenn er sie in irgendeiner Weise an einen Dritten gelangen lässt.[488] Dabei ist bei einer mündlichen Mitteilung die **tatsächliche** Kenntnisnahme durch den Dritten erforderlich, während es bei einer schriftlichen Mitteilung auf die Verschaffung des Gewahrsams und die damit verbundene **Möglichkeit** der Kenntnisnahme durch den Dritten ankommt.[489]

192 Unter dem Merkmal des **Gelangenlassens**[490] versteht man das Überführen einer Schrift in den Verfügungsbereich eines anderen, sodass dieser davon Kenntnis nehmen kann.[491] Das Merkmal entspricht dem Tatbestand des „Zugehens" im BGB. Der Täter muss dabei weder aus kommerziellen Motiven handeln, noch muss das Opfer den Inhalt der Schrift auch tatsächlich zur Kenntnis nehmen.[492]

193 Das **Zeigen**[493] einer Schrift meint das (zumeist öffentliche) **filmische** Vorführen derselben vor einem (oder mehreren) Adressaten.

194 Neben diesen Merkmalen, die allesamt die „Anbieterseite" der Informationen betreffen, gibt es auch einige wenige Tatbestände bzw Tatbestandsmerkmale, welche die „Empfängerseite" im Blick haben. So erfasst das Tatbestandsmerkmal des **Beziehens**[494] das Erlangen tatsächlicher eigener Verfügungsgewalt durch einen abgeleiteten Erwerb von einem anderen (und erfasst daher gerade nicht das eigenmächtige Sich-Verschaffen, etwa durch einen Diebstahl).[495] Gleichgültig ist, ob das Beziehen strafrechtlich relevanter Inhalte entgeltlich oder unentgeltlich geschieht. Nicht ausreichend ist dabei allerdings der bloße Abschluss eines (abstrakten) Kaufvertrages als reines Kausalgeschäft im zivilrechtlichen Sinne ohne entsprechendes Verfügungsgeschäft im Sinne

482 Das Merkmal ist enthalten in § 86 Abs 1; § 86a Abs 1 Nr 2; § 130 Abs 2 Nr 1 lit d; § 131 Abs 1 Nr 4; § 184 Abs 1 Nr 9; § 184a Nr 3; § 184b Abs 1 Nr 3; § 184c Abs 1 Nr 3; § 275 Abs 1; § 276 Abs 1 Nr 1; § 328 Abs 1 StGB; § 127 Abs 1; § 128 Abs 1 Nr 2 OWiG; vgl ferner § 372 Abs 1 AO; § 29 Abs 1 Nr 1, Abs 5; § 30a Abs 1, Abs 2 Nr 2; § 31a Abs 1; § 32 Abs 1 Nr 5 BtMG; § 19 Abs 1 Nr 1, Nr 3, Nr 4; § 20 Abs 1 Nr 4, Nr 5 GÜG; § 19 Abs 1 Nr 1; § 20 Abs 1 Nr 1; § 20a Abs 1 Nr 1; § 22a Abs 1 Nr 4 KWKG.

483 MünchKommStGB/*Hörnle* § 184 Rn 97; Schönke/Schröder/*Perron/Eisele* § 184 Rn 49.

484 OLG Schleswig NJW 1971, 2319, 2319 f; MünchKommStGB/*Hörnle* § 184 Rn 97; Schönke/Schröder/*Perron/Eisele* § 184 Rn 49.

485 Das Merkmal ist enthalten in § 94 Abs 1 Nr 1; § 97a; § 98 Abs 1 Nr 1; § 99 Abs 1 Nr 1, Abs 2; § 201 Abs 2 S 1 Nr 2; § 206 Abs 1, Abs 4; § 241 Abs 2, Abs 4; § 265b Abs 1 Nr 2; § 353d Nr 1, Nr 3 StGB.

486 Schönke/Schröder/*Perron* § 353d Rn 9.

487 Das Merkmal ist enthalten in (§ 95;) § 96 Abs 2; § 203 Abs 1, Abs 2, Abs 2a; § 205 Abs 2; § 353b Abs 1; § 353d Nr 2; § 355 Abs 1 StGB.

488 Schönke/Schröder/*Lenckner/Eisele* § 203 Rn 19.

489 Schönke/Schröder/*Lenckner/Eisele* § 203 Rn 19.

490 Das Merkmal ist enthalten in § 94 Abs 1 Nr 2; § 95 Abs 1; § 97 Abs 1, Abs 2; § 100a Abs 1, Abs 2; § 109g Abs 1, Abs 2, Abs 4; 184 Abs 1 Nr 6; § 353b Abs 2 StGB.

491 Schönke/Schröder/*Perron/Eisele* § 184 Rn 36.

492 BGH NStZ-RR 2005, 309; MünchKommStGB/*Hörnle* § 184 Rn 81; Schönke/Schröder/*Perron/Eisele* § 184 Rn 36.

493 Das Merkmal ist enthalten in § 184 Abs 1 Nr 7 StGB.

494 Das Merkmal ist enthalten in § 130 Abs 2 Nr 1 lit d; § 131 Abs 1 Nr 4; § 184 Abs 1 Nr 8; § 184a Nr 3; § 184b Abs 1 Nr 3; § 184c Abs 1 Nr 3 StGB; vgl ferner § 95 Abs 1 Nr 5; § 97 Abs 2 Nr 12 AMG; § 27 Abs 1 Nr 2 JuSchG.

495 RGSt 77, 113, 118; *Laubenthal* Rn 842; MünchKommStGB/*Hörnle* § 184 Rn 93; Schönke/Schröder/*Perron/Eisele* § 184 Rn 44.

einer tatsächlichen Verschaffung bzw Einräumung der relevanten Inhalte.[496] Unter dem **Sich-Verschaffen**[497] (zumeist: von Besitz) versteht man dagegen die Herbeiführung eines tatsächlichen Herrschaftsverhältnisses.[498] Voraussetzung hierfür ist aber ein gewisses finales Element im Sinne eines aktiv-gezielten Ergreifens von Verfügungsgewalt,[499] sodass das Wissen um die bloße Möglichkeit zB bei der Suche nach „legalen“ Schriften im Internet auch auf „illegale“ Schriften stoßen zu können, die man nicht haben will und nach Erhalt sofort vernichtet, nicht erfasst ist.[500]

2. Die Verbreitung staatsgefährdender Inhalte

In §§ 80 ff StGB befinden sich Vorschriften über das **Staatsschutzrecht.** Diese – auch als **„politisches Strafrecht“** bezeichneten – Strafnormen schützen den Staat und seine Institutionen vor Angriffen, die zum Teil auch über und von Medien ausgeführt werden können. Im Folgenden sollen diejenigen Vorschriften gezielt herausgestellt werden, die besondere medienrechtliche Relevanz besitzen, obwohl sie nur teilweise daran anknüpfen, dass der Täter die Straftat gerade durch Verbreiten oder Zugänglichmachen von Schriften begeht. **195**

In prozessualer Hinsicht ist darauf hinzuweisen, dass für die Aburteilung dieser Staatsschutzdelikte in den leichteren Fällen nach § 74a GVG in jedem OLG-Bezirk eine Staatsschutzkammer als besondere Strafkammer an einem Landgericht zu errichten ist, vor der die entsprechenden Fälle erstinstanzlich verhandelt werden. In den schwereren Fällen (vgl den Straftatenkatalog in § 120 GVG) ist hingegen eine erstinstanzliche Zuständigkeit des OLG begründet. **196**

a) **Der Friedensverrat (§§ 80, 80a StGB).** Unter dem Titel des „Friedensverrats“ finden sich im StGB die Strafnormen der „Vorbereitung eines Angriffskrieges“ in § 80 StGB und des „Aufstachelns zum Angriffskrieg“ in § 80a StGB. **197**

Während § 80 StGB insb durch die Ausgestaltung als konkretes Gefährdungsdelikt (es muss die **konkrete Gefahr eines Angriffskrieges** herbeigeführt werden) im vorliegenden Zusammenhang kaum relevant werden dürfte, da eine solche Gefahr allein durch die Verbreitung von Inhalten durch Medien schwerlich geschaffen wird, hat § 80a StGB einen unmittelbaren medienrechtlichen Bezug. **198**

Strafbar macht sich nach § 80a StGB derjenige, der **zum Angriffskrieg „aufstachelt“.** Dies muss entweder öffentlich oder in einer Versammlung oder aber durch die Verbreitung von Schriften iSd § 11 Abs 3 StGB geschehen.[501] Über die letzte Variante werden also alle Tathandlungen erfasst, die über ein Medium stattfinden. Hinzu kommen muss schließlich noch, dass die **Tat im Inland begangen** wird. **199**

---

496 Schönke/Schröder/*Perron*/*Eisele* § 184 Rn 44.

497 Das Merkmal ist enthalten in § 87 Abs 1 Nr 3; § 89a Abs 2 Nr 2, Nr 3; § 91 Abs 1 Nr 2; § 96 Abs 1, Abs 2; § 100a Abs 2; § 107c; § 146 Abs 1 Nr 2, Nr 3; § 148 Abs 1 Nr 2; § 149 Abs 1; § 152a Abs 1 Nr 2; § 184b Abs 4; § 184c Abs 4; § 202 Abs 1 Nr 2, Abs 2; § 202a Abs 1; § 202b; § 202c Abs 1; § 206 Abs 1 Nr 1, § 259 Abs 1; § 261 Abs 2 Nr 1; § 263 Abs 1; § 263a Abs 1, Abs 3; § 265 Abs 1; § 275 Abs 1; § 276 Abs 1 Nr 2; § 310 Abs 1; § 316c Abs 4 StGB; § 127 Abs 1; § 128 Abs 1 Nr 2 OWiG; vgl ferner § 374 Abs 1 AO; § 29 Abs 1 Nr 1; § 30c Abs 1; § 31a Abs 1 BtMG.

498 Schönke/Schröder/*Perron*/*Eisele* § 184 Rn 44.

499 LK/*Laufhütte* 11. Aufl § 184 Rn 48.

500 *M Heinrich* NStZ 2005, 361, 366.

501 Vgl zum Schriftenbegriff des § 11 Abs 3 StGB oben Rn 55 ff.

200 Unter **Aufstacheln** versteht man ein gesteigertes, auf die Gefühle des Adressaten gemünztes propagandistisches Handeln.[502] Im Gegensatz zu § 80 StGB ist hier keine konkrete Gefährdung erforderlich, § 80a StGB ist insoweit als **abstraktes Gefährdungsdelikt** zu begreifen. Der Verweis auf § 80 StGB stellt jedoch klar, dass Zielrichtung des Aufstachelns ein konkreter kriegerischer Angriff auf einen oder mehrere Staaten sein muss, die bloße Erzeugung einer allgemeinen „militaristischen Stimmung" reicht nicht aus.[503]

201 b) **Die verfassungsfeindliche Einwirkung auf Bundeswehr und öffentliche Sicherheitsorgane (§ 89 StGB).** Nach § 89 StGB macht sich strafbar, wer auf Angehörige der Bundeswehr oder eines öffentlichen Sicherheitsorgans planmäßig einwirkt, um deren verfassungsgemäßen Auftrag zu untergraben. Da diese Einwirkung hauptsächlich mittels Schriften stattfinden wird, hat der Tatbestand medienrechtlichen Bezug.

202 Unter die neben den **Angehörigen der Bundeswehr** genannten **öffentlichen Sicherheitsorgane** fallen der Bundesgrenzschutz, die Polizei, Verfassungsschutzämter und Nachrichtendienste.[504] Die betroffenen Personen müssen diese besondere Amtsträgereigenschaft zum Zeitpunkt der Einwirkung auf sie inne haben, sodass die Einwirkung auf Rekruten vor ihrem Dienstantritt nicht von § 89 StGB erfasst ist.[505] Sollen diese Rekruten das empfangene Material jedoch an andere Soldaten weitergeben, ist das Merkmal erfüllt (Einwirkung in mittelbarer Täterschaft).[506]

203 Tathandlung ist das **Einwirken** auf den genannten Personenkreis. Hierunter ist **jede** Tätigkeit zu verstehen, durch die der Wille des Opfers in eine bestimmte Richtung gelenkt werden soll.[507] Diese Einwirkung kann insb durch eine Schrift iSd § 11 Abs 3 StGB erfolgen.[508] Das Verhalten entspricht dabei der **versuchten Anstiftung**: Die Einwirkung muss weder Erfolg haben,[509] noch muss sie objektiv geeignet sein, einen solchen Erfolg herbeizuführen, ausreichend ist schon eine diesbezügliche Absicht.[510] Allerdings muss das Mittel der Einwirkung den Empfänger erreicht haben, ob er die Einwirkung zur Kenntnis nimmt oder gar versteht, ist dann wiederum unbeachtlich.[511]

204 Die Einwirkung muss **planmäßig** erfolgen. Sie muss also vom Täter oder einem Dritten vorbereitet worden sein. Dadurch sollen spontanes Handeln oder vereinzelte Äußerungen des Unwillens vom Tatbestand ausgenommen werden.[512]

---

502 LG Köln NStZ 1981, 261; *Fischer* § 80a Rn 3; *Klug* FS Jescheck 583.
503 LK/*Laufhütte* 11. Aufl § 80a Rn 2 f; *Löffler/Ricker* Kap 50 Rn 9.
504 *Löffler/Ricker* Kap 50 Rn 28; vgl auch Schönke/Schröder/*Sternberg-Lieben* § 89 Rn 4; enger LK/*Laufhütte* 11. Aufl § 89 Rn 2 (bei Polizeibeamten Beschränkung auf die kasernierte Bereitschaftspolizei).
505 BGHSt 36, 68, 69 ff; Schönke/Schröder/*Sternberg-Lieben* § 89 Rn 4.
506 BGHSt 36, 68, 73; *Löffler/Ricker* Kap 50 Rn 38; Schönke/Schröder/*Sternberg-Lieben* § 89 Rn 4.
507 BGHSt 4, 291, 292; Schönke/Schröder/*Sternberg-Lieben* § 89 Rn 6; vgl auch BGH MDR 1985, 422.
508 Vgl zum Schriftenbegriff des § 11 Abs 3 StGB oben Rn 55 ff.
509 BGHSt 4, 291, 292; Schönke/Schröder/*Sternberg-Lieben* § 89 Rn 6.
510 LK/*Laufhütte* 11. Aufl § 89 Rn 3, 6 ff; Schönke/Schröder/*Sternberg-Lieben* § 89 Rn 6; aA SK/*Rudolphi* § 89 Rn 4.
511 BGHSt 6, 64, 66; BGH MDR 1963, 326 (jeweils zu § 91 StGB aF); LK/*Laufhütte* 11. Aufl § 90 Rn 3; *Löffler/Ricker* Kap 50 Rn 38; Schönke/Schröder/*Sternberg-Lieben* § 89 Rn 7.
512 *Löffler/Ricker* Kap 50 Rn 38; LK/*Laufhütte* 11. Aufl § 89 Rn 5; Schönke/Schröder/*Sternberg-Lieben* § 89 Rn 8.

Ziel der Einwirkung muss es sein, die pflichtmäßige Bereitschaft der betreffenden Personen zum Schutz der Sicherheit der Bundesrepublik Deutschland oder der verfassungsmäßigen Ordnung zu **untergraben**. Dies erfordert, dass die Einsatzbereitschaft des jeweiligen Sicherheitsorgans im Allgemeinen betroffen sein muss, was regelmäßig dann ausscheidet, wenn der Täter lediglich zu einer bestimmten Pflichtwidrigkeit oder Straftat auffordert.[513] **205**

Der Täter muss schließlich in der **Absicht** handeln, sich für Bestrebungen gegen den Bestand oder die Sicherheit der Bundesrepublik Deutschland oder gegen Verfassungsgrundsätze einzusetzen. **206**

c) **Die Verunglimpfungstatbestände der §§ 90, 90a und 90b StGB.** In §§ 90 ff StGB ist die **„Verunglimpfung“** verschiedener Staatsorgane oder Symbole unter Strafe gestellt. Die Tat muss entweder öffentlich oder in einer Versammlung oder aber durch die Verbreitung von Schriften iSd § 11 Abs 3 StGB geschehen.[514] Über die letzte Variante werden also alle Tathandlungen erfasst, die über ein Medium erfolgen. Zielobjekt der Verunglimpfung muss entweder der Bundespräsident (§ 90 StGB), die Bundesrepublik Deutschland, eines ihrer Länder, ihre verfassungsmäßige Ordnung (§ 90a Abs 1 Nr 1 StGB), die Symbole derselben (Farben, Flagge, Wappen oder Hymne[515] – § 90a Abs 1 Nr 2 StGB[516]) oder eines ihrer Verfassungsorgane (Gesetzgebungsorgane, Regierung, Verfassungsgericht oder eines seiner Mitglieder – § 90b StGB) sein. **207**

Verunglimpfen meint in diesem Zusammenhang eine nach Inhalt, Form oder Begleitumständen **schwere Ehrkränkung** iSd §§ 185 ff StGB.[517] Die Äußerung muss allerdings über den Grad einer „normalen“ Beleidigung iSd § 185 StGB hinausgehen.[518] Unwesentliche „Entgleisungen“ sind also nicht erfasst.[519] Während in §§ 90, 90a Abs 1 Nr 2, 90b StGB die Verunglimpfung ausdrücklich als Tathandlung genannt ist, verlangt § 90a Abs 1 Nr 1 StGB, dass der Täter die hier genannten Objekte „beschimpft oder böswillig verächtlich macht“. Dabei versteht man unter **Beschimpfen** ebenfalls eine nach Inhalt und Form besonders verletzende Äußerung der Missachtung,[520] das **böswillige Verächtlichmachen** ist diesbezüglich lediglich eine Steigerungsform.[521] Wie schon bei den Beleidigungsdelikten[522] ist auch hier eine restriktive Auslegung der Tatbestandsmerkmale geboten, wenn es sich um **Äußerungen im politischen Meinungskampf** handelt. Harte Kritik an den gesellschaftlichen Zuständen erfüllt das Tatbestandsmerkmal daher noch nicht, selbst wenn sie die Ebene der Sach- **208**

---

513 BGHSt 6, 64, 66; Schönke/Schröder/*Sternberg-Lieben* § 89 Rn 11; zum Merkmal des „Untergrabens“ vgl ferner BGHSt 4, 291, 292; BGH NStZ 1988, 215, 215.

514 Vgl zum Schriftenbegriff des § 11 Abs 3 StGB oben Rn 55 ff.

515 Beim „Deutschlandlied“ zählt allerdings nur die dritte Strophe als Hoheitssymbol; vgl BVerfGE 81, 298, 309.

516 Die Qualifikation in § 90a Abs 2 StGB: „Entfernen, Zerstören, Beschädigen, Unbrauchbarmachen oder Unkenntlichmachen von Hoheitszeichen oder beschimpfenden Unfug daran verübt“ hat höchstens in der letzten Variante medienrechtlichen Bezug.

517 BGHSt 16, 338, 339; OLG Hamm GA 1963, 28, 28 f; Schönke/Schröder/*Sternberg-Lieben* § 90 Rn 2.

518 Ist die Äußerung darüber hinaus zugleich eine Verleumdung, stellt dies bei § 90 StGB eine Qualifikation dar (vgl § 90 Abs 3 Alt 1 StGB).

519 BGHSt 12, 364, 366; BGHSt 16, 338, 339; OLG Hamm GA 1963, 28, 29; Schönke/Schröder/*Sternberg-Lieben* § 90 Rn 2.

520 BGHSt 7, 110, 110 f; BGH NStZ 2000, 643, 644; Schönke/Schröder/*Sternberg-Lieben* § 90a Rn 5.

521 Vgl zu diesem Tatbestandsmerkmal auch BGHSt 7, 110, 111; BGH NStZ 2003, 145, 145 f.

522 Vgl hierzu oben.

lichkeit zuweilen verlässt.[523] Auch ist – insb bei **satirischen Darstellungen** – die Kunstfreiheit zu beachten (Art 5 Abs 3 GG).[524] Für die Wiedergabe der tatbestandlichen Äußerungen Dritter in Medien ist allerdings zu beachten, dass darin nur dann eine eigene tatbestandlich relevante Verunglimpfung oder Verächtlichmachung zu sehen ist, wenn sich der Wiedergebende die Äußerung zu eigen macht.[525]

209 Setzt sich der Täter gleichzeitig absichtlich für Bestrebungen gegen den Bestand der Bundesrepublik Deutschland oder gegen Verfassungsgrundsätze (vgl hierzu die Definition in § 92 Abs 2 StGB) ein, ist nach §§ 90 Abs 3, 90a Abs 3 StGB die jeweilige Qualifikationsvorschrift einschlägig, während diese Voraussetzung in § 90b Abs 1 StGB bereits zur Erfüllung des Grundtatbestandes erforderlich ist und hier zusätzlich noch festgestellt werden muss, dass die Verunglimpfung in einer „das Ansehen des Staates gefährdenden Weise" geschah.

210 **d) Die Anleitung zur Begehung einer schweren staatsgefährdenden Gewalttat (§ 91 StGB).** Mit dem „Gesetz zur Verfolgung der Vorbereitung von schweren staatsgefährdenden Gewalttaten",[526] wurde der Bereich der Staatsschutzdelikte des StGB um einige neue Tatbestände erweitert.[527] Bestandteil dieses Gesetzes war ua auch der neue § 91 StGB,[528] von dem vor allem die Verbreitungen von Anleitungsschriften zu terroristischen Zwecken über das **Internet** erfasst werden sollen.[529] Nach Abs 1 Nr 1 dieser Norm macht sich derjenige strafbar, der eine als Anleitung zu einer schweren Gewalttat dienliche Schrift gegenüber einer (!) anderen Person **anpreist** oder **zugänglich macht**, wenn die Umstände der Verbreitung geeignet sind, die Bereitschaft des oder der Adressaten zur Begehung einer schweren staatsgefährdenden Gewalttat zu wecken. Durch die neue Regelung sollte die Strafbarkeitslücke geschlossen werden, die sich ergibt, wenn § 111 StGB (Öffentliche Aufforderung zu Straftaten) und § 130a StGB (Anleitung zu Straftaten) nicht anwendbar sind, weil Schriften ohne eigenen Anleitungs- oder Aufforderungscharakter (sog „inhaltlich neutrale Schriften", zB ein Lehrbuch für den Chemieunterricht[530]) verwendet werden und sich deren Eignung, andere zu einer schweren staatsgefährdenden Gewalttat zu motivieren, erst aus den **Umständen der Verbreitung** ergibt.[531] Hinsichtlich der schweren staatsgefährdenden Gewalttat gilt der Katalog des § 89a Abs 1 StGB. Nach § 91 Abs 1 Nr 2 StGB macht sich auch derjenige strafbar, der **sich** eine entsprechende Schrift **verschafft**, um eine schwere staatsgefährdende Gewalttat zu begehen. In Betracht kommt hier jede Art des Bezugs eines Druckwerkes sowie auch das **Herunterladen und Speichern** von Dateien aus dem Internet,[532] nicht aber das bloße Betrachten derselben und das damit verbun-

---

523 BGHSt 16, 338, 340; BGHSt 19, 311, 317 f; BGH NStZ 2000, 643, 644; BGH JZ 1963, 402, 403; OLG Celle StV 1983, 284, 285; *Löffler/Ricker* Kap 50 Rn 43.

524 Vgl hierzu ua BVerfGE 81, 278, 294 ff.

525 RGSt 61, 308; OLG Köln NJW 1979, 1562; Schönke/Schröder/*Sternberg-Lieben* § 90a Rn 5; *Schroeder* JR 1979, 89, 93.

526 BGBl 2009 I S 2437.

527 Vgl hierzu auch noch unten Rn 294.

528 Vgl hierzu auch ausf *Fischer* § 91 Rn 1 ff; *Gazeas/Grosse-Wilde/Kießling* NStZ 2009, 593, 601 ff; *Gercke/Brunst* Rn 376a ff; NK/*Paeffgen* § 91 Rn 1 ff; Schönke/Schröder/*Sternberg-Lieben* § 91 Rn 1 ff.

529 BT-Drucks 16/12428, 12 f; *Fischer* § 91 Rn 11.

530 Hierzu auch *Fischer* § 91 Rn 7 mit weiteren Beispielen.

531 Vgl BT-Drucks 16/12428, 17, jeweils unter Angabe des Beispiels der „Verbreitung auf einer islamistischen Internetseite, in der zu Terrorakten aufgerufen wird".

532 *Fischer* § 91 Rn 17; vgl auch Schönke/Schröder/*Sternberg-Lieben* § 91 Rn 5, der das bloße Herunterladen noch nicht ausreichen lassen will.

dene Speichern im Cache-Speicher des Computers.[533] Auch durch eine unverlangt zugesendete E-Mail mit entsprechendem Inhalt wird § 91 Abs 1 Nr 2 StGB nicht verwirklicht.[534] Besondere Bedeutung für die Praxis kommt dem Tatbestandsmerkmal der „Umstände ihrer Verbreitung" zu, welche im Wesentlichen anhand der inhaltlichen Ausgestaltung und Ausrichtung eines Internetangebots zu ermitteln sein dürften. Aufgrund der sehr weiten Vorverlagerung der Strafbarkeit und der tatbestandlichen Unbestimmtheit ist der neue § 91 StGB jedoch sehr starker Kritik ausgesetzt.[535]

e) **Die Kundgabe von Staatsgeheimnissen (§§ 93 ff StGB).** Die im zweiten Abschnitt des Besonderen Teils des StGB geregelten Straftaten des **Landesverrats** und der **Gefährdung der äußeren Sicherheit** sind zwar keine „typischen" Medienstraftaten, gleichwohl kann der Verbreitung insb von **Staatsgeheimnissen** durch die Medien durchaus eine praktische Relevanz zukommen, weshalb die Tatbestände im Folgenden kurz skizziert werden sollen. **211**

aa) **Der Begriff des Staatsgeheimnisses (§ 93 StGB).** Im Zentrum der Straftaten des zweiten Abschnitts des Besonderen Teils des StGB steht der **Begriff des Staatsgeheimnisses**, der in § 93 StGB eine Legaldefinition erfährt. In Anlehnung an den Begriff des „Geheimnisses" allgemein[536] versteht man demnach unter einem Staatsgeheimnis „[...] Tatsachen, Gegenstände oder Erkenntnisse, die nur einem begrenzten Personenkreis zugänglich sind und vor einer fremden Macht geheim gehalten werden müssen, um die Gefahr eines schweren Nachteils für die äußere Sicherheit der Bundesrepublik Deutschland abzuwenden" (Abs 1),[537] wobei § 93 Abs 2 StGB ausdrücklich klarstellt, dass „Tatsachen, die [lediglich] gegen die freiheitlich demokratische Grundordnung oder unter Geheimhaltung gegenüber den Vertragspartnern der Bundesrepublik Deutschland gegen zwischenstaatlich vereinbarte Rüstungsbeschränkungen verstoßen", keine Staatsgeheimnisse darstellen. Durch diesen **Tatbestandsausschluss** soll eine Bestrafung wegen Landesverrats verhindert werden, wie sie im „Fall *Ossietzky*" in der Weimarer Zeit vorgekommen war. In jenem Fall gründete die Verurteilung auf der Veröffentlichung eines Artikels in der „Weltbühne", welcher die heimlich durchgeführte – infolge der eingegangenen völkerrechtlichen Verpflichtung Deutschlands illegale – Aufrüstung der sog „Schwarzen Reichswehr" öffentlich bekannt machte.[538] **212**

Maßstab dafür, was unter einem Staatsgeheimnis zu verstehen ist, ist ein **materieller Geheimnisbegriff.**[539] Entscheidend ist die **objektive Geheimhaltungsbedürftigkeit**, nicht die subjektive Auffassung der Behörde (sog „formeller Geheimnisbegriff"). Allerdings verlangen manche Tatbestände (§§ 95, 96 Abs 2, 97 StGB) auf der Grundlage dieses materiellen Geheimnisbegriffes zusätzlich noch eine faktische Geheimhaltung durch die entsprechende Behörde. **213**

Für den publizistischen Bereich besonders interessant ist die Frage, ob die systematische Erfassung und zuverlässige Zusammenstellung (und Publikation) von **Tatsachen** **214**

---

533 BT-Drucks 16/12428, 18.

534 BT-Drucks 16/12428, 18; Schönke/Schröder/*Sternberg-Lieben* § 91 Rn 5.

535 Vgl zur Kritik ua *Fischer* § 91 Rn 19; *Gazeas/Grosse-Wilde/Kießling* NStZ 2009, 593, 601 f; NK/*Paeffgen* § 91 Rn 4 ff; Schönke/Schröder/*Sternberg-Lieben* § 91 Rn 1.

536 *Fischer* § 203 Rn 4 ff; *Lackner/Kühl* § 203 Rn 14.

537 Vgl zum Begriff des Staatsgeheimnisses aus der Rechtsprechung BGH NJW 1971, 715.

538 Zum „Fall *Ossietzky*" vgl BGH MDR 1993, 167 (Ablehnung des Wiederaufnahmeverfahrens).

539 *Löffler/Ricker* Kap 50 Rn 55; Schönke/Schröder/*Sternberg-Lieben* § 93 Rn 5.

aus verschiedenen Quellen, die öffentlich zugänglich sind, dazu führen kann, dass als „Gesamtbild" ein Staatsgeheimnis mitgeteilt wird (sog **„Mosaiktheorie"**).[540] Dies soll jedenfalls dann der Fall sein, wenn über die bloße Zusammenstellung hinaus durch systematische und sachkundige Analyse eine neue Erkenntnis gewonnen wird, die den materiellen Geheimnisbegriff erfüllt.[541] Obwohl der Wortlaut des § 93 StGB eine solche Auslegung insb im Hinblick auf das Merkmal der **„Erkenntnisse"** zulassen würde, ist diesem Ergebnis zu widersprechen. Was aus allgemein zugänglichen Quellen recherchiert wird, kann auch durch eine sinnvolle Analyse nicht zu einem Geheimnis werden.[542]

215 **bb) Der Landesverrat (§ 94 StGB).** Der Landesverrat zeichnet sich dadurch aus, dass der Täter ein Staatsgeheimnis entweder direkt oder indirekt über einen „Mittelsmann" einer „fremden Macht" mitteilt (Abs 1 Nr 1) oder aber an einen Unbefugten gelangen lässt (Abs 1 Nr 2 Alt 1) oder – für Medien bedeutsam – öffentlich bekannt macht (Abs 1 Nr 2 Alt 2), wobei der Täter in den Fällen der Nr 2 – im Gegensatz zum bloßen Offenbaren von Staatsgeheimnissen (§ 95 StGB) – gerade in der **Absicht** handeln muss, die **Bundesrepublik Deutschland zu benachteiligen oder** die **fremde Macht zu begünstigen.** Diese Absicht fehlt zB dann, wenn der Täter das Geheimnis „nur" aus Profitgier – oder zur Auflagensteigerung – verbreitet.[543] Das Delikt ist als **konkretes Gefährdungsdelikt** ausgestaltet, dh durch das Verhalten muss die Gefahr eines schweren Nachteils für die äußere Sicherheit der Bundesrepublik Deutschland herbeigeführt werden. Die Tat ist in ihrem Grundtatbestand ein Verbrechen iSd § 12 Abs 1 StGB (Freiheitsstrafe nicht unter einem Jahr) und kann nach Abs 2 sogar mit Freiheitsstrafe nicht unter fünf Jahren oder mit lebenslanger Freiheitsstrafe geahndet werden, wenn der Täter eine verantwortliche Stellung missbraucht, die ihn zur Wahrung von Staatsgeheimnissen besonders verpflichtet (Abs 2 S 2 Nr 1) oder wenn er die Gefahr eines „besonders" schweren Nachteils für die äußere Sicherheit der Bundesrepublik herbeiführt (Abs 2 S 2 Nr 2).

216 **cc) Das Offenbaren und die Preisgabe von Staatsgeheimnissen (§§ 95, 97 StGB).** Handelt der Täter bei der Weitergabe eines Staatsgeheimnisses an einen Unbefugten oder – im vorliegenden Zusammenhang relevant – bei einer öffentlichen Bekanntgabe ohne die in § 94 Abs 1 Nr 2 StGB vorausgesetzte Absicht, die Bundesrepublik Deutschland zu benachteiligen oder eine fremde Macht zu begünstigen, dann liegt „lediglich" eine Straftat nach § 95 StGB (Offenbaren von Staatsgeheimnissen) vor, deren Strafrahmen mit Freiheitsstrafe von sechs Monaten bis zu fünf Jahren vergleichsweise milde ist und die Tat – im Unterschied zu § 94 StGB – zu einem Vergehen iSd § 12 Abs 2 StGB macht. Entscheidend ist hierbei allerdings, dass das Staatsgeheimnis zudem noch von einer amtlichen Stelle selbst, oder auf deren Veranlassung

---

540 Vgl zu dieser „Mosaiktheorie" *Löffler/Ricker* Kap 50 Rn 56; SK/*Rudolphi* § 93 Rn 14 ff.

541 RGSt 25, 45, 50; BGHSt 7, 234, 234 f; BGHSt 15, 17, 17 f; *Fischer* § 93 Rn 4; *Jescheck* JZ 1967, 6, 9 f; *Lackner/Kühl* § 93 Rn 2; LK/*Träger* 11. Aufl § 93 Rn 5; *Löffler/Ricker* Kap 50 Rn 56.

542 So auch Schönke/Schröder/*Sternberg-Lieben* § 93 Rn 11 ff; vgl auch BVerfGE 20, 162, 180 f – zur Unanwendbarkeit der Mosaiktheorie im Bereich des publizistischen Landesverrats gem § 99 Abs 1 StGB.

543 *Fischer* § 94 Rn 5, 7; *Löffler/Ricker* Kap 50 Rn 59; Schönke/Schröder/*Sternberg-Lieben* § 94 Rn 12; vgl aber auch LK/*Träger* 11. Aufl § 94 Rn 7.

hin, geheim gehalten wird[544] und der Täter durch sein Verhalten die Gefahr eines schweren Nachteils für die äußere Sicherheit der Bundesrepublik herbeiführt (konkretes Gefährdungsdelikt). Dabei muss diese Gefährdung vom (jedenfalls bedingten) Vorsatz des Täters umfasst sein. Hintergrund dieser Strafnorm ist, dass auch Fälle des sog **„Publizistischen Landesverrats"** unter Strafe gestellt werden sollen, in denen der Täter aus dem subjektiv verstandenen Interesse heraus, dem Wohl der Bundesrepublik und dem öffentlichen Informationsbedürfnis zu dienen, Staatsgeheimnisse verrät, die von der Behörde geheim gehalten werden wollen.[545]

Handelt der Täter im Hinblick auf diese Gefahr nicht vorsätzlich, sondern fahrlässig, ist die Tat als **„Preisgabe von Staatsgeheimnissen"** nach § 97 Abs 1 StGB strafbar (Strafrahmen: Freiheitsstrafe bis zu fünf Jahren oder Geldstrafe). Für den, der darüber hianus das Geheimnis nicht vorsätzlich, sondern leichtfertig an einen Unbefugten gelangen lässt, gilt § 97 Abs 2 StGB mit einem Strafrahmen von Freiheitsstrafe bis zu drei Jahren oder Geldstrafe. **217**

Wenn die §§ 95, 97 StGB als Tathandlung vom **„Gelangenlassen"** sprechen, so wird hiervon sowohl ein **Tun** als auch ein **Unterlassen** erfasst. Die Übergabe von geheimen Akten an die Presse stellt im Rahmen dieser Tatbestände eine Weitergabe an „Unbefugte" dar, da Medienunternehmen keine generelle Befugnis zur Kenntnis von Staatsgeheimnissen zusteht.[546] Dient die Weitergabe der Akten dazu, illegale Zustände aufzudecken, schließt dies daher nicht den Tatbestand aus, sondern kann **allenfalls** zu einer **Rechtfertigung** führen. Dabei stellt allerdings die Meinungs- und Pressefreiheit nicht per se einen solchen Rechtfertigungsgrund dar. Allerdings kann hier aus dem allgemeinen Prinzip der Güterabwägung heraus – Abwägung zwischen den Erfordernissen des Staatsschutzes einerseits und der Informationsfreiheit andererseits – im **Einzelfall** ein **übergesetzlicher Rechtfertigungsgrund** abgeleitet werden.[547] Dieses Recht steht dann aber jedem Staatsbürger zu, die Medien nehmen diesbezüglich keine Sonderstellung oder privilegierte Stellung ein.[548] **218**

dd) **Das „Sich-Verschaffen" von Staatsgeheimnissen (§ 96 StGB). Vorbereitungshandlungen** zu den Straften der §§ 94, 95 StGB werden in § 96 StGB unter dem Titel „Landesverräterische Ausspähung" (Abs 1 – Vorbereitung einer Tat nach § 94 StGB) und „Auskundschaften von Staatsgeheimnissen" (Abs 2 – Vorbereitung einer Tat nach § 95 StGB) unter Strafe gestellt. Tathandlung ist hierbei das **„Sich-Verschaffen"** solcher Geheimnisse in der Absicht, diese zu verraten bzw zu offenbaren. Dabei setzt ein Verschaffen ein **aktives Tun**, eine aktive Recherche voraus. Wem als Pressevertreter ein Geheimnis ohne sein Zutun zugespielt wird, „verschafft" sich dieses folglich nicht, auch wenn er die Akten nicht sogleich zurückgibt. Sobald eines der Delikte der §§ 94, 95 StGB wenigstens versucht wurde, tritt § 96 StGB zurück.[549] **219**

ee) **Der Verrat illegaler Geheimnisse (§§ 97a, 97b StGB).** Bei der Begriffsbestimmung des „Staatsgeheimnisses" wurde darauf hingewiesen, dass auf Grund der Son- **220**

544 Vgl zu dieser Kombination von materiellem und formellem Geheimnisbegriff bereits oben Rn 213.

545 Vgl hierzu aus der Rechtsprechung BVerfGE 20, 162, 178 ff – Spiegel; BVerfGE 21, 239; BVerfG NJW 1970, 1498 – Pätsch.

546 *Löffler/Ricker* Kap 50 Rn 61.

547 *Löffler/Ricker* Kap 50 Rn 62; Schönke/Schröder/*Sternberg-Lieben* § 95 Rn 12 ff.

548 *Baumann* JZ 1966, 329, 335; *Jescheck* JZ 1967, 6, 10; *Löffler/Ricker* Kap 50 Rn 62; Schönke/Schröder/*Sternberg-Lieben* § 95 Rn 16 f; *Stree* JZ 1963, 527, 531.

549 BGHSt 6, 385, 390 – zu § 100 StGB aF.

dervorschrift des § 93 Abs 2 StGB „Tatsachen, die gegen die freiheitliche Grundordnung oder unter Geheimhaltung gegenüber Vertragspartnern der Bundesrepublik Deutschland gegen zwischenstaatliche Rüstungsbeschränkungen verstoßen […]“, **keine Staatsgeheimnisse** sind.[550] Dennoch ist derjenige, der ein solches sog „illegales Geheimnis“ an eine fremde Macht oder einen Mittelsmann einer solchen mitteilt, und dadurch die Gefahr eines schweren Nachteils für die äußere Sicherheit der Bundesrepublik Deutschland herbeiführt, nach § 97a StGB **wie ein Landesverräter** – dh mit Freiheitsstrafe nicht unter einem Jahr – zu bestrafen. Im Gegensatz zu § 94 StGB wird hier also **ausschließlich** die **geheime Weitergabe**, nicht aber (wie in § 94 Abs 1 Nr 2 StGB) die öffentliche Bekanntgabe unter Strafe gestellt.

221 Hält der Täter ein „echtes“ Staatsgeheimnis (vgl § 93 Abs 1 StGB) lediglich für ein „illegales“ Geheimnis iSd § 93 Abs 2 StGB, so enthält § 97b StGB einen eigenständigen Straftatbestand für diese **Irrtumskonstellation**, die einer weitergehenden Privilegierungswirkung dieses Irrtums entgegensteht.

222 ff) **Die landesverräterische Fälschung (§ 100a StGB).** Nicht nur die Weitergabe oder öffentliche Bekanntgabe tatsächlicher Staatsgeheimnisse, sondern auch diejenige unzutreffender Informationen kann die äußere Sicherheit der Bundesrepublik gefährden, weshalb § 100a StGB für diesen Fall einen eigenen Straftatbestand enthält.[551] Voraussetzung ist, dass der Täter diese **falschen Informationen „als echt“ in Umlauf setzt.** Tatmittel müssen „gefälschte oder verfälschte Gegenstände, Nachrichten darüber oder unwahre Behauptungen tatsächlicher Art“ sein, also zB die Weitergabe eines angeblichen Geheimprotokolls, aus dem sich ergeben soll, dass die Regierung einen Angriffskrieg plane. Erfasst ist also **nur** die **Weitergabe von Fakten**, nicht von eigenen Einschätzungen und Bewertungen. Der Täter muss zudem wider besseres Wissen handeln, sodass zB die Publikation einer brisanten Nachricht, die der Betreffende in Abweichung von der Wirklichkeit für echt bzw wahr hält, nicht erfasst ist. In § 100a Abs 2 StGB wird darüber hinaus auch die **Vorbereitung** einer solchen Tat (ua durch die bloße Herstellung oder Fälschung eines entsprechenden Tatgegenstandes) unter Strafe gestellt.

223 f) **Störpropaganda gegen die Bundeswehr (§ 109d StGB).** Über § 109d StGB wird die **Bundeswehr** gegen die Verbreitung sie betreffender verleumderischer Nachrichten geschützt. Verboten ist die Verbreitung von „unwahren oder gröblich entstellenden Behauptungen tatsächlicher Art“ sowie bereits das Aufstellen entsprechender Behauptungen. Es geht also auch hier um das **Verbot der Verbreitung von unechten oder unwahren Fakten** – Werturteile oder subjektive Einschätzungen sind wiederum nicht erfasst.[552] Die Informationen müssen ferner geeignet sein, „die Tätigkeit der Bundeswehr zu stören“. Liegt eine solche Eignung vor, dann ist nicht erst die Verbreitung, sondern bereits die **Aufstellung** einer solchen Behauptung **zum Zweck der Verbreitung** unter Strafe gestellt, wobei im Rahmen des § 109d StGB – im Gegensatz zu § 186 StGB – mit „Verbreitung“ hier die Weitergabe an einen größeren Personenkreis gemeint ist.[553] Dabei wird der Tatbestand im subjektiven Bereich in zweierlei Hinsicht eingeschränkt. Zunächst muss der Täter hinsichtlich der Unwahrheit der aufgestellten oder verbreiteten Tatsache „wider besseres Wissen“ handeln, also positive Kenntnis

---

550 Vgl oben Rn 212.

551 Zu einer solchen „Staatsverleumdung“ vgl BGHSt 10, 163, 172 f.

552 *Fischer* § 109d Rn 4; *Löffler/Ricker* Kap 51 Rn 4; vgl aus der Rechtsprechung BGH JR 1977, 28.

553 *Fischer* § 109d Rn 3; *Löffler/Ricker* Kap 51 Rn 3.

ihrer Unwahrheit haben, sodass die Weitergabe einer Tatsache, die der Betreffende irrtümlich für echt hält, nicht erfasst ist. Ferner muss er in der Absicht handeln, „die Bundeswehr in der Erfüllung ihrer Aufgabe der Landesverteidigung zu behindern".

g) Sicherheitsgefährdendes Abbilden (§ 109g StGB). Nach § 109g StGB macht sich strafbar, wer wissentlich die **Sicherheit der Bundesrepublik Deutschland** oder die **Schlagkraft der Truppe** dadurch gefährdet (konkretes Gefährdungsdelikt), dass er entweder von militärischen Anlagen oder Vorgängen Abbildungen oder Beschreibungen (Abs 1) oder von einem Luftfahrzeug aus Fotos von einem inländischen Gebietsteil oder Gegenständen (Abs 2) **anfertigt**. Strafbar ist es ferner – und das ist für Medienunternehmen interessant – eine solche Abbildung oder Beschreibung an einen anderen **gelangen zu lassen**, also zB zu veröffentlichen. **224**

Insoweit ist es nicht nur verboten, Fotografien ohne Genehmigung zu veröffentlichen, sondern es ist auch untersagt (Abs 1), Zeichnungen, Skizzen oder in Worte gefasste Beschreibungen von Wehrmitteln, militärischen Einrichtungen oder Anlagen oder militärischen Vorgängen an andere weiterzugeben. Nicht erfasst sind hingegen Anlagen, die nicht unmittelbar dem Zweck der Bundeswehr dienen oder deren Verfügungsgewalt unterstehen wie zB Abbildungen militärischer Zulieferungsbetriebe.[554] Im Hinblick auf Abs 1 enthält Abs 4 noch eine Erweiterung der Strafbarkeit auf Personen, welche die beschriebene Gefahr nicht wissentlich, sondern lediglich (bedingt) vorsätzlich oder leichtfertig herbeiführen.[555] Die Strafbarkeit entfällt hier allerdings, wenn der Täter mit **Erlaubnis der zuständigen Dienststelle** gehandelt hat. **225**

h) Verletzung des Dienstgeheimnisses und einer besonderen Geheimhaltungspflicht (§ 353b StGB). Ein Amtsträger (bzw eine sonstige in Abs 1 Nr 2 oder 3 genannte Person), dem ein Geheimnis anvertraut worden oder sonst bekannt geworden ist, macht sich nach § 353b Abs 1 StGB strafbar, wenn er dieses Geheimnis unbefugt offenbart und dadurch vorsätzlich oder fahrlässig wichtige öffentliche Interessen gefährdet. Geschieht dies gegenüber einem Journalisten, der auf der Grundlage des ihm offenbarten Geheimnisses einen Zeitungsartikel oder einen Radio- bzw Fernsehbericht verfasst, so wird oft fraglich sein, ob sich der Journalist wegen einer Anstiftung, § 26 StGB (sofern er auf den Amtsträger aktiv zugegangen ist)[556], oder einer Beihilfe, § 27 StGB, zu § 353b StGB strafbar gemacht hat.[557] Letzteres ist indes problematisch. Denn die bloße Entgegennahme eines Geheimnisses durch den Journalisten ist nach den Grundsätzen der „notwendigen Teilnahme" an sich straflos. Da durch die Mitteilung an den Journalisten zudem die Verletzung des Dienstgeheimnisses bereits vollendet ist, ist eine Beihilfe hieran durch die anschließende Publikation nur dann möglich, wenn man die Möglichkeit einer „sukzessiven Beihilfe" mit der Rechtsprechung[558] – **226**

---

554 *Fischer* § 109g Rn 2; *Löffler/Ricker* Kap 51 Rn 6; Schönke/Schröder/*Eser* § 109g Rn 7.

555 Vgl hierzu auch den Fall BGH bei *Schmidt* MDR 1994, 237, 238.

556 Vgl hierzu *Riklin* GA 2006, 361; vgl zudem aus der Schweiz BGE 127 IV 22.

557 Vgl hierzu bereits oben Rn 66; ferner BVerfGE 117, 244 – Cicero; BayObLG NStZ 1999, 568; *Behm* AfP 2000, 421; *Brüning* NStZ 2006, 253; *Fritze/Holzbach* FS Tilmann 937, 940 ff; zur vergleichbaren Problematik im Rahmen des § 203 Abs 2 oben Rn 152.

558 RGSt 52, 202, 203; RGSt 71, 193, 194; BGHSt 2, 344, 346; BGHSt 3, 40, 43 f; BGHSt 4, 132, 133; BGHSt 6, 248, 251; BGHSt 14, 280, 281; BGHSt 19, 323, 325; BGH NStZ 2000, 594; BGH NStZ 2007, 35, 36; BayObLG NStZ 1999, 568; OLG Bamberg NJW 2006, 2935, 2937 f; ebenso *Baumann/Weber/Mitsch* § 28 Rn 4 f, § 31 Rn 25; *Jescheck/Weigend* § 64 III 2b; Schönke/Schröder/*Cramer/Heine* § 27 Rn 17.

und entgegen der wohl hM in der Literatur[559] – im Stadium zwischen Vollendung und Beendigung einer Tat überhaupt noch für zulässig ansieht. Bei den mitgeteilten Informationen wird es sich oft um Missstände innerhalb der Behörde handeln, an deren Aufdeckung an sich auch durchaus ein öffentliches Interesse besteht. Hinzuweisen ist allerdings darauf, dass aus dem Anwendungsbereich des § 353b StGB solche Geheimnisse ausscheiden, die der Amtsträger selbst geschaffen hat, zB die Festsetzung eines Durchsuchungstermins im Rahmen eines strafrechtlichen Ermittlungsverfahrens. Gibt der Staatsanwalt diesen Termin an die Presse weiter, damit diese vor Ort berichten kann, handelt es sich nicht um ein Geheimnis, welches dem Staatsanwalt „anvertraut" worden oder „sonst bekannt geworden" ist.[560] Da die Behörde bzw die Staatsanwaltschaft oftmals ein Interesse daran haben wird, zu erfahren, welche Person als Informant (und damit als Haupttäter des § 353b StGB) gedient hat, ist oft fraglich, ob die Redaktionsräume nach entsprechendem Material durchsucht und dieses gegebenenfalls beschlagnahmt werden darf.[561] Zu beachten ist hier allerdings das Beschlagnahmeverbot des § 97 Abs 5 iVm § 53 Abs 1 S 1 Nr 5 StPO (Zeugnisverweigerungsrecht von Medienmitarbeitern). Dieses gilt jedoch nach § 97 Abs 5 S 2 iVm § 97 Abs 2 S 3 StPO dann nicht, wenn der Medienmitarbeiter in dem Verdacht steht, an der Straftat beteiligt gewesen zu sein. Erst recht nicht gilt das Beschlagnahmeverbot, wenn er selbst Beschuldigter oder Mitbeschuldigter der Straftat ist (also nicht „nur" ein Verdacht besteht). In der Praxis wird daher mitunter ein solcher Beteiligungsverdacht „konstruiert", um ein Beschlagnahmeverbot zu umgehen.[562]

227 i) **Verbotene Mitteilungen über Gerichtsverhandlungen (§ 353d StGB).** Systematisch an falscher Stelle – inmitten der in der Regel nur von Amtsträgern begehbaren Amtsdelikte der §§ 331 ff StGB – befindet sich die für Medienunternehmen relevante, wenn auch in der Praxis nur selten zur Anwendung kommende,[563] Strafvorschrift der „Verbotenen Mitteilungen über Gerichtsverhandlungen" (§ 353d StGB), die insgesamt drei Tatvarianten (bei Strafdrohung von jeweils Freiheitsstrafe bis zu einem Jahr oder Geldstrafe) beinhaltet.

228 Nach § 353d Nr 1 StGB wird derjenige bestraft, der entgegen einem **gesetzlichen Verbot** über eine nichtöffentliche Gerichtsverhandlung oder über den Inhalt eines diese Sache betreffenden amtlichen Schriftstückes öffentlich eine Mitteilung macht. Ein solches Verbot enthält derzeit (nur) § 174 Abs 2 GVG: „Soweit die Öffentlichkeit wegen Gefährdung der Staatssicherheit ausgeschlossen wird, dürfen Presse, Rundfunk und Fernsehen keine Berichte über die Verhandlungen und den Inhalt eines die Sache betreffenden amtlichen Schriftstücks veröffentlichen." Eine generelle Ausdehnung auf Verfahren, bei denen die Öffentlichkeit kraft Gesetzes ausgeschlossen ist (§ 48 Abs 1 JGG, §§ 170, 171b Abs 2 GVG), ist somit nicht möglich. Die Vorschrift dient daher **ausschließlich** der **Staatssicherheit**. Insoweit sind auch nur solche Mitteilungen erfasst, die Gegenstände betreffen, weswegen die Öffentlichkeit ausgeschlossen wurde.[564] Ist

559 *Geppert* JURA 1999, 266, 272; *Jakobs* 22/39; *Kudlich* JA 2007, 308; *Kühl* § 20 Rn 236 ff; *ders* JuS 2002, 729, 734; LK/*Roxin* 11. Aufl § 27 Rn 35; LK/*Schünemann* 12. Aufl § 27 Rn 44; MünchKommStGB/*Joecks* § 27 Rn 17 ff; NK/*Kindhäuser* § 242 Rn 131; *Sengbusch* JURA 2007, 623, 630; SK/*Hoyer* § 27 Rn 18; *Steffan* JuS 2007, 348, 351; *Roxin* AT II § 26 Rn 259 ff.

560 OLG Düsseldorf NJW 2005, 1791, 1798; OLG Dresden NJW 2007, 3509; Schönke/Schröder/*Perron* § 353b Rn 7.

561 Vgl hierzu näher unten Rn 390 ff.

562 BVerfGE 117, 244 – Cicero.

563 BGHSt 23, 64, 70 f.

564 Schönke/Schröder/*Perron* § 353d Rn 10; aA RGSt 38, 303, 304 f; *Fischer* § 353d Rn 3; LK/*Träger* 11. Aufl § 353d Rn 13.

dies der Fall, dann muss eine konkrete Eignung, durch die Mitteilung die Staatssicherheit zu gefährden, nicht mehr festgestellt werden (**abstraktes Gefährdungsdelikt**).[565] Da § 174 Abs 2 GVG nur die Berichterstattung durch Presse, Rundfunk und Fernsehen betrifft, sind auch nur solche Personen als Täter erfasst, die bei den genannten Medien tätig sind. § 353d Nr 1 StGB stellt damit faktisch ein Sonderdelikt dar, was zur Folge hat, dass sich **Privatpersonen** – zB in Leserbriefen oder Rundfunkinterviews – **straffrei** öffentlich äußern können.[566]

Nach der zweiten Tatvariante (§ 353d Nr 2 StGB) macht sich strafbar, wer entgegen einer gesetzlich oder gerichtlich angeordneten **Schweigepflicht** (vgl § 174 Abs 3 GVG) Tatsachen unbefugt offenbart, die durch eine nichtöffentliche Gerichtsverhandlung oder durch ein die Sache betreffendes amtliches Schriftstück zu seiner Kenntnis gelangt sind. Erfasst ist (vgl die Aufzählung in § 174 Abs 3 GVG) neben dem Ausschluss der Öffentlichkeit wegen Gefährdung der Staatssicherheit (§ 172 Nr 1 GVG) auch ein solcher zum Schutz der Privatsphäre (§ 171b GVG) oder eines Geschäfts- oder privaten Geheimnisses (§ 172 Nr 2 und Nr 3 GVG). Zusätzlich zu dem angeordneten Ausschluss der Öffentlichkeit muss das Gericht aber auch die Schweigepflicht nach § 174 Abs 3 GVG konkret anordnen. Betroffen sind davon sämtliche im Gerichtssaal nach Ausschluss der Öffentlichkeit verbliebenen Personen. Die Vorschrift stellt also im Gegensatz zu § 353d Nr 1 StGB **kein Sonderdelikt** für Presse, Rundfunk und Fernsehen dar.[567] **229**

Schließlich macht sich nach § 353d Nr 3 StGB strafbar, wer **amtliche Schriftstücke** (insb eine Anklageschrift), die ein Straf-, Bußgeld- oder Disziplinarverfahren betreffen, ganz oder in wesentlichen Teilen im Wortlaut öffentlich mitteilt, bevor sie in öffentlicher Verhandlung erörtert worden sind oder das Verfahren abgeschlossen worden ist. Dieses **Publikationsverbot** soll einerseits dazu dienen, die Unbefangenheit der am Verfahren beteiligten Personen zu schützen, was insb im Hinblick auf die Laienrichter und die Zeugen relevant wird, die nicht durch eine (möglicherweise gezielte) Vorabinformation beeinflusst werden sollen.[568] Andererseits sollen die Betroffenen vor einer Bloßstellung oder öffentlichen Vorverurteilung bereits vor Verfahrensbeginn bzw während des Verfahrens geschützt werden.[569] Nach dem eindeutigen Wortlaut wird nur die unmittelbare vollständige oder auszugsweise wörtliche Wiedergabe des Schriftstückes von der Strafnorm erfasst, nicht aber die Mitteilung ihres Inhalts an sich. So kann schon eine geringfügige textliche Veränderung genügen, um die Strafbarkeit entfallen zu lassen.[570] Dies erscheint durchaus problematisch, denn auch letzteres läuft dem Schutzzweck der Vorschrift an sich zuwider. Insoweit wurde auch vielfach bezweifelt, ob die Einschränkung der Pressefreiheit im Hinblick auf den nur fragmentarisch erreichten Schutz überhaupt zulässig ist.[571] Das BVerfG bestätigte jedoch die Verfassungsmäßigkeit der Vorschrift.[572] Bei einer **auszugsweisen Wiedergabe** des Inhalts muss geprüft werden, ob der Schriftsatz „in wesentlichen Teilen" mitgeteilt wird. Dies **230**

---

565 Schönke/Schröder/*Perron* § 353d Rn 3.

566 *Löffler/Ricker* Kap 58 Rn 9; Schönke/Schröder/*Perron* § 353d Rn 7.

567 Vgl hierzu *Löffler/Ricker* Kap 58 Rn 10; Schönke/Schröder/*Perron* § 353d Rn 26 f.

568 BT-Drucks IV/650, 639 ff; hierzu auch BVerfGE 71, 206, 216 ff – Flick.

569 BT-Drucks 7/1261, 23; BVerfGE 71, 206, 216 f – Flick, *Wilhelm* NJW 1994, 1520, 1521; vgl auch *Hassemer* NJW 1985, 1921, 1923.

570 *Löffler/Ricker* Kap 58 Rn 7; Schönke/Schröder/*Perron* § 353d Rn 49; aA *Fischer* § 353d Rn 6; LK/*Träger* 11. Aufl § 353d Rn 58.

571 OLG Köln JR 1980, 473, 474; *Schomburg* ZRP 1982, 142.

572 BVerfGE 71, 206 – Flick mit zust Anm von *Bottke* NStZ 1987, 314; *Hoffmann-Riem* JZ 1986, 494; für eine Streichung der Vorschrift hingegen *Leutheusser-Schnarrenberger* ZRP 2007, 249, 251.

scheidet jedenfalls dann aus, wenn Textpassagen oder Zitate aus dem Zusammenhang gerissen werden.[573] Auch die bloße Mitteilung des Anklagesatzes unter Ausklammerung der wesentlichen Ermittlungsergebnisse soll noch nicht genügen,[574] was jedoch zweifelhaft ist. Unter den Begriff der **„amtlichen Schriftstücke"** fallen dabei nicht nur solche, die – wie zB eine Anklageschrift – staatlichen Ursprungs sind, sondern auch Urkunden privater Verfasser, die im Rahmen der genannten Verfahren in dienstliche Verwahrung genommen wurden.[575] Dies ergibt sich zwar nicht zwingend aus dem Wortlaut der Vorschrift, entspricht aber dem Sinn und Zweck der Regelung. Der Schutz beginnt regelmäßig mit dem Beginn des (Ermittlungs-)Verfahrens und endet, wenn das amtliche Schriftstück in einer öffentlichen Verhandlung erörtert (dh jedoch nicht zwingend: wörtlich vorgelesen) wurde oder das Verfahren abgeschlossen ist. Mit dem Abschluss des Verfahrens ist der Zeitpunkt gemeint, in dem die jeweilige Entscheidung ergeht.[576] Eine rechtskräftige Beendigung des Verfahrens ist nicht erforderlich.[577] Dies wird einerseits vom Schutzzweck der Vorschrift nicht gefordert und würde andererseits auch dazu führen, dass bei einer Publikation und Erörterung von instanzgerichtlichen Entscheidungen in der Fachpresse nicht alle Erkenntnisquellen genutzt werden könnten.

3. Die Verbreitung rechtswidriger Inhalte

231 **a) Das Verbreiten von Propagandamitteln verfassungswidriger Organisationen (§ 86 StGB).** § 86 StGB soll die Unterstützung verfassungswidriger Organisationen verhindern. Insoweit ist es verboten, rechtsstaatsgefährdende Propagandamittel dieser Organisationen in Umlauf zu bringen. Die Vorschrift ist – obwohl sie die Grundrechte der Meinungs-, Informations- und Pressefreiheit einschränkt – mit dem Grundgesetz vereinbar.[578]

232 Was unter **Propagandamittel** zu verstehen ist, regelt § 86 Abs 2 StGB. Hiernach sind nur **Schriften** iSd § 11 Abs 3 StGB[579] erfasst, deren Inhalt **gegen die freiheitlich demokratische Grundordnung oder den Gedanken der Völkerverständigung** verstößt. Einschränkend wird von der Rechtsprechung verlangt, dass die genannten Zwecke mit einer **aktiv kämpferischen, aggressiven Tendenz** verfolgt werden[580] und sich gerade gegen die Verwirklichung der angegriffenen Grundwerte in der Bundesrepublik richten, sodass vorkonstitutionelle Schriften ausscheiden.[581]

233 Erfasst sind nur Propagandamittel bestimmter, in § 86 Abs 1 StGB abschließend aufgezählter Organisationen. Dabei handelt es sich um vom BVerfG für verfassungswidrig erklärte Parteien oder deren Ersatzorganisationen (Nr 1), bestimmte verbotene

---

573 *Löffler/Ricker* Kap 58 Rn 7; Schönke/Schröder/*Perron* § 353d Rn 50; aA *Fischer* § 353d Rn 6.

574 OLG Hamm NJW 1977, 967, 968; OLG Köln JR 1980, 473; *Löffler/Ricker* Kap 58 Rn 7; aA *Fischer* § 353d Rn 6a, welche den Schutz des Anklagesatzes uneingeschränkt bejahen.

575 OLG Hamburg NStZ 1990, 283, 283 f; *Löffler/Ricker* Kap 58 Rn 6; Schönke/Schröder/*Perron* § 353d Rn 13; aA AG Hamburg NStZ 1988, 411; *Lackner/Kühl* § 353d Rn 4.

576 *Bottke* NStZ 1987, 314, 317; *Löffler/Ricker* Kap 58 Rn 8; Schönke/Schröder/*Perron* § 353d Rn 57; vgl auch OVG Bremen NJW 1989, 926 zur Gleichbehandlung von Fachzeitschriften bei der Veröffentlichung von Gerichtsentscheidungen.

577 So aber OLG Köln JR 1980, 473; *Fischer* § 353d Rn 6a; *Lackner/Kühl* § 353d Rn 4.

578 BGHSt 23, 64, 70 f.

579 Vgl zum Schriftenbegriff des § 11 Abs 3 StGB oben Rn 55 ff.

580 BGHSt 23, 64, 72.

581 BGHSt 29, 73, 75 ff; krit hierzu *Gotke* JA 1980, 125; NK/*Paeffgen* § 86 Rn 16, 45.

Vereine (Nr 2), ausländische Organisationen, welche die vorgenannten Parteien oder Vereine unterstützen (Nr 3), sowie NS-Nachfolgeorganisationen (Nr 4).

Tathandlung ist in erster Linie das **Verbreiten** solcher Schriften, wobei lediglich die Verbreitung **im Inland** erfasst ist. Darüber hinaus wird jedoch auch bestraft, wer die Schriften **herstellt, vorrätig hält, einführt** oder **ausführt**, um sie im Inland oder Ausland zu verbreiten. Schließlich ist als Tathandlung auch noch das **öffentliche Zugänglichmachen in Datenspeichern** erfasst.[582] **234**

Einen – insb für Medienunternehmen relevanten – Ausschlusstatbestand regelt § 86 Abs 3 StGB (sog **„Sozialadäquanzklausel"**), der in gleicher Weise auch für die Verwendung von Kennzeichen verbotener Organisationen (§ 86a StGB)[583] oder volksverhetzender Äußerungen (§ 130 StGB)[584] gilt, weshalb die Klausel an dieser Stelle umfassend erörtert werden soll. Hiernach entfällt der Tatbestand,[585] wenn entweder das Propagandamittel selbst oder aber die Tathandlung der staatsbürgerlichen Aufklärung, der Abwehr verfassungswidriger Bestrebungen, der Kunst oder der Wissenschaft, der Forschung oder der Lehre, der Berichterstattung über Vorgänge des Zeitgeschehens oder der Geschichte oder ähnlichen Zwecken dient. Leitgedanke dieser Ausnahmen ist, dass das Verbreiten der Propagandamittel in **Umkehrung ihres ursprünglichen Sinngehaltes** hier gerade dem **Schutz der verfassungsmäßigen Ordnung** dient,[586] weshalb § 86 Abs 3 StGB wiederum in all denjenigen Fällen ausscheidet, in denen – trotz Vorschiebens der genannten Gründe – das Verbreiten letztlich doch der Agitation und Propaganda (und sei es auch seitens der politischen Gegner) dienen soll.[587] **235**

Als **staatsbürgerliche Aufklärung** sind alle Handlungen anzusehen, die der Vermittlung von Wissen zur Anregung der politischen Willensbildung und Verantwortungsbereitschaft der Staatsbürger und dadurch der Förderung ihrer politischen Mündigkeit durch Information dienen.[588] Hiernach scheidet eine Strafbarkeit aus, wenn das (Propaganda-)Material in Aufklärungsfilmen, Ausstellungen, Geschichtsbüchern, als Schaubilder und Tonwiedergaben in politischen Seminaren oder sonst zu Unterrichtszwecken eingesetzt wird. Die staatsbürgerliche Aufklärung ist dabei kein Privileg von Schulen und sonstigen politischen Bildungsstätten, sondern kann auch durch Presse, Rundfunk, Fernsehen und sogar durch Privatpersonen durchgeführt werden.[589] Allerdings kann eine staatsbürgerliche **Aufklärung nicht durch die verfassungswidrige Organisation selbst** erfolgen.[590] **236**

Zur **Abwehr verfassungsfeindlicher Bestrebungen** dürfen Propagandamittel insb dann verwendet werden, wenn das Verhalten dazu dient, bestimmte Behörden oder die Bevölkerung zur Mitwirkung bei der Aufdeckung dieser Bestrebungen aufzurufen. Als verfassungswidrige Bestrebungen sind dabei **sämtliche politische Erscheinungsformen** anzusehen, die nach Ansicht eines größeren Bevölkerungsteils (bereits) den **237**

582 Vgl zu den einzelnen Tathandlungen ausf oben Rn 170 ff.
583 Vgl hierzu unten Rn 240 ff.
584 Vgl hierzu unten Rn 244 f.
585 *Fischer* § 86a Rn 20; *Lackner/Kühl* § 86a Rn 8; Schönke/Schröder/*Sternberg-Lieben* § 86a Rn 10; aA *Greiser* NJW 1969, 1155, 1156; differenzierend NK/*Paeffgen* § 86 Rn 38 ff.
586 *Greiser* NJW 1972, 1556, 1557.
587 Vgl hierzu *Greiser* NJW 1972, 1556, 1557.
588 BGHSt 23, 226, 227; OLG Stuttgart MMR 2006, 387, 389; LK/*Laufhütte* 11. Aufl § 86 Rn 20; hierzu auch *Kohlmann* JZ 1971, 681.
589 OLG Stuttgart MMR 2006, 387, 389; *Fischer* § 86 Rn 19; *Liesching* MMR 2006, 390, 391; *Maurach/Schroeder/Maiwald* BT 2 § 84 Rn 36.
590 BGHSt 23, 226, 228 f; *Fischer* § 86 Rn 10; aA *Kohlmann* JZ 1971, 681, 682 f.

Verdacht grundgesetzwidriger Bestrebungen rechtfertigen können.[591] Wiederum ist hier allerdings eine Tätigkeit durch die verfassungswidrige Organisation selbst ebenso ausgeschlossen wie eine Handlung, die in erster Linie der Propaganda, Agitation oder Werbung seitens des politischen Gegners dient.[592]

238 Zulässig ist ferner eine Verbreitung der Propagandamittel zu Zwecken der **Kunst oder der Wissenschaft**, der **Forschung** oder der **Lehre**, der Berichterstattung über Vorgänge des **Zeitgeschehens** oder der **Geschichte**. Hierunter fällt insb das Verwenden der Propagandamittel in Theaterstücken, Hörspielen, Filmen und kabarettistischen Darbietungen.

239 Unter die **„ähnlichen Zwecke"** fällt eine Verwendung oder Verbreitung des Propagandamaterials bzw der Kennzeichen (vgl § 86a StGB), wenn dies sozial üblich oder nützlich ist und einer historisch überlieferten und sozialethisch gebilligten Gepflogenheit entspricht.[593] Maßstab der Beurteilung muss letztlich aber auch hier stets sein, dass nur Verhaltensweisen erfasst werden, die den Schutzzweck der Vorschriften der §§ 86 f StGB offensichtlich nicht beeinträchtigen.[594] Erforderlich ist wiederum stets die konkrete Beurteilung des Einzelfalles. So fällt eine Verwendung von Propagandamitteln aus Übermut oder Scherz regelmäßig nicht in den Schutzbereich des § 86 Abs 3 StGB.[595] Von § 86 Abs 3 StGB regelmäßig erfasst ist hingegen das Verwenden von Propagandamaterial oder Kennzeichen iSd § 86a StGB zum Zwecke der offenkundigen Warnung vor dem Wiederaufleben einer verfassungswidrigen Organisation[596] oder die Verwendung historischer Fotos (zB in einem Lexikon).[597] Auch schützt § 86 Abs 3 StGB unter dem Merkmal der „anderen Zwecke" den Strafverteidiger, sofern dieser gezwungen ist, zur Verteidigung seines Mandanten (zB bei einer Anklage wegen Volksverhetzung gem § 130 StGB) Handlungen vorzunehmen, welche tatbestandlich einen der §§ 86 f StGB erfüllen (zB das wörtliche Zitieren oder sinngemäße Wiedergeben eines Ausspruchs mit verfassungsfeindlichem Inhalt in der öffentlichen Hauptverhandlung).[598] Auszuscheiden ist dagegen die Verwendung und Verbreitung zu rein wirtschaftlichen Zwecken (zB die Vermarktung als Souvenirstücke oder der Einsatz zu „reißerischer" Werbung).[599]

240 **b) Das Verwenden von Kennzeichen verfassungswidriger Organisationen (§ 86a StGB).** § 86a StGB bestraft das Verwenden von Kennzeichen verfassungswidriger Organisationen. Wiederum sind in Abs 1 Nr 1 und Nr 2 verschiedene Tatvarianten aufgezählt, die auch von Medienunternehmen verwirklicht werden können.

241 Tatobjekt ist das **Kennzeichen** einer der in § 86 Abs 1 Nr 1, 2 und 4 StGB genannten verfassungswidrigen Organisationen.[600] Hierdurch werden sämtliche Gegenstände

---

591 *Greiser* NJW 1969, 1155, 1156; *ders* NJW 1972, 1556, 1557.

592 Vgl hierzu *Greiser* NJW 1972, 1556, 1557.

593 *Greiser* NJW 1972, 1556, 1557; *Lüttger* GA 1960, 129, 144.

594 BGHSt 25, 30; BGHSt 25, 133, 136; BGHSt 28, 394, 396; OLG Köln NStZ 1984, 508; Schönke/Schröder/*Sternberg-Lieben* § 86a Rn 6; vgl auch OLG Celle NJW 1970, 2257; *Greiser* NJW 1972, 1556, 1557 f.

595 Vgl BayObLG NJW 1962, 1878.

596 OLG Stuttgart MDR 1982, 246; Schönke/Schröder/*Sternberg-Lieben* § 86a Rn 6; vgl aber auch OLG Frankfurt NStZ 1982, 333, wonach ein Tatbestandsausschluss nach § 86a Abs 3 iVm § 86 Abs 3 StGB nicht bereits dann vorliegt, wenn der Verwender eigentlich ein (politischer oder ideologischer) Gegner des Urhebers des verfassungsfeindlichen Kennzeichens ist.

597 Schönke/Schröder/*Sternberg-Lieben* § 86a Rn 6.

598 Schönke/Schröder/*Sternberg-Lieben* § 86 Rn 17.

599 BGHSt 23, 64, 78 f.

600 Vgl zu diesen Organisationen oben Rn 233.

und Verhaltensweisen erfasst, die durch ihren Symbolwert auf die verfassungswidrige Organisation hinweisen, den Zusammenhalt der Mitglieder und Sympathisanten stärken und die Organisation von anderen unterscheiden. Erfasst werden dabei **alle optisch und akustisch wahrnehmbaren Sinnesäußerungen**, die nach der Verkehrsauffassung mit der Organisation in Verbindung gebracht werden, wobei das Kennzeichen **nicht körperlich fixiert sein muss.**[601] Auch der „Hitlergruß" (durchgestreckter rechter Arm) stellt somit ein Kennzeichen dar.[602] In § 86a Abs 2 StGB werden als Beispiele (vgl „namentlich") Fahnen, Abzeichen, Uniformstücke, Parolen und Grußformen genannt. Darüber hinaus können aber auch Lieder,[603] Symbole, Abkürzungen, Firmennamen oder Bilder[604] unter Abs 2 fallen. Verboten ist auch die Verwendung von Kennzeichen, die lediglich geringfügig verändert wurden, sofern sie trotz der Veränderung dem unbefangenen Betrachter den Eindruck eines verbotenen Kennzeichens und zugleich dessen Symbolgehalt vermitteln.[605] Dies ist nunmehr ausdrücklich in § 86a Abs 2 S 2 StGB geregelt, wonach auch Kennzeichen, die den in § 86a Abs 2 S 1 StGB umschriebenen Zeichen **zum Verwechseln ähnlich** sehen, erfasst sind. Es muss jedoch in seinem auf die verfassungswidrige Organisation hinweisenden Symbolgehalt aus sich heraus verständlich sein.[606] Sofern ein (verbotenes) verfassungswidriges Kennzeichen allerdings durch die Veränderung die Gestalt eines Zeichens annimmt, das von legalen Vereinigungen oder Institutionen benutzt und vom unbefangenen Beobachter auch diesen zugeordnet wird, scheidet eine Strafbarkeit aus.[607] Ebenso fällt eine karikaturistisch verzerrte Darstellung eines Kennzeichens, mit der die **scharfe Ablehnung der Vereinigung**, die dieses Kennzeichen üblicherweise verwendet (hat), zum Ausdruck gebracht werden soll, nicht unter den Kennzeichenbegriff.[608] Wird ein Kennzeichen hingegen lediglich durchgestrichen, um die Ablehnung zu bekunden, ist der Kennzeichenbegriff erfüllt (es kommt dann lediglich eine anderweitige Tatbestandsrestriktion in Frage).[609] Nicht erfasst sind auch sog „Fantasiekennzeichen", die lediglich den Anschein erwecken, als seien sie ein – tatsächlich nie gebrauchtes – Kennzeichen der betreffenden Organisation.[610]

Strafbar macht sich, wer ein solches Kennzeichen entweder **verbreitet**[611] oder **öffentlich** in einer Versammlung oder in einer von ihm verbreiteten Schrift iSd § 11 Abs 3 StGB[612] **verwendet** (§ 86a Abs 1 Nr 1 StGB). Einschränkend ist jedoch zu beachten, dass die Verbreitung oder Verwendung **im Inland** stattfinden muss.[613] Ferner macht sich strafbar, wer Gegenstände, die derartige Kennzeichen darstellen oder enthalten, zur Verbreitung oder Verwendung im Inland oder Ausland herstellt, vorrätig hält, einführt oder ausführt (§ 86a Abs 1 Nr 2 StGB). 242

601 *Stegbauer* JR 2002, 182, 184.
602 BGHSt 25, 30; BGHSt 25, 133, 136; OLG Celle NStZ 1994, 440; *Greiser* NJW 1969, 1155; *B Heinrich* NStZ 2000, 533; LK/*Laufhütte* 11. Aufl § 86a Rn 4; Schönke/Schröder/*Sternberg-Lieben* § 86a Rn 3; *Stegbauer* JR 2002, 182, 185.
603 BT-Drucks IV/430, 18; BGH MDR 1965, 923; BayObLG NJW 1962, 1878; OLG Oldenburg NStZ 1988, 74.
604 BGH MDR 1965, 923; OLG Frankfurt NStZ 1998, 356.
605 OLG Köln NStZ 1984, 508; OLG Hamburg NStZ 1981, 393; OLG Oldenburg NStZ 1988, 74; vgl aber auch BGHSt 25, 128, 130.
606 BGH NJW 1999, 435; vgl zu dieser Problematik auch BayObLG NStZ 1999, 190 mit abl Anm *Bartels/Kollorz* NStZ 2000, 648.
607 BGH NJW 1999, 435.
608 BGHSt 25, 128.
609 BGHSt 51, 244.
610 BGH NJW 2005, 3223; aA noch die Vorinstanz OLG Karlsruhe NJW 2003, 1200.
611 Vgl zur Tathandlung des Verbreitens oben Rn 170 f.
612 Vgl zum Schriftenbegriff des § 11 Abs 3 StGB oben Rn 55 ff.
613 Vgl zur Problematik des inländischen Tatorts oben Rn 36 ff.

243 Wiederum ist auch hier die (Tatbestands-)Einschränkung der **Sozialadäquanzklausel** zu beachten (§ 86a Abs 3 iVm § 86 Abs 3 StGB).[614]

244 c) **Die Volksverhetzung (§ 130 StGB).** Der Tatbestand der **Volksverhetzung** (§ 130 StGB) kennt eine **Vielzahl verschiedener Tatvarianten**, die an **unterschiedliche Tathandlungen** anknüpfen. Gegenstand der Sanktionierung sind Äußerungen (Abs 1) oder Schriften (Abs 2 Nr 1)[615] bzw Darbietungen durch Rundfunk, Medien- oder Teledienste (Abs 2 Nr 2), die zum Hass gegen Teile der Bevölkerung oder eine bestimmte Gruppe aufstacheln oder zu Gewalt oder Willkürmaßnahmen gegen sie auffordern.[616] Ferner sind Handlungen erfasst, welche die Menschenwürde anderer dadurch angreifen, dass Teile der Bevölkerung oder der genannten Gruppen beschimpft, böswillig verächtlich gemacht oder verleumdet werden. In Abs 3 ist die sog „Auschwitzlüge" unter Strafe gestellt, dh die öffentliche Billigung, Leugnung oder Verharmlosung des unter der Herrschaft des Nationalsozialismus begangenen Völkermordes.[617] Diese muss allerdings unter den hier genannten Voraussetzungen (Eignung, den öffentlichen Frieden zu stören) getätigt werden. Schließlich ist nach § 130 Abs 4 StGB derjenige zu bestrafen, der öffentlich (oder in einer Versammlung) die nationalsozialistische Gewalt- und Willkürherrschaft billigt, verherrlicht und rechtfertigt.[618] Dies muss allerdings in einer die Würde der Opfer verletzenden Weise geschehen, sodass der öffentliche Friede dadurch gestört wird.

245 Wiederum ist auch hier die (Tatbestands-)Einschränkung der **Sozialadäquanzklausel** zu beachten (§ 130 Abs 6 iVm § 86 Abs 3 StGB).[619]

246 d) **Die Gewaltdarstellung (§ 131 StGB).** Durch das **abstrakte Gefährdungsdelikt**[620] des § 131 StGB[621] soll den Gefahren entgegengewirkt werden, die durch die Verbreitung von Gewalttätigkeiten insb in Massenmedien (Fernsehen, Videos, DVDs) befürchtet werden. Problematisch ist die Vorschrift allerdings deswegen, weil die Wirkungen dieser Darstellungen empirisch noch nicht ausreichend erforscht sind. Allerdings wird vermutet, dass durch den Konsum von Gewaltdarstellungen die Gewaltbereitschaft insb bei Jugendlichen wächst. Dadurch würde einerseits die Bereitschaft, Konflikte mittels Gewalt zu lösen, ansteigen, da die Schwelle, selbst Gewalt anzuwenden, durch die permanente Konfrontation mit Gewalt deutlich herabgesetzt werde, andererseits nehme aber auch die Neugier, die dargestellte Gewalt selbst anzuwenden,

---

614 Vgl hierzu oben Rn 235 ff.

615 Vgl zum Schriftenbegriff des § 11 Abs 3 StGB oben Rn 55 ff.

616 Vgl zur Tatbestandsmäßigkeit der Verbreitung eines ausländerfeindlichen „politischen Programms" im Internet BGH NStZ 2007, 216; zu den hohen Anforderungen, die an eine Verurteilung wegen Volksverhetzung bei lediglich verdeckten Aussagen in einem Liedtext zu stellen sind, BVerfG NJW 2008, 2907 – Heimatvertriebenenlied.

617 Vgl hierzu *Beisel* NJW 1995, 997; *Brugger* AöR 128, 372, 396 ff; *Huster* NJW 1996, 487; *Stegbauer* NStZ 2000, 281; *Wandres* Die Strafbarkeit des Auschwitz-Leugnens 2000.

618 Krit zu dieser Strafnorm *Bertram* NJW 2006, 1476.

619 Vgl hierzu oben Rn 235 ff.

620 *Fischer* § 131 Rn 2; LK/*von Bubnoff* 11. Aufl § 131 Rn 10; Schönke/Schröder/*Lenckner*/*Sternberg-Lieben* § 131 Rn 1; aA *Maurach*/*Schroeder*/*Maiwald* BT 2 § 94 Rn 3; *Rackow* FS Maiwald 195, 201: „Risikodelikt"; SK/*Rudolphi*/*Stein* § 131 Rn 2.

621 Vgl zu § 131 StGB *Gerhardt* NJW 1975, 375; *von Hartlieb* UFITA 86 (1980), 101; *Meirowitz* Gewaltdarstellungen auf Videokassetten, 1993, 345 ff mit einer sehr ausf Auseinandersetzung zur Vereinbarkeit der Norm mit Art 103 Abs 2 GG; *ders* Jura 1993, 152; *Rackow* FS Maiwald 195; *Weigend* FS Herrmann 35, 40 ff.

zu. Erwiesen ist diese Vermutung jedoch nicht. Kennzeichnend für die Problematik ist allerdings der „Fall Jason“,[622] wo ein Jugendlicher durch den Konsum von Gewaltvideos sich mit der Hauptfigur derart identifizierte, dass er selbst – als Jason „verkleidet“ – seine Schwester mit der Axt tötete. Da eine **Gefährdung der Gesellschaft** durch die häufige Darstellung von Gewalt aber jedenfalls nicht auszuschließen ist,[623] wird der Gesetzgeber infolge des hohen Gefährdungspotenzials aber überwiegend als berechtigt angesehen, eine entsprechende Strafnorm zu erlassen. Die Problematik wird allerdings dadurch entschärft, dass die Vorschrift infolge ihrer missglückten Fassung als äußerst unpraktikabel angesehen wird.[624]

Tatobjekt sind Schriften,[625] „[...] die grausame oder sonst unmenschliche Gewalttätigkeiten gegen Menschen oder menschenähnliche Wesen [zB „Zombies“] in einer Art schildern, die eine Verherrlichung oder Verharmlosung solcher Gewalttätigkeiten ausdrückt oder die das Grausame und Unmenschliche des Vorgangs in einer die Menschenwürde verletzenden Weise darstellt.“ § 131 Abs 1 StGB nennt insoweit also **drei Varianten.** Jeweils wird aber vorausgesetzt, dass grausame oder (sonst) unmenschliche Gewalttätigkeiten geschildert werden. Diese Merkmale sind inhaltlich kaum ausreichend definierbar. Unter einer **grausamen Schilderung von Gewalttätigkeiten** wird man eine solche zu verstehen haben, die bei einem normalen Betrachter Schrecken, Widerwillen und Abscheu hervorruft.[626] Als Maßstab des „Unmenschlichen“ dienen die in der Charta der Vereinten Nationen umschriebenen Rechte des Einzelnen als Standard.[627] Dabei kommt es nicht darauf an, ob die Gewaltanwendungen einen realistischen Hintergrund haben oder frei erfunden sind.[628] Auch müssen sie nicht durch Menschen begangen werden.[629] **247**

Zu diesen grausamen oder sonst unmenschlichen Schilderungen muss jedoch hinzukommen, dass sie in einer Art geschildert werden, die entweder eine **Verherrlichung** oder **Verharmlosung** solcher Gewalttätigkeiten ausdrückt oder aber die **Menschenwürde verletzt.** Die Anwendung von Gewalt darf also weder als etwas Heldenhaftes noch als etwas Alltägliches erscheinen. Allerdings lässt sich das Merkmal der die Menschenwürde verletzenden Darstellung kaum fassen.[630] Denn die Verletzung der Menschenwürde kann nicht bereits in der betreffenden Gewalttätigkeit als solcher gesehen werden, obwohl grausame und unmenschliche Gewalttaten stets die Menschenwürde verletzen.[631] Es müssen also noch weitere Merkmale hinzukommen, die den Menschen zum bloßen Objekt degradieren. **248**

Als **Tathandlungen** sind in § 131 Abs 1 und Abs 2 StGB mehrere Varianten aufgeführt. In § 131 Abs 1 Nr 1 StGB wird die **Verbreitung**[632] eines der genannten Tatobjekte unter Strafe gestellt. Nach § 131 Abs 1 Nr 2 StGB macht sich strafbar, wer ein solches Tatobjekt öffentlich **ausstellt, anschlägt, vorführt** oder **sonst zugänglich macht.**[633] Die dem Jugendschutz dienende Vorschrift des § 131 Abs 1 Nr 3 StGB stellt **249**

---

622 BayObLG NJW 1998, 3580; vgl hierzu *Vahle* DVP 1999, 345.

623 Vgl *Erdemir* ZUM 2000, 699, 700 f; *Hodel* Kriminalistik 1986, 354.

624 Vgl *Erdemir* ZUM 2000, 699, 699, 707 f; *Fischer* § 131 Rn 1; *Lackner/Kühl* § 131 Rn 1; *Löffler/Ricker* Kap 52 Rn 20.

625 Vgl zum Schriftenbegriff des § 11 Abs 3 StGB oben Rn 55 ff.

626 *Löffler/Ricker* Kap 52 Rn 21; zu diesen Merkmalen vgl auch BT-Drucks 10/2546, 22 f.

627 *Löffler/Ricker* Kap 52 Rn 21.

628 BGH NStZ 2000, 307, 308 f.

629 BGH NStZ 2000, 307.

630 So auch *Fischer* § 131 Rn 12.

631 OLG Koblenz NStZ 1998, 40, 41.

632 Vgl zu diesem Merkmal oben Rn 170 f.

633 Vgl zu diesen Merkmalen oben Rn 172 ff und 178 ff.

es unter Strafe, wenn eines der genannten Tatobjekte einer **Person unter 18 Jahren** angeboten, überlassen oder öffentlich zugänglich gemacht wird.[634] Ausreichend ist hier – im Gegensatz zu den übrigen Varianten – bereits die **Übermittlung an einen Jugendlichen**, ein Verhalten gegenüber der Öffentlichkeit wird also nicht gefordert. Nach § 131 Abs 4 StGB sind jedoch die Personensorgeberechtigten von der Strafbarkeit ausgenommen, sofern sie nicht durch ihr Verhalten die Erziehungspflicht gröblich verletzen.[635] § 131 Abs 1 Nr 4 StGB enthält dagegen ein typisches **Vorbereitungsdelikt**. Strafbar ist bereits, wer es „unternimmt" (nach § 11 Abs 1 Nr 6 StGB fällt hierunter sowohl der Versuch als auch die Vollendung), eines der genannten Tatobjekte herzustellen, zu beziehen, zu liefern, vorrätig zu halten, anzubieten, anzupreisen, einzuführen oder auszuführen.[636] Allerdings müssen diese Tathandlungen der Nr 4 von der Absicht getragen sein, die Schrift (oder aus ihr gewonnene Stücke, dh Vervielfältigungsstücke) im Sinne der übrigen Tatvarianten zu verwenden oder einem anderen eine solche Verwendung zu ermöglichen. Durch dieses Erfordernis soll gewährleistet werden, dass der bloße Konsument selbst straffrei bleibt. Schließlich ist es nach § 131 Abs 2 StGB untersagt, eine Darbietung mit dem genannten Inhalt durch Rundfunk, Medien- oder Teledienste zu verbreiten. Erfasst sind hier also **Live-Darbietungen** durch die genannten Medien. Nicht erfasst sind aber zB Theateraufführungen.[637]

250 Nach § 131 Abs 3 StGB werden jedoch Handlungen, die der Berichterstattung über **Vorgänge des Zeitgeschehens oder der Geschichte** dienen, von der Strafbarkeit ausgenommen. Es entfällt dann bereits der Tatbestand.[638] Diese **„Sozialadäquanzklausel"** soll es ermöglichen, dem Betrachter ein Bild von der Wirklichkeit einst und jetzt zu geben. Liegt insoweit eine realistische Darstellung vor, wird jedoch in aller Regel bereits das Tatbestandsmerkmal der unmenschlichen Schilderung entfallen.[639]

251 Die Anwendung der Strafvorschrift des § 131 StGB wird oftmals in Konflikt mit der durch Art 5 Abs 3 S 1 GG geschützten Kunstfreiheit geraten.[640] Prozessual ist zu beachten, dass diejenigen, die mit den Gewaltdarstellungen konfrontiert werden, auf Grund des Charakters der Norm als abstraktes Gefährdungsdelikt, nicht als „Verletzte" anzusehen sind (und insoweit zB auch kein Klageerzwingungsverfahren betreiben können).[641]

4. Verbreitung pornografischer Schriften (§§ 184 ff StGB)

252 § 184 StGB stellt bestimmte Handlungen in Bezug auf die sog „einfache" oder „weiche" Pornografie unter Strafe, § 184a, § 184b und § 184c StGB betreffen hingegen solche in Bezug auf die sog „harte" Pornografie. Während einfache Pornografie nur unter engen Voraussetzungen (insb im Zusammenhang mit dem Jugendschutz) strafrechtliche Relevanz aufweist, ist harte Pornografie grds verboten und ihre Verwendung umfassend unter Strafe gestellt.

634 Vgl zu diesen Merkmalen oben Rn 185, 181, 172 ff.
635 Vgl zu diesem „Erzieherprivileg" *Schroeder* FS Lange 391.
636 Vgl zu diesen Merkmalen oben Rn 182 ff.
637 Vgl *Fischer* § 131 Rn 14, § 184c Rn 2; Schönke/Schröder/*Lenckner/Sternberg-Lieben* § 131 Rn 12, § 184d Rn 4; SK/*Rudolphi/Stein* § 131 Rn 15, § 130 Rn 17; krit hierzu LK/*von Bubnoff* 11. Aufl § 131 Rn 12, 32.
638 *Fischer* § 131 Rn 15; aA (Rechtfertigungsgrund) *Löffler/Ricker* Kap 52 Rn 23.
639 So auch *Löffler/Ricker* Kap 52 Rn 23.
640 Vgl hierzu *Beisel* 268 ff; *Emmerich/Würkner* NJW 1986, 1195, 1201 f; *Erhardt* 25.
641 OLG Koblenz NStZ 1998, 40.

a) **Die Schutzzwecke der Normen.** Die Vorschriften der §§ 184 ff StGB sind von unterschiedlichen **Schutzzwecken** gekennzeichnet.[642] So dient § 184 Abs 1 Nr 1 bis Nr 5 StGB in erster Linie dem Jugendschutz. Dagegen schützt § 184 Abs 1 Nr 6 StGB das Interesse des Einzelnen, nicht gegen seinen Willen mit Pornografie konfrontiert zu werden. Dagegen werden in § 184 Abs 1 Nr 7 StGB die Schutzzwecke kombiniert. Es geht auch hier einerseits um den Jugendschutz, andererseits darum, den Einzelnen vor unerwünschter Konfrontation mit Pornografie zu bewahren. § 184 Abs 1 Nr 8 StGB betrifft Vorbereitungshandlungen im Hinblick auf die Nr 1–7, sodass hierdurch dieselben Rechtsgüter wie dort geschützt sind. Einen Fremdkörper stellt hingegen § 184 Abs 1 Nr 9 StGB dar, der (lediglich) Konflikten mit dem Ausland vorbeugen soll. **253**

b) **Der Begriff der „pornografischen Schrift".** Die Straftatbestände der §§ 184, 184a, 184b, 184c StGB setzen das Vorliegen einer „pornografischen Schrift" voraus. Dabei wird jeweils auf den umfassenden strafrechtlichen Schriftenbegriff des § 11 Abs 3 StGB verwiesen, der auch Ton- und Bildträger, Datenspeicher, Abbildungen und andere Darstellungen erfasst.[643] **254**

Als **pornografisch** gelten nach Ansicht des Gesetzgebers Darstellungen sexueller Vorgänge, die ausschließlich oder überwiegend auf die Erregung eines sexuellen Reizes beim Betrachter abzielen und dabei die im Einklang mit den allgemeinen gesellschaftlichen Wertvorstellungen gezogenen Grenzen des sexuellen Anstandes eindeutig überschreiten.[644] Da diese Aneinanderreihung einer Vielzahl wertungsausfüllungsbedürftiger Begriffe jedoch bedenklich anmutet, wurden in der Literatur vielfach Versuche unternommen, trennschärfere Begriffe zu entwickeln. So wird teilweise darauf abgestellt, dass als Pornografie inhaltlich die Verabsolutierung sexuellen Lustgewinns und die Entmenschlichung der Sexualität kennzeichnend sein sollen. Der Mensch müsse also durch die Vergröberung des Sexuellen zum bloßen Objekt geschlechtlicher Begierde degradiert werden.[645] Ferner müsse als formales Element hinzukommen, dass Sexualität in vergröbernder, aufdringlicher, übersteigernder, „anreißerischer" oder jedenfalls plump-vordergründiger Art dargestellt wird, die ohne Sinnzusammenhang mit anderen Lebensäußerungen bleibt,[646] oder dass die Darstellung „unter Hintansetzung sonstiger menschlicher Bezüge sexuelle Vorgänge in grob aufdringlicher [...] Weise in den Vordergrund rückt und ihre Gesamttendenz ausschließlich oder überwiegend auf das lüsterne Interesse an sexuellen Dingen abzielt".[647] Diese Definitionsversuche können allerdings kaum darüber hinweghelfen, dass eine aussagekräftige Bestimmung des Begriffs der Pornografie kaum gelingen kann.[648] Zudem ist dieser Begriff – wie auch die „Strafwürdigkeit" von Pornografie überhaupt – auch abhängig von gesellschaftlichen Wertvorstellungen. So galten zB im alten Rom Darstellungen über den Geschlechtsverkehr als unterhaltsam und befanden sich nicht nur in privaten **255**

642 Vgl dazu insb Schönke/Schröder/*Perron/Eisele* § 184 Rn 3.

643 Vgl zum Schriftenbegriff des § 11 Abs 3 StGB oben Rn 55 ff.

644 BT-Drucks VI/3521, 60; krit zu dieser Definition Eberle/Rudolf/Wasserburg/*Schmitt* Kap XI Rn 69 ff; *Fischer* § 184 Rn 7 f; *Lackner/Kühl* § 184 Rn 2.

645 OLG Düsseldorf NJW 1974, 1474, 1475; OLG Karlsruhe NJW 1987, 1957; Schönke/Schröder/*Perron/Eisele* § 184 Rn 4.

646 BGHSt 23, 40, 44 – Fanny Hill; OLG Koblenz NJW 1979, 1467, 1468; *Lackner/Kühl* § 184 Rn 2; Schönke/Schröder/*Perron/Eisele* § 184 Rn 4; vgl ferner OLG Hamm NJW 1973, 817 zum Begriff der Unzüchtigkeit.

647 BT-Drucks VI/3521, 60; vgl auch BGHSt 37, 55, 59 f – Opus Pistorum; hierzu *Liesching/von Münch* AfP 1999, 37, 38.

648 So auch Eberle/Rudolf/Wasserburg/*Schmitt* Kap XI Rn 71.

Haushalten, sondern auch an öffentlichen Orten. Andererseits ist der Wertewandel auch stets verknüpft mit religiösen Wertvorstellungen, die in einer religös vielschichtigen Gesellschaft zudem vielfältig sein können. Ist man sich noch einig, dass jedenfalls das direkte und deutliche Zeigen der äußeren Geschlechtsorgane, vor allem im Zusammenhang mit einem Geschlechtsverkehr, dem Begriff der Pornografie unterfällt, sind darüber hinausgehende Einordnungen äußerst problematisch. Auch die immer wieder betonte Bewertung des Einzelfalles unter Berücksichtigung des Gesamtzusammenhanges[649] führt kaum weiter. Es darf aber letztlich nicht der Wert- und Moralvorstellung des einzelnen Richters überlassen bleiben, welche Darstellungen den §§ 184 ff StGB unterfallen und welche nicht. Auch der Spruch „Ich weiß nicht, wie man Pornografie beschreibt – aber ich erkenne sie sofort" kann kaum darüber hinweghelfen, dass unter Berücksichtigung des Bestimmtheitsgrundsatzes, Art 103 Abs 2 GG, die derzeitigen Regelungen als problematisch angesehen werden müssen. Umstritten ist darüber hinaus auch insb, ob und inwieweit die in Art 5 Abs 3 GG garantierte Kunstfreiheit bereits das tatbestandliche Vorliegen von „Pornografie" beeinflusst oder erst auf einer anderen Ebene (zB als Rechtfertigungsgrund) zu berücksichtigen ist.[650]

256 c) **Die Verbreitung pornografischer Schriften gem § 184 StGB.** Die Strafnorm erfasst unter der Überschrift „Verbreitung pornografischer Schriften" unterschiedliche, im Gesetz abschließend aufgezählte Tathandlungen im Zusammenhang mit der einfachen Pornografie. So verbietet es **§ 184 Abs 1 Nr 1 StGB**, eine pornografische Schrift einem Jugendlichen (dh einer Person unter 18 Jahren) anzubieten, zu überlassen oder zugänglich zu machen.[651] Die Person muss insoweit individualisiert sein[652] und der Täter muss diesbezüglich auch mit wenigstens bedingtem Vorsatz handeln. Ein Zugänglichmachen kann unter anderem durch die Ausstrahlung von Pornografie über das Fernsehen oder den Rundfunk sowie über das Medium des Internet erfolgen.[653]

257 Nach **§ 184 Abs 1 Nr 2 StGB** macht sich strafbar, wer pornografische Schriften an einem Ort, der Jugendlichen zugänglich ist (oder von ihnen eingesehen werden kann) ausstellt, anschlägt, vorführt oder sonst zugänglich macht.[654] Hier ist es also – im Gegensatz zu § 184 Abs 1 Nr 1 StGB – nicht erforderlich, dass ein bestimmter Jugendlicher tatsächlich Zugang erlangt. Es genügt, wenn die Schrift in den potentiellen Wahrnehmungsbereich eines Jugendlichen gelangt.[655] Zugänglich ist dabei jeder Ort, der ohne die Überwindung rechtlicher oder tatsächlicher Hindernisse betreten werden kann. Dabei reicht ein Hinweis „Betreten für Jugendliche unter 18 Jahren verboten" nicht aus, wenn dieses Verbot nicht ausreichend kontrolliert wird.[656] Dagegen entfällt die Strafbarkeit, wenn ein Jugendlicher die Darstellung zwar zur Kenntnis nimmt, er sich aber unter Übertretung eines rechtlichen Verbotes an einem Ort

---

649 BVerfGE 83, 130 – Josephine Mutzenbacher; BGH UFITA 86, 203 – Das Reich der Sinne; BGH UFITA 80, 208 – Die 120 Tage von Sodom; BGHSt 37, 55 – Opus Pistorum.

650 Vgl zu dieser Frage *Liesching/von Münch* AfP 1999, 37, 38 f.

651 Vgl zu diesen Tathandlungen oben Rn 185, 181, 172 ff.

652 *Fischer* § 184 Rn 10; MünchKommStGB/*Hörnle* § 184 Rn 27.

653 Eberle/Rudolf/Wasserburg/*Schmitt* Kap XI Rn 73; *Hörnle* NJW 2002, 1008, 1009; *Sieber* JZ 1996, 494, 496.

654 Vgl zu diesen Tathandlungen oben Rn 178 ff, 172 ff.

655 OLG Celle MDR 1985, 693.

656 BGH NJW 1988, 272; *Löffler/Ricker* Kap 59 Rn 16.

aufhält, der nur für Erwachsene zugänglich ist.[657] Für Jugendliche zugänglich ist darüber hinaus auch das Internet.[658] Einsehbar ist ein Ort, wenn jedenfalls die abstrakte Möglichkeit besteht, dass eine Person das jeweilige Tatobjekt ohne Zuhilfenahme besonderer Hilfsmittel (zB Ferngläser) erkennen kann.[659] Auch diese Tatvariante ist durch die Ausstrahlung von Pornografie über das Fernsehen oder den Rundfunk sowie über das Medium des Internet erfüllt.[660]

§ 184 Abs 1 Nr 3 StGB untersagt den gewerblichen Vertrieb pornografischer Schriften im Wege der hier im Einzelnen aufgezählten Vertriebsformen, die allesamt durch eine gewisse Anonymität gekennzeichnet sind. Untersagt ist das Anbieten oder Überlassen[661] pornografischer Schriften im Einzelhandel außerhalb von Geschäftsräumen, die von Kunden persönlich betreten werden. Unzulässig ist also zB der Vertrieb an Straßenpassanten[662] sowie in Kiosken und anderen Verkaufsstellen, die der Kunde beim Kauf nicht zu betreten pflegt. Hintergrund ist hier, dass in den genannten Fällen eine wirksame Zugangskontrolle (nur für Erwachsene) nicht gewährleistet werden kann. Dies ist bei der dritten Tatvariante, dem Vertrieb im **Versandhandel**, ebenso der Fall.[663] Hierunter versteht man jedes entgeltliche Geschäft, das im Wege der Bestellung und Übersendung einer Ware ohne persönlichen Kontakt zwischen Lieferant und Besteller vollzogen wird.[664] Unter dieses Merkmal fällt neben dem normalen Vertrieb auf dem Postweg auch die gezielte Zusendung von Computerdaten über das Internet.[665] Zweck dieser Vorschrift ist es, die durch solche Geschäfte bedingte Anonymität der Kunden zu beseitigen, damit Jugendliche nicht, wenn sie sich schriftlich oder telefonisch als Erwachsene ausgeben, problemlos über den Versandhandel an pornografisches Material gelangen können.[666] Denn selbst wenn ein Altersnachweis erforderlich ist, kann eine entsprechende wirksame Kontrolle nicht stattfinden. Daher ist ein solches umfassendes Verbot hier zulässig.[667] Auch bei den im Tatbestand genannten gewerblichen Leihbüchereien[668] und Lesezirkeln, die gegen Entgelt Schriften vermieten, wird infolge der außerordentlichen Breitenwirkung die Gefahr als besonders groß angesehen, dass die Schriften in die Hände von Jugendlichen gelan- 258

---

657 Abweichend aber LK/*Laufhütte* 11. Aufl § 184 Rn 23; Schönke/Schröder/*Perron*/*Eisele* § 184 Rn 11; SK/*Wolters* § 184 Rn 18, die jeweils darauf abstellen, dass der Ort nach Überwindung des rechtlichen Hindernisses jedenfalls faktisch zugänglich geworden sei.

658 *Löffler*/*Ricker* Kap 59 Rn 16; Schönke/Schröder/*Perron*/*Eisele* § 184 Rn 11, 32.

659 *Löffler*/*Ricker* Kap 59 Rn 16; SK/*Wolters* § 184 Rn 29 – aA (abzustellen sei nicht auf das konkrete Tatobjekt, sondern darauf, dass das Ladengeschäft insgesamt nicht einsehbar sei) BayObLG MDR 1986, 696; OLG Hamburg NJW 1992, 1184; OLG Hamm NStZ 1988, 415.

660 Eberle/Rudolf/Wasserburg/*Schmitt* Kap XI Rn 73; *Gercke* ZUM 2003, 349, 351; *Hörnle* NJW 2002, 1008, 1010; *Sieber* JZ 1996, 494, 496; speziell für das Internet KG ZUM 2004, 571; OLG Düsseldorf ZUM 2004, 480.

661 Vgl zu diesen Tathandlungen oben Rn 185, 181.

662 *Löffler*/*Ricker* Kap 59 Rn 17.

663 Vgl hierzu OLG Hamburg AfP 1987, 433; zum Begriff des Versandhandels auch OLG München NJW 2004, 3344, 3346, das hier die Legaldefinition des § 1 IV JuSchG anwenden möchte.

664 BVerfG NJW 1982, 1512; BGH ZUM 2007, 846, 849 – eBay.

665 *Beisel*/*B Heinrich* JR 1996, 95, 97; Eberle/Rudolf/Wasserburg/*Schmitt* Kap XI Rn 74; Schönke/Schröder/*Perron*/*Eisele* § 184 Rn 22.

666 *Beisel*/*B Heinrich* JR 1996, 95, 97.

667 BVerfGE 30, 336, 349; BVerfGE 77, 346, 356; BVerfG NJW 1982, 1512; *Beisel*/*B Heinrich* JR 1996, 95, 97; *von der Horst* ZUM 1993, 227, 229.

668 Ist das Unternehmen allerdings gerade auf den Verleih pornografischer Schriften spezialisiert, gilt § 184 Abs 1 Nr 3a StGB als Sondervorschrift.

gen.[669] Auch der Versand von Decodiergeräten und -karten verschlüsselter Fernsehsender ohne vorherigen persönlichen Vertragsabschluss fällt hierunter.[670]

259 Nach **§ 184 Abs 1 Nr 3a StGB** ist auch das Anbieten und Überlassen[671] pornografischer Schriften im Wege der gewerblichen Vermietung oder der sonstigen gewerblichen Gebrauchsüberlassung strafbar. Erfasst sind hierbei insb Videotheken. Ausgenommen sind hier jedoch Ladengeschäfte,[672] die für Jugendliche nicht zugänglich sind und von ihnen auch nicht eingesehen werden können. Werden in einer Videothek (auch) pornografische Videos angeboten, so hat eine räumliche und organisatorische Trennung der Bereiche zu erfolgen.[673] Nicht ausreichend ist die bloße Abtrennung eines bestimmten Bereichs innerhalb des Geschäftes mittels eines Vorhangs („shop-in-the-shop-System").[674] Ein „Ladengeschäft" setzt nicht notwendig die Anwesenheit von Personal voraus, sodass auch „Automatenvideotheken" zulässig sind,[675] sofern durch umfassende technische Sicherungen gewährleistet ist, dass Jugendliche das Angebot nicht nutzen können.[676] Nach § 184 Abs 2 S 2 StGB gilt das Verbot jedoch nicht, wenn die Handlung im Geschäftsverkehr mit gewerblichen Entleihern erfolgt.

260 Mit der Strafbarkeit des Einführens pornografischer Schriften im Wege des Versandhandels, **§ 184 Abs 1 Nr 4 StGB**, soll verhindert werden, dass ausländische Versandhäuser den deutschen Markt mit einfacher Pornografie überschwemmen. Daher ist hier auch nur der Versandhändler, nicht aber der Besteller strafbar.[677] Strafbar ist hier auch der Versuch („einzuführen unternimmt", vgl § 11 Abs 1 Nr 6 StGB).

261 **§ 184 Abs 1 Nr 5 StGB** enthält – wiederum im Hinblick auf den Schutz von Jugendlichen – ein umfassendes Werbeverbot für pornografische Schriften. Verboten ist das Anbieten, Ankündigen und Anpreisen[678] von Pornografie an Orten, die für Jugendliche zugänglich sind oder von ihnen eingesehen werden können.[679] Darüber hinaus ist auch die öffentliche Werbung in Form der Verbreitung von Werbematerial (also etwa im Wege des Postversands) allgemein untersagt. Ausgenommen ist hiervon allerdings der Geschäftsverkehr mit dem „einschlägigen Handel". Hintergrund der Regelung ist, dass Jugendliche nicht durch exzessive Werbemaßnahmen Interesse an pornografischem Material entwickeln und auf die entsprechenden Bezugsquellen aufmerksam gemacht werden sollen.[680] Vor diesem Hintergrund sind auch Werbeanzeigen in allgemein zugänglichen Zeitschriften zu beurteilen. Wird hier allerdings in einer Art und Weise für pornografisches Material geworben, die (nur) für durchschnittlich interessierte und informierte Kreise als solche erkennbar ist (sog „neutrale" Wer-

---

669 Vgl Schönke/Schröder/*Perron/Eisele* § 184 Rn 23; krit hierzu *Schroeder* JR 1977, 231, 233 f, der die Vorschrift daher für verfassungswidrig hält.

670 *Beisel/B Heinrich* JR 1996, 95, 97 f.

671 Vgl zu diesen Tathandlungen oben Rn 185, 181.

672 Zum Begriff des Ladengeschäfts vgl BGH NJW 1988, 272; BGH NJW 2003, 2838, 2839; *Führich* NJW 1986, 1156.

673 Vgl hierzu *Fischer* § 184 Rn 14.

674 BT-Drucks 10/8001; *Löffler/Ricker* Kap 59 Rn 18.

675 BGHSt 48, 278, 281 ff – Automatenvideothek; *Hörnle* NStZ 2004, 150; *Löffler/Ricker* Kap 59 Rn 18a; aA LG Stuttgart NStZ-RR 2003, 76, 77.

676 Zu den erforderlichen Sicherungsmaßnahmen anschaulich BGHSt 48, 278, 282 ff; *Löffler/Ricker* Kap 59 Rn 18a.

677 LG Freiburg NStZ-RR 1998, 11; *Löffler/Ricker* Kap 59 Rn 22.

678 Vgl zu diesen Tathandlungen oben Rn 185 ff.

679 Vgl hierzu aus der Rechtsprechung BGHSt 34, 218; zu den Merkmalen „zugänglich" und „einsehbar" vgl oben Rn 257.

680 BGHSt 34, 94, 98; BGHSt 34, 218, 219.

bung), die aber beim unbefangenen Leser kein Interesse weckt, ist die Strafnorm nicht erfüllt.[681]

Nicht in erster Linie vom Gedanken des Jugendschutzes getragen ist die Strafnorm des **§ 184 Abs 1 Nr 6 StGB**, welche die Allgemeinheit davor schützt, gegen den eigenen Willen mit Pornografie konfrontiert zu werden. Verboten ist es, eine Schrift an einen anderen gelangen zu lassen, ohne von diesem hierzu aufgefordert worden zu sein. Ausreichend ist es, wenn die Darstellung – entgeltlich oder unentgeltlich – in den Verfügungsbereich eines anderen gebracht wird, sodass dieser hiervon Kenntnis nehmen kann. Dies ist bei unverlangtem Zusenden von Briefen oder E-Mails stets der Fall. Eine Ausnahme ist aber dann zu machen, wenn der Empfänger selbst noch aktiv tätig werden muss, also etwa bei der unverlangten Zusendung einer E-Mail erst noch über einen Link eine Internet-Seite aufrufen muss.[682] **262**

Untersagt ist nach **§ 184 Abs 1 Nr 7 StGB** das Aufführen eines pornografischen Films im Rahmen einer öffentlichen Filmvorführung, sofern hierfür ein Entgelt zu entrichten ist, welches ganz oder überwiegend für diese Vorführung verlangt wird.[683] Aus einem Umkehrschluss ergibt sich, dass damit solche Fälle ausgenommen sind, in denen der Film lediglich im Hintergrund ausgestrahlt wird und das Hauptaugenmerk zB auf dem Verzehr (und der Bezahlung) von Getränken liegt.[684] Entscheidend für das Kriterium der Öffentlichkeit ist die Möglichkeit, dass jedermann die Veranstaltung besuchen kann. Auf die Bezeichnung kommt es dabei nicht an, sodass auch eine für jedermann zugängliche „Club-Veranstaltung" erfasst wird.[685] **263**

§ 184 Abs 1 Nr 8 StGB stellt schließlich eine Vorbereitungshandlung unter Strafe. Verboten ist das Herstellen, Beziehen, Liefern, Vorrätighalten oder Einführen pornografischer Schriften zu dem Zweck, diese (oder hieraus gewonnene Vervielfältigungsstücke) im Sinne der sonstigen Tathandlungen entweder selbst zu verwenden oder einem anderen eine solche Verwendung zu gestatten.[686] Auch hier ist bereits der Versuch strafbar („unternimmt"; vgl § 11 Abs 1 Nr 6 StGB). Ein Herstellen ist zB auch dann anzunehmen, wenn pornografische Fotografien eingescannt werden und dadurch eine pornografische Bilddatei hergestellt wird, die ins Internet eingestellt werden soll.[687] **264**

Schließlich stellt **§ 184 Abs 1 Nr 9 StGB** die Ausfuhr von pornografischen Schriften unter Strafe, wenn diese dazu dienen soll, die Schriften (oder aus ihnen gewonnene Vervielfältigungsstücke) unter Verstoß gegen die entsprechenden ausländischen Straf- **265**

---

681 BGHSt 34, 94, 99; BGH NJW 1977, 1695; BGH NJW 1989, 409; OLG Frankfurt NJW 1987, 454; OLG Karlsruhe NJW 1984, 1975, 1976 f; *Beisel/B Heinrich* JR 1996, 95, 98; *Cramer* AfP 1989, 611; *Löffler/Ricker* Kap 59 Rn 17; *Meier* NJW 1987, 1610; Schönke/Schröder/*Perron/Eisele* § 184 Rn 31; SK/*Wolters* § 184 Rn 48; *von der Horst* ZUM 1993, 227, 228.

682 *Fischer* § 184 Rn 17; vgl hierzu aber auch BGHSt 47, 55, 60, wo ausgeführt wird, dass für das Zugänglichmachen bereits das Eröffnen der Zugriffsmöglichkeit ausreiche, da der Anbieter bereits mit dem Einrichten des Links aktiv werde.

683 Vgl zu dieser Vorschrift OLG Stuttgart NJW 1981, 999 (LS); zur Verfassungsmäßigkeit BVerfGE 47, 109, 115; BGHSt 29, 68, 70; BGH NJW 1997, 2207; krit Schönke/Schröder/*Perron/Eisele* § 184 Rn 38a.

684 Zur Abgrenzung vgl LK/*Laufhütte* 11. Aufl § 184 Rn 39 ff; ferner OLG Koblenz MDR 1978, 776; vgl ferner zur Frage, ob auch (codierte) Fernsehsendungen hierunter fallen *Beisel/B Heinrich* JR 1996, 95, 98; *von der Horst* ZUM 1993, 227, 229.

685 OLG Hamm NJW 1973, 817; *Löffler/Ricker* Kap 59 Rn 19.

686 Vgl zu dieser Vorschrift BGHSt 29, 68.

687 Eberle/Rudolf/Wasserburg/*Schmitt* Kap XI Rn 74; Schönke/Schröder/*Perron/Eisele* § 184 Rn 43.

vorschriften zu verbreiten oder öffentlich zugänglich zu machen[688] bzw eine solche Verwendung zu ermöglichen.[689] Durch die Wendung „auszuführen unternimmt" ist hier (vgl § 11 Abs 1 Nr 6 StGB) auch der Versuch unter (Vollendungs-)Strafe gestellt.[690] Umstritten ist die bloße Durchfuhr, die sowohl unter dem Gesichtspunkt der Einfuhr (Nr 4) als auch der Ausfuhr (Nr 9) strafrechtliche Relevanz besitzen kann.[691]

266 Zu beachten ist schließlich noch das **„Erzieherprivileg"** des **§ 184 Abs 2 StGB.** Danach bleibt der Personensorgeberechtigte straflos, sofern er nicht durch das Anbieten, Überlassen oder Zugänglichmachen seine Erziehungspflicht gröblich verletzt.

267 Der Täter muss im Hinblick auf die Verwirklichung der einzelnen Varianten des § 184 Abs 1 StGB **vorsätzlich** handeln. Dazu muss er die einzelnen Tatumstände kennen, nicht erforderlich ist, dass er selbst die entsprechende Schrift für pornografisch hält. Hier ist lediglich ein – zumeist vermeidbarer – Verbotsirrtum möglich.[692]

268 **d) Die Verbreitung pornografischer Darbietungen durch Rundfunk, Medien- oder Teledienste (§ 184d StGB).** § 184d StGB stellt ausdrücklich klar, dass die Vorschrift des § 184 StGB (Gleiches gilt für § 184a bis § 184c StGB) auch für die Verbreitung pornografischer Darbietungen durch den Rundfunk sowie durch Medien- oder Teledienste gilt. Die Vorschrift ist deswegen erforderlich, weil in den genannten Vorschriften über das Merkmal der „Schrift" nur körperlich fixierte, nicht aber Live-Darbietungen erfasst sind.[693] Diese Live-Darbietungen werden nun über § 184d StGB den Schriften gleichgestellt. Der Begriff des **Rundfunks** umfasst den gesamten Fernseh- und Hörfunk über Funk, Leitung („Kabel") oder Satellit, wobei sowohl öffentlich-rechtlich als auch privatrechtlich organisierte Sender erfasst sind.[694] Das Gesetz enthält (noch) eine Unterscheidung zwischen **Mediendiensten** und **Telediensten,** welche in unterschiedlichen Gesetzen, dem MDStV der Länder und dem TDG des Bundes, geregelt waren. Durch das **Telemediengesetz** (TMG) vom 26.02.2007,[695] welches die genannten Rechtsnormen ablöste, ist die begriffliche Unterscheidung zwischen Medien- und Telediensten heute ohne rechtliche Bedeutung, da beide Begriffe nunmehr unter dem Oberbegriff **„Telemedien"** zusammengefasst werden.[696] Da mit der Schaffung des TMG aber keine inhaltliche Änderung bezweckt war, gehen die bisherigen Medien in dem neuen Begriff vollumfänglich auf. Damit sind als Mediendienste entsprechend § 2 Abs 1 MDStV aF Angebote von an die Allgemeinheit gerichteten Informations- und Kommunikationsdiensten in Text, Ton oder Bild, die unter Benutzung elektromagnetischer Schwingungen ohne Verbindungsleitung oder mittels eines Leiters verbreitet werden, umfasst. Hierunter fällt insb auch das „Pay-TV" (vgl § 2 Abs 2 Nr 4

688 Vgl zu diesen Tathandlungen oben Rn 170 ff.

689 Zweifelnd hinsichtlich der Verfassungsmäßigkeit der Norm *Fischer* § 184 Rn 22.

690 Vgl zu der weitergehenden Frage, ob – und unter welchen Voraussetzungen – die Zollbehörden den Inhalt von Postsendungen im Hinblick auf ihren möglichen pornografischen Charakter prüfen und im Einzelfall eine Beschlagnahme bzw Einziehung vornehmen können *Löffler/Ricker* Kap 59 Rn 22; zur alten Rechtslage auch BGH NJW 1970, 2071.

691 Vgl hierzu OLG Schleswig NJW 1971, 2319.

692 So auch *Löffler/Ricker* Kap 59 Rn 24; allerdings lässt sich hier auch ein vorsatzausschließender Tatbestandsirrtum diskutieren, sofern man bei einem Irrtum über normativ geprägte Tatbestandsmerkmale einen solchen grds auch bei einer falschen rechtlichen Bewertung von zutreffend erkannten Tatsachen als zulässig erachtet.

693 BVerwG NJW 2002, 2966, 2967; *Fischer* § 184d Rn 2.

694 *Fischer* § 184d Rn 4.

695 BGBl 2007 I S 179.

696 BT-Drucks 16/3078, 11.

MDStV aF).[697] Schließlich wurden mit dem Begriff der **Teledienste** nach der Legaldefinition des § 2 Abs 1 TDG aF 2001 elektronische Informations- und Kommunikationsdienste umschrieben, die für eine individuelle Nutzung von kombinierbaren Daten wie Zeichen, Bilder oder Töne bestimmt sind und denen eine Übermittlung mittels Telekommunikation zu Grunde liegt. Hierunter fällt insb auch das Internet (vgl § 2 Abs 2 Nr 3 TDG aF 2001).

Entscheidend ist allerdings die in § 184d StGB aufgenommene **Ausnahme**: Eine Strafbarkeit nach § 184 Abs 1 StGB entfällt, wenn die Verbreitung durch Medien- oder Teledienste (dh jetzt: Telemedien) erfolgt und durch technische Vorkehrungen sichergestellt ist, dass die pornografische Darbietung Jugendlichen nicht zugänglich ist (vgl hierzu auch § 4 Abs 2 S 2 JMStV). Fraglich ist dabei, welche Anforderungen hier an die entsprechenden Sicherungsmaßnahmen zu stellen sind. Erforderlich sind effektive Zugangshindernisse seitens des Anbieters, die einen Zugriff für Unbefugte nahezu ausschließen.[698] Als nicht ausreichend wird es dabei angesehen, wenn über das Internet lediglich das Alter abgefragt oder die Eingabe der Identitätsnummer des Personalausweises gefordert wird.[699] Ebenfalls nicht hinreichend ist die Zuteilung einer Geheimnummer, bei der eine Alterskontrolle lediglich dadurch erfolgt, dass der Betreffende eine Ausweiskopie übersenden muss.[700] Nicht genügen kann auch die bloße Kostenpflichtigkeit eines bestimmten Angebots, da dies lediglich ein – bei Jugendlichen zumal meist untaugliches – psychisches, nicht aber ein physisches Zugangshindernis darstellt.[701] Insb bei Pay-TV-Sendungen wird auch die bloße Vergabe von PINs zur Freischaltung oder die Überlassung von Magnetkarten oder anderen Schlüsseln zur Decodierung als nicht ausreichend angesehen.[702] Dagegen genügen die derzeit von den Sendern angewandten Methoden der persönlichen Identifizierung des Nutzers und der Rückmeldung in Verbindung mit der Ausgabe von Zugangs-Codes den Anforderungen.[703] **269**

e) **Die Verbreitung gewalt- oder tierpornografischer Schriften (§ 184a StGB).** In § 184a StGB ist ein strafrechtliches **Totalverbot** für die Verbreitung (nicht aber für den Erwerb und den Besitz!) von gewalt- und tierpornografischen Schriften iSd § 11 Abs 3 StGB[704] angeordnet. Hierunter fallen Schriften, die Gewalttätigkeiten (zB einen Sexualmord, eine Vergewaltigung oder eine Folterung aus sexuellen Motiven) oder sexuelle Handlungen von Menschen mit Tieren zum Gegenstand haben. **270**

Verboten sind sämtliche Formen der Verbreitung im weiteren Sinne, so die Verbreitung (Nr 1)[705] und das öffentliche Ausstellen, Anschlagen, Vorführen oder sonstige Zugänglichmachen (Nr 2).[706] Ferner werden von § 184a Nr 3 StGB auch das Herstellen, Beziehen, Liefern, Vorrätighalten, Anbieten, Ankündigen, Anpreisen, Einführen oder Ausführen erfasst,[707] sofern diese Handlungen dazu dienen sollen, die Schriften später für eine Verbreitung im Sinne der Nr 1 oder 2 zu verwenden oder einem **271**

---

697 Vgl zum Pay-TV insb BVerwG JZ 2002, 1057.

698 KG ZUM 2004, 571, 572 ff; OLG Düsseldorf ZUM 2004, 480, 481 f; Eberle/Rudolf/Wasserburg/*Schmitt* Kap XI Rn 76; *Löffler/Ricker* Kap 59 Rn 15; vgl hierzu auch *Strömer* 284 ff.

699 *Löffler/Ricker* Kap 59 Rn 15.

700 Eberle/Rudolf/Wasserburg/*Schmitt* Kap XI Rn 76; *Hörnle* NJW 2002, 1008, 1010.

701 *Löffler/Ricker* Kap 59 Rn 15.

702 *Fischer* § 184d Rn 7.

703 *Fischer* § 184d Rn 7.

704 Zum Schriftenbegriff des § 11 Abs 3 StGB vgl oben Rn 55 ff.

705 Vgl zu dieser Tathandlung oben Rn 170 f.

706 Vgl zu diesen Tathandlungen oben Rn 178 ff, 172 ff.

707 Vgl zu diesen Tathandlungen oben Rn 182 ff, 194.

Dritten eine solche Verwendung zu ermöglichen. Im Falle des Ein- und Ausführens reicht hier („unternimmt“; § 11 Abs 1 Nr 6 StGB) auch der Versuch.

272 f) **Verbreitung, Erwerb und Besitz kinderpornografischer Schriften (§ 184b StGB).** Noch umfassender als gewalt- oder tierpornografische Schriften werden pornografische Schriften iSd § 11 Abs 3 StGB,[708] die den sexuellen Missbrauch von Kindern zum Gegenstand haben (**kinderpornografische Schriften**), unter ein strafrechtliches Verbot gestellt.[709] Dabei versteht das Gesetz unter einem „Kind“ eine Person unter vierzehn Jahren.[710] Bei der Frage, was unter einem „sexuellen Missbrauch“ eines Kindes zu verstehen ist, verweist § 184b StGB ausdrücklich auf den Tatbestand des § 176 Abs 1 StGB.

273 Verboten sind nach § 184b Abs 1 StGB sämtliche Formen der **Verbreitung** im weiteren Sinne. Nr 1 nennt die Verbreitung kinderpornografischer Schriften,[711] die insb im Bereich des Internet bereits dann vollendet ist, wenn die Datei auf dem Rechner des Empfängers angekommen ist.[712] In Nr 2 wird das öffentliche Ausstellen, Anschlagen, Vorführen oder sonstige Zugänglichmachen erfasst.[713] Ein öffentliches Ausstellen liegt beispielsweise dann vor, wenn sich der Täter über eine Tauschbörse kinderpornografische Dateien verschafft und diese in Ordnern ablegt, die für andere Tauschbörsenbenutzer frei gegeben sind, sodass diese ungehindert darauf Zugriff nehmen können.[714] Ferner werden von der Nr 3 auch das Herstellen, Beziehen, Liefern, Vorrätighalten, Anbieten, Ankündigen, Anpreisen, Einführen oder Ausführen mit einbezogen,[715] sofern diese Handlungen dazu dienen sollen, die Schriften später für eine Verbreitung im Sinne der Nr 1 oder 2 zu verwenden oder einem Dritten eine solche Verwendung zu ermöglichen. Im Falle des Ein- und Ausführens reicht hier („unternimmt“; § 11 Abs 1 Nr 6 StGB) auch der Versuch. Die angedrohte Strafe ist mit Freiheitsstrafe von drei Monaten bis zu fünf Jahren dabei höher als bei § 184a StGB.

274 Eine Erweiterung im Vergleich zu § 184a StGB ist auch durch die Aufnahme der Regelung der Abs 2 bis 6 des § 184b StGB zu verzeichnen. So wird nach **Abs 2** auch derjenige bestraft, der es unternimmt (vgl § 11 Abs 1 Nr 6) einem anderen den Besitz von kinderpornografischen Schriften zu verschaffen, die ein tatsächliches oder wirklichkeitsnahes Geschehen wiedergeben. **§ 184b Abs 3** enthält eine Qualifikation für gewerbsmäßiges oder bandenmäßiges Handeln, sofern die Schriften ein tatsächliches oder wirklichkeitsnahes Geschehen wiedergeben. Als Besonderheit im Vergleich zu den übrigen Strafvorschriften ist **§ 184b Abs 4 StGB** anzusehen, der bereits den **Besitz von kinderpornografischen Schriften**, die ein tatsächliches oder wirklichkeitsnahes Geschehen wiedergeben, unter Strafe stellt.[716] Die Strafdrohung ist mit Freiheitsstrafe

---

708 Zum Schriftenbegriff des § 11 Abs 3 StGB vgl oben Rn 55.

709 Vgl hierzu (zur alten Rechtslage) *Berger-Zehnpfund* Kriminalistik 1996, 635.

710 Zur geplanten Erweiterung auf Schriften, die sexuelle Handlungen von, an und vor Personen unter 18 Jahren zum Gegenstand haben vgl BT-Drs 16/3439; krit dazu *Reinbacher/Wincierz* ZRP 2007, 195, 196 ff.

711 Vgl zu dieser Tathandlung oben Rn 1170 f.

712 BGH NJW 2001, 3558, 3559: Es genügt bereits das „Ankommen“ im Arbeitsspeicher; krit hierzu *Lindemann/Wachsmuth* JR 2002, 206.

713 Vgl zu diesen Tathandlungen oben Rn 178 ff; 172 ff.

714 LG Wuppertal NStZ 2008, 463, 464; hier wird auch ausgeführt, dass sich inzwischen auch der computertechnische Laie, der sich einer Tauschbörsen-Software bedient, kaum mehr darauf berufen kann, er habe nicht gewusst, dass er anderen die entsprechenden Ordner zur Verfügung stelle.

715 Vgl zu diesen Tathandlungen oben Rn 182, 194, 183 ff.

716 Vgl zu dieser Vorschrift *M Heinrich* NStZ 2005, 361.

bis zu zwei Jahren oder Geldstrafe allerdings geringer. Strafbar ist hierbei bereits der Versuch („Wer es unternimmt"; vgl § 11 Abs 1 Nr 6 StGB). Insoweit macht sich bereits derjenige strafbar, der einen potentiellen Verkäufer nach kinderpornografischen Schriften fragt oder eine entsprechende Anzeige schaltet. Grund dieser extrem weit gehenden Bestrafung auch des Besitzes ist die den Konsumenten zugeschriebene mittelbare Verantwortlichkeit für das Vorhandensein eines entsprechenden Marktes, der durch eine extensive Bestrafung ausgetrocknet werden soll.[717] Als „Besitz" ist dabei anzusehen, wenn eine Datei mit kinderpornografischem Inhalt auf einem eigenen Datenträger (Festplatte, CD-Rom, Diskette etc) abgespeichert wird. Dies ist auch dann der Fall, wenn eine E-Mail zwischengespeichert wird. Fraglich ist hingegen, ob auch das bloße Abrufen und Betrachten kinderpornografischer Dateien im Internet bereits als „Besitz" anzusehen sind, da hierzu jedenfalls ein Laden in den Arbeitsspeicher bzw den Cache-Speicher der Festplatte erforderlich ist. Insb was Letzteres angeht, bejaht die inzwischen wohl hM eine wenigstens vorübergehende Verkörperung und daher einen Besitz.[718] Dem muss jedoch widersprochen werden, da diese Vorgänge rein technischer Art sind und vom Internet-Nutzer in den seltensten Fällen beeinflusst werden können. **§ 184b Abs 5 StGB** stellt allerdings klar, dass die Strafdrohung nicht für Handlungen gilt, die ausschließlich der Erfüllung rechtmäßiger dienstlicher oder beruflicher Pflichten dienen. **§ 184b Abs 6 StGB** enthält schließlich eine Sonderregelung über den erweiterten Verfall und die Voraussetzung einer erweiterten Einziehung.

g) **Verbreitung, Erwerb und Besitz jugendpornografischer Schriften** (§ 184c StGB). **275**
Der erst im Jahre 2008[719] ins Gesetz aufgenommene § 184c StGB bestraft die Verbreitung, den Erwerb und auch den Besitz sog „jugendpornografischer Schriften". Hierunter versteht das Gesetz pornografische Schriften, dir sexuelle Handlungen von, an oder vor Personen **zwischen 14 und 18 Jahren** zum Gegenstand haben. Die Norm entspricht in Aufbau und Inhalt § 184b StGB (kinderpornografische Schriften), enthält jedoch an einigen Stellen leichte Unterschiede: So ist der Strafrahmen im Grundtatbestand des Abs 1 Freiheitsstrafe bis zu drei Jahren oder Geldstrafe (im Gegensatz zu Freiheitsstrafe von drei Monaten bis zu fünf Jahren ohne die Möglichkeit, eine Geldstrafe zu verhängen in § 184b Abs 1). Auch die Qualifikation in Abs 3 wird milder bestraft (Freiheitsstrafe von drei Monaten bis zu fünf Jahren statt einer solchen von sechs Monaten bis zu 10 Jahren in § 184b Abs 3). Auch Abs 4 sieht beim verbotenen Besitz einen geringeren Strafrahmen vor (Freiheitsstrafe bis zu einem Jahr oder Geldstrafe statt Freiheitsstrafe bis zu zwei Jahren oder Geldstrafe). Zudem wird hier nur derjenige mit Strafe bedroht, der es „unternimmt sich den Besitz jugendpornografischer Schriften zu verschaffen, die ein tatsächliches Geschehen wiedergeben". Ausgenommen sind also Schriften, die lediglich ein „wirklichkeitsnahes" Geschehen wiedergeben. Zudem sieht Abs 4 Satz 2 eine Straffreiheit für Handlungen von Personen vor, die jugendpornografische Schriften im Alter von unter 18 Jahren mit Einwilligung der dargestellten Person hergestellt haben. Die Privilegierung wirkt dabei über den Zeitpunkt des Erwachsen-Werdens hinaus. Grund für die Privilegierung ist es zu ermög-

---

717 *Duttge/Hörnle/Renzikowski* NJW 2004, 1065, 1070; *M Heinrich* NStZ 2005, 361, 362; vgl hierzu auch BT-Drucks 12/3001, 5; BT-Drucks 12/4883, 8.

718 *Harms* NStZ 2003, 647, 649 f; *M Heinrich* NStZ 2005, 361, 363 f; *Matzky* ZRP 2003, 167, 168; vgl hierzu auch LG Stuttgart NStZ 2003, 36, 36 f.

719 Eingefügt durch Gesetz vom 31.10.2008, BGBl 2008 I S 2149, in Kraft getreten am 5.11.2008.

lichen, „dass Jugendliche innerhalb einer sexuellen Beziehung im gegenseitigen Einvernehmen pornografische Schriften von sich herstellen und austauschen" können.[720]

III. Kommunikation im Hinblick auf Straftaten über die Medien

1. Öffentliche Aufforderung zu Straftaten (§ 111 StGB)

276 Nach § 111 Abs 1 StGB wird derjenige, der öffentlich, in einer Versammlung oder durch Verbreiten von Schriften (§ 11 Abs 3 StGB)[721] zu einer rechtswidrigen Tat (vgl § 11 Abs 1 Nr 5 StGB)[722] auffordert, **wie ein Anstifter** (§ 26 StGB) bestraft. Die Bestrafung „wie ein Anstifter" setzt voraus, dass es tatsächlich zu einer Straftat kommt, dh ein anderer eine vorsätzliche rechtswidrige Haupttat begeht. Dabei reicht der Versuch einer solchen Straftat aus. Da eine Anstiftung nach § 26 StGB üblicherweise voraussetzt, dass der Anstifter eine bestimmte Person zur Begehung einer konkreten Tat auffordert, ist eine Aufforderung an einen unbestimmten Personenkreis hiervon gerade nicht erfasst, weshalb die (Gleichstellungs-)Vorschrift des § 111 StGB insoweit erforderlich ist, um auch diese Fälle strafrechtlich zu greifen. In dem Merkmal des unbestimmten bzw für den Aufforderer unüberschaubaren Personenkreises ist das praktisch wichtigste Abgrenzungskriterium zur Anstiftung zu sehen.

277 Doch selbst dann, wenn die Aufforderung nicht zum Erfolg führt, dh sich niemand dazu bereit erklärt, die Straftat zu begehen (bzw sich zwar dazu bereit erklärt, aber das Versuchsstadium nicht erreicht wird), sieht § 111 Abs 2 StGB eine Strafbarkeit vor, wobei die Strafe in diesem Falle milder ausfällt (Freiheitsstrafe bis zu fünf Jahren oder Geldstrafe; die Strafe darf nicht schwerer sein als diejenige, die für das konkrete Delikt selbst angedroht wird). Die Vorschrift entspricht insoweit der **versuchten Anstiftung**, die sonst nach § 30 Abs 1 StGB nur bei Verbrechen strafbar ist.

278 Tathandlung ist das **Auffordern** zur Begehung einer rechtswidrigen Tat. Dies setzt – ähnlich wie die Anstiftung – die erkennbare willentliche Einwirkung auf andere voraus, die mit dem Ziel verbunden ist, bei diesen den Entschluss hervorzurufen, eine strafbare Handlung zu begehen.[723] Insb bei „öffentlichen Aufrufen" im **Internet** ist aber stets zu beachten, dass tatsächlich auf die Willensbildung anderer eingewirkt werden soll, eine jedenfalls ihrem rechtlichen Wesen nach gekennzeichnete Straftat zu begehen.[724] Während bei § 26 StGB überwiegend eine bereits entsprechend konkretisierte Vorstellung des Anstifters von der späteren Straftat (insb Tatort, Tatzeit, Tatobjekt und Art der Ausführung) gefordert wird, werden an den Auffordernden diesbezüglich geringere Anforderungen gestellt.[725] Nicht ausreichend ist aber auch hier eine bloße Information über die mögliche Straftatbegehung anderer oder – gerade bei politisch umstrittenen Themen – eine bloße politische Unmutsäußerung oder Provokation.[726] Ebenfalls nicht ausreichend ist es, wenn ein anderer lediglich dazu angereizt

---

720 BT-Drucks 16/3439, 9.

721 Vgl zum Schriftenbegriff des § 11 Abs 3 StGB oben Rn 55 ff.

722 Insoweit ist die Aufforderung zur Begehung einer Straftat erforderlich, die Aufforderung zur Begehung einer Ordnungswidrigkeit reicht nicht aus, stellt aber nach § 116 OWiG selbst eine Ordnungswidrigkeit dar.

723 KG StV 1981, 525, 526; LG Koblenz NJW 1988, 1609; Schönke/Schröder/*Eser* § 111 Rn 3.

724 OLG Stuttgart NStZ 2008, 36, 37.

725 *Fischer* § 111 Rn 4a; *Lackner/Kühl* § 111 Rn 5; NK/*Paeffgen* § 111 Rn 15; Schönke/Schröder/*Eser* § 111 Rn 13.

726 KG NJW 2001, 2896; OLG Stuttgart NStZ 2008, 36, 37. Eine bloße Befürwortung iSd § 88a StGB aF ist nicht ausreichend, hierzu BGHSt 28, 312, 314; BGHSt 31, 16, 22; BGHSt 32, 310, 311.

werden soll, den Entschluss zur Begehung einer – ihm insoweit nicht vorgegebenen – Straftat eigenständig zu fassen.[727] Die Aufforderung muss allerdings nicht ausdrücklich erfolgen, vielmehr reicht eine solche durch schlüssiges Handeln oder in versteckter Form aus. Die Aufforderung ist allerdings abzugrenzen von der bloßen Billigung der Tat, die lediglich unter den Voraussetzungen des § 140 StGB strafbar ist. Dabei muss die Aufforderung nicht ernst gemeint sein, es reicht aus, wenn sie als ernstlich erscheint und der Täter diesbezüglich jedenfalls mit bedingtem Vorsatz handelt.[728] Eine **Verbreitung** einer Schrift liegt vor, wenn diese nach außen weitergegeben wird mit dem Ziel, einen größeren Personenkreis zu erreichen.[729] Sie ist **öffentlich**, wenn sie von einer unbestimmten Anzahl von Personen wahrgenommen werden kann. Im Bereich des **Internet** sind die bereits benannten Öffentlichkeitskriterien heranzuziehen.[730] Allerdings muss es dem Täter nicht darauf ankommen, dass sich auch mehrere Adressaten motiviert fühlen. Es reicht aus, wenn billigend in Kauf genommen wird, dass wenigstens eine Person aus der unbestimmten Menge infolge der Aufforderung die angedachte Tat verwirklichen will. Zudem muss die Aufforderung eine eigene Erklärung des Verbreitenden enthalten. Die bloße Weitergabe fremder Äußerungen, die eine solche Aufforderung enthalten, genügt also nur dann, wenn der Handelnde zu erkennen gibt, dass er die Aufforderung als eigene übernimmt.[731] Folglich stellt § 111 StGB ein sog „Äußerungsdelikt" dar.[732] Die Straftat selbst muss nicht konkret (nach Ort und Zeit) bestimmt, aber jedenfalls ihrem rechtlichen Wesen nach gekennzeichnet sein, wobei es ausreicht, wenn sie ihrer Handlungsbeschreibung nach umrissen wird.[733] So kann zB der über eine Internetseite verbreitete Aufruf, Felder mit gen-manipulierten Pflanzen zu zerstören, dann eine Straftat nach § 111 StGB darstellen, wenn die Felder im Einzelfall bezeichnet werden (im konkreten Fall sogar unter Angabe eines bestimmten Zeitpunktes), nicht aber dann, wenn lediglich für solche „Feldbefreiungen" geworben, gleichzeitig aber darauf hingewiesen wird, Zeit und Ort der nächsten Aktion würden erst dann bekannt gegeben, wenn sich eine bestimmte Anzahl potentieller Teilnehmer gemeldet hätten.[734]

2. Anleitung zu Straftaten (§ 130a StGB)

Während § 111 StGB eine **unmittelbare und appellative Einwirkung** auf den Entschluss eines anderen voraussetzt, eine Straftat zu begehen, reicht § 130a StGB noch weiter in das Vorfeld von Straftaten hinein und stellt auch eine von § 111 StGB nicht erfasste **mittelbare Einwirkung** unter Strafe. Diese besteht darin, mittels Verbreitung von zB Handbüchern, Flugblättern oder Internetauftritten derart detaillierte Anweisungen zu geben, dass diese für die Begehung von Gewalttaten benutzt werden können und sollen. So ist es nach § 130a Abs 1 StGB strafbar, eine Schrift iSd § 11 Abs 3 **279**

---

727 OLG Stuttgart NStZ 2008, 36, 37.
728 BGHSt 32, 310.
729 OLG Frankfurt StV 1990, 209.
730 Vgl dazu oben Rn 174.
731 OLG Frankfurt NJW 1983, 1207; Schönke/Schröder/*Eser* § 111 Rn 3.
732 *Fischer* § 111 Rn 2.
733 Vgl hierzu aus der Rechtsprechung RGSt 65, 202; BGHSt 31, 16, 22; BGHSt 32, 310, 312; BGH MDR 1982, 507, 508; BayObLG JR 1993, 117, 119; OLG Celle NJW 1988, 1101; OLG Köln NJW 1988, 1102; OLG Stuttgart NStZ 2008, 36; AG Tiergarten NStZ 2000, 651; vgl hierzu auch *Herzberg* JuS 1987, 617, 618. Nach OLG Karlsruhe NStZ 1993, 389, 390 f ist es nicht ausreichend, wenn sich die durch Flugblätter angesprochenen Soldaten erst für den nicht unmittelbar bevorstehenden Fall einer Verfassungsänderung zur Fahnenflucht entschließen sollen.
734 OLG Stuttgart NStZ 2008, 36, 37.

StGB[735] in Umlauf zu bringen, die geeignet[736] ist, als Anleitung zu einer (im Katalog des § 126 Abs 1 StGB genau umschriebenen[737]) rechtswidrigen Tat zu dienen. Dabei bedeutet „anleiten" als solches, dass über die Möglichkeiten der Tatausführung, einschließlich ihrer Vorbereitung durch Hinweise technischer Art, Informationen mit der Tendenz zur Förderung der Tatbegehung gegeben werden.[738] Nach ganz überwiegender Ansicht können jedoch solche Schriften, die keinen erkennbaren Bezug zu einer Tathandlung einer Katalogtat des § 126 Abs 1 StGB haben, grundsätzlich nicht als „geeignet" gelten. Hierzu gehören zB Patentschriften, Lehrbücher und wissenschaftliche Abhandlungen.[739] Die Schrift muss darüber hinaus ihrem Inhalt nach objektiv dazu bestimmt sein, die Bereitschaft anderer zu fördern oder zu wecken, eine der genannten Taten zu begehen. Insoweit ist neben der objektiven Eignung eine besondere objektive Zweckbestimmung erforderlich. Dabei kann sich diese Zweckbestimmung auch erst aus oder nach einer Betrachtung der gesamten Umstände ergeben. Werden beispielsweise mehrere, für sich allein jeweils neutrale Schriften (zB objektive Tatsachenberichte), derart miteinander verbunden bzw. in einem bestimmten Zusammenhang dargestellt, dass erst aus diesem Zusammenspiel die Intention, die Bereitschaft anderer zur Begehung einer entsprechenden Tat zu fördern, zu erkennen ist, ist dennoch von einer insgesamt geeigneten und bestimmten Anleitung auszugehen.[740] Tathandlung ist das Verbreiten sowie das öffentliche Ausstellen, Anschlagen, Vorführen oder das sonstige öffentliche Zugänglichmachen.[741]

280 § 130a Abs 2 Nr 1 StGB verzichtet dagegen – bei gleicher Bestimmung der Tathandlungen – auf die besondere objektive Zweckbestimmung und lässt es ausreichen, wenn die Schrift (objektiv) geeignet ist, als Anleitung zu einer der genannten Taten zu dienen, wie dies zB bei militärischem Schulungsmaterial[742] der Fall sein kann. Solche sog „neutralen Anleitungen" sind zwar geeignet als Anleitung zur Begehung einer Katalogtat iSd § 126 Abs 1 StGB zu dienen, weil sie eine entsprechende Handlungsweise (zB das Installieren und Zünden eines Sprengsatzes) darstellen. Jedoch fehlt diesen neutralen Anleitungen gerade die Bestimmung iSv § 130a Abs 1 StGB, zu einem rechtswidrigen Verhalten anzuleiten. Hinzutreten muss hier aber eine besondere (subjektive) **Absicht**, durch das Verbreiten der Schrift die Bereitschaft anderer zu wecken, eine der betreffenden Taten zu begehen. Diese soll das Fehlen der objektiven Bestimmung der neutralen Anleitungsschrift kompensieren. § 130a Abs 2 Nr 2 StGB erfasst schließlich – bei gleicher subjektiver Zweckbestimmung – die (mündliche) Anleitung

---

735 Vgl zum Schriftenbegriff des § 11 Abs 3 StGB oben Rn 55 ff.

736 Einzelheiten zur Eignung einer Schrift, als Anleitung zu dienen, sind jedoch nicht abschließend geklärt. Insb ist umstritten, ob die objektive Anleitungseignung auch eine sog „Tendenz zur Verwirklichung des Dargestellten", dh einen besonderen Bezug zur Förderung entsprechender Handlungsakte, beinhalten muss. Dies bejahend: *Lackner/Kühl* § 130a Rn 4; Schönke/Schröder/*Lenckner/Sternberg-Lieben* § 130a Rn 4; einschränkend: NK-*Ostendorf* § 130a Rn 9; ablehnend: *Fischer* §130a Rn 9.

737 In § 126 Abs 1 StGB werden ua genannt: Mord, schwere Körperverletzung, erpresserischer Menschenraub, Raub und Brandstiftungsdelikte.

738 *Lackner/Kühl* § 130a Rn 2.

739 BT-Drucks 10/6286, 8; *Lackner/Kühl* § 130a Rn 4; Schönke/Schröder/*Lenckner/Sternberg-Lieben* § 130a Rn 4; anders jedoch *Fischer* § 130a Rn 8 f, der nahezu jede Art von Anleitung als geeignet ansehen und ausdrücklich nur bei „Werken der Grundlagenforschung und technischen Bau- und Gebrauchsbeschreibungen für neutrale Gegenstände" eine Ausnahme machen will.

740 *Lackner/Kühl* § 130a Rn 5; Schönke/Schröder/*Lenckner/Sternberg-Lieben* § 130a Rn 5.

741 Vgl zu diesen Tathandlungen oben Rn 170 f, 178 ff, 172 ff.

742 Der Gesetzgeber nennt hier exemplarisch die Anleitung zum „Sprengen einer Brücke im Verteidigungsfall", vgl BT-Drucks 10/6286, 8.

zur Begehung einer der genannten Straftaten, die öffentlich oder im Rahmen einer Versammlung stattfindet. Dass die Verwendung von Schriften in § 130a Abs 2 Nr 2 StGB nicht vorgesehen ist, führt im Hinblick auf die Medien zu der Konsequenz, dass lediglich **Äußerungen in Livesendungen im Fernsehen und Hörfunk**[743] sowie Übertragungen per **Livestream im Internet**, bei dem die Daten allenfalls aus technischen Gründen und nur ganz kurzzeitig gespeichert werden, von dieser Alternative erfasst werden können.

3. Belohnung und Billigung von Straftaten (§ 140 StGB)

Eine für das Medienrecht durchaus relevante Strafvorschrift enthält schließlich **281**
§ 140 StGB, wonach das Belohnen und Billigen von (bestimmten) Straftaten unter Strafe gestellt ist. Erfasst sind hier die (schweren) Straftaten, die in § 138 Abs 1 Nr 1 bis Nr 4 StGB und in § 126 Abs 1 StGB aufgezählt sind, und die rechtswidrigen Taten nach § 176 Abs 3, nach den §§ 176a und 176b, nach den §§ 177 und 178 oder nach § 179 Abs 3, 5 und 6.[744] Neben der im vorliegenden Zusammenhang weniger relevanten Belohnung von Straftaten (§ 140 Nr 1 StGB) ist hier die Billigung dieser Straftaten (§ 140 Nr 2 StGB) von Interesse: Wer die Begehung einer der genannten Taten in einer Weise, die geeignet ist, den öffentlichen Frieden zu stören, öffentlich, in einer Versammlung oder durch das Verbreiten von Schriften (§ 11 Abs 3 StGB) billigt,[745] wird mit Freiheitsstrafe bis zu drei Jahren oder mit Geldstrafe bestraft. Entscheidend ist die **nachträgliche Billigung**, dh die Straftat muss bereits begangen worden sein. Der Versuch reicht hierfür aus. Da § 140 StGB den öffentlichen Frieden schützen will, genügt auch die nachträgliche öffentliche Billigung einer eigenen Straftat.[746] Billigung bedeutet hier Zustimmung. Der Billigende muss durch seine Äußerung deutlich machen, dass er der Tatbegehung zustimmt und sich insoweit moralisch hinter den Täter stellt.[747] Dies muss für den „unbefangenen Durchschnittsleser“ (und insoweit auch für den Nutzer anderer Medien) erkennbar sein.[748] Die Tat muss dabei geeignet sein, den öffentlichen Frieden zu stören, was bei lange zurückliegenden Gewalttaten regelmäßig ausscheidet. Die Billigung von Taten im Zusammenhang mit der nationalsozialistischen Gewaltherrschaft ist jedoch vom Tatbestand (noch) erfasst, da dieses Verhalten weiterhin die Eignung zur Friedensstörung besitzt.[749]

4. Exkurs: Verabredung von Straftaten über das Internet

Nicht selten kommt es vor, dass Personen das Internet als Kommunikationsmedium **282**
dafür nutzen, andere zur Begehung von Straftaten aufzufordern oder sich mit anderen zur Begehung von Straftaten zu verabreden. So fand auch die Kontaktaufnahme der

743 *Fischer* § 130a Rn 5; *Lackner/Kühl* § 130a Rn 3.

744 In § 138 StGB werden ua genannt: Hochverrat, Landesverrat, Geldfälschung und schwerer Menschenhandel, in § 126 StGB finden sich ua Mord, schwere Körperverletzung, erpresserischer Menschenraub, Raub und Brandstiftungsdelikte.

745 Vgl zum Schriftenbegriff des § 11 Abs 3 StGB oben Rn 55 ff; zum Tatbestandsmerkmal des Verbreitens vgl oben Rn 170 f.

746 BGH NJW 1978, 58; krit zu dieser Entscheidung LK/*Hanack* 11. Aufl § 140 Rn 26.

747 BGHSt 22, 282, 286 ff; BGH MDR 1990, 642, 643; OLG Braunschweig NJW 1978, 2044, 2045.

748 BGH NJW 1961, 1364, 1365.

749 BGH NJW 1978, 58, 59.

Beteiligten im Fall des „Kannibalen von Rotenburg“[750] über das Internet statt. Der Angeklagte beschäftigte sich, so die Sachverhaltsdarstellung im Urteil,[751] ungefähr ab 1999 über das Internet immer stärker mit dem Thema Kannibalismus. Er stieß dabei auch auf eine Schlachtanleitung für den menschlichen Körper. Schließlich begann er, über Internetforen Männer zum Schlachten und Verspeisen zu suchen. Nach mehreren nicht zum Ziel führenden Kontakten stieß er schließlich im Internet auf sein späteres Opfer. Zuerst entwickelte sich zwischen ihnen eine Kommunikation durch E-Mails, bevor man sich persönlich traf und es schließlich zur – einverständlichen – Tötung des Opfers kam.

283 Vom strafrechtlichen Gesichtspunkt aus ist eine Vielzahl weiterer Konstellationen denkbar, wobei jeweils kennzeichnend ist, dass es sich bei den „Verabredungen“ und den „Aufforderungen“ im Internet – wie im realen Leben – **um Vorstufen der Deliktsbegehung** handelt, bei denen stets fraglich ist, ob die Schwelle zur Strafbarkeit bereits überschritten ist. Es handelt sich hierbei jedoch nicht um internetspezifische Straftatbestände, vielmehr kommen die Regelungen des allgemeinen Strafrechts zur Anwendung. Das Internet wird dabei nur als „Medium“ benutzt, welches hinsichtlich der rechtlichen Beurteilung im Vergleich zu Zeitungsinseraten bzw öffentlichen Aushängen oder brieflichen Kontakten kaum Unterschiede aufweist. Gleichwohl erweist sich gerade das Internet, insb mit den Kommunikationsmöglichkeiten des „World Wide Web“ (WWW), als immer wichtiger werdendes Medium nicht nur für die Weitergabe an sich rechtswidriger Inhalte, sondern auch im Hinblick auf die Vornahme strafwürdiger Kommunikationsakte. Nicht zuletzt durch das sog „Web 2.0“, welches nicht eine Kommunikationsstruktur im technischen Sinne, sondern eine Vielzahl von neuen Kommunikationsangeboten (zB soziale Netzwerke, Informations- und Kontaktportale etc) und -formen (zB der vielfach von Laien ausgeübte sog „Online-Journalismus“) im WWW bezeichnet, sind die Äußerungsmöglichkeiten gerade für den „einfachen Nutzer“ nochmals deutlich angestiegen. Gerade im Web 2.0 scheint sich die eindeutige Trennung zwischen „Informationsanbieter“ und „Informationskonsument“ zunehmend aufzulösen. Hinzu kommen ständige technische Innovationen und Verbesserungen (zB leistungsfähigere Computer, schnellerer Datentransfer durch stärkere Verbindungsleitungen etc) sowie immer weiter sinkende Kosten für den einzelnen Nutzer durch sog „Flatrates“. Im Folgenden sollen einige Fallkonstellationen näher untersucht werden.

284 a) **Sich-Bereit-Erklären zur Deliktsbegehung.** Fraglich ist, ob ein strafrechtlich relevantes Verhalten bereits darin zu sehen ist, dass jemand sich – etwa über die eigene Webseite oder in Diskussionsforen – allgemein dazu bereit erklärt, für einen anderen Delikte zu begehen, sei es in direkter Form („Erledige Tötungsaufträge sicher und zuverlässig“), sei es verschlüsselt und nur für Eingeweihte erkennbar („Erledige schwierige Aufgaben in sensiblen Bereichen“). Anknüpfungspunkt ist hier § 30 Abs 2 Alt 1 StGB. Hiernach muss sich der Täter dazu „bereit erklären“, ein Verbrechen zu begehen, wobei unter einem Verbrechen nach § 12 Abs 1 StGB rechtswidrige Taten zu verstehen sind, die im Mindestmaß mit einer Freiheitsstrafe von einem Jahr oder darü-

750 BGHSt 50, 80; vgl hierzu *Kudlich* JR 2005, 342; *Otto* JZ 2006, 799; *Schiemann* NJW 2005, 2350; medienrechtlich interessant ist hier auch die Frage, inwieweit sich der Täter gegen die Verfilmung seines Lebens und seiner Tat zur Wehr setzen darf; zutreffend hat das OLG Frankfurt in NJW 2007, 699 eine Verbreitung und den Vertrieb des Filmes untersagt; zu dieser Entscheidung *von Becker* AfP 2006, 124; *Kaboth* ZUM 2006, 412; krit hierzu allerdings *Petersen* § 2 Rn 31.

751 BGHSt 50, 80, 81 f.

ber bedroht sind. Der Täter ist in diesem Fall über den in § 30 Abs 2 StGB vorgenommenen Verweis auf § 30 Abs 1 StGB nach den Vorschriften über den Versuch des Verbrechens zu bestrafen. Während der „normale" Versuch nach § 23 Abs 2 StGB lediglich fakultativ milder bestraft werden kann als die vollendete Tat, sieht § 30 Abs 1 S 2 StGB eine zwingende Milderung vor. Demnach wäre es – unter konsequenter Anwendung von § 49 Abs 1 Nr 1 StGB – möglich, denjenigen, der sich zB zur Begehung eines Mordes (wofür das Gesetz lebenslange Freiheitsstrafe vorsieht) bereit erklärt, mit einer mindestens dreijährigen Freiheitsstrafe zu bestrafen. Schon von daher (und im Hinblick darauf, dass allein von einer solchen Äußerung eine recht geringe objektive Gefährlichkeit ausgeht), muss die Vorschrift restriktiv ausgelegt werden.[752]

Erforderlich ist erstens ein gewisser **Bindungswille**. Die Erklärung muss dahin gehen, sich gegenüber dem Adressaten insoweit festzulegen, dass dieser ein späteres Abstandnehmen von der Tat als Wortbruch ansehen würde.[753] Insoweit muss die Erklärung jedenfalls ernst gemeint sein[754] und der „Anbietende" darf sich nicht vorbehalten, erst im Einzelfall zu entscheiden, ob er einen Auftrag annimmt oder nicht. Schon deshalb wird in den meisten Fällen die lediglich abstrakt gehaltene Bereitschaftserklärung im Internet die Voraussetzung des § 30 Abs 2 Alt 1 StGB nicht erfüllen, denn es muss berücksichtigt werden, dass die virtuelle „Distanzkommunikation" im Internet häufig nicht mit einer Kommunikationssituation in der realen Welt vergleichbar sein wird. Durch die oftmals mögliche Verwendung bzw Tarnung mit Pseudonymen – sog „Nicknames" – oder Scheinidentitäten wird es den Beteiligten meist sehr leicht gemacht, die Kommunikation weitgehend annonymisiert ablaufen zu lassen. Ist dies die objektive Ausgangslage einer Bereitschaftserklärung, scheinen Zweifel an der Ernstlichkeit der Erklärung zumindest nicht ganz von der Hand zu weisen. Fraglich ist ferner, ob und inwieweit sich das Bereit-Erklären auf eine konkrete Tat beziehen muss und ob die Erklärung gegenüber einer Mehrheit von Personen ausreichen kann, von denen man dann eine entsprechende Reaktion, dh ihrerseits ein entsprechendes Angebot erwartet. Da aber in den geschilderten Fällen (Sich-Bereit-Erklären über eine frei zugängliche Webseite oder in einem offenen Chat-Room) zumeist weder die entsprechende Tat noch derjenige feststeht, der dem Handelnden letztlich das Angebot zur Begehung eines Verbrechens unterbreiten soll, kann dies für ein Sich-Bereit-Erklären iSd § 30 StGB in der Regel nicht ausreichen. Es handelt sich in diesen Fällen vielmehr lediglich um ein „Angebot", vergleichbar einer „invitatio ad offerendum" im Zivilrecht, bei dem der Handelnde nun seinerseits eine Reaktion seitens einer vorher für ihn noch nicht bestimmbaren Person erwartet. Unterbreitet ihm diese dann das konkrete Angebot, liegt hierin eine (versuchte) Anstiftung. Nimmt der zuvor „Werbende" dieses (nunmehr konkrete) Angebot an, ist § 30 Abs 2 Alt 1 StGB erfüllt. Gleichwohl kann die Möglichkeit eines Sich-Bereit-Erklärens natürlich auch für Internetsachverhalte nicht vollständig ausgeschlossen werden. Je nach den Einzelheiten eines Falles kann die Annahme eines Bindungswillens des Sich-Bereit-Erklärenden durchaus nahe liegen, zB wenn die Äußerung in einer geschlossenen, in der Anzahl ihrer Mitglieder bekannten und überschaubaren Gruppe stattfindet (geschlossene 285

752 *Bloy* JZ 1999, 157; MünchKommStGB/*Joecks* § 30 Rn 2; Schönke/Schröder/*Heine* § 30 Rn 1; *Schröder* JuS 1967, 290, 290 f.

753 MünchKommStGB/*Joecks* § 30 Rn 40; SK/*Hoyer* § 30 Rn 37; krit NK/*Zaczyk* § 30 Rn 34.

754 RGSt 57, 243, 245; RGSt 60, 23, 25; RGSt 63, 197, 199; BGHSt 6, 346, 347; MünchKommStGB/*Joecks* § 30 Rn 42; NK/*Zaczyk* § 30 Rn 37; Schönke/Schröder/*Heine* § 30 Rn 27; SK/*Hoyer* § 30 Rn 38.

Chat-Rooms, kontrollierte Mailinglisten ua). In diesem Fall dürfte dann auch der Kreis der angesprochenen Personen hinreichend konkretisiert sein. Zudem steht es dem Sich-Bereit-Erklärenden natürlich grundsätzlich frei, das angedachte Verbrechen mehr oder weniger genau zu bezeichnen. Die psychologische Hemmschwelle, sich auf eine konkret beschriebene zukünftige Tat festzulegen, wird jedoch in einer geschlossenen Gruppe – aufgrund der größeren persönlichen Nähe – leichter zu überwinden sein als in einem offenen Kommunikationsangebot. Schließlich stellt sich auch noch die Frage, ob die Bereitschaftserklärung anderen Nutzern zugegangen sein muss oder ob es ausreicht, dass die Erklärung nur abgegeben wurde. Dies ist bereits allgemein im Rahmen des § 30 Abs 2 Alt 1 StGB umstritten.[755] Auch im Hinblick auf die Nutzung des Internets kann diese Frage an Bedeutung gewinnen, denn auch hier ist es grundsätzlich möglich, dass der Zugang einer entsprechenden Erklärung nicht bereits mit ihrer Abgabe erfolgt, dh zeitlich mit dieser zusammenfällt, sondern den Adressaten erst mit einer gewissen Zeitverzögerung erreicht. Beispielsweise kann in moderierten Foren oder Mailinglisten nicht von einem sofortigen Zugang einer Äußerung, dh einem Zugang bereits im Zeitpunkt ihrer Absendung, gerechnet werden, weil hier in der Regel zunächst der Moderator eine inhaltlich Prüfung vornehmen wird, bevor die Freigabe gegenüber dem oder den Adressaten erfolgt.

286 b) **Aufforderung zur Begehung von Straftaten.** Als weitaus problematischer erweist sich aber die umgekehrte Konstellation: Der Auftraggeber sucht über das Internet Personen, die gegen Entgelt für ihn tätig werden, wobei die „Angebote" wiederum direkt und für alle verständlich („Suche zuverlässige Person, die gegen Bezahlung meine Ehefrau tötet") oder aber verschlüsselt und nur für Eingeweihte erkennbar abgegeben werden können. Auch hierbei ist es wiederum möglich, eine unüberschaubare Anzahl von Nutzern anzusprechen, dh öffentlich aufzufordern, oder sich gegenüber einzelnen oder einer bestimmten (geschlossenen) Gruppe zu äußern. Kommt es auf das Angebot hin zu einem entsprechenden Kontakt zwischen dem „Auftraggeber" und dem Täter, liegt in der nachfolgenden konkreten Absprache unzweifelhaft eine Anstiftung, sofern die Tat später durchgeführt wird, bzw eine versuchte Anstiftung, wenn es nicht zu dieser Tat kommt. Diese ist allerdings nach § 30 Abs 1 Alt 1 StGB wiederum nur dann strafbar, wenn es sich bei der geplanten Tat um ein Verbrechen handelt.

287 Fraglich ist aber, ob allein in dem ins Internet eingestellten „Angebot" an eine Vielzahl von Personen bereits eine **versuchte Anstiftung** nach § 30 Abs 1 Alt 1 StGB zu sehen ist, sofern sich daraufhin niemand meldet oder es jedenfalls nicht zu einer weiteren konkreten Absprache kommt. Die erste Voraussetzung, an der eine Strafbarkeit hier regelmäßig scheitern wird, besteht darin, dass das „Angebot" bzw die Nachfrage oder Aufforderung die für die konkrete Tatbegehung unentbehrlichen individualisierenden Angaben enthalten muss[756] (eine Aufforderung „Wer tötet meine Ehefrau" reicht hierfür nicht aus). Allerdings ließen sich durchaus Fälle finden, in denen die Angaben hinsichtlich der konkret durchzuführenden Tat ausreichend sind (so kann

755 Vgl dazu ua *Fischer* § 30 Rn 10; LK/*Schünemann* 12. Aufl § 30 Rn 88; MünchKomm-StGB/*Joecks* § 30 Rn 44; NK/*Zaczyk* § 30 Rn 38, 40; Schönke/Schröder/*Heine* § 30 Rn 23.

756 BGHSt 34, 63, 66 ff (grundlegend zur Bestimmtheit der Anstiftervorstellung bei § 26 StGB); *Bloy* JR 1992, 493, 496; *Geppert* Jura 1997, 546, 551; *Kühl* § 20 Rn 249; Schönke/Schröder/*Heine* § 30 Rn 19; aA jedoch LK/*Schünemann* 12. Aufl § 26 Rn 39 ff; *Roxin* AT II § 26 Rn 134 ff, die eine Aufforderung zur Tat unter Kennzeichnung der sog „wesentlichen Unrechtsdimensionen", dh Angriffsrichtung und Schadensumfang, ausreichen lassen.

der Täter zB dazu auffordern, an einem bestimmten Tag einen ganz bestimmten Politiker bei einer genau bezeichneten Veranstaltung zu töten und hierfür eine Belohnung in Aussicht stellen). Allerdings dürfte eine versuchte Anstiftung in diesen Fällen regelmäßig deswegen zu verneinen sein, da sich das „Angebot" im Internet oftmals entweder an die Öffentlichkeit oder jedenfalls an eine größere, individuell nicht bestimmbare Personengruppe richtet. Denn es ist anerkannt, dass der Adressat des Anstifters entweder eine **bestimmte Person** sein muss oder aber sich die (versuchte) Anstiftungshandlung an eine Mehrheit **individuell feststellbarer Personen** zu richten hat, aus der wenigstens eine sich zur Tatbegehung entschließen soll.[757] Insofern kann zwar die Aufforderung an eine konkrete Person (zB durch Versendung einer individuellen E-Mail) oder an mehrere konkrete Personen (zB durch Versendung einer E-Mail an mehrere Personen, die für den Absender jedoch im Einzelnen individualisierbar sein müssen, wie in einer kontrollierten oder geprüften Mailingliste) als (versuchte) Anstiftung angesehen werden, nicht aber eine Aufforderung in einem frei zugänglichen Chat-Room, in welchem eine unbestimmte Zahl von Personen teilnehmen, es sei denn, dort richtet sich die Aufforderung wiederum gezielt an einen oder mehrere im einzelnen bestimmte Nutzer. Richtet sich insoweit das „Angebot" des Handelnden an eine unbestimmte Personengruppe, so kommt allerdings eine Straftat nach § 111 StGB in Betracht.[758]

§ 111 StGB sieht eine eigene Strafbarkeit für denjenigen vor, der andere **öffentlich** 288
zur Begehung von Straftaten **auffordert**. Anders als bei § 30 Abs 1 Alt 1 StGB kann die in Aussicht genommene Haupttat dabei auch ein Vergehen iSd § 12 Abs 2 StGB sein. In jedem Fall muss der Täter aber eine appellative Ansprache hinsichtlich der Begehung einer Straftat[759] an einen für ihn unüberschaubar großen Adressatenkreis halten. Daneben besteht ein wesentlicher Unterschied zur Anstiftung bzw versuchten Anstiftung darin, dass die spätere Haupttat weniger konkret bezeichnet werden muss.[760] Gerade aufgrund des Öffentlichkeitserfordernisses scheint das Internet vielfach ein geeigneter Raum zur Abgabe entsprechender Aufforderungen. So kam § 111 StGB bereits mehrfach im Hinblick auf internetbezogene Sachverhalte zum Tragen.[761] Jedoch erweist sich § 111 StGB nicht nur als „internet-", sondern auch als insgesamt „medienrelevante" Norm. Ausreichend soll es weiterhin sein, wenn die Aufforderung lediglich in den Machtbereich nicht näher bestimmter Empfänger gelangt ist, während ein direkter Zugang oder eine tatsächliche Wahrnehmung potenzieller Empfänger nicht erforderlich sein soll.[762] Die Verwirklichung des Tatbestands ist in drei Alternativen möglich, nämlich dem öffentlichen Auffordern (§ 111 Abs 1 Alt 1 StGB), dem Auffordern in einer Versammlung (§ 111 Abs 1 Alt 2 StGB) und dem Auffordern durch die Verbreitung von Schriften iSd § 11 Abs 3 StGB (§ 111 Abs 1 Alt 3 StGB).

757 BayObLG JR 1999, 81; LK/*Schünemann* 12. Aufl § 30 Rn 25; MünchKommStGB/*Joecks* § 30 Rn 28; Schönke/Schröder/*Heine* § 30 Rn 20; aA SK/*Hoyer* Vor § 26 Rn 54 f; § 30 Rn 27.

758 MünchKommStGB/*Joecks* § 30 Rn 28; Schönke/Schröder/*Heine* § 30 Rn 20; aA allerdings *Dreher* FS Gallas 307, 321.

759 LK/*Rosenau* 12. Aufl § 111 Rn 18; MünchKommStGB/*Bosch* § 111 Rn 7; NK/*Paeffgen* § 111 Rn 12; Schönke/Schröder/*Eser* § 111 Rn 3.

760 *Fischer* § 111 Rn 4a; MünchKommStGB/*Bosch* § 111 Rn 13; NK/*Paeffgen* § 111 Rn 15.

761 So zB OLG Stuttgart MMR 2007, 434. In der Entscheidung ging es um einen Aufruf über eine frei zugängliche Webseite, auf der Gentechnikgegner allgemein zur Beteiligung an bestimmten Sachbeschädigungaktionen, sog „Feldbefreiungen", aufgerufen haben.

762 Vgl hierzu ua *Fischer* § 111 Rn 3; LK/*Rosenau* 12. Aufl § 111 Rn 18; Schönke/Schröder/*Eser* § 111 Rn 6.

Hinsichtlich der Verbreitungsalternative des § 111 Abs 1 Alt 3 StGB ist abschließend zu bemerken, dass diese – anders als die meisten Verbreitungstatbestände – nicht auch die Handlung des öffentlichen Zugänglichmachens vorsieht, so dass der Streit um die Zulässigkeit des sog „internetspezifischen Verbreitungsbegriffs“[763] an dieser Stelle besondere Bedeutung gewinnen kann.

289 c) **Verabredung zur Deliktsbegehung.** Keine Besonderheiten sind zu verzeichnen, wenn sich Personen zur Deliktsbegehung über das Internet verabreden. Handelt es sich bei der geplanten Tat um ein Verbrechen (vgl wiederum § 12 Abs 1 StGB), so ist der Straftatbestand des § 30 Abs 2 Alt 3 StGB einschlägig. Voraussetzung hierfür ist, dass sich mindestens zwei Personen zur gemeinsamen mittäterschaftlichen Ausführung eines Verbrechens verabreden.[764] Insofern kann bei § 30 Abs 2 Alt 3 StGB auch von einer „Vorstufe der Mittäterschaft“[765] gesprochen werden. Dabei reicht es allerdings nicht aus, dass die gemeinsame Verabredung nur vage getroffen wird, vielmehr muss der Tatplan bereits rechtlich relevante Konturen angenommen haben.[766]

290 d) **Anleitung zur Begehung von Straftaten.** Eine weitere Möglichkeit strafbaren Verhaltens ist die ins Internet gestellte (zB auf einer Webseite oder als abrufbare Datei auf einem FTP-Server) allgemein gehaltene Anleitung zur Begehung bestimmter Straftaten. Eine solche Anleitung kann wiederum verschiedene Formen annehmen. So ist es auch hier denkbar, dass lediglich Tipps dahingehend abgegeben werden, wie Straftaten leichter durchzuführen sind bzw das Entdeckungsrisiko bei bereits begangenen Straftaten gesenkt werden kann. Auf der anderen Seite sind aber auch konkrete Anleitungen zum Bau verbotener Gegenstände (zB Kriegswaffen oder „Molotow-Cocktails“[767]) oder von Tatwerkzeugen (zB „Virenbaukästen“ zur Zerstörung fremder Computeranlagen) denkbar.

291 Neben einer möglichen Strafbarkeit wegen einer öffentlichen Aufforderung zu Straftaten, § 111 StGB,[768] oder der Anleitung zu Straftaten nach § 130a StGB im Hinblick auf eine Katalogtat des § 126 Abs 1 StGB[769] kommt hier bei einer Anleitung zur Herstellung verbotener Gegenstände (zB „Molotow-Cocktails“ oder Sprengsätze, deren Herstellung und Besitz ua nach § 52 Abs 1 Nr 1 iVm § 2 Abs 3 sowie Anlage 2 Abschnitt 1 Nr 1.3.4 WaffG unter Strafe steht) oder von Tatwerkzeugen (zB „Virenbaukästen“) eine Strafbarkeit wegen **Beihilfe** zum jeweils vom Haupttäter begangenen Delikt in Frage. Problematisch ist jedoch auch hier, dass die konkrete Tat, zu welcher der Betreffende Hilfe leistet, zum Zeitpunkt der Einstellung der Anleitung ins Internet weder hinsichtlich der die Tat begehenden Person, noch hinsichtlich Tatzeit und Tatort ausreichend konkretisiert ist, was einer Strafbarkeit regelmäßig entgegenstehen

---

763 Vgl dazu bereits Rn 171.

764 BGH NStZ 1988, 406; BGH NStZ 1993, 137; *Jescheck/Weigend* § 65 III 1; *Kühl* § 20 Rn 252; *Roxin* AT II § 28 Rn 43; Schönke/Schröder/*Heine* § 30 Rn 25; SK/*Hoyer* § 30 Rn 46.

765 *Roxin* AT II § 28 Rn 60 f.

766 *Kühl* § 20 Rn 253; LK/*Schünemann* 12. Aufl § 30 Rn 67; NK/*Zaczyk* § 30 Rn 52; Schönke/Schröder/*Heine* § 30 Rn 25; aA *Jescheck/Weigend* § 65 III 1; vgl auch *Dessecker* JA 2005, 549, 551 f.

767 Bei diesen sog „Molotow-Cocktails“ handelt es sich um mit Benzin, Benzin-Ölgemisch oder anderen leicht brennbaren Flüssigkeiten gefüllte Glasflaschen, die vor allem nach einem Wurf beim Auftreffen auf einen Gegenstand zersplittern, wobei sich der dadurch frei gewordene Brennstoff ohne Zuhilfenahme einer weiteren Zündvorrichtung entzündet.

768 Vgl hierzu oben Rn 276 ff.

769 Vgl hierzu oben Rn 279 f.

dürfte. Im Einzelnen ist im Hinblick auf die soeben angesprochenen Fälle jedoch zu differenzieren:

Im Hinblick auf die genannten **„Molotow-Cocktails"** und Sprengsätze ist zu beachten, dass die Anleitung oder Aufforderung zur Herstellung solcher (waffenrechtlich verbotener) Gegenstände bereits eine selbstständige Strafbarkeit nach § 52 Abs 1 Nr 4 iVm § 40 WaffG begründet.[770] Unter dem Begriff der Anleitung versteht man hierbei die Vermittlung von Informationen, die dem Empfänger die Möglichkeit geben, auf Grund der erworbenen Kenntnisse den entsprechenden Gegenstand selbst herzustellen. Unter einer Aufforderung[771] ist dagegen ein Verhalten zu verstehen, welches von einem anderen erkennbar die Herstellung der verbotenen Gegenstände (zB der angesprochenen „Molotow-Cocktails") verlangt.[772] Die Aufforderung oder Anleitung kann sich (aber muss sich nicht) an einen individuellen Adressaten richten. Sie ist aber auch derart möglich, dass sie öffentlich in einer Versammlung oder durch Verbreiten von Schriften iSd § 11 Abs 3 StGB[773] erfolgt. Insoweit ist jedenfalls auch derjenige, der eine entsprechende Anleitung im Internet für andere Nutzer verfügbar macht (zB durch das Abbilden auf einer Webseite oder die Bereitstellung zum Download auf einem FTP-Server) nach dieser Vorschrift strafbar. Bei einer bloßen Weiterleitung entsprechender Texte (per E-Mail oder Speicherung auf einem FTP-Server), deren Urheber nicht der Weiterleitende ist, ist jedoch einschränkend zu fordern, dass dieser sich den Text zu eigen macht und daher auch selbst zur Herstellung des verbotenen Gegenstandes anleitet.[774] Ist dies der Fall, so kommt Idealkonkurrenz mit der Strafvorschrift des § 111 StGB in Frage. **292**

Im Hinblick auf die Anbieter sog **„Virus Construction Kits"** (Virenbaukästen), die sich dadurch auszeichnen, dass mit ihrer Hilfe auch technisch weniger begabte Personen in der Lage sind, einen funktionierenden Computervirus zu erzeugen, den sie später ins Netz stellen oder durch Versendung an konkrete Personen verbreiten,[775] ist dagegen eine Beihilfe zur jeweils durch den späteren „Virenkonstrukteur" begangenen Haupttat zu prüfen. Bei dieser Haupttat handelt es sich regelmäßig um ein Delikt nach § 303a StGB bzw § 303b StGB.[776] Fraglich ist allerdings auch hier, ob das bloße Zugänglichmachen solcher Informationen bzw das Zurverfügungstellen der Virenbausteine über das Internet als „Hilfeleistung" iSd § 27 StGB angesehen werden kann. Problematisch erscheint auch hier die Bestimmtheit der Haupttat. Denn der Gehilfe muss nicht nur zu einer vorsätzlich begangenen rechtswidrigen Tat eines anderen Hilfe leisten, er muss vielmehr diesbezüglich auch vorsätzlich handeln. Dabei muss der Gehilfenvorsatz im Hinblick auf die Haupttat zwar weniger konkret sein als bei der Anstiftung.[777] Dennoch muss aber die jeweilige Tat für den Gehilfen bei Erbringung seiner Hilfeleistung in gewissen Umrissen bekannt sein.[778] Dies ist in der vorliegenden Konstellation nicht anzunehmen, da demjenigen, der die Virenbaukästen im Internet zur Verfügung stellt, weder bekannt ist, welche Personen die entsprechende Seite aufrufen, noch wann dies geschieht. Auch weiß er nicht, wer sich wann welche **293**

770 Zu einem frühen Fall mit Bezug zum Internet vgl BayObLG NJW 1998, 1087 (zu § 53 Abs 1 S 1 Nr 5 WaffG aF).
771 Zum Begriff des „Aufforderns" vgl auch § 28 Abs 1 Nr 12 BtMG, § 23 VersammlG.
772 RGSt 63, 170, 173.
773 Vgl zum Schriftenbegriff oben Rn 55 ff.
774 BayObLG NJW 1998, 1087; krit hierzu auch *Gänßle* NStZ 1999, 50.
775 Vgl hierzu *Malek* Rn 181.
776 LG Ulm CR 1989, 825 – Killerprogramm; *Eichelberger* MMR 2004, 594, 595 f; *Hilgendorf/Frank/Valerius* Rn 201; *Malek* Rn 174.
777 Vgl *B Heinrich* AT II Rn 1337.
778 BGHSt 11, 66; vgl ferner BGHSt 42, 135, 138; BGHSt 46, 107, 109.

Bausteine herunterlädt und vor allem wer wann und gegen wen einen entsprechenden Angriff richtet. Insofern erfüllt das Zurverfügungstellen von Virenbausteinen im Internet die Anforderung an eine strafbare Beihilfehandlung nicht.[779] Um eine Strafbarkeitslücke zu vermeiden und die genannten Verhaltensweisen unter Strafe zu stellen, hat der Gesetzgeber mit § 303a Abs 1, Abs 3 iVm § 202c StGB eine eigenständige Strafnorm geschaffen. Unter Strafe gestellt ist nunmehr auch die Vorbereitung einer Datenveränderung (Löschen, Unterdrücken, Unbrauchbarmachen oder Verändern von Daten) durch die in § 202c StGB genannten Tathandlungen.

294 Hinzuweisen ist in diesem Zusammenhang nochmals auf den mit Wirkung ab dem 4.8.2009 eingeführten neuen § 91 StGB, welcher das Verbreiten in Form des Zugänglichmachens und Anpreisens von terroristischen „Anleitungen“ ua zur Herstellung von Sprengstoffen erfasst.[780] Ausreichend für eine Strafbarkeit nach § 91 StGB ist bereits, dass die einem anderen zugänglich gemachte oder angepriesene Anleitung nach den konkreten Umständen ihrer Verbreitung objektiv geeignet ist, dessen Bereitschaft zur Begehung von Gewalttaten zu wecken (§ 91 Abs 1 Nr 1 StGB). Strafbar ist daneben erstmals auch das Sich-Verschaffen einer solchen Anleitung (§ 91 Abs 1 Nr 2 StGB). Diese Regelungen sind ein weiterer Ausdruck der gesetzgeberischen Tendenz zur Vorverlagerung der Strafbarkeit auf eigentliche Vorbereitungshandlungen, wie sie seit geraumer Zeit zu beobachten ist.[781] So beinhaltet das Strafrechtsänderungsgesetz zur Bekämpfung der Computerkriminalität vom 11.8.2007[782] vergleichbare Regelungen zur Vorfeldkriminalisierung im Bereich des Ausspähens (§ 202a StGB) und Abfangens (§ 202b StGB) von Daten. Neben der neu geschaffenen Strafbarkeit des sog „Hackings“[783] (im Sinne eines bloßen Sich-Verschaffens eines Zugangs zu Daten, ohne dass eine Kenntnisnahme erforderlich wäre) wird hier durch den neu eingefügten § 202c StGB bereits das Vorbereiten der Tat durch Herstellen, Sich-Verschaffen, Verkaufen, Überlassen, Verbreiten oder sonstige Zugänglich-Machen von Passwörtern, Sicherheitscodes oder Computerprogrammen, deren Zweck die Begehung einer Tat nach den §§ 202a, 202b StGB ist (sog Hacker-Tools) unter Strafe gestellt.[784] Im Hinblick auf den Ultima-ratio-Charkter des Strafrechts sind solche Vorfeldkriminalisierungen aber äußerst kritisch zu beurteilen.

IV. Medien(unternehmen) als Opfer von Straftaten

1. Die Nötigung (§ 240 StGB) – Medien als Opfer

295 Neben den oben genannten Fällen, in denen Pressevertreter Täter einer Nötigung sein können,[785] sind auch Fälle denkbar, in denen die Medienunternehmer selbst Opfer einer Nötigung werden („passive Pressenötigung“). So ist zB an den Fall zu denken, dass ein großer Interessenverband mit einer entsprechenden Anzeigensperre droht, wenn ein Medienunternehmen nicht in einer bestimmten Art und Weise publiziert (also etwa: Kritik an den Machenschaften des Verbandes oder einzelner Ver-

---

779 So auch *Vetter* 115; differenzierend *Eichelberger* MMR 2004, 594, 597; aA *Malek* Rn 7.
780 Vgl zu § 91 StGB bereits ausf in Rn 210.
781 Zur diesbezüglichen Kritik an § 91 StGB vgl ua *Fischer* § 91 Rn 19; *Gazeas/Grosse-Wilde/Kießling* NStZ 2009, 593, 601 f; NK/*Paeffgen* § 91 Rn 4 ff; Schönke/Schröder/*Sternberg-Lieben* § 91 Rn 1.
782 BGBl 2007 I S 1786.
783 Vgl hierzu oben Rn 148.
784 Vgl hierzu *Cornelius* CR 2007, 682.
785 Vgl hierzu oben Rn 157 ff.

bandsmitglieder unterlässt).[786] Die Anzeigensperre (oder auch der Aufruf, ein bestimmtes Medienprodukt zu boykottieren oder das Unternehmen zu bestreiken) stellt für das Medienunternehmen ein empfindliches Übel dar. Bei der Frage der Rechtswidrigkeit (§ 240 Abs 2 StGB) ist zu beachten, dass selbst der Zwang, nur noch wahrheitsgemäß zu publizieren, unter Verwendung des entsprechenden Nötigungsmittels als verwerflich angesehen werden kann.[787]

2. Sabotage

Ein internetspezifisches Sonderproblem stellte sich in einem Fall, in dem der Täter öffentlich dazu aufforderte, an einem bestimmten Tag den Server einer bestimmten Firma (im konkreten Fall: der Lufthansa) durch eine Vielzahl von E-Mail-Anfragen so zu überlasten, dass dieser zum Absturz gebracht werden und dadurch der Betrieb (hier: die Entgegennahme und Verarbeitung elektronischer Flugbuchungen) jedenfalls kurzfristig nicht mehr möglich sein sollte.[788] In diesem Fall kommt eine Strafbarkeit wegen einer öffentlichen Aufforderung zu Straftaten nach § 111 StGB in Frage, was jedoch voraussetzt, dass die durch die Aufforderung Angesprochenen bei dem „Boykott" der fremden Webseite selbst eine Straftat begehen. Das AG Frankfurt[789] sah in diesem Verhalten eine strafbare Nötigung nach § 240 StGB, was jedoch unter mehreren Gesichtspunkten bedenklich ist. So kann schon der „Mausklick", mit welchem der Internetnutzer die entsprechende E-Mail absendet, nur schwerlich als „Gewaltanwendung" iSd § 240 StGB angesehen werden. Abgesehen davon, ob eine derart geringe körperliche Kraftentfaltung (durch den Mausklick) bereits als „Gewalt" gewertet werden kann, ist die Annahme, eine physische Zwangswirkung auf das Leitungsnetz stelle jedenfalls eine mittelbare physische Zwangswirkung im Hinblick auf die übrigen Internetnutzer dar, denen dadurch der Zugriff auf die betreffende Webseite verwehrt wird, kaum nachvollziehbar.[790] Auch ist die Konstruktion einer Dreiecksnötigung – der Betreiber der Webseite werde durch die Gewalt gegenüber den ihm nahestehenden (potentiellen) Internetkunden selbst genötigt – fraglich. Insoweit scheidet eine Strafbarkeit nach § 240 StGB aus. 296

Es kommt allerdings eine Strafbarkeit nach den §§ 303a, 303b StGB in Frage.[791] Hinsichtlich der Strafbarkeit wegen Datenveränderung, § 303a StGB, muss geprüft werden, ob das Merkmal des „Unterdrückens" von Daten bereits dann vorliegt, wenn dem Berechtigten die Daten lediglich vorübergehend und nicht auf Dauer entzogen werden (im konkreten Fall war die Benutzung der Webseite für etwa zwei Stunden nicht oder nur mit erheblichen Wartezeiten möglich). Hinsichtlich des Tatbestandsmerkmals des Unterdrückens ist jedoch anerkannt, dass eine dauerhafte Unterdrückung nicht erforderlich ist, sondern dass es ausreicht, wenn die Daten zeitweilig 297

786 Vgl auch zum Fall eines Sitzstreiks, um einen Zeitungsverlag an der Auslieferung zu hindern OLG Stuttgart NJW 1969, 1543; vgl ferner BGHSt 35, 270 (Sitzstreik vor einem Munitionslager).

787 Zutreffend *Löffler/Ricker* Kap 56 Rn 11.

788 Vgl AG Frankfurt NStZ 2006, 399; vgl hierzu die Anmerkungen bei *Gercke* MMR 2005, 868; *Kraft/Meister* K&R 2005, 458; zu dieser Problematik auch *dies* MMR 2003, 366.

789 AG Frankfurt NStZ 2006, 399; zust *Kraft/Meister* MMR 2003, 366, 370 f; *dies* K&R 2005, 458, 459; das Urteil des AG Frankfurt wurde durch die Revisionsentscheidung des OLG Frankfurt ZUM 2006, 749 aufgehoben; der Angeklagte wurde freigesprochen.

790 Zust dagegen *Kraft/Meister* K&R 2005, 458, 459.

791 So auch *Gercke* MMR 2005, 868; *Kraft/Meister* MMR 2003, 366, 370 f; ferner *Ernst* NJW 2003, 3233, 3239.

entzogen werden, sofern es sich nicht um einen ganz unerheblichen Zeitraum handelt.[792] Bei der Frage der Erheblichkeit des Zeitraums ist allerdings auch die tatsächlich erlittene Beeinträchtigung von entscheidender Bedeutung.[793] Jedenfalls dann, wenn der Verfügungsberechtigte, welcher in aller Regel der Betreiber der Webseite sein dürfte, nicht mehr auf seine eigenen Daten zugreifen kann, ist daher der Tatbestand erfüllt, sofern es sich nicht um einen ganz unerheblichen Zeitraum handelt.[794] Fraglich ist, ob dies auch im Hinblick auf Dritte gelten kann, die infolge der Überlastung nicht mehr auf die entsprechende Webseite zugreifen können. Da § 303a StGB jedoch lediglich den Verfügungsberechtigten vor der Veränderung seiner Daten schützen soll, ist diese Konstellation von der Strafnorm nicht erfasst.[795] Ferner ist zu berücksichtigen, dass die Tathandlungen der einzelnen Internetnutzer für sich gesehen für ein Unterdrücken von Daten nicht ausreichen, sodass eine Strafbarkeit nur durch eine Annahme einer mittäterschaftlichen Zurechung (§ 25 Abs 2 StGB) der Tatbeiträge der übrigen „Boykotteure" möglich ist. Diesbezüglich müsste dann aber ein gemeinsamer Tatplan nachgewiesen werden, was schwer möglich ist, da sich die „Boykotteure" untereinander nicht kannten.

298 Darüber hinaus können in den genannten Fällen aber die Voraussetzungen des § 303b StGB nF erfüllt sein. Sofern die Voraussetzungen des § 303a Abs 1 StGB angenommen werden, liegt es einerseits nahe, dass hierdurch auch eine Datenverarbeitung, die für das betroffene Unternehmen von wesentlicher Bedeutung ist, gestört wird, sodass § 303b Abs 1 Nr 1 StGB erfüllt ist. Daneben ist aber seit der durch das am 11.8.2007 in Kraft getretene Strafrechtsänderungsgesetz zur Bekämpfung der Computerkriminalität[796] erfolgten Änderung des StGB insb die neu eingefügte Nr 2 zu berücksichtigen.[797] Hiernach wird als Computersabotage nun auch das Eingeben oder Übermitteln von Daten erfasst, sofern diese Handlung in der Absicht erfolgt, einem anderen einen Nachteil zuzufügen. Bei diesen Vorgängen handelt es sich jeweils um an sich neutrale Handlungen, die aber dann strafrechtlich relevant werden, wenn sie in rechtswidriger Absicht vorgenommen werden. Bei diesen sog „Elektonischen Protesten" (E-Protesten) käme immerhin die Alternative der Übermittlung von Daten per E-Mail in Betracht.[798] Bereits die Nachteilszufügungsabsicht ließe sich bei einer Internet-Demonstration aber bezweifeln,[799] wenn es den Teilnehmern nicht um einen Nachteil des Betroffenen, sondern um eine politische Meinungsäußerung geht. Für den objektiven Tatbestand ist zudem sowohl für die Nr 1 als auch für die Nr 2 eine **erhebliche** Störung der Datenverarbeitung erforderlich. Die Bundesregierung geht davon aus, es handele sich bei der Einfügung des Merkmals der Erheblichkeit nur um eine Klarstellung.[800] Gleichwohl bleibt abzuwarten, ob die Rechtsprechung nicht diesbezüglich auf die Maßstäbe des OLG Frankfurt zurückgreift und bei kurzzeitigen Blockaden (auch) eine Erheblichkeit verneint. Ferner kommt im angesprochenen Fall

792 LK/*Tolksdorf* § 303a Rn 27; NK/*Zaczyk* § 303a Rn 8; Schönke/Schröder/*Stree/Hecker* § 303a Rn 6; aA *Altenhain* JZ 1997, 752, 753 Fn 17.

793 *Vetter* 66.

794 *Hilgendorf/Frank/Valerius* Rn 197; *Vetter* 67 ff; anders aber wohl OLG Frankfurt ZUM 2006, 749, 753.

795 *Faßbender* 61; *Hilgendorf/Frank/Valerius* Rn 197; *Kraft/Meister* MMR 2003, 366, 373; *Vetter* 66 f; aA *Ernst* NJW 2003, 3233, 3238.

796 BGBl 2007 I S 1786.

797 Vgl hierzu *Ernst* NJW 2007, 2661, 2664 f; *Gröseling/Höfinger* MMR 2007, 626.

798 Vgl zu dem insgesamt problematischen Merkmal des „Eingebens" von Daten iSd § 202a *Gröseling/Höfinger* MMR 2007, 626, 627.

799 So etwa der Rechtsausschuss in BT-Drucks 16/5449, 5.

800 BT-Drucks 16/3656, 13.

auch eine Strafbarkeit nach § 317 StGB in Frage, da die betroffenen Server Telekommunikationseinrichtungen in diesem Sinne darstellen (vgl auch die Definition in § 3 Nr 23 TKG).

3. DDoS-Attacken

In Ihrer Wirkung mit den vorgenannten „E-Protesten“ vergleichbar sind die sog **299**
„DDoS-Attacken“ (Distributed-Denial-of-Service-Attacken), deren rechtliche Einordnung umstritten ist.[801] Allgemein versteht man unter einer solchen DDoS-Attacke einen Angriff, der darauf abzielt, bestimmte Dateien zu löschen oder Dienste (zB den WWW-Server) in einer Weise zu blockieren, dass sie nicht mehr im Rahmen ihrer Anforderungen nutzbar sind.[802]

So ist es möglich, dass sich der Angreifer zuerst Zugang zu einer Vielzahl von **300**
fremden Rechnern im Internet verschafft, auf denen er die Programme für den Angriff installiert. Von einem separaten Rechner aus synchronisiert er dann die Angriffsprogramme in der Weise, dass von diesen aus gleichzeitig ein Angriff auf den attackierten Rechner stattfindet. Die Wirkungen entsprechen denen der vorgenannten E-Proteste,[803] wobei der Unterschied darin besteht, dass der Angriff nur von einer Person ausgeht, die sich dazu aber einer Vielzahl fremder Rechner bedient. Hier kommt zuerst eine Strafbarkeit nach § 303a StGB wegen Datenveränderung in Frage.[804] Wird durch den massiven Zugriff auf eine Webseite deren Server überlastet, so kann dies dazu führen, dass die auf diesem Server verfügbaren Daten für einen gewissen Zeitraum nicht mehr erreichbar sind. Kann daher der Verfügungsberechtigte (dh der Betreiber der Webseite) nicht mehr auf seine eigenen Daten zugreifen, ist eine Datenunterdrückung gegeben,[805] sofern es sich nicht um einen ganz unerheblichen Zeitraum handelt. Dass möglicherweise Dritte (andere Internetnutzer) infolge der Überlastung nicht mehr auf die entsprechende Webseite zugreifen können, ist auch in der vorliegenden Konstellation strafrechtlich unbeachtlich, da § 303a StGB nur den Verfügungsberechtigten vor der Veränderung seiner Daten schützen soll.[806] Auch in den Fällen der DDoS-Attacken ist aber wiederum an eine Strafbarkeit nach § 303b Abs 1 Nr 2 StGB nF wegen Computersabotage[807] zu denken. Die Nr 2 wurde – wie bereits dargestellt – im Zuge der Reform neu eingefügt. Die Begründung der Bundesregierung nennt als Beispiel explizit DDoS-Attacken.[808] Auch hier dürfte eher das Tatbestandsmerkmal der Übermittlung von Daten in Betracht kommen, da die Daten nicht in den Zielcomputer, sondern vielmehr in den eigenen Rechner eingegeben werden. Weniger problematisch erscheint bei DDoS-Attacken die Nachteilszufügungsabsicht. Im Übrigen gelten die Ausführungen zu den E-Protesten entsprechend, dh es ist insb zu untersuchen, ob die Datenverarbeitung erheblich gestört wurde. Zudem kommt wiederum § 317 StGB in Betracht.[809]

---

[801] Vgl hierzu *Hilgendorf/Frank/Valerius* Rn 724 f; *Möller* DuD 2000, 292; *Vetter* 51 ff.

[802] *Hilgendorf/Frank/Valerius* Rn 724.

[803] Vgl hierzu oben Rn 298.

[804] *Faßbender* 49 ff; *Hilgendorf/Frank/Valerius* Rn 725; *Vetter* 55 ff.

[805] *Faßbender* 60; *Hilgendorf/Frank/Valerius* Rn 197; *Vetter* 67 ff.

[806] *Hilgendorf/Frank/Valerius* Rn 197; *Vetter* 55 ff; aA *Ernst* NJW 2003, 3233, 3238.

[807] *Faßbender* 67 ff; *Hilgendorf/Frank/Valerius* Rn 725; *Vetter* 71 ff.

[808] BT-Drucks 16/3656, 13.

[809] *Hilgendorf/Frank/Valerius* Rn 725.

V. Sonstige Rechtsverletzungen

301 Mitunter finden sich Delikte und Deliktsgruppen, die sich dadurch auszeichnen, dass sie zwar auch im Zusammenhang mit „Medien“ begangen werden können, es sich aber im Wesentlichen um Straftaten der allgemeinen Kriminalität handelt, bei denen das Medium, insb hier wiederum das Internet, nur ein besonderes Werkzeug darstellt. Sie sollen daher im Folgenden kurz dargestellt werden.

1. Die unerlaubte Veranstaltung eines Glücksspiels (§ 284 StGB)

302 Das deutsche Glücksspielstrafrecht führte lange Zeit ein Schattendasein, rückte dann aber in den letzten Jahren vermehrt in den Blickpunkt der Öffentlichkeit. Grund war die Zunahme von Glücksspielangeboten über das Medium Internet,[810] insb seitens ausländischer Anbieter, aber auch die Zulassung privater Glücksspielanbieter auf dem Gebiet der ehemaligen DDR kurz vor der Wiedervereinigung. Nicht zuletzt geriet das deutsche Glücksspielrecht auch auf Grund europarechtlicher Vorgaben in die Diskussion, eine Diskussion, die derzeit noch anhält.

303 Ein **Glücksspiel** liegt vor, wenn die Beteiligten über den Gewinn oder Verlust eines nicht ganz unbeträchtlichen Vermögenswertes nach Leistung eines Einsatzes ein ungewisses Ereignis entscheiden lassen, dessen Eintritt nicht von Aufmerksamkeit, Fähigkeiten und Kenntnissen der Spieler, sondern im Wesentlichen vom Zufall abhängt.[811] Hierunter fallen nach hM auch Oddset-Wetten (= Sportwetten zu festen Gewinnquoten).[812] Abzugrenzen sind die **Glücksspiele** von den **Unterhaltungsspielen**, denn dort ist kein oder ein nur unerheblicher Gewinn möglich. Als unerheblichen Einsatz sind Aufwendungen für Brief-/Postkartenporto und Telefongebühren anzusehen.[813] Ferner scheiden **Geschicklichkeitsspiele** aus, bei denen in erster Linie Aufmerksamkeit, Fähigkeit und Kenntnisse der beteiligten Durchschnittsspieler über Gewinn und Verlust entscheiden.[814] Auch Lotterien und Ausspielungen sind als Glücksspiele anzusehen, sie werden jedoch nach § 287 StGB gesondert erfasst.[815] Abzugrenzen ist das Glücksspiel ferner von der **Wette**.[816] Die Abgrenzung erfolgt nach dem Vertragszweck: Zweck des Spieles ist die Unterhaltung oder der Gewinn, der Zweck der Wette liegt hingegen in der Bekräftigung eines ernsthaften Meinungsstreites.[817] Entgegen der Bezeichnung sind Sport„wetten“ daher zumeist Glücksspiele.

304 Ferner muss das Glücksspiel **öffentlich** sein. Dies ist der Fall, wenn die Beteiligung in erkennbarer Weise beliebigen Personen offen steht. Es darf also nicht auf einen geschlossenen, durch konkrete und außerhalb des Spielzwecks liegende Interessen ver-

---

810 Vgl hierzu auch *Maurach/Schroeder/Maiwald* BT 1 § 44 Rn 4.

811 BGHSt 34, 171, 175 f; BGHSt 36, 74, 80; LK/*von Bubnoff* § 284 Rn 7; MünchKommStGB/*Groeschke/Hohmann* § 284 Rn 5 ff.

812 So BGH JZ 2003, 858; *Fischer* § 284 Rn 10. Für ein Geschicklichkeitsspiel noch AG Karlsruhe-Durlach NStZ 2001, 254; LG Bochum NStZ-RR 2002, 170. Zum Begriff der Oddset-Wette vgl *Janz* NJW 2003, 1694, 1695; *Meyer* JR 2004, 447.

813 *Fischer* § 284 Rn 5.

814 BGHSt 2, 274, 276; *Lackner/Kühl* § 284 Rn 5; MünchKommStGB/*Groeschke/Hohmann* § 284 Rn 6 f.

815 Vgl hierzu unten Rn 310 ff.

816 Zwar werden Spiel und Wette im Zivilrecht einheitlich behandelt (beide begründen nur unvollkommene Verbindlichkeiten, § 762 BGB), strafbar ist aber nur das (unerlaubte) Glücksspiel (mit der zivilrechtlichen Nichtigkeitsfolge des § 134 BGB).

817 RGSt 6, 172, 175 f; Schönke/Schröder/*Heine* § 284 Rn 4; *U Weber* 39, 41 f.

bundenen, Personenkreis beschränkt sein.[818] Als **Tathandlung** gilt nicht das Spielen selbst (vgl § 285 StGB), sondern das Veranstalten, Halten oder Bereitstellen der Spieleinrichtung. Ein Glücksspiel **veranstaltet**, wer dem Publikum die Gelegenheit zum Spiel eröffnet.[819] Dazu muss der Veranstalter verantwortlich und organisatorisch den äußeren Rahmen für die Abhaltung des Glücksspiels schaffen.[820] Das Zustandekommen von Spielverträgen ist nicht erforderlich,[821] genauso wenig, wie die Beteiligung des Veranstalters selbst am Spiel.[822]

Fraglich ist jedoch, wie das **Vermitteln** von Glücksspielen zu bewerten ist. Dies **305**
wird besonders im Bereich der Sportwetten relevant, wenn hinter dem deutschen Wettannahmebüro ein **ausländischer Wettanbieter** steht. Da die Übermittlung der Wettdaten und des Gewinnsaldos an den (ausländischen) Wettanbieter dem (deutschen) Publikum die Spielaufnahme erst ermöglichen, stellt auch die Vermittlung ein Veranstalten dar.[823] Da in diesem Fall dann auch der Veranstaltungsort in Deutschland liegt, ist deutsches Strafrecht anwendbar.[824]

Das **Halten** eines Spieles setzt voraus, dass das Spiel tatsächlich begonnen hat.[825] **306**
Der Halter muss das Spiel leiten und/oder den äußeren Ablauf des eigentlichen Spielverlaufs eigenverantwortlich überwachen.[826] Das **Bereitstellen von Einrichtungen** zum Glücksspiel erfasst die Vorbereitungshandlung des Zur-Verfügung-Stellens von Spieleinrichtungen.[827]

§ 284 Abs 4 StGB erweitert die Strafbarkeit auf das **Werben** für ein öffentliches **307**
Glücksspiel. Hier werden Verhaltensweisen im Vorfeld der Tathandlungen nach Abs 1 oder 2 erfasst und mit einer geringeren Strafe (Höchststrafe ist Freiheitsstrafe von einem Jahr) bedroht.[828] Die Vorschrift soll vor allem ausländische Anbieter erfassen, die im Inland werben.[829] Daher ist es nicht entscheidend, ob eine Spielbeteiligung vom Inland aus möglich ist, denn in diesem Fall wäre bereits Abs 1 einschlägig.[830] Werben ist jede Aktivität, die darauf abzielt, einen anderen zur Beteiligung am Spiel zu verlocken, wobei die bloße informative Ankündigung einer Gelegenheit zum Glücksspiel genügt.[831] Die Strafbarkeit ist von der tatsächlichen Durchführung des beworbenen Glückspieles unabhängig.[832]

---

818 RGSt 63, 44, 45; BGHSt 9, 39, 42; NK/*Wohlers* § 284 Rn 15.

819 MünchKommStGB/*Groeschke/Hohmann* § 284 Rn 15; NK/*Wohlers* § 284 Rn 17; Schönke/Schröder/*Heine* § 284 Rn 12.

820 BGH NStZ 2003, 372, 373; BayObLG NJW 1993, 2820; MünchKommStGB/*Groeschke/Hohmann* § 284 Rn 15.

821 *Fischer* § 284 Rn 18; SK/*Hoyer* § 284 Rn 18.

822 MünchKommStGB/*Groeschke/Hohmann* § 284 Rn 15; Schönke/Schröder/*Heine* § 284 Rn 12; SK/*Hoyer* § 284 Rn 18.

823 So *Fischer* § 284 Rn 18a; *Lackner/Kühl* § 284 Rn 11; *Wohlers* JZ 2003, 858, 862; aA AG Karlsruhe-Durlach, NStZ 2001, 254; *Wrage* JR 2001, 405, 406; ferner *Janz* NJW 2003, 1694, 1700.

824 *Meyer* JR 2004, 447, 450 f; *Wohlers* JZ 2003, 858, 862.

825 MünchKommStGB/*Groeschke/Hohmann* § 284 Rn 16; NK/*Wohlers* § 285 Rn 19; SK/*Hoyer* § 284 Rn 19.

826 BayObLG NJW 1993, 2820; MünchKommStGB/*Groeschke/Hohmann* § 284 Rn 16; NK/*Wohlers* § 285 Rn 19.

827 MünchKommStGB/*Groeschke/Hohmann* § 284 Rn 17; NK/*Wohlers* § 285 Rn 20.

828 Vgl *Kindhäuser* BT 2 § 42 Rn 10; *Mitsch* BT II/2 § 5 Rn 175.

829 BT-Drucks 13/8587, 67 f; Schönke/Schröder/*Heine* § 284 Rn 25a; vgl zur Veranstaltung von Glücksspielen durch ausländische Anbieter per Internet *Barton/Gercke/Janssen* wistra 2004, 321.

830 So *Schoene* NStZ 1991, 469; SK/*Hoyer* § 284 Rn 27; aA LK/*von Bubnoff* § 287 Rn 26; MünchKommStGB/*Groeschke/Hohmann* § 294 Rn 18; NK/*Wohlers* § 284 Rn 25.

831 So LK/*von Bubnoff* § 287 Rn 27; SK/*Hoyer* § 284 Rn 26.

832 *Fischer* § 284 Rn 24; MünchKommStGB/*Groeschke/Hohmann* § 284 Rn 18.

308 Die Tathandlungen müssen **ohne behördliche Erlaubnis** vorgenommen werden. Das Fehlen der Erlaubnis ist (negatives) Tatbestandsmerkmal.[833] Dabei kommt es nicht auf die materielle Rechtmäßigkeit, sondern nur auf die formelle Wirksamkeit der Erlaubnis an.[834] Hier gelten insb die **landesrechtlichen Sportwettengesetze**, wobei die Sportwetten derzeit ausschließlich staatlichen Anbietern vorbehalten sind. Zu beachten ist allerdings, dass im Jahre 1990 einige Konzessionen auf Grund des **DDR-Gewerbegesetzes** in den neuen Bundesländern vor der Wiedervereinigung erteilt wurden (insb für **Oddset-Wetten**). Nach hM sind solche Genehmigungen als Verwaltungsakte der DDR nach Art 19 S 1 Einigungsvertrag auch nach dem Beitritt wirksam.[835] Umstritten ist die Handhabung von **Genehmigungen durch EU-Mitgliedsstaaten**. Überwiegend wird davon ausgegangen, dass diese keine Erlaubnisse iSd § 284 darstellen.[836] Jedoch dürfte diese Sichtweise schwer mit der durch Art 49 EG gewährleisteten Dienstleistungsfreiheit zu vereinbaren sein.[837] So hat der EuGH in der Gambelli-Entscheidung[838] seine Rechtssprechung fortgeführt, dass derartige Beschränkungen der Dienstleistungsfreiheit mitgliedstaatlicher Anbieter nur dann mit EU-Recht vereinbar sind, wenn sie auf Grund der in den Art 45, 46 EG ausdrücklich vorgesehenen Ausnahmeregelungen (insb Gründe der öffentlichen Ordnung, Sicherheit oder Gesundheit) zulässig oder nach der Rechtsprechung des Gerichtshofes aus zwingenden Gründen des Allgemeininteresses gerechtfertigt sind. Da nun aber Steuermindereinnahmen nicht zu den in Art 46 EG genannten Gründen gehören und keinen zwingenden Grund des Allgemeininteresses darstellen, lassen sie sich nicht als Grund für Beschränkungen der Dienstleistungsfreiheit anführen. Als Allgemeininteressen kämen aber etwa „Betrugsvorbeugung und die Vermeidung von Anreizen für die Bürger zu überhöhten Ausgaben für das Spielen“ in Betracht. Daher sind Beschränkungen bzgl der Sportwetten nur dann zulässig, wenn sie „wirklich dem Ziel dienen, die Gelegenheiten zum Spiel zu vermindern, und die Finanzierung sozialer Aktivitäten mit Hilfe einer Abgabe auf die Einnahmen aus genehmigten Spielen nur eine erfreuliche Nebenfolge, nicht aber der eigentliche Grund der betriebenen restriktiven Politik“ sind. Genau dies dürfte aber fraglich sein, da der betriebene Kostenaufwand der staatlichen Glücksspielbetriebe für Werbung deutlich über dasjenige hinausgeht, „was gewöhnliche Unternehmen für Werbung und Öffentlichkeitsarbeit aufzubringen pflegen“.[839] Wenn die staatlichen Behörden die Bürger aber selbst zum Spielen ermutigen (durch Werbemaßnahmen etc), so ist es äußerst fraglich, ob die geschilderten Maßnahmen dazu dienen, „die Gelegenheiten zum Spiel zu verhindern“.

833 *Fischer* § 284 Rn 13; *Lackner/Kühl* § 284 Rn 12; NK/*Wohlers* § 285 Rn 21; aA *Maurach/Schroeder/Maiwald* BT 1 § 44 Rn 9. Der Tatbestand ist somit verwaltungsakzessorisch ausgestaltet.

834 So *Kindhäuser* BT 2 § 42 Rn 6; MünchKommStGB/*Groeschke/Hohmann* § 284 Rn 21; SK/*Hoyer* § 284 Rn 21.

835 So ThürOVG GewArch 2000, 118, 119; *Heine* wistra 2003, 441; *Horn* NJW 2004, 2047, 2049 f; *Janz* NJW 2003, 1694, 1698; aA OVG Münster NVwZ-RR 2003, 352, 353; MünchKommStGB/*Groeschke/Hohmann* § 284 Rn 23; *Schmidt* WRP 2004, 1145, 1155. Jedoch ist im August 2006 im Freistaat Sachsen die Konzession für den größten dieser Anbieter widerrufen worden, vgl dazu *Tröndle/Fischer* 54. Aufl § 284 Rn 14.

836 BGH NJW 2002, 2175, 2176 – Sportwetten; BGH NJW 2004, 2158, 2160 – Schöner Wetten; MünchKommStGB/*Groeschke/Hohmann* § 284 Rn 22; *Rüping* JZ 2005, 234, 239; *Wohlers* JZ 2003, 860, 861.

837 So *Lackner/Kühl* § 284 Rn 12; *Lesch* wistra 2005, 241, 243 ff; *Wrage* JR 2001, 405, 406.

838 EuGH NJW 2004, 139, 140.

839 *Lesch* wistra 2005, 241, 246.

Nach § **285 StGB** ist auch die **Beteiligung am unerlaubten Glücksspiel** strafbar. Am Glücksspiel beteiligt sich, wer selbst daran als **Spieler** teilnimmt.[840] Folglich muss das Spiel bereits begonnen haben.[841] Beteiligter ist auch, wer in Vertretung oder als Beauftragter eines anderen auf dessen Rechnung spielt.[842] **309**

2. Die unerlaubte Veranstaltung einer Lotterie oder einer Ausspielung (§ 287 StGB)

Aus historischen Gründen werden Lotterie und Ausspielung als spezielle Glücksspiele in § 287 geregelt.[843] **Lotterie** und **Ausspielung** unterscheiden sich vom Glücksspiel dadurch, dass nach einem vom Unternehmer einseitig festgelegten Spielplan gespielt wird.[844] Demnach zeichnen sich Lotterie und Ausspielung dadurch aus, dass einer Mehrzahl von Personen die Möglichkeit eröffnet wird, gegen einen bestimmten Einsatz und nach einem bestimmten Plan, ein vom Zufall abhängiges Recht auf Gewinn zu erwerben,[845] wobei bei der Lotterie der Gewinn stets in Geld und bei Ausspielungen in geldwerten Sachen oder Leistungen besteht.[846] **310**

Wie bei § 284 muss es sich auch hier um **öffentliche** Lotterien und Ausspielungen handeln. Auch hier ist das Verhalten nur strafbar, wenn **keine behördliche Erlaubnis** vorliegt. Die Zuständigkeit richtet sich nach der LotterieVO vom 6.3.1937 und den Landesgesetzen.[847] **311**

Abs 1 nennt als **Tathandlung** das **Veranstalten**, also die Eröffnung der Möglichkeit zur Beteiligung am Spiel nach festgelegtem Spielplan.[848] Der Spieler selbst wird nicht bestraft.[849] Die genannten Beispiele des Anbietens, des Abschlusses oder der Annahme von Angeboten zum Abschluss von Spielverträgen haben nur klarstellende Bedeutung.[850] So unterfällt auch das Übersenden von Teilnahmebedingungen[851] oder der selbstständige Abschluss von Spielverträgen auf eigene Rechnung im Rahmen einer von einem anderen abgehaltenen Lotterie dem Veranstalten.[852] Abs 2 stellt das **Werben** für Veranstaltungen nach Abs 1 unter Strafe. **312**

---

840 *Fischer* § 285 Rn 2; *Otto* BT § 55 Rn 13; Schönke/Schröder/*Heine* § 285 Rn 2.
841 Schönke/Schröder/*Heine* § 285 Rn 2.
842 So LK/*von Bubnoff* § 285 Rn 2; Schönke/Schröder/*Heine* § 285 Rn 2; für eine Beihilfe in diesen Fällen *Fischer* § 285 Rn 3.
843 Vgl *Maurach/Schroeder/Maiwald* BT 1 § 44 Rn 13; *Otto* BT § 55 Rn 14.
844 *Lackner/Kühl* § 287 Rn 1; SK/*Hoyer* § 287 Rn 4.
845 *Fischer* § 287 Rn 2; *Maurach/Schroeder/Maiwald* BT 1 § 44 Rn 13; *Otto* BT § 55 Rn 15.
846 *Lackner/Kühl* § 287 Rn 4; *Otto* BT § 55 Rn 15.
847 Vgl dazu Schönke/Schröder/*Heine* § 287 Rn 18.
848 *Lackner/Kühl* § 287 Rn 6; Schönke/Schröder/*Heine* § 287 Rn 15; aA SK/*Hoyer* § 287 Rn 8.
849 Vgl *Fischer* § 287 Rn 11.
850 Vgl BT-Drucks 13/9064, 21; *Fischer* § 287 Rn 11.
851 Schönke/Schröder/*Heine* § 287 Rn 15
852 *Fischer* § 287 Rn 11; Schönke/Schröder/*Heine* § 287 Rn 15.

§ 4
Die wichtigsten medienstrafrechtlich relevanten Tatbestände des Nebenstrafrechts

I. Das Urheberstrafrecht

313 Urheberrechtsverletzungen können in vielfacher Weise im Zusammenhang mit der Tätigkeit eines Medienunternehmens begangen werden. Das UrhG enthält dabei neben den in §§ 97 ff UrhG vorgesehenen zivilrechtlichen Rechtsschutzmöglichkeiten in den §§ 106 ff UrhG auch einige Strafvorschriften, denen – nach langjähriger faktischer Bedeutungslosigkeit[853] – heute eine zunehmende praktische Relevanz zukommt.[854] So führten insb die sich ständig verbessernden technischen Möglichkeiten der Vervielfältigung verbunden mit der Aussicht, mit relativ geringem Aufwand erhebliche Gewinne zu erzielen, zu einer zunehmenden Verletzung von Urheberrechten. Dabei spielten vor allem auch die besonderen Möglichkeiten, das Internet als Medium zu benutzen, eine erhebliche Rolle.[855] Da die zivilrechtlichen Sanktionen nicht als ausreichend angesehen werden, um diesem Verhalten Einhalt zu gebieten, wurde der Ruf nach dem Strafrecht laut. Dennoch spielt der strafrechtliche Schutz des Urheberrechts auch heute noch eine eher untergeordnete Rolle, was teilweise kritisiert, teilweise aber auch begrüßt wird.[856] Rechtspolitisch ist der Einsatz des Strafrechts gegen Urheberrechtsverletzungen großen Stils, die zunehmend auch dem Bereich der organisierten Kriminalität zuzuordnen sind, sinnvoll und notwendig.[857] Dagegen sollte der Einsatz des Strafrechts gegen den Endabnehmer, der Urheberrechtsverletzungen im privaten Bereich begeht, ebenso unterbleiben wie die Instrumentalisierung des Strafrechts zur Durchsetzung zivilrechtlicher Ansprüche.[858]

314 Insgesamt ist auffallend, dass der zivilrechtliche Schutz des Urheberrechts weiter geht als der strafrechtliche. Während in § 97 UrhG umfassende zivilrechtliche Unterlassungs- und Schadensersatzansprüche gegen jede Form der Verletzung vorgesehen sind,[859] werden strafrechtlich in erster Linie die urheberrechtlichen **Verwertungsrechte** geschützt.[860] Der Schutz des Urheberpersönlichkeitsrechts ist nur in Sonderfällen vor-

---

853 So endete die reichsgerichtliche Rechtsprechung zum Urheberstrafrecht im Jahre 1916 mit der Entscheidung RGSt 49, 432; vgl hierzu *von Gravenreuth* GRUR 1983, 349; *Katzenberger* GRUR 1982, 715, 715 f; allgemein zur Entwicklung des Urheberstrafrechts *U Weber* Urheberstrafrecht 1 ff; ferner *Lampe* UFITA 83 (1978), 15.

854 Zur zunehmenden Bedeutung des Urheberstrafrechts vgl auch *von Gravenreuth* 3 f; *Heghmanns* NStZ 1991, 112; *Katzenberger* GRUR 1982, 715, 716; *Lieben* GRUR 1984, 572.

855 Vgl hierzu *Boßmanns* Urheberrechtsverletzungen im Online-Bereich und strafrechtliche Verantwortlichkeit der Internet-Provider 2003; *Büchele* Urheberrecht im World Wide Web 2002; *Ensthaler/Weidert* Handbuch Urheberrecht und Internet 2. Aufl 2010; *Evert* Anwendbares Urheberrecht im Internet 2005; *Hilgendorf/Frank/Valerius* Rn 591 ff; *Malek* Rn 241 ff; *Rademacher* Urheberrecht und gewerblicher Rechtsschutz im Internet 2003; *Reinbacher* Die Strafbarkeit der Vervielfältigung urheberrechtlich geschützter Werke zum privaten Gebrauch nach dem Urheberrechtsgesetz 2007; *Sedlmeier* Die Auslegung der urheberrechtlichen Straftatbestände bei Internet-Sachverhalten 2003.

856 Dreier/Schulze/*Dreier* § 106 UrhG Rn 2.

857 MünchKommStGB/*B Heinrich* Vorbem UrhG Rn 28.

858 So auch Dreier/Schulze/*Dreier* § 106 UrhG Rn 2; MünchKommStGB/*B Heinrich* Vorbem UrhG Rn 28; *Reinbacher* 326 ff.

859 Vgl hierzu nur *Lampe* UFITA 83 (1978), 15, 16; *Rehbinder* ZUM 1990, 462, 462 ff; *U Weber* Urheberstrafrecht 172.

860 Vgl hierzu Dreier/Schulze/*Dreier* § 106 UrhG Rn 1.

gesehen (vgl § 107 Abs 1 Nr 1 UrhG).[861] Rein obligatorische Ansprüche schützt das Urheberstrafrecht nicht.[862] Dies entspricht letztlich der Funktion des Strafrechts, nicht jede Rechtsverletzung zu sanktionieren, sondern nur diejenigen Verhaltensweisen unter Strafe zu stellen, die in besonders sozialschädlicher Weise Rechte anderer verletzen.[863] Allgemein ist jedoch festzustellen, dass in den strafrechtlichen Vorschriften des UrhG weitestgehend auf die zivilrechtlichen Vorschriften Bezug genommen und verwiesen wird, sodass das **„Primat des Zivilrechts"** hier deutlich zum Vorschein kommt.[864]

Die urheberstrafrechtlichen Vorschriften stellen allesamt Vergehen nach § 12 Abs 2 StGB dar. Durch § 106 UrhG werden die urheberrechtlich geschützten **Werke** strafrechtlich geschützt, während die Verletzung verwandter **Schutzrechte** über § 108 UrhG sanktioniert wird. Über § 106 UrhG werden dabei nur die Verwertungsrechte erfasst, eine Verletzung von Urheberpersönlichkeitsrechten findet sich lediglich (sehr fragmentarisch) in § 107 UrhG, der jedoch für das Medienrecht keine Bedeutung hat. Die genannten Vorschriften der §§ 106–108 UrhG sind ebenso wie die Vorschriften des § 108b Abs 1 und Abs 2 UrhG Privatklagedelikte (vgl § 374 Abs 1 Nr 8 StPO). Keine Privatklagedelikte stellen dagegen die Strafnormen des § 108a UrhG und des § 108b Abs 3 UrhG dar. Eine Nebenklage ist hingegen nach § 395 Abs 1 Nr 6 StPO bei sämtlichen Urheberrechtsstraftaten möglich. **315**

1. Die unerlaubte Verwertung urheberrechtlich geschützter Werke (§ 106 UrhG)

Ausgangspunkt für die strafrechtliche Beurteilung ist § 106 UrhG, der die unerlaubte Vervielfältigung, Verbreitung und öffentliche Wiedergabe urheberrechtlich geschützter Werke unter Strafe stellt. Ein solches Werk liegt nach den §§ 1, 2 Abs 2 UrhG dann vor, wenn es sich um eine persönliche geistige Schöpfung aus den Bereichen der Literatur, Wissenschaft oder Kunst handelt. Beispiele hierfür sind in § 2 Abs 1 UrhG aufgezählt. Im vorliegenden Zusammenhang relevant sind insb die in den dortigen Nummern 1, 2 und 6 genannten Sprachwerke, Werke der Musik oder Filmwerke. Daneben können aber auch multimediale Internet-Produktionen urheberrechtlichen Schutz genießen,[865] wobei man hier zwischen den einzelnen Beiträgen, der Gesamtproduktion und der Programmierleistung (dh dem zu Grunde liegenden Computerprogramm) unterscheiden muss.[866] Wesentlich ist ferner, dass es sich auch bei Vorliegen der genannten Voraussetzungen nur dann um ein urheberrechtlich geschütztes Werk handelt, wenn eine **persönliche geistige Schöpfung** vorliegt (§ 2 Abs 2 UrhG). Dies ist dann gegeben, wenn es sich (1) um eine Schöpfung handelt, die (2) einen geistigen Gehalt aufweist, in der (3) die Individualität des Urhebers zum Ausdruck kommt, wobei (4) eine bestimmte Gestaltungshöhe erreicht werden und (5) eine Formgebung stattgefunden haben muss.[867] Umstritten ist hierbei insb die Gestaltungshöhe. Dabei wird allgemein ein nicht allzu hoher Maßstab angelegt, sodass auch die **316**

---

861 Zur Begründung vgl BT-Drucks IV/270, 108 zu § 16 = UFITA 45 (1965), 240, 326.

862 *B Heinrich* Vervielfältigung 175 f; Schricker/Loewenheim/*Vassilaki* § 106 UrhG Rn 1.

863 Vgl *B Heinrich* Vervielfältigung 176; MünchKommStGB/*B Heinrich* Vorbem UrhG Rn 29.

864 Vgl *Lampe* UFITA 78 (1983), 15; aA allerdings *Etter* CR 1989, 115, 117.

865 *Härting/Kuon* CR 2004, 527; *Malek* Rn 245; *Sedlmeier* 22 ff.

866 *Malek* Rn 245.

867 Vgl *B Heinrich* Vervielfältigung 110; MünchKommStGB/*B Heinrich* § 106 UrhG Rn 9; *Reinbacher* 28 ff; vgl auch Schricker/Loewenheim/*Loewenheim* § 2 UrhG Rn 9.

„Werke der kleinen Münze",[868] dh „Werke von geringem schöpferischem Wert"[869] urheberrechtlichen Schutz genießen können.[870]

317 Tathandlungen sind die Vervielfältigung (§ 16 UrhG), die Verbreitung (§ 17 UrhG) und die öffentliche Wiedergabe (§ 15 Abs 2 iVm §§ 19 ff UrhG). Unter einer **Vervielfältigung** eines urheberrechtlich geschützten Werkes ist jede körperliche Festlegung eines Werkes zu verstehen, die geeignet ist, das Werk den menschlichen Sinnen auf irgendeine Weise mittelbar oder unmittelbar wahrnehmbar zu machen.[871] Nicht erfasst ist hingegen die unkörperliche Verwertung, die allerdings eine öffentliche Wiedergabe iSd § 15 Abs 2 UrhG darstellen kann.[872] Dagegen versteht man unter einer **Verbreitung**, dass der Täter das Vervielfältigungsstück der Öffentlichkeit anbietet oder in den Verkehr bringt, wobei auch hier ein körperliches Werk oder Vervielfältigungsstück erforderlich ist, eine unkörperliche Weitergabe (etwa durch Versenden einer Datei per E-Mail) scheidet dagegen aus.[873] Die **öffentliche Wiedergabe** wird in § 15 Abs 2 UrhG näher umschrieben. Hierunter fallen das Vortrags-, Aufführungs- und Vorführungsrecht (§ 19 UrhG), das Recht der öffentlichen Zugänglichmachung (§ 19a UrhG), das Senderecht (§ 20 UrhG), das Recht der Wiedergabe durch Ton- und Bildträger (§ 21 UrhG) und das Recht der Wiedergabe von Funksendungen und von öffentlicher Zugänglichmachung (§ 22 UrhG). Diese Vorschriften regeln die öffentliche Wiedergabe jedoch nicht abschließend, sondern stellen nur eine beispielhafte Aufzählung dar. Dies ergibt sich bereits aus der Wendung „insbesondere" in § 15 Abs 2 UrhG. Das entscheidende Merkmal ist dabei die **Unkörperlichkeit** der Wiedergabe, die von den Tathandlungen der Vervielfältigung und der Verbreitung nicht erfasst wird.

318 Der Tatbestand des § 106 UrhG ist jedoch dann ausgeschlossen, wenn es sich um einen **„gesetzlich zugelassenen Fall"** der Verwertung handelt.[874] Hierunter fallen sowohl die in §§ 44a ff UrhG normierten „Schranken des Urheberrechts" als auch die

---

868 Der Begriff geht zurück auf *Elster* 40; vgl zur „kleinen Münze" im Urheberrecht *Knöbl* 129 ff, 336 ff; *Köhn* ZUM 1994, 278; *Loewenheim* GRUR 1987, 761; *Schulze* Die kleine Münze und ihre Abgrenzungsproblematik bei den Werkarten des Urheberrechts 1983; *ders* GRUR 1987, 769; *Schwenzer* ZUM 1996, 584; *Thoms* Der urheberrechtliche Schutz der kleinen Münze 1980.

869 So die Regierungsbegründung in BT-Drucks IV/270, 38 = UFITA 45 (1965), 240, 252.

870 BGHZ 116, 136, 144 – Leitsätze; vgl ferner BGH GRUR 1959, 251, 251 f – Einheitsfahrschein; BGH 1961, 85, 87 – Pfiffikus-Dose; BGH GRUR 1981, 267, 268 – Dirlada; BGH GRUR 1995, 581, 582 – Silberdistel; vgl zum strafrechtlichen Schutz der Werke der „kleinen Münze" MünchKommStGB/*B Heinrich* § 106 UrhG Rn 15 ff; *Reinbacher* 64.

871 BGHZ 17, 266, 269 f – Grundig-Reporter; BGH GRUR 1982, 102, 103 – Masterbänder; BGH GRUR 1983, 28, 29 – Presseberichterstattung und Kunstwerkwiedergabe II; BGHZ 112, 264, 278 – Betriebssystem; Fromm/Nordemann/*Dustmann* § 16 UrhG Rn 9; *Haberstumpf* GRUR 1982, 142, 148; *B Heinrich* Vervielfältigung 185; Möhring/Nicolini/*Kroitzsch* § 16 UrhG Rn 3; MünchKommStGB/*B Heinrich* § 106 UrhG Rn 47; *Rehbinder* Rn 318; *Reinbacher* 82, 86; Schricker/Loewenheim/*Loewenheim* § 16 UrhG Rn 6; *U Weber* Urheberstrafrecht 195.

872 *Malek* Rn 247.

873 BGH NJW 1963, 651, 652 – Fernsehwiedergabe von Sprachwerken; BT-Drucks IV/270, 47 = UFITA 45 (1965), 240, 262; *Malek* Rn 248; MünchKommStGB/*B Heinrich* § 106 UrhG Rn 52; Schricker/Loewenheim/*Loewenheim* § 16 UrhG Rn 4.

874 Dass die „gesetzlich zugelassenen Fälle" bereits den Tatbestand ausschließen, ist nahezu unstreitig; vgl Dreier/Schulze/*Dreier* § 106 UrhG Rn 6; Fromm/Nordemann/*Ruttke*/*Scharringhausen* § 106 UrhG Rn 21; *Hildebrandt* 124; MünchKommStGB/*B Heinrich* § 106 UrhG Rn 78; *Reinbacher* 174 ff; Schricker/Loewenheim/*Vassilaki* § 106 UrhG Rn 23; Wandtke/Bullinger/*Hildebrandt* § 106 UrhG Rn 21; *U Weber* Urheberstrafrecht 225 ff, 230; aA *Lampe* UFITA 83 (1978), 15, 30 f.

Nutzung von Werken nach Ablauf der Schutzfrist (§ 64 ff UrhG)[875] sowie die Verbreitung eines Werkes nach Erschöpfung des urheberrechtlichen Verbreitungsrechts (§ 17 Abs 2 UrhG). Dagegen schließt die in § 106 UrhG genannte **Einwilligung** des Berechtigten nicht bereits den Tatbestand aus, sondern stellt lediglich einen Rechtfertigungsgrund dar.[876]

2. Unerlaubte Eingriffe in verwandte Schutzrechte (§ 108 UrhG)

§ 108 UrhG stellt unerlaubte Eingriffe in nahezu alle verwandten (Leistungs-) Schutzrechte unter Strafe, wobei regelmäßig nur die unerlaubte „Verwertung" dieser Schutzrechte, nicht aber die Verletzung von Persönlichkeitsrechten (zB vor Entstellungen) geschützt wird. Rechtsgut des § 108 UrhG ist insoweit die unternehmerische Leistung des Leistungsschutzberechtigten.[877] Insoweit sind die Schutzrechte in gleicher Weise strafrechtlich geschützt wie das Urheberrecht. Einzige Ausnahme ist das Leistungsschutzrecht des Veranstalters nach § 81 UrhG, welches keinen strafrechtlichen Schutz genießt.[878] Wie schon im Rahmen des § 106 UrhG, so ist auch bei § 108 UrhG der strafrechtliche Schutz **zivilrechtsakzessorisch** ausgestaltet.[879] Die Vorschrift führte lange Zeit ein Schattendasein, hat aber im Hinblick auf Nr 4 (Darbietung eines ausübenden Künstlers) und Nr 5 (Tonträger) durch die in den letzten Jahren zunehmende Musik-, Video- und Computerpiraterie eine gewisse Bedeutung erlangt.[880] Dennoch ist es in der Literatur umstritten, ob es eines solchen detaillierten Strafrechtsschutzes überhaupt bedarf.[881] Wegen des im Urheberrecht geltenden Territorialitätsprinzips sind – abweichend von § 7 StGB – auch im Rahmen des § 108 UrhG nur im Inland begangene Verletzungshandlungen erfasst.[882] **319**

Die **Tatobjekte** sind jeweils in den einzelnen Nummern des Abs 1 aufgezählt. Es handelt sich hierbei um die einzelnen Leistungsschutzrechte (mit Ausnahme des nicht erfassten Leistungsschutzrechts des Veranstalters, § 81 UrhG). Darüber hinaus werden in Abs 1 Nr 1 bis Nr 3 auch die Bearbeitungen und Umgestaltungen genannt. **320**

---

875 *Hildebrandt* 136 f; Möhring/Nicolini/*Spautz* § 106 UrhG Rn 4; MünchKommStGB/*B Heinrich* § 106 UrhG Rn 78; Wandtke/Bullinger/*Hildebrandt* § 106 UrhG Rn 22; aA (ungeschriebenes Tatbestandsmerkmal) Erbs/Kohlhaas/*Kaiser* § 106 Rn 8; vgl auch Fromm/Nordemann/*Ruttke/Scharringhausen* § 106 UrhG Rn 5; *Reinbacher* 69 f, die bei Ablauf der Schutzfrist bereits das Vorliegen eines „urheberrechtlich geschützten Werks" ablehnen.

876 Dreier/Schulze/*Dreier* § 106 UrhG Rn 8; Fromm/Nordemann/*Ruttke/Scharringhausen* § 106 UrhG Rn 25; Möhring/Nicolini/*Spautz* § 106 UrhG Rn 5; MünchKommStGB/*B Heinrich* § 106 UrhG Rn 114, 126; *Reinbacher* 269 f; *U Weber* Urheberstrafrecht 266; aA Schricker/Loewenheim/*Vassilaki* § 106 UrhG Rn 27 (Tatbestandsmerkmal); vgl auch *Hildebrandt* 149 ff; Wandtke/Bullinger/*Hildebrandt* § 106 UrhG Rn 25, welcher der Einwilligung eine „Doppelnatur" zuschreibt.

877 Vgl zum Rechtsgut des § 108 allgemein *Hildebrandt* 204 f.

878 Ein solcher kann allenfalls mittelbar über die Antragsberechtigung ausübender Künstler nach § 108 Abs 1 Nr 4 erreicht werden; vgl Dreier/Schulze/*Dreier* § 108 UrhG Rn 1.

879 *Hildebrandt* 203.

880 Dreier/Schulze/*Dreier* § 108 UrhG Rn 1; Wandtke/Bullinger/*Hildebrandt* § 108 UrhG Rn 1.

881 Für eine Streichung *Lampe* UFITA 83 (1978), 15, 35 f, 61; *Lampe* UFITA 87 (1980), 107, 120 f; *U Weber* Urheberstrafrecht 382 ff; *ders* FS Sarstedt 379, 386 ff; *ders* FuR 1980, 335, 344; für eine Beibehaltung *Flechsig* GRUR 1978, 287, 290 f; *ders* UFITA 84 (1979), 356, 358; Loewenheim/*Flechsig* § 90 Rn 94; *Rochlitz* 243 ff; *ders* UFITA 83 (1978), 69, 81 ff; *ders* FuR 1980, 351, 357; *Spautz* FuR 1978, 743, 748.

882 BGHSt 49, 93.

321 **Tathandlung** ist entweder die (unerlaubte) Vervielfältigung, Verbreitung und öffentliche Wiedergabe (Nr 1 und Nr 3) oder die (unerlaubte) Verwertung (Nr 2, Nr 4 bis Nr 8). Die Verwendung dieser verschiedenen Begriffe ist problematisch, wird dadurch doch suggeriert, dass sie unterschiedliche Inhalte aufweisen, was jedoch nur in Randbereichen der Fall ist. Wie auch bei § 106 UrhG liegt bereits kein tatbestandsmäßiges Verhalten vor, wenn hinsichtlich der Verwertungshandlung ein **gesetzlich zugelassener Fall** eingreift.[883] Als gesetzlich zugelassene Schrankenbestimmungen sind auch hier grds die §§ 44a ff UrhG anwendbar,[884] wobei jedoch zu beachten ist, dass die einzelnen Schutzrechte darüber hinaus noch besonderen Schranken unterliegen können (wie dies zB in § 87c UrhG für Datenbanken angeordnet wurde),[885] bzw für sie sonstige Sonderregelungen gelten.[886] Auch ist die Schutzfrist bei den Leistungsschutzrechten regelmäßig kürzer als die Dauer des Urheberrechts (vgl nur § 70 Abs 3, § 71 Abs 3 UrhG). Zu beachten ist schließlich, dass – im Gegensatz zum Urheberrecht – bei den verwandten Schutzrechten dem Inhaber von vornherein kein umfassendes Verwertungsrecht zukommt, sodass stets zu prüfen ist, ob das jeweilige Verhalten überhaupt ein Ausschließlichkeitsrecht des Leistungsschutzberechtigten betrifft.[887] Dies ist zB dann nicht der Fall, wenn das Gesetz (wie in § 78 Abs 2, § 86 UrhG) dem Betreffenden ausschließlich einen Vergütungsanspruch zuweist.[888] Letzteres entspricht dem Grundsatz, dass das Strafrecht regelmäßig nicht dazu dient, schuldrechtliche (Vergütungs-)Ansprüche zu schützen.[889] In diesen Fällen ist jedoch bereits der Schutzbereich des § 108 UrhG nicht betroffen, es liegt daher nicht erst ein den Schutzbereich einschränkender gesetzlich zugelassener Fall vor.

322 Hat der Rechtsinhaber eine **Einwilligung** erteilt, so scheidet nicht bereits der Tatbestand aus, die Einwilligung stellt vielmehr einen allgemeinen Rechtfertigungsgrund dar.[890] Wer insoweit als Berechtigter anzusehen ist, ergibt sich jeweils aus der Vorschrift, auf die in § 108 UrhG verwiesen wird.[891] So ist das einzelne Leistungsschutzrecht – im Gegensatz zum Urheberrecht – vielfach übertragbar (vgl § 71 Abs 2, § 79 Abs 1 S 1, § 85 Abs 2 S 1, § 87 Abs 2 S 1, § 94 Abs 2 S 1 UrhG), wodurch sich auch die Person des Berechtigten ändern kann. Grds ist als Einwilligungsberechtigter der Inhaber des verwandten Schutzrechts anzusehen,[892] wobei dieses auch vererbt werden kann.[893] Im Gegensatz zum Urheberrecht kann aber auch eine juristische Person oder eine Personenmehrheit Berechtigter sein.[894]

---

883 Dreier/Schulze/*Dreier* § 108 UrhG Rn 3; MünchKommStGB/*B Heinrich* § 108 UrhG Rn 5; *Reinbacher* 297; Wandtke/Bullinger/*Hildebrandt* § 108 UrhG Rn 6; *Weber* FS Stree/Wessels 613, 615.

884 Dreier/Schulze/*Dreier* § 108 UrhG Rn 3; MünchKommStGB/*B Heinrich* § 108 UrhG Rn 5; *Reinbacher* 297.

885 Hierzu Dreier/Schulze/*Dreier* § 108 UrhG Rn 3; Wandtke/Bullinger/*Hildebrandt* § 108 UrhG Rn 6.

886 So ist § 61 UrhG (Zwangslizenz zur Herstellung von Tonträgern) auf viele Leistungsschutzrechte nicht anwendbar (vgl § 84; § 85 Abs 3; § 87 Abs 3; § 94 Abs 4 UrhG).

887 Dreier/Schulze/*Dreier* § 108 UrhG Rn 3.

888 Dreier/Schulze/*Dreier* § 108 UrhG Rn 3; ferner Schricker/Loewenheim/*Vassilaki* § 108 UrhG Rn 6, 7.

889 Schricker/Loewenheim/*Vassilaki* § 108 UrhG Rn 6.

890 MünchKommStGB/*B Heinrich* § 108 UrhG Rn 5; *Reinbacher* 298; anders allerdings die hM, vgl Schricker/Loewenheim/*Vassilaki* § 108 UrhG Rn 13; differenzierend Wandtke/Bullinger/*Hildebrandt* § 108 UrhG Rn 7.

891 Wandtke/Bullinger/*Hildebrandt* § 108 UrhG Rn 7.

892 *Hildebrandt* 227; *U Weber* Urheberstrafrecht 268.

893 Fromm/Nordemann/*JB Nordemann* § 28 UrhG Rn 1, 5.

894 *Hildebrandt* 227.

3. Gewerbsmäßige unerlaubte Verwertung (§ 108a UrhG)

Nach § 108a UrhG ist die gewerbsmäßige Begehung einer Tat nach §§ 106–108 UrhG als Qualifikation mit einer Freiheitsstrafe bis zu fünf Jahren oder mit Geldstrafe bedroht. Auch hier ist der Versuch strafbar. Die Vorschrift wurde durch das Gesetz zur Änderung von Vorschriften auf dem Gebiet der Urheberrechts vom 24.6.1985[895] eingeführt und durch das Gesetz zur Stärkung des Schutzes des geistigen Eigentums und zur Bekämpfung der Produktpiraterie vom 7.3.1990[896] erweitert. Sie soll in erster Linie dazu dienen, der organisierten Kriminalität sowie der Bandenkriminalität in den Bereichen der Videopiraterie und des Raubdrucks entgegenzuwirken.[897] Zur Erfüllung des Tatbestandes des § 108a müssen zwei Voraussetzungen erfüllt sein. Es muss einerseits einer der Grundtatbestände der §§ 106, 107 oder 108 UrhG rechtswidrig und schuldhaft verwirklicht worden sein, andererseits muss diesbezüglich ein gewerbsmäßiges Handeln vorliegen. **Gewerbsmäßig** handelt derjenige, der die Urheberrechtsverletzung in der Absicht vornimmt, sich durch eine wiederholte Begehung ähnlicher Taten eine fortlaufende Einnahmequelle von einiger (wenn auch möglicherweise begrenzter) Dauer und einigem Umfang zu verschaffen.[898] Diese Einnahmequelle braucht jedoch nicht den hauptsächlichen oder regelmäßigen Erwerb des Täters zu bilden.[899] So reicht ein nicht ganz geringfügiger Nebenerwerb aus.[900] 323

4. Unerlaubte Eingriffe in technische Schutzmaßnahmen (§ 108b UrhG)

Die erst im Jahre 2003 ins UrhG aufgenommene Strafvorschrift hat im Wesentlichen das Ziel, die **Umgehung von technischen Schutzmaßnahmen**, die der Berechtigte zulässigerweise ergriffen hat, sowie die **Entfernung oder Veränderung von zur Rechtewahrnehmung erforderlichen Informationen** zu verhindern. Insofern werden durch diese Vorschriften in erster Linie die verwertungsrechtlichen Befugnisse geschützt.[901] Zu beachten ist, dass die genannten Vorschriften auf Computerprogramme nicht anwendbar sind (§ 69a Abs 5 UrhG). Eine Verletzung der §§ 95a ff UrhG wird sowohl durch § 108b UrhG strafrechtlich als auch durch § 111a UrhG als Ordnungswidrigkeit geahndet. Dabei stellt § 108b Abs 1 Nr 1 UrhG einen Verstoß gegen § 95a Abs 1 UrhG (Umgehung technischer Schutzmaßnahmen), § 108b Abs 1 Nr 2 UrhG einen Verstoß gegen § 95c Abs 1 und Abs 3 UrhG (Entfernung oder Veränderung von zur Rechtewahrnehmung erforderlichen Informationen sowie Verbreitung eines insoweit veränderten Gegenstandes) und § 108b Abs 2 UrhG einen Verstoß gegen § 95a Abs 3 UrhG (Vertrieb von Gegenständen, die für eine Schutzrechtsverletzung erforderlich sind, sofern der Vertrieb gewerbsmäßig begangen wird) unter Strafe. **Bei nichtgewerbsmäßigen Verstößen** gegen § 95a Abs 3 UrhG greift hingegen lediglich die Ordnungswidrigkeit des § 111a UrhG ein. Dasselbe gilt bei einem Verstoß gegen § 95b Abs 1 S 1 UrhG und § 95d Abs 2 S 1 UrhG. 324

---

895 BGBl 1985 I S 1137.
896 BGBl 1990 I S 422; vgl zu den Materialien BT-Drucks 11/4792, 15.
897 BT-Drucks 10/3360, 20.
898 RGSt 58, 19, 20; RGSt 64, 151, 154; BGHSt 1, 383; BGH NStZ 1985, 85.
899 Dreier/Schulze/*Dreier* § 108a UrhG Rn 5; MünchKommStGB/*B Heinrich* § 108a UrhG Rn 2.
900 BGHSt 1, 383; BGH GA 1955, 212; Dreier/Schulze/*Dreier* § 108a UrhG Rn 5; MünchKommStGB/*B Heinrich* § 108a UrhG Rn 2; Wandtke/Bullinger/*Hildebrandt* § 108a UrhG Rn 1.
901 Vgl zum geschützten Rechtsgut des § 108b UrhG auch MünchKommStGB/*B Heinrich* § 108b UrhG Rn 1; Schricker/Loewenheim/*Vassilaki* § 108b UrhG Rn 2; Wandtke/Bullinger/*Hildebrandt* § 108b UrhG Rn 2.

5. „Illegale" Musiktauschbörsen im Internet

325 Seit etlichen Jahren existieren sog „Musiktauschbörsen" im Internet, bei denen Privatpersonen untereinander einzelne Musikstücke (die als Musikwerke nach § 2 Abs 1 Nr 2 UrhG urheberrechtlichen Schutz genießen) in digitaler Form tauschen.[902] Diese Tauschbörsen beruhen im Wesentlichen auf zwei Modellen, die urheber(straf)rechtlich unterschiedlich zu beurteilen sind: das frühere **Client-Server-Modell** und das heutzutage zumeist verwendete **Peer-to-Peer-Modell.**[903]

326 Beim früher häufiger anzutreffenden **Client-Server-Modell** ist zwischen den Tauschpartnern noch ein externer Server zwischengeschaltet. Die Beteiligten („Clients"; Kunden) legen die einzelnen Musikwerke als „Files" in digitaler Form auf dem externen Server ab („Upload"). Sowohl auf diesem Server als auch auf den Rechnern der einzelnen Beteiligten ist dabei eine spezielle „Tauschbörsen-Software" installiert. Auf dem Server werden die jeweiligen Dateien verwaltet und bereitgehalten. Hat nun ein weiterer Beteiligter, der selbst im Regelfall ebenfalls Musikwerke auf dem Server abgelegt und dadurch anderen zur Verfügung gestellt hat, Interesse an einem solchen Musikstück, kann er dieses abrufen und auf seinen eigenen Rechner herunterladen („Download"). Urheberrechtlich stellt sowohl der Upload als auch der Download eine „Vervielfältigung" iSd § 16 UrhG dar. Der Upload selbst ist zudem eine „öffentliche Wiedergabe" iSd § 15 Abs 2 Nr 2, § 19a UrhG, da das Werk hierdurch einer Vielzahl von im Einzelnen nicht bekannten Personen – und daher der „Öffentlichkeit" – zugänglich gemacht wird. Dagegen scheidet eine „Verbreitung" iSd § 17 UrhG aus, da eine solche voraussetzt, dass das Werk einem anderen **in körperlicher Form** zugänglich gemacht wird.[904]

327 Da sowohl für die Vervielfältigungshandlungen als auch für das öffentliche Zugänglichmachen regelmäßig keine Erlaubnis des Urhebers oder des Nutzungsberechtigten vorliegt, sind diese Verhaltensweisen von § 106 UrhG tatbestandlich erfasst, sofern kein gesetzlich zugelassener Fall vorliegt. Ein solcher könnte aber im Hinblick auf die Vervielfältigung nach **§ 53 UrhG** dann in Frage kommen, wenn es sich um eine solche zum privaten oder sonstigen eigenen Gebrauch handelt.[905] Unter **privatem Gebrauch** wird allgemein der Gebrauch in der Privatsphäre zur Befriedigung rein persönlicher Bedürfnisse durch die eigene Person oder durch mit ihr durch ein persönliches Band verbundene Personen verstanden.[906] Umfasst sind neben dem Vervielfältigenden selbst auch der engste Freundes- und Familienkreis. Ein privater Gebrauch scheidet allerdings dann aus, wenn die Vervielfältigung unmittelbar oder mittelbar Erwerbszwecken dient. Betrachtet man die Tauschbörsen, so stellt zwar der Down-

---

902 Vgl zur strafrechtlichen Beurteilung solcher Musiktauschbörsen *Heghmanns* MMR 2004, 14; MünchKommStGB/*B Heinrich* § 106 UrhG Rn 98 ff; *Reinbacher* 120 ff, 199 ff, 283 ff, 314 ff, 332 f.

903 Vgl zu einer „Frühnorm" des illegalen Tausches AG Nagold CR 1996, 240.

904 BGH NJW 1963, 651, 652 – Fernsehwiedergabe von Sprachwerken; BT-Drucks IV/270, 47 = UFITA 45 (1965), 240, 262; Dreyer/Kotthoff/Meckel/*Dreyer* § 17 UrhG Rn 2; Schricker/Loewenheim/*Loewenheim* § 17 UrhG Rn 4.

905 Allgemein zu § 53 UrhG *Ahrens* ZUM 2000, 1029; *Collova* UFITA 125, 53; *Flechsig* GRUR 1993, 532; *Freiwald* Die private Vervielfältigung im digitalen Kontext am Beispiel des Filesharing 2003; *Kreutzer* GRUR 2001, 193, 307; *Krüger* GRUR 2004, 204; *Leupold/Demisch* ZUM 2000, 379; *Loewenheim* FS Dietz 415; *Mönkemöller* GRUR 2000, 663; *Reinbacher* 135 ff; *Schack* ZUM 2002, 497; *Schaefer* FS Nordemann 191; *Schippan* ZUM 2003, 678; *Schwenzer* ZUM 1997, 478; *Ulmer-Eilfort* FS Nordemann 285.

906 BGH GRUR 1978, 474, 475 – Vervielfältigungsstücke (in NJW 1978, 2596 nicht abgedruckt); Dreier/Schulze/*Dreier* § 53 UrhG Rn 7; *B Heinrich* Vervielfältigung 251; MünchKommStGB/*B Heinrich* § 106 UrhG Rn 93; *Reinbacher* 180; Schricker/Loewenheim/*Loewenheim* § 53 UrhG Rn 12.

load regelmäßig eine solche private Vervielfältigung dar, sofern er ausschließlich dazu dient, die eigene Musiksammlung zu bereichern. Der Upload hingegen verlässt den Bereich des Privaten, da die Vervielfältigung nicht der Befriedigung eigener Bedürfnisse, sondern ausschließlich dazu dient, eine Kopie des Werkes der Öffentlichkeit zur Verfügung zu stellen. Im Hinblick auf den Download ist aber zu beachten, dass der Betreffende nur einzelne Vervielfältigungsstücke, dh „einige wenige" Exemplare[907] herstellen darf, wobei der BGH in einer Entscheidung die Grenze bei sieben Exemplaren zog.[908] Letztere Voraussetzung dürfte bei den Musiktauschbörsen regelmäßig vorliegen, da eine Vervielfältigung zwar auf der Festplatte des Computers, einer externen Festpatte, einem MP3-Player oder weiteren Speichermedien denkbar ist, die Zahl von sieben im Normalfall aber kaum überschritten werden dürfte. Eine weitere einschränkende Voraussetzung besteht im Hinblick auf die private Vervielfältigung jedoch darin, dass gem § 53 Abs 1 UrhG keine **„offensichtlich rechtswidrig hergestellte Vorlage"** für die private Vervielfältigung verwendet werden darf. Dieses – infolge mangelnder Bestimmtheit zumindest aus strafrechtlicher Sicht verfassungsrechtlich bedenkliche – Merkmal ist aber im vorliegenden Fall regelmäßig gegeben. Denn wie soeben festgestellt, bedeutet das Ablegen einer Kopie des Musikwerkes auf dem Server (Upload) in aller Regel die Herstellung einer Vorlage, deren Herstellungsakt (der Upload) gerade rechtswidrig war, da eine Einwilligung des Urhebers oder Nutzungsberechtigten in den seltensten Fällen vorlag und das Verhalten den Bereich des Privaten verlässt. Fraglich ist dann lediglich noch, ob es sich auch um eine „offensichtlich" rechtswidrig hergestellte Vorlage handelte. Diese Offensichtlichkeit dürfte jedenfalls dann gegeben sein, wenn es ausgeschlossen ist, dass das Einstellen in die Tauschbörse dem Willen des Urhebers oder Nutzungsberechtigten entsprach. Eine solche Einwilligung könnte höchstens dann einmal vorliegen, wenn unbekannte Interpreten oder Gruppen ihre Werke als „Freeware" in eine solche Tauschbörse einstellen, um ihren Bekanntheitsgrad zu steigern. Bis auf diese wenigen Fälle ist die Rechtswidrigkeit des Herstellungsaktes aber offensichtlich erkennbar, weshalb auch derjenige, der sich nach diesem Modell urheberrechtlich geschützte Musikwerke herunterlädt, eine strafbare unerlaubte Vervielfältigung begeht.[909] Insoweit kommt es im Hinblick auf dieses Modell auf die vom Gesetzgeber inzwischen vorgenommene weitere Einschränkung – Herausnahme auch der **offensichtlich rechtswidrig öffentlich zugänglich** gemachten Werke aus dem privilegierten privaten Gebrauch[910] – nicht an.

Das heute zumeist anzutreffende **Peer-to-Peer-Modell** verzichtet hingegen auf das Dazwischenschalten eines externen Servers.[911] Es werden ausschließlich die – zumeist privaten – Rechner der einzelnen Beteiligten benutzt, wobei auf jedem Rechner gleichrangig sowohl Daten zur Verfügung gestellt als auch Daten von anderen Rechnern heruntergeladen werden können. Jeder, der sich an dem Tausch-Netzwerk beteiligt, ermöglicht also den anderen Beteiligten einen Zugriff auf Teile der Festplatte seines eigenen Computers und die dort abgelegten Musikwerke. Dies funktioniert allerdings nur dann, wenn der betreffende Anbieter „online" ist. Insoweit finden **328**

907 BGH NJW 1978, 2596, 2597 – Vervielfältigungsstücke; *Schack* Rn 556; Schricker/Loewenheim/*Loewenheim* § 53 UrhG Rn 14; Wandtke/Bullinger/*Lüft* § 53 UrhG Rn 10.

908 BGH NJW 1978, 2596, 2597 – Vervielfältigungsstücke; diese Grenzziehung war allerdings dem der Klage zu Grunde liegenden Klageantrag geschuldet.

909 Vgl ausf zur strafrechtlichen Beurteilung des Client-Server-Modells *Reinbacher* 200 ff.

910 Vgl hierzu noch unten Rn 330.

911 Vgl zu diesem Modell *Abdallah/Gercke* ZUM 2005, 368; *Kress* 13 ff; *Kreutzer* GRUR 2001, 193, 194; *Reinbacher* 121 ff, 204 ff; ferner AG Offenburg CR 2007, 676.

zumeist beide Vorgänge gleichzeitig statt: In der Zeit, in der ein Nutzer Werke von anderen Rechnern herunterlädt, stellt er gleichzeitig die bei ihm abgelegten Werke anderen zur Verfügung. Zwar existiert auch hier mitunter ein zentraler Server (zB bei „Napster"), der aber lediglich eine Indexfunktion erfüllt.[912] Hier wird lediglich eine Übersicht der von den Benutzern zurzeit bereitgestellten Musiktitel erstellt und ferner die Möglichkeit geschaffen, sich durch das Anklicken des jeweils gewünschten Titels mit dem jeweiligen Anbieter bzw dem Rechner des Anbieters direkt in Verbindung zu setzen. Der Austausch der Musikwerke erfolgt dann jedoch nicht mehr über den vermittelnden Server, sondern direkt zwischen den Beteiligten. Teilweise wird aber sogar auf diesen zentralen (Index-)Server verzichtet (zB bei „Gnutella" oder „KaZaA") und bei einer Suchanfrage das gesamte Internet nach den gewünschten Musikfiles durchsucht.[913] Insofern wird bei diesem Modell – in beiden Varianten – stets nur **eine** Vervielfältigung iSd § 16 UrhG vorgenommen, die nun in aller Regel „an sich" dem Anwendungsbereich des § 53 Abs 1 UrhG unterfällt: Zum privaten Gebrauch wird eine digitale Vervielfältigung erstellt. Auch die Vorlage, dh die sich auf der Festplatte des Ausgangsrechners befindende Kopie des Musikwerkes muss nicht zwingend rechtswidrig hergestellt sein, da es vielfältige Möglichkeiten gibt, dass der Betreffende das Musikwerk in zulässiger Weise auf seiner Festplatte gespeichert hat.[914] Dies kann bspw dann der Fall sein, wenn er das Musikwerk ordnungsgemäß, zB durch Kauf einer CD, erworben und anschließend auf seiner Festplatte gespeichert hat, um es von dort aus abzuhören oder zu sichern. Insoweit stellt auch dieser Vorgang zwar eine Vervielfältigung iSd § 16 UrhG dar, jedoch ist diese regelmäßig von § 53 Abs 1 UrhG gedeckt, wenn sie nicht ausschließlich dazu dient, das Werk zu speichern, um es anderen zur Verfügung zu stellen. Kopiert nämlich der Betreffende das Werk von der gekauften CD auf seine Festplatte, um es auf diese Weise später anzuhören, liegt ein „klassischer" Fall der zulässigen Vervielfältigung zum privaten Gebrauch vor.[915]

329 Doch selbst dann, wenn dies im Einzelfall nicht festgestellt werden kann und der Betreffende den Vervielfältigungsvorgang ausschließlich deswegen vorgenommen hat, um das Werk später anderen zur Verfügung zu stellen, so ist dieser Umstand jedenfalls nach außen nicht erkennbar. Es handelt sich somit nicht um eine **„offensichtlich"** rechtswidrig hergestellte Vorlage, weshalb eine zu privaten Zwecken vorgenommene Vervielfältigung dieses Werkes bisher von § 53 UrhG gedeckt war – und da somit in der Regel die mittels Downloads aus einer Tauschbörse im **Peer-to-Peer-Modell** erlangten Musikstücke rechtmäßig hergestellte Privatkopien waren, konnten diese wiederum von anderen straflos zum privaten Gebrauch, da über § 53 UrhG zugelassen, vervielfältigt werden. Strafbar blieb allerdings das öffentliche Zugänglichmachen (als öffentliche Wiedergabe gem §§ 19a, 15 Abs 2 Nr 2 UrhG), indem der Benutzer die Werke auf seiner Festplatte anderen zur Verfügung stellt. Im Hinblick auf das öffentliche Zugänglichmachen ist jedoch fraglich, ob diese Tatsache dem Nutzer im Einzelfall überhaupt bekannt ist. Weiß er nicht, dass er beim eigenen Download gleichzeitig seine Daten anderen zur Verfügung stellt, fehlt es am Vorsatz.[916]

---

912 Vgl *Kreutzer* GRUR 2001, 193, 195; *Reinbacher* 121.
913 Vgl *Kreutzer* GRUR 2001, 193, 195; *Reinbacher* 122.
914 Ausf dazu *Reinbacher* 215 ff.
915 Vgl *Heghmanns* MMR 2004, 14, 16; MünchKommStGB/*B Heinrich* § 106 UrhG Rn 598; *Reinbacher* 216.
916 Hierzu AG Offenburg CR 2007, 676, 677; ferner *Heidrich* CR 2007, 678, 679; allgemein zu Vorsatz und Irrtümern im Bereich des § 106 MünchKommStGB/*B Heinrich* § 106 UrhG Rn 119 ff.

Durch das „Zweite Gesetz zur Regelung des Urheberrechts in der Informationsgesellschaft“,[917] welches am 1.1.2008 in Kraft getreten ist, erfuhr die Rechtslage im Hinblick auf Downloads aus dem Internet allerdings eine entscheidende Änderung. In § 53 Abs 1 UrhG wurden nach dem Passus „offensichtlich rechtswidrig hergestellte“ die Wörter „oder öffentlich zugänglich gemachte“ eingefügt. Auf diese Weise ist die Privatkopie nunmehr auch dann illegal und strafbar, wenn ein auf rechtswidrige Weise im Internet angebotenes File als Vorlage verwendet wird.[918] Da die Teilnehmer von Tauschbörsen regelmäßig nicht über ein entsprechendes Nutzungsrecht verfügen und die Files daher rechtswidrig öffentlich zugänglich machen (§ 19a UrhG), sind diese Downloads nunmehr in diesen Fällen strafbar. 330

Fraglich ist schließlich, wie in diesen Fällen eine Verpflichtung des Internetproviders zur Herausgabe von Kundendaten erreicht werden kann, um den Täter einer Urheberrechtsverletzung ermitteln zu können. Da ein entsprechender zivilrechtlicher Auskunftsanspruch bislang nicht bestand,[919] versuchten die Rechteinhaber in der Vergangenheit verstärkt, durch eine Strafanzeige mit Hilfe der Staatsanwaltschaft an diese Kundendaten zu gelangen. Dies könnte sich nun allerdings durch die Neufassung des § 101 UrhG geändert haben. Bisher war dabei umstritten, ob ein Herausgabeersuchen seitens der Behörde auf § 113 TKG bzw § 14 TMG oder auf § 100g StPO zu stützen ist. Nur in letzterem Fall ist eine richterliche Anordnung erforderlich (vgl § 100g Abs 2 StPO iVm § 100b Abs 1 StPO). § 113 TKG bezieht sich auf die Herausgabe von „Bestandsdaten“, § 100g StPO betrifft hingegen die Herausgabe von „Verkehrsdaten“ iS der §§ 96, 113a TKG. Zu differenzieren ist dabei zwischen der Herausgabe der IP-Adresse und den „dahinter stehenden“ Kundendaten. Während IP-Adressen grds unter den in § 100g StPO genannten Begriff der „Verkehrsdaten“ (vgl hierzu auch den – allerdings verfassungswidrigen – § 113a Abs 2 Nr 5 TKG) fallen, ist fraglich, ob auch für die Bekanntgabe der sich hinter der IP-Adresse verbergenden Kundendaten ein richterlicher Beschluss erforderlich ist. Eine weit verbreitete Ansicht[920] unterscheidet zwischen statischen und dynamischen IP-Adressen und stützt nur die Auskunft über Kundendaten bei dynamischen IP-Adressen auf § 100g StPO, während bei statischen IP-Adressen die Auskunft ohne richterlichen Beschluss nach § 113 TKG erfolgen könne.[921] Die zutreffende Auffassung[922] erkennt jedoch an, dass der Gesetzgeber eine solche Unterscheidung gerade nicht treffen wollte und behandelt die Auskunft über Kundendaten einheitlich nach § 113 TKG. 331

917 BGBl 2007 I S 2513; vgl zu den Materialien BT-Drucks 16/1828 (Gesetzentwurf); BT-Drucks 16/262 (Antrag der FDP-Fraktion); BT-Drucks 16/5939 (Beschlussempfehlung und Bericht des Rechtsausschusses).

918 Vgl zu dieser Änderung MünchKommStGB/*B Heinrich* § 106 UrhG Rn 100; *Reinbacher* 257 ff; *ders* GRUR 2008, 394.

919 OLG Frankfurt CR 2005, 285; OLG Hamburg CR 2005, 512; *Reinbacher* 317 f.

920 LG Bonn DuD 2004, 628; LG Ulm MMR 2004, 187; AG Offenburg CR 2007, 676; *Dietrich* GRUR RR 2006, 145, 147; *Heldrich* CR 2007, 678; *Köbele* DuD 2004, 609.

921 *Bär* MMR 2002, 358, 359; *Gercke* StraFo 2005, 244; *Hoeren* wistra 2005, 1, 4; *Schramm* DuD 2006, 785, 786 f; ähnl auch *Abdallah/Gercke* ZUM 2005, 368, die aber bezweifeln, dass dort eine Straftat „von erheblicher Bedeutung“ vorliegt; vgl auch *Gnirck/Lichtenberg* DuD 2004, 598, 601 f, die § 100g StPO jedoch als sprachlich nicht passend ansehen.

922 LG Hamburg MMR 2005, 711, 712 f; LG Stuttgart ZUM 2005, 414, 415; *Meyer-Goßner* StPO § 100g Rn 4; *Reinbacher* 321 f; *Sankol* MMR 2006, 361, 365; *Wohlers/Demko* StV 2003, 241, 243.

II. § 33 KUG (Kunst-Urhebergesetz)

332 Nach § 33 KUG macht sich strafbar, wer entgegen den §§ 22, 23 KUG ein Bildnis verbreitet oder öffentlich zur Schau stellt.[923] Die Tat muss vorsätzlich begangen werden, die Strafandrohung befindet sich mit Freiheitsstrafe bis zu einem Jahr oder Geldstrafe am unteren Rand. Nach § 22 KUG ist es untersagt, Bildnisse ohne Einwilligung des Abgebildeten zu verbreiten oder öffentlich zur Schau zu stellen. Die Einwilligung gilt im Zweifel als erteilt, wenn der Abgebildete eine Entlohnung dafür erhält, dass er sich abbilden lässt. Eine Sonderregelung trifft § 22 S 3 KUG für Verstorbene: Nach deren Tod bedarf es bis zum Ablauf von 10 Jahren der Einwilligung der Angehörigen (in erster Linie sind dies der überlebende Ehegatte, der Lebenspartner oder die Kinder des Abgebildeten, wenn solche nicht vorhanden sind, die Eltern des Abgebildeten).[924] Ausnahmen von dieser strikten Regelung enthält § 23 Abs 1 KUG[925]. Hiernach ist eine Einwilligung entbehrlich für (1) Bildnisse aus dem Bereiche der Zeitgeschichte, (2) Bilder, auf denen die Personen nur als Beiwerk neben einer Landschaft oder sonstigen Örtlichkeit erscheinen, (3) Bilder von Versammlungen, Aufzügen und ähnlichen Vorgängen, an denen die dargestellten Personen teilgenommen haben[926] und (4) Bildnisse, die nicht auf Bestellung angefertigt sind, sofern die Verbreitung oder Schaustellung einem höheren Interesse der Kunst dient. Dennoch gibt es auch hier eine Grenze, denn diese Privilegierung erstreckt sich nicht auf eine Verbreitung und Schaustellung, durch die ein **berechtigtes Interesse** des Abgebildeten oder, falls dieser verstorben ist, seiner Angehörigen verletzt wird (§ 23 Abs 2 KUG[927]). Insoweit liegt den Vorschriften also ein mehrfach abgestuftes Schutzkonzept zugrunde. Die Regelungen der §§ 22, 23 KUG, durch die das allgemeine Persönlichkeitsrecht des Art 2 Abs 1 GG zugleich konkretisiert und eingeschränkt wird, wurden vom BVerfG als verfassungsgemäß eingestuft.[928]

333 Besonders umstritten und daher auch öfter Gegenstand gerichtlicher Auseinandersetzungen ist die Frage, ob und wann Bildnisse aus dem Bereich der **Zeitgeschichte** vorliegen.[929] Hier ist als erstes darauf hinzuweisen, dass § 23 Abs 1 Nr 1 KUG nicht von „Personen der Zeitgeschichte" schlechthin spricht, sondern von „Bildnissen aus dem Bereiche der Zeitgeschichte". Die Aufnahme selbst muss also zeitgeschichtlichen Charakter haben. Dennoch ging die Rechtsprechung längere Zeit davon aus, dass bei den sog „absoluten Personen der Zeitgeschichte" (im Gegensatz zu den „relativen Personen der Zeitgeschichte") die Person selbst bereits ein zeitgeschichtliches Ereignis sei, mit der Folge, dass die Veröffentlichung eines Fotos stets zulässig sei, wenn sich die Person nicht in „örtlicher Abgeschiedenheit" befinde, in die sie „sich zurückgezogen hat, um dort objektiv erkennbar für sich allein zu sein und in der [sie] sich in Vertrauen auf die Abgeschiedenheit so verhält, wie [sie] es in der breiten Öffentlichkeit nicht tun würde"[930] und wenn der Veröffentlichung kein – im Zivilprozess vom Abgebildeten

[923] Vgl zum Bildnisschutz ausf *Renner* Band 4 Teil 3 Kap 3.

[924] Vgl hierzu ausf auch den Fall der veröffentlichten Fotos des toten Reichskanzlers *von Bismarck*, RGZ 45, 170.

[925] Vgl hierzu *Renner* Band 4 Kap 3 Rn 38 ff.

[926] Vgl hierzu aus der Rechtsprechung BGH JZ 1976, 31, 32 m Anm *Schmidt*.

[927] Vgl hierzu *Renner* Band 4 Kap 3 Rn 71 ff.

[928] BVerfGE 35, 202, 224 f – Lebach; BVerfGE 101, 361, 386 f – Caroline von Monaco II.

[929] Vgl hierzu *Renner* Band 4 Kap 3 Rn 39 ff.

[930] BVerfGE 101, 361, 367 – Caroline von Monaco II; BGHZ 131, 332, 339 – Caroline von Monaco; auch das BVerfG hatte die Rechtsprechung des BGH zur „absoluten Person der Zeitgeschichte" nicht beanstandet; vgl BVerfGE 101, 361, 392 ff – Caroline von Monaco II.

zu beweisendes – berechtigtes Interesse nach § 23 Abs 2 KUG entgegensteht.[931] Diese weite Auslegung wurde aber vom Europäischen Gerichtshof für Menschenrechte zu Recht kritisiert,[932] sodass in der neueren Rechtsprechung[933] der Begriff der „absoluten Person der Zeitgeschichte" vermieden und stattdessen von einem „abgestuften Schutzkonzept" gesprochen wird. Insoweit wird man derzeit davon ausgehen können, dass Aufnahmen aus dem privaten oder Intimbereich auch dann nicht zulässig sind, wenn es sich um eine – nach der früheren Terminologie – „absolute Person der Zeitgeschichte" handelt.

Doch selbst wenn ein Ausnahmefall des § 23 Abs 1 KUG gegeben ist, kann die Abwägung nach § 23 Abs 2 KUG immer noch dazu führen, dass eine Veröffentlichung untersagt wird, weil **berechtigte Interessen des Abgebildeten** entgegenstehen. So bewertete das BVerfG im Lebachurteil[934] die (Resozialisierungs-)Interessen eines Inhaftierten, der kurz vor seiner Entlassung stand, höher als die Interessen einer Rundfunkanstalt, die unter Namensnennung und Verwendung von Bildnissen einen Fernsehfilm über die der Verurteilung zu Grunde liegende Straftat ausstrahlen wollte.[935] Bei Abbildung Prominenter ist insb auch der Informationswert der Abbildung für die Öffentlichkeit zu beachten. Dient die Bildberichterstattung in erster Linie dem Interesse des Lesers an bloßer Unterhaltung, wiegt der Schutz der Privatsphäre der Abgebildeten regelmäßig schwerer, sofern der Betreffende in der entsprechenden Situation die berechtigte Erwartung haben durfte, in Ruhe gelassen zu werden.[936] **334**

---

931 Vgl aber auch AG Ahrensböck DJZ 1920, 196. Hier wurde eine Strafbarkeit bei der Veröffentlichung eines Fotos abgelehnt, welches den damaligen Reichspräsidenten Ebert und den Reichswehrminister Noske in Badehose zeigte; krit hierzu *Petersen* 5. Teil Einleitung Rn 5; vgl weitere Fälle aus der Rechtsprechung: BVerfGE 101, 361 – Caroline von Monaco II; BVerfG NJW 2001, 1921 – Prinz Ernst August von Hannover; BGHZ 131, 332 – Caroline von Monaco; BGHZ 158, 218; OLG Hamburg ZUM 1991, 550; OLG Köln AfP 1982, 181 – Rudi Carrell; OLG Stuttgart AfP 1981, 362 – Rudi Carrell; KG NJW 2007, 703.

932 EGMR NJW 2004, 2647, 2650 – Caroline von Hannover; zu dieser Entscheidung *J Jahn* AnwBl 2005, 385; *Soehring/Seelmann-Eggebert* NJW 2005, 571, 576 f.

933 BVerfGE 120, 180, 202 und 211 ff – Caroline von Monaco IV; BGHZ 171, 275 – Caroline von Monaco (Vorinstanz zu BVerfGE 120, 180); BGHZ 177, 119; BGH NJW 2005, 594, 595; BGH NJW 2007, 1981 – Prinz Ernst August von Hannover; BGH NJW 2008, 749 – Abgestuftes Schutzkonzept II; BGH NJW 2008, 3141 – Ferienvilla; BGH NJW 2008, 3138 – Sabine Christiansen; BGH NJW 2009, 1502, 1503 – Sabine Christiansen; hierzu *Stender-Vorwachs* NJW 2009, 334; ferner BVerfG NJW 2006, 2835; BGH NJW 2009, 3030 – Joschka Fischer (Ereignis von „zeitgeschichtlicher Bedeutung"); hierzu *Frenz* NJW 2008, 2102; vgl auch bereits BVerfGE 101, 361, 387 – Caroline von Monaco II; anders noch BVerfG NJW 2006, 2836, 2837; vgl ferner BGH NJW 2006, 599 – Ernst August von Hannover („zeitgeschichtlicher Vorgang").

934 BVerfGE 35, 202 – Lebach I; vgl aber auch BVerfG NJW-RR 2007, 1340, 1341, wo ausgeführt wird, dass eine Presseberichtserstattung über eine getilgte Vorstrafe zulässig sei, da die Meinungsfreiheit hier das Resozialisierungsinteresse überwiege; ferner LG Koblenz NJW 2007, 695, 698.

935 Vgl in diesem Zusammenhang auch OLG Frankfurt NJW 2007, 699: Auch ohne die Verwendung von Originalbildnissen kann die Verfilmung einer Straftat (hier: des „Kannibalen von Rotenburg") dann, wenn der Film ohne ausreichende Verfremdung das Privatleben des Straftäters darstellt, gegen dessen Persönlichkeitsrecht verstoßen, selbst wenn es sich bei dem Täter um eine relative Person der Zeitgeschichte handelt; vgl hierzu *von Becker* AfP 2006, 124; *Kaboth* ZUM 2006, 412; vgl in diesem Zusammenhang aber auch BVerfG NJW 2009, 3357 (individualisierende Berichterstattung über eine Vergewaltigung durch ehemaligen Fußball-Bundesligaspieler); hierzu *J Jahn* NJW 2009, 3344, 3344 f; BGH NJW 2006, 599 – Ernst August von Hannover (Individualisierende Berichterstattung über eine Verkehrsordnugswidrigkeit).

936 BGH NJW 2008, 749, 750 f – Abgestuftes Schutzkonzept II; BGH NJW 2008, 3138, 3140 – Sabine Christiansen.

335 Bei § 33 KUG handelt es sich um ein Privatklagedelikt nach § 374 Abs 1 Nr 8 StPO, dh eine öffentliche Klage seitens der Staatsanwaltschaft wird nur dann erhoben, wenn sie das öffentliche Interesse an einer Strafverfolgung bejaht (§ 376 StPO). Dieses öffentliche Interesse wurde zB im Falle der Veröffentlichung von Fotoaufnahmen von der Taufe des Sohnes der berühmten Violinistin Anne Sophie Mutter seitens des OLG München[937] verneint.

336 Sofern die verbreiteten Aufnahmen zugleich unbefugt hergestellte Bildaufnahmen iSd § 201a StGB darstellen, sind beide Vorschriften nebeneinander anwendbar.[938]

III. Presserechtliche Sonderstraftatbestände und Ordnungswidrigkeiten

1. Geltung der allgemeinen Strafgesetze

337 Grds bestimmt sich die Verantwortlichkeit für Straftaten, die mittels eines Druckwerkes begangen werden, nach den allgemeinen Strafgesetzen, insb nach den Vorschriften des StGB.[939] Für Presseangehörige gilt also weder eine durchgehende Privilegierung noch eine Verschärfung der strafrechtlichen Verantwortlichkeit. Es sind allerdings spezifische Sondertatbestände zu beachten, die im Folgenden näher beschrieben werden.

2. Privilegierung der Presse

338 Auf die Privilegierung der Presse im Rahmen der Verjährung von Presseinhaltsdelikten wurde bereits eingegangen.[940]

3. Sondertatbestände für verantwortliche Redakteure und Verleger

339 Die meisten Landesgesetze enthalten über die genannte Pauschalverweisung auf die allgemeinen Strafgesetze hinaus noch eine verschärfte strafrechtliche Sonderhaftung für den **verantwortlichen Redakteur** bei periodischen Druckwerken und für den **Verleger** bei sonstigen Druckwerken. Exemplarisch ist hierfür die Vorschrift des § 20 Abs 2 LPG Baden-Württemberg zu nennen: „Ist mittels eines Druckwerkes eine rechtswidrige Tat begangen worden, die einen Straftatbestand verwirklicht, so wird, soweit er nicht wegen dieser Handlung schon [nach den allgemeinen Strafgesetzen] als Täter oder Teilnehmer strafbar ist,[941] mit Freiheitsstrafe bis zu einem Jahr oder mit Geld-

---

937 OLG München NJW-RR 1996, 93; krit hierzu *Petersen* 5. Teil Einleitung Rn 6 (da es sich auch hier um die Privatsphäre handelte und jedenfalls der getaufte Sohn keine absolute Person der Zeitgeschichte sei); vgl hierzu ferner *Prinz/Peters* Rn 784 mit Fn 17.

938 Vgl *Fischer* § 201a Rn 30; *Lackner/Kühl* § 201a Rn 11 (Tatmehrheit); *Löffler/Ricker* Kap 54 Rn 24a.

939 So ausdrücklich § 20 Abs 1 LPG Baden-Württemberg; Art 11 Abs 1 LPG Bayern; § 19 Abs 1 LPG Berlin; § 14 Abs 1 LPG Brandenburg; § 19 Abs 1 LPG Hamburg; § 19 Abs 1 LPG Mecklenburg-Vorpommern; § 21 Abs 1 LPG Nordrhein-Westfalen; § 12 Abs 2 LMG Saarland; § 12 Abs 1 LPG Sachsen; § 14 Abs 1 LPG Schleswig-Holstein; keine ausdrückliche Regelung findet sich in Bremen, Hessen, Niedersachsen, Rheinland-Pfalz, Sachsen-Anhalt und Thüringen.

940 Vgl hierzu oben Rn 92 ff.

941 Vgl zur Strafbarkeit des verantwortlichen Redakteurs bzw Verlegers nach allgemeinem Strafrecht oben Rn 68.

strafe bestraft 1. bei periodischen Druckwerken der verantwortliche Redakteur,[942] wenn er vorsätzlich oder fahrlässig seine Verpflichtung verletzt hat, Druckwerke von strafbarem Inhalt freizuhalten, 2. bei sonstigen Druckwerken der Verleger, wenn er vorsätzlich oder fahrlässig seine Aufsichtspflicht verletzt hat und die rechtswidrige Tat hierauf beruht."[943] Teilweise findet sich darüber hinaus auch die Regelung, dass zu Lasten des verantwortlichen Redakteurs eines periodischen Druckwerks vermutet wird, dass er den Inhalt eines unter seiner Verantwortung erschienenen Textes gekannt und den Abdruck gebilligt hat.[944]

4. Presseordnungs-Vergehen

Die meisten Landespressegesetze enthalten Sonderstraftatbestände, die die Verlet- **340**
zung von Pflichten unter Strafe stellen, die sich an anderer Stelle des Gesetzes wiederfinden. Diese sollen im Folgenden kurz angesprochen werden. Ist ein solcher Straftatbestand in einem Landesgesetz normiert,[945] so wird regelmäßig eine Freiheitsstrafe bis zu einem Jahr oder Geldstrafe als Sanktion angedroht.[946]

In der überwiegenden Zahl der Landespresseordnungen findet sich eine Strafbar- **341**
keit desjenigen, der als Verleger eine Person zum verantwortlichen Redakteur bestellt, obwohl diese nicht den Anforderungen des Gesetzes entspricht,[947] sowie desjenigen, der als verantwortlicher Redakteur zeichnet, obwohl er die Voraussetzungen, die das Gesetz hierfür aufstellt, nicht erfüllt.[948] Strafbar macht sich ferner regelmäßig derjenige,

---

942 Zur Frage, ob als „verantwortlicher Redakteur" nur derjenige angesehen werden kann, der nach den Vorschriften der Landespressegesetze ordnungsgemäß zum verantwortlichen Redakteur bestellt wurde oder auch derjenige, der diese Funktion faktisch ausübt BGH NJW 1980, 67; OLG Hamm AfP 1974, 724, 726; OLG Köln MDR 1980, 339; *Franke* NStZ 1983, 114.

943 Eine wörtlich nahezu identische Regelung findet sich in Art 20 Abs 3 LPG Baden-Würtemberg; § 19 Abs 2 LPG Berlin; § 14 Abs 2 LPG Brandenburg; § 20 LPG Bremen; § 19 Abs 2 LPG Hamburg; § 19 Abs 2 LPG Mecklenburg-Vorpommern; § 20 LPG Niedersachsen; § 21 Abs 2 LPG Nordrhein-Westfalen; § 63 Abs 1 LMG Saarland; § 12 Abs 2 LPG Sachsen; § 12 LPG Sachsen-Anhalt; § 14 Abs 2 LPG Schleswig-Holstein; keine ausdrückliche Regelung findet sich in Bayern, Hessen, Rheinland-Pfalz und Thüringen.

944 Vgl § 12 LPG Hessen (mit dem Hinweis der Widerlegbarkeit der Vermutung) und Art 11 Abs 2 LPG Bayern.

945 Vgl § 21 LPG Baden-Württemberg; Art 13 LPG Bayern; § 20 LPG Berlin; § 21 LPG Bremen; § 20 LPG Hamburg; § 14 LPG Hessen; § 20 LPG Mecklenburg-Vorpommern; § 21 LPG Niedersachsen; § 22 LPG Nordrhein-Westfalen; § 35 LMG Rheinland-Pfalz; § 63 LMG Saarland; § 13 LPG Sachsen-Anhalt; § 15 LPG Schleswig-Holstein; keine ausdrückliche Regelung findet sich in Brandenburg, Sachsen und Thüringen.

946 Ausnahmen stellen Berlin (Freiheitsstrafe bis zu sechs Monaten oder Geldstrafe bis zu 180 Tagessätzen) und Hessen (differenzierter Strafrahmen: nach § 14 Abs 1 LPG Freiheitsstrafe bis zu zwei Jahren oder Geldstrafe und nach § 14 Abs 2 LPG Freiheitsstrafe bis zu sechs Monaten oder Geldstrafe bis zu 180 Tagessätzen) dar.

947 § 21 Nr 1 LPG Baden-Württemberg; Art 13 Nr 1 LPG Bayern; § 20 Nr 1 LPG Berlin; § 21 Nr 1 LPG Bremen; § 20 Nr 1 LPG Hamburg; § 20 Nr 1 LPG Mecklenburg-Vorpommern; § 21 Nr 1 LPG Niedersachsen; § 22 Nr 1 LPG Nordrhein-Westfalen; § 35 Nr 1 LMG Rheinland-Pfalz; § 63 Abs 2 Nr 1 LMG Saarland; § 13 Nr 1 LPG Sachsen-Anhalt; § 15 Nr 1 LPG Schleswig-Holstein. – In Brandenburg (§ 15 Abs 1 Nr 1 LPG), Hessen (§ 15 Abs 1 Nr 2 LPG, beschränkt auf den Anzeigenteil), Sachsen (§ 13 Abs 1 Nr 1 LPG) und Thüringen (§ 13 Abs 1 Nr 1) ist hier lediglich eine Ordnungswidrigkeit vorgesehen.

948 § 21 Nr 2 LPG Baden-Württemberg; Art 13 Nr 2 LPG Bayern; § 20 Nr 2 LPG Berlin; § 21 Nr 2 LPG Bremen; § 20 Nr 2 LPG Hamburg; § 20 Nr 2 LPG Mecklenburg-Vorpommern; § 21 Nr 2 LPG Niedersachsen; § 22 Nr 2 LPG Nordrhein-Westfalen; § 35 Nr 2 LMG Rheinland-Pfalz; § 63 Abs 2 Nr 2 LMG Saarland; § 13 Nr 2 LPG Sachsen-Anhalt; § 15 Nr 2

der als verantwortlicher Redakteur oder Verleger – beim Selbstverlag als Verfasser oder Herausgeber – bei einem Druckwerk strafbaren Inhalts den Vorschriften über das Impressum zuwiderhandelt.[949] Darüber hinaus findet sich teilweise eine Bestrafung desjenigen, der ein beschlagnahmtes Druckwerk verbreitet oder wieder abdruckt,[950] oder wer über die Inhaber- und Beteiligtenrechte (wissentlich) falsche Angaben macht.[951]

5. Ordnungswidrigkeiten

342 Die einzelnen Landespressegesetze enthalten darüber hinaus eine breite Palette an verschiedenen Ordnungswidrigkeiten,[952] die im Folgenden nicht vollständig genannt werden können. Kennzeichnend ist nur, dass die Ordnungswidrigkeiten regelmäßig sowohl vorsätzlich als auch fahrlässig begangen werden können.[953] Exemplarisch erwähnt werden sollen jedoch die folgenden Verstöße: Ordnungswidrig handelt regelmäßig derjenige, der als verantwortlicher Redakteur oder Verleger – beim Selbstverlag als Verfasser oder Herausgeber – den Vorschriften über das Impressum zuwiderhandelt, sofern es sich dabei nicht um strafbare Inhalte handelt (in diesen Fällen ist regelmäßig die bereits oben genannte Strafnorm einschlägig[954]) oder als Unternehmer Druckwerke verbreitet, in denen die vorgeschriebenen Angaben (Impressum) ganz oder teilweise fehlen.[955] Ferner handelt nach den meisten Landespressegesetzen derjenige ordnungswidrig, der als Verleger oder als Verantwortlicher eine Veröffent-

---

LPG Schleswig-Holstein. – In Brandenburg (§ 15 Abs 1 Nr 2 LPG), Hessen (§ 15 Abs 1 Nr 5 LPG, beschränkt auf den Anzeigenteil), Sachsen (§ 13 Abs 1 Nr 2 LPG) und Thüringen (§ 13 Abs 1 Nr 2) ist hier lediglich eine Ordnungswidrigkeit vorgesehen.

949 § 21 Nr 3 LPG Baden-Württemberg; Art 13 Nr 4 LPG Bayern (mit der Einschränkung, dass eine Kenntnis des strafbaren Inhalts der Druckschrift vorliegen muss); § 20 Nr 3 LPG Berlin; § 21 Nr 3 LPG Bremen; § 20 Nr 3 LPG Hamburg; § 14 Abs 2 LPG Hessen; § 20 Nr 3 LPG Mecklenburg-Vorpommern; § 21 Nr 3 LPG Niedersachsen; § 22 Nr 3 LPG Nordrhein-Westfalen; § 35 Nr 3 LMG Rheinland-Pfalz; § 63 Abs 2 Nr 3 LMG Saarland; § 13 Nr 3 LPG Sachsen-Anhalt; § 15 Nr 3 LPG Schleswig-Holstein; keine ausdrückliche Regelung findet sich in Brandenburg, Sachsen und Thüringen. Hier liegt in diesen Fällen stets eine Ordnungswidrigkeit vor.

950 § 21 Nr 4 LPG Baden-Württemberg; Art 13 Nr 3 LPG Bayern; § 20 Nr 4 LPG Berlin; § 21 Nr 4 LPG Bremen; § 35 Nr 4 LMG Rheinland-Pfalz; § 15 Nr 4 LPG Schleswig-Holstein; keine ausdrückliche Regelung findet sich in Brandenburg, Hamburg, Hessen, Mecklenburg-Vorpommern, Niedersachsen, Nordrhein-Westfalen, Saarland, Sachsen, Sachsen-Anhalt und Thüringen.

951 Art 13 Nr 5 LPG Bayern; § 14 Abs 1 LPG Hessen.

952 § 22 LPG Baden-Württemberg; Art 12 LPG Bayern; § 21 LPG Berlin; § 15 LPG Brandenburg, § 22 LPG Bremen; § 21 LPG Hamburg; § 15 LPG Hessen; § 21 LPG Mecklenburg-Vorpommern; § 22 LPG Niedersachsen; § 23 LPG Nordrhein-Westfalen; § 36 Abs 3 LMG Rheinland-Pfalz; § 64 LMG Saarland, § 13 LPG Sachsen, § 14 LPG Sachsen-Anhalt, § 16 LPG Schleswig-Holstein und § 13 LPG Thüringen.

953 Ausnahme ist Bayern, wo Art 12 LPG nur ein vorsätzliches Verhalten erfasst.

954 Vgl hierzu oben Rn 341.

955 § 22 Abs 1 Nr 1 LPG Baden-Württemberg; Art 12 Abs 1 Nr 1 und Nr 2 LPG Bayern; § 21 Abs 1 Nr 1 LPG Berlin; § 15 Abs 1 Nr 3 LPG Brandenburg; § 22 Abs 1 Nr 1 LPG Bremen; § 21 Abs 1 Nr 1 LPG Hamburg; § 15 LPG Abs 1 Nr 2 Hessen (hier keine Strafbarkeit des Unternehmers); § 21 Abs 1 Nr 1 LPG Mecklenburg-Vorpommern; § 22 Abs 1 Nr 1 LPG Niedersachsen; § 23 Abs 1 Nr 1 LPG Nordrhein-Westfalen; § 36 Abs 3 Nr 1 und Nr 2 LMG Rheinland-Pfalz; § 64 Abs 1 Nr 1 LMG Saarland; § 13 Abs 1 Nr 3 LPG Sachsen; § 14 Abs 1 Nr 1 LPG Sachsen-Anhalt; § 16 Abs 1 Nr 1 LPG Schleswig-Holstein und § 13 Abs 1 Nr 3 LPG Thüringen.

lichung gegen Entgelt nicht als Anzeige kenntlich macht oder kenntlich machen lässt.[956] Teilweise finden sich auch Ordnungswidrigkeiten, die an das Verbot der Glossierungsbeschränkung im Gegendarstellungsrecht[957] sowie an einen Verstoß gegen die Anbietungs- und Ablieferungspflicht von Bibliotheksexemplaren anknüpfen.[958]

IV. Jugendschutzgesetz (§ 27 JuSchG)

1. Jugendschutz und Strafrecht

Insb um Kinder und Jugendliche vor dem schädlichen Einfluss von gewaltverherr- **343**
lichenden, pornografischen oder sonst jugendgefährdenden Medien zu schützen, finden sich vielfach auch Strafnormen, die in diesem Bereich zu beachten sind. So wird der Jugendschutz ua im Rahmen des § 184 StGB deutlich, der die Verbreitung „weicher" Pornografie nur im Hinblick auf Jugendliche verbietet und unter Strafe stellt.[959]

Weitere **Spezialregelungen** finden sich in den speziellen Jugendschutzgesetzen. **344**
Dabei wurde der Jugendschutz früher schwerpunktmäßig durch das Gesetz über die Verbreitung jugendgefährdender Schriften und Medieninhalte (GjSM)[960] sowie durch das Gesetz zur Neuregelung des Schutzes der Jugend in der Öffentlichkeit geregelt.[961] Beide Gesetze wurden durch das neue **Jugendschutzgesetz** (JuSchG) mit Wirkung zum 1.4.2003 außer Kraft gesetzt.[962] Daneben enthält auch der **Jugendmedienschutz-Staatsvertrag** der Länder (JMStV) vom 10.9.2002 jugendschützende Vorschriften. Während die §§ 11 ff JuSchG das Recht der Trägermedien einschließlich der Kinofilme regeln, wurde der Jugendschutz in den Telemedien (vgl § 16 JuSchG) und im Rundfunk den Ländern und daher dem Regelungsbereich des JMStV überlassen.

---

956 § 22 Abs 1 Nr 2 LPG Baden-Württemberg; § 21 Abs 1 Nr 3 LPG Berlin; § 15 Abs 1 Nr 4 LPG Brandenburg; § 22 Abs 1 Nr 2 LPG Bremen; § 21 Abs 1 Nr 2 LPG Hamburg; § 15 Abs 1 Nr 3 LPG Hessen; § 21 Abs 1 Nr 2 LPG Mecklenburg-Vorpommern; § 22 Abs 1 Nr 2 LPG Niedersachsen; § 23 Abs 1 Nr 2 LPG Nordrhein-Westfalen; § 36 Abs 3 Nr 3 LMG Rheinland-Pfalz; § 64 Abs 1 Nr 2 LMG Saarland; § 13 Abs 1 Nr 5 LPG Sachsen; § 14 Abs 1 Nr 2 LPG Sachsen-Anhalt; § 16 Abs 1 Nr 2 LPG Schleswig-Holstein und § 13 Abs 1 Nr 4 LPG Thüringen. Keine entsprechende Regelung findet sich in Bayern.

957 § 22 Abs 1 Nr 3 LPG Baden-Württemberg; § 21 Abs 1 Nr 4 LPG Berlin; § 15 Abs 1 Nr 5 LPG Brandenburg; § 21 Abs 1 Nr 3 LPG Mecklenburg-Vorpommern; § 22 Abs 1 Nr 3 LPG Niedersachsen § 23 Abs 1 Nr 3 LPG Nordrhein-Westfalen; § 64 Abs 1 Nr 3 LMG Saarland; § 13 Abs 1 Nr 6 LPG Sachsen; § 14 Abs 1 Nr 3 LPG Sachsen-Anhalt; § 13 Abs 1 Nr 5 LPG Thüringen; vgl ferner Art 12 Abs 1 Nr 3 – Nr 5 LPG Bayern; keine entsprechende Regelung findet sich in Bremen, Hamburg, Hessen, Rheinland-Pfalz, Schleswig-Holstein.

958 § 15 Abs 1 Nr 6 LPG Brandenburg; § 15 Abs 1 Nr 6 LPG Hessen; § 21 Abs 1 Nr 4 LPG Mecklenburg-Vorpommern; § 36 Abs 3 Nr 4 LMG Rheinland-Pfalz; § 64 Abs 1 Nr 4 LMG Saarland; § 14 Abs 1 Nr 4 LPG Sachsen-Anhalt; § 16 Abs 1 Nr 3 LPG Schleswig-Holstein.

959 Vgl hierzu ausf oben Rn 256 ff.

960 Gesetz über die Verbreitung jugendgefährdender Schriften und Medieninhalte in der Fassung der Bekanntmachung vom 12.7.1985, BGBl 1985 I S 1502, zuletzt geändert durch Gesetz vom 15.12.2001, BGBl 2001 I S 3762; das Gesetz wurde aufgehoben durch § 30 Abs 1 des Gesetzes vom 23.7.2002, BGBl 2002 I S 2730 und trat durch die Bekanntmachung vom 1.4.2003 an diesem Tage außer Kraft; vgl BGBl 2003 I S 476.

961 Gesetz vom 25.2.1985, BGBl 1985 I S 425, zuletzt geändert durch Gesetz vom 15.12.2001, BGBl 2001 I S 3762.

962 Gesetz vom 23.7.2002, BGBl 2002 I S 2730, BGBl 2003 I S 476, zuletzt geändert durch Gesetz vom 31.10.2008, BGBl 2008 I S 2149.

2. Die Strafvorschrift des § 27 JuSchG

345 § 27 JuSchG sieht eine spezielle Strafvorschrift bei Verstößen gegen das Jugendschutzgesetz vor. Die Strafe ist für die Vorsatzdelikte des § 27 Abs 1 und Abs 2 JuSchG relativ gering (Freiheitsstrafe bis zu einem Jahr oder Geldstrafe) und verringert sich beim Fahrlässigkeitstatbestand des § 27 Abs 3 JuSchG noch weiter auf Freiheitsstrafe bis zu sechs Monaten oder Geldstrafe bis zu hundertachtzig Tagessätzen. Die Straftaten knüpfen dabei im Wesentlichen bei § 27 Abs 1 JuSchG an Verstöße gegen § 15 JuSchG und bei § 27 Abs 2 an Verstöße gegen §§ 3 bis 13 JuGSchG an, sofern dadurch wenigstens leichtfertig ein Kind oder eine jugendliche Person in der körperlichen, geistigen oder sittlichen Entwicklung schwer gefährdet wird oder die Tat aus Gewinnsucht begangen oder beharrlich wederholt wurde (ist Letzteres nicht der Fall, dann liegt lediglich eine Ordnungswidrigkeit nach § 28 JuSchG vor).

346 Strafbar ist dabei insb die Konfrontation von Kindern und Jugendlichen mit bestimmten **Trägermedien**, die jugendgefährdenden Charakter aufweisen. Trägermedien sind nach der Legaldefinition des § 1 Abs 2 JuSchG alle Medien mit Texten, Bildern oder Tönen auf gegenständlichen Trägern, die zur Weitergabe geeignet, zur unmittelbaren Wahrnehmung bestimmt oder in einem Vorführ- oder Spielgerät eingebaut sind. Beispiele hierfür sind Audio- und Videokassetten, Disketten, CD-Roms oder DVDs. Nach § 1 Abs 2 S 2 JuSchG wird den körperlichen Trägern die unkörperliche elektronische Verbreitung gleichgestellt. Im Hinblick auf die jugendgefährdenden Trägermedien sind zwei Gruppen zu unterscheiden: Solche, die in die Liste der jugendgefährdenden Schriften nach § 24 Abs 3 S 1 JuSchG aufgenommen wurden (vgl hierzu auch § 18 JuSchG) und solche, die nach § 15 Abs 2 JuSchG auch ohne Aufnahme in die Liste als „schwer" jugendgefährdend gelten.

347 Die **Liste der jugendgefährdenden Schriften** wird von der gleichnamigen Bundesprüfstelle geführt. Das Verfahren ist in den §§ 17 ff JuSchG geregelt. In die Liste werden solche Träger- und Telemedien aufgenommen, die geeignet sind, die Entwicklung von Kindern oder Jugendlichen oder ihre Erziehung zu einer eigenverantwortlichen und gemeinschaftsfähigen Persönlichkeit zu gefährden (vgl § 18 Abs 1 JuSchG). Dazu zählen vor allem unsittliche, verrohend wirkende, zu Gewalttätigkeit, Verbrechen oder Rassenhass anreizende Medien. Zu beachten ist zudem § 15 Abs 3 JuSchG, der versucht, Umgehungen dadurch zu vermeiden, dass er Trägermedien, die mit solchen, die bereits in die Liste aufgenommen und bekannt gemacht sind, ganz oder im Wesentlichen inhaltsgleich sind, in den Schutzbereich mit einbezieht, auch ohne dass es einer erneuten Aufnahme in die Liste bedarf.

348 Bei den **auch ohne Aufnahme in die Liste** vom Tatbestand des § 27 JuSchG erfassten Trägermedien handelt es sich nach § 15 Abs 2 JuSchG um solche, die einen der in den §§ 86, 130, 130a, 131, 184, 184a, 184b oder 184c StGB bezeichneten Inhalte haben (Nr 1), den Krieg verherrlichen (Nr 2), Menschen, die sterben oder schweren körperlichen oder seelischen Leiden ausgesetzt sind oder waren, in einer die Menschenwürde verletzenden Weise darstellen und ein tatsächliches Geschehen wiedergeben, ohne dass ein überwiegendes berechtigtes Interesse gerade an dieser Form der Berichterstattung vorliegt (Nr 3), besonders realistische, grausame und reißerische Darstellungen selbstzweckhafter Gewalt beinhalten, die das Geschehen beherrschen (Nr 3a), Kinder oder Jugendliche in unnatürlicher, geschlechtsbetonter Körperhaltung darstellen (Nr 4) oder offensichtlich geeignet sind, die Entwicklung von Kindern oder Jugendlichen oder ihre Erziehung zu einer eigenverantwortlichen und gemeinschaftsfähigen Persönlichkeit schwer zu gefährden (Nr 5).

Nach § **27 Abs 1 Nr 1 JuSchG** ist im Hinblick auf diese Trägermedien ein Verstoß gegen § 15 Abs 1 Nr 1 bis Nr 6 JuSchG strafbar. Die hier aufgenommenen Regelungen erinnern an die Verbote des § 184 Abs 1 StGB und sind – was pornografische Schriften angeht – mit § 184 StGB auch im Wesentlichen inhaltsgleich. Sie unterscheiden sich allerdings dadurch, dass § 184 StGB nur vorsätzliche Verstöße unter Strafe stellt, während § 27 JuSchG über Abs 3 auch die Möglichkeit einer Fahrlässigkeitsbestrafung in bestimmten Fällen vorsieht. Nach § 27 Abs 1 Nr 1 JuSchG ist es im Einzelnen verboten, das entsprechende Trägermedium einem Kind oder einer jugendlichen Person anzubieten, zu überlassen oder sonst zugänglich zu machen (§ 15 Abs 1 Nr 1 JuSchG),[963] das Trägermedium an einem Ort, der Kindern oder Jugendlichen zugänglich ist oder von ihnen eingesehen werden kann, auszustellen, anzuschlagen, vorzuführen oder sonst zugänglich zu machen (§ 15 Abs 1 Nr 2 JuSchG),[964] das Trägermedium im Einzelhandel außerhalb von Geschäftsräumen, in Kiosken oder anderen Verkaufsstellen, die Kunden nicht zu betreten pflegen, im Versandhandel (vgl hierzu die Legaldefinition in § 1 Abs 4 JuSchG) oder in gewerblichen Leihbüchereien oder Lesezirkeln einer anderen Person anzubieten oder zu überlassen (§ 15 Abs 1 Nr 3 JuSchG),[965] das Trägermedium im Wege gewerblicher Vermietung oder vergleichbarer gewerblicher Gewährung des Gebrauchs, ausgenommen in Ladengeschäften, die Kindern und Jugendlichen nicht zugänglich sind und von ihnen nicht eingesehen werden können, einer anderen Person anzubieten oder zu überlassen (§ 15 Abs 1 Nr 4 JuSchG),[966] das Trägermedium im Wege des Versandhandels einzuführen (§ 15 Abs 1 Nr 5 JuSchG)[967] oder das Trägermedium öffentlich an einem Ort, der Kindern oder Jugendlichen zugänglich ist oder von ihnen eingesehen werden kann, oder durch Verbreiten von Träger- oder Telemedien außerhalb des Geschäftsverkehrs mit dem einschlägigen Handel anzubieten, anzukündigen oder anzupreisen (§ 15 Abs 1 Nr 6 StGB).[968] **349**

Nach § **27 Abs 1 Nr 2 JuSchG** wird bestraft, wer ein Trägermedium der vorgenannten Art herstellt, bezieht, liefert, vorrätig hält oder einführt, um es oder daraus gewonnene Stücke iSd § 15 Abs 1 Nr 1 bis Nr 6 JuSchG zu verwenden oder anderen Personen eine solche Verwendung zu ermöglichen (vgl § 15 Abs 1 Nr 7 JuSchG).[969] **350**

Eine spezielle Strafnorm gegen die werbende Verbreitung der Liste jugendgefährdender Schriften enthält § **27 Abs 1 Nr 3 JuSchG.** Hiernach wird bestraft, wer entgegen § 15 Abs 4 JuSchG die Liste der jugendgefährdenden Medien zum Zweck der gewerblichen Werbung abdruckt oder veröffentlicht. **351**

Nach § **27 Abs 1 Nr 4 JuSchG** wird ferner bestraft, wer entgegen § 15 Abs 5 JuSchG im Rahmen einer geschäftlichen Werbung darauf hinweist, dass ein Verfahren **352**

---

963 Vgl auch § 184 Abs 1 Nr 1 StGB; hierzu oben Rn 256; zu den Tathandlungen vgl auch oben Rn 185, 181, 172 ff.

964 Vgl auch § 184 Abs 1 Nr 2 StGB; hierzu oben Rn 257; zu den Tathandlungen vgl auch oben Rn 178 ff, 172 ff.

965 Vgl auch § 184 Abs 1 Nr 3 StGB; hierzu oben Rn 258; zu den Tathandlungen vgl auch oben Rn 185, 181.

966 Vgl auch § 184 Abs 1 Nr 3a StGB; hierzu oben Rn 259; zu den Tathandlungen vgl auch oben Rn 185, 181.

967 Vgl auch § 184 Abs 1 Nr 4 StGB; hierzu oben Rn 260; zur Tathandlung vgl auch oben Rn 188.

968 Vgl aus der Rechtsprechung OLG Hamburg NStZ 2007, 487; vgl auch § 184 Abs 1 Nr 5 StGB; hierzu oben Rn 261; zu den Tathandlungen vgl auch oben Rn 185 ff.

969 Vgl auch § 184 Abs 1 Nr 8 StGB; hierzu oben Rn 264; zu den Tathandlungen vgl auch oben Rn 182, 194, 183 f, 188.

zur Aufnahme des Trägermediums oder eines inhaltsgleichen Telemediums in die Liste der jugendgefährdenden Schriften anhängig ist oder gewesen ist.

353 Nach **§ 27 Abs 1 Nr 5 JuSchG** wird bestraft, wer einer vollziehbaren Entscheidung nach § 21 Abs 8 S 1 Nr 1 JuSchG zuwiderhandelt.

354 **§ 27 Abs 2 JuSchG** enthält eine Strafvorschrift, die Verstöße gegen Ordnungswidrigkeiten nach § 28 Abs 1 Nr 4–19 JuSchG, die von Veranstaltern oder Gewerbetreibenden begangen werden, zu einer Straftat hochstuft, wenn diese vorsätzlich begangen wurden und dabei entweder wenigstens leichtfertig ein Kind oder eine jugendliche Person in der körperlichen, geistigen oder sittlichen Entwicklung schwer gefährdet wurde (Nr 1) oder wenn der Veranstalter oder Gewerbetreibende bei der Begehung der Tat aus Gewinnsucht handelte oder den Verstoß beharrlich wiederholt. Da die Ordnungswidrigkeiten des § 28 Abs 1 Nr 4 sowie Nr 14 bis Nr 19 JuSchG medienrechtliche Relevanz aufweisen, kommt auch dieser Strafvorschrift hier eine gewisse Bedeutung zu.[970]

355 Einen speziellen Fahrlässigkeitstatbestand enthält **§ 27 Abs 3 JuSchG** im Hinblick auf die Taten nach § 27 Abs 1 Nr 1, Nr 3, Nr 4 und Nr 5 JuSchG (die Taten nach § 27 Abs 1 Nr 2 und § 27 Abs 2 JuSchG können hingegen nicht fahrlässig begangen werden).

356 Wie schon § 184 Abs 2 StGB, so enthält auch **§ 27 Abs 4 JuSchG** eine „Erzieherklausel“. Eine Strafbarkeit entfällt daher, wenn eine personensorgeberechtigte Person das Medium einem Kind oder einer jugendlichen Person anbietet, überlässt oder zugänglich macht. Dies gilt jedoch nicht, wenn die personensorgeberechtigte Person durch das Anbieten, Überlassen oder Zugänglichmachen ihre Erziehungspflicht gröblich verletzt. Zudem ist die Privilegierung auf die Tatbestände des § 27 Abs 1 Nr 1 und Nr 2 sowie § 27 Abs 3 Nr 1 JuSchG beschränkt, erfasst also nicht alle Straftaten.

3. Der Bußgeldtatbestand des § 28 JuSchG

357 In § 28 JuSchG sind ferner einige Ordnungswidrigkeiten aufgelistet, die hier nur kursorisch vorgestellt werden sollen.

358 Ordnungswidrig handelt danach zB, wer einem Kind oder einer jugendlichen Person die Anwesenheit bei einer öffentlichen Filmveranstaltung, einem Werbevorspann oder einem Beiprogramm gestattet und die hierbei getroffenen Beschränkungen nicht beachtet (Freigabe des Films, Begleitung von Erziehungsberechtigten, Uhrzeitbeschränkung; vgl § 28 Abs 1 Nr 14 iVm § 11 Abs 1, Abs 3, Abs 4 S 2 JuSchG), wer gegen das Verbot verstößt, Werbefilme oder Werbeprogramme, die für Tabakwaren oder alkoholische Getränke werben, nur nach 18 Uhr vorzuführen (§ 28 Abs 1 Nr 14a iVm § 11 Abs 5 JuSchG), wer einem Kind oder einer jugendlichen Person einen Bildträger in der Öffentlichkeit zugänglich macht, der für diese Altersgruppe nicht freigegeben ist (§ 28 Abs 1 Nr 15 iVm § 12 Abs 1 JuSchG), wer einen Bildträger, der nicht oder mit „Keine Jugendfreigabe“ gekennzeichnet ist, im Einzelhandel außerhalb von Geschäftsräumen, in Kiosken oder anderen Verkaufsstellen, die Kunden nicht zu betreten pflegen, oder im Versandhandel anbietet oder anderen überlässt (§ 28 Abs 1 Nr 16 iVm § 12 Abs 3 Nr 2 JuSchG), wer einen Bildträger oder ein Bildschirmspielgerät auf Kindern oder Jugendlichen zugänglichen öffentlichen Verkehrsflächen, außerhalb von

970 Zum Inhalt dieser Ordnungswidrigkeiten vgl unten Rn 358.

gewerblich oder in sonstiger Weise beruflich oder geschäftlich genutzten Räumen oder in deren unbeaufsichtigten Zugängen, Vorräumen oder Fluren unter Verstoß gegen die Altersfreigabe aufstellt (§ 28 Abs 1 Nr 17 iVm § 12 Abs 4, 13 Abs 2 JuSchG), wer einen Bildträger vertreibt, der Auszüge von Film- und Spielfilmprogrammen nicht aber den erforderlichen Prüfhinweis enthält (§ 28 Abs 1 Nr 18 iVm § 12 Abs 5 S 1 JuSchG), wer einem Kind oder einer jugendlichen Person das Spielen an einem nicht freigegebenen und entsprechend gekennzeichneten Bildschirmspielgerät gestattet (§ 28 Abs 1 Nr 19 iVm § 13 Abs 1 JuSchG), wer erlaubtermaßen ein jugendgefährdendes Trägermedium vertreibt, aber die erforderlichen Vertriebsbeschränkungen nicht anbringt (§ 28 Abs 1 Nr 20 iVm § 15 Abs 6 JuSchG). Ferner wird über § 28 Abs 2 und Abs 3 JuSchG der Verstoß gegen diverse Hinweis- oder Kennzeichnungspflichten oder Verstöße gegen vollziehbare Anordnungen als Ordnungswidrigkeit geahndet.

V. § 44 StUG (Stasi-Unterlagen-Gesetz)

Das Gesetz über die Unterlagen des Staatssicherheitsdienstes der ehemaligen Deutschen Demokratischen Republik (Stasi-Unterlagen-Gesetz; StUG) vom 20.12.1991[971] dient nach § 1 StUG dem Ziel, dem Betroffenen Zugang zu den vom Staatssicherheitsdienst zu seiner Person gespeicherten Informationen zu ermöglichen, damit er die Einflussnahme des Staatssicherheitsdienstes auf sein persönliches Schicksal aufklären kann (§ 1 Abs 1 Nr 1 StUG). Ferner soll der Betroffene davor geschützt werden, dass er durch den Umgang mit den vom Staatssicherheitsdienst zu seiner Person gespeicherten Informationen in seinem Persönlichkeitsrecht beeinträchtigt wird (§ 1 Abs 1 Nr 2 StUG). Schließlich soll das Gesetz aber auch dazu dienen, die historische, politische und juristische Aufarbeitung der Tätigkeit des Staatssicherheitsdienstes zu gewährleisten und zu fördern (§ 1 Abs 1 Nr 3 StUG). Öffentlichen und nicht öffentlichen Stellen sollen die erforderlichen Informationen für die in diesem Gesetz genannten Zwecke zur Verfügung gestellt werden (§ 1 Abs 1 Nr 4 StUG). 359

In § 44 StUG findet sich eine insb für die Presse relevante **Strafvorschrift**: „Wer von diesem Gesetz geschützte Originalunterlagen oder Duplikate von Originalunterlagen mit personenbezogenen Informationen über Betroffene oder Dritte ganz oder in wesentlichen Teilen im Wortlaut öffentlich mitteilt, wird mit Freiheitsstrafe bis zu drei Jahren oder mit Geldstrafe bestraft. Dies gilt nicht, wenn der Betroffene oder Dritte eingewilligt hat." 360

Entscheidend ist dabei, dass der Täter die **authentischen Unterlagen** veröffentlicht. Nimmt er hingegen Änderungen vor, fasst er den Inhalt in seinen eigenen Worten zusammen oder berichtet er lediglich über den Inhalt der Unterlagen, ist die Strafvorschrift nicht erfüllt.[972] Erforderlich ist ferner, dass die Unterlagen **„ganz oder in wesentlichen Teilen"** mitgeteilt werden, sodass unwesentliche Teilveröffentlichungen ausscheiden. Entscheidend ist bei der Beurteilung – dem Zweck des Gesetzes entspre- 361

---

971 BGBl 1991 I S 2272; vgl hierzu *Kloepfer* Das Stasi-Unterlagen-Gesetz und die Pressefreiheit 1993; *Löffler/Ricker* Kap 54 Rn 42 ff; *Simitis* NJW 1995, 639; *Stoltenberg*; ferner die interessanten Fälle aus der Rechtsprechung zum „Fall Kohl" BVerwG NJW 2002, 1815; BVerwG NJW 2004, 2462; hierzu *Arndt* NJW 2004, 3157; *Kirste* JuS 2003, 336; *Kleine-Cosack* NJ 2002, 350.

972 *Eberle* DtZ 1992, 263, 264; *Gounalakis/Vollmann* AfP 1992, 36, 38; *Kloepfer* 84; *Löffler/Ricker* Kap 54 Rn 46; *Stoltenberg* DtZ 1992, 65, 72.

chend – aber nicht allein der quantitative Umfang, sondern der Eingriff in das Persönlichkeitsrecht des Betroffenen.[973] Im Gegensatz zu den §§ 22 ff KUG differenziert die Vorschrift nicht zwischen dem normalen Bürger und den (relativen oder absoluten) Personen der Zeitgeschichte und verbietet eine Veröffentlichung pauschal, was ihr vielfach den Vorwurf der Verfassungswidrigkeit einbrachte, da sie das Persönlichkeitsrecht zu einseitig gegenüber der Pressefreiheit bevorzuge.[974]

362 Hinzuweisen ist ferner auf die ebenfalls für die Presse relevanten **Ordnungswidrigkeiten** nach § 45 StUG: Ordnungswidrig handelt, wer entgegen § 7 Abs 3 StUG der Behörde einen Besitz von Stasi-Unterlagen nicht anzeigt, entgegen § 9 Abs 1 S 1 und Abs 2 StUG Unterlagen oder Kopien und sonstige Duplikate von Unterlagen nicht oder nicht rechtzeitig auf Verlangen herausgibt oder entgegen § 9 Abs 3 StUG Unterlagen der Behörde nicht überlässt. Voraussetzung ist aber jeweils, dass die Unterlagen nicht im Eigentum des Betreffenden stehen.[975]

§ 5
Besonderheiten des Ordnungswidrigkeitenrechts

I. Allgemeines zum Ordnungswidrigkeitenrecht

363 Ordnungswidrigkeiten stellen keine Straftaten dar, die mit einer Strafe zu ahnden sind, sondern stehen auf der Stufe des Verwaltungsunrechts, welches durch die zuständige Verwaltungsbehörde mit einem Bußgeld sanktioniert werden kann. Die Geld„buße“ ist von der Geld„strafe“ dabei allerdings nicht nur begrifflich, sondern auch qualitativ zu unterscheiden. Da es sich aber ebenfalls um staatliche Sanktionen handelt, die teilweise recht hohe Geldzahlungspflichten zur Folge haben und die auch – im Gegensatz zu strafrechtlichen Maßnahmen – gegen juristische Personen verhängt werden können, sollen einige Ordnungswidrigkeiten mit medienrechtlichem Bezug an dieser Stelle genannt werden.

II. Einzelne Tatbestände des Ordnungswidrigkeitenrechts

364 Im deutschen Ordnungswidrigkeitenrecht, auf welches an dieser Stelle nicht ausführlich eingegangen werden soll, finden sich an einigen Stellen Bußgeldtatbestände, die das Verbreiten von Schriften mit bestimmten Inhalten sanktionieren.

1. Öffentliche Aufforderung zu Ordnungswidrigkeiten (§ 116 OWiG)

365 § 116 OWiG ergänzt § 111 StGB, welcher sich nur auf die öffentliche Aufforderung zur Begehung von Straftaten beschränkt.[976] Ordnungswidrig handelt hiernach,

---

973 *Kloepfer* 83 f; *Löffler/Ricker* Kap 54 Rn 46; *Stoltenberg* § 44 Rn 8.

974 Vgl *Gounalakis/Vollmann* DtZ 1992, 77, 78; *dies* AfP 1992, 36, 40; *Kloepfer* 82 f; aA *Löffler/Ricker* Kap 55 Rn 47; *Stoltenberg* § 44 Rn 13.

975 Vgl hierzu näher *Gounalakis/Vollmann* AfP 1992, 36, 38 f.

976 Zu § 111 StGB vgl oben Rn 276 ff.

wer öffentlich, in einer Versammlung oder durch Verbreiten von Schriften, Ton- oder Bildträgern, Datenspeichern, Abbildungen oder Darstellungen[977] zu einer mit einer Geldbuße bedrohten Handlung auffordert.

2. Grob anstößige und belästigende Handlungen (§ 119 OWiG)

Nach § 119 Abs 1 Nr 2 OWiG handelt derjenige ordnungswidrig, der in grob anstößiger Weise durch das Verbreiten von Schriften, Ton- oder Bildträgern, Abbildungen oder Darstellungen oder durch das öffentliche Zugänglichmachen von Datenspeichern[978] Gelegenheit zu sexuellen Handlungen anbietet, ankündigt oder anpreist oder Erklärungen solchen Inhalts bekanntgibt bzw (vgl § 119 Abs 2 OWiG) in gleicher Weise Mittel oder Gegenstände, die dem sexuellen Gebrauch dienen, anbietet, ankündigt, anpreist oder Erklärungen solchen Inhalts bekanntgibt. Ebenso handelt nach § 119 Abs 3 OWiG ordnungswidrig, wer öffentlich Schriften, Ton- oder Bildträger, Datenspeicher, Abbildungen oder Darstellungen sexuellen Inhalts an Orten ausstellt, anschlägt, vorführt oder sonst zugänglich macht, an denen dies grob anstößig wirkt. **366**

3. Werbung für Prostitution (§ 120 OWiG)

Nach § 120 Abs 1 Nr 2 OWiG handelt derjenige ordnungswidrig, der durch Verbreiten von Schriften, Ton- oder Bildträgern, Datenspeichern, Abbildungen oder Darstellungen[979] Gelegenheit zu entgeltlichen sexuellen Handlungen anbietet, ankündigt, anpreist oder Erklärungen solchen Inhalts bekannt gibt. Dabei stehen dem Verbreiten das öffentliche Ausstellen, Anschlagen, Vorführen oder das sonstige öffentliche Zugänglichmachen gleich. **367**

4. Landesrechtliche Pressegesetze

Auf die Ordnungswidrigkeiten im Zusammenhang mit den landesrechtlichen Pressegesetzen wurde im Zusammenhang mit den besonderen Pressedelikten bereits eingegangen.[980] **368**

§ 6
Strafverfahrensrechtliche Besonderheiten

Medien spielen im Strafprozess eine besondere Rolle, angefangen mit der Frage, ob und inwieweit eine Medienberichterstattung von laufenden Strafverfahren zulässig sein soll und ob Medienvertretern der Zugang zum Gerichtssaal uneingeschränkt zu **369**

[977] Insoweit verweist § 116 OWiG nicht auf den Schriftenbegriff des § 11 Abs 3 StGB, sondern enthält eine eigenständige – allerdings inhaltsgleiche – Definition.

[978] Auch § 119 OWiG verweist nicht auf den Schriftenbegriff des § 11 Abs 3 StGB, sondern enthält eine eigenständige – allerdings inhaltsgleiche – Definition.

[979] Auch § 120 OWiG verweist nicht auf den Schriftenbegriff des § 11 Abs 3 StGB, sondern enthält eine eigenständige – allerdings inhaltsgleiche – Definition.

[980] Vgl hierzu oben Rn 342.

gewährleisten ist bis hin zur Frage, ob Medien im Strafverfahren eingesetzt werden dürfen (man denke nur an Videoaufzeichnungen oder Videoübertragungen von Vernehmungen, die außerhalb des Gerichtssaales stattfinden). Schließlich ist auch zu fragen, ob und inwieweit die Presse ein Recht auf Information im Laufe des Ermittlungsverfahrens besitzt. Schließlich ist die Frage zu stellen, ob und inwieweit Medienmitarbeiter hinsichtlich der durch sie erlangten Informationen (sei es durch eigene Recherche, sei es durch eine gezielte Mitteilung) ein Zeugnisverweigerungsrecht besitzen bzw ob und in welchem Umfang man Redaktionsräume durchsuchen und Materialien beschlagnahmen darf. Im Vergleich zum materiellen Strafrecht, bei dem die Tatsache, dass der Täter Medien zur Straftatbegehung einsetzt, vielfach eine Strafe erst begründet oder verschärft, enthält das Strafprozessrecht überwiegend privilegierende Vorschriften für Pressevertreter.[981]

I. Das Zeugnisverweigerungsrecht der Medienmitarbeiter (§ 53 Abs 1 Nr 5 StPO)[982]

1. Bedeutung des Zeugnisverweigerungsrechts

370 Unter dem Begriff des Zeugnisverweigerungsrechts versteht man das Recht eines Zeugen, in einem strafgerichtlichen Verfahren aus privaten oder beruflichen Gründen die Aussage zu verweigern. Regelungen finden sich in den §§ 52 ff StPO. Dabei dient das **Zeugnisverweigerungsrecht aus persönlichen Gründen** (§ 52 StPO) dazu, Personen, die sich auf Grund ihres engen persönlichen Kontaktes in einer potenziellen Konfliktlage befinden, die Möglichkeit zu geben, nicht gegen nahestehende Personen aussagen zu müssen. Dagegen dient das **Zeugnisverweigerungsrecht der Berufsgeheimnisträger** in § 53 StPO – worunter nach § 53 Abs 1 Nr 5 StPO auch Medienmitarbeiter fallen – dem Schutz des Vertrauensverhältnisses zwischen bestimmten Berufsgruppen einerseits und denjenigen, die ihre Hilfe und Sachkunde in Anspruch nehmen andererseits.[983]

371 Im Gegensatz zu den sonstigen in § 53 StPO genannten Berufsgruppen, soll das Zeugnisverweigerungsrecht der Medienmitarbeiter jedoch weniger diese selbst[984] oder die Person des Informanten schützen, sondern es dient in erster Linie öffentlichen Interessen.[985] Geschützt werden soll das **Vertrauensverhältnis zwischen Presse und Informanten**, damit die Presse ihre verfassungsrechtlich geschützte Aufgabe, die Öffentlichkeit zu informieren, erfüllen kann.[986] Insoweit ist das Zeugnisverweigerungsrecht der Medienmitarbeiter als Ausprägung des durch Art 5 Abs 1 S 2 GG verfassungsrechtlich geschützten Redaktionsgeheimnisses anzusehen.[987] Hieraus ergibt sich auch, dass Medienmitarbeiter das Zeugnisverweigerungsrecht selbst dann noch besitzen, wenn der Informant kein Interesse an einer Zeugnisverweigerung hat oder eine Aussage sogar ausdrücklich wünscht. Im Gegensatz zu anderen Berufsgeheimnisträgern

---

981 Vgl hierzu auch *Fechner* 6. Kap Rn 103.
982 Vgl hierzu allgemein *Bott* Die Medienprivilegien im Strafprozess 2009; *Dunkhase* Das Pressegeheimnis 13 ff; aus der Rechtsprechung BVerfGE 25, 296.
983 OLG Oldenburg NJW 1982, 2615, 2616 zum ärztlichen Schweigerecht; *Meyer-Goßner* § 53 Rn 1.
984 BVerfGE 36, 193, 204.
985 KK/*Senge* § 53 Rn 27.
986 BVerfGE 36, 193, 204; BVerfG NStZ 1982, 253; BGHSt 28, 240, 254; *Kunert* MDR 1975, 885, 887; vgl auch zum Schutz journalistischer Quellen durch Art 10 EMRK EGMR NJW 2008, 2563 – Zwangshaft; EGMR NJW 2008, 2565 – Sternreporter.
987 *Groß* Rn 690; *Meyer-Goßner* § 53 Rn 26.

kann der Medienmitarbeiter also nicht von der Verpflichtung zur Verschwiegenheit entbunden werden (§ 53 Abs 2 S 1 StPO).

Bereits an dieser Stelle ist anzumerken, dass sich an das Zeugnisverweigerungsrecht einige weitere Privilegierungen anschließen wie zB das Beschlagnahmeverbot nach § 97 Abs 5 StPO.[988] **372**

2. Der geschützte Personenkreis

Nach § 53 Abs 1 S 1 Nr 5 StPO, der nunmehr eine abschließende Regelung für Medienmitarbeiter enthält,[989] sind zeugnisverweigerungsberechtigt solche „Personen, die bei der Vorbereitung, Herstellung oder Verbreitung von Druckwerken, Rundfunksendungen, Filmberichten oder der Unterrichtung oder Meinungsbildung dienenden Informations- und Kommunikationsdiensten berufsmäßig mitwirken oder mitgewirkt haben". **373**

Erfasst sind demnach nur **berufsmäßige Mitarbeiter** bei den genannten Medienunternehmen. Dass die entsprechende Person hauptberuflich tätig ist, ist nicht erforderlich. In den Schutzbereich fallen sowohl nebenberuflich Tätige als auch freie Mitarbeiter, nicht jedoch der „Gelegenheitsjournalist.[990] Entscheidend ist, dass die betreffende Person nicht nur einmalig, sondern in der Absicht mitarbeitet, hierdurch eine dauernde oder jedenfalls wiederkehrende Tätigkeit auszuüben.[991] **374**

Der Bereich der geschützten Medien ist inzwischen über die klassische Presse („Druckwerke") und den Rundfunk (worunter schon seit jeher auch das Fernsehen fällt) ausgedehnt worden auf Filmberichte und bestimmte Kommunikationsdienste. **375**

Schließlich erfasst das Zeugnisverweigerungsrecht nicht nur Personen, die bei **der Verbreitung** mitwirken, sondern auch diejenigen, die bei der **Vorbereitung** und **Herstellung** der Medienprodukte beteiligt sind. **376**

Im Gegensatz zu den sonstigen Zeugnisverweigerungsberechtigten des § 53 Abs 1 StPO erstreckt sich das Zeugnisverweigerungsrecht allerdings nicht auf **Hilfspersonen** (§ 53a StPO). **377**

3. Inhalt und Umfang des Zeugnisverweigerungsrechts

Der Inhalt des Zeugnisverweigerungsrechtes der Medienmitarbeiter ergibt sich einerseits aus dem Text des § 53 Abs 1 S 1 Nr 5 StPO, wird aber darüber hinaus in § 53 Abs 1 S 2 und S 3 StPO speziell geregelt. **378**

a) **Der Inhalt des Zeugnisverweigerungsrechts.** In § 53 Abs 1 S 2 StPO wird der Inhalt des Zeugnisverweigerungsrechts besonders umrissen. Erfasst sind erstens Informationen über die **Person des Informanten.** Der Medienmitarbeiter muss also keine Auskünfte über die Person des Verfassers oder Einsenders von Beiträgen und Unterlagen oder des sonstigen Informanten machen. **379**

---

988 Vgl hierzu unten Rn 391 f.

989 So BGHSt 28, 240, 254 m abl Besprechung von *Rengier* JZ 1979, 797; ferner *Rebmann* AfP 1982, 189, 191; aA *Löffler* NJW 1978, 913, 915, der sich für ein weitergehendes Zeugnisverweigerungsrecht aus Art 5 Abs 1 GG ausspricht.

990 KK/*Senge* § 53 Rn 31; *Kunert* MDR 1975, 885, 886.

991 BT-Drucks 7/2539, 10; grds zu der Frage, wann ein nebenberufliches Mitwirken (hier: von Heilpraktikern) als berufsmäßige Tätigkeit angesehen werden kann BGHSt 7, 129, 130.

380 Dabei bezieht sich das Zeugnisverweigerungsrecht auf die den Medienmitarbeitern von den aufgeführten Personen gemachten **Mitteilungen**, auf deren Inhalt sowie auf den Inhalt selbst erarbeiteter Materialien und den Gegenstand berufsbezogener Wahrnehmungen.

381 b) **Die Beschränkung auf den redaktionellen Teil.** Nach § 53 Abs 1 S 3 StPO findet das Zeugnisverweigerungsrecht der Medienmitarbeiter allerdings eine entscheidende **Einschränkung:** Es gilt nur, soweit es sich um Beiträge, Unterlagen, Mitteilungen und Materialien für den **redaktionellen Teil** oder aber um redaktionell aufbereitete Informations- und Kommunikationsdienste handelt.

382 c) **Die Beschränkung des § 53 Abs 2 S 2 StPO.** Eine weitere erhebliche Einschränkung erfährt das Zeugnisverweigerungsrecht der Medienmitarbeiter zudem über § 53 Abs 2 S 2 StPO im Hinblick auf **selbst recherchiertes Material.**[992] Dieses ist zwar nach § 53 Abs 1 S 2 StPO vom Schutzbereich des Zeugnisverweigerungsrechts grds erfasst, gilt aber im Hinblick auf „selbst erarbeitete Materialien und den Gegenstand entsprechender Wahrnehmungen" dann nicht, wenn die Aussage zur Aufklärung eines Verbrechens (Delikt mit einer Mindestfreiheitsstrafe von einem Jahr; vgl § 12 Abs 1 StGB) oder eines der in § 53 Abs 2 S 2 Nr 1 bis Nr 3 StPO ausdrücklich aufgelisteten Vergehen (Staatsschutzdelikte, Sexualdelikte, Geldwäsche) beitragen soll. Allerdings ist auch hier eine besonders strenge Prüfung unter Verhältnismäßigkeitsgesichtspunkten notwendig: Ohne die Aussage muss die Erforschung des Sachverhalts oder die Ermittlung des Aufenthaltsortes des Beschuldigten aussichtslos oder wesentlich erschwert sein. Ferner bleibt das Zeugnisverweigerungsrecht bestehen, wenn die Aussage zur Offenbarung der Person des Informanten oder entsprechender Informationen führen würde.

II. Die strafprozessuale Durchsuchung, §§ 102 ff StPO

383 Im Rahmen eines strafrechtlichen Ermittlungsverfahrens besteht die Möglichkeit, sowohl zum Zwecke der Ergreifung des Täters als auch zur Auffindung von Beweismitteln (die anschließend beschlagnahmt werden können)[993] Durchsuchungsmaßnahmen durchzuführen (§ 102 StPO). Diese können sich sowohl auf die **Person des Verdächtigen** als auch auf seine **Wohnung** oder **andere Räumlichkeiten** beziehen. Als Verdächtiger kommt sowohl der Beteiligte an einer Straftat (Täter oder Teilnehmer) als auch derjenige in Betracht, dem eine Anschlusstat (Begünstigung, Strafvereitelung, Hehlerei) vorgeworfen wird. In diesen Fällen reicht die bloße **Vermutung** aus, dass bei einer Durchsuchung die entsprechenden Gegenstände aufgefunden werden.

384 Schließlich können Durchsuchungen – allerdings unter wesentlich strengeren Voraussetzungen – nach § 103 StPO auch bei **nichtverdächtigen Personen** durchgeführt werden. Diese sind aber nur zulässig (1) zur Ergreifung des Beschuldigten, (2) zur Verfolgung von Straftatspuren und (3) zur Beschlagnahme konkreter Gegenstände. Ferner ist es jeweils erforderlich, dass **konkrete Tatsachen** darauf hindeuten, dass sich die gesuchte Person, Spur oder Sache in der räumlichen Sphäre des Dritten befindet.

---

992 Krit zu dieser Regelung *Hamm* NJW 2001, 269, 270.

993 Vgl zur Beschlagnahme näher unten Rn 389 ff.

Nach diesen Grundsätzen ist zu prüfen, inwieweit eine Durchsuchung von **Mitarbeitern** eines Medienunternehmens sowie von **Redaktionsräumen** zulässig ist.[994] Hierbei sind grds zwei Zielrichtungen der Durchsuchung zu unterscheiden: Entweder soll nach Redaktionsmaterial gesucht werden, welches als Beweismaterial in einem Strafverfahren gegen Dritte dienen kann (wobei auch eine strafbare Beteilung oder Anschlusstat eines Redaktionsmitglieds möglich ist) oder aber es sollen Schriften strafbaren Inhalts gefunden (und anschließend beschlagnahmt oder sichergestellt werden).[995] 385

1. Durchsuchung zur Auffindung von Beweismaterial

Eine Durchsuchung zur Auffindung von Beweismaterial wird regelmäßig auf der Grundlage von § 103 StPO erfolgen (Durchsuchung beim Unverdächtigen). Sie ist nur zulässig, sofern auch die Beschlagnahme der gesuchten Gegenstände zulässig wäre. Ist noch nicht geklärt, ob die möglicherweise aufgefundenen Gegenstände einem Beschlagnahmeverbot unterfallen, darf die Durchsuchung stattfinden. Steht aber von vornherein fest, dass die möglicherweise aufgefundenen Sachen einem **Beschlagnahmeverbot** unterliegen, ist auch eine Durchsuchung unzulässig.[996] Die Beschlagnahmeverbote sind in § 97 StPO geregelt[997] und orientieren sich im Wesentlichen daran, ob die betreffende Person ein **Zeugnisverweigerungsrecht** besitzt.[998] Insoweit besteht also ein weitgehendes Beschlagnahmeverbot (und somit auch Durchsuchungsverbot) von Redaktionsmaterial, welches dem Informanten- und Redaktionsgeheimnisschutz unterfällt. Dieses bezieht sich sowohl auf die Person des Informanten als auch auf den Inhalt der Mitteilung gegenüber den Medienmitarbeitern.[999] 386

Prozessual ist zu beachten, dass die Anordnung der Durchsuchung von Räumen einer Redaktion, eines Verlages, einer Druckerei oder einer Rundfunkanstalt analog § 98 Abs 1 S 2 StPO nur **durch den Richter** angeordnet werden darf. Bei der Anordnung ist der Verhältnismäßigkeitsgrundsatz strikt zu beachten und sowohl der jeweilige Tatvorwurf als auch das gesuchte Beweismaterial hinreichend zu bezeichnen.[1000] Unverhältnismäßig wäre eine Durchsuchung dann, wenn sie einen erheblichen Eingriff in den laufenden Betrieb eines Medienunternehmens darstellen würde, um einen nur wenig wahrscheinlichen Sachverhalt aufzuklären.[1001] Zudem ist auch hier dem Grundrecht der Pressefreiheit besondere Beachtung zu schenken. Die Pressefreiheit umfasst auch und gerade den Schutz vor dem Eindringen des Staates in die Vertraulichkeit der Redaktionsarbeit sowie in die Vertrauenssphäre zwischen den Medien und ihren Informanten.[1002] Insoweit stellt jede Durchsuchung von Presseräumen wegen der 387

---

994 Vgl hierzu grundlegend BVerfGE 20, 162, 186 ff – Spiegel.

995 Vgl in diesem Zusammenhang den Hinweis von *Leutheusser-Schnarrenberger* ZRP 2007, 249 auf Erhebungen des Deutschen Journalisten-Verbandes, wonach zwischen 1987 und 2000 in ca 150 Fällen eine gerichtliche Genehmigung zur Durchsuchung von Redaktionsräumen und zur Beschlagnahme journalistischer Materialien erteilt wurde.

996 BVerfGE 20, 162, 188 – Spiegel; LG Köln NJW 1981, 1746, 1747; vgl allgemein zur Unzulässigkeit von Ermittlungsmaßnahmen gegen zeugnisverweigerungsberechtigte Personen § 160a StPO.

997 Vgl hierzu noch ausf unten Rn 391.

998 Zum Zeugnisverweigerungsrecht der Medienmitarbeiter vgl oben Rn 370 ff.

999 Vgl zur alten Fassung auch BVerfGE 20, 162, 188 – Spiegel.

1000 BVerfGE 42, 212, 221; vgl auch BVerfGE 20, 162, 224 – Spiegel; LG Lüneburg JZ 1984, 343; *Paschke* Rn 1325.

1001 BVerfGE 20, 162, 204 – Spiegel.

1002 BVerfGE 117, 244, 258 – Cicero.

damit verbundenen Störung der redaktionellen Arbeit und der Möglichkeit der einschüchternden Wirkung eine Beeinträchtigung der Pressefreiheit dar.[1003]

2. Durchsuchung zur Auffindung von Schriften mit strafbarem Inhalt

388 Soll im Rahmen der Durchsuchung hingegen nach Schriften strafbaren Inhalts gesucht werden, dann richtet sich die Zulässigkeit der Maßnahme nach den Regeln, unter denen auch eine spätere Auflagenbeschlagnahme (§§ 111m, 111n StPO) zulässig wäre.

III. Die strafprozessuale Beschlagnahme

389 Bei der Beschlagnahme von Gegenständen in Medienunternehmen sind zwei grundsätzliche Formen auseinander zu halten: die **„allgemeine" Beschlagnahme** von Gegenständen, die für die strafrechtliche Ermittlung von Bedeutung sein können (§§ 94 ff StPO) sowie die sog **„Aufnahmenbeschlagnahme"** (§§ 111m, 111n StPO), die sich auf Schriften strafbaren Inhalts bezieht, die nach § 74d StGB der Einziehung unterliegen.

1. Die strafprozessuale Beschlagnahme, §§ 94 ff StPO

390 Gegenstände, die in einem Strafverfahren von Bedeutung sein können, sind nach § 94 Abs 1 StPO **sicherzustellen**. Werden die Gegenstände von der betreffenden Person nicht freiwillig herausgegeben, bedarf es der **Beschlagnahme**, § 94 Abs 2 StPO. Wenn das Gesetz von „Gegenständen" spricht, meint es dabei nur körperliche Gegenstände, nicht aber gespeicherte Daten, sodass sich in diesen Fällen die Beschlagnahme auf das Trägermedium beziehen muss.

391 Eine Beschlagnahme nach § 94 Abs 2 StPO ist jedoch nur zulässig, wenn ihr kein **Beschlagnahmeverbot** entgegensteht. Beschlagnahmeverbote sind in § 97 StPO im Einzelnen geregelt. Im Bereich des Medienrechts relevant ist dabei vor allem das Beschlagnahmeverbot nach **§ 97 Abs 5 StPO**: Soweit das Zeugnisverweigerungsrecht der in § 53 Abs 1 S 1 Nr 5 genannten Personen reicht, ist die Beschlagnahme von Schriftstücken, Ton-, Bild- und Datenträgern, Abbildungen und anderen Darstellungen, die sich im Gewahrsam der betreffenden Person oder in der Redaktion, des Verlages, der Druckerei oder der Rundfunkanstalt befinden, unzulässig. § 53 Abs 1 S 1 Nr 5 StPO normiert dabei das Zeugnisverweigerungsrecht von Medienmitarbeitern.[1004] Insoweit soll die Regelung des § 97 Abs 5 StPO dazu dienen, dass Zeugnisverweigerungsrecht der Medienmitarbeiter zu sichern, da sich sonst die Strafverfolgungsbehörden durch die Beschlagnahme von Redaktionsmaterial die entsprechenden Informationen verschaffen und das Zeugnisverweigerungsrecht dadurch umgehen könnten.[1005] Eine Ausnahme vom Beschlagnahmeverbot besteht allerdings dann, wenn der Zeugnisverweigerungsberechtigte in dem Verdacht steht, an der Tat beteiligt gewesen zu sein oder sich im Hinblick auf diese Tat wegen einer Begünstigung, Strafvereitelung oder

1003 BVerfG NJW 2005, 965 – Körperwelten; BVerfGE 117, 244, 259 – Cicero.
1004 Vgl hierzu ausf oben Rn 370 ff.
1005 BVerfGE 20, 162, 188 – Spiegel; *Paschke* Rn 1309.

Hehlerei strafbar gemacht zu haben (§ 97 Abs 5 S 2 iVm Abs 2 S 3 StPO),[1006] wobei das Gesetz hier eine strikte Verhältnismäßigkeitsprüfung fordert: Die Beschlagnahme darf auch in diesem Fall nur erfolgen, wenn sie unter Berücksichtigung der Grundrechte aus Art 5 Abs 1 S 2 GG nicht außer Verhältnis zur Bedeutung der Sache steht und die Erforschung des Sachverhalts oder die Ermittlung des Aufenthaltsortes des Täters auf andere Weise aussichtslos oder wesentlich erschwert wäre (§ 97 Abs 5 S 2 StPO). Werden im Rahmen einer insoweit zulässigen Durchsuchung Gegenstände gefunden, die lediglich im Hinblick auf andere Straftaten als Beweismittel dienen können (Zufallsfunde), ist § 108 Abs 3 StPO zu beachten: Handelt es sich um zeugnisverweigerungsberechtigte Medienmitarbeiter, besteht ein Beweisverwertungsverbot. Die Zufallsfunde dürfen nur dann verwertet werden, wenn es sich um eine Straftat handelt, die im Höchstmaß mit mindestens fünf Jahren Freiheitsstrafe bedroht ist, wobei Straftaten nach § 353b StGB von vornherein ausscheiden. Hinzuweisen ist allerdings darauf, dass das Beschlagnahmeverbot des § 97 Abs 5 StPO dann nicht gilt, wenn der Medienmitarbeiter selbst Beschuldigter oder Mitbeschuldigter der Straftat ist (also nicht nur ein Beteiligungsverdacht iSd § 97 Abs 5 S 2 StPO besteht), da er in diesem Fall auch kein Zeugnisverweigerungsrecht hätte.[1007] In diesen Fällen ist jedoch zu beachten, dass eine Durchsuchung und Beschlagnahme dennoch unzulässig ist, wenn sie ausschließlich oder vorwiegend dem Zweck dienen, die Person des Informanten zu ermitteln, von dem der beschuldigte Medienmitarbeiter seine Informationen bezogen hat.[1008] Wird also zB durch einen Journalisten eine Mitteilung veröffentlicht, die ein Dienstgeheimnis iSd § 353b StGB darstellt, kann eine Durchsuchung von Redaktionsräumen und eine Beschlagnahme von recherchiertem Material zur Ermittlung des Amtsträgers, der dem Journalisten das Material überlassen hat (und dadurch einen Geheimnisverrat begangen hat) nicht dadurch erreicht werden, dass man den Journalisten kurzerhand zum Beschuldigten einer Beihilfe zu § 353b StGB erklärt und dadurch das Beschlagnahmeverbot des § 97 Abs 5 StPO umgeht.[1009]

Da das Beschlagnahmeverbot an das Zeugnisverweigerungsrecht anknüpft, stellt sich auch hier das Problem des **selbst recherchierten Materials**. Soweit dieses nicht von § 53 Abs 1 S 1 Nr 5 StPO erfasst wird (zB wegen § 53 Abs 2 S 2 StPO), scheidet auch ein Beschlagnahmeverbot aus.[1010] Ein solches besteht auch nicht, wenn sich das an sich der Beschlagnahme nicht unterliegende Material, zB nach einer Weitergabe an Dritte, nicht mehr in den geschützten (Redaktions-)Räumen befindet. **392**

Strafprozessual ist zu beachten, dass die Anordnung der Beschlagnahme in Räumen einer Redaktion, eines Verlages, einer Druckerei oder einer Rundfunkanstalt nach § 98 Abs 1 S 2 StPO nur **durch den Richter** angeordnet werden darf. Die Eilkompetenz der Staatsanwaltschaft und ihrer Ermittlungsbeamten bei Gefahr im Verzug nach **393**

1006 Vgl hierzu auch den Gesetzentwurf der FDP-Franktion vom 16.3.2006, BT-Drucks 16/956, der eine Beschränkung de lege ferenda auf einen „dringenden" Tatverdacht vorsieht; hierzu auch *Leutheusser-Schnarrenberger* ZRP 2007, 249, 251 f. Dagegen spielt der zweite Halbsatz des § 97 Abs 2 S 3 („Oder wenn es sich um Gegenstände handelt, die durch eine Straftat hervorgebracht oder zur Begehung einer Straftat gebraucht oder bestimmt sind oder die aus einer Straftat herrühren" im Medienstrafrecht kaum eine Rolle.

1007 BVerfGE 20, 162, 188 – Spiegel; BVerfG NJW 2005, 965 – Körperwelten; BVerfGE 117, 244, 262 – Cicero; BGHSt 19, 374; Löwe/Rosenberg/*Schäfer* § 97 Rn 25, 137.

1008 BVerfGE 20, 162, 216 f – Spiegel; BVerfGE 117, 244, 265 – Cicero; zu dieser Entscheidung *Brüning* wistra 2007, 333, 334; *Gaede* AfP 2007, 410; *Kugelmann* ZRP 2005, 260; *Schmidt-De Caluwe* NVwZ 2007, 640.

1009 BVerfGE 117, 244, 266 – Cicero; vgl hierzu auch bereits BVerfGE 20, 162, 189 ff; hierzu auch *Tillmanns* ZRP 2007, 37.

1010 BVerfGE 56, 247, 248; BVerfGE 77, 65, 80 ff.

§ 98 Abs 1 S 1 StPO gilt hier also nicht. Auch bei der Anordnung der Beschlagnahme ist der Verhältnismäßigkeitsgrundsatz strikt zu beachten. Von § 98 Abs 1 S 2 StPO nicht erfasst sind allerdings die Arbeitsräume freier Journalisten, sodass hier eine Eilkompetenz der Staatsanwaltschaft und ihrer Ermittlungsbeamten besteht.[1011]

394 Wird gegen ein Beschlagnahmeverbot verstoßen, zieht dies regelmäßig ein Beweisverwertungsverbot im späteren Prozess nach sich.[1012]

2. Die Beschlagnahme von Druckwerken gem §§ 111m, 111n StPO

395 Gegenstände, bei denen eine begründete Annahme besteht, dass sie im späteren Verfahren für verfallen erklärt oder eingezogen werden können, können nach den §§ 111b ff StPO durch Beschlagnahme sichergestellt werden. Für Schriften nach § 11 Abs 3 StGB ergibt sich die Zulässigkeit einer Einziehung nach § 74d StGB.[1013] Soll nun ein Druckwerk bzw eine sonstige Schrift mit strafbarem Inhalt zur Sicherstellung beschlagnahmt werden, gilt allerdings die Sonderregelung des § 111m StPO.[1014] Hiernach darf eine Beschlagnahme nicht angeordnet werden, wenn ihre nachteiligen Folgen, insb die Gefährdung der öffentlichen Interessen an einer unverzögerten Verbreitung offenbar außer Verhältnis zu der Bedeutung der Sache stehen (§ 111m Abs 2 StPO). Nach § 111m Abs 2 StPO sind zu trennende Teile der Schrift, die keinen strafbaren Inhalt enthalten, von der Beschlagnahme auszuschließen.

396 Verfahrensrechtlich gelten hier besondere Anforderungen. Handelt es sich um ein **periodisches Druckwerk**, ist die Anordnung der Beschlagnahme nach § 111n Abs 1 StPO nur durch den Richter möglich (bei nicht periodisch erscheinenden Schriften kann eine Anordnung bei Gefahr im Verzug auch durch die Staatsanwaltschaft erfolgen). Nach § 111n Abs 2 StPO gelten besondere Fristen für die Dauer einer möglichen Beschlagnahme. Auch müssen in der Anordnung der Beschlagnahme die Stellen der Schrift, die zur Beschlagnahme Anlass gegeben haben, bezeichnet werden (§ 111m Abs 3 StPO), der Betroffene kann die Beschlagnahme ferner dadurch abwenden, dass er diejenigen Teile der Schrift, die zur Beschlagnahme Anlass geben, von der Vervielfältigung und der Verbreitung ausschließt (§ 111m Abs 4 StPO).

IV. Abhörmaßnahmen, Überwachung der Telekommunikation, Online-Durchsuchungen

397 Im Rahmen strafprozessualer Ermittlungen sind unter (engen) Voraussetzungen auch Abhörmaßnahmen in Wohnungen (§ 100c StPO) und die Überwachung und Aufzeichnung der Telekommunikation (§ 100a StPO) zulässig. Im Hinblick auf Medienunternehmen und deren Mitarbeiter gelten hier die allgemeinen Regelungen, sodass eine Erörterung an dieser Stelle unterbleiben kann.

1011 Krit hierzu *Leutheusser-Schnarrenberger* ZRP 2007, 249, 252; ferner der Gesetzentwurf der FDP-Fraktion vom 16.3.2006, BT-Drucks 16/956.

1012 BGHSt 18, 227, 228; *Meyer-Goßner* § 97 Rn 46a.

1013 Vgl zur Einziehung oben Rn 97 ff.

1014 Nahezu inhaltsgleiche Regelungen finden sich zumeist in den Landespressegesetzen; das Verhältnis der beiden Regelungsmaterien ist ungeklärt, es ist jedoch von einem Vorrang der bundesgesetzlichen Regelung auszugehen; vgl hierzu OVG Brandenburg NJW 1997, 1387, 1388; *Paschke* Rn 1317; dagegen hält *Meyer-Goßner* § 111m Rn 2 die Landespressegesetze sogar für unwirksam, soweit sie die Beschlagnahme von Druckschriften enthalten, da es sich um Verfahrensrecht iSd Art 74 Nr 1 GG handle.

Hinzuweisen ist lediglich darauf, dass nach § 100c Abs 6 StPO **Abhörmaßnahmen** dann unzulässig sind, wenn ein Fall des § 53 StPO vorliegt, dh bei Vorliegen eines Zeugnisverweigerungsrechts aus beruflichen Gründen. Wie ausgeführt,[1015] ist ein solches Zeugnisverweigerungsrecht für Medienmitarbeiter in § 53 Abs 1 Nr 5 StPO geregelt. 398

Was die Überwachung und **Aufzeichnung der Telekommunikation** angeht, so sind in § 100a StPO deren Voraussetzungen geregelt, in § 100b Abs 3 StPO finden sich Regelungen über die Auskunftspflicht von Telekommunikationsanbietern im Hinblick auf Verbindungsdaten von Telekommunikationsvorgängen. Auch hier gibt es keine Ausnahmen für Medienmitarbeiter, eine analoge Anwendung von §§ 100c Abs 6, 53 StPO ist hier nicht möglich.[1016] Der Vorschlag von Presserat und Deutschem Journalistenverband, im Rahmen der Telefonüberwachung eine solche Ausnahmeregelung vorzusehen, da sonst die Recherchetätigkeit wesentlich erschwert würde,[1017] wurde nicht umgesetzt. 399

Ob die Ermittlungsbehörden auch verdeckte Ermittlungen im Computerbereich vornehmen dürfen, war bislang umstritten. Hier ist insb an die Fälle zu denken, dass verdeckte Ermittler der Polizei auf einem Computer eines Verdächtigen ohne dessen Wissen ein Programm installieren (sog „Trojanisches Pferd“), welches den Ermittlungsbehörden einen Zugriff auf die Festplatte des Betreffenden erlaubt bzw im Rahmen einer Internetbenutzung seitens des Betroffenen den Ermittlungsbehörden dessen Daten ohne sein Wissen übersendet. Erfreulicherweise hat der BGH in einer jüngst ergangenen Entscheidung diese **„Online-Durchsuchungen“** für unzulässig erklärt, weil es jedenfalls an einer gesetzlichen Grundlage mangele.[1018] Konsequenz dieser Entscheidung ist, dass derzeit verstärkt darüber nachgedacht wird, ob eine solche Ermächtigungsgrundlage geschaffen werden und welchen Inhalt sie haben soll. 400

V. Die Medienöffentlichkeit im Strafverfahren

Die Problematik der Pressemitteilungen über gerichtliche Verfahren sowie der Ton- und Bildberichterstattung über laufende Verfahren betrifft zwar nicht ausschließlich das Strafrecht, wird aber insb in strafrechtlichen Verfahren in der Regel relevant, weil die Öffentlichkeit gerade an der Berichterstattung von Strafverfahren ein besonderes Interesse hat.[1019] 401

1015 Vgl oben Rn 370 ff.

1016 BVerfG AfP 2003, 138, 146 f; vgl hierzu auch *Pöppelmann/Jehmlich* AfP 2003, 218; krit hierzu *Leutheusser-Schnarrenberger* ZRP 2007, 249, 252.

1017 Vgl die Mitteilung in AfP 2003, 138.

1018 BGH NJW 2007, 930; hierzu *Bär* MMR 2007, 239; *Cornelius* JZ 2007, 798; *Kemper* ZRP 2007, 105; *Kutscha* NJW 2007, 1169; *Valerius* JR 2007, 275; *Warntjen* Jura 2007, 581.

1019 Vgl hierzu *Alwart* JZ 1990, 883, 887; *Barbulla* Fernsehöffentlichkeit als Bestandteil des Öffentlichkeitsgrundsatzes 1998; *von Becker* Straftäter und Tatverdächtige in den Massenmedien: Die Frage der Rechtmäßigkeit identifizierender Kriminalberichte Baden-Baden 1979; *Branahl* Kap 7; *Britz* Fernsehaufnahmen im Gerichtssaal 1999; *Ernst* FS Herrmann 73; *Finger/Baumanns* JA 2005, 717; *Fink* Bild- und Tonaufnahen im Umfeld der strafrechtlichen Hauptverhandlung Berlin 2007; *Gounalakis* FS Kübler 173; *Huff* Justiz und Öffentlichkeit 1996; *ders* NJW 2001, 1622; *ders* NJW 2004, 403, 406; *Kujath* Der Laienjournalismus im Internet als Teil der Medienöffentlichkeit im Strafverfahren 2011; *Kuß* Öffentlichkeitsmaxime der Judikative und das Verbot von Fernsehaufnahmen im Gerichtssaal 1999; *Muckel* JA 2007, 905; *Pernice* Öffentlichkeit und Medienöffentlichkeit 2000; *Ranft* Jura 1995, 573; *Petersen* § 20; *Scheerer* Gerichtsöffentlichkeit als Medienöffentlichkeit, 1979; *Sorth* Rundfunkberichterstattung aus Gerichtsverfahren 1999; *Widmaier* NJW 2004, 399.

1. Der Öffentlichkeitsgrundsatz, § 169 S 1 GVG

402 In § 169 S 1 GVG wird der Grundsatz der Öffentlichkeit für die Verhandlung vor dem erkennenden Gericht einschließlich der Verkündung von Urteilen und Beschlüssen normiert. Diente dieser Grundsatz früher dazu, den Einzelnen vor staatlicher Willkür zu schützen und die richterliche Gewalt zu kontrollieren, steht heute das **Informationsinteresse** der Allgemeinheit im Vordergrund.[1020] Der Grundsatz der Öffentlichkeit gilt jedoch nicht uneingeschränkt. Neben der sogleich noch näher zu untersuchenden Einschränkung für die Rundfunk- und Fernsehberichterstattung (§ 169 S 2 GVG) sind in den §§ 170 ff GVG weitere Einschränkungen normiert. Für das Strafverfahren bedeutsam ist der grundsätzliche Ausschluss der Öffentlichkeit im Jugendstrafverfahren nach § 48 Abs 1 JGG, der fakultative Ausschluss bei Verfahren gegen Heranwachsende (§ 109 Abs 1 S 4 JGG[1021]) sowie die speziellen Ausschlussgründe zB in § 58 StPO. Nach **§ 176 GVG** kann der Vorsitzende allerdings zur Aufrechterhaltung der Ordnung in der Sitzung einschränkende Maßnahmen treffen, etwa die Zahl der Pressevertreter im Hinblick auf das vorhandene Sitzplatzkontingent limitieren und Regelungen erlassen, nach welchen Kriterien die zur Verfügung stehenden Plätze zu besetzen sind.[1022]

2. Die Beschränkung nach § 169 S 2 GVG

403 Der Grundsatz der Medienöffentlichkeit, die zuweilen auch als „mittelbare Öffentlichkeit" bezeichnet wird,[1023] erhält jedoch über § 169 S 2 GVG eine wesentliche Einschränkung: Unzulässig sind **Ton- und Fernseh-Rundfunkaufnahmen** sowie Ton- und Filmaufnahmen von einer gerichtlichen Verhandlung zum Zwecke der öffentlichen Vorführung oder Veröffentlichung ihres Inhalts.[1024] Lediglich für das Verfahren vor dem BVerfG findet sich in § 17a BVerfGG eine partielle Ausnahme. Zulässig ist zudem eine durch das Gericht selbst vorgenommene Tonaufnahme von Zeugenvernehmungen in der Hauptverhandlung, wenn dies zum Zwecke der Verfahrenssicherung geboten ist.[1025] Die Vorschrift des § 169 S 2 GVG stellt ein allgemeines Gesetz iSd Art 5 GG dar und ist – obwohl sie den Schutzbereich des Art 5 Abs 1 S 2 GG berührt – verfassungsgemäß.[1026] Eine Beschränkung der Öffentlichkeit auf die Saalöffentlichkeit ist

---

1020 BVerfGE 119, 309, 320 – Bundeswehrrekruten; *Kujath* 38 ff.

1021 Vgl hierzu aus jüngster Zeit insb die Besonderheiten im Rahmen des sog „Eislingen-Prozesses"; hier wurde – obwohl ein Verfahren nach § 48 Abs 1 JGG vorlag – eine beschränkte Zahl von Medienvertretern zugelassen; zur Zulässigkeit vgl BVerfG NJW 2010, 1739; krit *Friedrichsen* ZRP 2009, 243.

1022 BVerfG NJW 2003, 500; zu § 176 GVG ausf *Kujath* 296 ff.

1023 Vgl hierzu auch BT-Drucks 4/178, 45; *Petersen* § 20 Rn 2; *Kujath* 41.

1024 Satz 2 wurde eingefügt durch Gesetz vom 19.12.1964, BGBl 1964 I S 1067.

1025 Vgl OLG Bremen NStZ 2007, 481; *Kujath* 232; Löwe/Rosenberg/*Wickern* § 169 GVG Rn 46; *Meyer-Goßner* § 169 GVG Rn 11.

1026 BVerfGE 103, 44 – n-TV; vgl hierzu auch die Entscheidungen im Rahmen der einstweiligen Anordnung, BVerfG NJW 1996, 581; BVerfG NJW 1999, 1951; zu diesen Entscheidungen vgl *Dieckmann* NJW 2001, 2451; *Dörr* JuS 2001, 118; *Gersdorf* AfP 2001, 29; *Gostomzyk* JuS 2002, 228; *Hain* DOV 2001, 589; *Huff* NJW 2001, 1622; *Krausnick* ZUM 2001, 230; *Petersen* § 20 Rn 3; *Zuck* NJW 2001, 1623; ferner zur Diskussion im Vorfeld *Bamberger* ZUM 2001, 373; *Benda* NJW 1999, 1524; *Eberle* NJW 1994, 1637; *Enders* NJW 1996, 2712; *Gerhardt* ZRP 1993, 377; *Gounalakis* FS Kübler 173, 175; *Gründisch/Dany* NJW 1999, 256; *Hamm* NJW 1995, 760; *Hofmann* ZRP 1996, 399; *Huff* NJW 1996, 571; *Knothe/Wanckel* ZRP 1996, 106; *Kortz* AfP 1997, 443; *Lehr* NStZ 2001, 63; *Plate* NStZ 1999, 391; *Stürner* JZ 1995, 297; *Wolf* ZPR 1994, 187; *ders* NJW 1994, 681; *ders* JR 1997, 441; *Wyss* EuGRZ 1996, 1; bestätigt wurde die Entscheidung durch BVerfG NJW 2009, 350, 351 – Holzklotz; hierzu *Muckel* JA 2009, 829; einschränkend allerdings *Kujath* 251 ff, 296.

auf Grund der sogleich noch näher zu erörternden Gefahren für die Persönlichkeitsrechte der Beteiligten, des Anspruchs auf ein faires Verfahren und zu Gunsten der Funktionsfähigkeit der Rechtspflege demnach zulässig.

Vom Verbot nicht erfasst sind reine **Fotoaufnahmen.**[1027] Ihre Zulässigkeit richtet sich nach dem Recht am eigenen Bild (§§ 22 ff KUG). Auch das heimliche Ablichten des Angeklagten im Gerichtssaal ist davon erfasst.[1028] Sofern das Fotografieren nach § 23 KUG bei Personen der Zeitgeschichte zulässig ist, kann der Vorsitzende diese aber im Rahmen seiner sitzungspolizeilichen Gewalt nach § 176 GVG zumindest während der Sitzung verbieten.[1029] Problematisch sind die sich im Zuge fortschreitender Technik entwickelnden Möglichkeiten, Ton- und Filmaufnahmen auch mit Geräten zu fertigen, die an sich anderen Zwecken dienen (Handys, Notebooks). Da hier eine wirksame Kontrolle nicht möglich ist, ist die Benutzung dieser Geräte insgesamt während der Verhandlung zu untersagen.[1030] **404**

Das Verbot des § 169 S 2 GVG erfasst nur die **„Verhandlung"**. Nicht erfasst und daher zulässig sind Ton-, Film- und Fernsehaufnahmen davor und danach sowie in den Verhandlungspausen.[1031] Da insoweit das Grundrecht der Informationsfreiheit überwiegt, sind hier nur dann Einschränkungen zulässig, wenn sie sich aus anderen Rechten ergeben, insb den Persönlichkeitsrechten der einzelnen Prozessbeteiligten[1032] oder dem Anspruch der Verfahrensbeteiligten auf ein faires Verfahren unter Beachtung der Unschuldsvermutung.[1033] Auch die Funktionsfähigkeit der Rechtspflege, insb die ungestörte Wahrheits- und Rechtsfindung kann hier eine Rolle spielen.[1034] Insoweit können Einschränkungen auf der Grundlage des § 176 GVG[1035] oder des allgemeinen Hausrechts des Gerichtspräsidenten[1036] getroffen werden. **405**

Da das Verbot der Medienöffentlichkeit durch die im nächsten Abschnitt noch genauer zu untersuchenden Gefahren und nicht ausschließlich durch den Schutz der einzelnen Beteiligten motiviert ist, steht es auch nicht zu deren Disposition.[1037] **406**

3. Möglichkeit der Beschränkung nach § 176 GVG

In denjenigen Bereichen, in denen das absolute Verbot des § 169 S 2 GVG nicht gilt, dh zeitlich vor oder nach der Verhandlung und in den Sitzungspausen oder inhaltlich für reine Fotoaufnahmen oder nicht zur öffentlichen Vorführung- oder Veröffentlichung bestimmte Ton- und Filmaufnahmen, kann der **Vorsitzende** Beschränkungen nach § 176 GVG zur Aufrechterhaltung der Ordnung in der Sitzung treffen. Dabei ist der Begriff der **Sitzung** sowohl zeitlich als auch räumlich weiter als derjenige der **Verhandlung.** Die Sitzung beginnt bereits mit der Öffnung des Gerichtssaales und **407**

1027 BGH bei *Dallinger* MDR 1971, 188; *Kujath* 230; *Meyer-Goßner* § 169 GVG Rn 10.
1028 LG Berlin AfP 1994, 332.
1029 BGH NStZ 2004, 161; KK/*Diemer* § 169 GVG Rn 13; *Kujath* 298 ff; vgl hierzu sogleich noch unten Rn 407.
1030 Im Hinblick auf Notebooks BVerfG NJW 2009, 352 (gestützt auf § 169 S 2 GVG).
1031 BGHSt 23, 123, 125; vgl ferner BVerfGE 103, 44, 62 – n-TV; BVerfGE 119, 309 – Bundeswehrrekruten; BVerfG NJW 2000, 2890; BVerfG NJW 2009, 350, 351 – Holzklotz; *Ernst* NJW 2001, 1624, 1625; *ders* FS Herrmann 73, 76 ff; *Kujath* 239.
1032 BVerfGE 103, 44, 64 ff – n-TV; BVerfGE 119, 309, 322 ff – Bundeswehrrekruten; *Huff* NJW 2001, 1622, 1623; *Petersen* § 20 Rn 4.
1033 BVerfGE 35, 202, 232 f; BVerfGE NJW 2009, 350, 351 – Holzklotz.
1034 BVerfGE 119, 309, 322 – Bundeswehrrekruten.
1035 Vgl hierzu noch näher unten Rn 407.
1036 Vgl hierzu noch näher unten Rn 408.
1037 BVerfG NJW 1968, 804, 806; BGHSt 22, 83, 85; *Ernst* JR 2007, 392, 393; *Petersen* § 20 Rn 2.

endet mit dem Verlassen desselben durch die Richter.[1038] Auch Beratungs- und Sitzungspausen werden erfasst. Räumlich erstreckt sich die Anordnungsbefugnis des Vorsitzenden auch auf die Zugänge und angrenzenden Räumlichkeiten (wie zB das Zeugenzimmer). Im Umkehrschluss aus § 169 S 2 GVG ergibt sich jedoch, dass ein pauschales Verbot von Ton- und Filmaufnahmen in den von § 176 GVG erfassten Bereichen unzulässig wäre. In der Praxis war in den letzten Jahren insb die Zulässigkeit der Anfertigung von Ton- und Filmaufnahmen vor und nach der Verhandlung sowie in den Verhandlungspausen bei spektakulären Strafprozessen umstritten.[1039] Hier sind im Einzelfall das Grundrecht der Rundfunk- und Pressefreiheit aus Art 5 Abs 1 S 2 GG[1040] und die Pflicht zur Aufrechterhaltung der Ordnung in der Sitzung, die auch dann betroffen ist, wenn die Verletzung des allgemeinen Persönlichkeitsrechts einzelner Prozessbeteiligter zu befürchten ist, gegeneinander abzuwägen. Nach der Rechtsprechung des BVerfG[1041] hat der Vorsitzende diesbezüglich einen Ermessensspielraum, er hat jedoch sein Ermessen unter Beachtung der Bedeutung der Rundfunkberichterstattung für die Gewährleistung öffentlicher Wahrnehmung und Kontrolle von Gerichtsverhandlungen[1042] sowie der einer Berichterstattung entgegenstehenden Interessen auszuüben und dabei sicherzustellen, dass der Grundsatz der Verhältnismäßigkeit gewahrt ist. § 176 GVG ist insoweit als allgemeines Gesetz iSd Art 5 Abs 2 GG anzusehen.[1043] Im Hinblick auf die Interessen der Beteiligten ist insb deren allgemeines Persönlichkeitsrecht zu beachten. Dabei ist vor allem der Angeklagte in einem Strafverfahren als besonders schutzwürdig anzusehen, da er sich regelmäßig unfreiwillig der Verhandlung und damit der Öffentlichkeit stellen muss.[1044] Zu diesem Zeitpunkt gilt für ihn auch noch die aus dem Rechtsstaatsprinzip (Art 20 Abs 3 GG) abgeleitete Unschuldsvermutung, wobei zu beachten ist, dass er durch eine Fernsehberichterstattung, die auch die Verbreitung seines Bildnisses beinhaltet, erheblich beeinträchtigt werden kann, selbst wenn das Gericht später zu einem Freispruch gelangen sollte.[1045] Andererseits erscheinen die Interessen des Angeklagten dann nicht mehr in einem so hohen Maße schutzwürdig, wenn bereits ein erstinstanzlicher Schuldspruch erfolgte,[1046] wenn er selbst in eigenverantwortlicher Weise sich in Bezug auf die ihm gegenüber erhobenen Vorwürfe in der medialen Öffentlichkeit auch im Wege der Bild-

---

1038 OLG Hamm NJW 1956, 1452; *Kujath* 302.

1039 Relevant insb bei Prozessen gegen Personen der Zeitgeschichte, vgl BVerfGE 91, 125 – Honecker ua; ferner BVerfGE 87, 334; BVerfG NJW 1998, 581, 583 – Mückenberger, Krenz etc; krit hierzu *Ranft* Jura 1995, 573, 580; vgl ferner allgemein BVerfGE 119, 309 – Bundeswehrrekruten (hierzu *Dörr* JuS 2008, 735); BGH NJW 1998, 1420, BVerfG NJW 2000, 2890; BVerfG NJW 2002, 2021 – El Kaida; BVerfG NJW 2003, 500.

1040 Durch das Verbot der Anfertigung von Bild- und Fernsehaufnahmen im Gerichtssaal ist jedenfalls der Schutzbereich der Rundfunk- und Pressefreiheit betroffen; vgl BVerfG NJW 2009, 2217, 2218.

1041 Vgl hierzu BVerfGE 119, 309, 321 – Bundeswehrrekruten; ferner BVerfGE 103, 44, 62 – n-TV (hier wird die grundsätzliche Möglichkeit der Einschränkung auf der Grundlage des § 176 GVG betont).

1042 Nach BVerfGE 119, 309 – Bundeswehrrekruten liegt es auch im Interesse der Justiz, mit ihren Verfahren und Entscheidungen öffentlich wahrgenommen zu werden, was auch für die Durchführung mündlicher Verhandlungen in Strafsachen gelte. Insoweit werde auch die öffentliche Kontrolle von Gerichtsverhandlungen durch die Anwesenheit der Medien und deren Berichterstattung grds gefördert.

1043 So auch BVerfGE 91, 125, 136 ff – Honecker ua.

1044 BVerfG 103, 44, 68 – n-TV; BVerfG 119, 309, 323; BVerfG NJW 2009, 350, 351; BVerfG NJW 2009, 2117, 2119; *Kujath* 321 f.

1045 BVerfG NJW 2009, 350, 352; BVerfG NJW 2009, 2117, 2119.

1046 BVerfG NJW 2009, 2117, 2119; vgl hierzu auch *Muckel* JA 2009, 829, 830.

berichterstattung präsentiert hat,[1047] oder wenn er wegen seiner gesellschaftlich hervorgehobenen Verantwortung oder Prominenz auch sonst in besonderer Weise im Blickfeld der (Medien-)Öffentlichkeit steht.[1048] So wurde es für zulässig angesehen, wenn der Vorsitzende lediglich am ersten Verhandlungstag eine entsprechende Möglichkeit der Bild- und Tonberichterstattung gewährt[1049] oder wenn lediglich **einem** Kamerateam gestattet wird, während der Verhandlungspausen im Gerichtssaal Aufnahmen zu machen, dieses aber zu verpflichten, die Aufnahmen danach anderen Sendern zugänglich zu machen („Pool-Lösung").[1050] Andererseits wurde eine auf § 176 GVG gestützte Beschränkung als unzulässig angesehen, die einem Kamerateam Ton-, Foto- und Filmaufnahmen im Sitzungssaal und in dem Bereich vor dem Sitzungssaal lediglich bis 15 Minuten vor dem Beginn der Sitzung sowie zehn Minuten nach deren Beendigung gestattete.[1051] Denn von dem durch Art 5 Abs 1 S 2 GG geschützten Berichterstattungsinteresse sei auch die bildliche Dokumentation des Erscheinens und der Anwesenheit der Verfahrensbeteiligten im Sitzungssaal umfasst.[1052] Allerdings kann dabei angeordnet werden, dass die Gesichter der vor der Veröffentlichung oder Weitergabe der Aufnahmen an Fernsehveranstalter oder Massenmedien durch ein technisches Verfahren anonymisiert („verpixelt") werden.[1053] Im Hinblick auf die übrigen Verfahrensbeteiligten (insb die Richter, Schöffen, Staatsanwälte und Verteidiger)[1054] gelte dies nur dann, wenn besondere Umstände Anlass zu der Befürchtung geben, eine Übertragung der Abbildung über das Fernsehen werde dazu führen, dass diese künftig erheblichen Beeinträchtigungen ausgesetzt sein werden.[1055] Als unzulässig wurde ferner eine Anordnung angesehen, die einem Kamerateam Aufnahmen nur vor dem Verhandlungsbeginn (nicht aber nach der Verhandlung und in den Sitzungspausen) gestattete und zudem dem Angeklagten und seinem Verteidiger die Möglichkeit eröffnete, den Gerichtssaal durch einen separaten Eingang (Gefangeneneingang) zu betreten.[1056] Wird eine Berichterstattung vom Vorsitzenden zu Unrecht versagt, kann die Zulassung im Wege der einstweiligen Anordnung durchgesetzt werden.[1057]

1047 BVerfG NJW 2009, 2117, 2119; vgl ferner BVerfG NJW 2009, 350, 352; *Kujath* 322.

1048 BVerfG NJW 2009, 2117, 2119.

1049 BVerfG NJW 2003, 2671; vgl auch BGHSt 23, 123; anders allerdings BVerfGE 91, 125, 139 – Honecker ua.

1050 BVerfGE 87, 334, 340; BVerfGE 91, 125, 138 – Honecker ua; BVerfGE 103, 44, 64 – n-TV; BVerfGE 119, 309, 327 – Bundeswehrrekruten; BVerfG NJW 2000, 2890, 2891; BVerfG NJW 2002, 2021 – El Kaida; hierzu *Kujath* 199 ff; *Petersen* § 20 Rn 5; *Prinz/Peters* Rn 819; zum Inhalt einer solchen „Pool-Lösung" vgl auch BVerfGE 103, 44, 46 f – n-TV.

1051 BVerfG JR 2007, 390; bestätigt durch BVerfGE 119, 309 – Bundeswehrrekruten; hierzu *Muckel* JA 2007, 905; vgl aber auch BVerfG NJW 2003, 2523.

1052 BVerfG JR 2007, 390, 391; BVerfG NJW 2009, 2117, 2118; hierzu zutreffend krit *Ernst* JR 2007, 392, 393.

1053 BVerfG JR 2007, 390, 392; bestätigt durch BVerfGE 119, 309, 325 f – Bundeswehrrekruten; vgl ferner BVerfG NJW 2009, 350 – Holzklotz (hierzu *Dörr* JuS 2009, 951); BVerfG NJW 2009, 2117, 2118; vgl zur Zulässigkeit einer Pflicht zur Anonymisierung auch BVerfG NJW 2003, 2523, 2523 f; vgl ferner *Kujath* 349 ff.

1054 Vgl hierzu BVerfG NJW 2000, 2890, 2891; BVerfG JR 2007, 390, 392; BVerfG NJW 2009, 2117, 2119; vgl ferner BVerfGE 119, 309, 323, 328 f.

1055 BVerfG NJW 2000, 2890, 2891.

1056 BVerfG NJW 2009, 2117, 2119 f.

1057 Vgl hierzu die Fälle BVerfG NJW 2000, 2890; BVerfG JR 2007, 390; BVerfG NJW 2009, 2117; hierzu *Ernst* FS Herrmann 73, 77 f; *Muckel* JA 2007, 905.

4. Möglichkeit der Beschränkung auf der Grundlage des allgemeinen Hausrechts

408 Außerhalb der Grenzen der §§ 169 S 2, 176 GVG, dh zeitlich vor oder nach der Verhandlung oder räumlich außerhalb des Sitzungssaales bzw. der angrenzenden Räumlichkeiten, besteht ferner die Möglichkeit, dass der Gerichtspräsident Einschränkungen auf der Grundlage des allgemeinen Hausrechts trifft. Zu denken wäre zB an eine Anordnung, dass Journalisten nicht mit laufenden Kameras die Beteiligten eines Strafverfahrens im Eingangsbereich des Gerichtsgebäudes erwarten dürfen, wenn hierdurch das Betreten des Gebäudes erschwert werden würde.

5. Die Gefahren der Medienberichterstattung für den Strafprozess

409 Hintergrund der einschränkenden Regelung des § 169 S 2 GVG ist, dass das einzelne Verfahren nicht zum Spektakel für die Öffentlichkeit werden soll.[1058] Erfahrungen aus den USA, wo die Medienöffentlichkeit in Gerichtsverfahren zulässig ist, zeigen die Gefahren, die sich aus einer uneingeschränkten Bild- und Tonberichterstattung aus den Gerichtssälen ergeben. Eine solche Gefahr besteht insb in der Beeinträchtigung des Persönlichkeitsrechts der Prozessbeteiligten, insb der Angeklagten und der Zeugen. So kann der Verbreitung von Aufnahmen aus einer – emotional nicht selten aufgeladenen – strafrechtlichen Hauptverhandlung nicht selten eine gewisse „Prangerwirkung“ zukommen, die über die Zeit des Verfahrens hinauswirkt, bei großen Teilen der Bevölkerung – und auf Grund möglicher Wiederholungen der Aufzeichnungen – in Erinnerung bleibt und dadurch auch eine spätere Resozialisierung des Betroffenen erschweren kann.[1059] Darüber hinaus besteht eine Gefährdung der Wahrheitsfindung.[1060] So steht zu vermuten, dass die Parteien, vor allem aber auch die Zeugen, vor „laufender Kamera“ anders reagieren, eher unangenehme Tatsachen zurückhalten und ihre Aussage auf die Wirkung in der Öffentlichkeit ausrichten.[1061] Des Weiteren steht zu befürchten, dass die Prozessbeteiligten dem Geschehen nicht mehr unbeeinflusst folgen und sich daran nicht mehr unbeeinflusst beteiligen können. Dies gilt insb wiederum für die Zeugen, die durch die Medienpräsenz abgelenkt werden können. Auch ist an eine suggestive Beeinflussung der Zeugen durch die Medien zu denken.[1062] Darüber hinaus besteht die Gefahr der verfälschten Wiedergabe des Geschehens, wenn in (in der Praxis immer kürzer werdenden) Beiträgen Verhandlungsteile aus dem Zusammenhang gerissen dargestellt werden.[1063] Schließlich könnten, insb in politischen Strafprozessen, Angeklagte und Verteidiger die Medienöffentlichkeit zu propagandistischen Zwecken nutzen und dadurch den Ablauf eines geordneten Strafverfahrens empfindlich stören.[1064] Ein letzter Aspekt, der insb in Strafverfahren Bedeutung erlangt, ist die mögliche Kollision von Medienöffentlichkeit und Unschuldsvermutung.[1065] Durch eine wirksame Medienkampagne kann es leicht zu einer Vorverurtei-

1058 Vgl allgemein zum Einfluss der Medien auf das Strafverfahren *Gerhardt* ZRP 2009, 247; *Hamm* Große Prozesse und die Macht der Medien 1997; *Wagner* Strafprozessführung über die Medien 1987.

1059 BVerfGE 103, 44, 68; vgl auch BVerfGE 35, 202, 219 ff, 226 ff; BVerfG NJW 1996, 581, 583; BVerfG NJW 1999, 1951; *Hassemer* NJW 1985, 1921, 1924; *Rinsche* ZRP 1987, 384.

1060 BVerfGE 103, 44, 68 f; *Ranft* Jura 1995, 573, 576.

1061 BVerfGE 103, 44, 68 f.

1062 Eberle/Rudolf/Wasserburg/*Wasserburg* Kap IX Rn 166; *Groß* FS Hanack 39, 40.

1063 Hierzu auch *Huff* NJW 2001, 1622; ferner BVerfGE 103, 44, 66; BVerfG NJW 1999, 1951, 1952.

1064 Vgl zu diesem Aspekt auch *Gerhardt* ZRP 2009, 247, 249.

1065 *Petersen* § 20 Rn 2; *Prinz/Peters* Rn 819; vgl hierzu auch BT-Drucks IV/178, 45; *Stapper* AfP 1996, 349.

lung des Angeklagten kommen,[1066] die einerseits die Entscheidung der Richter und Schöffen beeinflussen, andererseits den Angeklagten aber auch nach einem Freispruch noch belasten kann, weil immer „etwas hängen" bleibt, auch wenn am Ende die Unschuld rechtskräftig festgestellt wird.[1067] Eine andere Frage ist, ob diese Gefahren außerhalb des Strafverfahrens in gleicher Weise bestehen. So wird insb diskutiert, ob nicht eine vorsichtige Öffnung des Verbots zB im verwaltungsgerichtlichen Verfahren, möglicherweise hier auch nur in der Revisionsinstanz, möglich oder sogar verfassungsrechtlich geboten erscheint.[1068]

6. Die Verwendung von Medien im Strafverfahren

Nur kurz soll darauf eingegangen werden, dass dem Strafverfahren durch den Einsatz von Medien nicht nur Gefahren drohen, sondern dass durch die Verwendung von Medien auch Erleichterungen möglich sind. **410**

Einerseits sind es oftmals die Medien, die durch sorgfältige Recherchen strafbares Verhalten aufdecken und dadurch auch Verdachtsgründe und Informationen liefern, die ein Strafverfahren erst ermöglichen.[1069] **411**

Aber auch durch den Einsatz von Medien im konkreten Strafverfahren können Erleichterungen eintreten. Zu nennen ist hier nur die Möglichkeit des Einsatzes der Videotechnik im Rahmen von Vernehmungen. So ist es nach § 247a StPO aus Gründen des Zeugenschutzes möglich, dass sich ein Zeuge während der Vernehmung in der Hauptverhandlung an einem anderen Ort aufhält und die Aussage zeitgleich in Bild und Ton in das Sitzungszimmer übertragen wird. Unter diesen Voraussetzungen ist auch eine grenzüberschreitende Vernehmung eines Zeugen möglich, die einen besseren Erkenntniswert bietet als eine kommissarische Vernehmung des Zeugen durch einen ersuchten Richter.[1070] **412**

Schließlich ist daran zu erinnern, dass insb über die Neuen Medien (Internet, elektronische Datenbanken) vielfältige Recherchen seitens der Gerichte ermöglicht werden[1071] und dass der Einsatz von Medien zur Fahndung von Verdächtigen und Zeugen genutzt werden kann. **413**

7. Exkurs: Die Medienöffentlichkeit im Ermittlungsverfahren

Rechtlich problematisch ist schließlich die Frage, ob und inwieweit eine Medienberichterstattung über Strafverfahren und Tatverdächtige erfolgen darf, wenn lediglich ein Ermittlungsverfahren läuft, dh noch keine Anklage seitens der Staatsanwaltschaft erhoben wurde, und ob und inwieweit Justizbedienstete oder Staatsanwälte berechtigt oder gar verpflichtet sind, den Medien entsprechende Informationen zu **414**

1066 Vgl zu einer möglichen Kompensation dieser Nachteile für den Angeklagten auf Strafzumessungsebene oben Rn 105 ff.

1067 Vgl hierzu auch *Hassemer* NJW 1985, 1921; ferner den Tagungsbericht bei *Kohl* ZUM 1985, 495.

1068 Instruktiv hierzu BVerfGE 103, 44, 68 ff, für eine solche Öffnung die abweichende Ansicht der Richter *Kühling*, *Hohmann-Dennhardt* und *Hoffmann-Riem*, BVerfGE 103, 44, 78 ff; vgl ferner BVerfG NJW 1999, 1951, 1952.

1069 Zu diesem Aspekt Eberle/Rudolf/Wasserburg/*Wasserburg* Kap IX Rn 166; *Eisenberg* Rn 20.

1070 Vgl hierzu *Beulke* ZStW 113 (2001), 709, 723 ff; Eberle/Rudolf/Wasserburg/*Wasserburg* Kap IX Rn 166; *Weider* StV 2000, 48, 52; dagegen allerdings *Diemer* NStZ 2001, 393, 396.

1071 Vgl hierzu BGHSt 44, 308, 312: Möglichkeit des Zugriffs auf Entscheidungen US-amerikanischer Gerichte via Internet.

erteilen.[1072] Denn einerseits wird aus Art 5 Abs 1 GG ein Recht der Medien und der Öffentlichkeit abgeleitet, insb bei spektakulären Kriminalfällen oder Straftaten, an denen Personen der Zeitgeschichte – als Opfer oder potentielle Täter – beteiligt sind, über die Straftat und den Stand der Ermittlungen zu informieren und informiert zu werden. Andererseits können durch eine „aggressive" Medienberichterstattung leicht Rechte des Tatverdächtigen (sowie auch diejenigen von Opfern, Zeugen und sonstigen Beteiligten) beeinträchtigt werden: das allgemeine Persönlichkeitsrecht (Art 1 Abs 1 iVm Art 2 Abs 1 GG), welches insoweit ein Recht auf Bild- und Namensanonymität gewährt, die Unschuldsvermutung sowie das Recht auf ein „faires" Strafverfahren, welches aus Art 20 Abs 3 GG, Art 6 Abs 1 S 1 EMRK abgeleitet wird. Dies kommt insb bei identifizierenden und vorverurteilenden Berichterstattungen über den Tatverdächtigen in Frage, da es hierdurch mitunter zu Auswirkungen kommen kann, die (nicht nur im Falle eines späteren Freispruchs oder einer Verfahrenseinstellung) über die mit dem Strafverfahren notwendigerweise verbundenen Beeinträchtigungen hinausgehen und den Betroffenen dauerhaft stigmatisieren können.[1073] Die gesetzliche Legitimation der Informationsweitergabe und der Berichterstattung spielt ferner eine besondere Rolle bei der Frage, ob der Betroffene sich hiergegen zur Wehr setzen kann (zB im Wege der Geltendmachung von Unterlassungs-, Gegendarstellungs- und Widerrufsansprüchen; weiterhin kommen in diesem Zusammenhang auch strafrechtliche Sanktionsnormen wie die §§ 185 ff, 203 Abs 2 S 1 Nr 1, 353d Nr 3 StGB sowie Normen des Nebenstrafrechts wie zB § 33 KUG in Betracht)[1074] und ob ihm gegebenenfalls Ausgleichsansprüche zustehen (auf Ersatz materieller und immaterieller Schäden).

415 Eine eindeutige rechtliche Regelung im Hinblick auf die Auskunftsrechte bzw das Recht der Berichterstattung seitens der Medien fehlt. Teilweise wird § 475 Abs 4 Alt 2 StPO („[...] können [...] sonstigen Stellen Auskünfte aus den Akten erteilt werden") herangezogen,[1075] der jedoch an sich lediglich die Informationsübermittlung an Private betrifft, die ein berechtigtes Interesse darlegen können (als „sonstige Stellen" sind hier zB private Vereine anzusehen).[1076] Ein weiterer gesetzlicher Anknüpfungspunkt kann sich aus den einzelnen Landespressegesetzen ergeben, die alle ein Informationsrecht der Presse normieren. Diese Auskunftsansprüche unterliegen jedoch zum einen vielerlei Einschränkungen[1077] und sind darüber hinaus aufgrund ihres weit angelegten Regelungsbereichs allgemein gehalten und nicht im Speziellen auf die Öffentlichkeitsarbeit im strafrechtlichen Ermittlungsverfahren zugeschnitten. Daher wird vielfach – de lege

---

1072 Vgl hierzu *Dalbkermeyer* Der Schutz des Beschuldigten vor identifizierenden und tendenziösen Pressemitteilungen der Ermittlungsbehörden 1994, 32 ff; *Lehr* NStZ 2009, 409, 411; *Meier* in: Arbeitskreis deutscher, österreichischer und schweizerischer Strafrechtslehrer, Alternativentwurf Strafjustiz und Medien 2004, 89; *ders* FS Schreiber 331, 333 f; *Neuling* Inquisition durch Information 2005, 150 ff; *ders* HRRS 2006, 94, 97; ferner allgemein zu grundlegenden Unterschieden der Wesensnatur von Justiz und Medien *Hörisch* StV 2005, 151.

1073 Vgl *Scholderer* ZRP 1991, 300.

1074 Vgl hierzu oben Rn 108 ff, 152 ff, 227 ff, 332 ff.

1075 OVG Münster NJW 2001, 3803; LG Berlin NJW 2002, 838; *Lindner* StV 2008, 210, 211; *Meyer-Goßner* § 475 Rn 1; aA VG Berlin NJW 2001, 3799 (es sei hier der Verwaltungsrechtsweg zu beschreiten, ein Anspruch könne sich aus § 4 LPG Berlin ergeben); *Meier* FS Schreiber 331, 335.

1076 Vgl BT-Drucks 14/1484, 26; Löwe/Rosenberg/*Hilger* § 475 Rn 2; vgl zum Ganzen auch *Meier* FS Schreiber 331, 334 f.

1077 Vgl exemplarisch § 4 LPG Berlin.

ferenda – eine gesetzliche Sonderregelung gefordert.[1078] Ein Ergebnis wird sich hier nur durch eine sorgfältige Abwägung der Interessen der Beteiligten finden lassen, wobei stets zu beachten ist, dass die Ermittlung der Strafverfolgungsbehörden durch die Berichterstattung in den Medien nicht beeinträchtigt werden darf.

1078 *Dalbkermeyer* 183 ff (Einführung eines neuen § 169a GVG); *Meier* in: Alternativentwurf Strafjustiz und Medien, 2004, 89, 91 ff (Einführung eines neuen § 475a StPO); *Neuling* 315 (Einführung eines neuen § 160a StPO).

Stichwortverzeichnis

Die fetten Zahlen verweisen auf die Kapitel, die mageren Zahlen verweisen auf die Randnummern

Printed and bound by CPI Group (UK) Ltd, Croydon, CR0 4YY

30/09/2026

14973056-0002